上海市级专志

上海海洋大学志

上海市地方志编纂委员会 编

华东师范大学出版社

上海海洋大学

江泽民

江泽民题写上海海洋大学校名

校名
校训

1. 校标
2. 校训：勤朴忠实（1914年9月1日定立）

1. 舒同题写上海水产学院校名
2. 许德珩题写厦门水产学院校名
3. 许德珩题写上海水产大学校名

创办先驱

1 | 2

1. 学校主要创办人，著名民族实业家、教育家、清末状元张謇
2. 学校主要创办人之一、著名教育家黄炎培

2011年6月3日,全国人大常委会原副委员长、中国延安精神研究会会长李铁映(左)视察学校,并在教室黑板上欣然写下"上海必须下海,中国必须成为海洋大国"

领导关怀

1. 2002年9月，全国人大常委会副委员长邹家华（前排左三），在上海市委副书记殷一璀（前排左二）陪同下来校视察
2. 2011年11月3日，全国政协副主席何厚铧（前排左二）率澳门特别行政区全国政协委员26人来校考察

2008年10月18日,上海市委副书记、市长韩正(左一),上海市副市长沈晓明(左二)视察学生宿舍

领导关怀

1. 2011年1月7日，上海市人大常委会主任刘云耕（右二），副主任胡炜（右四）、杨定华（右一）视察学校
2. 2011年4月25日，新疆维吾尔自治区主席白克力（右一）看望新疆班学员

1.2010年3月31日，全国政协常委、港澳台侨委员会副主任，福建省委原书记、福建省政协原主席，校友陈明义（左）访问母校

2.2006年9月21日，上海市政协主席蒋以任（左三），副主席宋仪侨（左四）、谢丽娟（左一）、左焕琛（左二）视察学校金山廊下产学研基地

领导关怀

1. 2006年9月23日，国家自然科学基金委主任、中国科学院院士陈宜瑜（左一）来访
2. 1990年8月22日，农业部副部长洪绂曾（左一）在农业部原副部长相重扬（左二）陪同下来校指导工作并题词

1.1993年4月22日，上海市副市长谢丽娟（右二）来校调研
2.1997年3月26日，上海市副市长龚学平（右二）来校视察

领导关怀

1.1997年11月2日，农业部副部长路明（左二）、农业部教育司司长程序（左三）来校视察学科建设工作

2.1997年9月27日，国务院学位委员会办公室副主任谢桂华（左二）视察学校

1.1997年11月14日,国务院学位委员会办公室主任赵沁平(右一)视察学校
2.1999年11月3日,农业部副部长齐景发(中)来校视察

领导关怀

1. 2000年3月7日,农业部副部长万宝瑞(左二)来校视察
2. 2001年3月,校党委书记叶骏(右)看望张闻天夫人刘英(左)

1. 2002年11月1日，农业部副部长张宝文（左一）、上海市副市长周慕尧（左二）、国家体育总局副局长张发强（右二）、上海市政协副主席宋仪侨（右一）出席90周年校庆典礼
2. 2005年6月6日，上海市副市长严隽琪（左二）来校视察新校区规划方案

领导关怀

1. 2007年10月17日，上海市委常委、副市长，临港新城管委会主任杨雄（左二）来校考察调研
2. 2007年11月3日，农业部副部长高鸿宾（前排右二）、原副部长张延喜（前排右三）与农业部渔业局局长李健华（前排右一）出席95周年校庆典礼

1.2007年11月4日，全国政协常委、社会与法制委员会副主任，学校创办人张謇嫡孙张绪武（左）参观鲸馆

2.2009年2月1日，全国人大常委、教育部原副部长吴启迪（左）来校视察

领导关怀

1.2009年10月16日,农业部副部长牛盾(前排右二)、国家粮食局副局长张桂凤(前排右一)、联合国粮农组织驻华代表维多利亚(前排右三)来校参加世界粮食日主题活动

2.2010年4月19日,全国政协外事委员会主任、新闻发言人、国务院新闻办公室原主任赵启正,来校作"向世界说明中国"专题报告

2010年4月24日，农业部原部长何康（左十一）、原部长陈耀邦（左九）、原副部长相重扬（左八）、原纪检组长夏文义（右十）等在上海市农委副主任陈洪凡陪同下来校访问

领导关怀

2010年4月26日，国家海洋局原党组书记、原局长严宏谟（右六），原党组书记、原局长张登义（右五），第十一届全国政协人口资源环境委员会副主任、国家海洋局原党组书记、原局长王曙光（左六），国家海洋局原副局长陈炳鑫（右四），原副局长杨文鹤（左五），原副局长葛有信（右四）等在国家海洋局东海分局党委书记刘刻福（左三）、上海市海洋局副局长朱石清（右三）等陪同下来校访问

历任领导

1. 张镠（字公镠），校长（1912.12–1923）
2. 冯宝颖（字立民），校长（1924.8–12，1929.1–1934.8）
3. 侯朝海（字宗卿），代理校长（1925.9–1929.1，1947.6–1949.8），代校长（1949.8–1951.4）
4. 张楚青（字毓騄），校长（1934.8–1937.8）

历任领导

1. 陈谋琅（字莲馆），校长（1943.1-1944.5）
2. 王刚（字子健），校长（1944.5-1949.8）
3. 方原，校长（1951.4-1952.8），院长（1952.8-1953.10）
4. 王文锐，副院长主持工作（1953.10-1957.11），支部书记（1953.2-1955.3），党总支书记（1955.3-1957.7）

1	2	3
4	5	6

1. 胡友庭，党委书记（1957.3-1967.11，1983.8-1985.10），代理党委工作（1985.10-1986.4）
2. 朱元鼎，院长（1957.11-1967.7，1981.12-1983.8），名誉院长（1983.8-1985.10）
3. 刘忠，党的核心小组组长（1967.11-1970.5，1972.9-1979.8）
4. 范纬青，复校筹备组组长（1979.8-1981.12）
5. 孟庆闻，院长（1983.8-1985.10）
6. 乐美龙，院长（1985.10-1985.11），校长（1985.11-1994.3）

历任领导

| 1 | 2 | 3 |
| 4 | 5 | 6 |

1. 陈坚，党委书记（1986.4-1994.2），校长（1994.2-1996.11）
2. 林樟杰，党委书记（1994.2-2000.2）
3. 周应祺，校长（1996.11-2004.6）
4. 叶骏，党委书记（2000.2-2010.2）
5. 潘迎捷，校长（2004.6-　），代理党委工作（2010.2-6）
6. 虞丽娟，党委书记（2010.6-　）

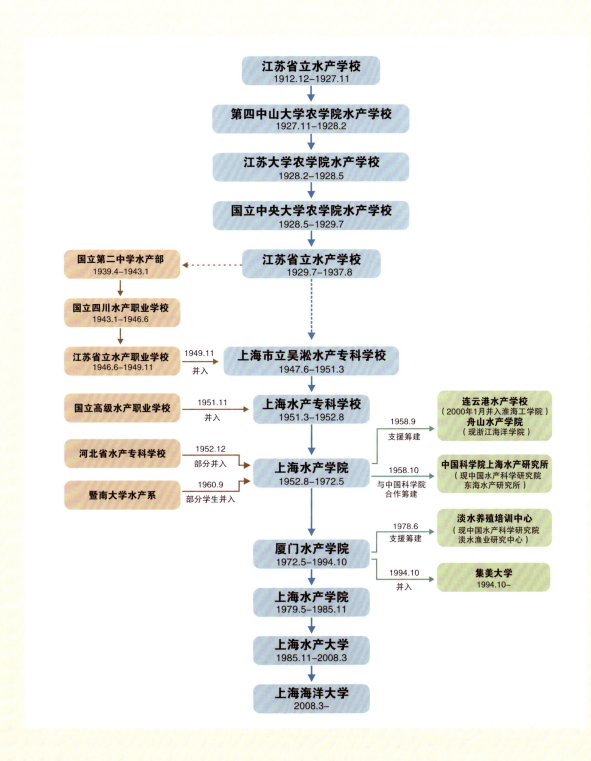

上海海洋大学历史变迁图

历史沿革 校门变迁

1. 江苏省立水产学校时期校门
2. 国立中央大学农学院水产学校时期校门

1. 上海水产专科学校时期校门
2. 上海水产学院时期（1952–1971年）校门

历史沿革 校门变迁

1. 厦门水产学院时期（1972—1979年）校门
2. 上海水产学院、上海水产大学时期（20世纪80年代至90年代初）校门

1. 上海水产大学时期（20世纪90年代末至21世纪初）军工路校区校门
2. 上海水产大学时期（2000-2008年）学海路校区校门

历史沿革 校门变迁

1. 上海水产大学时期（2008年搬迁前）军工路校区校门
2. 上海海洋大学时期（2008年起）沪城环路校区校门

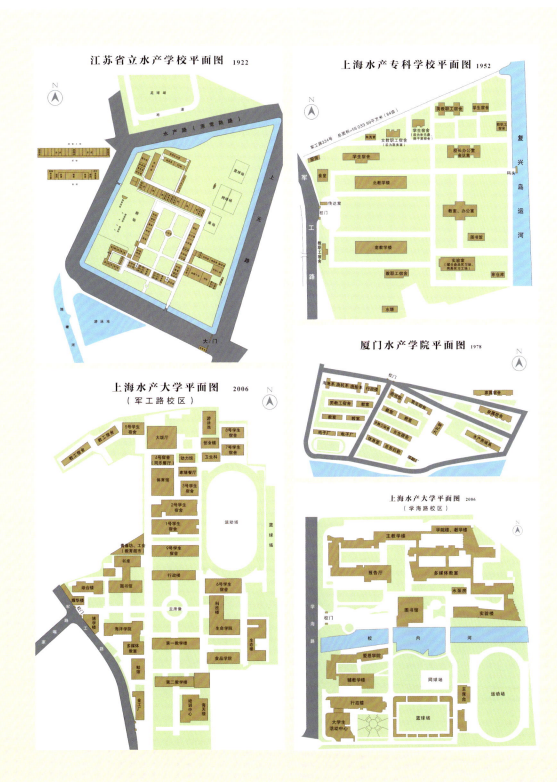

1. 江苏省立水产学校平面图
2. 上海水产大学军工路校区平面图
3. 厦门水产学院平面图
4. 上海水产专科学校平面图
5. 上海水产大学学海路校区平面图

上海海洋大学平面图 2008

1. 上海海洋大学沪城环路校区平面图
2. 上海海洋大学沪城环路校区总体规划设计鸟瞰图

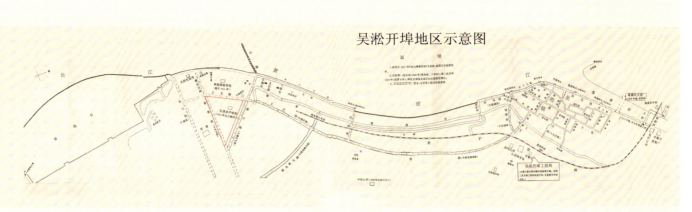

1. 吴淞开埠图中之校址
2. 江苏省立水产学校一隅

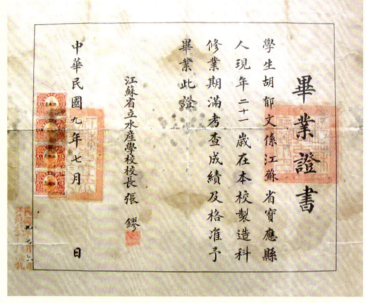

1. 张闻天（荫皋）民国3年（1914年）7月考入渔捞科
2. 张镠校长所颁江苏省立水产学校毕业证书
3. 张楚青校长所颁江苏省立水产学校毕业证书
4. 民国4年4月，全体教职员和学生合影

1. "八一三"事变期间,被日本侵华军炸毁的学生寝室残垣
2. 四川合川(今重庆合川)办学旧址,四川国立第二中学纪念碑处

历史沿革 战后恢复

1 | 2
3 | 4

1. 民国36年（1947年）5月复兴岛临时校舍（木屋）
2. 1951年5月，在大夏大学临时办学期间，教师在群贤堂前指导学生使用六分仪
3. 上海水产专科学校学生毕业证书（1952年）
4. 英文教授周镕（中）与学生在复兴岛宿舍门前合影

1. 朱元鼎院长，1956年首批一级教授
2. 国务院总理周恩来签发的朱元鼎任命书
3. 1958年，日本水产资源专家真道重明（左三）来校讲学时与朱元鼎、张友声和王贻观教授等留影
4. 上海水产学院时期学生毕业证书

历史沿革 调整提高

1. 1958—1960年，聘请苏联工业捕鱼专家萨布林科夫（前排右三）、水产养殖专家索因（前排右四）来校分别讲授"工业捕鱼与鱼群侦察"和"鱼类养殖的生物学基础"，图为两位专家在上海衡山宾馆与学校领导和教师合影
2. 1960年3月4日，学校领导和有关师生与苏联专家索因（前排左九）合影

厦门水产学院时期教学楼

历史沿革 巩固发展

1. 20 世纪 80 年代初期军工路校区主干道
2. 20 世纪 90 年代军工路校区中心风景

$\frac{1}{2|3}$

1. 军工路校区的农业部远洋渔业培训中心
2. 军工路校区的毛泽东像、校训碑与科技楼
3. 1985年，学校教师田林宝设计的校标

1. 沪城环路校区教学楼（孟莹摄）
2. 沪城环路校区镜湖、教学楼、图文信息中心与学院楼（陈维摄）

1. 2004年9月30日,上海市委副书记殷一璀(前排左二)、上海市副市长严隽琪(前排左三)视察学校,研究学校新校区选址事宜
2. 2006年1月12日,上海市副市长严隽琪(前排左四)等出席沪城环路校区奠基仪式

历史沿革 转型海洋

1. 2008年5月6日，上海市委副书记殷一璀（左二）、上海市人大常委会副主任胡炜（右二）、农业部总经济师薛亮（左一）、国家海洋局副局长王宏（右一）为上海海洋大学揭牌
2. 2008年8月10日，学校主体搬迁工作正式启动
3. 2008年9月26日，伍汉霖研究员（右）、杨德康副教授（左）在新校区整理鱼类标本
4. 2008年10月12日，沪城环路校区落成并举行开学典礼
5. 2010年12月10日，国家海洋局、上海市人民政府共建上海海洋大学签约仪式

1 | 2
3 | 4

1. "淞航号"实习船
2. "海丰号"实习船
3. "水产号"实习船
4. "闽渔451号"实习船

历史沿革　实习船

1/2|3

1. "闽渔452号"实习船
2. "沪水院1号"实习船
3. "浦苓号"实习船

民主党派

| 1 | 2 |
| 3 | 4 |

1. 2010年，民盟盟员赴南通考察学校主要创办人张謇故居
2. 2009年3月26日，九三学社组织学习
3. 1994年8月，民建会员与上海水产集团技术人员到养殖场调研
4. 2011年9月15日，民革举办纪念辛亥革命100周年图片展，上海市政协副主席高小玫（前排左二）、校党委书记虞丽娟（前排右二）为图片展剪彩

学科建设

1. 1995年12月，学校聘请中国科学院院士曾呈奎（中）为顾问教授
2. 1995年，著名艺术家秦怡、闵惠芬、汪天云、刘旦宅、黎中诚受聘为学校艺术兼职教授
3. 经济学老教授韩家学（中）与渔业经济与管理系教师留影
4. 1994年4月15日，校长陈坚（右）与中国水产科学研究院院长钱志林（左）签订联合招收研究生协议
5. 1999年6月10日，著名生物学家牛满江（中）访问学校

1. 2001年12月21日，聘请中国科学院院士朱作言为兼职博士生导师
2. 2003年11月11日，聘请中国科学院院士谈家桢（左）为客座教授
3. 2004年10月21日，聘请中国科学院院士杨槱（右）为客座教授
4. 2007年5月12日，中国科协副主席、中国水产学会理事长、中国工程院院士唐启升（前排中），中国工程院院士徐洵（前排右）为学校发展建言献策
5. 2007年5月12日，中国工程院院士赵法箴（左）、中国科学院院士汪品先（中）为学校发展建言献策
6. 2007年5月12日，中国工程院院士林浩然（前排左）、中国工程院院士曹文宣（前排中）为学校发展建言献策

学科建设

1. 2009年3月4日，中国工程院院士潘德炉受聘为学校"双聘院士"
2. 2009年7月21日，中国工程院院士丁德文受聘为学校"双聘院士"

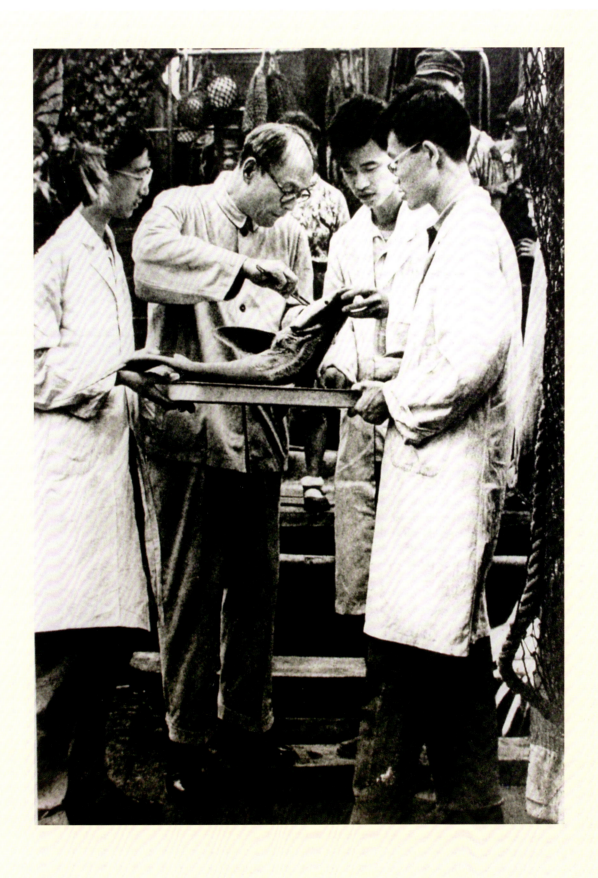

著名鱼类学家朱元鼎（左二）与助手在进行鱼类区系调查（该照片刊登于1963年3月的《人民画报》）

科学研究

1	2
3	4

1. 1974 年，在厦门水产学院淡水养殖试验场，教师指导学生为亲鱼注射催产针，进行家鱼人工繁殖实验
2. 海带南移栽培试验现场（右二为王素娟，右三为虾峙岛公社领导，左二为舟山地区专员陈刚，左一为朱家彦）
3. 1977 年 5-6 月，学校代表乐美龙（第二排左二）参加中日渔业协定谈判时在人民大会堂接受国务院副总理谭震林（前排左五）接见
4. 朱元鼎（右）、孟庆闻（左）编著出版的《中国软骨鱼类侧线管系统以及罗伦瓮和罗伦管系统的研究》，获 1987 年度国家自然科学奖三等奖

1. 学校李思发教授（左三）率研究团队在选育团头鲂"浦江一号"良种
2. 2003年9月18日，学校崔建章教授设计的神舟飞船返回舱海上打捞装置进行实地测试
3. 帮助西藏发展渔业生产
4. 1991年9月，学校教师乘"浦苓号"实习船在日本海探捕鱿鱼

科学
研究

$\frac{1}{2|3}$

1. 2005年12月19日，学校教师李曰嵩随"雪龙号"赴南极科考
2. 2008年8月23日，学校教师刘洪生在北极科考
3. 2010年9月18日，学校成立海洋科学研究院

1. 1955年5月,著名生物学家秉志(第二排左六)、徐墨耕(第二排左七)到汉阳鹦鹉洲看望实习师生
2. 教师林焕章(右四)在"水产号"上指导学生实习
3. 学生使用六分仪进行测天定位学习
4. 学生自修

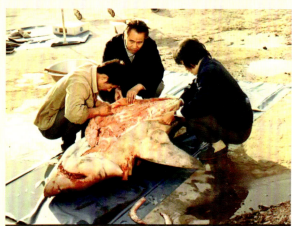

1. 1964年，女教师在奉贤参加"四清"劳动
2. 毕业设计答辩
3. 解剖鲨鱼
4. 1958年6月，鲥鱼人工繁殖试验
5. 1960年7月9日，工业捕鱼进修班结业典礼和欢送苏联专家萨布林可夫（前排左十）留影

$\frac{1}{2|3}$

1. 柴油机性能测试实习
2. 金属工艺实习
3. 拖网绞纲机拉力试验

教育教学

1. 来校作博士学位论文的英国博士研究生作学术报告
2. 1986年，改革开放后首届硕士研究生毕业合影
3. 1987年，首批学生赴西非从事远洋渔业生产欢送仪式
4. 1992年3月，民族班班主任李亚娟被国家教委、国家民族事务委员会评为全国民族教育先进个人。图为李亚娟（前排左六）与新疆民族班学生2006年在新疆合影
5. 1999年9月29日－10月3日，在国务院第三次全国民族团结进步表彰大会上，民族班班主任张淑萍（左）被国务院授予民族团结进步模范称号并参加国庆50周年观礼活动

1. 1991年，全国高等农业院校教材指导委员会水产学科组会议在学校召开
2. 1992年11月1日80周年校庆之际，水产养殖系全体教师合影
3. 1999年11月18日，与江西省水产局、江西农业大学签定合作协议，为学校规模发展创造机遇
4. 2002年，学校研究生招生办公室获全国高等学校招生工作先进集体称号

教育教学

1. 2001年12月,学生装配网具实习
2. 2009年4月,国际文化交流学院的留学生在学习中国书法
3. 2009年,学生胡舒婷获第十一届"挑战杯"全国大学生课外学术科技作品竞赛一等奖
4. 2002年,首届博士学位授予仪式合影

1. 秦沅,首任教务长,普通科首任主任
2. 李东艿,渔捞科首任主任,渔业行政教授
3. 陈同白,制造科主任,水产加工教授
4. 陈椿寿,养殖科首任主任,浮游生物学教授
5. 金心衡,渔捞科主任,渔捞学教授
6. 徐祖藩,航海科首任主任,航海学教授
7. 陈有丰,机械学教授
8. 侯毓芬,化学教授

师风
长存

| 1 | 2 | 3 | 4 |
| 5 | 6 | 7 | 8 |

1. 费鸿年，水产资源学教授
2. 寿振黄，水产生物学教授
3. 谈家桢，遗传学教授
4. 华汝成，植物学教授
5. 秦铮如，航海学教授
6. 王贻观，水产资源学教授
7. 张丹如，数学教授
8. 高锡臣，船艺学教授

1. 高鸿章，航海学教授
2. 刘景汉，渔具学教授
3. 翁斯鑑，冷冻工程教授
4. 萧人麟，物理学教授
5. 张友声，渔捞学教授
6. 许玉赞，船舶机械学教授
7. 杨月安，渔捞科实习主任，水产资源教授
8. 周复盦，英文教授

师风
长存

$\begin{array}{|c|c|c|c|}\hline 1 & 2 & 3 & 4 \\\hline 5 & 6 & 7 & 8 \\\hline\end{array}$

1. 周镕，英文教授
2. 陈子英，1956年首批二级教授
3. 王以康，1956年首批三级教授
4. 戴岂心，1956年首批三级教授
5. 马凌云，1956年首批三级教授
6. 施彬，机电工程教授
7. 陆桂，水产养殖学教授
8. 宋德芳，微生物学教授

1. 学生陈士麟等1957年获全国第一届划船锦标赛男子八人赛艇冠军；1958年获全国第二届划船锦标赛男子双人单桨有舵手冠军。图为获上海市比赛第一名时赛艇队合影
2. 皮划艇训练
3. 1959年，制作国庆游行模型
4. 1958年9月，学生游泳锻炼
5. 1958年9月，学生端艇实习

校园文化

$\frac{1}{2|3}$

1. 20世纪80-90年代，学校设立民族班，为新疆培养水产人才。图为民族班学生在水产养殖系大楼前的草坪上载歌载舞
2. 20世纪90年代，学校大学生游泳队在上海市大学生游泳比赛中多次摘金夺银
3. 1995年5月12日，中共上海水产大学党校成立

|1|2|
|3|4|

1. 1998年，校女教授联谊会成立
2. 2003年，复旦大学教授葛剑雄来校作讲座并题词
3. 2011年9月7日，2011级学生军训阅兵式
4. 2008年5月，四川汶川大地震发生后，学生自发为地震灾区捐款

校园文化

$\frac{1}{2|3}$

1. 2005年8月30日，校老干部办公室举办纪念抗日战争胜利60周年座谈会
2. 2010年11月6日，校后勤服务中心承办上海高校后勤厨艺大赛
3. 中国2010年上海世界博览会期间，在园区服务的学生志愿者在世博会主题馆前留影

1. 江苏省立水产学校第一届毕业生合影
2. 1951年1月,在上海复校后上海市立吴淞水产专科学校第一届毕业生合影

桃李
缤纷

1. 1952年6月，上海水产专科学校渔捞科（更名前上海市立吴淞水产专科学校招收的最后一级五年制渔捞科）毕业生合影
2. 1954年7月17日，水产加工系毕业生合影

1955年9月1日，上海水产学院附设水产技术学校加工科毕业生合影

桃李缤纷

1956年，上海水产学院首届本科毕业生合影

1. 1956年8月，水产养殖专业首届本科毕业生合影
2. 1956年8月，水产生物专业首届本科毕业生合影

1.1956年8月,海洋渔捞专业首届本科毕业生合影
2.1959年,首届越南留学生毕业合影

1. 1960年8月，海水养殖专业首届本科毕业生合影
2. 1960年8月，鱼类学及水产资源专业首届本科毕业生合影

1. 1970年7月,水产加工本科毕业生合影
2. 1975年11月,制冷专业首届工农兵学员毕业生合影

1. 1978年12月7日，在中国水产学会淡水养殖学术讨论会上，院长朱元鼎与参加会议的校友合影
2. 1984年8月11日，首届渔政人员训练班结业合影

1. 1982年1月,1981届全体毕业生合影
2. 2008年5月,海洋学院2008届毕业生合影
3. 2011年7月8日,爱恩学院2011届毕业生合影

国际交流

学校代表先后参加中日、中朝、中越和中韩渔业政府间谈判。图为学校代表乐美龙（右一）出席中日渔业协定议定书签字仪式

1. 1980年11月17日-12月13日，联合国粮农组织、联合国开发计划署在学校举办"海洋资源评估讲习班"
2. 1981年7月，世界银行代表团来校考察
3. 1984年6月，校党委书记胡友庭（右一）率水产教育考察团赴日本考察

国际交流

1. 1985年5月18日,在日本熊本县知事接待室,赵长春副校长(右四)出席日本赠予中国"熊本丸Ⅱ世"(后更名为"浦苓号")实习船仪式(右一为熊本县知事细川护熙,右二为熊本县日中友好协会理事北冈丰治,右三为中国驻日大使馆参赞王丰玉)
2. 1985年5月,校长孟庆闻(右三)、校党委副书记何保源(左三)率教育考察团访问美国西雅图华盛顿大学,考察该校水产养殖实验池

1. 1985年11月10日,日本北海道大学"御忍路丸"实习船来访
2. 1985年12月,日本东京大学教授江草周三来校讲授鱼病学

国际交流

1. 1985年12月,日本东京水产大学教授平泽丰(主席台左二)来校讲授渔业经济学
2. 1986年4月,全国政协访问团访问泰国,图为泰王姐甘拉亚妮·瓦塔娜(前排右)接见孟庆闻教授(前排左)

1 | 2
3 | 4

1. 1992年10月27日，日本明仁天皇（左二）、皇后美智子（左一）在上海西郊宾馆接见伍汉霖（右二）。图中右一为中国科学院院士叶淑华、右三为著名桥梁工程设计师林元培、右四为著名女高音歌唱家、声乐教育家周小燕、右五为著名导演谢晋
2. 日本明仁天皇赠送的虾虎鱼标本
3. 1989年4月28日，校长乐美龙与日本学者安藤贞行、川岛和幸、阿部典充等合影
4. 1996—2003年，学校与日本国际农林水产业研究中心开展"中国淡水渔业资源利用技术开发"中日两国政府合作研究。图为日本合作方代表福田裕博士（右一）与学校科研人员研究项目进展情况

国际交流

1. 2002年5月20日,斐济共和国总理莱塞尼亚·恩加拉塞(前排左二),携夫人、外交外贸部长,商业、企业发展和投资部长,工程电信、能源、公路交通和海运部长,以及企业家、记者等一行60人访问学校
2. 2002年11月1日,越南水产部副部长阮玉红(前排左二)向学校转赠越南国家主席陈德良授予学校的友谊勋章及证书

1. 2002年7月9日，学校与澳大利亚塔斯马尼亚大学、上海爱达投资管理公司签署协议，联合成立爱恩学院，合作培养信息管理与信息系统(环境信息系统)本科生
2. 2007年11月10日，欧盟渔业和海洋事务委员乔伯格（左一）来访

国际交流

$\frac{1}{2|3}$

1. 1995年，42名师生乘"浦苓号"实习船出访日本东京水产大学、三重大学
2. 2009年9月8日，中国鱼糜现状及淡水鱼糜制品开发中日研讨会在学校举行
3. 2009年11月4日，学校与美国奥本大学签定研究生联合培养协议

上海市地方志编纂委员会

(2014年11月—)

主 任 委 员　徐　麟(2014.11—2015.9)　董云虎(2015.9—)
副主任委员　翁铁慧　李逸平　朱咏雷　宗　明
委　　　员(以姓名笔画为序)：

于秀芬　王　瑜　王永鑑　王治平　王治卿　王建平　王德忠
方世忠　白廷辉　邢邦志　朱芝松　朱纪华　朱勤皓　邬惊雷
庄木弟　汤志平　孙　雷　寿子琪　苏　明　李　红　李书玉
李耀新　杨劲松　肖堃涛　沈晓初　宋依佳　张　新　张小松
张超美　陆晓栋　陆鼎良　陈　臻　尚玉英　昊　云　周蔚中
郑　杨　赵祝平　胡卫国　胡劲军　姜　迅　洪民荣　姚　海
秦　健　袁荣根　袁　鹰　夏科家　顾金山　顾洪辉　徐　枫
徐　炯　徐未晚　徐乐江　徐国岩　徐建刚　徐逸波　唐海龙
黄永平　曹立强　蒋怀宇　程向民　谢　峰　谢坚刚　谢毓敏
虞丽娟　鲍炳章　戴　骅

上海市地方志编纂委员会

(2011年8月—2014年11月)

主 任 委 员　殷一璀
副主任委员　屠光绍　杨振武　洪　浩　姚海同　蒋卓庆　林　克

上海市地方志编纂委员会

(2007年8月—2011年8月)

主 任 委 员　殷一璀
副主任委员　王仲伟　杨定华　姜　樑　李逸平　林　克

《上海市级专志·上海海洋大学志》编纂委员会
（2013— ）

主　　任：吴嘉敏　程裕东

副 主 任：汪歙萍　何　雅　李延臣　吴建农　李家乐　徐瑶玲

编　　委（以姓名笔画为序）：

　　万　峰　王世明　王克忠　王国华　王明华　王锡昌　平　瑛
　　叶　骏　乐美龙　成长生　朱克勇　齐亚丽　江　敏　江卫平
　　许四杰　许柳雄　孙行佳　李　琼　李柏林　李道恒　杨　昕
　　杨慧如　吴开军　岑伟平　汪之和　张　敏　张宗恩　张继平
　　张登沥　陈　坚　陈　慧　陈江华　陈新军　林樟杰　周水松
　　周应祺　郑卫东　封金章　赵长春　胡友庭　钟俊生　俞　渊
　　施永忠　施志仪　姜新耀　夏雅敏　顾乃达　倪国进　殷曦敏
　　高　健　黄冬梅　黄硕琳　黄晞建　曹德超　董玉来　程彦楠
　　虞丽娟　谭洪新　潘迎捷

执行编委：宁　波

《上海市级专志·上海海洋大学志》顾问组
（2010— ）

组　　长：乐美龙

副 组 长：赵长春　李道恒

组　　员（以姓名笔画为序）：

　　朱　镜　苏锦祥　沈月新　宋丽英　宋承芳　封镇民　黄永萌
　　楼允东

《上海市级专志·上海海洋大学志》编纂委员会
（2010—2013）

主　　任：虞丽娟　潘迎捷

副 主 任：吴嘉敏　黄晞建　黄硕琳　程裕东　封金章　顾乃达

编　　委（以姓名笔画为序）：

万　峰　王世明　王传国　王克忠　王国华　王明华　王锡昌
平　瑛　卢　怡　叶　骏　乐美龙　成长生　齐亚丽　江卫平
许四杰　许柳雄　孙行佳　李　琼　李兴华　李柏林　李家乐
李道恒　杨　昕　杨慧如　吴开军　吴建农　岑伟平　汪之和
张　健　张　敏　张宗恩　张继平　张登沥　陈　坚　陈江华
林樟杰　周应祺　郑卫东　赵长春　胡友庭　胡金发　钟俊生
俞　渊　施永忠　施志仪　姜新耀　殷曦敏　高　健　黄冬梅
曹德超　董玉来

执行编委：宁　波

《上海市级专志·上海海洋大学志》编纂委员会

(2008—2010)

主　　编：叶　骏　潘迎捷

副 主 编：吴嘉敏(常务)　黄晞建　黄硕琳　程裕东　封金章　顾乃达

编　　委(以姓名笔画为序)：

王世明　王传国　王克忠　王国华　王明华　王锡昌　平　瑛
卢　怡　乐美龙　成长生　朱　镜　齐亚丽　江卫平　许四杰
许柳雄　孙行佳　李　琼　李兴华　李柏林　李家乐　李道恒
杨　昕　杨慧如　吴开军　吴建农　岑伟平　汪之和　张　健
张　敏　张宗恩　张继平　张登沥　陈　坚　陈江华　林樟杰
周应祺　郑卫东　赵长春　胡友庭　胡金发　钟俊生　俞　渊
施永忠　施志仪　姜新耀　殷曦敏　高　健　黄冬梅　曹德超
董玉来　游录泉

校志编纂办公室

主　　任：吴嘉敏

副 主 任：张　敏

成　　员(以姓名笔画为序)：

宁　波　江卫平　李　杲　李勇军　何爱华　汪　洁　张京海
陈　祺　郑卫东　游录泉

《上海市级专志·上海海洋大学志》主要撰稿人员

(以姓名笔画为序)

王伟江	王传宏	王怡雯	王建民	王春燕	韦记朋	仇永民
邓晶晶	叶　鸣	付　昱	乐家华	伍稷芳	刘　耘	刘文蔚
刘训玄	刘丽燕	刘晓丹	江菊美	许　杰	许　巍	孙礼仕
孙桂娟	孙雯钦	花传祥	苏　蕊	李　贤	李　杲	李先仁
李兆军	李志强	李勇军	李辉华	杨　勇	杨栗娜	吴伟玲
吴建中	吴慧芳	邱伟强	何爱华	汪　洁	沙　锋	沈伟荣
宋佳坤	张水晶	张宇峰	张京海	张建敏	张福祥	张毅锋
陆秀芬	陈汉章	陈　光	陈　健	陈　祺	陈　鹏	林东明
金正祥	金淑芳	周　辉	郑宇钧	郑黎芳	单芝萍	赵立勤
赵海鹏	胡崇仪	柳　萍	钟国防	段永红	祖先玲	顾大江
徐　谦	徐　璐	徐嘉伟	黄　斐	黄金玲	彭俞超	蒋　宇
韩春伟	韩振芳	游录泉	路安明	蔡学廉	蔡绪陆	黎　江
戴殿锦						

《上海市级专志·上海海洋大学志》评议专家名单

(以姓名笔画为序)

王继杰　生键红　过文瀚　刘　建　刘其奎　肖春燕　张有份
罗东海　莫建备　顾惠庭　高雪祥　黄晓明　谢仁业

《上海市级专志·上海海洋大学志》审定专家名单

(以姓名笔画为序)

生键红　过文瀚　刘　建　孙崇文　沙似鹏　赵明明　洪民荣
莫建备　高雪祥　黄文雷　黄晓明　谢仁业

《上海市级专志·上海海洋大学志》验收单位

上海市地方志办公室

序

清末，清廷昏庸腐朽，德、日等国侵渔猖獗，侵我渔权，扰我海权。祖父张謇力主和推进实业救国、教育救国，明确提出以"渔权即海权"为核心的系列渔业思想，于光绪三十年(1904年)向清廷奏议创办水产学校。

清光绪三十二年(1906年)，张謇与樊时勋、郭淑霞在吴淞炮台湾创办渔业学校，以"护渔权，张海权"。这是中国历史上第一所水产教育机构，开启了中国水产教育的新纪元。民国元年(1912年)，经黄炎培襄助，张镠在吴淞炮台湾竭力筹建校舍的同时，暂借上海老西门江苏省教育会办公楼招生办学，创办江苏省立水产学校，即今日上海海洋大学前身。

上海海洋大学创办至今，始终秉承"勤朴忠实"的办学精神，立足实践，与时俱进，历经5次搬迁、11次更名，从创业之初学生仅仅数十人，发展到今天历史底蕴深厚、学科门类多元、师资力量雄厚、优秀人才辈出、科研硕果累累的万人高等学府，涌现出张镠、冯立民、侯朝海、朱元鼎、陈子英、王以康、张楚青、王刚、骆肇荛、戴岂心、马凌云、孟庆闻等著名水产教育家和学者，以及张闻天、陈明义、冯顺楼、张延喜、许步劬、赵乃刚、张发强、白志健、聂振邦等优秀校友，为我国水产业的发展作出不可磨灭的贡献，被誉为"中国现代水产教育的摇篮"。

21世纪是海洋世纪，海洋是人类的未来和希望，中国也已进入海洋经济大发展的时代。中国共产党第十八次全国代表大会报告指出："提高海洋资源开发能力，发展海洋经济，保护海洋生态环境，坚决维护国家海洋权益，建设海洋强国。"这对发展海洋经济、开发海洋资源、维护海洋权益提出了更高的要求，创造了更广阔的发展空间。上海海洋大学应发挥自身优势，努力把握这一机遇，大力加强师资队伍建设，提高人才培养水平，切实提高知识创新和社会服务能力，成为海洋经济发展新的弄潮儿。

2007年，江泽民为学校题词"培育海洋科技人才，探究蓝色世界奥秘"，2012年为学校百年校庆再次题词"发扬优良传统，不断开拓创新，把上海海洋大学建设成为一流的高水平特色大学"，体现了老一辈国家领导人对海洋高等教育的殷切期望。这也是祖父当初创办水产学校的初衷——只有首先拥有高质量的海洋教育和一流的海洋人才,维护中国海权、发展海洋经济才有希望。

值此继往开来的历史时刻,上海海洋大学历时6年编修本志,是一项"功在当代,利在千秋"的事业。其中,必然付出了艰苦劳动和不懈努力,让人不免再次想起该校"勤朴忠实"的优良传统。抚今追昔,继往开来,此志的出版不仅为社会提供了一部史料丰富的文化巨著,也将有助于广大师生和校友更好地继承和发扬"勤朴忠实"精神,艰苦奋斗,自强不息,有助于社会各界更好地了解上海海洋大学发展历程,了解中国水产和海洋高等教育史,继续关心、支持海洋高等教育事业。

在此,衷心祝愿上海海洋大学为社会培养更多更好的高素质人才,创造出更多更好的科研成果,为海洋高等教育事业,为建设"海洋强国"作出新的贡献!

(作者系学校创办人张謇嫡孙,全国政协原常委、全国政协社会和法制委员会原副主任张绪武)

张绪武

2014年4月20日

凡 例

一、本志以马克思列宁主义、毛泽东思想、邓小平理论、"三个代表"重要思想、科学发展观为指导,深入贯彻习近平总书记系列重要讲话精神,坚持实事求是原则,力求全面、准确地记述上海海洋大学的发展历程。

二、本志记述时间上限自1904年张謇向清廷提议创办水产学校,下限至2011年底。

三、本志采用述、记、志、传、表、图、录等体裁记述,文字力求准确、朴实、严谨、简明、流畅。

四、本志由图片、序、凡例、目录、总述、大事记、正文、附录和索引组成,正文共12篇,篇下设章、节、目。

五、本志纪年,中华人民共和国成立前使用历史纪年,章内首次出现括注公元纪年,成立后采用公元纪年。记述中所称"解放前""解放后",系分别指1949年5月27日上海解放前、后。

六、本志人物分传略、简介、表及名录。传略记述已故人物,按卒年排列;简介记述健在人物,按生年排列。入选人物主要是学校创办人、校领导及在水产或海洋高等教育与学术研究上有贡献的学校人士。

七、特定名称、专业术语第一次出现时用全称,其后用简称。

八、本志行文规范依据《〈上海市志(1978—2010)〉编纂行文规范》。

九、本志资料主要来源于上海海洋大学档案馆、中国第二历史档案馆、上海市档案馆、宝山档案馆、南通档案馆、集美大学档案馆、中国水产科学研究院东海水产研究所干部人事档案室、浙江海洋大学干部人事档案室档案,报刊、专著和文章,部分有关文件、报刊、年鉴、领导讲话、专著、回忆录、访问录等,一般不注明出处。

目 录

序 …………………………………………………………………………… 张绪武 1	
凡例 …………………………………………………………………………………… 1	
总述 …………………………………………………………………………………… 1	
大事记 ………………………………………………………………………………… 15	

第一篇　组织机构 …………………… 79

概述 ……………………………………… 80

第一章　行政体系 …………………… 81

第一节　管理体制 …………………… 81
一、隶属关系 ………………………… 81
二、领导体制 ………………………… 82

第二节　机构设置 …………………… 84
一、校办公室 ………………………… 85
二、发展规划处 ……………………… 85
三、人事处 …………………………… 85
四、教务处 …………………………… 86
五、学生处 …………………………… 86
六、研究生部 ………………………… 87
七、科学技术处 ……………………… 87
八、财务与资产管理处 ……………… 87
九、外事处（港澳台办公室） ………… 88
十、后勤管理处 ……………………… 88
十一、保卫处 ………………………… 88
十二、实验室与设备管理处 ………… 89
十三、基建处 ………………………… 89
十四、监察处、审计处 ……………… 89

第二章　中国共产党上海海洋大学委员会 ……………………………… 90

第一节　党代会 ……………………… 90
第二节　机构设置 …………………… 93
一、党委办公室 ……………………… 93
二、党委组织部 ……………………… 93
三、党委宣传部 ……………………… 94
四、党委统战部 ……………………… 94
五、学生工作部 ……………………… 95
六、研究生工作部 …………………… 95
七、武装部 …………………………… 95
八、党校 ……………………………… 95

第三节　纪律检查委员会 …………… 96
一、机构设置 ………………………… 96
二、工作职责 ………………………… 97
三、纪检工作 ………………………… 97

第四节　基层党组织 ………………… 100
一、水产与生命学院党委 …………… 100
二、海洋科学学院党委 ……………… 100
三、食品学院党委 …………………… 100
四、经济管理学院党委 ……………… 100
五、信息学院党委 …………………… 101
六、工程学院党委 …………………… 101
七、人文学院党委 …………………… 101
八、外国语学院党委 ………………… 101
九、爱恩学院党总支 ………………… 101
十、成人教育学院党总支 …………… 101
十一、直属社会科学部党支部 ……… 101
十二、机关党委 ……………………… 102

十三、直属图书馆党支部 ············ 102
　　十四、直属现代信息与教育技术
　　　　　中心党支部 ················ 102
　　十五、直属离休干部党支部 ········ 102
　　十六、直属退休局级干部党
　　　　　支部 ························ 103
　第五节　党的建设 ···················· 104
　　一、组织思想建设 ················ 104
　　二、党员发展 ···················· 106
　第六节　干部工作 ···················· 108
　　一、在职干部 ···················· 108
　　二、老干部 ······················ 110
第三章　民主党派组织 ················ 112
　第一节　中国民主同盟上海海洋大学
　　　　　委员会 ···················· 112
　　一、组织 ························ 112
　　二、主要活动 ···················· 113
　第二节　九三学社上海海洋大学
　　　　　委员会（筹）················ 114
　　一、组织 ························ 114
　　二、主要活动 ···················· 115
　第三节　中国民主建国会上海海洋
　　　　　大学委员会 ················ 116
　　一、组织 ························ 116
　　二、主要活动 ···················· 116
　第四节　中国国民党革命委员会上海
　　　　　海洋大学支部委员会 ········ 117
　　一、组织 ························ 117
　　二、主要活动 ···················· 117
第四章　群众组织及工作机构 ·········· 119
　第一节　工会 ························ 119
　　一、组织 ························ 119
　　二、机构人员 ···················· 119
　　三、主要活动 ···················· 120
　第二节　教职工代表大会 ············ 123
　　一、教代会 ······················ 123
　　二、民主管理与监督 ·············· 123
　第三节　妇女工作委员会 ············ 124

　　一、主要活动 ···················· 124
　　二、荣誉奖项 ···················· 125
　第四节　计划生育委员会 ············ 126
　第五节　共青团 ······················ 127
　　一、组织 ························ 127
　　二、团代会 ······················ 128
　　三、团的建设与活动 ·············· 130
　第六节　学生组织 ···················· 134
　　一、学生会 ······················ 134
　　二、研究生会 ···················· 136
　　三、学生社团 ···················· 137
　第七节　校友会 ······················ 139
　　一、组织机构 ···················· 139
　　二、校友（联谊）分会 ············ 140
　　三、主要活动 ···················· 141
　第八节　社会团体 ···················· 143
　　一、上海海洋大学退（离）休教师
　　　　协会 ························ 143
　　二、上海海洋大学老教授协会 ······ 144
　　三、上海海洋大学关心下一代工作
　　　　委员会 ······················ 145
　　四、上海市欧美同学会上海海洋
　　　　大学分会 ···················· 145
第五章　其他机构与组织 ·············· 146
　第一节　历史上相关教育与科研
　　　　　机构 ························ 146
　　一、国立四川水产职业学校（江苏省
　　　　立水产职业学校）·············· 146
　　二、河北省立水产专科学校 ········ 147
　　三、国立高级水产职业学校 ········ 148
　　四、中国科学院上海水产研究所 ···· 148
　第二节　挂靠机构或组织 ············ 149
　　一、中央农业干部教育培训中心
　　　　上海海洋大学分院 ············ 149
　　二、农业部远洋渔业培训中心 ······ 151
　　三、中国水产学会水产学报杂
　　　　志社 ························ 153
　　四、农业部冷库及制冷设备质量

监督检验测试中心 …………… 154
　五、全国渔业节能协作组 ………… 156
　六、中国水产学会中国渔业史研究
　　　会办公室 ………………………… 157
　七、上海市水产学会 ……………… 158
　八、上海市渔业经济研究会 ……… 160
　九、上海市食品学会 ……………… 161
　十、上海市延安精神研究会 ……… 162

第二篇　教职工 …………………………… 165
　概述 ………………………………………… 166
　第一章　人事管理 ………………………… 168
　　第一节　机构人员 ……………………… 168
　　　一、机构 ……………………………… 168
　　　二、人员 ……………………………… 168
　　第二节　定编 …………………………… 169
　　第三节　任用 …………………………… 172
　　　一、聘用 ……………………………… 172
　　　二、录用 ……………………………… 172
　　　三、聘任 ……………………………… 172
　　第四节　考核 …………………………… 174
　　第五节　奖惩 …………………………… 177
　　第六节　退管会 ………………………… 177
　　　一、机构与制度 ……………………… 177
　　　二、活动与服务 ……………………… 178
　第二章　教师队伍建设 …………………… 180
　　第一节　师资培养 ……………………… 180
　　　一、实践中培养 ……………………… 180
　　　二、国内外进修 ……………………… 180
　　　三、人才引进 ………………………… 181
　　　四、外聘专家 ………………………… 182
　　　五、计划培养 ………………………… 182
　　　六、教师培训 ………………………… 183
　　　七、其他措施 ………………………… 183
　　第二节　学生思想政治教育队伍
　　　　　　建设 …………………………… 184
　第三章　专业技术职务 …………………… 186
　　第一节　岗位设置 ……………………… 186

　　第二节　岗位聘任 ……………………… 190
　第四章　工资、福利与社会保险 ………… 192
　　第一节　工资与福利 …………………… 192
　　　一、工资 ……………………………… 192
　　　二、津贴、补贴和福利 ……………… 199
　　　三、校内津贴 ………………………… 200
　　第二节　社会保险 ……………………… 202
　　　一、社会养老保险 …………………… 202
　　　二、社会医疗保险 …………………… 203
　　　三、社会失业保险 …………………… 203
　　　四、社会生育保险 …………………… 203
　　　五、社会工伤保险 …………………… 203
　　第三节　退休待遇 ……………………… 204
　第五章　博士后科研流动站 ……………… 206
　　第一节　设置 …………………………… 206
　　　一、水产一级学科博士后科研
　　　　　流动站 …………………………… 206
　　　二、食品科学与工程学科博士后
　　　　　科研流动站 ……………………… 208
　　第二节　管理 …………………………… 208
　　　一、博士后人员进出站 ……………… 208
　　　二、管理与服务 ……………………… 209

第三篇　本专科生教育 …………………… 211
　概述 ………………………………………… 212
　第一章　专业设置 ………………………… 214
　　第一节　本科专业 ……………………… 214
　　　一、农学 ……………………………… 215
　　　二、理学 ……………………………… 216
　　　三、工学 ……………………………… 217
　　　四、经济学 …………………………… 219
　　　五、管理学 …………………………… 219
　　　六、文学 ……………………………… 220
　　　七、法学 ……………………………… 220
　　第二节　专科专业 ……………………… 222
　第二章　教学 ……………………………… 225
　　第一节　教学计划 ……………………… 225
　　　一、课程设置 ………………………… 225

二、课程建设 …………… 231
　第二节　教材 ………………… 236
　　一、编译教材 …………… 236
　　二、统编教材 …………… 236
　　三、非统编教材 ………… 240
　　四、获奖教材 …………… 241
　第三节　实践教学 …………… 242
　第四节　体育 ………………… 245
　　一、体育教学 …………… 245
　　二、水上体育运动 ……… 246
　　三、群众性体育活动 …… 247
第三章　教学管理与改革 ……… 248
　第一节　教学管理组织 ……… 248
　第二节　教学质量管理 ……… 251
　第三节　教学评估 …………… 254
　第四节　教学改革 …………… 256
　　一、人才培养方案与培养模式
　　　　改革 ………………… 256
　　二、面向21世纪课程体系与教学
　　　　内容改革 …………… 259
　　三、2006年人才培养模式改革
　　　　 ……………………… 260
　　四、教学与教育研究成果 … 261
第四章　学生管理 ……………… 266
　第一节　机构与制度 ………… 266
　　一、管理机构 …………… 266
　　二、规章制度 …………… 267
　第二节　学籍管理 …………… 268
　　一、管理 ………………… 268
　　二、人数与结构 ………… 270
　第三节　奖励与处分 ………… 272
　　一、奖励 ………………… 272
　　二、处分 ………………… 273
　第四节　奖学助学 …………… 275
　　一、奖学 ………………… 275
　　二、助学 ………………… 276
　第五节　征兵 ………………… 278
第五章　招生与就业 …………… 280

　第一节　招生 ………………… 280
　　一、本科生 ……………… 280
　　二、专科生 ……………… 290
　第二节　就业 ………………… 294
　　一、本科毕业生 ………… 294
　　二、专科毕业生 ………… 302

第四篇　研究生教育 …………… 309
　概述 …………………………… 310
　第一章　学位与专业设置 …… 312
　　第一节　硕士生 …………… 312
　　　一、学位点设置 ………… 312
　　　二、课程体系 …………… 317
　　第二节　博士生 …………… 319
　　　一、学位点设置 ………… 319
　　　二、课程体系 …………… 321
　　第三节　专业学位 ………… 322
　　　一、类别及领域 ………… 322
　　　二、课程体系 …………… 324
　第二章　培养与管理 ………… 326
　　第一节　规章制度 ………… 326
　　第二节　队伍建设 ………… 328
　　　一、导师遴选与培训 …… 328
　　　二、学生管理队伍 ……… 332
　　第三节　质量管理 ………… 333
　　第四节　研究生科研活动 … 335
　　　一、主要活动 …………… 335
　　　二、优秀成果 …………… 337
　第三章　学位工作 …………… 339
　　第一节　学位评定委员会 … 339
　　第二节　学位管理与授予 … 339
　　　一、管理制度 …………… 339
　　　二、学位授予 …………… 340
　第四章　招生与就业 ………… 343
　　第一节　招生 ……………… 343
　　　一、类型与人数 ………… 343
　　　二、硕士生招生 ………… 345
　　　三、博士生招生 ………… 346

四、专业学位招生 …………… 347
　第二节　分配与就业 …………… 347

第五篇　思想教育与校园文化 … 349
概述 …………………………………… 350
第一章　思想政治教育 ……………… 352
　第一节　教职工思想政治教育 ……… 352
　　一、教育活动 …………………… 352
　　二、理论学习 …………………… 354
　第二节　学生思想政治教育 ……… 355
　　一、教育活动 …………………… 355
　　二、思想政治教育课 …………… 358
　　三、易班 ………………………… 359
　第三节　军事教育 ………………… 360
　　一、军训 ………………………… 360
　　二、军事理论课 ………………… 361
　第四节　校报 ……………………… 362
第二章　精神文明工作 ……………… 364
　第一节　创建活动 ………………… 364
　　一、文明礼貌教育 ……………… 364
　　二、文明单位创建 ……………… 364
　第二节　特色活动 ………………… 367
　　一、师德建设 …………………… 367
　　二、共建活动 …………………… 368
第三章　心理素质教育 ……………… 370
　第一节　咨询机构 ………………… 370
　　一、心理咨询中心 ……………… 370
　　二、上海市高校学生心理健康教育
　　　　与咨询示范中心 …………… 370
　第二节　队伍建设 ………………… 371
　第三节　主要工作 ………………… 372
第四章　校园文化 …………………… 374
　第一节　文化活动设施 …………… 374
　第二节　主要文化活动 …………… 374
　第三节　文化团体及协会 ………… 375
　　一、学生艺术团体 ……………… 375
　　二、教工文体协会 ……………… 376
　第四节　志愿服务 ………………… 376

　　一、大学生志愿者 ……………… 376
　　二、西部志愿者 ………………… 377
　　三、食品安全保障实习生 ……… 378
　　四、世博会志愿者 ……………… 378
　　五、科学商店 …………………… 379

第六篇　学科建设 …………………… 381
概述 …………………………………… 382
第一章　学科设置 …………………… 383
　第一节　规划 ……………………… 383
　第二节　管理 ……………………… 387
第二章　重点学科简介 ……………… 390
　第一节　国家重点学科 …………… 390
　　水产养殖 ………………………… 390
　第二节　农业部重点学科 ………… 391
　　一、水产养殖 …………………… 391
　　二、捕捞学 ……………………… 391
　　三、水产品加工及贮藏工程 …… 393
　第三节　上海市重点学科 ………… 393
　　一、水产养殖 …………………… 393
　　二、捕捞学 ……………………… 394
　　三、食品科学与工程 …………… 394
　　四、渔业经济与管理 …………… 394
　　五、水生生物学 ………………… 395
　第四节　上海市教育委员会重点
　　　　　学科 …………………… 396
　　一、水产养殖 …………………… 396
　　二、捕捞学 ……………………… 396
　　三、海洋生物学 ………………… 396
　　四、海洋环境工程 ……………… 397
　　五、食品经济管理 ……………… 397
　　六、食品质量与安全 …………… 398

第七篇　科学研究 …………………… 401
概述 …………………………………… 402
第一章　学术梯队与管理 …………… 404
　第一节　学术梯队 ………………… 404
　第二节　学术管理 ………………… 405

一、校学术委员会 …………… 405
　　二、科研管理制度 …………… 406
第二章　主要科研活动与成果 ………… 408
　第一节　主要科研活动 ………… 408
　　一、鱼类学 …………………… 408
　　二、水产养殖 ………………… 410
　　三、海洋捕捞 ………………… 421
　　四、渔业资源 ………………… 425
　　五、渔业机械 ………………… 425
　　六、水产品加工及贮藏工程 … 427
　　七、渔业经济与管理 ………… 430
　第二节　主要奖项与专利 ……… 430
　　一、主要奖项 ………………… 430
　　二、专利 ……………………… 440
第三章　国家和省部级实验研究
　　　　机构 ……………………… 441
　第一节　重点实验室 …………… 441
　　一、水产种质资源发掘与利用省部
　　　　共建教育部重点实验室 … 441
　　二、大洋渔业资源可持续开发省部
　　　　共建教育部重点实验室/大洋
　　　　生物资源可持续开发和利用
　　　　上海高校重点实验室 …… 442
　　三、农业部淡水水产种质资源重点
　　　　实验室 …………………… 443
　第二节　研究中心 ……………… 443
　　一、国家远洋渔业工程技术研究
　　　　中心/上海远洋渔业工程技
　　　　术研究中心 ……………… 443
　　二、农业部鱼类营养与环境研究
　　　　中心 ……………………… 444
　　三、农业部团头鲂遗传育种中心 … 445
　　四、水域环境生态上海高校工程
　　　　研究中心 ………………… 445
　　五、上海市水产养殖工程技术研究
　　　　中心 ……………………… 446
　第三节　病原库与实验站 ……… 446
　　一、农业部渔业动植物病原库 … 446

　　二、农业部大洋渔业资源环境科学
　　　　观测实验站 ……………… 446
第四章　综合研究平台 ………………… 448
　第一节　中国渔业发展战略研究
　　　　　中心 …………………… 448
　第二节　上海高校水产养殖学E-研
　　　　　究院 …………………… 448
　第三节　海洋科学研究院 ……… 449
　　一、机构设置 ………………… 449
　　二、研究机构简介 …………… 449
　第四节　农业研究院 …………… 456
第五章　学术交流 ……………………… 457
　第一节　重要学术活动 ………… 457
　　一、国内交流 ………………… 457
　　二、境外交流 ………………… 458
　第二节　科技服务与产学研合作 … 459
　　一、管理 ……………………… 459
　　二、科技服务 ………………… 459
　　三、教授博士科技服务团 …… 461
　　四、全国农业科技入户示范
　　　　工程 ……………………… 462
第六章　学术出版物 …………………… 463
　第一节　辞书 …………………… 463
　　一、大型辞书 ………………… 463
　　二、其他辞书 ………………… 467
　第二节　《上海海洋大学学报》 … 468
　　一、出版机构 ………………… 468
　　二、学术影响 ………………… 468

第八篇　教育设施 …………………… 471
　概述 ……………………………… 472
　第一章　教学实验室 …………… 473
　　第一节　建设 ………………… 473
　　第二节　管理 ………………… 478
　　　一、机构人员 ……………… 478
　　　二、管理措施及制度 ……… 479
　第二章　图书馆 ………………… 481
　　第一节　机构设置 …………… 481

第二节　馆藏 …………………… 482
　　第三节　管理与服务 …………… 485
　　　一、规章制度 …………………… 485
　　　二、基本服务 …………………… 485
　　　三、信息服务 …………………… 487
　　　四、其他 ………………………… 488
　第三章　现代信息与教育技术中心 …… 490
　　第一节　机构设置 ……………… 490
　　第二节　网络 …………………… 491
　　　一、校园网络 …………………… 491
　　　二、数字校园软件平台 ………… 492
　　第三节　网站 …………………… 493
　　　一、上海海洋大学网 …………… 493
　　　二、中国水产网 ………………… 493
　第四章　教学实习设施 ………………… 495
　　第一节　实习船 ………………… 495
　　第二节　教学基地 ……………… 496
　　　一、淡水养殖实习基地 ………… 496
　　　二、海水养殖实习基地 ………… 497
　　　三、洋山港生态系统野外科学观测
　　　　　研究站 ……………………… 498
　　第三节　实习工厂 ……………… 498
　　　一、金工厂 ……………………… 498
　　　二、其他 ………………………… 499
　第五章　档案馆 ………………………… 501
　　第一节　机构设置 ……………… 501
　　第二节　建设与利用 …………… 501
　　　一、硬件建设 …………………… 501
　　　二、软件建设 …………………… 501
　　　三、档案利用 …………………… 503
　　第三节　馆藏档案 ……………… 504
　第六章　校史馆 ………………………… 506
　　第一节　管理 …………………… 506
　　第二节　建设与利用 …………… 506
　第七章　博物馆 ………………………… 508
　　第一节　鱼类标本室 …………… 508
　　第二节　鲸馆 …………………… 509
　第八章　体育设施 ……………………… 511

　　第一节　建设 …………………… 511
　　第二节　场馆设施 ……………… 511
　　　一、军工路校区 ………………… 511
　　　二、厦门集美校区 ……………… 511
　　　三、学海路校区 ………………… 512
　　　四、沪城环路校区 ……………… 512

第九篇　对外交流与合作 ……………… 513
　概述 ………………………………… 514
　第一章　留学生 ………………………… 515
　　第一节　招生 …………………… 515
　　　一、专业设置 …………………… 515
　　　二、入学条件 …………………… 517
　　　三、申请与录取 ………………… 517
　　第二节　教学 …………………… 517
　　第三节　管理 …………………… 518
　　　一、机构制度 …………………… 518
　　　二、日常管理 …………………… 518
　第二章　国际合作及港澳台合作 ……… 520
　　第一节　国际组织合作 ………… 520
　　　一、与联合国粮农组织(FAO)
　　　　　合作 ………………………… 520
　　　二、与日本国际农林水产研究中心
　　　　　合作 ………………………… 520
　　　三、与国际渔业管理组织合作 … 520
　　第二节　国际会议 ……………… 521
　　第三节　专家聘请 ……………… 523
　　　一、聘请规定 …………………… 523
　　　二、聘请情况 …………………… 525
　　第四节　合作 …………………… 527
　　　一、校际合作 …………………… 527
　　　二、合作科研 …………………… 529
　　　三、合作办学 …………………… 532
　　第五节　互派互访 ……………… 533
　　　一、来访 ………………………… 533
　　　二、出访 ………………………… 535
　　第六节　国际馈赠 ……………… 535
　　　一、"浦苓号"实习船 …………… 535
　　　二、长仓文库 …………………… 536

第十篇 经费、后勤与校办产业 537
概述 538
第一章 经费 539
第一节 管理 539
一、机构人员 539
二、财务体制 539
三、财务规章制度 539
第二节 教育经费 542
一、预算与决算 542
二、教育收费 547
三、办学资金资助与贷款 548
四、专项经费 549
第三节 科研经费 549
第四节 基本建设经费 550
第五节 学校基金 552
第六节 世界银行农业教育贷款 552
一、申报与使用 552
二、建设项目 554
三、项目评价与审计 556
第七节 审计 557
一、管理制度 557
二、审计内容 557
第二章 校区建设 559
第一节 吴淞炮台湾校区 559
第二节 复兴岛校区 559
第三节 军工路校区 560
第四节 厦门集美校区 563
第五节 学海路校区 563
第六节 沪城环路校区 564
第三章 资产与物资管理 567
第一节 房地产管理 567
一、校内公用房地产管理 567
二、校外实习基地管理 567
三、教职工住宅房地产管理 568
第二节 物资设备采购 569
一、机构与制度建设 569
二、采购情况 570
第三节 资产设备管理 571
一、机构与制度建设 571
二、资产管理 572
第四章 后勤服务 574
第一节 管理机构 574
第二节 餐饮膳食设施和管理 574
一、设施建设 574
二、管理 575
第三节 学生宿舍 575
一、设施建设 575
二、管理 576
第四节 交通与生活服务 577
一、交通服务 577
二、接待服务 577
三、电信服务 578
第五节 校园环境与卫生 578
一、环境绿化 578
二、环境卫生 579
第六节 医疗保健 580
一、机构、人员与制度建设 580
二、医疗设施和业务 580
三、预防保健 581
第五章 校办产业 582
第一节 校办企业 582
第二节 资产经营公司 584
第六章 安全保卫 586
第一节 治安管理 586
一、机构与制度建设 586
二、措施 586
第二节 消防管理 588
一、制度建设 588
二、措施 588
第三节 户籍管理 589

第十一篇 学院(部) 591
概述 592
第一章 院系设置 593
第一节 科 593
第二节 系(部) 594

第三节 学院（部） ……………… 594
第二章 学院（部）简介 ……………… 597
　第一节 水产与生命学院 ………… 597
　第二节 海洋科学学院 …………… 599
　第三节 食品学院 ………………… 601
　第四节 经济管理学院 …………… 604
　第五节 信息学院 ………………… 605
　第六节 工程学院 ………………… 607
　第七节 人文学院 ………………… 608
　第八节 外国语学院 ……………… 609
　第九节 爱恩学院 ………………… 610
　第十节 成人教育学院 …………… 611
　第十一节 高等职业技术学院 …… 612
　第十二节 国际文化交流学院 …… 613
　第十三节 社会科学部 …………… 613

第十二篇　人物 ……………… 615

第一章 人物传略 ……………………… 617
　第一节 主要创办人 ……………… 617
　　张 謇 ……………………………… 617
　　黄炎培 …………………………… 617
　第二节 学校领导 ………………… 618
　　张 鏐 …………………………… 618
　　侯朝海 …………………………… 618
　　冯立民 …………………………… 619
　　张楚青 …………………………… 619
　　刘宠光 …………………………… 619
　　方 原 …………………………… 620
　　何保源 …………………………… 620
　　朱元鼎 …………………………… 621
　　王薰香 …………………………… 621
　　高耘樵 …………………………… 622
　　黄亚成 …………………………… 622
　　刘 忠 …………………………… 622
　　刘怀庆 …………………………… 622
　　范纬青 …………………………… 623
　　刘金鼎 …………………………… 623
　　曹正之 …………………………… 623
　　王文锐 …………………………… 624
　　孟庆闻 …………………………… 624
　　高 山 …………………………… 625
　　林辉煌 …………………………… 625
　　骆肇荛 …………………………… 625
　第三节 教授专家 ………………… 626
　　李东芗 …………………………… 626
　　王以康 …………………………… 626
　　张丹如 …………………………… 627
　　陈子英 …………………………… 627
　　张友声 …………………………… 628
　　翁斯鑑 …………………………… 628
　　戴岂心 …………………………… 629
　　王贻观 …………………………… 629
　　施 彬 …………………………… 629
　　华汝成 …………………………… 630
　　骆启荣 …………………………… 630
　　马凌云 …………………………… 630
　　王 刚 …………………………… 630
　　郑 刚 …………………………… 631
　　金有坤 …………………………… 631
　　黄世蕉 …………………………… 632
　　殷名称 …………………………… 632
　　韩家学 …………………………… 632
　　宋德芳 …………………………… 632
　　施正峰 …………………………… 633
　　吕美华 …………………………… 633
　　高鸿章 …………………………… 633
　　纪成林 …………………………… 634
　　应光彩 …………………………… 634
　　黄金陵 …………………………… 634
　　肖树旭 …………………………… 635
　　季星辉 …………………………… 635
　　胡鹤永 …………………………… 635
　　陆 桂 …………………………… 636
　　徐世琼 …………………………… 636
　　林焕章 …………………………… 636
　　葛光华 …………………………… 637

李应森	637	王锡珩	650
第二章 人物简介	638	黄琪琰	650
第一节 学校领导	638	严伯奋	651
郭子郁	638	梁象秋	651
胡友庭	638	徐文达	651
乐美龙	638	伍汉霖	651
赵长春	639	苏锦祥	652
顾景镠	639	詹秉义	652
王克忠	640	王道尊	653
陈　坚	640	何苏麟	653
李道恒	640	姜仁良	653
杨慧如	640	杨和荃	654
周应祺	641	章可畏	654
林樟杰	641	王　慥	654
曹德超	642	林雅年	654
叶　骏	642	楼允东	655
潘迎捷	642	朱学宝	655
黄晞建	643	崔建章	656
顾乃达	643	蔡学廉	656
黄硕琳	643	陈马康	656
万　峰	644	赵维信	657
吴嘉敏	644	胡明堉	657
程裕东	645	李思发	657
虞丽娟	645	臧维玲	658
封金章	645	葛茂泉	658
第二节 院士	646	蔡完其	659
丁德文	646	张克俭	659
潘德炉	646	马家海	659
第三节 教授专家	647	王　武	660
达式奎	647	周培根	660
王义强	647	沈月新	660
谭玉钧	647	周洪琪	661
冯志哲	648	陈有容	661
王季襄	648	童吉美	661
黄志斌	648	孙满昌	662
王素娟	649	朱永兴	662
王尧耕	649	管伟康	662
王瑞霞	650	殷肇君	663

王英华 ……………………… 663
　　陈天及 ……………………… 663
　　任明荣 ……………………… 664
　　张相国 ……………………… 664
　　杨先乐 ……………………… 664
　　骆　乐 ……………………… 665
　　许柳雄 ……………………… 665
　　杨福馨 ……………………… 665
　　严兴洪 ……………………… 666
　　李伟明 ……………………… 666
　　李家乐 ……………………… 667
　　成永旭 ……………………… 667
　　何世钧 ……………………… 667
　　陈新军 ……………………… 668
第三章　人物表、名录 ……………… 669
　第一节　主要社会兼职人员 ……… 669
　第二节　享受国务院政府特殊津贴
　　　　　人员 ……………………… 670
　　1991—2011年享受国务院政府特殊
　　津贴人员(94人) ………………… 670
　第三节　2011年高级专业技术职务
　　　　　人员名录 ………………… 670
　　正高级(110人) …………………… 670
　　副高级(259人) …………………… 671
　第四节　教职工名录 ……………… 671
　　一、1913年1月—1915年3月江苏
　　　　省立水产学校(57人) ……… 671
　　二、1922年江苏省立水产学校
　　　　(41人) ……………………… 672
　　三、1949年上海市立吴淞水产专科
　　　　学校(39人) ………………… 672
　　四、1951年第一学期上海水产专科
　　　　学校(110人) ………………… 672
　　五、1952年上海水产学院
　　　　(186人) ……………………… 672
　　六、1965年上海水产学院
　　　　(638人) ……………………… 673
　　七、1978年厦门水产学院

　　　　(980人) ……………………… 675
　　八、1985年上海水产大学
　　　　(929人) ……………………… 677
　　九、1993年上海水产大学
　　　　(810人) ……………………… 680
　　十、2000年上海水产大学
　　　　(788人) ……………………… 682
　　十一、2008年上海海洋大学教职工
　　　　(969人) ……………………… 684
　　十二、2011年上海海洋大学
　　　　(1 015人) …………………… 686

附录 ………………………………… 691
　江苏省立水产学校概况报告书 …… 693
　江苏省立水产学校十寅纪念册 …… 695
　江苏省立水产学校学生会月刊发
　　刊词 ………………………………… 696
　华东军政委员会教育部通知 ……… 697
　国务院、中央军委关于六所高等院
　　校的体制调整和领导关系问题
　　的通知 ……………………………… 697
　福建省革命委员会关于上海水产
　　学院迁往厦门的通知 ……………… 698
　中华人民共和国教育部、国家水产
　　总局关于恢复上海水产学院的
　　通知 ………………………………… 698
　中共上海市水产局委员会转发《关
　　于成立上海水产学院筹备组的
　　通知》 ……………………………… 699
　关于上海水产学院更改校名的批复
　　 …………………………………… 699
　关于同意上海水产大学更名为上海
　　海洋大学的通知 …………………… 699

索引 ………………………………… 700
　主题词索引 ………………………… 700
　人名索引 …………………………… 705
　表格索引 …………………………… 710

编后记 ……………………………… 715

CONTENTS

Preface by Zhang Xu-wu 1
Explanatory Notes 1
Overview 1
Chronicle of Events 15

Article One Organizations and Administrative Structures 79
    Summary 80
    Chapter 1   Administrative System 81
        1.1.1   *Management System* 81
        1.1.2   *Management Branches* 84
    Chapter 2   SHOU Committee of the Communist Party of China 90
        1.2.1   *The Party Congress* 90
        1.2.2   *Management Branches* 93
        1.2.3   *The Committee for Discipline Inspection* 96
        1.2.4   *Primary Party Organizations* 100
        1.2.5   *Party Construction* 104
        1.2.6   *Cadres Management* 108
    Chapter 3   Democratic Parties 112
        1.3.1   *SHOU Committee of China Democratic League* 112
        1.3.2   *SHOU Committee of China Jiusan Society (Preparatory)* 114
        1.3.3   *SHOU Committee of China Democratic National Construction Association*
                116
        1.3.4   *SHOU Branch of the Revolutionary Committee of China Kuomintang* 117
    Chapter 4   Mass Organizations and Their Departments 119
        1.4.1   *Labour Union* 119
        1.4.2   *Staff Congress* 123
        1.4.3   *Committees of Women's Affairs* 124
        1.4.4   *Committees of Family Planning* 126
        1.4.5   *Communist Youth League* 127

1.4.6	*Students Organizations*	134
1.4.7	*Alumni Association*	139
1.4.8	*Social Organizations*	143

Chapter 5　Other Organizations and Associations in the Campus ·········· 146
 1.5.1　*Related Education and Research Institutions in History* ········· 146
 1.5.2　*Affiliate Organizations* ·········· 149

Article Two　Faculty and Staff ·········· 165

Summary ·········· 166
Chapter 1　Personnel Administration ·········· 168
 2.1.1　*Institution and Personnel* ·········· 168
 2.1.2　*Quotum of Faculty* ·········· 169
 2.1.3　*Appointment* ·········· 172
 2.1.4　*Evaluation* ·········· 174
 2.1.5　*Rewards and Penalties* ·········· 177
 2.1.6　*The Administrative Committee of the Retired Staffs Services* ·········· 177
Chapter 2　Faculty Development ·········· 180
 2.2.1　*Faculty Training* ·········· 180
 2.2.2　*Improvement of the Students Ideological and Political Education* ·········· 184
Chapter 3　Professional and Technical Positions ·········· 186
 2.3.1　*Post Setting* ·········· 186
 2.3.2　*Employment* ·········· 190
Chapter 4　Wages, Welfare and Social Security Benefits ·········· 192
 2.4.1　*Wages and Welfare* ·········· 192
 2.4.2　*Social Security Benefits* ·········· 202
 2.4.3　*Retirement Policy* ·········· 204
Chapter 4　Post Doctoral Research Station ·········· 206
 2.5.1　*Station Setup* ·········· 206
 2.5.2　*Management and Administration* ·········· 208

Article Three　University Education ·········· 211

Summary ·········· 212
Chapter 1　Disciplines ·········· 214
 3.1.1　*Undergraduate Majors* ·········· 214
 3.1.2　*Specialty* ·········· 222
Chapter 2　Teaching ·········· 225

3.2.1	*Teaching Plan*	225
3.2.2	*Teaching Materials*	236
3.2.3	*Practical Teaching*	242
3.2.4	*Physical Education*	245

Chapter 3　Teaching Management and Reform ······ 248
    3.3.1　*Teaching Management Organization* ······ 248
    3.3.2　*Ensure Teaching Quality* ······ 251
    3.3.3　*Teaching Evaluation* ······ 254
    3.3.4　*Teaching Reform* ······ 256

Chapter 4　Student Management ······ 266
    3.4.1　*Management Organization and System* ······ 266
    3.4.2　*Students Status Management* ······ 268
    3.4.3　*Awards and Penalties* ······ 272
    3.4.4　*Scholarships and Grants* ······ 275
    3.4.5　*Students Conscription* ······ 278

Chapter 5　Admission and Employment ······ 280
    3.5.1　*Admission* ······ 280
    3.5.2　*Employment* ······ 294

Article Four　Postgraduate Education of Graduate Study ······ 309

Summary ······ 310

Chapter 1　Degree and Professional ······ 312
    4.2.1　*Master Graduate Students* ······ 312
    4.2.2　*Doctoral Students* ······ 319
    4.2.3　*Specialized Degree* ······ 322

Chapter 2　Education and Management ······ 326
    4.2.1　*Rules and Regulations* ······ 326
    4.2.2　*Tutor Team Construction* ······ 328
    4.2.3　*Teaching Quality Management* ······ 333
    4.2.4　*Graduate Student Research Activities* ······ 335

Chapter 3　Degree Awarding System ······ 339
    4.3.1　*Degree Examination Committee* ······ 339
    4.3.2　*Administration of Degree Confirmation Process and Awarding* ······ 339

Chapter 4　Admission and Employment ······ 343
    4.4.1　*Admission* ······ 343
    4.4.2　*Job Assignment and Employment* ······ 347

Article Five Ideological Education and Campus Culture ... 349
    Summary ... 350
    Chapter 1 Ideological and Political Education ... 352
        5.1.1 *Ideological and Political Education of Staffs* ... 352
        5.1.2 *Ideological and Political Education of Students* ... 355
        5.1.3 *Military Education* ... 360
        5.1.4 *SHOU Newspaper* ... 362
    Chapter 2 Promotion of Spiritual Civilization ... 364
        5.2.1 *Constructive Activities* ... 364
        5.2.2 *Characteristic Activities* ... 367
    Chapter 3 Psychological Quality Education ... 370
        5.3.1 *Psychological Consultative Agency* ... 370
        5.3.2 *Team Building* ... 371
        5.3.3 *Chief Events* ... 372
    Chapter 4 Campus Culture ... 374
        5.4.1 *Cultural Activities Facilities* ... 374
        5.4.2 *Major Cultural Activities* ... 374
        5.4.3 *Cultural Groups and Associations* ... 375
        5.4.4 *Voluntary Service* ... 376

Article Six Academic Disciplines ... 381
    Summary ... 382
    Chapter 1 Discipline Program ... 383
        6.1.1 *Program system* ... 383
        6.1.2 *Management* ... 387
    Chapter 2 Introduction to Key Disciplines ... 390
        6.2.1 *State-level Key Disciplines* ... 390
        6.2.2 *Agricultural Ministry Level Key Disciplines* ... 391
        6.2.3 *Shanghai Municipal Level Key Disciplines* ... 393
        6.2.4 *Shanghai Education Committee Level Key Disciplines* ... 396

Article Seven Scientific Research ... 401
    Summary ... 402
    Chapter 1 Academic Team and Management ... 404
        7.1.1 *Academic Team* ... 404
        7.1.2 *Academic Management* ... 405

Chapter 2   Major Scientific Activities and Achievements 408
   7.2.1   Major Scientific Activities 408
   7.2.2   Major Awards and Patents 430
Chapter 3   National and Provincial Level Experimental Research Institute 441
   7.3.1   Key Laboratories 441
   7.3.2   Research Center 443
   7.3.3   Pathogen and Experimental Station 446
Chapter 4   Comprehensive Research Platform 448
   7.4.1   China Fishery Development Strategy Research Center 448
   7.4.2   Aquaculture E-Institute of Shanghai Universities 448
   7.4.3   Marine Sciences Research Institute 449
   7.4.4   Agriculture Research Institutes 456
Chapter 5   Academic Exchanges 457
   7.5.1   Major Academic Events 457
   7.5.2   Scientific-Technological Extension Services and Enterprise, Academy and Research Combination 459
Chapter 6   Academic Publications 463
   7.6.1   Dictionary 463
   7.6.2   Journal of Shanghai Ocean University 468

Article Eight   Educational Facilities 471
   Summary 472
   Chapter 1   Teaching Laboratories 473
      8.1.1   Construction 473
      8.1.2   Management 478
   Chapter 2   Library 481
      8.2.1   Management Branches 481
      8.2.2   Collection 482
      8.2.3   Services and Management 485
   Chapter 3   Modern Information and Educational Technology Service Center 490
      8.3.1   Management Branches 490
      8.3.2   Campus network 491
      8.3.3   Website 493
   Chapter 4   Teaching and Practice Facilities 495
      8.4.1   Fshing Boats for Internship Practice 495
      8.4.2   Teaching Base 496

	8.4.3	*Practice Factory*	498
Chapter 5		Archives	501
	8.5.1	*Management Branches*	501
	8.5.2	*Construction and Utilization*	501
	8.5.3	*Collections of the Archives*	504
Chapter 6		History Museum of SHOU	506
	8.6.1	*Management*	506
	8.6.2	*Construction and Utilization*	506
Chapter 7		Museums	508
	8.7.1	*Fish Specimen Museum*	508
	8.7.2	*Whale Museum*	509
Chapter 8		Physical Education Facilities	511
	8.8.1	*Construction*	511
	8.8.2	*Sports Venues*	511

Article Nine   International Exchanges and Collaboration ⋯ 513

Summary ⋯ 514

Chapter 1   International Students ⋯ 515
- 9.1.1 *Admission* ⋯ 515
- 9.1.2 *Teaching* ⋯ 517
- 9.1.3 *Administration* ⋯ 518

Chapter 2   International Collaboration and Cooperation between Hong Kong, Macao, and Taiwan ⋯ 520
- 9.2.1 *Collaboration with International Organization* ⋯ 520
- 9.2.2 *International Conference* ⋯ 521
- 9.2.3 *Hiring of the International Scholars and Experts* ⋯ 523
- 9.2.4 *Collaboration* ⋯ 527
- 9.2.5 *Exchanges and Visits* ⋯ 533
- 9.2.6 *International Donation* ⋯ 535

Article Ten   Funding, Logistics and Campus-based Property ⋯ 537

Summary ⋯ 538

Chapter 3   Funding ⋯ 539
- 10.1.1 *Management* ⋯ 539
- 10.1.2 *Education fund* ⋯ 542
- 10.1.3 *Research funds* ⋯ 549

10.1.4	Basic Construction Funding	550
10.1.5	University Fund	552
10.1.6	The World Bank Loan for Enhance the Agricultural Education	552
10.1.7	Auditing	557

Chapter 2　Campus Construction ······ 559
 10.2.1　Woosong Port Campus ······ 559
 10.2.2　Fuxing Island Campus ······ 559
 10.2.3　Jungong Road Campus ······ 560
 10.2.4　Jimei, Xiamen Campus ······ 563
 10.2.5　Xuehai Road Campus ······ 563
 10.2.6　Hucheng Ring Road Campus ······ 564

Chapter 3　Property Management and Suppliers Purchase ······ 567
 10.3.1　Real Estate Management ······ 567
 10.3.2　Suppliers and Equipment Purchase ······ 569
 10.3.3　Suppliers and Equipment Management ······ 571

Chapter 4　Logistics Services ······ 574
 10.4.1　Management organization ······ 574
 10.4.2　Catering Management and Services ······ 574
 10.4.3　Students Dormitory ······ 575
 10.4.4　Transportation and Living Condition Support Services ······ 577
 10.4.5　Campus Environment and Hygiene ······ 578
 10.4.6　Medical Care ······ 580

Chapter 5　University property ······ 582
 10.5.1　University Enterprises ······ 582
 10.5.2　Asset Operation Company ······ 584

Chapter 6　Security Guard ······ 586
 10.6.1　Security Management ······ 586
 10.6.2　Fire Fighting and Protection ······ 588
 10.6.3　Household Register Management ······ 589

Article Eleven　College(Department) ······ 591
 Summary ······ 592
 Chapter 1　Department setting ······ 593
  11.1.1　Subject ······ 593
  11.1.2　Department ······ 594
  11.1.3　College(Department) ······ 594

  Chapter 2 Introduction to College (Department) ······ 597
   11.2.1 College of Fisheries and Life Science ······ 597
   11.2.2 College of Marine Sciences ······ 599
   11.2.3 College of Food Science and Technology ······ 601
   11.2.4 College of Economics and Management ······ 604
   11.2.5 College of Engineering ······ 605
   11.2.6 College of Information Technology ······ 607
   11.2.7 College of Humanities ······ 608
   11.2.8 College of Foreign Languages ······ 609
   11.2.9 AIEN Institute ······ 610
   11.2.10 College of Continuing Education ······ 611
   11.2.11 College of Higher Technical and Vocational Education ······ 612
   11.2.12 College of International Cultural Exchange ······ 613
   11.2.13 Department of Social Science ······ 613

Article Twelve Personages ······ 615
  Chapter 1 Character Biography ······ 617
   12.1.1 Principal Founders ······ 617
   12.1.2 University Leaders ······ 618
   12.1.3 Professors and Experts ······ 626
  Chapter 2 Introduction to the Characters ······ 638
   12.2.1 University Leaders ······ 638
   12.2.2 Academicians ······ 646
   12.2.3 Professors and Experts ······ 647
  Chapter 3 Personages List ······ 669
   12.3.1 Major Social Part-time Staff ······ 669
   12.3.2 Faculty List of Enjoying Special Government Allowances of the State Council ······ 670
   12.3.3 2011 Senior Professional and Technical Personnel List ······ 670
   12.3.4 Staff List ······ 671

Appendix ······ 691
Indexes ······ 700
Afterword ······ 715

总 述

上海海洋大学前身是民国元年(1912年)创办于吴淞炮台湾的江苏省立水产学校。至2011年历经百年沧桑,由初创时的甲种实业学校发展成为以海洋、水产与食品等学科为优势和特色,理、工、农、经、管、文、法多学科协调发展的高等学府。

艰难困苦,玉汝于成。学校筹创于清末海权旁落、民族危亡之际;成长于百废待兴、百业待举的新中国;发展于改革开放、构建和谐的新时代。学校秉承"勤朴忠实"的校训精神,始终与国家发展同呼吸、共命运。建校迄今,不断适应时代进步与社会发展需要,坚持教学与实践相结合、科研与生产相结合、创新与服务相结合,为国家培养了数以万计、遍布五湖四海的专门人才,为国家水产、食品和海洋等事业作出了突出贡献。

今日上海海洋大学主校区,位于上海市浦东新区沪城环路999号,以勇立潮头、海纳百川的英姿,为建设"海洋强国"乘风破浪、再展宏图。

一

学校在百年发展历程中,历经5次搬迁、11次更名,从创业之初仅仅租房数间、教师数人、学生数十人,发展到今天历史底蕴深厚、学科门类多元、科研实力雄厚,拥有校园建筑38万平方米、教职工1 000余人、本科生11 000余人、硕士和博士研究生2 000多人的海洋高等学府。

(一)

清朝末期,沙俄、德、日等国对我沿海侵渔猖獗。翰林院修撰张謇愤于"中国渔政久失,士大夫不知海权",明确指出"渔业者,海线之标识也",于光绪三十年(1904年)向清廷商部奏议创办水产学校,以"护渔权,张海权",并与苏松沪道袁树勋商议,拟在吴淞炮台湾拨公地为校址。

水产学校为专门学校,需招收具一定基础的预备人才。为此,张謇与樊时勋、郭淑霞于光绪三十二年先行创办渔业学校,设于吴淞炮台湾海军公所。宣统二年(1910年),张謇请准江苏省都督程德全拨海军营地为校址,筹建水产学校。宣统三年,江苏谘议局议决设立水产学校,因政权更替,未及设立。民国元年初,江苏省临时省议会知会于民国元年预算案内议决"设立水产学校,亟应派员筹办开校事宜",共拨经常费银一万九千六百八十八元,临时费银三万元,由黄炎培统筹规划、组织实施,委任日本东京水产讲习所归国留学生张镠为建校筹办员。

江苏省立水产学校于民国元年正式成立。民国2年起,在吴淞炮台湾建设校舍,历时7年,分4期完成校舍建设,总面积3 000平方米,占地4.67公顷(70亩)。

学校初设渔捞、制造2科,学制四年。民国9年增设贝扣职工科,民国10年增设养殖科、编网职工科,民国13年、14年先后增设航海专科、远洋渔业专科,开始高等专科教育。

学校从严施教。"凡品行方正、学业优良、足为同学之模范者",选拔为特待生。一学年主要科目中有一科目在丁等以下者不得晋级,学业怠惰两学年不晋级者即令退学。学生中的佼佼者,先后有数十人被选派到日本留学。其中,张柱尊、沙玉嘉、张楚青、陈廷煦、姚詠平、陈谋琅、冯立民、侯朝海等,学成归国后成为学校和水产界骨干。

学校实验实习设施日渐完善,先后配备"淞航号""海丰号""集美2号"实习船;以清光绪三十二年中国渔业公司参加意大利米兰万国渔业博览会参展标本、模型及外国赠品等为教具,并配备实验实习设施。民国11年在昆山周墅建淡水养殖场。

民国16年11月,国民政府实行大学区制,学校更名为第四中山大学农学院水产学校,归中央大学区教育行政院高等教育处管辖。民国17年2月,大学院颁布第165号训令,将第四中山大学易名为江苏大学,学校随之更名为江苏大学农学院水产学校。由于师生普遍反对,同年5月再次更名为国立中央大学,学校随之更名为国立中央大学农学院水产学校。民国18年7月,国民政府教育部下令停止实施大学区制,学校恢复江苏省立水产学校校名。

民国26年"八一三"事变,校舍毁于日本侵华军炮火,被夷为平地,学校被迫暂停办学。民国元年至26年,学校共招收学生23届,毕业学生479人,大都成为中国早期水产、食品、航运界骨干。

抗日战争期间,部分师生辗转至四川合川。为维续水产教育,经江苏省立水产学校校友会等呼吁,国民政府教育部于民国28年4月18日批准在四川合川国立第二中学设立水产部,分发战区学生入学,学习水产普通科,兼学制造和养殖,学制三年。后经国民政府参政会参政员黄炎培等提议,先后经国民政府参政会第三届一次会议及国民党五届十中全会通过,于民国32年1月将第二中学水产部正式改组为国立四川水产职业学校,设制造、养殖两科,学制三年。次年秋,增设渔捞科。

抗日战争胜利后,经侯朝海等校友奔波和积极筹划,上海市政府于民国36年6月批准,在上海复兴岛复校,定名为上海市立吴淞水产专科学校。1949年6月,上海市军事管制委员会接管学校。11月,江苏省立水产职业学校并入学校,设为职业部。1951年3月,更名为上海水产专科学校。同年,国立高级水产职业学校(浙江乍浦)并入,与职业部合并组建为附设水产技术学校。

复校时教学设施简陋,校址在复兴岛国民政府行政院善后救济总署渔业善后物资管理处。1949年9月,上海市人民政府房地产管理处调拨宝通路100号凌州中学校舍为临时校舍。次年5月,迁入中山北路大夏大学(今华东师范大学)群贤堂办学。1951年5月,学校迁入军工路334号(原中央水产实验所),占地6.23公顷(93.5亩);同时获军工路580号18.24公顷(273.6亩)土地。教学实习船先后有"海宁号""华鲣号""华鲔号"。

民国37年,在校学生119人,教职员工38人,其中教师23人。1951年4月,在校学生305人,教职员工110人,其中教师近70人,正、副教授和讲师47人。1950年、1951年共培养两届毕业生计53人。

(二)

1950年2月,国家副主席朱德指出,"要有信心有计划地来推进我国的渔业生产,使它和农业、工业同时发展起来"。为适应"建设新中国之渔业"的人才培养需要,在全国高等学校院系调整之际,经华东军政委员会教育部(简称华东教育部)报中央教育部批准,于1952年8月,学校改制更名为上海水产学院,成为我国第一所本科水产高等学校,设置海洋渔业系、养殖生物系、水产加工系和海洋渔业研究室,有海洋捕捞、航海、水产加工、水产养殖和水产生物5个本科专业,学制四年,另设水产行政管理专修科,定11月1日为校庆日。

1952年,附设水产技术学校设渔捞、制造、养殖、轮机4个科,1955年停办。1952年12月,河北省水产专科学校撤销,部分师生及设备并入。1960年春季,学校设立业余大学(夜大学),设有渔船动力装置、制冷设备与冷藏、罐头食品工艺3个专业。

根据1956年1月中央高等教育部在学校召开的全国水产类、蚕桑类教学计划和课程教学大纲修订会议精神,学校参照苏联莫斯科米高扬渔业工学院资料,负责修订全国高等学校水产类教学计划和课程大纲,将海洋捕捞、水产加工2个专业分别更名为工业捕鱼、水产品加工,水产养殖专业名称不变,学制由四年改为五年,经中央高等教育部批准,于1956年秋季学期实施。1956—1960年,先后增设鱼类学与水产资源、渔业机械、渔业电子、渔船动力机械、海洋生物、鱼类生理生化、冷冻工艺、罐头食品工艺等专业。后将水产养殖专业分设为淡水养殖、海水养殖2个专业,另设渔业机械、水化学、水生生物等专科专业。1960—1961年,为贯彻中共中央关于国民经济"调整、巩固、充实、提高"的八字方针和教育部颁布的《教育部直属高校暂行工作条例(草案)》(简称《高教六十条》),学校本科专业设置调整为工业捕鱼、淡水养殖、海水养殖、水产资源、水产品加工工艺、罐头食品工艺、冷冻工艺、渔业机械8个专业。1963年工业捕鱼更名为海洋捕捞专业,冷冻工艺更名为制冷与冷藏工艺专业。1952—1972年,共培养15届本专科毕业生计3 911人。

1955—1967年,学校接受越南本科留学生和越南、朝鲜进修生。截至1966年,共培养工业捕鱼、淡水养殖、海水养殖、水产品加工工艺、罐头食品工艺、冷冻工艺、渔业机械等专业留学生97人(1966级留学生报到后受"文化大革命"影响很快回国)。越南留学生毕业回国后大都成为越南水产界技术和管理骨干,其中有越南水产部副部长武文卓、水产部组织人事司司长陈黎体、水产部科技局局长胡寿、芽庄水产大学校长阮仲瑾和勤诗大学副校长阮金光等。

师资队伍不断充实和提高。1952年,圣约翰大学朱元鼎、东吴大学陈子英、大同大学戴岂心等知名教授调入学校。次年,教职工总数146人,其中教师63人(正、副教授21人)。1957年,教职工增至355人,其中教师180人(正、副教授23人)。1964年,教职工增至605人,其中教师275人(正、副教授16人)。20世纪60年代,学校派出水产加工系教师纪家笙、黄志斌,海洋捕捞系教师张荫乔,水产养殖系教师苏锦祥、李元善等先后赴越南、古巴讲学和从事技术指导工作。1958年9月,学校调派教师李星颉、陈挺之、杨载庚、宋镇圻、周文容等支援创建舟山水产学院;调派陈立义、潘宝生、王馨恩、顾新根等支援筹建连云港水产学校。

1956年,毛泽东指出,"三山六水一分田,渔业大有可为"。学校组织有关教师深入渔区,从事总结和推广渔业生产经验,开展鱼类区系调查(遍及闽、滇、川、沪、湘、粤、桂、琼等省、自治区)、渔业生物学与水产资源调查(主要有东海、南海、钱塘江、新安江、长江干支流、太湖、淀山湖、新疆博斯腾湖等)、渔具渔法调查(主要有全国渔具调查、长江流域渔具调查)、鱼类形态分类研究,以及大功率垂直式探鱼仪研制等,为响应1959年"养捕并举"的方针,开展家鱼人工繁殖及池塘养鱼大面积高产、水产品加工、河蟹人工繁殖、海带南移、小球藻培养等科研与技术创新工作,取得显著成绩。

水产部于1961年根据中共中央书记处决定,首次成立教材编审委员会,将工作组设在学校,承担教材编写的组织和审定工作。这是新中国成立以来第一次由中央主管部门牵头组织的水产类教材建设。

1952—1971年,教学设施逐步充实,除原"华鲔号""华鲣号"实习渔轮外,华东水产管理局又调拨"水产号"舷拖渔船。该批实习船报废后,水产部拨专款建造"奋发号""图强号"两艘拖网实习渔船。1955年2月,上海市建委划拨控江路杨家宅3.73公顷(56亩)土地给学校建淡水养殖试验场,1958年迁至佳木斯路重建。1963年在无锡鼋头渚冲山塘建大水面生产实习基地,占地10公顷

(150亩)。1957年12月,军工路334号校区北侧水泥制品厂土地划拨学校,至此校园总面积扩大为14.14公顷(212.1亩),先后建成2万多平方米教学楼、实验楼、图书馆等校舍。

其间,学校实施教学、科研与生产实际相结合,师生下渔村、上渔船,参加生产实践,总结渔业生产经验,开展科学调查和研究,解决生产中的实际问题,形成办学特色,并结合水产教育特色开展水上体育运动,组建游泳、赛艇、水球等大学生运动队,屡创优异成绩。

20世纪50—70年代,学校隶属关系几经变更。1952年,学校由华东军政委员会水产管理局和华东教育部主管。1953年1月划归农业部,4月改归华东农林水利局。1954年10月划归农业部水产管理局。1956年4月,因水产系统划归商业部,学院随之由商业部主管。1956年底,划归上海市。1960年1月1日起,划归水产部。1961年5月19日,被确定为水产部部属重点高等学校。"文化大革命"期间,水产部撤销,学校改归农林部管理。

(三)

根据国务院、中央军事委员会于1971年9月22日颁布的《关于六所高等院校的体制调整和领导关系问题的通知》,学校于1972年迁至福建厦门,在原集美水产专科学校和华侨补习学校校址办学,更名为厦门水产学院,由农林部和福建省共同领导,以农林部为主。上海原址设留守处。

1972—1978年,全校设有海洋渔业、水产养殖、水产加工、渔业机械化、渔船制造5个系,设海洋捕捞、水产资源、淡水渔业、海水养殖、水产品加工工艺、制冷工艺、渔业机械、渔业电子仪器、渔船动力机械、渔船设计与制造10个专业。其间,学校共招收6届三年制"工农兵"学员896人,海洋捕捞、海水养殖和轮机等专业曾招收"社来社去"班学员。1977年秋,全国恢复高考制度,学校恢复四年制本科教育。1977—1979年共招收本科新生876人。

1972年迁往厦门时,教职工总数是472人,1978年增至980人。新建教学设施有渔业机械厂、水产冷冻厂、电子仪器厂、海水养殖试验场、淡水养殖试验场及印刷厂。农林部拨款新建2艘实习渔船"闽渔451号""闽渔452号"。1978年,国家水产总局组织全国水产高校教师编写和出版第二批高等水产院校统编教材42部,其中20部由学校教师主编。

教师坚持科学研究,取得系列成果。1978年,河蚌育珠、池塘科学养鱼创高产、鱼蛋白发泡剂的研究、鱼用催产新激素——人工合成释放素及其类似物的应用4个项目获全国科学大会奖,肖树旭作为代表出席中共中央、国务院在北京召开的全国科学大会。同年,学校27项科研成果获福建省科学技术成果奖,朱元鼎、肖树旭、王武、赵长春4人获福建省先进科技工作者称号,出席福建省科学大会。

1978年中共十一届三中全会后,广大教师强烈要求迁回上海原址办学。朱元鼎与有关校领导和教师代表赴京向国家水产总局等部门汇报,得到教育部和国家水产总局支持并联合向国务院请示。国务院于1979年3月27日批准在上海军工路原址恢复上海水产学院,厦门水产学院在厦门继续办学,领导体制不变。

1979年8月21日,经中共上海市委同意,成立上海水产学院复校筹备组,由范纬青、朱元鼎分别担任正、副组长。同年暑期后,上海和厦门两所水产学院在厦门各自独立办学。海洋捕捞、海洋渔业资源、海水养殖、淡水渔业、水产品加工工艺、罐头食品工艺、制冷工艺7个专业划归上海水产学院,渔业机械、渔业电子仪器、渔船动力机械3个专业划归厦门水产学院。1980年6月,上海水产学院搬迁工作基本完成,设有海洋渔业系、水产养殖系、水产加工系、渔业机械系(筹),教职工623

人,其中教师271人(正、副教授14人),本科生690人。1982年,渔业机械系(筹)并入海洋渔业系。1984年,成立渔业经济与管理系。

1980年,学校海洋渔业资源、海水养殖、制冷工艺3个本科专业在上海面向全国招生。1985年,本科生招生专业有海洋捕捞、海洋渔业资源、淡水渔业、海水养殖、水产品加工工艺、制冷工艺、罐头食品工艺、食品工程、渔业机械、渔业经济管理10个。1980—1985年6年中,共招收本科生1 235人,专科生533人。

1983—1988年,在国家农委和国家水产总局支持下,学校利用世界银行两期农业教育贷款项目,总计485万美元,引进实验仪器设备,建设一批实验室,改善教学与科研条件,聘请国内外学者来校讲学,选派教师、本科生到美国、英国、日本、加拿大、西德、挪威、丹麦等国学习或考察,提高师资水平。

1983—1986年,学校先后获得水产养殖、水产品加工及贮藏工程、捕捞学3个专业的硕士研究生招生权和学位授予权,共招收硕士研究生47人。

20世纪70年代末至80年代初,学校响应《人民日报》1978年10月18日社论《千方百计解决吃鱼问题》,在鱼类生理及营养管理、遗传育种、种质资源调查与保护、病害防治、海藻生理与苗种选育、海藻栽培与加工出口产业链开发、水生生物调查、渔情预测预报、新型渔具渔法、水产加工新技术、水产养殖机械研究与开发、池塘养鱼大面积高产试验及基础理论研究,以及远洋渔业技术等领域积极开展科学研究,取得一系列重要成果。

(四)

1985年11月,经农牧渔业部批准,学校更名为上海水产大学。同年,设海洋渔业、水产养殖、水产加工、渔业经济与管理4个系,及1个基础部、3个研究室。1992年6月12日,农业部将学校列为部属重点大学。

1993年7月,经农业部批准,学校将"四系一部"调整为"四院二系二部",即渔业学院、食品学院、工程技术学院、成人教育学院,经济贸易系、外语系,以及基础部和社会科学部。

1995—1999年,学校将经济贸易系、外语系合并组建国际经济贸易学院,与联想集团共同成立联想计算机学院(后改为计算机学院),成立人文与基础科学学院和高等职业技术学院。2002—2006年,又先后成立爱恩学院、国际文化交流学院、工程学院和外国语学院。

学生培养规模迅速扩大,本科生规模从1986年9个专业招收新生322人,发展到2007年40个专业招收新生3 217人;硕士研究生从1987年2个专业招收新生15人,发展到2007年经济学、理学、工学、农学及管理学等共招收新生407人;博士研究生从1999年农学招收2人,发展到2007年理学、工学、农学等共招收新生24人。2003年9月起,在校学生人数突破10 000人。

根据国家教育委员会、国家民族委员会决定,学校自1989年9月起开设新疆少数民族淡水渔业专业本科班,为发展民族自治区水产业培养人才。

在1986—1988年试行学年学分制基础上,学校1994年起对入学本科新生实行学分制、选课制和导师制。在学生培养模式、课程体系改革研究方面也取得重要成果。1997—2007年,获得国家教学成果奖一等奖1项、二等奖2项,上海市教学成果奖18项。1990年,学校主持农业部启动的第3轮教材建设工作,承担其中35部统编教材编写任务。

学校重点学科建设取得明显进展,水产养殖、捕捞学、水产品加工及贮藏先后被评为农业部重点学科,水产养殖、捕捞学、食品科学与工程、渔业经济与管理、水生生物学被评为上海市重点学科,水产养殖被评为国家级重点学科。

面对新形势,学校积极开展特种、优质水产品养殖与病害防治研究。在水生生物资源调查、形态分类等研究基础上,逐步向水域环境生态领域拓展;在水产动物疾病与防治研究基础上,创建渔业动植物病原库;在光诱鱿钓、金枪鱼延绳钓、东南太平洋竹䇲鱼捕捞、西非中东大西洋过洋性海洋渔具渔法等远洋渔业研究基础上,创建国家远洋渔业工程技术中心。此外,还开展渔场生态修复工程(人工鱼礁)、淡水鱼类加工基础理论、食品生物技术、食品营养、食品安全等方面研究。1978—2011年,学校分别获得国家级、省部级和上海市科技进步奖24项、102项、43项,先后设立中国渔业发展战略研究中心、上海高校水产养殖学E-研究院等研究机构。其中,根据1983年国务院副总理万里"远洋渔业在近期内要有突破"的指示,学校1985年起与中国水产联合总公司等合作,陆续选派教师提供技术支持,开拓远洋渔业事业,航行千万里、奋战三大洋,成为我国渔业史上一大壮举。

2000年,学校改为由中央与地方共建,以地方管理为主。同年10月,为适应高等教育规模发展需要,学校在上海市南汇科教园区筹建学海路校区,计有教学用地14.13公顷(212亩),2002年9月竣工的校舍有教学楼、实验楼、图书馆等,建筑面积7.8万平方米。

2004年10月19日,上海市推进高校布局结构调整联席会议第八次会议决定:上海水产大学主体搬迁至浦东临港新城,规划新校区建设面积106.7公顷(1 600亩)。2006年1月12日,沪城环路校区奠基。

(五)

为适应海洋世纪发展需要,响应"建设现代化海洋强国"的战略目标,学校经教育部批准,于2008年3月19日更名为上海海洋大学,江泽民题写校名。同年10月,沪城环路校区第一、二期工程竣工,建筑面积376 934平方米;学校完成军工路校区、学海路校区搬迁工作,同时在军工路校区成立综合办公室。10月12日在沪城环路校区举行新学期开学典礼。

2009—2011年,国家海洋局、农业部先后与上海市共建上海海洋大学。学校努力构建以海洋、水产、食品等为特色,多学科协调发展的本科教育体系,先后增设海洋生物、海洋科学、海洋技术、海洋测绘等专业。同时,学校与国家海洋局等合作,进行数字海洋、海洋遥感等科研工作,并整合有关研究机构成立海洋科学研究院,拓展海洋学科建设,提高海洋科学研究能力。截至2011年底,学校总计设有本科专业与方向47个,涵盖农、理、工、经、文、管、法7大学科门类,设有水产与生命学院、海洋科学学院、食品学院、经济管理学院、信息学院、工程学院、人文学院、外国语学院、爱恩学院、成人教育学院、高等职业技术学院、国际文化交流学院、社会科学部13个学院(部),全校教职工1 015人,其中,正、副高级专业技术职务者369人。

二

学校秉承"勤朴忠实"校训精神,坚持教学、科研与实践相结合的办学模式,"把论文写在浩瀚的海洋和祖国的江河湖泊上",为中国水产业的发展作出突出贡献,为中国海洋事业的发展、开拓和创新激流勇进。

（一）

"勤朴忠实"，源于中华民族优秀传统美德，是学校筹措创立的思想之本，也是学校秉承至今的办学精神。

学校创办人张謇，任江苏学务总会会长之际，在国内率先提倡校训，推崇"勤""俭""诚""信"等伦理规范。"在近代教育史上，学校订立校训始于张謇。"光绪二十九年，张謇为通州师范学校题写校训"坚苦自立，忠实不欺"；民国2年，为南通大学农科题写校训"勤苦俭朴"，同年，为南通大学纺织科题写校训"忠实不欺，力求精进"。

学校主要创办人之一黄炎培，奉行类似的价值传统。光绪三十三年，黄炎培创办"私立浦东中学"，定校训为"勤、朴"。民国6年，黄炎培创办中华职业学校，所订学生行为规范中特别指出要"养成勤朴之习惯"。

学校首任校长张镠亦遵循"勤""俭""诚""信"等为人操守。民国3年2月8日，张镠在春季开学典礼上对学生提出希望"五事"，即：勤勉；造成诚朴之校风；戒浮嚣；勿空谈国事；当自食其力。同年9月1日，在秋季开学典礼上，学校将"勤朴忠实"定为校训。"五事"与"勤朴忠实"内涵一脉相承。张镠不仅订定校训，而且以身作则作"勤朴忠实"表率。学校筹创之初举步维艰，张镠呕心沥血、殚精竭虑，民国14年2月不幸积劳成疾英年早逝，享年仅43岁。

在"勤朴忠实"指引下，学校根据水产业"风里来、浪里去"的特点，努力构建"吃苦耐劳、劳而无怨、求真务实、激流勇进"的学风校风，与国家发展同呼吸、共命运，谱写出艰苦奋斗、百折不挠的奋斗史、发展史、教育史和爱国史。

民国14年五卅惨案发生后，学校学生与同处吴淞的同济大学、中国公学等校学生组成吴淞地区学生联合会声援。民国24年，会同吴淞商船学校、吴淞中学等罢课、游行和深入浦东农村开展抗日救亡宣传等爱国活动，积极声援"一二·九"运动。解放前夕，由于学校师生熟悉水性、懂得驾船，国民政府撤离大陆时被列为重点争取对象。老校长侯朝海冒着生命危险保护师生撤出复兴岛，为新中国水产教育事业保留了难得人才。

解放以后，学校又为解决中国人"吃鱼难"，组织广大师生下渔村、上渔船，用"勤朴忠实"的实际行动，摸索、开创中国水产高等教育体系，为水产科技进步创造了百余项重要科研成果。

2004年初，时任党委书记叶骏根据校训"勤朴忠实"，提出进一步推进"求真务实"的作风。同年7月5日，学校明确"全体师生员工要切实继承并弘扬'勤朴忠实'的优良传统"。同年9月1日，学校在军工路校区设立"勤朴忠实"校训碑，以激励青年学子明校史、知校情，"勤奋敬业、质朴大方、爱国诚信、务实创新"，成长为乐于奉献在基层和生产一线的优秀人才。

第十届全国政协副主席、中国工程院原院长徐匡迪，在学校95周年校庆之际题词"勤朴忠实，教书育人"。2013年1月14日，他在《光明日报》发表《科学殿堂不容玷污》一文时，又以该题词为配图，倡导优良的科学精神。

（二）

学校为中国水产高等教育探索、建立起一套水产教育人才培养体系，并创办一批特色专业。

1952年，学校设置海洋捕捞、水产养殖、水产加工3个本科专业，并在国内率先创设水产生物专业。20世纪50年代中后期起，学校学习苏联教育经验，在3个水产专业基础上，对课程设置、教学内容和专业名称进行较大调整；学校突破传统水产专业框架，相继率先设置鱼类学与水产资源、渔业机械、渔业电子(仪器)、罐头食品工艺、制冷工艺、渔船动力机械(装置)等本科专业，并将水产养殖分设为淡水养殖和海水养殖2个专业。20世纪80年代，又率先设置渔业经济管理本科专业。这些探索和实践，引领了中国水产高等教育发展方向，并为构建中国特色水产高等教育体系、培养水产高级人才奠定基础。

学校组织编纂系列水产教学教材，推进水产高等教育发展。1961年，在30本中国第一批水产高等学校统编教材中，由学校主编渔具理论与捕鱼技术、水产资源学、鱼类学、养殖学、鱼病学、水产品加工、制冷、罐头等26本，约400万字。这不仅为中国水产高等教育提供了教材蓝本，而且通过留学生和国际学术交流走出国门。20世纪80—90年代，学校又先后两次负责全国水产高等学校统编教材编撰，在承编主要课程教材的同时，负责全部教材审定工作，为培养面向21世纪的水产高级人才夯实基础。

学校适应时代发展，不断进行教育改革。20世纪80年代，根据全国水产、食品业和上海市发展需要调整专业方向和培养目标，将海洋渔业、水产品加工专业分别调整为面向远洋渔业、大食品方向发展。20世纪90年代中后期，学校先后承担国家教委任务，主持和组织全国水产高等学校开展面向21世纪水产类本科专业目录、教育内容、课程体系及培养方案等项目研究，为1998年修订全国水产类专业目录提供依据。学校不断探索教学改革和实践，主持的"海洋渔业专业的教学改革与实践"项目获1997年国家教学成果奖一等奖，承担的"海洋渔业科学与技术专业人才培养模式研究及教学改革实践(主持)"与"普通高等农林院校教学工作评价研究与实践(参与)"项目获2001年国家教学成果奖二等奖，主持的"行业性高校依托特色学科面向地方经济建设调整本科结构的研究与实践"与"鱼类学精品课程建设的探索与实践"项目分别获2005年、2009年上海市教学成果奖一等奖。

学校重视实践教学，不断完善校内外实践教学基地。建校初期，学校组织学生远航日本西海岸进行海上实习和渔业调查，并先后建立罐头工场、水产养殖实习场培养学生实践能力。20世纪五六十年代，学校配备生产实习船，在江苏、上海、浙江等地建立淡水、海水养殖试验场，在校内建有金工、水产加工、罐头食品、鱼糜制品、鱼皮制革加工、食品饮料等实习工场。

学校坚持"产—学—研"结合，努力发展研究生教育。1958—1960年，通过苏联专家为学校8名青年教师提供研究生教育。1983年和1998年分别获得水产养殖硕士研究生招生权和博士学位授予权。1997年，学校与中国水产科学研究院成立联合培养研究生部，推进研究生合作培养。2000—2011年，相继又与上海光明乳业集团公司、上海市农业科学院、上海应用技术学院、四川通威集团等单位开展联合培养研究生工作或建立联合培养基地，并与江西省水产局、宁夏回族自治区农牧厅渔业局、广西壮族自治区水产畜牧局、安徽省农业委员会、上海市食品研究所等联合培养专业学位研究生。截至2011年底，学校研究生联合培养单位已达16个。2000年起，学校先后获水产(一级学科)、捕捞学、渔业资源、水产品加工及贮藏工程、渔业经济与管理、渔业环境保护与治理、水生生物学、食品科学与工程(一级学科)的博士学位授予权。2000年，学校成为全国首批农业推广硕士学位招生单位，也是当时全国唯一渔业领域招生试点单位，相继设有渔业、农村与区域发展、农业信息化、食品加工与安全4个研究领域，并组织教师编写《农(渔)业技术推广和管理》《渔业资源与可持续发展》等教材。2005年，学校又被批准为工程硕士专业学位招生单位。2003年，学校获得全国高等学校招生工作先进集体称号。截至2011年,学校已拥有一级学科博士点2个、二级学科博士点7个、一级学科硕士点10个、二级学科硕士点7个,同时拥有农业推广硕士、工程硕士2个专业学位9个领域授权点,高等学校教师在职攻读硕士学位授予权,学校逐步建立中国水产学科门类最为完整的研究生教育体系,并先后设立水产、食品科学与工程2个博士后科研流动站,为我国水产高层次人才培养作出贡献。

(三)

学校学科建设与科研创新与时俱进,不断探索、建立与之相应的水产学科布局和科研创新体系。民国元年学校初设渔捞科、制造科,民国10年增设中国第一个(水产)养殖科,之后不断拓展,逐步形成、确立和完善以水产养殖、捕捞学、渔业资源、水产品加工与贮藏、渔业经济管理等学科为特色和优势,以海洋学科为重要发展方向的多学科协调发展的学科体系。截至2011年,学校共取得国家级和省部级科研成果奖169项,有力促进了经济社会发展。如今水产业已成为国民经济的重要组成部分,中国也已成为世界第一水产大国。

学校在鱼类研究领域独树一帜。1952年,由著名鱼类学家朱元鼎创建的海洋渔业研究室(后改称鱼类研究室),在一代又一代鱼类学家努力下,在东海、南海鱼类区系调查,软骨鱼类研究,鱼类形态分类,鱼类比较解剖,鱼类生态和有毒及药用鱼类研究等方面成果丰硕,成为著名的鱼类研究机构和鱼类标本收藏基地。

建校之初,校长就率师生驾驭实习船开展渔业资源、渔场、渔具渔法等调查研究,在国力衰微、民生困顿中艰苦开创水产科研事业。新中国成立后,在渔船机械化、渔具渔法、远洋渔业、渔政管理、海洋法与渔业法规研究等方面积极探索,从拓展近海拖网、围网、流网作业,开发远洋光诱鱿钓,以及金枪鱼、竹筴鱼、秋刀鱼渔场,到跻身国际渔业管理,把学问做在浩瀚的大海大洋上,增强了我国海洋渔业综合竞争力,对维护中国海洋权益具有重要和深远的意义。

学校师生长年累月在渔区蹲点,与渔民同吃、同住、同劳动,极大推动科学养鱼向纵深发展,并在家鱼人工繁殖产业化、海藻栽培试验、河蚌育珠产业化,以及河鳗人工繁殖、天然水域鱼类增养殖、水产动植物疾病防治及种质资源研究等领域,锐意进取、默默奉献,把论文写在祖国的江河湖泊上,以实际行动点燃水产科技创新之火。其中,十五年如一日,历尽艰辛培育的鱼类良种团头鲂"浦江1号",是世界首例人工选育的草食性鱼类良种。之后又陆续选育出"新吉富"罗非鱼、"申福1号"紫菜、"康乐蚌"等水产良种,受到生产企业欢迎和国家嘉奖。

学校在水产品保鲜、综合利用、马口铁罐头密封技术、鱼露生产工艺改革、褐藻胶开发利用、鱼油深度开发、中国淡水渔业资源开发与利用、冷冻冷藏工艺及食品冷链技术装备研究、金枪鱼解冻工艺、果蔬冷藏链应用、猪肉产品安全供给保障与安全监控、海洋药物开发等领域进行卓有成效的探索,取得系列重要成果,为生产企业创造了显著经济效益。在师生努力下,学校获得食品科学与工程一级学科博士学位授予权,建立博士后流动站及农业部国家淡水水产品加工技术研究中心(上海),成为我国水产品加工和流通领域的重要教育、科研基地。

长期的探索与实践,使学校从民国元年仅仅拥有2个学科,发展为具有7个学科门类,以海洋、水产、食品、渔业经济与管理等为特色和优势的多学科发展体系,并形成立足基层、艰苦奋斗、服务经济社会发展的治学传统,谱写了水产科技创新与知识进步的壮丽诗篇。

（四）

学校坚持科技与服务相结合，立足学科特色与科研优势，积极开展社会服务。

20世纪50年代，学校取得小球藻大面积生产技术突破后，即向全国各地义务提供藻种，推动群众性小球藻的培养和应用。20世纪60年代起，学校在家鱼人工繁殖技术、池塘养鱼高产技术等方面取得成果之后，便向生产单位和渔民推广，为解决我国"吃鱼难"作出重要贡献。选育成功团头鲂"浦江1号"良种之后，至2011年在全国建立3个良种场，一年可增加产值约10亿元。学校在河蟹（学名为中华绒螯蟹）生活史、苗种培育、成蟹养殖、营养饲料、病害防治以及科技入户方面，取得显著成效。如今，河蟹养殖技术已推广到全国众多省市和地区。2011年10月，为台湾苗栗县提供蟹种，并派专家常驻苗栗传授河蟹养殖技术。2012年9月，首批商品蟹在台湾上市，标志着大陆向台湾首次输出农业技术取得成功。

1985—2011年，学校师生转战太平洋、大西洋、印度洋和南极，承担农业部远洋渔业探捕项目，为我国远洋渔业的开创与发展提供重要科技支撑。1985年以来，学校为中国西非远洋渔业船队陆续选派教师25人、应届毕业生250多人，指导和参加中东大西洋远洋渔业生产。1993—2011年，中国远洋渔业协会的鱿钓渔业技术组、金枪鱼渔业技术组和大型拖网渔业技术组先后设在学校。此外，学校拥有上海市属高校第一个国家级工程技术中心——国家远洋渔业工程技术研究中心。

学校面向食品业发展需要，开展食品科学与工艺技术服务。如与上海市食品研究所联手组建食品研究中心，共同发挥技术优势，着力研究水产品、豆制品、肉制品、乳制品等食品安全风险评估、食品理化安全和食品生物安全等，为提升上海乃至全国食品安全研究水平提供有力技术保障。此外，在上海世博会期间，学校派出262名师生在上海市食品药品监督管理局带领下从事食品检验工作，为世博园区的食品安全保驾护航。

学校积极培养基层技术人才。20世纪60年代初，学校承担全国水产院校在职师资培训工作。在厦门办学期间，针对福建沿海渔汛时水产品集中上市的保鲜问题，1973年组织教师为厦门、福州、漳州等地设计、建造、测试和验收烘干房数十座，并开办水产品烘干房训练班。20世纪80—90年代，先后为湖北、浙江、江苏等10多个省、市、自治区开办水产食品加工、食品检验、罐头食品工艺、饮料等培训班或训练班，总计培训400多人次，有效推进食品业技术进步和发展。1982—1991年，在国家水产总局支持下，与江苏无锡市合作举办养鱼技工培训班，推广应用池塘养鱼高产稳产技术，全国24个省、市、自治区和部队、武警等单位近千人参加，有力促进了水产养殖事业的进步。20世纪90年代起，农业部远洋渔业培训中心和农业部渔政干部上海培训中心设在学校，先后培养远洋渔业高级职务船员、管理干部6 000多人，成为远洋渔业生产作业的中坚力量。

2005年，学校首次组建教授博士科技服务团，深入基层，开展渔业科学技术服务工作。其后每年扩大并逐步进入长效化、制度化，服务领域从水产养殖技术延伸到食品安全和渔业经营管理，服务范围从中东部地区扩大到中西部地区。截至2011年，累计参加科技服务的教授、博士共350人次，足迹遍及全国34个省、市、自治区，举办培训班123期，培训渔民9 145人次，赠送水产养殖等科普读物约5 000册。

执着技术服务，促进产学研发展。2005年起，学校王武、李应森参加农业部科技司组建的全国渔业科技入户示范工程专家组，负责全国18个渔业示范县的科技入户示范工程建设，王武受聘为农业部科技入户首席专家。1992年起，学校与上海市郊金山漕泾对虾育苗场合作，结合对虾育苗生产实践，实行科研、教学、实习、推广相结合，创建上海申漕特种水产开发公司产学研基地。1995年，该基地获得上海市劳动模范集体称号；2001年，被批准为上海市首批高校产学研基地；2003年，被教育部批准为全国高校产学研基地。国家各部委及上海市领导、专家多次视察基地，给予高度评价。截至2011年，学校共建有产学研合作基地100处。

承上启下，继往开来，学校秉承"勤朴忠实"精神，传承和发扬优良传统，坚持教学、科研与生产实践相结合的发展模式，努力深化内涵、拓展外延、提高实力，力争到2020年把学校建设成为一所海洋、水产、食品等学科优势明显，多学科协调发展，教学科研并重的高水平特色大学，开创新的百年辉煌！

大事记

清光绪三十年(1904年)

4月　清廷批准在籍翰林院修撰张謇通过商部附奏的《条陈渔业公司办法》,载"条陈设立江浙渔业公司,复条陈商部复咨南洋大臣,就吴淞江浙渔业公司隙地与空闲官房,拨作学校校舍,设立水产学校及商船学校各一所"。

清光绪三十二年(1906年)

是年　张謇与樊时勋、郭淑霞等于吴淞炮台湾海军公所创办渔业学校,程度类同高小。

清宣统三年(1911年)

是年　江苏谘议局议决设立水产学校。未及设立,而江苏反正。

民国元年(1912年)

5月9日　江苏都督委任张镠为水产学校筹办员。

6月12日　奉第六百九十号训令,据江苏省民政司称准临时省议会知会于元年十个半月预算案内议决设立水产学校,规定省立水产学校经常费19 688银元,专项筹办费30 000银元。亟应派员筹办开校事宜,今委任张镠为水产学校筹办员。吴淞校址早有张謇规划安妥,面积总共4.4公顷(66亩)。

6月19日　因张謇原规划校址不便学生出海实习等因,张镠递交《呈都督与复旦公学互易校址文》。

10月　张镠递交《呈都督胪陈本校办法文》,提出"拟先设渔捞、制造两科,学额暂定70人,免收学费,学生定以四年毕业,入学资格为高小毕业生及具同等学力者"等。

11月22日　江苏省都督程德全核准筹办员张镠拟呈的《暂行简章》。

11月26日　租赁林荫路松盛里民房为江苏省立水产学校事务所。

11月30日　借老西门江苏省教育会三楼为教室。

12月6日　江苏省都督程德全委任张镠为校长。

是日　确定校旗、校服及校帽式样。

12月15日　举行第一届预科生入学考试。

12月28日　因未足录取名额,续试1次。(两次入学考试共录取预科生68人。)

民国 2 年(1913 年)

1月7日　借沪西商团操场为学校体操及游息地。

1月16日　第一届预科第一学期开学。以林荫路松盛里学校事务所房屋为宿舍,另租赁大庆里民房为事务所。

1月30日　校长张镠递交《呈民政长请仍恳指拨复旦公学校址文》。

2月10日　将《本校五年间计划书》呈送江苏省教育司。

2月18日　江苏省民政长应德闳指拨吴淞炮台湾原复旦公学校址为学校校址,计4.67公顷。

3月16日　第一期校舍建筑工程开标。建筑教室楼房15幢[①]、平房6间、宿舍楼房21幢、食堂平房8间、校役室等平房8间。呈奉民政长令饬估价投标克期建筑,并委教育科员孟遒钊会同校长监视开标。投标者共7家,呈经民政长核定由顾兰记营造厂承造。

3月23日　教育部核准展延预科修业期限,缓设专科。

3月29日　第一期校舍建筑工程开工。江苏省民政长委孟遒钊为监工员。

4月7日　预科第二学期开学。

6月21日　归还所借江苏省教育会三楼,归还所借沪西商团操场。

7月13日　江苏省民政长核准修正学则。

8月7日　江苏省民政长令展缓开学。

8月27日　借上海小南门白粮仓街(今乔家路)求志书院为校舍。

9月13日　举行插班生入学考试,录取2人。

9月15日　确定每月召开一次教职员会议。

9月16日　预科第三学期开学。各地烽烟未净,学生于开学之日仅到半数。

10月1日　直隶省立甲种水产学校校长孙凤藻来校访问。

12月2日　第一期校舍竣工。除原估工程外,添建小屋7间、厕所3处。呈经民政长委孟遒钊、毛祖耀验收。

12月27日　宣布学生升、留级办法。

民国 3 年(1914 年)

1月4日　举行第二届预科入学考试。

1月5—9日　举行预科学年考试。

1月11日　教员会议决升入本科者33人,其中渔捞科15人、制造科18人,选拔学业列甲等的姚致隆、张希达、倪尚达为特待生。

1月13日　迁入吴淞炮台湾新建校舍。归还所借小南门白粮仓街求志书院。

1月20日　借江浙渔业公司余屋为教职员宿舍。

2月5日　因第二届预科入学考试录取名额不足,续试一次。(两次共录取38人,后又续取4人,又录取本科第一学年插班生1人。)

[①] 此处"幢"的含义非指一幢楼,而是指一楼一房间至其上二楼、三楼直至顶楼相同结构之房间。

2月8日　本科第一学年及第二届预科第一学期开学。在开学典礼上,校长张镠宣布对学生之希望"五事"。

3月6日　江苏省教育司司长江谦来校视察。

3月9日—4月7日　张镠赴日本购置机械、标本、图书、模型等教学设备及接洽派遣去日留学生事宜,由教务主任秦沅代理校务。

4月8日　本科第一学年及第二届预科生第二学期开学。

6月8日　江苏省教育司原司长黄炎培来校访问。

6月10日　呈奉江苏省民政长核准第二期建筑,平房试验室22间、实习工场8间、调理室2间、原动室2间、大门1座、小屋7间、坑厕1所。

6月14日　教职员率全体学生赴上海参观巴拿马赛会江苏出品协会展览会。

6月19日　第二期校舍建筑工程开标。由吴前楣、审计分处委员徐承基及校长监视开标。投标者共7家。呈经巡按使核定由王毂记营造厂承造。

6月30日　博物教员曹镜澄赴宁波调查水产动物。

7月12日　借江苏省教育会,举行第三届预科入学考试。[因预科入学考试录取名额不足,于8月8日、29日各续考一次。3次共录取32人,后又录取2人。其中有张闻天(张荫皋),后升入渔捞科。]

8月7日　聘农林部水产司原司长曹文渊为制造科主任。

8月18日　第二期校舍建筑工程开始。巡按使委吴前楣为监工员。

是日　黄炎培为校刊题词：江苏省立水产学校之刊。

9月1日　本科第一学年及第二届预科第三学期、第三届预科第一学期开学。

是日　定"勤朴忠实"四字为校训。

9月9日　校友会成立。开全体大会,议决会章16条,并选举确定各职员。

10月31日　教务主任秦沅、体操教员陈庆云、庶务员王承煊、会计员吴人英率学生15人,赴南京参加江苏省立学校第一次联合运动会。拳术"套拳武器对子"得铜色奖状,学生张景荣440码赛跑得银章奖。

11月17日—12月3日　校长张镠赴北京,教务主任秦沅代理校务。

11月23—29日　江苏省教育会请留美卫生博士俞庆恩、哲学博士郭秉文,分别讲授学校卫生和学校管理问题,学校按江苏省各省立学校派一人出席要求,派舍监狄咏棠赴宁听讲。

12月11日　江苏省巡按使饬划入中梗校地之马路。

12月19日　农商部视学王孝缉来校视察。

12月26—30日　举行本科第一学年及第二届预科学年考试。

民国4年(1915年)

1月1日　农商部批准李东芗任渔捞科主任。

1月3日　教员会议决本科渔捞科升级者12人、制造科升级者15人、留级5人、预科升入本科者35人(连留级共分渔捞科18人、制造科22人)。选拔学行均列甲等之胡承樵为特待生。

1月4日　本科第一届第二学年、第二届第一学年第一学期开学,预科第三届第二学期开学。

1月6日　划用公共操场之一部分1.47公顷(22亩)为校外运动场。

1月18日　江苏省教育厅视学臧祜来校视察。

1月28日　第二期校舍竣工,呈经江苏省巡按使派委杨传福验收。(原动力机械室因机械未到暂缓建筑外,添建小屋2间。)

3月4日　端艇实习开始。

3月17日　渔具实习开始。

3月24日　江苏省巡按使韩国钧莅临巡视。

4月8日　本科第一届第二学年、第二届第一学年第二学期开学,预科第三届第三学期开学。

4月　《江苏省立水产学校之刊》第一刊出版。

5月　颁布航海、渔捞、制造实习规则。

7月　录取第四届预科生40人。

10月　教员会议决:厉行体育法。

11月　学生选手赴江苏吴县参加江苏省立学校第二次联合运动会。

民国5年(1916年)

1月　校长张镠病假,渔捞科主任李东𦬁代理校务。

2月　开工建造"淞航号"实习渔船。

4月　张镠销假视事。

7月　录取第五届预科生31人。

8月　"淞航号"竣工。

9月　渔捞科三年级学生赴天津、烟台等地调查;制造科三年级学生赴宁波、舟山调查。

10月　江苏省教育厅视学侯鸿鑑来校视察。

是月　宣布奖励勤学法、奖励体育法及"淞航号"实习渔船实习规则。

是月　"淞航号"首航。

民国6年(1917年)

1月　第一届学生毕业,有渔捞科11人、制造科14人。

是月　渔捞科毕业生乘"淞航号"实习渔船赴江苏、浙江、山东等省开展渔业调查。

2月　第一届渔捞科毕业生张希达、沙玉嘉及制造科毕业生张楚青、陈廷煦赴日本见习。

3月　开工建造第三期校舍。

4月　国民政府教育部视学钱家治来校视察。

是月　制造科三年级学生赴宁波、舟山等地调查。

4—5月　校长张镠赴日本接洽毕业生赴日见习事,由教务主任秦沅代理校务。

5月　渔捞科三年级学生乘"淞航号"赴衢山一带渔场实习。

6月　第三期校舍竣工,有学生宿舍楼房1座、生活用平房1座及浴室等。

是月　呈请省长令各县保送高小甲乙等毕业生。

7月　录取第六届预科生66人。

9月　渔捞科三年级学生乘江浙渔业公司"福海号"渔轮实习拖网渔业。

10—11月　渔捞科三年级学生乘"淞航号"船先赴泗礁调查渔场,然后由船长张景葆、技术员王传义率领赴日本山口县、岛根县进行渔业调查。

11月　制造科三年级学生赴上海龙华制革厂参观实习。

是月　张希达、沙玉嘉自日本见习回校。

是月　举办第一次校运动会。

12月　张楚青、陈廷煦自日本见习回校。

是月　校友会出版第一期《水产》杂志。

是月　第二届学生毕业,有渔捞科6人、制造科12人。

民国7年(1918年)

1月　渔捞科主任李东艻受命赴浙江定海筹办中国第一所渔业技术传习所及渔业试验场,张希达任渔捞科主任。

2月　校长张镠、渔捞科主任张希达赴福建集美调查渔业。

是月　陈敬贤(陈嘉庚)商请学校派第二届渔捞科毕业生冯立民赴日本见习。

3月　化学教员苏以义赴日本见习贝扣制作。

3—4月　张镠奉省长令外出调查渔业,由教务主任秦沅代理校务。

4月　渔捞科技术员张景葆、顾维垣赴常熟浒浦渔业公司调查小黄鱼渔业;渔捞科技术员沙玉嘉赴江阴、常熟调查鲥鱼渔业。

是月　招收上海贫儿院贫儿3人为制网艺徒。

是月　学生选手赴南京参加江苏省立学校第四次联合运动会。

5月　张希达开展机动渔船流网作业试验。

是月　学校宣布运动奖励规则和编网艺徒服务简则。

6月　毕业生陈椿寿公费赴日本东京水产讲习所养殖科留学。

是月　第三届学生毕业,有制造科10人。

7月　录取第七届预科生44人。

9月　宣布《工场实习规则》。

是月　渔捞科三年级学生赴常熟、江阴一带实习河鲀捕捞作业。

是月　教育部视学陆詠沂、黎籽训来校视察。

是月　学生膳食开始由校友会经办。

11月　举办第二次校运动会。

是月　渔捞科三年级学生赴上海造船厂参观实习,并乘"淞航号"赴江苏、浙江沿海实习。

12月　直隶水产学校校长孙凤藻来校作赴日、美考察报告。

是月　校友会出版第二期《水产》杂志。

民国8年(1919年)

2月　校长张镠率教职员赴泗礁、马迹山等渔场调查。

3月　江苏省视学章慰高来校视察。

是月　学校颁布制罐实习奖励法。

是月　学生实习作品在南京举行的江苏省中等学校实习作品展览会上获二等奖。

4月　日本山口县水产试验场技师熊田头四郎来校访问。

是月　渔捞科三年级学生赴江苏吕泗洋实习小黄鱼捕捞作业。

是月　学生选手赴南京参加江苏省立学校第五次联合运动会。

是月　全体学生赴南京参观江苏省中等学校实习作品展览会。

5—6月　张镠率三年级学生赴浙江省马迹山渔场实习，由教务主任秦沅代理校务。

6月　渔捞科二年级学生航海实习。

是月　苏以义赴日本见习贝扣制作后回校。

是月　全体学生因巴黎和会将青岛割让给日本而罢课。

7月　录取第八届预科生59人。

8月　开工建造第四期校舍。

是月　始行学生暑假实习。

9月　第四届学生毕业，有渔捞科4人、制造科11人。

是月　唐山路矿学校国文教员吴稚晖来校讲授注音字母。

10月　全体学生赴杭州旅行。

是月　潘保申来校演讲欧战和会情况。

11月　第四期校舍竣工，有学生和教职工宿舍楼房各1座、冷库1座。

是月　举办第三次校运动会。

是月　渔捞科三年级学生乘"淞航号"赴马迹山渔场实习。

是月　江苏省视学章慰高来校视察。

12月　开工建造"海丰号"柴油机实习渔船。

是月　本科三年级、二年级学生赴上海造船厂参观实习。

民国9年（1920年）

1月　江苏省立第二农业学校校长王企华来校作考察菲律宾实业学校的报告。

3月　渔捞科三年级学生乘"淞航号"赴舟山实习。

4月　"海丰号"柴油机实习渔船竣工，首航渔场实习。

是月　校内开始安装电灯。

是月　校长张镠受政府委派，根据孙中山完成建国方略之实业计划，赴江苏省连云港就商港兼渔港计划进行历时10天的考察，并拟订连云港筑港计划书上报。

5月　江苏省体育视察员王小峰来校视察体育。

5—6月　张镠偕教职员率本科三年级学生赴马迹山渔场实习，由教务主任秦沅代理校务。

6月　渔捞科二年级学生航海实习。

7月　第五届学生毕业，有渔捞科3人、制造科3人。

是月　派技术员罗砚儒赴日本见习罐头食品加工技术。

8月　录取第九届预科生70人。

是月　改建"淞航号"与"海丰号"为对拖网作业渔船。

9月　设贝扣职工科，学制一年。录取学生20人。

10月　渔捞科三年级学生乘"海丰号"赴浙江省渔场实习。

11月　陈嘉庚、王正廷、黄炎培、郭秉文等来校访问。

12月　渔捞科二年级学生乘"淞航号"赴浙江嵊山渔场实习;制造科二年级学生赴上海泰康食品公司参观实习。

是月　校友会出版第三期《水产》杂志。

民国10年(1921年)

2月　渔捞科三年级学生乘实习渔船"淞航号""海丰号"进行拖网作业实习。

3月　学生选手赴南京参加江苏省立学校第六次联合运动会。

是月　陈椿寿在日本留学毕业回校。

4月　任命陈椿寿为养殖科筹备员。

5—6月　校长张镠偕教职员率三年级学生赴岱山渔场实习,由教务主任秦沅代理校务。

6月　全体学生赴上海观看远东运动大会。

7月　第六届学生毕业,有渔捞科10人、制造科6人,第一届贝扣职工科毕业9人。

8月　录取第十届新生96人。

是月　增设养殖科、编网职工科。

是月　取消预科,学制改为四年。

9月　任命陈椿寿为养殖科主任。

是月　学生实习作品陈列于在南京举行的江苏第二次省地方物品展览会,其中贝扣获一等奖,鱼胶、罐头、渔网获三等奖。

10月　制造科主任陈廷煦赴日本考察。

11月　张镠、陈椿寿赴江苏昆山勘察淡水养殖场地址。

是月　渔捞科学生赴嵊山渔场实习。

民国11年(1922年)

是年　在江苏昆山周墅镇,选址建淡水养殖试验场,面积1.4公顷(21亩)。在吴淞炮台湾建实习工厂2所。

民国12年(1923年)

是年　校长张镠因病辞职。

民国13年(1924年)

8月　冯立民任校长。

12月　冯立民辞职。

是年　增设航海专科,招收高中毕业生或高级水产职业学校毕业生,学制三年。

是年　徐祖藩任航海专科主任,吴高攽任渔捞科主任。

民国 14 年(1925 年)

2月　张镠病逝,享年43岁。
6月　"五卅"惨案发生后,学校学生与同处吴淞的同济大学、中国公学等校学生发起成立吴淞地区学生联合会声援。
7月　第一届养殖科学生5人毕业。
8月　增设远洋渔业专科,吴高攽兼任主任。
9月　侯朝海任校长。

民国 16 年(1927 年)

10月　学校派员协助筹建位于浙江舟山定海的浙江省立水产学校。
11月　国民政府改组大学建制,学校更名为第四中山大学农学院水产学校。侯朝海任校长。

民国 17 年(1928 年)

2月　根据大学院第165号训令,学校更名为江苏大学农学院水产学校。
5月　中央大学教务会决定,学校更名为国立中央大学农学院水产学校,设渔捞科、制造科及航海、远洋渔业2个专科。
8月　聘陈同白为制造科主任。

民国 18 年(1929 年)

1月　校长侯朝海辞职,冯立民任校长。
7月　国民政府教育部下令停止实施大学区制,学校恢复校名为江苏省立水产学校。
是年　陈同白辞职,聘张元第为制造科主任。
是年　航海专科与远洋渔业专科合并为渔航专科。

民国 19 年(1930 年)

8月　学校划归江苏省教育厅管辖。
是年　撤销渔航专科。
是年　聘金心衡任渔捞科主任,聘罗聘卿任制造科主任。

民国 21 年(1932 年)

1月　"一·二八"事变爆发,部分校舍、设备和实习船"淞航号""海丰号"毁于日本侵华军炮火。

是年 一度暂租上海康脑脱路(今康定路)春江别墅上课。

民国22年(1933年)

是年 养殖科恢复招生。

民国23年(1934年)

2月 教师与校友多人参与在定海岛(今复兴岛)兴建上海鱼市场。时为全国设施最完善、交易量最大的鱼市场。

8月 校长冯立民辞职,张楚青任校长。

民国24年(1935年)

12月 学校师生声援北平爱国学生"一二·九"抗日救亡运动,会同吴淞商船学校、吴淞中学开展罢课、游行,深入浦东农村宣传抗日救亡等活动。

是年 学校从集美高级水产航海学校购买280总吨"集美2号"蒸汽拖网渔轮作实习渔轮。

民国25年(1936年)

8月 聘陈谋琅为养殖科主任。

民国26年(1937年)

7月 第二十一届渔捞科学生38人、第二届养殖科学生32人毕业。

8月 日本侵华军入侵上海,"八一三"事变爆发,校舍被夷为平地。

民国28年(1939年)

4月18日 国民政府教育部在四川合川国立第二中学成立水产部,部主任陈谋琅,设普通科,学制为三年,兼学制造和养殖,由教育部分发战区学生入学。

民国30年(1941年)

9月 四川合川国立第二中学水产部成立学生会,下设执行委员会、总务部、学艺部、出版部、体育部、卫生部和军事训练委员会。

民国 31 年(1942 年)

11 月　经国民政府参政会参政员黄炎培等提议,国民党五届十中全会决议"特别应注意水利、水产等教育",为成立国立四川水产职业学校奠定基础。

是年　国立第二中学水产部毕业普通科学生 43 人。

民国 32 年(1943 年)

1 月　四川合川国立第二中学水产部独立,成立国立四川水产职业学校,陈谋琅任校长,设制造科、养殖科,学制三年。

是年　国立四川水产职业学校毕业普通科学生 13 人。

民国 33 年(1944 年)

5 月　陈谋琅辞去国立四川水产职业学校校长职务,王刚任校长。

是年　毕业学生 72 人,其中养殖科 26 人、制造科 33 人、普通科 13 人。

是年　国立四川水产职业学校增设渔捞科,学制三年。

民国 34 年(1945 年)

是年　国立四川水产职业学校奉教育部命迁往江苏省办学。

民国 35 年(1946 年)

6 月　国立四川水产职业学校迁至崇明学宫,更名为江苏省立水产职业学校,王刚任校长。

8 月　由李东苪、侯朝海等发起,在上海组成江苏省立水产学校复校委员会,第一次会议推选常务委员 11 人,侯朝海为主任委员,冯立民为副主任委员,发起募捐筹款,觅址谋划复校。

是年　国民政府选调江苏省立水产职业学校师生赴台湾接管基隆水产学校。

民国 36 年(1947 年)

6 月　经上海市政府批准,在上海复兴岛国民政府行政院善后救济总署、农林部渔业善后物资管理处训练所复校,定名为上海市立吴淞水产专科学校,属专科高校建制,侯朝海任校长。招初中毕业生,学制五年,设渔捞、制造、养殖和航海 4 科。

民国 37 年(1948 年)

1 月　招收渔捞科一年级学生 26 人、二年级学生 38 人,生源来自上海、厦门、广州、青岛和台湾。

4月　上海水产界50余人发起为李东芗60诞辰祝寿活动。李东芗与大家约定将贺礼改赠现金，全部捐赠给上海市立吴淞水产专科学校，用以添置图书仪器。

1949年

5月　校长侯朝海带领部分师生穿过封锁线，撤离复兴岛。

6月　上海市军事管制委员会（简称上海军管会）委派舒文为军代表接管上海市立吴淞水产专科学校。

8月　上海军管会文教管委会市政教育处任命侯朝海任代理校长。

9月30日　上海市人民政府教育局（简称上海市教育局）函，拨宝通路100号原凌州中学校舍给学校使用。

9月　招收新生100人，其中渔捞科52人、制造科48人。

11月　经华东军政管理委员会水产管理局（简称华东水产管理局）批准，闵行的江苏省立水产职业学校并入学校，成立职业部。迁入教职工20余人，渔捞科、养殖科、制造科学生60人，以及少量图书、教学仪器设备等。

1950年

3月21日　上海市教育局批准叶思九兼任学校事务主任。

5月　学校租借大夏大学群贤堂等为教室、15间宿舍、食堂、运动场、实验室等开展教学工作。

9月15日　按照中央人民政府教育部（简称中央教育部）1950年8月14日所颁文件规定，成立由校长、教务主任、渔捞科主任、制造科主任、实习主任及教工代表4人、学生代表2人组成的校务委员会。

9月　学校划归华东水产管理局领导。

10月3日　聘张楚青为教务主任。

10月　养殖专科招收高中毕业生30人，学制三年。

是年初　上海军管会相继将方原、黄亚成、杨文、孙超、王文锐、王裕华等中共党员的组织关系转入学校。学校建立中国共产党基层组织——党小组，杨文任组长。

1951年

1月6日　学生49人参军，分别派往空军干校、海军干校、化学兵干校和通讯干校等军事干校学习。

3月10日　中央教育部批复，上海市立吴淞水产专科学校更名为上海水产专科学校。

3月　增设俄语课。

4月11日　中央教育部任命华东水产管理局副局长方原兼任学校校长，黄亚成、侯朝海任副校长。

5月　学校迁入军工路334号，占地6.23公顷；同时在军工路580号获地18.24公顷。

6月27日　成立肃反委员会，由黄亚成、林亨嘉等9人组成。

7月　渔捞、养殖和制造专科,停招初中毕业生,改招高中毕业生,学制三年。

8月　北教学大楼竣工。

9月11日　华东军政委员会教育部通知:学校划归华东水产管理局领导。

10月　学校成立工会,归上海市教育工会领导,叶思九任工会主席。

是月　华东水产管理局调拨"华鲣号""华鲔号"2艘对拖木质渔轮为实习船。

11月　经华东水产管理局批准,浙江乍浦国立高级水产职业学校并入,与原职业部合并成立技术部,对外定名为上海水产专科学校附设水产技术学校,设渔捞、制造、养殖、轮机4个科和渔村师范班。

1952年

4月　经中共华东水产管理局批准,上海水产专科学校党支部成立,杨文任支部书记。

是月　校工会改选,张友声任工会主席。

6月　南教学大楼竣工。

7—8月　军工路580号学生宿舍、食堂、图书馆、运动场先后竣工。

8月21日　华东军政委员会教育部通知,华东区高等学校进行院系调整。经中央教育部批准,上海水产专科学校更名为上海水产学院。隶属华东水产管理局领导。华东水产管理局副局长方原兼任院长,王文锐、黄亚成任副院长。设置海洋渔业、水产加工和养殖生物3个系及海洋渔业研究室。设5个本科专业:海洋捕捞、航海、水产加工、水产养殖和水产生物,学制四年。另设水产行政管理专修科。定11月1日为校庆日。(舒同为上海水产学院题写校名。)

9月　圣约翰大学朱元鼎、东吴大学陈子英、大同大学戴岂心等教授调入学校。

是月　三年制专科停止招生。招收海洋捕捞、航海、水产养殖、水产生物、水产加工5个四年制本科专业新生180人,并将原1950年入学的五年制专科二年级学生37人并入四年制本科专业,四年制本科一年级学生共217人。

11月1日　上海水产学院举行学院成立暨首届本科生开学典礼,全体师生员工合影。

11月26日　华东军政委员会水产管理局通知,上海水产学院自1953年1月1日起划归中央农业部水产管理总局领导。

12月　河北省水产专科学校在全国高校院系调整中撤销,该校骆启荣、李星颉、季家驹3名教师和46名学生转入学校。

是月　院务会议讨论通过《上海水产学院院章》。

是年　中国民主同盟上海水产学院小组成立,侯朝海任组长。

1953年

1月　华东水产管理局调拨270总吨蒸汽机舷拖钢质渔轮"水产号"作为学校实习渔轮。

2月25日　经中共上海市委高等学校工作委员会批准,中共上海水产专科学校支部委员会更名为中共上海水产学院支部委员会,王文锐任支部书记。

2月　停办水产行政管理专修科。

6月1日　学校划归华东农林水利局领导。

6月下旬—7月上旬 "水产号"实习渔轮首航山东青岛和浙江嵊泗列岛,1953届、1956届海洋渔业专业学生分别进行毕业实习和海洋认识实习。

8月 海洋渔业、水产养殖、水产加工3个本科专业招收新生80人。

9月 设立政治教研组,刘宠光任主任。

10月 马少甫兼任新民主主义青年团上海水产学院总支书记。

是月 方原被免职,由副院长王文锐主持工作。

是年 1956届海洋捕捞专业学生叶乐年和水产加工专业学生沈参秋、王英若,经国家考试录取为留学苏联预备生。

1954年

4月 学校划归上海市领导。

是月 中共上海市高等学校委员会组织部调王薰香来校,任党支部副书记。

7月 朱元鼎当选上海市第一届人民代表大会代表。王刚当选杨浦区第一届人民代表大会代表。

8月 海洋捕捞、水产养殖、水产加工3个本科专业招收新生49人。

12月6日 国务院副总顾问马里采夫、高等教育部首席顾问列别捷夫等苏联专家,在高等教育部副部长刘子载陪同下访问学校,参观养殖生物系各实验室,水产加工系罐头实习工厂、鱼皮制革工场、化学实验室,海洋渔业系模型室、海洋渔业研究室、标本室及图书馆等。

12月21—25日 朱元鼎出席第二届中国人民政治协商会议第一次会议,并当选第二届中国人民政治协商会议全国委员会委员。其间,在中南海怀仁堂受到毛泽东主席接见。

是年 纪家笙主持的鲨鱼皮制革项目获华东财经委员会嘉奖。

是年 陈子英等开展中华绒螯蟹产卵洄游调查研究。

1955年

2月 上海市建设委员会划拨江湾区控江路杨家宅3.73公顷土地给学校,用于建设淡水养殖实验场。

3月 中共上海市高等学校委员会批准成立中共上海水产学院总支部委员会,王文锐任书记,王薰香任副书记。党总支下设3个党支部。

4月 制订《上海水产学院章程》,明确实行院长负责制,设院长办公室(下设秘书、人事2个科)和政治辅导处(下设组织、宣教、青年3个科)。

6月 校工会改选,刘宠光任工会主席。

7月 由全苏海洋与渔业研究所所长莫伊谢耶夫率领的苏联渔业代表团来校访问。

是月 附设水产技术学校最后一届学生毕业,学校停办。

8月 海洋捕捞、水产养殖、水产加工3个本科专业招收新生110人。

是月 "肃反"运动开始。

9月6日 中国科学院聘朱元鼎为《中国动物图谱》编辑委员会编委。

9月 首批越南留学生潘世芳等6人来校就读于海洋捕捞专业。

11月7日 中国科学院聘朱元鼎为中科院动物研究室学术委员会委员。

11月14日　经中共上海市高等学校委员会批准，撤销政治辅导处，所属组织科工作划归校党总支，宣教科并入政治教研组，青年科单独建制。

12月　中央高等教育部下达任务，由学校负责翻译苏联莫斯科米高扬渔业工学院有关专业教学计划、课程教学大纲、实习实验指导书等。

1956 年

1月　中央高等教育部在学校主持召开水产、蚕桑类专业教学计划修订会议。水产类专业参考苏联莫斯科米高扬渔业工学院教学计划与大纲进行修订，学制为五年。

2月　中央高等教育部批准新修订的《水产类专业教学计划》，定于秋季入学新生开始执行。

3月　学校召开第七次工会会员大会，选举俞之江为工会主席。

是月　朱元鼎任国务院科学规划委员会水产组成员。

4月　学校划归商业部领导。

5月　德意志民主共和国渔业代表团一行4人来校访问。

是月　选送海洋渔业系1958届学生黄学贤赴波兰留学。

6月13日　中共上海市委学校工作部批复同意上海水产学院审干委员会由王薰香等5人组成，王薰香任书记，何家振任副书记。

6月　朱元鼎被推荐为中、苏、朝、越四国太平洋西部渔业委员会中国代表团成员，任该委员会海洋渔业组成员。

7月　第一届本科生毕业，毕业生188人。其中，留校工作41人，分配到水产部工作42人。

8月29日　校报《上海水产学院》创办。

8月　工业捕鱼、淡水养殖、海水养殖、水产品加工、鱼类学与水产资源、渔业机械6个本科专业招收新生408人。自本年度新生起，学制五年。

9月24日　遭受龙卷风袭击，北教学大楼等数处房屋部分倒塌，师生6人受伤，部分实验仪器损毁。

9月　九三学社上海水产学院支社委员会成立，戴岜心任第一届支社委员会主任委员。

是月　召开共青团团员代表大会，选举共青团上海水产学院首届委员会，何保源为书记，吴汉民（学生）为副书记。

10月　图书馆大楼、养殖生物系大楼竣工。

11月3日　中共上海市委批准成立中国共产党上海水产学院委员会。

12月3日　民盟上海水产学院支部委员会成立，韩家学当选第一届支部委员会主任委员。

12月13—26日　上海市委秘书长张敬焘、市委学校工作部副部长舒文等，参加校党总支召开的关于王文锐违反党的知识分子政策问题的专题会议。后经上海市委批准，决定撤销王文锐党总支书记、副院长职务，调离学校。

12月　刘怀庆任党总支副书记。

1957 年

2月　国务院第四十二次会议任命刘宠光为上海水产学院副院长。

3月1日　著名鱼类学家、三级教授王以康突发心肌梗塞,在办公室猝然逝世,年仅59岁,书桌上摊着未竟之《鱼类分类学》书稿。

3月17日　学校召开第八次工会会员大会,选举产生第八届工会委员会委员9人,候补委员2人,俞之江当选工会主席。

3月　中共上海水产学院第一次党员大会召开,王薰香作工作总结报告,刘怀庆作大会总结。选举产生11名委员组成第一届党委会,王薰香、刘怀庆当选党委副书记。党委下设海洋渔业系、水产加工系、养殖生物系3个总支和机关直属党支部。

5月　学校开展以反官僚主义、反宗派主义、反主观主义为内容的整风运动;号召党内外师生"大鸣大放",群众对校领导及相关部门提出意见784条。

5月23日　成立由刘宠光、刘怀庆等8人组成的综合组,由刘宠光、林亨嘉等9人组成的教务组,由刘怀庆、袁庆长等8人组成的人事组,由黄亚成、刘景琦等8人组成的总务组等,整理研究教职员工和学生提出的意见和建议。

6月底　高等教育部、水产部、上海市高等教育局联合派出由曹正之率领的5人工作组,来校调研教职工、学生所提办学意见。

7月1日—8月6日　学校开展"反右"运动,教职工11人、学生14人被划为右派分子。

7月2日　中共上海市委任命胡友庭为上海水产学院党委书记。

7月9日　全校师生员工大会召开,党委副书记王薰香作"关于反右派学习的动员"报告。

8月　工业捕鱼、淡水养殖、海水养殖、水产品加工、渔业电子仪器5个本科专业招收新生119人。

9月17日　日本水产养殖专家渡边宗重应邀来校作为期3个月的讲学。

9月24日　由党委、行政、民主党派、工会、团委等部门共17人组成整风委员会,胡友庭任主任。

9月　水产加工系大楼竣工。

10月18日　日本水产资源专家真道重明应邀来校作为期2个月的讲学。

10月　国务院任命曹正之为上海水产学院副院长。

11月　国务院任命朱元鼎为上海水产学院院长。

12月　上海市建设委员会将军工路334号北侧水泥制品厂土地划拨学校,军工路334号总面积增加至14.14公顷。

1958年

年初　军工路580号原鱼皮制革工场改造为金工厂,有铸造、锻造、机械加工和钳工冷作装配4个车间和1个木模制作间等。厂房面积1331平方米,职工30人,张令江任厂长。

2月　水产养殖系200多名学生在系副主任陆桂带领下徒步赴高桥养鱼场劳动。

是月　苏联海洋调查船"宝石号"和中型拖网渔船"CPT-4347号"来访,随船专家维金斯基在校作学术报告。王克忠、顾嗣明随船任俄语翻译,参加由水产部及黄海水产研究所等单位协同开展、为期两个月的东黄海海洋水文及渔业资源调查。

是月　海洋渔业系乐美龙等教师赴舟山渔区参加渔汛生产和技术革新工作。

2—4月　在反浪费、反保守运动中,学校师生贴出万余张大字报,要求解决教学质量问题,认为教学脱离生产、缺少实践是主要原因。随后掀起师生下渔村、去工厂的高潮。全体学生和63%的教师在江苏、浙江、广东、山东、辽宁、河北和上海等地渔区调研和开展科研活动。

5月　由党委书记胡友庭，副院长曹正之、刘宠光带队，组织中老年教师约20人赴舟山渔区调研。

6月　学校在控江路杨家宅的水产养殖实验场改建为杨浦公园，另选观音堂路(今佳木斯路)重建，占地3.6公顷。

是月　学校与工业部、城市服务部(后来的第二商业部)达成培养食品和冷冻等专业技术人才意向，并决定将当年招收的水产加工工艺专业学生分别转入罐头食品工艺和冷冻工艺2个专业。

7月　受高等教育部、水产部选派，加工系教师纪家笙赴越南讲授水产加工学，为期2年。

是月　聘请苏联专家萨布林柯夫来校开设工业捕鱼与鱼群侦察师资培训班，为期2年。

8月7日　中共上海市委专门委员会第七小组批复同意学校肃反小组由5人组成，王薰香为组长，牟起厚为副组长。

8月　工业捕鱼、淡水养殖、海水养殖、水产品加工工艺、渔业机械、冷冻工艺、罐头食品工艺7个本科专业招收新生312人。

9月24日　校党委对"大搞教育革命"的情况进行总结后决定：1956年入学的本科生，学制由五年改成四年；教学和劳动安排，水产养殖系采取一个月假期、四个月劳动、七个月上课("一四七"制)，海洋渔业系和水产加工系采取"一三八"制。1961届渔业机械专业保留五年制。

9月　学校调派李星颉、陈挺之、杨载庚、宋镇圻、周文容等教师支援筹建舟山水产学院。(后李星颉任舟山水产学院副院长。)

是月　学校调派陈立义、潘宝生、王馨恩、顾新根等教师支援筹建连云港水产学校。(后陈立义任连云港水产学校校长。)

10月13日　中国科学院与学校合作建立中国科学院上海水产研究所(现中国水产科学院东海水产研究所)。

10月19日　学校正式代表8人、列席代表10人出席上海市第二次青年社会主义建设积极分子大会。

10月27日　上海市委决定中国科学院上海水产研究所由学校主办，编制60人，朱元鼎兼任所长。学校一批教师和干部调到研究所工作。

10月　胡鹤永、俞之江、林念庚等带领工业捕鱼、渔业机械专业学生到舟山参加带鱼汛生产，进行渔业经济调查。

11月　淡水养殖专业三年级学生蔡维元出席全国第二次青年社会主义建设积极分子大会。

是年　林亨嘉任民盟上海水产学院第二届支部委员会主任委员，并任民盟上海市委常务委员。

是年　学校九三支社改选，施彬任第二届支社委员会主任委员，刘治亭任副主任委员。

是年　养殖生物系更名为水产养殖系。

1959年

1月31日　校党委制订《关于各级党政领导分工和机构人员调整的意见》：在党委统一领导下，行政上实行党委领导下的院务委员会负责制；院长办公室下设人事科、秘书科；教务处下设教务科、学生科和教材供应科；总务处下设基建总务科、财务设备科和膳食科。

2月　学校赛艇队参加上海市第一届赛艇对抗赛,获得男子四人艇2 000米、男子八人艇2 000米、女子双人艇1 000米三项第一名。

4月7日　上海市科学技术委员会组织成立水产专业组,曹正之任组长。

4月8日—7月15日　陆桂、孟庆闻、王嘉宇、陆家机、严生良、钟展烈、赵长春等带领1957级淡水养殖专业学生开展淀山湖渔业生物学及资源调查。

7月　水产部明确学校发展规模为2 000人,设淡水养殖、海水养殖、水产资源、工业捕鱼、渔业机械、水产品加工工艺、罐头食品工艺、冷冻工艺8个专业。

是月　首批越南留学生6人毕业。

8月　工业捕鱼、淡水养殖、海水养殖、水产品加工工艺、冷冻工艺、罐头食品工艺6个本科专业招收新生187人。

9月　第一学生宿舍楼竣工,中心教学大楼开工。

是月　聘请苏联生物学专家索因来校讲授鱼类养殖的生物学基础,为期6个月。

10月　由张友声主持,学校和黄海水产研究所共同承担的国家科学发展规划课题"全国海洋渔具调查研究"完成,后编撰出版《中国海洋渔具调查报告》。

11月14日　国务院批准上海水产学院从1960年1月1日起划归水产部领导。

12月28日　国务院苏联专家组组长谢·瓦·斯茨扬诺夫来校了解苏联专家工作情况。

12月　水产部拨款建造184千瓦(250马力)、160总吨钢质尾拖型对拖生产实习渔轮2艘,分别取名为"奋发号""图强号"。

是年　越南河内综合大学鱼类学讲师梅庭安来校进修,朱元鼎、陆桂任导师。

1960年

1月22日　《上海水产学院学报》(创刊号)出版。

2月4日　校第二次中国共产党党员大会召开,选举13人组成第二届党委会,胡友庭当选党委书记,刘怀庆当选副书记;7人组成监委会,刘怀庆当选监委书记。

2月4—10日　1957级海水养殖专业三年级学生范贤伦,出席中华全国学生第十七届代表大会。

2月13日　共青团上海水产学院第六次代表大会召开,选举15人组成新一届委员会,何保源当选书记,王道尊、蔡和麟、史维一当选副书记。

3月14日　上海水产学院业余大学成立,设置渔船动力机械、制冷设备与冷藏、罐头食品工艺3个专业,学制四年。

4月9日　共青团中央书记处书记、上海市委书记李琦涛来校了解小球藻培养情况。

4月30日　召开"群英会",收到献礼项目247项(科学研究130项、教学革新22项、技术革新95项),另有先进经验总结13篇。大会主席团提名出席上海市文教战线群英会先进集体2个:海水养殖教研组(代表张英)、资源调查队(代表王尧耕);先进工作者6人:王素娟、顾景缪、季家驹、宋德芳、马文苑和郑元维。

4月　党委总结王素娟在浙江舟山贯彻"三结合"(教学、研究、劳动相结合,教师、学生、社员相结合)经验。

5月上旬　上海市文教战线群英会上,海水养殖教研室获上海市文教先进集体称号,王素娟获上海市文教先进工作者和全国文教先进工作者称号。

6月　水产部副部长杨扶青来校主持苏联专家研究生班毕业论文(设计)答辩会,王克忠、乐美龙、吴有为、张荫乔、姜在泽、顾嗣明、徐森林、滕永堃8名青年教师获研究生毕业资格。

7月　一、二年级学生300人,赴上海吴淞海军基地军训一个月。

是月　陆桂、缪学祖、苏锦祥、赵长春、王幼槐等完成长江干流(九江段)及其支流(赣江)家鱼产卵场调查。

8月　朱元鼎专著《中国软骨鱼类志》出版。

是月　工业捕鱼、淡水养殖、海水养殖、水产资源、水产品加工工艺、渔业机械、冷冻工艺、罐头食品工艺8个本科专业招收新生282人。

9月　中心教学大楼、第二学生宿舍楼竣工。

是月　暨南大学水产系撤销,该系修满两年学业的3个专业学生转入学校相关专业学习。

10月29日　水产部电告上海市委,上海水产学院规模定为600人,教职工精简1/3,军工路580号部分土地划拨给上海新业电工机械厂。

11月30日　根据党中央和上海市委关于甄别工作的指示精神,学校党委对1958年以来受到批判处分的师生开展甄别工作。

11月　男生从军工路580号全部迁入军工路334号住宿。

12月15日　以"三反"和"五反"为主题的整风运动开始。

12月31日　苏联、朝鲜、越南等国20余位专家组成的太平洋西部渔业研究会代表团来校访问。

是年　陆桂、钟展烈、赵长春等完成钱塘江鱼类和渔业调查及钱塘江鲥鱼调查。

是年　学校共设置13个本科专业,其中新增设的有渔船动力机械、渔业电子、海洋生物、鱼类生理生化、水化学5个五年制专业,鱼类学与水产资源专业改名为水产资源专业,另设置一年制淡水捕捞、淡水养殖专修科,并举办两年制化学专修科(为上海市培养中学化学师资)。

1961年

3月　水产部成立水产高等学校教材编审委员会,工作组设在学校,组织编写教材30本,学校负责其中26本。

5月19日　水产部明确上海水产学院为部属重点高等学校。

6月19日　学校根据中央"调整、巩固、充实、提高"八字方针,专业设置由原来13个调整为10个,即淡水养殖、海水养殖、水产资源、工业捕鱼、渔业机械、渔船动力机械、渔业电子、水产品加工工艺、罐头食品工艺和冷冻工艺。

8月23日　水产部批准学校办学规模:本科生1 032人、专修科168人、越南留学生42人、进修教师60人,共1 302人。每年招生数220人,留学生16人。

8月　工业捕鱼、淡水养殖、海水养殖、水产资源、水产品加工工艺、渔业机械、冷冻工艺、罐头食品工艺8个本科专业招收新生219人。

是月　张荫乔应邀赴越南讲授工业捕鱼课程,为期一年六个月。

是月　由于中等水产学校师资缺乏,根据水产部指示,学校举办两年制水生生物和渔业机械2个专业的师资专修科,学生由各水产学校选送。

9月　学校为执行《教育部直属高等学校暂行工作条例(草案)》,选择工业捕鱼专业1959级作为教学改革试验,调整教学计划,增加学时和加强基础教学,设立38门课程,选调优秀师资进行教学。

12月21日　水产教育家、原校长侯朝海逝世,享年66岁。

12月26日　第三次学生代表大会召开,通过《关于加强全院学生的共产主义道德品质教育的决议》,选举产生由梁祥云、董秀梅等7人组成的第三届学生会。

是年　学校九三支社改选,施彬任第三届支社委员会主任委员,刘治亭任副主任委员。

是年　陆桂、张友声、赵长春、陈马康、徐森林、钟为国、郭大德、李庆民等开展新安江水库渔业生物学及资源调查。

1962 年

3月　朱元鼎出席国家科学技术委员会在广州召开的科技会议。

是月　在上海市水产局的统一安排下,乐美龙等随上海海洋渔业公司渔船出海,总结和推广全国劳动模范郑连品的生产经验。

4月　游泳池和大食堂竣工。

4—6月　受水产部委托,苏锦祥与长江水产研究所张兴忠赴古巴,接运古巴政府赠送中国的牛蛙种蛙300余只。(6月30日的《人民日报》《光明日报》等均在重要版面刊发新华社消息。后被称为中古"牛蛙"外交。)

5月4日　上海市科委批复同意将中国科学院上海水产研究所更名为上海水产研究所,由上海市水产局、上海水产学院共同领导。

7月24日　水产部批准上海水产学院院务委员会由胡友庭、朱元鼎、刘宠光、林亨嘉等17人组成。

7月　渔船动力机械、渔业电子2个本科专业停办,其在读学生转入渔业机械或工业捕鱼专业学习。

8月14日　水产部批复学校编制：教职工433人(教职工与学生比为1∶3.3),其中,教师233人、职工200人；3个附属单位(金工厂、实习渔轮和养殖场)职工90人。

8月29日　骆肇荛赴莫斯科参加太平洋西部渔业委员会第七次会议。

8月　工业捕鱼、淡水养殖、海水养殖、水产资源、水产品加工工艺、冷冻工艺6个本科专业招收新生206人。

是月　黄志斌应邀赴越南河内农业大学讲授水产加工课程,为期一年六个月。(后越南民主共和国水产部授予其友谊勋章。)

9月28日　中共上海市教卫办工作部批示高山任上海水产学院副院长。

11月1日　召开建校50周年庆祝大会。

12月12—26日　朱元鼎等23人出席国家科委水产组北京会议,提出关于加强水产科学技术工作,大力发展水产事业的若干建议。

12月24日　水产部批复同意上海水产学院保留30名科研编制。

1963 年

1月　经国家科委同意,上海水产研究所划归水产部领导,更名为水产部东海水产研究所,党的工作仍归上海水产学院党委领导。

2月1—4日　中国共产党上海水产学院第三次代表大会召开,选举产生13人组成的第三届党委会,胡友庭当选书记,刘怀庆当选副书记;选举产生9人组成的监委会,刘怀庆当选书记,牟起厚当选副书记。

5月5日　学校党委制订开展增产节约和反对贪污盗窃、反对投机倒把、反对铺张浪费、反对分散主义、反对官僚主义运动的计划。成立"五反"运动领导小组,胡友庭、刘怀庆分别任正、副组长,设"五反"办公室。

8月5日　水产部在上海主持召开部属5所水产院校的教学计划、教学大纲审订会议。学校承担海洋捕捞、淡水养殖、水产品加工工艺3个专业的教学计划,以及渔具理论与捕鱼技术、鱼类学、贝类养殖、水产食品工艺学4门课程教学大纲的拟订工作。

8月　工业捕鱼专业改名为海洋捕捞专业。

是月　海洋捕捞、淡水养殖、海水养殖、水产资源、水产品加工工艺、渔业机械、制冷与冷藏工艺7个本科专业招收新生305人。

10月　经水产部同意,学校赠送越南农业大学一批贝类、藻类标本。

是月　学校在无锡太湖鼋头渚冲山塘建立大水面鱼类增养殖生产实习基地,占地10公顷。

11月　受水产部委派,苏锦祥赴越南庭榜水产研究所指导鱼类学研究工作,为期一年。

12月6—16日　中国水产学会成立大会暨学术讨论会在北京举行,朱元鼎被推举任中国水产学会副理事长,胡友庭任常务理事;大会决定出版学会学术刊物《水产学报》,编辑部挂靠学校。

下半年　学校实施"少而精、学到手"的课程改革试点(亦称"小改")工作,对生物化学、池塘养鱼、无脊椎动物学、航海、机械制图5门课程进行改革。

是年　学校张友声、徐森林先后主持,由长江水产研究所、上海水产学院共同承担的国家科委项目——长江流域渔具、渔法、渔船调查研究启动。

是年　肖树旭、缪学祖、杨亦智、陆家机、赵长春、严生良、童合一、殷名称等组成太湖渔业资源调查组,完成太湖的鱼类、东太湖的水生维管束植物调查。

是年　谭玉钧、王武等开始蹲点无锡河埒口,研究总结池塘养鱼高产经验。

1964年

1月　学校制订《上海水产学院十年(1964—1973年)长远规划》。

3月　召开上海水产学院第四次学生代表大会,选举25人组成学生会委员会。

4月3日—5月11日　师生634人由党委副书记刘怀庆带领,参加宝山县15个人民公社的社会主义教育运动。

上半年　《水产学报》第一届编辑委员会成立,朱元鼎任主任委员。

8月21—31日　朱元鼎出席世界科协北京中心举办的"1964年北京科学讨论会"。亚洲、非洲、拉丁美洲、大洋洲44个国家和地区的科学家共367人参加。中国代表团由61人组成。

8月　海洋捕捞、淡水养殖、海水养殖、水产资源、水产品加工工艺、渔业机械、制冷与冷藏工艺7个本科专业招收新生309人。

9月30日　朱元鼎当选第三届全国人民代表大会代表。

9月　为贯彻毛泽东主席春节讲话精神,以及"少而精""启发式"教学原则,选择海洋捕捞、淡水养殖专业1961级进行"中改"试点,水产品加工专业1964级进行半工半读试点。

11月20日　共青团上海水产学院第七次代表大会召开，选举15人组成新一届委员会，史维一任书记，李道恒任副书记。

11月25日　经上海市委组织部批准，学校成立政治部，刘怀庆兼任政治部主任。同时将马列主义教研室纳入政治部领导。扩大和加强政治工作队伍，配备专职和兼职指导员，在教研组配备政治副主任。

下半年　学校部分师生陆续到奉贤、川沙、崇明等县参加农村"四清"运动。

12月　《水产学报》第1卷第1、2期合刊正式出版发行。

是年　学校九三支社改选，施彬当选第四届支社委员会主任委员，刘治亭当选副主任委员。

1965年

1月26日　应水产部对外联络司要求，学校为阿尔巴尼亚提供有关池塘人工混养鲤、鲢、鳙、草鱼的技术资料。

3月5日　中央组织部通知中共上海市委教卫工作部：经中央2月22日批准，刘忠任上海水产学院第一副院长、党委副书记。

3月22日　学校同长江水产研究所、中科院南京地理研究所等12个单位协作进行的太湖渔业资源调查第一阶段工作结束。（后编写《太湖渔业资源调查研究》报水产部。）

4月28日—5月2日　《长江流域渔具、渔法、渔船调查报告》编辑会议在学校召开，项目主持人张友声及长江水产研究所、长江沿线六省一市水产厅等有关人员出席。

5月9日　党委书记胡友庭率领师生871人赴崇明县参加"四清"运动，分布在该县的1个镇、7个人民公社和6个农场。

5月　学校太湖渔业资源调查与增殖试验组向东太湖投放镜鲤、红鲤、高背鲤夏花500万尾，开太湖鱼类大规模人工放流之先河。

7月14日　上海市水产学会成立，朱元鼎、刘忠分别当选为正、副理事长。

是日　上海市海洋湖沼学会理事会改选，刘忠、陈子英分别当选为正、副理事长。

7月19日　学校向水产部报送《关于补报增加刘忠、高山两副院长为上海水产学院院务委员会委员》的报告。

8月　海洋捕捞、淡水养殖、水产资源、水产品加工工艺、制冷与冷藏工艺5个本科专业招收新生198人。

是月　朝鲜教师来校进修。

9月　为贯彻全国高中等农业教育会议及中央水产部基层政治工作会议的精神，确定1965级淡水养殖、海洋捕捞2个专业作为"大改"试点。

11月27日　国家科委成果办公室通知：学校《家鱼鱼卵流水式孵化瓶》和《条斑紫菜自然附苗人工养殖》2篇科技论文入选《农业科学技术研究成果汇编》。

12月15日　共青团上海市委同意增补陈怡之（学生）为校团委副书记。

1966年

1月8日　越南民主共和国水产部授予苏锦祥友谊勋章。

3月5日　著名遗传学家、海洋生物学家、二级教授陈子英逝世,享年70岁。

4月5日　水产部政治部任命郭子郁为上海水产学院政治部主任。

5月25日　中共上海市委批准郭子郁任上海水产学院党委副书记兼政治部主任。

6月4日　全校师生员工大会,党委副书记郭子郁作深入开展无产阶级"文化大革命"动员报告。

6月9日　全校师生员工大会,党委副书记刘忠作进一步深入开展"文化大革命"的动员报告。

6月18日　上海水产学院"文化大革命"领导小组成立,刘忠任组长,郭子郁任副组长兼办公室主任。

6月25日　中共上海市委派11人联络组进驻学校。

是日　全校师生员工大会,刘忠对参加崇明"社教"回校的近800多名师生进行"文化大革命"动员。

6月26日　学校召开第一次批斗"走资派"大会。

7—8月　学校党政各级机构相继停止工作。

9月3日　中共上海市委将联络组撤离学校。

9月　部分学生开始陆续外出串联。

10月21日　学校"毛泽东思想红卫兵""八一八红旗兵团""烈火团"等18个造反组织成立上海水产学院"毛泽东思想红卫兵造反总部"。

11月13日　学校"毛泽东思想红卫兵造反总部"接管校广播台。

11月23日　造反派包围档案室。

是日　革命造反司令部召开批判"文化大革命"领导小组大会。

12月17日　学校造反派在抢夺档案材料和夺权斗争中开始出现武斗现象。(随后打、砸、抄、抓现象日趋严重。)

1967年

1月26日　学校"红革会"负责人祁志强等代表造反总部夺取学校党政大权,党政领导干部全部靠边,机构瘫痪。

1月　大部分学生外出串联。部分学生到北京中央水产部"造反"。

7月15日　上海水产学院革命委员会(简称院革会)成立,主任庞遵思(学生),副主任贾计成(学生)、高山。

8月25日　院革会召开会议,专门研究"破四旧"。当晚,造反派、红卫兵到部分教工住所、办公室及家中进行抄家,搜走大量文物、工艺品、图书、金银制品及银行存单、存折本等。

10月28日　刘忠被结合进院革会,任第一副主任。

11月9日　公布上海市革命委员会(简称市革会)批准的1966届毕业生分配方案。

11月27日　院革会常委讨论成立中共上海水产学院核心组,成员由院革会中9名党员组成,组长刘忠,副组长高山、高天官(学生)。

12月28日　院革会决定成立清理阶级队伍(简称"清队")领导班子,由刘忠、贾计成等5人组成,刘忠为主要负责人。

1968 年

3月4日　院革会常委会决定3月5日对"清队"对象及有"嫌疑"的教职工进行抄家。

6月24日　宣布1967届毕业生分配方案。

7月5日　《清队简报》第一期记载：受"清队"审查142人，占全校教工的24.5%；非正常死亡4人，其中党员干部1人。

7月初　学校"清队"领导小组进行调整，由庞遵思、刘忠等5人组成。

8月26日　工宣队50人，军宣队13人进驻学校。

9月6日　工、军宣队带领部分教工和学生对审查对象进行抄家，共抄家127户。

9—10月　工、军宣队进驻后重新组织"清队"领导班子，负责"清队"工作。在大批判、深挖反革命分子中被立案审查、批斗、隔离的教工及学生近200人。

11月23日—12月9日　根据中央关于1968届毕业生分配方案，完成该届毕业生分配工作。

1969 年

9月13日　根据市革会下达给学校"四个面向"的任务，有15名教职工下放上海中小学及云南、黑龙江、南京梅山铁矿等地。

10月28日　工、军宣队及院"三结合"领导小组决定：组织1 000余名师生到长兴岛参加"三秋"劳动；留校师生挖防空洞。

11月　海洋渔业系、水产养殖系分别组织部分教师成立教育实践队，赴舟山等渔区参加生产劳动。

12月25日　传达1969届、1970届毕业生分配通知。

1970 年

1月9日　学校在设于崇明东风农场的"五七"干校成立尖刀连。（后有大批教职工赴干校劳动。）

5月29日　军宣队马本林任中共上海水产学院核心小组组长，刘忠任副组长。

12月27日—1971年1月24日　学校第一批教育革命调查小组由工、军宣队和各系教师代表13人组成，到舟山进行调查研究。

12月28日—1971年1月8日　第二批由工、军宣队和教师代表7人组成的教育革命市郊调查组，到上海市水产局及嘉定、青浦两县进行调查。

12月28日—1971年1月27日　第三批由水产养殖系及校教育革命组成员组成的教育革命郊区调查组对上海郊区的6个县进行调查，走访27个单位。

1971 年

3月3日　学校"三结合"领导小组发布《关于上海水产学院教育革命初步意见》，指出"要无产阶级政治挂帅，走上海机床厂从工人中培养技术人员的道路"，要对学校体制进行彻底改造。

5月　举办为期两个月的市郊家鱼人工繁殖学习班,学员20人。

8月27日　学校接市革会公交组、文教组、科技组通知,承担苏州河污水处理项目鱼类毒性鉴定、分析任务,提出排放标准。

9月22日　根据国务院、中央军委《关于六所高等院校的体制调整和领导关系的问题的通知》的决定:上海水产学院迁往福建。

10月19日　福建省革命委员会通知:上海水产学院迁校校址设在厦门集美,并由厦门市革命委员会负责。将原集美水产专科学校、华侨补习学校的全部房屋、营具及附属设备移交水产学院使用。

12月3日　市革会工宣队第一办公室代表杨一民与福建省教育局代表张惠中、福建省水产局代表姜云殿等来校宣布国务院、中央军委的决定:上海水产学院迁往福建。

1972年

1月　刘忠、屠长春(工宣队)、丁云祥(军宣队)等率领由学校教育革命组、后勤组、校办工厂等人员组成的8人调查组,赴福建厦门集美实地调查迁校校址。

1月25日　先遣队50人到达福建厦门集美。

春节后　学校教职工分批到达厦门集美。全校教职工574人中,共有472人迁往厦门,102人留驻上海。迁至厦门集美的物资总量为1 030吨,体积为11 440立方米。

3月2日　厦门市革命委员会将华侨补习学校及集美水产专科学校财产全部移交学校迁厦筹备处。

4月　学校位于观音堂路(现佳木斯路)的4.21公顷淡水养殖场由上海市水产局接收。

5月4日　国务院科教组电告批复福建省革命委员会,"同意上海水产学院迁闽后,更名为厦门水产学院",由农林部和福建省革命委员会共同领导。

6月5日　福建省革命委员会通知:自1972年6月10日起,启用厦门水产学院革命委员会印章。

8月　渔业机械、制冷工艺、淡水渔业3个专业招收第一届工农兵学员99人,学制三年。

9月29日　中共福建省委通知:厦门水产学院党的核心小组由刘忠、吴健、孙泽夫、郭子郁、葛策5人组成,刘忠任组长,吴健任副组长。

是日　福建省革命委员会通知:刘忠为厦门水产学院革命委员会第一副主任,朱元鼎、吴健、孙泽夫、郭子郁、葛策为副主任。

是年　增设渔业机械化系。

1973年

1月25日　农林部来函借调教师乐美龙,作为中国政府代表团成员出席联合国海底委员会、第三次联合国海洋法会议、中日政府间渔业协定谈判等工作。(乐美龙于3月5日和4月5日先后赴纽约和日内瓦参加会议。)

1月26日　农林部副部长肖鹏主持召集有关部门开会,研究厦门水产学院规划问题。农林部科教局、水产局、基建局,福建省水产局及学校有关领导出席会议。

5月12日　农林部委托学校培训海洋捕捞和轮机援外技术人员35人。

6月　农林部批准新建2艘441千瓦(600马力)拖网渔船为学校生产实习船。

8月　海洋捕捞、淡水渔业、海水养殖、水产品加工工艺、制冷工艺、渔业机械6个专业招收工农兵学员193人。

11月28日　共青团厦门水产学院第一次代表大会召开，冯炳华代表大会筹备委员会作工作报告。会议选举19人组成共青团厦门水产学院第一届委员会，冯炳华当选书记。

11月　农林部在部属院校负责人会议上，确定厦门水产学院设立5个系10个专业：海洋渔业系，设海洋捕捞、水产资源专业；水产养殖系，设淡水渔业、海水养殖专业；水产加工系，设水产品加工工艺、制冷工艺专业；渔业机械化系，设渔业机械、渔业电子仪器专业；渔船制造系，设渔船设计与制造、渔船动力机械专业。

1974年

5月8日　院革委会成员研究轻工业部来函要求学校恢复食品罐头专业问题。

5月　学校承担的河鳗人工繁殖研究农林部部属科研项目，孵出河鳗仔鱼数十万尾，最长存活期达15天。

8月2日　中共福建省委决定：任命郑一通为中共厦门水产学院党的核心小组副组长。

8月　海洋捕捞、淡水渔业、海水养殖、水产品加工工艺、制冷工艺5个专业招收工农兵学员184人。

11月2日　中共福建省委决定：任命肖苏为中共厦门水产学院党的核心小组副组长。

1975年

8月6日　中共福建省委任命张渝民为中共厦门水产学院党的核心小组副组长。

8月　海洋捕捞、淡水渔业、海水养殖、制冷工艺、渔业电子仪器5个专业招收工农兵学员166人。

1976年

6月　型号为VDY 8750的2艘实习渔船竣工，主机功率441千瓦（600马力），满载排水为375吨，船名定为"闽渔451号"和"闽渔452号"。

8月　海洋捕捞、淡水渔业、海水养殖、制冷工艺、渔业机械、渔船动力机械、渔船设计与制造、渔业电子仪器8个专业招收工农兵学员254人。（次年2月入学。）

10月20日　学校师生员工热烈欢呼中国共产党粉碎"四人帮"反党集团的伟大胜利，愤怒声讨其滔天罪行，向党中央发拥护电。

是年　冷冻厂、机械厂、水产品加工实验工厂、海水养殖场、淡水养殖场等生产实习基地先后竣工。

1977年

6月14日　洪维杰为领队的新工宣队进驻学校。

10月　全国恢复高校统考招生。学校恢复本科专业招生，学制四年。

1978 年

1 月　学校划归国家水产总局和福建省双重领导,以国家水产总局为主。

2 月　全国恢复高校统考招生后的第一届新生 355 人入学,分别就读海洋捕捞、淡水渔业、海水养殖、水产品加工工艺、制冷工艺、渔业机械、渔业电子仪器、渔船动力机械 8 个本科专业。

是月　朱元鼎当选第五届全国人民代表大会代表。

3 月 18—31 日　肖树旭出席中共中央、国务院在北京召开的全国科学大会。河蚌育珠、池塘科学养鱼创高产、鱼蛋白发泡剂的研究、鱼用催产新激素——人工合成释放素及其类似物的应用 4 个项目,获全国科学大会奖。

3 月　孟庆闻被评为厦门市三八红旗手和福建省三八红旗手。

6 月　国家科委批准中国水产学会主办的《水产学报》复刊,编辑部挂靠学校。

是月　陆桂、王武、陈马康等奉命筹建淡水养殖培训中心(现中国水产科学研究院淡水渔业研究中心)。

7 月　李思发、周应祺 2 人通过教育部选拔考试。(李思发于 1979 年赴加拿大曼尼托巴大学海洋渔业部淡水研究所做访问学者,1981 年返校;周应祺于 1979 年赴英国阿伯丁海洋研究所、白鱼局工业发展署电子实验室和渔具动水槽实验室进修,1982 年返校。)

8 月　学校 27 项科研成果获福建省科学技术成果奖,全方位多笔式探鱼仪、水下照度计 2 个课题组获先进集体称号,朱元鼎、肖树旭、王武、赵长春 4 人获福建省先进科技工作者称号,出席福建省科学大会。

是月　全国恢复高校统考招生后的第二届新生 371 人入学,招生专业共 10 个,除 2 月份的 8 个专业外,增加罐头食品工艺和海洋渔业资源 2 个专业。

12 月　根据中共中央有关落实政策的决定,学校成立"摘帽"办公室,对 1957 年错划为右派的教工、学生 25 人予以平反。

是年　学校设置 5 个系 10 个专业,有教职工 980 人,其中教学人员 421 人中,有正、副教授 15 人,讲师 224 人,助教 174 人。在校学生 1 180 人。

1979 年

1 月　学校召开第二次团代会和第一次学代会。选举冯炳华为团委书记,柯国瑞、蒋传参、许兴辉等为副书记;张廉为学生会主席。

3 月 9 日　学校恢复工会组织。经工会会员大会选举,崔槐青当选主席,麻天雄、张振华、黄秀卿(女)当选副主席。

3 月 15 日　根据国务院《批转教育部关于高等学校恢复和提升教师职务问题的请示报告》,学校认定 10 名教员为讲师,晋升 164 名助教为讲师。

5 月 17 日　经国务院批准,教育部和国家水产总局通知,上海水产学院在上海军工路 334 号原址恢复办学,面向全国招生,本科专业学制四年。由国家水产总局和上海市双重领导,以国家水产总局为主。厦门水产学院在厦门集美继续办学。

7 月 14 日　中共福建省委通知:中共厦门水产学院党的核心小组改为中共厦门水产学院委员

会,由张渝民代理书记,原核心小组成员改为党委委员,增加牟起厚、高学龙、陈一章、刘惠生4人为党委委员。

8月21日 根据上海市水产局党委文件《转发〈关于成立上海水产学院筹备组的通知〉》,经上海市委同意,成立上海水产学院复校筹备组,上海市水产局副局长范纬青任组长,朱元鼎任副组长,成员有刘忠、曹正之、黄亚成、高云樵。复校期间,学校由上海市财贸办领导。

8月 国家水产总局局长肖鹏在上海主持上海水产学院与厦门水产学院在厦资产划分等分校工作会议。会议决定:物理、化学、生物等基础实验室及机械厂、冷冻厂、电子厂、印刷厂留给厦门水产学院,实习渔轮归上海水产学院,对图书馆藏书、期刊及其他资产划分也作出具体规定。

是月 海洋渔业资源、淡水渔业、制冷工艺、渔船动力机械、渔业电子仪器5个本科专业招收新生150人。

9月 上海水产学院、厦门水产学院在厦门集美校园分别独立办学。

是月 孟庆闻被评为全国三八红旗手。

是月 联合国粮农组织在上海军工路校区举办水产资源评估培训班,著名水产资源专家高伦等4位专家来校讲学。另有东京水产大学井上实、川岛和幸、铃木康策、小嶋秩夫4位教授来校分别讲授鱼类行为学、远洋渔业、罐头食品工艺、食品冷冻工艺4门课程。

10月 复校筹备组根据国家水产总局党组、福建省委、上海市财贸办、教卫办等指示精神,开展"揭批查"补课工作。揭发批判"四人帮"在"文化大革命"中的罪行,清查打砸抢有关人员,为受害者平反冤假错案,落实党的政策。

是月 朱元鼎与中国科学院水生生物研究所伍献文等创建中国鱼类学会,任第一届理事会副理事长,孟庆闻、苏锦祥任理事。

12月25日 在上海军工路校区召开"揭批查"补课工作总结大会。

1980年

1月25日 全校召开平反昭雪大会,对在"文化大革命"中被立案的153人平反昭雪、恢复名誉。复查结论与本人见面。国家水产总局副局长丛子明专程到会。

3月 《水产学报》第4卷第1期出版,是"文化大革命"停刊后复刊的第1期。

5月10日 在联合国粮农组织支持下,骆肇荛率领由国家水产总局、上海水产学院、湛江水产学院、山东水产学校代表组成的水产教育考察团赴日本作为期1个月的考察。

6月 上海水产学院在上海军工路334号挂牌。启用上海水产学院印鉴。

8月 学校迁回上海后首次在上海面向全国招收海洋渔业资源、海水养殖、制冷工艺3个本科专业新生80人。从厦门迁回上海继续学习的有海洋捕捞、海洋渔业资源、淡水渔业、海水养殖、水产品加工工艺、制冷工艺、罐头食品工艺7个专业三届学生共820人。

是年 九三学校支社委员会改选,张义良、刘治亭分别当选第五届支社委员会正、副主任委员。

1981年

5月 经国家农委批准,学校获得世界银行第一期农业教育贷款335万美元。

7月19日 世界银行派农业教育贷款项目代表团来校考察。

8月　招收海洋捕捞、淡水渔业、水产品加工工艺、渔业机械4个本科专业新生119人。

是月　方原任学校顾问。

是月　受国家水产总局委托，学校与渔业机械仪器研究所共同承担，在学校举办"全国渔业机械化区划工作培训班"。

9月　日本日中水产友好协会会长、东京水产大学前校长佐佐木更三率实习船"海鹰号"来校访问。

12月16日　上海市财贸办肖林、市教卫办舒文主持"两办"交接会议，会上宣布：上海水产学院归上海市教卫办领导；建立复校后的党委会，刘金鼎任党委副书记，主持工作，黄亚成、高云樵、骆肇荛、何保源为党委委员；朱元鼎任院长，黄亚成、骆肇荛、高云樵任副院长。

12月　召开校工会第十一次会员代表大会，选举黄金陵为校工会主席。

是年　民盟学校支部委员会换届选举，韩家学当选第四届支部委员会主任委员。

1982年

1月22日　校党委会决定：（1）学校学位委员会由20人组成，主任朱元鼎，副主任骆肇荛；（2）各系学位委员会：渔业机械系（筹）和海洋渔业系各7人，水产加工系和水产养殖系各9人；（3）确定世界银行农业教育贷款项目工作领导班子，组长骆肇荛，副组长高云樵。

4月10日　校党委会讨论"文化大革命"后第一届本科毕业生（1977级）学士学位授予工作。毕业生总数253人，经评定授予学士学位249人。会上还研究硕士研究生招收工作。

5月20日　刘金鼎当选中国共产党上海市第四次代表大会代表。

6月21日　校党委会讨论定规模、定任务、定专业、定学制、定编制工作。定学校规模为1 500人；定任务有培养本科生、研究生、外国留学生，以及承担干部培训、科学研究等任务，将上海水产学院建成全国水产重点院校，重点专业能赶超世界先进水平；定专业，现有8个专业，明确重点专业是水产养殖、海洋渔业、水产品加工工艺、罐头食品工艺；定学制，本科四年，干部轮训期为一年，技术干部培训分两年制和一年制2种；定编制，师生比为1∶4。

8月　海洋捕捞、淡水渔业、海水养殖、水产品加工工艺、罐头食品工艺、渔业机械6个本科专业招收新生200人。

9月　渔业机械系（筹）并入海洋渔业系。设计算机教研室、水产动物种质资源研究室。

11月1日　举行建校70周年系列庆祝活动，有庆祝大会、座谈会、学术报告会、《上海水产学院》复刊号与《校友通讯录》首发式等。

11月8日　校党委会审定世界银行农业教育贷款项目出国学习10人、出国考察5人。

11月25日　国家水产总局原副局长宫明山来校商讨将中国水产学会《水产学报》编辑部、中国水产学会中国渔业史研究会办公室挂靠学校等事宜。

11月　中央农业干部管理学院上海水产学院分院成立，院长由上海水产学院院长兼任。

12月13日、23日、25日　校党委会审定由校职称评审委员会评审通过的3批126人晋升职称，同意报送国家水产总局审批。

1983年

1月　获水产养殖硕士研究生招生权。

3月　成立科技服务部。

4月　在上海市南汇县滨海乡围垦区筹建淡水养殖试验场,占地10.03公顷。

5月31日　党委书记胡友庭到任。

6月4—22日　孟庆闻当选中国人民政治协商会议第六届全国委员会委员,出席第六届中国人民政治协商会议第一次会议。

6月　招收首届水产养殖专业硕士研究生3人,导师孟庆闻、谭玉钧和王义强。

8月11日　农牧渔业部党组发文任命朱元鼎任名誉院长,胡友庭任党委书记,孟庆闻任院长,何保源任党委副书记兼纪委书记,乐美龙、赵长春任副院长。

8月　海洋捕捞、淡水渔业、水产品加工工艺、制冷工艺、罐头食品工艺5个本科专业招收新生231人。招收两年制职工专修科学生,其中机械制造工艺与设备专业78人,淡水渔业专业23人。

是年　九三学校支社改选,孟庆闻当选第六届支社委员会主任委员,朱庆澜、王士璠当选副主任委员。孟庆闻任九三学社第七届中央委员、上海市委副主任委员。

是年　世界银行第一期农业教育贷款开始执行。

1984年

1月　获水产养殖硕士学位授予权、水产品贮藏与加工专业硕士研究生招生权。

4月　增设渔业经济与管理系。

是月　增设渔业经济管理、淡水养殖、海洋捕捞、轮机管理4个专科专业,淡水养殖、海洋捕捞2个干部专修科和一年制淡水渔业专业助教进修班。

5月4日　共青团上海水产学院第九次代表大会召开,选举产生第九届委员会,团委书记张岑,副书记万峰、张继平、卢卫平。

6月14日—7月13日　利用世界银行农业教育贷款项目,党委书记胡友庭率水产教育考察团赴日本考察。

6月　水产养殖、水产品贮藏与加工2个硕士学位点招收研究生10人。

8月　应轻工业部要求增设食品工艺、食品工艺(饮料)、食品检验3个两年制专科专业,双方签订10年人才培养合同。

是月　海洋捕捞、海洋渔业资源、淡水渔业、海水养殖、水产品加工工艺、制冷工艺、罐头食品工艺、渔业机械8个本科专业招收新生270人。

是月　海洋捕捞、食品工艺、食品工艺(饮料)、食品检验、机械制造工艺与设备、渔业经济管理、轮机管理7个专科专业招收新生201人。

9月17日　成立校学术委员会,孟庆闻任主任委员。

9月　经上海市教卫党委批准,全校进入整党。任务是:统一思想、整顿作风、加强纪律、纯洁组织;主题是:彻底否定"文化大革命",清理"三种人"。

是月　日本熊本县立水产高等学校校长大野明率团28人乘实习船"熊本丸Ⅱ世"来校访问。

11月15日　学校成立妇女工作委员会,孟庆闻任主任委员。

12月　动力实验室、浙江奉化湖头渡海水养殖场、南汇淡水养殖试验场、体育馆等工程先后竣工。

是月　经国家农委批准,学校获得世界银行第二期农业教育贷款150万美元。

1985 年

1月2日　学校民盟支部委员会进行第五届支部委员改选,王义强任主任委员,詹庆成、王瑞霞任副主任委员。

3月10日　中国远洋渔业首航西非船队起航,海洋渔业系教师季星辉参与领航组工作。(后留在西非从事中国远洋渔业技术指导工作。)

4月9日　学校召开第一届教职工代表大会暨第十二次工会代表大会。院长孟庆闻作学校工作报告,党委书记胡友庭作《上海水产学院1984—1990年规划和后十年设想》的报告。选举11人组成第十二届工会委员会,杨喆姓任主席,蔡文霞任专职副主席。

4月　国家教委在南京农业大学召开农科、林科本科专业目录审定会。确定水产类共6个专业:海洋捕捞,淡水渔业,海水养殖,农(畜、水)产品贮藏与加工,海洋渔业资源,渔业经济管理,于1986年公布实施。

5月14—30日　赵长春率海洋渔业系师生代表乘"海育1号""海育2号"实习船赴日本熊本县立水产高等学校和下关水产大学校考察访问,并接收由熊本县知事通过中国驻日使馆赠送的日本熊本县立水产高等学校"熊本丸Ⅱ世"教学练习船。"熊本丸Ⅱ世"易名"浦苓号",295总吨,主机功率956千瓦(1300马力),具有流刺网和光诱鱿鱼钓作业能力。

5—6月　利用世界银行农业教育贷款项目,孟庆闻、何保源率代表团赴美国考察水产教育。

6月22日　校党委副书记兼纪委书记何保源,作报告时突发脑疝,经抢救无效逝世,享年50岁。

6月　水产养殖、水产品贮藏与加工2个硕士学位点招收研究生15人。

8月　新增渔业经济管理、食品工程2个本科专业。

是月　恢复夜大学,设置食品工艺、财务会计2个专科专业,学制三年。

是月　海洋捕捞、海洋渔业资源、淡水渔业、海水养殖、水产品加工工艺、制冷工艺、罐头食品工艺、食品工程、渔业机械、渔业经济管理10个本科专业招收新生335人。

是月　海洋捕捞、淡水渔业、食品工艺、食品工艺(饮料)、食品检验、机械制造工艺与设备、渔业经济管理、轮机管理8个专科专业招收新生254人。

9月　王武、李思发、杨和荃、蔡完其、何苏麟、陆豫根、林辉煌、周永年、田林宝、胡笑波、黄学壬、任明荣、刘冠伦、郑元维、张冬富、毛玉英、陆赤等获农牧渔业部部属高等农业院校优秀教师称号。

10月8日　中央农业广播学校开设淡水养鱼专业。(学校多名教师任教,电化教学室为其制作多种电视教学片。)

10月19日　上海水产学院校友会恢复。

10月21日　中共上海市教卫工作委员会副书记胡绿漪,农牧渔业部水产司司长佘大奴、人事司副司长张枫桐等来校宣布调整学校领导班子:乐美龙任院长,陈坚任党委副书记,赵长春、王克忠任副院长。

11月23日　农牧渔业部发文同意上海水产学院更名为上海水产大学。(全国人民代表大会常务委员会原副委员长许德珩题写校名。)

12月13日　设置老干部科,挂靠党委组织部。

是年 世界银行第二期农业教育贷款开始执行。

1986年

1月 学校与美国罗得岛大学签订合作意向书。

2月18日 中共农牧渔业部党组任命杨慧如任学校党委副书记。

2月24日 学校被上海市教卫工作委员会党委纳入上海试行校长负责制的高校之一。因此制订《上海水产大学实行校长负责制暂行条例》、《上海水产大学校务委员会暂行条例》和《上海水产大学教职工代表大会实施细则》等文件。

2月 学校制订《上海水产大学社会主义精神文明建设的规划措施》。

4月12日 中国共产党上海水产大学第四次代表大会召开,胡友庭、陈坚分别代表上届党委、纪委作工作报告,大会选举5人组成党委会,陈坚当选书记,杨慧如当选副书记;选举5人组成纪委会,杨慧如当选书记;大会审议学校"七五"规划纲要。

5月 王武获上海市劳动模范称号。

是月 孟庆闻当选亚洲水产学会理事。

6月 达式奎当选上海市人大代表,王克忠、谭玉钧、赵维信当选上海市政协委员。

是月 水产养殖、水产品贮藏与加工、捕捞学3个硕士学位点招收研究生19人。

是月 制订水产养殖系学年学分制教学计划,并在1989届淡水渔业和海水养殖2专业试行。

是月 日本专家叶室亲正应邀来校作日本捕鱼机械现状和发展的讲座,为期3周,全国水产院校、科研院所等10多个单位的30多人参加。

7月 海洋渔业系大楼竣工。

是月 学校获捕捞学、水产品贮藏与加工2个专业硕士学位授予权。

8月25—30日 学校召开关于实施校长负责制研讨会,近500名教师和科级以上党政干部参加。

8月 海洋渔业系更名为渔业工程系,水产加工系更名为食品科学技术系。

是月 海洋捕捞专业更名为海洋渔业专业,渔业机械专业更名为机械设计及制造专业。

是月 海洋渔业、海洋渔业资源、淡水渔业、海水养殖、制冷工艺、食品科学、食品工程、机械设计及制造、渔业经济管理9个本科专业招收新生322人。

是月 海洋渔业、淡水渔业、轮机管理、食品工艺、食品检验5个专科专业招收新生148人。

10月 孟庆闻被国家教育委员会评为全国优秀教师。

11月 学校恢复教师副高级职称的评审工作。

12月18日 《中国农业百科全书·水产业卷》编委会成立,办公室挂靠学校。

12月19日 名誉院长、著名鱼类学家、中国鱼类学主要奠基人、水产教育家、一级教授朱元鼎因病逝世,享年91岁。

12月 应光彩被农牧渔业部评为全国农村能源建设先进工作者。

是年 亚洲水产学会授予孟庆闻"对发展学会有杰出贡献的理事'鱼形奖章'"。

是年 九三学校支社经改选,孟庆闻任第七届支社委员会主任委员,何克诚、郭大钧任副主任委员。

1987 年

2月　学校位于上海市南汇县滨海乡的淡水养殖试验场增加外场15.56公顷土地。

是月　制订《上海水产大学1987年社会主义精神文明建设的实施细则》。

3月2日　改组校务委员会,乐美龙任主任,陈坚任副主任。

3月　朱元鼎与孟庆闻的专著《中国软骨鱼类的侧线管系统以及罗伦瓮和罗伦管系统的研究》获国家自然科学奖三等奖。

5月　海洋渔业专业1987届学生12人,赴西非中国水产总公司远洋渔业船队实习和工作。

6月　水产养殖、水产品贮藏与加工2个硕士学位点招收研究生15人。

8月　海洋渔业、海洋渔业资源、淡水渔业、海水养殖、制冷与冷藏技术、食品科学、食品工程、机械设计及制造、渔业经济管理9个本科专业招收新生350人。

是月　淡水渔业、轮机管理、食品检验、食品工艺(饮料)、财务会计5个专科专业招收新生158人。

9月　朝鲜元山水产大学校长金山洪率代表团来访。

10月　由王素娟、张小平、孙云龙等完成的坛紫菜营养细胞直接育苗和养殖的研究项目获得国家科技进步奖三等奖。

11月1日　学校召开庆祝建校75周年大会。

11月10日　孟庆闻当选为中国水产学会第四届理事会理事长。

1988 年

2月6日　民盟学校支部改选,王义强任第六届支部委员会主任委员,詹庆成、林济时任副主任委员。

3月　孟庆闻当选中国人民政治协商会议第七届全国委员会委员。

5月24日　上海水产大学业余党校成立。

5月27—31日　学校召开第二届教职工代表大会暨第十三次工会代表大会,选举11人组成第十三届校工会委员会,王克忠任主席,王昌如任专职副主席。

6月　苏联渔业部第一副部长库德里耶夫在农业部水产局局长涂逢俊陪同下率团来校访问。

是月　水产养殖、水产品贮藏与加工、捕捞学3个硕士学位点招收研究生10人。

7月　王瑞霞、张毓人等用光学显微镜和电子显微镜观察青、草、鲢、鳙鱼受精生物学的研究项目,获国家科技进步奖三等奖。

8月　水生生物专业恢复招生。新增财务会计专科专业和财会干部专修科。

是月　设立朱元鼎奖学基金。

是月　海洋渔业、海洋渔业资源、淡水渔业、海水养殖、水生生物、农(畜、水)产品贮藏与加工、制冷与冷藏技术、食品科学、食品工程、机械设计及制造、渔业经济管理11个本科专业招收新生318人。

是月　淡水渔业、食品检验、食品工艺(饮料)、财务会计4个专科专业招收新生142人。

10月7日　学校成立退休教职工管理委员会。

10月　学校成立社会科学部。

11月　蔡学廉获农业部生产节能先进个人称号。

12月　孟庆闻任九三学社第八届中央委员。

是月　日本三重大学海洋资源学部实习船"势水丸"来校访问。

是年　行政楼、金工厂竣工。

1989年

5—6月　"六四"政治风波中,学校部分学生上街,正常教学秩序受到冲击。

6月24日　校党委组织党员以党总支为单位学习中国共产党十三届四中全会公报,要求在政治上与党中央保持高度一致,坚持一个中心、两个基本点,努力做好本职工作。

6月　水产养殖、水产品贮藏与加工2个硕士学位点招收研究生5人。

7月　由谭玉钧、王武、王道尊等完成的上海市郊区池塘养鱼高产技术大面积综合试验项目,获国家科学技术进步奖二等奖。

是月　苏联渔业部部长恩·依·科特亚来校访问。

8月　学校全面推开试行"按系招生、分类培养、淡化专业、按需培养"的学分制教学,课程设置按大类,加强基础,专业课学时压缩,增加选修课,学生选课的自由度增加。新设水产科技英语专科专业。

是月　海洋渔业、海洋渔业资源、淡水渔业、海水养殖、水生生物、农(畜、水)产品贮藏与加工、制冷与冷藏技术、食品科学、食品工程、机械设计及制造、渔业经济管理11个本科专业招收新生301人。

是月　食品检验、食品工艺(饮料)、财务会计、水产科技英语4个专科专业招收新生115人。

9月　王瑞霞获农业部部属高等农业院校优秀教师称号。

是月　国家教育委员会、国家民族委员会决定,学校举办新疆少数民族淡水渔业专业本科班。

11月中旬　上海市副市长庄晓天来校视察。

12月　生态大楼与食品工程大楼竣工。

是年　九三学校支社改选,孟庆闻任第八届支社委员会主任委员,何克诚等任副主任委员。

1990年

3月　季星辉被农业部评为远洋渔业先进工作者。

4月　农业部聘请乐美龙为全国高等农业院校教材编写指导委员会副主任、水产学科组组长。

6月14日　根据中共上海市教卫党委决定,学校停止试行校长负责制,实行党委领导下的校长负责制。

6月　农业部远洋渔业培训中心在学校成立,中心正、副主任分别由农业部水产局局长和学校校长兼任,下设办公室负责日常工作。

是月　水产养殖、水产品贮藏与加工、捕捞学3个硕士学位点招收研究生8人。

8月　黄琪琰、郑德崇、邓柏仁等完成的鲤鱼棘头虫病的研究项目,获国家科学技术进步奖三等奖。

是月　海洋渔业、渔业资源与渔政管理、淡水渔业、海水养殖、水生生物、农(畜、水)产品贮藏与加工、制冷与冷藏技术、食品科学、食品工程、机械设计及制造、渔业经济管理11个本科专业招收新生305人。

是月　淡水渔业、轮机管理、食品检验、食品工艺(饮料)、财务会计、水产科技英语6个专科专业招收新生175人。

12月　学校完成中共党员重新登记工作，对全校305名中共党员给予重新登记，并通过中共上海市教卫党委的检查与合格验收。

是月　国家教委、国家科委授予王素娟全国高等学校先进科技工作者称号。

是月　农业部授予万映民、万峰优秀思想政治工作者称号，授予马家海、夏泰淳先进个人称号。

是年　上海市科委、市科协、市农委、市财办授予王武上海市"菜篮子"十佳科技功臣称号。

是年　何克诚调任九三学社上海市委秘书长，学校九三支社增补姚崇永为副主任委员，郭大钧主持工作。

1991年

3月9日　共青团上海水产大学第十二次代表大会暨第十二次学生代表大会召开，选举产生新一届团委会和学生会，周程当选团委书记，李波当选学生会主席。

3月　农业部副部长洪绂曾、原副部长相重扬来校视察。

4月　农业部批准学校筹建冷库及制冷设备质量监督检测中心。

5月　校长乐美龙率团赴西非考察远洋渔业，与中国水产总公司协商加强合作事宜。

6月　韩国釜山水产大学校长柳晟奎等来校访问。

是月　水产养殖、水产品贮藏与加工2个硕士学位点招收研究生7人。

8月　海洋渔业、渔业资源与渔政管理、淡水渔业、海水养殖、水生生物、农(畜、水)产品贮藏与加工、制冷与冷藏技术、食品科学、食品工程、机械设计及制造、渔业经济管理11个本科专业招收新生317人。

是月　淡水渔业、轮机管理、食品检验、食品工艺(饮料)、财务会计、水产科技英语6个专科专业招收新生138人。

9月　林文平、黄永萌、黄学壬3人被农业部评为农业部部属院校教书育人先进教师。

是月　苏锦祥被评为上海市优秀教育工作者。

10月　梅志平被国家教委评为先进教育工作者。

是月　黄学壬被农业部评为全国农业、科研系统优秀回国留学人员。

是月　副校长赵长春率学校师生代表团乘"浦苓号"实习船赴日本回访熊本县立水产高等学校，并访问三重大学。

11月3日　国家科委批复同意《上海水产大学学报》复刊。

是年　农业部远洋渔业培训中心大楼竣工。

1992年

2月初　学校十年发展规划和"八五"计划制订完成。

2月28日　中共农业部党组批复：李道恒任学校党委副书记兼纪委书记，顾景镠任副校长。

3月2日　成立《上海水产大学学报》编辑委员会，主任乐美龙，编辑部主任滕永堃。

3月　李亚娟被国家教委、国家民族事务委员会评为全国民族教育先进个人。

是月　学校成立精神文明建设委员会，由宣传部负责日常工作。

是月　孟庆闻被评为上海市三八红旗手。

6月12日　学校被农业部列为部属重点大学。

是日　《上海水产大学学报》复刊，第1卷第1、第2期合刊出版。

6月　水产养殖、水产品贮藏与加工2个硕士学位点招收研究生8人。

8月　海洋渔业、渔业资源与渔政管理、淡水渔业、海水养殖、水生生物、农(畜、水)产品贮藏与加工、制冷与冷藏技术、食品科学、食品工程、机械设计及制造、渔业经济管理11个本科专业招收新生321人。

是月　淡水渔业、轮机管理、食品检验、食品工艺(饮料)、财务会计、水产科技英语6个专科专业招收新生228人。

11月1日　学校举行庆祝建校80周年大会，来自全国各省市校友代表、上海市立吴淞水产专科学校时期校友、越南留学生校友代表等200余人与师生共襄庆典。

12月11日　朱永兴设计的自行往返远控潜吸式清淤机，获1992年国家发明奖三等奖。

是年　学校与上海金山漕泾对虾养殖公司联合进行"产学研"合作，成立股份制企业——上海申漕特种水产开发公司，作为学校的教学实习基地。

1993年

2月　农业部渔政干部上海培训中心在学校成立。农业部渔政局局长兼任主任，副主任2名，分别由学校校长、东海区渔政局局长兼任。

3月　孟庆闻当选中国人民政治协商会议第八届全国委员会委员。

是月　乐美龙被聘为农业部全国高等农业院校教学指导委员会副主任、水产学科组组长、教材指导委员会委员。

4月1日　朱永兴获农业部有突出贡献中青年专家称号。

4月15日　由中国水产学会主办、学校承办的全国首届青年水产学术研讨会在学校举行。

4月22日　上海市副市长谢丽娟等来校调研学校教育体制改革情况。

4月23日　学校1992年新建的两艘远洋拖网渔船"中水9203号""中水9309号"竣工。

4月　中国民主建国会上海水产大学小组成立。

5月6日　国务院学位委员会办公室副主任谢桂华等来校了解和检查学校申报设置水产养殖专业博士点有关工作。

6月11日　共青团上海水产大学第十三次代表大会暨第十三次学生代表大会召开，选举产生校共青团第十三届委员会，书记万映民，副书记俞渊；杨桂宝等20名学生组成学生会常务委员会。

6月　水产养殖、水产品贮藏与加工、渔业资源3个硕士学位点招收研究生13人。

7月1日　臧维玲被评为上海市优秀教育工作者。

7月17日　农业部批准学校院系调整"四二二"计划，即设立四个学院：渔业学院、工程技术学院、食品学院、成人教育学院；二个系：外语系、经济贸易系；二个部：社会科学部、基础部。

7月19日　水产养殖学科被评为农业部重点学科（部级）。

8月　两年制水产科技英语专科专业改为三年制科技英语专科专业。新增专门用途英语（科贸）、专门用途日语（商贸）2个两年制专科专业；新增三年制机电工程和两年制信息管理、特种水产养殖、制冷与空调、财务会计（涉外）5个专科专业。

是月　海洋渔业、渔业资源与渔政管理、淡水渔业、海水养殖、水生生物、农（畜、水）产品贮藏与加工、制冷与冷藏技术、食品科学、食品工程、机械设计及制造、渔业经济管理11个本科专业招收新生355人。

是月　淡水渔业、特种水产养殖、轮机管理、食品检验、食品工艺（饮料）、制冷与空调、机电工程、信息管理、财务会计、财务会计（涉外）、水产科技英语、英语（科贸）、日语（商贸）13个专科专业招收新生399人。

10月5日　总务处、实验办、基建办合并成立后勤办公室，副校长顾景镠兼任办公室主任。

10月25日　校第二届教代会第三次会议审议通过《上海水产大学教职工住房分配条例》。

11月25日　九三学校支社改选，孟庆闻任第九届支社委员会主任委员，姚崇永任副主任委员。

12月25日　增设会计学（本科）及市场营销、船舶驾驶、水域环境保护3个专科专业。

12月30日　召开第二届第四次教职工代表大会，审议并通过《上海水产大学实行聘任制的暂行办法》《分配制度改革试行办法》等文件，经学校批准后实施。

12月　获渔业资源专业硕士学位授予权。

是年　黄琪琰、郑德崇、蔡完其等参与完成的草鱼出血病防治技术研究项目，获国家科学技术进步奖一等奖。

1994年

1月　何苏麟获国家教委高等教育司评选的全国教材管理工作先进个人称号。

3月1日　农业部水产司、劳动人事司及上海市委组织部、市教卫党委有关领导，来校宣布学校新任党政领导名单：林樟杰任党委书记，李道恒任党委副书记；陈坚任校长，顾乃达任党委副书记兼副校长，周应祺、顾景镠任副校长。

3月　陈坚率团访问越南芽庄水产大学。

4月15日　陈坚与中国水产科学研究院院长钱志林签订联合培养研究生协议。

4月30日　学校召开第二届第五次教代会，审议并通过《上海水产大学内部分配制度改革的试行办法》。

6月　韩国丽水水产大学"庆鲸号"实习船来校访问。

是月　水产养殖、水产品贮藏与加工、捕捞学、渔业资源4个硕士学位点招收研究生15人。

7月　学校与中国科学院海洋研究所联合招收海藻栽培博士研究生匡梅，中国科学院院士曾呈奎担任导师，王素娟担任副导师。

是月　学校与青岛海洋大学联合招收淡水养殖博士研究生李家乐，青岛海洋大学教授李德尚担任导师，李思发担任副导师。

8月　水产养殖系、海洋渔业系、环境科学系、机电工程系、食品科学技术系、制冷与空调工程系、食品加工工艺、经济贸易系8个系招收本科生335人。

是月　特种水产养殖、船舶驾驶、轮机管理、环境保护（水域）、食品检验、制冷与空调、机电工程、信息管理、市场营销、财务会计、财务会计(涉外)、水产科技英语、英语(科贸)、日语(旅游)14个专科专业招收新生415人。

10月　学校函授教学新增财务会计、渔业管理(贸易)2个专科专业,学制三年。

11月1日　庆祝建校82周年。由校友集资捐赠的侯朝海半身铜像揭幕。

12月　陈坚率团访问韩国丽水水产大学。

是年　食品学院兼理化实验大楼竣工。

1995年

3月10日　校心理咨询中心成立。

3月17日　共青团上海水产大学第十四次代表大会暨第十四次学生代表大会召开,选举产生第十四届团委,团委书记俞渊,副书记林海悦、陈江华;选举新一届学生委员会。

5月12日　成立中共上海水产大学党校。第一期入党积极分子培训班开班,69人参加。

5月　由图书馆、学报编辑部、电化教研室、计算机应用技术研究所等5个部门组建成立信息中心。

是月　学校召开第一次教学科研工作会议,通过《上海水产大学关于加强学科建设的意见》等7份文件。

6月　水产养殖、水产品贮藏与加工、渔业资源3个硕士学位点招收研究生15人。

7月　学校新增生物技术、国际金融2个本科专业,新增三年制海洋船舶驾驶专业,轮机管理专业由两年制改为三年制。

8月　招收本科生524人、专科生376人。

9月　经济贸易系与外语系合并成立国际经济贸易学院。

10月　党委书记林樟杰、副书记李道恒率领学校师生代表团27人乘"浦苓号"实习船应邀访问日本三重大学和东京水产大学。

12月29日　召开第三届教职工代表大会暨第十四次工代会,选举11人组成第十四届工会委员会,顾乃达当选主席,郑福标当选专职副主席,张克俭当选兼职副主席。

12月　学校举行顾问、兼职教授聘任仪式。受聘的有中国科学院院士曾呈奎、上海市外资投资工作委员会副主任张沛萍、万国证券公司代总裁高国富、国家一级指挥曹丁、国家一级演员曹燕珍、美国马萨诸塞州雪兰州立学院王德雄、日本中央水产研究所研究官中村磁二、挪威经济与商贸管理学院教授汉纳森、丹麦农渔部高级研究员斯贝尔等。

是年　王尧耕等完成的日本海柔鱼渔场调查与钓捕技术研究,获国家科技进步奖三等奖。

1996年

1月　辞海编辑委员会聘请骆肇荛、乐美龙为辞海编辑委员会委员、分科主编。

3月　学校与联想计算机集团在北京签订联合办学协议。

5月10日　学校公布"九五"计划和2010年发展规划。

6月　成立上海水产大学联想计算机学院。

是月　民盟上海水产大学总支部委员会成立,赵维信任主任委员。

是月　学校与上海市农工商（集团）总公司签订全面合作协议，建立科技开发联合体。

是月　水产养殖、水产品贮藏与加工2个硕士点招收研究生17人。

7月　水产养殖学科被批准为上海市教委重点学科。

是月　获产业经济学、水生生物学、制冷及低温工程专业硕士学位授予权。

8月　新增国际贸易、计算机及应用、英语（外贸）3个本科专业。至此，全校本科专业共18个，分属农、理、工、经、文5大学科门类。新增两年制秘书专科专业。

是月　招收本科生707人、专科生246人。

11月7日　成立上海水产大学精神文明建设委员会执行委员会，主席林樟杰，副主席李道恒、顾乃达。

11月15—16日　第二届海洋生物资源利用及保护国际学术研讨会在学校召开。

11月18日　农业部副部长张延喜代表部党组来校宣布新一届学校党政领导：党委书记林樟杰，党委副书记兼纪委书记万峰；校长周应祺，副校长顾乃达、曹德超。

11月　学校被中共中央宣传部、国家教委、团中央联合评为1996年大学生暑期社会实践先进单位。

12月　成立校重点学科建设领导小组，周应祺、曹德超分别任正、副组长。

是月　国家教育委员会聘请乐美龙为国家教育委员会高等教育面向21世纪教学内容和课程体系改革顾问组成员。

是月　九三学校支社改选，姚崇永当选第十届支社委员会主任委员，管伟康、胡根大当选副主任委员。

是年　周碧云获国家"八五"科技攻关先进个人称号。

1997年

1月　学校成立第三届学位评定委员会，委员21人，周应祺任主席。

3月26日　上海市副市长龚学平等来校视察。

3月　李思发、周应祺分别被青岛海洋大学、南京农业大学聘为博士生导师。

4月26日　民盟学校总支委员会换届选举，赵维信任第九届总支部委员会主任委员，周以俭、沈月新任副主任委员。

5月　臧维玲被评为上海市劳动模范。

6月5日　校工会被评为上海市教育工会先进教工之家。

6月6—7日　中国共产党上海水产大学第五次代表大会召开。选举产生13人组成的第五届党委会和7人组成的纪律检查委员会。

6月9日　第五届党委会第一次会议和纪委会第一次会议相继召开。选举产生由林樟杰、周应祺、万峰、顾乃达、曹德超等组成的党委常委会，林樟杰、万峰分别当选党委会正、副书记。万峰和封镇民分别当选纪委会正、副书记。

6月　水产养殖、水产品贮藏与加工、捕捞学、渔业资源、制冷及低温工程、水生生物学、产业经济学7个硕士学位点招收研究生21人。

7月　国际经济贸易学院更名为经济贸易学院。

8月　学校与中国水产科学研究院成立联合研究生部。

是月　招收本科生742人、专科生148人。

9月27日　国务院学位委员会办公室副主任谢桂华来校视察水产养殖博士点申报准备工作。

10月　成立人文与基础科学学院。

是月　由学校承担的国家教委课题高等农业教育面向21世纪水产类本科专业目录修订的研究和实践完成。经国家教委批准，水产类专业调整为：水产养殖专业覆盖淡水渔业和海水养殖2个专业；海洋渔业科学与技术专业覆盖海洋渔业、渔业资源与渔政管理2个专业；食品科学与工程专业覆盖水产品贮藏与加工、冷冻冷藏工程专业；农林经济管理专业覆盖农牧渔业经济管理专业。同时，热能动力工程专业、建筑环境与设备工程专业覆盖供热通风与空调工程专业，并于1998年由国家教委颁布实施。

11月2日　农业部副部长路明、教育司司长程序来校视察，检查学校学科建设工作情况并参观重点实验室。

11月14日　国务院学位委员会办公室主任赵沁平视察水产养殖博士点申报准备工作。

12月8日　民建学校支部委员会成立，朱富强任第一届支部委员会主任委员，吴稼乐、骆解民任副主任委员。

12月　由周应祺、黄硕琳、崔建章、季星辉、王尧耕等主持完成的海洋渔业专业的教学改革与实践课题，获国家级教学成果奖一等奖。

是年　农业部聘请周应祺任农业部高等教育指导委员会副主任，乐美龙为顾问。

1998年

5月30日　共青团上海水产大学第十五次代表大会暨第十五次学生代表大会召开，选举产生新一届团委会、学生会，团委书记董玉来、学生会主席林喜臣。

6月30日　获水产养殖专业博士学位授予权，李思发、王武为博士生导师。

6月　经济学、理学、工学、农学4个硕士专业门类招收研究生30人。

7月　学校学位评定委员会审核通过周洪琪、蔡完其为博士生导师。

8月　日语专科专业由两年制改为三年制。

是月　招收本科生718人、专科生151人。

是月　新入学的1998级本科生，全部由人文与基础科学学院进行管理，一年后再按专业由相关学院管理。

9月16—18日　学校主办第三届世界华人鱼虾营养学术研讨会。

9月　学校与联想集团合作办学终止，上海水产大学联想计算机学院更名为上海水产大学计算机学院。

10月26日　副市长周慕尧、市教育党委书记王荣华、市教委主任张伟江等来校视察。

11月　农业部批准在学校建设中华人民共和国农业部渔业动植物病原库。

12月3日　第四届教职工代表大会暨第十五次工会代表大会召开，选举11人组成第十五届工会委员会，万峰当选主席，周鸿仪当选专职副主席，张克俭当选兼职副主席。

12月8日　校退（离）休教师协会成立，理事长达式奎，副理事长汪天生、史济奎，秘书长徐仁善。

是年　陈马康等参加完成的中型草型湖泊渔业综合高产技术研究项目，获1998年度国家科技进步奖二等奖。

是年 李思发、周碧云等参加完成的天鹅洲通江型故道"四大家鱼"种质资源天然生态库的研究项目,获1998年度国家科技进步奖三等奖。

是年 周应祺被国家人事部批准为有突出贡献的中青年科学、技术管理专家。

1999年

1月23日 学校与上海水产(集团)总公司、上海水产学校三方签约共建高等职业技术学院。学院设置水产养殖、运输动力机械管理、食品工艺3个专业。

3月 学校与日本国际农林水产业研究中心共同举办的第一届淡水渔业资源加工利用技术中日合作研讨会在学校举行。

4月27日 沈月新、邱高峰分别任民盟学校总支部主任委员、副主任委员。

6月 经济学、理学、工学、农学4个硕士专业门类招收研究生36人。

是月 农学博士专业门类招收研究生2人。

7月 学校试行领导干部任前公示制度和任职试用期制度。

8月26日 学校与中国水产(集团)总公司在北京签订全面合作意向书。

8月下旬 马家海等完成的条斑紫菜病烂原因调查及防治的研究项目,获国家科技进步奖三等奖。

8月 招收本科生998人、专科生182人。

9月29日 学校新疆班班主任张淑平获国务院第三次全国民族团结进步模范个人称号,应邀赴京参加国务院第三次民族团结进步表彰大会,并参加国庆50周年庆典活动。

10月20日 学校与上海市教委高校后勤服务中心签约,成立校后勤服务中心;撤销总务处,成立后勤办公室。

是月 学校被中央宣传部、教育部、共青团中央评为大学生社会实践及大中专学生志愿者暑期"三下乡"活动先进单位。

11月7日 农业部副部长齐景发、渔业局局长杨坚等来校视察。

12月13日 教育部同意授予上海水产大学水产养殖、捕捞学、渔业资源、食品科学、水产品加工及贮藏工程5个学科的副教授评审权。

12月 水产养殖、捕捞学、水产品加工及贮藏工程3个学科确定为农业部重点学科。

2000年

1月23—30日 校长周应祺率领大陆水产教育代表团赴台湾参加"海峡两岸交流：面向21世纪教育改革水产教育研讨会"。

1月 食品科学与工程、计算机科学与技术2个本科专业招收春季新生57人。

2月12日 根据国务院办公厅转发教育部、国家计委、财政部《关于调整国务部门(单位)所属学校管理体制和布局结构实施意见》,学校改由中央与上海市共建,以上海市为主。

3月7日 农业部常务副部长万宝瑞、上海市教育党委副书记项伯龙、上海市委组织部陈国华等来校宣布：叶骏任学校党委书记,万峰、吴嘉敏任党委副书记;周应祺任校长,顾乃达、曹德超、黄硕琳任副校长。

3月　工程技术学院更名为海洋学院。计算机及应用专业更名为计算机科学与技术专业。

4月6日　教育部高等教育司司长钟秉林来校调研。

4月　学校成立渔业发展战略研究中心及海峡两岸渔业研究所。

5月　生物科学、热能与动力工程、食品科学与工程、水产养殖、海洋渔业科学与技术、农林经济管理6个专业被批准为国家管理专业。

6月22日　获农业推广硕士研究生培养资格及农业推广硕士(渔业领域)专业学位授予权。

6月　经济学、理学、工学、农学4个硕士专业门类招收研究生55人。

是月　农学博士专业门类招收研究生5人。

7月6日　民盟学校总支部委员会换届选举，沈月新当选第十届总支部委员会主任委员，邱高峰、张淑平当选副主任委员。

7月　学校与上海光明乳业(股份)有限公司签订联合培养研究生协议书。

8月　新增日语、行政管理2个本科专业。

是月　招收本科生1 153人、专科生500人。

是月　周应祺、李思发、黄硕琳3人被聘为农业部第七届学术委员会委员。

9月7—19日　周应祺率团赴西非考察远洋渔业，并同中国水产集团远洋渔业公司举行第三次技术工作会议。

9月29日　召开"三讲"教育动员大会，成立"三讲"教育领导小组，组长叶骏，副组长周应祺；设"三讲"教育办公室，主任万峰。

10月10日　学校决定在上海市南汇县学海路100号建立新校区。成立学海路校区筹建工作办公室，曹德超兼任办公室主任。

10月12日　联合国粮农组织渔业专家、香港渔民工会会长、香港国际投资总商会名誉会长黎国驹来校访问。

10月13—16日　2000年全国刀具学术研讨会在学校举行。

10月　民建学校支部换届选举，吴稼乐当选第二届支部委员会主任委员，骆解民当选副主任委员。

11月底　1997级学生徐干获世界精武体育文化交流大会中国象棋组第一名。

12月9日　民建学校支部获民建全国先进集体荣誉称号。

12月20日　召开第四届第四次教代会，审议通过《上海水产大学住房制度改革实施办法》。

12月28日　获水产一级学科博士学位授予权，及海洋生物学、食品科学、动物营养与饲料科学、临床兽医学、农业经济管理学等专业硕士学位授予权。

是月　越南水产部部长谢光玉一行来校访问。

12月　学校新增农业经济管理硕士点。

2001年

1月　招收国际经济与贸易专业(春季)本科生61人。

2月16日　学校与托普集团签署合作办学协议。当年招收计算机技术与应用高职专业学生399人。

2月　李思发历时15年选育的鱼类良种——团头鲂"浦江1号"被全国水产原种和良种审定委员会审定为选育良种。

2月19日　李思发获"九五"国家科技攻关先进个人称号。

5月19日　学校召开第五届教代会暨第十六次工代会，选举产生第十六届工会委员会，吴嘉敏当选主席，朱镜当选专职副主席，骆乐当选兼职副主席。

5月26日　共青团上海水产大学第十六次代表大会暨第十六次学生代表大会召开，选举产生第十六届团委和学生会，姚强当选团委书记，骆瑛当选学生会主席。

5月27日　校长周应祺应邀率团访问越南芽庄水产大学。

5月　学校机械设计制造及其自动化专业获准招收计算机应用技术方向硕士研究生。

是月　卢怡获中国科学技术协会先进工作者称号。

6月13—14日　中国水产学会第七次全国会员代表大会召开，周应祺当选中国水产学会常务理事、副理事长，兼学术委员会主任。

6月25日　周应祺在全国科协第六次代表大会上获全国优秀科技工作者称号。

6月　经济学、理学、工学、农学、农业推广硕士等5个硕士专业门类招收研究生137人。

是月　农学博士专业门类招收研究生8人。

8月　新增生物技术（海洋生物制药方向）、环境工程、信息管理与信息系统、市场营销4个本科专业。

是月　招收本科生2 647人、专科生1 015人。

9月26日　九三学校支社换届，管伟康当选第十一届支社委员会主任委员，周洪琪、胡根大当选副主任委员。

9月29日　中国共产党上海水产大学第六次代表大会召开，选举产生新一届党委会和纪委会。党委书记叶骏，副书记万峰、吴嘉敏；纪委书记吴嘉敏，副书记王国华。

9月　学海路校区第一期建设工程竣工，建筑面积53 000平方米。

10月11日　学海路校区启用。

12月28日　举行校长直聘科教岗位聘任仪式。周应祺、李思发、张相国、孙满昌4人被聘为首席教授，另有8人被聘为学科带头人，6人被聘为教学带头人。

是年　由周应祺、孙满昌、杨红、张敏、金正祥等完成的"海洋渔业科学与技术人才培养研究及教学改革实践"，获2001年度国家级教学成果奖二等奖。

2002年

1月19日　经上海市教委批准，学校与澳大利亚塔斯马尼亚大学合作举办信息管理与信息系统（环境信息系统方向）本科专业。

2月4日　水产养殖学科被评为教育部国家级重点学科。

3月　学校制订《上海水产大学关于加强校务公开工作若干意见》，成立校务公开领导小组。

4月　许柳雄当选中共上海市第八次代表大会代表。

5月20日　韩国庆尚大学海洋科学学院水产加工系80名师生来校访问。

5月30日　斐济总理莱塞尼亚·恩加拉塞率外交外贸部长等一行60人，在上海市副市长周慕尧、驻斐济大使章均赛等陪同下来校访问。

是日　美国普渡大学代表团来校访问。

6月3—11日　第四届印度洋金枪鱼委员会(IOTC)热带金枪鱼工作组(WPTT)、放流工作组(WPT)和资源评估方法特别工作组(WPM)会议在学校举行。

6月　经济学、理学、工学、农学、管理学、农业推广硕士等6个硕士专业门类招收研究生112人。

是月　农学博士专业门类招收研究生9人。

7月9日　校长周应祺与澳大利亚塔斯马尼亚大学副校长鲁道夫·里多、上海爱达投资管理公司董事长林国梁签署合作协议书备忘录,合作成立爱恩学院。

8月　招收本科生3 224人,专科生304人。

9月28日　全国人大常委会副委员长邹家华,在市委副书记殷一璀等陪同下来校视察。

9月　《大辞海》编辑委员会聘请骆肇荛、乐美龙为水产学科主编。

是月　学海路校区第二期建设工程竣工,计有综合实验楼12 000平方米,行政办公楼5 400平方米,文体活动中心4 400平方米。至此,学海路校区规划内建筑全部建成。

是月　科技大楼、鲸馆竣工。

10月　《水产学报》获第一届百种中国杰出学术期刊称号。

11月1日　建校90周年庆典大会在军工路校区举行,全国人大常委会委员长李鹏题词祝贺,中共中央政治局委员黄菊致贺信,农业部副部长张宝文,上海市副市长周慕尧,上海市政协副主席宋仪侨,国家体育总局副局长、校友张发强,越南水产部副部长阮玉红,农业部原副部长、校友张延喜出席,近万名师生、校友参加。阮玉红代表越南国家主席陈德良授予学校友谊勋章。

是日　上海水产大学鲸馆开馆,展出18.4米长的雄性抹香鲸骨骼标本与外形标本各一副。

12月　制订《上海水产大学本科专业建设与发展规划》《上海水产大学学科建设与发展规划》《上海水产大学校园建设规划》,经第五届教代会审议通过。

是年　民盟学校总支部委员会换届选举,沈月新任第十一届总支部委员会主任委员。

是年　周应祺受聘担任教育部教育指导委员会水产学科组组长。

2003年

1月6日　学校大学生艺术教育指导委员会成立。

1月　管伟康、程裕东当选上海市第十二届人民代表大会代表。

是月　校长周应祺率团访问韩国釜山信息大学,签订教育合作交流协议。

是月　研究生部获2002年上海市高校招生工作先进集体和全国高校招生工作先进集体。

1月14日　渔业学院生物技术专业1999级本科生孙贝娜获首届陈嘉庚青少年发明奖(上海)二等奖。

3月18日　计算机学院更名为信息学院,聘请复旦大学教授施伯乐兼任院长,任明荣任常务副院长。

3月27日　经上海市教委批准,学校与澳大利亚塔斯马尼亚大学合作设置市场营销(国际商务方向)本科专业。

是日　共青团上海水产大学委员会被评为2002年度上海市"五四"红旗团组织。

是日　杨浦区公共人事服务中心上海水产大学工作站揭牌,人事代理制度开始在学校实行。

4月10日　学校大学生权益服务中心成立。

4月23日　黄晞建任校党委副书记。

5月23日　上海市政府协作办副主任周伟民和副校长黄硕琳代表合作双方签订三峡库区现代渔业示范基地合作协议。

6月　周应祺被国务院学位委员会聘为第五届畜牧水产学科评议组成员。

是月　经济学、理学、工学、农学、管理学、农业推广硕士等6个硕士专业门类招收研究生185人。

是月　农学博士专业门类招收研究生15人。

7月　获水产品加工及贮藏工程博士学位授予权。

8月　新增水族科学与技术、食品质量与安全、物流管理3个国家本科专业目录外专业。

是月　招收本科生3 243人、专科生194人。

9月2—3日　2003级新生报到注册，学校在校生人数超过10 000人。

9月10日　学校首次被评为上海市文明单位。

9月　获应用化学专业硕士学位授予权。

10月14日　聘请美国奥本大学教授刘占江任学校国家级重点学科特聘教授及部级重点实验室主任。

10月17日　学校成立军事理论教研室，制订《上海水产大学学生军事训练实施办法》《上海水产大学学生军事训练实施方案》。

11月1日　渔业学院更名为生命科学与技术学院。

11月16—22日　黄硕琳等7人专家组在新疆伊犁河流域实地考察，并与伊犁河流域开发建设管理局达成近期和中长期的合作计划。

11月　国家人事部批准学校设立水产一级学科博士后科研流动站。

是月　黄硕琳被聘为上海市第三届学位委员会委员。

是月　海洋渔业技术学、养殖水化学、食品加工学3门本科课程，被评为2003年上海高等学校教学质量与教学改革工程精品课程。

12月7—8日　台湾海洋大学校长黄荣鉴率团来校访问，并续签两校学术交流合作协议。

12月　袁洪飞被评为2003年度上海市高等学校三好学生标兵，于春丽被评为上海市高等学校优秀学生干部标兵。

是年　学校设置渔业经济与管理专业博士点和硕士点。

是年　黄中元获上海高校优秀"两课"（马克思主义理论和思想道德修养课）教师称号。

2004年

1月6日　周应祺被评为上海市优秀留学回国人才，李思发被评为上海市优秀专业人才。

3月　杨先乐被聘为中国兽药典第三届委员会执委会副主任委员及水生动物、蚕、蜂用药专业委员会主任委员。

4月上旬　校学生申诉复审委员会成立。

5月11—23日　校长周应祺应邀率团访问印度尼西亚。

5月29日　共青团上海水产大学第十七次代表大会暨第十七次学生代表大会召开，选举产生共青团第十七届委员会,书记李兴华;第十七届学生会,主席邹明明、宋伟奇。

6月1日　上海市科教党委书记李宣海等来校宣布新一届校行政领导:潘迎捷任校长,黄硕琳、黄晞建、封金章、程裕东任副校长,顾乃达、曹德超为助理巡视员。

6月8日　杨浦区人民政府与学校合作办学签约仪式举行。

6月中旬　周应祺被聘为上海市海洋经济发展"十一五"规划专家组成员。

6月24日　学校与江苏省盐城市签订科技合作协议。

6月　获农业推广硕士(农村与区域发展领域)专业学位授予权。

是月　经济学、理学、工学、农学、管理学、农业推广硕士等6个硕士专业门类招收研究生226人。

是月　农学博士专业门类招收研究生19人。

7月6日　12名毕业生作为2004年志愿者分赴西藏、云南和重庆等地工作。

是月　终止与托普集团合作办学。

8月1日　卢怡获教育部科学技术司评选的全国高校科技期刊优秀编辑工作者称号。

8月24日　学校承担的《大辞海·农业卷》水产学科编撰工作正式启动。

8月　招收本科生3 046人,专科生114人。

9月27日　学校获2004年上海市大学生暑期社会实践活动优秀组织奖。

9月30日　中共上海市委副书记殷一璀、副市长严隽琪等来校调研。

10月19日　上海市推进高校布局结构调整联席会议第八次会议决定:上海水产大学置换搬迁至临港新城,规划新校区建设面积106.7公顷;上海电力学院购置上海水产大学南汇区学海路100号校区,上海理工大学购置上海水产大学杨浦区军工路334号校区,保留上海水产大学在军工路334号部分用地和设施。

是日　学校发布《关于成立上海水产大学迎评促建工作指挥部的决定》,迎接教育部本科教学质量评估工作。

10月20日　在上海市政府与云南省政府举行的滇沪合作项目签约仪式上,校长潘迎捷代表学校签订应用食藻虫控藻、引导富营养化湖泊生态修复技术研究及工程示范的科技合作重点项目。

10月　2003级研究生刘雪莲参加上海市妇联主办的女性创业大赛,其参赛作品"海藻多糖提取服务系统"获上海女性十佳创业方案奖。

是月　学校与澳大利亚塔斯马尼亚大学签署《教育合作协议》,并附2个合作项目的操作协定。

11月17日—12月3日　教育部本科专业教学工作评估组进驻学校,进行实地考察和评估。

11月23日　学校与上海港城开发(集团)有限公司正式签署合作协议。新校区规划占地106.7公顷,一次规划,分期建设,计划在2008年底完成搬迁工作。

11月　学校与日本九州女子大学签署《上海水产大学与九州女子大学交流协议书》。

12月3日　教育部本科专业教学工作评估组召开学校本科教学水平评估情况反馈会。

12月7日　学校成立"迎评促建"整改工作办公室,"迎评促建"工作转入全面整改阶段。

12月17日　上海高校水产养殖学E-研究院成立,聘请中国工程院院士夏德全兼任学术委员会主任,中国工程院院士林浩然兼任学术委员会委员,学校教授李家乐为首席研究员,美国奥本大学教授刘占江为特聘研究员。

12月　周应祺出席在马来西亚召开的第七届亚洲水产学会年会,并当选第八届亚洲水产学会理事会成员。

是月　学校成立招生与就业工作办公室,正处级建制。

是年　李思发等完成的团头鲂良种选育与开发利用——"浦江1号"项目,获2004年度国家科技进步奖二等奖。

2005年

1月7日　沪城环路校区建设领导小组成立,潘迎捷任组长,封金章、顾乃达任副组长。领导小组下设新校区建设办公室,封金章兼任办公室主任。

3月12日　首期青年教师教育教学能力开发研修班(FD班)开班。

3月19日　学校负责承建的农业部渔业动植物病原库项目建设通过验收。

3月27日　获工程硕士(食品工程领域)专业学位授予权。

4月21日　江泽民来校拜访骆肇荛。

5月28日　校第六届教代会暨第十七次工代会召开,选举产生校第十七届工会委员会,吴嘉敏任主席,朱镜任专职副主席,钟俊生、骆乐任兼职副主席。

6月3日　综合全校师生和专家评审意见,确定上海华东建设发展设计有限公司的设计方案为学校沪城环路校区总体规划设计方案。

6月6日　成立国际文化交流学院。

6月16日　水产养殖、捕捞学、食品科学与工程、渔业经济与管理4个学科被评为上海市重点学科;国际都市型食品物流教育高地项目被上海市教委批准列为重点项目。

6月21日　学校党委决定,撤销生命、海洋、食品、经贸、信息、人文6个学院党总支,成立学院党委;撤销机关党总支,成立机关党委;撤销爱恩、成人教育2个学院直属党支部,成立学院党总支。

6月23日　黄硕琳当选中国水产学会第八届理事会副理事长、常务理事,周应祺当选第八届理事会名誉副理事长。

6月　经济学、理学、工学、农学、管理学、农业推广硕士等6个硕士专业门类招收研究生251人。

是月　农学、工学等2个博士专业门类招收研究生19人。

7月11日　学校与日本北海道大学签订合作交流协议,交流培养本科生和研究生。

8月10—12日　学校举办渔业权与渔业可持续发展国际学术研讨会。冰岛、挪威、日本、韩国、中国台湾地区等国内外专家和学者与会。

8月22日　第三次渔业与水产科学地理信息系统/空间分析国际会议在学校举行。来自21个国家和国际组织以及国内有关大学和科研机构的科研人员出席会议。

8月　新增园林、动物科学2个本科专业。

是月　招收本科生2782人、专科生128人。

9月2日　召开保持共产党员先进性教育活动动员大会。

9月12日　学校与上海市农业科学院合作共建农业研究院,市农科院院长吴爱忠和校长潘迎捷兼任农业研究院院长,研究院聘院务委员10人。学校聘请市农科院18位专家为硕士生导师。

9月22日　学校与俄罗斯国立远东渔业技术大学合作培养留学生开学典礼举行。

是日　国家自然科学基金委员会主任、中国科学院院士陈宜瑜来校视察。

10月6—9日　日本三重大学代表团来校访问,双方签署合作交流备忘录。

10月17日　学校与塔斯马尼亚大学教学联合管理委员会商定爱恩学院信息系统学士学位课程和商学学士学位课程操作协议。

10月23日　中国鱼病学专业委员会第六次会员代表大会暨国际学术讨论会在学校召开。

11月8日　成立公共管理研究所。

11月18日　青年教师李曰嵩乘"雪龙号"参加中国第二十二次南极科学考察活动（2006年3月28日返校）。

11月30日　召开保持共产党员先进性教育活动总结大会。

是月　学校制订《校长办公会议事规则》。

12月6日　由美国国家海洋与大气管理局（NOAA）和上海水产大学、国家海洋局第一海洋研究所等共同合作的中国海岸遥感监测网正式启动，在上海、青岛等地设立3个基地。

12月10日　经中共上海市科技教育工作委员会、上海市教育委员会批准，学校成为上海市高校心理健康教育区域（浦东片）示范中心。

是年　王武获农业部评选的2005年度全国农业科技入户工作先进个人称号，并受聘为农业部渔业科技入户首席专家。

2006年

1月12日　沪城环路校区奠基典礼，上海市副市长严隽琪等出席。

是日　学校成立中国渔业发展战略研究中心。农业部渔业局、中国水产科学研究院、上海市教委、上海市水产研究所及上海水产集团总公司等单位领导出席成立仪式。

1月18日　成立工程学院、外国语学院。

1月20日　副校长程裕东在上海市第十二届人民代表大会第四次会议上当选上海市人大常委。

1月　获生物化学与分子生物学，动物遗传育种与繁殖，环境科学，农产品加工及贮藏工程，作物遗传育种，计算机应用技术，粮食、油脂及植物蛋白工程7个专业硕士学位以及食品科学与工程一级学科硕士学位授予权；获水生生物学博士学位授予权。

2月11日　鱼类学课程被评为国家级精品课程。

2月　学校设置渔业环境保护与治理专业博士点和硕士点。

3月17日　埃及苏伊士运河大学副校长艾利·扎亚特（Ali El Zayat）来校访问。

4月14日　由上海水产大学及上海市食品协会、物流协会、水产行业协会、冷冻食品协会等主办，学校国际都市型食品物流教育高地承办的2006年上海食品物流与冷链技术发展论坛在学校举行。

4月22日　学校成立水域环境生态工程研究中心。

4月24日　美国史密森海洋环境研究中心主任安森·因斯（Anson H. Hines）来校访问。

5月11日　学校与上海科技管理学校签署合作办学协议，成立上海水产大学高等职业技术学院，校址设在民星路上海科技管理学校内。

5月15日　学校体育大联赛开幕暨赛艇队成立，上海市赛艇队总教练、校友陈士麟等出席。

5月26日　学校举办海峡两岸水产品贸易与流通研讨会。农业部对台事务办公室、金门水产研究所、台湾农业策略联盟、金门两岸交流协会、上海市经济委员会食品处、杨浦区经济委员会、上海市水产办、上海市水产行业协会、上海市水产集团总公司等单位出席。

5月30日　学校举办退休职工刘德仪爱心助学捐赠仪式。

6月22日　中国科学院院士张弥曼在英国《自然》(Nature)杂志发表论文,将中国白垩纪热河生物群一种化石七鳃鳗定名为孟氏中生鳗(Mesomyzon mengae),将种名献给孟庆闻教授(上海水产学院原院长、著名鱼类学家)。

6月23日　上海市副市长周禹鹏视察学校产学研基地——上海申漕特种水产开发有限公司。

6月23—24日　亚洲水产学会理事会主席李晨磊(Chan-Lui Lee)来校访问。

6月23—25日　中国共产党上海水产大学第七次代表大会召开。大会选举21人组成第七届党委会,叶骏任书记,吴嘉敏、黄晞建任副书记;11人组成纪委会,吴嘉敏任书记,王国华任副书记。

6月24日　上海市委副书记殷一璀,市委常委、宣传部部长王仲伟等,视察学校产学研基地——上海申漕特种水产开发有限公司。

是日　农业部副部长范小健等一行,到学校产学研基地——上海申漕特种水产开发有限公司视察和调研。

6月　上海市渔业经济研究会挂靠上海水产大学。

是月　获农业推广硕士(食品加工与安全领域)专业学位授予权。

是月　学生张佳汇成为学校首例骨髓捐献者。

是月　经济学、理学、工学、农学、管理学、工程硕士、农业推广硕士等7个硕士专业门类招收研究生330人。

是月　农学、工学等2个博士专业门类招收研究生22人。

7月1—2日　第一届中欧水产高等教育研讨会在学校举行。

7月3日　举行爱恩学院首届毕业生毕业典礼。

7月5—15日　召开第六届教职工代表大会第二次会议,审议并通过《上海水产大学临港新城配套商品房选购方案》和《上海水产大学新一轮校内分配制度改革实施方案》。

7月9—14日　第三期全国高等农业院校学生工作干部培训班暨"青年与未来"上海国际心理健康研讨会在学校举行。

7月11日　上海市委副书记刘云耕、上海市副市长胡延照等,视察和调研学校产学研基地——上海申漕特种水产开发有限公司。

7月12日　国家旅游总局局长邵琪伟、上海市副市长唐登杰等,视察学校产学研基地——上海申漕特种水产开发有限公司。

7月19—28日　校长潘迎捷率团访问日本北海道大学、东京海洋大学和三重大学。

7月28日—8月6日　台湾海洋大学、高雄海洋科技大学50名师生来校参加三校联合举办的沪台两地大学生"海的畅想"夏令营活动。

8月29日　新增海洋技术、电气工程及其自动化、包装工程、朝鲜语4个本科专业。

8月　招收本科生2 836人、专科生121人。

9月7日　学校举行纪念侯朝海诞辰110周年暨《侯朝海传》发行仪式。

9月8日　学校举办海峡两岸现代农业交流与合作专题研究班。

9月18日　学校与杭州市农业科学研究院在杭州签约:共建杭州水产科技研发中心。

9月21日　上海市政协主席蒋以任,副主席宋仪侨、王生洪、谢丽娟、左焕琛等,到学校产学研基地——上海申漕特种水产开发有限公司视察和调研。

9月22日　上海市政协副主席谢丽娟率部分市政协委员视察学校博物馆、水生生物科技馆。

9月　王武被评为上海市教学名师。

10月16—19日　中国鱼类学会第七届会员代表大会暨朱元鼎诞辰110周年学术研讨会在学校召开。唐文乔当选中国鱼类学会副理事长。

10月27—29日　和谐社会与农村发展学术研讨会暨中国渔业发展战略中心高峰会议在学校举行，中国渔业发展战略研究中心开放基金面向全国公开招标。

10月28日　出席金山现代农业园区新一轮发展战略研讨会的国务院研究室副主任李柄坤等国家各部委领导、专家一行视察学校产学研基地——上海申漕特种水产开发有限公司。

10月　经济贸易学院更名为经济管理学院。

11月2—5日　学校承办第五届世界华人虾蟹类养殖研讨会。

11月17日　学校后勤服务中心获上海质量体系审核中心(SASC)ISO 9001：2000质量管理体系认证注册。

11月25日　民建中央名誉副主席黄大能来校访问。

11月30日　学校成立外国语言研究所。

11月　民建学校支部换届选举，吴稼乐任第三届支部委员会主任委员，骆解民任副主任委员。

12月6日　学校和美国国家海洋与大气管理局(NOAA)共同举办第一届海洋遥感及生态系统为基础的海洋生物资源管理国际学术研讨会。会上宣布成立中美海洋遥感及渔业信息研究中心。

12月16日　由上海市学位委员会主办，学校承办的首届上海研究生学术论坛——"食品·营养·健康·安全"专题论坛在学校举行。

12月21日　上海市水产学会第九次会员代表大会在学校召开，潘迎捷当选理事长。

12月27日　民盟学校总支部委员会换届选举，章守宇任第十二届总支部委员会主任委员，张京海、黄爱民任副主任委员。

12月　谢晶获上海市第十二届曙光学者称号，李家乐(2001届曙光学者)获2006年度曙光跟踪学者称号。

是月　九三学校支社换届选举，蔡生力任第十二届支社委员会主任委员，陈舜胜、孙琛任副主任委员。

2007年

1月　《上海水产大学学报》获首届中国高校优秀科技期刊奖。

1月15日　美洲间热带金枪鱼委员会(IATTC)秘书长罗宾·艾伦(Robin Allen)来校访问。

1月20日　上海市延安精神研究会成立大会在上海市社联举行。校党委书记叶骏为法人代表、常务副会长，秘书处设在学校。

1月29日　台湾高雄海洋科技大学校长陈哲聪等来校访问。

1月　水族科学与技术、海洋渔业科学与技术、食品质量与安全(实验室建设)3个项目入选第二期上海高校教育高地建设项目。

3月2日　聘中国工程院院士王家耀为客座教授。

3月12—14日　学校主办金枪鱼及中上层鱼类资源评估和管理国际学术研讨会。

3月12—22日　校长潘迎捷应邀率团访问澳大利亚塔斯马尼亚大学，签署新一轮合作办学协议,并访问澳大利亚其他高校。

3月18日　农业部副部长尹成杰等视察学校产学研基地——上海申漕特种水产开发有限公司。

3月22—24日　2007年长三角地区水产动物营养与饲料科技论坛在学校举行。

3月26—31日　叶骏率团访问日本福原学园的九州女子大学和共立大学,确定上海水产大学工程学院和共立大学工学部友好合作意向;与日本下关水产大学校签订学术交流备忘录。

3月28—30日　中国食品科学技术学会第四届全国会员代表大会在北京召开,潘迎捷当选中国食品科学技术学会第四届理事会副理事长。

3月30日　学校与上海光明食品(集团)有限公司联合成立光明学院和现代食品产业发展研究中心。

3月　获工程硕士(机械工程领域)专业学位授予权。

4月13日　著名鱼类学家,水产教育家,全国政协委员,九三学社中央委员、上海市副主任委员,中国水产学会原理事长,上海水产学院原院长孟庆闻因病逝世,享年80岁。

4月27日　李家乐当选中共上海市第九次代表大会代表。

是日　上海水产大学老教授协会成立,乐美龙任会长,林雅年任副会长。

5月5日　副校长黄硕琳与美国国家海洋与大气管理局沿海探测负责人肯特(Kent)在美国加利福尼亚西南区渔业信息研究中心签订关于中美海洋遥感及海洋生物资源管理联合中心备忘录。

5月6日　水产动物种质资源研究与发展国际研讨会在学校举行。

5月12日　学校召开发展战略研讨会。中国科学院院士曹文宣、汪品先,中国工程院院士唐启升、徐洵、林浩然、赵法箴、苏纪兰,农业部渔业局、上海市教委、国家海洋局东海分局的领导及教师代表等近100人出席。

5月30日　学校被批准成为中国大洋矿产资源研究开发协会理事单位。

6月　经教育部组织的国家重点学科考核评估,水产养殖再次被批准为国家重点学科。

是月　经济学、理学、工学、农学、管理学、工程硕士、农业推广硕士等7个硕士专业门类招收研究生407人。

是月　农学、工学、理学3个博士专业门类招收研究生24人。

7月　获农业推广硕士(农业信息化领域)专业学位授予权。

是月　渔业经济学被评为国家级精品课程。

8月　招收本科生3 217人、专科生204人。

9月4日　上海市委副书记、市长韩正,副市长杨定华等视察学校沪城环路校区在建教学实验楼、学生食堂、图文信息中心、学院楼、行政楼、教职工住宅等建筑并调研。校党委书记叶骏、校长潘迎捷、副校长封金章、助理巡视员顾乃达等陪同。

9月9日　王武获由教育部、人事部评选的全国优秀教师称号。

10月19日　上海市教卫党委、上海市教委对学校辅导员队伍进行督查,结果为"A"。

10月20—21日　学校举办建立海上互信机制国际研讨会,来自全国人大、海军、中国社会科学院、国防大学、农业部渔业局、中国人民解放军某部、中国人民争取和平与裁军协会、中国大洋矿产资源研究开发协会、国家海洋局东海分局,以及加拿大达尔豪斯大学和渥太华大学的专家出席。探讨建立国际海上互信制度、措施及其他有关问题,防止海上事故协定所包含的主要原则、条款及有关的国际实践等。

10月21日　海洋政策与法律研究所成立。

10月26日　学校主编的《水产辞典》举行首发式。

10月30日　由学校职工王素君捐资10万元人民币设立的王素君基金启动仪式举行。

11月3日　建校95周年庆祝大会在军工路校区举行，江泽民题词祝贺，上海市市长韩正致贺信，上海市政协主席蒋以任，农业部副部长高鸿宾、原副部长张延喜，国家粮食局局长聂振邦，上海市人大常委会副主任胡炜，副市长杨定华，市政协副主席王荣华、王新奎等出席大会，万余名师生、校友参加。

是日　学校成立渔业节能研究所。

是日　举行中国水产总公司(CNFC)搏浪天涯教育基金启动仪式。

是日　校友(联谊)会第四届理事会扩大会议召开，推荐选举第五届校友(联谊)会理事会。

11月4日　21世纪水产品加工利用新技术国际研讨会在学校举行。

是日　举行张謇教育思想研讨会，张謇嫡孙张绪武出席。

11月5日　学校与俄罗斯国立远东渔业技术大学共同举办海洋生物资源开发与利用学术研讨会。

11月8—9日　由上海市食品学会、美国马萨诸塞大学主办，学校承办召开第三届Omega-3脂肪酸功能食品研究与开发国际研讨会。

11月20—26日　在印度科钦市举行的第八届亚洲渔业论坛暨第33次亚洲水产学会理事会上，生命科学与技术学院教授杨毅当选亚洲水产学会第九届理事会主席。

11月29日　由学校主办，美国马里兰大学和中国科学院动物研究所协办的21世纪进化生物学与鱼类神经科学的进展与展望——鱼类感觉、行为、进化与发育研讨会在学校举行。

是日　海洋生物系统和神经科学研究所成立。

11月　学校设立孟庆闻奖学基金和上海廷亚励志助学金。

12月7日　朝鲜民主主义人民共和国教育代表团来校访问。

2008年

1月2日　中共广东海洋大学党委书记刘卫国、副书记容景春等来校访问。

1月3日　校团委被共青团上海市委授予2007年度上海市"五四"红旗团组织。

1月8日　学校在江苏海安设立藻类学实验基地。

1月17日　中国科学院上海科技查新咨询中心上海水产大学分中心在图书馆成立。

1月20日　王武入选由《农民日报》《中国渔业报》牵头，中央各新闻单位联合评选的首届全国兴渔富民十大新闻人物。

1月31日　副校长程裕东在上海市第十三届人民代表大会第一次会议上当选上海市第十三届人民代表大会常务委员会委员。

是日　爱恩学院信息管理与信息系统、市场营销2个本科专业合作项目，列入教育部复核批准的上海市第一批中外合作本科教育项目。

2月25日　杨妍艳获上海市高校十佳辅导员称号，郑黎芳获上海高校优秀思想政治理论课教师称号，李兴华获上海市高校优秀学生思想政治教育工作者称号。

3月15日　共青团上海水产大学第十八次代表大会暨第十八次学生代表大会召开，选举夏雅敏为团委书记、杨伊岚为学生会主席。

3月19日　教育部发文，批准上海水产大学更名为上海海洋大学。

3月29日　邓强、蔡楠、曹井志等发明的"黑菇力"获第六届陈嘉庚青少年发明奖（上海）三等奖。

3月30日　坦桑尼亚农业畜牧环境部常务秘书拉玛·姆桑伽玛（Rahma Mshangama）率政府代表团来校访问。

4月2日　学校举行骆肇荛大学生科技创新基金捐赠启动仪式。

4月9日　高雄海洋科技大学校长陈哲聪等来校访问。

4月12日　学生胡舒婷的捕杀松褐天牛的新方法及新型诱捕器、刘瑜的合成孔径雷达提取海面信息方法研究，分别获第五届"上汽教育杯"上海市高校学生科技创新作品大赛二等奖。

4月23日　校长潘迎捷被聘为农业部第八届科学技术委员会委员。

4月27日　聘中国科学院院士陈国良为客座教授。

4月　江泽民题写上海海洋大学校名。

5月6日　上海海洋大学揭牌仪式举行。上海市委、市人大，农业部，国家海洋局，上海市发改委、市科教党委，杨浦区、南汇区等部门领导，中国水产科学研究院、中国海洋大学等近40所研究院所和高校嘉宾，以及师生代表共150余人出席。

5月20日　世界水产养殖学会授予李思发终身成就奖。

5月21日　新疆生产建设兵团科技局党委书记、局长田笑明等来校访问，双方签订《新疆生产建设兵团科技局和上海海洋大学科技与人才全面合作》框架协议。

6月12日　上海海洋大学崇明科研工作站和上海海洋大学崇明河蟹研究所成立。

6月14日　东哈萨克斯坦国立技术大学校长盖里姆·M·木塔诺夫（Galim M. Mutanov）来校访问。

6月26—27日　日本福原学园理事长、日本共立大学校长福原弘之，副校长奥田俊博等来校访问。

6月　学校制订《上海海洋大学发展定位规划（2008—2020年）》。

是月　生命科学与技术学院更名为水产与生命学院，海洋学院更名为海洋科学学院。

是月　经济学、理学、工学、农学、管理学、工程硕士、农业推广硕士等7个硕士专业门类招收研究生527人。

是月　农学、工学、理学3个博士专业门类招收研究生26人。

7月4日　学校与日本长崎大学签订学生交流协议书。

7月11日　刘洪生随中国第三次北极科学考察队乘"雪龙号"赴北极进行为期76天的科学考察。

7月24日　学校获上海市高校毕业生"三支一扶"计划先进集体称号。

8月10日　学校举行搬迁沪城环路校区启动仪式。

8月16日　学校和国家海洋局东海分局科技与人才全面合作协议签约。双方共建数字海洋研究所和教学科研实习基地；学校聘请国家海洋局东海分局11位研究人员为兼职教授，4位专家为研究生导师。

8月　新增海洋科学、信息管理与信息系统（海洋信息技术方向）、社会工作、行政管理（劳动与社会保障方向）4个本科专业。其中海洋科学专业分为环境海洋学、海洋生物资源两个方向。

是月　招收本科生3 194人、专科生197人。

是月　唐文乔获第四届上海市高等学校教学名师称号。

9月16日　学校与日本活水女子大学签署《上海海洋大学与活水女子大学关于教育与学术交流协议》。

9月23日　台湾宜兰大学校长江彰吉等来校访问。

10月12日　举行沪城环路校区落成仪式暨新学年开学典礼。

10月18日　上海市市长韩正、市委副书记殷一璀、副市长沈晓明等来校视察。

10月28日　全球水产养殖联盟授予李思发终身成就奖。

10月28—29日　沿岸海域生物栖息地生态改善与评价技术国际研讨会在学校召开。

10月30日　国家海洋局科技司副司长雷波、国家海洋局信息中心副主任石绥祥、海洋技术中心副主任夏登文、国家海洋局东海分局党委书记刘刻福等来校调研。

10月　海洋渔业科学与技术专业教学团队被评为2008年国家级教学团队。

是月　鱼类增养殖学课程被评为国家精品课程。

是月　大洋渔业资源可持续开发重点实验室被评为省部共建教育部重点实验室。

11月9日　坦桑尼亚畜牧渔业部常务秘书查勒斯·尼亚姆兰达(Charles Nyamurunda)和世界银行坦桑尼亚沿海资源管理项目官员宋荔来校访问。

12月2日　聘中国工程院院士潘德炉为大洋渔业资源可持续开发省部共建教育部重点实验室学术委员会主席。

12月17日　农业部东海区渔政局副局长钟小金等来校访问。

12月　《水产学报》获中国精品科技期刊称号。

2009年

1月9日　潘迎捷主持的香菇育种新技术建立与新品种选育项目，获2008年度国家科技进步奖二等奖。

1月12日　全国水产原种和良种审定委员会聘李家乐和严兴洪为第四届委员会委员。

1月　2008年4月启动的教育部学位与研究生教育发展中心第二轮第二批学科评估结果：学校水产学科位列第二，海洋学科位列第六，食品学科位列第十六。

是月　吕利群、张俊彬被中共上海市教卫工作委员会、上海市教育委员会授予上海高校特聘教授(东方学者)称号。

2月1日　全国人大常委、教育部原副部长吴启迪来校访问。

2月20日　中国国民党革命委员会上海海洋大学小组成立，组长陈蓝荪。

2月　李家乐、陈新军被聘为国务院学位委员会第六届学科评议组成员。

是月　李思发、李家乐、杨先乐、杨正勇等入选农业部现代农业产业技术体系岗位聘用人员。

3月4日　聘中国工程院院士潘德炉为"双聘院士"。

4月12日　陈新军被聘为上海科技发展重点领域技术预见专家。

是日　国家973计划前期研究专项——农业生物品质改良和高效育种研究项目启动会在学校举行。学校为项目第一承担单位，李家乐为项目协调人，上海市科委为项目依托单位。

4月15日　经上海质量管理体系审核中心审核，校后勤服务中心通过ISO 9001质量管理体系认证。

5月4日　国家海洋局东海分局局长张惠荣率有关部门负责人来校调研。

5月上旬　上海海洋大学世博会志愿者工作站成立。

5月15日　全国政协常委、副秘书长、致公党中央常务副主席王钦敏，全国人大常委、致公党中央副主席杨邦杰等致公党中央长三角课题组领导及专家等来校访问。

5月24日　2009年上海海洋大学各地校友（联谊）会代表年会在沪城环路校区举行。

5月27日　学生程雨、金郁、岑佳琦、陈玮、曹志翔等组成的团队夺得"想法全明星"——联想idea NBA纪念机型营销创意大赛上海赛区决赛及华东区决赛的冠军。

6月　经济学、理学、工学、农学、管理学、工程硕士、农业推广硕士等7个硕士专业门类招收研究生648人。

是月　农学、工学、理学3个博士专业门类招收研究生28人。

7月21日　聘中国工程院院士丁德文为"双聘院士"。

7月30日　学校与国家卫星海洋应用中心签订全面合作协议，同时聘请蒋兴伟、林明森为博士生导师，邹斌为硕士生导师。

8月　陈新军获第五届上海高等学校教学名师称号。

是月　增设食品科学与工程（食品物流工程方向）、物流管理（食品物流管理方向）2个本科专业。

是月　招收本科生3 035人、专科生325人。

9月15日　学校受上海市教委委托进行的高校新时期学生网络家园项目（简称易班）试点工作启动。

9月23日　孟庆闻、臧维玲获新中国成立以来上海百位杰出女教师称号。王武获农业部新中国成立60周年百位"三农"模范人物称号。

9月　学校获准设立食品科学与工程学科博士后科研流动站。

10月16日　农业部副部长牛盾、农业部国际合作司司长王鹰、渔业局副局长崔利锋等来校视察。

10月　在由共青团中央、中国科协、教育部、工业和信息化部、全国学联和北京市人民政府共同举办的第十一届"挑战杯"（航空航天）全国大学生课外学术科技作品竞赛中，学生胡舒婷的参赛作品——基于蜘蛛网仿生结构的多功能诱捕器获一等奖。

是月　学校与韩国祥明大学签订《上海海洋大学与祥明大学关于教育与学术交流协议》。

11月8—12日　由学校和中国甲壳动物学会联合承办的第一届国际经济蟹类养殖学术研讨会举行。

12月4—5日　学校主办第七届东海海洋学和水产学国际学术研讨会。

12月8日　潘迎捷受聘为第一届国家食品安全风险评估专家委员会委员。

12月11—13日　第十二届海洋生物资源有效利用与保护国际学术研讨会在学校举行。

12月14日　青年教师朱国平、夏辉随"雪龙号"参加中国第二十六次南极科学考察，进行南极海洋生物资源开发研究。

12月18日　张俊彬获第十五届上海市"曙光学者"称号。

12月21—22日　校第七届教职工代表大会暨第十八次工会会员代表大会召开。选举产生校第十八届工会委员会，吴嘉敏任主席，高健任专职副主席，杨红、何培民任兼职副主席。

12月28日　学校与山东省日照市人民政府签署《合作协议书》,双方就海洋科学研究、基地建设与创新人才培养等方面建立长期、稳定、全面的合作关系。

12月　学校水产科学实验教学中心获国家级实验教学示范中心建设单位称号。

是月　陈新军入选2009年新世纪百千万人才工程国家级人选及2010年度上海市优秀学科带头人计划(A类)。

是月　吕为群、黄轶群和陈勇被授予2009年度上海高校特聘教授(东方学者)称号。

是年　基础会计课程被列入2007—2008年度上海市成人高校精品课程。

2010年

1月11日　李思发主持的罗非鱼产业良种化、规模化、加工现代化的关键技术创新及应用项目,获2009年度国家科学技术进步奖二等奖。

1月30日　为贯彻上海市委、市府三峡地区对口支援工作精神,学校根据上海市合作交流办要求,在湖北省宜昌市设立产学研基地。

2月　上海市妇联、市科委、市教委授予谢晶第六届上海市巾帼创新奖,全市共有10人获此奖项。

3月12日　学校获高等教育上海市级教学成果奖一、二、三等奖共4项,其中唐文乔主持的鱼类学精品课程建设的探索与实践获一等奖。

3月16日　后勤服务中心非学校在编员工工会组织申海工会成立。

3月18日　美国莱托诺大学执行副校长罗伯特·赫德荪、美国国际文化交流学院院长刘宝全来访。

3月31日　全国政协常委、港澳台侨委员会副主任、中共福建省委原书记、福建省政协原主席、校友陈明义来母校访问。

3月　学校增设空间信息与数字技术、海洋技术(海洋测绘方向)2个本科专业。

是月　获工程硕士(计算机技术领域、动力工程领域)专业学位授予权。

4月19—20日　由学校与国家环境预报中心主办,华东师范大学协办的第一届中国非结构网格有限体积法海洋模型FVCOM学术研讨会在学校举行。

4月22日　澳大利亚新南威尔士州食品管理局首席执行官埃兰·库特斯(Alan Coutts)、首席科学家丽萨·扎玻(Lisa Szabo)、国际业务局局长王月辉、贸易与投资总监张涛等来校访问。

4月24日　农业部原部长何康、陈耀邦,原副部长相重扬,原纪检组长夏文义等,由市农委副主任陈洪凡陪同来校访问。

4月27日　中国农业发展集团总公司党委书记、董事长刘身利,中国水产总公司党委副书记、纪委书记沈庙成及副总经理周杰等来校访问。

4月28日　李应森获2007—2009年度上海市先进工作者称号。

4月　民革上海海洋大学支部委员会成立,陈蓝荪任主任委员。

是月　第六届"上汽教育杯"上海市高校学生科技创新作品展示评优活动中,由教师雷桥指导,学生时恩斯等提交的作品——迎2010上海世博会环保包装研究获特等奖。

5月11—12日　叶骏率团出席在台湾海洋大学举行的海峡两岸海洋文化专题学术研讨会。

5月15日　学校举行海洋学科发展战略研讨会。中国科学院院士汪品先,中国工程院院士潘德炉、王家耀,国家海洋局科学技术司副司长雷波,国家海洋局东海分局、北海分局、第二海洋研究所、第三海洋研究所、国家卫星海洋应用中心,上海市教委、市海洋局等单位以及来自复旦大学等高校、研究院所的专家出席研讨会。

5月25日　台湾宜兰大学校长江彰吉等来校访问。

5月27日　学校与挪威科技大学签署两校合作协议。

6月3日　学校与宁波捷胜海洋开发有限公司校企合作协议签字仪式在宁波举行,并设立渔业教学与实习基地。

6月12日　全美华人文化教育基金会(ACCEF)会长曾晶受聘学校兼职教授。

是日　亚洲水产学会主席伊达·斯尔森(Ida Siason)、前主席李晨磊(Chan-Lui Lee)、候任主席德勒克·斯特普里斯(Derek Staples)及理事会成员来校访问。

6月24日　学校与中国水产科学研究院黄海水产研究所在青岛签订校外实习基地合作协议,在该所设立海洋生物学教学实践基地。

6月28日　美国塞顿霍尔大学(Seton Hall University)代表、商学院院长、教授翟森·因(Jason Yin)及双威教育集团首席执行官陈子昂等一行来校访问,与学校签订学生交流及学术交流合作协议。

6月　2009级学生徐亦薇在全国大学生英语竞赛决赛中,获C级决赛特等奖。

是月　经济学、理学、工学、农学、管理学、工程硕士、农业推广硕士等7个硕士专业门类招收研究生655人。

是月　农学、工学、理学3个博士专业门类招收研究生29人。

7月2日　中共上海市委组织部、市教卫党委领导来校宣布,虞丽娟任上海海洋大学党委书记。

7月3日　来自8省市的校友分会代表出席2010年上海海洋大学校友(联谊)会代表年会。

7月5日　集美大学党委书记辜芳昭等来校访问。

是日　海洋生态系统与环境实验室揭牌,聘请美国马萨诸塞大学终身教授陈长胜为实验室主任,同时聘请路易斯安娜州立大学教授李春雁、伍兹霍尔海洋研究所教授季如宝等组成物理海洋学高水平研究团队。

7月9日　2010年上海海洋大学教授博士科技服务团渔业科技服务"夏季行动"启动。

7月12日　由台湾澎湖科技大学校长萧泉源带领的2010台湾玉山协会两岸水产学术参访团来校访问。

7月27—28日　2010年"用友杯"第六届全国大学生创业设计暨沙盘模拟经营大赛在山东省烟台市举行。由教师史君英带队,学生柴立、李隽、李业岑、曹林希、杨盛滔组成的小组,以B组总分第四的成绩获全国比赛一等奖。

8月18日　国家海洋局党组成员、人事司司长李春先,东海分局张惠荣、魏泉苗、黄火旺与中国极地研究中心杨惠根、袁绍宏等来校调研。

8月24日　校学生会主席王伏璐出席中华全国学生联合会第二十五次代表大会。

8月26日　上海市"易班——上海大学生网络互动社区建设工作座谈会"在学校召开,上海市教卫党委书记李宣海、副书记杜慧芳,上海各高校分管书记、校长共80余人出席会议。学校介绍利用易班开展大学生思想政治工作的有益实践。

8月31日　由国务院新闻办公室、教育部相关负责人组成的联合调研工作组来校对学校易班项目试点工作情况作专题调研和指导,上海市教卫党委、市网宣办有关负责同志出席调研会。

8月　招收本科生3 125人、专科生331人。

9月5日　台湾高雄海洋科技大学校长周照仁等来校访问。

9月6日　学校2 316名世博会志愿者进驻世博园，开始为期14天的世博园志愿者服务。

9月10日　上海市委副书记殷一璀、副市长沈晓明就易班建设来校作专题调研。

是日　张饮江等设计的中国2010上海世博会后滩公园项目，获美国景观设计师协会（ASLA）2010年度最高奖——综合景观设计杰出奖。

9月14日　中央外宣办、中宣部、教育部在学校举行上海高校易班网上社区建设经验座谈会。中央外宣办副主任钱小芊、上海市委宣传部部长杨振武、教育部部长助理林蕙青、中宣部宣教局局长荆惠民、上海市人民政府副秘书长翁铁慧等，以及部分高校负责人、部分省市教育行政部门和网宣部门负责人参加会议。虞丽娟汇报学校易班试点工作情况。

9月14—16日　中国水产学会、全国水产技术推广总站、上海海洋大学联合主办召开2010年中国首届渔药研制与规范使用专题学术会议暨中国水产学会渔药行业协作网成立大会。

9月15日　中国工程院院士雷霁霖来校访问。

9月16—18日　在第五届上海设计双年展暨2010上海设计双年展景观设计大赛上，学校园林专业学生董悦的作品《月光·花影·物语》获金奖，顾晓莹、倪旖蓉的作品《光影舞动——上海皮影记忆主题公园》获银奖。

9月18日　学校成立海洋科学研究院。全国人大教科文卫委员会委员吴忠泽、国家海洋局科技司副司长雷波等出席成立大会。

是日　农业部按照国务院加快现代农业发展的总体要求，结合全国农业技术推广体系建设，在学校设立农业部和上海市现代农业技术培训基地。

是日　历时6个月的2010年全国电子专业人才设计与技能大赛落幕，学生程蕴涵获电子设计与制作组全国总决赛三等奖。

9月25日　日本长崎大学校长片峰茂等来校访问。

是日　联合国助理秘书长、上海世博会联合国馆总代表、国际海洋研究所所长阿瓦尼·贝楠（Awni Behnam）等来校访问。

9月　学校工程硕士专业学位新增动力工程培养领域。

是日　农林经济管理专业成为教育部、财政部第六批高等学校特色专业建设点。

10月12日　坦桑尼亚桑给巴尔农业、畜牧和环境部首席执行官卡里德·S·莫哈迈德（Khalid S. Mohamed）率代表团来校访问。

10月16日　新疆农业大学党委书记李宝城，副校长王长新、蒋平安等来校访问。

10月19日　日本高知大学副校长深见公雄等来校访问，并签订学术交流合作协议。

10月29日　爱尔兰皇家科学院院士、国际农业工程委员会（CIGR）主席、都柏林国立爱尔兰大学食品和生物系统工程系教授、校客座教授孙大文应邀来访讲学。

11月4日　日本福原学园理事、九州女子大学、九州共立大学副校长奥田俊博等来校访问。

11月5日　青年教师霍元子随"雪龙号"参加中国第二十七次南极科学考察，进行4个月的综合考察工作。

12月1日　潘迎捷与日本北海道大学校长佐伯浩在日本札幌签署全面合作协议。

12月3日　潘迎捷与韩国祥明大学校长李铉清在首尔签署培养双学位学生协议。

12月7日　学校与上海中国航海博物馆签订战略合作协议。

12月10日　国家海洋局副局长张宏声、上海市副市长沈晓明分别代表国家海洋局和上海市人民政府签署国家海洋局与上海市人民政府共建上海海洋大学协议。

是日　中国农业发展集团总公司与学校签订援助南非农业技术示范中心项目培训及示范工作合作协议。

12月16日　民建学校支部获民建全国先进基层组织称号。

12月17—19日　学校主办首届海洋文化与城市发展国际研讨会。

12月21日　"学生网上互动社区——易班"项目获全国高校校园文化建设优秀成果特等奖。

12月24日　学校与上海电气临港重装备制造基地签订《上海海洋大学上海电气临港重装备制造基地产学研合作协议》和《上海海洋大学校外实习基地协议》；上海电气临港重装备制造基地的7位专家被聘为学校兼职教授。

12月26日　校团委副书记张雅林获全国上海世博会创先争优优秀共产党员称号。

12月　李伟明教授入选中央组织部第五批"千人计划"，成为学校首位"千人计划"引进教授。

是年　陈兰明、王永杰、鲍宝龙、张云被中共上海市教育卫生工作委员会、上海市教育委员会授予2010年上海高校特聘（讲座）教授（东方学者）称号。

是年　后勤服务中心获由中国质量协会、全国用户委员会评选的全国用户满意企业称号。

是年　学校田径队被评为教育部普通高校高水平运动队。

2011年

1月5日　王武被中国科学技术协会授予全国优秀科技工作者称号。

1月7日　上海市人大常委会主任刘云耕，副主任胡炜、杨定华率上海市人大代表团来校视察。

1月14日　成永旭等完成的中华绒螯蟹育苗和养殖关键技术开发与应用项目以及许柳雄等参与完成的大洋金枪鱼资源开发关键技术及应用项目，均获得2010年度国家科技进步奖二等奖。

2月28日　英国基尔大学校长尼古拉斯·佛斯凯特（Nicholas Foskett）一行来校访问，双方签署学生及学术交流协议。

3月15日　学校与江苏省海洋水产研究所签订联合培养研究生协议。

3月25日　学校召开党务公开试点工作动员会。学校系上海市基层组织党务公开工作唯一高校联系点，同时为市教卫党委系统党务公开工作联系点。

3月30日　"学生网上互动社区——易班"获第四届全国高校百佳网站称号，同时获最佳单项奖——最佳文明网络社区奖。

3月　获食品科学与工程一级学科博士学位授予权。

4月13日　学校获2009—2010年度上海市文明单位称号。

4月21日　由学校承办的第九届亚洲渔业和水产养殖论坛在学校开幕，来自亚洲、欧洲、美洲、非洲53个国家与地区的1000余名学者出席。

是日　越南农林大学（Nong Lam University）校长郑选江（Trinh Truong Giang）等来校访问，双方签订学术交流与合作协议。

4月22—23日　第九届世界罗非鱼协会年会在学校召开，李思发获世界罗非鱼协会和国际罗非鱼基金会颁发的年度纪念奖。

4月25日　新疆自治区党委副书记、自治区主席努尔·白克力率新疆自治区党政代表团来校看望在校学习的新疆来沪培训学员和教师代表。

5月9日　潘迎捷与美国塞顿霍尔大学校长加布里埃尔·埃斯特班（Gabriel Esteban）在美国签署硕士合作培养协议书。

5月20日　在第九届陈嘉庚青少年发明奖（上海地区）评选中，学生潘煜辰的迎2010上海世博会环保包装研究——智慧绿叶项目获二等奖，孙琪的海水养殖中细菌性疾病快速选药试剂盒项目和翟斯凡、杨永超、刘歆璞的一种适用于人居环境的小型人工浮岛设计项目获三等奖。

5月28日　由教师史君英指导，学生侯驰、曹睿、梁茜、康超云和祝恺宇组成的"海洋时代"代表队获"用友杯"第七届全国大学生沙盘模拟经营大赛上海区决赛一等奖。（8月在全国总决赛中获三等奖。）

5月　2011年全国大学生英语竞赛决赛中，学生陈天一获专业组（B类）一等奖，韩易获非专业组（C类）一等奖。

6月3日　全国人大常委会原副委员长、中国延安精神研究会会长李铁映等来校视察，李铁映在教室黑板上寄语学生"上海必须下海，中国必须成为海洋大国"，并为学校题词"做海洋主人"。

6月14日　民盟上海海洋大学委员会成立，章守宇任主任委员，平瑛、鲍宝龙任副主任委员。

6月15日　上海电力学院院长李和兴等来校访问。

6月19日　中国科学院遗传与发育生物学研究所副所长张永清来校访问。

6月25日　由共青团中央、全国学联组织的2010年度寻访中国大学生自强之星活动中，学生康梅花获中国大学生自强之星称号，成为全国100名获此称号者之一，并获中国大学生新东方自强奖学金。

6月28日　学校召开纪念中国共产党诞生90周年暨"七一"表彰大会。

6月　经济学等7个硕士专业门类招收研究生753人。

是月　农学、工学、理学3个博士专业门类招收研究生32人。

7月21日　安徽农业大学校长宛晓春、副校长李恩年等来校访问。

8月8—10日　由教师毛文武、李光霞指导，学生蔡佳明、华静琰、曹旸、王骁、董洋洋组队参加第四届"高教杯"全国大学生先进成图技术与产品信息建模创新大赛，获机械类团体二等奖；教师获优秀指导教师奖；学生蔡佳明获机械类建模一等奖，华静琰、曹旸获机械类尺规一等奖，王骁、董洋洋获机械类尺规二等奖，蔡佳明和华静琰分获机械类全能二等奖。

8月22日　学校与西藏日喀则地区亚东县产学研合作协议签约，并在亚东县设立产学研基地。

8月30日　广西壮族自治区农业厅厅长张明沛、水产畜牧兽医局局长梁雨祥等来校访问。

8月　招收本科生3 078人，专科生342人。

9月4日　吕利群当选中国水产学会渔药专业委员会副主任委员。

9月23日　民建上海海洋大学委员会成立，吴稼乐任主任委员，黄冬梅、张饮江任副主任委员。

9月　学校新增生态学和软件工程2个一级学科硕士学位授予权。

是月　环境科学导论、食品化学课程被列为上海高校示范性全英语教学课程建设项目，物理海洋学导论和国际金融课程被上海市教委列为示范性全英语教学课程建设项目。

是月　学生羊晓晟、侯淑荣、马利娜、沈小青选送的一种新型海洋波浪能发电装置获第十二届"挑战杯"全国大学生课外学术科技作品竞赛三等奖；学生李戈的四川地震灾区活动板房的合理利用与回收处理获第十二届"挑战杯"西安世园会专项竞赛全国二等奖。

10月11日　潘迎捷在中国食品科学技术学会第五次全国代表大会上当选中国食品科学技术

学会副理事长。

10月15日　学校与台湾省苗栗县签署《中华绒螯蟹养殖科技合作协议》。

10月21日　学校与中国极地研究中心签署全面合作协议。

10月24日　日本三重大学校长内田淳正、副校长朴惠淑等来校访问。

10月25日　同济大学党委书记周家伦带队来校参加"聚焦海洋·共谋发展"党委中心组联组学习活动。

10月26日　泰国农业大学（Kasetsart University）农工学院院长斯瑞·凯瑟瑞（Siree Chaiseri）等4人来校访问。

10月26—27日　由学校中美海洋遥感及渔业信息研究中心主办的微波遥感海岸带及近海风能研讨会在学校举行。来自美国马里兰大学、美国国家海洋与大气管理局、中国科学院遥感应用研究所、中国科学院电子学研究所、国家海洋局第二海洋研究所、国家海洋信息中心、华东师范大学、西安电子科技大学等单位的学者参加研讨会。

11月1日　学校举行庆祝建校99周年系列活动：上海海洋大学东银教育发展基金捐赠仪式、成立东银教育发展基金；张闻天精神研讨会和张闻天生平事迹展开展；"迎百年校庆——海大百场名家讲坛"活动启动；孔子像揭幕仪式等。

11月3日　全国政协副主席何厚铧率澳门特别行政区全国政协委员26人来校视察。

11月4日　潘迎捷获中国食品科学技术学会科技创新奖之突出贡献奖。

11月5日　由中国水产学会海水养殖分会主办，学校承办，中国水产科学研究院东海水产研究所、上海市水产研究所协办的2011年全国海水养殖学术研讨会在学校举行。

是日　库克群岛海洋资源部长特依纳·比绍普（Teina Bishop）率领的政府代表团一行6人，来校访问。

是日　美国蒙特雷海湾水族馆研究所（Monterey Bay Aquarium Research Institute）所长克里斯·司克林（Chris Scholin）博士、首席技术专家詹姆斯·贝灵汉（James Bellingham）博士来校访问。

11月6日　国家海洋信息中心副主任何广顺等来校访问。

是日　学校主办的蟹文化节在南京路世纪广场开幕，同时举行第五届"丰收杯"全国河蟹大赛，有上海、重庆、江苏、安徽、浙江、江西、山东等地40余家企业选送的近千只河蟹参赛。

11月7日　韩国海洋水产开发院院长金学韶率团来校访问。双方续签合作交流协议。

11月12日　临沂大学党委书记丁凤云等来校访问。

11月14日　美国加州硅谷大学校长杰瑞·萧（Jerry Shiao）博士等来校访问，双方签订合作协议。

11月15日　让食品说话——水产品实时检测调研等20余项大学生暑期社会实践活动项目获第三届"知行杯"上海市大学生社会实践大赛表彰。学校连续第十次获上海市暑期社会实践活动优秀组织奖。

11月16日　李晨虹、何平国、李晓峰、吴启华4人被中共上海市教育卫生工作委员会、上海市教育委员会授予2011年上海高校特聘（讲座）教授（东方学者）称号。

11月18日　首届上海海洋大学—韩国祥明大学研究生学术交流研讨会在学校举行。

是日　新疆维吾尔族自治区党委委员、主席助理、新疆水利厅厅长王世江等来校访问。

11月20日　由中国藻类学会主办、学校承办的中国海洋湖沼学会藻类学分会第八次会员大会暨第十六次学术讨论会召开。

11月21日　江苏省泰州市副市长廖涛率泰州市人民政府、科技局及企事业单位负责人40余人来校访问。

11月28日　江苏省盐城市市委书记赵鹏带领盐城市人民政府、大丰市人民政府、盐城市科技局、大丰市科技局领导来校访问，并与学校签署海洋生物产业发展合作交流协议。

11月30日　学校与俄罗斯远东国立渔业技术大学签署协议，选派师生参加俄罗斯远东国立渔业技术大学"帕拉达号"（PALLADA）航海帆船的航海训练。

11月　严兴洪入选上海市领军人才"地方队"培养计划。

是月　食品化学、渔具理论与设计学两门课程被评为2011年度上海高校市级精品课程。

12月5日　学校与海军医学研究所签订《产学研合作框架协议》。

12月9日　陈守仁奖学金设立仪式暨学校与联泰渔业投资公司、深圳市联成远洋渔业有限公司、深圳市华南渔业有限公司战略合作协议签约仪式举行。

12月14日　学校召开人才工作会议，成立教师教育教学能力发展中心。

是日　成立元鼎学院，推进优秀学生群体成长成才教育。

12月16日　九三上海海洋大学委员会（筹）举行成立大会，蔡生力任筹备组组长，陈舜胜、孙琛、江敏任筹备组副组长。

是日　日本东北大学校长特别助理木岛明博等来校访问，双方签署学术交流合作协议。

12月17日　国家海洋局副局长陈连增、科技司司长周庆海等来校访问。

12月中旬　学校的食品安全知识进社区宣传活动获得由教育部组织评选的高校校园文化建设最高奖项——优秀成果奖。

12月19日　由水产类教学指导委员会主办，学校承办的教育部高校水产类教学指导委员会会议暨水产高等教育改革与发展专题研讨会在学校举行。全国人大常委、教科文卫委员会委员、教育部原副部长吴启迪出席。

12月下旬　经中国高等教育学会后勤管理分会十届二次理事会讨论通过，教育部主管部门批准，学校获全国高校后勤十年社会化改革先进院校称号。

12月29日　学校的远洋渔业工程技术中心经科学技术部批准为国家远洋渔业工程技术研究中心。

是年　严兴洪等完成的坛紫菜新品种选育、推广及深加工技术项目获2011年度国家科技进步奖二等奖。

是年　在"高教社杯"全国大学生数学建模竞赛中，由教师王春华带队，学生张喆昊、刘冰清、于文驰组成的团队获二等奖；由教师王晓明带队，学生随宏远、齐晓宝、李杜组成的团队获三等奖。

第一篇
组织机构

概　　述

民国元年(1912年),学校设普通科、渔捞科、制造科3个二级教学机构。民国10年增设养殖科。各科分别设主任1人,具体负责教学工作。学校行政管理由校长全面负责,聘用教务、庶务、舍监3位主任各司其职。

1949年上海解放,上海市军事管制委员会接管学校,成立校务委员会,负责全校行政管理工作。1952年,学校升格为本科院校后,由校长负责学校行政管理,并设教务处、总务处、海洋渔业系、养殖生物系、水产加工系、海洋渔业研究室,实行院、处、系三级管理。1958年起,逐步由三级管理过渡到院、系二级管理,处作为学校职能部门,学校主要实行党委领导下的校长负责制。2011年12月,学校设有校办公室、教务处、学生处、研究生部等15个行政管理室、处、部,及水产与生命学院、海洋科学学院、食品学院等13个学院(部)。

1950年,学校调入一批党员干部,成立中共党组织。随着党员人数增加,先后设置党小组、党支部、党总支。1957年,成立党委,党的组织、思想和制度建设进一步加强。1957—2011年,学校先后召开7次党代会,选举产生新一届党委委员、常委、正副书记,及纪委委员和正副书记。2011年,校党委下设9个基层党委、2个党总支、5个校直属党支部,并设党委办公室、组织部、宣传部、学生工作部等7个工作机构。1995年,学校成立党校。截至2011年,先后成立有10个以学院冠名的分党校。1981年,成立纪律检查委员会,在校党委和上级纪委双重领导下开展工作,下设纪检室,负责宣传教育、接待来信来访、查处违纪案件等工作。

1952—2009年,学校先后成立中国民主同盟、九三学社、中国民主建国会、中国国民党革命委员会4个民主党派组织。自建立以来,各民主党派关心学校建设和发展,积极参政议政、建言献策,在学校教学、科研、管理等方面作出积极贡献,并经常组织参加社会活动。学校定期召开民主党派"双月座谈会"并形成制度,介绍学校发展情况,征求、听取各民主党派意见。

1951年,学校成立共青团,作为党的助手和后备军,活跃在学生工作第一线。2011年,学校团委下设9个分团委、1个团总支;先后召开18次团代会。校工会自成立以来,组织不断完善、壮大,2011年设有民主管理、提案、师德、生活福利、文体5个工作委员会,下设二级工会14个、三级工会1个;先后召开18次工代会。1984年11月,学校成立妇女工作委员会。这些群众组织在维护师生民主权利、参与学校民主管理、保障师生合法权益、促进学校建设和发展中发挥着积极作用。

学校先后组建校友会、学生会、研究生会和其他社会团体。中央和上海市有11个组织机构先后挂靠学校,部分校党政领导干部和教师在其中主持或参与工作,促进了学校对外交流与合作。

第一章 行政体系

第一节 管理体制

一、隶属关系

民国元年(1912年)，学校创办时为江苏省立水产学校，属甲种实业学校，隶属江苏省教育司。

民国16年8月，国民政府实行大学区制，学校隶属第四中山大学农学院。民国17年5月，学校隶属国立中央大学农学院。民国18年7月，国民政府取消大学区制，学校恢复为江苏省立水产学校。

民国26年"八一三"事变爆发，校舍尽毁，学校停办。

民国34年9月，抗日战争胜利，国民政府教育部、各省市教育部门开始恢复因战争停办的各类学校。民国36年6月，经上海市政府批准复校，成立上海市立吴淞水产专科学校。

1949年6月，上海市军事管制委员会(简称上海军管会)接管学校。1951年，学校更名为上海水产专科学校。1952年，升格为上海水产学院，由华东军政委员会水产管理局(简称华东水产管理局)领导。1953年1月，学校划归中央农业部领导。同年9月，又划归华东水产管理局领导，教育行政业务由华东高等教育局领导。其间，江苏省立水产职业学校(闵行部分)、国立高级水产职业学校先后并入，并设为附设水产技术学校，受上海市教育局领导直至1955年停办。

1954年10月，学校由上海市高等教育管理局负责管理，水产业务工作直至1959年由农业部水产管理总局领导。其中，1955年10月—1956年5月，学校业务工作曾由农业部转归商业部领导。1960年1月起，学校划归水产部领导。

1972年5月，经国务院批准，学校更名为厦门水产学院，由农林部和福建省革命委员会共同领导。同年10月，农林部与福建省协商决定，厦门水产学院实行部、省双重领导，以部为主的体制。1978年8月，学校由国家水产总局和福建省双重领导，以国家水产总局为主。

1979年5月，国务院批准在上海原址恢复上海水产学院，由国家水产总局和上海市双重领导，以国家水产总局为主。1982年5月，国家水产总局撤销，其职能并入农牧渔业部，学校由农牧渔业部领导。1985年，学校经农牧渔业部批准，更名为上海水产大学。1988年，农牧渔业部更名为农业部，学校由农业部领导。

2000年5月，学校由中央与上海市共建，以上海市管理为主。2008年3月19日，教育部发文，批准学校更名为上海海洋大学。2009年9月，在原隶属关系基础上，上海市和国家海洋局签约共建上海海洋大学。

二、领导体制

【一长三主任制】

学校创办初期,江苏省都督委任校长,由校长总理学校事务。下设教务、庶务、舍监主任各1人。行政组织为一长三主任制。

【校(院)务委员会制】

上海解放,上海军管会接管上海市立吴淞水产专科学校时,上海市人民政府教育处任命侯朝海为代校长,并在校教职工大会和学生自治大会上,推选24人组成校务委员会,侯朝海任主任委员。1950年9月,校务委员会人员调整为12人,由校长、教务主任、事务主任、渔捞科主任、制造科主任、实习主任及教职工代表4人、学生代表2人组成。

【院长负责制】

1952年12月,院务会议讨论通过《上海水产学院院章》,学校实施院长负责制。院务委员会调整为由院长、教务长、政治辅导处主任、总务长、各系(科)主任、研究室主任、各教研室主任、工会代表、党员代表、学生会代表组成。设院长1人,副院长3人。副院长协助院长组织、执行有关工作。院长在必要时可召集副院长、有关行政或教学负责人讨论和研究有关工作。院务委员会主要职责:审查学校教学及行政工作计划和工作报告;审查学校各系(科)、各教研组、研究室的学期、学年教学计划及工作总结;讨论学校的组织机构和人员配备;通过学校的各种重要制度和规章;通过预算、决算;议决学校有关学生的重大奖惩事项。

【党委领导下的院务委员会负责制】

1958年9月,中共中央、国务院颁布《关于教育工作的指示》,规定"一切教育行政机关和一切学校,应接受党委的领导,在一切高等学校中,应实行党委领导下的校务委员会负责制"。1962年6月,根据教育部《直属高等学校暂行工作条例》规定,成立由党委书记、院长等15人组成的院务委员会。7月,院务委员会通过《院务委员会试行工作条例》,规定院务委员会由党委书记、院长、副院长、教务长、总务长、院长办公室主任、图书馆长、各系主任及若干教授等组成,院长为主任委员,副院长为副主任委员。院务委员会主要职责:讨论和决定教学工作、生产劳动、研究生培养、科学研究、物资设备、生活管理和思想政治工作等计划;处理各系工作中的某些重大问题;负责招生计划、毕业生分配、师资培养等工作;制订和修改学校规章制度;审查通过预算、决算;讨论教师及干部职务提升任免等。

院务委员会闭会期间,院长可召集行政会议,讨论处理日常教学、科研和总务行政工作。根据工作需要,教务、科研和总务行政会议或联合或分别召开。行政会议研讨事项:传达院务委员会决议、上级指示及检查其执行情况;听取有关单位工作汇报、布置与检查工作;讨论与处理师生员工一般奖惩;讨论与布置其他有关事项。同时,定期召开院长办公会议。

【革命委员会】

1967年7月,学校成立革命委员会,负责学校行政领导工作。

【党委领导下的院长负责制】

1979年3月,国务院批复同意学校迁回上海办学。同年8月,成立复校筹备组。1981年12月—1983年10月,调整党政领导班子,实行党委领导下的院长负责制。

【校长负责制（试行）】

1986年6月,根据中共中央《关于教育体制改革的决定》,学校作为上海市试点高校之一,实行校长负责制,建立校务委员会和职工代表大会制度,加强校长对学校教学、科研和行政工作的统一指挥与管理。1987年3月,学校恢复成立校务委员会,校长乐美龙任主任,党委书记陈坚任副主任。校务委员会主要职责为:审议学校办学方针、系(科)专业设置长远规划;讨论学校重点工作和师资队伍建设;审议学校经费、预算、决算;讨论审议学校改革方案、规章制度。

【党委领导下的校长负责制】

1989年9月,根据《中共中央关于加强党的建设的通知》,学校实行党委领导下的校长负责制,停止试行校长负责制。

2005年11月,学校制订《校长办公会议事规则》,规定:校长办公会是研究、处理由校长负责的行政管理工作会议,研究、落实学校党委常委会决议的有关工作实施意见和措施,酝酿需提交党委常委会讨论的行政工作中的重大问题和重要事项方案。

校长办公会一般每月召开一次,如遇紧急事情由校长临时决定。2005年12月,学校制订《校长专题办公会议议事规则》,规定校长专题办公会议是校长研究处理行政工作中专题讨论、决定重要事项的会议。

表1-1-1　1912—2011年校行政负责人情况表

任职时间	校　　名	校(院)长	副校(院)长
1912.12—1923	江苏省立水产学校	张　镠	—
1924.8—1924.12	江苏省立水产学校	冯立民	—
1925.9—1927.11	江苏省立水产学校	侯朝海	—
1927.11—1928.5	第四中山大学农学院水产学校	侯朝海	—
1928.5—1929.1	国立中央大学农学院水产学校	侯朝海	—
1929.1—1934.8	江苏省立水产学校	冯立民	—
1934.8—1937.8	江苏省立水产学校	张楚青	—
1947.6—1949.8	上海市立吴淞水产专科学校	侯朝海	—
1949.8—1951.4	上海市立吴淞水产专科学校	侯朝海(代理校长)	—
1951.4—1952.8	上海水产专科学校	方　原(兼)	黄亚成、侯朝海

(续表)

任职时间	校　名	校(院)长	副校(院)长
1952.8—1953.10	上海水产学院	方　原(兼)	王文锐、黄亚成
1953.10—1957.11	上海水产学院	—	王文锐(主持工作)、黄亚成
1957.11—1960.9	上海水产学院	朱元鼎	刘宠光、黄亚成、曹正之
1960.9—1962.9	上海水产学院	朱元鼎	刘宠光、黄亚成
1962.9—1965.3	上海水产学院	朱元鼎	刘宠光、黄亚成、高　山
1965.3—1967.7	上海水产学院	朱元鼎	刘　忠、黄亚成、刘宠光、高　山
1967.7—1972.9	上海水产学院	庞遵思(革命委员会主任，学生，—1969.12)	刘　忠(1967年10月起任革命委员会第一副主任，1970年12月起任革命委员会第一副主任，主持工作)
1972.9—1979.8	厦门水产学院	—	刘　忠(革命委员会第一副主任，主持工作)、朱元鼎、吴　健(—1975.6)、孙泽夫(—1975.4)、郭子郁、葛　策、张渝民(1975.8—　)为革命委员会副主任
1979.8—1981.12	上海水产学院	范纬青(复校筹备组组长)	朱元鼎(复校筹备组副组长)
1981.12—1983.8	上海水产学院	朱元鼎	黄亚成、骆肇荛、高耘樵
1983.8—1985.10	上海水产学院	朱元鼎(名誉院长)、孟庆闻	乐美龙、赵长春
1985.10—1985.11	上海水产学院	乐美龙	赵长春、王克忠
1985.11—1992.2	上海水产大学	乐美龙	赵长春、王克忠
1992.2—1994.3	上海水产大学	乐美龙	王克忠、顾景镠
1994.3—1996.11	上海水产大学	陈　坚	顾景镠、周应祺、顾乃达
1996.11—2000.3	上海水产大学	周应祺	顾乃达、曹德超
2000.3—2004.6	上海水产大学	周应祺	顾乃达、曹德超、黄硕琳
2004.6—2008.3	上海水产大学	潘迎捷	黄硕琳、黄晞建、封金章、程裕东
2008.3—	上海海洋大学	潘迎捷	黄硕琳、黄晞建、封金章、程裕东

说明：表格中"—"代表无。

第二节　机构设置

学校建立之初，行政组织为一长三主任制。上海水产学院建立初期，仅设教务处、总务处和3个系。2011年12月，行政机构有校办公室(档案馆)、发展规划处、人事处、教务处、学生处、研究生部、科学技术处、财务与资产管理处、外事处(港澳台办公室)、后勤管理处、保卫处、实验室与设备管理处、基建处、监察处、审计处。

一、校办公室

1952年,学校设院长办公室。1955年,院长办公室下设秘书、人事两科。1995年5月,校长办公室与党委办公室合署办公,成立校办公室。1997年12月起,校办公室与党委办公室、外事办公室、国际交流合作中心合署办公。2010年8月,档案室升格为档案馆,相对独立,挂靠校办公室,设有综合档案室、干部人事档案室、党史校史研究室、校史馆。2011年6月,校办公室与外事办公室分署办公,成立外事处。

主要职能:组织和安排校党委常委会、党政联席会、党委全委会、校长办公会等会议以及全校性会议;组织拟订和修改学校发展规划、计划、报告、决议、总结、规章制度等文件,发布重要通告、通知等;检查、督促党政工作的落实;全校公文管理;掌管印章,审核全校各部门印章刻制;组织、协调全校性、综合性工作和大型活动;编写年鉴、党史等工作,学校综合统计工作;校友会工作;信访工作,协助校领导处理突发事件和重大事故;牵头负责全校稳定工作,校保密委员会工作。

历任主任:马少甫、牟起厚、乐延朗、汪天生、马家琰、卢卫平、潘宏根、郑卫东、封金章(兼)、张敏(2005.1—   )

历任副主任:牟起厚、陈伟、韩亦钧、蒋维平、戴永金、俞渊、郑卫东、王明华、章佩敏、章华明、钟俊生、游录泉(2007.1—   )、李晔(2009.7—   )、宁波(2010.8—   ,档案馆馆长)

二、发展规划处

2011年6月,在综合改革与规划发展办公室基础上,成立发展规划处(高教研究所、质量管理办公室)。

主要职能:组织研究、论证学校中长期发展战略规划和阶段性规划,负责学校事业发展规划编制及督办落实;为学校改革与发展提供研究报告;组织开展以绩效评价为中心的质量管理工作;收集、整理学校基础数据,建立办学状态数据库,组织完成相关报表的上报工作;综合分析数据信息,提供决策支持;编辑年鉴。

处长:吴建农(2011.6—   ,兼任)

副处长:何爱华(2011.6—   )

三、人事处

1955年,院长办公室设人事科。1972年,迁往厦门办学时成立人事处。1992年11月—1996年12月,2001年2月—2003年1月,人事处与组织部曾两度合署办公。2003年1月起,人事处独立建制。

主要职能:负责学校人事管理,开展人事管理研究,推进人事劳动制度改革;起草人事工作计划、规章、制度;负责全校机构设置和人员编制管理;负责教师队伍建设;组织专业技术职务聘任工作,负责校聘任委员会日常工作;协同组织部指导档案馆做好干部人事档案工作;制订年度用人计划,经批准后组织实施;负责办理教职工调配手续,办理教职工退休手续,审核延聘、返聘、待退休、退职、辞职等事项;指导退管会办公室工作;负责教职工各类假期审批;负责全校教职工评优奖惩;

管理全校工资、福利费和各类津贴。

历任处长：刘明、宫鸿基、舒筠清、陈叔文、马家琰、顾乃达、王昌如、王英华、郑卫东(2003.1—　)

历任副处长：赵森林、耿福华、马家琰、徐仁善、孙美云、封镇民、莫寅仁、杨昕、陈江华、王艳、程彦楠(2005.1—　)

四、教务处

1952年，学校设教务处。1994年8月，撤销教学办公室，恢复设置教务处。2008年起，教务处下设综合行政办公室及教学运行、教学考试、教学实践、教学评估和教学研究5个中心。2011年7月，学校撤销招生与毕业生就业工作办公室，其招生职能划归教务处。

主要职能：组织学院制订和实施本专科（高职）生、本专科留学生教学计划和各门课程教学大纲，拟订全校各年度、各学期教学工作计划；提出有关改进教学、提高教学质量的建议；提出学校专业设置和调整的意见；制订教学工作规章制度，并督促检查执行情况；负责教学实验室的建设、管理工作；制订教材建设计划并组织实施；掌握全校教学实际情况，总结经验，组织交流，检查督促教学资源及设备的管理和使用；组织制订、实施本专科（高职）生、本专科留学生各专业教学实习计划，统筹实习基地建设；负责建立教学质量评估指标体系和校评估中心与本科教学评估日常工作；负责制订普通本专科生招生章程和招生工作方案并组织实施；颁发毕业证书和学士学位证书。

历任处长：侯朝海（教务主任）、王以康（教务长）、林亨嘉（教务长）、骆肇尧、何苏麟、林辉煌、万峰、曹德超、管伟康、吴建农、张宗恩(2011.7—　)

历任副处长：侯朝海、林亨嘉、吴士濂、乐美龙、陈伟、詹庆成、何苏麟、黄永萌、高湘华、万峰、王英华、金正祥、郑卫东、张宗恩、沈泂、殷曦敏、陈慧(2003.2—　)、张帆(2005.1—　)、张慕蓉(2007.7—　)

五、学生处

1952年，学校设青年科，负责学生管理和思想政治教育。1955年，设学生科。1964年设青年工作部。1987年，成立学生处，与学生工作部合署办公。1993年5月，学生处并入教学办公室。1994年8月，学生处独立建制。2001年，学生处与保卫处（武装部）合署办公。2005年2月，学校成立招生与毕业生就业工作办公室，招生、毕业生就业工作职能划归该办公室，主任张宗恩，副主任朱克勇。2008年6月，学生处与保卫处（武装部）分署办公。2011年7月，学校撤销招生与毕业生就业工作办公室建制，其毕业生就业工作职能划归学生处。

主要职能：学生学籍、奖惩、操行评定等日常管理；学生资助工作；学生心理健康教育教学和心理健康咨询、辅导、测量工作；上海市高校心理健康教育与咨询示范中心（浦东片）建设和心理健康教育研究会工作；开展大学生职业发展教育教学与研究；制订学校就业工作实施细则及毕业生就业工作计划，并组织院系实施；发展就业基地，拓宽就业渠道；选调生推荐和初选工作，有关报考公务员、国家及地方项目推荐工作等。

历任处长：蔡和麟、万峰、卢卫平、徐莉兰、封金章、张继平、李兴华(2006.3—　)

历任副处长：史济奎、万峰、张继平、万映明、齐亚丽、董玉来、姚强、张萍、陈荣道、李兴华、施永忠、江卫平、莫寅仁、罗汝坤(2007.1—　)、夏雅敏(2008.3—　)、朱克勇(2011.7—　)

六、研究生部

1983年,学校设研究生科。1986年,成立研究生办公室。1994年8月,设置研究生部。2005年起,研究生部设研究生招生办公室、培养办公室、学位办公室、学生工作办公室、办公室和综合办公室。

主要职能:拟订学校研究生教育发展规划及研究生培养工作;制订有关制度和实施办法,并组织实施;组织申报各专业硕士学位、博士学位授予权工作;组织实施硕、博(含留学生)导师评聘、培训和考核;组织制订和修订各研究生(含留学生)学科专业培养方案,并组织实施和监督;组织落实研究生(含留学生)师资队伍建设和教材建设,开展教育、教学工作;组织编制学校研究生年度招生计划并组织实施;毕业研究生就业指导及派遣工作;研究生学籍管理和档案管理,会同学院做好研究生思想政治教育与研究生辅导员队伍建设;参与指导博士后科研流动站工作;组织开展国内外高校、科研院所和企业合作培养研究生工作;组织实施专业学位教育和同等学力申报研究生学位,开展研究生课程进修班教育,接受进修生和旁听生;组织开展研究生教育与学位的科学研究;学校学位评定委员会日常工作;研究生教育档案的收集、整理、立卷、归档及数据上报工作。

研究生办成立初期,由彭玉厚负责具体工作,后由黄世蕉主持工作。

历任主任:童合一、沈月新、施志仪(1999.2—)

历任副主任:张萍、金晔、王艳、冷向军(2007.1—)、金淑芳(2009.7—)、唐建业(2011.11—)

七、科学技术处

1962年,教务处设科学研究科。1984年,成立科学研究处。2007年3月,更名为科学技术处。

主要职能:制订学校科研发展近、中期规划和年度工作计划、实施方案、管理条例及各项规章制度;组织开展科研、成果推广、技术开发、技术转让项目的立项、申报、对外宣传等工作,提供公共服务产品;科研项目过程管理;督促研究项目如期完成;横向科技项目宏观管理、协调科技协作有关事宜,推进产学研合作工作;组织科技成果鉴定、奖项申报、专利申请,科技活动的统计、分析、研究、风险规避与保密工作;受理校级重点学科和重点实验室的申请、指导、评估;制订学校学科发展规划并组织实施;受理申报和初审新增非机构编制序列科研机构;科研机构评估工作;海洋科学研究院日常管理工作;学校学术活动管理,组织开展国内外学术交流;学校科技知识产权管理;有关学会、研究会联络和管理;科技档案规范化整理、立卷和归档工作。

历任处长:李元善、宋承芳、黄硕琳、李家乐、程裕东、李柏林(2005.1—)

历任副处长:李元善、宋承芳、刘玲仪、郁美娣、李家乐、蔡生力、李柏林(主持工作)、陈文银(2005.1—)、王伟江(2010.8—)

八、财务与资产管理处

1951年,学校设财务组。1956年,在总务处下设财务科。1982年,财务科直属校部管辖,科长朱元美。1994年9月,设置财务处。2001年,将国有资产管理工作纳入财务处,成立财务与资产管理处。

主要职能:学校预算管理,监督预算执行情况;会计核算与会计报表,实施会计监督,编制财务报表,提供各种财务会计信息;财经制度执行与监督,综合财务分析,拟订校内财经政策,制订财务会计制度和管理办法;各类学生收费工作;国有资产管理;组织学校资产清查、产权登记、产权界定、资产评估、统计报告及日常监督检查;资产调拨、转让、报损、报废等报批手续;对校办企业资产实施监督;协调产权纠纷。

历任处长:杨韵,杨昕(2001.2—　)

历任副处长:杨韵(主持工作)、杨昕、倪国进(1999.3—　)、王宪怡(2005.1—　)

九、外事处(港澳台办公室)

1994年7月,学校成立外事办公室和国际交流合作中心。1997年12月,外事办公室、国际交流合作中心与校办公室、党委办公室合署办公,设校办公室。2011年6月,成立外事处(港澳台办公室)。

主要职能:负责制订出国(赴港澳台)访问、培训的年度计划;负责来访外宾(港澳台来宾)接待工作;负责制订外国专家年度聘请计划与相关服务和管理工作;推动各院系与国外(境外)合作项目;协助国际文化交流学院做好来校留学生相关管理工作;负责学校选派师生出国留学相关工作;负责国际会议、国际合作(引智)项目、友好学校的国际交流工作。

历任处长(主任):王季襄、万峰、卢卫平、潘宏根、郑卫东、封金章、张敏

副处长:钟俊生(2011.9—　,主持工作)

十、后勤管理处

1952年,学校设总务处。1999年10月,总务处的后勤服务职能划归上海高校后勤服务中心,总务处更名为后勤办公室。2001年3月,又更名为后勤与产业办公室。学校成立资产经营公司后,2007年5月更名为后勤管理处,挂靠有校教职工住房制度改革办公室、后勤改革领导小组秘书处、爱国卫生委员会办公室、健康校园建设工作领导小组办公室、安全生产(防台防汛)办公室等机构。

主要职能:测算、管理、调控、安排后勤保障所涉经费;土地类、房屋类、公共设施类固定资产管理,统一办理房地产物业的对外产权变更、二级调配使用、增收节支等工作;水电气等公用事业工作的内部管理与对外协调;协调、组织、实施绿色校园、健康校园等专项创建工作;全校教室、会议室等公共物业管理和相关服务协调;房屋类修缮工作计划编制、报批与实施,统筹管理维修专项;开展以防汛防台、特种设备管理、食品安全管理为主要内容的安全生产工作;承担住房分配货币化工作的受理、核查、发放等工作;推进后勤社会化改革,以契约形式对后勤服务中心和社会企业所承担的后勤服务工作进行管理、监督、检查和考核。

历任处长:陈亿儆、衣洪生、程郁周、杨德厚、孙晋声、张银娟、张锡荣、姜新耀、俞渊(2005.1—　)

历任副处长:魏濂清、牟起厚、张新民、杨德厚、石树奋、钱勇贵、陈荣道、张锡荣、戴永金、楼茂生、俞渊、徐越甫、章华明、张登沥、杨韵(2009.7—　)

十一、保卫处

1982年11月,学校设保卫处,与武装部合署办公。2001年起,与学生处合署办公。2008年6

月起,保卫处(武装部)单独建制。

主要职能:负责学校安全、保卫、消防及综合治理工作;开展宣传教育,制订相关规章制度;处置突发事件,配合公安机关调查处理各类案件;负责学生的军训、征兵工作;负责教职工与学生的户口管理以及来校务工及其他外来人员的管理。

历任处长:牟起厚、李子义、乐延朗、杨德厚、王国华、张继平、李兴华、姜新耀(2008.6—)

历任副处长:李子义、张锡艺、陈荣道、张萍、施永忠、张旭、莫寅仁(2008.6—)、王琼(2010.1—)

十二、实验室与设备管理处

20世纪50年代,总务处下设教学设备科。1959年10月,教学设备科划归教务处管理。1984年,学校设置实验室管理办公室。其后,主要职能与隶属关系几经变化。2007年4月,成立实验室与设备管理处。

主要职能:制订实验室建设发展规划,实验室、物资设备管理的规章制度并组织实施;制订年度建设计划,实验平台建设、实验室评估以及日常管理工作;各类实验室设立、调整、更名和撤销管理;仪器设备、家具等固定资产管理;全校物资设备采购工作统筹与协调,指导并监管设备采购部门工作;各单位实验室资源核算、效益评价;大型仪器设备协作共享、对外开放以及效益评价工作;实验室的安全教育与管理工作;制订并组织实施实验室环境建设和维修改造计划;实验室与固定资产信息化管理工作。

历任主任(处长):顾景镠、吴稼乐、殷曦敏(2007.4—)

十三、基建处

1964年,总务处下设基建科。1983年,独立成立基建办公室。1996年12月,基建办公室更名为基建处。

主要职能:制订学校基本建设年度投资计划;按照上级审批的建设规模,在规划建设用地范围内委托设计单位进行方案设计、扩大初步设计和项目概算并上报;建设项目的报建、勘查、设计、施工、监理招标管理工作;审定并签署基本建设项目合同、协议,编制及上报基本建设项目的各类文件、报表、年度基本建设投资执行情况、年度财务决算;进行施工现场道路、场地平整,水、电等七通一平准备工作;项目施工现场安全、质量、进度管理及投资控制;组织项目竣工验收、委托项目竣工决算审核;按合同约定的保修期限对已竣工项目进行质量跟踪、保养和维修;基本建设项目的国有资产登记移交管理工作。

历任处长:杨天锡、周昌栋、王传国

历任副处长:衣洪生、周昌栋、杨天锡、王传国、周水松(2011.11— ,主持工作)

十四、监察处、审计处

监察处、审计处与纪委办公室合署办公。见第一篇第二章第三节。

第二章　中国共产党上海海洋大学委员会

1950年初,上海市军事管制委员会(简称上海军管会)相继将方原、黄亚成、杨文等党员干部的党组织关系转入学校,成立党小组,由杨文任组长。1951年9月,中共华东水产管理局总支委员会批复同意成立中共上海水产专科学校党支部。次年4月,党支部正式成立,杨文任书记。1953年2月,经中共上海市委高等学校工作委员会(简称上海高校党委)批准,党支部更名为中共上海水产学院支部委员会,王文锐任书记。

1955年3月,经上海高校党委批准,成立中共上海水产学院总支部委员会,王文锐任书记,王薰香任副书记。1956年11月,中共上海市委批复同意学校成立党委。次年3月,学校第一次党员大会选举产生第一届中共上海水产学院委员会。7月,胡友庭任校党委书记。

"文化大革命"初期,学校党的正常工作一度中断。1967年11月,校党的核心小组成立,刘忠任组长。1970年5月,由军宣队马本林任组长,刘忠任副组长。1972年,学校迁往福建厦门集美。同年9月,成立厦门水产学院党的核心小组,刘忠任组长。

1979年8月,上海水产学院复校筹备组成立,上海水产局副局长范纬青兼任组长,负责学校党政工作,党的组织接受中共上海市革委会财贸办公室党组领导。

1981年12月,学校党委划归上海市教育卫生办公室党组分管,党委副书记刘金鼎主持党委工作。1983年8月,农牧渔业部党组任命胡友庭为校党委书记。1986年4月,农牧渔业部党组任命陈坚为校党委书记。1994年2月,农业部党组任命林樟杰为校党委书记。2000年2月,上海市委任命叶骏为校党委书记。2010年6月,上海市委任命虞丽娟为校党委书记。

第一节　党　代　会

1957—2011年,学校共召开7次党代会。其中,第一次、第二次大会由于党员人数较少,以党员大会形式召开;第三次至第七次以党员代表大会形式召开。

第一次党员大会　1957年3月10—23日召开,出席党员99人。大会由党总支副书记刘怀庆主持,副书记王薰香代表总支委员会作工作报告。上海高校党委马琳正与会讲话。大会根据中国共产党第八次全国代表大会精神,检查和总结校党总支成立以来的工作,讨论大力加强政治思想工作、进一步加强党对教学工作的领导和监督,继续贯彻党对知识分子的团结教育改造的政策。大会选举产生上海水产学院第一届党委会,其中委员11人、常委5人。

第二次党员大会　1960年2月4—6日召开。大会根据当时毛泽东主席对高等学校工作的一系列指示,总结第一次党员大会以来的工作,制订今后任务,选举产生党委委员13人、常委6人、监委委员7人。

第三次党员代表大会　1963年2月1—4日召开,出席党代表40人,列席代表21人。党代会结合学校工作形势、工作任务,着重讨论加强党的建设问题,选举产生党委委员13人、常委6人、监委委员9人。

第四次党员代表大会 1986年4月12—14日召开,出席党代表76人,特邀代表、列席代表20人。上海市教卫党委副书记胡绿漪出席会议。大会主题是深入贯彻中国共产党第十三次全国代表大会和上海市第五次党代会精神,认真总结经验,加强和改善党的领导,动员全校共产党员、师生员工,团结一致、同心同德、坚持改革、加强建设、振奋精神、克服困难、坚韧奋斗,加快振兴上海水产大学步伐,为开创学校新局面作贡献。胡友庭代表第三届党委会作工作报告,陈坚代表校纪律检查委员会作工作报告。大会选举产生党委委员5人、纪委委员5人。

第五次党员代表大会 1997年6月6—7日召开,出席党代表89人,列席代表16人,特邀代表24人。上海市教卫党委组织处处长桑秀蕃出席并致辞。林樟杰代表校第四届党委会作工作报告,万峰代表校纪律检查委员会作工作报告。大会选举产生党委委员13人、常委5人、纪委委员7人。

第六次党员代表大会 2001年9月29—30日召开,出席党代表111人,列席代表18人,特邀代表19人。上海市教育党委副书记项伯龙出席并致辞。大会主题是以邓小平理论为指导,按照江泽民"三个代表"重要思想,巩固和发扬"三讲"教育成果,全面加强党的建设,努力提高学校综合竞争力,开创学校工作新局面。叶骏代表校第五届党委会作工作报告,万峰代表校纪律检查委员会作工作报告。大会选举产生党委委员17人、常委7人、纪委委员8人。

第七次党员代表大会 2006年6月23—25日召开,出席党代表145人,特邀代表、列席代表30人。上海市科教党委副书记李铭俊出席并致辞。大会主题是高举邓小平理论和"三个代表"重要思想伟大旗帜,全面落实科学发展观,深入贯彻党的十六届五中全会和全国科技大会精神,认真总结学校5年来的工作,提出今后5年学校改革与发展奋斗目标和工作思路,不断加强党的建设,动员全校各级党组织,团结和带领广大师生员工,抓住机遇、聚焦目标、狠抓落实、力求突破、深化内涵建设,为把学校建成高水平特色大学而努力奋斗。叶骏代表校第六届党委会作工作报告,吴嘉敏代表校纪律检查委员会作工作报告。大会选举产生党委委员21人、常委7人、纪委委员11人。

表1-2-1 1957—2011年校党委(党的核心小组)成员一览表

任　　期	党委书记	党委副书记	党委常委	党委委员
1957.3—1960.2	胡友庭 (1957.7—)	王薰香　刘怀庆	胡友庭　王薰香 石　镛　刘怀庆 马少甫　黄亚成	马少甫、王甡林、王薰香、石　镛、冯志哲、刘怀庆、邱礼强(学生)、何保源、牟起厚、胡友庭、袁庆长、徐毓芬、黄亚成、曹正之
1960.2—1963.2	胡友庭	刘怀庆	胡友庭　刘怀庆 曹正之　黄亚成 马少甫　牟起厚 高　山	胡友庭、刘怀庆、曹正之、黄亚成、马少甫、牟起厚、崔槐青、何保源、王甡林、石　镛、季黎平、肖树旭、王福刚(学生)、高　山
1963.2—1967.11	胡友庭	刘怀庆(1963.2—1965.11) 刘　忠(1965.3—1967.11) 郭子郁(1966.5—1967.11)	胡友庭　刘怀庆 高　山　黄亚成 马少甫　牟起厚 刘　忠　郭子郁	马少甫、王甡林、石　镛、刘怀庆、何保源、牟起厚、肖树旭、季黎平、胡友庭、高　山、郭子郁、黄亚成、曹正之、崔槐青
1967.11—1970.5	刘　忠(党的核心小组组长)	—	—	—

(续表)

任 期	党委书记	党委副书记	党委常委	党委委员
1970.5—1972.9	马本林(党的核心小组组长)	刘 忠(党的核心小组副组长)	—	—
1972.9—1979.8	刘 忠(厦门水产学院党的核心小组组长)	吴 健(党的核心小组副组长,1975年6月调离) 肖 苏(1974.11—1975.10 党的核心小组副组长) 张渝民(副书记)	组员：孙泽夫(—1975.4)、郭子郁、葛 策	—
1979.8—1981.12	范纬青(上海水产学院复校筹备组组长,负责学校党政工作)			
1981.12—1983.8	—	刘金鼎(主持工作)	—	刘金鼎、何保源、骆肇荛、高耘樵、黄亚成
1983.8—1986.4	胡友庭(1983.8—1985.10任书记,1985.10—1986.4代理)	刘金鼎(—1983.10) 何保源(1983.8—1985.6) 陈 坚(1985.10—) 杨慧如(1986.2—)		乐美龙、刘金鼎、杨喆牲、杨慧如、何保源、陈 坚、胡友庭、胡鹤永、骆肇荛、高耘樵、黄亚成
1986.4—1997.6	陈 坚(1986.4—1994.2) 林樟杰(1994.2—)	杨慧如(—1992.2) 李道恒(1992.2—1996.11) 顾乃达(1994.2—1996.11) 万 峰(1996.11—1997.6)		王昌如、乐美龙、陈 坚、周鸿仪、杨慧如、李道恒、林樟杰、顾乃达、万 峰、周应祺
1997.6—2001.9	林樟杰(1997.6—2000.2) 叶 骏(2000.2—)	万 峰 吴嘉敏(2000.2—)	林樟杰 万 峰 周应祺 顾乃达 曹德超 吴嘉敏 黄硕琳(2000.2—)	林樟杰、万 峰、周应祺、顾乃达、曹德超、吴嘉敏、黄硕琳、王英华、李思发、周鸿仪、郑敏娟、封金章、葛茂泉
2001.9—2006.6	叶 骏	万 峰(—2003.4) 吴嘉敏 黄晞建(2003.4—)	叶 骏 潘迎捷(2004.5—) 万 峰 吴嘉敏 黄晞建(2003.4—) 黄硕琳 封金章(2004.5—) 顾乃达 周应祺(—2004.5) 曹德超(—2006.2)	万 峰、王英华、叶 骏、许柳雄、朱 镜、岑伟平、吴建农、吴嘉敏、张相国、郑卫东、周应祺、胡金发、封金章、顾乃达、徐莉兰、黄晞建、黄硕琳、曹德超、潘迎捷

(续表)

任　　期	党委书记	党委副书记	党委常委	党委委员
2006.6—	叶　骏 （　—2010.2） 潘迎捷（2010.2—6代理） 虞丽娟 （2010.6—　）	吴嘉敏 黄晞建	叶　骏　潘迎捷 吴嘉敏　黄晞建 黄硕琳　封金章 顾乃达　虞丽娟	王锡昌、叶　骏、朱　镜、许柳雄、齐亚丽、吴建农、吴嘉敏、岑伟平、张　敏、张继平、李兴华、李家乐、汪之和、郑卫东、封金章、施志仪、顾乃达、高　健、黄晞建、黄硕琳、潘迎捷、虞丽娟

说明：表格中"—"代表无。

第二节　机构设置

1952年11月，学校政治辅导处下设组织科、宣教科、青年科。1957年3月，学校党委下设党委办公室、组织部、宣传部和党委监委4个机构。

1964年11月25日，学校成立政治部，下设组织、宣传、干部、统战、青年、武装保卫6个处和1个秘书室。

"文化大革命"期间，学校成立党的核心小组。

学校迁回上海后，1981年12月恢复党委会。次年8月，经农牧渔业部水产分党组同意，学校党委下设党委办公室、组织部、宣传部、统战部、纪委。2011年，学校党委会下设工作机构详述如下：

一、党委办公室

1957年3月，成立党委办公室。1964年11月，党委办公室撤销，成立政治部，刘怀庆兼任主任。1966年4月，郭子郁任主任。"文化大革命"开始后，政治部停止工作。1982年，重新建立党委办公室。1993年6月，党委办公室、党委宣传部、党委统战部合署办公，成立党委工作办公室。1995年5月，党委工作办公室撤销，党委办公室与校长办公室合署办公，称校办公室。主要职能见第一篇第一章第二节。

历任主任：马少甫、牟起厚、周鸿仪、卢卫平、潘宏根、郑卫东、封金章（兼）、张敏（2005.1—　）

历任副主任：史维一、周鸿仪、蒋维平、戴永金、俞渊、郑卫东、王明华、章佩敏、章华明、钟俊生、游录泉（2007.1—　）、李晔（2009.7—　）

二、党委组织部

1952年，政治辅导处下设组织科，王薰香兼任科长。1955年11月，政治辅导处撤销，其组织科工作纳入校党总支。1956年11月，增设党委组织部。1964年11月，成立政治部，下设组织、宣传等6个处和1个秘书室，撤销党委组织部单独建制，党委组织部工作职能归属政治部，牟起厚任干部处副处长。1982年8月，恢复党委组织部。1992年11月，组织部与人事处合署办公，成立组织人事办公室，历任主任顾乃达、王昌如，副主任马家琰、孙美云、封镇民、莫寅仁、杨昕。1996年12月，撤销组织人事办公室，分设党委组织部、人事处。2001年2月，组织部与人事处再次合署办公，组成组织人事处。2003年2月,再次分设党委组织部、人事处。

主要职能:党的组织工作的计划实施;现职中层干部和后备干部教育、管理;与人事部门一起负责人才队伍建设;牵头负责各单位目标责任制考核;基层党组织建设和思想建设;发展党员工作;党员、中层及以上干部统计报表、党费收缴和管理、重大事项申报和收入申报等日常工作;牵头干部责任审计工作;因公出国(境)人员政审工作;学校党校的教学与管理工作,指导分党校和初、中级党校工作;老干部工作和关心下一代工作委员会工作。

历任部长:牟起厚、胡鹤永、韩亦钧、顾乃达、郑敏娟、王英华、汪之和(2006.3—)

历任副部长:牟起厚、季黎平、韩亦钧、王义亭、顾乃达、王昌如、陈江华、韩振芳(2009.7—)

三、党委宣传部

1952年,政治辅导处下设宣教科。1955年11月,政治辅导处撤销,其宣教科工作并入政治教研组。1959年1月,增设党委宣传部。1964年11月,学校成立政治部,撤销党委宣传部,其工作职能归属政治部。1982年8月,成立党委宣传部。1993年6月,党委办公室、党委宣传部、党委统战部合署办公,成立党委工作办公室。1995年5月,撤销党委工作办公室,将党委宣传部、党委统战部、党校、工会、妇工委、计划生育办公室、校报合署办公,成立党委群众工作办公室,先后由周鸿仪、徐仁善任主任,封金章、郑敏娟任副主任。1996年12月,撤销党委群众工作办公室,党委宣传部与统战部合署办公,成立党委宣传与统战部。2001年2月,撤销党委宣传与统战部,党委宣传部、校办、党办合署办公。2005年1月,党委宣传部与校办分设,独立建制。

主要职能:组织党委中心组学习及全校教职工的政治学习;牵头教职工思想政治教育工作;组织开展思想政治工作研究;牵头师德建设工作;学校精神文明建设工作;学校的环境宣传、对外宣传工作;学校重大会议与重要工作的新闻采访报道及相关资料归档工作;校报出版与发行工作,对教工及学生社团组织的印刷品、出版物等校内刊物及外请讲座、报告的管理;校园网的信息管理工作;校广播台、电子显示屏、宣传橱窗、公告栏、广告栏管理工作;指导校思想政治理论课的改革和建设。

历任部长:崔槐青、杨喆甡、施存富、周鸿仪、封金章、胡金发、郑卫东、江卫平(2008.4—)

历任副部长:崔槐青、王昌如、刘冠伦、张德荣、郑福标、封金章、章佩敏、章华明、郑宇钧(2010.8—)

四、党委统战部

1959年9月,成立党委统战部。1964年11月,学校成立政治部,下设统战处。1982年8月—2001年2月,统战部与党委办公室合署办公,先后成立党委工作办公室、党委群众工作办公室等。2001年2月,撤销党委宣传与统战部,党委统战部与组织部合署办公。

主要职能:与各民主党派和有关人民团体的联系工作,支持和帮助他们在国家宪法规定范围内独立自主地开展工作;有关学习、宣传、贯彻党的统战政策,组织校内有关统战会议,通报情况和听取意见、建议,并向有关部门反馈;台湾事务办公室有关对台事务交流工作。

历任部长:牟起厚、周鸿仪、封金章、胡金发、王英华、汪之和(2006.3—)

历任副部长:马少甫、施锦才、章佩敏、陈江华、韩振芳(2009.7—)

五、学生工作部

1987年，成立学生工作部，与学生处合署办公。

主要职能：制订本专科学生工作计划及日常思想政治教育工作计划；大学生形势与政策教育教学；指导学生会、研究生会、学生社团工作；学生校园文化建设、社会实践活动的开展；辅导员队伍建设等。

六、研究生工作部

2005年，成立研究生工作部，与研究生部合署办公。

主要职能：制订研究生思想政治教育工作计划；指导研究生会、研究生社团工作；负责研究生校园文化建设及社会实践活动；研究生辅导员队伍建设等。

七、武装部

1962年6月，成立人民武装部。1964年11月，学校成立政治部，下设武装保卫处。"文化大革命"期间一度停止工作，1972年恢复工作。1982年，武装部与保卫处合署办公。2001年，保卫处、武装部与学生工作部（学生处）合署办公。2008年6月，武装部与保卫处合署办公。主要职能见第一篇第一章第二节机构设置保卫处。

历任部长：牟起厚、乐延朗、杨德厚、王国华、张继平、李兴华、姜新耀（2008.6—　）

历任副部长：李子义、乐延朗、王国华、陈荣道、施永忠、张旭、莫寅仁、王琼（2010.1—　）

八、党校

1983年1—5月，举办3期党员干部训练班，培训82人。

1985年5月，组织部、宣传部和团委联合举办第一期入党积极分子读书班，30名入党积极分子和学生党员参加。同年10月，举办第二期入党积极分子读书班，26人参加。1987年2月，举办全体党员读书班。次年5月，组织部、宣传部组织物价问题研讨班，党委正、副书记，各总支、直属支部和教工党支部书记等20余人参加。

1988年5月，成立业余党校，校党委书记兼任校长。业余党校每半年举办1期学习班，主要培训入党积极分子。同年5—6月，举办第一期党的基础知识学习班，有30名学生党员和入党积极分子参加。1988年5月—1994年12月，共举办14期。

1995年5月，撤销业余党校，成立党校。党校每年举办1期青年干部培训班，截至2011年12月，共举办16期，培训青年干部280人次。

2003年3月，在学海路校区成立4个分党校，形成"学校党校+4个学海路校区分党校"的管理模式。学校党校负责指导、协调分党校工作。各分党校每半年各举办1期入党积极分子培训班和预备党员培训班，其他培训班视情况而定。2004年6月，学海路校区4个分党校合并为3个，军工路校区的高级党校管理重心由学校一级下移至学院一级，成立军工路校区分党校，形成"学校党校

＋军工路校区分党校＋学海路校区 3 个分党校"的管理模式。

2007 年 9 月,撤销 4 个分党校,成立以学院冠名的 10 个分党校,分党校校长由各学院党委(党总支)书记兼任,副校长由学院党委(党总支)副书记兼任,形成"学校党校＋10 个分党校"的管理模式。学校党校负责指导、协调分党校工作。

2007 年 9 月—2011 年 12 月,各分党校每年上、下半年各举办 1 期入党积极分子培训班,每年培训入党积极分子近 2 000 人;每年上、下半年各举办 1 期预备党员培训班,每年培训预备党员 800 人左右。学校党校每年举办中层干部培训班 1 期、青年干部培训班 1 期。2009 年 7 月和 2011 年 7 月,各举办民主党派中青年干部培训班 1 期,分别培训民主党派中青年干部 9 人、10 人。2010 年 7 月,举办新任中层干部培训班 1 期,培训新提任中层干部 15 人。

第三节　纪律检查委员会

一、机构设置

1957 年 3 月,中共上海水产学院委员会成立,同时设立监察委员会(以下简称监委)作为党委组成机构之一。

在 1960 年 2 月召开的中共上海水产学院第二次党员大会上,选举监委书记 1 人、监委委员 7 人。在 1963 年 2 月召开的第三次党代会上,选举产生监委书记 1 人、副书记 1 人,并在 5 个党总支设监察委员;在 13 个党支部中,其中 7 个设监察委员,其余因党员人数较少,监察工作由总支监察委员或支部书记兼任。

1981 年 12 月,校党委会设有纪律检查委员会(简称纪委)等机构,各系设纪检组等纪检工作机构。校纪委根据党章规定,在校党委和上级纪委双重领导下开展工作。

1995 年 5 月,校纪检与行政的监察审计室合署办公,设立纪监审办公室。次年 12 月,在新一轮机关改革中,撤销纪监审办公室,成立纪检监察办公室。2001 年 2 月起,纪委办公室与监察处、审计处合署办公。

2005 年 6 月,生命科学与技术学院、海洋学院、食品学院、机关等成立分党委,各党委设纪检委员 1 人,在校纪委和同级党委双重领导下开展工作。

表 1-2-2　1960—2011 年纪律检查委员会(监察委员会)历任书记、副书记、委员一览表

任职时间	书记	副书记	委员
1960.2—1963.2	刘怀庆	—	刘怀庆、冯志哲、牟起厚、张令江、何家振、赵颖熙、陶子实
1963.2—1965.11	刘怀庆	牟起厚	刘怀庆、牟起厚、赵颖熙、冯志哲、陈　伟、蔡和麟、陶子实、张令江、路　俨
1965.12—1967.1	郭子郁	牟起厚	牟起厚、赵颖熙、冯志哲、陈　伟、蔡和麟、陶子实、张令江、路　俨、郭子郁
1983.10—1985.6	何保源	—	何保源、张顺泰、乐延朗、李道恒、顾乃达、胡鹤永、杨喆甡
1986.5—1992.2	杨慧如	杨喆甡	张顺泰、张晓东、李道恒、马家琰、杨慧如、杨喆甡、舒筠清

(续表)

任职时间	书记	副书记	委员
1992.2—1996.11	李道恒	—	马家琰、李道恒、俞受稼、张晓东
1996.11—2001.9	万 峰	封镇民	万 峰、王国华、王惠莉、孙立保、杨 昕、封镇民、章佩敏
2001.9—2006.6	吴嘉敏	王国华	王 武、王国华、成长生、吴嘉敏、陈江华、杨 昕、张 健、章佩敏
2006.6—2008.4	吴嘉敏	王国华	王 艳、王国华、王明华、卢 怡、成长生、吴嘉敏、张 健、杨 昕、陈江华、陈新军、胡金发
2008.4—	吴嘉敏	胡金发	王明华、卢 怡、成长生、吴嘉敏、张 健、杨 昕、陈江华、陈新军、胡金发

说明：表格中"—"代表无。

表1-2-3 1995—2011年纪检、监察、审计工作机构一览表

时 间	机构名称	主 任	副主任
1995.5—1996.10	纪、监、审合署办公	俞受稼	孙立保
1996.11—2001.1	纪检、监察合署办公	封镇民	—
2001.2—2003.3	纪、监、审合署办公	王国华	胡金发(兼)
2003.3—2008.4	纪、监、审合署办公	王国华	—
2008.4—	纪、监、审合署办公	胡金发	—

说明：表格中"—"代表无。

二、工作职责

校纪委在校党委和上级纪委双重领导下开展工作。主要职责：维护党的章程和其他党内法规，检查党的路线方针、政策和决议的执行情况，协助党委加强党风建设和组织协调反腐败工作，受理党员、群众对党员、干部在党纪和党风方面的举报、控告和建议，查处党的组织和党员违纪案件，受理党员申诉，保障《党章》规定的党员权利不受侵犯。维护国家法律、法规和政策，监督检查学校的决议、决定及规章制度执行情况，受理违反政纪的检举、控告，查处违纪案件，受理不服政纪处分的申诉，保护监察对象，依法行政。

三、纪检工作

【拨乱反正】

1960年，针对1959年反右倾扩大化情况，校监察委员会集中力量对受批判的党员、干部进行甄别，对全体党员进行党纪教育，打击歪风邪气，树立正气。

1978年，学校根据党的十一届三中全会精神及中共中央《批准中共中央组织部、中共中央宣传部、中共中央统战部、公安部、民政部贯彻中央关于全部摘掉右派分子帽子决定的实施方案》文件要求，对1957年"反右"期间被错划为右派等的教职工和学生进行复查，改正、恢复33人政治名誉、原

职称和待遇,并作出书面改正决定和改正报告。

"四人帮"被粉碎后,根据上海市委、福建省委指示,学校分别在上海和厦门两地开展补课、揭批查、平反冤假错案。1982年5月,学校成立复查办公室,梳理1950年5月—1983年12月受处分的467人,予以复查的有170人,予以改正的有91人。截至1986年12月,经复查平反"文化大革命"中的案件157件,复查"文化大革命"前历史遗留案件168件,对相关人员补发因冤假错案扣发的工资。

【整党工作】

根据中共中央整党决定和中共上海市委部署,学校1984年9月成立整党办公室,校纪委书记何保源兼任主任。全面整党历时1年,参加党员187人。

【党风党纪教育】

1990—2000年,纪检监察工作围绕学校十年规划和"八五"计划纲要,以教育为主、预防为辅,全面履行保护、惩处、监督、教育四项职能,及时转发中共中央及上海市委有关党风、党纪与党内的法规、规定,举办辅导报告会,制订《上海水产大学关于贯彻民主集中制的若干意见》《中共上海水产大学委员会关于党内纪律监督制度的意见》等文件,强化各级领导班子民主生活会的监督检查,清理收费项目,开展乱收费的专项治理,对群众举报中反映的私设"小金库"等问题进行及时查处。

进入21世纪,学校党委成立党风廉政建设工作领导小组,制订《党风廉政建设工作分工及实施办法》等文件。2001年起,学校开始对离岗、换岗的经济责任人进行离任审计。2002年,建立领导干部述职述廉制度,结合年度考核和专题民主生活会,校领导、中层干部分别进行述职述廉。2005年,学校推行学院任期目标责任制,明确将反腐倡廉工作纳入学校发展和党的建设总体规划。纪委坚持"三岗"(岗前、岗中、离岗)教育制度,截至2010年12月,对新任职处级干部进行廉政谈话97人次。

在"标本兼治、综合治理、惩防并举、注重预防"的方针指导下,纪检监察工作不断探索建立领导班子权力运行的监督与制约机制,着力加强领导干部作风建设,制订《党委领导班子落实"三重一大"制度的实施办法(试行)》《关于加强廉洁教育和廉政文化建设的实施办法》《关于进一步加强领导干部作风建设的意见》,开展"学理论、正风气、树形象""学习汪洋湖,当好人民公仆""读书思廉""讲党性、重品行、做表率"主题教育等活动,汇编《领导干部廉洁自律自警语》,编写教育系统党员干部违法犯罪的典型案件,组织观看警示教育片、听取法制报告、旁听法院审判,积极参与上海市纪委廉政风险预警防范机制建设试点工作。2010年,校纪委门户网站"廉政建设"开通,年访问量超过30 000人次。

【领导干部廉洁自律调查登记】

20世纪90年代以来,根据上级纪委对领导干部廉洁自律的要求,开展领导干部《个人重大事项报告》《个人收入申报》《礼品登记上交》等执行情况的调查登记等工作,逐步将领导干部廉洁自律工作纳入法制化轨道,增强领导干部的廉洁自律意识。

1995年,校纪委转发《关于对党和国家机关工作人员在国内交往中收受礼品实行登记制度的规定》,并先后制订《关于严格执行领导干部禁止收受现金和有价证券等规定的通知》《关于禁止干部收受现金有价证券和支付凭证的实施意见》。学校各级领导干部221人次登记和上交礼品、礼金。

2001年,学校印发《关于局级干部配偶子女从业"两不准"规定延伸到处级干部工作的实施办法》,对领导干部配偶、子女从业情况进行摸底调查,并开展"岗中"教育;落实上海市纪委《全年领导干部报告重大事项增加报告接受上缴现金、有价证券和持因私出国(境)护照等两项内容的通知》要求,按时将登记情况整理填报给有关部门。2003年,完成《党员干部出境私自不归调查表》登记和撰写《党员干部出境私自不归情况调查汇报》;对学校领导干部"兼职""持股""担任独立董事"等情况进行专项清理。2010年,配合廉政风险预警防范试点建设工作,校领导和中层正职领导干部对各自岗位的风险信息进行梳理,完成《上海海洋大学校(处级)领导岗位廉政风险点一览表》。

【加强监督,完善制度】

学校自1979年迁回上海后,根据纠建并举、标本兼治的工作方针,以重点部门重点岗位人员廉洁教育为重点,加强制度建设,参与学校招生录取、货币化分房、新校区建设、物资采购等监督检查工作,加强对权力运行的监督制约,维护学校和广大师生员工利益。

加强招生录取工作的监督、检查。1997年,学校修订《招生工作人员选派条例》《招生工作人员准则》《招生工作录取流程图》,成立以纪检监察部门领导为组长的招生监察小组。2003年,学校成立由校领导、教务处、学生处(招办)、教学服务中心(就业办)、监察室组成的招生就业工作委员会。2004年,建立招生工作重大问题集体讨论决策制,对招生工作实施全程监督,特别是加强对重点环节、重点时段的监督,尤其是对体育特长生、艺术特长生等特殊形式招生的监督,对所有参加招生的工作人员进行培训,明确规章制度,规范操作程序。2006年起,实施网络招生。为确保招生工作顺利进行,学校成立招生领导小组、监察小组、工作小组,全面落实"阳光招生"的各项要求。

加强基建修缮、物资采购等领域的监督检查。2002年,学校成立财经、基建、修缮、设备和物品采购等工作领导小组,对重要领域的日常工作进行统一领导。2006—2008年,在沪城环路校区建设期间,制订《新校区建设廉政建设意见》《新校区建设廉政规定》《新校区建设审计工作暂行办法》等规章制度,校纪监审派专人参与新校区主任办公例会122次,参与13个总标段的规划设计、招标、施工合同商务谈判、竣工结算、审价谈判的监督,努力创建"工程优质""干部优秀"的"双优"工程。此外,还制订《关于加强物品采购监管工作的实施意见》《关于项目建设、物品和设备采购审计监督的规定(试行)》,完善物品采购工作的管理与采购制度。

加强对重点部门重点岗位人员的教育和管理。2002年起,对重点部门重点岗位进行梳理,把中层以上干部,涉及人、财、物的重点部门和重点岗位干部作为廉洁自律教育重点。2007年起,学校与重点部门重点岗位"一把手"签订《廉政承诺书》。2010年,对重点部门重点岗位进行重新梳理,确定32位"一支笔"中层领导干部、16个重点部门和41个重点岗位,并印发《党风廉政建设重点部门重点岗位廉洁自律规范汇编》,对重点监督对象采取分层教育。

加强财务监管,规范学校财经管理。校纪监审与财务部门配合,制订《关于严格执行"收支两条线"坚决制止"小金库"的实施意见》,严格执行"收支两条线";做细支出预算,建立评价机制,开展绩效分析,实现从"以会计凭证为入口"向部门编制预算、从"开支不问效果"向讲求经费使用效率的"两个转变"。1985—2011年,开展财务收支、预决算、基建与维修和校办企业的经济效益审计,累计审计262项,金额达2亿元。2005—2008年,沪城环路校区建设期间,派员进驻现场,开展跟踪审计。2001—2011年,对147人次处级干部进行任期、任中经济责任审计。2010年,建立财务报告公开制度,加强财务监管。

【查处违纪案件】

随着"文化大革命"期间遗留问题的逐步解决,党的纪律检查工作也逐步转移到搞好党风,严肃党纪,检查党的路线、方针、政策和决议的执行情况上来。1983年10月,学校纪委恢复工作。至2011年,共收到群众举报402件,因贪污、受贿、挪用公款被立案调查的有25起,给予党纪处分的有12人,其中,开除党籍3人,留党察看1人,党内严重警告3人,党内警告4人。

第四节　基层党组织

1955年3月,学校党组织由党支部调整为党总支后,在海洋渔业系、养殖生物系、水产加工系3个系分别成立党支部。1956年,增设校直属机关党支部。1957年,校党委成立后成立3个党总支、8个党支部。1963年1月,增设上海水产研究所党总支。截至2011年,学校共有9个基层党委、2个党总支、5个直属党支部。

一、水产与生命学院党委

1955年3月,成立养殖生物系党支部。1957年10月,党支部调整为党总支。1970年,水产养殖系党总支调整为党支部。1972年,随学校迁至厦门后调整为党总支。1993—2003年,因学院更名,党组织先后更名为渔业学院党总支、生命科学与技术学院党总支。2005年6月,学院党总支调整为学院党委。2008年6月,因学院更名,党组织更名为水产与生命学院党委。

历任书记、副书记见第十一篇第二章(下同)。

二、海洋科学学院党委

1955年3月,成立海洋渔业系党支部。1957年10月,党支部调整为党总支。1970年,海洋渔业系党总支调整为党支部。1972年,随学校迁至厦门后调整为党总支。1988—1998年,因学院更名,党组织先后更名为渔业工程系党总支、工程技术学院党总支、海洋学院党总支。2005年6月,学院党总支调整为学院党委。2008年6月,因学院更名,党组织更名为海洋科学学院党委。

三、食品学院党委

1955年3月,成立水产加工系党支部。1956年11月,党支部调整为党总支。1970年,水产加工系党总支调整为党支部。1972年,随学校迁至厦门后调整为党总支。1988—1993年,因学院更名,党组织先后更名为食品科学技术系党总支、食品学院党总支。2005年6月,学院党总支调整为学院党委。

四、经济管理学院党委

1984年,成立渔业经济与管理系党支部。1986年7月,党支部调整为党总支。1993年7月,因系名更改,党总支更名为经济贸易系党总支。1995年9月,因系改制为学院,系党总支更名为国际经济贸易学院党总支。2005年6月,学院党总支调整为学院党委。2006年10月,因学院更名,党委更名为经济管理学院党委。

五、信息学院党委

1996年,成立校直属联想计算机学院党支部。1998年,更名为校直属计算机学院党支部。2003年1月,调整为信息学院党总支。2005年6月,学院党总支调整为学院党委。

六、工程学院党委

2006年2月,学校成立工程学院党委。

七、人文学院党委

1997年10月,撤销校直属基础部、社会科学部党支部等党组织,成立人文与基础科学学院党总支。2003年1月,因学院更名,更名为人文学院党总支。2005年6月,学院党总支调整为学院党委。

八、外国语学院党委

1994年9月,成立外语系党总支。1995年9月,外语系与经济贸易系合并组建为国际经济贸易学院,成立国际经济贸易学院党总支。1997年10月,学校将社会科学部(含语文教研室)、基础部(含数学、物理教研室)、德育教研室、体育教研室、英语系、日语系合并组建人文与基础科学学院,成立人文与基础科学学院党总支。2006年1月,人文与基础科学学院分为人文学院和外国语学院。同年2月,成立外国语学院党委。

九、爱恩学院党总支

2002年9月,成立校直属爱恩学院党支部。2005年6月,学院党支部调整为学院党总支。

十、成人教育学院党总支

1996年6月,成立校直属成人教育学院党支部。2005年6月,学院党支部调整为学院党总支。

十一、直属社会科学部党支部

1982年12月,马列主义教研室、宣传部与团委成立联合党支部。1984年6月,马列室挂靠校直属机关党总支第二党支部。1986年9月,成立校直属马列主义教研室党支部。1989年,马列主义教研室更名为社会科学部,成立校直属社会科学部党支部。1997年10月,社会科学部党支部并入人文与基础科学学院党总支。2009年,社会科学部独立建制,成立直属社会科学部党支部。

十二、机关党委

1960年,成立校直属机关党总支。1979年,学校迁回上海时,成立中共上海水产学院筹备组机关党总支。1982年,成立校直属机关党支部。1984年,成立校直属机关第一、第二、第三党支部:第一党支部包括党委办公室、院办公室、组织部、统战部、人事处、保卫处、打击办、纪委、工会;第二党支部包括宣传部、马列室、德育室、团委;第三党支部包括教务处、科研处、高教研究室、图书馆、学报编辑部、渔业史办公室。1986年7月,第一、第二党支部合并,成立机关党总支,第三党支部撤销,成立校直属教务处党支部和校直属图书馆党支部。1995年5月,教科图党总支撤销,与机关党总支合并成立新机关党总支,包括校办公室、党委群众工作办公室、组织人事办公室、纪监审办公室、人才交流开发服务中心、教务处、学生工作部(处)、研究生部、科研处、外事处(国际合作交流中心)、实验室管理办公室、团委、保卫处、武装部、校综合改革与规划发展办公室。2001年,因后勤党支部(1984年6月成立,历任总支书记程郁周、石树奋、万映明、戴永金)、校直属信息中心党支部并入,机关党总支下设党支部增至17个。2003年,图书馆、现代信息与教育技术中心、招待所等部门党组织划出,机关党总支下设党支部减至14个。2005年6月,机关党总支调整为机关党委。2011年4月,机关党委下设党支部调整为11个。

历任书记:马少甫、宫鸿基、韩亦钧、蔡和麟、徐仁善、张晓东、封镇民、胡金发、王英华、王国华、张宗恩(2006.2—)

副书记:张殿枫

十三、直属图书馆党支部

1986年7月,成立直属图书馆党支部。1991年12月,与校直属教务处党支部合并,组建教科图党总支,黄永萌任书记。1995年5月,图书馆党组织并入信息中心党支部。2001年2月,图书馆党支部调整为机关党总支第十党支部。2003年2月,成立校直属图书馆党支部。

十四、直属现代信息与教育技术中心党支部

1995年5月,成立校直属信息中心党支部,包括图书馆、电化教研室、学报编辑部、计算机应用技术研究所(不含计算机教研室和计算机机房)。1998年7月,撤销信息中心党支部,成立学校直属网络管理中心党支部,包括计算机应用技术研究所和电化教研室。2001年3月,网络管理中心调整为现代信息与教育技术中心,党组织调整为机关党总支第九党支部。2003年2月,成立校直属现代信息与教育技术中心党支部。

十五、直属离休干部党支部

1984年6月,成立直属离退休干部党支部。1988年10月,离休干部党支部和退休教职工党支部分立。1995年5月,组建离退休教职工党总支,殷绍华任书记,离休干部党支部为该党总支下设党支部。1996年3月,离退休教职工党总支分成校直属离休干部党支部和退休教职工党总支(各退休教职工党支部隶属原二级单位党委)。

历任书记：郭子郁，胡友庭(1988.5—　　)
历任副书记：高富兰、郭子郁、牟起厚、林高、陈江华、徐男平、冷春芳(2009.9—　　)

十六、直属退休局级干部党支部

2009年3月，成立校直属退休局级干部党支部。
书记：李道恒(2009.3—　　)

表1-2-4　1951—2011年学校党组织统计表

年份	党委数		党总支数	党支部数	党员数	年份	党委数		党总支数	党支部数	党员数
	党委	基层党委					党委	基层党委			
1951	—	—	—	1		1989	1	—	7	21	328
1952	—	—	—	1	8	1990	1	—	7	19	313
1953	—	—	—	1		1991	1	—	8	21	334
1954	—	—	—	1		1992	1	—	8	23	373
1955	—	—	—	1	3	1993	1	—	8	22	380
1956	—	—	—	1	4	95	1994	1	—	10	24	435
1957	1	—	3	8	104	1995	1	—	9	37	460
1958	1	—	3	15	87	1996	1	—	8	35	489
1959	1	—	3	15	134	1997	1	—	9	35	528
1960	1	—	4	15	138	1998	1	—	9	44	587
1961	1	—	4	14	177	1999	1	—	8	41	640
1962	1	—	4	16	175	2000	1	—	8	41	683
1963	1	—	5	13	151	2001	1	—	6	50	755
1964	1	—	4	15	199	2002	1	—	6	56	931
1965	1	—	5	18	222	2003	1	—	7	63	1 361
1980	—	—			141	2004	1	—	7	100	2 134
1981	1	—	5	9	155	2005	1	7	2	114	2 241
1982	1	—	3	6	165	2006	1	9	2	161	2 358
1983	1	—	3	11	178	2007	1	9	2	169	2 643
1984	1	—	4	15	219	2008	1	9	2	147	2 752
1985	1	—	7	21	280	2009	1	9	2	158	3 102
1986	1	—	7	21	302	2010	1	9	2	175	3 410
1987	1	—	7	23	315	2011	1	9	2	175	3 837
1988	1	—	7	22	334						

说明：2011年，学校共有5个直属党支部（图书馆、现教中心、社科部、离休、退休局级），12个退休教工党支部（学院8个，机关4个）。表中空白代表资料缺失，"—"代表无。

第五节 党的建设

一、组织思想建设

1951年9月,学校党支部成立后,结合当时政治经济形势在党内进行新民主主义理论、马列主义和为人民服务等方面的教育。次年,在思想改造运动基础上,党支部组织团员和教职工积极分子学习《中国革命和中国共产党》《论党》等文章,并配合整党、建党工作,建立党课教育制度,在党员、团员和党外积极分子中进行党员标准八项条件和共产主义前途系列教育。1954—1956年,组织教师学习社会发展史和联共(布)党史。

1957年3月,上海水产学院党委成立后,在各系分别建立党总支。为发挥各级党组织对学校工作的监督保证和战斗堡垒作用,学校党委副书记兼任系党总支书记,或总支书记兼任系副主任,支部书记兼任教研室副主任,共同做好教学工作。同时,加强对各级组织的集体领导,要求每半月召开一次总支委员会会议,每月召开一次支部大会,每半月召开一次党的小组会,开展批评和自我批评,提高党员政治觉悟。

1957年3月起,根据党中央和上海市委部署,全校党员开展《关于正确处理人民内部矛盾的问题》《关于整风运动的指示》的学习和整风运动。党委拟订整风计划,成立整风委员会,在学校开展以"反对官僚主义、反对宗派主义、反对主观主义"为内容的整风运动,提高全体党员的马克思主义水平和改进作风。同年7—8月,运动转为反击右派,开展反右派斗争,致使一些资深教师和部分学生受到严重伤害。

1958年起,党的组织建设和发展党员工作重点逐渐从学生转向教职工。通过组织生活、报告会、学习讨论等形式对广大党员、干部进行马列主义、毛泽东思想的政治理论教育,无产阶级世界观、人生观和辩证唯物主义、历史唯物主义等教育。同年5月,党委组织动员和学习《鼓足干劲,力争上游,多快好省建设社会主义》总路线,大批师生到农村、渔村、工厂参加劳动,开展现场教学等,使正常教学秩序受到冲击。根据中共中央关于"调整、巩固、充实、提高"精神,校党委1961—1962年组织党员学习《高教六十条》《关于知识分子问题的报告》等文件,总结经验教训,调整教学、科研与生产劳动工作,制订《系党总支、支部工作的若干意见》和当年工作计划,落实党的知识分子政策,扭转和改善"大跃进"造成的问题。

1964年11月25日,经上海市委组织部批准,学校成立政治部,刘怀庆任主任。政治部下设组织、宣传、干部、统战、青年、武装保卫6个处和1个秘书室,主要任务是在上级政治部和校党委领导下,负责全校师生员工的思想政治工作和党的建设,及受党委委托指导工会、共青团和学生会日常工作。1966年4月,郭子郁继任政治部主任。

1966年"文化大革命"开始后,党的建设遭受严重破坏,党的各级基层组织被迫停止活动。1967年11月起,学校成立党的核心小组主持党的工作。1976年10月粉碎"四人帮"以后,党的建设逐步转入正常轨道。1979年,学校迁回上海后,在组织党员开展真理标准问题讨论的同时,重点开展"揭、批、查"工作,落实政策,重新确立实事求是的思想路线。

1981年底,学校成立党委,隶属中共上海市教育卫生委员会,党的职能部门和各级基层党组织相继建立,党的建设和活动恢复正常。

根据党的十二届二中全会决定,学校从1983年下半年开始,通过学习、党课教育,对党的作风和组织进行整顿。1984年9月起,进入历时9个月的全面整党学习,经过对照检查、党员登记、总结验收,至1985年5月结束。由此,进一步清理"左"的思想影响,统一思想、整顿作风、加强纪律,纯洁党的组织。

为进一步落实党的有关知识分子等政策,改进工作作风,学校组织部1985年3月建立接待日制度。同年5月,为帮助学生党员和入党积极分子坚定共产主义信念,提高政治理论水平,由党委宣传部、组织部、团委联合举办《共产党宣言》读书班。同年9月,为加强对党员的党性教育,校党委书记胡友庭在全体党员大会上作题为"新时期党员的党性"的党课报告。

1989年政治风波后,学校党委及时组织学习十三届四中全会精神和邓小平在接见首都戒严部队军以上干部时的讲话等有关文件。学校党委遵照中共中央文件精神,从11月中旬起在全校党员中开展"加强党的建设"专题学习。全校党员联系1989年政治风波,通过自我总结和党员民主评议,按党员标准对照自己,反思总结,增强贯彻执行党的基本路线的自觉性。在民主评议的基础上开展党员重新登记工作,全校取消1名学生预备党员资格,对1名研究生党员延缓一年党员登记。

1992年,党的十四大以后,学校各级党组织把开展"凝聚力工程"作为基层党的重点建设工作,侧重有关问题抓好各级党组织领导班子的民主集中制建设。1994年下半年,渔业学院学生党支部、团总支针对学生党员在新时期面临的有关问题,发起"新时期学生党员标准"大讨论系列活动。1995年,为贯彻党的十四届四中、五中全会精神,校党委提出落实党建三年规划,要求党总支书记以主要精力抓好党建工作,发挥班组和集体领导作用,制订党建规划要有明确目标和要求、有可操作性,要抓好典型。

1991—1997年,校党委多次举办报告会和培训班,培训党员和干部。1991年,举办学习和研究邓小平关于建设中国特色社会主义理论的党员干部理论学习班、党建工作学习班。1993年,为贯彻学习党的十四大《关于加快改革开放和现代化建设步伐,夺取有中国特色社会主义事业的更大胜利》的精神,为全体党员和政工干部组织多场报告会,并围绕全国高校党建工作会议和中纪委二次会议精神举办中层干部学习班。1994年,为贯彻十四届四中全会《关于加强党的建设几个重大问题的决定》精神和学习《邓小平文选》,召开全校党员大会和举办处级干部培训班。1995年,举办第一期处级青年干部和处级后备干部培训班及党员理论轮训班,学习邓小平建设有中国特色社会主义的理论。1997年,为贯彻十五大《高举邓小平理论伟大旗帜,把建设有中国特色社会主义事业全面推向二十一世纪》精神,制订二级中心组学习制度、中层干部一周一次学习制度,举办处级以上干部"三讲"学习班。

1999年7月1日,学校召开纪念中国共产党成立78周年暨表彰先进基层党组织和优秀党员大会,表彰7个先进基层党组织、9名优秀共产党员和3名优秀党务工作者。

2000年9—12月,学校对处级及以上73名干部开展讲学习、讲政治、讲正气的"三讲"教育活动。整个活动分学习、剖析、评议、整改四个阶段。次年11—12月,又开展"三讲"教育回头看活动,检查校级班子整改方案落实情况。

2001年,组织召开"纪念中国共产党成立80周年党建理论研讨会",汇编《纪念中国共产党成立80周年征文集》。同年9—11月,按照上海市教卫党委要求,校党委在全校开展"今天怎样做书记""今天怎样做党员教师""今天怎样做党员学生"的系列主题活动。

2002年12月,学校对全体党员、党支部进行民主评议。次年4—10月,各基层党组织举行换届改选。2004年9月,为适应与外单位联合培养研究生工作需要,加强和改进研究生党建工作,学校制订《关于加强联合培养研究生党组织建设的若干意见》。

2004年,为深入贯彻"三个代表"重要思想,全面落实党的十六大、十六届三中全会精神,在全校干部中开展"让人民高兴,让党放心"的主题活动。同年,着重配合教育部对学校的本科教学质量评估,做好思想政治工作。

2005年7—11月,开展以实践"三个代表"重要思想为主要内容的保持共产党员先进性教育活动,学校成立领导小组,经历学习动员、分析评议、整改提高3个阶段。这是规模较大的一次思想教育活动。

2006年,校党委开展"三优一先"评比活动,对评选出的先进基层党组织、优秀共产党员、优秀党务工作者和保持共产党员先进性教育活动优秀组织者进行表彰和奖励。

2008年6—7月,组织全校中层以上党员领导干部,纪检、组织和宣传部门全体党员,参加"讲党性、重品行、做表率"活动,共分学习提高、实践锻炼、对照整改、巩固成果4个阶段。

2008年10—12月,为加强党内民主建设,增强党员主体意识,学校基层党组织以"公推直选"方式进行换届选举。2009年3月,首次组织各基层党委、党总支、直属党支部向党代表、党员报告工作并接受评议。2010年,为加强党内民主建设,校党委制订《关于加强党内民主建设的意见》《关于健全完善民主评议党员制度的实施意见》《关于推进学习型党组织建设的实施意见》。

2009年3—9月,在上海市教卫党委第四指导检查组指导下,开展学习实践科学发展观活动。2010年6月,学校召开纪念中国共产党成立89周年大会,对学习实践科学发展观活动中表现突出的优秀共产党员和先进基层党组织进行表彰。同时,制订《在党的基层组织和党员中深入开展创先争优活动的实施方案》,开展创先争优活动,共分3个阶段:第一阶段,2010年的迎世博先锋行动;第二阶段,2011年的迎接建党90周年活动;第三阶段,2012年的迎接党的十八大召开活动。

2010年3月,为确保志愿者做好世博会各项有关工作,学校成立世博园区临时党委和党支部。

2011年6月,学校召开纪念中国共产党成立90周年大会,表彰29个先进基层党组织、42名优秀共产党员、14名优秀党务工作者、7名创先争优师德标兵共产党员。2011年3月,学校开展党务公开工作,启动党务公开网站,系上海市唯一试点高校和上海市教卫党委两所试点高校之一。

二、党员发展

1957年,学校党委成立后,具有党员发展审批权,使党员发展和基层党组织建设得到加强。

"文化大革命"初期,各级党组织陷于瘫痪状态,停止组织生活,党员发展工作停滞。搬迁至厦门办学时期,逐步恢复党员发展工作。学校从厦门迁回上海后,学校党员发展工作逐步步入正轨。

1984年,校党委决定适当下放党员发展审批权限。工人、一般行政管理干部、助教及相当教学科研人员,以及学生入党,授权组织部审批。科以上干部、讲师、副教授、教授及相当教学科研人员入党仍由校党委审批。

党的十四届四中全会召开以后,学校党委学习邓小平理论,贯彻执行新时期党的组织工作方针,围绕学校改革和事业发展中心工作,不断加强党组织建设。按照"坚持标准,保证质量,改善结构,慎重发展"的方针和"一线、一流、青年"的工作要求,重点做好在大学生和青年教师中发展党员的工作,并多次召开学生党建工作研讨会,加强组织党员、支部书记培训,严把"入口关""转正关",从抓"端正入党动机"入手,抓好入党积极分子的教育培养工作。

2004年,根据第十二次全国高校党建工作会议壮大学生党员队伍的精神,学校制订《关于加强和改进在学生中发展党员工作的若干意见》,在保证质量的前提下,加大工作力度,创新发展形式,支持一些基层党组织探索试行答辩制、票决制等形式发展党员。

表1-2-5 1957—2011年发展党员数统计表

年份	人 数	教职工	本专科生	研究生	年份	人 数	教职工	本专科生	研究生
1957	2				1993	37	3(含退休1名)	33	1
1958	4								
1959	34				1994	71	12	55	4
1960	35				1995	70	5	59	6
1961	19	8	11		1996	76	10	61	5
1962	5	1	4		1997	53	6	44	3
1963	0				1998	124	11	109	4
1964	17	3	14		1999	159	13	139	7
1965	26	2	24		2000				
1981	0	0	0	0	2001	160	14	130	16
1982	5	2	3	0	2002	231	15	204	12
1983	4	4	0	0	2003	513	16	472	25
1984	34	20	14	0	2004	1 019	10	986	23
1985	58	26	32	0	2005	685	12	614	59
1986	49	12	33	4	2006	822	12	732	78
1987	27	16	10	1	2007	1 138	13	1 036	89
1988	45	1	41	3	2008	871	5	808	58
1989	14	1	12	1	2009	1 111	10	977	124
1990	12	3	7	2	2010	984	1	837	146
1991	22	3	16	3	2011	1 027	9	817	201
1992	51	8	42	1					

说明:表格中空白代表资料缺失。

表1-2-6 1955—2011年党员构成统计表

年份	党员总数	在职教职工	学生	离退休教职工	其他	年份	党员总数	在职教职工	学生	离退休教职工	其他
1955	40	27	13	—	0	1960	138	116	22	—	0
1956			24	—	0	1961	177	121	56	—	0
1957	104	62	42	—	0	1962	175	148	27	—	0
1958	87	67	15	—	5	1963	151	144	7	—	0
1959	134	96	38	—	0	1964	199	188	11	—	0

(续表)

年份	党员总数	在职教职工	学生	离退休教职工	其他	年份	党员总数	在职教职工	学生	离退休教职工	其他
1965	222	183	23	—	16	1996	489	241	96	126	26
1981	155	150	0	5	0	1997	528	276	109	141	2
1982	165	159	0	6	0	1998	587	281	153	151	2
1983	178	167	2	9	0	1999	640	294	179	164	3
1984	219	179	28	12	—	2000					
1985	280	218	34	28	—	2001	755	293	240	175	47
1986	302	215	59	28	—	2002	931	315	387	178	51
1987	315	246	28	41	—	2003	1 361	345	761	180	75
1988	334	236	43	53	2	2004	2 134	385	1 507	185	57
1989	328	225	26	63	14	2005	2 241	409	1 471	192	169
1990	313	217	7	72	17	2006	2 358	478	1 414	198	268
1991	334	225	10	78	21	2007	2 643	515	1 663	202	263
1992	373	232	34	85	22	2008	2 752	547	1 707	201	297
1993	380	241	31	101	7	2009	3 102	565	2 091	204	242
1994	435	247	66	111	11	2010	3 410	586	2 284	207	333
1995	460	262	83	115	—	2011	3 618	605	2 304	215	494

说明："其他"表示因出国、辞职、毕业等原因离校而未转出组织关系人员。表格中"—"代表无；空白代表资料缺失。

第六节　干　部　工　作

一、在职干部

【职级设置】

1952年12月，学校讨论制订《上海水产学院章程》（简称《院章》），设立教务处、总务处、政治辅导处、秘书室等机构。1955年4月，修订《院章》，明确学校实施院长负责制，院长办公室下设秘书、人事2个科；政治辅导处负责学校的政治领导和组织领导。1959年1月，学校制订《关于各级党政领导分工和机构人员调整的意见》，发挥各级领导作用，党委内部实行统一领导和分工负责制；行政上实行在党委领导下的院务委员会负责制；在机构调整上，院长办公室设人事、秘书2个科；教务处设教务、学生和教材供应3个科；总务处设基建总务、财务设备及膳食3个科。

"文化大革命"期间，学校正常的行政管理机构基本被打乱。"文化大革命"后逐步得到恢复。1989年底，全校有副处级以上行政管理部门10个、党委工作部门4个。根据农业部《关于上海水产大学机构编制及干部职数的批复》，学校在1991年时设置23个处级部门，其中党委系统下设党委办公室、组织部、宣传部、统战部、学生工作部，行政系统下设校长办公室、教务处、科研处、人事处、研究生办公室、实验室办公室、基建办公室、总务处、武装保卫处、生产处、监察审计室、水产养殖系、渔业工程系、食品科学系、渔业经济系、基础部、社会科学部、图书馆。纪委、工会、团委按有关规定设置。

1997年,学校根据农业部《关于上海水产大学机构编制方案的批复》,下设校办公室(党委办公室、外事办公室、国际交流合作中心)、组织部、宣传与统战部、保卫处(武装部)、学生工作部(处);教务处(实验室管理办公室)、研究生部、科研处、人事处、财务处、基建处、总务处、校产处、纪检监察办公室、审计与国有资产管理办公室;渔业学院、食品学院、工程技术学院、人文与基础科学学院、国际经济贸易学院、联想计算机学院、成人教育学院(中央农业管理干部学院上海水产大学分院)、信息中心(含图书馆、水产学报、电教室、计算机研究所)23个处级机构。工会、团委按有关规定设置。

2005年,学校调整二级学院建制和行政机构,学院建制为:生命科学与技术学院、海洋学院、食品学院、经济贸易学院、人文学院、信息学院、成人教育学院、高等职业技术学院、爱恩学院(合作办学)9个;校党政机构有:校办公室、组织部、纪监审办公室、宣传部、人事处、教务处、学生处、研究生部、科学技术处、招生与毕业生就业工作办公室、财务与资产管理处、后勤与产业办公室、基建处、新校区建设办公室(临)14个,直属部门有图书馆、现代信息与教育技术中心2个。

2010年,根据《〈事业单位岗位设置管理试行办法〉实施意见》及上海市有关文件,学校启动事业单位设岗工作,着力实现事业单位用人机制由身份管理向岗位管理转变,规范对各类教职工的定级管理。

表1-2-7 2010年管理岗位对应职级情况表

正局	副局	正处	副处	正科	副科	科员	办事员
三级	四级	五级	六级	七级	八级	九级	十级

【队伍建设】

解放后,各级行政部门和党的组织逐步健全,学校干部队伍也逐步建立。1951年,华东水产管理局派方原、黄亚成分别任校长、副校长。

1956年6月起,根据上海市委组织部规定,学校开展为期半年的审干工作。

1957年1月,学校有科级及以上干部36人。1958年4月,学校有中央和市管处级及以上干部19人、科级干部15人。1962年3月,学校有处级干部9人、科级干部26人。同年,对"反右倾""反右派"等问题开展甄别工作,一些被错误定为"右倾""右派"的干部得到甄别。1965年,学校有党政科级及以上干部34人。

"文化大革命"开始后,许多干部遭受打击和迫害,党政干部管理系统瘫痪。

1972年,学校搬迁厦门前,有科级及以上干部48人,迁往厦门的处级及以上干部8人、科级干部17人。同年9月,福建省委调整厦门水产学院党的核心小组成员,由刘忠、吴健、孙泽夫、郭子郁、葛策等组成,刘忠任组长,吴健任副组长。当月,福建省革命委员会任命刘忠为厦门水产学院革命委员会第一副主任,朱元鼎、吴健、孙泽夫、郭子郁、葛策5人为副主任。

学校迁回上海后,于1982年对党政机构、学术、教学单位机构进行重新设置和干部配备。学校党政各部、处、室机构负责人,各党总支负责人一般设1名正职、1名副职;各系行政负责人设1名正职、2至3名副职。根据上级文件精神,除学校重要处室负责人(组织部、人事处等)由上级批准外,根据《关于高等学校干部管理的通知》,学校系、处级干部由学校党委自行管理。1983年12月,在学校党政领导班子调整结束后,学校党委按照"四化"要求对系处领导班子进行调整。次年7月,学校的系处级机构24个(含高教研究室、农业管理干部分院),系处领导干部30人,年龄结构方面,为以中年为主的阶梯形,平均年龄49.7岁;学历结构方面,大学本科24人、专科3人、中专和高中2人、初中1人;职称方面,副教授以上3人、讲师和工程师23人、助教2人。

1984年12月,根据中央和上海市委关于建立后备干部的指示,学校建立3个系(水产养殖、海洋渔业、水产加工)后备干部梯队6人。

1986年6月起,学校试行校长负责制。同年,改革系处党政领导任用办法,实行任期制,任期2年。1989年9月,恢复党委领导下的校长负责制。

1996年12月,学校机构由26个调整为23个,并对干部进行重新聘任。

1999年,改革干部聘任工作,对学院行政领导干部实行任期考核,对机关处室干部实行竞争上岗。

2000年12月,校党委提出《关于推进机关改革和新一轮干部聘任工作的若干意见》,作为"三讲"教育后第一项重要工作。次年1月,学校启动处级干部聘任工作,按照《党政领导干部选拔任用试行条例》,进行干部任用公示制度,任期2年,并对新提拔的干部实行半年试用期,调整后的中层干部有57人,其中正职26人、副职31人。

2003年,学校进行新一轮处级干部聘任工作,采取公开招聘、竞争上岗、干部轮岗等措施。同年,聘用中层干部67人,其中正职31人、副职36人。

2005年,学校在新一轮干部聘用工作中,实行干部任期4年、试用期1年的聘用制度。同年,聘用中层干部68人,其中正职28人、副职40人。

2008年10月—2009年1月,通过公推直选,对8个学院党委、1个机关党委、2个学院党总支和2个直属党支部进行换届改选工作。2009年6—7月,学校进行新一轮学院行政和机关直属部门处级干部换届工作。同年,学校中层干部87人,其中正职38人、副职49人。

2010年,学校制订《处级干部选拔任用管理实施办法》。同年3—5月,组织干部学习《干部选拔任用四项监督》。同年,共提拔8名副处级干部。次年1月,在党委全委会扩大会议上,对上述8名副处级干部进行评议。

二、老干部

【机构人员】

1985年12月13日,学校成立老干部科,隶属校党委组织部。1987年5月27日,成立离休干部工作委员会,日常事务由老干部科负责。历任离休干部工作委员会主任为陈坚、林樟杰、叶骏、虞丽娟,历任副主任为乐美龙、胡友庭、李道恒。1996年12月,学校成立老干部工作办公室,挂靠校党委组织部。

1984年6月19日,校直属离退休干部党支部成立,郭子郁任书记,高富兰任副书记。1986年9月,成立离休干部党支部,郭子郁任书记。1995年5月,党支部改设为离退休干部党总支,殷绍华任书记。1996年3月,恢复为校直属离休干部党支部。1996—2011年,党支部书记为胡友庭,历任副书记为牟起厚、陈江华、徐男平、冷春芳。

根据中共中央《关于建立老干部退休制度的决定》、国务院《关于老干部离职休养的暂行规定》《关于发布老干部离职休养制度的几项规定》等文件精神和上海市委、市政府有关规定，学校为解放前参加革命工作的老干部办理离休手续，并按照规定建立离休干部管理制度。

截至1995年8月，学校对符合离休条件的37名老干部全部办理离休手续。其中，正局级2人、副局级4人、享局级6人；处级及享处级20人；科级及以下5人。2011年12月，学校离休干部共15人，其中，正局级1人，副局级1人，处级、享处级和副处级9人，科级及以下4人。

【主要活动】

1. 落实政治待遇与组织学习

通过为老干部订阅报纸杂志、理论宣讲、辅导报告、座谈讨论、知识竞赛等形式，组织老干部学习政治理论和中央、市委、市教卫党委最新会议精神，进一步增强对中国特色社会主义的政治认同、理论认同和感情认同。对因健康原因不能来校学习的老干部，采取"送学"上门办法，做到学习全覆盖。

2. 落实生活待遇

关心老干部日常生活，按时发放各类老干部补贴费用，切实落实老干部特殊医疗保障机制，保证特殊医疗费的经费落实。以人为本，坚持做好"三个必访"，即住院必访、生病必访、有困难必访。发扬"腿勤、口勤、手勤、脑勤"的工作作风，为老干部提供个性化服务。让老干部晚年生活宽心、舒心、愉悦。在每年重阳佳节，开展为老干部祝寿活动。

3. 完善老干部活动设施

为丰富老干部业余文化生活，采取举办知识竞赛、书画展览、文艺演出等老干部喜闻乐见的方式，宣传中国特色社会主义建设成就。组织老干部看城乡社会发展等活动，建设老干部活动室，使其成为上海市教卫系统第一批达标的老干部活动室。

4. 离休干部党支部建设

围绕校党委中心工作，建立健全离休干部党支部工作制度，坚持开好支委会、支部扩大会、一年一度老干部工作意见征求和工作总结会，把党支部建成学习交流之家、情感交流之家、帮困解难之家、娱乐生活之家。

5. 发挥余热

学校在制订重大决策、发展规划前，征求老干部意见和建议，通过建言献策，发挥老干部对学校发展的积极作用。部分老干部参加学校关心下一代工作委员会的工作，促进青年大学生健康成长。1997年10月，学校离休老干部支部组织老干部、老同志编印《回忆文集》，约20万字，向85周年校庆献礼。

2000年，离休干部党支部被评为上海市教育系统离休干部先进党支部。2009年，离休干部党支部被评为上海市教卫党委系统先进离退休干部党支部，骆肇尧被评为上海市教卫党委系统离退休干部先进个人。

第三章　民主党派组织

第一节　中国民主同盟上海海洋大学委员会

一、组织

1952年，经中国民主同盟（以下简称民盟）上海市委批准，民盟上海水产学院小组成立，侯朝海任组长，直属民盟上海市委领导。1956年12月，民盟上海水产学院支部委员会成立，韩家学当选第一届支部委员会主任委员，华汝成当选宣传委员，徐迓亭、宋德芳当选组织委员。1958年，林亨嘉任第二届支部委员会主任委员，并任民盟上海市委常务委员。

"文化大革命"期间，民盟支部停止活动。1980年春，民盟支部恢复活动，有盟员11人。1997年4月，经民盟上海市委批准，民盟上海水产大学总支部委员会成立，赵维信任主任委员。2011年6月，民盟上海海洋大学委员会成立，章守宇任第一届委员会主任委员，平瑛、鲍宝龙任副主任委员。

2011年12月，民盟上海海洋大学委员会共有盟员87人，其中在职教职工41人，退休教职工46人；正高级职称21人，副高级职称35人；担任杨浦区人大代表1人，浦东新区政协委员1人。

表1-3-1　1952—2011年民盟学校组织历届负责人一览表

届　　　别	主任委员	副　主　任　委　员
民盟小组（1952—1956.12）	侯朝海（组长）	—
民盟第一届支部（1956.12—1958）	韩家学	—
民盟第二、三届支部（1958—1966）	林亨嘉	
民盟第四届支部（1981—1985.1）	韩家学	—
民盟第五届支部（1985.1—1988）	王义强	詹庆成、王瑞霞
民盟第六届支部（1988—1991）	王义强	詹庆成、林济时
民盟第七、八届支部（1991—1997.4）	赵维信	詹庆成、周以俭
民盟第一届总支部（1997.4—2000.9）	赵维信（　—1999.4） 沈月新（1999.4—　）	沈月新、周以俭（　—1999.4）、邱高峰（1999.4—　）
民盟第二届总支部（2000.9—2002）	沈月新	邱高峰、张淑平
民盟第三届总支部（2002—2006.12）	沈月新	邱高峰、张淑平、章守宇（增补）
民盟第四届总支部（2006.12—2011.6）	章守宇	张京海、黄爱民
民盟第一届委员会（2011.6—　）	章守宇	平瑛、鲍宝龙

说明：学校民盟成员中曾任民盟上海市委员会委员的有林亨嘉、王克忠、王瑞霞、赵维信、沈月新，曾任上海市政协委员的有王克忠、赵维信、沈月新，曾任杨浦区政协委员的有张慕蓉，曾任杨浦区人大代表的有章守宇。表格中"—"代表无。

二、主要活动

【盟务工作】

学校民盟组织自1952年成立以来,围绕学校各个时期中心工作开展盟务活动。改革开放以来,学校盟务工作有很大发展。

20世纪90年代起,学校民盟专家教授参加由民盟市委组织的科技支农活动,赴南汇、青浦等地进行科技咨询、服务和推广活动。

1992年,组织召开民盟上海水产大学支部成立40周年纪念大会。1996年,组织纪念中国民主同盟建盟50周年活动。1999年,在澳门回归前夕,组织盟员观看《澳门》录像片。2000—2010年,邀请校内外专家教授作"台湾问题""上海城市发展规划""中国水产博士西行"等专题报告,组织"政治交接学习教育""组织发展暨学习贯彻科学发展观"等系列专题座谈会。

组织盟员募集资金捐助灾区。1997年,组织捐赠生活用品。1998年,长江流域、黑龙江流域发生特大洪灾,广大盟员踊跃投入捐款捐物活动,并响应民盟市委关于与宁夏民盟开展东西联手互助扶贫号召,捐助广宗县希望小学。2008年汶川大地震,通过学校、社区、侨联等各种渠道,捐款近10 000元。2009年,捐款支持玉树和神曲等灾区人民重建家园。

【参政议政】

在学校发展历史上,侯朝海、林亨嘉、王刚、韩家学、陈子英、黄金陵、詹庆成等盟员为学校发展作出突出贡献。

改革开放后,民盟组织高度重视参政议政,结合工作实际,将一些社会经济发展和高等教育改革中的焦点、热点、难点问题,总结、提炼成为建设性意见或建议。

2000—2010年,学校盟员参政议政活动进一步拓展,就"校区联动""突破城乡二元结构""发展海洋经济和海洋文化"等多项专题开展调研,并在开展社情民意信息工作方面取得明显成绩。其中,2002年,上海市纠正行业不正之风办公室对何其渝等盟员在行风评议中的工作给予高度评价。2009年,黄中元作为上海东方讲坛特邀讲师,参加"学习实践科学发展观"宣讲团,在全市宣讲20多次;韩兴勇代表民盟市委经济委员会执笔的《关于建立土地承包经营权流转后农民生活保障法规的提议》,被民盟上海市委作为个人提案提交2009年全国政协会议;沈月新撰写的《为确保校车安全,公交车应避免用黄色》的社情民意文章,发表在上海市政协第81期《社情民意》;赵维信被推荐为上海市政协之友社教育组成员,为上海教育的改革和发展建言献策;民盟上海海洋大学总支部被评为民盟上海市2009年度社情民意信息工作先进集体。2010年,盟员章守宇参加民盟中央和国土资源部组织的"关于推进山东半岛蓝色经济区建设"系列调研活动,为国家和山东海洋事业发展提出有价值的意见。

【荣誉奖项】

1985—1996年,民盟学校支部4次被评为民盟上海市委盟务工作先进集体;詹庆成、杨允庄、赵玲、韩家学、王义强被评为盟务工作积极分子;王瑞霞、杨允庄、杨和荃、赵维信被评为社会主义建设积极分子;民盟学校支部养殖系小组被评为民盟上海市三八红旗集体,王瑞霞被评为上海市三八红旗手。1997年以来,有盟员20多人、30多人次获校级以上优秀教师或先进工作者、省(部、市)级及以上科研成果奖、教学成果奖、优秀教材奖。其中,获国务院第三届全国民族团结模范称号1人、民盟上海市先进集体称号3次、民盟上海市信息工作先进集体1次、民盟上海市盟务工作积极分子7人、上海市优秀教育工作者1人、上海市育才奖1人、上海市高校优秀青年教师2人、上海高等教育优秀教学成果奖6项、上海高校优秀教材奖和农业部中华农业教育基金优秀教材奖各2项等。

第二节　九三学社上海海洋大学委员会(筹)

一、组织

1956年9月,九三学社上海水产学院支社委员会(简称九三支社)成立,戴岂心任主任委员。"文化大革命"期间,九三支社停止活动。"文化大革命"结束后,九三支社恢复活动。

2008年12月,随着学校更名,九三学社上海水产大学支社更名为九三学社上海海洋大学支社。

2011年12月,成立九三学社上海海洋大学委员会(筹),共有社员97人。

表1-3-2　1956—2011年九三学社学校组织历届负责人一览表

届　　　别	主 任 委 员	副 主 任 委 员
第一届支社委员会(1956.9—1958)	戴岂心	高鸿章、施　彬
第二届支社委员会(1958—1961)	施　彬	刘治亭
第三届支社委员会(1961—1964)	施　彬	刘治亭
第四届支社委员会(1964—1980)	施　彬	刘治亭
第五届支社委员会(1980—1983)	张义良	刘治亭
第六届支社委员会(1983—1986)	孟庆闻	朱庆澜、王士璠
第七届支社委员会(1986—1989)	孟庆闻	何克诚、郭大钧
第八届支社委员会(1989—1993.11)	孟庆闻	何克诚、郭大钧、姚崇永(1990年补)
第九届支社委员会(1993.11—1996.10)	孟庆闻	姚崇永
第十届支社委员会(1996.10—2001.9)	姚崇永	管伟康、胡根大
第十一届支社委员会(2001.9—2006.12)	管伟康	周洪琪、胡根大
第十二届支社委员会(2006.12—　)	蔡生力	陈舜胜、孙　琛
第一届委员会(筹)(2011.12—　)	蔡生力(筹备小组组长)	陈舜胜、孙　琛、江　敏(副组长)

九三学社学校支社成员曾任九三学社中央委员会委员的有孟庆闻,任九三学社上海市委员会委员的有孟庆闻、何克诚、管伟康、蔡生力。在各级人大、政协中曾担任代表和委员的有:全国政协委员孟庆闻;上海市人大代表管伟康;上海市政协委员谭玉钧、周洪琪、蔡生力;杨浦区政协委员纪

成林、蔡生力;南汇区政协委员丁卓平。

二、主要活动

【自身建设】

20世纪90年代,九三支社多次组织全体社员学习《邓小平文选》。2000年,邀请九三上海市委副主委何克诚、秘书长张良义就"台湾问题""法轮功本质"等问题作专题报告。同年,组织社员学习《九三学社社史》。

九三支社每年组织社员到上海、江苏和浙江等周边地区参观学习,先后瞻仰宋庆龄墓,参观上海国际会议中心、浦东国际机场、洋山深水港等,参观浙江奉化、桐庐、海宁,江苏苏州、昆山等地,增进社员对改革开放成就的认识,增进社员之间的沟通交流,增进组织凝聚力。

【参政议政】

九三支社积极参政议政,先后在全国政协,上海市人大、政协,杨浦区政协以及学校双月座谈会提出多项建设性意见或建议。孟庆闻在全国"两会"期间,提出《关于加强海洋资源基础理论研究的提案》《关于加强大学德育教育的提案》;周洪琪在上海市政协会议上提出《关于改善公共汽车车厢内空气质量的建议》《关于改善和加强对饮用水管道污染的治理的建议》;蔡生力在上海市、区政协会议上提出《关于优化我市三级甲等医院规划布局,解决市民看病难问题的建议案》《关于在我区轨道交通主要站点附近修建大型停车场的建议》;纪成林提出《关于区委、区政府向杨浦区内各高校定期通报区情制度的建议》;管伟康在上海市人大会上提出《关于春江油库排放物污染空气,建议其搬迁的建议》《建议对学校采购教学设备用品免收有关税收》等议案,均受到各级领导重视。

2005年以来,配合学校内涵建设、学校更名、主体搬迁等积极献计献策。2007年3月,为配合临港新城大学城建设,解决数万师生交通问题,九三支社撰写《尽快规划两所大学整体搬迁至临港新城后的交通》提案,刊登在上海市政协第3期《社情民意》上。

【服务社会】

1985—1995年,纪成林和顾功超、王维德、张道南等九三社员先后在河北、江苏等地举办发展海水虾、贝类养殖培训班,并进行对虾人工育苗攻关研究。海产动物增养殖教研室因此被评为1989年度上海市模范集体。

1999年,在九三市委组织下,支社组织一批水产专家赴浙江象山考察,在水产品加工、鱼病防治、颗粒饵料开发等方面为地方发展提供服务。

汶川大地震后,支社向全体社员发出"踊跃向灾区人民献爱心"的号召,募集善款,转交上海市红十字会。20世纪90年代以来,支社多次响应九三市委号召捐献财物,向西部贫困地区献爱心。

【荣誉奖项】

1995年,九三学社学校支社被评为九三学社上海市先进集体。2000年9月,被评为九三学社上海市委1999年度社务工作先进集体。2011年1月,被评为九三学社上海市2006—2010年度社务工作先进集体。

孟庆闻是支社优秀社员代表,1979年被评为全国三八红旗手,1960年、1992年两次被评为上海市三八红旗手,1978年被评为厦门市及福建省三八红旗手,1989年获全国优秀教师称号,2009年入选新中国60年上海百位女教师,曾获1987年度国家自然科学奖三等奖和国家教育委员会1992年第二届普通高等院校优秀教材全国优秀奖。

2000—2011年,社员周洪琪被评为上海市三八红旗手,江敏获上海市新长征突击手称号,江敏、蔡生力获上海市育才奖;成永旭2006年、2009年分别获上海市科技进步奖二等奖、一等奖,2010年获国家科技进步奖二等奖。此外,蔡生力在九三学社建社65周年表彰活动中被评为九三学社中央委员会优秀社员、刘红被评为2006—2010年度九三学社上海市优秀社员等。

第三节　中国民主建国会上海海洋大学委员会

一、组织

1993年4月,中国民主建国会(以下简称民建)上海水产大学小组成立,挂靠民建上海市水产局支部委员会。1997年12月,经民建上海市委批准成立民建上海水产大学支部委员会,朱富强任第一届主任委员,吴稼乐、骆解民任副主任委员。

随着学校更名,2008年5月经民建上海市委批准,更名为民建上海海洋大学支部委员会。

2011年9月,民建上海海洋大学委员会成立,第一届委员会由吴稼乐任主任,黄冬梅、张饮江任副主任,有会员38人,其中正高级职称8人、副高级职称15人、博士生导师3人、硕士生导师6人。

表1-3-3　1993—2011年民建学校组织历届负责人一览表

届　　别	主任委员	副主任委员
民建小组(1993.4—1997.12)	朱富强(组长)	吴稼乐(副组长)
民建第一届支部(1997.12—2000.10)	朱富强	吴稼乐、骆解民
民建第二届支部(2000.10—2006.11)	吴稼乐	骆解民
民建第三届支部(2006.11—2011.9)	吴稼乐	骆解民
民建第一届委员会(2011.9—　)	吴稼乐	黄冬梅、张饮江

学校民建成员曾任民建中央委员会委员的有程裕东,任民建上海市委员会委员的有吴稼乐、程裕东。

曾任上海市、区人大代表的有:程裕东,第十二、十三届上海市人大代表,第十三届上海市人大常委;黄冬梅,第十七届南汇区、第五届浦东新区人大代表。

二、主要活动

【自身建设】

加强学习,提高理论水平和思想觉悟,形成"三经常一沟通":即经常交流学习心得,经常了解支部成员思想状况,经常帮助会员解决思想问题,主动与学校主管部门沟通想法,争取支持和帮助。

勇于探索高校民建组织工作方法，形成"6句话，36个字"工作模式："争取领导支持，探索活动形式，实行网络分工，营造亲情合力，积极拓展外延，及时总结经验。"

支部共获得各类奖项和荣誉称号50余项。其中，民建学校支部于1999年12月被评为民建上海市委员会先进支部，2000年11月获民建全国先进集体称号，2005年12月获民建上海市先进集体称号，2009年12月被评为民建上海市委员会2007—2009年度先进支部，2010年12月获民建全国先进基层组织称号。

民建全国优秀会员有吴稼乐，民建上海市优秀会员有朱富强、张饮江、骆解民、吴红艳。

【参政议政】

通过人大和民建专委会发挥基层参政党的作用。参加民建上海市委下属的统战理论专委会和经济理论专委会，每年为民建市委提交全国和上海市"两会"提案。支部向学校和民建市委提交各类提案和建议30余份，如骆乐的《关于在深化杨浦知识创新区功能定位中探索与大学相结合》、民建支部的《控江路休闲街建设设想》《努力推进综合性专业化成体系的城市食品安全监管体系的构建》等议案。

通过学校各种沟通渠道，献计献策，参与教育思想大讨论，参加上海"渔业博物馆"立项和建设。

开展产学研合作，发挥知识的生产力作用。根据杨浦区统战部安排，支部与民建杨浦区委合作共建，参与"知识杨浦"建设，2007年参与"做大做强科技小巨人"的调研和产学研结合的课题研究。与民建上海水产工委会合作，联合开展国家发改委科研项目"我国水产品冷链物流发展规划研究"。

第四节　中国国民党革命委员会上海海洋大学支部委员会

一、组织

中国国民党革命委员会（以下简称民革）上海海洋大学小组于2009年2月成立，隶属于民革复旦大学委员会。小组成员3人，陈蓝荪任组长。

2010年4月，民革上海海洋大学支部委员会成立。陈蓝荪、陈文银、吴姜玮为第一届支部委员会委员。2011年，有民革党员10人，其中3人为上海海事大学教工。

表1-3-4　2009—2011年民革学校组织历届负责人一览表

届　　别	主任委员	副主任委员
民革小组（2009.2—2010.4）	陈蓝荪（组长）	—
民革支部（2010.4—　）	陈蓝荪	陈文银

说明：表格中"—"代表无。

二、主要活动

2009年7—10月，选派民革党员郭新丽、马百亮参加学校民主党派青年骨干培训班，提高政治素质、业务素质和工作能力。

2010年3月,周剑参加民革上海市委召开的"全面加强对外经济贸易,促进上海国际贸易中心建设"专题座谈会并作专题发言。民革学校成员还承担上海市教委统战课题"郊区高校参政党基层组织的筹建与拓展模式研究"。同年8月,捐资参与校园绿化认建、认养树木活动,建设"民革小林"。

2011年9月,承办由民革上海市委主办的"纪念辛亥革命100周年大型图片展",上海市政协副主席、民革市委主委高小玫为开幕式剪彩、致辞。该图片展分别在复旦大学、上海大学、上海外国语大学、同济大学等高校巡展。同年,承办民革上海市委主办的"2011年教师节座谈会",来自同济大学、复旦大学、上海外国语大学、上海财经大学、上海师范大学等12所高校和部分中小学基层组织的40余名民革党员代表参加座谈。

第四章 群众组织及工作机构

第一节 工 会

一、组织

1951年9月,华东水产管理局派杨文来校筹建党、团及工会组织,校工会属中国教育工会上海市委员会领导。1951—1966年,相继由叶思九(1951年10月—1952年3月)、张友声(1952年4月—1955年5月)、刘宠光(1955年6月—1957年2月)、俞之江(1957年3月—1960年2月)和骆肇尧(1960年3月—1967年1月)等担任工会主席。"文化大革命"初期,工会组织停止活动。

1972年,学校迁至厦门集美,麻天雄作为工会临时负责人兼管日常工作。1979年3月9日,成立厦门水产学院工会,经会员大会选举,崔槐青任主席,麻天雄、张振华、黄秀卿(女)任副主席。

1980年春,在上海市教育工会和学校复校筹备组的领导下,成立工会临时筹备小组,办理工会会员登记,换发会员证,按系、教研室等逐步建立起工会小组,开展工会活动。1981年12月,黄金陵任工会主席,并设立工会办公室。

1985年后,学校建立教职工代表大会制度,实行工代会和教代会合开的形式,会议程序逐步规范,换届选举趋于正常。先后选举杨喆甡、王克忠、李道恒、顾乃达、万峰、吴嘉敏(2009.12—)任校工会主席,蔡文霞、王昌如、郑福标、周鸿仪、朱镜、高健(2009.12—)任专职副主席,张克俭、骆乐、钟俊生、杨红(2009.12—)、何培民(2009.12—)任兼职副主席。

2011年,学校工会下设二级工会14个、三级工会1个。

二、机构人员

校工会设主席1人,专、兼职副主席若干人。校工会委员会下设民主管理、提案工作、师德工作、生活福利、文体工作等委员会。

校工会会员代表大会选举工会委员会的同时,选举工会经费审查委员会。经费审查委员会设主任1人、委员若干人。部门工会由学院、部门召开工会会员代表大会,在本学院、部门会员中选举产生部门工会委员会及工会主席1人。

表1-4-1 1985—2011年历届工代会(教代会)召开情况表

会 议	时 间	代表人数	主 要 内 容
第十二次工代会(与第一届教代会合开)	1985.4	91	听取讨论院长孟庆闻作的工作报告;讨论"三育人"倡议书;选举杨喆甡、蔡文霞等11人组成第十二届工会委员会,徐筱蓉等3人组成工会经费审查委员会

(续表)

会 议	时 间	代表人数	主 要 内 容
第十三次工代会（与第二届教代会合开）	1988.5	74	听取并审议校长乐美龙作的工作报告；选举王克忠、王昌如等11人组成第十三届校工会委员会，杨韵等3人组成经费审查委员会
第十四次工代会（与第三届教代会合开）	1995.12	83	听取并审议校长乐美龙作的工作报告；审议并通过第十三届校工会委员会工作报告；选举顾乃达、郑福标、张克俭等11人组成第十四届工会委员会，孙立保等3人组成经费审查委员会
第十五次工代会（与第四届教代会合开）	1998.12	85	听取并审议校长周应祺的工作报告；审议并通过第十四届校工会委员会工作报告；选举万峰、周鸿仪、张克俭等11人组成第十五届工会委员会，倪国进等3人组成经费审查委员会
第十六次工代会（与第五届教代会合开）	2001.5	88	听取并审议校长周应祺的工作报告；审议并通过第十五届校工会委员会工作报告；选举吴嘉敏、朱镜、骆乐等11人组成第十六届工会委员会，倪国进等3人组成经费审查委员会
第十七次工代会（与第六届教代会合开）	2005.5	101	听取并审议校长潘迎捷的工作报告；审议并通过第十六届校工会委员会工作报告；选举吴嘉敏、朱镜、钟俊生、骆乐等15人组成第十七届工会委员会，倪国进等3人组成经费审查委员会
第十八次工代会（与第七届教代会合开）	2009.12	114	听取并审议校长潘迎捷的工作报告；审议并通过第十七届校工会委员会工作报告；选举吴嘉敏、高健、杨红、何培民等15人组成第十八届工会委员会，王宪怡等3人组成经费审查委员会

三、主要活动

【师德师风建设】

1985年，首届教代会发起"教书育人、管理育人、服务育人"倡议书，工会参与组织并协同编写《青年成才之路——部分同志成长事迹汇编》《人民教师无上光荣——教书育人、管理育人、服务育人闪光点汇编》等文献资料。

工会与教务处联合召开督教、督学工作交流会，与人事处、教务处等部门合作举办FD培训班，提高教师师德修养和教学艺术水平；主办或协办"青年教师教学艺术比赛""建功创业在讲台"教学竞赛活动和"师德演讲"比赛，在青年教师中开展好教师、好干部、好职工形象讨论；与宣传部、教务处联合举办"名师一课"讲坛活动、"我心目中的好老师"征文活动。

在教师节召开教书育人先进集体、先进个人表彰大会，对年满30年教龄教师、师德标兵和校内先进进行表彰，开展精神文明"十佳"评选活动，举办"弘扬优秀师德"茶话会等。

表1-4-2 1985—2011年学校获工会系统荣誉奖项一览表

年 份	荣 誉 称 号	获 奖 者
1985	上海市劳动模范、上海市优秀教育工作者	王 武
1987	上海市"三育人"先进集体	海洋渔业系

(续表)

年　份	荣誉称号	获奖者
1989	上海市优秀教育工作者	达式奎
1989	上海市模范集体	水产养殖系海产动物增养殖教研室
1991	上海市优秀教育工作者	苏锦祥
1993	上海市优秀教育工作者	臧维玲
1994	上海市优秀教育工作者	楼　永
1994	上海市育才奖获得者	汪之和、张克俭、倪谷来
1997	上海市育才奖获得者	杨和荃、骆乐、胡根大
1997	1997送温暖工程优秀工作成果奖 上海市教育系统工会帮困送温暖先进单位	校工会
1997	上海市劳动模范	臧维玲
1999	上海市育才奖获得者	周培根、孙玉洁、杨　红
2004	上海市教育系统文明班组	成人教育学院非学历管理办公室 教学服务中心社区管理办公室
2003—2004	上海市文明班组	成人教育学院非学历管理办公室
2003—2005	模范教工小家	信息学院工会、经济管理学院工会
2005	上海市科教系统文明班组	海洋学院
2005—2007	上海市科技教育系统优秀工会积极分子	吴建中
2005—2007	上海市科技教育系统优秀工会工作者	朱　镜
2007—2009	上海市先进工作者	李应森
2009	上海市工人先锋号	水产与生命学院虾类温室集约化健康养殖技术开发研究团
2009	上海市教育先锋号	海洋学院海洋渔业系
2009	上海市教育系统文明班组	食品学院海洋生物制药教研室
2009—2010	上海市教育先锋号	后勤服务中心
2010	上海市工人先锋号	食品学院
2010	上海市教育工会网站信息工作优秀单位	校工会
2010—2011	上海市教育系统优秀教职工代表	骆解民
2011	上海市校园新星之"科技新星"	张俊彬

【帮困送温暖】

1994年，工会组织成立教工互助互济储金会，制订《互助互济储金会章程》，筹集资金14万元，在教工福利委员会主持下对困难教工进行帮助。2004年，学校设立150万特困帮助基金，制订《特困帮助基金暂行条例》，专门对因病、因灾而发生特别困难的教职工进行帮助。

1997年起，每年在教职工中开展"一日捐"活动，学校给予1∶1配套帮困经费，提高帮困力度。

截至2011年，共收到教职工捐款75万余元，有近1 500人次困难教职工得到帮助。

【保障与福利】

2001年，上海市实行医疗体制改革。工会为全校教职工办理上海市总工会职工互助保障会在职职工住院补充医疗保障计划、重大疾病保障计划（12类重大疾病）和女职工团体互助医疗特种保障计划等3个团体互助医疗保障计划。

2004年起，每年为教职工购买人身意外伤害险（附加医疗险），做好教职工保险理赔工作。2009年，为全校教职工办理上海市教育系统补充医疗保障计划。

工会在做好医疗保障的同时，还为劳动模范和博士生导师订阅健康知识杂志，做好教职工一年一度的体检工作，在校园网"教工之家"栏目设置"校园健身操"视频，供教师们下载、学习。

1995—2011年，每年组织寒暑假教职工休养活动。1995—2000年，共组织360多名教工分别到张家界、武夷山等地参加暑期休养活动。2001—2004年，共组织教职工休养团队8个，有373名教职工及家属参加休养。2005—2009年，共组织20个休养团队，有756人次教职工及其家属分赴新加坡、马来西亚、桂林、神农架和北京等地休养。2010—2011年，共有340多名教职工和家属分别参加云南昆明、广西北海等地的疗休养活动。

工会对教职工的服务内容随着时代变迁不断变化。20世纪50年代，设立教职工"互助储金会"；利用福利费对特困教工进行困难补助；20世纪60—70年代，通过发放副食品、福利用品，将学校实习渔船的部分渔获物分给教职工等形式提供服务；20世纪80年代，通过举办各类文化补习班、组织看电影等形式丰富教职工业余生活；20世纪90年代，为教工解决公交车站延伸、小区环境整治、基础设施修建等生活需求问题；2006年以后，为教工子女入学入托落实优质教育机构、为教工学习驾驶技术联系驾校等。

【文体活动】

20世纪80年代起，工会开展各种寓教于乐、健康向上的文化娱乐活动。其中，中老年教工健身操队曾在20世纪80年代获得"达尔美"杯电视大奖赛二等奖、上海市"海船杯"老年健身操比赛团体冠军和个人第一、二名。组织教职工太极拳培训班、交谊舞培训班，举办周末舞会。2001年，工会组织教工参加上海市"阳光·大地·绿叶"教师文艺会演活动，获金奖。2006年，在上海市"教师之歌"演唱比赛中，学校教工合唱团获得合唱比赛银奖。

工会组建集邮协会、网球协会、瑜伽协会、舞蹈协会、乒乓球协会、钓鱼协会等十余个教工文体协会，每年举办各种体育赛事，其中"敬业杯"足球赛、"爱校杯"篮球赛成为传统赛事，每年举办一次；"海师杯"迎新年羽毛球赛、"海洋杯"乒乓球赛、"团结杯"卡拉OK赛等文体活动，吸引众多教职工的参与。教工象棋队多次代表学校参加上海市和全国教育系统的比赛；2005年、2007年，学校教工在上海市科教工会组织的运动会游泳比赛中分别获得3块金牌、1块银牌的好成绩；"集邮协会"多次获得杨浦区集邮协会先进集体称号。

【帮教活动】

1995—2001年，学校工会组织教师对上海市劳动教养收容所的劳教青年开展帮教活动，以结对帮教、成立"心理健康指导室""法律咨询工作室"等形式，帮教4批73人，其中24人获得表扬，记功17人次，减刑或提前释放43人次。1997年1月，上海市劳动教养收容所赠给工会"帮教育人，功德无量"的锦旗;1997年2月,《解放日报》《文汇报》分别刊登《水产大学关心劳教人员"帮教育人"出成效》的文章,报道工会干部帮教活动事迹。工会因帮教活动于1999年获得上海市教卫系统首届精神文明十佳好事先进集体称号。

【自身建设】

为使工会工作制度化、规范化,工会先后制订《工会关于休息休养工作的若干意见》《工会财务管理制度》《工会资产管理实施办法》《二级教职工代表大会工作细则》《工会专职干部岗位职责》《特困帮助基金暂行条例》等规章制度。工会干部努力加强调查研究、提高工作成效。由吴伟玲、冷春芳合写的调研报告《关注民生解决问题凝聚人心——学校整体搬迁面临问题的调查和解决途径的研究》,获2008年度上海市科教系统优秀调查报告二等奖。

第二节　教职工代表大会

一、教代会

1985年,教育部、中国教育工会全国委员会联合颁布《高等学校教职工代表大会暂行条例》。1985年4月,学校在教职工中选举产生第一届教代会代表,召开第一届教职工代表大会(简称教代会)。

1995年后,学校教代会制度逐步完善。代表人数按教职工总人数比例确定后分配至各学院(部门),经学院(部门)教职工大会选举产生代表,组成代表团,选举产生团长一人。教代会每年召开一次,3～5年换届。在教代会闭会期间,校工会是教代会的工作机构,组织各代表团开展日常活动,遇有需要教代会审议的重要事项,由校工会召集教代会各代表团团长会议讨论处理,或者召开全体教代会代表会议。1985年起,教代会与工代会合开,教代会代表和工代会代表合二为一。

随着学校内部管理体制改革的不断深入,二级学院组织管理权限逐步扩大。2001年12月,校党委印发《关于在各学院建立教代会制度的通知》。2002年4月起,各学院(部门)先后建立二级教代会制度。截至2011年,已建立二级教代会制度的部门有11个。

二、民主管理与监督

学校教职工代表大会是教职工行使民主权利、参与学校民主管理的基本形式。从1985年教职工代表大会产生以来,教代会在参政议政方面发挥的作用越来越突出。代表们分别参与优秀教学成果奖的评选,参与高、中级专业技术职务评审,参与对中层干部评议和推荐,参与优秀教育工作者评选,参加校分房委员会和奖惩委员会,参与科技服务分配方案制订等与教职工切身利益相关的重要事项。

2002年3月,学校发布由工会起草的《关于加强校务公开工作若干意见》,并成立校务公开领导小组、办公室和监督信息反馈办公室,把推进校务公开作为不断强化民主管理的重要举措。

学校历届教代会共审议、表决通过的文件,内容涉及政治思想建设、人事分配制度、住房制度改革、新校区建设等方面,均得到很好贯彻执行。

表 1-4-3　1985—2009 年教代会审议、表决通过的主要文件一览表

时　间	主　要　内　容
1985.4	拟订《教代会条例实施细则》；讨论"三育人"倡议书
1985.11	讨论并通过《1985年教职工住房分配条例》
1986.7	通过大套住房分配建议；讨论人事处《奖惩条例试行办法（讨论稿）》
1988.12	教代会团长和校工会委员审议通过《关于升级奖励的实施办法》
1989.7	审议通过《教师职务聘任制暂行办法》《专业技术职务评审组织章程》
1990.12	审议通过《大套住房分配条例》
1992.6	审议《劳动人事制度和分配制度改革方案》
1993	审议通过《住房分配条例》；审议《自管公房优惠出售的实施细则》
1994.5	审议讨论《深化内部管理体制改革的实施意见》
1998.4	审议通过《罗山基地集资建房分房的说明和方案》
1999	审议通过《兰花基地集资分房条例》
2000	审议通过《住房制度改革实施办法》《关于建立上海水产大学南汇校区的方案》
2001.10	通过《关于进一步深化校内人事分配制度改革的若干意见》
2002.12	审议《学科建设与发展规划》《本科专业建设与发展规划》
2003.12	审议通过《〈住房制度改革实施办法〉补充办法》《教职工代表大会提案工作办法》
2004.12	审议通过《特困帮助基金暂行条例》《关于推进退休教职工房改的实施意见》《试行人员聘用制度实施办法》
2006.7	审议通过《临港配套商品房选购方案》《新一轮校内分配制度改革实施方案（试行）》
2006.10	教代会团长会议，通过《现行房改政策的调整方案》《2007年正式录用人员住房制度改革办法》
2008.3	教代会团长会议审议《市区至临港新校区通勤班车运行方案》
2008.6	审议通过《远郊补贴执行办法》
2009.12	审议通过《教职工代表大会实施细则》《二级教职工代表大会实施细则》

第三节　妇女工作委员会

1984年11月，学校成立妇女工作委员会。此前妇女工作作为工会工作内容之一，有1名工会委员兼管妇女工作。1987年起，设立专职妇女干部。1984—2011年，历任妇女工作委员会主任（兼任）：孟庆闻、杨慧如、沈月新、周鸿仪、郑敏娟、骆乐、杨红（2009.12—　）。

一、主要活动

1990—2011年，主要活动有：举办"爱我中华、爱我学校、爱我部门"妇女身上闪光点演讲会；与教务处等联合在女教师中开展"建功创业在讲台"教学竞赛活动；举办《妇女权益保障法》法律知识竞赛；举办"素质教育大讨论""新世纪女教师形象"演讲比赛；举办"唱支山歌给党听——女教师双

语朗诵比赛""走进世博、相约世博——迎世博女教工双语比赛"等;在校庆90周年系列活动中,举办女教工和女大学生编织手工艺作品大型展示活动;参与上海市教育系统为崇明特困儿童举办的"助学成才"活动,资助1名女初中生等。

关心女大学生成长,做好女大学生成才教育工作,开展"90年代女大学生的形象"系列教育,为女大学生开设怎样开始你的大学生活、性教育与恋爱观等讲座。邀请女性问题专家林华和胡申生教授作题为"女性成才——我的大学之路""关于我们这座城市,关于我们自己""女性与恋爱"等专题讲座;开展女教授与女大学生"结对子"活动,举办女性成才之路座谈会。2001年起,与校团委一起在女大学生中开展"十佳女大学生"的评选,每两年举办一次。以选修课形式,在女大学生中开设女性学相关课程,并组织"性别教育"读书活动,开展以"女性·和谐·发展"为主题的征文活动。

关爱女教工身心健康,多次举办知识讲座和健康咨询,开展多种文体活动,如举办妇女自我保健、妇女常见疾病防治、美与健康同行等讲座。从2001年起,女教工妇科检查由两年一次改为每年一次。2003年起,为全校女教工参保上海市女职工团体互助医疗特种保障计划。组队参加教育系统的木兰剑表演、木兰拳大会操、扇子舞、木兰双环操比赛和"教苑英姿——健身活动展示"活动;开办手工编织辅导班,举办女教工才艺比赛等。

每年以庆祝三八节为契机,多方位开展展示女性形象、弘扬先进的活动。如为获得教学科研工作重大成果奖和省市级劳动模范、先进个人等荣誉称号的女教师,制作专栏进行宣传和报道。

为庆祝六一国际儿童节,举办以"张扬个性,记录成长历史"为主题的教工子女童趣照片展、"学龄前儿童教与养"讲座、"宝宝乐"摄影展、"教工子女才艺展示"等活动,组织"关心下一代家庭素质教育"研讨会,组织年轻妈妈参加"科学母爱论坛"活动。

1995年10月,成立女教授联谊会,制订《女教授联谊会章程》,林雅年任会长,著名表演艺术家秦怡和著名鱼类学家孟庆闻任名誉会长。

1996年起,为全校60岁、70岁女教授举办祝寿活动。1997年,以女教授为主体召开教学、科研交流研讨会。1998年,组织女教授和妇女干部开展关于教学改革和教学发展的关键问题研讨会。配合学校师德师风建设开展以女教授与青年女教师、女研究生"拜师结对"为基本形式的"传、帮、带"活动;开办"女教授论坛",举办以"事业与家庭"为主题的报告会。2003年,成立女教授联谊会退休分会,每年组织活动。

二、荣誉奖项

女教师在教学、管理岗位上发挥积极作用,取得多项成果和荣誉表彰。

表1-4-4 1960—2010年学校获妇女工作系统主要荣誉奖项一览表

年 份	荣 誉 称 号	获 奖 者
1960	上海市三八红旗手	孟庆闻
1960	全国文教先进工作者	王素娟
1962	上海市三八红旗手	王素娟
1964	上海市三八红旗手	王素娟

(续表)

年份	荣誉称号	获奖者
1978	厦门市三八红旗手	孟庆闻
1979	福建省三八红旗手、全国三八红旗手	孟庆闻
1984	上海市三八红旗手	姚果琴
1984	民盟上海市三八红旗集体	民盟养殖系小组
1986	上海市巾帼奖三等奖	王素娟
1986	上海市三八红旗手	赵维信
1988	上海市三八红旗手	王瑞霞
1989	全国优秀教师	孟庆闻
1990	上海市三八红旗手	臧维玲、周永年
1991	全国高等学校先进科技工作者	王素娟
1992	上海市三八红旗手	孟庆闻
1994	上海市三八红旗手	陈邓曼
1996	上海市三八红旗手	沈月新
1997	上海市十佳科技巾帼奖	臧维玲
1997	上海市教育系统比翼双飞模范佳侣	沈月新、王 恺
1997—1998	上海市三八红旗手	周洪琪
1999	上海市教育系统比翼双飞模范佳侣	蔡完其、李思发
1999—2000	上海市三八红旗手	张丽珍
2001	上海市教育系统比翼双飞模范佳侣	何其渝、周应祺
2003—2004	上海市三八红旗手	陆淑睛
2005—2006	上海市三八红旗手	骆 乐
2007—2008	上海市三八红旗手	王丽卿
2008	上海市十大农业科技女精英	臧维玲、谢晶
2009	上海市巾帼文明岗、上海教育系统文明示范岗	食品学院海洋功能性食品与药物研究所
2009	新中国成立以来上海百位杰出女教师	孟庆闻、臧维玲
2009	上海市教育系统比翼双飞模范佳侣	王丽卿、戴小杰
2010	第六届上海市巾帼创新奖	谢 晶
2010	上海市教育系统三八红旗手	王凤林

第四节 计划生育委员会

学校计划生育委员会于1985年成立,下设计划生育办公室,配备专职干部1人,负责日常工作,各部门还专门配备计划生育宣传员。历任校计划生育委员会主任(兼任):赵长春、顾景镠、万峰,吴嘉敏(2001.5—　)。

围绕每个时期人口和计划生育工作的内容、任务和方式方法开展工作。20世纪80—90年代,对教工宣传晚婚晚育、避孕节育等科学、文明、进步的婚育观,按照国家计划生育"晚、稀、少"的政策,动员已婚育龄夫妇只生一个孩子。20世纪90年代后期,加强计划生育宣传教育,做好符合生育条件对象的生育调查摸底,上报计划生育月报、半年报、全年报,孕情监测,生育指标计划,药具计划等各类报表的统计登记工作;做好常住人口核查、流动人口清理及审验、办证和已婚育龄妇女妇检工作。

随着教职工婚育观念和婚育行为的转变,计划生育工作从教育、管理逐步向宣传、服务方向转移。2000年以后,学校计划生育工作坚持以"以人为本、做好服务"为指导思想,了解育龄教工的情况,尊重人的合法权益,进行优生优育宣传;对计生干部开展业务培训;做好全校育龄教工避孕方法知情选择指导,关心生育和人流女教工,做好探望慰问工作,发放避孕药具和卫生用品,对新婚女教工做好宣传和指导工作。实行计生合同管理和法制化管理。学校每年与各学院(直属部门)签订计生工作承包责任书,把计划生育工作纳入各级党政工作责任制和精神文明考核内容。

对在校大学生做好教育工作。以健康教育、性教育为抓手,在大学生中普及科学知识,开展生殖健康教育。通过组织大学生参观性与生殖健康、人类避孕博览、中华古代性文化精品展和现代实用生殖健康等展览,邀请妇产科医生开办专题讲座,对大学生进行生殖保健科学知识的普及。

对外来务工人员加强计划生育管理。遵照《上海市计划生育条例》《上海市外来流动人口计划生育管理办法》精神,把所有外来务工人员、临时工作人员纳入管理范围,做好计划生育情况的记录和登记。

通过发放宣传材料,设计制作计划生育、生殖健康知识宣传栏,宣传政策法规,普及生殖健康,提倡文明生活方式。

1985年3月,制订《计划生育贯彻执行条例》,并于1997年修订和完善《计划生育补充条例》。

学校计划生育工作坚持把宣传教育渗透到服务中,做到一手抓教育,一手抓管理,每年计划生育率达100%。1985—1996年,连续10年每年被杨浦区评为计划生育工作先进集体,1995年度获得计划生育工作承包合同一等奖;1999—2000年度、2001—2002年度、2003—2004年度,被杨浦区评为计划生育工作先进集体。

第五节　共青团

一、组织

1951年12月,中国新民主主义青年团上海水产专科学校支部成立。1952年11月,上海水产学院团总支成立,按班级建立团支部。1956年9月,学校团总支升格为共青团委员会,水产养殖系、水产品加工系、海洋渔业系3个团支部同时升格为团总支。1958年,上海水产研究所建立后亦设立团总支。校团委设有团委办公室,配有秘书1~2人处理组织宣传等日常事务。1966年"文化大革命"开始,学校团组织活动中断。

学校在厦门办学期间,5个系分别成立团总支。1979—1981年,学校从厦门迁回上海期间,在两地同时设有共青团委员会。1981年12月起,校团委由共青团上海市委领导。2001年,学校共有共青团员 7 788 人,下设 1 个分团委、7 个团总支、163 个团支部。2011 年,学校有共青团员 12 081 人,下设 9 个分团委、1 个团总支。

表 1-4-5　1951—2011 年校共青团历届负责人一览表

任　　期	书　　记	副　书　记
1951.12—1952.11	杨　文(支部书记)	—
1952.11—1953.10	杨　文(团总支书记)	马少甫
1953.10—1954.10	马少甫	—
1954.10—1955.11	—	何保源、吕慧娟、冯志哲
1955.11—1956.9	张士珍(代书记)	吕慧娟
1956.9—1959.10	何保源	吴汉民(学生)(1956.9—1958.7)
1959.10—1960.7	何保源	贾咏梅
1960.7—1964.8	何保源	王道尊、蔡和麟、史维一
1964.8—1967.1	史维一	李道恒、陈怡文(学生)
1976.10—1979.8	冯炳华	—
1979.8—1981.12	章佩敏、冯炳华	—
1981.12—1984.5	冯炳华	章佩敏
1984.5—1986.4	张　岑(1985 年离任,万峰继任)	万　峰、张继平、卢卫平
1986.4—1988.12	万　峰	周　程、许明金
1988.12—1991.3	万　峰	许明金、高金平
1991.3—1993.2	周　程	万映明
1993.2—1995.3	万映明	俞　渊
1995.3—1997.5	俞　渊	陈江华、林海悦
1997.5—2001.5	董玉来	陈江华、田武岳、李兴华
2001.5—2004.3	姚　强	朱克勇、蒋莉萍
2004.3—2004.12	李兴华	朱克勇、蒋莉萍
2004.12—2008.3	江卫平	蒋莉萍、林喜臣、夏雅敏
2008.3—	夏雅敏	郑宇钧(　—2010.8)、张雅林(　—2011.8)、张宇峰(2010.10—　)

说明:表格中"—"代表无。

二、团代会

1952—1956 年,学校新民主主义青年团支部书记、团总支书记变动频繁,书记均由上级团组织直接任命。

1956年,共青团上海水产学院委员会成立。同年10月,团员代表大会召开。大会中心议题是引导全校团员在党的领导下密切联系同学,努力学习,树立正确的学习态度,克服不良倾向与作风。大会决议指出,在祖国建设时期,党赋予团员青年的艰巨任务是要忠于党的事业,热爱学习,刻苦钻研,不断提高政治、文化水平,积极参加社会主义建设和社会主义改造的斗争,为实现党所提出的各项任务而奋斗。

1960年2月,第六次团员代表大会召开,党委书记胡友庭作政治报告,团委书记何保源作工作报告。会议要求团员提高自身觉悟,树立正确世界观,奋发图强,攀登科学高峰,高举毛泽东思想伟大旗帜,掀起学习毛泽东著作高潮。

1964年11月,第七次团员代表大会召开,党委副书记刘怀庆作关于"青年学生革命化"的报告,审议通过史维一代表第六届团委会作的工作报告。大会要求各级团组织贯彻团市委第五次团员代表大会精神,创建"思想政治好、'三好'活动好、组织生活健全好、联系群众作风好"的"四好"团支部。

1978年12月,第八次团员代表大会召开,一致通过由冯炳华代表第七届团委会作的工作报告,号召大家学习党的十一届三中全会精神。团代会明确团组织下一阶段任务是清理"文化大革命"中"左"的错误与负面影响。大会选举冯炳华任团委书记。

1984年5月,第九次团员代表大会召开,通过冯炳华代表第八届团委会作的工作报告,号召学习党的十二届二中全会和共青团十一届二中全会精神,开展以学习整党文件为主要内容的教育活动,促进团组织的思想建设和组织建设,增强团的战斗力。带领全校青年抵制和消除精神污染,更好地发挥团组织的共产主义学校作用、党的助手作用和模范带头作用。动员广大团员青年为"四化"建设发奋学习,努力工作。

1986年4月,第十次团员代表大会召开,审议通过万峰代表第九届团委会作的工作报告。大会提出校团委以后的工作要符合党的教育方针,符合党对青年提出的"四有"要求,切合学生实际。动员广大团员、学生积极参加教育改革。大会围绕学生成才的热点,号召全体共青团员和学生"树理想,端正学风;比贡献,创新求实"。

1988年11月,第十一次团员代表大会召开,审议通过第十届团委会工作报告,明确校团委的任务是带领广大团员青年发扬爱国主义的光荣传统,以振兴中华为己任,勤奋学习,努力实践,创建优良学风。

1991年3月,第十二次团员代表大会召开,审议通过万峰代表第十一届团委会作的工作报告。党委书记陈坚作报告,希望青年一代要树立共产主义远大理想,热爱祖国,勤奋学习,掌握建设现代化的过硬本领,要艰苦奋斗,求实创新,披荆斩棘,建功立业;要遵纪守法,敢于同违纪违法行为进行斗争。

1993年6月,第十三次团员代表大会召开,审议通过周程代表第十二届团委会作的工作报告,确定校团委下一阶段的工作重心是抓好理论学习,以育人为中心,面向市场抓好第二课堂和社会实践活动,继续抓好团的基层组织建设。

1995年3月,第十四次团员代表大会召开,审议通过第十三届团委会工作报告,决定把"育人"作为团的工作重点,开展"创建优良学风校风"系列活动,通过校园文化活动丰富学生第二课堂,对学校的人才培养、精神文明建设、创建优良学风校风起到推动作用。

1998年5月,第十五次团员代表大会召开,审议通过第十四届团委会工作报告,大会决议要求紧紧围绕学校的中心工作,以学风建设为中心,全面提高大学生的整体素质。

2001年5月,第十六次团员代表大会召开,审议通过姚强代表第十五届团委会作的工作报告。

2004年5月，第十七次团员代表大会召开，审议通过第十六届团委会工作报告，提出下一届团委活动主题要体现"爱国荣校"，不断推进学校团学组织工作的方式创新、内容创新、机制创新，动员广大团员青年以"双代会"的召开和"迎评促建"工作的开展为契机，积极投身创建优良学风、校风的工作之中，为学校的新一轮发展和团学工作的深入推进而贡献力量。

2008年3月，第十八次团员代表大会召开，主题为深入贯彻落实科学发展观，按照学校第七次党代会要求，以学校"十一五"规划为目标，团结带领全校团员青年抓住机遇、聚焦目标，在建设高水平特色大学征程中奋发成才。会议审议通过《共青团上海水产大学代表任期制度试行办法》。

三、团的建设与活动

【自身建设】

根据不同时期的时代特点调整工作重心，建立一系列学习和工作例会制度，每周召开一次团委例会，学习党的方针政策和有关文件，研究、落实团的各项工作。建立团支部组织生活制度，学习党的方针政策，交流分析班级情况，开展批评和自我批评，健全团内民主生活。定期组织团员上团课并吸收入团积极分子参加，进行团的基本知识教育。每学期在放假前后进行团干部培训，总结研究团的工作，部署新学期任务。

1. 组织建设

1964年4月，为贯彻共青团上海市第五次代表大会精神，校团委开展创建"四好"（思想政治好，"三好"活动好，组织生活健全好，联系群众作风好）团支部活动。

1981年，校团委编写《团的活动五十例》，指导团的建设。举办团干部培训班，对一年级的团支部书记进行培训。1984年7月，校团委发出《开展团员学习整党文件活动的实施计划》，要求广大团员学习整党文件，做合格团员，积极靠拢党组织。

1992年3月，制订《关于开展"双合格建设"活动的决定》，要求在全校开展"合格团委，合格团支部"建设活动，并把它作为全面实施团的基层整体化建设的主体工程。1996年，建立共青团员信息动态调研网络，深化调研，编印团工作简报，做到团情及时上通下达。要求团总支书记和团委专职干部深入基层，强化指导工作，通过《团支部工作实用手册》，规范团的基层组织建设。次年，校团委成立以团支部书记和学生党员为主体的"团员文明自律队"，加强团员教育，发挥模范带头作用。

2002年3月，召开由校团委、学生会、社团及各班级200余名主要学生干部参加的团学干部大会，提出加强大学生理想信念教育，加强精神文明建设，加强综合素质培养，加强共青团建设创新，加强大学生维权服务力度。

为响应团市委号召，校团委2006年在全体团员青年中开展"青年马克思主义者培养工程"行动，通过教育培训和实践锻炼等形式，提高大学生骨干、共青团干部、青年知识分子等青年群体的思想政治素质。

2. 制度建设

随着改革开放逐步深入，学校团组织为适应新形势，根据团章规定和学校实际陆续修订和制订一系列组织建设和管理的规章制度。1980年，学校团委制订《关于接收新团员工作细则》。该细则共分5部分：接收新团员必须严格履行团章规定的入团手续；保证新团员质量；加强对积极分子的培养教育；加强对新团员的思想教育；加强接收新团员工作的领导。1982年10月，学校团委下发《团支部的思想和组织建设》宣传册，设有团支部的建立、团小组的设置、团的组织生活制度、团支部工作、入团手续、新团员教育、团费管理7部分。

根据团市委有关部署,学校团委1990年10月开展团员教育评议活动。制订《团员证管理细则》,对团员证的式样、功能、使用、管理等方面作详细规定。要求团员每年必须在规定时间内到所在团支部申请注册,各团支部则根据注册情况修订《团员花名册》。随后,学校团委对各单位团员证的分发、管理、使用情况进行全面检查。

1995年,制订《关于上海水产大学团组织关系转接、年度团籍注册、团费收缴的暂行规定》;贯彻团市委召开的基层工作会议精神,制订《团支部工作实用手册》。1997年,制订《共青团上海水产大学委员会关于加强团纪处分的条例》,同时还加强"推优"工作,推行为期一个月的中级党校挂职锻炼制度。2008年,制订《共青团上海海洋大学代表任期制度试行办法》,建立团代表年会制,探索代表建议议案制度、代表参与调研制度和考核制度,引导广大团员青年参与学校教育和管理工作。

【思政教育活动】
20世纪50年代初期,全国开展抗美援朝运动,校团支部向团员和青年学生宣传抗美援朝、保家卫国的意义,组织学生上街向市民宣讲帝国主义的侵略本性,参加节约、捐献、支援前线活动。先后有多名学生报名参军抗美援朝。1958年9月,美国在台湾海峡对我国进行战争挑衅,学校组织全校师生员工、团员青年举行抗议大会,撰写抗议书,制作标语,参加上海市反对美国在台湾地区扩大侵略的大游行,反对美国的军事挑衅行为。

1959年10月,受学校委托,校团委带领480名学生组成红旗方队参加上海国庆十周年大游行,接受检阅。1960年7月,组织海洋渔业、水产养殖、水产加工系300余名低年级学生暑假期间到上海吴淞海军基地,学习中国人民解放军的优良作风。

1960—1962年三年困难时期,贯彻国务院《关于保证学生教师身体健康的紧急通知》,要求各团支部成员关心身体较差的同学,组织团员干部下宿舍、下食堂关心学生生活,采取各种措施抓劳逸结合,维持正常生活、教学秩序。1963年,响应毛泽东主席号召,学习雷锋全心全意为人民服务、艰苦朴素的精神,开展"助人为乐见行动"活动。

1964年3月—1966年5月,根据上海市委决定,学校组织以学生为主的近2000名师生参加上海市郊农村社会主义教育运动("四清"运动)。团干部和团员带头参加"四清"运动,坚持与贫下中农同吃、同住、同劳动,接受锻炼。

20世纪70年代末,针对团员思想实际,开展坚持党的四项基本原则教育,清除"左"的影响。20世纪80年代,重点抓合格团员教育,反对资产阶级自由化。

1980年3月,开展学习雷锋活动17周年活动、创"三好"活动。同年5月,召开表彰"三好和新长征突击手"大会,开展"五讲四美"活动,对学生理想、观念和品德进行教育。要求学生做"四有"新人。1981年,在青年教职工中开展争当新长征突击手活动,号召每个青年教职工在岗位上创造第一流成绩。

1982年,成立以团干部、学生会干部和优秀学生为骨干的青年党章学习小组,建立学生业余党校,组织学习中共十二大通过的新党章。

1984—1985年,为响应团市委号召,校团委开展"树理想、爱本行、懂专业、多贡献"的教育活动,为广大团员青年成才显能创造良好的环境,鼓励团员投身改革,为"四化"建设作贡献。

1987年,学校团委组织学生学习"五卅""一二·九""反内战、反饥饿、反迫害"时期学生运动的历史,进一步明确党和青年的关系,在学生中确立四项基本原则是立国之本的观念。次年,在中共十一届三中全会召开10周年之际,开展"十年改革和改革发展展望"为主题的系列形势政策教育活动。

1989—1990年,校团委针对学生中存在的对马克思主义和民主自由的模糊认识,举办"马克思主义介绍系列讲座""论新闻自由"等报告会,通过专题教育帮助学生正确认识所关心的政治和社会问题。

1993年,为配合学校"文明单位"创建工作,开展先进团支部、优秀团干部、"十佳团员"评选活动。次年10月,校团委提出《关于加强优秀大学生培养的实施意见》,计划每年培养100名左右品学兼优、能力出众的优秀大学生。同年,制订《学生读书活动实施细则》《学生社会实践实施细则》。1995年,第十四届团代会决定把"育人"作为校团委工作重点,开展"创建优良校风学风"系列活动。1997年7月,开展"讲文明,树新风,建设示范群体"活动。1999年5月,校团委被上海市教委评为首届"精神文明十佳好事"先进集体。2001年11月,学校团委组织成立"大学生精神文明督导队",对校园语言规范使用、文明行为等进行督查;制订《关于加强学生思想道德、人文素质教育若干措施》,明确进一步加强学校学生思想道德、人文素质教育,积极培育学生全面发展和健康成才环境。

2002年,为纪念五四运动83周年和建团80周年,开展以"永远跟党走"为主题的系列活动。同年,校团委书记姚强获上海市新长征突击手称号,校团委获上海市五四红旗团组织称号。

2003年3—4月,学校团委组织开展以"贯彻十六大,创造新业绩"为主题的学习贯彻党的十六大精神活动,学习"三个代表"重要思想。同年,成立"校大学生权益服务中心"。

在特大海啸对东南亚、南亚和非洲部分国家造成重大灾害的2005年,校团委和学生会向全校学生发出倡议,呼吁更多的人携起手来,共同为受灾地区提供关怀与帮助,并在学校举办向海啸受灾地区奉献爱心的募捐活动。

2006年,学校团委组织学生参加第一届南汇大学城青年文艺会演、上海市大学生社团文化节开幕式文艺演出,举办由台湾海洋大学与高雄海洋科技大学学生共同参与的"海的畅想——沪台两地高校学生夏令营活动"。次年,在全校团员中发起"我为校庆出份力"系列活动,在学校95周年庆祝活动中,承担校庆庆典、校庆文艺晚会和校庆志愿者招募管理的任务;举办学习党的十七大精神报告会,组织学生代表参加上海市大学生骨干理论研习营、参加上海市大学生理论学习等。

2008年,开展改革开放30年回顾活动,在校园中掀起学习贯彻党的十七大、团的十六大、胡锦涛五四青年节在北大讲话精神的热潮。以五四青年节为契机,以"传承五四精神,共建和谐校园"为主题,深入推进"我与祖国共奋进,与学校共发展""重温历史誓言""公益活动"等系列主题教育活动,引领团员青年与学校同发展,引导团员青年主动为学校献计献策,并形成人人关心、人人参与、人人服务学校中心工作的良好氛围。5·12汶川大地震后,开展以"万众一心、众志成城、抗震救灾、重建家园"为主题的团日活动,并开展为灾区募捐活动,筹得善款50余万元。

2009年,以新中国成立60周年、五四运动90周年为契机,举办国庆文艺会演,组织和动员全校学生开展国庆60周年主题班会、团组织最佳创意奖评选等。

2010年,利用"易班"平台,拓展校园文化建设阵地,加强网上思想文化建设,提高大学生网络思想政治教育工作能力和水平。开展优良学风建设推进月和学生骨干动员大会,号召全体学生骨干,以世博志愿者为校争光、乐于奉献、精诚协作、开拓创新、不断改善工作的进取精神投身于学风建设中,为创建学校优良学风奉献力量。学生谢文博获得"全国三好学生"称号。

【社会实践活动】

校团委响应党的号召,利用学校学科和地域优势,组织团员参加各项社会实践活动。20世纪50年代,团员下渔村进工厂,到生产一线去向农(渔)民、工人学习,做受工农欢迎的知识分子。

1958年教育改革期间,大批师生下农村下工厂参加生产实践。学校团委积极配合,做宣传和组织工作。1959年起,组织学生到农村进行夏收夏种、秋收秋种,接受生产劳动锻炼。团市委和《青年报》于1984年联合创办"暑期大中学生勤工俭学介绍所",学校团委通过办辅导班、勤工俭学等形式组织学生积极参与。

1984—1987年,组织"志在四方"考察团奔赴全国30多个省市进行社会考察活动。1988—1990年,学校团委开展主题为"理想之光——重走红军长征路"活动,组织2 000多名学生奔赴西部,到当年红军长征时所走过的地方去考察调研。1991年,组织学生参加上海市"91大学生社会实践营"活动,组织学生赴江西深入工农接受教育、了解科技兴农的状况。1993—1995年,开展主题为"学习光荣传统、加快改革开放和建设步伐"的社会实践活动,全校近80%的学生参加。1995年10月,校团委获"飞龙国际杯"上海市大学生社会实践组织奖。

校团委坚持以社会实践为阵地,让在校大学生接触社会、了解社会、服务社会,增强团员青年的社会责任感。1996—1999年,中宣部、国家教委、团中央连续4年授予学校暑期高等学校学生社会实践活动先进单位称号。

进入21世纪,在组织团员和青年学生社会实践活动方面,逐步形成有特色、有内容、有效果的局面,并获得一系列奖项。

2001年,开展以"传播科学思想,展示青春风采"为主题的大学生返乡暑期社会实践活动,3 500名大学生奔赴全国各地进行科技扶贫、科技攻关以及各种文化宣传,获得"上海助医网杯"2001年上海大学生暑期社会实践活动组织奖。次年,组织由26名学生组成的"三个代表"实践服务团,赴贵阳、遵义等地开展科技宣传、科技扶贫、参观考察等暑期社会实践活动,获得"交通银行太平洋卡杯"2002年度上海大学生暑期社会实践活动优秀项目奖7项。2003年,学校获全国大中专学生志愿者暑期"三下乡"社会实践活动先进单位,获"上海电信201卡"杯2003年度上海市大学生暑期社会实践活动优秀项目奖4项、集体鼓励奖1项。

2004年,以"传承五四报国志、落实科学发展观"为主题,利用暑期近万名学生返乡机会,组织学生在各地进行考察实践锻炼。同时,学生社会实践基地化建设逐渐形成制度,每年有近万名学生参与社会实践活动,项目总数400多个,先后在全国各地建立大学生实践基地50多个,形成立足周边、辐射全市、服务全国的社会实践覆盖格局。2005年,学校在新疆紫窝堡举行大学生暑期社会实践活动启动仪式暨大学生实践基地挂牌仪式,校团委组织学生暑期社会实践团分别到新疆、贵州、四川、湖北等地进行暑期社会实践,获同年上海市大学生暑期社会实践活动优秀项目奖10项。2006年,学校获上海市大学生暑期社会实践活动1项优秀组织奖、10个优秀项目奖,"食品药品安全进社区宣讲团"获最佳项目奖。2007年,学校获全国大中专学生志愿暑期"三下乡"社会实践活动先进单位称号。2008年,学校共组成社会实践项目269项,项目类别涵盖改革开放、抗震救灾、迎奥运等10个方面内容,学校获上海市大学生暑期社会实践优秀组织奖、10个优秀项目奖。同年,学校获全国大中专学生志愿者暑期"三下乡"社会实践活动先进单位荣誉称号。2009年,学校获上海市大学生暑期社会实践活动优秀组织奖、12个优秀项目奖,6人获各类市级表彰。2010年,学校获上海市暑期社会实践活动优秀组织奖,第二届"知行杯"社会实践大赛二等奖、三等奖各1项,上海市大学生暑期社会实践活动优秀项目奖11项、最佳项目奖1项,6人获各类市级表彰。

【科技创新活动】
20世纪80年代,科技创新活动作为学生第二课堂开始起步,学校团委把推动学生科技创新作为一项重要工作,鼓励大学生参加科技创新活动,组织大学生参加上海市和全国各项科技创新比赛。学校成立大学生科技服务中心,以服务中心为依托开展各种科技创新活动,定期举办各类科普讲座和学术报告会,推进大学生科技活动的开展。

1997年11月,成立学生学术委员会,负责大学生科研课题的确立、审批、课题成果鉴定,以及科研成果及论文报告评审,指导大学生科研工作。次年,成立"水大学术论坛",组织学生参加"挑战杯"比赛,并获得第五届"挑战杯"全国大学生课外学术科技作品竞赛上海赛区组织奖。

进入21世纪,大学生开展科技创新活动的热情高涨,在科技创新活动中涌现出一批优秀人物。如:2001年,食品学院学生王志以"足不出户的真实旅游"项目获全国"555创见大征集"十佳创见新星奖;2003年,信息学院学生李振根获上海市高校学生科技创新作品展示评优活动优秀奖;2005年,食品学院研究生别春彦获得"挑战杯"全国大学生课外学术科技作品竞赛银奖;2007年,食品学院学生韩志获"挑战杯"全国大学生课外学术科技作品竞赛银奖;2010年8月,水产与生命学院学生胡舒婷在第四届"上海市青少年科技创新市长奖"活动中获上海市科技创新市长奖提名奖;同年9月,在第十一届"挑战杯"全国大学生课外学术科技作品竞赛中,胡舒婷的参赛作品"基于蜘蛛网仿生结构的多功能诱捕器"获得一等奖;2010年,学生时恩斯在第六届"上汽教育杯"科技创新大赛上获特等奖,并获上海市明日科技之星称号。2001—2011年,校团委组织学生参加多届"挑战杯"全国大学生课外学术科技作品竞赛,共获得一等奖3项、二等奖2项、三等奖4项;组织学生参加第六届和第七届"挑战杯"全国大学生创业计划竞赛,获银奖2项、铜奖2项。

同时,还组织学生参加上海市的各项科技创新创业活动和其他科技创新创业活动。如:参加多届"上汽教育杯"上海市高校学生科技创新作品展示评优活动,获科技创新作品特等奖1项、二等奖4项、三等奖3项。组织参加3届上海市"科技创业杯",获二等奖1项、三等奖5项。组织参加2届"张江高科杯"上海大学生创业计划大赛,获银奖1项、铜奖4项。组织参加多届"陈嘉庚杯"青少年发明大赛,获二等奖2项、三等奖4项。2008年,获美国大杏仁学生创意大赛特别创意奖1项。2011年,在第26届英特尔上海市青少年科技创新大赛中,"食品'美容师'——肉类制品护色剂的探究实验"项目获一等奖。

第六节　学　生　组　织

一、学生会

【组织机构】

民国18年9月15日,学生会成立大会(简称"校学生会")召开,选举江良孚、沈士英、吴柔剑、郑伦显、屈均远为委员,下设执行委员会、总务部、出版部、学艺部、卫生部、运动部和军事训练部。校学生会组织学生努力学习,开展各类文艺活动,编辑刊物《水产学生》,还走出校门参加上海学生声援北平学生及所在地区学生"抗日救国"爱国运动。

1952年,学生会设有组织部、学习部、体育部、文娱部、福利部等。20世纪50年代,定期召开学代会,确立各个时期工作主题,形成活动特色,围绕创"三好"(身体好、学习好、工作好),开展加强学习、组织劳卫制体育锻炼、各项体育竞赛和文艺活动,组建文工团、水上运动队等。

1961年12月,第三次学生代表大会召开,通过《关于加强全院学生的共产主义道德品质教育的决定》,选举产生由梁祥云、董秀梅等7人组成的第三届学生会。

1964年3月,第四次学生代表大会召开,校团委书记何保源作"青年革命化"的报告,大会选举产生肖余生、沈希斌、杨仁宏等25名学生会委员。

1966年"文化大革命"爆发后,学生会停止活动。1972年起,随着学生进校学习,学生会活动逐步恢复。

1985年5月,第八次学生代表大会召开,听取关于学校教育改革和发展规划及关于学生会工作改革的两个报告,并调整学生会干部。

1991年,第十二次学生代表大会召开,会议听取和审议学生会代理副主席李波题为"严谨、苦学、实干,努力把自己培养成为社会主义现代化事业的建设者和接班人"的工作报告,审议并通过《上海水产大学学生会章程》。

2004年,第十七次学生代表大会召开,主席团常务主席朱克勇主持会议,会议听取和审议李兴华题为"求真达理、奋发有为、勤奋学习、开拓创新,努力开创学生会工作的新局面"的工作报告,学生宋伟奇代表上海水产大学第十六届学生会委员会作《关于修改〈上海水产大学学生会章程〉的报告》,并宣读《青春与水大同行》宣言书。学生会成立女生部,面向女生开展"女生节""十佳女大学生评选"等活动。

2008年,第十八次学生代表大会召开,主席团常务主席夏雅敏主持会议,会上听取和审议江卫平题为"以内涵谋发展,以创新求突破,在建设高水平特色大学的征程中奋发成才"和学生杨伊岚题为"服务青年,服务大局,在学生成长成才的进程中不断成熟进步"的工作报告。

20世纪50年代迄今,学校曾有多名学生出席全国学生有关会议。1958年,1955级淡水养殖专业学生蔡维元代表上海青年学生出席全国第一届青年社会主义积极分子大会。1960年1月,1957级海水养殖专业三年级学生范贤伦出席全国学生第十七次代表大会。2000年7月,周辉代表校学生会随上海代表团赴北京参加全国学联第二十三次代表大会。2010年,王伏璐代表校学生会参加全国学联第二十五次代表大会。

2004年,学校有24名学生获上海市优秀学生干部称号。2006年8月,邹明明获2006年度全国优秀学生干部称号。2007年8月,王位获2007年度全国优秀学生干部称号。2010年,谢文博获全国三好学生称号。

2011年,学生会设有主席团及办公室、外联部、女生部、宣传部、文体部和学习生活部6个部门。

表1-4-6 1952—2011年历任学生会主席一览表

序号	年 份	学生会主席	序号	年 份	学生会主席
1	1952—1954	周松亭	11	1981—1987	—
2	1954—1957	任为公	12	1987	王根林
3	1957—1960	钟为国、胡志豹	13	1988	沙德银
4	1960—1963	陈桂章	14	1989	高金平
5	1963—1965	杨仁宏	15	1990	俞 渊
8	1972—1975	陈玉进(厦门)	16	1991	李 波
9	1975—1979	冯炳华(厦门)	17	1992	李 丰
10	1980—1981	张 濂	18	1993—1994	刘卫同

(续表)

序号	年份	学生会主席	序号	年份	学生会主席
19	1995	华雪铭	27	2003—2004	宋伟奇
20	1996	蒋小涵	28	2004—2005	邹明明
21	1996—1997	李溪涵	29	2005—2006	向镅
22	1997—1998	蒋小华	30	2006—2007	杨伊岚
23	1998—1999	李溪涵	31	2007—2008	高启
24	1999—2000	林喜臣	32	2008—2009	王乐冰
25	2001—2002	周辉	33	2009—2010	王伏璐
26	2002—2003	何家骥	34	2010—2011	林丰

说明：表格中"—"代表无。

【特色活动】

"十佳女大学生"评选 2001年，为展示新时代女大学生风采和精神面貌，启动首届"十佳女大学生"评选活动。此后，每两年举办一次。该活动由校妇女工作委员会主办，校团委、学生会承办，通过活动展现女大学生"自强自立、自信自律、自尊自爱"的良好形象。

校园"十佳歌手"比赛 20世纪80—90年代，学校举办校园歌手"卡拉OK大赛"。2006年起，每年举办校园"十佳歌手"大赛，成为深受学生欢迎的文艺活动之一。

"风行校园"活动 2005年起开始举办，已成为面向全校的大型系列活动。主要以班级为单位进行风采展示，促进学生沟通交流，增强班级凝聚力，营造积极向上、团结奋进的校园氛围。

二、研究生会

【组织机构】

1985年，研究生会成立，负责组织研究生开展学习、科技、文体、社会实践等多种活动，倡导良好的校风、学风，促进研究生全面发展。

1985—1998年，研究生会组织机构逐步健全，在组织各种活动、加强学院间联系、增进与兄弟院校的相互交流、丰富研究生生活等方面起着积极作用。从1999年开始每年举办一届研究生"海川"学术文化节，通过多种途径活跃学术气氛，为培养研究生创新意识和科研能力提供平台。

2003年，第一次研究生代表大会召开，听取并审议由杨宁代表上一届研究生会委员会所作工作报告，并选举产生新一届研究生会委员会。

2011年，校研究生会下设主席团、秘书部、宣传部、外联部、编辑部、学术部、信息部、文艺部、体育部、生活部10个职能部门，另设有中国水产学会上海海洋大学研究生工作站（以下简称"工作站"）、外语协会、海洋科技与经济研究社3个独立部门和社团。其中，2008年5月成立的工作站是中国水产学会在学校设立的由研究生会员管理的机构，在研究生会指导下负责研究生社会实践和科技创新活动的开展。

表 1-4-7　1985—2011 年历任研究生会主席一览表

届数	年　份	研究生会主席	届数	年　份	研究生会主席
1～8	1985—1993	—	18	2003	王金庆
9	1993.10—1994.10	朱　冰	19	2004	刘　莹
10	1994.10—1995.10	花陈剑	20	2005	林文松
11	1995.10—1997.10	冯建林	21	2006	郑　亮
12	1997.10—1998.10	管卫兵	22	2006.08—2007.10	李先仁
13	1998.10—1999.10	白　桦	23	2007—2008	纪宝芳
14	1999.10—2000.10	王成辉	24	2008—2009	刘海为
15	2000.10—2001.10	柳　波	25	2009—2010	黄一民
16	2001.10—2002.10	颜云榕	26	2010—2011	许　强
17	2002	杨　宁			

说明：表格中"—"代表无。

【特色活动】

研究生会举办各类学术报告会及专题讲座，组建满足研究生兴趣或与所学专业知识有关的一系列社团，开展各种文化、艺术、体育等活动，为广大学生展示才能提供平台，形成具有特色的文化氛围。

"海川"学术文化节　见第五篇第四章第二节。

研究生论文报告会　1999 年首次举办，截至 2011 年累计举办 12 届。每届报告会均有一批高质量的论文脱颖而出，并被收录于当年的研究生学术论文报告会报告集，截至 2011 年已有近 200 篇，参加研究生论文报告会的研究生数量、论文质量、活动反响逐年提高。

三、学生社团

【社团组织】

江苏省立水产学校时期，有制造、养殖及水产生物、驾驶及操艇、国乐、戏剧团、文艺、园艺、体育等 11 个在校注册的学生社团。

20 世纪 50—60 年代，学生特色社团如文工团、水上运动队等十分活跃，特别是水上运动尤为出色，其中赛艇队就取得过辉煌的成绩。"文化大革命"期间，没有学生社团的活动。至 80—90 年代，学生社团复苏，逐步焕发出蓬勃生机。

2001 年，学校有注册社团 24 个。次年，上海水产大学社团联合会（以下简称"校社团联"）成立。校社团联受校团委领导，负责统筹校内各个学生社团的活动管理和服务，下设主席团、秘书部、社团事务部、活动调研部、信息档案部、宣传企划部、对外联络部、财务审计部 8 个部门。同年新增的社团有：大学生合唱团、"三个代表"思想研究会、历史研究会、大学生自主就业协会、天文爱好者协会、青年法学社、武术协会等。

2003—2008 年，在传统社团的基础上，特色社团迅速增长，如 IT 社团联盟、大学生艺术团、爱心协会、大学生道德实践团、辩论协会、"open"英语乐园、青年志愿者服务队、乒乓球协会、网球协会、水域漫画爱好者协会、风亦流行社等。社团在活动中获得良好发展,如IT社团联盟在2006年获第二届全国高校优秀学生社团称号,观赏鱼爱好者协会被评为上海市明星社团,青春驿站心理协会被评为上海市优秀社团。2007—2008年,大学生道德实践团被评为上海高校明星社团,青年志愿者服务队被评为上海高校优秀社团、上海市优秀青年志愿者服务集体。

2011年,学校学生社团主要分为四大类型,分别是文学艺术类12个、学术科技类3个、理论实践类13个、体育健身类19个。其中,IT社团联盟、观赏鱼爱好者协会、青年志愿者服务队、JA青年成就学会、Snatch影像联盟、爱心协会、大学生道德实践团、墨之舞书画社、水域漫画爱好者协会、创想社等社团特色显著。

【特色社团】

艺术团 校艺术团成立于1997年,下设大学生交响乐团、大学生合唱团等。学校在2003年成立大学生艺术指导委员会,聘请刘旦宅、闵惠芬、汪天云、曹丁、秦怡、黎仲诚、曹燕珍等来校开设讲座进行指导。自成立以来,艺术团经常走出校门,参加各类演出、比赛,取得优异成绩,曾获全国大学生艺术展演第二名、上海市第四届学生艺术节合唱比赛一等奖、上海市青年歌手大赛合唱二等奖、2008北京奥运啦啦助威形象大赛最佳形象奖等。

赛艇队 20世纪50年代后期,学生社团利用学校地处沿江、涉水并建有码头的有利条件,组织爱好水上运动的学生利用业余时间和假期,在体育教师指导下开展水上运动。1958年成立赛艇队,设有单人艇、双人艇、四人艇、八人艇、皮划艇等项目,成绩突出,成为上海市高校代表队,李卫成、俞嘉禾、梁祥云3名队员被选派参加全国队集训和比赛。学生陈士麟(1959届工业捕鱼专业)参加的代表队,1957年全国第一届划船锦标赛获男子八人赛艇冠军,1958年全国第二届划船锦标赛获男子双人单桨有舵手冠军,创造世界最好成绩,1959年全国第一届运动会获男子双人单桨有舵手冠军等。1959年,成立水上运动队,包括航海多项队、游泳水球队和赛艇队。在1959年上海市秋季运动会上,2名学生参加上海市高校男子双人单桨有舵手赛艇,创世界最好成绩,参加的上海市高校男子四人单桨有舵手赛艇的成绩达到世界水平,学校女子双人单桨有舵手赛艇和女子八人单桨有舵手赛艇打破全国纪录。2006年,学校组建龙舟队。2011年有男队员60人、女队员15人。龙舟队在2009年第三届中国大学生龙舟锦标赛7 000米环城拉力赛中取得第六名,在第六届上海苏州河城市龙舟国际邀请赛中取得大学生组第三名,在2009年上海市"阳光龙舟"赛中取得第二名。

IT社团联盟 2001年,信息学院团委围绕信息学院专业特色,整合计算机学社等社团,新建编程爱好者协会、网络技术协会、网络文化研究会、电脑辅助设计协会、多媒体制作协会、智能控制爱好者协会、计算机学社等8个社团,社团覆盖信息学院各个专业。2003年,成立IT社团联盟,下设6个成员协会,包括网络文化研究会、IT志愿者服务队、网络技术协会、编程爱好者协会、电脑辅助设计协会、电子商务研究会。IT社团联盟2次被评为上海市明星社团,并在2006年获全国高校优秀学生社团称号。

观赏鱼爱好者协会 成立于2002年,其宗旨是"弘扬鱼文化,传播鱼知识"。拥有近100平方米的社团专用基地,有大规格生态水族箱、金鱼水族箱、锦鲤水族箱、大型热带鱼水族箱、海水鱼水族箱以及一系列水族设备。在具有海大特色的"鱼文化节"、上海国际水族休闲展、南汇桃花节海大专场、南京路迎世博食品安全宣传周开幕式等大型活动中,完成多项任务。2004年社团获国内外海洋水族馆的社会实践校优秀项目、优秀论文奖。2006年被评为上海市明星社团,2008年被评为上海市优秀社团。

青年志愿者服务队 成立于1997年。青年志愿者服务队本着"深入社会、了解社会、服务社会、奉献爱心"的宗旨,围绕两个文明建设,在校内外针对不同的对象先后开展义务支教、爱心扶残、爱心敬老等活动。学生志愿者曾多次获得市级奖项,青年志愿者服务队2002年被评为上海市全团带队先进集体,2008年被评为上海市高校优秀社团,共6次被评为上海市青年志愿者服务先进集体。

第七节 校 友 会

一、组织机构

民国4年,学校成立校友会,宗旨是"发挥本校教育之主义、协助本校事业之发达,并使校友间得联络情谊交换智识",界定校友会会员为学校毕业生或肄业生,任职满一年以上教职员,及"以能力学说赞助本校,由本会会员介绍经职员会承诺者"。

1984年10月,1954届渔捞科和1964届工业捕鱼专业校友返校举行毕业周年庆时倡议成立校友会,得到学校和各届校友响应,随即成立校友会筹备组。1985年10月,校友会成立,选举产生第一届校友会理事会常务理事、理事长,日常工作由正、副秘书长负责。1992年11月,在建校80周年校庆时,校友会理事会扩大会议推举产生第二届理事会。1999年11月,校友会理事会扩大会议推举产生第三届理事会。2002年10月,校友会理事会扩大会议选举产生第四届理事会。同年11月,第四届理事会决定将校友会更名为校友(联谊)会,校友会××分会改为校友(联谊)会××分会,同时修订《校友(联谊)会章程》,界定校友为:学校毕业生、结业生、肄业生,学校教职员工及其附属单位学习或工作人员等;学校成人教育学院、高等职业技术学院及其所属单位的本、专科生,培训班学生等;兼职教授、名誉教授、特聘教授及其他兼职人员等。2007年11月,校友(联谊)会理事会扩大会议,增补产生第五届理事会。

按照校友(联谊)会章程规定:校友(联谊)会理事会是校友(联谊)会权力机构,由学校领导和各省(市、自治区)校友代表组成,任期5年,可以连任。主要职责:制订和修改章程;推举名誉理事、理事长、副理事长、秘书长、副秘书长和常务理事;审议理事会的工作报告,批准工作计划;理事会闭会期间由常务理事会行使职权,常务理事会由在上海工作的理事组成。理事会设理事长1人、副理事长若干人,现任校长是当然理事长,是校友(联谊)会法定代表人;理事会设名誉理事若干人,由杰出校友、学校创始人后裔和历任正职校领导担任,指导本会工作;理事会设秘书长1人、副秘书长若干人、常务秘书1人,现职校办公室主任为秘书长,主持开展日常工作。

表1-4-8 1985—2011年校友(联谊)会理事会历任理事长、秘书长一览表

届　　别	理事长	秘书长	届　　别	理事长	秘书长
第一届(1985—1992)	乐美龙	史维一	第四届(2002—2007)	周应祺	郑卫东
第二届(1992—1999)	乐美龙	汪天生	第五届(2007—　　)	潘迎捷	张　敏
第三届(1999—2002)	周应祺	潘宏根			

2000年起,各学院以专业、届别等分别成立学院校友分会,发挥在校专家教授、离退休老干部、

学生政工干部等作用,共同做好校友工作。

2009年5月,各地校友(联谊)会在沪城环路校区召开以"认识——让更多校友走进新校区、信心——为大学生就业献策、期盼——圆百年校庆的梦想"为主题的年会,来自全国16个省市地区的校友分会会长、秘书长以及各分会或省市校友代表近40人出席。

2010年5月,校友工作例会决定建立校友工作例会制度,通过各学院构建校友联络平台。同年7月,学校召开各地校友(联谊)会代表年会,来自8省市地区的校友分会会长、秘书长和校友代表参会,商议筹备建校100周年庆典事宜。

2010年10月,食品学院校友分会率先成立。2011年5月,经济管理学院校友分会成立。

2011年4月,部分企业界校友在上海襄阳会馆会商,决定成立"企业界校友沙龙"筹备会,以交流促合作,以合作求发展,以发展谋共赢;交流创业经验,探寻合作发展;发挥学校人才和智力资源优势,为校友事业发展提供支持,促进学校和校友事业共同发展。

二、校友(联谊)分会

1962年8月,由校友张乃高(首任校长张镠长子)发起,台湾校友决定就庆祝江苏省立水产学校创设50周年纪念与江苏省立各水产学校(江苏省立水产学校、国立四川水产职业学校、连云水产职业学校、江苏省立水产职业学校)校友举办联谊会。由张希达撰写学校办学史,编印《庆祝吴淞水产学校成立五十周年纪念刊》和《江苏省立各水产学校在台校友录》,其中共收录校友88人。同年8月25日,江苏省立水产学校在台校友会在台北成立。

1989年12月31日,烟台校友会在烟台虹口宾馆成立。2010年12月18日,第四届校友(联谊)会烟台分会会议推选韩茂森(1960届淡水养殖专业)为会长,刁书章(1987届海洋捕捞专业)为秘书长。

1991年,宁波分会在宁波水产研究所成立,推选吴家骅(1954届渔捞科)为会长,秘书处设在浙江省水产局。

1999年10月,深圳校友会成立。第五届校友(联谊)会深圳分会会议推选薛建(1986届渔业机械专业)为会长。同年10月17日,江苏省立水产职业学校校友会在上海财经大学宾馆成立,推选黄亚雄为会长。

2002年10月,北美校友会成立,推选唐良猷(1981届水产品加工工艺专业)为会长。

2005年6月16日,日本校友会在东京海洋大学会馆成立。

2007年7月20日,校友(联谊)会江苏分会在南京市成立,推选唐庆宁(1978届淡水渔业专业)为会长,晁祥飞(1980届淡水渔业专业)为秘书长,秘书处设在江苏省水产技术推广站。同年8月24日,校友(联谊)会湖北分会在武汉市金穗宾馆成立,推选邹桂伟(1986届淡水渔业专业)为会长,魏于生(1966届淡水养殖专业)为秘书长,秘书处设在中国水产科学研究院长江水产研究所。同年10月13日,校友(联谊)会福建分会在福州市福建省海洋与渔业局会议厅成立,推选黄世峰(1982届水产品加工工艺专业)为会长,林光纪(1978届海洋捕捞专业)为秘书长,秘书处设在福建省海洋与渔业局。同年11月27日,校友(联谊)会天津分会在天津水产集团总公司会议室成立,推选邢云河(1989届海洋渔业资源专业)为会长,秘书处设在天津水产集团有限公司。

2007年,成立校友分会的还有:安徽分会在合肥市成立,推选王建勋(1976届淡水渔业专业)为会长,陆剑锋(1999届水产养殖专业)为秘书长,秘书处设在安徽省渔业局;河南分会在郑州市成立,推选姬广闻(1981届淡水渔业专业)为会长,秘书处设在河南省水产局;宁夏分会在银川市成立,推选黄全福为会长,金满洋(1980届淡水渔业专业)为秘书长,秘书处设在宁夏回族自治区水产技术推广站。

2009年11月28日,第三届校友(联谊)会广东分会在广州市中国水产科学院南海水产研究所开会,推选麦贤杰(1970届淡水养殖专业)为会长,罗国武(1997届淡水渔业专业)为秘书长。

2011年6月10日,校友(联谊)会北京分会在北京市聚会换届,推选魏宝振(1982届海水养殖专业)为会长,秘书长为董恩和(1986届海洋捕捞专业)、董金和(1988届水产品加工工艺专业),秘书处设在全国水产技术推广总站。同年6月25日,校友(联谊)会上海分会在军工路校区专家接待中心成立,选举会长为李富荣(1984届渔业资源专业),秘书长为黄洪亮(1986届海洋捕捞专业)、陶军(1990届食品工程专业),秘书处设在农业部东海区渔政渔港监督管理局。同年7月8日,校友(联谊)会新疆分会在乌鲁木齐市新疆水产局会议室聚会换届,推选马允(1983届淡水渔业专业)为会长,秘书处设在新疆奔腾生物技术有限公司;11日,校友(联谊)会云南分会在昆明市云安会堂成立,推选邱家荣(1983届淡水渔业专业)为会长,孔令富为秘书长;30日,校友(联谊)会厦门分会在厦门市聚会,推选洪力(1980届动力机械专业)为会长。同年8月1日,校友(联谊)会泉州分会在泉州市海洋与渔业局聚会,推选陈敬聪(1975届渔业机械专业)为会长,洪明苇(1981届渔业机械专业)为秘书长,秘书处设在泉州市海洋与渔业局;2日,校友(联谊)会宁德分会在宁德市海洋与渔业局聚会,推选陈文盛(1981届海水养殖专业)为会长,秘书处设在宁德市海洋与渔业局。同年9月30日,校友(联谊)会湛江分会在广东海洋大学霞山校区图书馆报告厅成立,推选章超桦(1982届水产品加工工艺专业)为会长,谭北平(1993届硕士研究生)为秘书长,秘书处设在广东海洋大学。

2011年7月,成立校友分会筹备组的有:西安校友会筹备组在西安市成立,陈勇(1988届淡水渔业专业)为召集人;大连校友会筹备组在大连市成立,谢伟超、张忠辉和刘爱民为召集人;广西校友会筹备组在南宁市成立,罗永巨(2003届农业推广硕士)为召集人;内蒙古校友会筹备组在呼和浩特市成立,孙晓文(1986届淡水养殖专业)为召集人。同年9月,成立分会筹备组的有:海南校友会筹备组在海口市成立,罗素兰(1966届海水养殖专业)为召集人;湖南校友会筹备组在长沙市成立,王宇(1981届淡水渔业专业)、许明金(1983届淡水养殖专业)为召集人。

三、主要活动

【校友联络】

1982年,学校整理出版《上海水产学院校友通讯录》,收录校友3 612人,其中1952年以前校友199人,1952—1982年毕业校友3 413人。1989年10月,编印《上海水产大学校友名录》,收录校友13 112人。2002年10月修订时,收录校友22 245人。其中核实江苏省立水产学校1916—1939届校友为568人;上海市立吴淞水产专科学校至上海水产学院1950—1954届校友为424人;国立四川水产职业学校校友为310人;江苏省立水产职业学校(闵行)及其并入上海市立吴淞水产专科学校校友为343人;国立高级水产职业学校(乍浦)校友为186人;上海水产学院附设水产技术学校1952—1955届校友为571人。

1999年10月,海峡两岸暨海外、基隆水产学校、江苏省立水产学校校友联谊会在上海召开,印发《江苏省立水产学校、台湾基隆水产学校校友通讯录》。2001年1月,《国立四川水产学校、江苏省立水产学校校友联谊会通讯》创刊。

2006年4月,"校友在线"网站开通。2011年5月,"校友在线"改版,新增"校友名录"栏目(前台公开供校友查询使用,后台供各学院授权查询使用)。自2010年起,学校将汇编校友名录、校友通讯信息和历年毕业合影作为各学院常规工作。

2000年2月和2005年6月,日本部分校友在东京海洋大学举行座谈会,校领导与会座谈。2002年11月,越南校友组团返校庆祝母校建校90周年。2007年5月,学校从全国各地校友中邀请16名代表,参加在军工路校区举行的发展战略研讨会暨95周年校庆咨询会。2011年2月,学校派专人赴中国水产总公司驻阿曼代表处访问校友。同年6月,爱恩学院校友在澳大利亚组建澳洲校友分会,校领导与会祝贺。

学校利用校史馆、校报、校园网、讲座等载体宣传报道校友事迹。1992年,校友会编辑《校友获得科技奖项汇编》,介绍校友所获省部级以上科研成果奖项。2006年,校友会与宣传部等联合创办"直面成功"校友励志讲坛,邀请校友为学生作报告,如邀请国家赛艇队原总教练、1959届工业捕鱼专业校友陈士麟为师生作"激扬体育精神、塑造完美人生"的报告。2010年11月—2012年11月,校友会选派1000多名"校友联络信使",利用业余时间累计走访全国20个省市自治区、日本、澳大利亚各届校友共680人,制作完成《百名校友访谈录》光盘,分享校友成长成才经历、人生感悟,追忆母校生活记忆。

2008年起,校友会还积极联络、推荐海内外校友参加海外特聘教授计划、海洋学者、海鸥学者和海燕学者等人才计划,促进学校师资队伍建设和教学科研水平的提高。

【捐资助学】

1989—2011年,学校先后设立朱元鼎奖学金基金、侯朝海奖学金基金、21世纪学科基金、汉宝奖学金、汉宝科研基金、芳草奖学金、振兴水产教育基金、校友励学金、中水搏浪天涯(CNFC)奖学金、王素君基金、孟庆闻奖学基金、骆肇尧大学生科技创新基金、陈洁夫校友励学金。

侯朝海奖学金基金 1994年,经1954届渔捞科校友倡议,得到各地校友支持而设立。2005年,按学生人数比例适当增加获奖名额,每学年由10人增至50人,奖学金金额按2000元/人标准计,每学年为10万元。学校另外给予财政支持,并将其更名为侯朝海奖学金。

校友励学金(助学金) 2006年11月,由1986级校友在庆祝入学20周年返校活动时联名发起成立,国内以每年300元人民币为单位捐款,海外以每年50美元或等值外币为单位捐款。捐款每年达5000元人民币,可以个人或团体名义冠名校友励学金。1934届渔捞科校友陈洁夫,从1998年回国定居至2011年去世,每年向学校捐赠1000美元,临终前嘱其子女捐资兴学,由其子女每学年出资2万元人民币作为陈洁夫校友励学金。

【校园建设】

1978—2011年,校友或撰写回忆文章,或捐赠珍藏的毕业证书、校徽、照片等历史资料,为校史研究和文化传承作出贡献。如校友赵乃刚捐赠其1985年所获得的全国五一劳动奖章,校友黄祥祺捐赠江苏省立水产职业学校崇明分校校徽,校友黄志斌捐赠越南授予他的友谊勋章,校友陈士麟捐赠单人赛艇和单人皮划艇各1艘,校友马允捐赠国家星火奖二等奖奖杯,旅居台湾的校友黄亚雄向母校捐赠著名书法家、美国炎黄艺术学会会长卢其宇题写的《师道如天》条幅。2004年6—10月,学校在军工路校区改建校史馆,在学海路校区筹建校园文化馆,2011年在沪城环路校区改建校史馆之际,有多位校友或其子女积极捐赠实物,提供史料和珍藏多年的老照片。

2002年9月,学校90周年校庆前夕,旅居北美洲的30位校友向母校捐赠130多册科技书籍和期刊,由图书馆设专架陈列。2005年6月起,图书馆与校友会、宣传部和人事处等联合建设"海大人文库",得到海内外校友纷纷响应,通过各种途径捐赠主编或参编的各类专著、译著、教材和手稿等。校友解放捐赠新疆水产事业文献,校友赵洪根捐献水产品加工专业图书,校友陈廷钰捐献著作《中国百年海难史话》《雾海沧桑忆当年:我与招商局之缘到台湾之行》,校友杨纪明捐赠《中国海洋生物名录》《中国海洋志》《中国海洋学史》等12册珍贵藏书,校友李协德、林樟杰、章可畏等捐赠数百部图书。

2007年学校95周年校庆时,校友联谊会江苏分会联络省内渔业单位和校友捐款50余万元。2008年11月,学校举行揭幕仪式,将学生事务中心冠名为"苏友楼"。

2009年,在校友会推动下,校友在沪城环路校区认建认养"师生林"。校友先后捐赠16余万元,捐赠个人有蒋火金、罗素兰、杨纪明、滕菲和蒋晔昌夫妇、宋佳坤和黄斌夫妇等,捐赠团体有安徽校友会、烟台校友会、湖北校友会、"捕捞85班"全体校友、1954届渔捞科全体校友、珠江水产研究所校友等。

第八节 社 会 团 体

一、上海海洋大学退(离)休教师协会

【组织机构】

1998年12月,根据上海市退休教育工作者协会(以下简称"校市退教协")章程,学校成立退(离)休教师协会(以下简称"校退教协")。成立初期有会员128人。2010年底,有会员199人,约占退(离)休教职工的37%。校退教协理事会下设科教、文宣、维权3个组。历任理事长是达式奎、林雅年(2010.12—   ),历任副理事长是汪天生、史济奎、周鸿仪、杨德厚、徐仁善、乐美龙、葛茂泉(2010.12—   )。

校退教协每年召开1次年会,向全体会员报告年度工作情况及下一年度工作计划,听取广大会员意见。每隔3年换届选举新一届理事会。

校退教协制订年度工作计划,建立每月月初召开1次理事会或各分会会长参加的理事扩大会、工作日安排1名理事值班处理日常工作等工作制度;协助学校做好退(离)休教师工作,给予组织关怀、政治关心、生活照顾,在有困难时给予帮助,在老有所为上给予支持。

【主要活动】

校退教协依靠广大会员,根据中共中央、国务院颁发的《关于加强老龄工作的决定》提出的"老有所养、老有所医、老有所教、老有所学、老有所为、老有所乐"的精神开展工作。

每学期邀请专家作2~3次专题报告,使广大会员了解社会形势。每年还邀请校领导向会员作学校工作情况报告,让广大会员了解学校发展状况。

组织参加学校关心下一代工作委员会工作和教学、科研督导工作,以及辞书、校志、校史等编审工作,发挥会员专长与专业优势。经常性开展大合唱、小合唱、越剧、沪剧、京剧演唱,时装表演,舞蹈、影视观摩等群众性娱乐活动,丰富会员精神文化生活。每年会同校退管会与校老教授协会,为70周岁、75周岁、80周岁、85周岁、90周岁及以上退(离)休教职工举办祝寿会。

维护退(离)休教职工合法权益,每年组织体检,提高生活质量,对部分会员有关住房、职称、待遇等方面的问题,及时与学校主管部门沟通和协调。

二、上海海洋大学老教授协会

【组织机构】

2007年4月,根据上海市老教授协会(以下简称"市老教协")章程,学校成立老教授协会(以下简称校老教协)。成立时有会员73人,推举乐美龙为会长,林雅年为副会长。截至2011年底,有会员132人。

根据退休老教授住所比较分散等特点,为便于开展活动,校老教协设立5个分会,即:(1)水产与生命学院分会;(2)海洋科学、工程与成人教育学院分会;(3)食品学院分会;(4)人文、经济管理、信息与外国语学院分会;(5)机关分会。各分会会长分别为张克俭、崔建章、葛茂泉、徐仁善、项斯苍,副会长分别为杨德厚、何其渝、陈有容、封镇民、葛光华。各分会还聘请各主管部门有关领导为顾问。

校老教协与校退教协每年联合组织年会、大型讲座、分会会长会议和例会等活动。

【主要活动】

1. 科研教学督导

发挥老教授智力优势和专业特长,开展科研督导和教学督导工作。

科研督导工作由科技处牵头开展。2005年酝酿,2006年聘请乐美龙、陈马康、王慥、赵维信、张克俭5位老教授组成科研督导组。2009年,调整为乐美龙、陈马康、王慥、楼允东4位老教授。2007—2010年,督导组对学校承担的上海市教委、市科委、市农委科研项目,及学校博士启动项目等的申请、期中检查和项目结题等进行审议,累计1 000多项。2009年起,为推动校院两级管理,将有关科研项目中期检查和项目结题审议工作,调整为以有关学院为主,科研督导组成员参与;跨学院遴选项目审议以科研督导组为主,各主管科研副院长参与,共同审议。

教学督导由教务处牵头,以学院为主开展。教学督导聘请老教授担任,通过随堂听课,督促教学质量。2001年,学校制订《关于加强教学质量管理的决定》,提出建立督导机制,并聘请葛光华、乐美龙、姜仁良等为教学督导员。2004年10月26日,教学处召开教学考试督导组工作会议,聘请6位退休教师担任督导员。2007年9月,教务处、人事处与老教授协会联合开展"本科课堂教学质量监控的实践与思考"的专题研讨会,进一步完善督导制度,督促提高教学质量。

2. 编纂审议著作

2008年9月,水产与生命学院分会陈马康、赵长春、童合一、陆伟民等编撰完成《天然水域鱼类增殖学课程的由来与拓展》,记述1958年后天然水域鱼类增殖学课程设置的渊源、课程设置与水产养殖学科建设、课程3个发展阶段的建设情况及有关建议;海洋与工程学院分会编撰完成《海洋与工程学院有关专业设置的史料》,包含4部分内容:(1)乐美龙编《捕捞专业和有关专业课程建设等历史资料》,记述捕捞专业发展过程,以及渔具材料与工艺学、海洋捕捞学、海洋法与渔业法规、国际渔业等课程建设情况;(2)王尧耕编《渔业资源专业和有关专业课程建设等历史资料》,记述渔业资源专业设置过程和改革,及水产资源学、鱼类学、渔业资源评估、渔业资源与渔场学等课程建设和渔业资源科研工作;(3)黄永萌执笔、金正祥参编的《机械类专业和有关专业课程建设等历史资料》,记述机械类专业、渔业机械专业发展历史,及各历史阶段有关资料;(4)崔建章编《1985年以来派遣师生赴西非开创远洋渔业的历年资料》,记述派遣师生赴西非开创远洋渔业的历史、师生提供技术支持情况等内容。

2010年10月起,校老教协组织11名退休专家组成校志顾问组,审议和修改《上海海洋大学百年志(1912—2011)》《上海市级专志·上海海洋大学志》。2010年11月起,校老教协组织42名老教授编纂《上海海洋大学传统学科、专业与课程史》。

为配合2010年上海世博会召开,沈月新主编《常见水产品安全食用问答》,先后印刷2次,累计1万册。市老教协将该书纳入老教授丛书,取名《上海海洋大学老教授谈饮食保健》,于2011年3月由上海科学技术文献出版社出版。

三、上海海洋大学关心下一代工作委员会

1995年3月,学校成立关心下一代工作委员会(以下简称"校关工委")。历任主任是李道恒、周应祺、潘迎捷(2005—),历任副主任是顾乃达、牟起厚、万峰、李道恒、黄晞建。校关工委各学院分会于2003年12月成立,由各学院分管领导和老同志组成。2011年4月,因机构调整、干部变动和远郊办学,增设由17名成员组成的校关工委顾问组,姚果琴任组长。

校关工委成立初期以离休干部为主,逐步发展到以退休干部、老教师为主。主要活动有:参与爱国主义革命传统教育;参加督学活动,帮助青年教师提高教学水平;参与学生党建工作等。在学校日常思想教育工作中发挥"围绕中心,配合补充"的作用,促进青年一代健康成长。

2005年,校关工委8人次获上海市或市教育系统关工委关心下一代先进个人、关心教育下一代荣誉奖;2006年获教育部关工委主办的全国青少年主题教育征文活动大学组优秀奖3项、一等奖1项、二等奖2项、三等奖3项;2007年获上海市关工委颁发的宣传社会主义荣辱观先进集体称号;2008年获教育部关工委颁发的读书征文活动集体一等奖,所承担的"高校关工委工作科学发展的理论与实践研究""远郊办学条件下开展关心下一代工作的新问题、新途径、新方法研究"等课题,获上海市教育系统课题成果奖三等奖;2009年,校关工委获上海市教育系统关工委颁发的关心下一代工作集体荣誉称号。

四、上海市欧美同学会上海海洋大学分会

1987年9月,上海市欧美同学会上海水产大学分会成立。2008年,更名为上海市欧美同学会上海海洋大学分会(以下简称"欧美同学分会")。历任会长是王克忠、黄硕琳(2003—),副会长是高健、何培民。2003年,黄硕琳当选为上海市欧美同学会常务理事。截至2011年12月,共有会员60余人。

2001—2011年,欧美同学分会发挥人才优势,为地方经济社会发展服务,主要活动有:与上海临港新城管理委员会合作,制订临港新城分城区社会经济发展规划;与江苏省启东市政府共同举办"建设新渔村"问题研讨会;组织会员参加"科技下乡"活动,先后赴浙江、江苏、安徽等农村开展科技咨询服务;协助举办主题为海港物流发展的2009年太平洋论坛等。

在会员中,李思发1990年被评为国家级有突出贡献中青年专家,黄硕琳1997年先后被评为上海市留学回国人员先进个人和农业部有突出贡献中青年专家,周应祺1998年被评为国家级有突出贡献中青年专家。

第五章　其他机构与组织

第一节　历史上相关教育与科研机构

一、国立四川水产职业学校(江苏省立水产职业学校)

抗日战争期间，沿海各省水产学校大部分被日本侵华军炮火炸毁。为了维持水产教育，民国28年(1939年)春，国民政府教育部在四川省合川国立第二中学成立水产部，招收水产普通科学生，学制三年，兼习制造和养殖，主任为陈谋琅。

民国32年，教育部致电合川县政府：查水产教育不但培养渔业生产技术人才，且有造就水上工作能力，借以维护海权之作用，本部鉴于此前特于国立第二中学内附设水产部。为了借以扩大设施，更谋发展，特决定自本年度起将水产部改组为独立之国立四川水产职业学校。同年1月，国立四川水产职业学校成立，陈谋琅任校长，设制造、养殖两科。次年，增设渔捞科。学制均为三年。

民国33年5月，陈谋琅去职，由王刚任校长。民国35年6月，学校奉命迁址到江苏省办学，大部分江、浙籍教职员工和8个班级学生迁到江苏省崇明县，学校更名为江苏省立水产职业学校，隶属江苏省教育厅，分设渔捞、制造、养殖3科，学制三年。

学校校舍分为3处：校本部位于崇明东门外崇明学宫，有房屋85间；海塘分院，位于崇明南门外，有房屋18间；罐头实习工场，位于崇明北门，有房屋12间。

学校有中英日文图书1 480余册，海图等110张，物理、化学、生物、航海等仪器390余件，标本模型120余件。另接收原江苏省立水产学校在江苏昆山周墅镇的水产养殖实习场，占地4.66公顷(70亩)，其中大小鱼池20口，面积1.4公顷(21亩)。1947年，在上海和崇明两地招收新生7个班，加上原有在校生，全校共有15个班。同年，汤恩伯在无锡创办的私立忠勤高级职业学校水产科停办，部分学生转入江苏省立水产职业学校。

由于崇明交通不便，学校在上海县闵行镇黄家花园觅得房屋，于民国37年寒假迁移闵行，校名仍称江苏省立水产职业学校。因为部分教师仍坚持在崇明办学，校部决定设崇明分校，主任唐秉，分渔捞、制造和养殖3科，教职工12人，学生96人。

1949年崇明解放后，苏南、苏北两行署召集江苏省立水产职业学校闵行主校、崇明分校师生代表在无锡开会，决定闵行主校并入上海市立吴淞水产专科学校，崇明分校改称为崇明水产职业学校。同年8月，由苏南行署建议，经上海市军管会文化教育管理委员会同意，江苏省立水产职业学校闵行主校并入吴淞水产专科学校，成为该校附设职业部，设渔捞、养殖、制造3科，为中等技术教育。由于吴淞水产专科学校复兴岛校舍有限，并入后的职业部暂置凌州中学校舍上课。同年11月，办理移交手续，江苏省立水产职业学校校长王刚与吴淞水产专科学校校长侯朝海参加移交仪式。迁入教职工20余人，有渔捞科、养殖科、制造科学生共60人，另有少量图书、仪器、教学设备等。

1950年初,崇明水产职业学校划归南通专区和崇明县领导。同年夏,该校由苏北行署文教处接管,张志澄任校长,师生员工189人。同年12月,由华东水产管理局接管。次年,学校撤销,人员和设备迁往山东省烟台市创办山东省烟台水产学校,而多数学生并入浙江乍浦国立高级水产职业学校。1949—1951年,学校累计有毕业生3届70余人。

二、河北省立水产专科学校

清朝末年,国家外患频仍,社会有识人士呼吁兴学救亡。光绪三十二年(1906年)由直隶提学使卢木斋倡导,以开滦煤矿及京师自来水公司两项股票7万余金为基本金,并派张伯苓、李琴湘赴欧美做调查。宣统元年(1909年)11月,孙荫庭禀准直隶总督兼北洋大臣陈夔龙,委派直隶工艺局参议兼直隶高等工业学堂庶务长孙凤藻(字子文)赴日考察水产教育。宣统二年6月,孙凤藻受命借天津河北公园旧译学馆为事务所,筹备直隶水产讲习所。同年9月,招生96人,暂借天津河北长芦中学堂一隅先行开学,学校隶属劝业道。宣统三年3月,直隶水产讲习所改名为直隶水产学堂,设渔捞、制造2科,学制四年,孙凤藻任监督。同年,经陈夔龙批准,于天津总车站之东的河北种植园划地约3.33公顷(50余亩)建筑校舍。

民国元年,新校舍落成,随即迁入。民国3年,根据教育部令改为直隶省立甲种水产学校,属教育厅管理,孙凤藻任校长,学制定为预科一年,本科三年。同年,第一届渔捞、制造2科学生47人毕业。民国4年,在美国举办的巴拿马太平洋万国博览会上,学校生产的9种食品罐头、渔具模型获银牌奖。民国6年,学校第一次选派学生赴日本留学。

"鉴于各国水产事业之发达,而吾国水产事业之衰颓,人才之缺乏",民国8年孙凤藻向省教育厅提出改学校为水产专门学校,但因为经费无着,未能成功。民国18年,经省府会议议决,改名河北省立水产专门学校,其经费则照甲种实业学校预算。同年,又经省府会议议决,改名河北省立水产专科学校,并将原设渔捞、制造2科改称2组。渔捞又分航海驾驶、气象海洋、渔具、轮机4部;制造分化学、细菌、工场3部。工场部下有干制、盐藏、制药、罐头、贝扣、酿造、制盐、食品制造等工场及冷藏库。

民国19年,河北省教育厅委任张元第为校长。张元第,字嵩冠,天津人,该校毕业,留学于日本东京水产讲习所,回国后任该校制造科主任,是天津著名水产教育家,业内有"南侯(侯朝海)北张"之称。民国20年,学校创办《水产学报》,为中国最早的水产学术刊物。

20世纪30年代初,学校有学生100余人,专门教员17人、普通教员11人、职员22人,校舍141间。书籍、标本、实习器具俱极完备,"渤海一号""渤海二号"2艘渔捞实习渔船,"白河号"汽艇1艘,用于内河浮游生物采集及驾驶实习;舢板3艘,信号杆1根。制造科有制罐、罐头食品、贝扣、制革、酿造、渔具、制药等工场。学校设高中科、本科2部,年限各两年。高中科修业期满,升入本科。

民国26年,学校先后毕业学生计甲种220余人、专科160余人,分布于全国,服务于水产行政机关及教育机关,而以从事水产事业者为最多。同年"七七"事变后,平津沦陷,学校被迫停办。民国34年,抗日战争胜利后,学校在原址复校,张元第任校长。

1950年,河北省立水产专科学校更名为河北省水产专科学校。1952年12月,根据中央高等教育部决定,撤销河北省水产专科学校,部分师生(其中正、副教授和助教各1人)及设备并入上海水产学院,其他师生并入山东大学水产系。

三、国立高级水产职业学校

民国4年,浙江省立甲种水产学校创办。民国16年,改名为浙江省立水产职业学校。民国22年,更名为浙江省立高级水产职业学校,次年停办。

抗日战争胜利后,鉴于水产教育有培养水上作业人员、维护海权之重要作用,王肇汉等奉命于民国35年筹备国立高级水产职业学校。最初曾拟选广东黄埔、山东青岛、上海吴淞和浙江定海等地为校址,但均未被核准。民国36年,勘定浙江省平湖县乍浦镇,并经教育部核准,任命戴行悌为校长。乍浦原为孙中山计划建设东方大港要塞,为"钱塘江出口,我国海岸线中点,东南望舟山群岛,东北接嵊泗列岛"。同年,在乍浦镇假徐家祠堂等处,经修缮作为临时校舍,租数栋民房为教职员宿舍。同年8月,在浙江平湖和上海两地举行入学考试,新生于11月开学,并在上海市设立办事处。

开办筹备之初,学校各种设备尚属简单,经费匮乏。民国37年,学校办学经费每月2000美元,不及实际支出三分之一。图书5万册,物理仪器3套,化学仪器2套,教学用显微镜、解剖器具多台。同年,学校设置渔捞、制造、养殖3科,招收学生146人。

解放后,1951年初由浙江省文教厅建议,经华东水产管理局同意,决定将浙江乍浦国立高级水产职业学校并入上海水产专科学校,有教职工32人、学生164人、职工家属10人,以及仪器、设备、图书等1260件。并入后,与上海水产专科学校附设职业部合并,组建成为上海水产专科学校附设水产技术学校,设置渔捞、制造、养殖、轮机4科,招收初中毕业和同等学力者入学,为三年制中等技术教育,同时设有招收小学毕业生的渔村师范班,共有学生337人。1952年,更名为上海水产学院附设水产技术学校,共设有4个科、13个班级,由副院长黄亚成兼任校长。

1953年,附设水产技术学校停招,其渔捞科、制造科毕业生经入学考试合格后,分别升入上海水产学院海洋捕捞、水产养殖、水产加工3个本科专业学习,共计87人。1955年,附设水产技术学校停办,原有轮机科连同师生一并转入上海船舶工业学校。

附设水产技术学校共培养毕业生557人,其中渔捞科274人、养殖科118人、制造科144人、渔村师范班21人。毕业生除升学者外,均统一分配到各省市水产部门工作。

四、中国科学院上海水产研究所

1958年,上海水产学院根据高校教学与科研发展需要,向水产部申请设立水产研究所。当时恰逢上海市委拟组建一批重点科学研究所。同年8月,中国科学院上海分院(简称中科院上海分院)根据中共上海市委指示,委托上海水产学院筹建上海水产研究所。为此,学校成立筹备小组,与中科院上海分院共同筹建。同年10月,经报请水产部同意,中国科学院上海水产研究所在上海水产学院正式成立。中国科学院上海水产研究所以上海水产学院教授朱元鼎领导的海洋渔业研究室为基础,由学校海洋渔业系、水产品加工系和水产养殖系抽调部分教师为专职科研骨干组成,朱元鼎兼任所长,曹正之兼任副所长,设鱼类学、工业捕鱼、水产资源、水产养殖和水产加工5个研究室,编制60人,接受中科院上海分院下达的科研任务和科研经费。建所之初曾明确上海水产研究所是地方性、产业性水产科研机构,以合理开发利用东海区水产资源和改进捕捞技术为主要研究方向,为地方服务,为水产教育服务。

1959年12月,上海市科学技术委员会会同上海市教卫办调整1958年由高校筹建的研究所的领导关系。1960年1月起,中国科学院上海水产研究所由上海水产学院领导,所名不变,有关经费、物资、器材由上海市高教局代管。

1960年4月,学校向水产部建议将中国科学院上海水产研究所改由部直接领导,使之成为面向东海的水产研究机构。上海市水产局则从上海地方需要出发,建议将该所划归上海市水产局领导。经学校党委讨论,提出拟与上海市科委、上海市水产局三家共管的设想。同年12月,上海市水产局党委商请学校党委联名向上海市委、上海市科委提出《关于加强中科院上海水产研究所的意见》的报告,建议由上海市水产局和学校共同领导,该所的规模、科研任务等由上海市水产局和学校共同商定,报上海市科委和中科院上海分院备案,所名不变,所长仍由上海水产学院院长朱元鼎兼任,研究所建立党支部,日常管理由上海水产学院党委负责。经费、物资、设备由上海市水产局负责安排,将研究所建设成既能解决生产技术关键问题,又能从事基础理论研究;既以鱼贝藻类为研究对象,又兼顾整个水生动植物资源开发的综合性水产研究所。

1961年5月,为使水产科研工作更好地与水产生产相结合,经上海市科委与上海市委财贸部和教卫部研究,根据《上海市水产局和上海水产学院党委关于加强上海水产研究所领导的决定》,研究所改由上海市水产局与上海水产学院双重领导。

1962年,上海市水产局党委和学校党委联名向上海市科委递交《关于上海水产研究所的建制、性质、任务和领导分工的意见》。同年,上海市科委批复同意将中国科学院上海水产研究所更名为上海水产研究所,设有9个研究室及编译室,研究人员和行政人员达110余人。

为进一步加快水产研究所发展,学校向水产部报送《关于上海水产研究所建所经过及今后意见》,提出该所由水产部直接领导的建议。1963年1月,经国家科委同意,将上海水产研究所划归水产部领导,以部为主,部与上海市双重领导,改名为水产部东海水产研究所(简称东海所),将淡水养殖部分划出,成为面向东海区以水产资源和捕捞技术研究为中心的科研机构,所长由朱元鼎兼任。研究所财务与学校分开,成为独立部属单位,但仍挂靠学校管理,研究所党组织由学校党委统一领导,设总支部委员会。

"文化大革命"期间,农林部于1970年将东海所移交上海地方管理,上海市革命委员会决定研究所由上海市海洋渔业公司领导,改名为上海市海洋渔业公司东海水产研究所。后经上海市革委会财贸组同意,自1972年4月起该所改名为上海市水产研究所,划归上海市水产局领导,独立建制。

1978年7月,国家水产总局、上海市革命委员会联合颁发《接交协议》,将上海市水产研究所恢复为东海水产研究所,划归国家水产总局领导。1982年,研究所划归农业部中国水产科学研究院领导,更名为中国水产科学研究院东海水产研究所。

第二节 挂靠机构或组织

一、中央农业干部教育培训中心上海海洋大学分院

【机构设置】

中央农业干部教育培训中心上海海洋大学分院(以下简称"学校分院")前身是1980年6月由国家水产总局委托学校举办的干部培训班。1983年11月,农牧渔业部决定将原农牧渔业部所属

16所农业(水产、农机)院校干部培训班在北京组建成中央农业管理干部学院。1984年1月,经农牧渔业部批准成立上海水产学院分院,与校内渔业经济与管理系合署办公。1997年12月,学校分院改为与学校成人教育学院合署办公。2002—2008年,随中央农业管理干部学院和学校的更名,学校分院先后更名为中央农业干部教育培训中心上海水产大学分院、中央农业干部教育培训中心上海海洋大学分院。

在举办干部培训班期间,班主任由副院长黄亚成兼任,下设办公室,石镛、陈克分别任正、副主任。成立学校分院后,分院院长由校长兼任,副院长专门配置。历任院长是乐美龙、陈坚、周应祺、潘迎捷(2005.4—);历任副院长是张继平、葛光华、高健、成长生(2001.1—)。

【主要工作】

初期,主要对水产系统干部进行培训。随着农业和农村经济发展,培训对象逐步拓宽到农业干部和专业技术人员,形成水产(农业)干部、专业技术人员、农民以及乡镇领导干部培训等近20多个培训项目,累计20 000多人次。根据农业部安排,曾举办过两年制脱产专科。

干部轮训 1981—1985年举办第一轮,分海洋渔业班、淡水养殖班和海洋渔业英语班,每期脱产培训4—6个月。1981年3月—1985年8月,共举办16期,培训人员457人。1986—1990年举办第二轮,主要是对水产系统领导干部进行渔业管理知识培训,共举办7期,培训水产局长120人。1991—1995年举办第三轮,主要培训县水产局长、水产技术推广站站长、科技人员和水产院校处级干部,共9个班,培训人员184人。

干部专修科 根据农牧渔业部要求,1984年曾举办两年制干部专修科,设有淡水渔业、海洋渔业、水产工业企业管理、渔业经济与管理、渔政管理和水产供销企业管理等,共培养干部251人。

部委委托培训 1991年、1992年,为水利部水管司下属水库分管渔业负责人举办两期渔业基础知识及经营管理培训班,培训人员55人。1996—2000年,根据农业部要求,为江苏、贵州、安徽等省举办特种水产养殖技术与管理高级研修班、沿黄低洼盐碱地渔农综合开发利用专题研修班,共7期,培训人员268人。其中,有5期是与有关省水产主管部门联合举办的干部培训班。2001年11月,受教育部委托,举办"新世纪水产类专业教学改革与实践高级研讨班暨新世纪水产类专业课程骨干教师进修班",来自全国21所院校的120多位学校领导和骨干教师参加研修。2002—2006年,根据中组部、农业部要求,为全国沿海地区分管农业和农村工作的副县级领导干部举办高级研修班,共4期。2010—2011年,承办农业部农牧渔业大县局长培训班,来自沿海省市以及安徽、江西等地的200位农业和渔业局长参加培训。

地方委托培训 1984—1989年,受上海市水产局、崇明县、上海水产养殖公司,江苏省水产局、无锡市、盐城市、盱眙县等委托,举办管理干部、财会人员、水产养殖场场长等各类培训班20多期,培训人员600多人。2000年起,由计划型培训转变为市场型培训,培训量逐年上升,培训领域从水产扩大到农业、管理、经济等领域。2001—2009年,举办各类干部教育培训班278期,培训人员25 000余人。2006—2010年,为全国各地农业部门培训人员14 483人次,学员来自全国12个省市自治区。其间,受上海市合作交流办公室委托,对重庆、湖北三峡库区和云南对口支援地区的农业、水产干部进行培训;与北京司法培训机构合作进行司法考试培训;与上海市农委合作举办农业旅游、农业循环经济、农村专业合作组织、新农村建设、农产品加工保鲜、现代花卉技术等方面培训。

【师资队伍】

初期,师资主要为校内具有中高级职称的水产专业教师,同时聘请水产界和政府部门有一定知名度的领导和专家兼任,开设专题或系列讲座,师资队伍比较稳定。1984—1985年,聘请2位美国专家在英语培训班任教。

2000—2011年,由于培训领域不断拓展,除继续聘用校内资深专业教师外,根据教学需要,还聘请复旦大学、上海交通大学、同济大学和科研院所等有关单位教授,农业部、上海市有关领导,以及企业家和基层一线优秀干部授课,组成一支相对稳定的专兼职专业师资队伍,建立师资库。

【教学基地】

初期,办学条件比较简陋,没有专用干部培训楼。1991年10月,由农业部投资建设培训中心,建筑面积为5 245平方米,其中有专用教室5间,计280平方米;大、中会议室3间,计446平方米;标准房和普通房若干,可供188人住宿;餐厅1个,可供180人同时用餐,以及其他附属设施,办学条件明显改善。

二、农业部远洋渔业培训中心

【机构设置】

1990年6月,农业部在学校成立农业部远洋渔业培训中心(以下简称"培训中心"),以适应远洋渔业发展需要,提高我国远洋渔业职务船员(包括渔业劳务输出人员)和经营管理人员业务水平,逐步实现远洋渔业培训工作制度化、规范化。培训中心挂靠学校,业务受农业部渔业局领导,下设办公室作为常设机构,负责日常工作。培训中心正、副主任分别由农业部渔业局局长和学校校长兼任。办公室主任由学校海洋渔业系主任,后为海洋科学学院院长兼任,办公室配备主任助理1人、工作人员1人。历任中心负责人是乐美龙、陈坚、周应祺、潘迎捷(2004—),历任办公室主任是崔建章、许柳雄。

主要职能是面向具有一定实践经验的海洋渔业职务船员、经营管理人员及渔业劳务输出人员,开展以专业基础知识和实际操作技能为主要内容的岗位培训。

主要任务是:根据《中华人民共和国海洋渔业船舶船员考试发证规划》和有关规定,制订培训教学计划,会同农业部渔港监督机关审定培训科目教学大纲;根据培训科目教学大纲,组织编写和审定培训教材;结合不同国家、地区、作业方式和渔业管理要求,组织编写专用教材;负责远洋渔业师资培训、发放师资合格证书、建立师资人才库;调查我国渔船船员队伍和培训工作情况,提出全国远洋渔业培训网络建设和培训工作规划建议;直接承担的培训任务;组织远洋渔业培训教学经验交流等。

【主要工作】

人员培训 1991—2011年,培训中心承担远洋渔业船员、渔业船员四项专业技术证书培训,以及全国渔船职务船员职称考试、GMDSS、全国涉外渔业船员、中国水产总公司集团高级职务船员进修、上海水产集团职务船员升等升级、国际渔业法规及鱿钓技术、全国外派渔船劳务、远洋渔业管理干部、远洋渔船冷藏操作工技能、香港渔民金枪鱼延绳钓技术、南极海洋生物资源开发、中美渔业联合执法英语及业务、全国沿海省(区、市)渔政处级干部高级研讨、全国磁罗经校正员、农业部国际渔业观察员、全国培训点教师等培训共128批8 300人次。

教材编写 1992—2011年，编审出版培训教材有全国渔船职务船员统编教材《航海》《轮机》《捕捞》《英语》《国际渔业法规》《电信》，以及《渔业法规与渔业管理》《全国对台渔工劳务输出培训教材》《全国渔业船员涉外培训教材》《对台渔工基本技能培训教材》《渔业安全手册》《渔业安全管理概论》等12种，编译出版国际海事组织的《1995年渔船船员培训、发证和值班标准国际公约》及其会议决议，编印《海洋法基本知识与日本海和西北太平洋海域鱿钓渔业的管理办法》《日本海和西北太平洋鱿钓渔业的注意事项》《新西兰渔业法规与鱿钓的管理》《日本海鱿钓作业区线图》和《西北太平洋鱿钓作业区线图》，审定和出版全国渔船职务船员考试题库《航海》《轮机》，还主编出版渔业行政执法培训教材《渔政干部培训系列教材》10个分册。

咨询服务 根据农业部需要，培训中心1991—2011年为农业部制订有关远洋鱿钓渔业管理办法，研究和提供有关中日、中韩渔业协定方案，审定全国培训网点教师任职资格，承担培训网点管理工作，编制"渔业船舶登记"软件系统，根据《STCW—F 1995公约》规定，修订《中国渔业船舶职务船员考试大纲》，起草《农业行业国家职业标准（讨论稿）》（渔捞员、驾驶员、轮机员）、《渔业船员培训机构管理办法》和《中华人民共和国海洋渔业船舶职务船员考试发证规则》等。

【师资队伍和实验室建设】

任课教师主要由校内教师承担，同时聘请外校教师或有关专家兼任，组成一支相对稳定的师资队伍。涉及专业有航海、轮机、通讯导航、无线电、国际渔业法规、雷达避碰、捕捞技术等。

截至2011年，建成7个专业实验室。

全球海上遇险和安全（GMDSS）实验室 实验室由GMDSS模拟训练实验室和真机实验室两部分组成。GMDSS模拟训练实验室由1台服务器、1台教练机和20台训练机组成，主要模拟IMARSAT—C地面站系统、IMARSAT—A地面站系统、中高频数字选择性呼叫系统、窄带印字电报、单边带呼叫系统等，培训学员熟练使用上述设备，能与地面站、船上进行商务通讯，在紧急情况下发射求救信息，能利用NAVTEX接收航行区域的航海信息等。真机实验室主要模拟NAVTEX RECEIVER、中高频数字选择性呼叫系统、单边带呼叫系统、IMARSAT—C地面站系统等设备，能完成船与地面、船与船之间的日常呼叫和遇险呼叫，接收航海信息等。

捕捞作业模拟实验室 模拟实验有：垂直和水平探鱼仪的使用与鱼群映象识别；鱼群侦察、鱼群范围判定、四点探索法；中层拖网拖向选择和作业；深海中层拖网水层调整与网位仪等使用；船舶动态参数测试等。

航海模拟实验室 系统总体包括视景训练水域数目5个，可设包括渔船在内的物标船数80个；可设置不同种类的鱼群和网具，10个以上鱼群信号，2种以上网具。本船操纵台可进行车、舵操作和渔具操作。可进行手操舵、自动舵和应急舵切换；可显示有关航行信息、渔具状态信息和探鱼仪相关信息；具备碰船、搁浅、撞岸等报警和鱼群信号显示。具有模拟雾笛功能。具备渔具操控功能，包括渔具起、放、拖带等。视景显示中，一个本船显示范围主本船水平180度环形幕，另一个副本船具有水平120度环形幕。船舶运动模型中，配有5种船舶的数学模型，包括定制的渔船，考虑风、流以及浅水的影响，锚、缆操作和渔具操作。雷达显示使用模拟ARPA雷达显示图像，可进行有关雷达和ARPA的所有操作培训，基于图像模式，具有回波遮挡、远距离衰减效应、海浪和雨雪干扰、设置雷达应答标（RACON）和应急示位标（SART）等功能。电子海图能显示模拟水域的电子海图，具备电子海图的相关功能。

航海雷达实验室 实验室主要功能：雷达的使用与标绘；ARPA雷达的使用；GPS的使用；车、

舵的操作使用；VHF 的使用；船舶在渔区中的操作避让；船舶进出港口时的操作避让；卫星 C 站的操作；DSC 控制器操作；窄带印字电报操作；遇险通讯及转发的操作等。

轮机模拟实验室 轮机模拟实验室主要由船舶主机系统、船舶辅机系统、机舱集中监测报警系统、教员台系统、自动化电站系统等组成。设备包括集中监控台、主机机旁控制台、辅机机旁控制箱、自动化电站、主机驾控台、教员工作站、仿真工作站等。学员在学习和进行实际操纵训练前，通过轮机模拟器训练，了解实际轮机运行性能，掌握操纵过程环节。

动力装置实验室 动力装置实验室主要由动力装置试验台架组成，包括主机、齿轮箱、轴系、水力测功仪等。主要作用是使学员在完成轮机模拟器训练之后进行实际操作训练，了解和学习实际轮机（主动力装置）运行性能，掌握操纵过程环节，并在轮机模拟器训练后掌握实际动手过程中难以实践的环节。

语音室 语音室可进行英语、西班牙语、日语、朝鲜语等语言教学培训，通过人物虚拟、场景再现等多种方式，力求达到真实的培训环境。该系统可以同时容纳 40 名学员进行培训。

三、中国水产学会水产学报杂志社

【机构设置】

1963 年 12 月 6—16 日，中国水产学会成立大会暨学术讨论会在北京举行，大会决定出版学术刊物《水产学报》，编辑部挂靠学校。

1964 年，中共中央宣传部发文批准，同意出版《水产学报》。同年，水产学报编辑委员会成立，挂靠上海水产学院，朱元鼎任第一届主任委员。同年 12 月，由中国水产学会水产学报编辑委员会编辑，学术期刊出版社出版，中国工业出版社第四印刷厂印刷的《水产学报》第 1 卷第 1、2 期合刊在北京正式出版，共刊登 6 篇研究论文和 4 篇研究简报。

1965 年，《水产学报》自第 2 卷开始改为季刊，每季首月出版，由北京邮局总发行。

"文化大革命"期间，《水产学报》停刊。

1978 年 6 月 20—30 日，中国水产学会恢复大会暨学术讨论会在天津召开，对开展学术活动、办好学术刊物、普及水产科技知识和组织参加国际交流活动等方面作出部署。水产学报编辑部同时恢复成立，挂靠厦门水产学院，着手复刊的准备工作。

1978 年 6 月，根据国家科委发文，《水产学报》复刊。1979 年 3 月 27 日，水产学报编辑部恢复工作，挂靠上海水产学院。1980 年 3 月，《水产学报》第 4 卷第 1 期正式出版，出版单位改为上海科学技术出版社，印刷单位为上海新华印刷厂，发行单位是全国各地新华书店。

自 1980 年《水产学报》复刊后，为进一步扩大发行，便于读者订阅，自 1981 年第 5 卷第 1 期开始，发行由新华书店改为邮局发行。1986 年下半年及 1987 年编辑部自办发行业务，自 1988 年起又恢复邮局发行。

2000 年，为进一步扩增期刊内容信息量，提高论文时效性，依据《关于 12 种期刊变更登记项目的批复》，《水产学报》由季刊改为双月刊，其他登记项目不变。为进一步扩大杂志影响力，并适应新闻出版行业的改革潮流，经中国科协宣传部批准，中国水产学会水产学报杂志社成立。

2010 年，依据《关于〈水产学报〉出版刊期变更的函》，经上海市新闻出版局研究并报新闻出版总署批准，《水产学报》自 2010 年 1 月起由双月刊变更为月刊，其他登记项目不变。

表 1-5-1　1964—2011年历届水产学报编委会人员情况表

届　别	年　份	主任委员	副主任委员	顾　问
第一届	1964—1978	朱元鼎	费鸿年、刘宠光	—
第二届	1978—1986	朱元鼎	费鸿年、陆　桂	—
第三届	1986—1988	朱元鼎	孟庆闻、陆　桂、刘恬敬	—
第四届	1988—1992	陆　桂	乐美龙、刘恬敬	—
第五届	1992—1998	孟庆闻	乐美龙、刘恬敬	费鸿年、陆　桂
第六届	1998—2001	周应祺	管华诗、唐启升、苏锦祥	孟庆闻、乐美龙、刘恬敬
第七届	2001—2005	周应祺	张铭羽	—
第八届	2005—2007	黄硕琳	张铭羽（　—2006）、司徒建通（2007—　）	—
第九届	2007—	黄硕琳	司徒建通、卢怡、陈松林、陈立侨	—

说明：表格中"—"代表无。

编辑部历任主任：姚超琦、卢怡；历任副主任：滕永堃、高健、卢怡。

【主要成果】

《水产学报》是我国水产界历史最为悠久的刊物之一，自创刊之日起，所刊登和收录的论文始终保持领域内一流学术水平，是《中国科学引文数据库》（CSCD）核心库来源期刊、《中国科技论文统计源》核心期刊、北京大学图书馆的中文核心期刊，并被美国《化学文摘》（CA，Chemical Abstracts）、《剑桥科学文摘》CSA(NS)、《乌利希期刊指南》（UPD，Ulrich's Periodicals Directory）、《水生科学和渔业文摘》（ASFA），俄罗斯《文摘杂志》（AJ，VINITI），英国《农业与生物科学研究中心文摘》（CAB，Abstracts）、《全球健康》（Global Health）、《动物学记录》（ZR，Zoological Record），日本《日本科学技术振兴机构中国文献数据库》（JST），以及《中国科学引文索引》《中国学术期刊文摘(中、英文版)》《中国生物学文摘》《中国水产文摘》等文献收录。

1997—2001年获第三届全国优秀农业期刊奖；2003年10月20—21日，在中国水产学会成立40周年庆典大会上，《水产学报》获全国优秀水产科技期刊和科普作品期刊一等奖；2002—2011年连续获百种中国杰出科技期刊称号；2006—2008年获中国科协精品期刊工程项目（C类）资助；2009年获华东地区优秀期刊称号；2009—2011年获中国科协精品科技期刊示范项目（B类）资助；2008年、2011年获国家科技部中国精品科技期刊称号；2009年获第四届华东地区优秀期刊奖。

四、农业部冷库及制冷设备质量监督检验测试中心

【机构设置】

根据农业部颁发的《关于下达我部第二批部级产品质量监督检验测试中心筹建计划的通知》，于1991年成立农业部冷库及制冷设备质量监督检验测试中心（以下简称"测试中心"），挂靠学校。次年，通过机构认可和计量认证两项评审，正式挂牌。

测试中心是经国家认证认可监督管理委员会计量认证，具有第三方公正地位的法定的产品质

量监督检验部级检测中心,主要承担制冷设备、冷库及相关设施等的质量、安全监督检验测试,是为制冷行业产品质量检测提供技术服务的非营利性公益事业单位,受农业部农产品质量安全监管局领导。

测试中心主任由学校领导兼任,下设质量监督室、业务室、检测室、样品室和档案室。2011年,有专业技术人员10人,其中教授1人、高级工程师3人、高级实验师1人、工程师4人、技工1人。业务覆盖范围包括制冷与低温工程、电子技术、电气自动化、计算机科学与技术、机械制造、法律法规等。成员中有5名具备《实验室资质认定评审准则》内审员资格。历任主任是王克忠、陈坚、黄硕琳(1996—   ),历任副主任有朱富强、陆宝棣、吴稼乐、万锦康(常务)、张清、曹广荣。

【主要工作】

测试中心成员先后承担国家发改委项目、中国农产品冷链物流发展规划研究、超低温水产品加工工程研究、水产品冷链技术咨询、金枪鱼超低温冷库研究、A3/R 5.5—09 型非标低温低气压环境模拟试验仓的建设、船用吊顶式冷风机质量改进、节能型流态床冻结装置研究等课题。

测试中心具有各类实验室面积,共计1 060平方米。参照美国ASHRAE标准设计,建成夹套式低温实验室,能在－30℃范围内对名义冷却面积25～250平方米的氨用空气冷却器、名义冷却面积25～100平方米的氟利昂用空气冷却器进行高精度性能检测,达到国际先进水平。配备有150台(套)先进的便携式温度、湿度(包括低温湿度)、压力、流量、时间、噪声、各项电参数等检测仪器、仪表,可以承担7种制冷装置和2种保温材料的性能检测。

表1-5-2 农业部冷库及制冷设备质量监督检验测试中心检测项目一览表

产品类别	序号	产品名称	依 据 标 准	限制范围或说明
制冷装置	1	土建冷库	GB 50072—2001《冷库设计规范》;GB 50274—1998《制冷设备》、《空气分离设备安装工程施工及验收规范》;SC/T 9008.1～9008.3—1997《冷库主要热工性能试验方法》	公称体积500立方米及以上新建、改建、扩建冷库
	2	组合冷库	JB/T 9061—1999《组合冷库》	
	3	空气冷却器	JB/T 7658.6—2006《氨制冷装置用空气冷却器》 JB/T 7659.3—1995《氟利昂制冷装置用空气冷却器》 SC/T 9009—1997《空气冷却器》	氨用空气冷却器名义冷却面积:25～250平方米;氟利昂用空气冷却器名义冷却面积:25～100平方米
	4	冷凝器	JB/T 7658.5—2006《氨制冷装置用辅助设备第5部分:蒸发式冷凝器》 JB/T 7659.2—1995《氟利昂制冷装置用水冷冷凝器》	
	5	冷却塔	CECS 118:2000《冷却塔验收测试规程》	湿式冷却塔安装现场的验收测试
	6	冻结装置	SC/T 9011—2006《冻结装置试验方法》;SB/T 10340—2000《食品单体速冻装置》;SB/T 10342—2000《螺旋式食品速冻装置》;SB/T 10344—2001《食品平板式冻结装置》;JB/T 7216—1994《卧式平板冻结机》;GB/T 22732—2008《食品速冻装置、流态化速冻装置》	
	7	冷藏集装箱	SN/T 0981—2000《进出口用冷藏集装箱安全与卫生检验规程》	

(续表)

产品类别	序号	产品名称	依据标准	限制范围或说明
保温材料	8	聚氨酯、聚苯乙烯	JB/T 6527—2006《组合冷库隔热夹芯板技术条件》	不能检燃烧性能参数
	9	软木	LY/T 1318～1319—1999《软木砖(低温隔热用)》；LY/T 1319—1999《软木砖试验方法》；GB 10297—1998《非金属固体材料导热系数的测定方法(热线法)》	

根据农业部《产品质量监督检验测试机构基本条件审查认可评审细则》和国家认证认可监督管理委员会《实验室资质认定评审准则》的要求，测试中心建立《质量手册》《程序文件》《实施细则》《操作规程》等质量管理文件，并及时更新再版，2011年推出第四版。

测试中心主要工作是承担制冷相关产品和服务的委托检验、质量仲裁检验和各地法院委托的司法鉴定工作。2003年，承担农业部"农用(侧重水产)冷库及制冷设备质量安全全国普查"任务，提交行业评估报告，为农业部在农业制冷方面的决策提供依据。2004年起，受上海市卫生监督所的委托，对上海市中小学生盒饭生产企业的冷、热链硬件设施进行检验，以及承担或参与编制SC/T 8059—2006《渔船隔热层发泡操作规程》、SC/T 9011—2006《冻结装置试验方法》、SC/T 9020—2006《水产品低温冷藏设备和低温运输设备技术条件》、SC/T 3117—2006《生食金枪鱼》等标准，《水产品冷链物流服务规范》国家标准等。

2005—2010年，测试中心承担并完成联合国粮农组织援助朝鲜的现场渔业冷冻技术服务、朝鲜水产省渔业制冷技术培训和考察，以及朝鲜学习考察团(组)多次来华考察和技术交流等工作。

测试中心还承担本科生教学任务，面向全校开设ISO 9000标准、ISO 1400标准、标准化概论等课程，指导制冷专业部分本科生毕业论文。

五、全国渔业节能协作组

【机构设置】

前身为1983年成立的全国渔船节能技术与管理协作组，1996年更名为全国渔业节能协作组（以下简称"协作组"），由农业部渔业局领导。协作组组长由农业部渔业局主管节能工作的副局长担任，副组长由学校校长和农业部渔业局渔机处处长担任。协作组成员由农业部渔业局和全国各重点渔业省(自治区、直辖市)、计划单列市渔业主管部门、渔业科研机构和有关高等学校，以及重点渔业耗能企业等推荐的节能管理干部、工程技术人员和学者组成。

协作组下设办公室，为协作组闭会期间议事机构和日常办事机构，挂靠学校。工作人员由协作组领导小组成员所在单位派出，学校应光彩和蔡学廉先后担任协作组办公室主任。学校还选派章可畏、平瑛、胡明埥、季星辉、滕永堃、殷肇君、夏泰淳、陈蓝荪、王永鼎、王锡珩等教师，参加有关渔业专业节能研究和推广工作。全国渔业节能协作组两次被国家授予全国节能先进单位称号，应光彩、蔡学廉等被农业部授予全国农村能源建设先进工作者称号。

2000年，因机构变动，全国渔业节能协作组及其办公室停止工作。

【主要工作】

拟订规章制度 1986—2000年,先后制订《〈节约能源管理暂行条例〉在渔业系统的实施细则》《渔业主要耗能行业的产品能耗与设备能耗标准》《渔船油耗定额标准》《渔船柴油机选型技术要求标准》《木质渔船玻璃钢被覆施工工艺技术要求标准》等,经农业部渔业局审定,作为行业标准,使渔业节能工作有章可循。

构建管理网络 通过省、地、市、县各级节能办、节能科室、重点用能企业和有关节能成员,建立节能管理网络,贯彻实施各项节能政策和措施。召开全国渔业节能协作组年会以及节能技术、产品交流会,开发休闲渔业座谈会等60多次。开展渔业节能培训工作和渔业节能与耗能调查、渔船图集编制、渔船推进装置、养殖节能和玻璃钢渔船等培训班30多期。

承担科研任务 组织和实施农业部重点课题"渔船船、机、桨优化匹配的研究",编纂《中国海洋机动渔船图集》(群众渔业),参与渔船节能降耗测试和研发工作,包括磁化节油器、乳化柴油等的测试和研究。组织两次全国性节能与耗能调研,为国家制定渔业节能政策与规划提供依据;1985—1992年进行第一次调研,为制定"八五"渔业节能规划和开展节能工作提供依据;1996—1997年进行第二次耗能调查,配合《节约能源法》的颁布实施,分析渔业节能潜力,并为制定"九五"渔业节能规划提供依据。

推广节能经验 主要有综合节能渔船、导管桨、双速比齿轮箱、渔船艉部节能措施(整流板、帽和导流罩等),节能型柴油机(增压和闭式冷却),使用重柴油、柴油和机油添加剂、优化滤清器、金属清洗剂,有效利用主机废热、轴带发电机、老300型柴油机节能技术改造和木质渔船覆盖玻璃钢技术等,以及水产养殖节能泵及其管理、水产冷库节能设备和管理等30余种。

承办编撰和出版《渔业节能通讯》季刊(1984年创刊),交流推广渔业节能技术成果和管理经验,促进渔业节能工作发展,1984—2002年共出版53期。此外,还编辑出版渔船传动齿轮箱、渔船柴油机、水产节能技术、休闲渔业和全国渔业节能协作组年会文选等节能技术专辑。由学校教师编撰、出版的节能书籍有殷肇君的《水产养殖机械》,蔡学廉、伍稷芳的《玻璃钢渔船》,蔡学廉、林成景的《渔船柴油机200问》,应光彩、蔡学廉、章可畏、伍稷芳主编,袁随善、罗德涛、乐美龙主审的《中国海洋机动渔船图集》(群众渔业)。

六、中国水产学会中国渔业史研究会办公室

【机构设置】

中国渔业史研究会于1983年3月在江苏省苏州市成立,是中国水产学会下设专业组织之一。主任委员为丛子明,副主任委员为骆肇尧,委员有王野雨、王敬南、丛子明、冯顺楼、孙瑞璋、李振民、李星颉、李豹德、严超、沈汉祥、佘大奴、吴有为、吴善长、钟麟、张定民、张震东、骆肇尧、饶发祥、施鼎钧、韩伐贵、斯颂声、蔡仁遽、谭玉钧等23人。根据《中国渔业史研究会简章》,组成中国渔业史编委会,骆肇尧任主任,蔡仁遽、吴有为、施鼎钧、周士源和薛镇宇等为委员。由上海水产学院和大连水产学院负责组建中国渔业史研究会办公室,负责日常工作,办公室设在上海水产学院。

研究会主要工作是:组织专家收集、整理、编辑和出版《中国渔业史》;出版《渔业史》刊物,刊登渔业史研究成果及史料;由办公室编印简报《渔业史研究动态》,互通信息,推动渔业史研究工作。

研究会办公室成立初期由学校吴有为、马馨铭和徐荣3人,及校外王明文负责,后由吴有为、马馨铭和徐荣3人负责。《中国渔业史》编撰工作于1991年10月基本完成,办公室工作终止,后续渔

业史研究转由中国水产科学研究院渔业经济研究所负责。

【主要成果】

研究会办公室自成立以来,与河南、安徽、吉林、江苏、河北、上海、浙江、福建、广东和湖南等省市水产学会和渔业管理部门建立联系,交流和探讨渔业史志有关问题,推动中国渔业史研究和编撰工作。1983—1991年,办公室工作人员在相关杂志发表9篇学术论文,积极参与《中国农业科技史稿》渔业部分编写工作。编撰、印制或出版的著作有:

《范蠡养鱼经》 组织中、英、日、俄、法和西班牙等6国语言专家翻译、编写《范蠡养鱼经》精印本,1985年由农业出版社出版,作为对外交流用书。

《渔史文选第一辑》 该书共收集1949—1983年发表在全国期刊、报纸的渔业史文献65篇,总计40万字,由中国水产学会刊印。

《渔业史》杂志 编辑出版《渔业史》杂志,促进渔业史研究,开辟学术交流园地。有关文章已列入大农史文献索引。

《中国渔业史》 在《中国渔业史》原有提纲(古代、现代两部分)基础上,增加近代部分,由办公室有关人员组稿、统稿和联系出版。

七、上海市水产学会

【组织机构】

上海市水产学会(以下简称"学会")成立于1965年,挂靠学校,由上海市水产局党委、上海水产学院党委双重领导。学会理事会下设海洋捕捞、水产养殖和水产品加工等5个专业委员会。"文化大革命"期间,学会停止活动。

1977年11月,根据上海市委宣布恢复上海市科协和各专门学会精神,学会召开理事扩大会,成立新一届理事会。

1978—2006年,学会理事会历经8届改选,历届理事长是朱元鼎、范纬青、束昭生、乐美龙、周应祺,潘迎捷(2006.12—),历届副理事长是范纬青、刘忠、曹正之、钱洪昌、张友声、乐美龙、沈卉君、黄大明、王义强、严增富、钱锦昌、陶子实、黄锡昌、郭南麟、顾惠庭、余明龙、乔庆林、黄硕琳、顾道良、凌孔山、陈雪忠、梁伟泉、张秋华、朱建忠。历任名誉会长有朱元鼎、肖林、乐美龙。

理事会秘书组曾设在上海水产研究所、上海市水产局。1992年,理事会秘书组改为学会办公室,迁至四川中路320号办公。1997年3月起,学会挂靠学校,办公室改设在学校。第八届理事会下设海洋渔业、水产养殖、水产品加工、渔船渔业机械与仪器、渔业经济与管理、科普工作6个专业委员会。

根据《上海市科学技术协会关于推进所属学会改革与发展的意见》,学会突出以会员为本、坚持民主办会,制订学会和各分支机构的管理和工作条例、办公工作条例、财务工作条例,规范各项工作,积极发展新会员,致力于把学会办成"水产科技工作者之家",为上海市水产业服务。

【主要活动】

1. 学术交流

理事会以"科技兴渔,积极推广水产科学技术"为宗旨,通过以下3种方式开展学术交流,团结广大渔业工作者,为上海水产事业服务。

学术年会　理事会每年召开学术年会,交流海洋渔业、水产养殖、水产品加工、渔船机械仪器等领域的最新学术成果和实践经验。自第六届理事会成立以来,坚持在学术年会上隔年评选优秀论文。

研讨会　学会围绕上海水产业发展,组织召开都市渔业发展,200海里专属经济区界划对我国海洋渔业的影响,面向21世纪的上海海洋渔业发展战略,实现上海传统养殖业向现代化渔业的转变,21世纪上海对海洋生物的开发利用,现代渔业装备的新技术、新产品,我国设施渔业的发展方向,南美白对虾防病技术,养殖河鲀食用安全性等研讨会,以及海岸带综合管理、食品经济管理学科创建纪念、沿岸海域生物栖息地生态改善与评价技术等国际研讨会。

学会与相关学术团体联合召开的研讨会有:2002年与上海市渔业经济研究会联合召开健康养殖研讨会,2004年与学校合作召开渔业经济文化国际研讨会,2008年与学校联合举办沿岸海域生物栖息地生态改善与评价技术国际研讨会,2009年与学校联合举办中国鱼糜现状及淡水鱼糜制品开发、食品学科发展战略研讨会等。

专题报告会　学会组织和邀请美国、加拿大、日本、泰国,以及国内专家来沪作专题报告。如虾病诊断与防治技术、水产饲料加工与营养、美国渔业管理等专题报告。请会员作有关出访报告,如俄罗斯渔业、法国贝类净化和卫生管理、东京冷冻鱼糜会议、国际鱼类种质资源研究等报告。

2. 科技咨询

学会先后提出《上海国营海洋渔业经营策略与调整研究》《"八五"期间发展上海水产养殖的建议》《名特优新产品养殖发展方向研究》《发展上海鲜熟水产冷冻食品研究》《上海水产加工如何走出困境的建议》《上海创一流渔业的研究》《上海都市型渔业发展对策》《国营渔业生产结构调整研究》《水产养殖业发展前景》《本市突破水产品加工的对策》《渔船安全系统建设》《上海市水产养殖与增殖的现状和建议》《上海市标准化生态型水产养殖场建设情况调查报告》等建议,为科学决策提供依据。

3. 专业培训

学会结合生产需要先后举办各种类型的培训班100余次,如探鱼仪使用和维修技术、郊县渔船船老大的航海驾驶技术、对虾病害防治、养殖水体水质分析技术及操作规范、高效安全渔药的使用、虾蟹安全健康环境监测等培训班。标准化工作委员会为水产系统企业举办计量法、六项国家基础标准、电气国家标准、GB紧固件标准、GB/T 19000系列标准等宣讲会,举办标准化法、产品质量法、农业部标准化管理办法等学习班。

编写、出版教材有《渔用声纳》《小型渔船驾驶》《鱼糜加工工艺》《鱼糜加工机械》《水产品冷冻小包装加工》《鱼病防治一览表(挂图)》《名特优水产品养殖技术》等,与农业部渔政渔港监督管理局联合编写出版《渔船船员考试题解答(驾驶、轮机、电讯)》,计1.8万册,作为渔船船员培训教材。

4. 科普教育

从第三届理事会起设立科普工作委员会,把科普工作作为学会社会责任。20世纪80年代,曾制作科普幻灯片,参与拍摄科教电影,编写科教录像片剧本。《超声与捕鱼》《机帆船隔热舱保鲜》两部科技幻灯片报送全国科普幻灯观摩会。针对业内需要,举办工厂化快速养鳖操作技术规程、远洋渔业发展趋势、水产品冷冻与制冰技术进展、国际渔船安全公约托雷莫利斯议定书、GPS在渔业上的应用、冷冻调理水产品与水产冷库专题、水产品质量管理HACCP规范、水产养殖病害预防(试验)的技术问题、青虾养殖等讲座。

5. 科协活动

学会每年均参加上海科技节及科技精英评选等活动。在1997年上海市科协第七届青年论文评选、第六届中国青年科技奖评选,及 2003 年上海市科协第九届青年优秀论文活动中,学会会员分别获 3 个二等奖、1 个三等奖、2 篇优秀论文奖,学会获优秀组织奖。

1998 年,组织上海市科协下属学会科普工作者参观中华绒螯蟹育苗场和养鳖场。2001 年,参加第六届上海青少年生物和科学实践活动评审工作,获组委会赠送的"今天已撒下科普的种子,明日将结出科研的硕果"的锦旗。2003 年,配合上海市科协建立完成"上海市科协高级科技专家库"。2004 年,完成上海市科协开展的上海学科建设调研。2005 年、2009 年,学会推荐的东海水产研究所庄平研究员和学会副理事长陈雪忠研究员,分别被评为第九、第十一届上海市科技精英提名奖获得者。

2006—2008 年,向上海市科协推荐第二十二至第二十四届英特尔上海市青少年科技创新大赛评审专家名单。2007 年,参加上海市科协组织的中国青少年科学素质行动上海试点项目第六批资料包《水产品膳药品之用与安全》的撰写工作。2009 年,向上海市科协推荐决策咨询专家名单。

6. 编印刊物

学会与上海市水产研究所、上海市水产技术推广站联合主办科技期刊《水产科技情报》。自 1973 年创办至 2011 年 12 月,共发行 273 期,多次获全国优秀科技期刊奖、全国优秀水产报刊奖和上海市优秀科技期刊奖,并获全国优秀水产科技期刊称号。学会办公室自 1999 年起,已编印《渔业讯息》25 期。

八、上海市渔业经济研究会

【组织机构】

上海市渔业经济研究会(以下简称"研究会")经上海市社会科学界联合会批准,于 1984 年 7 月成立,并召开第一届会员代表大会,审议通过《上海市渔业经济研究会章程》,选举产生 24 名理事组成第一届理事会。1984 年 7 月—2006 年 6 月,研究会历经 5 次换届选举。历任会长是范纬青、顾惠庭、顾道良、黄硕琳(2006.6—　),历任副会长是高耘樵、任徽典、王野雨、洪伯雄、王树仁、孙水根、周应祺、余观宝、顾惠庭、范守霖、袁国荣、张秋华、舒伟、袁国荣、戴祥庆(2006.6—　)。曾聘请肖林、任徽典、陈海刚为名誉会长。

研究会曾先后挂靠上海市水产局、上海市水产办公室,2006 年 6 月起挂靠学校。

【主要活动】

1. 学术交流

研究会配合上海市渔业发展召开有关研讨会,主要有:1990 年召开绿鳍马面鲀(俗称马面鱼)生产、营销、加工形势与对策研讨会,1995 年召开市郊集体海洋渔业经济所有制形式变革研讨会、水产发展方向专题讨论会;1994 年与中国水产学会、上海市太平洋经济研究会、上海市水产学会和学校联合举办太平洋区域渔业经济与管理研讨会;1996 年召开鱿鱼加工综合利用研讨会,与上海海洋渔业发展公司联合召开发展北太平洋巴特柔鱼钓捕研讨会;1997 年与上海市水产办公室联合召开长江水系中华绒螯蟹种质资源保护研讨会,与上海市水产学会举办 200 海里专属经济区问题研讨会;1998 年召开 21 世纪上海渔业研讨会;2002 年与水产行业协会联合召开发展上海水产加工业的难点与潜力研讨会;2003 年 9 月,举办庆祝研究会成立 20 周年暨学术报告会,专门制作《上海市渔业经济研究会 20 周年纪念》光盘并编发《上海渔业经济》专辑;2005 年参加上海市第四届社会科学普及活动周活动,举办观赏鱼专题报告会;2010年举办主题为"关注海洋,关注远洋渔业"的学术年会等。

2. 科技服务

1993年,受东海区渔政局委托,为适应海洋渔业生产需要,编制《浙江沿海及毗邻海域渔场作业图集》《福建沿海及毗邻海域渔场作业图集》。

2008年,在青浦举办"渔业科技入户,放心渔业生产资料下乡"活动。

3. 科普教育

2004年,举办"从傻瓜鱼缸面世,展望纳米养鱼时代"的科普报告会;2007年,在上海市杨浦区五角场镇举办"食品安全与营养"专项咨询活动;2008年,为浦东新区金桥镇举办以"关注食品安全,创建和谐家园"为主题的第七届上海市社会科学普及活动周活动;2009年,在芦潮港镇汇角村举办第八届上海市社会科学普及活动周暨食品安全进社区活动;2010年,与学校食品学院联合在闸北区蕃瓜弄举办第九届上海市社会科学普及活动周活动等。

4. 编印刊物

1986年4月,研究会创办内部刊物《上海渔业经济》季刊,上海市连续性内部资料准印证号为:(K)第0055号。1992年,被全国水产报刊宣传工作会议授予服务奖。

九、上海市食品学会

【组织机构】

上海市食品学会(以下简称"学会")成立于1979年7月,前身是创建于1956年10月的上海市园艺学会农业加工学组。

学会由会员代表大会选举产生理事会,由理事会产生常务理事会,常务理事会下设办公室、咨询服务部、食品工业编辑部,以及儿童营养食品、食品装备、乳品、烘焙食品糖制品、食品安全、乳酸菌和食品经济7个专业委员会。历任理事长是刘家福、张肇范、程裕东(2008.3—),历任副理事长是胡永威、徐达道、李光言、沈天益、吴承璘、范尚农、叶敬杰、唐仁承、翁懋、袁亦丞、虞永宾、徐学平、沈雁、严晓俭、郭本恒、柳启沛、徐容、谢冠华、沈晓彭、王锡昌、李永敬、葛俊杰。历任名誉理事长是吕永杰、潘迎捷、王宗南、张肇范(2008.3—),历任名誉副理事长是叶敬杰、袁亦丞、柳启沛。

2008年3月,召开第四届会员代表大会,决定学会挂靠光明食品(集团)有限公司和学校。

【主要活动】

1. 学术交流

学会2002年举办以"抓住机遇、与时俱进、锐意创新"为主题的年会、儿童营养食品专业委员会学术年会、装备专业委员会学术报告会,组织会员参加中国国际农产品深加工——食品工业发展战略研讨会、中美食品工业高层论坛(上海)、《食品开发》杂志举办的中外食品界高层论坛等学术交流活动、与美国思新公司联合组织美国NFS公司技术交流活动;2003年,举办上海首届食品科技青年论坛,编辑《上海首届食品科技青年论坛资料》;2005年,与上海市中国工程院院士咨询与学术活动中心在上海共同主办2010年上海世博与食品安全专题研讨会;2007年,在上海主办第四届亚洲乳酸菌研讨会暨第三届乳酸菌与健康国际研讨会,并于同年11月协办由美国马萨诸塞大学食品与科学技术系主办、学校食品学院承办的第三届Omega 3脂肪酸功能食品研究与开发国际研讨会;2008

年,在上海协办由市食品药品监督管理局和学校主办的"迎世博·食品安全国际研讨会",并协办由国际食品科技联盟(IUFST)和中国食品科学技术学会主办的"第十四届世界食品科技大会";2009年,与日本微酸性电解水协议会联合主办微酸性电解水在食品产业中应用专题研讨会,旺旺集团与学校协办;2010年,与日本丘比公司共同举办"新饮食生活伴侣——健康沙拉调味品"专题报告会。

2009年11月24日,学会在上海市科学会堂举行成立30周年纪念大会,并出版30周年纪念画册。

2. 科普教育

2005—2010年,学会开展系列科学普及活动,主要有:与上海市食品药品监督管理局、学校(上海海洋大学,下同)在上海南京东路步行街世纪广场联合主办首届"迎世博·食品安全宣传周"活动;在长宁区多媒体生活广场联合主办,以预防食物中毒为主题对民众开展食品安全科普教育的第二届"迎世博·食品安全宣传周"活动;与上海市食品药品监督管理局、上海市爱国卫生委员会、上海市科学技术委员会和学校等在闸北区新客站白玉兰广场联合主办主题为"人人了解食品安全,全民建设健康城市"的2007年"迎世博·食品安全宣传周"科普活动;与上海市食品药品监督管理局、杨浦区人民政府和学校联合在五角场万达广场主办主题为"关注食品安全创和谐,办好北京奥运迎世博"的活动,在黄浦区世纪广场举行主题为"构筑食品安全防线,喜迎精彩世博盛会"的活动;2009年5月,举办"迎世博·食品安全宣传周"活动;2010年6月,与中国食品科学技术学会、国际食品科技联盟、宋庆龄基金会事业发展中心在世博园区的世界贸易中心协会馆联合主办"食品安全宏观管理与技术保障论坛"。

3. 对外交流

2004—2010年,学会领导先后参加中国食品科学技术学会举办的全国分会和地方学会有关会议,承办中国食品科学技术学会联谊会,交流各省市食品学会工作经验,加强地方学会之间的合作,还先后组团考察日本爱知县世博会,参加在印尼巴厘岛举办的第三届亚洲乳酸菌会议、在法国南特举办的第十三届世界食品科技大会、在新加坡召开的第五届亚洲乳酸菌研讨会等。

2010年,学会与新西兰红蕨联营公司(Red Fern Associates)讨论食品安全合作意向。

4. 科技咨询

2003年,学会为三添食品公司解决调味料加工难题,为美隆科技公司解决生产加工技术问题等。儿童营养食品专业委员会为好宝宝爱尔乳酸钙冲剂进行技术监制。2007年,承担上海市科学技术协会决策咨询项目"世博食品工程战略研究",提出"建立原料基地化、加工定点化、产品标签化、管理信息化等运行与管理模式,以实现世博食品的全程追溯"的建议。2009年,承担上海市食品药品监督管理局软课题研究项目"食品监管中专家咨询作用的探讨",构建完成食品安全专家检索系统。同年4月,全面更新由学会指导、学校食品学院维护的学会网站,新版网址:http://www.ssfs.org.cn。

2010年7月,学会与上海市食品协会共同开展2009年度上海食品行业领先企业评选工作。

十、上海市延安精神研究会

【组织机构】

上海市延安精神研究会(以下简称"研究会")于1987年经上海市社会科学联合会(以下简称

"市社联")批准成立,旨在以马克思主义、毛泽东思想为指导,宣传弘扬延安精神。研究会挂靠上海市哲学学会,属二级学会。历任会长是李玉瑾、萧俊等,副会长是王乐三、王邦佐、孟波。名誉会长先后是李佐长、孟波、王乐三、萧俊。

2003年12月,理事会换届,研究会并入上海市毛泽东思想与邓小平理论研究会,为其会员单位,并成立延安精神学术委员会。委员会主任是林樟杰,副主任是王群、许光顺。

2006年,经市社联、市社团管理局同意筹建具有法人资格的一级学会——上海市延安精神研究会,于2007年1月举行成立大会,审议通过《上海市延安精神研究会章程》,选举产生第一届学会理事会,决定研究会挂靠学校。2008年起,设常务理事会。历任会长是林樟杰,叶骏(2009.12—),历任副会长是朱敏彦、杨元华、黄晞建、王群、何建中、余亚平、生键红、忻平,名誉会长为林樟杰。

【主要活动】

1. 学术交流

先后召开"纪念毛泽东同志诞辰110周年""纪念邓小平同志诞辰100周年""纪念周恩来同志诞辰110周年""弘扬延安精神,落实科学发展观,构建和谐社会""纪念红军长征胜利到达陕北70周年""学习十七大文件,弘扬延安精神"等理论研讨会或纪念会,学习、宣传、研究、弘扬延安精神。2007年,先后赴江苏淮阴周恩来故居、盐城新四军纪念馆、泰兴新四军黄桥战役纪念馆和陕西延安考察。2008年,赴北京与中国延安精神研究会进行交流。2009年,先后赴呼和浩特出席"纪念新中国成立60周年理论研讨会"、武汉江汉大学召开的"延安精神当代价值论坛暨延安精神进校园研讨交流会"并进行交流。2011年6月,在上海承办由中国延安精神研究会主办的纪念中国共产党成立90周年理论研讨会。

2. 理论研究

2007—2009年,分别向市社联的马克思主义中国化与上海改革发展征文活动、中国延安精神研究会理论研讨会提交2篇论文,向延安精神当代价值论坛暨延安精神进校园研讨交流会提交1篇报告。2007年,研究会开展主题为"延安精神与上海城市精神的塑造"征文活动,收到论文23篇,出版《继承、弘扬、改革、创新——纪念改革开放30周年论文集》。2008年3月,与上海市委党史研究室和市老干部局合作,承编上海党史工作"十一五"规划丛书之一《口述上海党史丛书——延安精神卷》。2009年,全市十余所高校100余名师生历时一年半,采访在沪60位曾在延安学习、工作、战斗过的老干部,整理采访材料并编撰出版《浦江之畔忆延安》一书。全书分延安精神永留存、救国之路求索、八载干戈抗倭寇、窑洞大学育英才、自力更生奏凯歌、新风正气铸党魂、文化卫生新建设7个部分,共20余万字。

第二篇
教职工

概　述

民国元年(1912年)学校成立时,有教师8人。民国36年复校成立上海市立吴淞水产专科学校时,有教职员工38人。1949年解放后,随着办学规模不断扩大,教职工人数有较大幅度增长。1952年升格为上海水产学院时,教职工人数达183人。1965年增长到636人。1985年更名为上海水产大学时达到930人。2008年更名为上海海洋大学时为969人。2011年底全校教职工人数为1 015人。

解放前,学校教职工采用专职、兼职等聘用方式。解放后,1952—1992年实行录用制,1993年起实行聘任制,2001年起实行全员聘任制。进入21世纪,又先后增加柔性引进、人事派遣等方式,用人方式呈现多样化。

在人事管理上,学校根据有关规定,制订一系列管理制度,逐步实行规范化、制度化管理。教职工编制由上级主管部门根据在校学生人数核定。20世纪90年代,学校在上级下达的编制数内,根据教学科研人员、实验技术人员、图书资料人员、党群工作人员、行政管理人员、工勤人员分类定编,在优先教学、科研编制的前提下,严格控制各类人员结构比例。

1984年,学校修订《干部考核暂行办法》《工人考核办法暂行规定》,采用定性、定量相结合的办法进行考核。20世纪90年代,学校根据上级要求,制订《教职工年度考核试行意见》,规定考核内容为德、能、勤、绩4个方面,考核结果分为优秀、合格、不合格3个等次并以此为奖惩依据,直接与职务、职称、工资、年终奖、续聘与否挂钩。对连续2年考核不合格者,予以辞退。

退休教职工管理,20世纪50—70年代主要由基层单位会同人事部门负责。1988年,学校成立退休教职工管理委员会,下设办公室,负责退休教职工管理服务工作。1999年起,实行校、院二级管理,进一步落实"老有所养、老有所医、老有所学、老有所乐、老有所为、老有所教"。

教师队伍建设是人事工作重中之重。1912—2011年,学校通过多种途径培养师资队伍:一是注重在实践中培养师资,鼓励教师把学问做在江河湖海上;二是调入名师专家、引进高层次人才、接收应届高校优秀毕业生充实教师队伍;三是选派优秀中青年教师出国进修,或选送优秀毕业生、在校生到国内外深造,学成回校任教;四是聘请国内外著名学者、专家来校讲学或合作研究;五是建立健全人才培养制度,发挥优秀教师传、帮、带作用。

教职工专业技术职务在解放初期基本保留国民政府时期职务名称与职级。1951—1959年,学校主要对助教晋升讲师进行评审。1960—1965年,学校进行3次教师职称评审工作。"文化大革命"期间,学校停止职称评审。1980年、1982年,学校根据农牧渔业部文件,进行2次正副教授评审工作,先由学校评议通过后报农牧渔业部审批。1999年12月,学校获得水产养殖、捕捞学、渔业资源、食品科学、水产加工及贮藏工程5个学科的副教授任职资格评审权。2002年,根据上海市人事局通知精神,实施专业技术职务聘任制,学校有权直接聘任正高级专业技术职务。为此,学校制订聘任办法,对教师、科学研究、兼职高教研究、工程技术、实验技术、图书资料、经济、会计、卫生、出版、学生思想政治教育教师等系列专业技术职务任职条件和岗位职责作出明确规定。

2011年,学校根据中央和上海市有关规定,实行用人机制由身份管理向岗位管理转变,规范教职工分类定职管理,共设置1 025个专业技术岗位,其中教师岗位792个,占77.3%;其他岗位233

个,占22.7%。

教职工工资福利待遇,解放前由国民政府教育部统一制定政策。解放初期,维持原薪并按照日常生活用品价格的"折实单位"计发工资。1956年起,教职工工资按中央人事部规定执行。根据国家有关规定,学校于1956年、1985年、1993年、2006年进行4次工资改革。改革开放以来,又7次调整专业技术等级工资标准,16次调整职务津贴。学校又于1984年、1992年、2003年、2005年、2010年5次对校内分配制度进行改革,较大幅度增加校内岗位津贴,并先后对学海路校区、沪城环路校区教职工发放远郊津贴。

1993年,上海市建立社会保障体系,学校全体在职和离退休教职工纳入社会保障范围。

第一章 人事管理

第一节 机构人员

一、机构

1952年,在学院办公室设置人事科。1972年,迁往厦门办学时成立人事处。1992—2003年,人事处与组织部曾2次合署办公。2003年1月起,人事处独立建制。

表 2-1-1　1956—2011年人事机构沿革与负责人情况表

机构名称	年　份	正职	副　职
人事科	1956.3—1957.7	何家振	袁庆长
	1957.7—1960.4	牟起厚	季黎平
院办公室人事科	1960.5—1964.6	牟起厚	柳　财
政治部干部处	1964.7—1972	牟起厚	赵颖熙
人事处	1972—1979	刘　明	赵森林
上海复校筹备组人事处	1979—1984	宫鸿基	耿福华
人事处	1984.3—1986.10	舒筠清	马家琰
	1986—1989	陈叔文	马家琰、徐仁善(1988.4—　)
	1989.10—1992.11	马家琰	徐仁善(　—1992.7)、孙美云(1992.9—　)
组织人事办公室	1992.11—1994.7	顾乃达	马家琰、孙美云、封镇民(1993.10—　)
	1994.7—1996.12	王昌如	封镇民、莫寅仁(1994.12—　)、杨　昕(1995.11—　)
人事处	1997.3—2001.2	王英华	杨　昕(　—1998.9)、莫寅仁(　—1999.3)
组织人事处	2001.2—2003.1	王英华	陈江华、王　艳
人事处	2003.1—	郑卫东	王　艳(　—2004.12)、程彦楠(2005.1—　)

二、人员

民国元年(1912年)学校成立时,有教职员8人。民国5年7月达到40人。江苏省立水产学校时期,学校采取聘任制,教职员中有专职、兼职两种聘用形式。主要教师有:普通科秦沅、黄守恒、王喻甫、焦才贤等;渔捞科李东芗、张柱尊、吴毅、金心衡、巫忠远、冯立民、侯朝海、杨月庵、秦铮如等;制造科曹文渊、陈廷煦、陈同白、张楚青、罗聘卿、徐定一、姚詠平、翁斯鑑等;养殖科陈椿寿、陈谋琅、邹源琳、刘琴宗等;航海专科徐祖藩、裘祝三、尤亚举、曾经五、袁尚佳、侯宝山等。"八一三"事变后,校舍尽毁,学校停办。民国36年,在上海复兴岛复校,成立上海市立吴淞水产专科学校时,全校教职员工38人,其中教师23人。

1949年5月上海解放时,学校有教职工51人,其中教师28人,有教导主任秦镜如、渔捞科主任李东芗,职业部主任王刚,制造科主任金焰,实习主任杨橱恒,气象学教师程纯枢,数学教师张丹如,航海船艺学教师高鸿章,渔捞学、渔捞概论及渔具实习教师张友声等。1952年初,学校教职工有183人,其中教师57人。教师中有教授10人、副教授10人、讲师17人。同年9月,上海水产学院成立后师资力量得到进一步充实。学校先后从圣约翰大学、东吴大学、大同大学、厦门大学、武汉大学和有关单位调入一批知名教授,充实教学和科研队伍,如朱元鼎、陈子英、王以康、王贻观、华汝成、陆桂、宋德芳、骆肇荛、施彬、俞之江、韩家学等。1956年,学校教职工增加到312人,其中教师141人。教师中有教授11人、副教授12人、讲师42人。1965年教职工人数达636人,其中教师287人。教师中有教授11人、副教授8人、讲师75人。

1972年,有教职工574人,迁往厦门时,除自然减员和照顾留沪的102人以外,有472人随迁厦门。1973年起,学校陆续补充师资。1976年,全校教职工达600人。1978年,全校教职工达980人,其中教师421人。同年恢复教师职称评定工作,其中正副教授15人、讲师224人。

1979年学校迁回上海时,根据上海市、福建省规定,大部分教职工迁回上海。学校努力引进人才充实师资,教职工人数1981年达到680人,1982年为753人,1983年为777人(其中专任教师405人),1984年为814人(其中专任教师396人),1985年为930人(其中专任教师356人),1991年为902人(其中专任教师432人)。1999年起,后勤服务实施社会化改革后,有关膳食、车队、勤杂服务等方面的新进员工逐步实行社会化管理,不再列入正式人员编制。2000年,学校教职工总数789人,其中专任教师338人。

进入21世纪,随着学校专业设置增加、招生规模扩大,教职工人数有较快增长,队伍结构不断优化。尤其是2008—2011年,学校从国内外引进一批高层次人才,逐步建成一支以国务院学位委员会学科评议组成员、国家百千万人才工程入选者、国家级与省部级有突出贡献中青年专家、农业部科学技术委员会成员以及中青年教授为骨干的师资队伍。

2011年12月31日,全校共有教职工1015人,其中,教师659人、教学辅助人员206人。全校教职工中有正高级专业技术职务者110人、副高级专业技术职务者259人,有博士学位者343人、有硕士学位者373人。

第二节　定　编

从建校至解放初期,学校除聘用专职教师外,还聘用校外教师兼课或兼职。

在计划经济时代,学校人员编制由上级主管部门审定,录用教职工须经上级主管部门审批,运行过程比较严格,同时也造成队伍结构不够合理、缺乏竞争机制等问题。随着改革开放和市场机制的深入,学校用人机制日趋多样,编制管理也逐步规范。

1955年4月,教育部下达高等学校员工编制,规定:员工编制数均以各校1955年度预算中所列人员为基础,只许减少,不许突破;未经教育部批准,不得随意增加人员;审批经费计划时按编制核定人数核发。据此,1955年学校核定编内人员数180人,其中,教学人员77人,行政人员65人。1957年,参照高等教育部修订的《高等学校人员编制暂行规定草案》,根据上海高等教育管理局《关于1957年人员编制控制数的通知》,学校结合自身实际情况,确定编制数为300人,对精减人员进行妥善安置。

表2-1-2　1957年高等农林院校人员编制情况表

学生人数	教职工人数				
	合计	教学人员	教学辅助人员	行政人员	工勤人员
500	228	76	28	72	52
1 000	385	142	55	108	80
2 000	655	266	106	153	130
3 000	894	380	150	182	182
4 000	1 138	500	200	216	222

20世纪60年代初,学校根据教育部《关于进一步调整教育事业和精减学校教职工的报告》,向水产部呈报《关于修订编制方案意见的报告》,水产部1962年批复同意学校教职工编制人数为433人(教职工与学生比为1∶3.3),其中,教师233人、职工200人;同意学校实习渔轮、金工厂、养殖场3个附属单位职工编制人数为90人。

学校从厦门迁回上海后,农牧渔业部1984年下发《关于上海水产学院人员编制报告的批复》,同意学校1984—1985年人员编制总数为870人。

20世纪90年代,学校先后经历1992年、1997年两次定编。

1992年定编　农业部1991年下达《关于上海水产大学机构编制及干部职数的批复》,批准学校事业编制为932人,其中干部编制706人,工人编制226人,总编制中校本部646人,其中专职教师302人,专职科研人员91人,实验实习场、工厂、船队编制132人,附属单位编制63人。同意学校设置23个处级机构,核定校级领导干部职数5人,处级领导干部职数67人(含2名正处级校长助理)。为此,学校1992年制订核定校本部各类人员编制的实施办法,以"稳定规模、调整结构、统筹兼顾、理顺关系"为指导思想,进一步核定校本部各类人员编制;调整校级机关机构设置,精兵简政,建立一支精干高效的管理队伍;改革教师队伍中存在的忙闲不均状况,促进人才合理流动;建立健全岗位责任制,教职工聘任制,定期考核和工资、津贴的结构分配制;逐步建立校本部编制的调控机制,对总编制实行宏观控制,各系、各单位在校核定编制数内自行调节,以提高办学效益,实现"八五"计划和十年规划总体目标。

定编范围:教学人员、实验技术人员、图书资料人员、党群工作人员、行政管理人员、工勤人员。

定编依据:按照国家教委《全国普通高等学校人员编制的试行办法》的文件,校本部各类人员与在校学生比为1∶3.3,教学人员与在校学生比为1∶7.5。按照农业部1989年的文件规定,校本部人员按在校学生比定编后,各类人员分配比例是:教学人员占45%～50%,实验技术和图书资料人员占18%～20%,党群工作人员占2%～3%,行政管理人员占13%～15%,工勤人员占12%～15%。

定编方法:各系、部的教学编制数分别按教学工作量和学生数核定。标准为:基础课全年240学时;基础技术课全年220学时;专业课全年200学时;普通外语课全年320学时;政治课教师按学生数1∶100定编,体育课教师按学生数1∶120定编,包括课外活动的指导。实验室编制及其教学工作量核定办法：(1) 实验教学工作量定编 a：按每年 42 周、每周 5 天、每天 3 学时计算，1 个编制的满工作量数是 $42\times5\times3=630$；(2) 管理大型仪器设备的技术人员定编 b：按单台计算(略)；(3) 实验室建设与主管人员定编 c：按 $(a+b)\times0.1=c$；(4) 实验室人员总编制数＝a＋b＋c。党政干部编制：各系、部党政管理干部的配备，根据教职工和学生数分别定为：水产养殖系 10 人、渔业工程系 9 人、食品科学技术系 11 人、渔业经济与管理系 4 人、基础部 3 人、社科部 1 人。对系(部)、室负责人和班主任根据其工作量和实绩，给予适当补贴。校党政机关编制在机构调整后确定。图书馆和资料室编制：图书馆编制，按在校学生数和藏书量定编。以 1 000 个学生、5 万册藏书量配备 15 名专业人员为基数，每增加 100 名学生、50 名研究生各增配 1 人，每增加 5 万册藏书增配 1 人，年平均进书量 1 万册配备 3 名专业人员。

此次编制核定和管理采取人事处和组织部集中归口和分级分类办法。学校按校本部各类人员定编标准切块分解，分别由各有关职能部门归口核定管理。教学人员由教务处和人事处负责，实验技术人员由实验办负责，图书馆和资料室人员由人事处负责，党群工作人员由党委组织部负责，行政管理人员由人事处负责，工勤人员由人事处会同有关部门负责。各口编制核定后，由人事处负责汇总，报校党委审批，统一下达到各系、各单位，在学校下达的编制控制数内，各系、各单位从本单位实际出发，参照学校有关规定调配人员编制。

1997 年定编 根据农业部 1996 年颁发的《关于事业单位机构编制管理办法的通知》，规定：高等院校校本部编制比例分配是教学人员占 50%～55%，实验技术和图书资料人员占 17%～20%，党群和思想政治工作人员占 3%～4%，行政管理人员占 11%～13%，工勤人员占 10%～12%；内设处级机构领导干部职数，原则上处级领导干部总数与一般干部总数之比不得高于 1∶4。各党政管理部门标准是：干部编制为 5 人以下的配备 1 名处级干部，干部编制为 6～12 人的可配 2 名处级干部，干部编制为 13 人以上的可配备 3 名处级干部。各业务部门处级领导干部职数一般不超过 3 人，院(系)领导干部职数可按 3～5 人配备。

学校编制数量：根据 1997 年农业部下达的《关于上海水产大学机构编制方案的批复》，核定学校事业编制 867 人，其中干部编制 692 人、工人编制 175 人。校内各类人员构成按《农业部事业单位机构编制管理办法》规定自行确定，但要保证教学、科研等主体业务活动所需人员编制，严格控制后勤服务及行政管理人员比例。经批准，学校下设校办公室等 23 个处级机构。工会、团委按有关规定设置。此外，核定校领导干部职数 5 人、中层干部职数 68 人(含 2 名校长助理)。

2000 年，学校领导体制改为由中央与地方共建，以地方管理为主。按照学校学生规模 3 500 人计算，编制数核定为 952 人。

2008 年，学校搬迁至沪城环路校区，为适应教学、科研工作的快速发展，经上海市人力资源和社会保障局、上海市教委批复，学校编制数增加为 1 234 人。2011 年，经争取追加编制 100 人，学校总编制达到 1 334 人。在编制管理上学校实行教学科研优先、效益最优化、分类管理，着重按照师生比测算配置资源，强化编制分类管理，严格控制各类人员结构比例。

2010 年起，学校根据上级文件精神，结合学校编制管理情况，进行首次岗位设置与聘用工作，学校制订《岗位设置方案》及相关实施办法，首次聘用按照先入轨后完善、平稳过渡、逐步到位、规范管理的基本原则，各类人员按照核定的岗位性质、岗位职数进行分类、分级聘用。聘用中，规定岗位之间的比例结构，设定岗位条件，对于关键岗位从严聘用，并设定岗位职责，完善考核制度，确保聘用工作平稳有序进行。

第三节 任 用

一、聘用

1912—1955年,学校用人制度实行聘用制,采用专职、兼职两种方式,人员流动性较大。当时,由于全国缺少水产专业教师,为保障学校专业教学需要,学校采取在毕业生中择优选拔、培养、聘用兼职教师等措施。如张希达、沙玉嘉是从第一届毕业生中选派留日进修回国的,也有张景葆、王传义等是在生产实践中锻炼成长起来的,基础课教师部分由本校职员兼任,其他则从相关学校或社会聘用。

1949年,学校共聘用教职工51人,其中教师28人,包括教授9人、副教授8人、讲师5人、教员6人。1952—1955年,还从上海交通大学、复旦大学、华东化工学院等高校教授中聘任兼职教师。

二、录用

1952—1992年为录用制,包括接收录用应届大中专毕业生和从外省市、外单位调入人员。1951年10月,政务院发布《关于改革学制的规定》,明确规定:"高等学校毕业生的工作由政府分配。"1952年7月,政务院发布《关于1952年暑期全国高校毕业生统筹分配工作的指示》指出:"高等学校毕业生的工作由政府分配,这是完全符合我国的实际情况的发展与需要的。"由此,学校用人制度逐步转为录用方式,除接收大中专毕业生外,还于全国院系调整期间从圣约翰大学、东吴大学、武汉大学等高校调入名教授,录用教师数呈稳步递增趋势。1952年,学校新进教师41人,教职工总数183人。1956—1961年,学校教职工人数每年增加情况:1956年68人、1957年39人、1958年19人、1959年24人、1960年36人、1961年30人。1965年,学校教职工总数达到636人。

在厦门办学时期,陆续补充师资充实教学、科研工作,截至1978年全校共有教职工980人,其中教师421人。

改革开放以后,国家自20世纪80年代中期开始给予高校一定自主分配权,实行大学生与用人单位在一定范围内"双向选择"。同时学校为解决因"文化大革命"造成的师资队伍老化、人才队伍断层状况,逐步引进高层次、急需、紧缺人才。1985年底,全校共有教职工930人,其中教师356人。

20世纪末,国家开始实行用人单位与大学毕业生"双向选择",由大学生"自主择业"。学校因此制订政策,规范创新人才聘用制度。1991年,为有计划优化教师、职工、干部队伍,促进人员合理流动,补充急需人才,保证人员质量,学校制订《办理从校外调入工作人员的工作程序》。

三、聘任

1993年,学校根据国家规定试行聘任制,制订《关于各院、系教职工实行聘任制的暂行办法》,贯彻"公开聘任、双向选择、择优上岗"的原则,优先聘任学科带头人和教学科研骨干。各二级学院教职工全部实行就地待聘、重新聘任。各二级学院院长经校党委常委会讨论决定后由校长聘任,副院长由院长提名,经党委常委会讨论决定后由院长聘任,院办公室及院属系负责人由院长根据任务直接聘任,报组织人事办公室备案并由学校统一发文公布。各系下属学科、实验室负责人,由系主任提名推荐,经学院党政联席会议讨论决定,由院长签发聘书。院属各系教师及各类人员由各学科、实验室负责人根据工作任务提出拟聘人员名单,经院、系负责人研究同意后由院长签发聘书。受聘人员在工作任务书上签名后即形成聘约,各级职务的聘约均由院负责人与受聘人员签订。2001年12月,学校对2000年1月1日前所有进校教职工进行全员聘用,聘期3年,根据上级文件及《上海水产大学实行人员聘用制度实施办法》,对在本单位工作已满25年,或者在本单位连续工作已满10年且距国家法定退休年龄不足10年人员,本人可提出订立聘用合同至退休,但在签约后学校有权调整其工作岗位,当合同解除或终止条件出现时,学校有权解除或终止聘用合同。

1998—2003年,为加强人才流动与骨干人才聘用,学校实施校院长直聘科教岗位,强化学科点意识,淡化教研室的人事分配制度改革。学校设立校长直聘科教岗位75个,其中,首席教授5人、学科带头人10人、专业学科点负责人30人、基础学科点负责人30人。具体人数可视实际情况上下略有变动。由学校增发直聘岗位津贴。学校每年进行一次考核,作为各类人员聘任、续聘或解聘,晋升、奖励或处分的依据。学校对校级和院级的重点学科、重点实验室、重点课程,在人员、经费上给予重点保证。国家工资、上海市岗位津贴和校内工资实行分块发放。1999年,学校设立校院长直聘科教岗位,其中聘首席教授周应祺、李思发;聘学科带头人有水产养殖王武、水域环境臧维玲、渔业工程孙满昌、机械工程胡明埙、水产品贮藏与加工工程沈月新、食品科学与工程周培根、渔业经济与管理张相国;另聘学科点负责人25人、学科点骨干69人、主讲教师14人、骨干教师37人。2001年,学校设立学科建设校院长直聘岗位和本科教学校院长直聘岗位,聘首席教授周应祺、李思发、孙满昌、张相国;水产养殖学科带头人王武、生物学学科带头人马家海、水域环境学科带头人王岩、渔业资源学科带头人章守宇、渔业工程学科带头人许柳雄、机械工程学科带头人朱永兴、水产品贮藏与加工工程学科带头人周培根、渔业经济与管理学科带头人陈新军;教学带头人:数理学科任明荣、社科学科黄中元、体育学科叶鸣、计算机学科张慕蓉、经管学科平瑛、化学学科戚晓玉。另设教学负责人岗21个。

2000年后,学校逐步制订相关政策吸纳各类人才,加大高层次人才引进力度。2001年,学校制订《关于人事调配工作的若干规定》,规范人才选拔与人事调配程序。原则上,遵循保证急需、统筹兼顾、计划调控的原则,确保教学、科研第一线需求,着重充实和加强缺少学科带头人和学术骨干的重点学科、新兴学科。除经校领导同意接收的引进人才配偶外,教职工亲属一般不予调入学校工作。2004年,学校召开校师资工作会议,制订《关于人事调配工作的规定》《关于进一步加强培养和吸引优秀人才的意见》《引进人才待遇》《2004—2005年师资队伍建设实施计划及2005—2010年建设规划》等文件。在培养和吸引优秀人才方面,学校提出人才建设指导思想:加强特色人才建设;开发现有人才资源为主要着眼点;积极物色学科领军人物;共享资源,积极发挥兼职教授作用,建设一批稳定的外聘师资队伍;创新人才培养与管理机制。同时,启动实施"111"(院士1人、学科带头人10人、骨干教师100人)人才工程。

2002年,为引进具有教授职务或博士学位的教师,学校制订《关于给予高层次引进人才优惠待遇的若干规定》。2003年12月,学校有专任教师505人,其中拥有博士、硕士学位的教师分别为35人、203人,具有硕士及以上学位的教师占专任教师比例为47.13%;在读博士、硕士学位的教师分别为29人、42人。除个别专业外,学校40岁以下中青年骨干教师基本具有硕士学位;外校毕业生占教师总数的68.71%;具有正高级、副高级专业技术职务的教师分别有43人、139人,占8.51%和27.52%。2004年1月起,对院士、杰出人才、学科带头人、中青年教授、内外"柔性流动"人才等给予特殊待遇,主要包括安家费、住房补贴、科研启动费、家属户口进沪、过渡住房等;为使具有博士学位的新教师安心工作,学校提供10万～15万元住房无息贷款。

2003年,学校根据中组部、人事部、教育部《关于深化高等学校人事制度改革的实施意见》,配合上海市杨浦区"人才高地""人才特区"建设,试行人员派遣制度。同年6月起,进入学校教学实验室及其他非教学岗位工作的本科及以下人员,引入人员派遣制度。2005年2月,为进一步推进学校用人制度改革,继续实行人员派遣制度,对进入学校教学实验室一般岗位及其他非教学管理辅助岗位的人员(如科研项目、成教、科技企业、校办企业、管理辅助岗位等),实行人事派遣制度,派遣人员一般需具有大学本科学历,人员派遣对象不与学校签署正式聘用合同。截至2011年12月,学校共使用人事派遣人员58人。

在高层次人才引进上,学校注重与人才计划相匹配,截至2011年12月从海外引进的吕利群、张俊彬、吕为群、黄轶群、陈勇等13人被聘为上海市"东方学者"特聘教授,黄轶群、章守宇、吕为群、王永杰、高郭平获上海市人才发展资金资助。2007年,引进的杨毅当选为亚洲水产学会主席。

2009年,学校还聘请中国工程院院士潘德炉、丁德文为"双聘院士",并"柔性引进"一批国内外著名高校和科研院所资深学者,通过学术交流、互派教师进修、联合培养博士研究生、接收博士后、联合申报国家重大科研攻关项目等多种途径,拓展交叉学科的发展,提升相关学科的国际竞争力。

第四节 考　　核

1984年,学校制订《干部考核暂行办法》《工人考核办法暂行规定》,规范考核体系,采用定性与定量相结合的考核方法,使考核不断走向规范化。

1990年,学校根据人事部有关文件,完善考核制度,对专业技术人员进行年度考核。考核由人事处牵头,提出要求,由业务主管部门负责落实并制订考核办法,如教务处制订教师考核办法、实验室管理办公室制订实验人员考核办法等。中层干部考核等级评定,由校领导投票后综合平衡确定或由主管校领导研究确定。截至1991年3月,全校专业人员604人中有435人参加考核,考核结果为:甲:乙:丙:丁＝12.6:73.1:14:0.3;全校教师323人中有287人参加考核,考核结果为:甲:乙:丙:丁＝11.2:76.3:12.2:0.3。20世纪90年代开始,建立考绩档案。教师和实验室技术人员考绩档案分别由教务处师资办和实验室管理办公室负责建立和管理。其余专业技术人员考绩档案由人事处负责建立和管理。

1996年后,根据农业部1995年颁发的《关于转发人事部〈关于印发〈事业单位工作人员考核暂行规定〉的通知〉的通知》,及上海市人事局下发的《关于印发〈上海市事业单位工作人员考核试行意见〉的通知》,学校修订《教职工年度考核试行意见》,规定考核内容、结果、方法与程序及考核结果使用办法:

考核内容　包括德、能、勤、绩4个方面。重点考核工作实绩。考核标准以工作人员的岗位职责和所承担的工作任务为基本依据,并规定干部、教师、工人3个系列人员考核等次的基本标准。

考核结果　分为优秀、合格、不合格3个等次。对德、能、勤、绩表现较差,在年度考核中难以确定等次的人员,先予以告诫,限期3～6个月改进。告诫期满且有明显改进的,可以定为合格等次;仍表现不好的,定为不合格等次。被确认为优秀等次的人数,一般控制在本部门工作人员总数的10%以内,超过10%的由上级主管部门审核批准,但最多不超过15%。

考核方法与程序　考核由各部门负责人负责,或由本部门负责人授权副职负责。考核分为平时考核和年度考核。平时考核按时进行,年度考核每年年末或第二年年初进行。年度考核以平时考核为基础。主考人根据被考核人个人总结、述职、完成工作情况,在听取群众意见基础上写出评语,提出考核等次意见。以部门为单位,临时建立考核小组,学院(部门)由党政负责人、工会主席、教代会团长组成,处室由正副处长组成,考核组对主考人或主管领导人提出的考核意见进行审核,确定考核等次。将考核等次通知被考核人。当事人对考核结果有异议,可按程序申诉。各部门负责人的考核等次,先请一位副职在一定范围内组织一些同志进行无记名民意测验,然后由考核小组讨论,提出等次,最后经学校审核确定。各部门须于翌年1月20日前完成年度考核工作,汇总年度考核登记表上交存档,同时填写《年度考核结果汇总表》《教师、科研人员年终考核统计表》。

考核结果的使用　在当年度考核被确定为优秀的工作人员中,作出突出贡献的专业技术人员可提前晋升或越级晋升职务工资档次(按人事局规定)。年度考核连续两年被确定为合格以上等次的,按国家规定可晋升一个职务工资档次。年度考核中被确定为合格及以上等次的,按国家规定在年终发给一次性奖金,奖金额为本人当年12月份的基本工资(含津贴部分)。当年考核被确定为不合格等次的,可给予调整工作岗位或降职,调整工作岗位或降职后,其工资待遇按新任工作岗位重新确定。连续两年考核确定为不合格等次的,应予以辞退。

1999年12月,学校对学生思想政治工作队伍,制订《学生思想政治工作队伍工作要求及考核办法》作为考核依据。由主管校领导,组织部、宣传部、学生工作部、教务处、团委等部门负责人组成学生工作领导小组,负责政策制订;由学生工作部作为主管部门,负责具体日常管理、培养及考核。在考核中使用《专职学生工作干部测评表》《兼职学生工作干部测评表》《学生工作领导小组考评成绩记录表》《专兼职学生工作干部考评成绩汇总表》进行测评,确保测评客观、全面。

1999年12月,学校根据《学科点校院长直聘岗位选聘办法》《关于1999年年度考核的通知》,对渔业学院校院长直聘岗位受聘人员进行考核试点。学校成立渔业学院受聘人员(学科点负责人和学科点骨干)1999年度考核指导小组,对学科点负责人考核内容包括:本学科点争取及完成科研项目的实绩;对本学科骨干的科研教学任务的布置、指导、检查、落实情况及成效;本学科点对发展研究生教育的实绩;本人执行弹性坐班制情况。对学科点骨干着重考核其对院领导、学科点负责人布置的科研教学及其他任务的完成情况。受聘人员考核结果分为甲、乙、丙、丁4个等次。1999年,共有39名校院长直聘科教岗位受聘人员(1名首席教授、2名学科带头人、10名学科点负责人、26名学科点骨干)参加考核办法试点。

2000年,学校继续加强对校院长直聘岗位人员岗位考核工作。对首席教授着重考核:就学科发展和知识创新等重大问题向校院领导提供建设性意见和所进行工作的质量和数量,争取及完成科研项目的实绩。对学科带头人着重考核:对本学科科研主攻方向和重大科研进展提出报告的质量和数量,争取及完成科研项目的实绩,管理所辖专业的建设及培养研究生的成效。对学科点负责人着重考核:本学科点争取及完成科研项目的实绩,对本学科点骨干的科研教学任务的布置、指导、检查、落实的情况及成效,本学科点对发展研究生教育的工作实绩。对主讲教师着重考核:带领年轻教师建设校级一类课程的实绩,示范教学、听课的数量和质量,开展教学改革、教学研究及与专业结合的学术研究的实绩。对学科点骨干、教学骨干考核的内容由考核小组确定。经过考核,最终确定优秀、合格、基本合格、不合格4个等次。

2001年起,按照教职工岗位类别,将年度考核分为学年度考核和自然年度考核。学年度考核对象为各学院专职教学、科研及实验工作人员,自然年度考核对象是以党政管理或服务为主要岗位职责的工作人员。在任处级干部的年度考核在校党委领导下进行,学院领导在院教职工大会上述职、述学、述廉,部门正职在校党委确定的范围内述职、述学、述廉,组织部、纪委进行民主测评。

在2005年度考核中,学校制订管理、服务人员考核测评表,对相关人员"德、能、勤、绩"情况进行量化考评,具体分为履行岗位职责情况测评(工作量完成、工作效率、工作责任意识、出勤情况)、执行工作规范测评(执行规章制度、执行程序)、工作创新情况测评(工作创新度、管理研究)。

2006年,学校制订《教职工考核试行办法》,将教职工考核划分为绩效考核、年度人事考核、聘期考核。绩效考核以各系列岗位职责要求为考核基础,按岗位系列进行分级考核,量化考核指标。为更好地实施科教岗位人员绩效考核,学校在上海市高校中率先推行科教岗位人员网上绩效考核,其考核以所聘科教岗位的岗位任务书为基础,在学校制订的教学、科研、学科建设与社会工作量考核意见指导下,由岗位受聘者网上申报并提供相关学院证明材料交学院,学院基层组织负责人、学院信息员、学院领导逐级审核。所有管理岗位都纳入绩效考核范围,根据干部管理权限和岗位职责,分别制订考核标准。校党委组织部结合学院、部门目标责任制考核的实施,制订三级(正处)、四级(副处)人员考核办法、标准并组织实施;机关一般工作人员(处级以下岗位)由机关党委组织实施绩效考核,各直属部门由各部门自行组织实施,也可参照机关考核办法;各学院根据学校目标责任制要求,制订相应绩效考核办法,组织实施对学院一般管理人员、未进入网上考核的教辅人员及其他服务人员的考核,也可参照机关考核办法。辅导员由学生处牵头组织绩效考核。管理岗位人员兼任科教岗位,同时考核其科教工作及管理工作,绩效考核合格,就可享受岗位津贴。在绩效考核基础上,中层干部由校党委确定年度人事考核等次,其他人员由各学院或部门考核小组确定年度人事考核等次。其中,辅导员年度人事考核优秀名额由学校统一下达(单列),优秀人员由学生处会同各学院党委确定。此外,为促进团队建设,制订《团队绩效考核试行办法》,各学院根据自身学科建设需要,在本人自愿基础上,确定团队名称并报人事处、科技处备案。团队成员一般由3~7名成员组成,各学院根据团队的组成,在聘期初期确定团队的总任务,总任务标准不低于团队成员的教学、科研、学科建设与社会工作总任务,并签订《团队考核任务书》。以团队绩效考核的总分为依据,根据教师的考核及津贴发放办法,根据每个团队的相应岗位作相应考核并发放津贴。

通过2006—2008年绩效考核,教师岗位意识得到加强,工作积极性和岗位任务完成率不断提高:(1)考核激励作用显著,效果明显。各级岗位教师任务完成情况总体良好,特别是科研任务完成情况逐年递增,如发表SCI论文数显著增长。(2)考核系统设计合理,运行机制职责分明。从2006年启动网上考核系统调研以来,先后经过10余次系统优化、考核权重调整,不断方便教师使用,促进考核效度。(3)充分考虑职业特点,在实施网上考核过程中,明确把考核当作促进教师专业发展的手段,而不是最终目的,学校对不同学院、不同类型教师坚持分类指导原则,并鼓励学院逐步根据各自实际情况调整考核权重,同时允许在一定范围内分值互冲、聘期内科研分值互冲,对高层次教授免予年度考核。增加社会服务考核内容,将个人发展与学校、学院发展相结合,对个人所从事的社会服务工作予以量化考虑。

2009年9月,学校对2005—2008年专业技术岗位进行聘期考核,参加考核人员结合个人履职情况填写《专业技术岗位聘期考核表》,各学院(部门)对个人提交的相关考核材料进行审核,并根据实际情况在学院(部门)或教研室范围内组织述职或其他形式的评议,确定考核结果,写出具体评语,报学校审定。参加考核人员的个人业绩和考核结果在学院(部门)范围内公示。聘期考核结果分为合格、不合格。

2010年,学校在新一轮综合改革中,总结经验,修订《教职工岗位考核指导性意见》,突出绩效考核的诊断与改进功能,强调教学质量考核,把握不同发展情境、不同学院特点,设置考核指标与考核管理权限。科教人员以所聘岗位的岗位工作协议书为基础,由各学院(部门)制订教学、科研、学科建设与社会工作量考核办法,由岗位受聘者在校园网考核平台上填报考核事项,提供相关证明材料,由学院(部门)安排专人审核。聘任科教岗位教学辅助岗位者,由所在学院(部门)负责考核。实验技术人员岗位绩效考核按实验室与设备管理处指导性意见考核,最终结果由各学院(部门)确定。学院(部门)根据学校目标责任制要求,完善相应考核办法,并实施管理岗位考核。

第五节 奖 惩

学校通过评选与表彰先进人物、先进集体激励广大教职工爱岗敬业、争创佳绩,同时通过树立典型,发挥先进模范带头示范作用。20世纪60年代,学校评选社会主义建设先进工作者、先进单位。20世纪80年代,评选优秀教育工作者等先进个人,并对从事教育工作满30年的教育工作者进行表彰。

2000年后,学校加强各类表彰力度,并逐步常态化。2004年,学校为加强队伍建设,弘扬优良师德,树立良好校风与教风,营造教书育人、管理育人、服务育人氛围,设立校优秀教育工作者、校师德标兵、校教学名师、校优秀青年教师等先进个人称号,后又增加校思想政治理论课教学名师(优秀教师)、校优秀学生辅导员、校优秀青年管理干部、校毕业生就业工作先进个人等奖项。2004年起,学校在教师节举行表彰大会表彰获奖人员,并号召全校教职员工向先进集体和先进个人学习。2008年,学校评选表彰在沪城环路校区建设与搬迁过程中涌现出的先进集体和先进个人。

在表彰先进的同时,学校制订相关制度对违反校规校纪的行为作出惩处规定。《教职工聘用合同》中规定,受聘教职工应按所签订的《岗位工作协议书》要求认真开展工作,全面履行岗位职责,完成所承担的工作任务与聘期工作目标;遵守国家、政府的法律法规和学校的规章制度,遵守职业道德,如违法、违纪按相关规定进行处理。《上海海洋大学试行人员聘用制度实施办法》中规定,受聘人员有如下情形之一的,学校可随时单方面解除聘用合同:在试用期内被证明不符合本岗位要求的;年度考核或聘期考核不合格,又不同意学校推荐的工作岗位,或虽同意推荐的工作岗位,但到新岗位后考核仍不合格的;连续旷工超过10个工作日或者1年内累计旷工超过20个工作日的;未经学校同意,擅自出国或者出国逾期不归的;违反学校规章制度,发生责任事故,或者因失职、渎职造成严重后果的;严重扰乱工作秩序,致使学校工作不能正常进行的;被判处拘役、有期徒刑缓刑及以上刑罚,或者被劳动教养的,以及法律、法规和规章规定的其他情形。为加强学校管理,树立良好校风,提高工作效率,促进和保证学校教育教学、科研等各项任务的顺利开展,学校还制订《教职工考勤管理制度》,明确考勤制度、考勤要求、请假手续、批准权限、各类假期的期限及工资待遇,明确对旷工情况的处理。

第六节 退 管 会

一、机构与制度

国务院1956年1月1日颁布《国家机关工作人员退休处理暂行办法》,1958年2月6日颁布《关于工人、职员退休处理的暂行规定》,1978年6月颁布《国务院关于工人退休、退职的暂行办法》,对干部和工人分别制定退休办法,对干部退休规定按参加革命工作时间分别确立待遇,改变以连续工龄、一般工龄计算退休费的办法。工作人员退休后由原单位负责管理。男性工作人员,干部和工人退休年龄均为60周岁;女性工作人员退休年龄,干部为55周岁,工人为50周岁。20世纪50—70年代,退休教职工管理主要由基层单位会同人事部门负责。

1988年6月22日,学校成立退休职工管理委员会(简称退管会)。同年6月24日,制订《关于建立校退休教职工管理委员会的通知》。校退管会由分管校领导和人事、工会、财务、后勤等部门负责人及退休人员代表组成,分管校领导兼任主任,人事处长任副主任。退管会是在学校党政领导下的全校退休人员管理服务与工作协调机构。同年10月7日,学校制订《关于成立退休职工党支部的通知》,成立退休教工党支部。

1988年以来,历任校退管会主任:乐美龙、陈坚、周应祺、潘迎捷。退管会下设办公室(简称退管办),具体履行校退管会对退休人员的管理服务工作,处理日常事务。

学校为加强对退管工作的领导,做到一把手关心、分管领导负责、其他领导支持,明确实行退管工作校、院(系、部门)两级管理的职责;把退管工作列入部门日常工作计划中,在精神文明评比和部门负责人考核中作为重要考核内容;做到管理服务有要求,办事有依据,为退休教职工办实事。

2011年,学校二级退管分会有:水产与生命学院、海洋科学学院、工程学院、食品学院、经济管理学院、信息学院、人文学院、社会科学部、外国语学院、成人教育学院、机关、后勤管理处、图书馆、现代信息与教育技术中心等14个分会。

1999年1月20日,学校制订《关于进一步加强我校退休人员服务管理工作的实施意见》,主要内容为:认真学习,提高认识,加强对退管工作的支持;落实两级管理,明确基层单位职责;更多地从政治上、思想上关心退休人员;经常关心和逐步改善退休人员的生活;建立和健全帮困基金,对特殊困难退休人员提供帮助;重视解决退休人员"老有所医"和住房困难;根据高校退休人员特点,开展适合退休人员的群众性文化、体育、娱乐活动。

二、活动与服务

校退管会依据中共中央、国务院《关于加强老龄工作的决定》,以及《中华人民共和国老年人权益保障法》《上海市老年人权益保障条例》等规定,结合学校实际贯彻执行,建立校、院(系、部门)退管工作两级管理网络,发挥各单位退休党支部书记作用,由其担任联络员联系广大退休教职工,为落实"老有所养、老有所医、老有所学、老有所乐、老有所为、老有所教"等开展工作。

1963年,学校有退休教职工1人;至1972年搬迁厦门时,有退休教职工4人;1979年学校迁回上海时,有退休教职工21人;1985年更名为上海水产大学时,有退休教职工56人;1988年,校退管会成立时,有退休教职工109人;2000年学校属地化管理时,有退休教职工405人;2008年更名为上海海洋大学时,有退休教职工517人;2011年,有退休教职工542人,其中200人具有高级职称。1998年12月和2007年4月,学校先后成立退(离)休教师协会和老教授协会,学校给予一定的经费支持其开展活动。

学校逐年提高退休人员共享费,为退休人员建立120平方米的活动室和90平方米的阅报室。2000年起,在上海市实行医疗改革的大背景下,学校给每位退休教工办理"退休职工住院补充医疗保障"。2005—2011年,每年投入经费30多万元。2007年,为全体退休教工集体办理"银发无忧"保险,每年保费为4.1万元。2004年起,每年为退休教职工安排1次体检。

校退管会与校退教协、校老教协,每年为70周岁、75周岁、80周岁、85周岁、90周岁及90周岁以上离退休教职工组织集体祝寿活动。学校各级党政领导,每年开展"夏送清凉、冬送温暖"活动,慰问孤老、病残、高龄、独居、一老养一老、养残疾子女等退休教职工。每年敬老节,组织敬老活动。

2011年,退休教工中有191名中共党员,分别按退休前工作部门建立党支部,开展组织生活。退休教职工中有27人参加过校关工委工作,6人参加过校科研督导工作,10人参加过教学督导工作。

2006年1月10日,学校东方老年艺术团(简称校老年艺术团)成立,主要成员为退(离)休教职工,有大合唱队、小组唱队、时装队、舞蹈队、京剧社、沪越剧组、影视观摩组等。校老年艺术团多次参加市、区、街道社区和学校演出,并由上海市教委选派参加重大演出,多次获奖并受到好评。

2008年5月27日,校退管办、校老干部工作办公室和校退教协一起组织成立墨香斋书画社,为有书画专长和爱好的离退休老同志搭建文化艺术交流平台。

第二章 教师队伍建设

第一节 师资培养

一、实践中培养

民国6年(1917年)1月,学校安排渔捞科教师率渔捞科第一届毕业生11人乘"淞航号"实习船分赴江苏、浙江、山东等地调查渔业,10月又率渔捞科三年级学生赴日本调查日本渔业发展。民国8年,学校又建成"海丰号"实习船,供教师实践和学生实习。民国11年,学校在昆山周墅建造淡水养殖场,另建实习工场2所。既为学生提供了实习基地,也通过教师指导调查实习,提高实践教学能力,丰富教学内容。

1958年起,学校组织一批师生下渔村、上渔船,参加生产实践,理论联系实际,提高教师教学和科研能力。如水产养殖系王素娟等赴舟山混水海区进行海带栽培试验;海洋渔业系乐美龙等进行机帆渔船作业机械化试验;海洋渔业系无线电教研组教师与上海海洋渔业公司合作试制的国内第一台强功率探鱼仪获得成功,于1962年获国务院新成果产品奖二等奖;水产加工系加工教研组教师完成乌贼雨天防腐试验,解决舟山乌贼旺汛期间的重大加工问题等。

20世纪70年代,通过生产实践和开门办学等方式提高教师业务和教学水平。从20世纪80年代起,学校通过选派教师参加远洋渔业开发(1985—2011年)、组织"教授博士科技服务团"(2005—2011年每年组织)等方式,鼓励教师与科研人员深入生产一线,发现问题、解决问题、总结经验,在实践中锻炼成长。

1992年5月,为提升青年教师社会实践能力和双语教学能力,学校制订《青年教师参加社会实践的实施意见(试行)》,规定新进教师(含本专科和研究生毕业生)当年都要下基层参加社会实践,对1982—1991年进校未参加过社会实践的青年教师,由部门拟订培养计划,在3～5年内分批完成。青年教师出国进修,也要有一年社会实践经历。

二、国内外进修

民国6年2月,张镠校长从第一届渔捞科毕业生中选拔成绩优秀者张希达、沙玉嘉,制造科张楚青、陈廷煦等赴日本见习。后又陆续选拔姚詠平、陈椿寿、陈谋琅、冯立民、侯朝海等数十人赴日本留学。这些学生学成回国后一部分回母校任教,一部分到社会上就职,均成长为我国水产事业发展的中坚力量。

1953年从1952级学生中选拔3人,1956年从1954级学生中选拔1人,赴苏联、波兰等国高校学习。1960年,抽调14名学生到上海交通大学、复旦大学学习,毕业后有半数回校任教。1960—1961年,选派10余名青年教师赴中国科学院水生生物研究所、海洋研究所,水产部黄海水产研究所,山东大学等单位进修半年或一年半。1965—1966年,选拔2名中年教师赴挪威等国进修。

1979—1986年,学校获得世界银行农业教育贷款项目支持,派出教师出国进修,攻读学位。其中31名教师赴美国、加拿大、英国、日本等国家攻读学位,24名教师作为访问学者赴日本、欧美进修。如李思发、周应祺、徐世琼、赵维信、楼允东、童合一、王义强、苏锦祥、王道尊、朱学宝、张相国、孙满昌、黄硕琳、许柳雄等学成回国后,都成为学校骨干教师,在教学、科研和学校发展中发挥重要作用。

1994年,有74人参加国内各类进修。1996年4月,学校制订《关于鼓励青年教师提高学历层次的实施办法》《关于提高教师学历层次的实施办法》,鼓励青年教师通过各种形式攻读硕士、博士学位。1997年,根据国家教委《高等学校教师培训工作规程》精神及学校实际情况,选拔20名教师以同等学力攻读学校硕士学位。1998年,选派5名教师攻读博士学位。2005—2008年,共选派56名青年教师攻读博士学位。2005—2008年,国内进修每年分别有289人、172人、146人、143人。

在选派教师出国进修方面,学校于1988年1月制订《关于自费出国留学的若干规定(试行)》,鼓励教师出国留学进修,将自费出国留学审批权下放给各系(部、处),凡经批准自费出国留学的教职工,持本部门审批意见到人事处办理出国手续。1989年,又补充规定,要求出国留学人员与所在部门保持联系,以优异成绩回报国家。1997年,学校根据国家教委和农业部文件精神,对国家公派留学工作实行个人申请、专家评审、平等竞争、择优录取、签约派出、违约赔偿的新方案,鼓励教师出国进修。

1994—2008年,学校选派青年教师赴日本、加拿大、美国等地学习、交流或进修。1994年,公派黄硕琳作为高级访问学者赴英国剑桥大学国际法研究中心进修和研究国际海洋法、国际渔业法。1999—2001年,学校先后公派楼文高、赵金良、谢晶、周亚虹等6人前往日本、加拿大、美国和香港等国家和地区进修。2005年出国进修12人,2006年172人,2007年31人,2008年37人。

为适应高等教育国际化需要,提高教师英语授课能力和技巧,学校结合学科和师资队伍建设规划,制订英语、双语教学"十一五"师资培养计划。2006年起,学校选送部分教师,每年2—6月份进行出国前培训,培训专家由爱恩学院外籍教师担任。培训结束后,经考试合格者派遣前往澳大利亚进修。2006—2008年,每年分别选派17人、19人和24人赴澳大利亚进修。

三、人才引进

1949年5月上海解放时,学校正式聘用教员37人,是当时教学骨干力量。其后几年,学校陆续从国内多所大学调入一批知名教授充实教学、科研队伍,同时接收应届毕业生来校任教。1949—1960年,共接收大学本科毕业生107人,1961—1966年为92人,1967—1970年为17人。1949—1966年,接收大专毕业生19人。1949—1970年,接收中专毕业生17人。此外还接收少量应届研究生。

受"文化大革命"及1979年学校从厦门迁回上海影响,学校师资队伍出现断层。1982年1月和7月,学校从1977年恢复高考后的第一、第二届毕业生中录用近100人充实师资队伍,使教职工总数达到753人。1985年,学校已初步形成一支素质较高的师资队伍,并产生一批学科带头人。在师资队伍结构方面,形成一支老、中、青相结合,以中年知识分子为骨干的教学科研队伍,其中56岁以上63人,占15.8%;36~55岁237人,占59.6%;35岁以下98人,占24.6%。一批知名教授、专家成为学校教学、科研的中坚力量。

1985—1991年,共接收硕士、博士研究生38人。其后,硕士、博士研究生进入师资队伍人数逐渐增多。2004年12月,学校专任教师队伍中有博士学位者53人、硕士212人,分别占专任教师总数的12.8%、51.4%。2008年12月,学校专任教师队伍中,博士216人、硕士218人,分别占专任教师总数的41.5%、42%。截至2011年12月,学校专任教师队伍中,博士335人、硕士184人,分别占专任教师总数的58.0%、31.8%。

四、外聘专家

聘请外国专家学者来校讲学。1957年,学校通过中、日两国渔业协会聘请日本水产养殖专家渡边宗重和水产资源专家真道重明来校讲学,学校组织淡水养殖和工业捕鱼2个专业学生共122人、教师及外单位人员共107人,分别听课。1958年8月—1960年7月,学校聘请苏联工业捕鱼专家萨布林科夫来校讲学,举办工业捕鱼与鱼群侦查师资培训班,学制两年,有8位青年教师取得研究生毕业资格。1959年9月—1960年3月,学校聘请苏联养殖专家索因来校讲授鱼类养殖的生物学基础,近100名师生参加学习。

截至2008年,学校共聘请各类兼职教授、客座教授及顾问教授183人次,在学术交流、学科发展、产学研合作、人才培养、文化建设等方面发挥积极作用。如美国缅因大学教授、上海市"东方学者"特聘教授陈勇,指导培养青年教师,提升其科学研究水平和国际化学术视野。2005年,聘请全国优秀教师于漪为德育客座教授。2005—2010年,她多次为青年教师作优良师德师风教育讲座。

1999—2011年,学校通过"请进来"学习交流形式,邀请校外专家进行科学研讨,为师资队伍建设创造条件和塑造环境,开阔专业教师视野,更新业务知识结构。

五、计划培养

1961年,学校贯彻《高教六十条》,强调发挥老教师作用,掀起一股拥师热。同年8月,学校制订系列师资培养办法:要求青年教师在老教师指导下,用5年打好基础,至少掌握1门外语,熟练掌握本课程全部讲授内容和实习技术;讲师在5年左右开出2门以上课程,独立指导毕业论文(设计)和青年教师进修;副教授和教授发挥专长,进行具有较高水平的专题研究,写出较高水平的学术著作,培养出较高水平的青年教师;各系有计划地会同教研室主任和指导教师,规定见习助教、助教和青年讲师必读的基本书刊目录,指导青年教师做好读书笔记,举办读书报告会;青年教师有计划有步骤地参加听讲、辅导、批改作业和准备实验实习;未指导过毕业论文(设计)的助教,指定指导教师分期分批补做;为了继承部分老教师的学术专长,挑选优秀青年教师攻读在职研究生,作为老教师科研助手进行专门培养;老教师根据专长和学科需要,适当安排教学工作,进行主题研究和著述,承担培养青年教师任务,学校提供必要人力、资料、设备等条件,并在5年内给予半年至一年科学休假。

1992年4月,学校为加强学校教师和管理干部队伍建设,制订《选拔培养优秀青年教师、优秀青年管理干部的实施意见(试行)》,为校级优秀青年教师、管理干部建立校级青年科学基金。同年,水产养殖系、渔业工程系、食品科学系、基础部各有2人,渔业经济与管理系、社会科学部、德育室各有1人被评为校优秀青年教师。这批青年教师、管理干部日后都成长为学校教学、管理骨干。在此基础上,学校根据"八五"期间教师队伍建设规划提出的目标要求,制订《关于加强青年教师培养管理的若干意见》,重点加强对青年教师、骨干教师及学科带头人的培养。对青年教师的培养坚持"整体提高与重点培养"相结合,在措施上通过岗位培训使广大青年教师学历层次、思想和业务素质都有较大提高,通过重点培养和扶植使骨干青年教师和新的学科接班人尽早脱颖而出。1997年,学校又制订《关于评选首批跨世纪学术(技术)带头人后备人选和校级中青年学术骨干后备人选的试行办法》,旨在培养一批跨世纪优秀中青年骨干。

2008—2011年,学校利用国家、上海市各类人才计划加强师资建设,如李伟明入选国家"千人计划",陈新军入选新世纪百千万人才工程国家级人选,陈新军、王成辉等入选教育部新世纪优秀人才,李家乐、严兴洪、何培民、谢晶等入选上海市优秀学科带头人,李家乐、陈新军入选上海市领军人才,吕利群、张俊彬、吕为群、黄轶群、陈兰明、王永杰、鲍宝龙、张云、陈勇、李晨虹、何平国、李晓峰、吴启华共计13人入选上海市"东方学者"特聘教授计划。2005—2011年,共有243人获得上海市高校选拔培养优秀青年教师科研专项基金,其中,理工类151人、文科类92人,总资助经费645.5万元,为青年教师科研起步创造条件。2010年,学校启动人才计划,分层次对教师进行培养,实施《高层次人才培养计划(海洋学者)》《优秀中青年人才培养计划(海鸥计划)》《优秀青年学科骨干培养计划(海燕计划)》。2011年12月,成永旭等67人分别入选首届"海洋学者""海鸥计划"及"海燕计划",其中,海洋学者5人、海鸥学者17人、海燕学者45人。

六、教师培训

1996年,学校根据上海市教委要求,举办高等教育基础培训班,对1985年以后毕业的非师范类专业大专以上学历人员(初级职称人员优先),进行高等教育学、教育心理学等高等教育管理基础理论培训,提升教育教学和教育管理能力。同年,学校开始高校教师资格认定工作,共有391名教师获得第一批教师资格证书。

学校总结2000—2003年工作经验,逐步完善教师岗前培训制度,于2003年举办青年教师教育教学能力研修项目(Faculty Development,缩写为"FD"),设置大学教师职业与事业、今天如何当大学教师、教学质量的提高、大学教师的教育教学能力的实现、交流与实践等单元培训,邀请校内外教学名师、教学科研管理人员、师德标兵、教育信息技术专家进行讲授,中间穿插学院FD活动、学员讨论、考察学习、交流发言、旁听前沿课程等内容。如第二期FD班大学教师的教育观、学生观、教师观,学校发展历史及对教师职业的认识,师德报告会——今天怎样做教师,学校教师的素质与能力要求,教师怎样融入学校学科发展等讲座,为青年教师工作起步奠定良好基础。在总结经验的基础上,学校多项措施并举推进FD制度,逐步形成体系,完善评价、考核、奖励等配套制度建设等。2003—2011年,学校共举办8期FD研修班,培训学员545人。FD项目获得中共上海市教育卫生工作委员会、上海市教育委员会颁发的上海市十佳师德建设优秀项目。

七、其他措施

1980—2011年,学校通过听课制度、课堂教学质量评价、青年教师课堂教学艺术比赛、网上绩效考核、优秀青年教师评选等多种方式培养、激励教师。如学院通过课堂教学质量评价对青年教师教育教学能力作出基本评价,选拔青年教师参加学院青年教师课堂教学艺术比赛,再择优推荐参加全校性教学艺术比赛。学校在每年教师节期间,召开表彰大会表彰优秀青年教师,为上海市优秀青年教师后备人选和校级优秀青年教师设立跟踪培养基金。新教师进校后,学院安排填写《新教师培训、培养计划表》,邀请德高望重、知识渊博、教学经验丰富的教师跟踪指导,随堂听课,帮助青年教师熟悉各个教学环节,练好基本功,并协助青年教师规划专业发展生涯。各学院负责监督检查导师制实施成效。各学院还结合自身实际,通过各种形式开发教师教育教学能力,如水产与生命学院制订《青年教师下基层锻炼培养方案》,培养青年教师实践教学能力。

2008—2011年,学校通过开展"师德标兵""师德先进个人"评选、师德演讲比赛、师德报告会、师德论坛、师德征文等活动,树立一批师德典型,不断促进教师师德修养和教书育人能力的提高,"以高层次人才为重点,吸引优秀人才;以国内外进修为抓手,培养骨干教师;突出特色优势,推进高层次人才队伍建设;人才奖励计划与人才激励全面开展",逐渐形成具有自身特色的师资培养模式。

第二节　学生思想政治教育队伍建设

学校党委综合党内外意见,于1957年9月提出整改方案,设立学生专职或兼职辅导员。1958年下半年,改变在课堂上讲授政治课的方式,将马列主义教研组的教师分配到各系,并从各系抽调十几名党团员专业课青年教师一起组成政治辅导员工作组,扩大学生思想政治工作队伍。

1964年11月,经上海市委组织部批准,学校成立政治部,在上级政治部和学校党委领导下,负责全校师生员工思想政治工作,并按年级设政治指导员,在班级设政治辅导员,以加强学生教育与管理。

1982年8月4日,学校成立学生政治辅导工作教研室,负责学生思想政治工作,后改名为学生工作领导小组办公室。1987年8月11日,撤销学生工作领导小组办公室,成立学生工作部(与学生处合署办公),原德育教研室改为思想政治教育教研室,连同原属教务处的学生科划归其领导,统筹学生思想政治教育和日常教育、管理工作。

20世纪90年代末,学校规模不断扩大,学生人数大幅增加,需要一支相对稳定、素质较好的专兼职思想政治教育工作队伍。1999年起,学校先后制订《关于加强学生思想政治工作队伍建设的若干意见》《学生思想政治工作队伍工作要求及考核办法》等文件。2008年后,学校先后制订《学生辅导员队伍建设实施细则》《辅导员培训实施细则》《专职学生思想政治教育与研究学科专业技术职务聘任办法(试行)》《关于选聘研究生担任兼职辅导员的实施办法(试行)》等文件,从制度上保障与推进辅导员队伍专业化、专家化建设,并加大培训力度,开设岗前培训、专题培训等培训班,提升队伍的政治理论和业务素质。

1993年9月2—4日,学校举办第一期班主任工作培训班。1994年2月21日,学校举办学生思想政治工作培训班,对从事学生思想政治工作的党团干部和德育教师进行培训。2000年3月,学校举办专职学生干部党建培训班;同年9月,举办专兼职辅导员培训班,提高辅导员队伍的工作艺术和利用网络技术开展思想政治工作的水平。2001年6月,举办专职思想政治工作干部队伍培训班暨新任辅导员培训班;同年8月,召开学生工作研讨会,就学校的形势与政策教育、思想政治工作进网络等工作进行研讨。2008年9月,举办新学期学生工作队伍培训。2009年7月14—15日,举行辅导员工作艺术专题培训暨新任辅导员岗前培训,学校专兼职辅导员和班主任参加培训。2011年3月,举行民族学生教育管理专题培训;同年8月,学生工作队伍赴贵州大学学习考察民族学生教育管理工作。为拓展辅导员的国际化视野,2008年9月,学校选送刘智斌、邹明明到日本进行为期一年的留学培训。2009年9—12月,李兴华被教育部留学基金会选送到美国学习。

1987—2008年,学校先后召开10届思想政治工作研讨会,总结工作、交流经验,探讨新形势、新情况下的工作思路和方法,提高工作实效。1987年6月,在首次思想政治工作研讨会上,校党政领导、各部门负责人、各系学生工作领导小组成员及部分班主任60余人,就学生思想政治工作在学生成才过程中的地位和作用、学生思想政治工作的指导思想、注重校风校纪建设的重要意义和措施等进行广泛交流和讨论。1991年1月4日,在第三届思想政治工作研讨会上,与会代表学习农业部思想政治工作会议精神,就如何正确理解和贯彻把德育教育放在学生工作首位进行研讨。1993年12月,在第四届思想政治工作研讨会上,一批优秀班主任获得表彰。1995年11月27—28日,在第五届思想政治工作研讨会上,校党政领导及各院、部、处负责人和班主任共100多人,就新形势下的思想政治工作进行研讨,会议共收到论文、报告33篇,表彰其中10篇优秀论文,并刊印优秀论文集。1999年9月,在第七届思想政治工作研讨会上,与会代表探讨在市场经济和学分制情况下思想政治工作的新思路、新方法,以及如何加强学生思想政治工作队伍培训,提高其思想政治和业务素质。2002年6月28日,在第八届思想政治工作研讨会上,70余位思想政治工作者就开拓创新、与时俱进、全面推进思想政治工作进行研讨并提交论文59篇。2005年4月,在第九届思想政治工作研讨会上,与会代表学习中共中央、国务院《关于进一步加强和改进大学生思想政治教育的意见》,就进一步加强思想政治教育、学生党建、师德建设、学生管理等进行研讨,共收到论文98篇,会上还成立了思想政治工作研究会、大学生心理健康教育研究会。2008年3月28日,在第十届思想政治工作研讨会上,与会代表学习校党委书记叶骏"认清形势,把握规律,切实提高思想政治工作的针对性和有效性"等专题报告,并表彰28名优秀论文奖获得者。

学校积极开展思想政治教育工作交流。2009年5月18日,对全国高校学生工作与辅导员工作创新经验交流会代表,专题介绍"以加强工作队伍为抓手,提高大学生心理健康水平"的经验和做法,并就新形势下学生工作与辅导员工作创新进行交流。2010年10月13日,承办以"世博•科技•人才"为主题的第十届全国高等农业院校学生工作研讨会,就进一步探索新时期大学生思想政治教育的客观规律、增强大学生思想政治教育工作的实效性、提高农业院校人才素质培养和学生工作水平等进行交流。

学生思想政治教育工作队伍,为大学生开设形势与政策、职业生涯发展与就业指导、心理健康教育等课程;2006—2011年,承担"高校学生辅导员队伍建设要素研究"等多项上海市教育科学研究项目和上海市学校德育决策咨询重点课题,部分研究成果被教育部、上海市教卫党委、市教委采纳;2007—2011年,主编或参编《和谐社会与大学生》《大学生心理健康修养》等著作15部。

经过多年发展,学校在队伍建设上取得明显进展。2007年10月,上海市科教党委、市教委督查组来校对辅导员队伍建设进行专项督查。督查组通过材料查阅、听取工作汇报、交流提问、座谈会等方式进行综合评定,学校辅导员队伍建设工作各项督查指标都达到要求,并完成得较好,专家组评定督查结果为A。学校辅导员队伍也涌现出一批优秀教师,其中获得市级以上表彰的有:2006年1月,刘智斌获上海市高校"十佳辅导员"称号;2008年2月,杨妍艳获上海市高校"十佳辅导员"称号,李兴华获上海市高校优秀学生思想政治教育工作者称号,并获得第四届上海高校辅导员论坛优秀征文一等奖;2009年,林喜臣、晏萍获"上海市育才奖"称号;2010年6月,王凤林参加第三届全国高校辅导员工作创新论坛;2011年5月,在第四届全国高校辅导员工作创新论坛上,林喜臣获得2010全国高校辅导员年度人物入围奖。

第三章　专业技术职务

第一节　岗位设置

解放前,学校根据岗位设置、教师自身意愿和条件、校内外专家推荐意见等,由校长直接聘用相应职级教师。

解放初,基本保留国民政府时期的高校专业技术职务名称与教师等级。1949—1959 年,学校进行的教师技术职称评审主要是助教晋升讲师。1951 年 7 月 7 日,华东军政委员会水产管理局转发教职员工聘任办法。1952 年 7 月,政务院公布技术职务暂行等级,高等学校教师职务分为 5 级:教授、副教授、讲师、教员、助教。1954 年,高等教育部下发通知受理教师晋升等问题,规定在高等学校教授学衔授予条例正式颁布之前,只办理助教升讲师、1955 年对讲师晋升副教授的晋升手续,并对高等学校教师职务晋升的任职资历、学术要求及评审程序作了说明。学校根据此通知执行教师晋升方案。1957 年 7 月,高等教育部函告暂缓办理教师晋升等工作,并于同年 12 月下发《关于今年不再办理教师晋升等工作的通知》,学校遵照执行。

1960 年 3 月,国务院颁布《关于高等学校教师职务名称及其确定与提升办法暂行规定》(简称《暂行规定》),将高等学校教师职务名称定为教授、副教授、讲师、助教 4 级,对具体任职和晋升作出详细规定。同年 3 月,教育部颁发《关于执行国务院〈关于高等学校教师职务名称及其确定与提升办法暂行规定〉的实施办法》,规定国内毕业的研究生分配到高等学校任教,一般都要经过一年见习期,期满考察合格后,按照《暂行规定》适当确定职务名称。1960—1965 年,学校共进行 3 次教师职称评审工作:1960 年、1962 年办理 2 批 27 人的提升和确定教师职务工作,其中由助教提升讲师的 25 人、教员确定为讲师的 2 人;1963 年 10 月,上海市高等教育局下发通知《转发教育部〈关于高等学校教师职务提升工作问题的通知〉》,学校依此执行。

1966—1976 年,由于"文化大革命",职称评定工作停止。

1977 年 9 月,邓小平在《教育战线的拨乱反正问题》中指出:"大专院校也应恢复教授、讲师、助教等职称。"同年同月,《中共中央关于召开全国科学大会的通知》指出,应该恢复技术职称。

教育部于 1978 年 2 月向国务院提出恢复执行 1960 年国务院颁发的《关于高等学校教师职务名称及其确定与提升办法暂行规定》的请示,明确高等学校教师职务名称定为教授、副教授、讲师、助教 4 级,并对确定助教,晋升讲师、副教授、教授的条件作了规定。农业部于同年 12 月制定农业职称试行文件,次年 9 月 1 日正式在部属系统内印发执行。

1978 年,职称晋升工作恢复。1980 年、1982 年,学校分别在厦门和上海进行正、副教授评定工作。第一次评审,由福建省审批正、副教授,因学校刚迁回上海,直至 1981 年再次上报才获批准。其余人员按照任职条件,成熟一批,评定一批,图书资料、编辑、卫生医疗等系列人员也均按要求评审。

1983 年 9 月,中央决定暂停职称评定工作并进行整顿。1984 年 10 月,学校制订《关于教师职称复查验收和职称解冻准备工作的意见》,对 1978 年以来确定和提升职称的教师进行复查,将《上海水产学院教师职称复查验收工作总结》报至上海市高等教育局(以下简称市高教局)。1985年5月27日,市高教局予以批复,指正学校存在的问题。

1986年起,学校根据国务院1986年有关专业技术职务评聘制度的规定,首次进行专业技术职务任职资格聘任。根据中央职称改革工作领导小组有关文件精神,除部属高等院校正、副教授评审权须报请国家教委审定外,其他所有单位各级专业技术职务评审委员会组建及评审权,均由农牧渔业部统一管理,农牧渔业部组建水产类专业教师高级职务任职资格评审委员会。学校经授权后组建高级职称评委会,委员和专业评议组人选由学校提出后,报农牧渔业部聘请。初中级职称评委会人选,由学校提出后,报农牧渔业部批准,学校聘请。

1986年5月,学校成立校教师职务评审委员会,分2批评审,第一批于1986年进行,第二批于1987年进行。1986年、1988年,上海市教委分别授予学校水产养殖、海洋渔业、水产品贮藏与加工3个学科的评议权。学校授权学科教师的正、副高级专业技术职务任职资格由校教师高级职务任职资格评议委员会下设学科评议组推荐后,报农牧渔业部评审。

1987—1988年,评审工作时有中断,为解决离休、退休人员专业技术职务评审问题,农业部制定、颁发临时办法:一是1987年颁发《关于专业技术职务聘任工作中若干具体问题的处理意见》,规定已离休、退休人员一般不再评审高一级专业技术职务任职资格,对已到离退休年龄的专业技术人员,少数成绩突出者,本人申请晋升高一级专业技术职务的,应在首次下达的指标内评审,经过评审通过者,明确其职务后即办理离退休手续;二是1988年《关于评审认定专业技术职务任职资格的实施意见》规定,1986年1月1日后退休的专业技术人员,根据实际情况,对确实具备条件的,可参加当年评审认定任职资格,但认定专业技术职务资格不与工资待遇挂钩;三是"三不挂钩"办法,即评上高级职称后,与工资、福利待遇和住房分配不挂钩,仅获得职称而已。学校按此规定分别进行评审。

1989年1月,学校下发通知开展中级专业技术职务任职资格评审工作,于同年3月底通过校教师职务评委会完成中级职务任职资格评审工作。同年8月,学校制订《专业技术职务评审组织章程(草案)》《教师职务聘任制暂行办法(草案)》。农业部于1990年转发1989年10月人事部《关于对专业技术职务评审工作进行复查的通知》,要求对首次专业技术职务评聘工作中的问题进行复查。

学校根据农业部水产司1990年2月的通知精神开展水产类专业教师职务评审工作,于3月30日召开校教师高级职务评委会会议,并将结果上报农业部。1990年11月10日,人事部下发《企事业单位评聘专业技术职务若干问题暂行规定》指出,"完善专业技术职务聘任制度,使评聘专业技术职务转入经常性工作",同时规定"除个别确因工作需要,按有关文件规定,延缓办理离退休手续的以外,不再评定专业技术职务"。由此,学校专业技术职务评聘工作1991年起转为经常性工作。

人事部1991年5月20日颁发人职发〔1991〕7号文件指出:"进行评聘分开试点工作,是为了进一步强化竞争机制,深化和完善专业技术职务聘任制度。研究探索少数专业技术系列实行职务聘任制、建立学术技术称号制度。"

1992年,农业部职称改革工作领导小组决定追加给学校高级专业技术职务职数10人。至此,农业部下达给学校高中级专业技术职务职数为398人,其中高级职数为140人,并要求以此为基数提出年度评聘人数计划,报农业部批准执行。同年10月,学校开展教师高级专业技术职务评审工作,报农业部及市高教局批复。

农业部1993年下达给学校的高中级专业技术职务总职数为417人,其中高级职数为159人。当年度可聘职数为正高级9人、副高级30人、中级50人。学校于3月底布置当年的高级专业技术职务评审工作。

1995年,学校先后制订《关于进一步加强青年教师队伍建设的几项规定(试行)》《关于进一步加强学校师资队伍建设的意见》等文件,在此基础上制订学校1995—2010年师资规划及1995年高级专业技术岗位调整方案。同年9月,根据农业部通知,学校制订《关于1995年专业技术职务评审工作安排的通知》。

1997年8月,农业部核定学校专业技术职务岗位设置数为正高级45个、副高级160个、中级353个。同年10月,农业部又调整学校专业技术职务岗位设置方案,其中正高级职务教师36人,正高级科学研究系列人员9人,合计45人;副高级专业技术职务人员合计170人;中级职务专业技术职务人员260人。文件规定"批复后设岗方案要连同岗位职责在本单位范围内向广大科技人员公布,增强透明度,打破部门之间的界限,自由竞争上岗。要求有明确的责任和职责权限,真正做到责、权、利的统一"。

1999年6月,学校向农业部人事劳动司提交申报水产养殖、捕捞学、渔业资源、食品科学、水产品加工及贮藏工程5个学科副教授任职资格评审权的报告,农业部向教育部提交《关于报送我部所属上海水产大学申请副教授任职资格评审权材料的函》,教育部于1999年12月13日同意授予学校以上5个学科副教授评审权,开展经常性评聘工作。

1999年11月,学校制订《关于1999年度高级专业技术职务评聘工作安排的通知》,对申报高级技术职务人员的学历、资历、计算机及外语水平等作出规定。根据农业部规定,博士生毕业后需工作2年以上方可参加评审副高级专业技术职务。其中,获得博士学位前已工作2年以上,毕业后工作又满1年的,可参加评审副高级专业技术职务。

2000年,学校实行属地化管理后,专业技术职务评聘工作按上海市规定执行。2002年8月27日,上海市人事局颁布《关于同意上海高校试行教师职务和其他专业技术职务聘任制的复函》《上海市高等学校教师职务结构比例和高级职务岗位设置的意见(试行)》,同年9月上海市教委颁布《〈上海市高等学校教师职务和其他专业技术职务聘任办法〉的实施细则(试行)》等文件,将高校教师专业技术职务由职称评审制改为聘任制。专业技术职务聘任制是按学校学科建设、队伍建设需要,在注重个人条件的同时,明确受聘人需履行的岗位职责与岗位聘期。聘任基本环节为:按需设岗、公开招聘、平等竞争、择优聘任、契约管理。学校有权直接聘任正高级专业技术职务。

2002年5月,学校制订《关于2002年专业技术职务聘任工作的通知》等文件,指导专业技术职务聘任工作,同时学校成立校聘任委员会与思想品德、教育教学能力考察组,各部门成立聘任小组与思想品德、教育教学能力考察小组,中级职务评议组。学校制订《聘委会工作规程》,明确聘委会职责、工作纪律、工作细则等。具体实施过程中实行公开招聘,个人申报,材料展示,思想品德、教育教学能力考察,学术技术能力同行专家评议,各部门聘任小组聘任中级职务及以下人员并推荐高级专业技术岗位拟聘人选,校聘委会对高级岗位人选进行审议、公示,签订聘约并颁发证书等。在聘任过程中,遵循"师德一票否决制",即思想品德考察不合格的不予聘任或推荐。聘期为2002年9月1日至2005年8月31日(达到法定退休年龄的至退休年月)。

学校于2003年11月、2004年9月分别制订《关于2003年专业技术职务聘任工作的通知》《关于2004年专业技术职务聘任工作的通知》。2004年3月1日,上海市教委下发《关于核拨本市委属高校高级专业技术职务岗位数额的通知》,同意学校设高级专业技术职务岗位375个,其中正高级专业技术职务岗位89个。

2005年3月,学校向上海市教委专题汇报关于推进人事与分配制度改革的方案。经上海市人事局、上海市教委同意,学校决定进行综合改革,改革的主要内容之一是深入推行专业技术职务聘任制,取消"身份"评审,强化岗位聘任,即突破干部、工人身份界限,以岗位需要、岗位聘任为导向,鼓励符合岗位条件的人员聘任专业技术岗位,努力形成优秀人才脱颖而出、人尽其才、才尽其用的机制。

2005年11月,学校在修订2002—2004年专业技术职务聘任办法、任职条件等文件基础上,颁布《关于2005年专业技术职务聘任工作的通知》,并附6个附件:《专业技术职务职责及任职条件》《教学科研1~9级岗位基本能力要求指导性意见》《专业技术职务聘任实施办法》《专业技术职务岗位设置意见》《各学院及各系列2005年专业技术职务岗位可聘职数表》《新一轮综合改革总体方案》。截至2005年8月,全校参加聘任的专业技术人员聘期已满,学校根据通知精神开展聘任到期续聘工作、缺岗晋升聘任工作,并开始首次实施科教岗位分级。科教岗位分级涉及的岗位范围是教师、科研、实验、工程岗位,正高级岗位分为科教1~3级,副高级岗位分为科教4~6级,中级岗位分为科教7级和8级,初级岗位分为科教9级A、B级,并明确各级科教岗位的岗位职责。

2005年开始的聘任工作,聘期从2005年9月1日至2008年8月31日。如2008年8月31日前达到法定退休年龄的,聘期至退休年月;经批准办理延退手续的,按其约定聘期续聘。

2006年4月,学校启动2006年缺岗聘任工作,制订《关于2006年专业技术职务缺岗聘任工作的通知》,并附3个附件:《2006年专业技术职务高级岗位可聘职数表》《2006年科教1~6级岗位可聘职数表》《关于专业技术职务岗位聘任中破格晋升有关问题的通知》。同时,学校针对聘任工作中出现的学术期刊不规范情况,印发《关于专业技术职务聘任中学术期刊有关问题的通知》。2006年10月,学校启动2007年缺岗聘任工作,制订《关于2007年专业技术职务缺岗聘任工作的通知》,并公布2007年专业技术职务高级岗位可聘职数。

2007年11月,学校制订《关于2008年专业技术职务缺岗聘任工作的通知》及2008年专业技术职务高级岗位可聘职数,启动2008年缺岗聘任工作,其中规定学生思想政治教育教师系列的任职条件及聘任办法,按照2007年《上海市教育委员会关于申请设立学生思想政治教育教师职务聘任评议组及开展评议工作的实施意见》《上海市教育委员会关于本市高校2007年开展学生思想政治教育教师高级职务聘任评议工作有关事项的通知》精神实施。至此,学校学生思想政治教育教师系列高级职务的评议由上海市教委评估院负责,聘任由学校负责。通知还规定,2008年暂不进行科教岗位晋升聘任。聘期至2008年12月31日止(达到法定退休年龄的至退休年月)。

2009年10月,学校制订《关于2009年专业技术职务缺岗聘任工作的通知》及2009年专业技术职务高级岗位可聘职数,启动2009年缺岗聘任工作。该通知规定:兼职高教研究系列高级职务评议按照上海市教委评估院《上海高校兼职高教研究学科高级专业技术职务学术技术能力评议细则》的规定执行,学术技术评议由上海市教委评估院负责,聘任由学校负责。2009年专业技术职务的起聘时间为2009年9月1日。临时调整起聘时间,是由于上海市尚未在市属高校启动国家关于事业单位岗位设置管理工作,因此学校2009年专业技术职务聘任工作启动较晚。

2010年3月,学校制订《关于专业技术人员新一轮聘任的通知》,并附2个附件:《专业技术职务聘任岗位设置意见》《2010年上海海洋大学高级岗位设置一览表》。在总结上一轮聘任工作基础上,对高校教师、自然科学研究、兼职高教研究、工程技术、实验技术、图书资料、经济、会计、卫生、出版、学生思想政治教育教师等12个系列的任职条件和岗位职责进行修订,制订《关于印发〈上海海洋大学专业技术职务岗位职责及考核基本要求(试行)〉的通知》《关于印发〈上海海洋大学专业技术职务晋升聘任实施办法(试行)〉的通知》。对教师和自然科学研究系列的破格条件进行修订,制订《关于印发〈上海海洋大学高级专业技术职务破格聘任实施办法(试行)〉的通知》。《上海海洋大学专业技术职务晋升聘任实施办法(试行)》规定:设置农业推广教授,明确规定其聘任条件和岗位职责;首次提出自2012年起,生命、海洋、食品、经管、工程学院相关教师申报晋升副教授职务者,须至少到生产第一线(或海上)参加实践工作、从事科学研究与调查工作3个月以上。

新一轮聘任工作基本程序为个人申请、资格审核、材料公示、学术评议(晋升聘任程序)、思想品德考察(晋升聘任程序)、教育教学能力考察(晋升聘任程序)、竞聘答辩、单位推荐、校聘委会审议或审定、聘任等。

2010年9月26日,上海市教委、上海市人力资源和社会保障局印发《关于〈上海市高等学校岗位设置管理实施办法〉的通知》,启动上海市属高校岗位设置管理工作,规定事业单位岗位分为管理岗位、专业技术岗位和工勤技能岗位3种;根据高校社会功能和人员结构特点,专业技术岗位是高校主体岗位,一般不低于单位总岗位量的70%,其中教师岗位是专业技术岗位中的主体岗位,一般不低于单位岗位总量的55%。高校专业技术岗位分为高、中、初不同等级,其中高级岗位分为一至七级,正高级岗位对应一至四级,副高级岗位对应五至七级,中级岗位分为3个等级即八至十级,初级岗位分为3个等级即十一至十三级。高、中、初级岗位内部不同等级间的结构比例是:二、三、四级之间的比例为1:3:6;五、六、七级岗位之间的比例为2:4:4;八、九、十级岗位间的比例为3:4:3;十一、十二级岗位间的比例为5:5。

2010年10月9日,学校成立校岗位设置及聘任工作领导小组、校专业技术岗位聘任委员会、校专业技术岗位聘任评议委员会、校岗位设置及聘任工作小组等组织机构,负责专业技术岗位设置及聘任工作。同年12月,学校向上海市教委正式报送《上海海洋大学岗位设置方案请示》。2011年3月,上海市人力资源和社会保障局在《关于上海市教育委员会所属各高等学校及附属单位岗位设置方案的复函》中,批准学校岗位总量1 234个,其中专业技术岗位1 025个,专业技术岗位中设正高级岗位103个、副高级岗位359个、中级岗位537个、初级岗位26个。正高级岗位中设置专业技术二级岗位10个、三级岗位31个、四级岗位62个;副高级岗位中设置五级岗位72个、六级岗位144个、七级岗位143个;中级岗位中设置八级岗位161个、九级岗位214个、十级岗位162个;初级岗位中设置十一级岗位11个、十二级岗位12个、十三级岗位3个。

2011年1月,学校制订《关于实施首次岗位设置与聘用工作的通知》,同时制订《关于印发〈上海海洋大学专业技术岗位设置与聘用实施办法〉的通知》,对专业技术岗位的设置、各级专业技师岗位的职责和任职条件、聘用办法作出明确规定,明确学校专业技术岗位分为教师岗位和其他专业技术岗位,其中教师岗位是专业技术岗位的主体。在1 025个专业技术岗位中教师岗位有792个,占专业技术岗位总量的77.3%;其他专业技术岗位233个,占专业技术岗位总量的22.7%。

第二节 岗 位 聘 任

1986年起,学校首次进行专业技术职务任职资格聘任。经农牧渔业部等审定,学校1986年、1987年分两批评审通过教授13人(含越级3人)、副教授51人、讲师28人、助理研究员1人、工程师8人、医师2人、实验师4人。

1990年3月30日,学校召开高级职务评委会会议,通过正高级任职资格人员9人、副高级任职资格人员32人,报农业部高校水产类专业教师职务评委会审定。

1992年10月,学校开展教师高级专业技术职务评审工作,通过教授任职资格人员4人、副教授任职资格人员16人、副研究员任职资格人员2人,报农业部或市高教局审定。

1993年3月底,学校开展高级专业技术职务评审工作。同年8月、11月,分别通过高级及中初级专业技术职务评审,晋升教授5人、副教授9人。此次评聘后,全校有正教授20人、副教授97人、其他系列副高级职称人员13人,讲师126人、其他系列中级职称40人,助教153人、其他系列初级职称107人。专任教师中,教授18人、副教授90人、讲师112人、助教137人。1993年底,学校评审通过5名教师具有政工师资格。1994年6月,有11名教师通过副高级专业技术职务评审。

1995年,学校有7名35岁以下青年教师通过评审,晋升为副教授。同时,学校加大引进中青年高级人才力度,1995年共引进高级人才4人。同年9月,学校评审通过正高级专业技术职务人员7人、副高级18人、中初级30人,学校当年还评审通过具有高级政工师资格教师2人。

1996年9月,学校专业技术职务评审中,通过教授任职资格人员9人、副高级专业技术职务任职资格人员27人。

1998年底,学校共有正高级职称人员37人、副高级111人、中级227人。

2000年,学校新聘任正高级专业技术职务人员5人、副高级7人、中级19人、初级10人。

2001年,全校教职工790人中有专任教师352人,其中具有正高级职称者28人、副高级职称者131人。

2002年,学校共聘任正高级专业技术职务人员38人(其中同级聘任23人,晋升15人)、副高级122人(其中同级聘任86人,晋升36人)、中级221人、初级132人。聘期为2002年9月1日至2005年8月31日(达到法定退休年龄的至退休年月)。

2003年,学校缺岗聘任正高级专业技术职务人员6人、副高级10人、中级20人、初级43人;2004年,缺岗聘任正高级专业技术职务人员6人、副高级15人、中级46人、初级44人。聘期均至2005年8月31日(达到法定退休年龄的至退休年月)。

2005年,学校聘任正高级专业技术职务人员81人(其中晋升37人)、副高级133人(其中晋升48人)、中级268人(其中晋升64人)、初级149人(其中晋升27人)。其中,工人聘任专业技术职务9人。同时,聘任科教系列一级岗位3人、二级岗位13人、三级岗位32人、四级岗位34人、五级岗位31人、六级岗位40人、七级岗位134人、八级岗位62人、九级岗位96人。2005年,学校共聘任专业技术职务人员631人,其中445人为科教系列岗位,占71%。聘期为2005年9月1日至2008年8月31日。

2006年4月,学校启动2006年缺岗聘任工作,聘任正高级专业技术职务人员11人、副高级22人、中级79人、初级11人;科教系列二级岗位1人、三级岗位10人、四级岗位6人、五级岗位8人、六级岗位17人、七级岗位14人、八级岗位48人、九级岗位6人。聘期至2008年12月31日(达到法定退休年龄的至退休年月)。

2006年10月,学校启动2007年缺岗聘任工作,共聘任正高级专业技术职务人员10人、副高级34人、中级74人、初级45人。聘期至2008年12月31日(达到法定退休年龄的至退休年月)。

2008年,学校缺岗聘任正高级专业技术职务人员11人、副高级31人、中级32人、初级34人。聘期至2008年12月31日(达到法定退休年龄的至退休年月)。

2009年,学校缺岗聘任正高级专业技术职务12人、副高级56人、中级122人、初级21人。

2010年,学校聘任正高级专业技术职务116人(其中晋升6人)、副高级232人(其中晋升9人)、中级436人(其中晋升18人)、初级66人(其中晋升7人)。

2011年,学校对专业技术岗位进行分级聘任,共聘任专业技术二级岗位6人、三级岗位20人、四级岗位91人、五级岗位32人、六级岗位71人、七级岗位134人、八级岗位79人、九级岗位150人、十级岗位204人、十一级岗位16人、十二级岗位31人、十三级岗位1人。

第四章 工资、福利与社会保险

第一节 工资与福利

一、工资

民国元年至民国21年,教职员工工资一般实行时薪制。民国21年11月4日,国民政府教育部颁布《中等学校教职员服务及待遇办法大纲》,规定:"中等学校废除钟点计薪制,教职员之月薪应分别等级依次递进,兼任教员得依时计薪,统由各省市厅局酌量地方生活程度比照现制较优办法分别规定",教职工工资改为月薪制。因学校档案资料于"八一三"事变中毁于日本侵华军炮火,故民国元年至26年的工资福利详情已无从查阅。

上海市立吴淞水产专科学校时期,物价飞涨。民国36年4月起,教职员兼课钟点费标准有所提高,教授、副教授、讲师每小时最高法币分别为48元、42元、36元,然而津贴与物价涨幅相比仍是杯水车薪。

解放初期,学校教职员工资,大部分人员执行薪给制,小部分执行供给制。薪给制人员中也有部分执行货币工资,部分执行工资分制度。由于过去学校教职员薪资不合理,根据有关通知,学校开展民主评薪,对教职工薪金、工友底薪按照工作能力及责任心,由各单位民主讨论予以确定调整。1951年1月起,根据华东军政委员会教育部转发中央教育部通知,要求各校应停止教职员民主评薪,改由学校负责人根据政府颁布的工资标准按照教职员本身条件斟酌拟定,报请上级批准,并且在发聘书时,即明确订出工资数目。1951年,根据华东军政委员会水产管理局通知,应届毕业生任助教者,一律为薪金制待遇,起薪范围同1950年标准:专科毕业80~100元,四年制大学毕业100~120元,六年制大学毕业120~160元。不包括正薪以外的生活补助费、福利米、研究费等。

1951年,根据华东军政委员会财政部通知,取消财政粮价,但停止执行财政粮价以后,涉及范围较广,影响员工生活很大,员工生活确有困难。同年5月,上海地区根据华东军政委员会财政部通知明确各项开支计算方法,如工资制人员所得工资除照额实价发放外,另每一单位固定补贴267元;保育费、特别津贴按照1951年4月份实际数折实固定发放,后按生活必需品价格"折实单位"折算计发等。

表 2-4-1 1952—1955 年学校教职工工资情况表 单位:元/月

职 务	1952年	1953年	1954年	1955年
教 授	184.22	191.14	201.99	205.55
副教授	128.35	137.04	154.00	154.92

(续表)

职 务	1952 年	1953 年	1954 年	1955 年
讲 师	98.14	105.90	112.68	114.09
助 教	60.36	68.50	72.49	73.72

1956年4月,国家进行解放后第一次工资改革。根据高等教育部《关于1956年全国高等学校教职工工资评定和调整的通知》精神,高等学校教职工工资标准采取将教学人员和职工分类执行,提高教授、专家工资待遇等措施。

学校参加此次工资制度改革的共208人,月增资总额2 450.03元,改革后平均工资96.93元,人均增资11.78元。其中,专业人员111人,平均工资120.74元,人均增资15.97元;行政人员50人,平均工资86.11元,人均增资9.29元;工人47人,平均工资52.18元,人均增资4.53元。学校位于上海地区,执行第八类地区工资标准。1957年起,大学本科毕业生来校工作,经半年见习期满后定级为教学人员13级,八类地区工资数为60.0元。此标准一直沿用到1985年工资改革。

表 2-4-2　1956年全国高等学校教学人员工资标准情况表　　　　单位:元/月

级 别	工 资 标 准		教 学 人 员			
	一类地区	八类地区				
1	300	363.0	教 授			
2	250	302.5				
3	210	254.0				
4	180	218.0		副教授		
5	154	186.5				
6	130	157.5				
7	110	133.0			讲 师	
8	92	111.5				
9	78	94.5				
10	68	82.0				助 教
11	60	72.5				
12	54	65.5				

表 2-4-3　1956年全国高等学校教学辅助人员工资标准情况表　　　　单位：元/月

级别	工资标准			教学辅助人员			
	一类地区	八类地区	上海修订标准				
1	140	169.5		实验室正副主任、实习工厂（农、牧、林）（场）正副主任			
2	122	147.5					
3	105	127.0			高级实验员、高级资料员		
4	90	109.0					
5	76	92.0					
6	64	77.5					
7	54	65.5					
8	46	55.5	58			实验员、资料员	
9	40	48.5	52				
10	36	43.5	47				
11	32	38.5	43				助理员
12	29	35.0	40				

表 2-4-4　1956年全国高等学校行政职工工资标准情况表　　　　单位：元/月

级别	工资标准级别	工资标准			行政职工					
		一类地区	八类地区	上海修订标准						
1	6	320.0	387.0		大学、独立学院正副校（院）长、校（院）长助理					
2	7	280.0	339.0							
3	8	250.0	302.5							
4	9	220.0	266.0							
5	10	190.0	230.0			大学、独立学院正副教务长、正副研究部主任、正副总务长				
6	11	170.0	205.5							
7	12	150.0	181.5				大学、独立学院教务处正副处长、科学研究处正副处长、人事处正副处长、总务处正副处长			
8	13	135.0	163.5					专科学校正副校长		
9	14	120.0	145.0						专科学校正副教务主任、正副总务主任、正副人事处处长	
10	15	108.0	130.5							
11	16	96.0	116.0							正副科长
12	17	86.0	104.0							
13	18	76.0	92.0							
14	19	68.0	82.5							

(续表)

级别	工资标准级别	工资标准			行 政 职 工	
		一类地区	八类地区	上海修订标准		
15	20	61.0	74.0		科员、办事员	工勤人员
16	21	54.0	65.5			
17	22	48.5	58.5	60.0		
18	23	43.0	52.0	54.5		
19	24	37.5	45.5	49.0		
20	25	32.5	39.5	44.0		
21	26	28.5	34.5	40.0		
22	27	26.0	31.5	36.0		
23	28	24.0	29.0	33.0		
24	29	22.0	26.5	30.0		
25	30	20.0	24.0	28.0		

1985年，中共中央、国务院下发《关于国家机关和事业单位工作人员工资制度改革问题的通知》，进行解放后的第二次工资改革。工资结构为基础工资、职务工资、工龄津贴、奖励工资。学校参加此次工资制度改革的共721人，月增资总额15 312.32元，改革后平均工资108.33元，人均增资21.24元。其中，专业人员459人，平均工资115.07元，人均增资21.65元，其中人均增加工龄津贴10.55元。行政人员118人，平均工资111.98元，人均增资24.49元，其中人均增加工龄津贴12.05元。工人144人，平均工资83.86元，人均增资17.24元，其中人均增加工龄津贴6.61元。

1993年，国务院颁发《国务院关于机关和事业单位工作人员工资制度改革问题的通知》，国家进行第三次工资制度改革，引入竞争、激励机制，加大单位搞活工资分配的自主权。

表2-4-5　1993年事业单位工作人员工资构成情况表

人 员 分 类	工 资 构 成
专业技术人员	专业技术职务工资和津贴两部分
管理人员	职员职务工资、岗位目标管理津贴两部分
技术工人	技术等级工资、岗位津贴两部分
普通工人	等级工资、津贴两部分

工资构成分固定、浮动两部分。职务工资（或等级工资）为工资构成中的固定部分，主要体现工作能力、责任、贡献、劳动的繁重复杂程度；津贴为工资构成中的浮动部分，主要体现各类人员的岗位工作特点和实际工作数量和质量的差别。全额拨款单位，固定部分占70%，浮动部分占30%。

表 2-4-6 1993年高教、科研人员专业技术职务等级工资标准情况表　　　单位：元/月

职务	职务等级工资标准										津贴部分
	一	二	三	四	五	六	七	八	九	十	
教授 研究员	390	430	470	520	570	620	670				71～287 （占工资构成 的30%）
副教授 副研究员	275	305	335	365	395	435	475	515	555		
讲师 助理研究员	205	225	245	265	285	315	345	375	405	435	
助教 研究实习员	165	179	193	213	233	253					

表 2-4-7 1993年职员职务等级工资标准情况表　　　单位：元/月

职员等级	职务等级工资标准										岗位目标 管理津贴
	一	二	三	四	五	六	七	八	九	十	
一级	480	520	560	605	650	695					62～298 （占工资构成 的30%）
二级	335	370	405	440	480	520	560				
三级	235	260	285	310	340	370	400	430			
四级	180	198	216	234	252	276	300	324	348	372	
五级	160	174	188	202	216	233	250	267			
六级	145	157	169	181	193	207	221	235			

表 2-4-8 1993年技术工人工资标准情况表　　　单位：元/月

技术职务、 技术等级	技术等级工资标准										岗位津贴
	一	二	三	四	五	六	七	八	九	十	
高级技师	245	267	289	315	341	367	393	419			62～180 （占工资构成 的30%）
技师	205	223	241	259	283	307	331	355	379		
高级工	180	196	212	228	248	268	288	308	328	348	
中级工	160	174	188	202	220	238	256	274	292	310	
初级工	145	157	169	181	197	213	229	245	261	277	

表 2-4-9 1993年普通工人工资标准情况表　　　单位：元/月

等级工资标准													津贴
一	二	三	四	五	六	七	八	九	十	十一	十二	十三	58～135 （占工资构成 的30%）
135	146	157	168	182	196	210	224	242	260	278	296	314	

此次工资制度改革,制定正常晋升工资档次的规定。事业单位工作人员连续两年考核为合格以上,可在本人职务工资(或等级工资)标准上晋升一个工资档次。每两年一次,年度考核为优秀的人员中作出突出贡献的工作人员,可在正常晋升工资档次的基础上再晋升一个工资档次,人数控制在不超过本单位总人数的3%。

1997年,人事部、财政部颁布《关于1997年调整机关、事业单位工作人员工资标准等问题的通知》,对1993年所制定的机关、事业单位工作人员工资标准进行调整。

表2-4-10 1997年高教、科研人员专业技术职务等级工资标准情况表 单位:元/月

职务	职务等级工资标准															
	一	二	三	四	五	六	七	八	九	十	十一	十二	十三	十四	十五	十六
教授、研究员	404	444	484	534	584	634	684	734	784	834	884					
副教授、副研究员	289	319	349	379	409	449	489	529	569	609	649	689	729	769		
讲师、助理研究员	219	239	259	279	299	329	359	389	419	449	479	509	539	569	599	629
助教、研究实习员	179	193	207	227	247	267	287	307	327	347	367	387				

1999年7月,国家再度调整工资标准,大幅度提高职务工资标准。

表2-4-11 1999年高教、科研人员专业技术职务等级工资标准情况表 单位:元/月

职务等级	职务等级工资标准															
	一	二	三	四	五	六	七	八	九	十	十一	十二	十三	十四	十五	十六
教授、研究员	544	584	624	674	724	774	824	874	924	974	1 024					
副教授、副研究员	401	431	461	491	521	561	601	641	681	721	761	801	841	881		
讲师、助理研究员	312	332	352	372	392	422	452	482	512	542	572	602	632	662	692	722
助教、研究实习员	260	274	288	308	328	348	368	388	408	428	448	468	488	508	528	548

2001年1月、10月和2003年7月,国家先后3次调整工资标准。

表2-4-12 2001年1月高教、科研人员专业技术职务等级工资标准情况表 单位:元/月

职务	职务等级工资标准															
	一	二	三	四	五	六	七	八	九	十	十一	十二	十三	十四	十五	十六
教授、研究员	668	718	768	833	898	963	1 028	1 093	1 158	1 223	1 228					
副教授、副研究员	498	532	566	600	634	680	726	772	818	864	910	956	1 002	1 048		
讲师、助理研究员	388	410	432	454	476	508	540	572	604	636	668	700	732	764	796	828
助教、研究实习员	323	339	355	377	399	421	443	465	487	509	531	553				

表2-4-13　2001年10月高教、科研人员专业技术职务等级工资标准情况表　　　　单位：元/月

职　　务	职务等级工资标准															
	一	二	三	四	五	六	七	八	九	十	十一	十二	十三	十四	十五	十六
教授、研究员	785	850	915	995	1 075	1 155	1 235	1 315	1 395	1 475	1 555					
副教授、副研究员	576	619	662	705	748	803	858	913	968	1 023	1 078	1 133	1 188	1 243		
讲师、助理研究员	438	465	492	519	546	583	620	657	694	731	768	805	842	879	916	953
助教、研究实习员	363	381	399	425	451	477	503	529	555	581	607	633	659	685	711	737

表2-4-14　2003年7月高教、科研人员专业技术职务等级工资标准情况表　　　　单位：元/月

职　　务	职务等级工资标准															
	一	二	三	四	五	六	七	八	九	十	十一	十二	十三	十四	十五	十六
教授、研究员	880	945	1 010	1 090	1 170	1 250	1 330	1 410	1 490	1 570	1 650	1 730	1 810	1 890		
副教授、副研究员	643	686	729	772	815	870	925	980	1 035	1 090	1 145	1 200	1 255	1 310		
讲师、助理研究员	481	508	535	562	589	626	663	700	737	774	811	848	885	922	959	996
助教、研究实习员	392	410	428	454	480	506	532	558	584	610	636	662	688	714	740	766

2003年7月,学校在职教职工共有796人参加工资标准调整,调整前每人月平均职务工资为760.66元,调整后每人月平均职务工资为824.90元。

随着事业单位改革的逐步深化,国家于2006年7月第四次对事业单位分配制度进行改革,建立符合事业单位特点、体现岗位绩效和分级分类管理的收入分配制度。工资构成为岗位工资、薪级工资。学校在此次改革中共有943人参加套改,调整前职务工资、工资津贴合计为每人月平均859.06元,调整后岗位工资、薪级工资合计为每人月平均1 219.60元,人均月增资360.54元。

表2-4-15　2006年事业单位专业技术人员岗位工资标准情况表　　　　单位：元/月

岗　　位	工资标准	岗　　位	工资标准
一　级	2 800	八　级	780
二　级	1 900	九　级	730
三　级	1 630	十　级	680
四　级	1 420	十一级	620
五　级	1 180	十二级	590
六　级	1 040	十三级	550
七　级	930		

表 2-4-16　2006年事业单位专业技术人员薪级工资标准情况表　　　　单位：元/月

薪级	工资标准	薪级	工资标准	薪级	工资标准	薪级	工资标准	薪级	工资标准
1	80	14	273	27	613	40	1 064	53	1 720
2	91	15	295	28	643	41	1 109	54	1 785
3	102	16	317	29	673	42	1 154	55	1 850
4	113	17	341	30	703	43	1 199	56	1 920
5	125	18	365	31	735	44	1 244	57	1 990
6	137	19	391	32	767	45	1 289	58	2 060
7	151	20	417	33	799	46	1 334	59	2 130
8	165	21	443	34	834	47	1 384	60	2 200
9	181	22	471	35	869	48	1 434	61	2 280
10	197	23	499	36	904	49	1 484	62	2 360
11	215	24	527	37	944	50	1 534	63	2 440
12	233	25	555	38	984	51	1 590	64	2 520
13	253	26	583	39	1 024	52	1 655	65	2 600

二、津贴、补贴和福利

根据《关于本市高等学校进行管理改革试行岗位津贴的请示报告》《上海市高等学校试行岗位津贴办法》的文件精神,学校1984年1月1日起实行浮动岗位津贴,1984年津贴标准为人均200元。

1991年6月1日起,上海市开始实行职务(岗位)津贴。确定依据为所任职务(岗位)和工作年限。1991—2005年,15次调整职务(岗位)津贴标准。

表 2-4-17　1991年6月机关事业单位工作人员职务津贴标准情况表　　　　单位：元/月

职务工作年限	局级 教授	副局	处级 副教授	副处	正科 讲师	副科	科员 助教	办事员、技术员 工人
30 年以上	50	45	40	35	35	30	25	25
20—29 年	50	45	40	35	30	25	20	20
10—19 年	45	40	35	30	25	20	15	15
10 年以下	40	35	30	25	20	15	10	10

表 2-4-18　2005年1月事业单位工作人员职务津贴标准情况表　　　　单位：元/月

职务工作年限	局级 教授	副局	处级 副教授	副处 高级技师	正科 讲师 技师	副科 高级工	科员 助教 中级工	办事员 技术员 初级工
35 年以上	1 805	1 685	1 565	1 465	1 365	1 265	1 165	1 075
30—34 年	1 740	1 620	1 500	1 400	1 300	1 200	1 100	1 010

(续表)

职务工作年限	局级教授	副局	处级副教授	副处高级技师	正科讲师技师	副科高级工	科员助教中级工	办事员技术员初级工
25—29 年	1 675	1 555	1 435	1 335	1 235	1 135	1 035	945
20—24 年	1 610	1 490	1 370	1 270	1 170	1 070	970	880
15—19 年	1 545	1 425	1 305	1 205	1 105	1 005	905	815
10—15 年	1 480	1 360	1 240	1 140	1 040	940	840	750
5—9 年	1 415	1 295	1 175	1 075	975	875	775	685
5 年以下	1 350	1 230	1 110	1 010	910	810	710	620

根据国家和上海市有关政策，学校为教职员工发放各类物价补贴和福利性津贴。根据1991年5月20日市房改办、市人事局、市财政局联合发布的《关于机关事业单位贯彻〈关于本市单位和职工缴交公积金和发放住房提租补贴的暂行办法〉的具体问题处理意见》，学校1991年5月起对租住提租公房的职工，一次性核定住房提租补贴，按工资2%计算，标准2~6元不等；并开始缴纳住房公积金，单位和职工个人月缴费额一致，均为职工上年度月平均工资的5%。1997年7月，调整为6%。1999年7月调整为7%。

1993年，工资改革以后的物价补贴根据煤电水和粮油副食价格逐步调整。1994年8月起，标准为每人每月67元。1990年起发放伙食费补贴，因为属于开办食堂的单位，发放标准每人每天1元。1994年8月起，发放交通费补贴，根据从居住点到工作单位路程所需乘坐的公交线路最低票价计算，补贴金额4元至20元不等。1995年3月起，发放书报费补贴每人每月50元。1996年1月起，调整为每人每月60元。1998年12月起，发放地方生活津贴，每人每月40元。为配合上海市医疗保险制度改革的全面实施，公费医疗对象纳入医保改革范围后，增加在职人员医疗费的支出及医保缴费等因素，2001年3月起在职职工发放2%医保补贴性工资。2007年1月起，全校在职职工每人每月发放车贴440元。

此外，为了充分体现党和国家对我国高级专家的关心和爱护，经党中央、国务院批准，从1990年7月起，给部分高级知识分子发放国务院政府特殊津贴，给予每人每月50元或者100元津贴。1994年10月起，调整标准为每人每月100元。1995年起，新选拔的享受政府特殊津贴的高级专家采用一次性发放5 000元的办法。2001年起，提高到一次性发放10 000元。2009年1月起，按月享受政府特贴的高级专家发放标准提高为每人每月600元。

三、校内津贴

1992年6月，学校制订的《劳动人事制度、分配制度的改革方案》，经教职工代表大会审议修改通过，经7月10日校党委扩大会议审定通过。此次改革以劳动人事分配制度改革为校内改革突破口，旨在进一步提高教学和学科水平，增强学校实力和活力，提高办学效益，提高教职工积极性和生活待遇，并为今后校内管理制度改革和综合改革创造条件。分配制度实行基本工资、补贴工资和校内工作津贴相结合的结构工资制度。校内工作津贴，根据学校校办产业和科技服务创收等情况量入为出。

2003年6月,校党委常委会讨论通过《学院分配指导性意见》,学校再次进行人事分配制度改革。指导思想:一是体现按劳分配、优劳优酬,严格考核、责酬一致,绩效优先、兼顾公平,减少因政策性原因而引起的分配不公因素,尽可能调动多数人的工作积极性。二是管理重心下移,提倡人本管理;加强考核、动态管理;实事求是,因地制宜。三是在保证教育教学质量与队伍建设的前提下,鼓励学院通过自身发展,增加教育培训、科教服务及其他途径增加收入,提倡各学院进行灵活多样的分配尝试,积极调动各类人员的积极性,提高学院办学活力。

学校根据对各学院的学时、学生、科研、队伍建设四要素的测算进行拨款,简称"四挂钩"。学院将学校拨款和学院创收等各项经费统筹考虑,再制订本学院自主分配方案。学院自主分配部分包括按月发放的岗位津贴、科研奖励等业绩贡献津贴、学海路校区工作和班车补贴等。教师工作量由教学工作量、科研工作量、社会工作量构成。学院可根据各类教师岗位的不同提出三块工作量的不同构成比例,一人一岗,按岗定薪,根据岗位性质确定津贴标准。一人承担两个及以上岗位的,按就高原则只享受一个岗位的全部津贴;学院党政管理干部兼课每年不超过72学时;学院党政管理人员(不含教辅人员)的院资平均值一般不低于全院教职工院资平均值。根据教学质量优劣适当浮动课时津贴。每学年(学期)结算由学院领导集体讨论,分配方案及计算依据应及时向教工公布并核实。各学院分配实施细则应在学期初向全院教职工公布。

学海路校区补贴以在学海路校区实际工作天数计算。对根据教学计划在学海路校区上课的教师,按每天80元标准将补贴划拨给学院;对学海路校区固定工作岗位的非教师系列工作人员,学生辅导员按每工作月800元标准、其余人员按每天50元标准将补贴划拨给学院或部门;因职能部门或学院工作延伸管理,需临时到学海路校区工作的教职工按每天40元标准发放补贴。

2005年3月起,学校进行新一轮综合改革,将教职工的岗位津贴与岗位职责、工作业绩、实际贡献以及知识和科研成果转化中产生的社会效益和经济效益直接挂钩;发挥岗位津贴的导向作用,实行向优秀人才和关键岗位倾斜的政策,提高教学、科研、管理重要岗位的待遇。2006年9月,分类制订学院科教岗位、学院管理岗位、机关、直属部门管理岗位、工勤岗位等岗位津贴指导标准,见表2-4-19。绩效津贴总量标准为岗位津贴基本标准的120%,待考核完成后结算发放。2009年7月、2010年3月、2011年3月,岗位绩效津贴分别增加5%,打包拨款给学院,由学院考核后发放。此外,按岗位任职年限发放年功津贴,任职3年以下(含3年)为每月60元,4~6年为每月120元,7年及以上为每月180元。

2008年,学校搬迁至沪城环路校区后,教职工按在校工作天数发放远郊工作补贴每天40元,远郊交通补贴每天40元,由学校打包拨款到学院,学院根据实际情况通过教代会制订具体的考核分配细则。

为进一步推进新一轮综合改革,促进校院二级管理,规范校内分配管理,提高二级部门活力,经校党委常委会2010年研究,学校再次对校内分配进行改革。此次校内分配改革,学校将校内岗位津贴总量和远郊补贴总量等下拨到各学院(部门),由各学院(部门)按绩效考核结果自主分配,体现绩效优先原则和总量控制原则。各学院(部门)制订的分配办法,经过学院(部门)教职工代表大会讨论通过、院务会议审批后执行,并报学校备案。制订的分配方案,必须遵循确保教学、科研、管理、服务等各项工作任务完成原则,必须将学校下达的各项工作落实到每个岗位,根据各级岗位工作职责,自主设定教学、科研、学科建设及社会工作的绩效考核办法,对教学科研人员、实验技术人员要采用网上绩效考核。绩效考核结果直接与分配挂钩。各部门的分配总量,须严格在学校核定分配控制数总量范围内进行分配,并从学校的拨款及创收总量中划出10%左右的经费作为学科建设基金、发展风险基金及奖励基金。

表 2-4-19　2006年9月校内岗位津贴拨款基本标准情况表　　　　　单位:元/月

岗位类别	岗　　位	岗位津贴	岗位类别	岗　　位	岗位津贴
学院科教岗位	科教1级	5 000	学院管理岗位	正　职	4 000
	科教2级	4 000		副　职	3 150
	科教3级	3 400		5　级	2 250
	科教4级	3 000		6　级	1 850
	科教5级	2 900		7　级	1 500
	科教6级	2 500		8　级	1 350
	科教7级	2 250		9　级	1 200
	科教8级	2 100	直属部门、机关岗位	1　级	6 250
	科教9级	1 500		2　级	5 000
	技术员、实验员	1 250		3　级	3 850
	见习期、试用期	1 200		4　级	2 900
	技　师	2 250		5　级	2 200
	高级工	2 100		6　级	1 850
	中级工	1 400		7　级	1 500
	初级工或无级别	1 200		8　级	1 350
				9　级	1 200

第二节　社会保险

社会保险是国家通过立法建立起来的旨在保障劳动者在因年老、伤残、生育、失业等暂时或永久丧失劳动能力而减少或失去工资收入的情况下,仍能享有和在业期间相差不大的基本生活权利的一项社会保障制度。学校按规定执行。主要内容包括:社会养老保险、社会医疗保险、社会失业保险、社会生育保险和社会工伤保险。

一、社会养老保险

1994年4月27日,上海市人民政府颁发《上海市城镇职工养老保险办法》。1993年1月起,学校全部在职职工纳入社会养老保险体系。养老保险由国家、单位、个人共同负担养老费用。个人缴费进入个人账户,单位缴费部分进入个人账户,部分进入统筹基金。缴费基数为本人上一年度月平均工资收入,最高不超过全市在职人员月平均工资收入的200%,1998年起调整为300%,最低不低于上年全市在职人员月平均工资收入的60%。每月缴费额计算为"缴费基数×缴费比例"。个人缴费比例逐渐调整：1993年1月起缴纳3%，1995年4月起缴纳4%，1997年4月起缴纳5%，1999年4月起缴纳6%，2002年7月起缴纳7%；单位缴费比例：1993年1月起为25.5%，2000年12月起调整为22.5%。

根据上海市人民政府转发市劳动和社会保障局《关于对本市离退休人员养老金实行社会化发放的实施意见》的精神，从1998年开始，学校退休人员养老金的发放从由学校发给本人转变为由社会保险事业管理中心委托银行代发。

二、社会医疗保险

学校根据上海市人民政府2000年10月20日颁发的《上海市城镇职工基本医疗保险办法》及上海市医疗保险局颁发的《上海市城镇职工基本医疗保险办法实施细则》，自2000年12月1日起将全部在职和离退休教职工正式纳入上海市社会医疗保险体系，改变以往公费医疗方式，转变为社会基本医疗保险。

社会医疗保险的缴费基数与养老保险的缴费基数一致。在职职工个人按其缴费基数的2%，单位按10%缴纳基本医疗保险费，并按2%缴纳地方附加医疗保险费。离退休人员不缴纳基本医疗保险费。就诊的医疗费用按就诊方式、职工年龄和医疗费用的额度进行分段，由基本医疗保险基金和地方附加医疗保险基金两个渠道支付。

三、社会失业保险

1999年，上海市人民政府颁发《上海市失业保险办法》，切实保障失业人员在失业期间的基本生活，促进失业人员再就业。缴费基数按缴纳养老保险的基数确定，单位按基数的2%、职工按1%缴纳失业保险费。2011年7月起，单位缴费比例调整为养老保险基数的1.7%。学校在职职工均按规定参加失业保险。

四、社会生育保险

2001年10月10日，上海市人民政府颁发《上海市城镇生育保险办法》，对参加城镇社会保险的从业或者失业生育妇女予以保障。单位从2004年8月起按照养老保险基数的0.5%缴纳生育保险费。2011年7月起，单位缴费比例调整为养老保险基数的0.8%。学校在职职工均按规定参加生育保险，自2001年11月生育保险实施起至2011年12月，共有174名生育女职工领取生育生活津贴和生育医疗费补助金。

五、社会工伤保险

2004年6月27日，上海市人民政府颁发《上海市工伤保险实施办法》，自2004年7月1日起开始实施。单位按照养老保险基数的0.5%缴纳工伤保险费。学校全体在职职工均按规定参加工伤保险。工伤保险旨在使职工在工作时间和工作场所内，因工作原因受到事故伤害的，或者其他法律规定的工伤情况出现时，职工医疗和生活待遇受到保障。

第三节 退休待遇

中华人民共和国成立初期，开始建立退休养老制度。学校执行国家和上海市关于事业单位工作人员的退休规定。

1956年1月1日起，根据国务院颁发的《国家机关工作人员退休处理暂行办法》，对退休教职工男年满60岁、女年满55岁，工作年限已满5年，加上参加工作以前主要依靠工资生活的劳动年限，男年满25年、女年满20年的退休人员：工作年限满5年、不满10年的，发给本人工资的50%；满10年、不满15年的，发给本人工资的60%。对男年满60岁，女年满55岁，工作年限已满15年的；或者工作年限已满10年，因劳致疾丧失工作能力的；或者因公残废丧失工作能力的退休人员发给本人工资的70%。其中因劳致疾或因公残废的退休人员，工作年限在15年以上的，发给本人工资的80%。工作人员退休时，本人和家属到他（她）退休后居住地点的车船费、行李费、途中伙食补助费和旅馆费由单位行政经费开支。退休金由他（她）退休后居住地点的县级人民政府发给。工作人员退休后死亡时，由他（她）退休后居住地点的县级人民政府一次加发本人3个月的退休金给其家属，作为丧葬补助费。

1958年2月6日，国务院颁发《关于工人、职员退休处理的暂行规定》，将企业职工和机关事业单位工作人员的退休办法合并。适当放宽退休条件，符合以下条件之一即可：男工人、职员年满60周岁，连续工龄满5年，一般工龄（包括连续工龄，下同）满20年的；女工人年满50周岁、女职员年满55周岁，连续工龄满5年，一般工龄满15年的；从事井下、高空、高温、特别繁重体力劳动或者其他有损身体健康工作的工人、职员，男年满55周岁，女年满45周岁，其连续工龄和一般工龄又符合前项条件的；男年满50周岁、女年满45周岁的工人、职员，连续工龄满5年，一般工龄满15年，身体衰弱丧失劳动能力，经过劳动鉴定委员会确定或者医生证明不能继续工作的；连续工龄满5年、一般工龄满25年的工人、职员，身体衰弱丧失劳动能力，经过劳动鉴定委员会确定或者医生证明不能继续工作的；专职从事革命工作满20年的工作人员，因身体衰弱不能继续工作而自愿退休的。改善有特殊贡献人员的退休待遇，可酌情提高退休费比例，但是提高幅度最高不得超过本人工资的15%，并且必须经过上级主管机关批准。工作人员退休后由民政部门管理。退休人员去世以后，一次发给50～100元的丧葬补助费；并且根据他（她）供养的直系亲属人数的多少，一次发给相当于本人6～9个月退休费总额的亲属抚恤金。由居住地民政部门发给。

1978年6月，国务院颁布《关于安置老弱病残干部暂行办法》《国务院关于工人退休、退职的暂行办法》，对干部和工人分别制定退休办法。对干部退休，规定按参加革命工作时间，分别确立待遇，改变以连续工龄、一般工龄计算退休费的办法。工作人员退休后由原单位负责管理。男性工作人员，干部和工人的退休年龄均为年满60周岁；女性工作人员的退休年龄，干部为55周岁，工人为50周岁。

1993年12月4日，国务院办公厅颁布《关于印发机关事业单位工资制度改革三个实施办法的通知》，在《国务院关于工人退休、退职的暂行办法》基础上，对退休人员退休费的计发比例和计发基数作出重新规定，提高退休费标准，改善退休人员待遇。根据上海市社会保险局《上海市机关和事业单位1993年工资制度改革后，离退休人员计发离退休费的实施办法》的精神，退休后养老金由全额计发养老金部分、按比例计发养老金部分和增发养老金部分三部分组成。全额计发养老金部分为：物价补贴、房贴、政府特殊津贴、护龄津贴。按比例计发养老金部分为：职务工资、工资构成津贴、职务(岗位)津贴、八类地区补贴、护士提高10%工资、地方生活津贴、医保补贴工资。计发比例根据工作年限确定，满35年及以上为90%，满30年不满35年为85%，满20年不满30年为80%，满10年不满20年为70%，满5年不满10年为50%。增发养老金部分根据上海市人民政府《上海市城镇职工养老保险暂行办法》(1993年1月起执行)规定，按本人缴费年限加上1992年底前连续工龄及1993年1月至1995年12月累计缴费额本息的一定比例计发。计发比例根据1992年底前连续工龄加上养老保险缴费年限确定。满35年及以上为7%，满30年不满35年为6%，满25年不满30年为5%，满20年不满25年为4%，满15年不满20年为3%，满10年不满15年为2%。退休人员去世以后，一次发给600元的丧葬费；并且发放10个月本人工资标准的抚恤金。2004年10月1日起，抚恤金的标准调整为20个月的本人养老金。

为了充分发挥高级专家的作用，国务院1983年9月决定：对少数高级专家，确因工作需要，身体能够正常工作，征得本人同意，副教授、副研究员以及相当这一职务的高级专家，可延长退休年龄；有重大贡献的高级专家，其退休费标准可酌情提高5%~15%，最高不超过原工资的100%。

上海市人民政府《转发〈国务院关于高级专家离退休若干问题的暂行规定〉等4个文件和市人事局、市科技干部局贯彻意见的通知》和上海市人事局《关于贯彻国家人事部〈关于高级专家退(离)休有关问题的通知〉的补充通知》，将高级专家的范围规定为教授、副教授、研究员、副研究员等正、副高级专业技术人员。延长退休年龄的"确因工作需要"是指：已承担的重要工作(如重点攻关科研项目)和带博士研究生等任务尚未完成，退休后将对工作带来较大影响的；特殊专业和新学科、重点学科急需的；技术力量薄弱的单位确系工作需要的；在业务上起把关作用或在学科中起带头作用，退休后尚无人接替的。高级专家延长退休年龄和提高退休费比例需要经主管部委批准。

第五章 博士后科研流动站

第一节 设 置

一、水产一级学科博士后科研流动站

2003年10月,根据人事部、全国博士后管理委员会颁发的《关于新设434个博士后科研流动站的通知》,学校被批准为建站单位,设立第一个水产一级学科博士后科研流动站,其中涵盖水产养殖、捕捞学、渔业资源及渔业经济与管理(自主设置专业)4个二级学科博士后流动站,站长为施志仪。

学校制订一系列政策措施,加强博士后科研流动站建设。经过一年多的准备,2005年9月以杨先乐为合作导师的首名博士后进入流动站。截至2011年,共招收博士后10人、出站博士后8人、在站博士后2人。其中,与中国水产科学研究院东海水产研究所、黑龙江水产研究所博士后科研工作站分别联合招收博士后4人、1人。

表2-5-1 2003—2011年水产一级学科博士后科研流动站情况表

专 业	所在学院	研 究 方 向	合 作 导 师
水产养殖	水产与生命学院	水产动植物种质资源与创新、水产动植物病害控制与养殖安全、水产养殖生态系统	李思发、王 武、杨先乐、周志刚、严兴洪、李家乐、施志仪、成永旭、魏 华、何培民、唐文乔、邱高峰、张俊彬、吕利群、吕为群、刘其根、赵金良、王丽卿
捕捞学	海洋科学学院	远洋渔业系统集成、渔业工程、渔具渔法	周应祺、许柳雄、宋利明
渔业资源	海洋科学学院	渔业政策与法规、渔业生态环境学、渔业资源评估与管理、海洋生物资源经济、渔业遥感与地理信息系统	黄硕琳、章守宇、陈新军
渔业经济与管理	经济管理学院	渔业资源与环境经济、渔业政策与文化、水产品贸易与流通	张相国、杨正勇、高 健

【博士后研究人员】

表2-5-2 2007—2011年博士后研究人员情况表

博士后	合作导师	研 究 课 题	备 注
吴惠仙	杨先乐	水产动物无公害健康养殖应用生物技术研究;肉灵芝多糖的发酵提纯及其在水产养殖上的应用;降亚硝酸盐微生物菌剂的研究与开发;鱼类药物代谢酶体外细胞诱导产物的分析研究	2007年出站

(续表)

博士后	合作导师	研 究 课 题	备 注
赵晓勤	李家乐	金鱼雌核发育关键技术研究	2009 年出站
朴香花	章守宇	马鞍列岛海域夏季基于叶绿素 a 的浮游植物生产力演变的动力机制研究	2009 年出站
王 春	成永旭	经济虾蟹类生殖行为生态学——以罗氏沼虾和克氏原螯虾为实例研究	2010 年出站
李文娟	施志仪	三角帆蚌内脏团育珠与珍珠形成相关的 Ca^{2+} 代谢分子机制研究	2011 年出站
顾孝连	徐兆礼	长江口海域主要潜在外来藻类的生态适应机制研究	与中国水产科学研究院东海水产研究所联合招收,2010 年出站
侯俊利	庄 平	鱼类作为指示生物对长江口生态系统的响应	
周俊芳	杨先乐	运用 RNA 干扰技术研究对虾白斑综合征病毒的致病机制	
段 明	庄 平	鲟鱼的行为生态学研究	与中国水产科学研究院东海水产研究所联合招收,2009 年 8 月进站
程 磊	孙效文	鲤、鲫遗传物质在世代间传递规律的研究	与中国水产科学研究院黑龙江水产研究所联合招收,2010 年 3 月进站

【科研与成果】

在站博士后参与合作导师课题研究 7 项,发表论文 9 篇,其中国内核心期刊 8 篇、SCI 1 篇(不含与工作站联合招收的博士后)。

通过科研成果鉴定项目 4 项、申请专利 2 项。其中,博士后吴惠仙从松江区博士后创新实践基地入驻上海四季科技有限公司,与课题组经过近 1 年努力,圆满完成降亚硝酸盐微生物菌剂的研究与开发项目,获得企业和基地一致好评。

1. 科研资助

吴惠仙的鱼类药物代谢酶体外细胞诱导产物的分析研究项目,获第 40 批中国博士后科研资助金资助。赵晓勤的金鱼雌核发育诱导的 τ_0 度量法优化及其子代的微卫星鉴定项目,获 2007 年上海市博士后科研资助计划项目(A 类)资助。李文娟的三角帆蚌珍珠生长的钙离子代谢分子机制研究项目,获 2009 年上海市博士后科研资助计划项目(A 类)资助。

顾孝连(与中国水产科学研究院东海水产研究所联合招收)的低氧环境对典型海洋生物影响机制的研究项目,获 2007 年上海市博士后科研资助计划项目(A 类)资助。周俊芳(与中国水产科学研究院东海水产研究所联合招收)的运用 RNA 干扰技术抗对虾桃拉综合征病毒感染的研究项目,获第 44 批中国博士后科研资助金资助。段明(与中国水产科学研究院东海水产研究所联合招收)的中华鲟幼鱼对长江口盐度变化的生理适应机制与策略研究项目,获 2010 年度上海市博士后科研资助计划项目(B 类)资助。

2. 科研成果

吴惠仙(排名第一,专利申请受理),申请号:2006100507492,申请日期:2006 年 5 月 15 日,发明创造名称:一种基于 mtDNA 的中华鳖种质鉴定方法。李文娟(排名第二,发明专利申请),申请号：201010162836.3，申请日期：2010年5月5日，发明创造名称：一种培育大颗粒有核珍珠的方法。王春的褐塘鳢全人工繁殖、苗种产业化及养殖技术研究项目，获2009年广东省科学技术奖二等奖（项目内排序第八）。

二、食品科学与工程学科博士后科研流动站

2009年9月，根据人力资源和社会保障部、全国博士后管理委员会颁发的《关于批准新设大连理工大学哲学等332个博士后科研流动站的通知》，学校获准设立食品科学与工程学科博士后科研流动站，涉及水产品加工及贮藏工程1个博士点专业。

表2-5-3　2009—2011年食品科学与工程学科博士后科研流动站情况表

专业	所在学院	研究方向	合作导师
水产品加工及贮藏工程	食品学院	生物资源开发与利用研究、食品加工新技术开发应用、食品安全战略研究、食品冷藏链技术研究、冷库及制冷设备质量检测	潘迎捷、王锡昌、陈天及、谢晶、吴文惠、刘承初

第二节　管　理

一、博士后人员进出站

2006年，学校根据《上海水产大学博士后科研流动站管理办法暂行规定》（2003年制订）和修订后的《上海水产大学博士后科研流动站及博士后研究人员管理暂行办法》，对博士后科研流动站（以下简称"流动站"）设站条件、博士后进站、出站等作出规定。

【设站】

流动站按一级学科设立，该学科内已有博士学位授予权的二级学科（简称"博士点"）可以招收博士后研究人员（以下简称"博士后"）。

不在流动站所涵盖的二级学科范围内，但具有博士学位授予权，同时承担国家或省部级重点科研项目，科研条件和工作环境符合标准要求的，可向相近学科流动站申请名额。

【申请条件】

凡在国内外获得博士学位的博士毕业生，品学兼优、身体健康、年龄在40岁以下尚未安排工作或未到单位报到的，可以申请博士后研究工作。属委培、定向、在职博士毕业生申请进站必须经所在单位人事部门同意。留学回国人员或企业博士后年龄可适当放宽。

申请做博士后的人员，需先将申请材料提交流动站合作导师，若导师同意接收，即可登录"中国博士后网"进行注册、申请并下载打印《进站申请表》，也可通过学校相关专业专家申请。

根据申请人提交的材料，学校对符合条件的博士后申请人组织面试、考核，择优录取。为确保

人才交流、博采众长,避免"近亲繁殖",凡学校自己培养并授予博士学位的博士生,不得申请进本校同学科(一级学科)流动站,但可作为学校与企业联合培养的博士后,进入企业做博士后工作。

截至2011年,学校与中国水产科学研究院东海水产研究所博士后工作站、黑龙江水产研究所博士后工作站联合招收企业博士后。

【进站后工作】

同意接收进站做博士后的人员,需确定合作导师。合作导师由具有博士生指导教师资格的课题负责人担任。

博士后研究项目应由本人提出,力求结合所在流动站科研条件和学科发展需要,参考合作导师意见,共同协商确定。博士后进站2个月内须完成开题工作。博士后进站工作年限一般为2年,如提前完成研究项目,可提前离站,但在站时间不得少于21个月。

博士后在站期间一般不承担教学工作,不可从事与研究无关的工作。若其表现不宜继续做博士后研究工作,流动站可向博士后管理办公室提出终止博士后工作的要求,由博士后管理办公室向上海市博士后工作办公室上报申请办理退站。

博士后进站1年后由所在流动站组织进行中期考核。博士后本人填写《上海海洋大学博士后中期考核表》,并提交相关研究成果证明材料;由专家考核小组会同合作导师对其工作进行评审,写出考核意见。对考核结果为优秀者,根据博士后绩效考核奖励规定进行奖励。

博士后工作期满前3个月就应着手总结研究工作。按全国博士后管理委员会办公室统一规定,撰写、递交《研究工作报告》,同时根据学校管理规定填写《上海海洋大学博士后工作期满考核表》。由流动站组织博士后工作报告会,聘请专家小组会同合作导师对博士后进行评审和综合考核,根据考核情况对博士后的研究工作作出鉴定。博士后工作期满,考评合格,发博士后证书。博士后工作期满出站后的工作可由本人联系、流动站推荐,也可由全国博士后管理委员会办公室和上海市博士后工作办公室协助联系。

【编制与待遇】

博士后属于国家正式职工,在站期间列入学校流动编制的正式职工,准予办理"一卡通"和医疗证,享受学校博士后工资津贴及正式职工福利待遇。

学校每年为博士后提供5万元日常经费,其中博士后工资参照科教8级标准发放。博士后办理进站手续后,可申请入住由学校提供配备基本生活设施的一套二居室单元住房。

二、管理与服务

学校把培养博士后与加强学科建设、师资队伍建设、造就学科带头人工作紧密结合,同时注重在原有产学研合作单位基础上,加强资源整合,形成优势,开展合作培养博士后工作,以加强对应用型、复合型创新人才的培养。博士后在站工作2年,为学校选择优秀博士后充实师资队伍提供机会。截至2011年,出站的8名博士后中有2人留校从事教学与科学研究工作。

【机构和制度】

学校成立博士后流动站管理委员会,负责学校博士后工作规划制订和重大问题决策。博士后流动站管理委员会主任由校长担任,委员会成员由研究生部、人事处、科技处、财务与资产管理处、后勤管理处、保卫处等部门主管领导组成。博士后流动站管理委员会下设博士后管理办公室负责日常工作,行政上隶属研究生部管理。同时,根据学校现有博士后流动站情况,特设立博士后流动站站长一名,由研究生部主任兼任。

2003年,学校制订《博士后科研流动站管理办法暂行规定》,对博士后的资格、工作期限、经费及工资福利待遇等作明确规定。2005年,成立博士后科研流动站管理委员会,制订工作细则,明确校院二级管理及各职能部门与相关学院工作职责。2006年,修订《博士后科研流动站及博士后研究人员管理暂行办法》,并制订《博士后研究人员研究工作考核暂行规定》,规定博士后在流动站工作期间各阶段具体考核要求及标准。2010年,修订《博士后科研流动站及博士后研究人员管理暂行办法》《博士后研究人员研究工作考核暂行规定》,对《考核暂行规定》进行补充,针对在课题研究中成绩突出、工作优异的,增设相关奖励条例。2010年,制订《关于在站博士后工资待遇及日常经费使用办法》。

【质量管理】

为保障博士后培养质量,学校重点抓好开题报告、中期考核和离站工作考核3个环节。博士后进站2个月内要求递交开题报告和工作协议,由流动站组织专家对其选题进行论证,分析其可行性、前沿性、研究价值及应用前景。通过专家组评议方可进入课题研究;未达到要求者,须在1个月内重新开题,仍不符合要求者,予以退站。中期考核是对博士后1年中的研究工作及综合表现进行检查和评估,并对下阶段研究工作提出指导性意见。离站工作考核,要求博士后在出站前按照《博士后研究报告编写规则》撰写出站报告,并由博士后汇报在站期间工作情况和主要研究成果,流动站组织专家考核小组对博士后进行出站评审和综合考核,作出鉴定。经审议考核不合格者,作退站处理,不发博士后证书,不享受博士后有关优惠待遇。

【激励机制与信息化管理】

2010年,学校经过2005—2010年6年的博士后工作实践,重新修订《博士后研究人员研究工作考核暂行规定》,加入考核激励机制,对中期考核优秀者,一次性奖励1个月绩效工资。增加合作导师对博士后指导工作补贴,以此鼓励有条件的相关课题组的合作导师招收博士后的积极性。同时,根据中期考核和离站工作考核,对考核优秀者,优先选择其充实学校师资队伍。

学校利用现代信息技术推进信息化管理与服务,在校园网上公布博士后工作相关政策、工作流程和申请条件,从网上收集博士后相关信息并及时通过校园网发布。

第三篇

本专科生教育

概 述

　　学校初建时,学生经预科学习合格后,再分别升入渔捞科、制造科。民国10年(1921年)增设养殖科。民国13年、14年,增设航海和远洋渔业2个专科。民国元年至26年,学校共招收学生26届,毕业479人。民国36年至1951年,上海市立吴淞水产专科学校、上海水产专科学校时期,设有渔捞、制造和养殖3个专科,共招收学生4届,毕业305人。

　　上海水产学院成立后,1952年,设置海洋捕捞、水产养殖、水产加工、水产生物和航海5个四年制本科专业。1956年,参照苏联莫斯科米高扬渔业工学院教学计划,将本科学制改为五年,并调整专业名称、教学计划和培养目标、课程设置和教学大纲。海洋捕捞专业更名为工业捕鱼专业,培养捕鱼工程师;水产养殖专业名称未改,培养水产养殖专家;水产加工专业更名为水产品加工专业,培养水产品加工工艺工程师。在教学计划中,增加理工科课程,加强实习和实验,开展课程设计(论文)和毕业设计(论文)。随着全国渔业生产发展的需要,1960年本科专业增加到12个。1962年,调整为工业捕鱼、淡水养殖、海水养殖、水产资源、水产品加工工艺、冷冻工艺、罐头食品工艺、渔业机械等8个。上述8个专业除工业捕鱼、水产品加工工艺2个老专业外,其余6个专业均在国内首次设置。这对其他水产院校的专业调整和课程体系改革都具有重大影响。1956—1970年,全校本科共毕业3 270人。

　　学校在厦门办学期间,先后设置淡水渔业、海水养殖、海洋捕捞、水产加工工艺、制冷工艺、渔船设计与制造、渔船动力机械、渔业机械、渔业电子仪器9个专业。1978年,调整为10个,停办渔船设计与制造,增设海洋渔业资源、罐头食品工艺专业。

　　20世纪80—90年代,在农牧渔业部、国家教委主持下,学校多次承担水产类专业调整工作,尤其是在国家教委1995—1997年主持的面向21世纪本科专业、课程改革项目中,学校承担面向21世纪水产类本科专业目录(修订)的研究和实践项目,组织有关水产院校参与研究,为国家教委1998年公布全国本科专业目录提供依据。该目录中涉及学校本科专业设置的主要有:将海洋渔业、渔业资源与渔政管理2个专业合并,重组成海洋渔业科学与技术专业;水产品加工工艺专业先后被农(畜、水)产品贮藏与加工、食品科学与工程专业覆盖;淡水渔业和海水养殖两个专业合并为水产养殖专业;渔业机械专业被机械设计制造及其自动化专业覆盖。随着学校隶属关系于2000年由农业部主管改为中央与地方共管,以上海市管理为主,并经上海市与农业部、国家海洋局批准进行共建,学校本科专业建设得到进一步发展。截至2011年,全校本科专业及方向共有47个,涉及农、理、工、经、管、文、法7个学科门类。1982—2011年,共培养本科毕业生30 542人。

　　除设置本科专业外,根据国家和地区经济建设需要,设置专科及专修科。20世纪50—60年代,根据华东水产管理局要求,曾设有两年制水产行政管理专修科。后根据水产部、上海市为培养水产中等技术学校和中学师资需要,举办一年制、两年制师资进修班或专修科。在厦门办学期间,为援助西非渔业而设置两年制海洋捕捞、轮机2个专科。学校迁回上海后,为上海市高教局发展上海郊区工农业和渔业、轻工业部发展食品工业培养人才等起见,专门设置机械制造工艺与设备、淡水渔业、海洋捕捞、海洋船舶驾驶、轮机管理、食品工艺、食品工艺(饮料)、食品检验等专科。后根据国家教委在新设本科专业前宜先设置和办好相关专科的要求,学校增设渔业经济管理、会计、英语、日语等专科。2000年起,专科全部改为高职。1956—2011年,全校专科、高职共毕业6 274人。

  通过"产学研"结合,推动学校教学内容和课程体系改革。在教材编写方面,1952—1960年基础课多选用公开出版教材,专业基础课和专业课由主讲教师自编讲义。1961年,水产部成立水产高等学校教材编审委员会,由学校负责具体编撰、审定工作。在总计30本全国统编水产类教材中,由学校主编26本。1978年、1990年,国家水产总局和农业部先后组织编审第二、三批水产类统编教材,由学校负责具体编撰、审定工作。第二、三批教材总数分别为42本、62本,学校分别主编其中20本和36本。1991—2011年,学校主编出版的非统编教材、辅助教材有160多种。1990—2011年,共有2种教材获全国高等学校优秀教材奖,20种教材获省部级优秀教材奖。1989—2011年,在教学改革和教育研究方面获得国家级教学成果一等奖1项、二等奖2项,省部级奖26项。

第一章 专业设置

第一节 本科专业

1952年,学校设置5个本科专业,其中农学类专业有海洋捕捞、水产养殖,理学类专业有水产生物,工学类专业有航海、水产加工,学制均为四年。1956年,开始实行五年制,然而受"大跃进"影响,1956级实行两年后改为四年制,1957—1965级又恢复为五年制。其后,随着国民经济建设对专业人才需求增加,专业数逐渐增多。1958年专业数增加至8个,1960年为12个,1962年又调整为8个。

1972年,学校迁往福建厦门。同年增设渔业机械化系,次年增设渔船制造系。由此形成5个系9个专业的格局:水产养殖系设有淡水渔业、海水养殖专业;海洋渔业系设有海洋捕捞专业;水产加工系设有水产品加工工艺、制冷工艺专业;渔船制造系设有渔船设计与制造、渔船动力机械专业;渔业机械化系设有渔业机械、渔业电子仪器专业等,学制均为三年。1977年恢复高考后,学制改为四年。1978年调整为10个专业。

1985年,学校首次设立管理学门类渔业经济管理专业。同年,共设置农、工、管3大学科门类10个专业。1995年,设理学类生物技术专业和经济学类国际金融专业。1996年,设文学类英语专业。2000年,学校共设置农、理、工、经、管、文6大学科门类17个专业。2008年,学校首次设立法学门类社会工作专业。2011年,学校共设置47个专业及方向,涉及农、理、工、经、管、文、法7个学科门类。有关海洋、水产、食品3大特色学科专业所占比例达到40%以上,初步形成以海洋、水产、食品3个学科为主干,农、理、工、经、管、文、法多学科的专业体系。

表 3-1-1 1952—2011年按学科专业设置统计表

年 份	专业数	农 学	理 学	工 学	经济学	管理学	文 学	法 学
1952	5	2	1	2	0	0	0	0
1962	8	4	0	4	0	0	0	0
1978	10	4	0	6	0	0	0	0
1985	10	3	0	6	0	1	0	0
1990	11	4	1	5	0	1	0	0
2000	17	3	2	5	2	3	2	0
2005	31	6	5	7	2	9	2	0
2011	47	5	11	12	2	13	3	1

一、农学

海洋渔业科学与技术　由民国元年(1912年)设立的渔捞科发展而来。1952年,设立海洋捕捞本科专业,培养目标为渔轮船长及渔业调查等高级海洋渔业人才,学制四年。1956年,更名为工业捕鱼,培养目标为捕鱼工程师,学制五年。然而,受"大跃进"影响,1956级学生实行两年后改为四年制,1957—1965级学生恢复实行五年制。1959年,培养目标调整为具有社会主义、共产主义觉悟,掌握现代科学技术,身体健康的工业捕鱼高级技术人才,要求知识分子劳动化,参加技术革新,掌握劳动技能。1962年,学校总结1958年以来的经验教训,将培养目标改为"又红又专"的工业捕鱼高级技术人才。1963年,工业捕鱼专业更名为海洋捕捞。1986年,更名为海洋渔业。1998年7月,国家教委颁布《普通高等学校本科专业目录》,将海洋渔业、渔业资源与渔政管理(部分)专业合并调整为海洋渔业科学与技术专业,培养目标为在海洋生物资源高效开发、合理利用和科学养护领域具有坚实的基础理论知识和技能,具备海洋渔业相关产业技术、科研、教学和管理能力的复合型应用人才。

水产养殖　由民国10年设立的养殖科发展而来,为国内最早设立的养殖科。1952年,设置水产养殖本科专业,培养目标为水产养殖场场长。1956年,改为培养水产养殖专家。随着国家渔业经济的发展,1958年分成淡水养殖和海水养殖2个专业。1973年,将淡水捕捞知识和技能纳入专业培养内容,将淡水养殖更名为淡水渔业。1993年,保留淡水渔业、海水养殖2个专业,增设水产养殖专业。1998年7月,国家教委颁布《普通高等学校本科专业目录》,将淡水渔业、海水养殖专业合并调整为水产养殖专业,培养目标为具有水产动植物增养殖科学基础理论、基本技能,掌握水产动物饲料开发、病害防治、育种和渔业环境调控等方面基本技术,具备科学研究、教学、水产养殖开发及管理能力的复合型应用人才。

动物科学(营养与饲料方向)　2005年设置。培养目标为具有动物科学(动物营养与饲料)方面的基础理论、知识,具备动物科学(特别是水产动物营养与饲料)基本技能与设计、推广与开发、经营与管理、教学与科研等能力的复合型应用人才。

水族科学与技术　2003年设置。培养目标为具有观赏水族养殖与鉴赏、繁殖与育种、水质调控、营养与饲料、病害防治、工程设计、经营管理等方面知识与技能,具备科研、教学、管理、生产能力的复合型应用人才。

园林　2005年设置。培养目标为具有良好的科学素养和系统的园林学基础理论、知识及技能,具有水域景观相应理论和应用研究、规划设计、建设、管理技能与创新意识,具备城乡建设和可持续发展的水域生态景观学相关教学、科研、咨询与管理能力的复合型应用人才。

由于国家教委本科专业目录调整,被覆盖或停办的农学专业有3个:

渔业资源与渔政管理　1956年,在国内高校中率先设置鱼类学与水产资源本科专业,学制四年,培养目标为具有水生生物学基础、鱼类学和水产资源基础理论,具备鱼类数量变动、鱼群侦查、鱼类洄游与行为等生物学调查研究能力的高级科技人才。1960年,更名为水产资源专业。1978年,更名为海洋渔业资源专业。1986年,更名为渔业资源专业。1990年,更名为渔业资源与渔政管理专业,培养目标为具有渔业资源研究、开发与渔政管理能力的复合型应用人才。1998年,分别被海洋渔业科学与技术、农业资源与环境两专业覆盖。

农业资源与环境　1998年设置。培养目标为具有水生(海洋)生物资源与水域环境方面基础理论、知识,掌握水生(海洋)生物资源管理与利用、水域环境监测和保护、濒危水生(海洋)动植物保护的基本技能,具备教学、科研、管理能力的复合型应用人才。2008年起,停止招生。

水产加工 由民国元年设立的制造科发展而来。1952年设立水产加工本科专业,培养具有化学、化工基础理论,掌握食品工程原理,能对水产经济动植物进行保鲜、保藏,并将其加工为水产食品及其他制品的高级工程人才,学制四年。1956年,更名为水产品加工专业。1958年,更名为水产品加工工艺专业,培养水产品加工工艺高级工程技术人才。1986年,根据国家专业目录修订,更名为农(畜、水)产品贮藏与加工专业。

二、理学

海洋科学(环境海洋学方向) 2007年设置。培养目标为具有数学、物理学、海洋科学及技术方面的基础理论和知识,受到海洋科学研究方面的相关训练,掌握环境海洋学基本调查方法和实验技能,具备科研、教学、管理及技术工作能力的复合型应用人才。

海洋科学(海洋生物资源方向) 2008年设置。培养目标为具有数学、物理学、海洋学、生物学及环境方面的基础理论和知识,受到海洋科学研究方面的相关训练,掌握海洋生物资源基本调查方法和实验技能,具备科研、教学、管理及技术工作能力的复合型应用人才。

海洋技术 2006年设置。培养目标为具有海洋科学基础理论、海洋遥感与信息处理基础知识,掌握海洋信息、空间测量、遥感和地理信息系统的基本技能,具备科研、教学、管理及技术工作能力的复合型应用人才。

海洋技术(海洋测绘方向) 2010年设置。培养目标为具有工程测量、大地测量、海道测量、地理信息系统、卫星定位遥感以及海图编制等方面的知识和技能,掌握海洋测绘、海上导航与定位、港口与海岸工程建设、海洋资源勘查、调查与管理、海洋制图与地理信息系统的基本技能,具备海洋测绘工程技术、研究、教学、管理能力的复合型应用人才。

海洋管理 2007年设置。培养目标为具有自然科学、人文社科基础理论,掌握海洋科学、海洋管理基础理论和海洋政策、海洋法规基本知识以及海洋开发管理的基本技能,具备科研、教学、管理能力的复合型应用人才。

生物科学(国家特色专业) 1952年,设立水生生物本科专业(初称水产生物专业),学制四年,系国内高校中率先设置。培养目标为具有坚实的生物科学基础理论和较强的实验技能,能从事水生生物学基础理论研究,水生生物资源调查、开发、利用等方面科研、教学和管理工作的高级科学技术人才。招生一届后于1956年停办,1986年恢复,1988年起招生。1993年,更名为生物学专业。1998年,根据国家教委颁布的本科专业目录更名为生物科学专业。培养目标为具有坚实的生物科学基础理论、基本知识和较强实验技能,具备生物学尤其是水生生物学基础理论研究、生物资源持续开发利用、水环境保护、生物高新技术等方面科研、教学、技术开发及管理能力的复合型应用人才。

生物科学(海洋生物方向) 1961年,设置海洋生物专业,次年停办。本专业方向于2007年设置。培养目标为具有坚实的生物科学(特别是海洋生物学)基础理论、基本知识和较强的实验技能,具备生物科学尤其是海洋生物学基础理论研究、生物资源调查和开发利用、环境保护、生物高新技术产业等方面科研、教学及管理能力的复合型应用人才。

生物技术 1995年设置。培养目标为具有生命科学的基础理论和较系统的生物技术的基础理论、基本技能，具备生物技术应用研究、教学、技术开发、生产和行政管理能力的复合型应用人才。

环境科学 2004年设置。培养目标为具有数理、化学、生物学基础，掌握环境科学基础理论、知识和技能，具备环境保护及相关工作能力的复合型应用人才。

生物技术（海洋生物制药方向） 2001年设置。培养目标为具有化学、生物学、微生物学以及药物学等基础理论，掌握现代药物分离提取及生物技术的基础理论和技能，具备海洋保健品和海洋药物研究与开发、生产技术及医药经营管理能力的复合型应用人才。

信息与计算科学 2002年设置。培养目标为具有数学基础知识，掌握信息及计算科学的基本方法和理论，能应用所学的知识和熟练的计算机技能解决实际问题，具备研究、教学、应用开发及管理工作能力的复合型应用人才。

三、工学

环境工程 2001年设置。培养目标为具有环境科学与工程以及给排水等方面的基础理论和专业知识，掌握从事水、气、声、固体废物等污染防治，给排水工程设计，地表水与地下水污染修复，环境规划和资源保护，环境评价与管理的基本技能，具备研究、规划、开发、设计、管理能力的复合型应用人才。

食品科学与工程 1985年，设置食品工程专业。1986年，设置食品科学专业。1998年7月，国家教委颁布《普通高等学校本科专业目录》，将这两个专业连同农（畜、水）产品贮藏与加工专业，合并为食品科学与工程专业。培养目标为具有食品科学基础理论知识和实验技能，具备食品科学研究、工程设计、食品资源开发与利用、食品安全与质量控制、生产技术及物流管理等能力的复合型应用人才。

食品科学与工程（食品物流工程方向） 2009年设置。培养目标为具有食品工程、化学、微生物学、管理学、经济学和信息科学基础理论和知识，掌握现代物流管理理论，具备实务运作能力的复合型应用人才。

食品质量与安全 2003年设置。培养目标为具有食品科学、生物学、营养卫生学、食品标准与法规和食品质量管理基础知识，具备食品检测分析、安全评价、质量管理、科学研究和企业管理等能力的复合型应用人才。

包装工程 2006年设置。培养目标为具有生物、材料、食品、美术、工程等基础理论、基本知识和基本技能，掌握食品包装材料、包装工艺设计、包装造型与装潢、包装机械、防腐保鲜包装技术知识，具备包装研究、开发与设计、生产与管理、教学与科研能力的复合型应用人才。

热能与动力工程 1998年设置，由原冷冻冷藏工程专业和1994年设置的供热通风与空调工程专业调整而来。培养目标为具有热能与动力工程基础理论、知识和技能，具备动力机械和动力工程（主干是制冷与空调工程）的设计、制造、运行、管理、研究及安装、开发、营销能力的复合型应用人才。

建筑环境与设备工程 1994年，设置供热通风与空调工程专业。1998年7月，国家教委颁布《普通高等学校本科专业目录》，经综合有关专业部分内容，专业名称调整为建筑环境与设备工程。培养目标为具有室内环境系统及建筑公共设施系统（主干是暖通空调、建筑电气和室内给排水系统）的设计、安装调试、运行管理以及特殊环境研究开发的基础理论知识和能力，具备科学研究、教学和生产管理能力的复合型应用人才。

计算机科学与技术 1996年,设置计算机及应用专业。2000年,更名为计算机科学与技术。培养目标为具有自然科学和人文社会科学基础,系统掌握计算机科学理论及软硬件设计、开发和应用技术,具备外语运用能力的复合型应用人才。

空间信息与数字技术 2009年设置。培养目标为具有信息管理基础、海洋信息技术基础理论、计算机科学和技术基础以及应用能力,掌握信息系统分析与设计方法、海量信息处理技术、地理信息系统等方面的知识能力,具备海洋信息管理、海量数据库、海量信息处理以及GIS系统分析、设计、开发和评价能力的复合型应用人才。

机械设计制造及其自动化 专业前身是1958年设置的渔业机械专业。1986年,更名为机械设计及制造。1998年7月,根据国家教委颁布的《普通高等学校本科专业目录》调整为机械设计制造及其自动化。培养目标为具有机械设计、机械制造、机电一体化技术、计算机技术等方面的基础知识与基本技能,具备机械设计制造、科技开发、应用研究、运行管理和经营销售能力的复合型应用人才。

电气工程及其自动化 2006年设置。培养目标为具有电气工程和控制科学工程的基础理论、知识和基本技能,具备电气工程装备制造、系统运行、自动控制、信息处理、试验分析、技术开发、经济管理以及计算机应用能力的复合型应用人才。

物流工程 2007年设置。培养目标为适应我国社会经济发展需要,以工学学科作为基础理论,管理学科和工学学科相互渗透,掌握现代物流工程理论与相关学科领域基础知识,具备物流装备设计与应用、物流信息集成与自动化以及物流系统运作与管理能力的复合型应用人才。

工业工程 2002年设置。培养目标为具有机械工程技术和信息技术基础理论和知识,具备现代工业工程和系统管理等方面的知识、素质和能力,具备企业生产、经营、服务等管理系统的分析、规划、设计、管理、运作、评价和创新能力的复合型应用人才。

1998年,根据国家教委颁布的《普通高等学校本科专业目录》,被覆盖或停办的7个专业为:

航海 1952年设置,学制四年。培养目标为具有海洋学、气象学、船舶原理、性能、结构和维修的基本知识,掌握航海、船艺、海上通讯等基本技能,具有船舶货物装载、防疫卫生及逃难救生等相关知识,能熟练驾驶船舶的高级技术人才。仅招一届后即停办。

渔业机械 1958年设置,学制五年。1972年,在厦门招收工农兵学员时学制改为三年。1977年,改为四年。培养目标为具有工程力学基础,掌握机械设计制造理论知识,能从事设计制造渔业机械和制造检修渔船动力机械及装置的高级工程技术人才。根据国家工科专业目录,1986年调整更名为机械设计及制造专业。1998年,根据国家教委专业调整目录,被机械设计制造及其自动化专业覆盖。

冷冻冷藏工程 1958年,设置冷冻工艺专业,学制五年。1963年,根据《高等学校通用专业目录》更名为制冷与冷藏工艺专业。1972年,更名为制冷工艺专业。1986年,更名为制冷与冷藏技术专业。1994年,更名为冷冻冷藏工程专业。培养目标为具有从事农、副、水产品冷冻冷藏工艺,制冷装置设计、使用及冷藏库技术管理能力的高级工程技术人才。1998年,根据国家教委专业调整目录,被热能与动力工程专业覆盖。

罐头食品工艺 1958年设置。1963年,根据《高等学校通用专业目录》更名为罐头食品工艺专业。培养目标为具有从事罐头食品生产工艺、工厂设计、机器设备运用和管理、食品质量检验能力和生产管理能力的高级工程技术人才。1985年,并入食品工程专业。1998年,被食品科学与工程专业覆盖。

渔业电子仪器　　1959年设置,学制五年。1962年,并入工业捕鱼专业。1975年,在厦门恢复招生,学制三年。1977年,实行四年制,又招生两届。培养目标为具有从事渔业仪器和一般电子仪器设计制造能力和生产管理能力的高级工程技术人才。1979年,学校迁回上海后停办。

渔船动力机械　　1960年设置,学制五年。1962年,停止招生。1976年,在厦门恢复招生,学制三年。1977年,改为四年制,又招生两届。培养目标为具有渔船动力机械制造、修理以及渔船动力装置设计能力的高级工程技术人才。1979年,学校迁回上海后停办。

渔船设计与制造　　1975年设置,1976年招生,学制三年。培养目标为具有从事渔船和中小型船舶设计与制造能力的工程技术人才。招生一届后即停办。

四、经济学

金融学　　1995年设置国际金融专业。1998年7月,国家教委颁布《普通高等学校本科专业目录》,调整为金融学专业。培养目标为具有货币金融基础理论、较高外语水平和实际工作技能,具备银行、证券、投资、保险及其他经济工作能力的复合型应用人才。

国际经济与贸易　　1996年设置国际贸易专业。1998年7月,国家教委颁布《普通高等学校本科专业目录》,调整为国际经济与贸易专业。培养目标为具有经济学基础理论、国际贸易基本知识和业务技能,熟悉通行的国际贸易规则和惯例及中国对外贸易政策法规,具备外贸业务、管理、调研和策划等能力的复合型应用人才。

五、管理学

信息管理与信息系统　　2001年设置。培养目标为具有现代管理学基础理论、计算机科学和技术基础以及应用能力,掌握系统思想和信息系统分析与设计方法以及信息管理等方面的知识,具备信息管理、信息系统分析、设计、开发和评价能力的复合型应用人才。

信息管理与信息系统(海洋信息技术方向)　　2008年设置。培养目标为具有海洋信息基础理论、计算机科学和技术基础以及应用能力,掌握信息系统分析与设计方法、海量信息处理技术、地理信息系统等方面的知识,具备海量数据库、海量信息处理以及GIS系统分析、设计、开发和评价等能力的复合型应用人才。

农林经济管理　　1985年设置渔业经济管理专业。在1998年7月国家教委颁布的《普通高等学校本科专业目录》中,被农林经济管理专业覆盖。培养目标为具有管理学和经济学基础理论以及农业相关科学基础知识,掌握农业经济管理的基本方法和技能,具备经营管理、市场营销、金融财会和政策研究能力的复合型应用人才。

食品经济管理　　2006年设置。培养目标为具有管理学和经济学基础理论及相关的食品科学知识,掌握食品经济运行与管理的基本方法和技能,具备食品经济微观和宏观管理能力的复合型应用人才。

会计学　　1994年设置。培养目标为具有会计学、财务管理的基础理论知识,具备会计、审计和财务管理能力的复合型应用人才。

市场营销 2001年设置。培养目标为具有经济学、管理学基础理论,熟悉有关法律法规,掌握市场营销管理的专业知识,具备市场调研、营销和市场开拓能力的复合型应用人才。

物流管理 2003年设置。培养目标为具有管理科学、经济学和信息技术基础知识,熟悉物流法规,掌握现代物流管理理论、物流信息系统的手段和方法,具备物流管理、规划、设计等项实务运作能力的复合型应用人才。

物流管理(食品物流管理方向) 2009年设置。培养目标为具有管理科学、经济学和信息技术基础知识,熟悉物流法规,掌握现代物流管理理论、物流信息系统的手段和方法,具备物流管理、规划、设计,教学和研究工作能力的复合型应用人才。

行政管理 2000年设置。培养目标为具有行政学、管理学、政治学、法学等方面基础理论和知识,具备行政管理研究与教学能力的复合型应用人才。

行政管理(劳动与社会保障方向) 2008年设置。培养目标为具有行政管理学与经济学基础理论和知识,掌握现代管理技术与方法,具备劳动与社会保障工作能力的复合型应用人才。

信息管理与信息系统(环境信息系统方向) 2002年设置,与澳大利亚塔斯马尼亚大学合作办学。培养目标为具有现代信息技术、环境科学和管理学的基础理论,掌握信息系统分析与设计方法以及信息管理和组织运用能力、计算机科学技术理论及应用能力,有较强的英语综合能力,具备信息系统分析、设计、管理及环境科学工作能力的复合型应用人才。

市场营销(国际商务方向) 2003年设置,与澳大利亚塔斯马尼亚大学合作办学。培养目标为掌握现代营销基础理论、先进的营销技能和国际商务知识,具有市场调研、营销、管理、开拓和企业运用能力,较强的英语综合能力,具备国际营销、国际商务市场管理、研究战略规划和运作能力的复合型应用人才。

六、文学

英语 1996年设置。培养目标为具有英语语言基本功、熟练的英语语言运用能力、较高的综合素质、较为宽广的知识面,适应能力强,具备翻译、教学、科研、涉外商贸金融、涉外管理、会展、文秘等方面能力的复合型应用人才。

日语 2000年设置。培养目标为具有日语语言基础知识、较强的听说读写译五项语言基本技能、宽泛的科学文化知识以及良好的人文科学素质、自主创新能力,具备翻译、文秘、管理能力的复合型应用人才。

朝鲜语 2006年设置。培养目标为具有朝鲜语语言基础知识、较强的语言运用技能、较广泛的科学文化知识,具备翻译、文秘、管理方面能力的复合型应用人才。

七、法学

社会工作 2008年设置。培养目标为具有社会工作基础理论,掌握社会研究技能与社会工作实务技能,具备社会保障、社会政策研究、社会行政管理、社区发展与管理、社会服务、评估与操作能力的复合型应用人才。

表 3-1-2　1952—2011 年本科专业设置情况表

年　份	学科门类	数量	设　置　专　业
1952	农学	2	海洋捕捞、水产养殖
	理学	1	水产生物
	工学	2	航海、水产加工
1960	农学	4	淡水养殖、海水养殖、水产资源、工业捕鱼
	理学	2	海洋生物、鱼类生理生化
	工学	6	渔业机械、罐头食品工艺、冷冻工艺、渔船动力机械、渔业电子、水产品加工工艺
1962	农学	4	淡水养殖、海水养殖、工业捕鱼、水产资源
	工学	4	渔业机械、冷冻工艺、罐头食品工艺、水产品加工工艺
1978	农学	4	淡水渔业、海水养殖、海洋捕捞、海洋渔业资源
	工学	6	渔业机械、罐头食品工艺、制冷工艺、渔船动力机械、渔业电子仪器、水产品加工工艺
1990	农学	4	淡水渔业、海水养殖、海洋渔业资源、海洋渔业
	理学	1	水生生物
	工学	5	机械设计及制造、食品工程、食品科学、农(畜、水)产品贮藏与加工、制冷与冷藏技术
	管理学	1	渔业经济管理
2000	农学	3	水产养殖、农业资源与环境、海洋渔业科学与技术
	理学	2	生物科学、生物技术
	工学	5	机械设计制造及其自动化、食品科学与工程、热能与动力工程、建筑环境与设备工程、计算机科学与技术
	管理学	3	会计学、农林经济管理、行政管理
	经济学	2	国际经济与贸易、金融学
	文学	2	英语、日语
2005	农学	6	水产养殖、园林、动物科学、水族科学与技术、农业资源与环境、海洋渔业科学与技术
	理学	5	生物科学、生物技术、环境科学、生物技术(海洋生物制药方向)、信息与计算科学
	工学	7	环境工程、机械设计制造及其自动化、食品科学与工程、食品质量与安全、热能与动力工程、建筑环境与设备工程、计算机科学与技术
	管理学	9	工业工程、信息管理与信息系统、农林经济管理、会计学、市场营销、物流管理、行政管理、信息管理与信息系统(环境信息系统方向)、市场营销(国际商务方向)
	经济学	2	国际经济与贸易、金融学
	文学	2	英语、日语
2011	农学	5	海洋渔业科学与技术、水产养殖、动物科学(营养与饲料方向)、园林、水族科学与技术
	理学	11	海洋科学(环境海洋学方向)、海洋科学(海洋生物资源方向)、海洋技术、海洋技术(海洋测绘方向)、海洋管理、生物科学、生物科学(海洋生物方向)、生物技术、环境科学、生物技术(海洋生物制药方向)、信息与计算科学

(续表)

年　份	学科门类	数量	设　置　专　业
2011	工学	12	环境工程、机械设计制造及其自动化、食品科学与工程、食品科学与工程(食品物流工程方向)、食品质量与安全、包装工程、热能与动力工程、建筑环境与设备工程、计算机科学与技术、空间信息与数字技术、电气工程及其自动化、物流工程
	管理学	13	信息管理与信息系统、信息管理与信息系统(海洋信息技术方向)、工业工程、农林经济管理、食品经济管理、会计学、市场营销、物流管理、物流管理(食品物流管理方向)、行政管理、行政管理(劳动与社会保障方向)、信息管理与信息系统(环境信息系统方向)、市场营销(国际商务方向)
	经济学	2	金融学、国际经济与贸易
	文学	3	英语、日语、朝鲜语
	法学	1	社会工作

第二节　专　科　专　业

江苏省立水产学校教学体系主要参照日本东京水产讲习所而设置。民国元年学校初创时,学制定为四年,其中预科一年、本科三年。本科分渔捞、制造2科。预科亦称普通科,按学校学则规定为升入本科之预备。预科学习一年后转入本科再学习三年。民国3年,学制改为预科二年、本科二年。预科招收高等小学毕业生入学。本科学生主要为预科考核合格者直升,也可接收经考试或试读成绩合格者。民国10年,设养殖科。各科培养目标是:

渔捞科　培养熟悉海洋渔场及渔业资源情况,掌握渔具、渔法和航海技术的海洋捕捞技术人员。

制造科　培养熟悉经济水产动植物的加工、保藏、保鲜等方法的技术人员。

养殖科　培养熟悉经济鱼类等水产经济动植物养殖方法的技术人员。

民国9年,设贝扣职工科,学习用贝壳制作纽扣之法。民国10年,设编网职工科,学习编网、补网之法。

民国13年,增设航海专科,主要培养商船高级船员。民国14年,增设远洋渔业专科,主要培养机动渔船高级船员。该两专科均招收高中或初中毕业生入学,学制三年。航海专科共招收4届学生,远洋渔业专科共招收2届学生后,2科于民国17年合并为渔航专科,次年停办。

民国元年至25年,学校还举办短期训练班。主要有:(1)附设水产教员养成所,吸收有志于水产教育事业的本校毕业生或初级师范学校毕业生,任选渔捞、制造等一个学科专修一年,培训后可担任教学辅助人员或技术员,成绩良好的也可担任教员。(2)附设短期讲习所,主要是对渔民进行渔业知识教育。利用休渔期开设为期2周至1个月的渔业知识讲座,如渔业资源、渔捞方法的改进、航海知识、海上安全生产知识以及破除封建迷信等。

抗日战争胜利后,学校恢复成立上海市立吴淞水产专科学校,设置渔捞、制造和航海3科,前两科招收初中毕业生,学制五年,航海科未招生。

1950年恢复养殖科,招收高中毕业生,学制三年。1951年,学校更名为上海水产专科学校,设渔捞、制造、养殖3个科,招收高中毕业生,学制三年,仅招一届。

1952年,学校升格为本科水产学府,应国家需要举办一年制水产行政管理专修科。1958年,招收1届一年制罐头食品工艺专修科。1959年,因各地中等水产学校师资短缺,根据水产部要求举办一年制工业捕鱼、淡水养殖、海水养殖和水产品加工4个专业师资进修班。1960年,学校开办两年制化学专修科和一年制淡水捕捞、淡水养殖专修科,为上海市培养中学化学师资。1961年,罐头食品工艺专业和两年制化学专修科停止招生。同年,因中等水产学校师资紧缺,根据水产部要求举办两年制水生生物、渔业机械2专业师范专修科。

1973年,举办两年制海洋捕捞、轮机两专科,培养援助西非渔轮的海洋捕捞和轮机技术人员。除学习基础课、专业课外,还加强英语教学,开设日常英语会话,分别进行航海捕捞英语和轮机英语教学,使学生能在受援国培训该国技术人员。同时,根据福建省要求还举办过一年制海洋捕捞、淡水渔业专业的"社来社去"班。

1978年,学校举办两年制淡水生物学和水产品加工两个进修班,培训有关水产企业、农业院校和中等水产、农业学校选送的技术人员和教师。

1983年,应上海市高教局要求,根据上海郊区工农业发展需要,设置两年制机械制造工艺与设备和淡水渔业2个专修科(职工专修班)。1984年应轻工业部要求,双方签订10年办学合同,设置食品工艺、食品工艺(饮料)、食品检验3个专科专业。《人民日报》在经济版头条予以报道,认为是教育改革新成果。同年,学校还增设渔业经济管理、海水养殖、轮机管理和淡水渔业等专科专业。

1985年,新设置的专科专业有海洋捕捞、轮机管理、淡水渔业3个。

1987年,增设财务会计专科专业。1989年,增设水产科技英语专科专业,是学校首次设置全日制外语类专业。

1990年,专科专业调整为淡水渔业、食品检验、食品工艺、食品工艺(饮料)、渔业经济管理、财务会计、水产科技英语和轮机管理8个。

1993年,水产科技英语专科专业更名为科技英语专业,学制改为三年,增设英语(商贸)、日语(商贸)2个两年制专科专业。同年,新设信息管理、特种水产养殖、制冷与空调、财务会计(涉外)等两年制专科专业和三年制机电工程专科专业。1994年,增设市场营销、船舶驾驶专科专业。1996年,增设秘书专科专业。

2000年,秘书专业更名为文秘专业,船舶驾驶专业更名为海洋船舶驾驶专业。同年,学校根据办学定位和社会需求,将全日制专科专业设置调整为食品工艺等10个三年制专科专业。

1999年,学校成立高等职业技术学院,培养高等职业技术人才。2001年起,所招收专科生均为高职生。

表3-1-3　1952—1966年专科(及其他)设置情况表

专　　科	设置年份	学　制	备注(除有说明外,各专业均仅招收1届)
水产行政管理	1952	一年	
罐头食品工艺	1958	一年	为轻工业部培养,1961年停止招生
工业捕鱼	1959	一年	师资进修班
淡水养殖	1959	一年	师资进修班

(续表)

专　科	设置年份	学　制	备注(除有说明外,各专业均仅招收1届)
海水养殖	1959	一年	师资进修班
水产品加工	1959	一年	师资进修班
化学	1960	二年	中学师资专修科,1961年停止招生
淡水捕捞	1960	一年	
淡水养殖	1960	一年	
水生生物	1961	二年	师范专修科
渔业机械	1961	二年	师范专修科

表3-1-4　1985—2011年专科专业设置情况表

年份	专业数	设　置　专　业
1985	8	淡水渔业、海洋捕捞、轮机管理、食品工艺、食品工艺(饮料)、渔业机械、渔业经济管理、机械制造工艺与设备
1990	8	淡水渔业、财务会计、轮机管理、食品工艺、食品工艺(饮料)、食品检验、渔业经济管理、水产科技英语
1995	14	特种水产养殖、船舶驾驶、轮机管理、环境保护(水域)、食品工艺(营养与烹饪)、食品检验、制冷与空调、信息管理、市场营销、财务会计(涉外)、英语(商贸)、英语(科技)、日语(商贸)、机电工程
2000	10	水产养殖、特种水产养殖、海洋船舶驾驶、运输动力机械管理、食品工艺、制冷与空调技术、计算机技术与应用、市场营销、文秘、日语
2011	7	轮机工程技术、计算机应用技术、食品药品监督管理、制冷与冷藏技术、食品营养与检测、物流管理、应用英语

第二章 教　　学

第一节　教　学　计　划

一、课程设置

民国元年(1912年)至15年,预科主要基础课程有国文、英语、数学、物理、外国地理、无机化学、水产动植物、水产通论、国画、体操等;本科主要专业课程分别为:渔捞科有渔捞论、航海术、航海运用术、造船大意、法制、制图、簿记、应用机械、海洋学、气象学、卫生急救等;制造科有分析化学、水产制造论(包括盐藏、罐头制品、干制化学制品、制盐等)、细菌大意、法制、经济、海洋学、气象学、簿记、应用机械等;养殖科有有机化学、分析化学、水产生物学、细菌学、组织学、鱼病学、土木工程学、饵料学、淡水养殖学、咸水养殖学。

民国15年至17年,一年级学习基础课,含英语、日语两门外语;二年级学习专业课,渔捞科设置国文、英语、日文、数学、应用物理、水产生物、水产通论、养殖大意、制图、机械、驾驶、海洋、气象、渔具、渔捞、造船、操船、水产法、海上法规、渔获物处理法、船舶卫生等课程,制造科设置国文、英语、日语、数学、物理、化学、水产生物、水产通论、制造论、制造法、化学制造法、制图、机械、气象、养殖、细菌等课程;三年级主要进行航海和渔捞实习。

民国17年至25年,渔捞科、制造科课程设置分为应用学程(占40.4%)、专门学程(占33.2%)和实习(占26.4%)3个部分。其中,第一学年为应用学程,第二学年为专门学程,第三学年为实习。

民国36年至37年,上海市立吴淞水产专科学校时,五年制渔捞科主要课程有政治学、国文、英文、日文、数学、物理学、化学、普通生物学、水产生物学、水产通论、气象学、渔具学、渔捞学、船艺学、航海学、海洋学、造船学、船用机械、水产资源学、水产行政法规、无线电学、制图学等;五年制制造科主要课程有政治学、政治讲座、国文、英文、日文、数学、物理学、机械学、无机化学、有机化学、定性分析、定量分析、水产化学、营养学、生物学、细菌学、水产通论、水产制造、冷冻学、鱼油、皮革制作、水产资源学、水产行政法规、企业管理等。

1952年,学校主要参照日本水产高校四年制教学计划,部分参考苏联高校五年制本科专业的教学计划,制订第一套四年制本科专业教学计划。实施中出现一些共同课学时数不统一、一些课程限于条件无法开设等问题。

1953年,学校对教学计划作适当调整。课程设置减少为26门,理论教学总学时数约为4 000学时,其中海洋捕捞、水产养殖、水产加工3个本科专业总学时分别为3 773、3 704、4 136学时(苏联五年制总学时数为4 300~4 400学时),周学时为26~36学时。同年10月,根据高等教育部的意见,学校又将以上3个专业总学时数分别调整为3 590、3 526、3 732学时。

1954年,根据中央高等教育部、农业部要求,根据苏联高校教学计划制订我国水产高校本科统一教学计划,培养"专门人才"。同年8月颁布,在1954年新生中试行。新计划对海洋捕捞、水产养殖、水产加工3个本科专业的理论教学总学时数进行了调整。由于苏联是五年制,我国是四年制,因此新教学计划出现课程过重、要求偏高、课时偏多、学生难以消化等问题。

1956年,中央高等教育部主持,在学校召开修订水产、蚕桑类教学计划会议。在学习苏联高等教育体制基础上,学校参照莫斯科米高扬渔业工学院教学计划,负责修订工业捕鱼、水产养殖、水产品加工3个本科专业的五年制教学计划,将理论教学总学时数分别增加为4 086、4 055、4 022学时;课程数分别为29、34、30门;周学时数为22~33学时。其中,基础课约占40%,技术基础课约占30%,专业课约占20%。同年暑期,根据中央高等教育部下达的关于减轻学生学习负担的临时措施,学校对各专业教学计划进行适当调整,将五年制教学计划中的理论教学总学时数压缩到3 500~3 600学时,减少3门课程,周学时数减至28学时。

1957年,中央高等教育部和上海市高教局工作组来校调研,提出克服政治与业务、教学与生产脱节的问题,加强政治课,周学时数不超过28学时。同年8月,学校对教学计划作局部修订,课堂教学总学时数又调整到3 800~3 950学时。课程设置分基础课、基础技术课和专业课3类。

基础课：中国革命史、马列主义基础、政治经济学、外国语、高等数学、物理学、普通化学等。

基础技术课：工业捕鱼专业设有画法几何与机械制图、金属工艺学、机械原理、机械零件、理论力学、材料力学、船舶无线电技术、渔船动力装置、水力学与水力捕鱼机械、海洋学、气象学、电工学与船舶电气装备、鱼类学、水生生物学等；水产养殖专业设有达尔文主义、鱼类学、水文学、水生生物学、动物生理学、组织胚胎学、微生物学、有机化学与生物化学、无脊椎动物学、普通测量学、脊椎动物学、水产植物学、物理化学与胶体化学基础、统计学原理、气象学、遗传和育种等；水产品加工专业设有画法几何与机械制图、金属工艺学、机械原理与零件、理论力学、材料力学、电工学、工程热力学、热传导与热技术、微生物学、无机化学、分析化学、有机化学、生物化学、物理化学与胶体化学、经济水产动植物学等。

专业课：工业捕鱼专业设有工业捕鱼、海事、水产资源学、起重运输与捕鱼机械、渔船构造及修理、渔业生产组织与计划、渔港及捕鱼基地建筑和管理等；水产养殖专业设有池塘养鱼、天然水域养鱼、水产资源、鱼病学、贝类养殖、藻类养殖、水产养殖生产与计划、捕鱼技术等；水产品加工专业设有水产品加工工艺学、水产品加工机械与设备、冷冻技术、水产品加工生产与计划、食品生产操作与设备、厂房建筑和卫生设备等。

1958年,为解决教育脱离生产、脱离实际、脱离工农的问题,全国掀起勤工俭学活动,师生纷纷下渔业公司船队、渔村、渔区、渔场参加社会调查和劳动。这严重冲击了正常教学秩序,学校本科专业教学计划和课程设置发生重大变化：(1)学校制订《关于贯彻勤工俭学方针,修订教学计划的意见》,提出学制五年不变,实行勤工俭学,后为全面改革课程体系和内容方法,大幅度减少课堂学时,理论教学课仅2 100~2 200学时,劳动达50~60周,1956级本科专业学制从五年改为四年；(2)政治课规定各专业开出中共党史、政治经济学、哲学外,增设社会主义思想教育课；(3)将劳动纳入课程计划。

1959年,为贯彻上海市教育工作会议精神,学校党委确定以海洋渔业系工业捕鱼专业作为教学改革试验,然后在全校推广；参照上海市高教局召开的高等工业院校教育计划审批会议提出的"五年制专业的社会公益劳动不应少于8周,生产劳动不能少于40周；学生参加科研时数一般为200~300学时；五年的理论教学总时数一般在3 400学时左右"等意见,对教学计划作调整。1960年,根据上海市委文教会议提出的"实现课程现代化"的要求,学校对各专业提出教学计划革新方案,大幅度削减五年制专业理论教学总学时数,相应调整各课程学时和教学内容,增设新课程如同位素应用(含实验)。同年,各专业开展毕业设计或毕业论文写作,包括毕业实习,时间为一学期。

1961年,教育部颁布《高教六十条》,明确高校以教学为主和提高教学质量的办学方向。同年,水产部决定在上海水产学院试行《高教六十条》,要求学校认真总结过去的经验,提出试行《高教六十条》的步骤、方法和具体意见。根据水产部意见,校党委提出试行《高教六十条》规划(草稿),组织全校教师和干部进行讨论,对各专业的培养目标、培养规格、修业年限、学时分配、课程结构和教学环节等具体要求作了明确规定。

1963年,水产部召开全国高等水产院校教学工作会议,提出《关于高等水产学校本科修订教学计划的规定(草案)》,对理论教学、生产劳动、毕业设计(论文)等教学环节作出具体规定。同年学校根据会议精神,修订报送工业捕鱼、淡水养殖、水产品加工工艺3个专业的教学计划。五年制总学时在3 200学时以下,理论教学140周,生产实习25~35周,生产劳动20周(公益与专业劳动各10周),周学时数不超过24学时,毕业实习与设计(论文)为14~20周。

1964—1966年,高年级学生参加"四清"运动半年至一年,后又受"文化大革命"影响,未能进行毕业实习和毕业论文写作(毕业设计),1966—1970届各专业学生均推迟毕业。

1972年,恢复招生的专业,学制为三年。学校各专业教学计划总学时约1 600学时,部分课程取消,基础课课程设置和学时减少,教学要求降低,专业课学时也明显减少,内容压缩,其中安排学农、学工、学军的任务,一般每学年有10周。

"文化大革命"结束后,1977年秋全国恢复高考制度,学校恢复四年制本科,并对专业教学计划和课程设置进行较大的修订。

1985年颁布的《中共中央关于教育体制改革的决定》明确指出:在执行国家政策、法令、计划的前提下,高等学校有权调整专业服务方向、制订教学计划和教学大纲、编写和选用教材。同年,学校修订9个本科和7个专科专业的教学计划。通过修订,调整更新课程设置和教学内容,增设选修课程。其中四年制本科专业课内总学时:生物类和经济类专业2 600学时,工程技术类专业2 400学时;本科专业理论教学115周以上,实践环节一般不少于20周;各专业课程体系中选修课扩大到10%~15%;两年制专科专业课内1 400学时左右,公共基础课、专业基础课各约占总学时30%,专业课占36%左右,选修课占2%~4%。

根据《中共中央关于教育体制改革的决定》的有关精神,学校进行学分制改革试验,组织制订1985级淡水渔业、海水养殖2个专业试点学年学分制教学计划,并于1986年实施。为扩大专业面,首次统一2个专业的基础课、专业基础课设置和学时。教学计划设置80门课程,其中1/3为学校首次开设课程。所开设课程分为三类:(1)必修课,包括基础课和部分专业课;(2)限定选修课,由专业基础课和部分专业课组成;(3)任意选修课,包括一些反映现代科技成就的讲座。(参见本篇第三章教学管理与改革)

在试点基础上,1988年全部本科专业开始实施学年学分制。根据"加强基础,淡化专业,分类教学,按需培养"的思路修订的教学计划中,各专业必修课占70%或以上,专业限定选修课占10%~20%,任意选修课占5%~10%。1991年,修订11个本科专业教学计划,重点加强政治、德育、外语、计算机等课程和实践环节,进一步加强和规范选修课程设置。

学校在总结学年学分制教学改革实践基础上,于1993年制订《关于实施学分制的规定(试行)》,并于1994年修订学分制本科教学计划。新修订的学分制指导性教学计划中,本科学士学位课程由公共课、基础课和选修课三大类以及实践性教学环节组成。其中,公共课37学分,基础课59学分(含分类基础必修课和技术基础课),专业选修课39学分,实践性教学环节30学分。本科专业总学分约为165学分,其中理论教学135学分,实践环节30学分。本科基本学制为四年,学生提前修满规定学分,达到毕业条件的,可以提前毕业;也允许学生延长学习年限,在六年内完成学业。

对专科教学,学校制订出1995级学年制专科教学计划,课内总学时:两年制1 500学时左右(73周),三年制2 000学时左右(112周);1996年在1995级专科教学计划基础上作调整,其中两年制专科课内总学时为1 600~1 900学时。

为适应国家每周5天工作制变化,完善本科学分制教学计划,学校在1994年学分制教学计划基础上,1996年用半年时间对学分制教学计划作局部修订。

1998年,学校根据国家教委新的本科专业目录,全面修订人才培养方案,制订《关于修订本科专业教学计划的几项原则和实施意见》。根据整体优化的原则,本次修订协调各教学环节,在课程设置上进行整体优化,改变部分课程教学内容陈旧、分割过细、重复过多和简单拼凑的状况,从内容和体系上加强理、工、农各专业间和文、经类各专业间的基础课程统筹,加强实践教学环节,明确改革教学方法和更新教学手段,减少课堂讲授学时,加强课外指导,提高学生自主学习和独立思考能力。具体变化如下:

——本科各专业总学分(含实践环节学分)为160~175学分,其中理论(含实验)教学最多为143学分;教学计划内课堂教学总学时从改革前的2 800学时,降低到不超过2 600学时(不含集中安排的实践教学环节)。

——课程体系由原来的公共基础课、学科基础课、专业基础课、专业方向课、跨学科课、人文社会科学课和任意选修课等模块,调整为公共基础课程(一)、(二),专业基础课程,专业方向选修课程,专业相关选修课程和综合知识与素质教育选修课程5大模块。

公共基础课程是全校本科低年级学生必修课程,分为公共基础课程(一)和公共基础课程(二)。其中,理、工、农各专业43学分,经济类(含管理,下同)各专业42学分,英语专业25学分。专业基础课程是各专业学生的必修课程,各专业定为30~32学分。专业方向选修课程:办学条件比较成熟且学生人数又比较多的专业,可以根据社会需求设置2个及以上专业方向。专业方向选修课程学分定为12~15学分。专业相关选修课程:由各专业分别制订,供本专业高年级学生选读。其中,大学语文(2学分,36学时)列为经济类、英语专业本模块的限定选修课程,专业相关选修课程定为10~14学分。综合知识与素质教育选修课程是面向全校本科学生的公共选修课程,各专业学生最低应选修并取得该类课程的14~16学分,首次将本科生读书活动的2个学分列入教学计划,规定学生必须获得方可毕业。

实践教学有所加强,集中安排的实践教学包括课程设计、生产实习、专业劳动、社会调查(实践)、毕业设计与毕业论文等。其中,工、农各专业不少于27周,文、理和经济学各专业不少于20周。将社会实践列入教学计划,理、工、农各专业定为2~3周,文、经类各专业定为3周,单独考核。

为适应21世纪形势发展要求,学校2005年全面启动新一轮人才培养方案修订工作。同年9月,学校第四届教学工作委员会第一次(扩大)会议审议教务处提出的《关于本科人才培养方案修订工作的初步意见》。修订工作主要任务是:以优化人才培养模式和课程体系为抓手,深化改革,加强建设,实现"三个推进"(推进"课内"与"课外"育人活动的协调发展,推进教学计划内各类课程教学改革的协调发展,推进课堂教学内容、方法和手段改革的协调发展);做好"三项工作"(优化人才培养方案,加大学科—专业—课程一体化建设,不断强化教学激励机制),发挥知识型高级应用人才和复合型高级人才培养的示范效应,力争在课程平台完善、课程资源增加、课程形式组合、选择空间拓展、制度建设创新等方面取得突破。

2006年4月,学校召开2006级本科培养计划专家咨询论证会,聘请24位校内外专家按学科分组进行论证。在此基础上,《关于制定本科人才培养方案的指导意见》提交校第五届教学工作委员会全体会议审议通过,并在2006级本科生中开始实施。

通过修订,各专业培养计划课内总学时从2005级的2 600学时减至2 400学时,课堂教学总学分减至145学分以下;增加学生自主学习和实践教学时间。学校从2006级全日制本专科生起,每学期由原来20周改为18周(含两周考试周),在暑期增设一个为期两周的短学期。课堂教学每学分由18学时改为16学时。其中,理论授课每16学时计为1学分,课内讨论每32学时计为1学分;体育课、实验、上机每32学时计为1学分;课程设计、课程教学实践每1周或16学时计为1学分;社会实践、专业调查、生产实习、实训、毕业论文(设计)每2周计为1学分。

表3-2-1　2006级本科人才培养计划结构体系情况表

课程类别	课　程　性　质	
	必　修　课	选　修　课
综合教育	思想政治系列课程	人文与社会科学、自然与技术科学、体育专项、"名师导航"系列讲座
	外语、计算机课程	
	体育、军事课程	
学科教育	学科教育课程(工程技术类、信息科技类、资源环境类、经济管理类、法学行政类、语言文学类)	学科教育课程(跨学科选修课、学科任选课、学科限选课)
专业教育	专业基础课程	专业方向课程
		相关专业课程
集中安排实践教学环节	基础实践、专业实践、综合实践	

表3-2-2　2006级本科专业课程及实践教学学分分配情况表

学科门类	总学分	综合教育		学科教育		专业教育			集中安排实践教学环节
		必修课	选修课	必修课	选修课	必修课	专业方向选修课	相关专业选修课	
工程技术类	165	37	11	28	8	30～34	10～12	8～12	20～25
信息科技类	165	37	11	27	8	30～35	10～12	8～12	20～25
资源环境类	165	37	11	27	8	32～36	10～12	8～12	20
经济管理类	165	37	11	35	8	28～32	10～12	10～12	20
法学行政类	165	37	11	31	8	28～32	10～12	10～12	20
语言文学类	165	33	11	38	8	30～34	10～12	10～12	20

学校本科人才培养计划总体框架由综合教育、学科教育、专业教育3级课程和集中安排实践教学环节构成。其中,集中安排实践教学环节调整为基础实践、专业实践和综合实践。

综合教育课程平台和模块,由学校统一设计设置,面向全校学生开放。该体系包含公共必修课和公共选修课,合计44~48学分,约占课堂教学总学分的30%~35%。从2006级开始设立"名师导航"系列讲座,邀请校内外的专家、名师为低年级学生开设。每一系列讲座(一般3~5个)计为1学分。各专业学生在一至二年级选修"名师导航"系列讲座1学分。

学科教育课程平台和模块,面向学科大类学生开放,包含必修课和选修课。合计在35~46学分之间,约占课堂教学总学分的24%~32%。学科教育课程分为工程技术、信息科技、资源环境、经济管理、法学行政、语言文学6个大类平台,由教务处在征求有关学院和专业意见基础上统一规划,并随着学校教育改革和发展作进一步的调整优化。在学科教育选修课模块中开设高等数学(T)、大学英语(五)等面向各专业的提高性选修课程。

专业教育课程平台和模块,为实现专业培养目标而设置,面向本专业及相关专业学生开设。合计在50~58学分之间,约占课堂教学总学分的34%~41%。其中,专业教育必修课程总学分一般在30~35学分;专业方向选修课程根据每个专业实际情况设置,一般最低不少于10学分,最高不超过12学分;相关专业选修课程所开各门课程总学分与学生最低应修课程总学分之比,不低于1.5:1,其中应开设一门不低于2学分的专业外语,所设置跨学科专业相关课程不少于2学分,同学院同学科大类课程设置原则上应尽量打通。

集中安排实践教学环节,如素质拓展活动、读书活动、专项训练、社会实践与社会调查、认识实习、教学实习、课程设计、大型作业、毕业设计与毕业论文等。各专业在集中安排实践教学环节不同层次的具体环节时,可以设置选修模块,由学生根据个人兴趣和就业趋向选修。

2010年4月,为贯彻落实"为每一个学生的终身发展"的核心理念,学校组织各学院开展2009年度培养方案的总结工作,召开专业、基础课程教学改革实践专题研讨会,结合2010年本科培养计划修订工作,优化课程设置,夯实专业基础,强化实践教学环节,融知识传授、能力培养、素质教育于教学全过程,构建第一课堂与第二课堂、理论讲授与专题讨论、校内资源与校外资源3个结合的教学体系,增强对学生综合素质、基础理论和创新意识、实践能力的培养,建立多维度的学生生涯教育与就业指导教育体系:(1)在综合教育中增设素质与综合基础技能教育子模块,开设心理健康教育、职业发展与就业指导、创新与创业教育、校园文化活动、普通话应用等新课程;(2)选择部分公共基础课程,根据学业成绩及学生兴趣开展分层分级教学,实施因材施教;(3)推进高水平综合教育选修课程建设,逐步完善综合教育选修课程设置;(4)加强大学物理等基础性或综合性实验教学;(5)进一步明确学校全日制本科一学年为38~40周。每学年依次分为"秋季、春季和夏季"3个学期,其中秋季、春季学期为18~19周(含考试周),夏季学期(以下简称短学期)为2周。4个学年共设置3个短学期,第四学年不设短学期。

表3-2-3　2010级本科专业综合教育模块课程设置情况表

课程类别	课程名称	学分	学时	学时分配			开课学期	备注
				讲授	实验	上机	其他	
思想政治理论	马克思主义基本原理概论	3	48	48				1~4	思政课社会实践环节2学分列为素质与基础技能教育类的社会实践
	毛泽东思想和中国特色社会主义理论体系概论	5	80	80				1~4	
	思想道德修养与法律基础	2	32	32				1~4	
	中国近现代史纲要	2	32	32				1~4	

(续表)

课程类别	课程名称	学分	学时	学时分配				开课学期	备注
				讲授	实验	上机	其他		
大学英语类	大学英语(预备班)	0							① 本课程组最低应修16学分,外语类专业修读第二外语,详见各专业教学计划 ② 具体修读办法见相关规定
	大学英语一级(普通班)	4	64						
	大学英语二级(提高班)	4	64						
	大学英语三级	4	64						
	大学英语四级	4	64						
	大学英语五级	4	64						
	大学英语六级	4	64						
	英语技能类课程								
计算机类	计算机应用基础	3	54	36		18		1	
军体类	军事理论与训练	2	16	16			2周	短1	
	大学体育与健康(1~4)	4	128					1~4	
素质与基础技能教育类	形势与政策	2						1~6	另见具体方案相关规定
	职业发展与就业指导	1	32	16			16	1,2	
	心理健康教育	0.5							
	创新与创业教育	1.5							
	读书活动	0.5							
	社会实践	2							
	校园文化活动	0.5							
综合教育选修课程类	人文与社科类	2~6							
	自然与科技类	2~6							
	"名师导航"系列讲座	1							校内外专家为学生开设

二、课程建设

江苏省立水产学校初期,学校组织翻译和引进一批外文教材和资料。数学、物理等基础课程用中文或英文原版教材,教师在讲授时,对一般科技用语和专门词汇,先用英文再用中文。各科教学内容,渔捞科偏重数学,航海、海洋学、气象学、渔捞论、造船大意等课大都采用教师自编讲义;制造科偏重化学,10门制造(罐头、冷藏、盐藏、干制、贝扣、鱼油鱼粉、鱼肥、制革、制碘、制胶)课程,除盐藏、干制采用本国资料外,其他大都从日文、英文书刊中翻译编写讲义印发。

民国36年,学校在上海复校,师资和办学经费非常短缺,课程建设薄弱。

1950年,根据教育部《关于实施高等学校课程改革的决定》,加强政治课程的教学建设,新开设社会发展史、新民主主义革命等政治课程。外语课开设英语、日语2门,后又增设俄语。

1952年，成立上海水产学院，课程设置和教学要求发生很大变化。根据教学计划制订课程教学大纲成为课程建设的主要工作。1954年开始，学校参照苏联高校水产专业课程设置和教学要求实施课程建设。同年，根据第二届全国高等农林教育会议决议，结合我国实际，由学校和山东大学水产系分工编写水产专业课教学大纲，其中，学校编写7门，山东大学水产系编写5门。

1954—1955年，中央高等教育部组织翻译苏联水产高等学校3个专业1955年制订的教学计划和教学大纲，供国内制订、修订教学计划和大纲时参考。1955年底，学校累计编写专业课教学大纲17种、技术基础课教学大纲44种、基础课教学大纲12种，包括参照苏联教学大纲拟订水产高等学校统一教学大纲8种。

1957年前后，学校教师通过引进和学习苏联水产教育课程教材体系，同时深入渔区、渔村、渔船，进行调查研究，总结生产经验，促进课程教学内容改革，充实天然水域增养殖学、藻类养殖、贝类养殖、鱼类学、渔具材料与工艺学、渔具计算一般原理、捕鱼技术、水产品综合利用、盐干熏制工艺学、水产资源、渔船动力装置、罐头食品工艺学等课程的教学内容。

为适应教学需要，1959年学校组织制订课程规划，提出在专业中确定重点课与一般课，将重点课程建设作为提高教学质量的一项重要措施。其中工业捕鱼专业列为重点课的有高等数学、物理学、机械零件、渔具理论与捕鱼技术和外国语等。

为适应水产教育发展要求，1963年水产部组织水产高校修订工业捕鱼、淡水养殖、海水养殖和水产品加工工艺等专业的教学大纲，其中由学校编写渔具理论与捕鱼技术、鱼类学、贝类学、水产食品工艺学等27门课程的教学大纲。同年，学校还遴选生物化学、池塘养鱼、无脊椎动物学、航海、机械制图5门课程，作为开展课程建设改革工作的试点。

随着教学工作的深入，课程建设逐步向课程体系建设转变。1965年，经水产部批准，学校海洋捕捞和淡水养殖专业进行"大改"（全面改革）试点。其中，对1965级海洋捕捞专业提前开设工艺操作性课程，对1965级淡水养殖专业着重抓基础生物学、基础化学课程改革，将总学时数为410的4门生物学课程合并、压缩为180学时的新课，将总学时数为250的3门化学课合并为130学时的新课，力图通过改革建立以专业水质分析为中心、以定量分析为主的课程教学体系。

"文化大革命"前期，学校课程建设基本瘫痪。

1972—1976年，根据工农兵学员学制为三年的情况，适当减少专业课数量，缩减学时数。对海洋捕捞和轮机2个专业援外班分别开设航海捕捞英语、轮机英语和日常英语会话课程。

1976年"文化大革命"结束后，学校课程建设逐步走上正常轨道。1979年，学校迁回上海办学，随着复校工作完成，课程建设逐步成为学校教学建设的重要内容，至1983年全校各系（部）有47门课程被列为课程建设项目。

1988年，为加强课程建设，学校成立由副校长王克忠任主任的课程建设委员会，设立课程建设基金，资助立项课程的习题集、题库、实验指导书和辅助教材的编写，标本、示教模型、软件和电教片的制作与复制，教学挂图的绘制和教学资料的添置等建设。同年，经组织申报和评审，第一期资助21门课程立项建设。

通过建设，1989年经校课程建设委员会评审，马克思主义原理、机械制造工艺学"内燃机活塞工艺"电教片、理论力学与材料力学习题、鱼病病理学、微生物学（2）、有机化学6门课程被评为优秀课程。同年，学校还完成212门课程的教学要求和教学大纲的制订或修订工作，并根据国家教委文件完成海洋渔业本科专业9门专业课、技术基础课的课程要求和简介的报送。1990年、1991年，学校通过招标方式，又组织第二、三期课程建设资助项目申报，有20门课程中标。

表 3-2-4　1988—1992 年课程建设基金资助项目情况表

课程所属部门	数量	课　程　名　称
社会科学部	4	中国社会主义建设、马克思主义原理、中国革命史、世界政治经济与国际关系
德育室	1	德育
基础部	5	大学英语、概率论与数理统计、英语听力、普通物理学、高等数学
渔业经济系	4	渔业经济学、渔业企业经营管理学、财务会计、计算机应用
食品科学系	4	有机化学、传热学、食品感官鉴定、无机化学与分析化学
水产养殖系	9	鱼病病理学、鱼类生态学、微生物学(2)、细胞生物学、分子生物学、食品微生物学、遗传学、动物学、水生生物学
渔业工程系	6	计算机算法语言、金属工艺学、理论力学与材料力学习题、机械制造工艺学"内燃机活塞工艺"电教片、机械原理与零件、机械制图
图书馆	1	文献检索与利用

为适应社会主义市场经济对人才的需求，学校结合修订培养计划，在课程建设中对部分课程作重新调整，通过拆、补或开设新课程，1993 年使全校本专科课程门数增加到 187 门，其中基础课 48 门、基础技术课 57 门、专业课 82 门。

为创建一批高质量课程，提高课程教学水平，学校在 1995 年 5 月第一次教学科技工作会议上，印发《课程建设实施方案》等文件，规划在 1996—1998 年 3 年内投入 50 万元，重点建设 10 门基础课及基础技术课、10 门专业课、5 门实验和实习课。通过建设促使教学条件、教学质量、学术水平等明显提高。同时通过校、院两级建设，使学校主要基础课和公共课均达到一类课程标准，各专业主要课程中有 2～3 门达到一类课程或高质量特色课程标准。

学校制订《一类课程评估实施办法(试行)》及评估指标体系、《重点建设课程管理实施办法》及评估指标体系等文件，经课程主讲教师申报、学院(部)初评，有 20 门课程参加首次校一类课程评审。1996 年，经校一类课程评审会评审、校长办公会议审定，评出高等数学 A、日语精读、渔具材料与工艺学、鱼类学、制冷原理与设备、物理实验 A、渔业资源评估、有机化学、池塘养鱼学、水产品贮藏与加工、中国革命史和机械制图 12 门课程为第一期第一批一类课程。同年，经校学术委员会评审，评出渔具渔法学、渔业经济学、养殖水化学、食品冷冻工艺学、公共外语、程序设计语言、马克思主义理论和思想品德 8 门课程为学校第一期重点建设课程。1997 年，电工技术基础、水生生物学、制冷装置设计和生物化学 4 门课程被学校评为第一期第二批一类课程。

1999 年，学校结合科教体制改革，将一类课程评选与主讲教师、骨干教师聘任工作结合，开展第二期一类课程评选，有材料力学、电工技术基础、机械制图、机械设计基础、计算机应用基础、程序设计语言、传热学、高等数学、大学物理、普通体育、毛泽东思想概论、邓小平理论概论、大学语文、国际金融、日语精读、生物化学、基础化学、水环境化学、国际贸易、英语精读、英语写作 21 门课程入选。

1999 年，为配合本科教学计划修订，促进教学内容改革，学校组织近 200 名任课教师参加修订教学大纲。新修订的教学大纲编为 6 册，共收集 320 余门课程，基本涵盖本科全日制公共基础课程、专业基础课程和专业方向课程。

2000年初,为鼓励教师制作多媒体课件,运用现代化教学手段开展教学,学校拨专款资助鱼类学、发酵工艺学、食品生物技术、渔具力学、渔具材料与工艺学、气象学6门课程进行CAI课件建设,并首次作为面向21世纪教学改革项目在校科研处立项。同年,这6门课程的CAI课件通过校级鉴定,并在教育部举办的水产类专业教学改革与实践高级研讨班暨水产类专业骨干教师进修班上交流,受到与会兄弟院校肯定。

1995—2000年,通过课程建设促进教学内容、教学方法、教学手段改革和试题库建设,推进教学管理规范化,提高教学质量。同时课程数量也有较大增长。2000年9月,学校各专业必修课程合计达到452门,比1994年增长130%以上。其中,渔业学院72门,海洋学院97门,食品学院82门,经贸学院63门,计算机学院24门,人文与基础科学学院114门。

2000年,为提高基础课程的教学质量,学校制订基础类重点建设课程实施方案,计划两年内投入50万元,重点建设50门基础类课程。2001年初通过评审,评出49门校级重点建设课程,建设周期为两年。同年,经学校组织申报,有13门课程被列为上海市重点建设课程,获得资助经费17万元。

2003年,学校完成49门校级、13门上海市重点建设课程项目验收,在师资队伍建设、教学改革、教材编写等方面取得明显成效。49门基础课程主讲教师,具有硕士及以上学历的比例明显提高,编写教材34种,基本实现传统与现代教学方法结合,其中42门课程引进或自建较完整的试题库、试卷库。同年,有13门课程获校级重点建设课程优秀奖。学校还组织完成第二批10门课程的CAI课件建设项目立项与验收(包括首次完成的网络英语版、中英双语版各两门课程的课件)。

为提升课程建设水平,在重点课程和一类课程建设基础上,学校根据教育部关于精品课程建设的要求,2003年制订《精品课程建设工作实施办法(试行)》,有计划地重点建设一批精品课程。同年,海洋渔业技术学、养殖水化学、食品加工学3门课程获首批上海市级精品课程称号。

2006年,学校鱼类学课程被评为全国第一门国家级水产类本科精品课程,实现学校创建国家级精品课程"零"的突破。2005—2007年,学校有28门课程立项建设上海市教委重点建设课程。

2008—2011年,学校申报立项建设上海市教委重点建设课程39门,立项建设校级重点课程200余门。其中,基础课程100余门,基本覆盖本科主要基础课程。通过课程建设,累计资助60余名教师出国进行英语(双语)培训,提高教师队伍素质,促进教学改革和教学质量提高。

为帮助授课教师了解并掌握用英语授课的特点和艺术,提高教师的授课语言能力,制订英语、双语教学师资培养计划,2007年制订《双语教学课程管理办法》,并成立由分管副校长任主任,教务处、人事处、外国语学院、财务与资产管理处等职能部门和学院负责人参加的校双语教学指导、协调组织。

2010年,学校制订《关于加强高水平综合教育选修课程建设的实施意见(试行)》,通过立项建设50门综合教育选修重点建设课程。2010年、2011年,分别有18门和20门课程被列为学校重点建设高水平综合教育选修课程项目。

截至2011年,学校拥有国家级精品课程3门、上海市级精品课程16门、校级精品课程43门,基本形成国家、上海市和学校3个层次的精品课程教学体系。全英语(双语)教学课程建设也取得明显成绩,环境科学导论、食品化学、物理海洋学和国际金融4门课程先后于2009年和2011年被上海市教委列为示范性全英语教学课程建设项目。学校还以天空教室、幻幻学苑、精品课程和实验示范教学中心为平台,整合教学资源,促进课程资源共享,探索构建网络课程中心,2011年有300多门课程实现课程资源网络化。

在课程建设水平不断提高的同时,全日制本专科课程门数也呈明显增长趋势,截至2011年9月,各类课程总数达到2 000多门次,比2006年增加30%以上。

表3-2-5　2003—2011年国家级与上海市级精品课程一览表

类　别	所属学科大类	所属学科门类	课程名称	负责人	批准年份
国家级	理　学	生物科学	鱼类学	唐文乔	2006
	农　学	水产	鱼类增养殖学	李应森	2008
		农业经济管理	渔业经济学	骆　乐	2007
上海市级	理　学	生物科学	水生生物学	周志刚、王丽卿	2004
			鱼类学	唐文乔	2005
		化学	生物化学	陶　妍、李　燕	2009
	工　学	食品科学与工程	食品加工学	王锡昌	2003
			食品冷冻冷藏原理与技术	谢　晶	2008
			食品化学	陶宁萍	2011
		电气信息	计算机应用基础	黄冬梅	2010
	农　学	水产	海洋渔业技术学	孙满昌	2003
			养殖水化学	江　敏	2003
			鱼类增养殖学	李应森	2006
			渔业资源评估与管理	戴小杰	2007
			渔业资源与渔场学	陈新军	2008
			生物饵料培养	成永旭	2009
			渔业法规与渔政管理	黄硕琳	2010
			渔具理论与设计学	许柳雄	2011
		农业经济管理	渔业经济学	骆　乐	2005

表3-2-6　2005—2011年上海市教委高校重点建设课程统计表

年份	课　程　名　称	数量
2005	鱼类学、食品工程原理、鱼类增养殖学、会计学、计算机辅助设计、基础化学、体育欣赏	7
2006	渔业地理信息系统、分子生物学、现代物流概论、食品冷冻冷藏原理与技术、管理学、计算机应用基础、物流系统规划与设计、基础日语、思想道德修养与法律基础、线性代数、电工学、渔业资源评估与管理、微生物学、生物化学	14
2007	生物饵料培养、渔具理论与设计学、传热学、网络营销、电路原理、数据结构、城市管理学	7
2008	水产动物疾病学、渔业法规与渔政管理、天然药物化学、基础英语(1~4)、机械设计、程序设计语言、国际金融	7
2009	食品化学、国际经济学(双语)、生产管理学、高级日语、数据库原理、海洋学概论、高级英语、生态学基础	8

(续表)

年份	课　程　名　称	数量
2010	遗传育种学、机械制图、会计基本技能训练、商务信息系统、数据库应用基础、毛泽东思想和中国特色社会主义理论体系概论、食品安全学、课程中心	8
2011	海洋药物学、信息系统项目管理、操作系统、海洋化学、渔业导论、海洋生物学（无脊椎动物）、环境化学、游钓渔业学、工程流体力学、机械制造工程、基础韩语、日语听力、国际贸易实务、会计电算化、中国政治思想史、马克思主义基本原理	16
小计		67

第二节　教　　材

一、编译教材

江苏省立水产学校时期的数学、物理、化学等基础课教材，大部分为英文版，食品化学、食品分析等专业基础课将英文版教材编译成讲义；专业课教材大多编译自日本东京水产讲习所教材。

上海市立吴淞水产专科学校和上海水产专科学校期间，有关基础课教材选用正式出版教材，专业基础课和专业课教材大多为自编教材，个别采用英文版教材。

上海水产学院成立初期，专业教材大多是编译自苏联水产高等学校的教材。

1957—1958年，学校组织有关教师深入生产实践，总结生产经验，编写专业课讲义35本、技术基础课讲义14本、基础课讲义5本，还编写有关教学参考书，绘制各种挂图、图表。王以康编撰的《鱼类学讲义》和《鱼类分类学》，经有关教师整理，于1958年分别由上海科学技术出版社和上海科技卫生出版社出版。

二、统编教材

【首批统编教材】

1961年2月，中共中央书记处召开会议，专门讨论教材问题。同年，教育部颁布《解决高等学校和中等专业学校理、工、农、医各科教材的具体分工办法》。为此，水产部成立教材编审委员会，并将水产高校教材编审工作组设在上海水产学院，委任学校党委书记胡友庭兼任水产部编审委员会委员，负责领导该编审工作组，由上海水产学院和山东海洋学院水产系任正、副组长单位。在所编30本教材中，上海水产学院负责主编《鱼类学》等26本，总计约400万字。这是新中国成立后第一次有计划的水产类教材建设。

表3-2-7　1961年学校主编全国水产高等院校统编教材一览表

序号	教材名称	编　　者	出版社	出版年份
1	渔具材料与工艺学	姜在泽、徐森林	上海科学技术出版社	1961
2	渔具材料工艺学实验实习指导	姜在泽、徐森林	上海科学技术出版社	1961

(续表)

序号	教材名称	编者	出版社	出版年份
3	渔具理论与捕鱼技术（一）	乐美龙	农业出版社	1961
4	渔具理论与捕鱼技术（二）	张友声、乐美龙、张荫乔、于本楷、沈宝桢等	农业出版社	1961
5	渔具理论与捕鱼技术（三）	张友声、于本楷、沈宝桢等	农业出版社	1961
6	水产资源学	王贻观、林新濩、王尧耕、邱望春	农业出版社	1961
7	鱼群探测仪	施彬、杨立威、顾浩年	农业出版社	1961
8	鱼群侦察技术	顾嗣明	农业出版社	1962
9	捕鱼机械与设备	黄永萌、胡鹤永、侯恩溢（山东海洋学院）	农业出版社	1961
10	航海技术	林焕章、张家农等	农业出版社	1961
11	养殖土木工程	张丹如、俞之江、任庚福	农业出版社	1961
12	鱼类学（上）	孟庆闻、缪学祖、张菡初、苏锦祥	农业出版社	1961
13	鱼类学（下）	孟庆闻、缪学祖、苏锦祥、俞泰济、刘铭	农业出版社	1962
14	池塘养鱼学	谭玉钧、雷慧僧、李元善、姜仁良、施正峰	农业出版社	1961
15	水生生物学	王嘉宇	农业出版社	1961
16	鱼类生理学	王义强、张瑛瑛、郑镇安	农业出版社	1961
17	鱼病学	黄琪琰、唐士良	农业出版社	1961
18	藻类养殖学	王素娟（第二主编）	农业出版社	1961
19	水产动物胚胎学	王瑞霞（第二主编）	农业出版社	1961
20	水产食品加工工艺学（交流讲义）	骆肇荛、纪家笙	农业出版社	1961
21	水产品综合利用工艺学	黄志斌	农业出版社	1961
22	水产品冷藏工艺学	冯志哲、张伟民	农业出版社	1961
23	罐头食品工艺学	王刚、程郁周、徐毓芬、李雅飞、杨运华	上海科学技术出版社	1961
24	制冷技术	翁斯鑑、冯志哲、徐世琼、王锡珩、张伟民、李松寿	农业出版社	1961
25	水产加工机械与设备	孙世昌、徐文达	农业出版社	1961
26	微生物学	宋德芳、柳传吉、孙其焕、许为群、李芳兰	农业出版社	1963

【第二批统编教材】

1978年，国家水产总局组织编写水产高等院校本科教学用书42本，其中由上海水产学院主编20本，1979—1990年陆续出版，内容有所更新，教材质量有较大提高。

表 3-2-8　1979—1990 年学校主编全国水产高等院校统编本科教材一览表

序号	教材名称	主编	出版社	出版年份
1	贝类学纲要	张　英（第二主编）	上海科学技术出版社	1979
2	渔具材料与工艺学	姜在泽	上海科学技术出版社	1980
3	池塘养鱼学	雷慧僧、姜仁良、王道尊等	上海科学技术出版社	1981
4	组织胚胎学	楼允东	农业出版社	1981
5	有机化学	陈振波	农业出版社	1981
6	水产品烘干房	达式奎、石树奋、郭大钧	农业出版社	1981
7	鱼类学与海水鱼类养殖	苏锦祥	农业出版社	1982
8	海洋学	姚超琦	农业出版社	1983
9	鱼病学	黄琪琰	上海科学技术出版社	1983
10	淡水捕捞学	徐森林	农业出版社	1983
11	食品冷冻工艺学	冯志哲	上海科学技术出版社	1984
12	海藻栽培学	王素娟（第二主编）	上海科学技术出版社	1985
13	鱼类比较解剖	孟庆闻、苏锦祥、李婉端	科学出版社	1987
14	软饮料工艺学	杨运华（3位主编之一）	轻工业出版社	1987
15	食品罐藏工艺学	李雅飞、杨运华、程郁周、许顺干	上海交通大学出版社	1988
16	制冷原理与设备	李松寿、徐世琼、朱富强	上海科学技术出版社	1988
17	食品工程测试	达式奎	上海交通大学出版社	1988
18	鱼类学（形态、分类）	孟庆闻、缪学祖、俞泰济	上海科学技术出版社	1989
19	水产养殖企业经营管理	葛光华、曹少璞、成长生	农业出版社	1989
20	鱼类生理学	王义强、黄世蕉、赵维信、宋天复	上海科学技术出版社	1990

【第三批统编教材】

随着科学技术的发展和教学改革的深入，尤其是经过1985年前后本科专业目录的修订，学校在20世纪80年代末对许多专业课程体系和教学内容进行调整。1990年，为适应新形势教学要求，农业部启动新一轮教材建设工作，并召开全国高等农业院校教材指导委员会第一次会议，提出全国农业高等教育"八五"教材规划和具体目标任务，决定成立以上海水产大学校长乐美龙为组长的水产学科组，下设海洋渔业、水产养殖、水产品贮藏与加工3个专业组，计划出版61本教材，其中基本教材49本、配套教材11本、电化教材1本。1991年，学校成立由校长任主任的教材编审委员会。同年，在学校召开的全国高等农业院校教材指导委员会水产学科组第二次会议，审订水产高等院校本科教材"八五"计划选题中58门课程的《教学基本要求》，讨论和修改《水产学科组编写教材推荐和评选程序》《水产学科组教材编写实施细则》，并经农业部教材编写委员会审定，决定统编全国水产高等院校本科教材62本。1992—1995年，由学校教师主编的教材有《渔业经济学》《水产养殖企业经营管理》《渔业资源评估》《鱼类生态学》《水产通论》《水产捕捞企业经营管理》《海洋法与渔业法规》《鱼类学实验指导》《鱼类学与海水鱼类养殖》(第二版)等 36 本。此外，还主编一批大专教材和教学参考书。

表 3-2-9　1991—2000 年学校主编全国水产高等院校统编本科(专科)教材一览表

序号	教材名称	主编	出版社	出版年份
1	鱼类生理学※	赵维信	高等教育出版社	1992
2	渔船制冷装置	王锡珩	上海交通大学出版社	1993
3	组织学与胚胎学※	王瑞霞	高等教育出版社	1993
4	水产动物疾病学	黄琪琰	上海科学技术出版社	1993
5	海藻生物技术	王素娟	上海科学技术出版社	1994
6	鱼类生态学	殷名称	中国农业出版社	1995
7	鱼类分类学	孟庆闻、苏锦祥、缪学祖	中国农业出版社	1995
8	鱼类学实验指导	孟庆闻、李婉端、周碧云	中国农业出版社	1995
9	鱼类学与海水鱼类养殖(第二版)	苏锦祥	中国农业出版社	1995
10	水产动物营养与饲料学	王道尊(副主编)	中国农业出版社	1995
11	渔业资源评估	詹秉义	中国农业出版社	1995
12	渔业资源评估习题集	詹秉义	中国农业出版社	1995
13	海洋法与渔业法规	黄硕琳	中国农业出版社	1995
14	水产通论	胡鹤永	中国农业出版社	1995
15	渔业经济学	胡笑波、谢敏珠、沈雪达、骆乐	中国农业出版社	1995
16	水产冷冻工艺学实验指导	沈月新	中国农业出版社	1995
17	水产养殖企业经营管理	葛光华、成长生	中国农业出版社	1995
18	水产捕捞企业经营管理学	黄士恺	中国农业出版社	1995
19	组织胚胎学(第二版)	楼允东	中国农业出版社	1996
20	水生生物学(形态与分类)	梁象秋、方纪祖、杨和荃	中国农业出版社	1996
21	内陆水域鱼类增养殖学	童合一(副主编)	中国农业出版社	1996
22	渔具材料工艺学	钟若英	中国农业出版社	1996
23	渔具材料工艺学实验指导书	钟若英	中国农业出版社	1996
24	船舶原理与结构	胡明垾(副主编)	中国农业出版社	1996
25	食品罐藏工艺学实验指导	杨运华	中国农业出版社	1996
26	渔具类综合利用工艺学	黄志斌、季恩溢等	中国农业出版社	1996
27	水产食品罐藏工艺学	李雅飞等	中国农业出版社	1996
28	水产品加工机械与设备	徐文达	中国农业出版社	1996
29	水化学	臧维玲(副主编)	中国农业出版社	1996

(续表)

序号	教材名称	主编	出版社	出版年份
30	水化学实验指导书	臧维玲（副主编）	中国农业出版社	1996
31	渔业生物统计学	陈兆祥	中国农业出版社	1996
32	水产冷冻工艺学	冯志哲	中国农业出版社	1997
33	鱼糜制品加工技术（教学参考书）	王锡昌、汪之和	中国轻工业出版社	1997
34	渔业企业经营管理	曹少璞、谢敏珠、张相国	中国农业出版社	1997
35	鱼类增养殖学	王 武	中国农业出版社	2000
36	管理学原理	孙 琛（副主编）	中国农业出版社	2000

说明：标注"※"为专科教材。

三、非统编教材

1991—2000年，学校教师还主编或参编完成《渔业经济学》《渔业企业经营管理学》《海洋渔业企业经营管理》《水产养殖企业经营管理》《毛泽东思想概论》《当代世界政治经济与国际关系》《马克思主义哲学原理》《邓小平理论与当代中国》《中华人民共和国史》《和谐社会与大学生》《高校体育与健康教程》《新编法学概论》《管理学原理》《概率论与数理统计》《计算机文化基础》等教材近20本。

为适应社会发展对高校人才培养的要求，根据国家教委《高等农林教育面向21世纪教学内容和课程体系改革计划》，学校在组织实施"面向21世纪高等农林院校水产类本科培养目标、教学内容及课程体系的改革和实践"等教改项目过程中，组织教师主编《渔具力学》《食品冷藏学》《水产食品学》《国际渔业》《渔具理论与设计学》《线性代数》《语法训练教程》等专业教材、教学参考书、实验实习指导书等。

2000年，学校负责主编的《国际渔业法》《海洋渔业技术学》《渔业水域环境保护与监测》《渔业法规与渔政管理》《化学基本原理》《制冷原理和技术》《闭合循环水产养殖学》《工程流体力学》《鱼虾（蟹）类营养繁殖学》《专业英语（农科）》《高级日语视听》《大学计算机应用基础》《海洋生物资源利用新进展》等13本教材被列为上海市教委重点建设教材。

进入21世纪，教师主编和参编国家"十五"规划教材、面向21世纪配套辅助教材、全国农林高等院校指定教材、上海市精品课程的配套教材、上海市高校东北片跨校辅修课程教材、上海市高校统编教材等一批教材。

为促进优秀研究成果的教材化，2005年学校制订《资助出版教材专项实施办法（试行）》。同年，启动资助教材出版立项工作，每年从课程建设资金中划拨一定数额出版专项经费，资助教材出版。

2006年后，学校通过教材出版专项、课程建设、特色专业和教育高地建设等多种途径加大资助编写出版高质量特色教材的力度，推进课程资源的信息化和优质教学资源的共享，促进优秀研究成果的教材化。

2006—2011年，有70余本教材或教学参考书被列为学校资助出版项目。其中，学校教师主编了《甲壳动物学》《营养与饵料生物培养实验教程》《动物生理学》《动物生理学学习指南》《渔业导论》

《渔具材料与工艺学》《渔业法规与渔政管理》《海洋英语阅读教程》《鱼类行为学》《食品安全学》《食品冷藏链》《日本水产业概论》《渔业经济学》《渔业政策学》《水产品国际贸易》《渔业资源与环境经济学》《渔业资源产权理论及其应用》《建筑环境测试技术》等30余本特色教材,《初级韩语》《中级韩语》《高级韩语》《高校体育欣赏教程》《计算机应用基础案例教程》《线性代数》《运筹学》《社会学导论》《供应链管理》《企业伦理》等工学、文学、管理学各学科的40多本教材。

2001—2011年,学校主编教材140余本。其中,水产与生命学院18本,海洋科学学院10本,食品学院31本,经济管理学院20本,工程学院5本,信息学院30本,人文学院13本,外国语学院12本;学校教师主编教育部高等教育"十一五"水产类规划教材6本,农业部高等农业院校"十一五"水产类规划教材9本,"十二五"水产类规划教材18本。累计22种教材获全国和省部级优秀教材奖。随着自编教材数量快速增加,学校逐步提高教材选用标准。

表3-2-10　2001—2011年学校主编农业部高等农业院校水产类教材出版情况表(部分)

书　名	主　编	出版社	出版时间
渔业经济学	胡笑波、骆乐	中国农业出版社	2001.12
水产品利用与加工	汪之和	化学工业出版社	2003.1
鱼类育种学	楼允东	中国农业出版社	2009.8
渔业法规与渔政管理	黄硕琳、唐议	中国农业出版社	2010.12
池塘养鱼学	李家乐	中国农业出版社	2011.3
鱼类生理学(与大连海洋大学共同主编)	魏华、吴垠	中国农业出版社	2011.6,第二版
鱼类药理学	杨先乐	中国农业出版社	2011.12

四、获奖教材

1990—2011年,学校教师编撰的教材有9本获全国优秀教材奖,有13本获上海市优秀教材奖。

表3-2-11　1990—2011年获奖教材一览表

教材名称	主要完成人	奖　项
海藻栽培学	曾呈奎(中科院海洋研究所)、王素娟	1990年国家教委全国高等学校教材优秀奖
食品罐藏工艺学	李雅飞(主编)	1992年首届农科本科部级优秀教材奖
鱼类比较解剖	孟庆闻、苏锦祥、李婉端	国家教育委员会1992年第二届普通高等院校优秀教材全国优秀奖
水产动物疾病学	黄琪琰	1995年农业部第二届优秀教材一等奖
鱼类生态学	殷名称	1997年上海市高校优秀教材二等奖
渔业资源评估(附习题集)	詹秉义	1997年上海市高校优秀教材三等奖

(续表)

教材名称	主要完成人	奖项
渔具力学	周应祺	2002年上海市优秀教材奖三等奖
鱼类增养殖学	王 武	2002年上海市优秀教材奖三等奖
水产食品学	沈月新	2002年上海市优秀教材奖三等奖
国际渔业	季星辉	2002年上海市优秀教材奖三等奖
鱼类育种学	楼允东	2005年全国高等农业院校优秀教材奖
水产食品学	沈月新	2005年全国高等农业院校优秀教材奖
养殖水环境化学	臧维玲（副主编）	2005年全国农业院校优秀教材奖
渔业资源与渔场学	陈新军	2007年上海市优秀教材奖一等奖
工程流体力学	夏泰淳	2007年上海市优秀教材奖三等奖
生物饵料培养学（第2版）	成永旭	2008年全国高等农业院校优秀教材奖
甲壳动物学	薛俊增	2011年上海市优秀教材奖二等奖
渔具材料与工艺学	孙满昌	2011年上海市优秀教材奖二等奖
韩语系列教材	全龙华	2011年上海市优秀教材奖二等奖
食品安全学	钟耀广	2011年上海市优秀教材奖二等奖
机电工程专业英语	姜少杰、王永鼎	2011年上海市优秀教材奖二等奖
渔业法规与渔政管理	黄硕琳、唐 议	2011年全国高等农业院校优秀教材奖

第三节 实践教学

学校创办初期，即制订详细的实习教学计划和要求。民国3年制订的5年计划书，即有详细的教学实习及设施建设方案。校长张镠常带学生赴浙江、江苏、山东等省沿海进行调查，考察渔场。民国6年，船长张景葆和技术员王传义，带学生乘"淞航号"实习船赴日本山口县、岛根县开展渔业实习和调查。

创办时的实验实习设施，主要来自中国渔业公司赠予部分设备及中国参加意大利米兰万国博览会的部分渔业展品和国外赠品。民国3年，又从日本购买一批机械、标本、各类模型。民国4年后，陆续补充化学、生物、物理等基础实验设备，添置端艇、木帆船及渔船模型、钓渔具、鲱鱼流网和脚踏织网机、罐头机械设备和船用发动机、冷藏机和贝壳加工等一批专业教学实习仪器和设备，建立制网工场等。民国5年，建成实习机动渔船"淞航号"。民国9年，建成实习渔轮"海丰号"，在太湖设立气象观察所。民国11年，在江苏昆山周墅镇建立淡水养殖场，配置显微镜等教学仪器。

学校专业实习分科进行，其中校内实习安排在本科第二学年及第三学年第一学期，按照学校学则规定时间分期教授；校外实习是教学计划中的一个重要环节，自第三学年第二学期起安排。

渔捞科校内实习包括织网实习、渔具和钓钩制作、航海仪器使用、气象观测、操艇练习、旗语与电讯信号练习等；校外实习由主管教员率领学生考察渔区，并调查渔业经济、鱼品交易和渔民实况等,包括捕捞生产实习、渔业调查、航海驾驶实习、海洋观察等。

制造科校内实习包括有盐藏加工、干制品加工、罐头制造、综合利用、制盐、化学分析实验、鱼类解剖、细菌培养、显微镜观察、贝类加工、制造工场管理等;校外实习主要在渔区渔汛加工季节进行,另外与上海泰康食品公司每年签有协议,进行罐头实习等。校内也设有罐头工场,供学生实习。学校师生实习生产的各类罐头制品,于民国8年、10年在南京实习作品展览会上分获二等奖、三等奖。

养殖场是养殖科学生实习场所。鱼苗生产季节,为增加鱼苗采集和培育、饲料投喂、水质管理、鱼病观察与防治的感性知识,除组织学生到学校淡水养殖场实习外,还赴江苏、浙江、湖南湘江、湖北武汉等地淡水养殖场进行生产实习。

上海市立吴淞水产专科学校时期,教学实习通常在开学时根据专业要求,结合企业或单位条件拟订实习计划。渔捞科实习为赴浙江舟山、福建、山东青岛等地渔区和渔业公司或上海华胜网厂、上海水产公司渔轮,进行结网、渔轮修理、拖网捕捞、群众渔业、渔业行政、鱼市场管理等实习;制造科实习为赴浙江舟山沈家门、上海水产公司冷冻厂和鱼肝油厂、山东水产供销公司等处,进行盐藏与干制调查、罐头制造、冷冻厂企业管理、鱼肝油制造、海藻加工、鱼油与鱼粉加工等实习。

上海水产专科学校时期,根据1951年华东水产工作会议决议《关于发展渔业、加强上海水产专科学校的建设》,华东水产管理局将"华鲣号""华鲔号"2艘对拖木质渔轮拨给学校,用于学生实习,改善渔捞科教学实习条件。

1949—1959年,在上级部门支持下,学校增添大量实践教学与实验用仪器设备,配置崭新的显微镜、解剖镜等,教学条件不断改善。1952年,经华东水产管理局批准,由上海水产公司拨给学校一艘270总吨蒸汽机舷拖钢质渔轮"水产号"。1955年,经上海市建设委员会批准,在江湾区(现属杨浦区)控江路杨家宅兴建淡水养殖实验场(现杨浦公园),占地3.73公顷(56亩),作为水产养殖实习基地。

在开展勤工俭学过程中,学校在1958年新建勤工机械厂、小型冷冻厂、鱼品加工厂。1959年,水产部给学校拨款建造两艘当时国内同类船型与功率最大的艉拖网渔轮"奋发号"和"图强号",均为250马力,160吨级,为工业捕鱼、水产资源专业教学生产实习创造条件。

1957年,学校在《关于提高教学质量的初步方案》中提出:逐步创造条件实行课程论文(设计)、毕业论文(设计),有计划收集资料,吸收外校经验,明确指导教师,落实选题和计划任务书。1960年,学校决定在1962届工业捕鱼专业开展毕业设计,在淡水养殖和海水养殖专业开展毕业论文。在工业捕鱼专业教学计划中安排科学研究10周、毕业设计10周;淡水养殖、海水养殖2个专业均安排科学研究13周、毕业论文14周。

根据水产部水产高等院校教学工作会议精神,1963年起五年制本科教学计划规定生产实习25～35周、生产劳动20周(公益与专业劳动各10周)、毕业实习与设计(论文)为14～20周。

学校1972年迁到厦门办学后,在集美重新建立物理、化学、生物、力学、机械、电工电子等实验室,以及金工厂、冷冻厂、渔业电子仪器厂、淡水养殖场和海水养殖场。"文化大革命"后期,学校虽恢复上课,但实践教学形式仍为"以校办工厂代替实验课教学""以劳动代替生产实习"。1976—1979年,学校修订一系列加强实践教学的规章制度,基本上做到各实践环节都有教学大纲或实习指导书和实习计划。

20世纪80年代起,随着国家由计划经济向市场经济体制转变,有些企业单位不再接收学生实习。为此,学校从1984年起加强浙江省奉化海水养殖育苗场、上海市南汇淡水养殖场和校实习渔轮等校内外实习教学基地建设,在一定程度上缓解实习教学面临的困难;利用世界银行农业教育贷款重点建设基础生物、鱼类环境、基础化学、食品工程、渔具材料、动力液压、电子计算机和物理8个实验室。

1986年,学校修订《教学实习、生产实习暂行规定》,重申公益劳动、专业劳动、生产实习、毕业实习和社会实践是培养德智体全面发展高级专门人才的必要环节,并于1987年将公益劳动和社会实践纳入教学计划。

学校与中国水产总公司于1986年签订第一个远洋渔业人才培训与使用合同,每年派遣海洋渔业专业毕业班学生赴西非从事远洋渔业实习。这些学生毕业后相继成为国家远洋渔业技术骨干。

1989年,学校根据农业部《关于部属农业院校加强实践教育的若干意见》等文件,加强实践教学建设。1990级各专业增加实践时间4周。本科教学计划内实践教学时间,一般专业26~30周,最低的24周,最高的35周。一年级安排农业劳动2周,二年级安排专业基础劳动实习2~4周,三年级安排专业劳动实习,四年级安排专业实践和科研训练,公益劳动分散进行,社会实践采取集中与分散相结合的方式进行。教学计划中机电工程、制冷空调2个专科专业相继增加等级工考核和培训,其中机电工程专业在完成4周金工实习后,再安排6周单工种强化训练,要求达到技工二级水平。

在实验教学方面,推进实验教学改革,设立独立的实验课,其中部分专业的物理实验课从原来的27学时逐步增加到60学时;增加设计性综合实验项目,并将过去以课程为主的30多个实验室,经过调整合并为以学科为主的10多个综合实验室,提高实验教学的质量和实验教学资源的利用率。同时加强实验教学管理,严格考核,实行实验课前预习,实验中加强指导检查,实验原始数据记入实验卡片,实验报告及时提交和评分。

在毕业设计(论文)方面,修订完善有关条例,加强对毕业设计(论文)工作的组织领导,规定毕业设计(论文)的选题要求,加强计算机、外文资料应用和技术经济分析的要求,开展对毕业设计(论文)的组织工作和质量评估试点。

1992年,学校与上海金山漕泾对虾养殖公司联合成立上海申漕特种水产开发公司,进行"产学研"合作,以供学生进行生产实习和毕业论文实践。20世纪90年代,学校还与上海、江苏、浙江等地有关单位建立"产学研"合作关系,根据不同需求,采取多种形式,有长期合作,也有短期合作,形成一个广泛的教学实习基地网络,为相关专业的教学实习提供保障,提高学生实践能力。

1995年,学校召开第一次教学科研工作会议后,根据《上海水产大学关于加强实践教学的决定》,加大对实验教学条件建设经费的投入。其中,1997—1999年重点对物理、化学、生物、机械、电子电工、力学6个基础教学实验室进行改建和扩建;1999—2000年进一步建设机械CAD(计算机辅助设计)、基础生物、化学、物理、电子电工、资源环境、微机技术、经贸等实验室,以及外语听音室与发射台、多媒体教室、制图教室等基础教学实验设施。

为加强实践教学环节,学校从1996级本科生开始,除将大学物理、化学、生物、力学、机械制图、计算机应用等课程27学时以上实验(上机)单独设课外,还规定教学计划内实践教学环节,工科、农科本科各专业不少于27周,文科、理科和经济学科本科各专业不少于20周。从1999级本科生起,又将实践与创新活动纳入教学计划,列为学生必修学分,并通过更新实验教学计划与大纲,加强学生综合运用知识和科学思维能力的训练。2002年,修订《本科学生毕业设计(论文)工作实施细则》及相应质量评估指标体系、撰写规范、评分标准等附件,强化毕业设计(论文)工作的规范化管理。

2000—2003年,结合学海路校区建设,学校完成基础教学实验室改造工程项目,使全校教学实验室在装备水平、环境、管理、实验教学手段和实验队伍建设等方面均有明显提高,推进实验教学内容、方法和手段改革,改善与人才培养相匹配的实验实习教学资源和条件,建设一批覆盖专业广、学生受益面大、具有一定示范效应的基础和专业教学实验中心(实验室),如多媒体教室、基础化学实验中心、基础物理实验中心、语音中心、计算机中心、基础生物实验中心、力学机电实验中心等基础教学实验设施建设等,新增实验项目123个,开设综合性、设计性实验项目139个,有综合性、设计性实验的课程占有实验课程总数的比例达到80%以上。

2004年,根据教育部《关于加强普通高等学校毕业设计(论文)工作的通知》,学校制订《关于进一步做好2004届学生毕业设计(论文)工作及对2003届毕业论文进行抽查工作的通知》等,并组织对海洋学院、经贸学院、人文学院、信息学院4个学院6个专业2003届毕业设计(论文)的抽查工作。

根据教育部《关于进一步加强高等学校本科教学工作的若干意见》,学校在2006年制订本科教学计划时,进一步加强学生实践和创新能力培养,将教学计划内"实践与创新"学分整合调整为大学生"素质拓展"学分,在各专业教学计划中设置由基础实践、专业实践、综合实践组成的集中安排实践性教学环节,包括素质拓展活动、读书活动、专项训练、社会实践与社会调查、认识实习、教学实习、课程设计、大型作业、毕业设计与毕业论文等。规定经济管理类、语言文学类、法学行政类、资源环境类和信息与计算科学、信息管理与信息系统等专业集中安排实践性教学环节在20学分左右,工程技术类和计算机科学与技术等工科专业在25学分左右;列入教学计划的各实践教学环节学分(学时),文经管法类专业一般不应少于总学分(学时)的15%,理工农类专业一般不应少于总学分(学时)的25%。

在总结2006年培养计划实践基础上,2010年进一步整合培养计划综合教育和基础实践教学有关教学内容,设置综合基础技能教育子模块,将创新活动固化到培养方案,融入第一课堂,加强学生基础技能的培养和基础实验教学。

2006—2011年,学校根据人才培养目标,进一步加强实验实习教学基地建设。截至2011年12月,学校新增国家级水产科学实验教学示范中心、上海市级食品科学与工程实验教学示范中心2个实验教学示范中心,在浙江省象山县建成象山科教实验基地等综合教学科研实验基地,改善公共实验教学中心信息、生物、化学、物理等,以及计算机、外语训练、经济管理、物流、食品安全、海洋生物资源与环境等综合教学实验室与设施;新建海洋渔业、水产养殖、食品、工程、信息和经济管理及外语等一批"产学研"教学实习基地,加强与产业和社会的联系,促进人才培养理念和实践教学模式改革。

第四节　体　育

一、体育教学

20世纪50年代初,学校除日常体育教学,还积极开展田径和球类体育活动,同时结合学校办学特色,加强游泳和操艇等特色项目训练,尤其是海洋捕捞专业学生每周安排半天在军工路校区的内黄浦江进行操艇训练,校内未建游泳池时,全校学生借其他院校游泳池上游泳课。1953年夏,学校男子篮球队取得上海市东北片高校联赛亚军,主力中锋杨伯炎同年秋季调入上海市篮球队并成为主力,后成为上海男子篮球队教练。同年秋,校足球运动员苏明仁调入华东体育训练班,担任上海市足球队守门员。1964年，建成25×15米的游泳池。

1979年学校迁回上海后，坚持开设游泳课程。随着体育设施的逐步修复和增加，体育教学部相继开设女子健美操、女子形体操、女子有氧拉丁舞、女子武术、女子防身术、初级瑜伽等适合女生的系列选修课以及乒乓球、太极拳、初级长拳、自由搏击、男子拳击等健身类体育选修课。

从1997年开始，体育教学部为上海东北片高校本科生开设游泳跨校辅修课。

2001年，体育教学部根据学海路校区体育设施情况，开设男子足球、男女篮球、男女排球、男女乒乓球、男女羽毛球、男女网球等球类系列选修课。2007年起，为促进大学生强身健体，倡导并开展阳光体育活动，举办阳光体育大联赛。

2001年，学海路校区新建400米跑道田径场后，学校组建大学生田径队。2005年，校田径队在第九届华东区农业院校大学生田径运动会中，获13枚金牌、18枚银牌和8枚铜牌，同时打破1项全国农业院校大学生田径运动会纪录、4项华东区农业院校大学生田径运动会纪录和6项校纪录，获男子总分第二、女子总分第二和团体总分第二；2006年，校田径队在全国第六届高等农业院校大学生田径运动会B组比赛中获2枚金牌、2枚银牌、1枚铜牌；2009年，在上海市大学生运动会田径比赛中获1枚金牌、1枚银牌；2010年，在上海市第十四届运动会高校组田径比赛中获2枚金牌、2枚银牌、2枚铜牌。2010年，根据《教育部办公厅关于公布新一轮普通高等学校申请建设高水平运动队综合评审结果的通知》，校田径项目被列为教育部普通高校高水平运动队，成为全国268所具有建设高水平运动队资格的普通高校之一，实现学校高水平运动队项目零的突破。

2011年，全校本科生体育课包含29个体育项目的大学体育与健康(1)、(2)、(3)、(4)必修课，以及体育欣赏、大学生形象塑造、足球裁判法3门选修课。

二、水上体育运动

20世纪50年代，学校利用沿江、涉水并建有码头的优势，积极开展各项水上运动项目。从海洋渔业专业开设操艇课开始，逐步形成学校水上运动项目的特色和优势。1957年，在上海市海军舢板荡桨比赛中，校赛艇队荣获第一名。1958年，学校成立赛艇队，设有单人艇、双人艇、四人艇、八人艇、帆船、皮划艇和摩托艇等项目。其中，赛艇队成为上海市高校代表队，李卫成、俞嘉禾、梁祥云3名队员被选派参加全国队集训和比赛。学校1955级工业捕鱼专业学生陈士麟参加上海市高校双人单桨有舵手赛艇比赛获得第一名，创造世界最好成绩。同年，两名学生参加上海市秋季运动会，在上海市高校男子双人单桨有舵手赛艇比赛中创世界最好成绩，学校参加上海市高校男子四人单桨有舵手赛艇成绩达世界水平，学校女子双人单桨有舵手赛艇和女子八人单桨有舵手赛艇打破全国纪录。1959年，相继成立航海多项队、游泳队、水球队，与赛艇队一起组成学校水上运动队。通过严格训练，20世纪50年代后期及60年代，学校赛艇队在众多比赛中取得一系列优异成绩，男女两队一直保持上海市冠亚军的地位，其中男子四人单桨有舵手比赛曾取得平当时奥运会纪录的佳绩。1957—1959年，学校男女舢板队、赛艇队在男子四人艇2 000米、男子八人艇2 000米、女子双人艇1 000米、男子单人双桨、女子单人双桨、女子四人艇、女子八人艇等各项比赛中共获得20多项优异成绩，为学校赢得声誉。1959年上海市秋季运动会，以学校学生为主体的高校水球队获水球亚军，学校6名学生参加的高校游泳队获团体冠军、3项第一名、5项第二名。

1979年，学校迁回上海后，修复室外游泳池，继续开展水上运动项目。

20世纪90年代，学校游泳队参加上海市比赛，多次获上海市团体和个人游泳冠军。

2006年5月,在学海路校区举行新赛艇队成立大会,聘请校友陈士麟担任新赛艇队的总顾问。重建后的校赛艇队第一批队员以校田径队、游泳队队员为主,并广泛吸收有体育特长的学生,积极开展赛艇和龙舟训练。9月,赛艇队的学生经过为期1个月的集训,赴厦门参加首届海峡两岸高校赛艇挑战赛,获得第八名。10月,在上海参加全国秋季赛艇锦标赛大学生组比赛获得第三名。

2008年,学校搬迁沪城环路校区后,为水上运动发展提供得天独厚的条件,在校园内具备开展龙舟运动教学和小型比赛的水域条件;紧邻的芦潮引河为开展水上运动项目训练提供便利。学校为此新建龙舟码头和岸上技术训练设施。2009年,购进两条标准龙舟。2008年6月,校赛艇队在东方绿洲端午节龙舟赛中获第一名;2009年5月,获第六届中国上海苏州河城市龙舟国际邀请赛第三名,9月获上海市高校龙舟锦标赛第二名,10月获长三角大学生龙舟邀请赛第四名;2011年4月,获上海海事大学学校开放日暨龙舟邀请赛冠军,6月5日获由上海市体育局和松江区人民政府主办、上海市龙舟协会和松江区体育局承办的2011年上海市市民龙舟大赛亚军。2010年,教师孔庆涛被聘为国家级龙舟裁判员。2011年,学校有国家级龙舟裁判员1人,教育部大学生体育协会龙舟分会培训教练员、裁判员2人,国际大学生龙舟联合会培训裁判员1人。

三、群众性体育活动

20世纪50—60年代,学校课外体育活动贯彻劳卫制,开展"发展体育运动,增强人民体质"的人人体育锻炼活动,组织摩托车队等运动队和各种体育比赛。1951年,在学生中开展早操流动红旗竞赛,通过每月评比推动早操活动。集体早操一直延续到20世纪80年代。

开展群众性体育活动。20世纪50年代起,每天下午以班级为单位组织课外体育锻炼,参加校内外田径和球类等比赛。截至2009年,校田径队为学校赢得多项荣誉,在各项比赛中共获得金牌67枚、银牌84枚、铜牌82枚;破15项(次)全国高等农业院校大学生田径运动会纪录,破18项(次)华东区高等农业院校大学生田径运动会纪录;连续2届分别获东方明珠元旦登高比赛第一名、第二名;学校田径队部分队员还入选上海市代表团,代表上海市大学生田径队参加全国大学生比赛,获得男子三级跳远第五名,代表上海市大学生参加1999年北京国际公路接力赛等。

学校搬迁沪城环路校区后,在原有大学生运动队基础上,又组建大学生手球队,开展手球教学与训练。2007年,获亚洲大学生手球邀请赛第六名,第二十二届全国大学生手球比赛第三名;2008年,获上海市大学生手球比赛第三名,第二十三届全国大学生手球比赛第三名;2009年,获第二十四届全国大学生手球比赛第五名。

2011年,获首届全国大学生曲棍球比赛团体第六名。

在体育教学和研究方面,取得的成果有:2001年、2005年,游泳课、体育欣赏课分别被评为上海市重点建设课程、上海市教委高校重点建设课程;2001年12月,叶鸣、陈蕴霞、戚明、李道盛主持的"游泳教学与全民健身游泳达标的结合"获第四届上海市教学成果奖三等奖;2008年5月,叶鸣、孔庆涛参与的2005年国家体育总局社会科学软科学课题"我国高校体育发展模式的研究",通过国家教委验收;2010年4月23日,陈蕴霞、叶鸣、王锋主持的"依托临港,打造上海水上体育娱乐中心"项目,获上海市体育局2009年度体育社会科学、决策咨询项目研究优秀成果奖一等奖。

第三章 教学管理与改革

第一节 教学管理组织

学校创办初期,校长下设教务主任,负责核定学生入学、退学、休学、升留级、毕业及肄业事项,训练惩劝与考核学生操行,维持风纪,安排课程计划,检查教学效果,安排和调整教室,检查、添置教具和教学预备用具,审核教务记录及各种教务表册等。

各科设科主任、教务员。渔捞科、制造科主任主要负责本科预算设计、实习计划、教学物品设备添置、实习场所(实习船)管理、教职工人员评聘等。普通科主任主要负责预科教务管理。各科教务员主要负责编订授课细目、记载教案、检查记载学生出勤、安排教室、维持学风校纪等。

随着招生人数的增加,课程逐步增加,教学设施初具规模,教育管理机构在学校"一长三主任制"框架下逐步扩大。

表 3-3-1 民国元年至 18 年各科历任主任情况表

科 别	设立时间(年)	历 任 主 任
普通科	民国元年(1912年)	秦 沅、黄守恒、李东艻、王喻甫、焦才贤
渔捞科	民国元年	李东艻、张柱尊、吴 毅、吴高歆、金心衡、巫忠远
制造科	民国元年	曹文渊、陈廷熙、陈同白、张元第、张楚青、罗聘卿、徐定一
贝扣职工科	民国 9 年	
养殖科	民国 10 年	陈椿寿、陈谋琅、刘琴宗
编网职工科	民国 10 年	
航海专科	民国 13 年	徐祖藩
远洋渔业专科	民国 14 年	吴高歆
渔航专科	民国 18 年	

说明:空白代表资料缺失。

20 世纪 30 年代,校长下除设置教导部主任、渔捞科主任、制造科主任、养殖科主任、养殖试验场主事外,还设置招生、体育、职业指导、图书等多种委员会。教导部下设教导助理员、讲义管理员、仪器标本管理员、图书管理员等。

民国 36 年,复校成立上海市立吴淞水产专科学校后,学校分设教务、训导、总务 3 个处。教务处设主任 1 人,分设注册、出版 2 个组。

1949 年上海解放后,上海市军事管制委员会接管上海市立吴淞水产专科学校。1951 年,学校更名为上海水产专科学校,教学管理机构也相应发生一些变化,教务处管辖注册组、课务组、教学检查组、体育组、辅导组、图书馆、生产实习指导室、化学实验室、生物实验室、渔捞航海室、渔具实验室和罐头制造工厂。

1952年,学校升格为上海水产学院后,大学教学科研的基层单位由学院下放至系,系下设专业或教研组(室)。教研组为由一门课程或数门性质相近课程的任课教师共同组成的基层教学科研组织。

随着学校教育事业的发展,校级教学管理组织和各系教学组织均有较大变化。1952年,第一次院务会议讨论通过《上海水产学院院章》,学校采取院长负责制,院长主持学校教学、科研工作,下设教务处,设正、副教务长。全校设置海洋渔业、养殖生物、水产加工3个系和海洋渔业研究室,以及图书馆、体育组、政治课组和外语组等教学科研单位。这些教学科研组织根据院长授权,在教务处管理下工作。学校还设有9个系属教学小组。1954年,学校将教学小组改为教研组,设有捕捞、航海、水产加工、水产养殖、水生生物、化学、数理、机械、政治、俄文、体育11个教研组。

1955年,学校制订《各级机构的任务与职掌》,明确教务处负责教学与研究工作,下设教务科(包括出版组)、注册科,各系、研究室、图书馆仍受教务处领导。1957年经院长办公会议决定,将教务处下设职能机构调整为教务科、学生科、生产实习科、教材供应科4个科。同年12月又决定将教务处所属4个科撤并成教学科和教材供应科。随着学校教学规模和师资人数的扩大,1958年全校教研组从1956年的15个发展到20个。

1958年后,学校教学管理体制逐步由三级制过渡到两级制。原隶属教务处管理的水产养殖系、海洋渔业系、水产加工系和图书馆、外国专家工作办公室等,改由院长直接领导。教务处除下设教学科和教材供应科外,还直接管理马列主义、渔业经济、外语、体育4个教研组和1个外文资料编译室。1959年,教学设备科从总务处财务设备科中独立出来,划归教务处。

1961年,学校根据《高教六十条》,为加强教学管理将教务处下设教学科分为教务科、学生科。次年,成立科研科,全校教研组调整扩充到22个。1964年,教务处从下设学生科分离出留学生科,因此设有教务科、科研科、学生科、留学生科、教材科和设备科,增设副处长1名。1965年,全校教研组达到26个。

表3-3-2　1965年基层教学组织情况表

系　　处	教研组数量	教　研　组　名　称
海洋渔业系	7	数理、力学、工业捕鱼、航海、渔业机械、机械基础、电工电子学
水产养殖系	8	动物生理、水生生物、鱼类学、水产资源、鱼类养殖、鱼病及微生物学、藻类养殖、贝类养殖
水产加工系	7	水产加工、罐头、冷冻、无机及分析化学、有机及生物化学、物理化学、热工及化工
教务处	4	马列主义、外语、体育、渔业经济

1966年"文化大革命"爆发后,教学工作名义由工宣队、军宣队、院革会组成的"三结合"领导班子领导,然而实际上正常教学管理秩序基本陷于瘫痪。1970年,学校组成由工宣队、军宣队员和教师共同参加的教育革命组,作为教学实践活动职能机构。

1972年,学校迁到厦门后,教学管理机构设置为教育革命组。在基层教学组织管理上先后设"五系一部两室",即海洋渔业系、水产加工系、水产养殖系、渔业机械化系、渔船制造系和基础部、马列主义教研室及鱼类研究室,基础部下设数学、物理、力学、外语、体育和渔业经济教研室。

1979年,学校迁回上海后,设置水产养殖、海洋渔业、水产加工3个系和渔业机械系(筹)。1982年,筹建中的渔业机械系并入海洋渔业系。1984年,在渔业经济教研室基础上,成立渔业经济与管理系。

1985年,教学管理体制因学校更名为上海水产大学而调整,学生管理(学生科)、实验室管理(设备科)、研究生教育(研究生科)等部分职能从教务处分离。校级教学管理机构除教务处外,还设立研究生办公室、实验设备管理办公室等,全校系(部)调整发展为四系(水产养殖系、海洋渔业系、水产加工系和渔业经济与管理系)一部(基础部)两室(马列主义教研室、德育教研室)。

1988年,海洋渔业系更名为渔业工程系,水产加工系更名为食品科学技术系,在马列主义教研室基础上成立社会科学部。1989年,全校设置水产养殖、渔业工程、食品科学技术、渔业经济与管理4个系及基础部、社会科学部2个部,教务处下设管理部门调整为教务科、教材科、职教科、电化教室。

1993年7月,经农业部批准,学校对教学管理机构进行较大调整,教务处和学生处合并成立教学办公室,设置"四院二系二部",即渔业学院、食品学院、工程技术学院、成人教育学院、经济贸易系、外语系、基础部和社会科学部。同时,将海洋渔业专业、渔业资源与渔政管理专业划归渔业学院,冷冻冷藏工程专业划归工程技术学院。

1995年,经济贸易系与外语教研室合并,成立国际经济贸易学院,海洋渔业专业和渔业资源与渔政管理专业划归工程技术学院,冷冻冷藏工程专业划归食品学院。撤销教学办公室,恢复设置教务处,下设办公室、教学研究室、教务科和考试中心。原教务处下属电化教室划归新成立的信息中心。

1996年,学校与联想计算机集团签订联合办学协议,成立联想计算机学院。1997年,在原社会科学部、基础部、德育教研室以及国际经济贸易学院的英语系、日语系基础上成立人文与基础科学学院。同年,国际经济贸易学院更名为经济贸易学院。1998年,学校终止与联想集团公司的联合办学,联想计算机学院更名为计算机学院。

1999年,学校与上海水产集团、上海水产学校联合成立高等职业技术学院。2000年,工程技术学院更名为海洋学院。届时学校院(系)设置发展为渔业、海洋、食品、经济贸易、计算机、人文与基础科学、成人教育、高等职业技术8个学院。

2001年,学校在上海南汇科教园区设立学海路校区。为探索两校区办学条件下的教学管理运行机制和管理模式,在学海路校区实施"121工程"三级教学管理体制改革试点,即实行一年级学生统一由人文与基础科学学院管理,二、三年级进入专业学院主要学习专业基础课程和专业课程,四年级进入学院教研室、实验室,主要参加实践教学训练。

2002年,学校与澳大利亚塔斯马尼亚大学合办信息管理与信息系统(环境信息系统)专业的申请,获得上海市教委批准。同年,学校与塔斯马尼亚大学、上海爱达投资管理公司联合成立爱恩学院,作为中外合作办学实体。

2003年,学校决定将人文与基础科学学院的数学、物理教研室与计算机学院合并,组建信息学院,将人文与基础科学学院更名为人文学院,将渔业学院更名为生命科学与技术学院。

2005年,为适应教育国际化发展要求,学校组建成立国际文化交流学院。

2006年,学校对院(系)进行较大调整,英语系、日语系、大学英语教学部从人文学院分离,组建成立外国语学院;机电工程系和工程基础系从原海洋学院分离,组建成立工程学院。同年,原经济贸易学院更名为经济管理学院。通过调整,学校同年设有生命科学与技术、海洋、食品、经济管理、信息、工程、人文、外语、高等职业技术、成人教育、爱恩、国际文化交流12个学院;学校教务处下设机构调整为行政管理办公室、教学运行管理办公室、注册中心、考试管理办公室、实践教学管理办公室、教学研究与质量管理办公室。随着学校学科专业和办学规模的发展,全校各学院基层教学组织到2006年发展到54个。根据各学院学科专业设置及师资配备,这些基层教学组织设置及其名称有所不同,有的按学科专业或课程设置教研室,有的按学科专业设置系。

表3-3-3 2006年各学院基层教学组织情况表

所属学院	基层教学组织数量	基层教学组织名称
生命科学与技术学院	13	水产动物增养殖教研室、水产动物营养与饲料教研室、水产动物医学教研室、生物技术与遗传育种教研室、水产种质资源教研室、水生生物教研室、动物生理教研室、藻类学教研室、鱼类学教研室、海洋生物教研室、设施渔业教研室、水域生态学教研室、养殖水域环境教研室
海洋学院	4	渔业资源教研室、海洋渔业教研室、环境工程教研室、海洋遥感及渔业信息研究中心
食品学院	10	食品生物技术教研室、食品安全与营养教研室、食品工程教研室、水产品加工与利用教研室、海洋生物制药教研室、制冷工程教研室、空调工程教研室、基础化学教研室、应用化学教研室、实验管理中心
工程学院	5	工业基础教研室、工业工程教研室、机电教研室、轮机工程教研室、电气自动化教研室
信息学院	6	数学基础教学部、物理教研室、计算机公共基础教学部、应用数学系、计算机科学与技术系、信息管理与信息系统系
经济管理学院	6	农林经济管理教研室、国际经济与贸易教研室、金融学系、会计学系、市场营销、物流管理系
人文学院	7	马克思主义原理教研室、近代史纲要教研室、邓小平理论教研室、德育教研室、体育教学部、文学艺术教研室、行政管理系
外国语学院	3	大学英语部、英语系、日语系

2008年,学校搬迁到沪城环路校区,结合教学管理新型体系建设和远郊办学特点,在学生事务中心大楼集中受理学生事务,为学生提供教务管理、学生管理、招生、就业咨询、财务等"一站式"服务。教务处下设机构调整改名为综合行政办公室及教学运行、教学考试、教学实践、教学评估和教学研究5个中心。同年,海洋学院更名为海洋科学学院,生命科学与技术学院更名为水产与生命学院。

2009年,社会科学部从人文学院分离,独立设置。

2010年,初步确立远郊条件下新校区本科教学新秩序和教学运行新模式。

第二节 教学质量管理

江苏省立水产学校时期,为培养理论与实践相结合、求真务实的人才,学校在教学管理中奉行严谨治学、循章办事,制订了一套关于教室规则、宿舍规则、自修室规则、请假规则、考试规则、学生升留级办法等学籍管理和其他有关规章制度。

1952年,为培养适应新中国水产事业发展所需人才,学校陆续制订一系列教学管理规章制度,保证教学工作顺利进展。在教学管理上,要求各个专业根据教学计划设置课程并编写教学大纲、教学日历,并经教研组讨论通过每门课的讲授内容纲要和目的要求,教学实习、辅导、进度、作业、考试、考查及选定的教材等均需事先在教研组讨论。

1957年,学校制订《提高教学质量的初步方案》《关于改进学生工作的几点意见》,就培养师资、教材建设、改进教学法和加强实验实习和毕业论文等教学环节,提出若干措施。

为稳定教学秩序,改善教学管理,树立良好的教风与学风,学校于1961年前后制订或修订《关于处理学生转专业、转学、休学、复学、退学等问题的暂行规定》《课程考试、考查的暂行规定》《关于贯彻执行开课计划和教室、实验室的管理办法》《学生请假暂行办法》《校外生产劳动规则》《校内人员听课暂行办法》《关于课程选修、免修的规定》《关于教材供应办法》《讲义资料付印办法》《仪器设备管理暂行办法》《关于教室、实验室规则》等规章制度,促进教学管理工作制度化、规范化。同年,学校党委还提出完善教师备课、集体讨论、相互听课等制度和实验基本操作规程,明确配备一定数量教师专门承担实验工作,青年教师在教研组内进行课前试讲和加强教师对学生的辅导答疑等要求。

1966年,"文化大革命"开始后,教学工作停止。1972—1976年,学校教学管理工作仍受到很大冲击。1976年"文化大革命"结束后,学校教学质量管理才逐渐步入正轨。

20世纪80年代中期,学校在教学质量管理实践中,改革创新教学管理制度和质量监控体系,以系或教研室为主成立教学督导小组,逐步构建包括听课制度、教学巡视、教学督导、教学质量检查、课程评价、教学评优等多层次的教学质量管理体系。

1983年,教务处组织编写《学生手册》,并在实施中进行多次补充和修改。其中,1986年增加《关于本科毕业生授予学士学位的实施细则》《关于学生证和校徽管理的规定》等内容。1990—1995年,对《学生手册》中关于学籍管理、学位授予、修读辅修专业、考试管理、操行评定、优秀毕业生评选和违反校纪校规处分等相应规定再次修改和补充。

1995年5月,学校召开第一次教学科研工作会议,总结1985年以来教学工作的实践经验,探讨新形势下加强教学工作、提高教学质量的措施和途径,形成《教学一览》《关于加强教学工作的决定》《关于加强学科建设的意见》《教学改革方案》《课程建设实施方案》《关于进一步加强师资队伍建设的意见》《关于加强实践教学的决定》《关于加强学风建设的意见》等系列文件,促进教学工作整体水平的提高。同年,学校制订《教学督导工作条例》,成立以分管教学副校长周应祺为组长的第一届教学督导工作组。各学院也相应成立教学督导小组,加强教学督导工作,并制订或修订党政领导听课、期中教学检查、期末考试巡考、学生评教、同行评价等日常教学管理制度,使其成为学校教学质量过程监控的有效手段。

为提高教学质量,学校开展青年教师教学研讨与示范活动,1997年举办首届青年教师课堂教学艺术研讨班,采取集中组织培训研讨与学院组织本单位青年教师开展听课等相结合的方式。参加研讨班的青年教师经考核合格者,由教务处和人事处颁发结业证书,作为今后晋升职称时的依据之一。1998年,举办青年教师课堂示范暨评优系列活动,学校全体党政领导出席青年教师教学示范评优会议。这些活动成为提高教学质量的有效措施,在全校教师中产生较大影响。

1985年、1988年、1993年、1994年、1996年,为完善学分制教学管理,学校多次召开专题研讨会,深入研讨实践中出现的问题。1999年,为督促学生重视学业,重新制订有关退学、淘汰警告和结业、延长学制等相关政策和学籍管理制度,恢复实行淘汰警告、退学等学籍处理制度。

1998年,根据教育部《高校教学管理要点》,学校成立以校长周应祺为主任、分管教学副校长曹德超为副主任的第一届教学工作委员会,各学院成立以院长为主任的学院教学工作委员会,作为校、院本科教学工作的咨询评议机构。围绕专业建设、课程建设、教学计划修订、实践教学和师资队伍建设等教学工作重要环节和重大事项开展调研、咨询、评议工作。

2001年,面对高等教育人才质量标准多样化趋势,学校修订重修制度,对于考分在30分以上未及格学生,给予一次重修前的补考机会;在逐步完善校内外辅修制度、免修制度基础上,从2001级本科生开始,在全校本科实施重选专业制度。

2002年,根据教育部《关于加强高等学校本科教学工作提高教学质量的若干意见》,学校制订《关于加强本科教学工作,全面提高教学质量的若干措施》等文件,同年组织修订专业、课程、教材、毕业设计(论文)和实验室管理制度等教学管理文件,建立学生教学信息员制度。

2004年,学校实施1名教师联系2个年级、每个年级联系4名学生的师生联系制度,将教学管理与学生管理工作融为一体。同年,为贯彻落实教育部《关于加强普通高等学校毕业设计(论文)工作的通知》,学校组织对海洋、经济贸易、人文、信息等4个学院2003届6个专业的毕业设计(论文)进行抽查,共抽出28份送校外专家盲评。2004年,在迎接教育部本科教学工作水平评估中,学校加强本科教学工作规范体系建设,先后修订和制订34项规章制度,围绕新目标提高教学质量。

2005年,学校将"试卷—论文—课堂教学质量"的提高,作为改进和提升学校本科日常教学管理工作的重要方面,严格教学过程质量管理,健全教学运行各项管理程序,完善考试组织、命题、阅卷等质量标准,规范命题、监考、阅卷、成绩统计等环节管理程序,完善毕业设计(论文)的选题、质量、评阅与答辩等操作程序及毕业论文题目审核、导师中期检查和教务处定期组织抽查制度,完善教师课堂教学评估制度和教学督导制度,并首次运用计算机网络开展学生评教活动。同年为统筹解决影响教学质量的瓶颈与关键问题,建立由教务处、学生处等部门为主体的教育教学学生工作联席会议及校级相关部门协调机制;建立学校本科教学状态信息库、教学工作年报制度及教学质量定期分析制度。学校在改进日常教学管理的同时,制订《教师教育教学能力开发提高计划》《加强基层教育教学组织活力行动计划》《教学质量保障建设计划》,促进本科教学工作向内涵建设发展。

2006年,学校组织实施新一轮本科培养方案,对培养计划编制与执行中课程变更、调课、选课、成绩登记等日常教学管理加强规范化管理。2007年,根据《上海水产大学本科学分制学籍管理条例》,制订《本科学生分阶段完成学业实施细则》,决定从2005级起实行"二二"分段,对不能取得本专业第一至第四学期("第一阶段")必修课规定最低学分者,第五学期不能进入修读第二阶段课程环节,学院负责指导、安排学生试读期间的选课和学习。

为提高教学管理水平,学校逐步完善教学工作委员会组织机制,发挥校、院两级教学工作委员会在教学改革与建设工作中的决策咨询、指导和监督保障作用。2007年,校教学工作委员会下设课程建设、实验室建设及专业评估工作等领导小组。

根据学校提高本科教学正常化水平的要求,2008年教务处改进本科教学状态数据库及各学期各类数据的积累、统计方法,加强对采集数据的分析整理工作。在2008—2009学年学校本科教学工作白皮书框架基础上,2010年制订学院版本科教学工作白皮书框架。

2010年,学校修订《基层教学组织工作条例》,明确基层教学组织的功能定位、任务和工作程序,健全基层教学组织活动定期交流和评价制度、教师定期指导接待学生制度、课程运行管理和评价等基层教学组织活动执行制度,组织对本科教学工作规章制度的研讨和修订工作。同年6月,召开第六届教学工作委员会第二次会议,就《教学工作基本规程(修改讨论稿)》等文件广泛征求意见;

9月,在第七次教学工作会议期间又就《基层教育教学组织工作条例(征求意见稿)》等文件进行讨论;12月,学校公布修订的《教学工作委员会章程(试行)》《教学工作基本规程(试行)》《关于教学过失与教学事故的认定及处理办法(试行)》《基层教育教学组织工作条例(试行)》《本科专业设置及管理规定》《教学成果评审与奖励工作实施办法(试行)》《校级重点课程建设管理实施办法》《双语教学课程管理办法》《考试管理工作实施细则》《实验教学工作实施细则》《关于校外实践教学基地建设的若干意见》等教学工作管理文件。

第三节 教学评估

20世纪80年代,根据《中共中央关于教育体制改革的决定》有关精神和上海市高等教育局《关于各类高校根据自身的条件,开展教育评估的自评实践的意见》,学校决定开展教育评估自评工作,组织课堂教学质量、课程教学水平、毕业设计水平和专业办学状况的评估工作。1987年,开展课堂教学质量自评和课程建设基础条件自评,建立海洋渔业专业教育质量评估指标体系,并在国家教委召开的典型教学计划经验交流会上交流。1988年,成立以分管教学副校长为组长,教务处、各院(部)负责人及有关教师组成的教学评估领导小组,下设工作小组。

1994年,学校制订《关于课程评估的实施意见》,组织各教研室进行自评,各院系进行初评,校教学评估领导小组进行复评,并对优秀课程予以奖励,对不合格课程采取限期整改措施。

学校根据《关于开展院(部)教学工作状态评价工作的通知》,1995年开展首次院(部)教学工作状态评价实践,围绕教学组织、教学管理、教学条件、教学建设与改革、教学效果等方面,对各院(部)教学工作状态进行检查和评价,促进学校教学工作的规范化、科学化建设。

1995年,根据国家教委《关于普通高等农林本科学校教学工作评价方案》,学校制订《关于贯彻落实〈普通高等农林本科学校教学工作评价方案〉的实施意见》,有计划地组织学校教学工作自评自查的实践,成立以校长为组长、分管副校长为副组长和各部门负责人为组员的评价工作领导小组,同时建立教学评价数据管理队伍。教务部门对教学评价数据负责人进行培训,加强自评自查的宣传和培训;学校根据评价方案将指标内容分解到各部门,并把各单位填报数据与材料的及时性、准确性、完整性作为年度考核依据之一。在自评自查实践中,近20个部门填报数据9万多条,表格用纸近100张,为教学管理积累基础数据,在教学工作基本信息收集和统计工作方面取得明显成效。

1996年,学校组织对新办专业办学情况的自评工作,并通过上海市教育主管部门对新专业的行政性检查。

1997—2002年,学校分别组织实施基础课教学实验室评估、体育教学评估等教学评估工作和上海市教委组织的本科院校教学质量对口检查工作。

2002年,学校举行以"强化教学工作中心地位,全面提高教学质量,推进素质教育"为主题的第二次教学工作会议,并决定在食品学院开展本科教学工作自评试点工作,为迎接教育部本科教学工作水平评估积累实践经验。

2003年,学校启动历时6个月的以"质量、特色、发展"为主题的教育思想大讨论,提出"育人为本的教育观、面向社会的办学观、与时俱进的发展观、协调统一的管理观、艰苦奋斗的创业观"的教育理念。在此基础上,学校同年11月正式启动"迎评促建"工作,成立以校党委书记、校长为组长的"迎评促建"工作领导小组,召开动员大会,成立"迎评促建"办公室和7个工作组。同时各学院、处室也成立迎评工作小组和联络员队伍。同年12月底,基本构建完成"迎评促建"工作组织体系。

表 3-3-4　2003—2004 年学校"迎评促建"组织机构情况表

机 构 名 称	主 要 职 责
"迎评促建"工作领导小组	研究、决策"迎评促建"工作的重大事项
"迎评促建"办公室	负责"迎评促建"日常工作,包括工作方案的提出、日常工作的组织协调、各类文字材料的起草等
办学理念组	负责学校定位、办学思路和特色、发展等文字提炼
人才与队伍建设组	负责师资与管理队伍的建设与保障工作
宣传组	负责"迎评促建"工作氛围营造、宣传报道和师生的思想发动工作
教学设施与基本条件建设组	负责教学设施、基本条件的建设与保障工作
教学档案资料组	负责各类教学档案材料的收集、整理和归档等工作
后勤保障与校园环境整治组	负责后勤保障和校园及周边环境整治工作
督导与咨询组	负责"迎评促建"工作期间有关事项的检查、自评和咨询等工作

学校"迎评促建"工作贯彻"以评促改、以评促建、以评促管、评建结合、重在建设"的原则,努力做到"认识到位,组织到位,工作到位",围绕《普通高等学校本科教学工作水平评估方案》指标体系中的 7 项一级指标、19 个二级指标和 44 个观测点的内涵要求加以展开。确定以迎评为契机,促进学校教育教学各项工作上新台阶的"迎评促建"工作宗旨和以校院两级自评材料的准备、全校迎评促建的宣传发动、校园环境建设和专家接待的前期准备为核心的四位一体的迎评工作内容。

2004 年 6 月,学校举行"迎评促建"工作第二次动员大会,校党委书记叶骏主持会议并作重要讲话,校长潘迎捷作题为"提高认识、振奋精神、狠抓落实、全面做好'迎评促建'各项工作"的动员报告,副校长程裕东对评估指标关键点及内容进行解析;7 月,成立校、院两级自评材料撰稿小组,开展收集整理和撰写材料工作;10 月,成立"迎评促建"工作指挥部;11 月 7—9 日,上海市教委对学校本科教学工作水平进行预评估;11 月 29 日,教育部评估专家组进驻学校,召开本科教学工作水平评估启动会,上海市副市长严隽琪、市教委主任张伟江、副主任王奇等领导,教育部评估专家组组长王小佳教授、副组长宋维明教授及专家组成员,校党政领导和师生代表参加,校长潘迎捷作"本科教学工作水平评估校长报告";12 月 3 日,评估专家组召开本科教学工作水平评估反馈大会,上海市教委副主任王奇、校党政领导等出席反馈会。王小佳代表评估专家组反馈评估、考察意见。

专家组对学校办学特色和本科教学工作予以充分肯定,主要是:学校经过长期艰苦创业的积淀,教育事业有很大发展,形成鲜明学科特色;坚持党的教育方针,始终把培养高级水产人才放在学校工作的中心位置,把提高教学质量放在本科教学工作的第一位,重视理论联系实际,大力倡导艰苦奋斗、求实创新的精神,形成理论教学与生产第一线实践相结合的人才培养模式,在本科教学和人才培养上形成一流的学科品牌,培养了一大批勤朴忠实、德智体全面发展的水产科技与管理人才;坚持发扬勤朴忠实的育人传统,始终坚持水产高等教育办学目标不动摇,重视发挥行业高校的学科优势,坚持服务于"三渔",同时主动适应地方经济建设和国际水产业发展的需要,为中国水产事业的发展作出重要贡献。除对学校工作多方面给予高度评价外,专家组还对学校本科教学工作中的薄弱环节与问题提出整改意见和建议,主要有:新办专业建设尚有待加强;部分工科类基础实验室建设需要进一步加强;毕业设计(论文)环节质量监控还需完善;进一步加大教学改革力度,在新校区建设过程中做好规划,使教学资源的配置得到进一步优化。

根据本科教学工作评估整改阶段要求,学校2004年12月成立以校长为主任、分管教学副校长和分管学生工作校党委副书记为副主任的"迎评促建"整改工作办公室。根据教育部专家组反馈意见,研究制订学校本科教学工作整改工作计划和方案,2005年1月经校党政联席会议研究审定后上报教育部。

本次评估是对学校本科教学工作的全面检查和总结。经过全校广大师生员工共同努力,在学校办学规模快速增长、教学投入不足、师资数量相对不足、办学条件比较困难的情况下,取得17A和2B的成绩难能可贵。通过"迎评促建",为学校在新起点实现由外延扩张向内涵发展打下坚实基础。

本科教学评估后,学校根据上海市教委新专业检查评估工作要求,从专业办学指导思想、师资队伍、基本教学条件、教学过程、教学管理、教学效果6个方面,开展和加强专业建设和检查工作。2006—2011年,组织开展水族科学与技术、环境科学、环境工程、食品质量与安全、工业工程、市场营销、物流管理、信息管理与信息系统、信息与计算科学、农业资源与环境、生物技术(海洋生物制药方向)、国际经济与贸易、机械设计制造及其自动化、计算机科学与技术、生物技术、金融学、英语、日语、会计学、行政管理、建筑环境与设备工程、动物科学、园林、海洋技术、包装工程、电气工程及其自动化、食品经济管理、朝鲜语、海洋科学、海洋管理和物流工程31个专业建设情况检查评估工作。通过检查评估,梳理专业办学与人才培养目标定位,总结教学改革实践和教学建设工作经验,完善教学基础信息与档案工作,明确存在的差距,促进专业办学水平的提高。

第四节 教 学 改 革

民国元年至2011年,在中国水产教育事业中,学校坚持改革与创新。尤其1952—2011年,学校积极探索国内外高等水产教育演变规律,结合自身特点,与时俱进,更新教育理念,不断完善优化学科专业设置和人才培养方案,推进课程与教材建设、教学内容与课程体系改革,改革创新人才培养模式,在全国率先创设一批新专业、新课程,编写一批新教材。1980—2011年,学校主持(承担)全国水产教育发展规划的研究、全国水产专业技术岗位规范及有关政策的研究、全国高等农林院校本科教学工作评估指标体系的研究、全国产学研合作试点项目——水产养殖专业人才培养模式改革的研究、全国水产类本科专业目录的修订、全国高等农业院校水产类本科人才培养方案及教学内容与课程体系改革的研究、"新世纪教改工程"等一批国家级教学改革实践项目,取得一批优秀教学研究成果,为中国水产教育作出开创性贡献。

一、人才培养方案与培养模式改革

人才培养方案与培养模式,是影响学校教学质量最重要的因素之一。20世纪50年代起,为适应国家和地方对高等学校人才培养的要求,学校的人才培养方案与培养模式经历一系列改革与发展。

【"教育革命"】

1952年前后,学校主要参考日本水产教育模式办学。1956年,开始参照苏联渔业高等教育办学经验,对专业设置、教学计划及人才培养模式进行系统调整与改革(见本篇第一章专业设置)。

1958年,为解决教育脱离生产、脱离实际、脱离政治的问题,全国掀起"教育革命"运动。学校在党委领导下实行"师、生、土专家"三合一,"教学、劳动、科研"三结合,组织师生走面向生产和渔民相结合的道路,深入渔区、渔村,参加劳动,开展包括教师讲课、土专家讲课、干部和技术人员讲课以及学生自己讲课等形式的现场教学,推动教学改革和科学研究工作。

1958年春,学校组织师生到渔业公司船队、渔村和渔场参加社会调查和劳动。在教师带队下,海洋渔业系177名低年级学生和水产加工系106名低年级学生到上海水产公司加工厂的鱼片车间参加切鱼片劳动,水产养殖系164名低年级学生到上海高桥地区国营养殖场参加挖鱼池劳动。同时,工业捕鱼、水产养殖、水产品加工3个专业110名高年级学生到上海、江苏、浙江、河北、山东、辽宁6个省、直辖市参加1学期的生产劳动和社会调查。同年暑假后,各系建立有师生代表参加的年级教学委员会,并按年级成立党支部,系的领导则下放权力,以党支部为核心,由年级委员会用"四合一"的形式把教学(包括教学计划、教学大纲、教材、教法等)、科研、生产劳动和政治教育等方面的工作"一揽子"抓起来。一、二年级的师生安排在校办的厂、场、船上,边上课、边劳动;三、四年级的师生到舟山、青浦和上海市内有关工厂结合生产,边劳动、边教学、边搞科研。通过师生拜工人、渔民为师,学习总结其丰富的实践经验。同年10月,海洋渔业系126名师生到浙江舟山进行现场教学,与渔民一起投入冬季带鱼汛生产;水产养殖系部分学生到市郊青浦县淀山湖进行淡水大水面捕捞的调查研究工作;水产加工系部分学生到舟山同渔民结合进行科研,另一部分学生到上海生化制药厂、益民食品一厂、冷冻厂等单位边劳动、边上课。结合生产劳动,通过现场教学,完成三年级开设的生物化学和水产品综合利用2门课程的教学,并进行科研;水产养殖系鱼类学与水产资源专业的三年级学生到舟山参加资源调查工作,海水养殖专业三、四年级学生在舟山参加海带、蛏子养殖生产劳动,进行藻类养殖学和贝类养殖学的现场教学,并对海带苗种运输过程中的成活率进行研究。

学校师生通过下渔村,向渔民学习,总结我国丰富的渔业生产经验,在现场教学和科学研究基础上编写出83套教学计划方案、255种教学大纲、近60份专题调查报告和丰产经验总结材料及24本教材和讲义。1959年前后,《文汇报》《光明日报》等刊发《走同渔民结合的道路》《贯彻教育方针实行"三结合"的一些体会》《我们是怎样进行现场教学的》《"三结合"是提高教学质量的有效途径》等报道传播学校经验,在上海和全国产生一定影响。

1958年开始的"教育革命"运动,在贯彻落实"教育为无产阶级政治服务,教育与生产劳动相结合"的教育方针中,由于大搞勤工俭学使正常的教学秩序受到很大冲击,一些专业未能实现本专业教学计划规定的课堂教学总时数。1960年,学校又根据市委文教会议提出的"实现课程现代化"要求,全面改革课程体系、课程内容和教学方法,大幅度削减五年制本科理论教学总学时数,低的为2100学时,高的为2800学时,劳动周数增至50~60周。

1961年,校党委在整风中总结学校3年来的"教育革命"工作,肯定在贯彻党的教育方针,确立党对学校的领导,增强师生劳动观念,促进师资队伍建设、专业建设、科研工作以及向工人、渔民学习,提高教学水平等方面取得的成绩,同时对组织过多劳动、过多科学研究、过多社会活动,导致教学秩序一度出现不正常的情况以及热衷于专业课提前、低年级搞科研、实施化学一条龙、机械一条龙等做法进行反思,强调要坚持以教学为主,在教学上进一步加强基础理论、基础知识、基本技能训练,补齐因参加劳动而未开设的课程,并着手抓教学法,完善教师备课、集体讨论、相互听课、青年教师课前试讲等制度和加强教师对学生的辅导答疑等要求,重新修订教学、劳动、科研及考试时间计划。

【"开门办学"】

"文化大革命"前,"开门办学"作为一种理论与实践相结合的培养模式,在一些高校也曾有实践。在"文化大革命"中演变成"以干代学"。1968年,毛泽东主席发出复课闹革命的号召,学校"斗批改"组提出关于复课的意见,部分师生组成"教育革命"探索小分队,到上海郊县、浙江舟山、江西萍乡、江苏无锡、福建连江等地进行"开门办学"。

1969年,学校以校工宣队、军宣队、院革会领导名义,重新组织"五七"教改连。由工、军宣队员带领开展"开门办学",赴上海金山山阳渔业大队、上海海洋渔业公司接受再教育,与渔民和工人结合,结合生产实践,探索教育革命和进行科学实验。

1970年,根据毛泽东主席批准北大、清华招生的请示报告,学校各系、专业组织实践队(组)与校外有关单位相结合实行"开门办学、厂校挂钩、校办工厂、厂带专业"的"教育革命",采用"以干代学"的教学模式,到上海宝山长兴岛参加运动,到崇明创办"五七"干校。同年,学校抽调部分教师回校,进行教改实践。水产加工系着手修复小型制冰车间,作为制冷专业的"教育革命"实践基地。海洋渔业系组织教师、干部及"奋发号""图强号"两艘渔轮的全体船员,成立海洋捕捞"教育革命"实践队,出海作业,与上海海洋渔业公司合作进行灯光围网试验,还组织赴上海金山渔业公社的教改实践小组。海洋渔业系机械、力学教师与学校金工厂合作进行齿轮箱、C618车床等产品的制造生产;电工电子、物理教师创办电子工厂,成功生产3AD18低频大功率晶体管数万只;建立起面向捕捞、冷冻、机械、电子和加工等专业的"三结合教育革命"基地。水产养殖系教师与学校养殖场职工合作进行鱼苗、鱼种生产,整理和修复养殖场工具、设备和仪器。

1974年,根据教育部《关于推广辽宁朝阳农学院经验和有关政策问题的请示报告》,在学校工宣队领导下,推广"朝农经验",再次组织大批师生赴浙江、上海、江苏、山东、福建和广东等地进行"开门办学",并在渔业公司、渔轮厂、加工厂、机械制造厂、养殖场边劳动、边进行现场教学。

"文化大革命"时期的"开门办学",采用"典型产品带教学""以校办工厂代替实验课教学""以劳动代替生产实习",忽视课堂教学,使教学质量受到很大影响。1976年"文化大革命"结束后,"开门办学"即中止。

【"产学合作"教育】

学校在长期办学历程中,坚持理论联系实际,通过解决生产实际问题,促进教学内容与课程体系改革。在"文化大革命"后的拨乱反正中,学校既纠正所谓的"开门办学",又总结发扬理论联系实际的优良传统。

1979年后,学校在教学改革中与一批企事业单位建立以项目为载体的产学研合作体系,在人才培养、师资队伍建设、科学研究等方面取得双赢成果,促进学校教学、科研同经济与社会的有机结合,促进人才培养模式改革和教学质量提高,产生明显的社会效益和经济效益。其中形成"海洋渔业"和"水产养殖"专业2个"产学合作"教育模式。

1. 海洋渔业专业的"产学合作"教学改革实践

1985年我国远洋渔业开始起步,学校意识到这是海洋渔业专业教学改革的重要机遇,即选派骨干教师参加。次年,与中国水产总公司(北京)签订第一个远洋渔业人才培训与使用合同,开展"产学合作"教育。每年派遣海洋渔业专业师生到西非等海域远洋渔业生产第一线从事远洋渔业实习和技术服务,通过实习和技术支持直接为渔业生产服务,使学生得到实践锻炼,增加实际知识,提高人才培养质量。同年合同开始实施后,调整海洋渔业专业一至四年级教学计划。

1990年在第一轮实践基础上,根据双方商定的育人目标,学校制订新的教学计划,对课程体系和教学内容进行一系列调整,强化外语教学、培养听说能力,加强航海系统课程、增加远航知识,根据远洋渔业需要改革捕捞学及相关课程内容,加强与完善实践教学体系,提高学生综合素质和实践能力,培养学生适应海上工作和生活的能力,树立为国家水产事业走向世界而艰苦奋斗的信念。

1985—2002年,学校与中国水产总公司合作,海洋渔业专业先后有25名教师和250多名学生随远洋渔业公司的船队奔赴太平洋、大西洋、印度洋与南极海域,开创大型拖网智利竹䇲鱼渔业、鱿钓渔业、金枪鱼渔业和南极磷虾渔业等,开展"产学合作"教学改革实践,将理论教学和实践结合起来,探索培养海洋渔业专业人才的新途径新方法,以"海魂"精神开拓中国远洋渔业事业,为沿海14家国有大型渔业企业开辟新的经济增长点,创造近30亿元产值。这项教学改革实践,成功探索生产、教学、科研一体型,理论教学、实践教学紧密结合的海洋渔业人才培养新模式,使学生的专业知识面更加开阔,实践动手能力明显加强,学生毕业后相继成为国家远洋渔业开发的技术骨干;先后获上海市教学成果奖一等奖和国家级教学成果奖一等奖。

2. 水产养殖专业的"产学合作"教学改革实践

1992年,学校与上海金山漕泾对虾养殖公司进行"产学研"合作,成立股份制企业——上海申漕特种水产开发公司,作为学校教学实习基地。学校教师为公司开发、生产罗氏沼虾和对虾苗种提供技术服务。公司具有高级技术职称的负责人,担任学校校外生产实习指导教师,公司提供条件让学生进行生产实习和毕业论文实践。青年教师在基地结合生产进行实践锻炼和科研。该基地集亲虾培育、育苗、养殖、加工和销售为一体,被上海市水产办公室选定为斑节对虾和罗氏沼虾的良种基地,成为学校培养"宽口径、复合型"水产养殖专业人才的优秀实习基地。学校每年安排几十位本科生和研究生到基地进行生产实习。这项教学改革,结合水产养殖专业人才培养的特点,通过"产学研"合作,促进单一内容的生产实习的改革,建立教学、科研和生产三结合新的实践教学模式,形成苗种生产实践环节贯穿始终,科研实验能力协作培养,以教师为主导、学生为主体、精讲多动手为主线的贯穿实践全过程的教学方法,确立以理论与实践相结合,动手能力、创新能力、分析与解决问题能力、综合运用知识能力为依据的考核方法,在人才培养与师资队伍建设、科研和特种水产养殖等方面取得丰硕成果,先后被列为上海市和全国产学合作教育"九五"10个试点项目之一,曾作为一种教学模式被研究推广,分别获上海市优秀产学研工程项目奖和上海市教学成果奖。

二、面向21世纪课程体系与教学内容改革

20世纪90年代中期,国家教委启动面向21世纪本科教学改革研究工作。1995年,学校申报"高等农林教育面向21世纪教学内容和课程体系改革计划"项目,获得批准主持"面向21世纪水产类本科专业目录(修订)的研究与实践"项目(项目编号:01—2—1)。同年,国家教委高等教育司批准"高等农林院校水产类本科人才培养方案及教学内容和课程体系改革的研究与实践"项目(项目编号:03—4),为第一批国家教委立项的9大项目之一,学校为主持单位,项目负责人为校长周应祺。王武主持的"水产养殖专业本科教学内容和课程体系及人才培养方案的研究与实践"项目被批准为该项目子项目。

为推进面向21世纪课程体系与教学内容改革,学校采取以下措施:(1)组织水产类本科专业

及其课程体系和课程设置专题研究,并就高等水产教育本科人才面向21世纪的能力和素质结构及专业调整、水产类本科人才素质规格研究和专业目录编制(修订)等,取得一定成果并达成共识;(2) 01—2—1项目完成国内外水产类本科专业设置、演变和比较研究的背景材料,在所提出的两套专业目录修订方案基础上,经过4次研讨和论证完成水产类本科专业目录修订方案和项目进展总结报告。针对长期以来过于强调专业对口、专业面窄、难以适应人才市场发展、竞争力和适应性不强的状况,提出将淡水渔业、海水养殖2个专业调整合并为水产养殖专业,将海洋渔业、渔业资源与渔政管理2个专业调整合并为海洋渔业科学与技术专业;(3) 在调整专业目录基础上,学校进行教学内容和课程体系改革研究,在1997年新生入学前完成水产养殖、海洋渔业科学与技术2个专业的教改方案和试点实施方案,并分别成立海洋渔业科学与技术、水产养殖2个专业教学改革领导小组进行教学改革实践试点;1998年,遴选部分一年级学生组成强化班,深化教学改革试点工作,并成立渔业导论、数理、基础化学、大学英语、计算机基础、人文社科、综合素质和教学管理8个教学改革课题组;(4) 组织多次全国水产院校会议,交流面向21世纪的教改工作,完善新专业试点方案,并落实一批新教材编写工作;(5) 1999年,根据新的本科专业目录,全面修订本科教学计划,按照学科大类基础课程—专业骨干课—专业方向选修课—拓展和提高性选修课程4个层面改革课程设置。

2000年,由学校牵头主持,大连水产学院、青岛海洋大学、华中农业大学和集美大学共同参加的"03—4"项目顺利完成。该项目通过几年的研究与实践,完成总结报告书、项目结题报告表和论文选集等结题材料13项,共计数百万字,其研究成果在教育部召开的全国教育系统面向21世纪教育改革经验会上交流,并被列入全国教育系统重点项目,追加研究经费。

三、2006年人才培养模式改革

学校在完成2004年教育部对学校本科教学工作水平评估后,2005年全面启动新一轮本科人才培养方案修订工作。根据"加强通识教育,拓宽学科基础,凝练专业特色,优化课程体系"的思路,以推进和深化人才培养模式与课程体系为主要内容,强化学生"学习能力、实践能力、创新能力"培养为重点,加强基础和注重适应性结合,拓宽专业口径和灵活设置专业方向结合,优化课程体系和丰富教学资源结合,修订培养方案和推进管理制度改革结合,总体规划,分步实施,对各专业的课程体系、知识结构和培养模式进行优化调整。历经多层次调研论证,2005年制定《关于制定本科人才培养方案的指导意见》,组织各专业制订新的培养方案。

通过修订构建综合教育、学科教育、专业教育3个层次互为关联、逐层递进的平台及模块课程,加强各专业学科互相渗透、交叉融合,改进学科教育选修课程设置,开发和设立新型综合性课程。改革培养模式及教学制度,加强实践性教学和创新性实践、自主型学习及辅导等教学环节。在暑期增设一个短学期,推进从传统的两学期制过渡到"两长一短"三学期制的探索。

2006年培养方案,自2006年起通过一个4年的全过程实践,在教学改革和学生知识、能力与素质培养等方面取得初步成效。

在人才培养模式上促进四大转变:(1) 从课堂为中心向课堂教学活动与学生科技活动相结合的转变;(2) 从偏重传授知识向知识传授、能力培养、素质教育协调发展的转变;(3) 从教师为中心向学生为中心的转变;(4) 从接受性学习向接受性和研究性学习相结合的转变。

在课程体系和教学环节设计上体现融知识传授、能力培养、素质教育于教学全过程,实现3个结合:(1) 第一课堂与第二课堂结合;(2) 理论讲授与专题讨论结合;(3) 校内资源与校外资源结合。

在人才培养实施过程和实现途径上,初步实现把为每一个学生成长的教育理念贯穿融合到教学改革和教学运行管理之中,建立面向学习优异学生、学习有困难学生等不同对象的教学管理体系。

在教学体制与机制改革上,以改革传统两学期制为突破口,依托社会和产业资源,开创多元、开放、灵活的教育教学新型体系,创设国内外专家讲座、师生互动、理论教学与实践教学结合的新型教学平台。

这次本科人才培养方案修订工作取得阶段性成果,其中"特色型大学本科教育课程体系的改革与构建""多元化开放型人才培养模式的构建与探索"先后于2008年、2011年获上海海洋大学教学成果奖一等奖和特等奖。同时,由于人才培养模式与课程体系教学改革是一项系统工程,在实施中也面临需要进一步改进和解决的问题。

四、教学与教育研究成果

2005年后,学校根据教育部、财政部颁布的《关于实施高等学校本科教学质量与教学改革工程的意见》和上海市教委颁布的《上海高等学校本科教育高地建设与管理实施办法》《上海高等教育内涵建设"085"工程实施方案》,"坚持以特色求发展,以服务求支持"及"扶需、扶特、扶强"的建设原则,有计划地组织实施本科教学质量与教学改革工程,加大对特色专业、精品课程、教学实验示范中心、大学生创新活动、教学团队、双语示范课程等建设项目支持力度,深化教学内容和方法改革,提高人才培养质量。

表3-3-5 1989—2011年主要教学成果与教育研究成果奖一览表

成果名称	主要完成人	奖项
鱼类学课程建设	缪学祖、孟庆闻、苏锦祥	1989年上海市优秀教学成果奖
鱼类生理学课程建设	赵维信、周洪琪、王义强、宋天复、魏华	1993年第二届上海市教学成果奖二等奖
计算机辅助教学管理开发与应用——高校课程表高度软件系统	张相国、朱朋荣	1993年第二届上海市教学成果奖三等奖
海洋渔业专业的教学改革与实践	周应祺、黄硕琳、崔建章、季星辉、王尧耕	1997年第三届国家级教学成果奖一等奖、第三届上海市教学成果奖一等奖
上海河口区特种水产科研开发课题	臧维玲等	1997年上海市优秀产学研工程项目二等奖
温室集约化养鳖疾病防治	蔡完其等	1997年上海市优秀产学研工程项目三等奖
水产养殖专业"产、学、研"一体化的教学新模式	陈马康、魏华、臧维玲、陈文银、吴嘉敏	1997年第三届上海市教学成果奖二等奖
海藻化学研究生课程的教学研究※	严伯奋、张淑平	1997年第三届上海市教学成果奖三等奖
教学管理系列软件的研制及应用	吴开军、郑卫东、周应祺、万峰、曹德超	1997年第三届上海市教学成果奖三等奖
北太平洋鱿鱼资源开发和捕捞技术及其装备的研究	王尧耕等	1997年上海市优秀产学研工程项目一等奖

(续表)

成果名称	主要完成人	奖项
论"四育人"	林樟杰等	1998年上海市第六届教育科学研究成果奖三等奖
水产养殖专业产学研合作教育模式的探索与实践	吴嘉敏、臧维玲、戴习林等	1999年上海市产学研合作教育"九五"试点阶段成果奖二等奖
知识资本、知识垄断与高等教育	宁波	2001年上海市第七届教育科学研究成果奖三等奖
海洋渔业科学与技术专业人才培养模式研究及教学改革实践	周应祺、孙满昌、杨红、张敏、金正祥	2001年第四届国家级教学成果奖二等奖、第四届上海市教学成果奖一等奖
普通高等农林院校教学工作评价研究与实践	何苏麟(第四完成人)	2001年国家级教学成果奖二等奖(第三完成单位)
水产养殖专业(本科)人才培养方案及教学内容和课程改革的研究与实践	王武、周洪琪、吴嘉敏、吴建农、魏华	2001年第四届上海市教学成果奖三等奖
鱿钓水下灯装置的应用	王尧耕等	2001年上海市优秀产学研工程项目一等奖
我校教学质量自我监控制度的建设与研究	张京海、管伟康、张宗恩、蔡闯	2001年第四届上海市教学成果奖三等奖
游泳教学与全民健身游泳达标的结合	叶鸣、陈蕴霞、戚明、李道盛	2001年第四届上海市教学成果奖三等奖
行业性高校依托特色学科面向地方经济建设调整本科专业结构的研究与实践	曹德超、张京海、吴建农、张宗恩、殷曦敏	2005年第五届上海市教学成果奖一等奖
鱼类学CAI课件	龚小玲、鲍宝龙、张海宁、唐文乔	2005年第五届上海市教学成果奖三等奖
渔业经济学课程建设与教学改革	骆乐、平瑛、沈雪达	2005年第五届上海市教学成果奖三等奖
高校学生辅导员队伍建设要素研究	黄晞建、宁波、郑卫东、李兴华	2008年上海市第九届教育科学研究成果教育改革实验奖三等奖
鱼类学精品课程建设的探索与实践	唐文乔、龚小玲、鲍宝龙、钟俊生、杨金权	2009年第六届上海市教学成果奖一等奖
产学研合作发展研究生教育的探索与实践※	施志仪、王艳、刘晓丹、黄金玲、蒋宇	2009年第六届上海市教学成果奖二等奖
渔业经济学课程改革与实践	骆乐、平瑛、沈雪达	2009年第六届上海市教学成果奖二等奖
官产学研结合,建设海洋渔业科学与技术国管专业	许柳雄、周应祺、杨红、陈新军、朱清澄	2009年第六届上海市教学成果奖三等奖
食品物流教育高地产学合作教育模式的研究与实践	陈蓝荪、谢晶、吴建农、张京海	2010年上海市产学合作教育"十一五"规划项目优秀成果奖

说明:加"※"者为研究生教学成果。

【特色专业】

根据教育部和上海市教委关于特色专业(教育高地)建设目标、任务和要求,学校于2005年启动本科教育高地建设,依托食品学科、物流管理等专业基础,创建"国际都市型食品物流"教育高地。2006年初,该专业被上海市教委批准为第一期教育高地重点建设项目。2007年,海洋渔业科学与技术专业被教育部批准为首批国家特色专业之一。

截至2010年,学校拥有5个国家特色专业、15个上海市高校教育高地建设项目。通过建设,这些专业和高地在办学理念、办学条件、建设水平、管理水平、教学改革、科研水平与人才培养质量等方面取得明显提升。

表3-3-6 2007—2010年国家特色专业建设点一览表

类型	名称	批准年份	类型	名称	批准年份
第一期	海洋渔业科学与技术	2007	第五期	水产养殖	2009
第二期	食品科学与工程	2007	第六期	农林经济管理	2010
第三期	生物科学	2008			

表3-3-7 上海高校教育高地建设项目一览表

类型	名称	批准年份
第一期	国际都市型食品物流	2006
第二期	水族科学与技术专业、食品质量与安全(实验室)、海洋渔业科学与技术专业	2007
第三期	食品科学与工程专业、生物科学专业、水产养殖专业、农林经济管理专业	2008
第四期	环境科学专业、海洋技术专业、热能与动力工程专业、食品经济管理专业课程体系与教材建设、物流管理专业人才培养模式的创新与实践、信息管理与信息系统专业、电工电子实验实训基地	2010

【精品课程】

学校2005年启动精品课程建设计划,逐步完善国家、上海市、学校三级精品课程体系及配套教材、讲义与参考书建设。截至2011年,学校精品课程有校级43门、上海市级16门、国家级3门。精品课程覆盖学科门类,从2006年的农学、工学扩大到农学、理学、工学、管理学、文学等学科,初步实现教学大纲、授课教案、习题、实践(实验、实训、实习)指导、参考文献目录等教学资源的网络化,同时形成一批精品教材。其中,学校教师主编的鱼类增养殖学、渔业资源与渔场学、生物饵料培养、渔业经济学、水生生物学等精品课程教材及CAI课件,被国内有关院校采用。(见本篇第二章第一节课程建设)

【实验教学示范中心】

学校根据学科布局调整规划和"扶需、扶特、扶强"的建设原则,制订各类实验教学示范中心建设计划与目标,分类指导、分层建设、分步实施。从完善实验教学体系、创建高水平教学管理团队、建立先进的实验室管理模式、科学配置实验室资源和提升教学与管理特色5个方面加强建设,逐步形成一批国家级、上海市级以及校级实验教学示范中心。

表 3-3-8　2009—2010年学校实验教学示范中心一览表

类　别	实验教学示范中心名称	批准年份	类　别	实验教学示范中心名称	批准年份
国家级	水产科学实验教学示范中心	2009	校级	电气工程实验教学中心	2010
上海市级	水产科学实验教学示范中心	2009		渔业工程实验教学中心	2010
	食品科学与工程	2010		化学基础实验教学中心	2010

2011年,学校有基础实验教学中心(公共平台)6个,下属实验室60个,教学科研专业实验教学中心(学院平台)6个,下属实验室66个,合计有实验室126个,其中含教育部、农业部重点实验室9个。

【教学团队】

学校根据教学团队建设目标,通过实施教学名师传帮带,坚持青年教师导师制,加强国内外进修培训和引进高层次人才,培养和造就具有国内和国际一流水平的学科专业带头人,加强教学团队与高水平教师队伍建设。

2007—2010年,通过建设和申报,有1个教学团队被教育部、财政部批准为2008年国家级教学团队,有4个教学团队被上海市教委评为上海高等学校市级教学团队。同时,学校建成一批以特色专业、精品课程为核心的校级教学团队。

表 3-3-9　2008—2010年国家、上海市教学团队一览表

级　别	批准年度(届)	团　队　名　称	带头人姓名	类　别
国家级	2008	海洋渔业科学与技术专业教学团队	周应祺	
上海市级	2008(第一届)	海洋渔业科学与技术专业教学团队	周应祺	本科
	2009(第二届)	鱼类学课程教学团队	唐文乔	
	2010(第三届)	农林经济管理专业教学团队	杨正勇	
		食品冷冻冷藏系列课程教学团队	谢　晶	

【大学生创新活动计划与人才培养模式改革】

学校2007年被列入上海高校首批大学生创新活动计划试点高校。根据上海市教委文件精神,学校制订《大学生创新活动计划项目管理办法》《大学生创新活动计划项目实施方案》等文件,启动上海市和学校大学生创新活动计划项目的申报与实施工作。

2007年迄今,根据"兴趣驱动,自主实验,重在过程,追求实效"的原则,组织申报、立项实施大学生创新活动计划项目200多项,其中上海市大学生创新活动计划项目110项,有40多个本科专业的500多名学生参加,200多名教师参与指导,还有更多学生参与各种类型科技活动,初步形成"大学生创新活动计划、大学生科技竞赛活动和大学生社会实践活动"有机结合的学生创新活动教育教学体系,覆盖学校理、工、农、文、经、管等一批学科专业。同时,一批优秀学生在上海市和全国大学生科技创新竞赛活动中脱颖而出。

表 3-3-10 2008—2010 年校大学生创新活动计划项目统计表

类　　别	明　　细	单位	数　　量			合　计
			2008 年	2009 年	2010 年	
项目数	市级	项	30	40	40	110
	校级	项	38	—	—	38
参与人数	参与学生数	人	120	310	165	595
	指导教师数	人	33	80	49	162
学生研讨会论坛等	场次数	场次	6	7	4	17
	参加人数	人次	730	389	210	1 329
公开发表论文数（含会议论文）	总数	篇	7	1	3	11
	EI 收录数	篇	—	—	2	2
	ISTP 收录数	篇	—	—	1	1
未公开发表论文数	其他	篇	14	7	7	28
申请专利	申请数	发明专利	项	—	1	—	1
		实用新型专利	项	3	4	—	7
	授权数	实用新型专利	项	1	2	—	3
参加学科竞赛获奖学生数	国家级奖项	人次	2	—	2	4
	市级奖奖项	人次	21	5	5	31

说明：表格中"—"代表无。

第四章 学生管理

第一节 机构与制度

一、管理机构

江苏省立水产学校时期,学生管理工作由教务主任、舍监负责。教务主任负责学生学籍处理事宜及训练惩罚与考核学生操行。舍监主要负责学生宿舍后勤保障、宿舍纪律等日常管理工作。

抗日战争胜利后,学校设有训导处,负责对学生进行教育及处理学生奖惩等事宜,包括学生助学金申请、临时补助,以及开展一些学生活动如演讲比赛等。

1952年,学校根据教育部试行政治工作制度的指示精神设立政治辅导处,下设有组织科、宣教科、青年科。主要任务是负责教职员工和学生思想政治教育,指导社会活动,配合有关部门处理学生的生活福利,其中青年科主要负责青年教师和学生有关工作。1957年4月,经院长办公会议决定,教务处下设学生科负责处理学生的日常教育管理事宜。

1958年9月,中共中央和国务院颁发《关于教育工作的指示》,强调教育必须与生产劳动相结合,还要求走群众路线、实行全党全民办学。学校成立勤工俭学委员会,组织学生开展勤工俭学活动。

1961年9月,中共中央通过《教育部直属高等学校暂行工作条例(草案)》(简称《高教六十条》),学校开始试行《高教六十条》,将教务处原由教务科、学生科合并而成的教学科重新分设。随着学校留学生日渐增多,1964年4月又从学生科分出留学生科。

1964年11月,经中共上海市委组织部批准,设立中共上海水产学院政治部,下设青年处,负责学生思想教育工作。学生按年级设指导员,班级设辅导员。"文化大革命"开始后,青年处停止工作。

1982年8月4日,学校除教务处下设学生科外,还成立政治辅导工作教研室,负责学生思想政治教育工作,后改名为学生工作领导小组办公室。1987年8月,为适应加强学生工作领导的需要,学校撤销学生工作领导小组办公室,撤销教务处的学生科,成立学生工作部和学生处(合署办公)。

1993年5月12日,教务处、学生处(学生工作部)、研究生办进行机构调整,成立教学办公室,对内一套班子,对外根据工作需要仍可分别使用教务处、学生处(学生工作部)、研究生办公室名称。1994年8月,撤销教学办公室,恢复教务处、学生处(学生工作部),并成立研究生部。同年9月,学校重新规划构建学生工作体系,党委学生工作部和学生处为"两块牌子、一套班子",下设招生就业、德育教育、心理咨询、社区管理、勤工助学、学生管理6个中心。

1989年起,根据国家教委安排,学校招收新疆少数民族学生,水产养殖系李亚娟为专职班主任。学校关心民族学生生活,专门开设清真餐厅。1992年3月,由于工作尽心尽责,李亚娟被国家教委、国家民委评为全国民族教育先进个人。1998年10月,为加强少数民族学生教育管理工作,做好少数民族人才培养、加强民族团结工作,学校成立校民族工作领导小组,校党委书记任组长,教务处、学生处(学生工作部)、总务处、宣传部、统战部等职能部门负责人任组员。1999年9月,班主任、食品学院张淑平被国务院授予全国民族团结进步模范个人荣誉称号。

2001年2月,学校进行机关改革,学生处(学生工作部)与保卫处(武装部)合署办公,成立新的学生处,包括学生工作部、团委、保卫处(武装部)。同年12月,成立学生素质教育工作指导委员会。

2001—2007年,全部本科新生及部分二至四年级学生在学海路校区就读,由各学院聘任专职辅导员负责学生日常教育管理。各学院辅导员集中办公,由学生处派出领导统一协调招生就业、学籍管理、党团建设、社团活动、勤工助学、综合整治等学生工作,各学院辅导员负责具体落实。

2008年6月,学生处(学生工作部)与保卫处(武装部)分署办公。

2011年7月,学校部分职能机构调整,撤销招生与毕业生就业办公室建制,其招生职能(招生办公室)划入教务处,就业指导职能(毕业生就业指导中心)划入学生处。同时,学生处(学生工作部)与团委合署办公,是学校本科、高职学生思想政治教育及行政管理,开展共青团工作的职能部门。

2011年,学校试行学生工作校、院二级管理改革,首先在食品学院、经济管理学院试点。

二、规章制度

学校创办初期,校长张镠在草拟学校暂行简章中明确规定:学校以培养水产技术人才为宗旨,振兴水产事业为目的,以"勤朴忠实"为校训,在教育管理上严谨治学、循章办事,在生活与学籍管理上订有教室、宿舍、自修室、卧床、请假和考试、升留级办法等规章制度。在上海市立吴淞水产专科学校时期,由学生拟订教室、寝室、膳所等公约,经学生全体大会共同修正通过,成为全校学生遵守的生活公约。

1952年,学校制订《学生成绩考查实行办法》,规定学生成绩考查采用平时考查、测验,学期考试,毕业考试等方式,制订补考、留级、退学、毕业等规定,并规定除完成课程考试要求外,凡操行(品德考查)、政治课、体育、生产实习等成绩之一不及格者不得毕业。

1955年,学校制订《关于先进班级和优秀学生奖励试行办法》。1961年1月,制订《一般学生人民助学金申请暂行办法》。

1958年2月,教育部颁发《关于处理高等学校学生转专业、转学、休学、复学、退学等问题的规定(草案)》。1960年2月,教育部对草案作出补充修订,颁发《关于处理高等学校学生转专业、转学、休学、复学、退学等问题的规定》,规范学生学籍管理。

根据上海市高等教育局1959年7月颁发的《关于上海市高等学校各类课程的成绩考核、考试考查和学籍处理的若干意见》和1961年12月的《上海市全日制高等学校学生成绩考核及升留级制度的若干意见》,学校制订《课程考试和考查暂行规程(草案)》。同时,还修订《关于处理学生转专业、转学、休学、复学、退学等问题的暂行规定》《课程考试、考查的暂行规定》《学生请假暂行办法》《一般学生人民助学金申请暂行办法》等。

1962年6月,学校再次修订和制订课程考试、考查及升留级办法,学生请假点名办法,教室规则,实验室规则及课程选修、免修办法等5项规章制度。根据教育部1962年11月颁发的《教育部直属高等学校学生成绩考核暂行规程(草案)》,学校于1963年6月制订《学生成绩考核暂行规定》,规定学生成绩考核的范围应包括学业成绩、政治觉悟、思想意识、道德品质及劳动表现的考察。

1981年,学校先后制订《学生学籍管理暂行规定》《学生成绩考核暂行规定》《学生考勤暂行规定》《学生奖惩暂行规定》。同年,制订《学生手册(暂行条例)》,内容包括学籍管理暂行规定,教室、实验室纪律,考勤办法,成绩考核和思想鉴定办法,教学、生产实习纪律,教材供应和收费办法(摘要),体育课和课外体育活动几项暂行规定,医疗就诊办法,学生宿舍守则等。

1983年8月,学校根据教育部《全日制普通高等学校学生学籍管理办法》编印首部《学生手册》,对成绩考核与记载办法、课程免修、选修、学生考勤与纪律作出补充规定,对考场规则、教学实习、生产实习、实验等作出暂行规定。1986年,学校编印《学生守则》,对学籍管理、学位授予、修读辅修专业、考试管理、操行评定、优秀毕业生评选、奖学金评定和违反校纪校规处分等作出规定。《学生守则》对保证学校教学工作顺利运转,培养学生德、智、体全面发展成为社会主义"四有"合格人才,起到重要作用。后根据需要,学校对《学生守则》进行多次修改和补充。

学校从1985级开始实行学年学分制。1994年9月,学校制订《关于本科生中实行导师制的规定(试行)》《关于学分制选修课收费的规定(试行)》,从1995年秋起在本科生中实施完全学分制、选课制和导师制。

1991年4月,学校颁布《关于实行1990级学生晚自修点名制度的通知》,培养学生自学习惯和自学能力,提高学习效率和养成良好的学习风气。1992年3月,学校制订《学生"文明寝室"评比实施细则》,加强学生宿舍管理。1996—1997年,学校对《学生守则》中考试作弊的处理条款进行修订。

1999年,学校制订《关于师生联系制度及实施办法》,全面实施师生联系制度,促进全员育人格局的形成。2002年,学校在《关于加强学生思想道德、人文素质教育若干措施》文件精神基础上,制订《关于师生联系制度的实施办法》等相关制度,为师生联系制度的健康发展提供制度保证。2010年12月,学校再次修订《关于师生联系制度的实施办法》。

2000年11月,学校制订《学生日常工作管理规范》,扩大学院办学自主权,使学生管理工作重心下移。2001年、2003年,根据学海路校区投入使用、学生人数急剧增加的需要,两次对《学生守则》进行部分修订。

2005年8月,根据中共中央、国务院《关于进一步加强和改进大学生思想政治教育的意见》和《普通高等学校学生管理规定》,再一次修订《学生守则》。2007年5—7月,全面修订《学生守则》,增加《学生医疗保障实施细则》《学生综合素质测评实施办法》《体育特招生管理办法》。

2007年1月,学校制订《关于进一步加强学生学风建设的若干意见》,促使各部门、各学院牢固树立以学生为本的理念。2008年4月,又制订《关于开展大学生单科知识竞赛活动的实施办法》,从指导思想、活动组织、活动实施、鼓励措施等方面进行规定,促进优良学风建设。

2008年,根据学校搬迁至沪城环路校区的具体情况,制订《关于新校区学生日常安全管理和请假的规定》,突出学生安全教育和日常教育管理。次年,制订《学生文明行为公约》,引导学生坚定理想信念,养成文明行为习惯,勤奋学习,强健体魄,形成良好的道德品质,成为社会主义事业合格建设者和可靠接班人。

2010年6月,学校制订《关于加强少数民族学生教育管理工作的实施意见》,要求对少数民族学生做到思想上关爱、学业上关心、生活上关照、人文上关怀、心理上关注,注重加强民族政策宣传、加强思想政治教育、完善学业帮扶措施、提升综合素质能力。

第二节 学籍管理

一、管理

民国元年至26年,学校学制分预科和本科。预科亦称普通科,为升入本科(渔捞科、制造科)作预备。预科招收高等小学毕业生入学,民国 26 年改为招收初中毕业生入学,学制四年。

抗日战争胜利后,民国 37 年,五年制渔捞科招收初中毕业生。同年,第一学期退学 28 人,其中,自动退学 9 人、成绩不良退学 11 人、开除 8 人;第二学期退学 24 人,其中操行评定不及格 7 人、学业不及格 2 人、自动退学 12 人、转学 1 人、除名 2 人。

1950—1951 年,学校对在校学生学籍进行清理,对越级考入学校及在原毕业学校成绩较差的 3 名学生通过编级考试重新编级。根据华东军政委员会水产管理局和华东军政委员会教育部处理意见,对未经学校同意擅自转入他校的学生令其返校学习。

1951 年,上海市立吴淞水产专科学校更名为上海水产专科学校。学校对学生处以开除学籍处分的,须报华东军政委员会水产管理局和华东军政委员会教育部批准。当时被开除学籍处分的学生皆为"品德"原因。1958—1959 学年,学生因各种原因休学 19 人、退学 30 人、被勒令退学 8 人、开除 1 人。1961 年 3 月,修订《关于处理学生转专业、转学、休学、复学、退学等问题的暂行规定》等规章制度。1962 年 9 月,经上海市高等教育局同意学校报批的 17 名学生退学。同年 10 月,经学校行政会议讨论通过,并报请上海市高等教育局批准,经补考后仍有 2 门或 2 门以上成绩不及格且连续两次留级,按规定应予退学 7 人;经补考后仍有 2 门不及格自愿申请退学 1 人;经补考后有 2 门不及格应予留级 20 人;未经准假而不参加补考作旷考处理 19 人。

1953 年,学校有 5 名学生取得留学预备生资格,其中 3 人赴苏联留学、1 人赴波兰留学、1 人未成行。1955 年 7 月,开始招收越南留学生,1964 年设立留学生科,负责留学生教育管理工作。后因"文化大革命"停招留学生,1995 年恢复招生。2005 年 6 月,学校成立国际文化交流学院,负责留学生教育和管理工作。

1966—1971 年,学校因"文化大革命"停止招生。1972 年,学校迁往厦门后,学籍管理由教务处负责。1979 年,学校迁回上海,次年招生。

1983 年,教育部、国家计委、财政部联合颁发《高等学校接受委托培养学生的实行办法》,在统一招生、择优录取的前提下适量招收委托代培生,做到定向招生、定向培养。学校形成具有统招生、委培生、定向生的多元化学生结构。同年,学校获得硕士研究生招生权,初步形成具有研究生、本科生、专科生和成人教育等多层次的教育体系。

1984 年,学校经农牧渔业部批准成立中央农业干部管理学院上海水产学院分院,设置淡水养殖、海洋捕捞专业干部专修科,以及由上海市委托代培的机械制造与工艺、淡水渔业专业职工专修科。

1993 年起,全国高等院校毕业生由原来的统一分配转为在一定范围内通过供需见面和双向选择落实就业单位。

1996 年,学校为适应人才培养需求,开始与社会联合办学。与北京联想计算机集团合办计算机及应用本科专业,与上海东亚食品集团合办食品工艺(烹饪)专科专业。1999 年,学校与江西省水产局、江西农业大学签订科技、教育合作协议。从次年开始,增加在江西省招收实践生、定向生名额,同时在江西农业大学设立学区。2000 年,与湖南常德师范学院、山东烟台师范学院分别签订合作办学协议,设立常德学区和烟台学区,所招学生先在当地学区学习 2 年基础课程,再到学校进行专业学习。对于达到标准的学生,颁发毕业文凭和学位证书。

1997 年,学校成立人文与基础科学学院。学生管理实行一年级统一由人文与基础科学学院管理,二、三年级转入各专业学院管理,四年级进入各教研室、实验室主要参加实践教学训练的三级管理体制。1998 年秋季入学的一年级 810 名本科生按此规定管理。

1998—2000年,学校又先后制订《关于对学生参与打架斗殴事件处理的规定》《单项奖学金评定细则》等。

2001—2007年,学校招收的本科新生全部在学海路校区就读,军工路校区学生逐渐移至学海路校区,生命科学、海洋、工程、食品4个学院的三、四年级学生回军工路校区就读,专科生在高职学院就读。学海路校区采取"条块结合"的管理模式,所有专业学生均由专业所在学院管理。

2006年4月,学校成立学生资助中心,办公室设在学生处。2008年,学校制订《学生资助实施办法》,构建从奖学金、国家助学贷款、勤工助学、困难补助、国家助学贷款补助到助学金等的"立体式"资助体系。同年,学生处(学生工作部)与保卫处(武装部)分署办公,本科生全部入驻沪城环路校区,成人教育留在军工路校区,另在民星路校区培养高职学生。同年,学校还根据教育部教育平衡政策,在全国范围内招收少数民族预科生34人,列入次年招生计划,并逐年增加西部地区招生量,在教育部指定学校学习一年基础课后,于次年来校就读本科,按预科学习成绩和学生志愿分配专业。

为维护学校正常教学秩序,保障学生学习权利,规范学籍管理行为,实现人才培养目标,2010年学校修订《本科生学籍管理条例》《高职学生学籍管理条例》,进一步明确入学与注册、学制与学习年限、考核、毕业等学籍管理事项。

二、人数与结构

民国元年12月15至28日,学校分两批招收首届预科生68人。民国4年,学校在校生超过200人。民国21年,"一·二八"事变爆发,部分校舍被毁,在校学生数骤减至130人。民国26年,"八一三"事变爆发,校舍被夷为平地,学校被迫停办。

民国元年至26年,因数、理、化教材大部分采用英语教材,不少学生未通过预科学习而中途辍学,因此25年内,学校为中国水产事业实际培养21届共479名水产专门人才。

民国36年6月,学校在上海复校,次年招生。

1949年6月,在校生有119人。同年11月,江苏省立水产职业学校(闵行)渔捞科、养殖科、制造科学生共60人并入学校,成立职业部。1950年9月,学校在校生249人、职业部在校生63人。1951年11月,浙江省乍浦国立高级水产职业学校并入学校,学生164人,与职业部一起改组为附设水产技术学校(中专),设渔捞、制造、养殖、轮机4科和1个渔村师范班,有学生337人。1951年秋,学校三年制渔捞、制造、养殖专科3科招收高中毕业生127人,五年制渔捞、制造2科招收初中毕业生135人,附设水产技术学校有学生325人,总计有学生587人。

1952年秋,学校招收本科生217人。1952—1966年,学校办学规模和专业设置经过多次调整。1957年有5个本科专业,学生1 680人;1966年有8个本科专业,学生共1 336人。其中,1955—1966年培养外国留学生99人、进修留学生4人,分别就读于海洋捕捞(工业捕鱼)、淡水养殖、海水养殖、水产加工、罐头食品工艺、冷冻工艺(制冷与冷藏工艺)和渔业机械7个专业。

1952—1953年,学校举办水产行政管理专修科,学员为华东、中南、西南、华北、东北5大行政区干部。1958年举办一年制罐头专修科,学员来自苏、浙、闽、川、豫5省。1961年初的渔业机械、水生生物2个两年制师范专修科,学员来自华东5省、中南4省、西南2省、华北1省、东北2省。后又举办师资培训班、淡水养殖干训班等,学员来源更广。1960年学校划归中央水产部领导,生源范围除华东各省市外,增加川、鄂、粤、冀、辽等省。"文化大革命"开始后,学校停止招生。随着1970年、

1971年学生逐年毕业离校,在校生人数减至零。

1972年,学校迁到福建厦门后,同年8月招收渔业机械、淡水渔业(原淡水养殖)和制冷工艺3个专业"工农兵"学员99人。1973年,招生专业增加至6个。1975年,有5个系5个专业招生,在校学生数达到604人。其间,海洋捕捞等专业还以"社来社去"形式,招收由农村人民公社推荐入学、毕业后回生源地就业的专科班,培养毕业生104人。1976年,学校在校学生达642人。1977年,全国恢复高考制度,由此通过高考招收高中毕业生入学,恢复四年制本科,同年录取新生355人,次年2月进校。1978年,学校共设置5个系10个专业,在校学生数达1180人。

学校迁回上海初期,有从厦门随迁的淡水渔业、海水养殖、海洋捕捞、渔业资源、水产品加工、制冷工艺、水产品罐头工艺等7个本科专业学生800人。1982年2月、7月,1977级、1978级学生相继毕业。1982年暑假后,在校学生数为501人。1984年,学校设有淡水渔业、海水养殖、海洋捕捞、海洋渔业资源、渔业机械、水产品加工、制冷工艺、罐头食品工艺等8个本科专业,新设渔业经济管理专科专业,在校学生数达到1171人。1985年,又新设渔业经济管理和食品工程两个本科专业,学生总数增至1495人。

1994年,在校生总数首次超过2000人。1995年,上海市教委同意水产养殖专业从同年起恢复招收外国留学生。1998年,在校本专科人数首次超过3000人。2002年,为适应经济全球化和教育国际化形势,学校成立第一个中外合作办学二级学院——爱恩学院,录取第一批学生311人。2003年,在校本专科学生人数首次超过1万人。

1987年,根据国家教育委员会、国家民族委员会决定,学校招收新疆少数民族学生40人,在当地学习汉语两年后于1989年9月11日转入学校淡水渔业本科专业学习4年,1993年又招收淡水渔业本科专业新疆少数民族学生31人,班主任李亚娟。1997年,食品科学与工程专业招收新疆少数民族学生28人,班主任张淑平。2011年3月,新疆维吾尔自治区喀什地区普通高校毕业生首批97名学员来校参加为期一年半的培训学习,学校负责学员日常教育管理、培训联络、安排社会实践、落实实习岗位等,主要培训内容为法制与政策理论、专业知识技能、计算机及文体课程、岗位实习和社会实践活动等,郭钊德、王伟丽为辅导员。

表 3-4-1 1994—2011年学校本专科学生人数统计表

年份	本科生数	本科生占学生总数比例(%)	专科生数(含高职)	专科生占学生总数比例(%)	本专科生总数
1994	1 336	61.51	836	38.49	2 172
1995	1 540	64.54	846	35.46	2 386
1996	1 994	74.88	669	25.12	2 663
1997	2 389	84.24	447	15.76	2 836
1998	2 729	85.33	469	14.67	3 198
1999	3 219	88.65	412	11.35	3 631
2000	4 009	87.55	570	12.45	4 579
2001	5 716	78.88	1 530	21.12	7 246
2002	8 163	83.63	1 598	16.37	9 761

(续表)

年份	本科生数	本科生占学生总数比例(%)	专科生数（含高职）	专科生占学生总数比例(%)	本专科生总数
2003	10 346	88.62	1 328	11.38	11 674
2004	12 152	94.69	575	4.48	12 727
2005	12 314	96.55	440	3.45	12 754
2006	11 785	96.96	370	3.04	12 155
2007	11 715	96.24	458	3.76	12 173
2008	11 687	96.63	407	3.37	12 094
2009	11 943	95.46	568	4.54	12 511
2010	12 182	94.74	677	5.26	12 859
2011	12 713	97.38	342	2.62	13 055

第三节 奖励与处分

一、奖励

建校之初，学校即注重通过奖惩发挥对学生培养的指导作用。为培养优秀学生，学校设特待生（优秀生），其条件是品行端正、学业优良，作为同学之模范者，奖励办法是免缴膳食费。第一学年特待生可免第二学年膳费，第二学年仍为特待生者，除免缴膳食费外还可获得金质或银质奖章，并可以获得学校公费出国深造机会。民国3年至10年，共有特待生26人，其中获金质奖章2人，获银质奖章10人。

1955年，学校制订《关于先进班级和优秀学生奖励试行办法》，对先进班级、优秀学生、优秀毕业生、学习荣誉奖等奖项的授予条件、评奖手续、奖励办法等进行规定。

1981年4月，学校制订《学生管理工作暂行规定》，其中《学生奖惩暂行规定》规定"三好学生"的评选条件、评审程序与评奖时间。1992年12月，学校实施《关于评定社会工作奖的实施办法（试行）》，规定了评奖范围、条件、等级、比例、金额、时间、步骤等，在学生中树立为同学服务的思想，倡导学生积极参与学校的社会工作，发挥学生"自我管理、自我服务、自我教育"的作用，激励学生以社会对人才的多规格需求为导向，不断提高自身社会工作能力。《学生先进个人、先进集体评选实施细则》规定，先进个人评选有优秀学生标兵、优秀学生、优秀学生干部、社会工作积极分子、优秀团干部、优秀团员，先进集体有先进班级、文明班级、红旗团组织、特色团组织等。

1990年起，学校每年评选上海市优秀毕业生，并根据形势变化改进评选条件和奖励办法。2008年，学校制订《优秀毕业生评选实施细则》，编入《学生守则》，规定评选范围、比例、条件、办法、奖励等。学生不完全合乎要求但确有特殊良好表现或模范事例者，也可经相关程序讨论通过给予奖励。截至2011年，有320名学生获得校优秀毕业生称号，其中178名学生获得上海市普通高等学校优秀毕业生称号。

自1984年以来，学校学生在全国和地方的知识竞赛和体育比赛中多次获奖。其中比较突出的有：1991年10月在上海市第三届大学生运动会上，学校获得8金、7银、3铜的好成绩；1992年7月在上海市大学生游泳比赛中，学校游泳健儿获得9金、9银、1铜的优异成绩；1997年11月，徐刚、李正强、张源等学生组成的数学建模队在全国大学生数学建模比赛中获得全国一等奖。

1998年9月，学校工程技术学院李兹泉、林志锋、魏韵卿3名学生参加全国海洋知识大赛，获三等奖。冷冻冷藏工程专业1997级学生王蕾拾金不昧获上海市教卫系统首届精神文明十佳好事（个人）奖。

2001年，学校渔业学院张凌君在第七届"挑战杯"全国大学生课外学术科技作品竞赛中，以作品"上海南海岸湿地类多样性成因及保护利用对策"获三等奖。张凌君、张斯斐、李昊斐、毕建平、吴欣云5名学生撰写的《生物技术黄腐酸开发有限公司创业计划》获第三届"挑战杯"天堂硅谷中国大学生创业计划竞赛银奖，学生孙贝娜的"关于生物药肥——芍草素的创业计划"和郑汉丰的"上海全维联合商务服务有限公司创业计划书"获铜奖。

2002年，上海市布谷鸟学生音乐节上，学校获高校独唱比赛一等奖，小提琴重奏独奏、单簧管、钢琴三重奏比赛二等奖，琵琶独奏二等奖，管弦乐三等奖，合唱三等奖。

2005年，学校获上海市第四届学生艺术节合唱比赛一等奖，2001级机械设计制造及其自动化专业学生李雅琦的本科毕业设计——"三自由度鱿钓机械手的方案设计与模型制造"获第十届"讯通杯"上海大学生机电21世纪毕业设计大奖赛一等奖；别春彦的"淡腌黄鱼微生物生长动力学模型及生长界面的研究"获上海市第九届"挑战杯"竞赛铜奖。

2006年，学校IT行业社团联盟获第二届全国高校优秀学生社团。2007年，由食品学院韩志等学生参加的"食品低温流通过程中关键环节的技术研究与设备创新"项目获第十届全国"挑战杯"竞赛银奖。2008年，水产与生命学院夏梦男、唐学宇、俞政、张义青、甘宝媚等学生完成的"人工湿地与浮岛的观赏性设计创业计划书"，获上海市第六届"挑战杯"中国大学生创业计划大赛银奖。

2008年4月2日，学校举行骆肇荛大学生科技创新基金捐赠启动仪式。基金由原学校副院长骆肇荛及其弟子、部分教工捐资创立，主要支持在校大学生开展科学研究、科技创新和学术交流，提升大学生科研协作、团队整合等学术能力，培养大学生创新意识，提高大学生实践技能。

2009年，学校代表队获"用友杯"第五届全国大学生沙盘模拟经营大赛上海赛区决赛三等奖。在全国大学生智能汽车竞赛（华东赛区）中，学校首次组队参赛并荣获二等奖。在"想法全明星"——联想idea NBA纪念机型营销创意大赛上海赛区决赛及华东大区决赛中，学校参赛团队获华东大区冠军。

2009年11月2日，在共青团中央、中国科协、教育部、工业和信息化部、全国学联和北京市人民政府举办的第十一届"挑战杯"全国大学生课外学术科技作品竞赛中，水产与生命学院学生胡舒婷的参赛作品"基于蜘蛛网仿生结构的多功能诱捕器"获一等奖。2010年8月，胡舒婷获上海市科技创新市长奖提名奖。

二、处分

建校初期，学校对学生怠惰两学年不进级者、品行不良不宜在校者，令其退学。

解放后，学校对学生品德行为要求严格。1951年，一学生因屡犯校规，学校给其开除学籍处分。1959年，对6人进行处分。1964年，对24人进行处分，原因包括考试作弊、破坏公物、生活腐化、触犯法律等，处分形式有警告、记过、留校察看、勒令退学、开除学籍等。

1961年9月,中共中央、国务院批准颁发《教育部直属高等学校暂行工作条例(草案)》。1965年7月,上海市高等教育局颁发《关于教职工、学生纪律处分审批权限的意见》,规定学生纪律处分分为警告、记过、留校察看、勒令退学、开除学籍等。定案材料必须做到事实准确,证据齐全。审议处理过程中,应贯彻"惩前毖后,治病救人"的方针以及"教育为主,处分为辅"及"批判从严,处理从宽"的原则。对于处分决定中的错误事实部分,应和本人见面,允许其申辩。

学校于1981年4月制订《学生管理工作暂行规定》时专设《学生奖惩暂行规定》。惩处办法规定违纪行为、处分种类、处分程序等。1998年,学校制订《关于对学生参与打架斗殴事件处理的规定》,2000—2010年经多次修订于2010年制订《学生违反校纪校规处理规定》并编入《学生守则》,教育学生严格要求自己、遵纪守法,规定学生违反校纪校规,视其情节轻重给予通报批评或纪律处分。处分有5种:警告、严重警告、记过、留校察看、开除学籍。学校规定处分权限:(1)警告、严重警告、记过、留校察看,由学院提出处理意见,学生处审核,报分管校领导批准;(2)开除学籍,由学院提出处理意见,学生处审核,经校长会议研究决定;(3)学院在对学生提出处理意见前,应当听取学生或者其代理人的陈述和申辩;(4)违纪学生涉及其他学院或部门,其处分由学生处会同有关部门共同提出处理意见,按处分权限处理;(5)社区管理部门对严重违反社区管理实施细则的学生,可以向相关部门提出处分建议;(6)涉及治安案件的,由保卫部门负责调查,提出处理意见。

表3-4-2　1991—2011年学生处分情况统计表

年份	警　告	严重警告	记　过	留校察看	勒令退学	开除学籍	小计(人)
1991	4	8	9	3	6	1	31
1992	1	0	16	4	3	1	25
1993	4	7	17	2	2	0	32
1994	0	0	4	2	1	0	7
1995	0	0	0	21	5	0	26
1996	18	9	8	5	17	2	59
1997	8	4	7	16	7	0	42
1998	5	7	1	19	3	0	35
1999	3	4	14	9	4	0	34
2000	1	2	6	24	5	0	38
2001	0	0	6	22	5	1	34
2002	5	7	0	30	8	0	50
2003	5	3	8	55	1	0	72
2004	3	12	6	74	5	0	100
2005	0	4	1	42	8	0	55
2006	6	3	3	33	0	3	48
2007	6	8	5	26	0	0	45
2008	1	2	9	40	0	0	52

(续表)

年份	警告	严重警告	记过	留校察看	勒令退学	开除学籍	小计(人)
2009	19	6	3	22	0	0	50
2010	13	2	6	35	0	2	58
2011	20	2	2	13	0	9	46
总 计(人)							939

2003年4月10日,学校成立大学生权益服务中心。次年4月上旬,成立学生申诉复审委员会。学生对取消入学资格、退学处理或违规、违纪处分等如有异议,可在接到处分决定或公告之日起5个工作日内提出书面申诉,由学生申诉复审委员会负责复查,在接到书面申诉之日起15个工作日内作出复查结论并告知申诉人。

第四节 奖学助学

一、奖学

民国时期,学校就有公费生、奖学金、半工半读等奖学助学方式。民国37年11月,经上海市奖学金统一审核委员会审核,学校学生获得申报馆奖学金、上海证券交易所奖学金、吴蕴初先生奖学金、上海市棉布业同业公会奖学金等。

1987年9月7日,上海市财政局、高教局颁发《普通高等学校本、专科学生实行奖学金制度的办法》,在同年入学的本科新生中全面实行。1988年,学校制订《本、专科学生实行奖学金和贷款制度暂行办法》,开始实行奖学金制度。1992年,学校制订《关于本、专科学生奖学金制度的实施办法(试行)》,规定评奖资格以及奖学金等级、成绩标准、金额和比例,并制订工作细则。学校执行财政部、教育部于2007年6月颁发的《普通本科高校、高等职业学校国家奖学金管理暂行办法》。2011年,学校实施《本科、高职学生人民奖学金评定实施细则》,规定在学校接受普通高等学历教育且连续就读一学期以上的全日制在籍本科、高职学生,其课程成绩和操行评定达到规定要求者,均可申请参加人民奖学金评定。奖学金评定等级为一等奖1 200元/人,二等奖600元/人,三等奖300元/人。评奖比例为一等奖5%,二等奖10%,三等奖20%。

除学校出资设立的奖学金外,还有教职工、校友、社会企业、团体等捐助设置的奖学金。1988年8月,学校以朱元鼎及其家人捐赠的5万元为基础设立朱元鼎奖学基金,并制订《朱元鼎奖学金实施条例》。1989年,由校友倡建的侯朝海基金会成立,设立侯朝海奖学金。1995年3月,由学校海天公司投入2万元设立自强奖学基金,并制订《自强奖学金实施细则》,每学期奖励勤奋学习的困难学生20人,每人250元。2000年12月,学校制订《单项奖学金评定细则》。2007年11月,学校成立孟庆闻奖学基金,中国水产总公司在学校设立中水博浪天涯(CNFC)奖学金。2011年,学校设立的单项奖学金奖项有学习进步奖、单科成绩优秀奖、自强奖、文学艺术奖、发明创造奖、专业成就奖、创业实践奖等。

截至2011年,学校设立的奖学金项目有国家奖学金、上海市奖学金、国家励志奖学金、宝钢奖学金、索尼奖学金、航海奖学金、朱元鼎奖学金、侯朝海奖学金、孟庆闻奖学金、汉宝奖学金、爱普奖学金、秀康奖学金、中水博浪天涯(CNFC)奖学金等,其中航海奖学金、汉宝奖学金、爱普奖学金、秀康奖学金、中水博浪天涯(CNFC)奖学金面向部分学院学生设立。各奖学金评选对象、评选条件、人数和金额、评选程序等均有详细规定。

二、助学

【困难补助】

对学生的困难补助方式主要是发放生活用品和减免学杂费等。

民国时期,学校对家庭经济困难学生,给予棉被、衣服等资助。民国33年,国民政府教育部发给学校书籍补助费。民国34年,国民政府教育部发给学校零用补助,并予免缴灯油杂费。民国35年6月,国民政府颁布《抗日战争功勋子女就学免费条例》,优待抗日战争阵亡将士子女就学,并免收学费。次年,国民政府教育部发文《边疆学生待遇办法》,规定边疆学生家境清寒者给予公费待遇,就学期间如遇特殊事故或经济情形确实困难无力负担服装费、书籍费等,学校给予每人每年一次补助。并规定如有伪造学历、假冒籍贯者除开除学籍外,由学校向保证人追缴其在校一切费用及补助费。民国37年第一学期,江苏省立水产职业学校对47名学生予以免费,免缴费用包括学费、图书费、体育费、试验费等。

解放初期,很多学生无力支付学杂费。1950年9月,学校制订《本校学生学杂费减免标准》《本学期宿费收缴办法》,为学生继续学习创造条件。1951年8月制订《减免学杂费暂行办法》,并经华东教育部批准,同意自1951年第一学期起学生全部免缴学杂费,经济困难学生可申请人民助学金(伙食费)。1952—1956年,为尽快满足第一个五年计划对人才的需求,国家实行大学生学费、杂费、住宿费和讲义费全免制度,书费自理,经济困难学生可申请生活困难补助费,甲等每月2.5元,乙等每月1.5元,华侨学生每月4元。此外,还有棉被、蚊帐、草席等单项资助。1956年7月后,开始收取伙食费每月12.5元。家庭困难学生仍可申请甲、乙等生活困难补助费。1964年伙食费标准增加到每月15.5元。同时,由学校出资为海洋捕捞专业的学生每人每月增加营养费4元,用于午餐增加荤菜。

厦门水产学院时期,按《大专院校放假后学员有关开支问题的通知》,由学校发给伙食费、津贴费。另按《关于高等院校学员工资发放和赴校路费开支的通知》,对在职与非在职学员赴校发放当月工资和路费。

1996年,学校首次开展冬季送温暖活动,为120名困难学生冬季送温暖,发放寒衣、棉被补助。1998年,我国长江、嫩江、松花江等流域广大地区发生特大洪涝灾害,学校对灾区学生给予"减、免、缓、补、贷"等多种方法予以资助,对特别困难的学生予以部分或全额免除学杂费和住宿费。1999年,学校制订《关于执行上海水产大学关于帮困助学实施条例的通知》。2006年6月,学校制订应对副食品价格上涨做好维稳工作的若干措施,给予学生和食堂伙食补贴。2008年2月,针对南方冷冻天气造成巨大财产损失的情况,学校对灾区家庭经济困难学生实施"五个一"工程:一是打上一通联系电话;二是送上一份问候关怀;三是送上一份经济资助;四是选好一名学业同伴;五是配好一位补课教师。

学校为解决经济困难学生的生活,采用发放"衣食住行"相关实物或现金的方式进行补助,有夏季送清凉、冬季送温暖、免费借用教材等,每年春节慰问留校困难学生。针对遭遇突发事件或突发变故的学生实行临时困难补助。

【勤工助学及助学金】

解放后,学校对家庭经济困难的学生设有人民助学金资助,华侨学生增加助学金资助金额,并设立人民助学金评议委员会及学生减免费审查委员会,根据学生具体困难情况,由师生代表组织评议,教务处负责办理补助费发放事宜。

1958年,学校成立副院长负责领导的勤工俭学委员会。各系在党总支领导下,分别成立系勤工俭学委员会。安排1955级3个专业学生110多人赴沪、苏、浙、冀、鲁、辽6个省、直辖市参加社会实践,时间预定为一年。同年春,海洋渔业系177名学生和水产加工系106名学生到上海水产公司鱼片车间参加切鱼片劳动45天,总收入为2万多元;水产养殖系164名学生到高桥地区国营养殖场参加挖鱼池劳动39天,总收入为3012元。此外,还组织约100名学生分别参加校办厂、场和实习船的生产劳动。

1961年1月,学校制订《一般学生人民助学金申请暂行办法》,对补助项目、申请及审批办法等进行规定。补助项目分为伙食补助、生活补助及临时补助。

为了规范勤工助学工作,学校于1994年10月制订《勤工助学暂行条例》。1995年11月24—29日,上海市高校勤工助学成果展示会在市工人文化宫举行,学校获得优秀指导奖和组织奖,学校选送的《略论勤工助学发展导向》一文获优秀论文奖。

1997年,根据《上海市高校勤工助学(帮困)基金管理实施细则》,学校设立勤工助学基金,实行专户核算,专款专用,并受校财务处监督,每年进行一次财务审计。同年,学校制订《勤工助研实施细则》,设立大学生科研基金。同时在全校范围内招聘所有校内勤工助学岗位,发放勤工助学补助金。1999年9月,教育部、财政部印发《关于进一步加强高校资助经济困难学生工作的通知》,决定对1994年颁发的《关于在普通高等学校设立勤工助学基金的通知》中的部分内容进行修改,从同年秋季学期开始,学校每年学费收入的10%专门用于勤工助学工作,适当提高勤工助学补助标准,加大对特殊困难学生的补助力度。2004年,学校制订《帮困助学实施条例》,2006年4月,学校成立学生资助中心,从组织、人员、机制上落实勤工助学、助学金发放等助学工作。2000年,学校勤工助学管理中心被上海市老龄委授予"爱心助手"基地称号,并被上海市教委评为先进集体。

2011年,根据《上海海洋大学助学金评选办法》,学校面向学生设立的助学金有国家助学金、"圆梦大学"助学金、王素君基金、龙元建设助学金、南汇电信助学金、刘德仪爱心助学专项资金、上信慈善助学金、国强硕博助学金、中华慈善助学金、晨信慈善助学金、福禧慈善助学金、解放日报结对助学金、杨浦区统战部助学金、野村保惠(日本)助学金等。

【国家助学贷款及其补助】

1987年9月7日,上海市财政局、市高等教育局颁发《普通高等学校本、专科学生实行贷款制度的办法》,在同年入学的本科新生中全面实行。1988年,学校制订《本、专科学生实行奖学金和贷款制度暂行办法》,对学生实行奖学金和贷款项目。1991年,学校制订《本、专科学生贷款偿还实施办法》,进一步完善贷款制度,做好贷款毕业生的还款教育工作,严格履行还款协议,鼓励毕业生到基层、生产第一线和条件艰苦的地方去工作。

1997年9月,上海市教委颁发《上海普通高校助学贷款管理暂行办法》。学校开始实施国家助学贷款,同时在学生中开展大学生贷款、考试、就业等诚信教育。1999年,上海市财政局、市教委颁发《上海高校经济困难学生学费减免办法》及继续执行《普通高等学校本、专科学生实行贷款制度的办法》的通知及《国家助学贷款管理操作规程(试行)的通知》,对贷款对象、条件、金额核定、审批与发放、贷款期限、贴息等作出规定。1999年,学校国家助学贷款额度360万元,后增补77万元。2002年6月28日,上海市教委颁发《关于转发教育部〈关于建立国家助学贷款学生个人信息查询系统的通知〉及教育部办公厅〈关于高等学校切实配合经办银行做好国家助学贷款工作的通知〉的通知》,进一步落实"四定""三考核"("四定"指定学校、定范围、定额度、定银行;"三考核"指按月考核国家助学贷款申请人数和申请金额,按月考核各经办银行审批人数和合同金额,按月考核发放人数和发放金额),利用网络平台做好信息数据采集和发布工作。

2006年4月,上海市教委转发《教育部办公厅关于建立国家助学贷款工作巡回督察、督办机制的通知》,规定定期报送普通高等学校国家助学贷款情况报表。同年同月,学校成立学生资助中心,办公室设在学生处,从组织、人员、机制上保障对学生的资助工作,具体负责学生奖学金、国家助学贷款、勤工助学、国家助学贷款补助、帮困补助、助学金、绿色通道等资助管理工作。同年10月,上海市教委、财政局、金融服务办公室、中国人民银行上海分行联合下发《关于建立上海市国家助学贷款工作督察、督办机制的通知》。同年秋,学校在为经济困难学生开设"绿色通道"的经验基础上,设立"无缝隙绿色通道",实现程序节点的无缝隙对接。"面上无缝隙",是防止确实有经济困难的学生因不能及时提供困难证明而不能报到,对没有按时报到的学生,告知学校绿色通道政策和其他帮困助学措施,实现未报到者不遗漏。"线上无缝隙",即绿色通道贯穿学生学习和生活全过程,采取助学贷款、勤工助学、助学金、奖学金、补助等相关帮困措施,完成绿色通道的延续性。经过不断实践和完善,逐步建立起以"奖、贷、勤、助、补、减"六条主线和"绿色通道"等多元资助措施相结合的资助体系,从制度上基本解决家庭经济困难学生就学问题。

2007年6月,财政部、教育部颁发《普通本科高校、高等职业学校国家助学金管理暂行办法》。学校执行上述文件,2006—2007学年共资助本科生8 599人,计1 460.3万元;资助研究生680人,计187万元。2007—2008学年,国家助学贷款计划达到900万元。

2011年,学校制订《国家助学贷款及补助实施细则》,对发放对象、申请条件、提供材料、办理手续、还款方式以及补助措施等进行规定。学校对学生进行诚信教育,建立并完善学生诚信档案。学校对品学兼优且通过国家助学贷款完成学业的特困学生实施国家助学贷款补助。

【其他帮困措施】

除对家庭经济困难学生进行物质帮助之外,学校也采取多种措施帮助贫困学生在学业、心理、人格等方面不断进步和完善。如建立师生联系制度促进师生交流,参与师生联系的教师与几位贫困生建立"结对帮扶"关系,定期与学生谈心,交流学习与生活心得,了解其学习和生活困难,并提供力所能及的帮助;通过心理讲座、团体活动、座谈会、文体活动等形式,帮助贫困生克服自卑心理,融入学校大家庭,促进贫困学生身心健康发展;通过"岗位联赛"增进贫困生之间的交流,2003年5月举行的第一届勤工助学岗位大联赛有长绳赛、篮球赛、趣味赛等多项群体比赛;通过设立帮困奖学金——自强奖学金、评选勤工助学先进个人等措施,培养经济困难学生自强不息的精神;通过帮困助老、义务家教、希望小学支教等社会服务项目,培养学生奉献社会、回报社会的精神。

第五节 征 兵

学校响应国家号召,按时完成大学生征兵任务。

1950年10月25日,志愿军赴朝参战。同年12月,学校学生响应"抗美援朝、保家卫国"号召,积极应征入伍。当时学校学生仅250余人，参加应征入伍的有100多人。应征兵种有空军、海军、通信兵、医务兵、坦克兵、化学兵。1951年1月4日，国防军事干部学校招生委员会通知，批准学校报名参加军事院校学生计49人，其中分配去空军学校7人、海军学校33人、陆军化学兵学校8人、陆军通讯兵学校1人。同年7月3日，副校长黄亚成向全体学生作关于参加军事干校的动员报告。报名者有33人，后录取9人，其中空军学校2人、海军学校4人、空军气象学校3人。1963年1月，学生参军录取5人。

2001年9月5日，根据国务院、中央军委修改颁发的《征兵工作条例》，学校被列为全日制高等学校在校学生征集新兵工作单位。

2004年，学校成立征兵工作领导小组，制订《关于做好2004年在我校学生中征集新兵的工作实施意见》，把"依法履行兵役义务，弘扬爱国主义精神"作为主要内容，营造参军光荣的氛围。为向部队输送身体素质好、政治思想过硬的兵员，学校在政审上严格把关。学生入伍后，学校派员到部队看望和慰问，了解他们在部队的思想、学习、训练、身体等情况，鼓励他们磨炼自己，努力成才。

2007年11月，学校根据国家和上海市政府关于征集在校大学生服兵役的有关文件精神，结合学校实际情况，制订《上海水产大学学生应征入伍优待政策（试行）》，对入伍时学习课程成绩的确定、毕业班学生提前毕业、转专业、专升本、直升硕士研究生、就业推荐等给予优惠政策，以及在政治荣誉、经济奖励、奖学金评定、学费减免等方面作出明确规定。

2010年，学校根据上海市民政局、市教委、市财政局《关于印发〈上海市退役士兵参加学历教育学费补贴发放办法〉的通知》文件精神，修订《上海海洋大学学生应征入伍优待政策》，规定学生退伍后两年内复学的，可在其毕业时向所在区县民政部门申领上海市退役士兵参加学历教育学费补贴，但应先缴纳当学年第二学期及后续学习年限学费。主要内容有：学费补贴的发放标准为普通高校每生每年最高不超过6 000元；成人高校每生每年最高不超过3 000元。教材费等其他费用不列入学费计算范围。学费补贴发放的年限，按照退役后首次就读的学制年限计算，复学的退伍生按照学制剩余的年限计算。退伍生在校学习期间低于相应学制规定年限，且按照实际学习年限交纳学费的，按照实际学习时间计算。复学的退伍生入伍前在校学习时间不计入学费补贴年限。

2004—2011年，学校连续8年完成征兵工作，先后有178名学生应征入伍，其中男兵125人、女兵53人。学校对应征入伍的应届毕业生授予校优秀毕业生荣誉称号，对其中中共正式党员授予校优秀共产党员称号、共青团团员授予校优秀团员称号。对入伍入党积极分子，学校向部队推荐其作为重点培养对象；已列为发展对象的学生，由党支部及时研究其入党事宜。对于入伍学生，学校给予一次性经济奖励8 000元。

2008—2011年，根据上海市政府征兵办、市教委、市民政局等8个部门2008年颁布的《关于本市2008年从普通高等学校毕业生中直接招收士官工作的实施意见》，学校毕业生中有2人应征入伍。

第五章 招生与就业

第一节 招 生

一、本科生

【实业学校本科】

江苏省立水产学校时期设预科和本科(专门性质的渔捞科、制造科、养殖科)。预科一年成绩合格的学生方可进入本科学习三年。民国元年(1912年),招收预科生68人,生源为完全高等小学毕业生,一年后分别进入渔捞科、制造科。民国3年起,改为预科二年、本科二年,同年,录取渔捞科、制造科预科生42人,插班生1人。同年8月,改为秋季招生,录取预科生34人。民国4年,录取预科生40人,后升入制造科。民国5年至8年,分别招收预科生31人、66人、44人、59人。民国9年,录取预科生70人。民国10年,养殖科首次招生。至民国26年,渔捞科、制造科基本每年招生,养殖科间或招生。民国13年,开始招收航海专科新生,学制三年,生源为高中或初中毕业生,培养商船航海和高级渔业技术人员。民国14年,增招远洋渔业专科。民国16年,招收初中毕业生,学制改为四年。民国17年和民国18年,继续招生。民国18年,航海专科、远洋渔业专科合并为渔航专科招生。次年,渔航专科停止招生,仅办渔捞科、制造科。民国26年,"八一三"事变爆发,校舍被毁,学校停办。

【高等教育本科】

1952年,全国高等学校进行院系调整,学校更名为上海水产学院,学制四年。原专科全部停招。同年,设置海洋捕捞、航海、水产养殖、水生生物(水产生物)、水产加工5个专业,招收新生180人,原五年制渔捞科、制造科学满两年转入本科学生36人。附设水产技术学校继续招收新生300人。次年,航海、水生生物2个本科专业暂停招生,其他3个本科专业招生80人,生源全部为附设中专的应届毕业生。

1954年、1955年招生专业不变,分别招收新生49人和110人,生源为应届水产中专毕业生和高中毕业生。

1956年,学校增设鱼类学与水产资源本科专业。招生总数增至408人。

1957年3月,中央水产部、高教部确定学校招生专业为工业捕鱼、水产养殖、水产加工3个专业,鱼类学与水产资源专业停办,实际招生119人。

1958年,随着工农业生产和苏浙两省对海水养殖专业人才需求增长,招生规模扩大,达319人。根据水产部、高教部提出的人才培养要求,学校调整已招生的3个专业,将工业捕鱼专业分为工业捕鱼和渔业机械2个专业(1956年和1957年入学的工业捕鱼专业学生也同样分为这2个专业);将1956年和1957年入学的水产养殖专业学生分为淡水养殖和海水养殖两个专业;水产加工专业的新生,分别转入新成立的罐头食品工艺和冷冻工艺两个专业学习。

1960年，水产部决定扩大学校的发展规模，批准同年扩招，学校招收新生282人。1961年，为贯彻中共中央"调整、巩固、充实、提高"八字方针，招生数有所压缩。1961年、1962年分别招生219人和206人。

1963年，水产部确定学校最大发展规模为1 500～2 000人，保留海洋捕捞、水产资源、淡水养殖、海水养殖、水产品加工工艺、渔业机械、罐头食品工艺、制冷与冷藏工艺等8个专业，学制五年。招生规模有所恢复，1963年、1964年分别招生305人、309人。

1965年，水产部核定学校招生专业5个，即海洋捕捞、水产资源、淡水养殖、水产品加工工艺、制冷与冷藏工艺，计划招生200人，实际录取198人。

1952—1965年，随着国家经济发展和形势变化，学校本科招生专业不断调整，招生规模也不断变化，生源范围不断扩大，由华东地区扩展到四川、湖北、广东、河北、辽宁等省。

1966—1971年，因"文化大革命"停止招生。

表3-5-1　1952—1965年本科招生人数统计表

专　业	1952	1953	1954	1955	1956	1957	1958	1959	1960	1961	1962	1963	1964	1965
海洋捕捞（工业捕鱼）	37	22	15	26	152	32	52	38	39	29	68	78	64	50
航海	34	—	—	—	—	—	—	—	—	—	—	—	—	—
水产养殖	49	21	18	53	—	—	—	—	—	—	—	—	—	—
淡水养殖	—	—	—	—	58	29	90	64	48	29	39	61	64	70
海水养殖	—	—	—	—	—	—	37	22	70	27	34	19	22	28	41
水产生物	46	—	—	—	—	—	—	—	—	—	—	—	—	—
鱼类学与水产资源	—	—	—	—	—	—	40	—	—	32	24	18	40	32	29
水产加工	51	37	16	31	67	19	15	22	36	30	32	38	39	20
渔业机械	—	—	—	—	—	54	—	20	—	54	36	—	33	41
渔业电子仪器	—	—	—	—	—	17	—	—	—	—	—	—	—	—
冷冻工艺	—	—	—	—	—	—	32	19	15	27	27	27	28	29
罐头食品工艺	—	—	—	—	—	—	33	17	24	25	—	—	—	—
合　计	217	80	49	110	408	119	312	187	282	219	206	305	309	198

说明：1952年合计人数包括专科转入本科的36人。海洋捕捞专业1956年改为工业捕鱼专业，1963年恢复原名。水产养殖专业1958年后分为淡水养殖和海水养殖2个专业。水产加工专业1956年改为水产品加工专业，1958年改为水产品加工工艺专业。鱼类学与水产资源专业1960年改为水产资源专业。冷冻工艺专业1963年改为制冷与冷藏工艺专业。表格中"—"代表无。

1972年，学校迁往厦门后，同年10月招收渔业机械、淡水渔业（原淡水养殖）和制冷工艺3个专业新生99人，生源为各单位推荐的具有初中以上文化程度、有两三年实践工作经验的工农兵青年（通称工农兵学员），学制三年。1972—1976年，共招收工农兵学员5届，共计896人，其中1976年招收的学员于1977年2月进校。

1977年秋，全国恢复高等学校统一招生考试制度，恢复大学本科四年制学制。学校于1977年、

1978年分别招收新生355人和371人,其中1977年的新生于1978年2月进校。

在厦门办学期间,招生专业由迁校初期的3个逐步扩大到淡水渔业、海水养殖、海洋渔业资源、海洋捕捞、渔业机械、渔船设计与制造、渔船动力机械、渔业电子仪器、水产品加工工艺、制冷工艺和罐头食品工艺11个,招收规模也逐渐增加,共招生1 772人,其中工农兵学员896人。

表3-5-2 1972—1979年招生人数统计表

专　　业	1972	1973	1974	1975	1976	1977	1978	1979
海洋捕捞	—	29	30	28	25	33	31	—
海洋渔业资源	—	—	—	—	—	—	31	20
淡水渔业	30	39	42	40	49	62	40	40
海水养殖	—	15	40	28	27	62	40	—
水产品加工工艺	—	27	30	—	—	33	37	—
制冷工艺	30	42	42	41	45	65	40	40
罐头食品工艺	—	—	—	—	—	—	38	—
渔业机械	39	41	—	—	30	33	37	—
渔船动力机械	—	—	—	—	39	34	37	26
渔业电子仪器	—	—	—	29	29	33	40	24
渔船设计与制造	—	—	—	—	10	—	—	—
合　　计	99	193	184	166	254	355	371	150

说明:1972—1976年为三年制,1977—1979年为四年制本科。表格中"—"代表无。

1979年5月,国务院批准上海水产学院在上海原址复校,厦门水产学院在厦门继续办学。同年8月,两校在厦门分别面向全国招生,上海水产学院招收新生150人。1980年,学校在上海面向全国招收海洋渔业资源、海水养殖、制冷工艺等3个专业新生80人。根据教育部、国家计委、财政部联合颁发《高等学校接受委托培养学生的实行办法》,学校在统一招生、择优录取、定向招生、定向分配的前提下,1983年开始适量招收委培生、定向生。1984年,海洋捕捞、海洋渔业资源、渔业机械、水产品加工工艺、制冷工艺、罐头食品工艺、淡水渔业和海水养殖8个本科专业招收新生270人。

表3-5-3 1980—1985年本科招生人数统计表

专　　业	1980	1981	1982	1983	1984	1985
海洋捕捞	—	30	25	30	30	20
海洋渔业资源	20	—	—	—	20	20
淡水渔业	—	29	65	70	40	60

(续表)

专　业	1980	1981	1982	1983	1984	1985
海水养殖	30	—	25	—	20	20
水产品加工工艺	—	30	35	39	40	57
制冷工艺	30	—	—	40	40	30
罐头食品工艺	—	—	25	52	60	60
食品工程	—	—	—	—	—	20
渔业机械	—	30	25	—	20	28
渔业经济管理	—	—	—	—	—	20
合　计	80	119	200	231	270	335

说明：表格中"—"代表无。

1985年11月，学校更名为上海水产大学，设10个本科专业，招收本科生335人。同年，根据《中国教育改革和发展纲要》提出进一步改革招生录取制度、扩大高校在录取中的自主权规定，学校可在按招生数120%投档线内的考生中，按专业特点择优录取。1986年起，学校招生规模相对稳定。1986—1994年，每年招生数稳定在301～355人。1987年，根据国家教育委员会、国家民族委员会决定，招收新疆少数民族学生40人，在当地学习汉语两年后，于1989年9月1日入学进入淡水渔业专业本科学习。1989年，在上海开始招收一定数量的保送生。

1994年，本科专业实行按系招生，实行学分制，除海洋渔业系外，其余各系本科生两年后可在各自院（系）内自由选择专业。为吸引优质生源报考，学校第一次设置新生奖学金，对报考学校一志愿符合条件的考生按不同条件奖励。学校为加强招生工作管理、规范招生纪律、提高招生人员素质，制订《招生人员选拔条例》《招生工作人员准则》。

1996年，学校参加全国本科招生并轨试点，根据收费属地化原则，兼顾考生家长经济承受能力，采取相应收费标准：水产类特殊专业免收学费，与联想集团合办的联想计算机学院的有关专业，每年学费4 000元，其他专业每年收费2 600～3 000元。部分水产类专业首次参加上海选送生招生，录取比例20∶1。同年，学校参加上海市"三校生"高考改革，单独命题考试招收中专、职校、技校毕业生。次年，开始招收体育预科生。

1998年，学校采取"走出去、请进来"的方法，参加上海及外省招生咨询，并举办上海地区中学校长座谈会，使学校一志愿率提高13%。同年，制订《招生工作实施意见》，进一步规范招生工作。

1999年，学校为拓宽招生渠道，探索异地办学新模式，先后与江西农业大学、湖南常德师范学院、山东烟台师范学院联合培养本科生，3个省录取的新生在当地学区学习两年基础课后，回到学校本部进行专业学习。当年招生总数为998人。

2000年，学校隶属关系改为中央与地方共建，以地方管理为主。学校调整招生工作方针，在坚持为沿海、沿湖、沿江地区服务的同时，确立"扎根上海，立足华东，服务全国"的工作目标。同时，学校参加上海市高考制度改革，首批完成"两招、两考"试点工作，开始春季、"专升本"招生，并首次在上海试行远程网上录取。同年，招生总数首次突破千人，达1 210人。

表 3-5-4 1986—1993年本科招生人数统计表

专　　业	1986	1987	1988	1989	1990	1991	1992	1993
海洋捕捞	30	—	—	—	—	—	—	—
海洋渔业	—	30	32	24	25	23	25	25
海洋渔业资源	30	30	21	22	—	—	—	—
渔业资源与渔政管理	—	—	—	—	20	21	20	20
淡水渔业	64	60	55	62	40	49	50	70
海水养殖	31	30	20	19	20	22	20	30
水生生物	—	—	19	21	20	19	20	25
农（畜、水）产品贮藏与加工	—	—	25	23	30	30	30	30
制冷工艺	33	—	—	—	—	—	—	—
制冷与冷藏技术	—	35	30	27	36	34	35	35
食品科学	30	30	30	19	25	24	25	25
食品工程	33	60	26	23	25	28	30	30
机械设计及制造	30	35	25	25	31	30	30	35
渔业经济管理	41	40	35	36	33	37	36	30
合　　计	322	350	318	301	305	317	321	355

说明：海洋捕捞专业于1986年改为海洋渔业专业；海洋渔业资源专业于1990年改为渔业资源与渔政管理专业；制冷工艺专业于1986年改为制冷与冷藏技术专业。表格中"—"代表无。

表 3-5-5 1994—1996年本科招生人数统计表

院、系、专业	1994	1995	1996
渔业学院※	—	83	—
生命科学系	—	30	—
水产养殖系（含淡水渔业和海水养殖专业）	60	—	80
生物技术专业	—	—	30
工程技术学院※	—	139	—
海洋渔业系	25	26	—
海洋渔业专业	—	—	30
渔业资源与渔政管理专业	—	—	30
环境科学系	40	—	—
机械设计及制造专业	—	—	60
机电工程系	35	—	—
计算机及应用专业	—	—	80

(续表)

院、系、专业	1994	1995	1996
食品学院※	—	85	—
食品科学技术系(含食品科学与工程、农产品贮运与加工、水产品贮藏与加工专业)	50	—	120
制冷与空调工程系(含冷冻冷藏工程、供热通风与空调专业)	35	—	80
食品加工工艺系	40	—	—
国际贸易系(含渔业经济管理、会计专业)	—	—	75
国际贸易专业	—	—	35
经济贸易系	50	99	—
国际经济系	—	62	—
国际金融专业	—	—	35
英语(外贸)专业	—	—	52
合　　计	335	524	707

说明：标"※"号处按学院招生，入学一年后再分专业。表格中"—"代表无。

表 3-5-6　1997—2000 年本科招生人数统计表

专　　业	1997	1998	1999	2000
生物学(水生生物)	20	30	—	—
生物科学	—	—	36	72
生物技术	29	25	32	76
水产养殖	48	87	69	116
水产养殖(师资班)	30	—	—	—
海洋渔业科学与技术(海洋渔业)	58	59	60	49
农业资源与环境	—	—	—	—
食品科学与工程	136	113	130	100
食品科学与工程(新疆班)	28	—	—	—
食品科学与工程(春季)	—	—	—	22
制冷与空调工程系	86	89	—	—
热能与动力工程	—	—	65	73
建筑环境与设备工程	—	—	41	35
计算机及应用	102	92	166	—
计算机科学与技术	—	—	—	100
计算机科学与技术(春季)	—	—	—	35

(续表)

专　　　业	1997	1998	1999	2000
机械设计制造及自动化	59	57	74	46
经济管理系	60	107	—	—
农林经济管理	—	—	46	30
国际贸易	36	35	—	—
国际经济与贸易	—	—	64	153
金融学	—	—	64	83
会计学	—	—	61	64
行政管理	—	—	—	46
英语（外贸）	50	24	90	—
英语	—	—	—	61
日语	—	—	—	49
合　　　计	742	718	998	1 210

说明：表格中"—"代表无。

2001年，学校学海路校区建成，本科招生规模为2 708人，是2000年的271%。其中，上海生源比例较大幅度提高，占招生人数的64%。同年，学校增设环境工程、信息管理与信息系统、市场营销等3个本科专业；计算机学院增设3个专业方向，并参与上海市自主招生政策试点工作，探索与企业联合培养应用型人才模式，与托普集团联合培养本科计算机科学与技术专业，招收本科生793人。

2002年，学校为适应社会需求，提高本科招生比例，与托普集团联合培养的高职专业停招。学校继续多方面的人才培养模式及招生政策的改革，本科部分专业按二级专业目录大类招生；在与企业联合培养应用型人才基础上进一步探索国际高等教育合作，在培养模式和双语教学等方面进行有益尝试，学校与澳大利亚塔斯马尼亚大学联合培养信息管理与信息系统（环境信息系统方向）专业首次招收新生318人。为进一步深化自主招生政策改革，对一志愿报考学校的考生实施加分政策后，推出"上线录取、专业任选"的政策；学校招生办与学校团委配合组织艺术特长生春令营，通过测试的一志愿学生可享受加分录取的优惠政策。学校的自主招生政策推广至所有招生地区，对吸引生源、提高生源质量，起到积极的促进作用。招生工作全部实施网上录取。同年，增招信息管理与信息系统、环境工程、市场营销等3个专业。2002年招生总数突破3 000人，为3 224人。

学校进一步加大自主招生力度，明确对有特殊专长的学生使用2%自主招生权。学校为满足艺术团选拔优秀人才需要，对一志愿报考的春令营测试A级考生实施"资格线上录取至一志愿专业"的政策；针对2003年"非典"，学校招生办在坚持现场咨询的同时加强网络招生宣传，建立学校招生网站，开通电子邮件咨询服务；同年录取工作安排在学海路校区进行，采取分组封闭式录取方式。增招信息与计算科学、工业工程、环境科学3个本科专业及水产养殖都市渔业方向。

2004年，学校继续扩大招生地区，达到24个省、直辖市、自治区。同年12月，学校单独成立招生与就业工作办公室。

2005年,为减少高分退档率,学校招生委员会确定对进档考生先实施校内1∶1投档,设置专业志愿级差分的录取办法。学校为吸引高端优质生源,设立了高额新生奖学金。贯彻落实教育部高校招生"阳光工程",开始参加教育部组织的阳光高考信息平台的招生宣传工作,同时推进学校招生"阳光工程"建设,招生章程、录取结果等招生信息向社会公开。2005年以后,教育部对定向招生地区和企业性质加以限制,学校的定向招生大幅度缩减,招生地区仅剩新疆。同年招生总数为2 782人。

2006年,学校招生委员会决定取消专业志愿级差、恢复志愿优先的录取办法。同时,鉴于自主招生政策在部分省市实施困难,取消外省市加分政策,并为部分高分新生推出新生重选专业政策。

2007年,招生范围扩大到31个省、直辖市、自治区。经上海市教委批准,水产养殖、食品科学与工程专业列入上海市第一批本科招生计划。同年,通过测试录取保送生11人,停止招收体育特长生,并允许新生转入中外合作办学专业。

2008年,主要生源地上海市实施平行志愿投档办法。为保证特色专业生源质量,学校经上海市教委批准,将水产养殖、农林经济管理专业调整至提前批招生,生物科学专业调整至第一批本科招生。招生办以新校名为亮点,加强招生宣传力度,首次将《招生简章》制作成册,同时制作招生宣传光盘,开展平面、立体全方位的招生宣传工作。在录取方法上,进一步明确同分的录取规则,生源质量得到很大提高,奠定平行志愿后学校在主要生源地区招生的位置。同年,开始执行教育部教育平衡政策,逐年增加西部招生计划名额。同时,在全国范围内招收少数民族预科班,学校招收预科生34人,列入次年招生计划,招收的预科班学生在教育部指定学校进行一年基础课学习后第二年返回上海海洋大学就读本科,按预科期间学习成绩和学生志愿分配专业。取消了新生奖学金和新生转专业政策。

学校从2009年开始招收新疆高中班考生,录取该类别本科新生13人。新增社会工作本科专业和食品科学与工程(食品物流工程方向)、物流管理(食品物流管理方向)2个本科专业方向。

2010年,全国大部分地区实行平行志愿投档形式。为此,学校取消对进档考生的校内1∶1投档办法。此前在上海招生的提前批、第一批本科专业,逐步推进至全国其他招生地区的相同批次招生。新增招生本科专业为空间信息与技术、海洋技术(海洋测绘方向)。同年,教育部指定学校承担新疆少数民族师资的定向培养任务,指令行政管理、英语专业各招25人,录取的50名民考汉(规定的少数民族考生在高考时使用与汉族考生同样一套试卷)预科班学生与原计划招收的其他地区预科班学生赴西南民族大学就读一年。

2011年,学校获得招收高水平运动员的招生资格,录取3人,其中一级运动员1人。学校第一批本科招生扩大至上海、海南、贵州、河南4省市。本科园林专业暂停招生。同年实际录取本科生3 078人,少数民族预科班74人(其中民考汉16人,预科学习年限为2年)。申请保留入学资格4人,取消入学资格152人(含预科班4人)。少数民族预科班预科培养学校更换到江西南昌工学院。至此,学校本科招生专业及专业方向47个,招生类别包括统招本科生、保送生、高水平运动员、定向生、新疆少数民族未就业大学毕业生培训班、少数民族预科班、"专升本"7类,录取批次覆盖提前批、本科一批、本科二批。

2000—2011年专升本学生人数统计:2000年30人、2001年79人、2002年127人、2003年119人、2004年284人、2005年206人、2006年85人、2007年38人、2008年47人、2009年110人、2010年145人、2011年112人。

表 3-5-7　2001—2005年本科招生人数统计表

专　　　　业	2001	2002	2003	2004	2005
生物科学	101	97	90	63	75
生物技术	63	66	79	57	69
生物技术（海洋生物制药方向）	50	65	109	85	88
水产养殖	133	103	89	94	99
水产养殖（都市渔业方向）	—	—	61	—	—
水族科学与技术	—	—	—	68	97
海洋渔业科学与技术	60	47	60	60	70
农业资源与环境	28	69	64	60	71
环境科学	—	—	61	60	74
环境工程	—	60	60	60	68
食品科学与工程	116	178	162	90	119
食品质量与安全	—	—	—	88	90
热能与动力工程	79	61	73	87	89
建筑环境与设备工程	41	40	62	100	98
机械设计制造及自动化	121	157	150	162	145
工业工程	—	—	62	60	60
信息与计算科学	—	—	101	60	60
信息管理与信息系统（环境信息系统方向）	—	318	191	164	204
信息管理与信息系统	—	102	144	154	95
计算机科学与技术	293	260	219	153	98
计算机科学与技术（托普）	793	621	201	—	—
物流管理	—	—	—	153	87
农林经济管理	58	116	101	105	91
国际经济与贸易（包括春季）	254	198	163	115	84
金融学	109	123	153	120	93
会计学	92	—	—	102	98
市场营销	—	—	—	101	55
市场营销（国际商务方向）	—	—	194	273	204
工商管理类	—	200	208	—	—
行政管理	139	152	162	107	121
英语	101	95	101	120	58
日语	77	96	123	125	122
本科合计（不含专升本）	2 708	3 224	3 243	3 046	2 782

说明：表格中"—"代表无。

表 3-5-8　2006—2011年本科招生人数统计表

专　　业	2006	2007	2008	2009	2010	2011
生物科学	62	87	14	34	28	34
生物科学(海洋生物方向)	—	75	39	28	23	35
生物技术	62	85	63	61	47	36
生物技术(海洋生物制药方向)	88	131	89	87	63	64
动物科学(动物营养与饲料方向)	56	47	60	40	29	36
水产养殖	92	56	60	57	55	66
水族科学与技术	64	48	61	66	62	57
园林(水域生态景观方向)	58	44	61	—	62	—
海洋渔业科学与技术	60	33	70	62	60	60
海洋渔业科学与技术(海洋管理方向)	—	35	—	—	—	—
海洋科学(海洋生物资源方向)	—	—	32	36	30	37
海洋科学(环境海洋学方向)	—	—	28	38	30	35
海洋技术	—	101	74	32	30	34
海洋管理	—	—	63	32	27	37
环境科学	61	99	61	62	33	37
环境工程	62	59	71	62	63	60
农业资源与环境	49	19	—	—	—	—
农业资源与环境(海洋生物资源与环境方向)	—	23	—	—	—	—
食品科学与工程	123	112	88	56	62	59
食品科学与工程(食品物流工程方向)	—	—	—	37	15	37
食品质量与安全	93	103	92	90	61	64
热能与动力工程	84	79	61	66	61	66
建筑环境与设备工程	101	81	90	91	105	93
信息与计算科学	60	90	60	50	63	83
信息管理与信息系统	81	63	89	59	63	61
信息管理与信息系统(海洋信息技术方向)	—	—	23	35	196	—
信息管理与信息系统(环境信息系统方向)	200	208	206	198	61	230
计算机科学与技术	98	93	90	118	87	128
机械设计制造及其自动化	135	121	121	123	112	148
机械设计制造及其自动化(轮机工程方向)	—	30	—	—	88	—
工业工程	58	50	61	59	71	65
电气工程及其自动化	—	48	60	57	67	76

(续表)

专　　　业	2006	2007	2008	2009	2010	2011
包装工程	—	48	62	60	60	41
农林经济管理	50	49	46	53	58	66
金融学	97	108	94	100	63	86
国际经济与贸易	112	103	96	92	105	96
会计学	108	95	90	95	96	83
食品经济管理	—	57	67	94	94	94
市场营销	58	73	91	70	64	66
市场营销(国际商务方向)	207	199	193	204	207	230
物流工程	—	—	58	62	64	63
物流管理	123	108	90	56	48	53
物流管理(食品物流管理方向)				37	40	42
行政管理	140	85	89	73	69	35
行政管理(劳动与社会保障方向)	—	—	59	36	90	81
英语	58	91	89	120	37	60
日语	136	135	118	78	126	124
朝鲜语	—	46	65	62	87	63
社会工作	—	—	—	43	63	57
少数民族预科班	—	—	34	36	37	74
本科合计(不含专升本、少数民族预科班)	2 836	3 217	3 228	3 107	3 162	3 152

说明：表格中"—"代表无。

二、专科生

民国13年,设立航海专科,连续招收4届学生。民国14年,设立远洋渔业专科,连续招收2届学生。两专科均招收高中或初中毕业生,学制三年。

抗日战争胜利后,学校于民国36年复校,成立上海市立吴淞水产专科学校,招收初中毕业生,五年制专科建制。次年2月,分别招收渔捞科一年级26人、二年级38人;9月,招收渔捞科30人、制造科25人。招生地区为上海、厦门、广州、青岛和台湾5省市。1949年,经上海市军管会文化教育管理委员会同意,在闵行的江苏省立水产职业学校并入吴淞水产专科学校,共有学生60人,设职业部,同年又招收渔捞科52人、制造科48人。1950年秋,增设招收高中毕业生、学制三年的养殖专科,招收30人。

1951年,学校更名为上海水产专科学校,设渔捞、制造、养殖等3个三年制专科,招收1届高中毕业生。同年,浙江省乍浦国立高级水产职业学校并入上海水产专科学校,与职业部合并,成立附设水产技术学校。学制三年,属中专学历,设渔捞、制造、养殖、轮机4科和1个渔村师范班,招收初中毕业生或同等学力考生。至此学校共有专科学生305人、中专学生337人。

1983年,学校根据上海郊区工农业发展需要,应上海市高教局要求设立两年制机械制造工艺与设备专科专业,1984年应轻工部要求增设食品工艺、食品工艺(饮料)和食品检验3个专科专业,加上所增设的渔业经济管理、海洋捕捞、轮机管理等3个专科专业,共有7个专科专业招生。同年招生总数为201人。

表3-5-9　1983—1985年专科招生人数统计表

专　　　科	1983	1984	1985
海洋捕捞	—	24	26
淡水渔业	—	—	38
食品工艺	—	28	24
食品工艺(饮料)	—	26	40
食品检验	—	27	35
机械制造工艺与设备	78	32	24
渔业经济管理	—	41	37
轮机管理	—	23	30
合　　　计	78	201	254

说明:表格中"—"代表无。

1985年11月,学校设8个专科专业,招收专科生254人。1986—1994年,专科生招生数有所增加。1995年,学校利用社会力量联合办学,与上海新亚集团合作,建立食品工艺(营养与烹饪)专科专业,招收新生30人。

1999年,学校成立高等职业技术学院。同年,因招收大专或高职生只能二选一,经上海市教委协调,以上海轻工业高等专科学校名义招收水产养殖和食品工艺2个高职专业新生123人,于2000年将关系转回上海水产大学。普通专科最后一年招生,海洋船舶驾驶、特种水产养殖、市场营销、秘书、日语等5个专业录取新生182人。

2000年,专科全部按高职招生,按国家规定,高职专科和普通专科毕业文凭同等对待。同年录取文秘、食品工艺、制冷与空调技术、计算机技术与应用、水产养殖、运输动力机械管理等6个专业共500人,录取的新生都在民星路上海水产学校校区就读。

表3-5-10　1986—1992年专科招生人数统计表

专　　业	1986	1987	1988	1989	1990	1991	1992
淡水渔业	31	30	30	—	35	32	36
海洋捕捞	20	—	20	—	—	—	—
轮机管理	21	18	20	—	20	25	24
食品检验	35	30	32	29	30	31	44

(续表)

专　业	1986	1987	1988	1989	1990	1991	1992
食品工艺	41	—	—	—	—	—	—
食品工艺（饮料）	—	40	40	38	40	40	40
财务会计	—	40	—	29	30	29	36
水产科技英语	—	—	—	19	20	21	48
合　计	148	158	142	115	175	178	228

说明：表格中"—"代表无。

表 3-5-11　1993—2000 年专科招生人数统计表

专　业	1993	1994	1995	1996	1997	1998	1999	2000
淡水渔业	30	—	—	—	—	—	—	—
水产养殖	—	—	—	—	—	—	—	50
特种水产养殖	30	30	30	29	30	15	23	—
海洋船舶驾驶	—	—	—	35	25	31	29	—
船舶驾驶	—	30	24	—	—	—	—	—
轮机管理	20	25	25	35	25	31	—	—
环境保护（水域）	—	25	26	30	—	—	—	—
食品检验	30	40	30	—	—	—	—	—
食品工艺（饮料）	34	—	—	—	—	—	—	—
食品工艺（营养与烹饪）	—	—	30	30	—	—	—	—
食品工艺	—	—	—	—	—	—	—	100
制冷与空调技术	30	35	35	—	—	—	—	100
计算机技术与应用	—	—	—	—	—	—	—	100
运输动力机械管理	—	—	—	—	—	—	—	50
机电工程	25	30	—	—	—	—	—	—
信息管理	30	30	30	—	—	—	—	—
市场营销	—	30	30	32	22	25	46	—
财务会计	30	30	—	—	—	—	—	—
财务会计（涉外）	35	35	40	—	—	—	—	—
秘书	—	—	—	30	30	25	27	—
文秘	—	—	—	—	—	—	—	100
水产科技英语	20	25	—	—	—	—	—	—

(续表)

专　　业	1993	1994	1995	1996	1997	1998	1999	2000
英语(商贸)	—	—	25	—	—	—	—	—
英语(科贸)	60	25	26	—	—	—	—	—
日语	—	—	—	—	—	—	57	—
日语(商贸)	25	—	—	25	16	24	—	—
日语(科贸)	—	—	25	—	—	—	—	—
日语(旅游)	—	25	—	—	—	—	—	—
合　　计	399	415	376	246	148	151	182	500

说明：表格中"—"代表无。

2001年，学校参与上海市自主招生政策试点工作，探索与企业联合培养应用型人才模式，与托普集团联合培养高职计算机技术与应用专业学生，招收高职生399人，联合培养的高职学生在托普信息技术学院就读，其他高职专业学生在学海路校区就读。

2002年，学校为适应社会需求，提高本科招生比例，与托普集团联合培养的高职专业停招。同年，录取高职新生304人。

2003年，学校参加上海"3+3"（即中专、职校或技校三年制毕业生，通过高校组织的单独考试，进入高校继续学习三年，成绩合格可获得高职毕业文凭，简称"3+3"）的招生试点，持续3年招收上海水产学校直升的"3+3"学生。同年，招收的统招高职考生也均为上海地区考生。

2011年，学校恢复高职计算机应用技术专业招生，高职轮机工程专业暂停招生，高职招生专业6个。同年，实际录取高职生342人。

表3-5-12　2001—2011年专科招生人数统计表

专　　业	2001	2002	2003	2004	2005	2006	2007	2008	2009	2010	2011
食品工艺	51	41	39	41	—	—	—	—	—	—	—
食品营养与检测	—	—	—	—	—	—	—	—	42	37	42
制冷与空调技术	—	—	35	21	—	—	—	—	—	—	—
制冷与冷藏技术	47	64	—	—	—	—	37	34	51	42	41
食品药品监督管理	—	—	—	—	—	—	44	44	54	47	40
轮机工程技术	—	—	—	—	—	39	36	33	34	45	—
运输与动力工程	—	—	—	—	60	—	—	—	—	—	—
物流管理	—	—	—	—	—	—	43	41	57	84	88
计算机技术与应用	144	—	—	—	—	—	—	—	—	—	—
计算机技术与应用(网络通信)	115	102	—	—	—	—	—	—	—	—	—

(续表)

专　　业	2001	2002	2003	2004	2005	2006	2007	2008	2009	2010	2011
计算机技术与应用（托普）	399	—	—	—	—	—	—	—	—	—	—
计算机应用技术	—	—	—	—	—	41	—	—	—	—	46
文秘	—	—	120	52	—	—	—	—	—	—	—
文秘（行政管理）	63	—	—	—	—	—	—	—	—	—	—
文秘（涉外）	155	97	—	—	—	—	—	—	—	—	—
英语（商贸）	41	—	—	—	—	—	—	—	—	—	—
商务英语	—	—	—	—	—	68	41	—	—	—	—
应用英语	—	—	—	—	—	—	44	45	87	76	85
合　　计	1 015	304	194	114	128	121	204	197	325	331	342

说明：表格中"—"代表无。

第二节　就　　业

一、本科毕业生

【统一分配】

1956—1959年，学校海洋捕捞、航海、水产养殖、水产生物、水产加工4届5个本科专业毕业生，有156人分配到21个省、直辖市、自治区工作，128人分配到水产部、食品工业部、中国科学院或留校工作。1960年，工业捕鱼、淡水养殖、海水养殖、水产品加工工艺及鱼类学与水产资源5个本科专业毕业生，由水产部、食品工业部分配的252人中，除去部队工作的2人外，有170人分配到27个省、直辖市、自治区，有80人分配到18个地方事业单位。

1961—1965年，学校工业捕鱼、渔业机械、渔业电子仪器、淡水养殖、海水养殖、水产品加工工艺、制冷与冷藏工艺、罐头食品工艺、水产资源9个本科专业毕业生分配面很广，除台湾地区和西藏自治区之外，遍及全国各省、直辖市、自治区。加工系的历届毕业生，除少数在水产系统外，多数分配到轻工业系统（食品）和商业系统的有关部门和单位。毕业生分配到新疆工作始于1959年，此后共有20余人先后分配至新疆。1965年，部分毕业生分配到县以下的乡镇机关进行锻炼后，再分别分配到有关业务部门任职。

1967—1970年，学校毕业生分配面相当广泛，遍及24个省、直辖市、自治区，以及水产、石油两部直属单位。这一时期的毕业生先到油田、养殖场、军垦农场等基层锻炼，然后再逐步落实单位，毕业专业有工业捕鱼、淡水养殖、海水养殖、水产资源、渔业机械、水产品加工工艺、制冷与冷藏工艺7个专业。

1972—1979年在厦门办学期间，由于1975届毕业生全部是福建生源，都分配在福建。1976—1980届毕业生生源地，已遍及全国20多个省、直辖市、自治区，除少数毕业生外，原则上分配回生源地工作。

表 3-5-13　1956—1962 年本科毕业生人数统计表

专　　业	1956	1957	1958	1959	1960	1961	1962
海洋捕捞	32	23	15	29	—	—	—
工业捕鱼	—	—	—	—	101	—	38
航海	26	—	—	—	—	—	—
水产养殖	37	25	28	56	—	—	—
淡水养殖	—	—	—	—	67	—	38
海水养殖	—	—	—	—	44	—	26
鱼类学与水产资源	—	—	—	—	37	—	—
水产生物	37	—	—	—	—	—	—
水产加工	55	—	17	39	—	—	30
水产品加工工艺	—	45	—	—	91	—	—
渔业机械	—	—	—	—	—	41	6
渔业电子仪器	—	—	—	—	—	—	21
合　　计	187	93	60	124	340	41	159

说明：表格中"—"代表无。

表 3-5-14　1963—1970 年本科毕业生人数统计表

专　　业	1963	1964	1965	1966	1967	1968	1969	1970
工业捕鱼（海洋捕捞）	80	45	32	44	72	82	67	55
淡水养殖	96	69	53	38	45	65	65	72
海水养殖	78	32	41	27	26	29	41	—
水产资源	—	—	35	30	18	40	32	29
水产品加工工艺	22	24	35	43	36	41	40	20
罐头食品工艺	35	20	28	29	—	—	—	—
制冷与冷藏工艺	35	23	21	31	27	27	29	30
渔业机械	21	—	59	44	—	39	49	—
渔业电子仪器	—	—	23	—	—	—	—	—
合　　计	367	213	327	286	224	323	323	206

说明：表格中"—"代表无。

1979 年，学校迁回上海，1977 级渔业机械、渔船动力装置和渔业电子仪器 3 个专业以及 1978 级渔业机械和渔业电子仪器 2 个专业的本科生留在厦门水产学院，其余专业学生随迁上海。

1977 年秋，参加统一高考录取的海洋捕捞、淡水渔业、海水养殖、水产品加工工艺、制冷工艺 5 个专业的 253 名本科生，于 1982 年 1 月毕业。在国家统一计划下，采取抽成调剂、分级安排的办法,将人才培养和分配紧密结合。学校作为中央业务部门主管院校,主要任务是为本系统、本行业培养人才,又因"文化大革命",系统出现人才断层,故该届毕业生大都分配至国家水产总局、水产院校、渔业公司以及东海、黄海、南海水产研究所等单位就业。

1981—1985年,学校共有本科毕业生805人,其中少数民族1人。毕业生主要来自上海、江苏、山东、福建等14个省、直辖市、自治区。毕业生的分配主要根据教育部下达的调配计划,贯彻学用一致和优才优用的原则,面向基层、面向生产第一线,按照所学专业分配到合适的工作岗位工作。4年间,毕业生分配到农牧渔业部水产局及其所属单位98人,中央其他部委11人,各省、直辖市、自治区319人,外省生源跨省分配25人,录取研究生6人。毕业去向主要分布在农牧渔业部、轻工业局等省部级单位,辽宁、山东等各省市的海洋渔业公司以及厦门罐头厂、上海柴油机厂等地方企事业单位。

表3-5-15 1981—1985年本科毕业生人数统计表

专　　业	1981	1982	1983	1984	1985
淡水渔业	61	40	41	—	27
海水养殖	61	40	—	30	—
海洋捕捞	33	31	—	—	29
海洋渔业资源	—	30	21	18	—
水产品加工工艺	33	36	—	—	31
制冷工艺	65	39	39	31	—
罐头食品工艺	—	38	—	—	—
渔业机械	—	—	—	—	31
合　　计	253	254	101	79	118

说明:表格中"—"代表无。

1986—1992年,实行由国家负责按计划分配的制度,加强宏观计划管理,贯彻统筹安排、合理使用、保证重点、兼顾一般、面向基层、加强生产第一线的方针。学校结合水产学科的特点,本着专业对口、合理使用人才的原则,提倡毕业生到渔村、渔船、养殖场、工厂生产第一线去,为祖国水产事业和四化建设贡献自己的青春年华。毕业生分配地区除西藏、贵州、台湾外,覆盖全国28个省、自治区、直辖市和12个单列市。其中到农牧渔业部及其所属单位214人,到水电部、商业部、水利电力部等其他部属单位89人,到各省、直辖市、自治区所属单位1 315人,录取研究生20人,出国2人。

1986年,学校毕业生中首次出现研究生、本科生、大专生3个层次5个类别毕业生。1986—1992年,学校本科毕业生1 934人(含少数民族9人,计划内自费生2人),分属于16个专业。随着毕业生分配制度的改革,双向选择等竞争机制的引入,学校加强与各省、直辖市、自治区的横向联系,对重点单位保证输送相关专业人才,达到优才优用、人尽其才的目的。同时,学校先后与新疆商业厅、广西壮族自治区轻工业厅、湖北省第一轻工业厅、四川省轻工业厅等部门合作,接受委托,培养制冷工艺、罐头食品工艺等专业毕业生81人。

为扩大学校自主权,使毕业生切实满足用人单位需要,从1989年起,国家教委改变以往单纯由上级主管部门下达分配方案的办法,采取由学校制订建议分配方案,同时允许毕业生自己联系接收单位,在国家计划范围内,优秀毕业生在一定范围、一定地区内可优先选择去向的弹性原则。

表3-5-16 1986—1992年本科毕业生人数统计表

专　　　业	1986	1987	1988	1989	1990	1991	1992
淡水渔业	66	70	40	55	61	61	50
海水养殖	24	—	19	17	30	31	21
水生生物	—	—	—	—	—	—	19
海洋捕捞	25	30	26	18	—	—	—
海洋渔业	—	—	—	—	26	29	32
渔业资源	—	—	20	20	28	29	19
水产品加工工艺	28	38	39	29	—	—	—
农(畜、水)产品贮藏与加工	—	—	—	—	—	—	25
罐头食品工艺	24	49	63	56	1	—	—
制冷工艺	—	35	42	28	—	—	—
制冷与冷藏技术	—	—	—	—	27	37	30
食品科学	—	—	—	—	30	33	30
食品工程	—	—	—	19	32	61	26
渔业机械	25	—	17	—	—	—	—
机械设计及制造	—	—	—	21	28	35	26
渔业经济管理	—	—	—	20	39	40	35
合　　计	192	222	266	283	302	356	313

说明:表格中"—"代表无。

【学校推荐与自主择业】

自1993年起,国家高等院校毕业生的就业由原来的统一分配转为在一定范围内通过供需见面和双向选择来落实就业单位,就业方式发生根本转变。根据国家教委、农业部和上海市有关毕业生就业工作的方针、政策和原则,1993—1997年,毕业生就业主要实行供需见面、推荐就业和在一定范围内的双向选择办法,形成以校毕业生就业办公室为主,各院、系毕业生就业指导服务小组相配套的毕业生就业指导服务体系。

1993—1997年,学校共培养1 585名本科毕业生,其中自费生5人,毕业生生源分布在40个省、直辖市、自治区、计划单列市和兵团,专业有海水养殖、淡水渔业等12个专业。毕业生中录取研究生18人,自费出国1人,去西非远洋渔业船队实习39人,到中央部属企事业单位164人,到各省、直辖市、自治区基层单位就业的1 014人,跨省、直辖市就业403人,到边远省、自治区就业242

人。毕业生中外地生源在上海就业的有337人（主要从事艰苦行业的工作和留部属企事业单位），毕业生中到"三资"企业就业的134人，还有部分毕业生到各省、直辖市、自治区人事局进行2次分配。毕业生就业去向有中国原子能科学研究院、电子工业部第50研究所、海军后勤技术装备研究所等国家部属重点单位，还有各省、直辖市、自治区基层单位，如上海东海水产养殖公司、上海国福龙凤食品有限公司、大连三洋冷链有限公司、安徽恒大集团公司等。

1998年，由于国家机构改革方案的出台，中央各部委都在进行调整、兼并，加之现代企业制度的建立，经济体制转轨和经济结构调整，在改革中出现的三资、民营、私营、个体、乡镇企业人才需要量增加。于是学校加强了对毕业生的思想教育和就业指导，帮助毕业生主动适应社会主义市场经济体制的要求。同时学校在编制毕业生就业计划时，优先考虑本系统、本行业对人才的需要，优先考虑国家重点单位和基层单位对人才的需要，优先考虑生源所在地区的需要。遵循市场规律，注意专业对口和合理使用。1998—2000年，学校共培养1 505名本科毕业生，其中，自费生134人，定向及委培生42人，毕业生的生源分布在31个省、直辖市、自治区、计划单列市和兵团，有海水养殖、淡水渔业、机械设计及制造等17个专业，毕业生就业面涉及全国31个省、直辖市、自治区和计划单列市。毕业生中录取研究生45人，攻读第二学位4人，去西非和斐济远洋渔业船队实习30人。毕业生就业一次到位人数930人，到位率达到61.84％。到艰苦行业（养殖、船舶驾驶、轮机管理）、农业行业、生产一线工作的毕业生比例为61.26％。外地生源毕业生在上海就业的有607人，毕业生中跨省就业的377人。毕业生流向主要为厂矿、合资、独资、民营、私营、乡镇等企业及机关、事业单位、银行、部队、部属企业、自费出国等。

表3-5-17　1993—1999年本科毕业生人数统计表

专　　业	1993	1994	1995	1996	1997	1998	1999
淡水渔业	60	35	49	36	58	32	33
海水养殖	21	21	22	28	30	30	35
生物学（水生生物）	20	19	19	24	25	16	13
生物技术							27
海洋渔业	24	27	23	33	31	30	29
渔业资源	23						
渔业资源与渔政管理	—	19	21	20	19	16	1
农（畜、水）产品贮藏与加工	23	29	30	27	31	—	
食品科学	20	25	24	26	28		
食品工程	22	24	28	32	31		
食品科学与工程	—	—	—	—	—	89	83
制冷与冷藏技术	27	36	34	33	34		
冷冻冷藏工程	—					51	77
机械设计及制造	23	28	30	29	32	23	45
渔业经济管理	35	36	37	36	28	24	54

(续表)

专 业	1993	1994	1995	1996	1997	1998	1999
会计学	—	—	—	—	—	52	48
国际金融	—	—	—	—	—	—	57
合 计	298	299	317	324	347	363	502

说明：表格中"—"代表无。

2001—2007年，全国高校毕业生的就业基本确立"市场导向、政府调控、学校推荐、学生与用人单位双向选择"的就业制度，建立以地方管理为主的管理体制。其间，学校共培养本科毕业生13 094人，生源分布在28个省、直辖市、自治区和计划单列市，其中定向生301人，与托普集团合作培养1 471人，与澳大利亚塔斯马尼亚大学合作办学联合培养661人，毕业专业有生物技术、机械设计制造及其自动化、食品科学与工程等。7年里，学校本科生的就业人数达到12 926人，就业率为98.72%，毕业生中国家及地方项目就业127人，录取研究生653人，攻读第二学位9人，出国留学288人。外地生源毕业生在上海就业的2 035人。毕业生自主创业企业26家。毕业生的基本流向为厂矿、外资、合资、民营、私营、乡镇等企业及机关（省、市、区、县）事业单位（科研单位、大学、中学）、银行、部队、民航、攻读研究生和第二学位、西非远洋渔业船队实习和出国深造等。毕业生中70%的学生进入民营、私营及中外合资企业就业。大部分毕业生从事本专业，其中计算机及应用、建筑环境与设备工程、英语（外贸）、会计学、国际经济与贸易专业尤为突出。学校的特色专业水产养殖、海洋渔业科学与技术、食品科学与工程、农林经济管理专业的就业率均达到80%以上，其中水产养殖、海洋渔业科学与技术专业毕业生到相关水产行业就业的达到45%以上。

表3－5－18　2000—2007年本科毕业生人数统计表

专 业	2000	2001	2002	2003	2004	2005	2006	2007
淡水养殖	32	—	—	—	—	—	—	—
海水养殖	37	—	—	—	—	—	—	—
水产养殖	—	67	104	71	114	118	83	129
生物学（水生生物）	—	17	29	—	—	—	—	—
生物科学	—	—	—	37	77	93	97	85
生物技术	26	28	29	32	33	65	68	80
生物技术（海洋生物制药方向）	—	—	—	—	—	54	68	114
海洋渔业	32	—	—	—	—	—	—	—
渔业资源与渔政管理	27	—	1	1	—	—	1	—
海洋渔业科学与技术	—	55	66	64	53	66	42	59
环境科学	—	—	—	—	—	—	—	58
农业资源与环境	—	—	—	—	—	25	54	53

(续表)

专　　业	2000	2001	2002	2003	2004	2005	2006	2007
环境工程	—	—	—	—	—	—	60	65
食品科学与技术	108	122	128	—	—	—	—	—
食品科学与工程	—	—	—	123	123	124	193	180
冷冻冷藏工程	—	53	—	—	—	—	—	—
热能与动力工程	—	—	62	63	74	81	70	89
建筑环境与设备工程	—	—	33	37	29	45	42	54
制冷空调与工程	42	—	—	—	—	—	—	—
供热通风与空调工程	24	26	—	—	—	—	—	—
机械设计制造及其自动化	54	50	53	70	48	118	138	136
工业工程	—	—	—	—	—	—	—	58
计算机及应用	70	95	100	—	—	—	—	—
计算机科学与技术	—	—	—	157	116	1 082	863	417
信息管理与信息系统	—	—	—	—	—	—	514	183
信息与计算科学	—	—	—	—	—	—	—	282
渔业经济管理	—	25	—	—	—	—	—	—
农林经济管理	—	—	63	49	35	47	92	96
国际金融	34	27	—	—	—	—	—	—
国际贸易	34	34	48	—	—	—	—	—
财务会计	45	—	—	—	—	—	—	—
经济管理	26	—	—	—	—	—	—	—
国际经济与贸易	—	—	—	72	175	166	215	161
金融学	—	—	—	69	81	113	136	159
会计学	—	38	86	67	76	93	93	141
市场营销	—	—	—	—	—	—	105	55
市场营销(国际商务方向)	—	—	—	—	—	—	—	183
行政管理	—	—	—	20	67	159	213	221
英语(外贸)	49	50	41	96	56	98	135	101
日语	—	—	—	24	83	73	83	128
合　　计	640	687	843	1 052	1 240	2 620	3 365	3 287

说明：表格中"—"代表无。

2008—2011年，学校共培养本科毕业生11 619人，毕业专业有35个专业或方向，就业率为96.84%。毕业生的基本去向为国营、乡镇、三资、民营、私营等企业以及政府机关、事业单位(科研、学校）、银行、攻读研究生、出国深造和自主创业。毕业生中录取公务员32人，国家及地方项目就业168人，录取研究生530人，出国留学492人，15名参加职业见习计划，3名参加世博计划，外地生源进沪就业871人。毕业生自主创业19个团队，其中4个项目获得大学生科技创新基金资助，资助金额为75万元。就业率达到100%的专业有生物技术、水族科学与技术、环境工程、国际经济与贸易、信息管理与信息系统、信息与计算科学、行政管理、英语、食品质量与安全、计算机科学与技术和市场营销等。学校特色专业水产养殖、海洋渔业科学与技术、食品科学与工程、农林经济管理的就业率则超过93%。同时学校大力加强毕业生就业基地建设，通过走访用人单位、拜访校友、毕业生牵线、校企合作等途径，先后在江苏中洋集团、大金空调有限公司、广东振华电器有限公司等单位建立90多个就业创业实习基地，建立相对稳定的毕业生输出渠道。

表3-5-19 2008—2011年本科毕业生人数统计表

专　业	2008	2009	2010	2011
生物科学	62	70	59	142
生物技术	52	66	62	80
生物技术（海洋生物制药方向）	98	92	86	129
动物科学	—	—	40	37
水产养殖	65	86	83	56
水族科学与技术	65	87	53	44
园林	—	—	57	39
海洋渔业科学与技术	56	63	57	66
农业资源与环境	52	50	39	31
环境科学	61	70	57	91
海洋技术	—	—	—	99
食品科学与工程	110	137	156	121
热能与动力工程	86	85	77	73
建筑环境与设备工程	82	91	82	82
包装工程	—	—	—	42
食品质量与安全	93	99	99	107
机械设计制造及其自动化	152	131	131	148
工业工程	54	57	56	47
环境工程	59	64	61	59
电气工程及其自动化	—	—	—	42
信息与计算科学	57	58	50	75
信息管理与信息系统	296	252	246	247

(续表)

专 业	2008	2009	2010	2011
计算机科学与技术	162	93	95	103
农林经济管理	81	81	41	43
国际经济与贸易	120	93	122	106
金融学	119	102	107	113
会计学	102	105	116	98
市场营销(国际商务方向)	251	180	194	182
食品经济管理	—	—	—	59
物流管理	168	106	137	102
市场营销	92	52	57	77
行政管理	168	133	121	98
英语	120	52	103	158
日语	119	117	132	130
朝鲜语	—	—	—	43
合　　计	3 002	2 672	2 776	3 169

说明：表格中"—"代表无。

二、专科毕业生

【自由择业】

江苏省立水产学校时期，1924—1930年设置专科专业。航海专科主要培养商船高级船员。远洋渔业专科主要培养机动渔船高级船员，学校培养专科毕业生27人。1929年秋，航海专科、远洋渔业专科合并为渔航专科，次年停办。

表3－5－20　1926—1929年专科毕业生人数统计表

专 业	1926	1927	1928	1929
航海专科	7	7	8	2
远洋渔业专科	0	2	1	0
合　　计	7	9	9	2

【统一分配】

1950—1963年，学校共培养专科毕业生785人，均由国家统一分配工作。

表 3-5-21　1950—1963 年专科毕业生人数统计表

专　　业	1950	1951	1952	1953	1954	1959	1961	1962	1963
渔捞科	1	35	19	19	85	—	—	—	—
养殖科	7	1	—	26	24	—	—	—	—
淡水养殖	—	—	—	—	—	—	125	—	—
水生生物	—	—	—	—	—	—	—	—	43
制造科	9	—	—	22	74	—	—	—	—
水产加工	—	—	—	4	—	—	—	—	—
罐头	—	—	—	—	—	76	—	—	—
化学	—	—	—	—	—	—	—	79	—
渔业机械	—	—	—	—	—	—	—	—	37
水产行政管理	—	—	—	99	—	—	—	—	—
合　　计	17	36	19	170	183	76	125	79	80

说明：表格中"—"代表无。

【回原单位工作】

厦门水产学院时期，1975—1980 年，曾举办一、两年制专科，由农业部或福建省确定专业、名额，实行"哪里来，哪里去"，保送入学，毕业后回原单位服务。一年制的称为"社来社去班"，毕业后回原公社服务。毕业专科学生计 131 人。

表 3-5-22　1975—1980 年专科毕业生人数统计表

专　　业	1975	1976	1977	1978	1979	1980
海洋捕捞	11(两年制)	19	—	—	—	6(两年制)
淡水渔业	—	—	—	—	27	12
海水养殖	—	21	—	—	—	—
轮　　机	10(两年制)	—	25	—	—	—
合　　计	21	40	25	—	27	18

说明：未注明者为一年制。表格中"—"代表无。

【恢复统一分配】

1981—1985 年，学校无专科毕业生。1985 年 11 月，学校更名为上海水产大学后，招收专科专业学生，学制二年。

1986—1990 年，学校专科毕业生 811 人，分属于 9 个专业，其中少数民族 2 人，生源来自全国 27 个省、直辖市、自治区和 9 个单列市。本着优才优用、人尽其才的原则，学校先后接受国家轻工业部、上海市轻工业局、上海海洋渔业公司、江西省南昌市水产局、江苏省宜兴县人民政府等单位委托，培养毕业生 128 人，专业涉及食品工艺（饮料）、海洋捕捞、轮机管理、食品工艺、食品检验、淡水渔业等,故学校专科生中委托培养毕业生人数占到专科生总人数的15.8%。

1986—1990年,毕业生分配到农牧渔业部及其所属单位95人,到各省、直辖市、自治区所属单位515人,分配到教学、科研一线5人,到10个边远省区72人。毕业去向有到各省市水产局及其直属单位就业,部分毕业生到北京市北郊乳品厂、上海华美饮料有限公司、湖北随州市鱼种场等专业对口单位就业。

1991年,全国高校毕业生除国家统一招生计划的高校专科毕业生外,首次出现计划内自费、电视大学、函授大学等形式的大专毕业生。1991年学校专科毕业生109人,分布在全国27个省、直辖市、自治区,11个单列市和1个生产建设兵团,水产科技英语专业毕业生为首届,食品工艺(饮料)专业毕业生35人系国家轻工业部委托代培。毕业生分配到中国水产联合总公司、山东荣城渔业钢丝绳厂、山东淄博渔轮柴油机厂等中央部属单位6人,地方103人,毕业生中一次分配到位49人,到县及县以下基层单位92人,边远省区12人。

1992年,毕业生分配原则依旧根据社会需求,以计划分配为主,学校和用人单位在规定的范围内可以进行多种形式的"供需见面""双向选择"等活动。在这样的大背景下,学校按照毕业生专业适应工作的范围,直接与用人单位接洽,推荐学生,收到良好效果。1992年学校专科毕业生172人,来自全国42个省、直辖市、自治区、计划单列市和1个生产建设兵团。毕业生分配去边远地区43人,分配到中央部属单位19人,到省市、地区、县二次分配110人。毕业生毕业去向有上海市农委、上海益民六厂、江苏省海洋渔业公司、四川省绵阳市亚太啤酒厂、海南省农垦局等单位。

表3-5-23　1986—1992年专科毕业生人数统计表

专　　业	1986	1987	1988	1989	1990	1991	1992
淡水渔业	—	38	29	27	31	—	34
海洋捕捞	24	19	18	—	—	—	—
轮机管理	24	29	19	21	1	—	19
食品工艺	27	26	—	—	—	—	—
食品工艺(饮料)	26	38	36	38	41	35	40
食品检验	27	33	29	26	30	27	32
渔业经济管理	39	36	—	—	—	—	—
财务会计	—	—	—	39	40	29	31
水产科技英语	—	—	—	—	—	18	16
合　　计	167	219	131	151	143	109	172

说明:表格中"—"代表无。

【学校推荐与自主择业】

1993年,高等院校毕业生的就业由原来的统一分配改为在一定范围内通过供需见面和双向选择来落实就业单位。在农业部和上海市的支持下,学校从单一型水产专业转而向综合型的方向发展,专科专业中,科技英语、机电工程、轮机管理、海洋船舶驾驶等专业的学制为三年,英语(商贸)、日语(商贸)、信息管理、特种水产养殖、制冷与空调和涉外财务会计等专业的学制仍为二年。

1993—1997年,学校共培养专科毕业生1 468人,其中自费生403人,委培生324人,毕业生生源分布在40个省、直辖市、自治区、计划单列市和生产建设兵团,专业涉及食品检验、轮机管理等19个专业,毕业生就业面涉及全国40个省、直辖市、自治区和计划单列市,实际就业人数928人,派遣时一次到位率为40%左右。毕业生中到中央部属企事业单位71人,到各省、直辖市、自治区基层单位922人,跨省就业221人,到边远地区85人,去西非远洋渔业船队实习22人。根据社会需求,学校1995年起建立人才供需信息库,5年里积极向用人单位推荐毕业生,对社会需求量较大的专业,学校则进行宏观控制,充分保证重点单位、部直属企事业单位、水产系统、艰苦行业的用人需要。

1998—2000年,学校共培养专科毕业生515人,其中自费生123人,定向或委培生166人,有食品工艺(饮料)、淡水渔业、特种水产养殖、食品检验、海洋船舶驾驶、日语等9个专业,就业范围遍及全国31个省、直辖市、自治区和计划单列市,就业人数364人,就业率为70.7%,其中毕业生到集体、私营、民营、乡镇企业等就业的占总毕业生就业人数一半以上,到艰苦行业(养殖、船舶驾驶、轮机管理)、农业行业、生产一线工作的毕业生比例为61.26%,去西非和斐济远洋渔业船队实习的6人,专科升本科13人。

表3-5-24 1993—2000年专科毕业生人数统计表

专　　　业	1993	1994	1995	1996	1997	1998	1999	2000
淡水渔业	33	36	28	—	—	—	—	—
特种水产养殖	—	—	30	30	30	26	28	19
食品检验	30	46	37	33	33	—	27	—
食品工艺(饮料)	40	28	34	—	—	—	—	—
食品工艺(营养与烹饪)	—	—	—	—	27	—	—	—
制冷与空调技术	—	—	30	31	34	—	—	—
轮机管理	25	25	20	28	9	39	32	24
海洋船舶驾驶	—	—	—	—	26	21	32	26
水域环境保护	—	—	—	25	26	—	30	—
机电工程	—	—	—	17	25	—	—	—
财务会计	30	36	34	28	—	—	—	—
涉外财务会计	—	—	39	37	33	—	—	—
市场营销	—	—	—	23	28	31	24	25
秘书	—	—	—	—	—	—	27	29
信息管理	—	—	29	30	28	—	—	—
英语(商贸)	—	—	50	25	26	23	—	—
(水产)科技英语	22	47	—	18	21	—	—	—
日语(商贸)	—	—	24	20	24	—	—	—
日语	—	—	—	—	—	—	25	27	—
合　　　计	180	218	355	345	370	192	229	94

说明:表格中"—"代表无。

2001—2007年，全国高校毕业生的就业基本确立"市场导向、政府调控、学校推荐、学生与用人单位双向选择"的就业制度，建立以地方管理为主的管理体制。其间，学校共培养专科毕业生300人，高职生1987人，其中定向生（含实践生）33人，与托普集团合作培养计算机专业毕业生334人，有海洋船舶驾驶、计算机技术与应用、市场营销等16个专业。2001—2007年，学校专科生及高职生就业人数达到1854人，就业率为81.1%，毕业生中专科升本科599人，西非远洋渔业船队实习5人，出国留学1人，国家及地方项目就业1人，毕业生自主创业创办企业2家。毕业生中70%的学生进入民营、私营及中外合资企业就业。大部分毕业生从事本专业工作，其中海洋船舶驾驶、轮机管理、日语（商贸）以及高职专业中的计算机技术与应用、制冷与空调技术专业尤为突出，在就业的毕业生中90%以上都从事本专业工作。毕业生的就业单位有上海通用富士冷机有限公司、上海尤妮佳有限公司、上海市对外服务有限公司等。毕业生的基层就业率达到40%。

表3-5-25　2001—2007年专科及高职毕业生人数统计表

专　　业	2001	2002	2003	2004	2005	2006	2007
水产养殖	—	22	35	—	—	—	—
特种水产养殖	23	—	—	—	—	—	—
食品工艺	—	88	62	33	43	39	41
制冷与空调技术	—	—	—	64	41	42	39	22
运输动力机械管理	—	—	—	18	—	—	1	—
海洋船舶驾驶	29	28	—	2	1	—	—
轮机管理	30	8	1	1	2	—	—
计算机技术与应用	—	—	136	460	—	—	—
计算机网络与通讯	—	—	—	99	91	—	—
市场营销	45	—	—	—	—	—	—
秘书	28	—	131	—	—	—	—
文秘（涉外）	—	—	—	135	84	—	—
文秘（行政管理）	—	—	—	58	—	—	—
文秘	—	—	—	—	—	112	53
英语（商贸）	—	—	—	38	—	—	—
日语（商贸）	47	55	—	—	—	—	—
合　　计	202	201	447	867	263	191	116

说明：表格中"—"代表无。

2008—2011年，学校共培养7个专业的高职毕业生484人。基本去向为国营、三资、民营、私营、乡镇等企业和政府机关，事业单位（科研、学校）、专升本、出国深造、自主创业等。其中，就业309人，专科升本科128人，出国留学3人，毕业生自主创业团队2个。轮机工程技术专业，连续三年就业率达到100%。

表 3-5-26 2008—2011 年高职毕业生人数统计表

专 业	2008	2009	2010	2011
食品药品监督管理	—	—	34	41
制冷与冷藏技术	—	—	25	25
计算机应用技术	—	22	—	1
轮机工程技术	27	28	28	22
物流管理	—	—	29	38
商务英语	58	—	—	—
应用英语	—	32	34	40
合 计	85	82	150	167

说明：表格中"—"代表无。

第四篇

研究生教育

概 述

1956年,经中央高等教育部批准,朱元鼎、陈子英被评为副博士导师。1958—1960年,苏联专家萨布林柯夫来校讲授工业捕鱼与鱼群侦察课程期间,为学校培养8名青年教师,均通过研究生毕业设计答辩。

1981年,学校开始筹备水产养殖、水产品贮藏与加工、海洋捕捞3个学科专业硕士研究生教育工作。1982年受农业部委托,召开首次水产学科研究生教育研讨会,讨论研究生招生工作。

1983年、1984年,学校先后获水产养殖专业硕士研究生招生权和硕士学位授予权(当时研究生招生权与学位授予权需分别申请)。1984年、1986年,水产品贮藏与加工专业先后获硕士研究生招生权和硕士学位授予权。1986年,海洋捕捞专业获硕士学位授予权,同年招生。截至1989年,学校水产养殖、水产品贮藏与加工、捕捞学(1988年海洋捕捞改名捕捞学)3个专业共招收硕士研究生77人,共有16名教授担任硕士生导师。

20世纪90年代起,研究生教育进入快速发展时期。1993—1996年,获硕士学位授予权的专业有渔业资源、制冷及低温工程、水生生物学、产业经济学4个。1996年,水产养殖、水产品贮藏与加工、捕捞学3个硕士点获在职人员以研究生毕业同等学力申请硕士学位授予权,为多渠道培养高层次水产学科专业人才开辟新途径。

1994年,学校成立研究生部。1994年、1997年,先后与中国科学院海洋研究所、青岛海洋大学(现中国海洋大学)、南京农业大学联合培养博士研究生各1人。经多年学科建设,1998年学校被批准为博士学位授权单位,并首次取得水产养殖专业博士学位授予权。2000年起,学校先后获水产(一级学科)、捕捞学、渔业资源、水产品加工及贮藏工程、渔业经济与管理、渔业环境保护与治理、水生生物学、食品科学与工程(一级学科)的博士学位授予权。

1994年起,学校与中国水产科学研究院开始联合培养研究生的探索。1997年成立上海水产大学与中国水产科学研究院联合研究生部。2000年起,学校又相继与上海光明乳业股份有限公司、上海市农业科学院、上海市食品研究所和上海应用技术学院开展联合培养研究生工作。此外,还与四川通威集团、山东省海洋水产研究所、山东省淡水水产研究所、浙江万里学院、国家农产品现代物流工程技术研究中心、国家海洋局等单位签订联合培养研究生协议。2005—2007年,在中国水产科学研究院东海水产研究所设立研究生培养基地,与上海市农业科学院、上海光明食品(集团)有限公司先后建立研究生协作培养关系。截至2011年底,研究生联合培养单位已达16个。

随着研究生教育发展需要,2001年起学校实行研究生教育校院二级管理,并完善研究生培养全过程管理,包括研究生制订个人培养计划制度、学位论文开题公开报告制度、中期考核淘汰制度、学位论文预答辩制度、论文盲审制度及学位论文原创性检查制度。学校以培养创新人才为目标,不断深化教学改革,分别在2002年、2006年进行2次较大的培养方案修订,并建立研究生教学督导制度和导师岗前培训制度。

2008年3月,顺利通过上海市学位办对学校研究生培养过程质量的实地检查与评估,并全面启用研究生教育信息化管理。2007年10月,全国农业推广硕士专业学位教育指导委员会对学校农业推广硕士的教学、管理工作进行专项调研和检查,并予以好评。2010年,学校专业学位研究生教育被教育部列为全国综合改革试点单位。

2005年,校党委设立研究生工作部,明确各学院党委书记为学院研究生思想政治管理第一责任人,并建立一支专兼职相结合的辅导员队伍。设立"助教、助研、助管"(三助)基金,开展"三助"工作,提高研究生在管理、教学、科研方面的工作能力。

20世纪90年代中后期起,学校与美国、日本、俄罗斯、澳大利亚等国家大学或研究机构合作,互派留学生,鼓励研究生参加国际学术会议,发表论文进行学术交流。2010年,首次采取互认学分和双方共授学位形式,选派5名研究生赴美国奥本大学学习。

截至2011年,学校已拥有一级学科博士点2个、二级学科博士点7个、一级学科硕士点10个、二级学科硕士点7个,同时还有工程硕士、农业推广硕士2个专业学位9个领域授权点、高等学校教师在职攻读硕士学位授予权,初步形成学科门类较多元的研究生教育及学位授予体系。

第一章 学位与专业设置

第一节 硕 士 生

一、学位点设置

1983年、1984年,学校先后获水产养殖专业硕士生招生权和硕士学位授予权,1984年、1986年又先后获水产品贮藏与加工专业硕士生招生权和硕士学位授予权。1986—1996年,海洋捕捞、渔业资源、产业经济学、水生生物学、制冷及低温工程5个专业获硕士学位授予权。2000年和2006年学校分别获水产一级学科和食品科学与工程一级学科硕士学位授予权。至2011年底,学校共有20个硕士点招生。其培养目标和研究方向等具体要求如下:

【水生生物学(按生物学一级学科招生)】
培养目标 培养掌握水生生物学领域扎实的理论基础、系统的专业知识和熟练的实验操作技能,能胜任水生生物学领域的教学、科研、生产及经营管理工作的高层次专门人才。
基本学制 一般三年,可根据实际情况提前或延期毕业。最长五年,只能延期一次。
授予学位 理学硕士
主要研究方向 水生生物多样性、水生动物生理学与发育生物学、鱼类学和鱼类生态学、水域生态学、保护生物学、渔业环境及其调控等。
学位课程 自然辩证法、科学社会主义理论与实践、第一外语(英语)、科技外语、细胞分子生物学、现代生物统计学、水域生态概论、生化与分子生物学技术原理、生物多样性科学、发育分子生物学。

【生物化学与分子生物学(按生物学一级学科招生)】
培养目标 培养掌握生物化学与分子生物学领域扎实的理论基础、系统的专业知识和熟练的实验技能,能胜任生物化学与分子生物学领域的教学、科研、生产及经营管理工作的高层次专门人才。
基本学制 一般三年,可根据实际情况提前或延期毕业。最长五年,只能延期一次。
授予学位 理学硕士
主要研究方向 水产动物分子生物学、藻类细胞与分子生物学、水产食品生物化学等。
学位课程 自然辩证法、科学社会主义理论与实践、第一外语(英语)、科技外语、生化与分子生物学技术原理、细胞分子生物学、基因与基因组学、蛋白质与蛋白质组学、发育分子生物学、海洋药物化学。

【水产养殖(一级学科硕士学位授权点)】
培养目标 培养掌握水产养殖领域扎实的理论基础、系统的专业知识和熟练的实验操作技能,能胜任水产养殖领域的教学、科研、生产及经营管理工作的高层次专门人才。

基本学制　一般三年,可根据实际情况提前或延期毕业。最长五年,只能延期一次。

授予学位　农学硕士

主要研究方向　水产经济动植物人工繁育技术、水产集约化养殖系统、增殖与放流等。

学位课程　自然辩证法、科学社会主义理论与实践、第一外语(英语)、科技外语、发育生物学、生化与分子生物学技术原理、水产经济动物营养繁殖学、水产养殖前沿科学、现代生物化学分离技术。

【海洋生物学(按海洋科学一级学科招生)】

培养目标　培养掌握海洋生物学领域扎实的理论基础、系统的专业知识和熟练的实验操作技能,能胜任海洋生物学领域的教学、科研、生产及经营管理工作的高层次专门人才。

基本学制　一般三年,可根据实际情况提前或延期毕业。最长五年,只能延期一次。

授予学位　理学硕士

主要研究方向　海洋生物生理、生态学及生物多样性保护、海洋生物繁殖和发育生物学及增养殖学、海洋生物技术等。

学位课程　自然辩证法、科学社会主义理论与实践、第一外语(英语)、科技外语、现代生物化学分离技术、发育分子生物学、生化与分子生物学技术原理、现代生物统计学、海洋生物学、海洋生态学。

【动物营养与饲料科学】

培养目标　培养掌握动物营养与饲料科学领域扎实的理论基础、系统的专业知识和熟练的实验操作技能,能胜任动物营养与饲料科学领域的教学、科研、生产及经营管理工作的高层次专门人才。

基本学制　一般三年,可根据实际情况提前或延期毕业。最长五年,只能延期一次。

授予学位　农学硕士

主要研究方向　水产动物营养学、饲料学、饲料加工工艺学、饵料生物培养等。

学位课程　自然辩证法、科学社会主义理论与实践、第一外语(英语)、科技外语、水产动物营养学、水产饲料学、生化与分子生物学技术原理、饲料加工学、现代生物化学分离技术。

【临床兽医学】

培养目标　培养掌握水产动物疾病学、流行病学、病原生物学、病理学、药物学、免疫学等领域扎实的理论基础、系统的专业知识和专业技能,能胜任水产动物医学专业领域的教学、科研、生产及经营管理工作的高层次专门人才。

基本学制　一般三年,可根据实际情况提前或延期毕业。最长五年,只能延期一次。

授予学位　农学硕士

主要研究方向　水产动物疾病学、流行病学、病原生物学、病理学、药物学、免疫学等。

学位课程　自然辩证法、科学社会主义理论与实践、第一外语(英语)、科技外语、水产动物免疫学、分子生物学实验技术、水产动物病原学、渔药药理学。

【动物遗传育种与繁殖】

培养目标 培养掌握水产动物遗传育种领域扎实的理论基础和系统的专业知识,具有较强的实验能力和实践技能,能胜任水产动物遗传育种领域的教学、科研、生产及经营管理工作的高层次专门人才。

基本学制 一般三年,可根据实际情况提前或延期毕业。最长五年,只能延期一次。

授予学位 农学硕士

主要研究方向 水产动物遗传育种、水产动物及观赏性水产动物新品种繁殖等。

学位课程 自然辩证法、科学社会主义理论与实践、第一外语(英语)、科技外语、细胞分子生物学、生化与分子生物学技术原理、分子生物学实验技术、水产动物育种学、分子遗传学。

【作物遗传育种】

培养目标 培养掌握作物遗传育种扎实的理论基础、系统的专业知识和必需的实践技能,具有从事作物遗传育种领域的科研、教学和推广工作能力的高层次专门人才。

基本学制 一般三年,可根据实际情况提前或延期毕业。最长五年,只能延期一次。

授予学位 农学硕士

主要研究方向 作物种质资源和育种理论与方法、植物细胞遗传与细胞工程育种、作物基因工程与分子育种等。

学位课程 自然辩证法、科学社会主义理论与实践、第一外语(英语)、科技外语、细胞分子生物学、分子遗传学、数量遗传学、植物遗传改良理论与方法。

【环境科学(按环境科学与工程一级学科招生)】

培养目标 培养掌握环境科学扎实的理论基础和系统的专业知识,掌握现代研究方法及其应用技术等技能,能胜任环境科学领域的教学、科研、生产及经营管理工作的高层次专门人才。

基本学制 一般三年,可根据实际情况提前或延期毕业。最长五年,只能延期一次。

授予学位 工学硕士或理学硕士

主要研究方向 环境生物与生态、水域生态修复、环境水动力学、环境评价与规划、海洋环境保护等。

学位课程 自然辩证法、科学社会主义理论与实践、第一外语(英语)、科技外语、环境生态学、高级环境化学、环境流体力学、高等工程数学、水污染控制原理与技术、现代环境综合实验。

【捕捞学(一级学科硕士学位授权点)】

培养目标 培养掌握渔业资源学、海洋学、渔具设计学等领域扎实的理论基础和渔具测试、设计和装配等方法,形成较宽广的知识结构,能胜任海洋捕捞、渔业生产、渔政管理、科研、教学等方面工作的高层次专门人才。

基本学制 一般三年,可根据实际情况提前或延期毕业。最长五年,只能延期一次。

授予学位 农学硕士

主要研究方向 鱼类行为学、渔具渔法学、远洋渔业系统集成等。

学位课程 自然辩证法、科学社会主义理论与实践、第一外语(英语)、科技外语、鱼类行为学、渔具力学、高等工程数学、渔具设计学、高等流体力学、综合实验。

【渔业资源(一级学科硕士学位授权点)】

培养目标 培养掌握渔业资源学科所属研究方向的扎实理论基础和系统的专业知识,掌握现代研究方法及其应用技术等技能,了解渔业资源学科发展的现状和动态,能从事本专业教学、科研、渔业管理等领域工作的高层次专门人才。

基本学制 一般三年,可根据实际情况提前或延期毕业。最长五年,只能延期一次。

授予学位 农学硕士

主要研究方向 渔业资源生物学、渔业资源评估学、海洋生态系统动力学、渔业政策与管理等。

学位课程 自然辩证法、科学社会主义理论与实践、第一外语(英语)、科技外语、海洋法与渔业法规、生物数学、渔业资源种群动力学、海洋生态系统动力学、综合实验。

【渔业环境保护与治理(水产一级学科下学校自主设置)】

培养目标 培养掌握环境科学与环境监测、治理的扎实理论基础、系统的专业知识和专业技能,能从事本专业的教学、科研、管理等方面工作的高层次专门人才。

基本学制 一般三年(2006—2009年为两年半),可根据实际情况提前或延期毕业。最长五年,只能延期一次。

授予学位 农学硕士

主要研究方向 渔业环境保护与治理法律制度、渔业环境保护与治理的管理体制、渔业环境资源政策等(海洋科学学院);渔业环境保护与治理法律制度、渔业环境管理机制、渔业环境保护与治理政策等(人文学院)。

学位课程 自然辩证法、科学社会主义理论与实践、第一外语(英语)、科技外语、环境生态学、海洋法与渔业法规、环境法、海洋生态系统动力学、渔业行政监督执法、公共政策。

【食品科学与工程(一级学科硕士学位授权点,覆盖水产品贮藏与加工专业)】

培养目标 培养掌握食品科学与工程领域扎实的理论基础、系统的专业知识和专业技术,具有食品生产技术管理、品质控制、产品开发、科学研究、工程设计等能力,能从事食品科学与工程专业领域的教学、科研、生产及经营管理等方面工作的高层次专门人才。

基本学制 一般三年(2006—2009年为两年半),可根据实际情况提前或延期毕业。最长五年,只能延期一次。

授予学位 工学硕士或农学硕士

主要研究方向 水产品加工及贮藏工程、农产品加工及贮藏工程、食品科学等。

学位课程 自然辩证法、科学社会主义理论与实践、第一外语(英语)、科技外语、高级食品化学、现代食品工程学、现代食品微生物学、高级食品营养与食品卫生学、现代食品微生物学实验。

【制冷及低温工程】

培养目标 培养掌握制冷及低温工程领域扎实的理论基础和系统的专业知识,具有工程技术的实践能力,能从事本学科或相关学科教学、科研、工程技术及相关管理工作的高层次专门人才。

基本学制 一般三年(2006—2010年为两年半),可根据实际情况提前或延期毕业。最长五年,只能延期一次。

授予学位 工学硕士

主要研究方向 食品冷冻冷藏工程、制冷装置仿真和优化、制冷装置开发和测试。

学位课程 自然辩证法、科学社会主义理论与实践、第一外语(英语)、科技外语、高等工程数学、高等传热学、现代制冷空调技术、制冷系统仿真与测试。

【应用化学】

培养目标 培养掌握应用化学学科扎实的理论基础和系统的专业知识,具有观察、分析和解决化学化工问题的能力,具备检测、测试、分析能力,能从事化学化工领域的教学、科研、生产及经营管理等方面工作的高层次专门人才。

基本学制 一般三年(2006—2010年为两年半),可根据实际情况提前或延期毕业。最长五年,只能延期一次。

授予学位 工学硕士

主要研究方向 食品应用化学、生物资源利用化学、食品安全及分析、天然产物化学及海洋生物制药。

学位课程 自然辩证法、科学社会主义理论与实践、第一外语(英语)、科技外语、现代仪器分析、高等工程数学、现代有机合成、应用化学实验技术。

【产业经济学】

培养目标 培养掌握本学科扎实的理论基础和系统的专业知识,掌握产业发展理论,具有较宽广的知识结构和一定的管理知识和技能,能从事产业经济领域的教学、研究和管理等方面工作的高层次专门人才。

基本学制 一般三年(2006—2010年为两年半),可根据实际情况提前或延期毕业。最长五年,只能延期一次。

授予学位 经济学硕士

主要研究方向 产业可持续发展理论、产业政策与区域经济、产业经济比较研究。

学位课程 马克思主义经典著作选读、科学社会主义理论与实践、第一外语(英语)、科技外语、产业经济学、博弈论与信息经济学、中级经济分析、高级计量经济学。

【农业经济管理(按农林经济管理一级学科招生)】

培养目标 培养掌握本学科扎实的理论基础和系统的专业知识,具有一定的现代农业理论研究能力、相关的管理技能,能从事农业经济教学、研究和管理等方面的高层次专门人才。

基本学制 一般三年,可根据实际情况提前或延期毕业。最长五年,只能延期一次。

授予学位 管理学硕士

主要研究方向 农业经济与管理、海洋资源与环境管理、经济信息管理。

学位课程 马克思主义经典著作选读、科学社会主义理论与实践、第一外语(英语)、科技外语、高级管理学、高级运筹学、农业项目管理、中级经济分析、农业市场与政策。

【渔业经济与管理(水产一级学科下学校自主设置)】

培养目标 培养掌握本学科扎实的理论基础和系统的专业知识,掌握渔业经济发展理论,有一定的管理知识和技能,能从事渔业经济领域的教学、研究和管理等方面工作的高层次专门人才。

基本学制　一般三年（2006—2010年为两年半），可根据实际情况提前或延期毕业。最长五年，只能延期一次。

授予学位　农学硕士

主要研究方向　渔业经济与管理、渔业行政管理、水产品市场与政策。

学位课程　马克思主义经典著作选读、科学社会主义理论与实践、第一外语（英语）、科技外语、环境与自然资源经济学、渔业生物经济分析、中级经济分析、农业市场与政策、农业项目管理。

【机械设计及理论（按机械工程一级学科招生）】

培养目标　培养全面掌握机械设计制造及自动化的扎实的理论基础，了解机械工程学科的现状和发展方向，能熟练运用计算机等现代信息技术，掌握研究基本方法，具有良好的独立工作能力和分析问题、解决问题能力，能从事机械工程领域相关研究、设计、制造等方面工作的高层次专门人才。

基本学制　一般三年（2006—2010年为两年半），可根据实际情况提前或延期毕业。最长五年，只能延期一次。

授予学位　工学硕士

主要研究方向　机械制造及自动化、机械电子、机械设计及理论、车辆工程等。

学位课程　自然辩证法、科学社会主义理论与实践、第一外语（英语）、科技外语、数理统计、现代控制工程、随机过程、机械CAD/CAE应用技术、机械运动系统设计与实践、机电系统控制实验。

【计算机应用技术（按计算机科学与技术一级学科招生）】

培养目标　培养掌握本学科扎实的理论基础和系统专业知识，把握计算机相关领域的前沿技术，有较强的解决实际问题的能力，能从事计算机应用的研究、设计和开发等方面工作的高层次专门人才。

基本学制　一般三年（2006—2010年为两年半），可根据实际情况提前或延期毕业。最长五年，只能延期一次。

授予学位　工学硕士或理学硕士

主要研究方向　数据库和数据仓库、人工智能技术与数据挖掘、管理信息系统与决策技术、专家系统技术、信息检索技术和分布式信息平台构建技术以及计算机控制、传感器网络等。

学位课程　自然辩证法、科学社会主义理论与实践、第一外语（英语）、科技外语、人工智能原理与应用、数据仓库与数据挖掘、高级数据库技术、算法复杂性理论、计算机工程实践等。

二、课程体系

1984年、1985年，制订和修订硕士研究生专业培养方案，课程设置分为专业必修课、方向必修课、选修课和教学实践。按学分计算，一般以每学期每周上课1学时或实验3学时为1学分。

专业必修课包括马克思列宁主义（自然辩证法）、外国语、算法语言、数理统计与数据处理等课程，16~17学分。方向必修课，水产养殖专业9~10学分，水产品贮藏与加工专业12~14学分。选修课3~6学分。实践性教学环节包括在学习期间辅助本科教学实践工作、试讲、辅导、指导实验和实习等，并记学分。在后一年半时间内，结合论文课题研究，安排一定时间接触有关生产实践。

1997年，修订研究生培养方案，课程设置分为学位课（包括公共必修课、专业基础学位课和专业方向学位课）和选修课两类，学位课不低于23学分。课程学习采用学分制形式（上课18～20学时计1学分，实验36～40学时计1学分）。硕士研究生在学期间必须完成35～38学分的课程学习，并完成2学分的生产实习及教学与社会实践任务。

2002年，修订研究生培养方案，制订研究生课程教学大纲，设置研究生课程框架。课程设置分为学位课（包括公共学位课、专业学位课）和选修课两类。学位课为必修课，不低于20学分。选修课中教学实践、文献讨论与综述、前沿讲座为必选课，研究生选听前沿讲座6～8个，用论文综述的形式进行考查。研究生可选修其他专业的课程。课程学习采用学分制（上课18学时计1学分，实验36学时计1学分）。硕士研究生在学期间至少完成32学分的课程学习和2学分的教学实践，共计34学分。

表4-1-1 2002—2005年研究生课程框架情况表

课程类型	名称		学分	学时
公共学位课	第一外语	基础外语	5	240
		科技外语	1	
	自然辩证法和科学社会主义		2	60
专业学位课	基础理论课（3门，每门2学分）		6	
	专业课（2门，每门2学分）		4	
选修课	必选课（6学分） ① 教学实践 ② 前沿讲座 ③ 文献讨论		2 2 2	36 6～8个 2次
	专业任选课（4门以上，每门1～1.5学分）		6	
	跨专业任选课 （包括现代科技信息的电子检索、多媒体技术、网络技术、专业所需计算机类课程、第二外语等）		2	

2006年，学校修订研究生培养方案和课程教学大纲。规定硕士研究生在学期间应至少完成24学分课程学习和实践、文献综述、学术活动（各2学分，合6学分）等3大必修环节，共计30学分。课程类别分为：

公共学位课（8学分）：有第一外国语4学分，科技外语1学分，政治3学分（自然辩证法2学分或马克思主义经典著作选读2学分、科学社会主义理论与实践1学分）。

专业学位课（不低于8学分）：有专业基础课、专业主干课、方法论课程等共3～4门。其中2～3门按一级学科或学科群设置，须含1门大型基础实验课程（理工农类学科），其余课程按专业设置。非外语类专业学位课中应至少有1门用双语讲授。

研究生基础前沿课程模块（不低于4学分）：按学科群分为生命、食品、海洋、工程、经济管理5大模块，各模块下设若干课程，授课教师均为该领域国内外优秀学者。硕士研究生可以跨模块选择，但至少要修1门本学科模块的课程。

选修课(不低于4学分):为研究生进一步拓宽专业理论基础、扩大知识面及培养相应能力而设置的课程。

补修课为跨专业或以同等学力考取的硕士研究生而设置,一般在导师指导下补修2~3门本学科本科专业主干课程,没有补修成绩或补修课程考试不合格者不得进入论文答辩。补修课程学分另计,但不能顶替以上各项规定学分。成绩记入成绩单,并注明"本科课程"。

2009年,学校对研究生培养方案作部分修订,集中在课程设置方面:增设导师实验课,增强研究生的实验技能训练;进一步改革研究生英语教学,加强听力、口语、写作等实践能力训练;梳理研究生基础前沿课程,保证课程授课质量和效果;部分调整研究生课程,优化课程体系。

第二节 博 士 生

一、学位点设置

1998年,学校被批准为博士学位授权单位,并首次取得水产养殖专业博士学位授予权。2011年底,学校获一级学科博士学位授予权的有水产、食品科学与工程2个,并有水产养殖、水生生物学、捕捞学、渔业资源、渔业环境保护与治理、水产品加工及贮藏工程、渔业经济与管理7个二级学科博士点招生。其培养目标和研究方向等具体要求是:

【水产养殖】
培养目标 培养掌握水产养殖领域坚实宽广的理论基础和系统深入的专业知识,具有良好的科学文化素养和独立从事创造性科学研究的实际工作能力,并在科学或专门技术上取得创造性成果的高层次研究型专门人才。
基本学制 一般为三年,可根据实际情况提前或延期毕业。最长六年,只能延期一次。
授予学位 农学博士
主要研究方向 水产生物种质资源与种苗工程、水产生物遗传育种、水产生物健康养殖、水产集约化养殖、水产动物营养与饲料、水产动物疾病等。
学位课程 第一外语(英语口语)、第一外语(实用学术英语)、现代科学技术与马克思主义、生化与分子生物学技术原理、生物安全、高级水产养殖学等。

【水生生物学】
培养目标 培养掌握水生生物科学领域坚实宽广的理论基础和系统深入的专业知识,具有良好的科学文化素养和独立从事创造性科学研究的实际工作能力,并在科学或专门技术上取得创造性成果的高层次研究型专门人才。
基本学制 一般为三年,可根据实际情况提前或延期毕业。最长六年,只能延期一次。
授予学位 理学博士
主要研究方向 水生生物多样性及其资源利用、水生动物生理学与发育生物学、水域生态学与保护生物学、水产动物遗传育种与海洋生物技术等。
学位课程 第一外语(英语口语)、第一外语(实用学术英语)、现代科学技术与马克思主义、生化和分子生物学技术原理、高级水生生物学、生物安全等。

【捕捞学】

培养目标 培养掌握捕捞学领域坚实宽广的理论基础和系统深入的专业知识,对海洋渔业学科和技术最新成就、技术和国际渔业发展趋势有系统和深入了解,对海洋捕捞及相关学科具有独立开展创造性科学研究和实践工作能力的高层次研究型专门人才。

基本学制 一般为三年,可根据实际情况提前或延期毕业。最长六年,只能延期一次。

授予学位 农学博士

主要研究方向 鱼类行为学、渔具渔法学、远洋渔业系统集成等。

学位课程 第一外语(英语口语)、第一外语(实用学术英语)、现代科学技术与马克思主义、渔具物理学、鱼群行为学、有限元分析、计算流体力学、渔业资源经济学、系统工程导论等。

【渔业资源】

培养目标 培养具备渔业资源生物学、种群动力学、水域生态学和渔业政策与管理等研究方向坚实宽广的理论基础和系统深入的专业知识,并对其研究方向的现状与发展趋势有系统和深入的了解,知识结构合理,能够独立从事创造性科学研究的实际工作能力,具有良好的科学文化素养,能胜任教学、科研和管理工作的高层次研究型专门人才。

基本学制 一般为三年,可根据实际情况提前或延期毕业。最长六年,只能延期一次。

授予学位 农学博士

主要研究方向 渔业资源生物学、渔业资源评估学、海洋生态系统动力学、渔业政策与管理等。

学位课程 第一外语(英语口语)、第一外语(实用学术英语)、现代科学技术与马克思主义、渔业资源学Ⅱ、国际渔业政策比较、海洋生态系统动力学与模型等。

【渔业环境保护与治理(水产一级学科下学校自主设置)】

培养目标 培养具备环境科学与环境监测、治理坚实宽广的理论基础、系统深入的专业知识和专业技能,熟悉渔业管理的政策、法律和行政执法专业知识,掌握现代研究方法及其应用技术,熟悉渔业资源与环境科学发展现状和动态,能从事本专业教学、科研和管理工作的高层次研究型专门人才。

基本学制 一般为三年,可根据实际情况提前或延期毕业。最长六年,只能延期一次。

授予学位 农学博士

主要研究方向 渔业环境保护与治理法律制度、渔业环境保护与治理的管理体制、渔业环境资源政策。

学位课程 第一外语(英语口语)、第一外语(实用学术英语)、现代科学技术与马克思主义、环境生态学、国际渔业政策比较、海洋生态系统动力学与模型、环境管理与影响评价。

【水产品加工及贮藏工程】

培养目标 培养具有很深的理解能力和洞察力,知识结构合理,深入了解本学科的发展方向和国内外研究前沿,具有良好的科学文化素养和独立从事创造性科学研究的实际工作能力,并在科学或专门技术上取得创造性的成果,能熟练使用食品科学学科领域的研究设备和仪器,熟练使用食品科学或水产品贮藏与加工学科领域的主要方法,进行科学研究和教学工作的高层次研究型专门人才。

基本学制 一般为三年,可根据实际情况提前或延期毕业。最长六年,只能延期一次。

授予学位 工学博士

主要研究方向 水产品加工及贮藏学、海洋生物资源利用学、冷藏冷冻工艺学、食品生物技术、食品分析与检验、食品安全与品质控制、食品工程学、水产食品化学等。

学位课程 第一外语(英语口语)、第一外语(实用学术英语)、现代科学技术与马克思主义、水产资源利用研究专题、食品品质及其控制。

【渔业经济与管理(水产一级学科下学校自主设置)】
培养目标 培养掌握渔业经济与管理领域坚实宽广的理论基础和系统深入的专业知识,有较强的理论与管理能力,熟悉渔业经济与管理发展现状和动态,能从事本专业教学、科研和管理等方面工作的高层次研究型专门人才。
基本学制 一般为三年,可根据实际情况提前或延期毕业。最长六年,只能延期一次。
授予学位 农学博士
主要研究方向 海洋和水产业可持续发展对策、海洋产业经济学等。
学位课程 第一外语(英语口语)、第一外语(实用学术英语)、现代科学技术与马克思主义、资源经济学、中国渔业经济发展理论。

二、课程体系

1999年,学校制订博士研究生首个培养方案(水产养殖专业)。其课程设置分为学位课和选修课。学位课是必修课程,分公共学位课和专业学位课。

公共学位课为马克思主义理论课(3学分)和第一外国语(5学分)。专业学位课应至少学习3门(每门2学分),根据7个不同研究方向设置:水产动物种质资源与种苗工程研究方向设有水产种质资源研究进展、生物多样性、分子遗传学;集约化水产养殖研究方向设有设施渔业的环境控制、水产动物健康养殖、鱼类生理生态;海洋植物种苗工程及增养殖研究方向设有藻类与藻类栽培学研究进展、藻类基础生物学讲座、分子遗传学;水产动物营养与饲料学研究方向设有水产动物营养与饲料的研究进展、免疫学(含免疫测试技术)、营养生态讲座;水产动物医学研究方向设有病原分子生物学、分子生物学理论与实验技术、分子药理学;鱼类生态学研究方向设有鱼类种群生态学、生物多样性、鱼类生理生态;海洋生物技术研究方向设有水产种质资源研究进展、分子遗传学、免疫学(含免疫测试技术)。选修课可根据博士生本人原有的基础和论文研究的具体需要自由选定。课程学习所修总学分应不少于18学分。

课程学习采取听课或指定内容自学的方式,但均需通过考试。凡学位课程考试不及格者,不能补考,取消攻读博士资格。论文答辩前,必须通过第一外国语博士学位考试。

2006年,学校修订博士研究生培养方案,其课程学习实行学分制(上课16学时计1学分,实验32学时计1学分)。全日制普通博士研究生在学期间应完成应修课程最低总学分10学分和文献综述、学术活动(各2学分,合4学分)两大必修环节。课程类别分为:

公共学位课(4学分):第一外国语3学分,政治课(现代科学技术与马克思主义)1学分。

专业学位课(不低于4学分):至少设置2门专业学位课,其中1门按一级学科或学科群设置,另1门按专业设置。应至少有1门非外语类专业学位课用双语教学。

选修课(不低于2学分):选修课应为研究方向和论文研究服务。

增设补修课:跨专业考取或以同等学力资格考取的博士研究生,一般应在导师指导下补修2~3

门本学科的硕士专业主干课程,没有补修成绩或补修课考试不合格者不得进入论文答辩。补修课学分另计,但不能顶替以上各项规定学分。成绩记入成绩单,并注明"硕士课程"。

第三节 专业学位

一、类别及领域

1999年11月,学校与中国农业大学、北京林业大学、南京农业大学共同编写《农业推广硕士专业学位入学考试指南及大纲》。2000年,学校作为全国首批招收农业推广硕士专业学位招生单位,也是全国唯一一所渔业领域招生试点单位,招收在职攻读农业推广硕士研究生。2009年起,开始招收全日制农业推广硕士专业学位研究生。

农业推广硕士专业学位,设有渔业、农村与区域发展、农业信息化、食品加工与安全4个研究领域。2011年,非全日制专业学位增设农业科技组织与服务研究领域,2012年起招生。

2005年3月,学校被批准为工程硕士专业学位招生单位。同年,首次招收食品工程领域工程硕士研究生。2011年底,工程硕士专业学位共设有食品工程、机械工程、计算机技术、动力工程4个研究领域。

截至2011年,学校招收专业学位研究生,先后涉及农业推广硕士、工程硕士8个研究领域。其培养目标和研究方向具体要求如下:

【农业推广硕士(渔业领域)】

培养目标 培养掌握渔业领域(水产养殖方向)扎实的理论基础、较强的专业技能、实践技能和技术传授技能,能从事渔业技术应用、开发和推广,以及农村发展、农业教育等方面工作的应用型、复合型高层次专门人才。

基本学制 一般为三年,可根据实际情况延期毕业。最长不超过五年,只能延期一次。

授予学位 农业推广硕士

主要研究方向 水产种质资源利用与管理、水产营养与饲料、水产养殖技术与管理、渔业环境与管理、海洋生物利用等。

学位课程 第一外语(英语)、科技外语、自然辩证法(理工农类专业)、科学社会主义理论与实践、渔业政策与管理、农业推广理论与实践、水域环境保护、水产动物增养殖学、养殖水环境监测与调控技术、水产动物病害及其诊治技术、水产动物遗传与育种技术、水产动物营养与饲料学。

【农业推广硕士(农村与区域发展领域)】

培养目标 培养掌握农业信息化领域扎实的理论基础、系统的专业知识以及相关的管理、人文和社会科学知识,有较强的专业技能和实践技能,具有创新意识和开拓性的农业推广理念。能从事农业技术研究、应用、开发和推广,以及农村发展、农业教育等方面工作的应用型、复合型高层次专门人才。

基本学制 一般为三年,可根据实际情况延期毕业。最长不超过五年,只能延期一次。

授予学位 农业推广硕士

主要研究方向 农村区域经济与发展、农村产业发展与规划、农村发展与管理。

学位课程　马克思主义经典著作选读、第一外语(英语)、科技外语、科学社会主义理论与实践、农业推广理论与实践、产业经济学、环境与自然资源经济学、发展经济学、区域经济学、农村发展概论、农村社会学、农业项目管理。

【农业推广硕士(农业信息化领域)】

培养目标　培养掌握本领域扎实的理论基础、系统的专业知识,以及较强的专业技能,能从事农业信息化技术研究、应用、开发、推广和管理等方面工作的应用型、复合型高层次专门人才。

基本学制　一般为三年,可根据实际情况延期毕业。最长不超过五年,只能延期一次。

授予学位　农业推广硕士

主要研究方向　渔业信息化、人工智能技术与数据挖掘、管理信息系统与决策技术、远洋渔业集成系统、农业专家系统以及计算机控制、传感器网络等。

学位课程　自然辩证法、第一外语(英语)、科技外语、科学社会主义理论与实践、农业推广理论与实践、农业物联网技术、农业信息管理与应用、计算机控制与嵌入式技术、数据仓库与数据挖掘。

【农业推广硕士(食品加工与安全领域)】

培养目标　培养掌握食品加工与安全领域扎实的理论基础、系统的专业知识以及相关的管理、人文和社会科学知识,具有较强的专业技能、实践技能和技术传授技能,能从事食品生产技术和质量管理、安全评价、分析检测和产品开发等方面工作的应用型、复合型高层次专门人才。

基本学制　一般为三年,可根据实际情况延期毕业。最长不超过五年,只能延期一次。

授予学位　农业推广硕士

主要研究方向　以各种生物材料尤其是水产品、农产品为主要对象,研究其贮藏、加工、检测、开发、食品卫生与安全的基本理论和应用技术。

学位课程　自然辩证法、第一外语(英语)、科技外语、科学社会主义理论与实践、高等工程数学、高级食品化学、现代食品工程学、现代食品微生物学、高级食品营养与卫生学、现代食品微生物学实验。

【工程硕士(食品工程领域)】

培养目标　培养掌握食品工程领域扎实的理论基础、系统的专业知识,以及较强的专业技能,能从事食品工程设计、实施、研究、开发和管理等方面工作的应用型、复合型高层次工程技术人才。

基本学制　一般为三年,可根据实际情况延期毕业。最长不超过五年,只能延期一次。

授予学位　工程硕士

主要研究方向　食品加工与保藏、食品生物技术、食品化学及应用、食品检测与分析、粮食与油脂加工、水产品加工、畜产品加工、果蔬加工、食品机械与包装、功能性食品、食品分离与重组等。

学位课程　自然辩证法、第一外语(英语)、科技外语、科学社会主义理论与实践、高等工程数学、高级食品化学、现代食品工程学、现代食品微生物学、高级食品营养与卫生学、现代食品微生物学实验。

【工程硕士(机械工程领域)】

培养目标　培养掌握机械工程领域扎实的理论基础、系统的专业知识,以及较强的专业技能,能从事工程设计、实施、研究、开发和管理等方面工作的应用型、复合型高层次工程技术人才。

基本学制　一般为三年,可根据实际情况延期毕业。最长不超过五年,只能延期一次。

授予学位　工程硕士

主要研究方向　海洋环境监测技术、水产养殖工程、食品加工机械、新能源开发与利用、海上作业装备与港口机械设计等。

学位课程　自然辩证法、第一外语(英语)、科技外语、科学社会主义理论与实践、数理统计、机械CAD/CAE应用技术、流体仿真与应用、机电系统仿真与设计、试验设计与数据处理、机电系统控制实验。

【工程硕士(计算机技术领域)】

培养目标　培养掌握计算机技术领域扎实的理论基础、系统的专业知识,以及较强的专业技能,了解国内外计算机技术发展趋势和方向,能从事计算机技术研究、分析和管理等方面工作的应用型、复合型高层次工程技术人才。

基本学制　一般为三年,可根据实际情况延期毕业。最长不超过五年,只能延期一次。

授予学位　工程硕士

主要研究方向　数据库技术、人工智能技术与数据挖掘、专家系统、计算机控制、传感器网络、分布式技术、管理信息系统与决策技术等。

学位课程　自然辩证法、第一外语(英语)、科技外语、科学社会主义理论与实践、人工智能原理与应用、数据仓库与数据挖掘、高级数据库技术、算法复杂性理论。

【工程硕士(动力工程领域)】

培养目标　培养掌握动力工程领域扎实的理论基础、系统的专业知识,以及较强的专业技能,具有独立从事工程设计、实施、研究、开发和管理的能力,能从事动力工程领域科学研究与开发应用、工程规划与管理等方面工作的应用型、复合型高层次工程技术人才。

基本学制　一般为三年,可根据实际情况延期毕业。最长不超过五年,只能延期一次。

授予学位　工程硕士

主要研究方向　研究工程领域中实现物质、能量转换、传递和利用等过程及其装备的理论和技术,提高其利用率,并减少消耗和污染。

学位课程　自然辩证法、第一外语(英语)、科技外语、科学社会主义理论与实践、高等工程数学、现代食品工程学、高等传热学、现代食品冷冻技术、制冷系统仿真与测试。

二、课程体系

2000年,学校制订在职攻读农业推广硕士专业学位研究生培养方案(渔业领域,试行稿),课程学习实行学分制(上课20学时计1学分)。在职攻读农业推广硕士专业学位的研究生应修满30学分,要求在校学习时间累计不少于六个月,并通过学校组织的规定考试,课程成绩合格为60分(百分制)。课程设置分为公共课、专业领域课和选修课。

公共课(14学分):政治理论课(包括自然辩证法和科学社会主义理论与实践)3学分,外国语(含专业外语)5学分,水产技术推广概论4学分,传播学2学分。

专业领域课(6学分):渔业导论3学分,渔业资源与可持续发展3学分。

选修课(10学分):技术经济学2学分,管理学原理2学分,渔业法规与渔政管理2学分,现代生物技术导论2学分,计算机与网络技术2学分。

2005年,修订农业推广硕士专业学位研究生培养方案,公共课修改为12学分。其中外国语改为3学分,并要求通过英语学位考试。专业领域课修改为10学分,增加了渔业法规与渔政管理、水产品安全与质量控制、现代生物技术导论3门课程。选修课修改为8学分,增加了渔业环境保护2学分。2006年,修订农业推广硕士专业学位培养方案,仅对公共课作了修改,水产技术推广概论改为农(渔)业技术推广与管理,学分不变。2007年,修订农业推广硕士专业学位培养方案,在职攻读农业推广硕士专业学位的研究生应修满32学分,公共课中的传播学改为传播技术与应用,论文设计与研究方法改为现代渔业技术概论,学分不变。专业领域课中的渔业导论改为渔业环境保护,学分不变。选修课修改为10学分,增加前沿讲座2学分。

2005年,制订在职攻读工程硕士专业学位研究生培养方案,课程学习实行学分制(上课16学时计1学分),总学分不少于28学分。课程设置分为公共学位课(12学分)、专业学位课(9学分)和专业选修课(7学分)。

2007年,修订工程硕士专业学位培养方案,在职攻读工程硕士专业学位的研究生应修满32学分,其中公共学位课12学分、专业学位课12学分、专业选修课8学分。

2011年,首次制订全日制专业学位硕士研究生培养方案,涉及工程硕士和农业推广硕士专业学位的6个研究领域。全日制专业学位硕士研究生课程体系:

课程学习(24学分,1年)。其中包括公共学位课须修8学分、领域学位课不少于6学分、实践特色课不少于4学分及选修课。实践特色课由一线生产单位有影响的、实践经验丰富的专家讲授,突出领域特点和专业技术特色。

实践研究(6学分,1年)。在校外实践累计1年,由学院所在基地组织专家对学生研究报告进行评议。根据报告质量,结合实践单位的工作评价,按优、良、中、及格和不及格五级制记分。成绩合格及以上获相应学分。

农业推广硕士和工程硕士专业学位(各领域)除必修的共同课按国务院学位委员会规定设置外,其他学位课程根据各领域要求予以设定。所用教材除选用正式出版的外,学校还组织教师编写各领域有关专业教材。

表4-1-2 2000—2011年学校自编农业推广硕士研究生教材情况表

序号	专业学位领域	教材名称	编者
1	渔业、农村与区域发展、食品加工与安全、农业信息化	农(渔)业技术推广和管理	乐美龙
2	渔业、农村与区域发展、食品加工与安全	渔业资源与可持续发展	陈新军
3	农村与区域发展	农业法与环境资源法	杨建峰
4	渔业	现代生物技术导论	施志仪
5	渔业	渔业法规与渔政管理	乐美龙
6	渔业	渔业环境保护	陈新军

第二章 培养与管理

第一节 规章制度

研究生教育专业性、政策性强、教学层次高、培养周期长、涉及面广，必须要有严格的管理和完善的规章制度予以保障。2001年，学校全面实行研究生教育校院二级管理后，制订一系列规章制度，完善研究生培养全过程管理，包括制订个人培养计划制度、学位论文开题公开报告制度、中期考核淘汰制度、学位论文预答辩制度、论文盲审制度及学位论文原创性检查制度。学校注重加强研究生部在研究生教育管理中的宏观指导、协调、组织作用，研究新形势下研究生教育的规律，建立、完善研究生教学管理规章制度。

表4-2-1 1997—2010年研究生教学管理规章制度一览表

序号	文件名称	制订年份	修订年份
1	关于进修研究生课程的管理办法	1997	2006、2010
2	联合培养研究生工作细则（修订稿）	1999	2006、2010
3	关于授予具有研究生毕业同等学力的在职人员硕士学位的工作细则	1999	2006
4	研究生科研基金管理办法	2002	2006、2010
5	研究生教学督导制度实施细则	2002	2006、2010
6	关于研究生课程任课教师的若干规定	2002	2006、2010
7	研究生学位论文写作规范	2002	2006、2010
8	非英语专业研究生公共英语课程教学管理规定	2005	2006、2010
9	关于研究生兼任"三助"工作的管理办法	2005	2010
10	研究生优秀学位论文评选办法	2006	2010
11	关于加强硕士研究生实践环节管理的规定	2006	2010
12	关于研究生文献综述管理实施办法	2006	2010
13	关于研究生参加学术活动的规定	2006	2010
14	研究生中期考核实施办法	2006	2010
15	研究生学位论文实验记录规定	2006	2010
16	研究生学位论文开题报告实施细则	2006	2010
17	研究生出国（境）管理规定	2006	2010

(续表)

序号	文件名称	制订年份	修订年份
18	关于研究生基础前沿课程管理的若干规定	2006	2010
19	在职攻读专业学位硕士研究生培养工作实施细则(修订稿)	2006	2010
20	博士研究生培养工作细则	2006	2010
21	硕士研究生培养工作细则	2006	2010
22	研究生知识产权管理办法	2006	2010
23	研究生学籍管理规定	2006	2010
24	研究生三好学生、优秀学生干部、社会工作积极分子评选细则	2006	2010
25	研究生优秀毕业生评选细则	2006	2010
26	研究生招生工作管理办法	2006	2010
27	研究生入学考试命题工作管理规定	2006	2010
28	关于加强硕士研究生招生复试工作的指导意见	2006	2010
29	研究生档案管理办法	2006	2010
30	博士研究生学位论文开题评阅的规定	2009	—
31	研究生学位论文原创性检查暂行规定	2009	—
32	关于硕博连读的管理条例	2009	—
33	研究生基本奖助金评选管理办法	2010	—
34	研究生导师基金管理办法	2010	—
35	研究生培养机制改革试行方案	2010	—
36	推荐优秀应届本科毕业生免试攻读硕士学位研究生工作管理办法	2010	—

说明：表格中"—"代表无。

作为上海市地方高校研究生培养机制改革的先行先试单位,学校2010年制订和实施《研究生培养机制改革试行方案》。针对研究生招生机制改革,学校制订研究生导师支出人力资源配置费标准,并设立导师基金。根据研究生资助体系改革,制订研究生基本奖助金设置标准。

表4-2-2　2010年研究生导师支出人力资源配置费标准情况表　　　　单位(元/生·年)

培养层次	学科类别	第一名	第二名	第三名
硕士生	理工农学科	3 500	3 500	3 500
	经济管理学科	3 000	3 000	3 000
博士生	理工农学科	7 500	12 500	22 500
	经济管理学科	6 500	10 500	18 500

表 4-2-3　2010 年研究生基本奖助金的设置标准情况表

等级	博士生		硕士生	
	标　准	比例	标　准	比例
一等	免全额培养费,普通助学金 500 元/月＋学业优秀奖学金 700 元/月	15%	免全额培养费,普通助学金 350 元/月＋学业优秀奖学金 450 元/月	15%
二等	免全额培养费,普通助学金 500 元/月＋学业优秀奖学金 300 元/月	50%	免全额培养费,普通助学金 350 元/月＋学业优秀奖学金 250 元/月	50%
三等	免全额培养费,普通助学金 500 元/月＋学业优秀奖学金 100 元/月	约 35%	免全额培养费,普通助学金 350 元/月＋学业优秀奖学金 50 元/月	25%
四等	—	—	免全额培养费	约 10%
五等	考核未达要求,缴纳全额培养费	—	考核未达要求,缴纳全额培养费	—
培养费	15 000 元/年		10 000 元/年	

说明：表格中"—"代表无。

第二节　队伍建设

一、导师遴选与培训

在研究生教育起步阶段,学校一批知名教授为研究生教育作出突出贡献。如我国著名鱼类学家朱元鼎、孟庆闻,鱼类养殖学家陆桂、谭玉钧,水产加工专家骆肇荛,海藻栽培学家王素娟等。

20 世纪 90 年代,学校研究生教育进入快速发展期。1994 年起,学校先后与中国水产科学研究院及其所属研究所、上海市农业科学院、上海光明食品(集团)有限公司等开展联合培养研究生工作,并聘请有关专家兼任研究生导师。学校严格按规定遴选研究生导师,加强导师岗前培训。截至 2011 年,学校拥有研究生导师 463 人,其中硕士生导师 409 人、博士生导师 54 人。

对于已具有研究生导师资格的教授、副教授,鼓励其通过承担国内重大科研课题、短期出国进修访问、国内外学校交流合作等方式,提高学术水平和影响力,尤其是加大对中青年导师遴选和培养力度,提高其政治和业务素质,增强教书育人的使命感和责任感。

为提高研究生培养水平,学校建立研究生质量评估制度及全方位培养质量评价体系,从研究生论文质量、思想政治水平、研究生课程教学水平等方面对导师工作进行评估,将评估结果与考核挂钩,并建立评价结果反馈及整改情况检查机制,保证质量评价体系在提高培养质量方面发挥作用。2008 年、2009 年,学校第五、第六届学位评定委员会分别审议通过《研究生指导教师职责条例》《博士研究生指导教师述职制度暂行规定》,明确研究生导师在完成研究生培养计划和任务、确保研究生培养质量等方面的重要责任,同时对博士生导师实行述职制度,明确规定考核原则、考核内容、考核程序及奖惩等内容,从制度上确保研究生导师的义务和职责,在规范导师队伍建设、提高研究生培养质量中起到关键作用。

学校对新遴选导师组织培训,通过考核获得上岗证后方能指导研究生。学校定期举办导师经验交流会,促进导师之间沟通和共同提高,尤其有助于提高年轻导师指导水平。2001 年 11 月,学校举办首次博士生培养工作研讨会,对博士生导师进行培训,对首批博士学位论文进展情况进行检查,确保博士生培养质量。2002年11月,研究生部举办第二次硕士研究生导师培训班。2005年12月,举办第三次研究生导师培训班。2003—2005年,新遴选的硕士生、博士生导师近100人参加培训,其中包括来自联合培养单位的兼职导师。2007年4月,举办新增导师培训班,近50位新增研究生导师(包括校外兼职导师)参加,学校为通过培训考核的46位导师颁发上岗证。

学校积极推进导师准入制和导师遴选前岗位培训,确保导师质量。2008年5月,研究生部首次对申请新增导师进行遴选前岗位培训,聘请有关专家就研究生教育过程中的树人、立德、学习与悟性和学生中常见的心理问题作专题报告,并就培养管理过程各环节作详细解答。2009年5月,研究生部主办研究生导师遴选前岗位培训,来自学校和联合培养单位的80位科教人员参加培训。

学校在选聘联合培养单位专家任兼职导师时,根据学校的《硕士研究生指导教师遴选办法》《博士研究生指导教师遴选办法》,选聘那些具有较强解决实际问题能力,又有较深学术理论功底的专家担任兼职导师。所有新增校外兼职导师,同样必须参加由学校统一组织的导师培训,明确导师职责,熟悉研究生培养过程中的各阶段要求和标准。

表4-2-4 2005—2010年研究生导师遴选及管理规定情况表

序号	文 件 名 称	制订年份	修订年份
1	研究生指导教师职责条例	2008	
2	硕士研究生指导教师遴选办法	2006	2010
3	博士研究生指导教师遴选办法	2006	2010
4	聘请国外专家兼职担任研究生导师的暂行规定	2005	2006、2010
5	博士研究生指导教师述职制度暂行规定	2009	

表4-2-5 1997—2011年研究生导师人数统计表

| 年 份 | 总 计 | 职 称 | | 博士生导师 | 硕士生导师 |
		正高级职称	副高级职称		
1997	32	25	7	—	32
1998	38	24	14	2	36
1999	48	31	17	4	44
2000	51	28	23	4	47
2001	58	33	25	10	48
2002	68	38	30	11	57
2003	77	41	36	18	59
2004	177	97	80	38	139
2005	204	115	89	38	166
2006	271	173	98	43	228
2007	299	196	103	49	250

(续表)

年份	总计	职称		博士生导师	硕士生导师
		正高级职称	副高级职称		
2008	366	242	124	49	317
2009	417	250	167	67	350
2010	417	255	162	66	351
2011	463	264	199	54	409

说明：自2004年起，根据联合培养协议，将联合培养单位导师一并统计在内；2009年起上海应用技术学院合作导师人数未统计在内。

表4-2-6 2010年博士研究生导师情况表

序号	姓名	性别	职务	学科、专业点	所在部门或单位
1	李思发	男	教授	水产养殖	水产与生命学院
2	王 武	男	教授	水产养殖	水产与生命学院
3	马家海	男	教授	水产养殖	水产与生命学院
4	蔡完其	女	教授	水产养殖	水产与生命学院
5	杨先乐	男	教授	水产养殖	水产与生命学院
6	周洪琪	女	教授	水产养殖	水产与生命学院
7	周志刚	男	教授	水生生物学	水产与生命学院
8	严兴洪	男	教授	水生生物学	水产与生命学院
9	李家乐	男	教授	水产养殖	水产与生命学院
10	施志仪	男	教授	水生生物学	水产与生命学院
11	成永旭	男	教授	水产养殖	水产与生命学院
12	魏 华	男	教授	水生生物学	水产与生命学院
13	何培民	男	教授	水生生物学	水产与生命学院
14	唐文乔	男	教授	水生生物学	水产与生命学院
15	邱高峰	男	教授	水产养殖	水产与生命学院
16	张俊彬	男	教授	水产养殖	水产与生命学院
17	吕利群	男	教授	水产养殖	水产与生命学院
18	吕为群	男	教授	水产养殖	水产与生命学院
19	刘其根	男	教授	水产养殖	水产与生命学院
20	赵金良	男	教授	水产养殖	水产与生命学院
21	王丽卿	女	教授	水生生物学	水产与生命学院
22	周应祺	男	教授	捕捞学	海洋科学学院

(续表)

序号	姓 名	性别	职务	学科、专业点	所在部门或单位
23	黄硕琳	男	教授	渔业资源	海洋科学学院
24	孙满昌	男	教授	捕捞学	海洋科学学院
25	章守宇	男	教授	渔业资源	海洋科学学院
26	陈新军	男	教授	渔业资源	海洋科学学院
27	许柳雄	男	教授	捕捞学	海洋科学学院
28	宋利明	男	教授	捕捞学	海洋科学学院
29	周培根	男	教授	水产品加工及贮藏工程	食品学院
30	潘迎捷	男	教授	水产品加工及贮藏工程	食品学院
31	王锡昌	男	教授	水产品加工及贮藏工程	食品学院
32	陈天及	男	教授	水产品加工及贮藏工程	食品学院
33	谢 晶	女	教授	水产品加工及贮藏工程	食品学院
34	吴文惠	男	教授	水产品加工及贮藏工程	食品学院
35	刘承初	女	教授	水产品加工及贮藏工程	食品学院
36	张相国	男	教授	渔业经济与管理	经济管理学院
37	蒙少东	男	教授	渔业经济与管理	经济管理学院
38	杨正勇	男	教授	渔业经济与管理	经济管理学院
39	高 健	男	教授	渔业经济与管理	经济管理学院
40	李 健	男	教授	水产养殖	中国水产科学研究院黄海水产研究所
41	金显仕	男	教授	渔业资源	中国水产科学研究院黄海水产研究所
42	陈松林	男	研究员	水产养殖	中国水产科学研究院黄海水产研究所
43	黄 健	男	研究员	水产养殖	中国水产科学研究院黄海水产研究所
44	孙 谧	女	研究员	水产品加工及贮藏工程	中国水产科学研究院黄海水产研究所
45	马爱军	男	研究员	水产养殖	中国水产科学研究院黄海水产研究所
46	周德庆	男	研究员	水产品加工及贮藏工程	中国水产科学研究院黄海水产研究所
47	庄 平	男	研究员	水产养殖	中国水产科学研究院东海水产研究所
48	沈新强	男	研究员	渔业资源	中国水产科学研究院东海水产研究所
49	陈雪忠	男	研究员	捕捞学	中国水产科学研究院东海水产研究所
50	孙效文	男	教授	水产养殖	中国水产科学研究院黑龙江水产研究所
51	贾晓平	男	研究员	渔业资源	中国水产科学研究院南海水产研究所
52	江世贵	男	研究员	水产养殖	中国水产科学研究院南海水产研究所
53	喻达辉	男	研究员	水产养殖	中国水产科学研究院南海水产研究所
54	吴淑勤	女	教授	水产养殖	中国水产科学研究院珠江水产研究所

(续表)

序号	姓　名	性别	职务	学科、专业点	所在部门或单位
55	朱新平	男	研究员	水产养殖	中国水产科学研究院珠江水产研究所
56	朱作言	男	研究员、中国科学院院士	水生生物学	中国科学院水生生物研究所
57	傅崐成	男	教授	国际海洋法	厦门大学
58	郭本恒	男	教授	水产品加工及贮藏工程	上海光明乳业股份有限公司
59	林明森	男	教授	渔业资源	国家卫星海洋应用中心
60	蒋兴伟	男	教授	渔业资源	国家卫星海洋应用中心
61	陈长胜	男	教授	渔业资源	美国马萨诸塞大学海洋科学与技术学院
62	刘占江	男	教授	水产养殖	美国奥本大学
63	林俊达	男	教授	水生生物学	美国佛罗里达工学院
64	李晓峰	男	研究员	渔业资源	美国海洋与大气管理局
65	陈勇	男	教授	渔业资源	美国缅因大学
66	宋佳坤	女	教授	水生生物学	美国马里兰大学

二、学生管理队伍

研究生教育管理涉及招生、培养、学籍、学位、政治思想教育、就业指导等工作。随着研究生规模的扩大，研究生教育管理从学校一级管理模式发展到校院二级管理模式。学校设置研究生部负责全校研究生教学管理工作。各学院有专职分管研究生教育的院长、教学秘书，负责其所属学科专业研究生的教学管理。同时，还相应地将原有兼职的辅导员改设为专职辅导员。

表 4－2－7　2010 年研究生教育管理队伍人员结构统计表

类　别	总人数	硕士及以上学历				职　称			
		硕士	博士	平均年龄	占总人数百分比（%）	正高	副高	中级	平均年龄
校级管理人员	10	5	2	37.7	70	2	1	6	43.2
学院教学秘书	7	3	—	34.3	42.9			5	39
专职辅导员	6	6		28.8	100			3	30.7
合　计	23	14	2	33.8	69.6	2	1	14	39.8

说明：表格中"—"代表无。

2005 年 1 月，校党委成立研究生工作部，形成学院党委、研究生工作部、研究生导师三位一体的研究生思想政治教育管理模式，明确学院党委书记为学院研究生思想政治管理第一责任人。同时，研究生工作部还定期召开研究生工作研讨会，各学院及联合培养单位管理人员就学生管理工作进行专题讨论，相互切磋，交流经验。2003年8月，学校首次举办研究生思想政治工作研讨会，就如何加强研究生思想政治工作进行交流及专题研讨，征求对《研究生指导教师工作职责》《研究生辅导员工作职责》的修订意见。2008年7月，举办主题为加强研究生辅导员队伍建设、全面推进研究生思想政治教育工作的研讨会，有关专职研究生辅导员交流工作体会，并围绕新校区研究生思想政治教育管理模式、研究生辅导员队伍建设、发挥导师育人功能、加强研究生创新精神和创新能力培养、实现研究生自我教育等问题进行讨论。2010年1月，举办研究生思想政治工作研讨会，就新形势下联合培养单位党建工作、研究生思想政治工作校院二级管理细则修订、研究生各类评优细则修订、心理危机干预预案解读、培养机制改革奖助系统，以及研究生就业工作和研究生心理健康教育的实践与探索等进行交流与探讨。

随着研究生联合培养规模的扩大，学校逐渐加强研究生党建工作。2004年，制订《关于加强联合培养研究生党组织建设的若干意见》。2006年，修订《关于进一步加强联合培养研究生党组织建设的实施意见》，从党组织关系、发展党员工作、预备党员考察和转正、党员党内奖惩、党组织材料等方面，对联合培养研究生的党建工作予以明确规定。2010年，重新修订《关于调整联合培养研究生党组织建设的若干实施意见》，要求设置联合培养研究生党支部。这从制度上保证研究生党员发展工作的延续性，明确党员组织关系转入联合培养单位，党员统计工作由学校进行，党员发展按照联合培养单位相关程序进行，发展党员或预备党员转正的支部大会由联合培养单位基层党组织负责召开，最后报校党委审批。文件还就联合培养研究生党员党内奖惩等方面作出规定。

2007年，根据上海市研究生教育创新计划实施项目，上海市学位办在学校设立上海研究生教育培训中心，并专门成立专家指导委员会，中心办公室挂靠在学校。上海研究生教育培训中心成立后，积极组织研究生培养单位的导师和管理干部进行培训、交流。2008年7月，中心组织召开上海市研究生教育工作专题研讨会。2008年、2009年，中心分别举办上海市研究生导师和管理干部培训班、上海市研究生管理干部工作研讨会。

第三节　质量管理

学校1984年制订、1985年修订硕士研究生专业培养方案，以确保研究生教学质量。随着研究生学科专业发展，先后于1992年、1997年、1999年、2002年、2006年、2009年、2010年、2011年修订《研究生培养方案》，不断完善教学质量管理体系。

20世纪80年代，学校研究生教育处于起步阶段，招生规模小，研究生教育管理隶属于教务处，先后有研究生科、研究生办公室。1987年，学校编印首部《研究生手册》，制订《研究生学业成绩考核管理暂行办法》《硕士学位授予工作条例》，推动学校研究生教育工作正规化、制度化。

1992年、1997年，学校对研究生培养方案进行两次修订，特别是1997年春季修订的培养方案突出培养研究生获取知识的能力，规定研究生除应掌握坚实的本学科理论基础知识和系统的专业知识外，还应掌握相关学科的知识和理论，将学科前沿的成果体现在教材中，陆续新编出版《中国淡水鱼类养殖原理与实践（英文版）》《鱼类比较解剖》《海藻化学》等10多本教材。

1999年、2002年、2006年、2009年、2010年和2011年，分别对《研究生培养方案》进行重新修订。特别是2006年修订时，学校本着"突出课程前沿性、强调基础宽厚性、注重知识实践性、凸显内涵层次性、体现教学互动性、养成科研独创性"的修订思路,召开研究生培养方案修订专家论证会,按农学、理学、工学Ⅰ、工学Ⅱ、经管5类,聘请校内外专家分组对新一轮的研究生培养方案进行审议和论证,制订了新的研究生培养方案。2011年修订的培养方案中新增全日制专业学位硕士生培养方案。

2005年起,为提高研究生培养质量,不断改进教学方案,学校开设研究生基础前沿课程。该课程根据学科专业要求,聘请国内外知名专家学者为研究生举行短期系列专题讲座,以拓展研究生知识面。在此基础上,增加研究生文献综述教学要求,强化研究生教学实践环节。为培养研究生实验能力和实践技能,从2009年起,在研究生培养方案中增设导师实验课程。在英语教学方面进行大胆改革,构建现代外语教育思想和现代教育技术结合的新型教学模式。2004年起,英语教学利用计算机网络条件为突破口,建立以学生网络自主学习和教师课堂辅导相结合的教学方式,突破原先的阅读、写译、听说的设置模式,解决课程设置与学生需求之间的矛盾。

1997年以前的培养方案中,研究生课程为112门,1997年增加至262门。2002年的培养方案中,硕士生开设公共课、专业课及选修课共158门。博士生开设公共课、专业学位课及选修课共54门,将学生参加教学、社会实践等作为必修环节。2006年、2010年修订的培养方案,在课程设置中分公共学位课、专业学位课、研究生基础前沿课程、选修课几大块,其中选修课又分为专业选修课与公共选修课两大类,同时,对必修环节明确基本要求,并按专业分别对文献阅读列出主要经典著作、专业学术期刊目录和文献检索途径。2006年的培养方案中,开设研究生课程270门,其中硕士课程220门、博士课程50门。2009年的培养方案中,开设研究生课程321门,其中硕士课程266门、博士课程55门。

2000年,学校首次招收在职攻读农业推广硕士专业学位研究生。根据农业推广硕士专业学位教育指导委员会要求,制订和实施《在职攻读农业推广硕士专业学位研究生培养方案》,对培养目标、课程设置、学位论文要求,以及学位授予等作出规定,其中对课程的设置分公共课、专业领域课、选修课及专题讲座等大类。在2005年、2006年及2007年分别对农业推广硕士专业学位的渔业、农村与区域发展、食品加工与安全、农业信息化等领域的培养方案进行修订,逐步完善学校农业推广硕士专业学位的培养工作。

2005年,学校开始招收工程硕士专业学位研究生。根据工程硕士专业学位指导委员会要求,分别制订和实施《在职攻读工程硕士专业学位研究生培养方案(食品工程领域)》《在职攻读工程硕士专业学位研究生培养方案(机械工程领域)》。根据在职研究生特点,注重抓专业学位论文质量,为学生配备具有丰富实践经验的教授、专家作为指导教师,并从论文选题到科研能力培养直至论文写作要求层层把关、严格要求,以保证本校专业学位研究生的培养质量。

2002年,学校成立教学督导委员会,实行教学督导制度,完善教学质量保证措施,并制订和实施《研究生教学督导制度实施细则》(以下简称《细则》),明确教学督导机构设置、教学督导员聘任条件、工作职责,对研究生教学质量进行监督与检查,及时了解教学质量和教学信息。该《细则》于2006年、2010年分别进行修订。

为加强研究生诚信教育,把好论文质量关,学校专门印制统一格式的学位论文原始记录本,要求毕业生将原始记录及相关实验数据经导师签字确认后方可归档。在推行学位论文开题报告制度基础上,20世纪90年代后期起,学校开始实施学位论文预答辩和学位论文"盲审"评阅制度。2009年起,对博士研究生论文实行论文开题评阅制度,必须经专家评阅通过后才可进行论文开题报告,逐步加大对研究生学位论文质量管理力度。

2009年起,学校利用同方知网有限公司开发的"研究生学位论文学术不端行为检测系统",针对学位论文中可能存在的抄袭、剽窃、篡改等情况进行原创性检查,首次抽检水产与生命学院、海洋科学学院、经济管理学院2009届研究生的学位论文,结果表明整体质量较好,抽检主体基本不存在学术不端行为。

学校多次参加研究生教育评估与检查。1997年,完成水产养殖、水产品贮藏与加工、捕捞学3个硕士点的自我评估申报工作,并全部获得通过。2008年3月,顺利通过由上海市学位办组织的专家组对学校研究生培养过程质量实地检查与评估。2007年10月,全国农业推广硕士专业学位教育指导委员会组织专家对学校农业推广硕士的教学、管理工作进行专项调研和检查,专家组对专业学位培养工作给予较好评价。

第四节 研究生科研活动

一、主要活动

20世纪90年代后期,为更好地培养研究生独立从事科研工作的能力,学校为在校研究生设立研究生科研基金,并制订和实施《研究生科研基金管理办法》。为促进学生积极参与科研和学术交流活动,提高学术氛围,研究生部于1999年指导研究生会举办首届研究生学术论文报告会,截至2011年已连续举办13届。每届报告会均有一批高质量的论文脱颖而出,并被收录于《研究生学术论文报告会报告集》,累计近200篇。

2006年,学校制订和实施《关于研究生参加学术活动的规定》,并于2010年进行修订,将研究生在校期间参加学术活动作为研究生培养的必修环节之一。2007年,学校申报的上海市研究生教育创新计划资助项目,获得上海市学位委员会资助。2008年起,实施"优秀研究生论文培育计划",推动研究生创新能力提高和培养。2009年4月,首批"优秀研究生论文培育计划"资助对象,水产与生命学院、食品学院、信息学院的4名博士和硕士研究生,向评委会汇报项目进展、论文发表、经费使用等情况,评委会对每位学生实验中存在的不足、SCI论文撰写中的问题及下一步研究思路等提出建议。截至2010年,"优秀研究生论文培育计划"项目已实施3期,受资助研究生有16人,其中博士生7人、硕士生9人。第一批受资助学生已完成预定计划,有2名研究生还超计划完成任务。

2006年12月,学校承办由上海市学位委员会主办、主题为"食品·营养·健康·安全"的首届上海研究生学术论坛,收到上海及江浙地区高校研究生论文52篇,最终有7篇论文获优秀论文奖,其中学校有5篇获奖。2007年,上海市学位办在学校设立上海研究生教育培训中心。2008年、2009年、2010年,学校分别承办以"海洋科学与技术""资源、环境与可持续发展""数字海洋"为主题的上海市研究生学术论坛,2006—2010年累计承办4届。

2009—2010年,学校承办两届由上海市学位办主办的上海研究生暑期学校,先后以"生物资源""上海全球化食品供应链与中国食品安全"为主题,为研究生提供了一个学习与交流平台。

2008年,中国水产学会在学校成立研究生工作站,引导广大研究生更多了解国情、服务社会,在社会实践和科技创新活动中受教育、长才干,多渠道为学生提供学习和锻炼机会,培养研究生独立工作能力和创新能力。

表 4-2-8　2003—2008 级研究生获得专利一览表

学院	年级	姓名	获奖类别	专利名称	专利号	获得时间	排名	导师姓名
生命科学与技术学院	2003	杨显祥（硕士）	获得与专业相关的国家发明专利	游离细胞植入法培育有核珍珠	ZL 200510110378.8	2007.5	第二完成人	施志仪
工程学院	2006	陈金稳（硕士）	获得与专业相关的实用新型专利	滚刀式水草收割机	ZL 200720067478.1	2007.2	第二完成人，第一完成人为导师	张丽珍
工程学院	2006	陈金稳（硕士）	获得与专业相关的实用新型专利	小型水草收割机	ZL 200720069210.1	2007.4	第二完成人，第一完成人为导师	张丽珍
食品学院	2006	张珍（硕士）	获得与专业相关的实用新型专利	新型高效鼓风冻结装置	ZL 200720069382.9	2008.4	第二完成人，第一完成人为导师	谢晶
工程学院	2007	田昌凤（硕士）	获得与专业相关的实用新型专利	多功能车床砂带磨头	ZL 200820152246.0	2009.6	第二完成人，第一完成人为导师	张丽珍
水产与生命学院	2008	邱仁杰（博士）	获得与专业相关的实用新型专利	可控溶氧的中华绒螯蟹循环水养殖装置	ZL 200920073283.7	2010.5	第一完成人	成永旭
水产与生命学院	2008	黄子贤（硕士）	获得与专业相关的实用新型专利	太阳能引导植物净化水体的装置	ZL 200920069732.0	2010.5	第二完成人，第一完成人为导师	张饮江
水产与生命学院	2008	张旭光（博士）	获得与专业相关的实用新型专利	一种室内鲟鱼摄食感觉去除装置	ZL 200920213672.5	2010.9	第一完成人	宋佳坤

表 4-2-9　2006—2008 级研究生获奖一览表

学院	年级	姓名	获奖类别	获奖时间	排名	导师姓名
食品学院	2006	李杰（硕士）	第十届"挑战杯"二等奖	2007.11	第二完成人，第一完成人为导师	谢晶
工程学院	2008	聂莉娜（硕士）	第四届全国大学生"飞思卡尔"杯智能汽车竞赛全国总决赛二等奖	2009.8	第一完成人	王永晶
食品学院	2006	韩志（博士）	上海高校学生创造发明"科创杯"二等奖	2007.7	第一完成人	谢晶
食品学院	2006	韩志（博士）	第十届"挑战杯"上海市大学生课外学术科技作品三等奖	2007.12	第一完成人	谢晶
工程学院	2008	张璐（硕士）	第四届全国大学生"飞思卡尔"杯智能汽车竞赛华东赛区摄像头组优秀奖	2009.7	第二完成人，第一完成人为导师	宋秋红

二、优秀成果

2005年,海洋学院2004届研究生张健的硕士学位论文获得上海市研究生优秀成果奖。2006年底,学校全面启动校级研究生优秀论文评选工作。2007—2011年,共有38名研究生的论文被评为校级研究生优秀论文。对于校优秀论文,由学校推荐参加上海市研究生优秀成果评选。截至2011年底,已有14篇学位论文(博士论文6篇、硕士论文8篇)被评为上海市研究生优秀成果。其中由上海市推荐参加全国百篇优秀博士论文评选的有:2007年,钱卫国的学位论文《鱿钓渔业中集鱼灯的优化配置研究》;2008年,陈晓武的学位论文《碱性磷酸酶在牙鲆发育变态中的表达图式及功能研究》;2009年,徐姗楠的学位论文《大型海藻栽培对富营养化海区的生态修复功能研究》。

2007年,农业推广硕士专业学位教育指导委员会开展首届全国农业推广硕士优秀论文评选工作,旨在提高农业推广硕士研究生培养质量。经过半年多前后8轮逐级评审,最终评选出8篇全国农业推广硕士优秀论文。其中,由沈月新指导的2004届农业推广硕士研究生张饮江的学位论文被评为渔业领域唯一一篇全国优秀论文。2009年,由王武指导的2007届农业推广硕士研究生龙光华的学位论文被评为第二届全国农业推广硕士优秀论文。2011年,由钟俊生指导的2009届农业推广硕士研究生姚子亮的学位论文被评为第三届全国农业推广硕士优秀论文。学校成为少数连续3次获此表彰的培养单位之一。

表4-2-10 2005—2011年获上海市研究生优秀论文一览表

获奖年份	所在学院	作者姓名	专业	指导教师	论文题目	类别	授予学位年份
2005	海洋学院	张健	捕捞学	孙满昌	东海区张网囊网网目选择性研究	硕士	2004
2006	生命科学与技术学院	郭锦路	动物营养与饲料科学	王岩	鮸状黄姑鱼廉价、高营养、低污染配合饲料的研究	硕士	2005
2007	海洋学院	钱卫国	捕捞学	孙满昌	鱿钓渔业中集鱼灯的优化配置研究	博士	2005
2007	生命科学与技术学院	杨显祥	水产养殖	施志仪	三角帆蚌细胞法育珠初步研究和ALPHA—2巨球蛋白基因克隆表达	硕士	2006
2008	水产与生命学院	陈晓武	水产养殖	施志仪	碱性磷酸酶在牙鲆发育变态中的表达图式及功能研究	博士	2007
2008	水产与生命学院	贾智英	水产养殖	孙效文	方正银鲫亲本遗传物质在子代中的遗传特性研究	博士	2007
2008	水产与生命学院	吴旭干	水产养殖	成永旭	磷脂和高度不饱和脂肪酸对中华绒螯蟹亲本培育、生殖性能和苗种质量的影响	硕士	2004
2009	水产与生命学院	徐姗楠	水产养殖	何培民	大型海藻栽培对富营养化海区的生态修复功能研究	博士	2008
2010	海洋科学学院	李纲	渔业资源	陈新军	东、黄海鲐鱼资源评估及其管理策略风险分析	博士	2008
2010	水产与生命学院	刘艳省	海洋生物学	周志刚	海带配子体性别相关分子标记的筛选和鉴定	硕士	2008
2010	食品学院	王孙勇	水产品加工及贮藏工程	陶妍	草鱼骨骼肌肌球蛋白重链同工型基因的cDNA克隆与表达	硕士	2008

(续表)

获奖年份	所在学院	作者姓名	专业	指导教师	论文题目	类别	授予学位年份
2011	海洋科学学院	冯 波	渔业资源	陈新军	印度洋黄鳍金枪鱼资源评估与风险分析	博士	2009
		陆化杰	渔业资源	陈新军	利用耳石微结构研究智利外海茎柔鱼的年龄、生长和种群组成	硕士	2009
		张 禹	捕捞学	宋利明	马绍尔群岛海域大眼金枪鱼栖息环境综合指数	硕士	2008

表4-2-11 2007—2011年农业推广硕士专业学位研究生获全国优秀论文奖一览表

获奖年份	作者姓名	作者单位	指导教师	论文题目	授予学位年份
2007(第一届)	张饮江	上海水产大学	沈月新	名贵鱼类活运技术的应用研究	2004
2009(第二届)	龙光华	广西水产技术推广总站	王 武	赤眼鳟人工繁殖技术研究	2007
2011(第三届)	姚子亮	浙江省丽水市水产技术推广站	钟俊生	瓯江唇䱻早期形态发育与生态研究	2009

第三章 学位工作

第一节 学位评定委员会

学校自1983年开展研究生教育起,由校长负责第一、第二届校学位评定委员会工作并兼任委员会主席。学位授予实行分类审核管理,各级学位授予工作分别由主管职能部门负责审核,报校长审批。学位授予需报请上级主管部门审定。

表 4-3-1　1997—2011年校学位评定委员会组成人员情况表

届别	主席	副主席	秘书长	委员
第三届 (1997— 1999.11)	周应祺	曹德超	沈月新 (—1999.3) 施志仪 (1999.3—)	周应祺、曹德超、沈月新、管伟康、陈马康、苏锦祥、李思发、邱高峰、楼允东、王 武、蔡完其、葛茂泉、王 恺、严伯奋、徐世琼、周培根、崔建章、童吉美、葛光华、黄硕琳、詹秉义
第四届 (1999.12— 2004.5)	周应祺	曹德超	施志仪	周应祺、曹德超、施志仪、管伟康、李思发、王 武、马家海、周洪琪、杨先乐、孙满昌、黄硕琳、朱永兴、章守宇、周培根、沈月新、陈天及、程裕东、张相国、骆 乐、张 健、童吉美
第五届 (2004.6— 2009.3)	潘迎捷	黄硕琳 程裕东	施志仪	叶 骏、潘迎捷、黄硕琳、程裕东、施志仪、吴建农、周应祺、章守宇、许柳雄、张丽珍、陈天及、王锡昌、谢 晶、张相国、高 健、骆 乐、李思发、李家乐、杨先乐、王 岩、周志刚、张 健、周永模、任明荣、王建民
第六届 (2009.4—)	潘迎捷	黄硕琳 程裕东	施志仪	叶 骏、潘迎捷、黄硕琳、程裕东、施志仪、吴建农、李柏林、李家乐、王丽卿、吕利群、王锡昌、刘承初、谢 晶、许柳雄、陈新军、章守宇、高 健、蒙少东、王世明、张丽珍、黄冬梅、何世钧、高文成、成长生、张继平

说明:2010年因叶骏岗位变动,增补虞丽娟为第六届校学位评定委员会委员,因蒙少东调离学校,增补平瑛为第六届校学位评定委员会委员。

第二节 学位管理与授予

一、管理制度

1997年,学校成立第三届上海水产大学学位评定委员会时,相应成立院级学位评定分委员会。校学位评定委员会日常工作由校学位评定委员会办公室负责,办公室设在研究生部。院级学位评定分委员会主要对其管理的研究生学位申请进行审核,汇总后报送校学位评定委员会办公室。2004年,为规范对专业学位研究生培养质量的监督与管理,学校成立专业学位评定分委员会。

1987年,根据《中华人民共和国学位条例》,学校制订《硕士学位授予工作条例》。2000—2009年,制订和实施对硕士、博士学位授予工作相关规定,包括《硕士、博士学位授予工作细则》《学位评定委员会章程》《硕士、博士学位授权点评估暂行规定》等,进一步规范学校学位评定委员会的管理与学位授予工作。

表4-3-2 2000—2010年学校有关学位管理工作规章制度一览表

序 号	文 件 名 称	制订年份	修订年份
1	硕士、博士学位授予工作细则	2000	2006、2008
2	研究生知识产权管理办法	2006	2010
3	学位评定委员会章程	2008	—
4	硕士、博士学位授权点评估暂行规定	2009	—

说明:表格中"—"代表无。

二、学位授予

【学位申请】

凡申请硕士、博士学位者必须在完成课程学习、通过各培养环节,取得规定学分,并通过学位论文答辩后,提交学位申请,由相关学位评定分委员会审议通过后,报校学位评定委员会审议通过,方可授予硕士、博士学位。为严把论文质量关,20世纪90年代末起,学校实行学位论文预答辩制度。同时开展上海市研究生学位论文"盲审"抽检工作;2006—2009年连续3年学校对经济管理类学位论文,实行强制"盲审",进一步提高经济管理类研究生学位论文质量。2009年起,学校利用同方知网有限公司开发的"研究生学位论文学术不端行为检测系统",对研究生学位论文的原创性进行检查。防止学位论文中抄袭、剽窃、篡改等学术不端行为,从而规范学术行为、端正学术风气、维护学术道德。

【审核与授予】

研究生学位工作实行二级管理模式。由学院根据《硕士、博士学位授予工作细则》中的相关规定,负责组织研究生学位论文预答辩、论文送审评阅、论文答辩,通过院学位评定分委员会审议后,将学位申请材料汇总至校学位评定委员会学位办公室,对研究生学位论文进行"盲审"、学位论文的原创性检测、博士生学位论文的送审评阅、学位申请材料审核与汇总,组织召开校学位评定委员会会议。校学位评定委员会根据研究生部学位办公室提供的学位申请者情况汇总材料,经全体委员审议、投票表决通过后,方可授予学位。

从2009年起,研究生的学位工作全面实现信息化管理。从研究生学位论文评阅、论文答辩评审、学位申请等材料全部实行信息化管理,简化学位论文送审评阅程序,规范对学位论文答辩、学位申请与学位授予的管理。

【硕士、博士学位授予情况】

1. 学术型硕士学位授予情况

1986—2011年,学术型硕士学位授予总数为2 153人,其中全日制有2 078人,同等学力有71

人,留学生有 4 人。

表 4-3-3 1986—2011 年学术型硕士学位授予统计表(按学科门类)

年度	合计				经济学	理学	工学	农学	管理学
	学位授予总数	全日制	同等学力	留学生					
1986	2	2	—	—	—	—	—	2	—
1987	10	10	—	—	—	—	2	8	—
1988	15	15	—	—	—	—	7	8	—
1989	19	19	—	—	—	—	5	14	—
1990	15	15	—	—	—	—	5	10	—
1991	9	9	—	—	—	—	2	7	—
1992	5	5	—	—	—	—	3	2	—
1993	8	8	—	—	—	—	2	6	—
1994	7	7	—	—	—	—	3	4	—
1995	9	9	—	—	—	—	5	4	—
1996	12	12	—	—	—	—	3	9	—
1997	15	15	—	—	—	—	4	11	—
1998	14	14	—	—	—	—	4	10	—
1999	16	16	—	—	—	—	6	10	—
2000	26	21	5	—	1	1	6/2	13/3	—
2001	34	27	7	—	4	2	10/3	11/4	—
2002	44	34	10	—	5	3	11/3	15/7	—
2003	65	53	12	—	4	4	14/4	31/8	—
2004	73	65	8	—	3	3	14	45/8	—
2005	107	96	10	1	9	8	22/2	55/8	2
2006	155	147	8	—	10	21	43/3	70/5	3
2007	180	175	5	—	11/1	26	53/3	81/1	4
2008	213	213	—	—	14	27	30	138	4
2009	300	297	3	—	12	45	94/1	142/2	4
2010	350	349	1	—	8	69	45	224/1	3
2011	450	445	2	3	17	95	86/2	240	7
总计	2 153	2 078	71	4	98/1	304	479/23	1 170/47	27

说明:每年 9 月 30 日统计数据(全日制/同等学力),留学生仅指授予学位的外籍学生。表格中"—"代表无。

2. 博士学位授予情况

2002—2011年,博士学位授予总数为105人,其中全日制有103人,留学生有2人。

表4-3-4 2002—2011年学术型博士学位授予统计表(按学科门类)

年 度	合 计			理 学	工 学	农 学
	学位授予总数	全日制	留学生			
2002	2	2	—	—	—	2
2003	1	1	—	—	—	1
2004	8	8	—	—	—	8
2005	6	6	—	—	1	5
2006	6	6	—	—	—	6
2007	11	11	—	—	1	10
2008	19	19	—	—	2	17
2009	13	13	—	—	1	12
2010	16	14	2	—	3	13
2011	23	23	—	3	3	17
总计	105	103	2	3	11	91

说明:每年9月30日统计数据,留学生仅指授予学位的外籍学生。表格中"—"代表无。

3. 专业学位硕士学位授予情况

2004—2011年,专业学位硕士学位授予总数为148人,其中工程硕士9人、农业推广硕士139人。

表4-3-5 2004—2011年专业学位硕士学位授予统计表(按学科门类)

年 度	2004	2005	2006	2007	2008	2009	2010	2011	合计
农业推广硕士	17	13	20	20	17	11	15	26	139
工程硕士	—	—	—	—	—	6	3	—	9
总 计	17	13	20	20	17	17	18	26	148

说明:每年9月30日统计数据。表格中"—"代表无。

第四章 招生与就业

第一节 招　　生

一、类型与人数

1983年,学校首次获得水产养殖专业硕士研究生招生权,并招收3名硕士生。1984—1993年,学校先后增设水产品贮藏与加工、捕捞学、渔业资源3个硕士点专业,共招收硕士生108人。

1997年,学校有水产养殖、水产品贮藏与加工、捕捞学、渔业资源、制冷及低温工程、水生生物学、产业经济学7个硕士点招生,同时水产品贮藏与加工、水产养殖、捕捞学3个硕士点开始招收以研究生毕业同等学力申请硕士学位(简称同等学力)学员。1983—1997年,学校共招收硕士生181人。

表4-4-1　1983—1997年硕士研究生招生专业及人数统计表

年份	水产养殖	水产品贮藏与加工	捕捞学	渔业资源	制冷及低温工程	水生生物学	产业经济学	合计
1983	3	—	—	—	—	—	—	3
1984	8	2	—	—	—	—	—	10
1985	8	7	—	—	—	—	—	15
1986	13	5	1	—	—	—	—	19
1987	10	5	—	—	—	—	—	15
1988	7	2	1	—	—	—	—	10
1989	2	3	—	—	—	—	—	5
1990	5	2	1	—	—	—	—	8
1991	4	3	—	—	—	—	—	7
1992	3	5	—	—	—	—	—	8
1993	9	3	—	1	—	—	—	13
1994	9	4	1	1	—	—	—	15
1995	9	5	—	1	—	—	—	15
1996	10	7	—	—	—	—	—	17
1997	10	5	2	1	1	1	1	21
总计	110	58	6	4	1	1	1	181

说明:表格中"—"代表无。

1998—2011年，学校硕士生按经济学、理学、工学、农学、管理学等学科门类招生。2000年、2005年，学校分别开始招收在职农业推广硕士专业学位和工程硕士专业学位研究生。2009年，学校根据教育部研究生招生结构改革要求，开始招收全日制专业学位研究生。1998—2011年，共招收上述各类硕士生4 349人，其中全日制3 747人、非全日制602人。

表4-4-2 1998—2011年各硕士专业门类招生人数统计表

年份	经济学	理学	工学	农学	管理学	工程硕士	农业推广硕士	合计
1998	4	2	7	14	—	—	—	27
1999	5	3	11	17	—	—	—	36
2000	4	4	14	33	—	—	—	55
2001	6	3	13	51	—	—	/64	73/64
2002	10	8	15	55	2	—	/22	90/22
2003	10	21	21	95	3	—	/35	150/35
2004	12	29	32	106/5	3	—	/39	182/44
2005	13	34	44	137/2	3	—	/18	231/20
2006	12	43	44	197	6	/7	/21	302/28
2007	8	71	47	240/1	3	/5	/32	369/38
2008	20	103	91	256	9	/6	/42	479/48
2009	17	131	101	288	12	3/5	2/89	554/94
2010	12	125	114	275	13	15/3	18/80	572/83
2011	19	122	123	266	9	28/15	60/111	627/126
总计	152	699	677	2 030/8	63	46/41	80/553	3 747/602

说明：每年9月30日统计数据(全日制数/非全日制数)。表格中"—"代表无。

1999年，学校招收首届2名博士生入学。截至2011年，共招收各类博士生238人，其中理学20人、工学29人、农学189人。

表4-4-3 1999—2011年各博士专业门类招生人数统计表

年度	1999	2000	2001	2002	2003	2004	2005	2006	2007	2008	2009	2010	2011	合计
理学	—	—	—	—	—	—	—	—	4	4	2	4	6	20
工学	—	—	—	—	—	2	4	3	6	2	6	6	—	29
农学	2	5	8	9	15	19	17	18	17	16	24	19	20	189
合计	2	5	8	9	15	19	19	22	24	26	28	29	32	238

说明：每年9月30日统计数据。表格中"—"代表无。

研究生招生分国家计划内、计划外两种形式。

国家计划内招收的研究生，由国家拨款进行培养，入学后户口和人事关系转入学校，毕业后就业方式分为非定向培养研究生和定向培养研究生两种。非定向培养的毕业后双向选择,自主择业。定向培养的招生对象主要是高等学校、科学院(所)及有关公益事业单位的在职人员,毕业后回原单位工作。

国家计划外招收的研究生,是指由用人单位委托学校招收的研究生(即委培生)和研究生招生单位自筹经费招收的研究生。委培生的培养经费由委托单位支付,招生对象为在职人员,入学后不转户口和人事关系,毕业后回原委托单位工作。自筹经费研究生,经费由学校或学生本人自筹,入学后户口转入学校,毕业后双向选择,自主就业。

学校研究生部于2002年被评为上海市高等学校招生工作先进集体,2003年学校研究生招生办公室获全国高等学校招生工作先进集体称号。

二、硕士生招生

硕士生招生一般每年10月报名,次年春节前考试,6月录取,9月入学。

硕士生招生已形成两种选拔办法,即全国统一考试和推荐免试。全国统一考试的考生,学历必须符合下列条件之一:(1)国家承认学历的应届本科毕业生;(2)具有国家承认的大学本科毕业学历的人员;(3)获得国家承认的高职高专毕业学历2年或2年以上按同等学力要求报考;(4)国家承认学历的本科结业生和成人高校应届本科毕业生,按本科毕业生同等学力身份报考;(5)已获硕士学位或博士学位的人员,可以再次报考硕士生,但只能报考委托培养或自筹经费的硕士生。

推荐免试的考生,必须是经毕业学校确认资格的少数优秀应届大学本科毕业生。

【编制招生目录】

招生专业目录是国家向社会和考生公布招生信息的主要形式,其内容和格式由教育部统一规定,由省级高校招生办统一印发。学校为广泛宣传,以吸引优秀考生,还专门出版招生简章和可供报考的学科、专业目录等。招生简章和专业目录一般介绍各学科、专业研究方向、考试(初试和复试)科目、参考书目。初试科目有4门,即政治理论、外国语和2门业务课。全国统考的数学试题分4类,供相应学科、专业选定。

【报名】

全国统考报名包括网上报名和现场确认两个阶段。

网上报名:报名及查询网址为中国研究生招生信息网。考生填报报考单位、招考专业等报考信息。

现场确认:考生凭本人有效身份证件(限居民身份证、军官证、文职干部证、军校学员证)、学历证书(普通高校和成人高校应届本科毕业生持学生证)和网上报名编号到各省(直辖市、自治区)高校招生办公室指定的报名点办理确认报考资格、缴费和采集本人图像信息等手续。

校研究生招生办公室认真审查考生报考信息,对符合报考条件的,及时将准考证寄给考生本人。2010年起,准考证实行考生网上自行打印。

【命题和评审】

1978年,研究生招生制度恢复以后,政治理论课、外国语命题最初按系统或地区统一组织。从

1980年起实行国家统一命题,其中外国语统考语种1989年起改为英语、俄语、日语。数学分4种,由国家统一组织命题。其他业务课命题,由学校根据国家和有关部门要求组织,命题要求和范围依据国家有关部门公布的考试大纲,或学校制订的本科教学大纲进行,试题应反映本科专业主干课程主要内容和要求。2003年起,根据教育部2002年的通知,硕士研究生入学初试科目由5门改为4门,保留政治理论、外国语、基础课和专业基础课;初试的政治理论科目不再分文、理两种试卷;把与专业相关度高且能体现招生单位特色的专业课调整到复试中进行。

根据教育部颁发的《关于编制2008年硕士研究生招生专业目录的通知》《教育部办公厅关于优化调整全国硕士研究生统一入学考试农学门类初试科目及内容的通知》,对纳入农学门类招生的所有学科专业(专业代码09开头)的初试业务课科目调整为4门,即政治理论、外国语、农学门类公共基础、农学学科基础综合。

全国统考和全国联考科目的命题工作由教育部考试中心统一组织;全国统考科目的考试大纲由教育部考试中心统一编制,全国联考科目的考试大纲由教育部考试中心或教育部指定相关机构组织编制。

硕士生入学考试采取闭卷笔试的形式,每门考试时间为3小时。考试结束后,全国统考和全国联考的考试科目试题评卷工作由省级研究生招生办公室统一组织,根据国家考试中心的参考答案和评分标准,集中进行评卷。自主命题科目的评卷由学校研究生部招生办公室组织评卷小组,按命题时确定的答案和评分标准进行评阅。

【初试与复试】

硕士生全国统一考试的日期由教育部统一确定、公布,上海市研究生入学考试考场由上海市教育考试院统一组织安排。

根据教育部制订的复试基本要求和录取原则,结合学校实际情况拟定复试标准。确定标准时,综合权衡学校总的招生规模、各专业生源情况等。根据教育部要求,复试实行差额复试。

对于同等学力的考生,除严格复试外,还要加强对本科主干课程和实验技能的考查,实行加试主干科目笔试2门。

复试时,各学院组成由指导教师为主的复试小组,根据招生简章公布的复试内容进行复试,一般分为专业课笔试、外语口试、实践环节考核及面试等。复试情况有记录和成绩。最后按初试和复试的加权成绩,提出是否建议录取的意见。

【录取】

学校根据教育部制订的录取工作规定和要求,根据考生入学考试成绩,结合其思想政治考核(政审)及身体健康状况择优确定拟录取名单,并予以公示。对于拟录取为定向委托培养、自筹经费硕士生的考生,必须签订合同,然后发放录取通知书。

三、博士生招生

博士生招生,每年秋季举行一次。

1999年起,学校开始博士学位研究生招生工作,每年11月报名,次年4月考试,9月入学。目前已逐步形成两种选拔方式,即公开招考和硕博连读。第一种为主要选拔方式,第二种属于推荐免试入学,数量较少。

博士生招生工作由各学校自行组织实施,不实行全国性统考,校际间不允许调剂录取。学校每年都编有招生简章,明确招生类别、报考条件、报名时间和地点、报名手续、考试日期和地点等,同时列出招生专业、指导教师、考试科目等信息,供考生查阅。考试科目列有3门,外国语(分基础英语和专业英语)、业务课(一)和业务课(二),综合面试安排在复试中进行。

四、专业学位招生

学校专业学位研究生有工程硕士和农业推广硕士两大类。工程硕士专业学位招生领域有食品工程、机械工程、计算机技术和动力工程。农业推广硕士专业学位招生领域有渔业、农村与区域发展、食品加工与安全和农业信息化。

【报考条件】

工程硕士:(1)在职工程技术或工程管理人员,或在学校从事工程技术与工程管理教学的教师;(2)至当年7月31日前获得学士学位满3年;(3)至当年7月31日前获得国民教育序列大学本科学历满4年。

农业推广硕士:(1)具有农业推广与农村发展相关实践经验的在职人员可以报考;(2)至当年7月31日前国民教育序列大学本科毕业并取得毕业证书(一般应有学士学位)。

【考试科目】

工程硕士、农业推广硕士研究生入学资格考试(Graduate Candidate Test,简称GCT)、专业课、专业基础课及面试。

采用两段式考试方式。第一阶段,所有考生参加国家统一组织的专业学位研究生入学资格考试(GCT)。第二阶段,由学校自主组织的专业课和专业基础课的综合考试。综合考试由学校专家小组用笔试和面试的方式进行。

第二节 分配与就业

随着我国改革开放和经济体制的改革,国家教委于1988年7月颁发《关于改进1989年毕业研究生分配工作的通知》,明确"普遍试行在国家分配方针、原则指导下,学校推荐、学生选择职业、用人单位择优录用的'双向选择'办法"。当时指令性计划尚未取消,但在实施过程中已逐步以指导性计划替代指令性计划,强化用人单位的选人权和尊重毕业研究生的意愿权的"双向选择"。1988—1999年,学校毕业研究生就业率几乎为100%,主要去向是高校、科研机构和国有企业。

表4-4-4 1986—1999年毕业硕士研究生(统分生)就业统计表

去向	高等学校	科研机构	国家机关	国有企业	考研	出国	其他(退学)	合计
人数	67	42	10	18	10	10	3	160

21世纪以来,随着社会形势不断发展和变化,学校不断改进和加强研究生就业工作,形成一套基本的工作模式:一是领导重视、齐抓共建。学校及研究生部领导十分重视研究生毕业就业工作,定期召开工作例会,听取各学院各专业就业情况进展汇报,部署就业工作的指导思想和工作方案,及时推出鼓励毕业生去异地就业等激励措施,并发动研究生导师和有关部门共同关注支持研究生的就业工作。二是加强就业方针政策的宣传教育。组织毕业生学习国家毕业生就业工作的方针、政策,印发就业工作指南,及时将就业工作的有关政策和规定挂到学校研究生网页上,使毕业生能随时掌握上海市高校毕业生以及学校毕业生就业工作的政策、管理规定及程序。三是引导科学择业观念,拓宽就业渠道。帮助学生树立正确的择业观,调整就业期望值。督促各学院辅导员关心和指导毕业生就业。四是积极主动与用人单位联系,介绍毕业生情况,推荐毕业生。协同学校就业指导中心组织毕业生参加招聘会,积极开展就业指导和信息服务工作。五是努力开拓就业新途径。针对学校有联合培养研究生的特点,向各联合培养单位宣讲就业形势和就业重要性,向各单位推荐毕业生,与有关部门合作对研究生进行创业培训,开拓就业新途径。

表 4-4-5 2000—2011年毕业硕士、博士研究生就业统计表

去向	2000	2001	2002	2003	2004	2005	2006	2007	2008	2009	2010	2011
学校	6	6	17	12	31	30	29	48	41	29	36	32
科研单位	2	2	1	12	13	11	25	37	47	21	38	41
政府部门	4	0	0	2	4	10	3	4	7	8	8	37
其他事业单位	2	0	1	3	5		4	2	15	40	27	
企业	6	12	15	18	21	43	79	88	125	177	244	320
出国	0	1	0	1	1	0	1	1	2	9	7	6
升学	1	6	5	6	4	5	9	10	13	15	15	19
国家地方基层	0	0	0	0	0	0	0	0	0	8	3	3
就业人数合计	21	27	39	54	79	99	150	190	250	307	378	458
毕业生人数	21	27	40	56	82	101	153	195	254	308	385	466
就业率%	100	100	97.50	96.43	96.34	98.02	98.04	97.44	98.43	99.68	98.18	98.28

第五篇

思想教育与校园文化

概 述

　　为培养有理想,德、智、体全面发展的人才,学校历来重视思想政治教育与校园文化建设,将其视为学校教育工作重要组成部分。在建校初期就设立专门机构和专职人员负责这项工作,并开设"三民主义"等相关课程,经常开展学术讨论,文体、美术等各类文化活动丰富学生课余生活。20世纪30年代,学校成立戏剧、文艺、体育、国乐、园艺等社团组织,还举办文艺晚会、学术创作等丰富多彩的活动。中华人民共和国成立后,学校围绕党和国家中心工作和国内外重大事件对师生开展政治思想教育。20世纪50年代,学校设政治辅导处,统筹师生思想政治工作,开设社会发展史、新民主主义理论课程,还举办形势政策报告会,开展班、组学习讨论。其间,校学生会十分活跃,经常组织文艺演出、歌咏比赛、交谊舞会等群众性文娱体育活动。各班级还根据自身实际,自行组织很多有特色的集体活动。1956年8月,学校创办校报,反映校情民意,进行舆论宣传和思想教育。20世纪50年代后期,学校组织成立划船队、游泳队、摩托车队等竞技运动队。

　　20世纪60年代,中共上海水产学院党委设立政治部负责全校师生政治思想工作,开设马克思主义基本理论和毛泽东思想基本理论课程,组织学生到农村参加秋收秋种劳动锻炼。在全国开展社会主义教育运动期间,学校组织大批师生到农村参加社会主义教育运动,参与宣传中央文件精神和接受贫下中农再教育。为进一步丰富师生生活,学校组织学生文工团,设立歌咏队、管弦乐队、话剧队,每年举办1~2次学生歌咏比赛、文艺演出等。班级课余活动也十分活跃,经常组织唱革命歌曲,节假日举办文娱晚会,使校园充满浓郁的文化氛围。"文化大革命"期间,极"左"思想泛滥,大批判、大字报、批斗会取代正常思想教育,使不少师生深受其害,正常的校园文化活动被迫停止。在厦门办学期间,学校每年组织一次学生文艺演出活动,还组织龙舟队,参加集美地区端午龙舟赛。20世纪80年代进行拨乱反正,清理极"左"思想影响。在师生中开展以形势教育为重点的思想政治教育,由校党委宣传部负责师生思想政治教育工作。在开设马克思主义课程的同时还开设思想品德课程,对学生进行理想、信念、品德教育。

　　改革开放之初,学校按党中央有关精神,开展以"学雷锋、创三好"和"五讲四美三热爱"为主要内容的精神文明创建活动。1983年,举办"一二·九"歌咏比赛和"五四"64周年文艺晚会等纪念活动。在校园内设立"大学生之家"和"教工之家",内设棋牌、台球、音乐茶座等设施,经常举办各类研讨会、诗歌朗诵、演讲等。20世纪90年代,在师生中开展学习邓小平中国特色社会主义理论,针对青年学生中出现的新情况、新问题,学校于1995年3月成立心理咨询中心,探索开展心理健康教育工作。学校按上海市高校精神文明建设工作会议精神,积极开展校园文化建设,在学生中举办"水大之星"、"卡拉OK"大奖赛、书画篆刻展。组织学生欣赏京剧、昆剧等高雅艺术演出。1997年3月,为加强"两心"(暖心、贴心)工程建设,丰富校园文化氛围,学校举办主题为"为团旗增添光彩"的"五四"校园文化节。校大学生艺术团、英语沙龙等学生社团举办多项主题活动或有专业特色的活动。工会在教职工中开展假期休养、合唱及各种单项体育比赛等活动,吸引广大教职工参加文娱、体育兴趣小组,开展活动。

　　2001—2011年,学校先后开展以邓小平理论、"三个代表"重要思想和科学发展观为主要内容的学习活动。为适应信息网络快速发展的新形势,学校2007年起探索利用网络载体开展大学生思想政治工作的新途径、新方法,创建学生网上互动社区(易班),构筑网络环境下学校全员育人新格局。其间,先后举办各种主题鲜明、形式活泼的校园文化节和文艺晚会;开展鱼文化节、海洋文化节、食品节、中日学生联欢会等特色活动。在教职工中成立足球、集邮等多个协会。各协会在工会指导下自主开展各种有声有色的活动。2008年,学校迁至沪城环路校区后,校园文化活动以营造校园文化氛围、"打造精品活动,锤炼品牌项目"为主要内容,学校专门搭建舞台,开展"周周演"活动。学生会和各社团组织利用大学生活动中心良好的环境和场所,积极开展文化活动,如风行校园班级才艺展示、新生才艺大赛、大学生舞蹈专场等。各学院也形成各自活动特色,如水产与生命学院的鱼文化节、海洋科学学院的海洋科技节、食品学院的食品节、经济管理学院的"淘淘乐、乐淘淘"、人文学院的"五月天"文化节、研究生"海川"学术文化节等。工会的教工之家装饰一新,教职工文体活动越来越系列化、经常化。这些都为师生文化素质的提高创造了良好条件。

第一章　思想政治教育

第一节　教职工思想政治教育

一、教育活动

中华人民共和国成立之初,中国共产党领导全国人民进行巩固新政权、恢复和发展经济建设的艰巨工作。这段时期,学校围绕党和国家中心工作和国内外重大事件对师生开展政治思想教育,对教职工进行热爱共产党、热爱新中国的思想教育,提高教职工政治觉悟,确立集体主义观念。

1950年6月25日,朝鲜战争爆发,学校开展"抗美援朝,保家卫国"的爱国主义教育,掀起学习热潮,教职员工参加示威游行和宣传活动,并开展节约捐献支前活动。

1951年,贯彻中共中央《关于镇压反革命的指示》,学校成立"镇反"委员会,进行为期一个半月的"镇反"学习。

1952年1月,全国开展"三反"(反贪污、反浪费、反官僚主义)和思想改造运动。2月起,学校在党内外进行思想教育,共分4个阶段:动员、坦白与检举;定案、退赃;交代关系、学习改造;组织清理、填表鉴定。并在各级建立增产节约委员会的组织。6月转入思想批判,主要内容:批判自私自利,批判资产阶级思想,批判崇洋媚外和轻视祖国的思想,进行阶级教育,树立关心集体、热爱祖国、为人民服务的思想。当时在校全体师生员工共714人,其中参加"三反"运动者615人,参加思想改造运动者553人。

1952年11月,根据中央人民政府教育部试行的政治工作制度精神,学校设立政治辅导处,王文锐兼任主任,下设组织科、宣传科、青年科。政治辅导处既是党的工作机构,又是学校进行思想政治工作的管理机构。主要任务:指导和组织教职员工的政治理论学习;协助教务处指导马列主义理论课的教学;掌握教职员工和学生的政治思想情况,进行思想政治教育,指导开展社会活动。在其领导下,20世纪50年代学校开设社会发展史、新民主主义理论等课程。

1953年10—12月,学校开展国家过渡时期总路线、总任务、总政策的学习。次年4月上旬,学校开始学习党的七届四中全会《关于增强党的团结的决议》以及贯彻党的知识分子政策问题。1956年,校党总支书记王文锐赴北京参加中共中央召开的关于知识分子问题的会议,回校后传达周恩来《关于知识分子问题的报告》,并召开党总支扩大会议,专门检查执行知识分子政策方面的问题以及党内外团结、领导作风和教学工作等问题。

1955年3月中旬起,开展宣传马克思主义唯物论思想,批判资产阶级唯心主义思想,并列入学校1954—1955学年第二学期工作计划。1956年上半年,学校开设辩证唯物主义与历史唯物主义教育、联共(布)党史学习班,116名教工参加学习。

1955年7月,根据中共中央《关于开展斗争肃清暗藏的反革命分子的指示》,学校开始肃反运动。于1956年5月结束,共有702名师生员工参与。11月,经中共上海市委学校工作部批准,学校撤销政治辅导处。

1957年3月，学校组织学习毛泽东《关于正确处理人民内部矛盾的问题》。同年5月，整风运动开始。学校制订《我院关于整风计划的初步意见》。随着学习、讨论和2次"鸣""放"活动，大字报、广播台等鸣放的意见日渐增多。6月起，转入反右斗争运动。7月，在全校师生员工大会上，校党总支副书记王薰香作关于反击右派的动员报告。学校掀起反右斗争运动，共有355名教工和654名学生参加，到8月6日结束。由于反右斗争严重扩大化，使一些教职工受到冲击，有20多名师生被错划为右派。1958年上半年，整风运动后期，在师生中开展自觉思想改造运动，"拔白旗插红旗"，集中批判"个人主义"。又根据共青团中央《关于在学生中提倡勤工俭学的决定》和教育必须理论与实际相结合、教育必须为生产服务的精神，大批师生下乡下厂开展勤工俭学。63%的教师和100%的学生分别到江苏、浙江、广东、山东、辽宁、河北和上海市郊，深入渔区参加生产实践锻炼等活动。

1958年全国开展"大跃进"运动，学习党的八大二次会议提出的"鼓足干劲，力争上游，多快好省地建设社会主义"总路线。在全校教职工大会上，党委书记胡友庭作"关于我院社会主义大跃进规划"报告，提出学校的任务是培养又红又专的工人阶级知识分子，要求"思想大跃进""教学科研大跃进"。1959年10月，学校组织学习和贯彻党的八届八中全会决议，反右倾、鼓干劲，提高教学质量，努力完成教学、劳动、科学研究任务。为此，学校专门召开为期10天的党委扩大会议，11月在全校学习讨论和辩论。

1960年初，学校开展大规模的学习和宣传《关于社会主义建设总路线》的运动，用毛泽东关于社会主义革命和建设的理论，进一步提高师生的社会主义觉悟。学校很快形成学习毛泽东著作热潮，召开经验交流会，评选学习毛泽东著作的积极分子。同年8月，响应中央"开展以保粮、保钢为中心的增产节约运动"，学校提出大力支援农业的措施，于10月组织教职工49人，赴崇明高校农场参加为期半个月的垦荒劳动。

1961年，根据中共中央八届九中全会精神，贯彻"调整、巩固、充实、提高"八字方针，制订学校当年工作计划，以教学为主安排工作，提高教学质量。6月，学校党委召开党内三级干部会议，检查总结前三年工作，扭转"大跃进"期间在教师使用、教学改革等方面存在的问题。学校检查知识分子政策，通过工作安排、生活照顾等，调动广大知识分子的积极性。1961—1962年开展学习贯彻《教育部直属高校暂行工作条例》(即《高教六十条》)和党中央关于知识分子问题等文件，要求加强党的建设，提高领导水平，加强政治思想教育，贯彻以教学为主方针，提高教学质量，贯彻党的知识分子政策，调动知识分子积极性等。

1963年中苏关系恶化，学校主要组织学习毛泽东著作中有关内容和中苏论战的有关文件和文章，进行忆苦思甜等阶级教育。同年2月，中共中央工作会议在北京召开，会议讨论制定《中共中央关于厉行节约和反对贪污盗窃、反对投机倒把、反对铺张浪费、反对分散主义、反对官僚主义运动的指示》，以及在农村开展社会主义教育运动等问题。5月起，学校开展"五反"运动，分为动员教育、自觉检查、巩固提高等3个阶段，参加这次运动的总人数为1 473人，其中教师231人、学生1 242人。1964年，全国开展社会主义教育运动。同年4月开始，学校组织大批师生到农村参加社会主义教育运动，宣讲《农村人民公社工作条例》《关于目前农村工作中若干问题的决定(草案)》。其中参加宝山县社会主义教育运动的师生共634人，参加崇明县社会主义教育运动的师生共871人，另有部分师生参加川沙县、奉贤县的社会主义教育运动。

1964年11月23日，学校开始清政治、清经济、清组织、清思想的"四清"工作。在学校党委领导下成立"四清"领导小组，下设办公室，并在各系成立分组，通过"四清"工作做到"揭发问题、查清漏洞、认真分析、切实改正"。1965年，全校又开展反浪费"三查"节约运动。

1966年5月,"文化大革命"爆发,思想政治教育受到严重冲击。同年10月,上海水产学院造反总部成立。1967年7月,上海水产学院革命委员会成立。1968年,工宣队、军宣队进驻学校,由于自上而下推行极"左"错误路线,学校被迫停课"闹革命",各级党组织陷于瘫痪,被迫停止活动,大字报、大批判取代正常学习活动,教职工受到的大多为极"左"路线错误政治理论和思想教育。其主要内容有:党内有资产阶级代表人物、走资本主义道路的当权派;阶级斗争要天天讲、月月讲、年年讲;要斗私批修等;学习毛泽东语录、报刊社论等。其间,随着"夺权斗争""清队""一打三反"等运动的开展,有140多名师生被立案审查,许多院系领导、老教师和教职工受到批判和迫害,个别被迫害致死。

1972年,学校搬迁至厦门集美。当时主要围绕搬迁开展一些思想教育工作。1974—1975年还开展过"批林批孔"和"反击右倾翻案风"运动。

二、理论学习

1976年粉碎"四人帮","文化大革命"结束,学校按上级布置开展"揭、批、查",落实政策,平反冤假错案工作。1979年经国务院批准,学校在上海原址恢复办学,成立复校筹备组,在上级党委领导下,经过两年左右工作,进一步开展"揭、批、查"补课,拨乱反正。其间,教职工思想政治教育的主要内容是:学习中共中央关于"四人帮"反革命集团罪证的文件和中央领导讲话,声讨、揭发批判"四人帮"及上海余党的反革命罪行;学习邓小平关于"尊重知识,尊重人才"的讲话和教育部《教育战线的一场论战》等文章。

20世纪80年代,进行拨乱反正,清理极"左"错误思想,恢复正常的思想政治教育,在教职工中开展以形势教育为重点的系统性思想政治教育活动,由宣传部负责教职工思想政治教育工作。

根据党的十二届二中全会决定,学校从1983年下半年起,对党的作风和组织进行了一次全面整顿。通过学习文件、党课教育、联系学校的实际全面否定"文化大革命",清理"左"的思想。整党有关精神在教职工中也进行宣传和通报。1984年9月开始全面整党,历时9个月,经历整党的准备工作、整党学习、对照检查、党员登记、总结验收等阶段。1985年5月,经中共上海市教育卫生工作党委批准,结束整党工作。其间,学校重新检查落实知识分子政策,并制订多项措施落实有关政策。

学校在1986年开展系统性思想政治教育,以形势教育为重点,要求每周五下午作为集中学习时间,以形势报告、小组讨论等形式开展。

1989年4—6月发生"政治风波",学校在教工中集中进行"坚持社会主义四项基本原则,反对资产阶级自由化"的教育和法制教育,组织学习《邓小平文选》《人民日报》社论等文献。

20世纪90年代,开展学习邓小平建设有中国特色社会主义理论。1990年5月,学校党委制订《贯彻上海市学校思想教育工作会议精神,加强和改进本校教职员工思想政治工作的意见和措施》。确立学校党委是学校的政治核心,学校设立党委领导下的思想政治工作领导小组,定期召开会议。由党委分管书记负责,分管校长协助,工、青、妇、民主党派和学校有关部门负责人参加,其职责主要是分析动态、制订计划、组织协调、检查监督、总结研究。党委宣传部是教职工思想政治工作的职能部门,负责教职工政治学习和思想状况的调查和研究,检查各单位贯彻执行学校思想政治工作计划落实情况。同年,学校还根据中央《关于进一步加强和改进知识分子工作若干意见》的要求,调整校知识分子工作领导小组,从学校实际出发,多为教工办实事,尤其是关心青年知识分子的工作和生活。

1994年以前,教职工时事政策学习的主要内容有:党的十二至十四次代表大会及中央全会重要文件,如《中共中央关于社会主义精神文明建设指导方针的决议》《关于社会主义若干问题学习纲要》;邓小平《在全国科学大会开幕式上的讲话》和1992年南方谈话等。1995年,学习"建设有中国特色社会主义重要理论"。1996年上半年,学习江泽民与4所交通大学校领导座谈的重要讲话。1997年,学校组织学习党的十五大文件及《邓小平伟大光辉的一生》等文献。1998年,学校开展新一轮教育思想大讨论,学习邓小平理论和十五大文件精神。

2000年,学校根据教育部颁布的《中国普通高等教育大纲》要求、第三次全国教育工作会议的精神,为全面推进学校的素质教育,营造大德育环境,制订《上海水产大学德育大纲(试行)》。

进入21世纪,开展以邓小平理论、"三个代表"重要思想和科学发展观为主要内容的学习活动。

2001年,学校组织学习江泽民提出的"三个代表"重要思想、"七一"讲话、《中共中央关于加强和改进党的作风建设的决定》《公民道德建设实施纲要》以及国际国内形势和政策等,坚定信念,努力实践"三个代表"要求。2003年,学校的思想政治学习以认真学习贯彻党的十六大精神,以邓小平理论和"三个代表"重要思想为指导,按照"四新"要求,紧紧围绕学校的中心工作,为推动学校进一步发展创造良好的环境和氛围。学校组织学习党的十六大报告、《"三个代表"重要思想学习纲要》、胡锦涛《在"三个代表"重要思想理论研讨会上的讲话》、江泽民《论有中国特色社会主义》(专题摘编)、《公民道德建设实施纲要》等。学习时间安排在每周二下午。

2005年,学校对全体党员进行为期5个月的保持共产党员先进性教育。同年教职工学习主要结合在全校范围内开展的保持共产党员先进性教育活动和学习、贯彻"三个代表"重要思想和党的十六届五中全会精神,进一步领会科学发展观、建设和谐社会的精神实质和科学内涵,加强职业精神、职业道德建设。

2006年,教职工学习主要以胡锦涛"七一"讲话、中共中央《关于学习〈江泽民文选〉的决定》、胡锦涛给北大已故教授孟二冬女儿的回信等为主要内容,开展"知荣辱、讲文明、迎世博"思想理论学习。2007年,学校开展"讲党性、重品行、作表率"活动,一直持续到2008年,与学校日常工作、党风廉政教育、党性教育相结合,提高党员党性修养,加快学校内涵发展。教职工学习以全国"两会"精神、中共十六届六中全会精神、社会主义核心价值体系的基本内容等为主要内容。

2009年3月,学校启动深入学习实践科学发展观活动。活动持续6个多月,按照"坚持解放思想、突出实践特色、贯彻群众路线、坚持正面教育"的原则,开展学习实践活动。

2009—2011年,学校组织教职工学习全国"两会"精神、中共党的十七大精神、胡锦涛在纪念清华大学建校100周年庆祝大会和在省部级主要领导干部深入贯彻落实科学发展观加快经济发展方式转变专题研讨班上的重要讲话,以及社会主义核心价值体系等内容。

第二节　学生思想政治教育

一、教育活动

中华人民共和国成立初期,我国在各个领域都发生深刻变革,教育学生适应变革、跟上时代步伐是学生思想教育的主要内容。1950年抗美援朝战争期间,学校开展"抗美援朝、保家卫国"的爱国主义教育。1951年4月,学校更名为上海水产专科学校后,加强思想教育和校风校纪建设,结合学习水产界前辈笃志办学的艰辛道路,深入进行专业思想教育。全校师生参加从大夏大学迁至军工路校区的迁校劳动。学校在开展"热爱水产事业，提倡艰苦创业"教育的同时，还整顿校风校纪，使学生精神面貌有很大改变。1952年初，全国开展"三反"和思想改造运动，学校在学生中进行批判自私自利、崇洋媚外思想教育，引导学生树立关心集体、热爱祖国的思想。

1953年，学校在学生中进行国家过渡时期总路线、总任务、总政策学习。为加强对学生的操行（品德）考查，开始在学年年终时对学生的思想意识与作风、学习态度、遵守校规与制度、劳动观念与群众观念4个方面进行考查，分为优、良、可、劣4个等级，考查方式为自我检查、小组讨论、政治辅导处与教务处共同审评。

1955年，学校对学生进行共产主义品德教育，培养共产主义道德品质。1957年5月，根据中共中央《关于整风运动的指示》，学校开展以反官僚主义、反宗派主义、反主观主义为内容的整风运动，接着又开展"反右派运动"，一些学生受到冲击，部分学生因为争取校内建造游泳池曾上访来沪视察的中央高等教育部部长杨秀峰等事宜，被错划为右派分子。1958年，学校在学生中开展思想改造教育，批判个人主义，发扬共产主义精神，立志又红又专，走红专道路。"大跃进"时期，号召学生树立雄心壮志、猛攻科学堡垒，在德智体方面全面发展，做有共产主义理想的好学生、接班人。几乎百分之百的学生都下农村、渔村或工厂参加劳动锻炼，正常教学秩序受到严重冲击。

1959年初，学校在总结思想政治工作经验之后，重新提出安排政治课和政治活动时间，每星期集中安排在星期五、六下午及星期四、五晚上统一进行。1961年，学校着重对学生进行社会主义、共产主义教育。1963年，中苏关系恶化，学校着重对学生进行反对现代修正主义教育和响应毛泽东主席号召"向雷锋同志学习"活动。1964年，组织大批学生下农村参加社会主义教育活动。学校主要在学生中开展学习毛泽东著作，开展忆苦思甜为主要内容的阶级斗争教育。

1966年"文化大革命"运动开始后，学生被停课"闹革命"，受到的是"反修防修"、以阶级斗争为纲等为主要内容的极"左"错误思想教育和影响，在校园内张贴大字报，开展大批判，打着"造反有理""炮轰资产阶级反动路线""横扫一切牛鬼蛇神"等旗号开展红卫兵运动，成立"毛泽东思想红卫兵""红革会""烈火团"等十几个造反组织，参与冲击学校党政领导和有关教职工，部分学生参与打砸抢和抄家等，此后还走出校园搞"革命大串联"，有部分学生还赴京到水产部造反，直到1970年初学生全部毕业离校后才告一段落。

粉碎"四人帮"后，开展揭批"四人帮"、整顿风纪教育，开展形势和道德新风尚教育，批判无政府主义思潮，重树尊师崇教，使学生认清形势，跟上时代发展步伐。开展学习《关于建国以来党的若干历史问题的决议》《中共中央关于经济体制改革的决定》等文件。党的十一届三中全会后，国家转向以经济建设为中心，学校根据国家形势变化，加强学生思想政治教育工作。

20世纪80年代，按《中共中央关于改进和加强高等学校思想政治工作的决定》，学校每年把形势教育作为重点，通过报告、讲座等形式，将国内外重大事件和活动，作为学生思想教育的重要内容，帮助学生认清形势和重大事件，理解党的路线、方针、政策。还在学生中进行精神文明教育，开展"学雷锋、创三好""五讲四美三热爱"教育活动。

1984年，开设德育课，对学生进行理想、信念和道德教育，要求学生做有理想、有道德、有文化、守纪律的"四有"社会主义新人。

1989年"政治风波"中，部分学生也有偏激行为、上街静坐等，事后较快恢复正常教学秩序。风波以后，学校根据上海市教委加强高校思想政治工作要求，在学生中广泛开展"坚持四项基本原则、批资产阶级自由化思潮"教育，并结合"东欧剧变"开展反和平演变教育。

1994年，中共中央颁布《爱国主义教育实施纲要》和《中共中央关于进一步加强和改进学校德育工作的若干意见》（以下分别简称《纲要》和《意见》）。1995年，为认真贯彻落实文件精神，学校制订具体的实施意见，充分发挥"两课"教育的主渠道作用，使《纲要》和《意见》精神落到实处，加强校园情境教育，形成育人氛围，加强校园文化建设，把高雅艺术引进校园。

1996年，结合国际形势，加强对学生进行爱国主义教育。在新生中进行国情校情教育，通过课堂教学、大会报告形式，让学生全面深入了解我国当时的水产业发展形势及学校过去和现在，增强学生对专业学习的信心和热情；组织全校新生参观《红岩魂》大型革命事迹展览；举办以爱国主义为主题的演讲比赛。在加强爱国主义教育的同时，注重对学生的美育、心理素质教育，开设大学生思想品德修养、音乐鉴赏、音乐基础理论等课程。1997年，学校开展内容丰富、形式多样的德育教育。除日常的大学生品德修养、法学概论等德育教学课程外，还多次组织大型的爱国主义活动。以香港回归为契机，组织全校学生参加"迎香港回归，抒学子情怀"演讲比赛和黑板报比赛；组织新生参加"高高兴兴上大学，轻轻松松看上海"国庆一日游活动。由学校德育中心牵线，学校在校友张闻天位于上海浦东的故居建立爱国主义教育基地。

遵照党的十五大精神和《中共中央关于在全党深入学习邓小平理论的通知》要求，学校1998年落实邓小平理论"进教材、进课堂、进学生头脑"的工作，还在学生中建立大学生邓小平理论研究会，并设立专项基金，创办《邓研苑》。

为适应高等教育扩招后大学园区建设及实行学分制后班级弱化的情况，加强学生党组织建设和党员作用发挥，切实加强学生思想政治教育，食品学院2001年3月13日在学生宿舍成立党支部，要求党员参与宿舍管理和建设工作，密切联系学生，了解学生心声。2001年5月8日出版的《中国教育报》，对此以"学生党建工作向纵深发展"为题头版头条报道。2002年，学校在军工路校区成立大学生社区党员示范团。2003年5月，在南汇科教园区共享学生公寓园区成立大学生社区党员示范团，将学生党建和素质教育合二为一，充分发挥学生党员的群体示范作用，调动学生自我服务、自我管理的积极性，探索在多所大学共享学生公寓园区，加强学生党建工作和发挥学生党员引领示范作用。10月，学校社区党员示范团被上海市教育委员会评为上海市高校学生思想政治工作与素质教育成果，并专门制作展板、拍摄专题片参加集中展示和推广。2005年春节前夕，共青团中央有关领导到校视察大学生社区党员示范团有关工作。

2001年4月，学校改革形势与政策教育课的教学工作，实行学分制管理。同年12月，制订《关于形势与政策教育教学实施办法》，成立形势与政策教育专兼职教师队伍。同年，获2001年上海市教委形势与政策教育先进集体称号。2001年10月，学校制订《关于加强学生思想道德、人文素质教育的若干措施》，12月成立学生素质教育工作指导委员会。

2003年，在防治"非典"（传染性非典型肺炎，医学上称严重急性呼吸综合征，英文缩写：SARS）工作中，学校发挥思想政治工作优势和党团组织作用，深入细致做好学生思想工作，辅导员、班主任和学生干部深入班级和学生社区，疏导学生恐慌情绪。

2004年，中共中央、国务院颁布《关于进一步加强和改进大学生思想政治教育工作的意见》。学校根据文件精神和学校实际，在学生工作队伍建设、大学生心理健康教育工作、网络思想政治教育等方面进行探索和实践。

2005—2006年，在学生党员中进行以实践"三个代表"重要思想（始终代表中国先进生产力的发展要求；始终代表中国先进文化的前进方向；始终代表中国最广大人民的根本利益）为主要内容的保持共产党员先进性教育活动。2006年，为加强公民思想道德建设，在学生中进行"八荣八耻"的荣辱观教育。

2011年，围绕纪念中国共产党成立90周年、纪念辛亥革命100周年、西藏和平解放60周年的重大节庆日和迎接"百年校庆"重大活动，组织学生参与"红色旗帜·时代风采"系列主题活动，以科学发展观、爱国主义教育、改革开放教育、民族团结教育、理想信念教育等为主题，开展专题讲座、歌咏比赛、座谈会等形式多样的主题教育活动，推进社会主义核心价值体系教育。

二、思想政治教育课

学校通过思想政治理论课向学生系统讲授马克思主义、毛泽东思想基本理论，帮助学生确立走社会主义道路和复兴中华的理想、信念，树立正确的世界观、人生观、价值观。在进行形式多样的思想政治教育的同时，学校把思想政治理论课作为对学生进行思想政治教育的主阵地、主渠道。

1949年8月，上海市军管会高教处决定，全市各高校立即取消训导制度，停开"三民主义"等课程，加强马克思主义理论教育，开设社会发展史、新民主主义论等政治课程。学校根据中央教育部指示，1951年将社会发展史课程改为辩证唯物论和历史唯物论课程，1952年开设新民主主义论和政治经济学，作为一学年课程，1953年将新民主主义论改为中国革命史，并增开马列主义基础，继续开设政治经济学和辩证唯物论与历史唯物论。

1957年整风反右运动开始后，政治理论课原内容停开，改为开设社会主义教育课程，有课堂讨论、辅导和考试考查等教学环节。

1958年，教育部政治教育司提出对高等学校政治教育工作的几点意见，任何类型的高等学校一律开设社会主义教育、政治经济学和辩证唯物主义与历史唯物主义3门政治课。1962年9月，改设中共党史、哲学、政治经济学3门课。

中共十一届三中全会以后，学校继续开设政治理论和道德品质方面的课程。1978年按教育部办公厅《关于加强高等学校马列主义理论教育的意见》，学校恢复开设中共党史、政治经济学和哲学3门课。1983年9月学校为硕士研究生开设自然辩证法课。

1984年9月，中宣部、教育部下发《〈关于加强和改进高等院校马列主义理论教育的若干规定〉的通知》，除把马列主义理论课作为必修课，还要求开设共产主义思想品德课。1984年9月—1988年7月，学校在一年级开设中共党史，二年级开设政治经济学，三年级开设哲学，为研究生开设自然辩证法、科学社会主义理论与实践等课程。德育室开设大学生思想修养、人生哲理、职业道德、形势政策等课程。

马克思主义理论课和思想道德修养课程在20世纪80—90年代被称为"两课"，国家要求把"两课"作为社会主义大学思想政治教育和德育教育的主渠道和主阵地。1988年9月，政治理论课改设中国革命史、中国社会主义建设、马克思主义原理及世界政治经济和国际关系，德育教育课改设法律基础、思想道德修养、大学生心理、形势政策等。

1994年，《中共中央关于进一步加强和改进学校德育工作的若干意见》指出：以邓小平建设有中国特色社会主义理论作为学校马克思主义理论教育的中心内容，是新时期加强和改进德育工作的首要任务和根本措施。根据上海市委的有关精神，学校开展邓小平理论"进课堂、进教材、进学生头脑"的"三进"工作，1995年9月学校试点开设邓小平理论概论，1998年9月全面铺开。

1998年6月，中宣部、教育部颁布经中共中央批准的《关于普通高等学校"两课"课程设置的规定及其实施工作的意见》，对本、专科课程的教学大纲、教学的基本内容作出明确规定。按要求学校为本科生开设马克思主义理论课、马克思主义哲学原理、马克思主义政治经济学原理、毛泽东思想概论、邓小平理论概论、当代世界经济与政治等课程。思想品德课开设思想道德修养和法律基础。为硕士生开设自然辩证法、科学社会主义理论与实践，为博士生开设现代科学技术与马克思主义。

2002年，教育部颁布《关于进一步深化"三个代表"重要思想"三进"工作的通知》，将邓小平理论概论课程调整为邓小平理论和"三个代表"重要思想概论课程。

2006年9月，学校根据中共中央办公厅、国务院办公厅2004年8月26日颁布的《关于进一步加强和改进大学生思想政治教育的意见》，中宣部、教育部《〈关于进一步加强和改进大学生思想政治教育的意见〉实施方案》，把"两课"改为思想政治理论课，一年级开设思想道德修养与法律基础、中国近现代史纲要、马克思主义基本原理；二年级开设邓小平理论和"三个代表"重要思想概论；为硕士生开设自然辩证法、科学社会主义理论与实践、马克思主义经典著作选读，为博士生开设现代科学技术与马克思主义。

党的十七大，将邓小平理论、"三个代表"重要思想、科学发展观等归入中国特色社会主义理论体系，从2008年9月起，毛泽东思想、邓小平理论和"三个代表"重要思想概论课程改为毛泽东思想和中国特色社会主义理论体系概论课程。学校承担上海市教委该课中班教学试点工作。

2009年，学校制订《关于加强和改进思想政治理论课建设的实施意见》，决定思想政治理论课从2010级学生起开设马克思主义基本原理概论、毛泽东思想和中国特色社会主义理论体系概论、思想道德修养与法律基础、中国近现代史纲要等课程。其中，毛泽东思想和中国特色社会主义理论体系概论和思想道德修养与法律基础划出的实践教学2个学分，作为素质与基础技能教育类社会实践同校团委的社会实践学分覆盖联动，学生通过第二课堂和寒暑假完成。

三、易班

2007年起，学校开始利用中国大学生在线E-CLASS 1.0系统，探索利用网络载体开展大学生思想政治教育工作的新途径、新方法。2009年，学校受上海市教卫党委、上海市教委委托进行E-CLASS（易班——网上互动社区）项目试点工作。易班是一个旨在加强师生交流、改进学生教育管理方式、丰富学生学习生活、发挥网络在大学生思想教育中的作用的网络平台。同年9月，上海高校易班项目试点工作在学校正式启动。学校在易班试点工作中，把学生的思想政治教育同易班的各项功能有机结合起来，利用易班的信息聚合功能，实现学生事务管理的再造，提高服务学生的效率。利用易班搭建"绿色"网络社区，促进先进文化传播。借助易班SNS系统的独特功能，促进师生的交流沟通，构筑网络环境下学校全员育人的格局。

2010年4月，在总结经验的基础上，学校制订《关于进一步推进E-CLASS试点工作的实施意见》，旨在理顺管理体制，建立长效机制；突出工作重点，加强事务应用；进一步发挥易班促进广大学生成长成才的作用。同年，教育部思政司派员对易班试点工作作专题调研；新华社《国内动态清样》对易班作专题报道，中央有关领导专门批示。同年8月26日，上海市"易班——上海大学生网络互动社区建设工作座谈会"在学校召开，上海市教卫党委书记李宣海传达中央和上海市领导对上海开展易班进行思想政治教育的重要批示，肯定运用易班开展大学生思想政治工作的有益实践。8月31日国务院新闻办公室、教育部组成联合调研工作组，9月10日上海市委副书记殷一璀、副市长沈晓明分别来校作易班专题调研。9月14日，中央外宣办副主任钱小芊、上海市委宣传部部长杨振武、教育部部长助理林蕙青、中宣部宣教局局长荆惠民等出席在学校举行的上海高校易班网上社区建设经验座谈会,校党委书记虞丽娟汇报易班工作。11月,学校成立易班建设领导小组和易班发展中心,聘任易班名师,配备专职人员和工作设备,并通过易班建设推进全员育人、深化班级建设、展示学生社团"三大工程",从教职工积极应用、学生班级深化应用和学生社团应用等3个方面重点推进。

2010年上海世博会期间,3 042名志愿者入驻13个世博志愿者易班"网络小家"。共评出100名优秀博主、859篇优秀博客,分享照片4 000余张。后勤管理部门利用易班调查伙食情况,及时反馈学生意见和建议;图书馆通过易班调研学生阅读需求;机关党委在易班开展作风大讨论,促进机关作风建设;教师利用易班,就教学管理、交流互动、思想引导等开展辅助教学;辅导员利用易班开展思想政治教育,对班级事务实现网络即时管理等。同年,学校研究开发"基于网络行为意识分析的协同业务智能应用平台",对学生网络行为数据进行动态跟踪,及时采集、分析大学生网络讨论热点数据,并通过组织论坛、博客、站内信息等多种形式,对网络热点予以正面回应,促进网络舆论健康、积极发展。

2011年,学校将易班工作作为学生工作重要内容之一,并将其纳入学院学生工作目标责任制考核内容;将网络思想政治教育开展情况与效果作为优秀辅导员评选与年度人事考核的重要内容;建立由教师指导、学生为成员的易班校园工作站,并制定章程规范工作站定位及机构设置,如学校总站负责整个系统建设和全校推广,指导和协调分站工作,各学院分站负责本学院易班工作,同时协助总站开展活动;将学生日常教育管理业务纳入易班,利用易班发布校、院、班级各类信息,实现资料下载、教师课件共享、作业提交、学生活动协同与分享、班委选举与班级事项决策等功能。

2011年3月,校长潘迎捷通过易班,就师生关心的改革发展问题与师生互动交流,内容涉及办学理念、学科建设、校园环境、校园生活、学习就业等方面,有1 742名师生参与交流,总点击量超过2万次;5月,校党委书记虞丽娟在易班"蓝色港湾"与易班一级群组版主共话易班建设。同年7月,学校举行易班建设工作推进会,表彰"年年有易主题博文大赛"获奖者,布置思想政治教育达人群、易班优秀辅导员、超级梦想班级等培养计划等。

2007—2011年,学校多次举办学院学生工作负责人、辅导员、学生骨干等层面的网络互动交流,定期召集学院易班责任辅导员交流工作体会,初步形成一支具有较高素质的网络思想政治队伍。易班线上线下活动丰富多彩,把网络文化建设同现实活动结合,通过活动吸引学生,如在易班举行校园流行语大赛、学生博客大赛、"年文化"电子相册评比、"完美你我"优秀学生事迹展等活动,推进易班在学生中的影响力,弘扬主旋律。

2009年,学校主持的"大学生网络行为意识智能分析及其在高校思想政治教育工作中的应用"课题,被评为上海市教委教育科研"阳光计划"项目。2010年12月21日,在四川大学举行的全国高校校园文化建设优秀成果表彰暨专题工作研讨会上,学校"利用'易班'打造新时期学生的网络家园"项目获全国高校校园文化建设优秀成果特等奖。2011年3月30日,学校易班入选第四届"全国高校百佳网站",并获得"最佳文明网络社区奖"单项奖,校易班发展中心刘智斌获"优秀网站编辑"称号。

第三节 军事教育

一、军训

20世纪50年代后期,学校就开始学生军训工作。根据当时国际国内形势及海洋捕捞等专业出海的特殊性,所招学生均经过严格政审,对学生实行半军事化管理,由学校武装部邀请部队官兵及在校工作的退伍军人,有组织地对学生进行军事训练。

1960年7月,学校组织全校一、二年级的学生共计300人,到上海吴淞海军培训基地"当兵"一个月,严格按照士兵的要求,按时出操、上军舰训练等。其他学生参加学校举办的"军事夏令营"活动。后来,学生改在上海虹江码头海军基地"当兵",上军舰、出海训练等,或者邀请海军基地官兵来校对学生进行指导。1972—1979年厦门水产学院期间,每届学生均在集美、高崎的高炮部队和厦门郊区的部队基地军训2周。军事训练项目有队列、实弹射击(学校曾购买运动步枪)、游泳等。

1981年3月,中共中央、国务院、中央军委批转总参谋部、总政治部提交的《关于调整民兵组织的请示报告》(即中共中央〔1981〕11号文件),规定高校学生军训要纳入教学计划,统一安排在一、二年级学生中进行军事训练。1982—1983年,学校对1981级118人、1982级200人进行为期2周的军事训练。

1986年,国家教委、解放军三总部对学生军训作出具体规定:学校军训是普通高校本、专科学生的必修课。军训包括军事理论教学和军事技能训练2个部分。军训科目按照国家颁布的《普通高等学校学生训练大纲》实施。

1995年4月、1996年1月,《中华人民共和国兵役法》《高等学校学生军事训练大纲》分别颁布后,学校分别向农业部教育司递交加强学生军训工作的请示。1998年6月,学校成立军训工作领导小组,负责组织、协调军训有关工作。1998—2011年,在新生报到后,邀请海军上海某部官兵对学生进行军训,参训学生按部队建制编组,为期15天。其中,因2001年启用学海路校区、2003年防治"非典"、2008年搬迁沪城环路校区,改为在二年级开学时军训。军训内容主要有:解放军条令、条例教育与训练,队列基础,实弹射击,枪械表演,军体拳格斗,现场救护和防化,内务整理等。军训期间一律军事化管理,对服装、内务、作息作严格规定,按照"解放军三大条令"严格要求。军事技能训练,考核合格者由校武装部颁发《军事训练合格证》。军事技能训练不合格,不发毕业文凭,作肄业处理。军训期间举办军民联欢会、拔河比赛、歌咏比赛、球类比赛等文体娱乐活动,丰富军训生活。

二、军事理论课

1986—1989年,学校每年抽取3个专业90名学生,以试点形式进行军训,设置军事思想、现代军事技术等课程,96学时,分两个学期完成。

1990年起,学校将军事理论列为一门必修课,正式列入教学计划,统一安排在全校本、专科新生入学后第一个学期,由教务处统一下达任务,武装部组织实施。后由于缺乏经费和教员,军事理论教学中断数年。

2003年10月17日,根据《上海市人民政府、上海警备区批转市教委和上海警备区司令部、政治部〈关于在本市普通高校和高级中学开展学生军事训练工作实施意见〉的通知》精神,学校成立军事理论教研室,在学校人民武装部领导下开展军事理论教学,全面负责军事理论课的开设、教学工作。从2003级本科学生起恢复开设军事理论课,从2004级本、专科学生起全部开始实施军事理论课和军事技能训练。学校将军事理论课作为一门必修课,纳入学校总体教学计划,教学时间总计36学时,计学分2分,不及格必须重修。军事理论课以教育部、解放军总参谋部、总政治部联合颁布的《普通高等学校军事课教学大纲》为依据,采取课堂教学与集中军训统一授课相结合的方式。其中,军事理论课重修需付重修费。

2010年起,武装部在校内招聘5名兼职军事理论课教师,由同济大学军事理论课教授张国清指导。

表 5-1-1　1982—2011年军事理论课与军训开展情况表

年　份	授课单位和内容	授课时间
1982—1983	邀请海军上海基地部队官兵进行军事训练	两周
1986—1989	邀请空军政治学院军事教研室共同承担军事理论课试点教学工作	96学时,分两学期
	军事训练	
1990—1997	统一安排本、专科新生在入学后第一学期进行军事理论教育,将军事理论课纳入本、专科教学计划,列为一门必修课,由教务处统一下达教学任务,武装部组织实施,落实教师、教学内容和其他教学准备工作	入学后第一学期(因经费、教员缺乏,其间中断数年)
	暂时取消队列训练	
1998—2009	邀请海军上海基地虬江部队官兵进行军事训练	15天
2003—2011	开始军事理论课教学	36学时、2学分

第四节　校　　报

1956年8月29日,校报创办,初名《上海水产学院》,四开四版,出版时间不固定。1957年起改为半月报,同年自第32期起改为四开二版。1960年3月,第90期起获上海出版局基层报刊登记证第67号。1960年7月第101期出版后停办。1982年11月1日,建校70周年校庆之际,校报复办,为第102期,改为月报。1986年1月,校报更名为《上海水产大学》。1995年1月,第212期起获上海市内部报纸准印证第0160号。1999年5月,第256期起获全国统一刊号CN31—0814/(G),使用《上海水产大学报》作为报名。2000年9月,经上海市新闻出版局批准,由月报改为半月报。2008年4月,经上海市新闻出版局批准,报名更名为《上海海洋大学》。

校报创办时设有校报编辑室。1982年11月复办时仍为编辑室。1991年,编辑室设主编1人、编辑1人。1999年5月,校报编辑室升格为校报编辑部,设主编1人、编辑2人。2010年9月,编辑部设主编1人、副主编1人、编辑1人。历任主编:邵源、吴有为、王怀信、章佩敏、章华明、江卫平(2007—　)。

1982年,校报复办时设有教学与科研、他们战斗在海洋第一线、改革之声、校园内外等栏目。后设有校园花絮等反映校园生活的栏目,还增设校友之窗、校友专栏等,成为学校联系校友的纽带。1993年3月20日,校报从第193期开始采用电脑照排技术,印刷质量明显提高。同时,各版内容也日渐形成自己的风格,设有学习园地、考察之窗、教改园地、回乡见闻、我眼里的老师、寒假风景线等。1995年3月,四版副刊正式启用刊名《雪浪花》。为进一步贴近师生生活,1999年3月12日校报在头版推出"水大论坛",刊登评论文章,内容涉及时政、学校改革与发展、学科建设、科技创新等。2000年11月15日起,校报推出"博士信箱"专栏,系列介绍水族科普知识。2005年2月,校报推出学习与研究栏目,作为思想政治、高等教育交流与研究的一个平台,为师生提供表达、交流思想和学习心得的空间。同时,向读者介绍国内外教育领域的重大事件及背景材料。2010年3月,校报推出"校史钩沉"栏目,征集学校历史、人物等方面回忆文章,一经推出即得到师生校友积极响应。2011年,校报版面设置为:第一版要闻版,围绕学校中心工作,及时反映校园重点、热点及发展动态;第二版综合新闻版,报道学校教学、科研等最新进展;第三版学子风采版,反映学生生活,或为专版;第四版副刊《雪浪花》,刊发师生及校友的散文、诗歌等文学作品。

2005年,为及时反映报道校园生活热点,在经济贸易学院记者团基础上,在学海路校区成立校学生记者团,发挥学生在学校新闻宣传工作中的积极作用。2010年,为进一步整合力量,围绕学校中心工作,做好2010年上海世博会新闻报道,学校在校学生记者团、"海大之声"学生广播台和学生摄影社基础上组建成立通讯社,为学校新闻网、校报、广播台等提供新闻素材。

截至2011年12月,校报共出版733期。

第二章　精神文明工作

第一节　创建活动

一、文明礼貌教育

改革开放之初，根据党中央有关精神和部署，并针对大学生思想实际状况，学校党委加强学校精神文明建设，开展以"学雷锋、创三好"和"五讲四美三热爱"（五讲："讲文明、讲礼貌、讲卫生、讲秩序、讲道德"；四美："心灵美、语言美、行为美、环境美"；三热爱："热爱祖国、热爱社会主义、热爱中国共产党"）为主要内容的活动，每年举行2次评选活动。

1982年，学校根据中宣部《关于开展"文明礼貌月"活动的通知》，开展"文明礼貌月"活动，成立文明礼貌月活动领导小组。校行政联席会议专题研究"文明礼貌月"活动，要求活动有序有节有效开展，除建立必要规章制度外，还要从实际情况出发，围绕治理"脏、乱、差"的要求，同时开展法制教育、社会公德和家庭道德教育，营造一个"文明礼貌光荣、不文明礼貌可耻"的新校风。同年，学校因迁回上海不久，为整治所收回校区"脏、乱、差"局面，动员1 300余人次教职工、2 000多个劳动日清除大量垃圾、植树千余棵；在校团委和学生会带领下，先后组织3批学生约500余人次参加清除教职工宿舍周围垃圾等公益活动，通过植树绿化校园，搞卫生美化环境。与此同时，学校还开展"学雷锋、做好事、送温暖、树新风突击日"等活动。

随着"文明礼貌月"活动的开展，校党委要求加强精神文明建设的组织领导，领导干部带头实干，并要求各基层单位积极创建文明科室、班级、宿舍。学校详细规定植树、美化校园、每月安排一定的义务劳动时间等活动，建立检查、评比、汇报、交流的文明评比制度。学校制订《关于开展学习蒋筑英、罗健夫、张华英雄事迹的决定》，把学习蒋筑英、罗健夫、张华和评选"五讲四美"活动紧密结合起来。经过"文明礼貌月"活动实践，初步形成任务有规定、时间有保证、评比有标准、奖惩有办法的制度，创造一个"洁齐美"的学习工作环境。1982年，"文明礼貌月"活动共评出22名积极分子、27个先进集体。

1983年，根据中共党的十二大关于建设社会主义精神文明的要求，在"文明礼貌月"活动中以爱国主义和共产主义教育为中心环节，把"三热爱"教育和"五讲四美"活动融合起来，开展"五讲四美三热爱"和"三优一学"（优质服务、优良秩序、优美环境、学英模树新风）活动。对教职工进行"为人师表，教书育人"的师德教育，提倡尊师爱生，教学相长；对学生加强共产主义思想品德教育，开展爱国主义教育。同年，经各系处评比推荐、学校评定，命名4个文明班级、24个文明宿舍。1985年，渔业经济与管理系和水产养殖系淡水渔业82(1)班503室分别被评为1985年度上海市高教系统文明单位和文明宿舍。

二、文明单位创建

【校级文明单位评比】

1986年，根据中共中央颁布的《关于社会主义精神文明建设指导方针的决议》及中共上海市委颁布的《关于七五期间社会主义精神文明建设的实施规划》,学校制订《社会主义精神文明建设的规划措施》(以下简称《规划》),要求更新观念,抓好教职工职业道德建设,加强基础建设和社会主义民主法制教育,加强校园文化建设,加强和改善思想政治工作,形成良好的教风学风;加强党的建设,发挥党组织和党员在精神文明建设中的先锋模范作用。1987年,学校根据《规划》又制订《1987年社会主义精神文明建设的实施细则》,要求从加强教职工职业道德、树立良好的校风和学风、提高科学事业的建设、做好校园文化设施建设、创建文明单位等10个方面开展多种形式的活动。校级文明单位以党总支(直属党支部)为单位组织申报,在此基础上通过单位自检、系处推荐、对口检查、张榜公示等方式进行评比,然后报校精神文明建设委员会讨论确定。

为使创建文明单位活动常态化、制度化,不断完善精神文明创建制度,1992年学校制订《关于加强社会主义精神文明建设的若干意见》(简称《意见》),成立精神文明建设委员会,由校党政领导,工、青、妇等组织负责人组成,由宣传部负责日常工作,具体职责有:研究制订学校精神文明建设规划,对校内各部门的精神文明建设工作进行指导;组织对精神文明建设的专题研讨活动;每年进行一次文明寝室、班级、教研室、科室的评选,每两年进行一次文明系、处的评选、表彰和交流活动,并制订和完善相应的评选标准和办法;组织校内文明单位的检查、交流、评选活动;每年由精神文明建设委员会提出学校文明创建计划后,各系处制订落实精神文明建设的具体措施。

1993年2月,学校召开1992年度教职工和学生创文明单位表彰大会,为全校15个文明教研室和文明科室、12个文明班级、54个文明宿舍颁奖,并为1992年度上海市"三八"红旗集体、"三八"红旗手颁奖。

1995年,学校制订《1995—1996年上海水产大学创建文明单位活动规划》,在宣传部设立精神文明岗,各院系在校精神文明建设委员会领导下,建立院系精神文明建设领导小组,要求各院系制订创文明单位的规划和措施,并积极开展校内文明单位的检查交流和全年评选工作。同年,14个单位获得校精神文明单位称号,8人获得校精神文明积极分子称号,6个单位获市级先进集体称号。

1996年,为贯彻党的十四届六中全会决议,形成物质文明建设和精神文明建设共同发展的要求,学校制订《贯彻六中全会决议,加强学校精神文明建设实施方案》(简称《34条》),并于同年成立精神文明建设委员会执行委员会,设立精神文明办公室,安排专职岗位,做好校创建文明单位活动的规划、督促、组织和总结等工作。根据《34条》,学校将每月第一个星期六定为"社会公益劳动日"。

1997年,为贯彻《上海市教卫党委关于加强社会主义精神文明建设1997—2000年实施意见》,学校制订《1997年精神文明建设工作要点》,制订一套评比指标体系,形成文明单位二级考评体制。二级考评体制即文明科室、教研室、实验室由学院、部(处)根据学校《精神文明建设手册》规定的有关标准自行考核,文明学院、部(处)由学校组织考核。学校采取暗查、自我评定、对口检查的方法增加评比的实效性与可操作性。学校还结合新一轮人事分配制度改革契机,建立一套将精神文明工作成绩与每位教职工利益直接挂钩的奖惩办法,将年终精神文明单位评比情况作为考核部门领导工作实绩的内容之一。为切实加强学校精神文明建设督查力度,学校进一步加强学生行为规范教育、校纪校规教育和社会公德教育,积极推动学生自律队、中层干部校风校纪巡视队、学校精神文明督导队和治安队等开展督察工作。

2000年,学校制订科室文明单位检查评比办法、指标体系和奖惩措施,编辑《2000年上海水产大学精神文明建设实施意见汇编》。2001年,制订《创建上海市文明单位行动计划46条》(简称《46条》),精神文明建设委员会执行委员会会议决定,修订文明单位评比办法,建设好"两点两线一个面"。两点即建设人文景点、消灭盲点;两线即校园内的南北、东西两条主干道;面即综合治理。做到点线面结合,全面推进。同时,将文明科室评比权下放到学院、处,要求以院处级文明单位为抓手,促进全校文明单位创建工作。2002年,校精神文明建设办公室结合学校干部校风校纪巡视活动,决定设立处长接待日,接受学生咨询。咨询内容:学生对学校管理等方面的意见,有关教学、学生管理或其他方面的问题。当场不能解决的问题,在3个工作日内给予答复。为加强师德建设,学校还设立师德意见箱。

2003年,在评选中增加"十佳好人好事"和"十佳特色项目"的评选。十佳好人好事有团委抗SARS志愿者和实践服务团等弘扬"五四"精神奉献真情爱心等10个。十佳特色项目有强化教书育人意识营造全员育人氛围实施师生联系制度、党建在社区、大学生党员示范团活跃在社区等10个。

2004年,学校继续发扬"勤朴忠实"的办学传统,在学生中积极开展"爱国荣校"教育,抓师德建设,营造良好学风。2005年是师德建设年,精神文明建设主要内容是进一步做好爱国主义教育基地、FD培训班、党建在社区等特色工作。同年,4个单位获校精神文明先进单位称号,20个单位获校文明单位称号。十佳好人好事是学校师生和社会各界为身患白血病的学生苏克钧捐款、食品学院科教兴农兴村等10个。十佳特色项目是宣传部、校团委实施的探寻93载建校历程,弘扬先辈"勤朴忠实"创业精神等10个。

2007年,学校精神文明建设委员会会议专题学习和研讨上海市科教党委文明办下发的新的《上海市高校文明单位(和谐校园)测评指标体系》,对照指标抓建设。同年的精神文明礼貌月活动中,以校报为载体,连续制作"精神文明建设巡礼专题"3期,宣传师生中的好人好事,倡导新风尚。在军工路校区,为营造优良的学风、校风,建设和谐校园,社区管理中心开展"文明寝室"评比活动,经各单位对参评寝室进行联合考核,共有137间寝室被评为"文明寝室"。同年,6个部门获精神文明建设先进单位称号。十佳好人好事是生命科学与技术学院赵振官见义勇为擒歹徒的先进事迹、爱恩学院澳大利亚外籍教师撒丽·劳德的爱心无国界、育人细无声的先进事迹等10个。

2008年,学校搬迁沪城环路校区,在搬迁过程中涌现出一批爱岗敬业、乐于奉献的单位和个人,新校区建设工作中3个部门获先进集体称号,8人获优秀组织者称号,12人获优秀建设者称号,20人获搬迁组织工作先进个人称号,60人获搬迁工作先进个人称号。2009年,学校评出成教学院2008级国际贸易专业杨帆等4名学生协助警方抓获违法犯罪分子、人文学院成茜邻里守望互助共建和谐社区等十佳好人好事。

2010年,学校制订《大学文化与文明创建工作"十二五"规划》。同年,评出冷向军作为第十批中央博士服务团成员赴陕西安康市挂职服务、众人扶助扬美德求学之路不言弃等十佳好人好事,以及利用"易班"打造新时期学生的网络家园、三区联动构建科普教育新平台等十佳特色项目。

2011年是中国共产党建党90周年,精神文明创建活动围绕"红色旗帜·时代风采"开展系列活动,如红色经典观摩——高雅艺术进校园红色剧目展、红色经典影视作品展播活动、红色歌曲传唱等。

【市级文明单位创建】

1987年,学校申报参加区级和市级精神文明建设相关项目评选。1986—1996年,学校一直被评为区级卫生先进单位,1987—1990年度连续被评为上海市高校系统卫生先进单位称号,1992年获市级绿化先进单位称号。1992年,学校提出分三步实现成为上海市文明单位的目标,于上半年由各系、处创建样板文明教研室、科室，下半年全面推广。经过这些工作，学校被评为1993—1994年度上海市高教局系统文明单位。

在创建过程中，学校师生在教学、管理工作等方面成果累累：学校被评为1998年上海市教卫系统精神文明十佳好事先进集体；学校老领导、老教授骆肇荛三十年如一日坚持义务打扫公共卫生，被评为1999年上海市教育系统十佳好事之一；学生社区管理中心被上海市教育系统精神文明建设委员会、中国教育工会上海市委员会、上海市教育发展基金会评为2002年上海市教育系统文明组室，被上海市总工会、上海市文明办评为2003—2004年度上海市文明班组；退休教授纪成林无怨无悔为科普被评为2004年度上海市教育系统精神文明十佳好事，成教学院非学历教育办公室被评为2004年度上海市文明班组；海洋学院被评为2005—2006年度上海市文明班组，食品安全知识进社区被评为2006年上海市科教党委系统文明创建十佳项目，师生踊跃加入中华骨髓库捐献骨髓被评为2006年上海市科教党委系统精神文明建设十佳好人好事；关注食品安全创和谐、倡导科学用药迎世博2个项目获得2008年度上海市文化科技卫生"三下乡"活动优秀项目奖（系市高教系统唯一上海市"三下乡"表彰项目），"宣传科普知识，志愿服务社会——上海海洋大学将志愿服务与科普教育相结合"项目被编入上海市科教党委2008年编写的《上海市和谐校园创建经典案例集》；"易班"获2010年度全国高校校园文化建设优秀成果特等奖，"师生联系制度"获2010年度上海市师德师风建设优秀项目奖。

1993年，学校取得上海市教卫系统创建文明单位合格单位称号，1995年连续获得此项称号。1995—1996年、1997—1998年、1999—2000年连续三届被授予市教育系统文明单位称号。

在2001—2002年度创建过程中，全体师生员工按照"团结、敬业、求实、创新"的精神，群策群力，团结奋斗，在实效上下功夫，在特色上做文章，有效地推动学校精神文明等各方面的全面发展。在连续三届被评为上海市教育系统文明单位基础上，学校实现第六次党代会目标，获得第十一届上海市文明单位称号。2002—2011年，学校连续五届被授予上海市文明单位称号。

第二节 特色活动

一、师德建设

在创建市精神文明单位过程中，师德建设是一个重要方面。2000年，学校制订《教师职业道德规范》，强调校风建设重在师风、教风建设，开展"我心目中的好老师""我喜爱的好老师"评选活动，有2人获得金奖，9人获得银奖。

2002年，学校制订《师德建设实施纲要》。2003年，开展师德标兵评比活动，弘扬优良师德，树立良好校风教风，评出校师德标兵1人、校师德先进个人7人。学校还在教师职务聘任中实行"师德一票否决制"，通过学生打分、督导组听课等多种方式对教师师德进行考核。

2005年是德育落实年、师德建设年，以贯彻市科教党委、市教委颁布的《关于进一步加强师德建设的若干意见（试行）》为契机，学校加强对师德建设的领导，成立校师德建设委员会。

2008年，学校开展师德大讨论，围绕教师师德内涵、师德规范及如何提高育人水平进行讨论，开展以师德演讲比赛、"教师之歌"传唱和师德建设DVD展示为主要内容的师德风采展示活动。"齐抓共管，创建师德建设新模式——以FD班为平台的青年教师师德培养"被评为上海市师德建设优秀十佳项目，并被编入《2008年上海市师德建设优秀项目案例集》。在市"为人·为师·为学"

师德建设系列活动中,学校选送的电视片《执着的梦想,无尽的追求》获得电视片二等奖,诗朗诵《老师,您一路走好》获舞台剧评选二等奖,《浅议当前高校师德建设中存在的问题和对策》《一份耄耋老人的遗嘱》获师德征文活动三等奖,《春风化雨,润物无声》《如何做一名合格的教师》《站三尺讲台,放一生光辉》等获征文优秀奖,学校获得优秀组织奖。

2009年,在第二十五届教师节前夕,校报开辟"我身边的好老师"专栏,报道各学院推荐的25名教职工用平凡叙写伟大、无私见证奉献的事迹,以倡导"学高为师,身正为范"的崇高师德和良好师风。

2010年,学校开展主题是"为人·为师·为学"的师德师风建设活动,主要有"我与世博同行"主题征文活动、颂师德朗诵比赛、"爱的教育"征文等,积极探讨新时期作为人民教师的精神、观念与方法。由学校推荐的散文《青春同路·风雨同行》和诗歌《你是谁》分获上海市教育系统师德师风诗歌散文朗诵比赛二等奖和三等奖。在2010年举办的市教育系统"名师高徒同看世博"活动中,海洋科学学院的王尧耕、周应祺和陈新军成为高教领域中遴选出的14对"名师高徒"之一参观世博会。

2011年,为隆重纪念中国共产党成立90周年,深入推进创先争优活动,弘扬先进事迹,学校开展先进基层党组织、优秀共产党员、优秀党务工作者和"创先争优·师德标兵"评选表彰活动,7人被评为校"创先争优·师德标兵",黄旭雄被评为市教卫党委系统"创先争优·师德标兵"。

二、共建活动

在精神文明建设活动中,学校师生走出校园,走向社会,积极开展与部队、企事业单位、乡村等共建活动,在共建共享中共同建设精神文明。

【军民共建】

"军拥民,民拥军"("双拥")工作,是学校优良传统。学校发挥学科优势,按照"同呼吸、共命运、心连心"的总要求,以科技拥军、智力拥军为主线,开展一系列"双拥"活动。学校与海军91602部队共建,在部队设立流动图书馆,半年换书一次,每次400册,帮助部队进行计算机应用技术等文化技能培训。学校领导每逢节日还慰问部队官兵。2008年,学校被授予杨浦区拥军优属先进单位光荣称号,获得上海市拥军优属模范单位称号,2005—2006年度、2007—2008年度上海市军民共建社会主义精神文明先进集体称号。

【社区共建】

学校积极参与社区共建,与杨浦区定海街道共建,联合开展定海社区党建研究会活动,为社区党建出谋划策;共同开展"百万家庭学礼仪"活动,并提供教学场所和师资,帮助定海社区创建学习型社区。开展与定海街道、芷江西路街道共建文明小区、与市公交二公司22路车队共建文明车站等精神文明建设活动。校食品学院党委与杨浦区长白街道开展精神文明共建、与安徽省黄山市徽州区岩寺镇信行村结对共建,资助8名中小学生。2008年,学校向全校党团员和广大师生发出倡议,提出"文明交通,我之责任"的响亮口号,并成立以"小红帽"为主要力量的大学生文明交通志愿者服务队,参与杨浦区的"蒲公英、文明交通,让城区更有序"行动。2008年,学校搬迁至临港新城后,相继与临港新城管委会、申港社区(街道)党工委、泥城镇党委、芦潮港党委等签署共建协议,双方在党建学习交流、科研合作、形势与政策报告、志愿者服务等方面开展共建共享活动。

2004—2006年,学校围绕和谐社会建设,开展与周浦监狱共建帮教、水环境保护志愿者、交通协管、敬老支教等青年公益活动,赴河南嵩县库乡援建希望小学,还先后与上海市公安博物馆、鲁冰花民工子弟小学、南汇中学、上海市消防学校等单位实行共建等。共建活动成为学校继续落实先进性教育活动,巩固先进性教育成果的有效措施。

第三章　心理素质教育

第一节　咨询机构

一、心理咨询中心

学校在加强思想政治教育的同时,探索开展心理健康教育工作,促进青年学生身心健康成长。

1995年3月10日,学校成立心理咨询中心,主要职能:在新生入学时进行心理健康普查,查找存在问题;进行日常心理咨询和心理健康状况测试,对有特殊心理问题的学生,设法帮助他们解决问题;组织参加上海市大学生心理咨询年会。

1997年,心理咨询中心在接待日常咨询基础上,开展心理健康知识和技能普及教育,开设大学生心理卫生选修课,举办各类心理讲座。拓宽咨询范围,开展就业心理辅导工作,专为毕业生开设形象设计心理学选修课,进行就业心理测试,指导学生设计就业求职书,促进就业工作顺利进行。

学校根据教育部2001年颁布的《关于加强普通高等学校大学生心理健康教育工作的意见》,进一步规范心理健康教育工作与心理咨询中心工作。2003—2005年,学校教师齐亚丽担任上海东北片高校大学生心理协作工作组组长。

二、上海市高校学生心理健康教育与咨询示范中心

2005—2011年,学校作为上海市高校学生心理健康教育与咨询工作区域示范中心(浦东片),承担浦东片高校辅导员心理培训与工作指导。

2005年,中共上海市科技教育工作委员会、上海市教育委员会颁布《关于进一步加强上海高校大学生心理健康教育的若干意见(试行)》,并决定选择5所工作基础较好的高校进行专项资助和建设,使之在区域内发挥辐射和引领作用,成为区域示范中心。同年12月,学校被上海市教委批准为上海市高校学生心理健康教育与咨询工作区域示范中心(浦东片),市教委每年支持6万元经费,学校投入100万元专项经费,高起点、高标准建设心理健康教育与咨询中心,购置测试软件和多参数生物反馈诊疗系统、微电流治疗系统、机体放松仪等设备,分别建设个体咨询室、团体活动室、心理测验室、放松训练室等,初步具备开展沙盘治疗、音乐治疗、肌体放松等测量和治疗技术的培训和实践条件。

2006年5月16日,示范中心揭牌,承担浦东片高校心理健康教育工作的师资培训、学术交流、科学研究等功能。同年5月19日,上海市高校心理咨询协会在学校召开2006年度理事会议,上海39所高校约50名从事心理咨询、心理健康教育工作的专家和教师参加。学校由原理事单位升格为常务理事单位,黄晞建当选为上海市高校心理咨询协会副会长,丁玲当选为常务理事。同年7月9日,学校承办第三期高等农业院校学生工作干部培训班暨"青年与未来"上海国际心理健康研讨会,有来自国内22所农业院校及美国相关机构共160余名领导和专家出席。

2007年5月,学校邀请香港城市大学学生发展处处长陈荣年、高级辅导员主任张伟良作学生事务管理和职业发展教育专题培训,学校学生思想政治教育工作队伍及所辐射高校的部分教师参加培训。同年7月,学校与德瑞姆心理培训中心合作,对所辐射高校40余名专职辅导员进行国家职业资格心理咨询师认证资格培训。次年4月,上海高校辅导员认知行为疗法专题培训在学校举行,来自浦东片8所高校的90余名辅导员和心理工作者参加培训。2009年3月,上海高校辅导员心理危机干预专题培训班在学校举行,来自浦东片10所高校的90多名辅导员和心理工作教师参加培训,学校学生处处长李兴华在会上作"大学生心理危机的预防与干预工作初探"的专题报告,提出建立"预防教育—发现和识别—监控—干预—转介—善后—跟踪"7大心理危机干预系统。

2009年12月18日,上海高校心理咨询协会第十七届年会在学校举行。上海市教卫党委副书记莫负春、校长潘迎捷、上海高校心理咨询协会会长孙时进及来自上海、浙江的40所高校及部分企业近300人参加年会。会上,学校心理健康研究教育中心获上海高校心理咨询协会2009年度优秀组织工作奖,学校多名教师论文获奖。

2010年5月,上海高校辅导员"大学生情感生活"专题培训班在学校举行,来自上海市15所高校的90多位辅导员和心理工作教师参加培训。次年5月,上海高校辅导员"大学生心理危机干预"专题培训班在学校举行,来自上海25所高校的150余名教师参加培训,设置有"学生心理问题干预方法与技术"和"辅导员自身情绪管理"等内容,结合辅导员工作性质和学习需要,理论联系实际,帮助学员学会尽早发现危机、及时处理危机、成功干预危机。2011年6月16日,学校承办上海市浦东片区高校心理咨询中心主任2011年度工作研讨会,浦东片7所高校心理健康中心负责人及上海德瑞姆职业技能培训中心4位代表等出席。同年11月21日,学校承办2011年上海高校辅导员大学生情感生活专题培训班,以"大学生情感生活"为专题,邀请复旦大学、上海交通大学、北京师范大学、华东政法大学等多所高校心理健康教育专家主讲,来自上海市15所高校的100余名教师参加为期一周的培训。

示范中心组织辐射高校专业人员进行科学研究。学校承担多项市级研究课题,如市级重点课题上海市高校心理健康教育与咨询区示范中心建设标准研究、特殊群体大学生人格特征分析及对策研究、大学生心理健康测量研究与系统高保真设计等。示范中心设立科研专项经费,每年定期发布课题,鼓励学校以及辐射高校大学生心理健康教育与咨询工作者从事课题研究,其中优秀成果发表于《思想理论教育》《社科研究》等刊物。截至2011年,示范中心共发布与立项课题60余项,组织有实际心理工作经验的工作人员编写心理健康辅导类书籍,如《大学生心理健康修养》《心理商点》等。

第二节 队伍建设

2005年,上海市高校学生心理健康教育与咨询工作区域示范中心(浦东片)在学校成立后,学校采取多项措施加强心理健康教育与咨询工作队伍建设。分工负责,各司其职,明确中心专职心理教师主要负责学校总体的心理健康教育课程建设、科学研究、心理社团指导、心理咨询与危机干预、学院心理健康教育专业辅导员队伍的业务培训与督导,学院心理辅导员负责所在学院学生的心理健康教育与咨询、班团干部培训与指导、危机预防与干预等。为加强专业队伍理论和技能培训,学校搭建了3个层次的培训平台:(1)校内日常培训。学校定期邀请心理专家对专业队伍进行系统性培训和督导。(2)市级专题培训。以承担上海高校辅导员心理健康教育与咨询专题培训为契机,对学校全体专职教师和专业辅导员进行认知行为疗法、沙盘疗法、团体辅导技术、心理危机干预等专题培训。(3)对外交流培训。学校以承办国际及国内大型心理研讨会或学术会议为契机,组织专职教师和专业辅导员参会,开阔视野,提高素质。学校亦先后选派专业教师赴美国、日本,以及中国台湾、香港等地区参加心理学术会议,关注和学习该领域的最新研究成果和技术。2007年,学校68%的辅导员及全部心理辅导员拥有国家或上海市心理咨询师职业资格证书。2011年,中心3名专职心理教师均具有博士学位。

加强学生骨干和专业教师队伍建设,发挥他们在学校心理健康教育工作中的积极作用。学校每学期对学生干部进行至少两次心理健康教育基础知识及危机初期识别能力的培训,开展对学生团体的培训与指导,指导学生将团体辅导等技术灵活运用到学生活动的过程中。学校整合人事、教务等部门的资源,将心理健康教育知识纳入新进教师培训计划。2008年以来,学校新进教师全部参加过心理健康教育基础知识及危机初期识别能力培训。2009年,学校将研究生导师心理健康教育知识培训纳入基本工作要求。

2005—2011年,中心聘请20名国内外心理健康教育专家组成专家队伍,为学校心理健康教育工作提供决策咨询,开展专项培训与督导,指导临床危机干预。如清华大学教授樊富珉等心理健康教育知名专家对学校心理健康教育工作进行指导和论证,上海市精神卫生中心专家来校开设专家门诊,并对自杀、伤人等严重危机事件提供专业指导和临床干预。

第三节 主 要 工 作

学校对构建大学生心理健康教育工作网络进行探索,形成校外心理咨询专业机构专家、校心理健康教育中心教师、学院心理健康教育教师、班级学生骨干四级网络,有效地推进学生心理健康教育、咨询、转介、治疗等工作,完善突发事件处理预案,有效预防与解决突发事件。

学校进行大学生心理健康教育与咨询工作社会协同机制探索,与社会心理服务机构合作,定期聘请上海市精神卫生中心专家驻校为学生提供心理治疗。2010年3月18日,学校与德瑞姆职业技能培训中心开通"24小时心理咨询热线",随时为浦东片高校学生提供专业的心理咨询服务。

学校鼓励专业队伍开展有关科研与教学工作。通过设立心理研究专项经费,定期发布心理专项课题指南等措施,鼓励他们积极开展研究工作。2005年4月,学校第九届思想政治工作研讨会成立大学生心理健康教育研究会。2008年、2010年,先后出版《大学生心理健康修养》《心理商点》等书籍。

2007年1月,学校被中国心理卫生协会大学生心理咨询专业委员会授予全国大学生心理健康教育工作先进单位称号,丁玲获全国大学生心理健康教育工作先进个人称号。学校连续多年获得上海高校大学生心理健康教育先进单位称号。

2009年3月,教育部思想政治工作司在南京召开全国加强和改进大学生心理健康教育工作经验交流会,学校作为全国4所交流高校之一作经验交流报告。4月16日,教育部在加强和改进大学生思想政治教育工作第653期简报上介绍学校心理健康教育与咨询工作经验。

2010年,上海市教卫党委、市教委要求,将心理教育逐步纳入整个教育体系,进一步促进工作制度化、规范化。2011—2012学年第一学期起,由党委副书记、副校长黄晞建牵头,由11人组成心理健康教育教师团队,面向17个班级的大学新生开设心理健康教育必修课程,面向其他年级开设4门心理学公共选修课程,包括大学生心理健康修养、幸福心理学、人格心理学以及社会心理学等。

2011年9月14日,在第三次心理健康教育课程研讨会上,进一步明确心理健康教育的教学内容,督促教师完成各项教学任务。

2011年12月9日,学校教师孙红刚的论文《高校心理健康教育与危机预防干预的社会化研究》,获上海高校心理咨询协会第十九届学术年会优秀论文奖二等奖。12月16日,教授马莹在第二届上海高校心理健康教育课程教学比赛决赛中获得唯一一项一等奖。

第四章 校园文化

第一节 文化活动设施

20世纪60年代至80年代初,学校开展文化体育活动,主要借助复兴岛运河、学校操场等体育设施(见第八篇第八章)及大饭厅(该大饭厅是食堂、礼堂为一体的建筑)进行。1983年,学校新建一座1 200平方米体育馆。

20世纪80年代,学校建设起"大学生之家"和"教工之家",每天开放,供学生和教职工进行娱乐活动。90年代,学校各项活动场所和设施不断得到改善。2001年,学海路校区投入使用,为更好地开展学生文化活动,专门建设了一幢建筑面积达5 000余平方米的大学生活动中心,内设多功能厅、桌球厅、书画室、羽毛球房、乒乓球房等,此外还有600人报告厅,供文艺演出或文化活动使用。

2008年,学校在沪城环路校区建成建筑面积达8 550平方米的学生活动中心,内设达到二级剧场标准的可容纳600余人的演出厅、交响乐排练厅和乐器房、合唱团声部排练厅、舞蹈排练室、临时展馆、书画馆、广播台等功能用房。学生宿舍中设有学生自主设计、自主运行的学生活动室13间。教工活动中心建筑面积1 500平方米,内设健身房、多功能厅等设施。学校建有7 900平方米的体育馆,有室内篮球场、网球场、羽毛球馆、练功房、健身体操房、武术房、壁球馆、手球馆等。此外,还修建标准田径场、室外篮球场、网球场等多个活动场地,极大地改善学校各项文体活动的硬件条件。

第二节 主要文化活动

高雅艺术进校园　1993年,学校参加上海市科教党委、市教委启动的高雅艺术进校园活动,截至2011年已连续举办18年,有近5万人次观看各类艺术院团表演的京剧、昆剧、话剧、歌剧、交响乐、民乐等高雅艺术100多场。2005—2011年,学校每年都举办高雅艺术进校园活动,上海歌剧院、保加利亚VAKALI鼓舞乐团、中国歌剧舞剧院、上海话剧艺术中心、美国犹他州韦伯州立大学交响乐团、中央芭蕾舞团等知名艺术团体与名家纷纷走进学校,为学生带来高质量、高水平的节目,使广大学生接受高雅艺术熏陶。

"海川"学术文化节　1999年,第一届"海川"学术文化节举办,之后每年举办1届(2008年因学校搬迁未举办),截至2011年共举办12届。由研究生部主办,校研究生会承办,每年春夏季举行。每届"海川"文化节均会设定一个主题,通过论文报告会、海川讲坛、知识竞赛、摄影比赛、趣味体育等多种形式,展现当代研究生的学术水平和精神风貌,在丰富校园文化生活、营造科研学习氛围、培养研究生综合素质等方面起到积极作用。

食品节　2000年5月23日,第一届食品节举办,之后每年举办1届,截至2011年共举办11届。由校团委主办、食品学院团学联承办。食品节通过文字图片资料及投影音像制品等展开,设有食品营养及科技的前沿知识介绍、食品科技学术讲座、大型食品企业参展等,设营养区、品尝区、前沿区等。食品节旨在展现现代食品文化与理念,展示食品科学领域前沿知识,活跃大学生课余生活,提高当代大学生的综合素质。2005—2011年,配合上海市食品药品监督管理局,开展迎世博食品安全宣传周、食品药品安全博士专家宣讲团等活动,每年参与师生近千人。该活动在上海市黄浦区、长宁区、闸北区、杨浦区、世博园区等处举办6届。通过文艺演出、宣传展示、专家咨询、企业参与、大学生巡讲、资料发放等形式宣讲世博,宣传食品安全,对进一步提高人民群众食品安全参与意识和责任意识、提高社会公众的食品安全知识和自我防护能力起到良好效果。2008—2010年,响应上海市"迎世博600天计划",走出校门、走向街道、走进社区,帮助市民提高食品安全意识和自我鉴别、保护能力。

IT节　2002年4月10日,第一届IT节举办,截至2011年共举办6届。由信息学院主办,校学生会和IT社团联盟承办。主要活动有ATA杯网络女孩大赛、迎接校庆90周年电脑辅助设计大赛、IT海报展、网络征文大赛、Flash制作大赛、IT形象大使大赛等。

鱼文化节　2002年10月21日,第一届鱼文化节举办,之后每年举办1届(2008年因学校搬迁未举办),截至2011年共举办9届。由校团委主办,水产与生命学院团委和观赏鱼爱好者协会承办。旨在弘扬鱼文化,传播鱼知识,丰富校园生活。鱼文化节集知识性、趣味性为一体,通过观赏鱼观赏、水族知识咨询等活动提高市民、师生对鱼文化的兴趣,提高广大学生热爱专业、投身公益服务的热情,增强广大学生实践创新能力,丰富校园文化生活。

第三节　文化团体及协会

一、学生艺术团体

20世纪60年代,学校建有文工团,下设舞蹈队、管乐队、合唱队等。1995年起,学校为深入推进学生素质教育,提高大学生艺术修养,先后聘请刘旦宅、闵惠芬、汪天云、曹丁、秦怡、黎仲诚、曹燕珍等艺术名家为兼职艺术教授,为学生开设艺术讲座、指导艺术活动。1997年,成立校艺术团,是校团委直接指导的艺术社团,先后设学生交响乐团、学生合唱团、舞蹈团、民族乐团、武术团、主持人团、曲艺团。艺术团成立以来,在弘扬时代主旋律,活跃校园文化,参与学校的各类大型文艺活动中,发挥积极作用,并经常走出校门,参加各类演出、比赛,取得优异成绩,为学校争得荣誉。

交响乐团　校学生交响乐团成立于2001年,下设弦乐团、管乐团、轻音乐团、电声乐团。聘请毕业于上海音乐学院作曲系的林邦恩担任常任指挥,顾文雷担任轻音乐团常任指挥。交响乐团自成立以来,参加过多次校内外演出及比赛。排练曲目包括《祖国颂》《贝多芬第五交响曲》《卡门》等经典作品。曾获得上海市布谷鸟器乐比赛三等奖、上海市大学生器乐组合比赛三等奖、南汇区青年群艺术大赛器乐类比赛铜奖、蒲公英萨克斯金奖等。

合唱团　校学生合唱团成立于2001年,根据标准混声四部合唱下设四声部及钢琴伴奏编制。合唱团聘请徐以忠任指导教师。参与食品药品安全进社区巡演、建党90周年浦东新区红歌合唱展演等多项校内外大型演出及比赛,排练曲目包括《天路》《祖国颂》《雨后彩虹》《弥赛亚组曲》等。曾获得上海市第四届学生艺术节合唱比赛一等奖、青年歌手电视大奖赛合唱组上海市二等奖等奖项。

舞蹈团　校学生舞蹈团成立于2002年,聘请张巍担任指导教师。舞蹈团曾参加第三届中国国际青年艺术周开幕式、食品药品安全进社区巡演等大型活动。编排《海魂》《世界风》《可爱的一朵玫瑰花》等经典节目。曾获得全国第二届大学生艺术展演上海市活动二等奖、上海市迎奥运啦啦操形象大赛最佳形象奖以及2011年高校集体舞大赛金奖等。2011年11月,原创群舞《紫金流云》被上海市教委推荐参加全国第三届大学生艺术展演舞蹈比赛。

民族乐团 校学生民族乐团成立于2004年,达到中型民族管弦乐队的编制规模,聘请上海音乐学院刘捷担任指导教师。排练曲目包括《花好月圆》《赛马》《庆典序曲》等经典曲目。曾获得上海之春国际音乐节(团体)一等奖、香港中华文化艺术节第五届国际音乐艺术大赛上海赛区竹笛项目青年组金奖、全国五星艺术展演银奖、全国第二届大学生艺术展演上海市活动三等奖等。

武术团 校学生武术团成立于2004年,聘请张玉申担任指导教师。武术团在弘扬中华武术文化过程中编排《精武门》《中华魂》等优秀舞台武术节目。曾在2009年上海市阳光体育大联赛中获男子武术拳操一等奖、女子二十四式太极拳团体一等奖,并获得2010年、2011年上海阳光体育大联赛男子武术拳操团体一等奖和女子功夫扇团体三等奖等。

主持人团 校学生主持人团成立于2008年,聘请上海电视台"五星体育"栏目主持人刘鹏担任指导教师。成立以来,多人担任校内外多项重大演出活动的主持人。编排《国旗》《青春飞扬》等优秀诗歌朗诵作品。曾参加建党90周年浦东新区诗歌朗诵大赛并取得优异成绩。

曲艺团 校学生曲艺团成立于2010年,聘请上海相声名家赵松涛传授专业相声、快板等曲艺方面的知识。曲艺团成立以来参与世博点灯仪式、食品药品安全进社区巡演等多项校内外文艺演出活动。编排《志愿者风采》《正反话》等优秀曲艺节目。作品《职场》曾获全国第二届大学生艺术展演上海市活动艺术表演类甲组二等奖。

二、教工文体协会

工会在教职工中组建集邮协会、棋牌协会、篮球协会、足球协会、羽毛球协会、网球协会、瑜伽协会、舞蹈协会、乒乓球协会、钓鱼协会、车友会、桌球协会、青年教工联谊会、合唱团、摄影协会等10余个文体协会。这些协会都是教职工按自己的爱好自愿组织起来的,所以活动既频繁又扎实。许多协会在平时活动的基础上,每年举行一次集中的比赛,已经产生品牌效应、有较大影响的有"敬业杯"足球赛、"爱校杯"篮球赛、"海师杯"迎新年羽毛球赛、"海洋杯"乒乓球赛、"团结杯"卡拉OK赛等。

20世纪80年代,各种寓教于乐、健康向上的文化娱乐活动迅速发展。其间,中老年教工健身操队获"达尔美"杯电视大奖赛二等奖,上海市"海船杯"老年健身操比赛团体冠军和个人第一、第二名好成绩。2001年,工会组织教工参加上海市"阳光·大地·绿叶"教师文艺会演,小组唱《母爱》获金奖。2006年在上海市"教师之歌"演唱比赛中,教工合唱团获得合唱比赛银奖。2005年在上海市科教工会组织的运动会上,健美操和广播操获得优秀展示奖,游泳比赛获得3金1银的好成绩;集邮协会2010年获中华全国集邮联合会授予的全国青少年集邮活动示范基地光荣称号。

第四节 志愿服务

一、大学生志愿者

学校志愿者服务活动分为社区服务类、环保服务类、宣传服务类、扶贫服务类、辅导服务类、文艺生活服务类等。学校团委通过各类志愿者活动团结和引导广大学生积极投身社会实践,服务社会,奉献爱心,组织广大学生开展健康有益、丰富多彩的活动,推动校园文明建设,营造富有特色的文化氛围。经过2010年上海世博会志愿服务的考验,学校的志愿者服务水平明显提高。学校的志愿者服务活动中涌现出许多典型人物和特色活动,如西部志愿者、食品安全保障实习生、世博志愿者作为学校的特色志愿者活动,为学校赢得荣誉与好评。

1994年春节,"中国大中学生志愿者——94新春热心行动"在全国开展,学校团委积极参与该项活动。1995年2月学校团委和工会一起,开展大墙内外"一帮一"青年志愿者活动,延长教育手臂,帮助失足青少年提高思想认识和社会道德水平,树立正确的人生观、价值观。

1996年11月,首届亚太地区特殊奥林匹克运动会在上海举行,组委会设置志愿者工作部。学校近千名志愿者,按组委会要求在各个岗位上提供志愿者服务。1997年10月,第八届全运会在上海举行,学校团委按组委会的要求积极招募各类志愿者,"八运会"期间,学校近千名学生参与志愿者服务。1998年,世界中学生运动会在上海举行,学校团委按照团市委的要求招募专业志愿者,学校约有200名有专业特长的志愿者为组委会、竞委会和各方来宾提供优质服务。1999年9月,《财富》全球论坛年会在上海召开,学校团委组织近百名志愿者为大会的筹备和召开提供各类志愿服务。

2004年,学校团委组织志愿者参加"上海水城市容志愿者啄木鸟行动"。同年,获得"爱心啄木鸟"称号。

2005年,青年志愿者服务队被评为上海市优秀青年志愿服务集体。2006年,学校志愿者先后参与第27届全球乳业大会、上海国际立体花坛大赛等国际性大会的志愿者服务,累计组织学生近千人次,受到社会好评。2007年8月,学校获得上海高校优秀红十字志愿者服务队荣誉称号。同年11月,学校团委招募1 200余名校庆志愿者,完成95周年校庆庆典和校庆文艺晚会工作。2008年10月12日,学校搬迁至临港新城,656名志愿者参加搬迁工作,协助学校顺利完成搬迁和迎新2项重要工作。2009年,学生黄雅媚、杨文博获得上海市优秀青年志愿者称号,青年志愿者服务队获得上海市优秀青年志愿者服务集体称号。中国2010年上海世博会,学校共有3 034名志愿者参与世博会志愿者活动,其中世博园区志愿者2 364名。

2011年,学校团委累计招募志愿者600人,分别参与第九届亚洲渔业和水产养殖论坛、全国延安精神理论研讨会、第十四届国际泳联世界锦标赛等志愿服务。

二、西部志愿者

学校西部志愿者项目办设在团委,学校团委配合团市委做好志愿者招募、选拔与选派。2003年,学校制订《关于应届毕业生赴西部志愿服务享受优惠政策的决定》。2006年,学校制订《关于志愿服务西部大学生免试直升硕士研究生的实施办法》。这些文件为西部志愿者提供组织、后勤、服务保障。学校共划拨50万元专项经费,在志愿者奖励、升学、就业等方面给予支持。2006年起,每年从西部志愿者中选拔5名优秀学生免试直升硕士研究生。2003—2011年,学校共有97名毕业生投身西部计划,分赴云南、重庆、新疆、西藏等地区服务。其中,涌现出许多优秀志愿者,如陈文明被西藏日喀则群众亲切地称为"合作医疗的平安使者";张冬、王飞、李武在志愿服务期满后主动申请留在云南砚山工作;彭国瑜在一年服务期间有2/3时间穿梭于各乡镇,得到多家媒体报道。学校获得2005年、2007年上海市大学生志愿服务西部计划优秀组织奖,以及2009年全国大学生志愿服务西部计划优秀项目荣誉称号。

三、食品安全保障实习生

2005年起,学校团委组织大批学生志愿者配合上海市食品药品监督管理局,开展迎世博会食品安全宣传周、食品药品安全博士专家宣讲团等活动。2006年起,每年与上海市食品药品监督管理局合作开展食品药品安全宣传进社区活动,分赴全市19个区县,开展宣讲、咨询、文艺巡演活动20余场。

中国2010年上海世博会期间,学校应上海市食品药品监督管理局委托,选派食品学院学生256人、教师6人,分为3批次,每批80多人,服务3个月,参与世博园区食品安全保障工作。园区实习生服务区域覆盖世博会园区的公共餐饮,面积近8万平方米、80多家企业、150多个门店及员工食堂,参与片区检查、物流检查、快速检测的相关工作。在园区外,还参与黄浦区、卢湾区、浦东新区、世博会前线指挥中心等区域的食品安全保障工作。

四、世博会志愿者

2009年,学校成立世博会工作领导小组和世博会志愿者工作领导小组,从教学、后勤服务、信息服务、宣传激励等方面构建全方位组织服务体系,为世博志愿者志愿服务工作创造条件。同年5月,根据上海世博会领导小组志愿者组统一要求,学校成立世博会志愿者工作站,在二级学院、研究生部等成立10个工作分站,开展志愿者招募及岗前培训。

中国2010年上海世博会期间,学校通过领导慰问、颁发纪念徽章、构建班车文化等方式,关心和激励世博会志愿者做好志愿服务工作,并利用志愿服务机会对学生开展理想信念、感恩责任、团队合作、文明规范、多元包容等方面教育,使学生在志愿服务中得到实践锻炼和成长提高。在14天上岗服务期间,学校共有2 364名园区志愿者,其中2 316人为世博会园区第十批次志愿者,服务于13个片区,48名语言类志愿者和2名内宾接待志愿者作为特岗志愿者服务于园区。学校为此成立世博会志愿者工作临时党委和13个片区临时党支部,发挥党员模范带头作用带动全体志愿者努力完成任务,同时建立世博会志愿者服务领导小组—世博会志愿者工作站长—片区长—块区长—小组长—志愿者六级管理体系。其间,志愿者以"快乐·感恩·环保"为主题,在教师节、世界清洁日等节日期间,开展系列主题活动;利用接待陕西省志愿者、学校西部志愿者组织云南艰苦地区少数民族小朋友看世博会、新生看世博会等开展各种团队活动;学校世博会志愿者工作站共编辑简报30余份,编辑世博会志愿者专刊日报《心一代》16期,并建立学校志愿者专题网站、录制优秀志愿者影片,展现学校志愿者良好的精神面貌。学校志愿者工作受到新闻媒体广泛关注,新华社、《解放日报》、《文汇报》等共报道40余次,收到表扬信20余封。

2010年12月,校团委副书记张雅林获中共中央组织部、中央创先争优活动领导小组授予的上海世博会创先争优优秀共产党员称号;在上海市委、市政府开展的以"服务世博、奉献世博"为主题的立功竞赛活动中,学校获上海市委、市政府授予的上海世博工作优秀集体称号,3名教师获上海世博工作优秀个人称号,食品学院获上海总工会授予的"工人先锋号"称号;在上海世博会执行委员会的表彰中,学校世博会志愿者工作站获中国2010年上海世博会志愿者工作优秀组织奖,学校世博会后勤保障团队、票务中心志愿者团队、杨浦区志愿服务外建站志愿者团队获上海世博会志愿者工作优秀团队称号,谢垦获上海世博会杰出志愿者称号,学校95名园区志愿者、25名城市志愿服务站点志愿者获上海世博会优秀志愿者称号,5人获上海世博会志愿者工作先进个人称号,10名志愿者获上海市世博会园区文明服务标兵称号,学校校内外建站志愿者"360心理大本营"项目,获上海世博会城市志愿服务站点工作保障关爱项目奖。

五、科学商店

【组织管理】

为贯彻《上海市科普事业"十一五"规划》,推进科学普及和开展学生创新实践活动,2007年上海市科委牵头成立以大学生志愿者为主体,服务社区居民的研究服务机构——上海市大学生科学商店(科普志愿者活动)。同年3月,经专家论证立项,学校成为全国第一批大学生科学商店试点高校之一,同时正式启用学校科学商店网站(www.scienceshop.shou.edu.cn)。

2009年11月9日,由各大学生科学商店发起,上海市科普工作联席会议办公室决定成立上海大学生科学商店总店(以下简称"总店")。经选举,第一届总店执行部设在学校。

学校大学生科学商店由分管校领导任项目组组长,校党委宣传部、学生处(团委)、教务处等职能部门参与,服务部由所在各学院分管领导负责,配备专职辅导员和专业学生团队。学校制订《科学商店实施方案》《科学商店志愿者管理办法》《学生综合素质测评实施办法》等管理办法。运行经费由上海市科委给予部分资金支持,学校提供配套硬件和其余资金。2009年,总店执行部设在学校以后,学校制订《上海大学生科学商店总店管理办法》《上海大学生科学商店总店考核办法》,并为科学商店提供专用场所和必要设施设备。各服务部办公室分别设在各学院团委,由专人负责。设在街道社区的门店均有专用日常办公和值班场所,由街道社区或居委会提供,不少社区还专门提供场地进行宣传,组织居民参加科普培训或讲座。学校各类实验室常年向科学商店志愿者开放,如观赏鱼养殖基地为服务部创新课题提供场所,环境科学和水域生态学教研室为社区水环境服务部提供支持等。

学校科学商店依托学校学科优势,建立"政府搭台、社区设点、学校组织、学生服务、媒体报道"的联动机制,创造出一种理论学习、社会实践、科学研究、成果应用的科普模式。截至2011年,学校科学商店已拥有7个服务部、7家社区门店,坚持立足社区、普及科学、倡导文明、服务市民,每年有近千名师生志愿者走进社区,累计开展大型科普活动百余次,开展各类课题研究百余项,受惠民众万余人。

【科普服务】

2007年,学校科学商店以"科学发展、共建和谐"为主题,参加上海市社会科学界联合会举办的第六届上海市科学普及活动周系列活动。同年5月,参加全国科技活动周暨上海科技节巡展,7、8月以"优质食品进社区,健康你我欢乐行"为主题深入社区开展科普服务。2008年,学校科学商店在闸北区开展"关注健康,关注生活,从点滴开始"的科普服务活动。同年5月,参加在上海科技馆举办的全国科技活动周暨上海科技节活动,科技部部长万钢、上海市委副书记殷一璀、副市长沈晓明等参观学校展台。2009年,学校科学商店志愿者参加南汇区"2009我们的家园,精彩的世博"主题宣传服务月活动。同年5月,学校科学商店在全国科技活动周暨上海科技节上设立展台,参加青少年创新实践工作站联展。2010年,学校科学商店社区水环境服务部志愿者赴浦东新区东明路街道科普文化基地,开展以"保护物种多样性,构建和谐未来"为主题的世界环境日宣传活动。2011

年,志愿者赴泥城镇红松苑小区和芦潮港镇果园社区,开展以"绿色低碳社区,辐射远离你我"为主题的服务宣传日活动;学校科学商店深入浦东新区、静安区、闸北区、杨浦区、普陀区等近50个街道和小区开展活动;水族科学服务部开设24小时市民热线电话,为满足市民需求,成立水族上门维护团队,足迹遍布上海各个区县。

在开展科普志愿服务的同时,学校科学商店还将项目与创新学分相结合,与教学实践相结合,与民生问题相结合,与科研项目相结合,设立学生科研创新基金,每年拨款10万元,对大学生在科学商店活动中涌现的好项目,给予科研项目孵化资助。截至2011年,共立题100余项,完成课题60余项。2009年,科学商店水族科学服务部学生周祺,设计出适合普通居民家庭的"家用小型龟鳖孵化箱",申请国家专利。

【特色活动】

学校大学生科学商店注重和强调科学商店内涵建设,在管理、运行、服务和保障方面,形成科学商店项目研究的"三结合"和科普志愿服务的"四服务"的特色运行机制。

"三结合":项目研究与学生毕业设计(论文)、科技创新和社会实践相结合,所有项目均来源于居民和企业现实需要,鼓励学生把课题研究与毕业设计(论文)相结合。学生在教师指导下深入社区、企业开展本专业领域的科普活动,同时又在实践中搜集有价值的项目选题。学校设立多项学生科创基金,鼓励学生创新研究,并遴选优秀项目参加"挑战杯""上汽杯"、校级学生创业大赛等科创比赛。科学商店鼓励学生的项目研究与科创项目相结合,并积极申报专利和推动专利成果的社会转化。

"四服务":定点服务、流动服务、上门服务和网上服务,全方位为居民提供优质科普服务。定点服务:学校科学商店7个服务部、7家社区门店深入居民小区,在社区设点,定时定点定人接受并回答居民咨询。流动服务:发明"流动科普帐篷",实现定点服务与流动服务相结合。通过"流动科普帐篷",把科普服务带到更多居民中间。上门服务:在定点服务、流动服务的基础上,进一步拓展服务空间,当居民有需要时为居民上门服务。网上服务:建成科学商店专题网站,并在网站上开辟"居民互动"专栏。

2008年5月24日,学校科学商店参加由浙江大学主办的首届中国长三角食品营养与安全本科生论坛并介绍相关经验和成果。2009年9月,派代表赴英国参加国际交流研讨会。2010年3月,组织赴云南砚山考察,与砚山县政府合作共建科学商店。

学校大学生科学商店受到上海市科普工作联席会议办公室肯定,截至2011年共有15名教师获得上海市大学生科学商店优秀指导教师称号,35名学生获得优秀志愿者称号,各服务部累计10次被授予优秀服务部称号,各门店累计20次被评为优秀门店。2007—2009年,学校大学生科学商店连续3年获得全国科技周活动优秀组织奖,10余名师生获得先进个人称号。

第六篇

学科建设

概 述

学校创办初期,主要通过渔业调查研究、选派教师出国深造、扩充实验设施等建立水产学科课程体系。20世纪50—60年代、80年代,学校逐步建立起比较系统的水产学科。其后,始终将学科建设作为学校各项工作核心,水产学科水平得到稳步提高。

学校根据不同时期社会发展需求和学校特点适时选择和调整学科方向,站在学科发展前沿,不断寻找新的生长点。水产养殖学科由20世纪50—60年代的群众养鱼经验总结、家鱼人工繁殖等研究发展到后期的水生动植物种质资源与创新研究,鱼、贝、藻类良种选育,水产动物病害控制等方向的研究。捕捞学科从近海渔业、群众生产经验总结等研究向远洋渔业发展,开展鱿鱼、竹筴鱼、金枪鱼等新的捕捞对象、新渔场、新技术开发,人工鱼礁的资源增殖措施,以及渔业法规、渔政管理和国际渔业管理等研究。水产品加工及贮藏学科由水产品传统的盐渍干制保鲜技术、综合利用等研究转向水产品现代深加工与保藏、食品检测与安全、低温物流工程、海洋药物等学科方向。进入21世纪,特别是2008年学校更名为上海海洋大学后,学科建设重点由水产、食品学科拓展为海洋、水产、食品3大特色学科。每个特色学科下均有3~5个主要学科方向。科学研究是学科建设的重要载体,紧紧围绕学科方向开展科研立项,学校获得大量科研项目,科研经费逐年提高,取得许多重大科研成果并屡次获奖。

创建实验室、研究所(室)和实验场(站)等科学研究基地是学科建设的重要平台。学校最早的研究室是1952年成立的海洋渔业研究室(后称鱼类研究室),在朱元鼎领导下,鱼类学一直是学校的特色和优势学科。20世纪80年代,利用世界银行农业教育贷款建立的鱼类生态环境实验室和食品工程实验室,在教学和学科建设上发挥了积极的作用。截至2011年底,学校已有1个国家工程技术研究中心,10个教育部、农业部和上海市重点实验室或研究中心,1个上海市工程技术研究中心,1个国家实验教学示范中心,2个上海市实验教学示范中心,以及中国渔业发展战略研究中心、海洋科学研究院等综合研究平台4所,建有产学研基地100处。

学科队伍建设是学科建设的关键。20世纪50—60年代,学校组织青年教师投身到生产、教学、科研第一线,在实践中增长才干,培养出一批新一代的学科带头人。20世纪80年代以来,通过世界银行农业教育贷款项目、国家教委等多种渠道,选派中青年教师出国进修成为培养人才的重要途径之一。为培养年轻的学术带头人和骨干,上海市教委设立"特聘教授"(东方学者),并在科研经费上给予一定支持。截至2011年,学校已有13名教师获"东方学者"称号,有3名教师被列入上海市领军人才、4名教师列入上海市优秀学科带头人等培养计划。着力引进高水平人才方面,有国家"千人计划"人才1名,国家杰出青年科学基金获得者1名,给他们配实验室,配研究助手,创造优良的研究环境。学校还聘请2名"双聘院士"指导工作,聘请美国缅因大学、马里兰大学等高校的知名学者来校定期开展科学研究,指导博士研究生。由以上人员为核心形成一批优秀的学科科研团队。

学校通过科学研究、人才队伍和实验室建设,提升学科水平,促进特色学科和优势学科发展。水产养殖学科系学校第一个省部级也是第一个国家级重点学科。该学科1993年被评为农业部重点学科,1996年被评为上海市教委重点学科,2002年被评为国家级重点学科。截至2011年,学校拥有1个国家重点学科和一批农业部、上海市及上海市教委重点学科。

第一章 学科设置

第一节 规 划

上海水产学院成立后,学科建设逐步成为提高教学、科研及社会服务能力的重要基础工作。1952年,提出《五年计划草案》,5年内设置渔捞、航海、水产加工、淡水养殖、水生生物、化学工业、海洋、海水养殖、机械工业等9个系。1957年,提出提高教学质量的初步方案:在第二个五年计划内大力培养师资,提高教学质量,适当开展科学研究;在第三个五年计划内,进一步加强科学研究,提升师资水平。

20世纪50年代,学校组织专业教师和学生到舟山渔场,参与渔船机动化、海带南移、水产品保鲜等重大技术项目和全国首次东海、黄海海洋与渔业调查工作。教师结合教学与科研工作,深入渔区、渔村、渔船,开展调查研究,总结生产经验,形成密切联系生产、研究课题从生产实践中来、科技成果迅速转换为生产力的学科特色。

1958年,根据上海市委指示,中国科学院上海分院委托上海水产学院筹建上海水产研究所。学校以海洋渔业研究室为基础,抽调海洋渔业、水产品加工和养殖生物3个系的部分教师为专职科研骨干,组建研究所,设立鱼类学、水产养殖、水产资源、工业捕鱼、水产品加工等研究室,朱元鼎兼任所长,初步形成比较完整的水产学科体系。

1963年,学校根据《全国十年水产科学技术发展规划草案》,制订《1963—1972年科学研究规划》,提出为努力把学校建设成为一个具有现代科学技术水平的高等水产学校,成为全国水产高等教育基地和水产学术研究中心之一,要求海洋捕捞、鱼类学、鱼类生理学、水产资源学、淡水养殖学、水产品加工学、渔具设计理论等重点学科成为国内重要的研究中心。

"文化大革命"结束后,学科建设工作纳入正常轨道。1983年,学校结合重点专业发展,提出集中力量建设好鱼类学、鱼类增养殖学、渔具学、渔法学、渔场学、渔业资源生物学、渔业资源评估、渔业水声学、食品化学与营养学、食品微生物学、食品卫生学、渔业环境保护与检测、渔业经济学、渔业经济管理14个重点学科。

1993年3月,学校领导乐美龙、顾景镠等赴中国科学院海洋研究所、青岛海洋大学,联系推荐教师担任兼职教授和博士生导师事宜。1994年,王素娟、李思发分别被上述两个单位聘为兼职教授和博士生副导师。

1991年,学校按照农业部及国家重点学科建设目标,制订《十年规划和"八五"计划纲要》,加强水产养殖、远洋渔业、水产品加工及贮藏工程、鱼类学4个校级重点学科建设。其中,水产养殖于1993年被评为农业部重点学科,于1996年被评为上海市教委第三期重点学科。

1996年,学校提出"九五"期间重点学科建设要和发展硕士点、突破博士点相结合,统筹规划,加快重点学科建设步伐,重点建设5～6个学科和专业,水产学科争取进入国家重点学科建设行列。在已有农业部重点学科(水产养殖)基础上,再争取建设2～3个农业部和上海市重点学科;在已有4个硕士点(水产养殖、海洋渔业、渔业资源、水产品加工及贮藏工程)基础上,争取新增硕士点6个、博士点1～2个。1999年,水产养殖、捕捞学、水产品加工及贮藏工程被评为农业部重点学科。

2001年,学校制订《上海水产大学2001—2005年学科、专业和师资队伍建设与发展规划》,总结学科建设成绩,分析面临的主要问题,并提出保持和发展水产学科优势,大力发展海洋与食品相关学科,积极推进生物学、数学、化学、物理学等基础学科和有关经济管理学科、人文社会学科的建设与发展。主要措施是:加强综合、突出重点、发展交叉、跟踪前沿。同年12月,水产养殖、捕捞学被评为上海市教委(第四期)重点学科。

2002年1月,水产养殖被评为国家重点学科,系学校第一个国家重点学科。同年3月,学校召开上海市教委第四期重点学科建设项目论证会,肯定水产养殖、捕捞学的学科积累和特色优势,对学科建设目标、主要研究方向、今后5年建设规划提出建设性建议与意见。同年4月,召开学术委员会会议,审议水产养殖、捕捞学重点学科建设规划,以及校级重点学科水产品加工及贮藏工程和产业经济学学科的建设规划,落实重点学科5年建设规划。同年9月,召开校级重点学科评审会,决定将水产品加工及贮藏工程、渔业经济与管理2个学科列入校级重点学科建设计划。

2005年,学校制订《学科建设与发展规划》,确定学科建设总体目标:2012年,基本实现学科群优势明显、特色学科一流、多学科协调发展的学科建设目标,水产养殖、渔业工程、食品科学与工程等学科取得一批重大突破;水产养殖学科综合实力达到国际先进水平;渔业工程、食品科学与工程等学科处于国内领先地位;渔业经济与管理、都市型食品物流、水域景观生态等学科处于国内先进地位。同年3月,上海市教委实施上海市第二期重点学科建设计划,学校水产养殖于同年6月被列入优势学科建设计划,捕捞学、食品科学与工程、渔业经济管理3学科被列入特色学科建设计划。

2006年4月,上海市教委对第四期重点学科建设进行验收,学校水产养殖、捕捞学2个学科因已纳入市重点学科建设计划而自然通过验收。同年11月,根据上海市教委《关于进行2006年度市教委专项项目建设经费使用中期检查及绩效试评价的通知》,水产养殖、捕捞学、食品科学与工程、渔业经济与管理4个重点学科(第二期)通过市教委中期检查。同年12月,上海市教委开展重点学科(第五期)申报工作,学校报送的海洋生物学、海洋环境工程、食品经济管理3学科,于2007年10月被批准纳入市教委重点学科(第五期)建设计划。2007年,水产养殖再次被评为国家级重点学科。

2008年,上海市教委决定开展2008—2020年上海高校发展定位规划工作。学校坚持"有所为、有所不为"的建设原则,制订《上海海洋大学发展定位规划(2008—2020年)》,明确学科建设定位为"以理学、农学、工学3大门类为重点,建设海洋、水产、食品3大特色学科,经、文、管等为支撑的层次鲜明的学科布局体系"。发展思路是强化水产学科优势、拓展海洋学科布局、聚焦食品学科发展、凝练经管学科方向,夯实工程、信息、人文、外语等学科基础,瞄准国际前沿,促进学科交叉,提高学校教育教学水平和总体科技创新能力。学科建设定位是构建优势学科、特色学科和基础培育学科3个层次的学科建设体系。其中优势学科着力建设以水产种质、水产病害和养殖环境为核心的水产科学学科群,以海洋生物资源、环境和信息为核心的海洋科学学科群,以食品安全与品质控制为核心的食品科学学科群,以海洋经济与渔业管理为核心的经济管理科学学科群,建设以水产养殖、捕捞学、食品科学与工程和渔业经济与管理为重点的优势学科。特色学科着力建设以海洋生物学、水生生物学、海洋环境工程、海洋信息工程(数字渔业)、水域生态环境工程、海洋政策与法律和食品经济管理为重点,以渔业资源、食品科学、水产动物医学、制冷与低温工程和海洋经济等学科为拓展的特色学科。基础培育学科着力建设以计算机科学与技术、食品物流、海洋气象学、行政管理、日语、朝鲜语等基础培育学科。

2008年6月,水产养殖、捕捞学、食品科学与工程、渔业经济与管理4个上海市重点学科(第二期)顺利通过上海市教委评估和验收。同年9月,根据上海市教委《关于开展市属高校上海市重点学科(第三期)申报工作的通知》,学校申报的捕捞学、水生生物学于同年10月被批准列入市重点学科(第三期)建设计划,建设周期3年。2009年6月,食品质量与安全学科增补为上海市教委重点学科(第五期)。

2008年,根据上海市高校发展定位规划"扶需、扶特、扶强"和"一线、二线、三线"原则,学校按照学科专业发展定位,确定3个特色学科布局体系,确定一、二、三线学科及其建设属性。

表6-1-1　2008年3大特色学科规划布局情况表

海洋学科			水产学科			食品学科			
海洋生物学	海洋环境工程	海岸带综合管理	水产养殖	捕捞学	渔业经济与管理	水产品加工及贮藏工程	食品科学(食品质量与安全)	食品物流工程	食品经济管理

表6-1-2　2008年学科建设规划层次与属性情况表

学科门类	学科			建设属性
	一线	二线	三线	
海洋学		海洋生物学		扶需
		物理海洋学		扶需
		海洋信息		扶需
		海岸带综合管理		扶需
		机械设计及理论(海洋生物机电工程)		扶需
		海洋经济学(区域经济学)		扶需
		海洋环境		扶特
		环境与资源保护法学(海洋政策与法律)		扶特
			海洋气象学	扶需
			海洋化学	扶需
			海洋生物医药	扶需
			海洋微生物学	扶需
			海洋工程	扶需
水产学	水产养殖			扶强
	捕捞学			扶强
	农业经济管理(渔业经济与管理)			扶强
	水生生物学			扶强

(续表)

学科门类	学科			建设属性
	一线	二线	三线	
水产学		渔业资源学		扶强
		环境科学(水域环境生态工程)		扶特
		动物营养与饲料科学		扶特
		临床兽医学(水产动物医学)		扶特
			生物化学与分子生物学	一般
食品科学与工程	水产品加工及贮藏工程			扶特
	食品科学(食品质量与安全)			扶特
		营养与食品卫生学		扶需
		制冷与低温工程		扶特
		食品物流工程		扶特
		食品经济管理		扶特
其他			应用化学	一般
			应用数学	一般
			微生物学	一般
			计算机应用技术	一般
			产业经济学	扶特
			海洋史学	一般
			英语语言文学	一般
			思想政治教育	扶特

说明："一线、二线、三线学科"分别代表国家级、市级、校级3个层次的布局结构,即以国家重点学科、上海市重点学科、校级重点学科等建设目标进行培育建设。

2010年,经上海市和国务院学位委员会批准,学校新增2个一级学科博士学位授予权、6个一级学科硕士学位授予权。其中海洋学一级学科硕士点,涵盖海洋学科二级学科硕士点,包括海洋生物资源利用学、海洋生物学、海洋环境学等。学校学科布局从水产养殖、水生生物学扩展到海洋信息、海洋环境、海洋经济学。

2011年,《上海海洋大学"十二五"发展规划》提出,坚持"聚焦·错位·合作"的建设原则,全面实施服务于国家海洋战略的高水平海洋学科专业群建设工程"085"内涵建设项目,基本建成以海洋、水产和食品科学与工程3大学科为特色和优势,经济、管理、工程、信息、人文、外语和法学等学科为支撑,结构合理、特色鲜明的学科体系,争取建成水产国家一级重点学科,力争3大特色学科在国际上产生重要影响,在国内同类高校中具有明显优势,在上海高校布局中保持鲜明学科特色。学科建设任务是按照学校发展定位规划中的学科布局结构,坚持以生物资源开发利用和生态环境保护为主线,调整结构、凝练方向、聚焦重点。以"085"内涵建设项目实施为抓手,进一步聚焦海洋学科建设,加强海洋生物学、海洋环境与生态学、渔业海洋学、海洋信息(数字海洋)和极地海洋生物学5大重点领域建设,拓展物理海洋学、海洋化学、海洋新能源和海洋大气学等支撑学科发展,加大海洋测绘、海洋工程、海洋经济、海洋管理、海洋文化等交叉学科培育;继续保持水产学科整体优势,在水产种质资源、遗传育种、海淡水养殖、动物营养与饲料、病害防治、设施渔业,以及渔具渔法、远洋渔业、渔业法规与政策等领域不断增强创新能力,努力建成水产国家一级重点学科;全力提升食品学科水平,加强食品质量与安全、食品贮藏与加工、食品物流与管理等特色方向建设,增强为食品工业和农产品加工的技术支撑和服务能力;继续支持经济、管理、工程、信息、人文、外语和法学等学科建设,鼓励其向3大特色学科渗透、交叉和融合,打造学校学科群的鲜明特色和整体优势。

2011年,围绕国家海洋战略,对接海洋行业发展需求,学校制订《上海海洋大学服务于国家海洋战略的高水平海洋学科专业群建设工程》,总体目标是:建立起具有国际先进水平的海洋学科专业群,培育适应国家海洋战略、海洋事业发展和海洋产业需求的专业技术人才和紧缺人才;充实和完善上海在海洋领域的学科专业结构和布局,增强上海海洋科技创新能力、技术集成能力和服务行业能力,在国家科技兴海战略中发挥重要的作用;争取建设海洋科学一级学科博士点,并为建设国家重点学科奠定基础。

第二节　管　　理

学校从组织管理和政策机制等方面采取措施加强学科建设。

1995年5月,学校为全面贯彻落实全国教育工作会议和全国普通农林高等教育会议精神,召开教学、科研工作会议,并制订《关于加强学科建设的意见》等7个文件。1996年9月,成立校重点学科建设工作小组。为进一步加强重点学科建设,同年12月经校党政联席会议讨论决定,撤销原重点学科建设工作小组,成立校重点学科建设领导小组,由周应祺校长任组长。

1997年,校重点学科建设领导小组组织申报博士授予单位和博士点。同年6月,学校编写《重点学科建设汇报提纲》《水产学科建设的回顾与认识》《重点学科建设汇报材料:水产养殖学科》《重点学科建设汇报材料:捕捞学学科》《重点学科建设汇报材料:水产品加工及贮藏工程学科》5份书面材料,上报农业部、国务院学位办。同年7月,校党委书记林樟杰、校长周应祺等分别向农业部和国务院学位委员会作学校重点学科建设工作汇报。11月,农业部副部长路明率教育司司长程序等来校检查校重点学科建设情况。

1999年,学校设立学科点和竞聘校长直聘岗位,共设置水产养殖、水生生物学、水域环境、渔业资源、渔业经济与管理、渔业工程、水产品加工及贮藏工程、食品科学与工程、制冷与低温工程和机械工程等10个学科及水产生物遗传育种与生物技术等31个学科点。同年12月,经农业部批准,水产养殖再次被评定为重点学科,捕捞学、水产品加工及贮藏工程2个学科同时被评为重点学科。

学校在2000年6月召开推进学科建设学术委员会会议,对学校建设一流学科、特色和优势学科以及提高学科水平等进行深入的讨论交流。2001年4月,学校成立以校长周应祺为组长,副校长曹德超、党委副书记吴嘉敏为副组长的学校规划工作领导机构及下属校规划起草工作小组,制订《关于编制学校2001—2005年学科、专业、师资队伍建设计划及教育发展规划的几点意见》。2003年9月,学校制订《上海水产大学学科建设岗位受聘条件》。同年10月,确定2003—2005年校长直聘学科建设岗位。

2005年1月,学校学科建设会议提出建设20~25个学科,其中4~5个为优势学科,7~8个为重点学科,优势学科要做强,重点学科要做大。学科建设的总原则是:提升优势学科,发展特色学科,扶持普通学科,把人才培养、科技创新、实验室建设、课程建设、研究生培养和学位建设等各个方面的工作都聚焦和整合在学科建设这一平台上。会议就2005年学科建设重点工作和时间节点作部署。同时,学校每年拨款120万~150万元支持非水产类学科建设,提高教师的科研水平,提高本专科教育水平,促进学术交流,4年为一个建设周期,使3~4个非水产类学科取得一定发展。同年5月,学校制订《上海水产大学加强学科建设的若干措施》,整合学校学科建设资源,加强学科建设工作,提出15项措施。后学校又修订《上海水产大学学科建设与发展规划》,确立优势学科、特色学科、基础培育学科3个学科框架体系。同年9月,为加强学校重点学科建设管理,提升重点学科的层次与水平,学校印发《上海水产大学关于成立重点学科领导小组和重点学科建设经费领导小组的通知》,潘迎捷校长任重点学科领导小组组长,黄硕琳副校长任副组长。

2006年,学校根据《国家重点学科建设与管理暂行办法》《上海市教育委员会重点学科(第五期)建设经费管理办法》《上海市重点学科(第二期)建设经费管理办法》等规定,制订《上海水产大学重点(优势、特色)学科建设管理办法》和《上海水产大学基础(一般)学科建设管理办法》,分别对学校国家和省部级重点学科、学校培育学科等建设目标与任务、经费预算与使用、科研成果与标注、中期检查与评估等进行监督与管理。2007年,学校再次通过教育部重点学科评估。

2007年5月,学校举办学校发展战略研讨会,与会23名院士和专家充分肯定学校发展定位,对学校海洋、水产、食品3大学科建设和发展目标发表建设性意见。次年1月,学校在学科建设工作会议上,总结2005年学科建设发展规划实施两年以来的工作,部署修改完善学科建设发展规划和海洋学科发展规划工作。

2008年6月,根据《上海市教育委员会关于做好2008—2020年上海高校发展定位规划工作的通知》,学校着手编制《上海海洋大学发展定位规划(2008—2020)》。同年7—11月,学校相继向上海市教育委员会汇报学校发展定位规划内容,市教委对学校"聚焦重点、错位发展、合作提高"的发展思路和建设海洋、水产、食品3大特色学科,理工农经文管等多学科协调发展的学科体系给予充分肯定,学校被列为上海高等教育内涵建设"085"工程建设先行先试的4所高校之一。

2009年1月,教育部学位与研究生教育发展中心公布第二轮第二批学科评估结果,学校水产学科为全国第二、海洋学科第六、食品学科第十六。

学校在2009年3月成立以校长潘迎捷为组长,副校长黄硕琳、程裕东为副组长,校党委副书记吴嘉敏,校党委副书记、副校长黄晞建和相关职能部门主要领导为组员的发展定位规划和学科布局结构优化调整工作领导小组,下设办公室,成员由科技处、教务处、校办公室有关人员组成。领导小组负责项目审议和决策,办公室受理日常工作。同时,制订《上海海洋大学内涵建设项目(试点)遴选办法(试行稿)》,由办公室发布当年项目指南,各学院、各部门组织申报建设项目。同年10月,召开食品学科发展战略研讨会,进一步确定食品学科"聚焦、错位、合作"的发展理念,走学科特色发展之路。同年12月,召开水产学科发展战略研讨会,强调水产学科建设要突出重点,继承传统,开拓创新,加强在新理念、新技术、新模式方面的探索。次年5月,召开海洋学科发展战略研讨会,明确海洋学科发展规划要进一步对接国家需求,把握国家海洋学科发展需求,进一步调整、深化和聚焦海洋学科发展的方向,通过承担重大项目,以及平台建设、基地建设、队伍建设来发展学科。

2010年9月,学校成立海洋科学研究院,下设有数字海洋研究所、中美海洋遥感及信息研究中心、海洋生态系统与环境实验室、海洋生物系统和神经科学研究所、海洋经济研究中心和海洋文化研究中心等12个国际化、开放型的研究中心、研究所和重点实验室,并聘请两位"双聘院士",柔性引进美国马萨诸塞大学、美国国家海洋大气管理局、美国马里兰大学等一批拔尖人才。

2010年12月,国家海洋局与上海市人民政府正式签约共建上海海洋大学,协议明确国家海洋局、上海市政府和上海海洋大学在共建中的责任。双方达成协议:国家海洋局支持学校重点实验室、工程中心、实训基地和示范中心的建设,承担海洋类科研项目和科研成果转化、推广工作,培养特色学科学术带头人;上海市政府根据上海市教育事业发展规划,统筹安排,支持上海海洋大学的3大重点学科、重点实验室和共享研究平台建设,使其保持海洋科学学科的优势特色,并努力达到全国领先水平;学校在双方支持和指导下,大力推进内涵建设,主动调整学科专业结构,优化学科专业建设布局,为国家海洋事业发展和上海地方经济发展提供教育、科技和人才服务和保障。到2020年,争取把学校建设成为我国海洋科技创新和海洋科技人才培养的重要基地,成为一所高水平海洋大学。

2005—2011年,在平台建设方面,建设远洋渔业国家工程技术研究中心1个,水产种质资源发掘与利用、大洋渔业资源可持续开发2个省部共建教育部重点实验室,农业部淡水水产种质资源重点实验室、农业部大洋渔业资源环境观测实验站、农业部团头鲂遗传育种中心、农业部鱼类营养与环境研究中心、农业部渔业动植物病原库5个农业部重点实验室和观测实验站,上海市水产养殖工程技术研究中心1个,大洋渔业资源可持续开发和利用上海高校重点实验室、水域环境生态上海高校工程研究中心2个上海市高校基地平台。在科研经费和奖项方面,科研总经费达4.33亿元,获得国家和省部级各类科研奖项46项,其中国家科技进步奖二等奖6项、省部级科研成果奖40项。

第二章　重点学科简介

学校在坚持巩固优势学科，聚焦海洋、水产、食品 3 大特色学科体系，拓展新型交叉学科的同时，通过加强重点学科建设，规划布局学校学科建设属性和层次，聚焦带动学校学科整体水平的提高。2011 年，学校有国家级重点学科 1 个、农业部重点学科 3 个、上海市重点学科 5 个、上海市教委重点学科 6 个。

第一节　国家重点学科

水产养殖

水产养殖学科前身为民国 10 年（1921 年）设立的养殖科，是国内最早设立的水产养殖学科，在国内处于领先地位，在国际上也有较高知名度。鱼类学朱元鼎、王以康、孟庆闻、苏锦祥和伍汉霖，生物学陈子英，水产增养殖学陆桂、谭玉钧、肖树旭，藻类栽培学王素娟，鱼类种质资源学李思发、鱼病学黄琪琰等为中国水产养殖学的发展作出重要贡献。

该学科于 1984 年获得硕士学位授予权，1998 年获博士学位授予权，2000 年获水产一级学科博士学位授予权，2003 年水产一级学科设立博士后科研流动站；1993 年被评为农业部重点学科，1996 年、2001 年两次被评为上海市教委重点学科，2002 年、2007 年两次被评为国家重点学科，2005 年被评为上海市重点学科（优势学科）；2008 年获得水产养殖上海高校创新团队称号，2009 年获得水产动物营养与饲料上海高校创新团队称号。

该学科将我国水产养殖业与上海市经济的发展作为基本出发点，紧密围绕"种""病""环境"3 个核心问题从事相关领域的研究。学科的研究方向是：水产增养殖技术、水产动植物病害控制与养殖安全、水产动植物种质资源与创新、水产养殖生态系统等。

该学科拥有教育部水产种质资源发掘与利用省部共建重点实验室、农业部淡水水产种质资源重点实验室、农业部渔业动植物病原库、农业部鱼类营养与环境研究中心、农业部团头鲂遗传育种中心、上海市水产养殖工程技术研究中心、上海高校水产养殖学 E-研究院。该学科还拥有生物技术、实验生态重点实验技术平台。

2001 年，该学科有教师 77 人，其中教授 11 人，副教授 21 人，具博士学位教师 12 人。2005 年，该学科拥有教师 56 名，其中教授 21 人，副教授 21 人，具博士学位教师 33 人；研究生导师总数达 38 人，其中博士生导师 15 人。学术梯队组成趋于年轻化、合理化。中青年学科带头人、学术带头人和学术骨干在学术界的地位不断提高，形成老中青相结合的多个研究团队：以李思发、李家乐为学科带头人的水产动物种质资源和遗传育种研究团队；以王武、成永旭为学科带头人的集约化水产养殖系统研究团队；以马家海、严兴洪为学科带头人的藻类生物技术研究团队；以杨先乐、吕利群为学科带头人的水产动物医学研究团队；以唐文乔、鲍宝龙为学科带头人的鱼类学研究团队等。

为提升水产养殖学科国际化水平，2005—2011 年，加大师资引进和培养力度，引进一批具有海外教学和工作经历的高层次人才。其中，有国家"千人计划"1 人和上海市"东方学者"5 人，使学校水产养殖学科有新的提升。2011年12月,该学科有教师98人,其中教授31人、副教授37人,高级专业技术职务教师占专任教师比例达70%,具有博士学位者达80%以上,具有海外留学进修与研究国际化背景者达40%,青年教师中具有博士学位者达90%。

1996—2000年,该学科承担各类科研项目共63项,累计科研项目经费1 591.8万元。其中国家自然科学基金项目4项,国家"863"项目1项,农业部科技跨越计划项目1项,教育部、农业部、上海市等省市部委级科研项目40项,国际合作项目2项等。先后发表科研学术论文418篇,其中40多篇在国际学术会议宣读或在国际核心刊物上公开发表,SCI检索论文8篇。出版著作17部,其中专著11部、编著1部、教材5本。有10余项科研成果被转让或被相关生产单位采用,产生显著的社会效益和经济效益。获得国家科技进步奖二等奖1项、三等奖2项、省部级科研成果奖14项。

2001—2005年,该学科承担各类科研项目共337项,项目总经费4 373.3万元,其中重要科研项目有:主持国家"863"项目1项,参与3项;主持国家自然科学基金12项;主持"948"项目2项。在公开学术刊物上发表论文453篇,其中核心期刊论文164篇,SCI、EI检索收录论文20篇。出版著作34部,其中主编(含参编)专著13部、主编教材9本,其他12部。申请专利19项,授权专利10项。获得国家科技进步奖二等奖1项、省部级科研成果奖11项。

2006—2011年,水产养殖学科在学术刊物上发表论文1 157篇,其中核心期刊901篇,SCI、EI检索收录论文158篇;出版专著45部,其中主编32部,申请专利77项,获得国家科技进步奖二等奖3项、省部级科研成果奖17项。

第二节 农业部重点学科

一、水产养殖

见第六篇第二章第一节国家重点学科水产养殖。

二、捕捞学

捕捞学学科前身为民国元年设立的渔捞科。自设立以来,为我国海洋渔业的生产、教育、科研和管理部门培养一大批优秀高级专业人才。1986年获得硕士学位授予权,2000年获得博士学位授予权、水产一级学科博士学位授予权,2003年水产一级学科设立博士后科研流动站;1999年被评为农业部重点学科,2001年被评为上海市教委重点学科,2005年被评为上海市重点学科(特色学科),2008年再次被评为上海市重点学科。

20世纪50年代,张友声、王贻观等参加中国沿海渔业资源调查和评估工作;70年代开始,王尧耕、季星辉、崔建章等开展近海和远洋渔业资源调查,为中国近海渔业资源的生产和管理提供科学依据,对远洋渔业发展发挥了重要作用。

在联合国实施全球渔业可持续发展和负责任渔业计划中,该学科专家、教授多人多次以科学家身份代表我国政府出席国际渔业谈判和专家咨询会、公海渔业磋商等一系列国际会议,参与有关法规条例的起草,在中国与周边国家的渔业谈判中维护和争取中方的权益方面起到积极作用。20世纪70年代,联合国召开第三次海洋法会议讨论《联合国海洋法公约》草案,以及中日、中朝、中越等政府间渔业协定谈判时,乐美龙作为中国政府代表团成员参加讨论和谈判工作。海洋法生效后,黄硕琳、周应祺等多次代表中国政府出席国际谈判。21世纪，学校教师担任一些国际组织科学委员会中国科学家代表，承担中国远洋渔业协会鱿鱼钓、金枪鱼渔业、大型拖网渔业3个工作组的全国技术指导工作，为国家发展远洋渔业提供技术支撑和规划、政策等方面的咨询服务。

20世纪80年代中期，中国远洋渔业开始起步，学校捕捞学科与之紧密结合，走产学研相结合的道路，开展科学研究和进行海洋渔业专业教学改革，直接参与我国远洋渔业的起步，持续地派遣教师参与生产计划的制定，开展渔场探索、渔具改革以及人才培训。从1985年学校教师登上我国第一艘远洋渔船起，先后有25名教师、215名学生赴太平洋、大西洋、印度洋与南极海域，在开辟新渔场、开发新捕捞种类、采用新的作业方式等方面作出卓越贡献，其教学改革成果于1997年获国家级教学成果一等奖、2001年获国家级教学成果二等奖。

1985—2011年，捕捞学科为中国海洋渔业发展作出重大贡献，形成渔业资源与渔场学、渔具渔法以及远洋渔业系统集成等研究方向，取得明显优势和特色。

该学科拥有远洋渔业国家工程技术研究中心、大洋渔业资源可持续开发省部共建教育部重点实验室、农业部大洋渔业资源环境观测实验站、农业部远洋渔业培训中心、大洋生物资源可持续开发与利用上海高校重点实验室。该学科还拥有海洋渔业遥感GIS技术实验室、中美遥感中心、海洋法研究所及遥感地面接收站。

该学科2001年有教师20人，其中教授9人、副教授6人，具有博士学位3人。2005年有教师27人，其中教授10人、副教授4人，具有博士学位10人。截至2011年12月，有教师24人，其中教授8人、副教授11人，具有博士学位17人。该学科有享受国务院政府特殊津贴者4人，国务院学位委员会学科评议组成员1人，国家级有突出贡献中青年专家1人，"百千万人才工程"国家级人选1人，省部级有突出贡献中青年专家2人，农业部第七届科技委成员2人，教育部新世纪优秀人才1人，上海高校特聘教授(东方学者)1人，上海市科委启明星3人，上海市教委曙光学者2人。

该学科1996—2001年，承担各类科研项目共40项，其中包括联合国粮农组织的合作项目2项，科技部等国家级科研项目4项，教育部、农业部等省部级科研项目10项，企事业单位委托项目10项等，累计科研经费704.2万元。先后发表科研学术论文293篇，其中国外发表48篇；出版著作10部，其中专著1部；申请专利4项，获得授权专利4项；获得省部级科研成果奖3项。

2002—2004年，承担各类科研项目共82项，其中包括联合国粮农组织的合作项目2项，国家"863"、国家自然科学基金项目等国家级科研项目2项，农业部、国家海洋局、上海市等省市部委级项目35项，企事业单位合作、委托项目43项，累计科研经费1 428.9万元。先后发表科研学术论文172篇，其中国外发表23篇；出版著作9部，其中主编专著4部，主编教材5本。获得上海市科技进步奖1项。

2005—2008年，承担各类科研项目共92项，其中包括国家"863"项目1项，国家科技支撑项目3项；教育部、农业部、国家海洋局、上海市等省市部委级项目51项，企事业单位合作、委托项目37项等，累计科研经费2 619.2万元。先后发表科研论文327篇，其中核心期刊论文230篇，SCI、EI检索论文28篇；出版著作6部，其中主编专著4部，主编教材2本；申请专利14项，其中发明专利2项，授权专利4项。向农业部等有关部门提交研究报告17份，特别是由周应祺领衔完成的《中国水生生物资源养护行动纲要》《中国渔业中长期科技发展规划》《水产学学科发展报告》和陈新军领衔完成的《中国远洋渔业中长期科技发展规划》被国务院、农业部渔业局等政府部门采纳。获得国家科技进步奖二等奖1项，省部级科研成果奖4项。

2009—2011年，该学科获得国家科技进步奖二等奖1项，省部级以上科研成果奖8项；承担各类科研项目共计94项,其中包括国家自然科学基金项目5项,教育部、农业部、国家海洋局、上海市等省市部委级科研项目21项,企事业单位合作、委托项目68项等,累计科研经费2 652万元;发表科研学术论文215篇,其中SCI、EI检索论文35篇;主编教材、出版专著共计11部;申请专利56项,其中发明专利6项;授权专利43项,获得软件著作22项。获国家科技进步奖二等奖1项、省部级科技进步奖8项。

三、水产品加工及贮藏工程

水产品加工及贮藏工程学科前身为民国元年设立的制造科。1958年率先在全国创立食品低温贮藏学科。编写全国最早的水产加工专业教材——《水产品加工工艺学》《水产品综合利用工艺学》《罐头食品工艺学》《水产品冷藏工艺学》等。20世纪80年代初,利用世界银行农业教育贷款项目引进一批先进仪器设备,创建水产品加工工艺研究室,1986年获得硕士学位授予权,2003年学校食品科学与工程获得博士学位授予权,2006年获得食品科学与工程一级学科硕士学位授予权,2011年获得食品科学与工程一级学科博士学位授予权;1999年被评为农业部重点学科。国家学科专业目录调整后,该学科隶属食品科学与工程学科。

该学科在国内水产品加工与食品领域有广泛的影响力。涌现出张楚青、王刚、骆肇荛、翁斯鑑、戴岜心、马凌云、冯志哲、金有坤、黄金陵、黄志斌、纪家笙、程郁周等一批有广泛影响的专家教授。形成水产品加工与保藏、食品检测与安全控制、低温物流工程3个研究方向,涵盖水产品加工、罐头食品加工、制冷工艺3个专业领域,从事水产食品化学、食品安全学、食品营养学、食品生物技术、制冷及低温工程等的应用基础研究,并将水产品质量控制、安全评价、营养学、风味化学、海洋功能性食品等与现代食品业发展密切相关的领域作为重点研究方向。

该学科拥有农业部冷库及制冷设备质量监督检验测试中心,该中心是由农业部授权,经国家认证认可监督管理委员会计量认证,具有第三方公正地位的法定产品质量监督检验机构。该学科还拥有农业部(中日合作)淡水渔业资源有效加工利用技术研究室、中央与地方财政共建食品冷链实验研究中心、食品安全研究中心、现代食品产业发展研究中心。

2008年该学科有18人。其中教授10人、副教授4人,具有博士学位的14人;博士生导师4人、硕士生导师12人。

2006—2008年,该学科承担科研项目27项,其中国家自然科学基金项目2项,"十一五"国家科技支撑计划4项,农业部"948"项目1项,地方政府项目7项,企事业单位合作、委托项目2项等,累计科研经费1 225.4万元。发表科研论文68篇,其中核心期刊论文60篇,SCI、EI检索论文21篇。出版著作5部,其中主编专著3部,主编教材2本。申请专利10项,其中发明专利8项;授权专利8项,其中发明专利2项。获得上海市科研成果奖2项。

第三节　上海市重点学科

一、水产养殖

见第六篇第二章第一节国家重点学科水产养殖。

二、捕捞学

见第六篇第二章第二节农业部重点学科捕捞学。

三、食品科学与工程

1986年,食品科学与工程学科新增食品工程、食品科学2个本科专业,以适应学科与社会发展需要,向大食品方向拓展。2000年获得食品科学硕士学位授予权,2003年获得应用化学硕士学位授予权,2006年获得食品科学与工程一级学科硕士学位授予权,2011年获得食品科学与工程一级学科博士学位授予权。2005年被评为上海市重点学科(特色学科),2008年被批准为国家级特色专业,2009年设立博士后科研流动站。该学科为学校3个主要特色学科之一,包括水产品加工及贮藏工程、食品科学(食品质量与安全)、食品物流工程、食品经济管理等学科。

该学科承袭学校传统,重点在海洋生物资源开发与利用、食品安全与品质控制、食品生物技术等研究领域开展基础和应用研究。设有化学中心实验室、食品工程实验室、农业部冷库及制冷设备质量监督检验测试中心、中日合作水产品加工利用研究中心、富煌巢湖三珍食品研究开发中心、天然制剂生物活性研究中心、上海海洋大学食品安全研究中心,以及海洋生物制药研究所。同时,与上海光明食品(集团)有限公司进行产学研合作,成立光明学院和现代食品产业发展研究中心,努力搭建服务于上海地方经济的"产学研"平台。

2005年,该学科有教师23人,其中教授10人、副教授8人,具有博士学位的14人。2008年有教师25人,其中教授15人、副教授7人,具有博士学位的17人;"百千万人才工程"第一梯队人选1人,食品安全、农产品加工和海洋技术类国家"863"专家库专家5人。其间,共有9人入选上海市"曙光人才""浦江人才""启明星计划"等人才培养计划,1人获得霍英东优秀青年教师奖,1人获宝钢优秀教师奖,1人获上海市育才奖。

2002—2004年,该学科承担各类科研项目共58项,其中包括国家"863"项目1项,科技攻关项目2项,教育部、农业部、上海市地方政府项目等省市部委级项目19项,企事业单位合作、委托项目35项,以及中日合作科研项目1项,累计科研经费2 074.2万元。发表科研论文207篇,其中国外发表24篇,SCI、EI检索论文7篇。出版著作5部,其中主编专著3部、主编教材2本。申请专利4项,其中发明专利1项;授权专利4项,其中发明专利1项。

2005—2008年,承担各类科研项目35项,其中包括国家自然科学基金项目2项,"十一五"国家科技支撑项目4项,教育部、农业部、上海市等省市部委级项目25项,企事业单位合作、委托项目3项等,累计科研经费3 111万元。发表科研学术论文200篇,其中国外发表21篇,SCI、EI检索论文24篇。出版著作8部,其中专著6部,主编教材2本。申请专利10项,其中发明专利8项;授权专利6项,其中发明专利2项。获上海市科技进步奖2项。

四、渔业经济与管理

1956年,学校设置渔业经济与管理教研室,开设渔业经济学与企业管理课程。1984年,成立渔业经济与管理系,1985年开设渔业经济管理本科专业,成为全国高校中第一个渔业经济管理本科专业。1996年获得产业经济学（含渔业经济）硕士学位授予权，2000年获得农业经济管理硕士学位授予权，2004年经教育部批准，获得渔业经济与管理硕士、博士学位授予权。2003年被批准为上海市特色学科，2005年经上海市教育委员会批准为上海市重点学科（特色学科）。2010年被批准为国家级特色专业。

该学科承袭学校传统特色，以渔业管理体制、制度、法规与渔业经济政策为研究对象，重点开展渔业政策与法规、渔业产业政策与经济组织制度、渔业可持续发展理论等研究；以鱼文化的衍生与发展、鱼文化对都市农业发展的作用、都市渔风渔业社会民俗整理与保护为研究对象，聚焦都市农业与城乡协调发展、现代都市农业发展模式和现代都市农业可持续发展战略的研究；以水产品市场体系建设和国际贸易为研究对象，聚焦水产品产地和销地市场特征、水产品市场需求预测、水产品国际贸易政策与法规、水产品流通体系、政府在市场体系建设中的作用等研究。学科根据研究重点设置的研究方向有：渔业政策与法规、都市渔业和水产品贸易与流通等。学科设有农业部渔业发展战略研究中心、渔业信息与渔业运行模拟中心。

20世纪70年代起，有关教师多次作为中国政府代表团成员参与《联合国海洋法公约》《中日渔业协定》《中韩渔业协定》《白令海狭鳕渔业资源养护与管理公约》等公海渔业磋商协议起草和中越北部湾海域划界等谈判及具体实施工作；参与我国渔业法律、法规和规章的起草或制定工作；主持国家"215"专项、国家"126"专项等有关渔业政策与法规的重大科研项目，主编《渔业科学》和《世界渔业现状》等专著和教材。

2005年，该学科有教师18人，其中教授6人、副教授5人，具有博士学位的8人。2008年，有教师20人，其中教授11人、副教授5人，具有博士学位的11人；博士生导师5人、硕士生导师7人。

2006—2008年，承担各类科研项目46项，其中教育部、农业部、上海市等省市部委级项目40项，企事业单位合作、委托项目3项等，累计科研经费167.6万元。发表科研论文51篇，其中CSSCI收录论文21篇；出版著作8部，其中主编专著7部，主编教材1本；研究报告24份，全部提交有关部门，其中2006年提交16篇研究报告。研究成果获得农业部重视和认可，并获得农业部渔业经济与管理有关研究任务，包括中国渔业发展战略、新渔村建设、渔民社会保障等重大课题，成为国家渔业发展的重要咨询机构。

五、水生生物学

20世纪50年代初，学校开设鱼类学和浮游生物学课程。1952年，创设水产生物本科专业；1961年，由王嘉宇编写出版国内第一本《水生生物学》教材。1996年获水生生物学硕士学位授予权，2006年获博士学位授予权；2011年获生物学、生态学2个一级学科硕士学位授予权；2004年，水生生物学被评为上海市精品课程；2006年，鱼类学经教育部批准获国家精品课程称号，成为国内第一门水产学科国家精品课程；2008年，水生生物学科经上海市教育委员会批准为上海市重点学科。

该学科以仔幼鱼生态、鱼类分子进化和发育、甲壳类多样性、鱼类繁殖生理学，以及水域环境生态学为研究重点，设置水生生物多样性与保护、水生动物繁殖与发育生物学、水域环境生态学等研究方向。主要依托教育部水产种质资源发掘与利用省部共建重点实验室、农业部淡水水产种质资源重点实验室、农业部营养与环境研究中心。同时，学科有水域环境生态上海高校工程研究中心、水生生物标本保藏与数字化标本馆、水生生物生态与毒理研究站、繁殖与发育生物学实验室等。

该学科鱼类学有朱元鼎、王以康、孟庆闻、苏锦祥、伍汉霖和殷名称,海藻栽培学有王素娟、马家海,甲壳动物学有梁象秋,鱼类生理学有王义强、赵维信,水化学有臧维玲等专家教授。20世纪50年代迄今,老一辈科学家先后出版鱼类物种和形态多样性专著20余部,并承担《中国动物志》鱼类部分约1/4编研任务。率先开展鱼类繁殖生理、鱼类受精与发育机制、甲壳动物同步产卵研究,并在20世纪70年代初在国内首次创立放射免疫法测定鱼类性激素。成功获得人工繁殖鳗苗,仔鳗存活时间创当时世界纪录。同时,建立国内高校中最大的鱼类标本馆,收集鱼类2 500多种。曾先后获得国家自然科学奖1项、国家科技进步奖5项、省部级科研成果奖11项。

2008年,有教师和科研人员36人,其中教授14人、副教授9人,具有博士学位的22人;享受国务院政府特殊津贴者3人,上海市教学名师1人,上海市优秀学科带头人1人,上海市浦江学者1人。截至2011年12月,有教师43人,其中教授18人、副教授14人,"东方学者"2人,"千人计划"1人,具有博士学位的35人。

2009—2011年,承担各类科研项目14项,其中包括国家自然科学基金项目6项,国家环境保护部、国家海洋局、上海市等省市部委级项目8项,企事业单位合作、委托项目3项等,累计科研经费1 007.34万元。发表科研学术论文91篇,其中SCI、EI检索论文14篇。主编出版著作2部。申请专利16项,其中发明专利4项;授权专利6项。获得第四届中国技术市场协会金桥奖1项、省部级科研成果奖2项。

第四节　上海市教育委员会重点学科

一、水产养殖

见第六篇第二章第一节国家重点学科水产养殖。

二、捕捞学

见第六篇第二章第二节农业部重点学科捕捞学。

三、海洋生物学

20世纪50年代,学校开设海洋生物学和水生生物学课程。其后,该学科在海洋鱼类物种及形态多样性等领域开展系列工作,先后主持《南海鱼类志》《东海鱼类志》等重要专著撰写,主编《中国动物志·圆口纲、软骨鱼纲》等4部动物志,所志鱼类约占全国鱼类种数的1/4,出版《鱼类比较解剖》等专著。2000年,该学科获得海洋生物学硕士学位授予权,2006年获得生物化学与分子生物学硕士学位授予权,同年获得动物遗传与繁殖硕士学位授予权和水生生物学博士学位授予权。2007年,经上海市教育委员会批准为上海市教委重点学科,同年在生物科学专业设置海洋生物学专业方向。

该学科在国内率先开展海藻生物技术及其育种,鱼类人工繁殖、激素催产、受精生物学与同步产卵,以及海洋鱼类物种及形态多样性等领域的研究。同时,形成富有特色的研究领域方向,有海洋生物技术、海洋生物发育生物学与育苗技术、海洋生物多样性与生态学等。主要依托教育部水产种质资源发掘与利用省部共建重点实验室、农业部淡水水产种质资源重点实验室、农业部水产动植物病原库等研究平台。同时,学科建有生物技术重点开放实验室、海洋生物繁殖实验室和海洋生态实验室等。

2007年,该学科有教师14人,其中教授8人、副教授4人,具有博士学位的10人;博士生导师2人、硕士生导师8人。截至2011年12月,有教师24人,其中教授11人、副教授5人,具有博士学位的20人。

2008—2011年,承担各类科研项目44项,其中国家"863"项目1项,国家科技支撑计划1项,国家自然科学基金项目6项,科技部、教育部、上海市等省市部委级科研项目11项,企事业单位合作、委托项目11项等,累计科研经费2 420.3万元。发表科研论文120篇,其中SCI、EI检索论文26篇。申请专利6项。获得国家科技进步奖二等奖1项、省部级科研成果奖7项。

四、海洋环境工程

海洋环境工程学科是在学校环境科学、环境工程、环境保护、海洋环境、渔业工程、渔业资源等学科基础上发展而来。2006年,获得环境科学、渔业环境保护与治理2个硕士学位授予权,同年获得渔业环境保护与治理博士学位授予权。2007年,被评为上海市教委重点学科。

该学科以区域海洋动力机制及其环境效应、海洋环境与生态过程数学模型、海洋工程对生物影响的监测与评价、生态受损海域栖息地修复与生物资源增殖养护,以及海洋污染防治技术和工程设计为重点研究领域。同时设置海洋环境动力学、海洋环境修复工程等研究方向。建有海洋环境监测与评价中心、海洋环境动力学实验室、海洋环境工程研究基地等。

2007年,该学科有教师14人,其中教授3人、副教授3人,具有博士学位的9人;博士生导师1人、硕士生导师6人。2011年,有教师21人,其中教授5人、副教授8人。

2008—2011年,承担各类科研项目23项,其中国家"973"计划1项,国家自然科学基金项目4项,国家海洋局、上海市等省市部委级科研项目11项,企事业单位合作、委托项目6项,累计科研经费683.6万元。发表科研论文63篇,其中SCI、EI检索论文17篇。申请专利12项,其中发明专利10项;授权专利6项,其中发明专利2项。

五、食品经济管理

食品经济管理学科是在水产品加工及贮藏工程、食品科学与工程和渔业经济管理等学科基础上发展起来的新兴交叉学科。1996年获产业经济学硕士学位授予权,2000年获农业经济管理和食品科学硕士学位授予权,2003年获经济与管理硕士学位授予权和博士学位授予权。2006年,经教育部批准设置全国第一个食品经济管理本科专业。2007年,经上海市教育委员会批准为上海市教委重点学科。2009年,食品经济管理专业课程体系与教材建设被批准列为上海市教育高地建设项目。

该学科以食品产业发展战略,食品产业制度与组织,肉类食品和水产品质量安全监管、规章制度和运行机制,中国食品市场消费行为,农产品和食品品牌建设与管理,食品市场渠道管理等为重点研究领域,设置食品产业体系与供应链管理、食品质量安全管理、食品营销等研究方向。主要依托上海食品安全工程技术中心上海海洋大学分中心、上海市国际都市型食品物流教育高地（本科），以及食品安全战略研究中心等平台，并设有食品质量安全管理政策研究咨询中心和实习研究基地等。

2007年，该学科有教师19人，其中教授2人、副教授7人，具有博士学位的14人；博士生导师1人、硕士生导师6人。2011年，有教师30人，其中教授4人、副教授14人，具有博士学位的20人。

2004—2006年，承担科研项目20项，其中包括国家自然科学基金项目2项，国家哲学社会科学基金项目2项，以及国务院侨办社科基金项目、地方政府项目13项等，累计科研经费77余万元。发表科研论文53篇，其中国外发表论文5篇，EI收录论文2篇。出版著作3部，其中专著1部，主编教材2本。撰写研究报告10份，其中提交有关部门8份。获得福建省教学成果奖1项。

2008—2011年，承担各类科研项目64项，其中包括农业部"948"项目1项，企事业单位合作、委托项目3项，上海市教委科研创新项目、优秀青年教师科研项目29项等，累计科研经费495.5万元。发表科研论文300余篇，其中国外发表2篇。出版著作4部，其中专著3部，主编教材1本。获得上海市科技进步奖1项。

六、食品质量与安全

食品质量与安全学科隶属食品科学与工程一级学科。1986年获得水产品加工及贮藏工程硕士学位授予权，1996年获得制冷与低温工程硕士学位授予权，2000年获得食品科学硕士学位授予权，2003年获得应用化学硕士学位授予权，水产品加工及贮藏工程获得博士学位授予权，2006年获得生物化学与分子生物学硕士学位授予权，食品科学与工程一级学科硕士学位授予权。2005年经教育部批准学校设立食品质量与安全本科专业，经上海市教育委员会批准，食品质量与安全（实验室）2007年被评为上海市教育高地项目，2009年被评为上海市教育委员会重点学科。

该学科重点在食品安全与品质控制、海洋生物资源开发与利用、食品生物技术等研究领域开展基础和应用研究，在食品及其原料安全检测新技术，贮藏、加工、流通过程中相关成分的变化规律，冷藏链工艺与设备，食品保鲜及其机理，功能性食品、水产品品质控制和提高，食品安全品质控制模型与预报技术等研究领域具有鲜明的学科特色。主要研究方向有食品品质控制与提升技术、高新技术在食品安全检测中的应用、食品安全风险评估与预警等。

该学科依托农业部冷库及制冷设备质量监督检验测试中心、（中日合作）淡水渔业资源有效加工利用技术研究室等平台，并设有食品质量与安全重点实验室、食品冷藏链重点实验室、食品包装实验室等。

2009年，该学科有教师17人，其中教授9人、副教授5人，具有博士学位的12人；博士生导师2人、硕士生导师11人。截至2011年12月有教师19人，其中，教授11人、副教授7人、讲师1人，"东方学者"3人，具有博士学位的15人，有"百千万人才工程"第一梯队人选1人，被推选为食品安全、农产品加工和海洋技术类国家"863"专家库专家3人，获霍英东优秀青年教师奖1人，获上海市育才奖1人，并有多人入选上海市"曙光"和"启明星"人才培养计划。

2006—2008年，该学科承担各类科研项目20项，其中国家"863"项目2项，国家自然科学基金项目1项，国家科技支撑计划课题2项，以及教育部、地方政府项目12项等，累计科研经费3714余万元。发表科研论文113篇，其中国外发表论文17篇，SCI收录论文12篇，EI收录论文5篇，ISTP

收录论文2篇。出版著作8部,其中专著2部,主编教材6本。撰写研究报告7份,其中提交有关部门2份。申请发明专利11项,获得授权专利8项,其中发明专利2项。获得国家科技进步奖二等奖1项、省部级科研成果奖2项。

2009—2011年,承担各类科研项目64项,省部级项目(包括上海市科委项目)10项,累计科研经费1 343.05万元。共发表论文216篇,其中SCI论文13篇,EI论文32篇,CSCD论文93篇。主编和参编教材、专著11部。累计专利和著作权数为35项,其中申请专利9项,授权26项。

第七篇
科学研究

概　　述

民国元年(1912年)至2011年,学校在百年发展历程中为中国水产、海洋、食品产业发展作出重要贡献,特别是在新中国成立后,为"菜篮子工程"、保障副食品供应,缓解"吃鱼难"问题,以及在促进中国成为世界渔业大国过程中发挥重要作用。学校重视科研工作,并取得丰硕成果。截至2011年,共获得省部级以上科技成果奖169项,其中国家级科技成果奖24项。一批中青年教师在老教师带领和指导下茁壮成长,形成一支比较合理的学术梯队。科研经费快速增长,2002年突破千万元,2011年接近7 500万元。

学校创办初期,由于条件限制,渔捞科、制造科和养殖科师生结合教学实习,开展一些自选小型专题科研活动,如海洋渔业资源、渔捞、渔具渔法调查以及渔港设计等。

20世纪50—60年代,学校的科学研究稳步开展。1952年,全国高校进行院系调整,一些大学的知名专家、教授陆续调入学校,师资队伍和教学科研力量明显加强。同年,著名鱼类学家朱元鼎创建海洋渔业研究室(1958年更名为鱼类研究室)。该室是经华东军政委员会教育部批准,与各系、处平行的学校直属研究室。1954年起,研究室与中国科学院动物研究所和海洋研究所等单位合作,开展东海、南海等海域鱼类区系调查,先后主编、参编《南海鱼类志》《东海鱼类志》《南海诸岛海域鱼类志》等专著,为摸清我国鱼类资源和鱼类志书撰写作出重要贡献。其中,朱元鼎主编的《中国软骨鱼类志》《中国石首鱼类分类系统的研究和新属新种的叙述》两部专著,得到国内外同行高度评价。1958—1965年,学校组织广大师生下渔村、上渔船、进工厂,深入生产第一线,开展海带栽培生产性试验、家鱼人工繁殖产业化试验、无锡河埒口池塘科学养鱼经验总结与推广、小球藻大面积培养试验、长江家鱼产卵场调查、太湖渔业资源调查与增殖研究、乌贼雨天防腐试验和机帆渔船作业机械化试验等,与上海海洋渔业公司合作试制成功国内第一台强功率探鱼仪,参加全国海洋普查和吕泗(现吕四)洋小黄鱼渔汛调查,编制全国第一份《渔捞海图》等。1964年,河蚌育珠试验获得成功,培育出世界上第一颗人工插核淡水珍珠。

1972—1979年,学校在厦门办学期间,教师克服种种困难,坚持科研工作。科研项目有鱼、虾、蟹、贝、藻类养殖及苗种培育,鱼类区系调查,钱塘江渔业资源调查,鱼类生殖生理研究,光电泵捕鱼试验,马面鱼处理机研制等。1978年,河蚌育珠、池塘养鱼高产试验、人工合成多肽激素及其在家鱼催产中的应用、鱼蛋白发泡剂的研究4项科研成果获全国科学大会奖。河蟹(学名:中华绒螯蟹)人工繁殖、紫菜人工养殖、全方位多笔探鱼仪等24个项目获福建省科学技术成果奖。尤为突出的是,1971年学校率先使用人工配置海水在室内育出河蟹苗,在国内首先培育出幼蟹;1973—1980年坚持8年之久的河鳗人工繁殖取得重大突破,达到当时国际领先水平。

改革开放以来,学校科研硕果累累。1980—2000年,共获得13项国家级科研成果奖。其中朱元鼎、孟庆闻完成的专著《中国软骨鱼类侧线管系统及罗伦瓮和罗伦管系统的研究》获1987年度国家自然科学奖三等奖,截至2011年仍然是国内海水鱼类研究所获最高奖项。坛紫菜营养细胞直接育苗和养殖的研究、上海市郊区池塘养鱼高产技术大面积综合实验、日本海柔鱼钓渔场调查和钓捕技术研究等科研成果,为我国水产业发展创造出显著经济与社会效益。

进入21世纪以后,学校的科研日趋多元化,在水产养殖、海洋渔业(含远洋渔业)、渔业资源、海洋信息、海洋生物与环境、水产品加工与贮藏、食品安全、渔业法规、渔业经济与管理等领域不断深入与拓展，成果迭出。2002—2011年，学校累计获得9项上海市科技进步奖一等奖、7项国家科技进步奖二等奖。其中，李思发等历时15年成功培育"浦江1号"团头鲂和"新吉富"罗非鱼新品种，开创我国水产动物种质研究与创新先河；李家乐等培育出我国第一个淡水珍珠贝类新品种"康乐蚌"，使学校成为我国淡水珍珠主要研究基地。

第一章　学术梯队与管理

第一节　学术梯队

20世纪50年代迄今，随着学科建设与科研工作日益加强，学术梯队逐步发展和壮大。

学校早期骨干教师多有留日背景，致力于教育救国、科学救国、实业救国、振兴中国水产业，肩负奠基中国水产教育之重任。主要代表性人物有张镠、李东艻、曹文渊、陈同白、张元第、冯立民、侯朝海、张楚青、陈廷煦、罗聘卿、陈椿寿、陈谋琅、王刚、徐定一等。

20世纪50年代，捕捞学科教师有张柱尊、吴毅、金心衡、巫忠远、张友声、王贻观、李星颉、白力行、高鸿章、高锡臣、施彬、张丹如、林焕章、陈立义、沈宝桢、应光彩、陆成爻、胡善臻、车颐轩、沈毅、俞之江、孙西岩、徐圣通、方忠诰等。青年教师有黄锡昌、王尧耕、于本楷、沈金鳌、胡鹤永、倪文广、张家农、潘宝生、王馨恩、沈惠民、姜在泽、张荫乔、乐美龙、詹庆成、徐志言、陆豫根、余邦涵、喻怀仁、黄永萌、王克忠、顾嗣明、徐森林、滕永堃、吴有为、俞云、胡恒常、陈道惠、顾浩年、顾景镠、吴友益、王云章、任为公、杨立威、何克诚、陈剑扬、詹秉义、郭大德、马文苑、张世美等。

水产养殖学科教师有朱元鼎、陈子英、王以康、陆桂、华汝成、蒋性均、骆启荣、刘桐身、宋德芳、郑刚、张菡初等。青年教师有王义强、谭玉钧、肖树旭、孟庆闻、杨亦智、王嘉宇、林新濯、王素娟、黄琪琰、陆家机、缪学祖、李仁培、罗云林、钟展烈、俞泰济、雷慧僧、朱家彦、唐士良、张媛溶、柳传吉、黄世蕉、刘铭、梁象秋、严生良、李松荣、苏锦祥、伍汉霖、金鑫波、郑德崇、李秉道、许成玉、邱望春、顾新根、王幼槐、王瑞霞、赵长春、洪惠馨、方纪祖、张道南、伍文娥、蔡维元、李元善、姜仁良、王道尊、张英、刘凤贤、李爱美、纪成林、姚超琦、李婉端、孙其焕、杨和荃等。

水产品加工学科教师有张镠、张楚青、王刚、翁斯鑑、陈挺之、戴岂心、马凌云、王季襄、王士璠、达式奎、金有坤、黄金陵、肖福霈等。青年教师有潘家秀、冯志哲、纪家笙、黄志斌、李集成、季家驹、程郁周、舒灵芝、徐文达、孙世昌、苏人达、徐世琼、李雅飞、陈坚、徐毓芬、尹文娟、洪本芝、夏凤仪、严伯奋、郑元维、吴淑英、徐玉成、王锡珩、季恩溢、杨运华、张伟民、魏鹤声、童瑞璜、裴国奎和杨允庄等。

20世纪60年代，一批后起之秀逐步成熟，部分专家调入，青年教师茁壮成长。

捕捞学科有吕美华、陈克、王益村、胡谟遂、俞受稼、崔建章、钟若英、田林宝、钟为国、李庆民、吴子昌、胡明埕、韦义辉、蔡文霞、桂志成、王永祥、周永年、车明雯、陈丽月、原淑兰、许塱新、陈钦、丁雨仓、华莉珍、车茂隆、李克敏、胡文伟、蔡学廉、段润田、陈锡旸、傅占先、曾焕堂、季星辉、杨德厚、汪妙强、孙晋声、周应祺、黄明祥、唐玉顺、杨德康、陈为发、翟国环、孙满昌、蒋传参、张相国、金正祥和殷肇君等。

水产养殖学科有李思发、陈马康、施正峰、朱学宝、钱嘉英、章景荣、张毓人、周碧云、虞冰如、宋天复、陈霖海、王维德、张成明、张瑛瑛、江维琳、赵维信、楼允东、穆宝成、许为群、陈兆祥、李亚娟、李芳兰、陈国宜、王国昌、谢政强、王欣宁、陈曦、章志强、王则忠、金康钰、林辉煌、童合一、王武、顾功超、殷名称、蔡完其、王霏、陆伟民、宋承芳、张克俭、臧维玲、周洪琪、翁忠惠、刘正雁、凌国建和赵玲等。

水产品加工学科有徐轩成、李松寿、毛玉英、俞鲁礼、郭大钧、林雅年、石树奋、陆志平、费镛、姚果琴、朱富强、侯英凯、周华云、葛茂泉、陈邓曼、沈月新、孔庆云、李锦才、许顺干、董其弗、黄丽贞、欧月爱和刘玉芳等。

其间,一批青年教师加入师资队伍,在老教师带领下,担负起承上启下、继往开来的重任。一支老中青相结合的学术梯队,活跃在水产教学、科学研究和社会服务第一线。

"文化大革命"期间,调入部分教师,但总体上学术梯队出现断层现象,某些学科后继乏人。其间,调入的教师有陈明义、王恺、葛光华、马家海、周宜昌、杨碧南、周以俭、潘起元、许瑞芬、金丽华、孙佩芳、张赞妹、江福来、胡晴波、孙玉洁、刘玲仪、周昭曼、沈根媛、何其渝、黄精、郑孝树、刘淑霞、姚野妹等。

20世纪80年代,学校先后获得两期世界银行农业教育贷款项目。其中贷款的76%用于引进仪器设备和实验室建设,贷款的20%用于师资培训,加上教育部分派的名额,学校共派出57名教师出国留学或进修。新进教师,捕捞学科有朱永兴、伍稷芳、黄硕琳、许柳雄、陆赤、王维权、朱镜、高水良、顾乃达、陈小鸿、周新卫、庄朱明、伍可好、杨小平、张敏、杨红、林文平和王大弟等;养殖学科有魏华、赵尚林、严兴洪、卢怡、陆宏达、吴嘉敏、李家乐、钟俊生、陈乃松、何培民、陈文银、吴建农、沈和定和李应森等;水产品加工学科有陈舜胜、陈文伟、郭晓枫、谈向东、包建强、王锡昌、汪之和、欧杰等。

20世纪90年代后,为进一步优化师资队伍,建设高水平特色大学,大批引进国内外优秀青年人才。所引进人才,部分为学校传统学科背景外,还有经济、管理、人文等学科教师,均具有硕士或博士学位,年富力强,朝气蓬勃,投身教学与科研工作。截至2011年底,已聘为教授的有施志仪、周志刚、蔡生力、成永旭、陈天及、章守宇、程裕东、朱清澄、陈新军、邱高峰、唐文乔、骆乐、张丁周、谢晶、宁喜斌、李柏林、戴小杰、陈蓝荪、潘连德、刘其根、冷向军、鲍宝龙、王世明、吴子岳、张丽珍、夏泰淳、宋利明、陶妍、刘承初、吴文惠、平瑛、杨德利、蒙少东、金麟根、孙琛、郑奕、黄冬梅、印润远、陈明、全龙华、叶鸣、黄中元、周永模、张继平、陆秀芬、成长生、张健、黄晞建、曹德超、郑卫东、江敏、韩震、韩军、顾杰、万金庆、丁卓平、韩兴勇、齐亚丽、王永鼎、赵金良、谭洪新、薛俊增、钟耀广、杨正勇、邹国良、杨渭、魏本力、吴开军、杨毅、王丽卿、印春生、张敏、李晓斌、陈伟、韩庆果、高文成、王建民、吕利群、张俊彬、严继舟、吕为群、黄铁群、杨福馨、陈兰明、王永杰、何世钧、郑西涛、邹曙明和王成辉等。其中,入选国家"千人计划"1人、"百千万人才工程"国家级人选2人、教育部新世纪优秀人才2人、上海市优秀学科带头人4人、"东方学者"特聘教授计划13人。

20世纪90年代,学校还引进多名具有高级职称的中年教师,如杨先乐、周培根、管伟康、陈有容、戚晓玉、李季冬、齐凤兰、潘德隆、陈一心、邹章炳、陈蔚文等。

第二节 学术管理

一、校学术委员会

1997年,为完善学术管理机制,对重大学术活动等进行决策咨询,学校成立学术委员会(聘有校外委员若干)。从第六届起,校学术委员会设立理工科、人文社科两个分委员会,对重大项目申报、国家"863"计划、国家自然科学基金、国家支撑计划等项目推荐及重要学术成果评选和推荐等进行讨论决策。

表 7-1-1　1997—2011 年校学术委员会负责人一览表

任职时间	主任委员	副主任委员	委员人数	秘书长
1997	周应祺	陈　坚、林樟杰	34	—
1998	周应祺	李思发、周培根、林樟杰、曹德超	21	—
1999	周应祺	李思发、周培根、林樟杰、曹德超	29	—
2000—2001	周应祺	李思发、叶　骏、黄硕琳、周培根	29	李家乐(兼)
2002—2003	周应祺	叶　骏、黄硕琳	36	李家乐(兼)
2004.1—2004.10	周应祺	叶　骏、黄硕琳	38	李柏林(兼)
2004.10—2004.12	潘迎捷			
2005—2007	潘迎捷	叶　骏、黄硕琳	38	李柏林(兼)
2008	潘迎捷	叶　骏、黄硕琳	38	李柏林(兼)
2009—2011	潘迎捷	黄硕琳、程裕东、黄晞建	40	李柏林(兼)

说明:表格中"—"代表无。

二、科研管理制度

20世纪50年代前,学校科研活动处于初级阶段,规模较小而分散,科研工作由教务部门兼管。根据1955年《上海水产学院各级机构的任务与职掌》,教务处负责教学与研究工作。1961年,学校试行《高教六十条》。1962年,在教务处下设科学研究科。1984年,成立科学研究处。2007年3月,科学研究处更名为科学技术处。

1984年,学校根据学科特点,制订《科研计划管理办法》《科研计划课题管理办法》《学术交流工作管理办法》《科技成果管理办法》《科技成果奖励办法》《科技合同管理办法》《校级研究中心管理规则(草案)》《技术保密规定》等,推动科研管理工作规范化。

1985年起,学校建立每月召开一次科研例会制度,由科研处组织,主管科研工作的副校长、各系(学院)主管科研工作的系副主任(副院长)和科研秘书参加,讨论具体科研业务工作,促进科研过程管理制度化。

2005年,针对重点项目管理的薄弱环节,学校制订《科研项目督导制》《督导员工作细则》。2005—2011年,先后聘任3届科研督导专家组,每年有计划对部分在研项目执行情况进行检查与督导,并在工作中不断改进科研督导机制。科技处有计划组织督导专家对项目进行检查与督导,同时要求相关学院主管科研工作副院长、科研秘书及课题组成员参加。

科技处组织科研督导专家组,对国家和省(市)部级重点项目进行中期评估或结题验收前的检查与督导;对省(市)级一般项目,由学院组织专家完成中期检查与督导工作,科技处安排督导组专家给予咨询和指导;校级项目中期检查与结题验收工作,由学院负责和督导组专家指导;实施第一年的项目、中青年教师首次主持的项目、学校首次承担某学科领域的科技任务、跨学院多学科联合承担的项目等,由科技处组织项目检查与督导,由督导专家组提供书面报告,对项目开展提出建设性意见。上海市科委、市教委对学校科研督导制度给予充分肯定。

同时,为鼓励与引导教师积极参与学校、上海市或全国科研项目,科技处1985年拟订科教奖励条例,对获得省部级以上奖项、发表高质量论文、获得专利授予权等科研成果获得者给予不同金额奖励。2011年进行适当调整,增加对文科科研成果奖励力度,对提高学校总体科研水平起到积极作用。

第二章 主要科研活动与成果

第一节 主要科研活动

一、鱼类学

【鱼类区系调查】

20世纪50—90年代,学校组织参加东海、南海鱼类区系调查等一系列重要调查研究工作,主要有:1957年的闽江鱼类调查;1958年的云南、四川及广西淡水鱼类调查;1958—1960年的全国海洋普查(东海区海洋普查);1959年的上海淀山湖鱼类调查;1959—1961年的东海鱼类调查;1962年的西沙群岛鱼类调查;1963年的粤西鱼类调查;1964年的湖南鱼类调查、海南岛海洋鱼类调查;1965—1966年的海南岛淡水鱼类调查;1974—1979年的福建鱼类、闽南渔场调查;1977年的南海诸岛海域鱼类调查;1983年的海南岛淡水鱼类调查;1985—1986年的广东淡水鱼类调查等。在调查研究基础上,先后主编或参编《南海鱼类志》(朱元鼎参编,科学出版社,1962年);《东海鱼类志》(朱元鼎主编,罗云林、伍汉霖、金鑫波、许成玉、王幼槐参编,科学出版社,1963年);《南海诸岛海域鱼类志》(朱元鼎、伍汉霖、金鑫波、孟庆闻、苏锦祥参编,科学出版社,1979年);《福建鱼类志》(朱元鼎主编,孟庆闻、伍汉霖、金鑫波、李婉端、沈根媛、苏锦祥、缪学祖、刘铭、周碧云、赵盛龙参编,福建科学技术出版社,上册1984年,下册1985年);《中国鱼类系统检索》(朱元鼎、孟庆闻、伍汉霖、金鑫波、苏锦祥参编,科学出版社,1987年);《海南岛淡水及河口鱼类志》(伍汉霖、金鑫波参编,广东科技出版社,1986年);《广东淡水鱼类志》(伍汉霖、金鑫波、钟俊生等参编,广东科技出版社,1991年)等专著,为摸清我国鱼类资源和鱼类志书撰写作出重要贡献。其中,《南海诸岛海域鱼类志》《中国鱼类系统检索》《福建鱼类志》获省部级科研成果表彰。

【鱼类分类学】

1960年,朱元鼎出版专著《中国软骨鱼类志》(科学出版社),系有关中国软骨鱼类比较系统和完整的专著,记载中国沿海所产软骨鱼类126种,是国内外鱼类学界研究中国软骨鱼类资源、区系、分布不可缺少的重要参考书。

1963年,朱元鼎、罗云林、伍汉霖出版专著《中国石首鱼类分类系统的研究和新属新种的叙述》(上海科学技术出版社),提出用鳔和耳石的内部形态变化同外部形态相结合作为分类依据和方法,并对石首鱼类演化作详细叙述和讨论,提出新的分类系统。同时还发现石首鱼类2新属、4新种,把石首鱼类分类研究向前推进一大步。该成果获1979年福建省科技成果奖三等奖。

1979年,朱元鼎、孟庆闻出版专著《中国软骨鱼类侧线管系统以及罗伦瓮和罗伦管系统的研究》(上海科学技术出版社)。他们在对73种中国软骨鱼类侧线管、罗伦瓮和罗伦管结构多年研究的基础上,分析和观察各分类阶元侧线管和罗伦管系统的变化特征,提出一个新的中国软骨鱼类分类系统。该成果对软骨鱼类感觉器官在鱼类演化理论研究方面是一个超越前人的突破,同时对鱼类形态学、分类学,以及进化理论方面都有广泛影响。该成果获1987年度国家自然科学奖三等奖。

1964年,朱元鼎发起组织全国鱼类学家编写《中国鱼类志》的倡议,得到同行赞同,并在上海进行分工,全书共分16卷,由中国科学院水生生物研究所、动物研究所、海洋研究所和上海水产学院4个单位为主要编写单位。学校承担圆口纲、软骨鱼纲,虾虎鱼亚目,鲉形目,鲀形目4卷的编写任务。《中国鱼类志》的编写被纳入国家自然科学基金会中国动物志编委会的研究编写计划。由朱元鼎和孟庆闻主编的《中国动物志·圆口纲软骨鱼纲》、苏锦祥主编的《中国动物志·硬骨鱼纲鲀形目海蛾鱼目喉盘鱼目鮟鱇目》、金鑫波主编的《中国动物志·硬骨鱼纲鲉形目》和伍汉霖主编的《中国动物志·硬骨鱼纲鲈形目(五)虾虎鱼亚目》分别于2001年、2002年、2006年和2008年由科学出版社出版,至此全部完成学校承担的4卷编写任务。此外,唐文乔参加编写的《中国动物志·硬骨鱼纲鲤形目下卷》于2000年出版;作为第二作者参编的《中国动物志·硬骨鱼纲鳗鲡目背棘鱼目》于2010年出版。

孟庆闻、苏锦祥、缪学祖编著的《鱼类分类学》(中国农业出版社,1995年),是国内首次采用纳尔逊(Nelson)鱼类分类系统的专著,在国内鱼类学界具有广泛影响。

在鱼类分类研究中共发现鱼类新种有70余种、新属7个,是我国发现海洋鱼类新物种最多的研究机构之一,鱼类研究室也成为我国上述4大鱼类类群收集标本及资料最为完整全面的研究基地。

【鱼类形态学】

1958年起,孟庆闻、苏锦祥开展鱼类形态解剖研究,在白鲢、带鱼和梭鱼等鱼类形态学研究基础上,编写专著《白鲢的系统解剖》,1960年由科学出版社出版。此后,进一步研究鱼类器官构造,如鳞片(鲨类、革鲀类)、牙齿(软骨鱼类)、骨骼(鲨、鳐、鲤科)、肌肉(鳐)、消化器官(鲱科、鲢、鳙)、鳔(鲱科)、脑(草鱼)、嗅觉器官(鲨类、鳐类、鲀类)及血管系统(鲢、乌鳢)等,前后发表20篇鱼类形态学方面的论文。1987年,孟庆闻、苏锦祥和李婉端以软骨鱼类尖头斜齿鲨和硬骨鱼类鲈鱼为典型代表撰写的专著《鱼类比较解剖》,由科学出版社出版。1992年,孟庆闻关于鲨和鳐的解剖学专著《鲨和鳐的解剖》,由海洋出版社出版。

【有毒及药用鱼类】

20世纪70年代起,持续开展30余年有毒鱼类及药用鱼类研究,是国内唯一从事有毒鱼类和药用鱼类防治与应用研究的学术机构。1978年,由伍汉霖、金鑫波、倪勇编著的《中国有毒鱼类和药用鱼类》,由上海科学技术出版社出版。2002年,伍汉霖主编的《中国有毒和药用鱼类新志》,由中国农业出版社出版。该书2003年获第11届全国优秀科技图书奖。2005年,伍汉霖主编的《有毒、药用及危险鱼类图鉴》,由上海科学技术出版社出版,获2006年第19届华东地区科技出版优秀科技图书奖。

【鱼类遗传育种】

20世纪80年代,楼允东在英国作访问学者进修期间,在导师波尔登(C. E. Purdom)博士指导下从事鱼类遗传育种研究,在国际著名学术期刊《鱼类生物学杂志》(Journal of Fish Biology)发表3篇有关鱼类多倍体和雌核发育的研究论文,首次报道用静水压成功诱导出虹鳟三倍体,受到各国学者关注并被广泛引用。

20世纪90年代,楼允东、张克俭、杨和荃、张毓人参加完成的高邮杂交鲫杂种优势利用及其遗传性状研究,1992年获江苏省水产科技进步奖二等奖、江苏省科技进步奖四等奖、扬州市科技进步奖二等奖;楼允东、张克俭参加完成的家鱼秋繁及其对次年春繁的影响,1993年获江苏省水产科技进步奖二等奖;楼允东、宋天复、王逸妹、魏华参加完成的上海市科委招标项目(1991—1994年)鲫鱼性别控制的研究,获得一批中性不育鱼,并就试验鱼性腺发育、性别分化进行组织学观察,对血清与肌肉中的激素残留量进行测定,取得有意义的研究成果。

二、水产养殖

【池塘养鱼】

1. 家鱼人工繁殖

1958年春,中国水产科学研究院南海水产研究所钟麟采用注射鱼类脑垂体并辅以流水刺激等生态学方法,率先攻克池塘养殖鲢鳙人工繁殖技术难关。同年秋,中国科学院实验生物研究所所长朱洗率队在杭州取得鳙鱼人工繁殖成功。学校派出谭玉钧、雷慧僧参加此次试验。1959年春,谭玉钧、雷慧僧带领淡水养殖专业1955级学生在江苏吴江县(今吴江市)平望水产养殖场取得鲢鳙人工繁殖成功。1960年,朱洗和朱元鼎率领科技人员深入青浦淡水养殖试验场,与场领导、技术人员、工人合作,于同年夏季取得鲢鳙鱼人工繁殖试验成功。1961年秋,水产部在上海召开全国家鱼人工繁殖技术交流会,决定由上海和广东两地科技人员共同起草《鲢、鳙鱼人工繁殖技术操作规程(试行本)》,学校谭玉钧、雷慧僧参加规程起草工作。该规程由水产部批转全国各省市县在实际生产中试用,促进家鱼人工繁殖技术的推广应用。

2. 河鳗人工繁殖

河鳗(学名:鳗鲡)是一种在淡水中生长、深海繁殖的重要经济鱼类,其人工养殖用苗种长期依赖天然采集。由于苗种资源量经常波动,严重制约河鳗养殖业发展。1972—1980年在厦门办学期间,学校利用地处海滨的有利条件,承担国家水产总局下达的重点科研项目河鳗人工繁殖研究。项目负责人李元善,执行人有王义强、赵长春、施正峰、张克俭及福建省水产研究所杨叶金等。经过8年攻关,克服各种困难,项目组研制出雌雄亲鳗催熟激素配方,具有用量少、效果好、副作用小的特点,使亲鳗在亲鱼培育池中自行产卵、受精,仔鳗存活21天,创当时国际人工鳗苗成活时间最长纪录,产后亲鳗经两年育肥后,再次催熟成功,经催产后仍可排卵。对河鳗早期发育的观察与研究,填补了河鳗生活史研究的部分空白。该研究1978年获福建省科学技术成果奖。

3. 总结和推广群众养鱼经验

中国池塘养鱼有3 000多年悠久历史,积累了丰富经验。20世纪50年代末,"四大家鱼"人工繁殖技术的突破,为淡水渔业提供积极发展前景。当时全国池塘养鱼产量普遍较低,亩产仅100~200公斤,而一些传统养鱼地区则高达400公斤左右。总结推广高产渔区传统经验,破解池塘养鱼高产技术难题,成为池塘养鱼亟待解决的课题。1963年起,谭玉钧、王武等在无锡郊区高产渔区蹲点,总结渔民经验,积极开展科学实验,积累、统计、分析大量数据,并在产学研结合道路上走出一条新路,提出具有中国特色的池塘养鱼高产稳产理论体系。经当地推广应用,产量普遍提高到亩产500公斤以上,并将管理技术体系推广到上海、无锡、新疆等地,产量比试验前提高40%~70%,经济效益增加一倍以上。谭玉钧、王武主持的池塘静水养鱼高产技术,1979年获江苏省重大科技成果三等奖;池塘养鱼高产技术中试,1982年获无锡市科技成果奖一等奖;440公顷(6 600亩)鱼塘亩产500公斤养殖技术结构研究,1985年获无锡市科技进步奖二等奖;池塘养鱼创高产试验研究,1978年获全国科学大会奖。

4. 上海市郊区池塘养鱼高产大面积试验

1984年,国家计划委员会通过农业部下达,由上海市水产局和学校主持的上海市郊区池塘养鱼高产大面积试验项目。谭玉钧、雷慧僧、王武、姜仁良、王道尊、施正峰、翁忠惠、吴嘉敏等14名教师投入试验。通过项目实施,3年内使亩均净产由322公斤提高到585.3公斤,共增产淡水鱼842.4万公斤,新增产值为2 106万元。通过试验总结出一套行之有效、易于推广的池塘养鱼大面积高产技术模式,使原为淡水养鱼新区的上海进入高产地区先进行列,为缓解市民"吃鱼难"作出贡献。上海市积极组织推广应用,使科技成果及时转化为生产力,1993年淡水鱼占全市水产品总产量的比重由14.9%提高到37.3%,从而使全市淡水鱼人均占有量由1.5公斤提高到8.5公斤。该成果获1988年度上海市科学技术进步奖一等奖、1989年度国家科学技术进步奖二等奖和1990年度农业部丰收奖一等奖。王武1984年被评为上海市劳动模范,1990年被评为上海市"菜篮子"十佳科技功臣。

5. 池塘养鱼大面积高产稳产基础理论研究

20世纪70年代,由于农村经济政策的落实和科学养鱼的推广应用,淡水养鱼发展很快,产量不断提高,全国出现许多大面积高产典型,然而,高产区和低产区之间发展不均衡,需要进行池塘高产技术应用基础理论研究,找出高产池塘生态因子和养鱼生产各主要因素的参数及其变动的规律,建立起中国池塘养鱼的理论体系。国家科技及渔业主管部门对此十分重视,决定立项开展重点科技项目池塘养鱼大面积高产稳产应用基础理论研究,学校为主持单位之一。通过研究提出"氧盈"和"氧债"概念,并提出利用生物增氧产生的氧盈值及时偿还下层氧债,以降低夜间下层水的实际耗氧值,初步阐明"氧盈"和"氧债"对养鱼产生的影响;提出改善水质的有效措施,为合理使用增氧机、研制水质改良机和适当施用磷肥以促进浮游植物生长,提供了较系统的原理和方法。在一些渔区普及推广该研究的水质管理原理和技术后,对提高精养池水质管理技术水平和产量,取得明显效果。

6. 设施渔业

2000年9月—2004年12月,朱学宝先后主持上海市科技兴农重点攻关项目水珍品工厂化养殖与经济作物水栽培综合生产技术研究、上海市西部开发科技合作项目超高密度循环水工厂化养殖系统研究、农业部"948"项目BICOM陆基闭合循环水产养殖系统研究、上海市人民政府合作交流项目三峡现代渔业基地建设及示范、新疆伊犁河流域开发管理局下达的伊犁河设施渔业基地及鱼类保护中心建设研究、上海市农业"四新"推广项目循环水工厂化名贵鱼类常年繁殖及中间培育的生产技术研究。2006年1月,谭洪新主持国家科技支撑项目淡水鱼工厂化养殖关键设备集成与高效养殖技术开发研究子课题,2010年6月,又主持公益性(农业)科研专项渔业节能关键技术研究与重大设备开发研究子课题。

设施渔业研究团队通过基础研究、技术开发、系统集成、工程示范,形成在理论、技术、装备、应用效果等方面均有创新的现代水产养殖新模式,攻克循环水养殖关键技术问题,实现清洁生产,与传统粗放养殖相比,节水率达到96%,每吨水年产量达到58公斤以上。主要成果有:开发和发明微细悬浮颗粒物去除技术和水质净化技术;开发高效小型化生物反应器和高效净化装置;发明成本低、效益高的循环水工厂化水产养殖系统工艺;率先开发澳洲宝石鲈循环水工厂化养殖及品质保障技术,实现全封闭条件下的安全生产,提高产品品质及鱼类生长效率;开发闭合循环水产养殖—植物水栽培综合生产工艺,实现"养殖、种植、净化"三合一的清洁生产模式。初步建立淡水鱼循环水养殖技术体系。基于学校在循环水工厂化淡水鱼类养殖系统关键技术研究与开发方面的突出成绩，2006年获上海市科学技术进步奖一等奖、江苏省科学技术进步奖三等奖、中国国际工业博览会最具技术交易潜力奖。

【藻类学】

1. 海带南移栽培试验

主要试验有：（1）1958年上半年，水产部提出要将山东、辽宁沿海的海带生产扩大到江、浙、闽、粤南方沿海一带的目标，该试验项目由浙江省海洋水产研究所负责，学校派出青年教师王素娟带领4名高年级学生参加调查，历时3个月，对普陀山、定海、虾峙等十余座岛屿及海湾进行普查，并提出调查总结报告，为海带在浙江沿海大规模生产的成功，作出积极贡献；（2）1958年底，学校选址普陀山建立具有控温、控光及流水系统等功能较为齐备的临海海藻育苗室，一直使用到1966年8月，为海藻学科建设和开展科学研究发挥重要作用；（3）1958年底，王素娟、朱家彦带领三、四年级两个班级学生赴舟山虾峙岛大岙养殖场，采取现场教学、生产劳动、科学研究三结合形式，在渔区开展海带栽培生产性试验，坚持一个学期之久，取得成功经验并推广。

2. 小球藻大面积培养试验

小球藻是具有高营养价值的单细胞藻类，能为人类和养殖业提供容易吸收的优质蛋白质。1958年，华汝成带领应届毕业生张道南开展小球藻大面积培养试验。在实验室培养成功的基础上，兴建容量为1立方米水体的水泥培养池2座，并创新设计风车搅拌，玻璃封顶采光保温，再加水下光照，使培养的小球藻的光合作用达到高效能，促进其快速繁殖生长。大面积生产性规模试验的成功，引起社会各方关注，参观学习者络绎不绝。

1959年1月，水产部在北京举办历时月余的全国小球藻大面积培养技术培训班，学员来自北京、河北、辽宁、江苏、浙江等省市。在此基础上，国务院于1960年10月在北京召开全国小球藻培养及推广应用大会，学校派出水产养殖系副主任路俨、教师华汝成、张道南参加大会，路俨代表课题组作大会发言。之后全国各地来人来函索取藻种，学校提供斜面培养藻种，推动群众性小球藻培养和应用。

3. 紫菜育苗与栽培技术研究

1964年，王素娟、章景荣等完成条斑紫菜自然附苗养殖的初步研究。1965年，王素娟等完成舟山地区条斑紫菜自然附苗养殖的初步总结，为在浙江首先利用紫菜单孢子为苗源的利用价值及技术方法奠定基础。1980年，陈国宜完成的关于坛紫菜自由丝状体培养和直接采苗的研究属国内首创，成果在福建省得到推广应用，1978年获福建省科学技术成果奖，1981年获福建省水产厅水产科技成果奖三等奖，陈国宜获福建省先进科技工作者称号。在厦门办学期间，王素娟、章景荣、马家海、朱家彦、顾功超等围绕紫菜人工养殖，坚持8年研究改进贝壳丝状体采孢子技术、坛紫菜绿变病及其防治、室内流水刺激贝壳丝状体放散壳孢子试验、冷藏网试验等。该课题1978年获福建省科学技术成果奖。

4. 经济海藻遗传育种技术研究

1980年起，王素娟致力建立海藻细胞培养实验室；1982年，王素娟在奉化建成海水养殖试验基地，为藻类生物技术研究创造条件；1981—1984年，王素娟、张小平等承担农牧渔业部重点课题坛紫菜营养细胞直接育苗和养殖的研究，其成果获1986年农牧渔业部科学技术进步奖二等奖、1987年国家科学技术进步奖三等奖；1986—1988年，王素娟等承担农牧渔业部重点课题条斑紫菜体细胞育苗技术研究。此外,陈国宜于1985年发现紫菜中存在控制植物发育的光敏素。

5. 海藻超微结构研究

1980—1984年,朱家彦、马家海等开展坛紫菜壳孢子超微结构的研究、坛紫菜自由丝状体细胞质膜的超微结构观察、坛紫菜自由丝状体细胞超微结构的初步研究等。1991年,王素娟等在多年开展海藻超微结构研究成果的基础上,编撰出版《中国经济海藻超微结构的研究》一书。该书1997年获农业部科学技术进步奖二等奖、华东地区优秀出版图书一等奖。

6. 海藻生理与养殖加工出口产业链开发

主要内容有:(1)1983—1984年,马家海主持紫菜减数分裂的研究项目,首次报道紫菜减数分裂发生于紫菜壳孢子时期,并逐渐被藻类学界所公认。(2)1993—1996年主持农牧渔业部重点科研项目紫菜遗传育种研究、1994—1995年江苏省水产局条斑紫菜病烂原因调查及防治研究项目、1995—1999年农业部重点科研项目条斑紫菜病烂原因调查及防治的研究,通过调查初步弄清条斑紫菜栽培海区紫菜病烂的主要病原、病症及发病过程。查明病烂的发生机制及可能的传播途径,为预测预报提供科学依据。栽培网帘短期冷藏技术的推广,使紫菜稳产高产,取得较大经济效益。该项目1998年获江苏省水产科技进步奖一等奖、农业部科学技术进步奖二等奖,1999年获国家科学技术进步奖三等奖(第一完成人)。(3)1999—2003年主持农业部、财政部首批科技跨越计划项目紫菜养殖加工出口产业链开发,通过培育和推广综合性状好的栽培品种(系)、短期冷藏网(换网)技术和全自动紫菜加工机组国产化,全面赶超国际先进水平。2005年获上海市科学技术进步奖二等奖(第一完成人)。(4)2009年主持(第二主持人)国家海洋局北海分局科研项目我国沿岸绿潮藻分布调查。(5)2009—2013年主持农业部公益性行业(农业)专项子课题经济海藻良种产业化技术研究与示范,2011—2014年主持国家海洋局海洋公益性行业科研专项我国南方沿海大型海藻生态系统恢复技术集成与示范子课题,2011—2014年主持国家海洋局海洋公益性行业科研专项紫菜高效生态栽培和高值化加工技术开发及应用示范子课题。

7. 海藻生物技术研究

1984—1993年,严兴洪完成首例江蓠原生质体成株培养,并于1992年在法国召开的第十四届国际海藻学术大会上获青年优秀论文一等奖。2001年后,完成两个关于坛紫菜遗传育种的国家"863"计划重大研究项目、3个国家自然基金项目和10多个省部级项目。首次发现坛紫菜叶状体的雌雄个体均存在单性生殖繁殖后代现象,发现坛紫菜生活史中的减数分裂发生位置,揭示坛紫菜叶状体的性细胞分化规律,创建坛紫菜单性良种选育技术,选育出中国首个具有自主知识产权的紫菜良种——坛紫菜"申福1号",并于2009年获得国家水产新品种认定,进行较大规模生产推广,产量比传统栽培品种增加30%以上。该项成果分别获2010年度上海市科学技术进步奖一等奖、2011年度国家科学技术进步奖二等奖。

1987—1991年,何培民参加条斑紫菜体细胞育苗技术研究并获上海市科技博览会优秀奖;1991—1996年连续3期主持瑞典国际科学基金资助课题条斑紫菜细胞悬浮培养育苗;1993年参加条斑紫菜细胞育苗技术应用研究并获中国发明专利1项;1996—2000年,主持完成农业部"九五"重大项目条斑紫菜外源基因导入方法及其细胞工程育种,应用细胞工程获得优良细胞株1个;2001年作为中方主持人之一参加中美海洋计划合作项目海藻—鱼类综合循环养殖系统研究,使紫菜自由壳孢子囊枝育苗时间减至两个星期,并可准确在指定时间(日)放散壳孢子进行采苗;2003—2011年,在国内率先应用大型海藻栽培系统研究对我国网箱养殖海域、大型封闭养殖海域、开放海域3种典型富营养化海区生态修复作用和去富营养化动力学,以及大型海藻对赤潮藻营养竞争和化感抑制作用,定量确定大型海藻栽培改善水质、减轻富营养化程度、防止赤潮发生等效果,并首次建立大型海藻生态修复配置模型,获得专利9项、省部级科学技术进步奖二等奖4次,并获得美国景观设计年度最高奖,中国海藻学会、中国水产学会优秀论文奖等。

1998年,周志刚获上海市"曙光计划"资助课题海带克隆育苗中分子标记,随后在藻类分子标记、油脂代谢等方面获得国家自然科学基金委4次资助。在国际上首次获得可以识别海带雌、雄配子体的分子标记,获得两项国家发明专利。

【水产动物种质资源】

1982年,李思发创立水产动物种质资源研究室,系国内首个从事水产动物种质资源研究的专业教学科研机构。以该研究室为核心,1993年建立农业部水产养殖、生态生理重点开放实验室,2002年更名为农业部水产种质资源与养殖生态重点开放实验室,2011年更名为农业部淡水水产种质资源重点实验室。

1. 种质资源与保护

1982—1989年,李思发获得瑞典国际科学基金会(IFS)连续4期资助,开展长江、珠江、黑龙江鲢、鳙、草鱼考种研究,此课题被纳入国家"六五""七五"科技攻关项目。参加人有蔡正纬、何希、陆伟民、周碧云等。1992—1994年李思发主持加拿大国际发展研究中心(IDRC)国际合作项目长江鱼类生物多样性可行性研究。主要成果有:发现长江种群最优,为后续种质创新提供科学依据和物质基础;为中国种质资源保护和水产种苗工程建设提供重要决策依据;指导建立国家级水产良种场20多个。长江、黑龙江、珠江鲢、鳙、草鱼考种项目,1990年获农业部科学技术进步奖二等奖。

1991—1995年,李思发主持国家"八五"科技攻关子专题通江型天鹅洲故道"四大家鱼"天然种质资源生态库研究。参加人有周碧云、吕国庆等。主要成果有:天鹅洲通江型故道"四大家鱼"种质资源天然生态库研究获1998年农业部科学技术进步奖二等奖(李思发为第二完成人,周碧云为第五完成人)。

2000—2004年,李思发主持新疆生产建设兵团项目额尔齐斯河流域特征种鱼类种质、繁育及开发利用,对新疆额尔齐斯河丁鲅、狗鱼、河鲈等特产鱼类种质特性和繁育开展研究。2005年获新疆生产建设兵团科技进步奖二等奖(李思发为第一完成人,王成辉为第三完成人,蔡完其为第五完成人)。

2004—2007年,李思发主持上海市科委项目上海九段沙湿地水生经济生物种质资源保护及其关键技术。参加人有唐文乔、王成辉、刘至治、龚小玲。

2007—2010年,李思发主持国家自然科学基金重大项目鲢、鳙、草鱼、团头鲂遗传多样性变迁研究。参加人有王成辉、赵金良、唐文乔、刘至治。研究视野从中国"三江"(长江、珠江及黑龙江)扩大到世界"三洲"(亚洲、美洲及欧洲),审视和评估这些重要鱼类自人工繁殖50年来和国外移植50年来的时空上的遗传变迁和资源变化,揭示长江为这些鱼类的源头,实属世界性遗产,亟待保护。

2. 种质创新与良种选育

1986—1994年,李思发在加拿大国际发展研究中心(IDRC)资助下开始草食性鱼类(团头鲂、草鱼)选育研究;1996—2000年,主持国家"九五"攻关专题水产养殖对象良种选育技术研究;2001—2005年,主持国家科技攻关子专题团头鲂生物选育技术研究;2002—2003年,主持科技部农业科技成果转化项目团头鲂"浦江1号"大规模制种与推广,主要成果是在1982—1984年对团头鲂调查评估基础上,选择湖北淤泥湖团头鲂为基础群体,以数量遗传学原理为指导,系统选育与生物技术集成,经15年选育,育成"浦江1号",其生长速度比基础群体提高30%以上,体型健美厚实,2000年,全国水产原种和良种审定委员会审定为选育良种,系世界上草食性鱼类首例选育良种。至2010年,全国已经建立3个以其为主产品的国家级良种场。中国团头鲂养殖年产量稳定在55万吨左右,其中"浦江1号"约占1/2,一年可增加产值10亿元。团头鲂"浦江1号"选育和推广应用,2002年获上海市科学技术进步奖一等奖,2004年获国家科学技术进步奖二等奖(李思发为第一完成人,蔡完其为第二完成人,参加人有赵金良、邹曙明、王成辉)。

1996—2005年,李思发主持国家"九五""十五"科技攻关子专题罗非鱼选育技术研究,2000—2002年主持农业部"948"国际引进合作项目——高耐盐性萨罗罗非鱼的引进研究,2004—2008年主持公益性行业(农业)科研专项——罗非鱼大规格鱼种规模化培育与生态养殖技术研究,2006—2010年主持国家科技支撑计划专题——耐盐罗非鱼选育。2007—2010年作为岗位专家参加行业体系(农业)科研专项——罗非鱼。主要成果有:(1)在亚洲开发银行资助下,1994年引进GIFT尼罗罗非鱼,经3年评估,1997年全国水产原种和良种审定委员会确认其为引进良种,命名为"吉富品系"尼罗罗非鱼(品种登记号GS-03-001-1997),1998年获农业部科学技术进步奖三等奖。(2)为培育出适合我国国情的优良品种,从1997年起以"吉富品系"尼罗罗非鱼为基础群体,经在珠江、长江及黄河三大农业生态区大群体同步9年9代选育,产生"新吉富"罗非鱼,2005年全国水产原种和良种审定委员会确认其为选育良种(品种登记号GS-01-001—2005),系我国近百种引进鱼类中首个具有自主知识产权的选育新品种。从"吉富"到"新吉富"——尼罗罗非鱼种质创新与应用,获2007年上海市科学技术进步奖一等奖(李思发为第一完成人,蔡完其为第二完成人,李家乐为第七完成人,赵金良为第八完成人),罗非鱼产业良种化、规模化、加工现代化的关键技术创新及应用获2009年国家科学技术进步奖二等奖(李思发为第一完成人,李家乐为第五完成人)。(3)以"新吉富"罗非鱼和以色列奥利亚罗非鱼为亲本,育成出苗率、雄性率兼优的新型杂交良种——吉奥罗非鱼。吉奥罗非鱼的亲本选育与规模化制种技术研究,2009年获广东省科学技术进步奖二等奖(李思发为第二完成人,蔡完其为第三完成人)。(4)以"新吉富"罗非鱼和萨罗罗非鱼为亲本,育成耐盐性能和生长速度兼优,适合海水养殖的杂交良种——"吉丽"罗非鱼,2009年全国水产原种和良种审定委员会审定为良种(品种登记号GS-02-002-2009)。

1996—2000年,李思发主持国家"九五"科技攻关子专题中华绒螯蟹种质研究和鉴定技术,2005—2008年主持上海市农委科技攻关项目中华绒螯蟹选育技术研究。主要成果有:中华绒螯蟹种质研究和鉴定技术获2004年上海市科学技术进步奖二等奖(李思发为第一完成人,王成辉为第三完成人);长江水系中华绒螯蟹提纯复壮研究获阶段性成果。

3. 种质标准与检测研究

通过中国淡水养殖主要鱼类种质标准研究(国家"八五"攻关等)、中华绒螯蟹种质研究(国家"九五"攻关)、中华鳖良种培育研究(市重点)等项目,针对水产种苗标准化需要,发展并完善形态、养殖性能、细胞遗传及分子遗传的集成检测技术,把中国水产生物种质检测能力和技术提高到国际先进水平。同时,在积累大量数据基础上,制定青鱼、草鱼、鲢、鳙、尼罗罗非鱼5项国家标准,鱼类种质检测方法15项标准,中华绒螯蟹种质标准2项等。其中,青鱼、草鱼、鲢、鳙4项国标,获2001年国家质检总局标准计量技术成果奖二等奖。这是中国渔业标准化领域首次获奖。

【虾、蟹、贝类养殖】

1954年,陈子英等对河蟹产卵场、亲蟹标本采集、产卵洄游路线作出记述。1971年,梁象秋、严生良等率先使用人工配制海水,在室内育出蟹苗,突破河蟹人工育苗关,1978年获福建省科学技术成果奖。王武主持、李应森参加的河蟹生态养殖技术与开发研究项目,2007年获上海水产大学科技进步奖二等奖。通过多年技术成果积累,集成创新河蟹育苗和养殖过程中的关键技术,有力推动河蟹养殖的健康可持续发展。中华绒螯蟹育苗和养殖关键技术研究和推广项目,2009年获上海市科学技术进步奖一等奖,2011年1月获国家科学技术进步奖二等奖(学校为第一完成单位,成永旭、王武、吴嘉敏、李应森为主要完成人)。

1992年,施正峰、虞冰如开展青虾(学名:日本沼虾)池塘养殖试验。海水虾类研究随着中国对虾养殖的兴起而展开。1976—1978年,肖树旭等开展中国对虾在福建地区的繁殖、生长和越冬试验。1980年,上海水产学院、上海市水产研究所、中国水产科学研究院渔业机械仪器研究所、上海市水产养殖总场共同承担上海市科委下达的低盐度海水对虾养殖技术研究项目,突破在上海河口半咸水区养殖中国对虾的难题,肖树旭为主要完成人之一。1986年,该项目获1985年度上海市科学技术进步奖一等奖,为上海地区海水养殖填补一项空白。

1993年,暴发性虾病流行,严重打击中国对虾养殖业,造成巨大经济损失。赵维信、臧维玲、戴习林等急生产所急,转向罗氏沼虾、斑节对虾、南美白对虾(又称凡纳滨对虾)等虾类的育苗与养殖的试验研究,在上海金山创建漕泾产学研基地。该基地被评定为全国和上海的产学研试点基地。

贝类研究有过早期辉煌。1964—1968年,郑刚、张英等取得河蚌育珠成功,并得到推广应用,1978年获全国科学大会奖。1978年,王维德在江苏启东开展文蛤人工育苗试验取得成功。1989年姚超琦等主持上海市水产局下达的上海市崇明缢蛏资源及其开发利用的初步探索调查研究。

淡水池塘珍珠养殖在2000年后取得的系列成果有:李应森在浙江诸暨完成的淡水蚌移地再养技术开发与推广项目,于2002年获浙江省绍兴市科技进步奖三等奖;李家乐主持、李应森等参与完成的我国五大湖三角帆蚌优异种质评价和筛选项目,于2004年获上海市科学技术进步奖三等奖;三角帆蚌和池蝶蚌杂交优势利用技术项目,于2005年获浙江省科技成果奖二等奖;李家乐主持、李应森等参与完成的淡水珍珠蚌新品种选育和养殖关键技术项目,于2008年获上海市科学技术进步奖一等奖。

其他特种水产品研究有:苏锦祥1962年赴古巴引进牛蛙,经几十年驯化饲养,现已发展成为重要经济蛙类养殖对象;顾功超1978年开展素有"活化石"之称的鲎人工养殖试验;肖树旭、顾功超1980年开展从山东至厦门移养刺参的试验;苏锦祥、凌国建、楼允东1974—1976年在厦门取得真鲷人工繁殖成功,1978年获福建省科学技术成果奖;李应森主持完成的外荡网围仿生态养殖甲鱼研究获2003年苏州市科技进步奖二等奖。

【天然水域资源调查与鱼类增殖】

1. 钱塘江渔业生物学及资源调查

1958年,陆桂、钟展烈、赵长春开展钱塘江鱼类和渔业资源调查,尤其对鲥鱼、刀鲚做重点调查。1959年7月赵长春带领淡水养殖专业1962届学生胡文善、徐国音利用暑假在桐庐进行鲥鱼人工繁殖,三次均孵出仔鱼,成活12天。1961年,钟展烈在衢州,陆桂在桐庐,赵长春、陈马康在闻家堰分别对上、中、下游的渔业生物学及资源进行全面调查。1963年,陆桂、李思发和陈马康在桐庐利用野生鲥鱼亲鱼完成鲥鱼人工繁殖,并首次育出鲥鱼夏花鱼种。赵长春带领淡水养殖专业1965届学生在桐庐重点开展鲴、鳊、鲂、花鳅等土著经济鱼类调查研究。钱塘江系中国代表性中型江河。通过几年调查研究,对其环境性状、渔业生物学、资源状况及存在问题取得新的认识与了解,完成《钱塘江鱼类及渔业调查(初步报告)》《钱塘江的鲥鱼》《钱塘江鲥鱼问题的初步研究》等报告或论文。

2. 淀山湖渔业生物学及资源调查

1959年4—7月,陆桂、孟庆闻、王嘉宇、陆家机、钟展烈、严生良、赵长春、杨和荃等,带领淡水养殖专业1962届学生开展淀山湖渔业生物学及资源调查。这是一次较大规模的中型湖泊渔业资源综合调查,内容包括环境、水流、水质、底栖生物、浮游生物、水生植物、鱼类生物学、渔业等。完成《淀山湖渔业资源的初步调查报告》,发表于《上海水产学院学报》(创刊号)。

3. 新安江水库渔业生物学及资源调查

1961年下半年,陆桂、张友声、赵长春、徐森林、陈马康、钟为国、郭大德、李庆民等,开展新安江水库渔业生物学环境、渔业资源等方面的调查研究,并由赵长春执笔撰写新安江水库蓄水初期渔业生物学调查报告。建议方案被水库开发经营方采纳。

4. 长江干、支流家鱼产卵场调查

1960年,长江流域规划办公室为做好长江三峡水库建设的前期准备工作,摸清三峡工程将对渔业可能产生的影响,尤其是对"四大家鱼"自然繁殖的影响,组织开展长江干支流家鱼产卵场调查,项目负责单位为中国科学院水生生物研究所。学校负责武汉至九江、赣江段。学校派出陆桂、缪学祖、苏锦祥、赵长春、王幼槐带领淡水养殖专业1960届学生参加调查。调查结果表明三峡大坝下游存在"四大家鱼"产卵场,湘江、赣江水文条件不会因三峡大坝兴建发生根本性变化,能继续自然产卵,即使宜昌以下长江段受一定影响也不会导致家鱼产卵场灭绝,继之家鱼人工繁殖技术的突破,三峡大坝建设鱼道方案有了明确结论。查明长江黄石市江段道士洑和赣江泰和段有大型家鱼产卵场。

5. 太湖渔业资源调查与增殖研究

农业部重点科研项目。项目负责人肖树旭,参加人员有缪学祖、赵长春、童合一、殷名称、杨亦智、陆家机、穆宝成、严生良、陈曦等。1963年,完成太湖的鱼类研究、东太湖水生维管束植物研究,并在此基础上选择20万亩东太湖实施示范性增殖试验,1965年6月,人工放流红鲤、镜鲤、高背鲤夏花546万尾,取得明显增殖效果。据此,赵长春代表课题组向太湖渔业管理委员会提出两点建议:一是缩短或取消梅鲚禁渔期,延长银鱼禁渔期;二是建议增加"四大家鱼"大规格鱼种放流数量。所提建议被太湖渔业管理委员会采纳,放流取得明显效果,该试验后因"文化大革命"被迫中断。

6. 新疆博斯腾湖渔业资源调查

博斯腾湖是新疆面积最大的淡水湖泊,渔业资源丰富。为合理开发利用渔业资源,1979年4月,新疆维吾尔自治区水电局水产处、博湖县水产办公室所属水产研究所、水产养殖场、厦门水产学院联合组成博湖渔业资源调查队,调查工作由陆桂主持,缪学祖、梁象秋、郭大德、李婉端、陈马康、童合一、陆伟民、王霏等参加。调查内容包括博湖的饵料生物、鱼类生物学、渔业和资源增殖、渔具渔法4个方面,通过调查提出关于博湖鱼类组成的合理调整、繁殖保护与合理捕捞、鲢鳙放养和苗种来源、渔具渔法改革等有关开发利用博湖渔业资源的意见与建议,为博湖积累宝贵的基础资料。所提意见与建议受到当地政府和生产单位的重视与采纳,取得良好效果。

【水产动物医学】

1. 水产动物病害和防治

1964年,唐士良、柳传吉在1965年《水产学报》第二期发表鲢、鳙腐皮病及其防治方法初步研究,1978年获福建省科学技术成果奖。黄琪琰、蔡完其、纪荣兴开展石斑鱼白斑病的病原及其防治研究,1980年获福建省水产科技成果奖三等奖。黄琪琰、蔡完其、孙其焕开展尼罗罗非鱼溃烂病研究,1978年获农牧渔业部科学技术进步奖三等奖。黄琪琰、郑德崇等开展的鲤鱼棘头虫病的研究,1990年获国家科学技术进步奖三等奖。黄琪琰、杨先乐、郑德崇等参加的国家"六五"科技攻关项目草鱼出血病防治技术研究,1991年获农业部科学技术进步奖一等奖,1993年获国家科学技术进步奖一等奖。黄琪琰、金丽华、孙其焕等开展的鲫鱼腹水病的研究,1995年获上海市科学技术进步奖二等奖。黄琪琰、孙其焕等完成的团头鲂、鲢、鳙细菌性败血症的研究,1997年获上海市科学技术进步奖三等奖。蔡完其完成的温室集约化养鳖疾病防治研究,1999年获上海市产学研三等奖。杨先乐等人完成的草鱼出血病细胞培养灭活疫苗大规模生产工艺研究,2002年获湖北省科学技术进步奖三等奖;中华鳖主要传染性疾病防治技术的研究,2004年获中国水产科学研究院科技进步奖三等奖,2005年获湖北省科学技术进步奖二等奖;国家"863"课题海水养殖鱼虾用肽聚糖免疫增强剂的研制与应用,2007年获国家海洋局海洋创新成果奖二等奖,2008年获中国水产科学研究院科技进步奖二等奖。

2. 创建农业部渔药临床试验基地

1999年,经农业部批准,在学校建立农业部渔药临床试验基地,承担渔药临床试验工作,获得农业部有关部门和企业认可。

【鱼类生理学】

1. 鱼类性激素与人工合成多肽激素实验

1958年,中国主要养殖鱼类人工繁殖成功,极大推动鱼类性激素、催情药物、受精生物学、稚幼鱼发育生物学等鱼类生理学研究的深入开展。第一步是20世纪50年代末至60年代初,以提取及制备催情药物为主,如从孕妇尿中提取绒毛膜促性腺激素,鲤科鱼类脑垂体采取,并结合人工繁殖生产实践,开展对催情药物的使用剂量和注射次数、药物与环境因子的关系等的实验研究。第二步是鱼类促性腺激素放射免疫测定技术的建立。1976年,黄世蕉、姜仁良、赵维信与中国科学院生物化学研究所合作,从鲤科鱼类脑垂体提取、纯化鱼类促性腺激素获得成功,并对其进行同位素标记和抗体制备,成为继法国、加拿大之后世界上第三个建立制取鱼类促性腺激素纯化制品及放射免疫测定实验室的国家。开创中国鱼类生殖内分泌研究的新领域,由组织生理研究层面提升到相关激素水平变化的内分泌研究层面。

2. 鱼类营养生理

王道尊1981—1995年主持国家攻关课题青鱼营养需求量及饲料配方技术的研究、青鱼饲料标准及检测技术的研究、青鱼营养及饲料配制技术的研究。王义强主持"七五"攻关项目鱼虾饲料的营养标准及检测技术的研究、"八五"攻关项目鱼虾饲料的生理生态及生物能量学研究(周洪琪、潘兆龙参加)。周洪琪主持的项目有1996—1998年农业部项目光生物反应器生产微藻饵料的研究,1999—2001年上海市教委项目优质高产生物饵料的研究(黄旭雄、华雪铭、冷向军参加),2001—2003年上海市科委项目河鲀功能饲用微生物添加剂的研究(华雪铭参加),2001—2004年上海市科委项目绿色水产饲料免疫增强剂的研究(沈月新、华雪铭参加)及农业部科研项目中华绒螯蟹配合饲料标准(陈乃松、黄旭雄、冷向军参加)。2003—2005年魏华主持上海市教委项目中华绒螯蟹性早熟成因及机理研究。2003—2006年冷向军主持上海市教委项目水产饲料缓释型氨基酸的研究。成永旭主持的项目有2004—2006年国家自然科学基金项目脂类营养与中华绒螯蟹性早熟的内分泌调控研究(杨筱珍、吴旭干等参加),上海市教委重点项目中华绒螯蟹脂类营养调控研究(杨筱珍、吴旭干等参加);2009—2011年上海市教委创新团队项目水产动物营养饲料与养殖环境(魏华、黄旭雄、吴旭干等参加),国家农业转化基金项目河蟹育肥饲料生产技术转化和育肥养殖生产关键技术中试与示范(吴旭干等参加),教育部博士点基金项目高度不饱和脂肪酸对三疣梭子蟹卵黄发生作用及其调控(吴旭干等参加),以及国家自然科学基金项目脂肪酸营养对中华绒螯蟹幼蟹耐低氧能力和免疫性能的调控(黄旭雄、吴旭干等参加)。黄旭雄主持的项目有2005—2008年上海市农委科技兴农项目用于饵料微藻培养的光生物反应器的设计及其控制系统的研究(华雪铭、周洪琪参加),参加项目有1996—1999年农业部重点科研项目卤虫增养殖、加工技术及其装备的研究,2006—2008年上海市自然科学基金项目高度不饱和脂肪酸对银鲳仔稚鱼发育的影响的研究,国家科技支撑计划专题锯缘青蟹种苗规模化生产及品种选育关键技术研究,2008—2010年上海市农委科技兴农重点攻关项目银鲳全人工养殖的关键技术研究,2010—2011年国家"863"项目CO_2—油藻—生物柴油关键技术研究。华雪铭主持的项目有2006—2008年上海市高校选拔培养优秀青年教师科研专项基金壳聚糖对草鱼营养和免疫功能的影响,2007—2010年与周洪琪主持上海市科委科研项目玉米蛋白在鱼虾饲料中代替鱼粉的研究(黄旭雄、杨志刚参加),2011—2013年主持上海市科委科研创新项目克氏原螯虾成虾饲料的能量结构研究,参加的项目有2009—2010年中央级公益性科研院所基本科研业务费专项资金项目克氏原螯虾营养需求及饲料配方技术的研究,2006—2011年国际合作项目酶制剂在水产饲料中的应用研究。2006—2009年,李家乐主持上海市科委项目草鱼环保饲料研制与肉质改善(冷向军参加)。2003—2005年,冷向军主持上海海洋大学校长基金项目改善养殖鱼类肌肉品质的营养措施研究。陈乃松主持的项目有2006—2009年上海市农业委员会科技兴农重点攻关项目环保型水产饲料加工工艺的研究,2010—2012年上海市科委高校能力建设项目大口黑鲈营养需求与饲料加工技术的研究。吕为群主持的项目有2009—2012年上海市科委计划处重点定向项目银鲳在不同的生长发育阶段对环境适应力的研究(黄旭雄参加),2011—2013年上海市科委重点基础项目大黄鱼远缘杂交及快速生长相关基因的研究(黄旭雄参加),2011—2013年国家自然科学基金项目鱼尾部神经分泌系统受光调控的分子机制的研究。李小勤参加的项目有2009—2012年上海市农委科技攻关项目提高凡纳滨对虾(南美白对虾)抗病性能的免疫增强剂研究,2010—2012江苏省宿迁市人才引进项目特种水产饲料的研究。

3. 鱼类受精生物学

1986年,王瑞霞、张毓人承担农牧渔业部重点科研项目青草鲢鳙鲂鱼受精生物学光学显微镜和电子显微镜研究。对受精程序、受精时限和精子入卵通道等进行深入观察,摄制当时中国尚未观察到的鱼类精子入卵过程的电镜照片,揭示硬骨鱼类成熟卵与过熟卵及其受精孔的超微结构,证实受精孔是精子入卵的唯一通道。1985年获农牧渔业部科学技术进步奖二等奖,1988年获国家科学技术进步奖三等奖。

【水生生物学】

1957年,李松荣、方纪祖参加由中国科学院海洋生物研究所主持的中苏联合进行的黄渤海生物资源调查。1958年,陆家机、俞泰济、梁象秋参加由中国科学院地理研究所组织的兆湖地貌及生物资源调查。1959年,洪惠馨、张世美带领鱼类学与水产资源专业学生参加由中国科学院海洋研究所主持的全国海洋普查。1959年,林新濯、梁象秋、洪惠馨、杨亦智等参加由上海市水产局主持的东海渔区渔场调查。1960年,肖树旭、梁象秋、洪惠馨等参加上海市水产局主持的东海渔业资源调查等。

1959—1961年,杨亦智、杨和荃、严生良等开展上海水生维管束植物的调查,编撰《水生维管束植物》一书,之后,又相继编撰《习见淡水生物图册》《淡水习见藻类》《淡水枝角类》《淡水轮虫》《淡水软体动物》等教学参考图册,为多所水产院校所采用。

1964年4—6月,王嘉宇主持苏州河污水直接排至长江口后对渔业影响的调查,由上海市城市建设局、上海市水产局、东海水产研究所和学校联合组成调查小组,共计31人(不包括室内水质分析人员)。学校派出王则忠、谢政强、俞泰济等教师和淡水养殖1964届毕业班学生近20人参加调查。全部人员分为鱼类渔业组、水生生物组、污水试养组和水质分析组,分别进行野外及室内试验工作,水质分析由市城建局西区污水处理厂承担。调查结束后,编撰苏州河污水直接排至长江口后对渔业影响的初步调查报告,为苏州河治理提供一份有科学参考价值的基础资料。

1964年,洪惠馨在对浙江近海水母类进行多年调查基础上,撰写《东海水母类研究 I.浙江沿海的管水母类》一文,刊于1960年《上海水产学院学报(创刊号)》。1970年,洪惠馨、张世美编写《水母》一书,由科学出版社出版。

1964年,梁象秋在《动物分类学报》发表其第一篇淡水虾分类研究论文《广东米虾属一新种》,之后共发表论文50余篇,报道淡水虾类4个新属、80多个新种。

1976年,肖树旭、纪成林开展中国对虾南移人工育苗及养殖试验,1978年获福建省科学技术成果奖。

1981年,肖树旭、顾功超开展刺参南移与人工育苗试验,试验内容包括刺参从山东移养到厦门生长、发育和度夏情况及刺参幼体的几种培育办法。

1981年,学校与东海水产研究所、上海市水产研究所共同承担由上海市海岸带和海涂资源综合领导小组下达给上海市水产局的上海市海岸带和海涂生物资源调查项目。肖树旭为项目负责人。先后有236人参加此项调查,其中科技人员60人。参加此项调查的教师有肖树旭、梁象秋、严生良、方纪祖、杨和荃、王维德、李亚娟、姚超琦、张媛溶、顾功超、谢政强、李小雄,以及海水养殖专业1977、1978级学生35人。经过3个单位长达5年共同努力,完成以东经123°00′以西和北纬30°45′~31°45′的海域及上海市郊6个县潮间带,共布设77个站位,20个断面,调查内容包括浮游生物、底栖生物、鱼卵、仔稚鱼、潮间带生物和游泳生物等生物量、密度分布以及随季节变化。通过调查基本摸清上海市海岸带和海涂生物资源现状,经初步鉴定共有646个物种,为合理开发海岸带生物资源提供科学依据。

1992年,肖树旭主持,梁象秋、卢卫平、陈跃春、何为参加的农业部西北地区利用盐碱水养殖卤虫试验,1993年在甘肃白银市通过现场验收。

1975年,国家自然科学基金会启动中国动物志编纂工程中,学校承担鱼类、虾类、水母类等内容编写。洪惠馨参编《中国动物志·水螅虫纲水母》、张世美参编《中国动物志·钵水母纲》、梁象秋主编《中国动物志·匙指虾科》以及与中国科学院海洋研究所刘瑞玉等合写《中国动物志·长臂总虾科》,分别于2002年、2004年和2008年由科学出版社出版(鱼类学内容见本篇第二章第一节)。

1992年起,科研工作重点在水生生物资源调查、形态分类等研究基础上,逐步向水域环境生态领域拓展。在水生生态学及水域环境生态修复、水体富营养化控制和水生态系统重建与修复、浮游生物群落生长演替规律、水生植被修复技术与应用、着生藻类生态学、水质调控技术与维护管理等研究中取得可喜成绩。王丽卿参加的项目有1992—1995年国家"八五"科技攻关课题中型草型湖泊综合高产技术研究,1998—2000年上海市农委科技兴农重点项目斑节对虾亲虾越冬与淡化养殖技术开发,2003—2004年"863"项目深海抗风浪网箱养殖研究的子课题深水网箱养殖海区环境动态研究,2008—2011年上海市科委重大项目青草沙水库生态系统构建与水体自净能力增强技术研究,2009—2011年国家水专项子课题滆湖自净能力增强技术研究与工程示范、南方丘陵和河网水系水生生物种群与水环境关系研究。主持的项目有2002—2004年住宅小区人工湖水质处理技术研究及延中绿地人工湖水质处理技术研究(均为第二主持人),2004—2010年新疆特克斯流域饵料生物资源调查,2008—2010年上海市水务局淀山湖富营养化控制和生态修复综合示范试验性工程项目,2009—2011年上海市科委人工湿地水处理系统在标准化水产养殖场中的应用研究子课题。陈立婧主持的项目有2005—2007年上海市教委科研项目两种繁殖方式下萼花臂尾轮虫的形态特征和遗传分析比较,2010—2011年由中国地质科学院矿产资源研究所委托的青藏高原盐湖及浮游生物的鉴定、青藏高原羌塘北部盐湖浮游生物的鉴定项目。

【淡水捕捞学】

1. 长江流域渔具、渔法和渔船调查

该项目是国家科委1963—1972年科学技术发展规划(草案)中全国重点淡水渔区渔具、渔法调查和淡水渔区渔船船型调查研究的组成部分,由上海水产学院、长江水产研究所共同承担。1962年起,张友声任组长(后任顾问)、徐森林任副组长(后任组长)。学校参加人员还有郭大德、钟为国、李庆民、钟若英、车茂隆、方忠诰等。调查先以太湖为试点,然后沿长江六省一市展开,行踪3 000余公里,遍访50多个县市和200多个渔业社队、渔场,收集渔具渔法351种,渔船52种。1965年起着手资料整理,经选择列入正式调查报告的有161种渔具渔法,42种渔船,1966年底《长江流域渔具、渔法和渔船调查报告》(第一册渔具、渔法,第二册渔船)正式刊印成册,内部发行出版。其他流域的调查,因"文化大革命"而被迫中止。该项目是研究中国淡水渔具学、渔法学的重要历史资料,对淡水捕捞课程建设和学科发展具有重要作用,同时通过调查为学校培养一支淡水捕捞教学和科研队伍。

2. 电栅和网拦研究

1960—1966年,钟为国与浙江省淡水水产研究所合作,开展富春江水库鱼道电栅研究和交流电电栅拦鱼的研究,建成生产性交流电拦鱼电栅。后又开展水库脉冲电拦鱼电栅研究,并配套研制成功DUX—1型、LDS—2型脉冲发生器。

1980—1988年,徐森林主持完成福建东张水库、西溪水库和安徽沱湖、太平湖水库、芡湖、四方湖等拦鱼网工程的设计与施工。

1975年徐森林在福建古田水库,1983年徐森林、郭大德在江苏盱眙县龙王山水库分别开展水库凶猛鱼类捕捞控制的研究。经过捕捞,有效控制鳡鱼的危害,使水库鱼产量得到稳步增长。

1992—1994年,徐森林主持改革池塘捕捞技术的研究项目,课题组经过两年调查试验,设计完成带有天井网的一种新型网具,在夏季起捕池塘热水鱼时能有效降低成鱼塘中套养的鱼种死亡率。

三、海洋捕捞

【渔具模型试验】

1956年,乐美龙等在上海船舶设计室的水池开创拖网网具模型试验研究,1959年又在南京航空学院低速风洞实验室,对拖网网具和网板开展风洞模型试验,属国内第一次进行。通过风洞模型试验,研制成椭圆形双翼整流网板,利用学校生产实习渔轮"图强号"开展实测试验,同年9月在上海海洋渔业公司试用也获成功。第二年在南海渔业公司得到推广应用。

【近海及内陆水域捕捞技术试验】

1. 全国海洋渔具调查

由上海水产学院、黄海水产研究所共同承担,项目负责人张友声,经全国沿海各省市水产研究所科技人员的努力,首次完成对全国海洋渔具的调查研究,编撰成中国海洋渔具调查报告,于1959年10月由上海科学技术出版社出版。为保护渔业资源、渔具改革、渔业区划和渔具标准的制定,以及渔具学、渔法学研究等提供翔实的原始资料。

2. 风帆渔船机械化和捕捞机械化试验

1957—1959年,正值中国渔业推进风帆渔船机械化和捕捞作业机械化高潮,学校组织乐美龙、滕永堃、任为公、詹庆成、王云章、周文容等教师组成工作组赴舟山渔区。1958年6月,在沈家门鲁家峙渔业大队研制新型起网机,并于9月出海实船测试,经两个多月实际使用取得良好效果,并得到推广应用。

3. 总结推广应用全国劳动模范生产经验

1957—1958年学校选派乐美龙、滕永堃、任为公等到舟山渔区,总结和推广全国渔业劳动模范郭钦再的对网生产经验。1960—1962年学校派出乐美龙、黄锡昌等到上海海洋渔业公司,总结和推广全国渔业劳动模范郑连品的机轮对拖生产经验。

4. 上海市郊大围缯捕捞中上层鱼类的试验和推广

1969年冬至1971年初,学校工宣队和军宣队安排乐美龙、姜在泽、杨德康、胡鹤永等教师赴金山县(今金山区)山阳渔业队、漕泾渔业队出海参加生产劳动。其间对大围缯网加以改革,在不影响其他季节作业生产的同时,又能利用东海的鲐鲹资源,在市郊集体渔业中得到推广应用。

5. 光电泵捕鱼试验

1971年,根据周恩来总理对中国应大力发展鲐鱼灯光围网作业的指示,全国新组建灯光围网船70组,上海海洋渔业公司军宣队听取个别技术人员的提议,拟根据苏联曾在亚速海采用光电泵捕鳀鱼的成功经验,确定光电泵捕鲐鱼试验研究立项,由上海海洋渔业公司、上海水产学院、东海水产研究所和上海电工仪器研究所组成科研组,学校派出崔建章、桂志成参加,经一年设备研制,1972年装船投入海上试验,有关设备达到预期指标,但鲐鱼趋光性研究滞后,渔获效果较差,试验至1977年终止。

6. 福建大围缯机帆渔船的灯光围网和单船拖网的试验和推广

1972—1973年,学校派出乐美龙、丁维明等参加福建灯光诱捕鲐鲹等中上层鱼类资源和机帆渔船开展多种作业轮作的研究,取得生产性试验成功,并推广应用。

7. 长江口虾蟹两用桁拖网试验

1982—1984年,季星辉、孙满昌承担上海市水产局下达的长江口虾蟹两用桁拖网试验研究项目,1986年获上海市科学技术进步奖三等奖。

【远洋捕捞技术试验】

1. 塞拉利昂的双支架拖虾网试验

1985年3月,由中国水产总公司组建的我国第一支远洋渔业船队开赴西非,拉开中国远洋渔业发展的序幕。学校派出季星辉随船队远航,途经三大洋,全程万余里,历时40余天,顺利到达目的港。季星辉随船出海指导生产,研制成双支架拖虾网作业方式,渔获量大幅提高,企业扭亏为盈,并推广应用。同时,丰富了渔具学、渔法学的研究内容。

2. 摩洛哥的双拖作业改单拖作业的六片式底拖网试验

1988年3月,学校选派崔建章赴西非摩洛哥指导渔业生产。为改变产量低,经营亏损局面,崔建章改革设计新渔具、网板,实施双拖改单拖作业,网具结构由两片式改为六片式,不仅解决捕捞章鱼的难题,也为渔具设计开辟新途径。

3. 光诱鱿钓作业试验

主要项目包括:(1) 1989年4月,学校与中国水产总公司共同承担农业部日本海鱿鱼渔场探捕调查和试钓项目,主要完成人员有王尧耕、胡明堉、唐玉顺、孙满昌、胡文伟、倪谷来、陈新发等,试捕初见成效,取得生产性突破;(2) 1990—1992年,承担农业部日本海太平洋褶柔鱼渔场钓捕技术及其装备的研究项目,学校先后与舟山、烟台、上海、宁波等海洋渔业公司合作,创造新的经济增长点,使实施单位扭转长期亏损局面,获1993年农业部科学技术进步奖一等奖、1995年国家科学技术进步奖三等奖;(3) 1993—1997年,承担农业部西北太平洋柔鱼渔场钓捕技术及其装备的研究项目,学校与舟山、烟台、上海、宁波、辽宁等海洋渔业公司合作开发西北太平洋柔鱼渔业,经济与社会效益显著,使中国跻身世界柔鱼渔业主要国家,年产量稳定在10万吨左右,主要完成人员有王尧耕、胡明堉、唐玉顺、孙满昌、倪谷来、陈新军、王维权、王锡昌、俞鲁礼、丁卓平等,先后获得1997年农业部科学技术进步奖二等奖、1999年教育部科学技术进步奖二等奖(推广类)、1997年上海市产学研一等奖;(4) 1996年,经农业部"948"项目办公室批准,学校承担农业部远洋鱿钓光诱装置项目,经生产实践证明,水下灯装置的推广应用,大幅度节约能源、降低生产成本,成为生产作业中必不可少的装备,主要完成人有王尧耕、胡明堉、陈新军、周应祺、张丽珍、吴燕翔、倪谷来、刘洪生等,先后获得2001年上海市产学研工程一等奖、2003年上海市科学技术进步奖二等奖;(5) 1996年,学校承担农业部北太平洋鱿鱼资源渔情信息应用服务系统项目,自主开发具有知识产权的北太平洋鱿鱼渔情快速预报系统,实现中心渔场智能预报,主要完成人有陈新军、王尧耕等,获得2008年国家科学技术进步奖二等奖(第二完成单位);(6) 2003—2005年,学校与浙江省远洋渔业股份有限公司合作,开展印度洋西北海域鸢乌贼资源探捕实验,开创国际上首次对该海域的鸢乌贼资源、渔场和钓捕技术的系统研究,主要完成人有陈新军、钱卫国、叶旭昌、刘必林、田思泉,先后获得2006年中国水产科学研究院科技进步奖二等奖、2007年教育部科学技术进步奖二等奖、2009年度农业部神农中华农业科技奖三等奖;(7) 2006—2008年,学校与浙江丰汇远洋渔业公司合作,在国内率先开展智利外海茎柔鱼资源探捕调查与渔场开发,主要完成人有陈新军、钱卫国、刘必林、叶旭昌、王尧耕、高峰、官文江、雷林等,先后获得2009年度国家海洋局海洋创新成果二等奖、2010年农业部全国农牧渔业丰收奖一等奖、2011年上海市科学技术进步奖一等奖。

【远洋金枪鱼延绳钓作业试验】

主要项目和研究成果:公海重要经济渔业资源开发研究项目获2007年度教育部科学技术进步奖二等奖、2009年度中国农学会神农奖三等奖;东太平洋和印度洋公海金枪鱼资源开发研究项目获2008年度中国水产科学研究院科技成果奖二等奖;大洋金枪鱼资源开发关键技术及应用项目获2010年度国家科学技术进步奖二等奖;2009年取得高效金枪鱼延绳钓渔具专利,在国内外核心期刊发表论文50余篇,其中SCI收录期刊10余篇。主要完成人员有许柳雄、宋利明、戴小杰等。

1998年11月，农业部渔业局决定在学校成立金枪鱼渔业技术组，承担三大洋金枪鱼渔业研究项目，为渔业企业提供技术服务，由学校派代表出席国际区域性金枪鱼渔业管理组织会议，在树立中国负责任渔业大国形象、维护国家海洋权益、正确处理海峡两岸渔业关系方面，为中国金枪鱼渔业可持续发展作出积极贡献，受到国家渔业主管部门和渔业企业高度评价。

【东南太平洋竹筴鱼捕捞作业试验】

1999年起张敏主持东南太平洋竹筴鱼捕捞的试验研究项目，经过十年努力，在竹筴鱼捕捞技术、渔场特征及海洋环境、洄游规律、种群结构、年龄与生长、资源评估与渔情预报、数据库构建，以及产品加工等方面取得系列成果，推动中国大型中层拖网渔船作业的战略性转移。该项目2006年获国家海洋局海洋创新成果奖二等奖，并与其他项目一起获得2007年教育部科学技术进步奖二等奖和2009年度神农中华农业科技成果奖三等奖。这是学校继开创远洋鱿钓渔业后，又一次为发展中国远洋渔业作出的重要贡献。

【渔场生态修复工程（人工鱼礁）】

2002—2010年，孙满昌主持由上海海洋大学与江苏省海洋与渔业局合作完成的江苏省海洲湾渔场修复工程（人工鱼礁建设）项目，完成试验海域海洋生物资源功能修复，实现渔场生态环境明显改善，突破人工鱼礁建设关键技术和建立评价体系，为发展中国海洋牧场提供一种示范模式，2008年获江苏省海洋与渔业局科技进步奖一等奖。

2005—2007年，章守宇主持国家自然科学基金资助项目人工鱼礁水动力学及其生态效应的定量研究，全面分析嵊泗人工鱼礁区生态环境的改良效果，并以生物粒径谱为基础，构建嵊泗人工鱼礁海区生态系统的能量流动模型，礁区范围分别达到2 000公顷和300公顷，取得明显的经济、社会和生态效益。2006—2010年，章守宇等又承担国家科技部"863"重点资助项目人工鱼礁生态增殖及海域生态调控技术项目，系统整合人工鱼礁生态调控技术，形成适合中国海域特点的人工鱼礁生态增殖及海域生态调控技术体系并建立技术规范，对发展海洋休闲渔业、促进沿海渔民转产转业、实现渔业向资源管理型生态渔业转变起到积极作用。

【渔船技术】

1988—1990年，应光彩主持农业部渔业局船、机、桨优化匹配研究课题，蔡学廉、章可畏、伍稷芳等参加，开展对我国沿海地区的拖网渔船、围网渔船、拖虾船、冷冻保鲜船、渔政船等的调查研究与评价。1990年，编制完成《中国海洋机动渔船图集》，由上海交通大学出版社出版。

1989年，夏泰淳、章可畏研制的船舶螺旋桨防水草缠绕装置，获上海市专利技术实施成果奖二等奖。1990年，又研制成功浅水草湖船舶的新型推进装置，获农业部科学技术进步奖三等奖。

1990年，胡明埕主持8154型拖网渔船改建鱿钓作业的研究项目，通过加大电机功率、甲板增添大功率灯光装置和鱿鱼钓机、配置水下灯光装置，设计改装渔船设备。1990—1998年，先后为辽宁、山东、江苏、上海、浙江等省市改装拖网渔船300多艘。此外，还开展冷藏运输船、冷海水保鲜船改装为鱿钓渔船的设计。在此基础上，胡明埕参与国内第一艘鱿钓渔船的设计。

胡明埕、吴燕翔等研制国产水下灯装置替代进口产品成功，获得推广应用。2000年，获上海市优秀产学研工程项目一等奖。

四、渔业资源

1958年末,根据太平洋西部四国渔业合作协定,中苏两国开展对东、黄海鱼类资源试捕调查研究。学校派出白力行、王尧耕、任为公、李松荣、方纪祖、王克忠(兼翻译)、顾嗣明(兼翻译)等随船出海,执行首次国际海洋渔业科学技术合作研究,按计划圆满完成规定调查内容,也为学校培养一支能从事海洋环境、海洋生物和水产资源全面调查、样本收集、处理等综合研究的技术队伍。

1959年初至1960年夏,根据国家科委制定的《全国海洋综合调查(1958—1960)规划》,学校承担东海和黄海南部($26°\sim34°N$、$124°30'E$以西)鱼类试捕和渔业调查项目。派出王贻观、林新濯、王尧耕、伍汉霖、洪惠馨等教师带领鱼类学与水产资源专业1960届学生11人,组成上海水产学院海洋调查工作组开展海上试捕,并按航次编写试捕调查简报,另有11名学生被派遣到海洋物理、海洋化学及海洋生物组进行调查工作。同时对江苏吕四小黄鱼产卵场进行专项调查,完成国内首次绘制的春汛吕四小黄鱼产卵场渔捞海图,向国庆十周年献礼。

1962年,学校与中国科学院海洋研究所在上海联合召开大黄鱼、小黄鱼资源学术研讨会。学校提供以小黄鱼的种族、年龄、生长、繁殖、摄食及洄游分布为主题的论文7篇,对方提供以大黄鱼为主题的论文7篇,并汇编成海洋渔业资源及论文选集,由农业出版社出版。

20世纪60年代初,应东海区(华东三省一市)渔业指挥部工作安排,学校水产资源教研组参与大黄鱼、小黄鱼、带鱼等主要渔汛渔情预报的调查科研活动。

1981—1984年,学校承担东海区渔政局下达的东海区幼鱼保护区调查项目。教师王尧耕、杨德康、唐玉顺、段润田、谢政强等带领海洋渔业资源专业学生,每年8—10月乘生产实习船"沪水院1号""沪水院2号"进行调查。前后3年,共出海9个航次,按航次向东海区渔政局提交调查简报,调查完成后编撰完成东海区带鱼幼鱼保护区调查报告。

1982—1995年,詹秉义主持东海绿鳍马面鲀资源量、渔获量预报研究。每年渔汛期前后,深入沿海的鱼市场、渔业公司采集渔获样本及汇集捕捞统计资料,运用资源评估模型进行综合分析,及时向生产部门和渔业行政管理部门发布渔获量、资源量预报。每年定期召开协作交流会议,并在渔获量预测基础上,探讨合理开发利用与管理措施,使水产资源研究成果直接为渔业生产和管理服务,产学研结合效益明显,受到有关方面重视和好评。

1985年,中国远洋渔业起步,学校抓住这一发展良机,与中国水产总公司等生产企业紧密合作,以产学研相结合的优异成绩,为水产资源学科建设增辟新领域、新内容。

五、渔业机械

【渔业机械化区划研究】

1981—1983年,黄永萌参加全国农业机械化区划研究项目中关于渔业机械化区划的研究,提出发展渔业机械化的重点、措施、步骤和方法,获1985年全国农业区划委员会授予的中国农业机械化区划二等奖。参编《中国农业机械化区划》一书,1985年由农业出版社出版。

1981—1987年,由中国水产科学研究院渔业机械仪器研究所与学校共同负责中国渔业机械化调查与区划国家重点课题。提出中国内陆水域、浅海滩涂、海洋渔业(含远洋渔业)3个渔业机械化区的现状、特点、存在问题及因地制宜分步骤发展渔业机械化的措施。黄永萌任《中国渔业机械化调查与区划》一书副主编。

黄永萌、徐荣、朱永兴、马如飞于1984—1985年参加上海市渔业机械化调查和区划研究，负责海洋渔业机械化和部分总论的编写。1986年，获上海市农业委员会授予的上海市农业区划成果奖三等奖。

【渔业机械基本术语国家标准制订】

1985—1988年，黄永萌主持捕捞机械、养殖机械、水产加工机械和绳网机械4部分渔业机械基本术语国家标准制订工作，由黄永萌、桂志成、殷肇君、高水良、徐文达、朱永兴等共同完成，经农业部报国家技术监督局批准，定为国标GB 9955-88《渔业机械基本术语》。2008年，重新修订后调整为农业部标准。

【机械装置设计】

1958—1959年，在舟山渔区机帆渔船机械化试验中，詹庆成等设计的卧式起网机，由校金工厂制造，在舟山鲁家峙渔业大队渔船上安装使用取得成功，并推广应用。

1958年，学校研制的黄鱼处理机具有自动输送、切头、剖腹功能，墨鱼处理机具有剖腹、切眼、去内脏功能。

徐文达主持研制的渔业机械装置有：1974—1978年，与许瑞芬等完成福州市水产局委托的渔船起卸鱼货及渔舱气力卸鱼两用机，在福州渔机厂研制成功；1976年，研制马面鲀处理机，具有剥皮、剖腹、去内脏功能，批量生产数十台，1978年获浙江省农业科技进步奖二等奖；1990年，研制SAT水产食品塑料盒封口机，由上海崇明渔机厂制造生产。

1985年，施静英、钱勇贵、曹志荣、李鸿杰、楼文高、陶祥庆等研制成功ZK 85珍珠钻孔机，由校金工厂批量生产。1987年，获农业部科学技术进步奖二等奖。

1991—1992年，胡文伟参加研制全自动鱿鱼钓机，倪谷来参加研制鱿钓渔船水上集鱼灯整流器，均获得成功。

1992年，朱永兴主持研制的自行往返远控潜吸式清淤机，获国家发明奖三等奖。2002年，朱永兴与王永鼎合作研制的滩涂作业紫菜收割机，获上海市优秀发明奖一等奖。

1991—1994年，殷肇君、张财富、陈蓝苏、董初生、徐道端、柏春祥等研制深水充气增氧机，于1998年获上海市科技兴农奖二等奖。

【渔业仪器】

1958—1960年，施彬、顾浩年、蔡廷勋与上海海洋渔业公司渔轮队电讯组合作，研制国内第一台大功率垂直鱼群探测器，获得成功。1962年，该项目获国务院新成果产品奖二等奖。

1974—1977年，顾景镠负责研制全方向多笔式探鱼仪，柯贤岱、郭明枢、孙晋声、陈国华、李柳川、金正祥等参加。系国内首次应用扩展分层记录技术的记录仪器，位于水下的换能器具有上下、水平回转及倾斜3个方向的运动及转向功能。1978年9月，该项目获福建省科学技术成果奖。同期，由顾景镠、张碧泉、林清溪等承担DXS-3小型机帆渔船定位仪研制，1978年由学校渔业电子仪器厂开始批量生产，并得到推广应用。

六、水产品加工及贮藏工程

水产品加工方法，源自传统干制、盐制、腌制、熏制等。随着科技水平的进步，为提高水产品贮藏效果，保存更多营养成分，逐渐开发出新的冷藏、罐藏等技术，提高商品价值。如今，逐渐向综合利用、海洋药物开发等方向发展。

1953年，纪家笙主持鲨鱼皮制革实验取得成功。次年，该成果获华东财经委员会嘉奖。1955年骆肇荛、张楚青等开展水产品添加药物防腐剂保鲜实验，如金霉素冰用于渔轮上保鲜效果研究、土霉素用于乌贼雨天防腐的研究等。

1959年，黄金陵与上海梅林罐头食品厂合作，研制成功马口铁罐密封用的硫化乳胶，改变固体橡胶圈的密封方法，提高生产效率。达式奎、杨运华共同完成大功率超声波杀菌器的研制及应用试验。

1964年，学校与上海梅林罐头食品厂共同开展马口铁罐头用防粘涂料的制造及应用研究，学校参加的教师有黄金陵、舒灵芝、俞鲁礼、张洪武、程郁周、杨运华等。新研制的涂料具有良好防黏附罐壁的效果。1965年，李雅飞、童瑞璜等与厦门漳州罐头食品厂合作开展蘑菇罐头电素铁代用热浸泡试验研究的成果被推广。

1972—1977年，骆肇荛、夏凤仪等开展鱼蛋白发泡剂研究，利用福建沿海丰富的小型鱼类资源制取鱼蛋白，替代鸡、鸭蛋所制成的蛋白干用作蛋白糖发泡剂，1978年获全国科学大会奖。1976年，骆肇荛、季家驹开展热箱式太阳能加热器促进鱼露成熟发酵的实验，改进传统鱼露生产工艺，提高鱼露质量。1973年起，徐文达、石树奋、陆志平、达式奎等在调研过程中发现，利用烘干房不失为一种既经济实用，又有较好效果的水产品加工设施，先后在福建长乐等地兴建烘干房多座，1978年获福建省科学技术成果奖。1977年，严伯奋主持肠溶性褐藻胶丸试验研究。1979年，王锡珩主持8154(A)型渔船热力膨胀阀供液平板速冻制冷工艺研究，1983年获农牧渔业部科技成果技术改进奖二等奖。

1982年，严伯奋主持食用褐藻胶淀粉膜研制，1984年获农牧渔业部科技成果技术改进奖二等奖。1983年，冯志哲、姚果琴、郭大钧、沈月新、魏鹤声等承担"六五"科技攻关项目水产品保鲜加工技术研究的3个子课题。1982年，季家驹主持饲料复合氨基酸营养源研究，1985年获农牧渔业部科技成果改进奖三等奖。1987年，黄金陵主持对虾中呈味物质的分析与利用，黄志斌、李淡秋、王锡昌主持"七五"攻关专题远东拟沙丁鱼鱼油利用试验，制备高浓度的DHA和EPA，并制备混合脂肪酸标准品。1989年，骆肇荛、王慥、陈舜胜等主持鲐鲹加工产品的质量鉴定和保质期限的研究。1990年，俞鲁礼、黄丽贞、王锡昌等主持淡水鱼内脏油的利用研究；沈月新主持淡水鱼冷冻方便食品的开发。同年，郭大钧、沈月新、冯媛等与江苏省水产局合作承担淡水鱼加工制品开发，1993年获江苏省水产科技进步奖一等奖，1997年获农业部科学技术进步奖三等奖。1992年，黄志斌主持鲐鱼的加工与利用，开展鲐鱼鱼油提取及EPA、DHA的精制研究。1992年，王慥、俞鲁礼、陶妍主持淡水鱼加工废弃物作为蛋白添加的利用研究；陈舜胜主持淡水养殖商品鱼营养风味季节差异的研究。1993年，骆肇荛、王慥、陶妍主持乳状鱼蛋白系统营养食品的研发。1996年，雷桥主持鱼油粉末化研究。1997年，沈月新主持上海市科委重点项目、上海市东北片高校联合科研项目绿色技术——冻肉高压静电复鲜机理的研究。1998年，周培根主持毛蚶净化技术研究。2000年，雷桥主持淡水鱼肉和大豆蛋白复合素材开发的研究；王慥主持鱿鱼加工副产品中活性物质的研究等。

1996年，中日农业科技交流工作组第15次会议讨论决定，由学校与日本国际农林水产业研究中心共同承担中国淡水渔业资源利用技术开发研究。1997—2005年，先后投入1 200万元科研经费，经过中日两国科技工作者共同努力，取得主要研究成果有：（1）淡水鱼鱼糜加工技术开发，提高制品得率以及以鱼糜加工的废弃物为原料提取鱼油；（2）不同鱼种（鲢、罗非鱼）和形态（鱼片、碎鱼肉、鱼糜）的淡水鱼鱼肉在冻结与冷藏中蛋白质变性状况以及抗冻剂的作用；（3）中国主要淡水鱼的脂质成分及变化；（4）淡水鱼肌肉死后感官变化、生化变化及物性评价；（5）淡水鱼鱼露研制。中方主要研究人员有陈舜胜、王锡昌、程裕东、袁春红、曲映红等。

制冷学科主要科研活动：1983年，王锡珩、葛茂泉参加GBJ 72-84冷库设计规范制订，1987年获国家计委优秀国家标准奖三等奖；1987年，冯志哲主持贻贝速冻保鲜研究、提高冻对虾质量的研究、鱼虾贝类实用冷藏期的研究；1993年，徐世琼等主持翅板式铝合金蒸发器研制；1996年，徐世琼、陈邓曼、谢晶等开展果蔬气调保鲜的研究，完成江苏泰兴1 000吨气调库设计，次年完成上海绿全果蔬有限公司500吨果蔬气调库设计；1988年，严伯奋、徐文达等主持水产食品气调保鲜技术研究，1999年获农业部科学技术进步奖三等奖。

【水产品综合利用】

2001年，程裕东、陈舜胜主持淡水鱼肉与大豆蛋白复合素材的开发研究；汪之和主持鱿鱼精巢中活性成分的分离提取研究。2002年，宁喜斌主持罗非鱼鱼片加工废弃物生产鱼露的研究。2003年，王锡昌主持半咸水暂养淡水鱼改善其肉质和风味的研究，水产品流通领域危害分析及HACCP管理规范修订的研究；孙涛主持富勒烯生物作为人工抗氧化剂的研究。2005年，孙涛主持壳聚糖衍生物抗氧化性能的研究，以及宝石鱼内脏油综合利用研究；丁卓平主持水产品中有毒微生物胺测定研究；陶妍主持淡水鱼类肌肉蛋白质稳定性的季节变化及其分子机理研究，并获得上海市科委国际合作项目及上海市浦江人才基金资助；王锡昌主持农业部"948"项目子课题我国金枪鱼繁养及加工技术引进与产业化的研究。2006年，曲映红主持章胺发酵制备与应用研究及智利外海茎柔鱼加工利用研究。2006年，李燕主持ε-PL的生物合成及在食品保藏中的应用研究；康永锋主持重点学科建设项目聚乳酸控释纳米粒子的研究；包海蓉主持桑葚降温速率和冻藏过程中的变化研究；王锡昌参与国家科技支撑计划大宗低值鱼加工新产品与超低温急冻装备开发及产业化示范的研究；王朝瑾主持上海市科委重点项目应用于食品安全领域的生物传感器的研制。2007年，孙涛主持上海市教委基金项目选择性功能化与壳聚糖衍生物抗氧化性能研究；熊振海主持上海高校选拔培养优秀青年教师科研专项基金水产品食品安全数据库；刘源主持禽肉风味指纹研究；王锡昌主持教育部博士点基金养殖草鱼异味形成机理研究。2008年，王锡昌主持国家科技支撑计划海洋食品的质量控制与危害脱除技术研究及产业化示范的研究；刘源主持养殖河鲀使用安全品质研究、基于气味指纹技术快速检测冷却肉品质安全研究、共轭亚油酸营养调控樱桃谷鸭肉风味研究。2009年，刘源主持欧盟第七框架项目"Sustaining Ethical Aquaculture Trade"子课题水产品溯源及食用安全性研究。2010年，陶妍主持上海市科学促进会产学研联盟项目天然生物类抗菌剂的研发及其在水产养殖饲料中替代抗生素的研究；陶宁萍主持上海市科委技术标准专项养殖暗纹东方鲀食用安全品质标准及规范研究。2011年，陶妍主持上海市教委重点科研创新项目水产生物抗菌肽的基因工程制备及其功能性质的研究。

【制冷及低温工程】

2002年，谢晶主持上海市教委发展基金项目果蔬气调冷库的气体流场分析及优化设计。2004年，吴稼乐主持上海市科委科技攻关项目超低温（金枪鱼）均温解冻关键技术研究，使黄鳍金枪鱼鱼体解冻工艺具有较强的可操作性,适用大卖场现销加工,同时为加工企业保证产品质量和鲜度提供有价值的参考依据。2005年,吴稼乐主持生食金枪鱼标准制定,获2006年度上海标准化优秀科技成果二等奖;万锦康主持农业部项目水产品低温冻结、冷藏运输设备技术条件标准,渔船隔热层发泡操作技术规程标准。2004—2007年,万金庆主持上海市教委发展基金项目生鲜禽肉冰温贮藏技术的研究。

2005—2009年,谢晶先后主持上海市科技兴农重点攻关项目蔬菜冷藏链应用中技术标准的研究,教育部留学基金项目和浙江省重中之重建设项目开放课题真空浸渍技术在功能性食品开发中的应用,上海市科技兴农重点攻关项目虾类深加工技术的研究,上海市科技兴农重点攻关项目优质蔬菜采后加工和配送中质量控制体系的研究、高效鼓风冻结装置的研制与开发;主持上海市教育发展基金会、上海市教委曙光计划项目食品真空冷却过程中传热传质问题的研究,较系统地对青菜、香菇、白蘑菇、康乃馨、香石竹等叶菜、食用菌、花卉以及米饭等的真空冷却工艺进行研究,获得上述农产品和食品真空预冷最佳工艺参数,具有推广应用价值;主持"十一五"国家科技支撑计划项目生鲜农产品现代物流保鲜技术研究的子课题水产品低温物流贮运装置及设施精确控温关键技术的研究;主持上海市科委项目生鲜水产品冷藏保鲜和安全监控技术研究,"863"计划重点项目食品绿色供应链关键技术与产品的子课题猪肉产品绿色供应链技术创新与设备研制,上海市优秀学科带头人计划(A类)生鲜水产品生物保鲜技术及其抗菌机理的研究。2005年,谈向东主持上海市教委项目冰蓄冷家用中央空调器的研究与开发,吴稼乐主持金枪鱼一氧化碳残留量检测。2006年,张敏主持水产品热导率测试系统的研究。2006—2010年,方恒和参加国家科技支撑计划鲜活水产品长距离物流技术开发与产业化示范。

2008—2010年,张敏主持国家自然科学基金项目采后球形果实组织内部传热机理的研究。

2007年,潘迎捷主持中国2010年上海世博会特供食品质量与安全保障体系项目,及上海市科委重大科技攻关项目城市猪肉产品安全供给保障关键共性技术研究。由学校与上海市食品药品监督所、上海市动物疫病预防控制中心、上海市食品安全工程技术研究中心、华东理工大学、上海农业信息有限公司、华东电脑有限公司组成攻关组,学校王锡昌、谢晶等参加,通过研究建成猪肉产品安全监管追溯系统,制订上海生猪产品流通产业调整规划的HACCP模式评估体系、冷却猪肉的微生物预报模型,为上海城市生猪产品安全供给提供有力技术保障。

2009年,余克志主持太阳能与分布式功能系统在低碳校园建筑中的技术集成与示范项目。

2010年,谢晶主持2010年度上海市政府间国际科技合作计划项目冷链中食品品质监控和节能关键技术的研究。

【海洋药物与功能食品】

2006年,吴文惠主持上海市教委重点研究项目海藻小分子纤溶活性化合物溶血栓作用机制研究,建立FITC-大白鼠肺栓塞动物模型,发现来源于微劳马尾藻的葡萄糖二酯甘油通过提高单链尿激酶型纤溶酶原激活剂的活性促进肺血栓溶解。2007年,刘承初主持上海市教委高校高水平特色发展项目羊栖菜硫酸酯多糖的分级纯化、结构解析与构效关系研究;吴文惠主持海藻小分子纤溶活性化合物的研究、海洋微生物来源多萜酚化合物的纤溶作用研究。2009年,刘承初主持上海市教委科研创新重点项目基因工程菌融合表达乳铁蛋白肽的关键技术;杨靖亚主持副溶血弧菌耐热直接溶血毒素单克隆抗体的研究。2011年,刘承初主持国家自然科学基金项目单核增生李斯特菌对含氯消毒剂耐药性及其生理调控机制;吴文惠主持"十二五"国家科技发展高新技术规划纤溶活性化合物FGFC1成药性研究;刘克海主持国家自然科学基金项目壳聚糖季铵盐连接LMW-PEI

作为骨架的靶向DNA纳米复合物的构建及其抗肿瘤作用研究。

【食品生物技术】
2003年,李柏林主持食品安全的微生物预报软件技术研究。2004年,陈有容、汪立萍主持上海市教育发展基金会、上海市教委曙光计划产学研项目豆制品保鲜及豆浆去腥研究。课题组经过两年多努力,改变传统的豆浆高温瞬时杀菌技术,使豆浆的保质期在常温(37℃)下达到3个月以上,同时提出去除豆腥味的新方法。2006年,汪立萍主持生物技术提取和纯化功能性大豆低聚糖研究;潘迎捷主持养殖水体污染菌和病原菌的分子检测技术的研究,赵勇主持食品保藏过程中腐败微生物的分子动态监测。2007年,汪立萍主持露寡糖的制备及其在水产饲料中的应用研究;赵勇先后主持生态芯片技术在水产品质量安全检测中的应用研究,以及江苏省检验检疫局科技项目食源性致病菌DNA多样性数据库和DNA芯片检测方法的研究、DNA指纹结合气味指纹表征食品质量安全状况的研究。2008年,孙晓红主持副溶血弧菌LAMP检测技术的建立,应用该技术检测食品中的副溶血性弧菌;刘源主持养殖河鲀食用安全品质研究;王锡昌主持海洋食品的质量控制与危害脱除技术研究及产业化示范,基于微卫星及SNP分子标记的海产品质量安全全程追溯技术研究与示范,海洋食品的过敏原控制技术。2009年,卢瑛先后主持食用农产品中重要危害因子监测与控制技术研究和常见食源性致病菌特异性抗体库与纳米检测探针的构建;黄轶群主持表面增强拉曼技术应用于水产品中微量危害化学物质快速检测的研究。2010—2012年,刘源主持海洋鱼糜及其制品多指纹图谱检测技术研究。2009—2012年,陈兰明主持养殖水域多功能益生菌的定向分子构建及应用评价。

七、渔业经济与管理

见第六篇第二章第三节上海市重点学科渔业经济与管理。

第二节 主要奖项与专利

一、主要奖项

学校科研成果获得国家级奖项有1978年的全国科学大会奖、1987年度国家科学技术进步奖三等奖、1988年度国家自然科学奖三等奖。之后,随着科研工作的不断深入,陆续获得多项国家级和省部级科研成果奖。2006—2011年,学校连续6年每年至少获得1项上海市科学技术进步奖一等奖,获得6项国家科技进步奖二等奖。

表7-2-1 1962—2011年获省部级科学研究成果奖项(上海市单列)一览表

序号	年度	成果名称	获奖种类及等级	学校主要完成人
1	1962	垂直式大功率鱼群探测仪	国务院新成果产品二等奖	施彬等
2	1978	河蚌育珠	福建省科学技术成果奖	郑刚、张英、李松荣、王维德
3	1978	鱼蛋白发泡剂	福建省科学技术成果奖	骆肇尧、夏凤仪等

(续表)

序号	年度	成果名称	获奖种类及等级	学校主要完成人
4	1978	人工合成多肽激素及其在家鱼催产中的应用	福建省科学技术成果奖	姜仁良、王道尊、谭玉钧、郑德崇
5	1978	池塘科学养鱼创高产	福建省科学技术成果奖	谭玉钧、王 武、雷慧僧、姜仁良、施正峰、李元善
6	1978	中国石首鱼类分类系统的研究和新属新种的叙述	福建省科学技术成果奖	朱元鼎、罗云林、伍汉霖
7	1978	鲢、鳙腐皮病及其防治方法的初步研究	福建省科学技术成果奖	唐土良、柳传吉
8	1978	太湖渔业资源调查和增殖试验	福建省科学技术成果奖	赵长春、缪学祖、严生良、殷名称、童合一、杨亦智
9	1978	长江流域渔具渔法渔船调查	福建省科学技术成果奖	张友声、徐森林、车茂隆、方忠浩、郭大德、李庆民、钟为国、胡谟迨、钟若英
10	1978	河蟹人工繁殖的研究	福建省科学技术成果奖	梁象秋、严生良、郑德崇、郭大德
11	1978	紫菜人工养殖研究	福建省科学技术成果奖	王素娟、章景荣、马家海、朱家彦、顾功超
12	1978	真鲷人工繁殖与苗种培育的研究	福建省科学技术成果奖	苏锦祥、凌国建、楼允东、江福来
13	1978	拖网脉冲赶虾器	福建省科学技术成果奖	崔建章、周应祺
14	1978	洞道式烟道气间接给热烘干房	福建省科学技术成果奖	达式奎、郭大钧等
15	1978	全方位多笔式探鱼仪	福建省科学技术成果奖	顾景镠、柯贤岱、郭明枢、孙晋声、陈国华、李柳川、金正祥
16	1978	机帆船疏目拖网试验	福建省科学技术成果奖	季星辉
17	1978	高密度流水养鱼研究	福建省科学技术成果奖	翁忠惠、李元善、宋承芳、谭玉钧、王道尊等
18	1978	水质污染的检测方法	福建省科学技术成果奖	金有坤、俞鲁礼、黄丽贞、徐祖鋆、吴淑英、郑元维、董其莩、黄竞雄、陈宏光等
19	1978	鱼类促性腺激素放射免疫测定法	福建省科学技术成果奖	姜仁良、黄世蕉、赵维信
20	1978	中国对虾南移人工育苗及养殖试验	福建省科学技术成果奖	肖树旭、纪成林、胡晴波、邱继文、洪吉明、余德恭
21	1978	鱼类颗粒饲料	福建省科学技术成果奖	王道尊、孙其焕、宋天复
22	1978	中国软骨鱼类的侧线管系统及罗伦瓮和罗伦管系统的研究	福建省科学技术成果奖	朱元鼎、孟庆闻
23	1978	利用高产水生植物草浆养鱼	福建省科学技术成果奖	朱学宝、李元善

(续表)

序号	年度	成 果 名 称	获奖种类及等级	学校主要完成人
24	1978	坛紫菜自由丝状体培养和直接采苗试验	福建省科学技术成果奖	陈国宜
25	1978	河鳗人工催熟催产及鳗苗早期发育的研究	福建省科学技术成果奖	赵长春、王义强、施正峰、张克俭、李元善、谭玉钧
26	1978	DXS-3机帆渔船定位仪	福建省科学技术成果奖	顾景镠等
27	1978	马面鲀处理机	浙江省农业科技进步奖二等奖	徐文达
28	1979	鲨人工饲养	福建省科学技术成果奖二等奖	顾功超
29	1979	闽南渔场—台湾浅滩鱼类资源调查	福建省科学技术成果奖二等奖	伍汉霖、金鑫波、沈根媛
30	1979	池塘静水养鱼高产技术	江苏省重大科技成果奖三等奖	王 武
31	1979	紫菜人工养殖	福建省科学技术成果奖	王素娟、章景荣、马家海、朱家彦、顾功超
32	1981	南海诸岛海域鱼类志	国家水产总局技术改进成果奖一等奖	朱元鼎、孟庆闻、苏锦祥、伍汉霖、金鑫波等
33	1982	池塘养鱼高产技术中试	全国农林牧副渔科技成果推广奖	王 武、谭玉钧
34	1982	水库溢洪道脉冲电拦鱼电栅	福建省科技成果三等奖,福建省科技成果推广三等奖	钟为国
35	1983	水库溢洪道脉冲电拦鱼电栅	农牧渔业部科技成果技术改进奖二等奖	钟为国
36	1983	8154(A)型渔船热力膨胀阀供液平板速冻制冷工艺	农牧渔业部科技成果技术改进奖二等奖	王锡珩
37	1984	食用褐藻胶淀粉薄膜	农牧渔业部技术改进奖二等奖	严伯奋、黄 精、黄世峰
38	1985	鲢、鳙、草、鲂鱼受精过程光、电镜观察	农牧渔业部科学技术进步奖二等奖	王瑞霞等
39	1985	精养鱼池水质管理的原理与技术	农牧渔业部科学技术进步奖二等奖	王 武等
40	1985	草鱼出血病病毒的分离鉴定及其敏感细胞系的建立	农牧渔业部科学技术进步奖二等奖	杨先乐
41	1985	饲料复合氨基酸营养源	农牧渔业部科学技术进步奖三等奖	季家驹
42	1985	中国农业机械化区划	全国农业区划委员会中国农业机械化区划奖二等奖	黄永萌

(续表)

序号	年度	成果名称	获奖种类及等级	学校主要完成人
43	1986	坛紫菜营养细胞直接育苗和养殖的研究	农牧渔业部科学技术进步奖二等奖	王素娟、张小平、孙云龙
44	1986	应用放射免疫测定鱼类促性腺激素性激素的研究	农牧渔业部科学技术进步奖二等奖	姜仁良、黄世蕉、赵维信
45	1986	东张水库乙维混合捻线拦鱼网的设计与应用	农牧渔业部科学技术进步奖三等奖	徐森林
46	1987	ZK85型珍珠钻孔机	农牧渔业部科学技术进步奖三等奖	施静英、钱勇贵、曹志荣、李鸿杰、楼文高、陶祥庆
47	1987	黄浦江污染综合防治规划方案研究	国家环保局环保科学技术进步奖一等奖	金有坤、郑元维、吴淑英、董其弗、顾福珍、姚野妹、刘振华
48	1987	尼罗罗非鱼溃烂病防治研究	农牧渔业部科学技术进步奖三等奖	黄琪琰、蔡完其、孙其焕
49	1987	冷库设计规范	国家计划委员会工程建设优秀国家标准规范奖三等奖	王锡珩、葛茂泉
50	1988	中国内陆水域渔业资源	农业部科学技术进步奖三等奖	梁象秋
51	1989	江口水库大水体养殖综合开发——大型水库脉冲电拦鱼电栅技术	江西省星火奖二等奖	钟为国、李庆民、陈丽月
52	1989	鲤鱼棘头虫病的研究	农业部科学技术进步奖二等奖	黄琪琰、郑德崇、邓柏仁
53	1989	长江、黑龙江、珠江鲢、鳙、草鱼考种	农业部科学技术进步奖二等奖	李思发、周碧云、陆伟民等
54	1989	浅水草湖船舶的新型推进装置	农业部科学技术进步奖三等奖	章可畏、夏泰淳
55	1990	中国鱼类系统检索	中国科学院自然科学奖二等奖	朱元鼎、孟庆闻、伍汉霖、苏锦祥、金鑫波
56	1990	多功能大跨度拦鱼网工程的设计与应用	安徽省科学技术进步奖三等奖	徐森林、余邦涵
57	1991	草鱼出血病防治研究	农业部科学技术进步奖一等奖	黄琪琰、郑德崇、蔡完其
58	1991	滆湖水产增养殖技术	农业部科学技术进步奖二等奖	童合一、杨和荃、陈马康
59	1991	主要水生动物饲料标准及检测技术研究	农业部科学技术进步奖二等奖	王道尊、王义强、周洪琪、潘兆龙、王顺昌、梅志平、魏 华、龚希章、杨 敏
60	1991	湖泊围栏区捕捞技术的研究	农业部科学技术进步奖三等奖	钟为国、郭大德、张荫乔、沈锡江

(续表)

序号	年度	成果名称	获奖种类及等级	学校主要完成人
61	1991	湖泊捕捞技术研究——100至1 000亩围养区捕捞技术研究	农业部科学技术进步奖三等奖	钟为国、郭大德、张荫乔、沈锡江
62	1991	特种饲料加工技术——仔鱼、幼鱼、对虾饲料的研究	国内贸易部科学技术进步奖四等奖	王义强、宋天复
63	1993	日本海柔鱼钓渔场调查和钓捕技术研究	农业部科学技术进步奖一等奖	王尧耕等
64	1993	中国进一步发展远洋渔业对策研究	农业部科学技术进步奖三等奖	崔建章、周应祺
65	1996	大型湖泊渔业综合高产技术研究	农业部科学技术进步奖二等奖	陆伟民、童合一
66	1996	中型草型湖泊渔业综合高产技术研究	农业部科学技术进步奖二等奖	陈马康、姜新耀、孙其焕等
67	1997	北太平洋鱿鱼资源开发和捕捞技术及其装备的研究	农业部科学技术进步奖二等奖	王尧耕、胡明垲、唐玉顺、孙满昌、倪谷来、陈新军、王维权、王锡昌、俞鲁礼、丁卓平
68	1997	中国经济海藻超微结构研究	农业部科学技术进步奖二等奖	王素娟、徐志东、刘凤贤、俞永富、周一红、何培民、路安明、孙云龙、张敏
69	1997	天鹅洲通江型故道"四大家鱼"种质资源天然生态库的研究	农业部科学技术进步奖二等奖	李思发、周碧云
70	1997	吉富品系尼罗罗非鱼的引进及其同现有养殖品系的评估	农业部科学技术进步奖三等奖	李思发、李家乐、李晨红、楼永、赵金良
71	1997	对虾常见病的防治技术研究	农业部科学技术进步奖二等奖	蔡生力
72	1997	淡水鱼加工制品开发	农业部科学技术进步奖三等奖、江苏省水产科技进步奖一等奖	郭大钧、沈月新
73	1998	条斑紫菜病害防治技术的研究	农业部科学技术进步奖二等奖	马家海
74	1999	虾蟹类增养殖学	教育部科学技术进步奖三等奖（教材类）	纪成林
75	1999	微囊型微粒子饲料	浙江省渔业科学技术进步奖一等奖、浙江省科学技术进步奖二等奖	王道尊
76	1999	水产养殖病害防治药物效果对比筛选试验	农业部科学技术进步奖二等奖	蔡生力
77	1999	淡水鱼类种质标准参数及其应用	农业部科学技术进步奖二等奖	李思发、蔡完其、周碧云

(续表)

序号	年度	成果名称	获奖种类及等级	学校主要完成人
78	1999	水产食品气调保鲜技术研究	农业部科学技术进步奖三等奖	严伯奋、徐文达、陶宁萍、周颖越等
79	2000	北太平洋鱿鱼资源开发和捕捞技术及其装备的研究	教育部科学技术进步奖二等奖	王尧耕、胡明埥、唐玉顺、孙满昌、倪谷来、陈新军、王维权、王锡昌、俞鲁礼、丁卓平
80	2002	鱼类营养及饲料技术研究	湖北省科学技术进步奖二等奖	王道尊（第三完成人）
81	2002	草鱼出血病细胞培养灭活疫苗大规模生产工艺研究	湖北省科学技术进步奖三等奖	杨先乐
82	2002	GB 17715—1999 青鱼 GB 17716—1999 草鱼 GB 17717—1999 鲢 GB 17718—1999 鳙	国家质量监督检验检疫总局标准计量技术成果奖二等奖	李思发、赵金良、蔡完其、周碧云
83	2005	中国大鲵子二代全人工繁育技术及南方工厂化养殖模式的研究	广东省科学技术进步奖二等奖	杨先乐
84	2005	出口文蛤消毒净化技术研究及产业化	江苏省科学技术进步奖三等奖	王　武、沈和定
85	2006	中华鳖传染性疾病防治技术的研究	湖北省科学技术进步奖二等奖	杨先乐（第二完成人）
86	2006	三角帆蚌和池蝶蚌杂交优势利用技术	浙江省科学技术进步奖二等奖	李家乐、汪桂玲、李应森、冯建彬
87	2006	江黄颡鱼的生物学与养殖技术研究	安徽省科学技术进步奖二等奖	王　武、马旭洲、刘利平、石张东、张文博
88	2006	设施渔业水处理装备的研究与开发	江苏省科学技术进步奖三等奖	朱学宝等
89	2006	印度洋西北部鸢乌贼资源渔场、钓捕技术和加工利用研究	中国水产科学研究院科技进步奖二等奖	陈新军、钱卫国、曲映红、田思泉、叶旭昌、刘必林、刘金立、钟俊生、杨晓明、李曰嵩、许强华、陈舜胜
90	2007	公海重要经济渔业资源开发研究	教育部科学技术进步奖二等奖	陈新军、张　敏、许柳雄、宋利明、钱卫国、邹晓荣、戴小杰、叶旭昌
91	2007	东南太平洋（公海）竹筴鱼资源开发性探捕	国家海洋局海洋创新成果奖二等奖	张　敏、邹晓荣、季星辉、孙满昌、许柳雄、王大弟
92	2009	阳极焙烧先进控制技术	甘肃省科学技术进步奖一等奖	李晓斌（第二完成人）
93	2009	基于Ethernet的现场总线控制网络模型的研究	甘肃省科学技术进步奖二等奖	李晓斌（第二完成人）

(续表)

序号	年度	成果名称	获奖种类及等级	学校主要完成人
94	2009	基于生物活性的红藻膳食纤维和红藻糖的创新开发及其应用	教育部高等学校科学研究优秀成果(科学技术)奖二等奖	何培民
95	2009	北太平洋柔鱼渔情预报研究及应用	国家海洋局海洋创新成果奖一等奖	陈新军、许柳雄、杨红、官文江、杨晓明、吴开军、田思泉、钱卫国、严华萍、张健、李曰嵩、刘必林、叶旭昌
96	2009	湖泊生物资源快速修复与渔业利用技术研究	安徽省科学技术进步奖三等奖	成永旭
97	2009	大洋性重要经济种类资源开发及高效捕捞技术研究	农业部神农中华农业科技进步奖三等奖	陈新军、张敏、许柳雄、宋利明、钱卫国、邹晓荣、戴小杰、叶旭昌、刘必林、朱国平、田思泉
98	2010	养殖海区大型海藻生态修复产业链研究与应用	国家海洋局海洋创新成果奖二等奖	何培民、霍元子、徐姗楠、蔡春尔、贾睿、于克锋、胡乐琴
99	2010	智利外海茎柔鱼资源渔场开发和高效钓捕技术研究	国家海洋局海洋创新成果奖二等奖，中国水产科学研究院科技进步奖二等奖	陈新军、钱卫国、刘必林、曲映红、田思泉、李纲
100	2010	东太平洋和印度洋公海金枪鱼资源开发研究	国家海洋局海洋创新成果奖二等奖	宋利明、许柳雄、戴小杰、高攀峰、朱国平
101	2010	智利外海茎柔鱼资源开发及推广	全国农牧渔业丰收奖农业技术推广成果奖一等奖	陈新军、钱卫国、刘必林、曲映红、田思泉、李纲
102	2011	岛礁海域人工鱼礁建设技术	国家海洋局海洋创新成果奖二等奖	章守宇、张硕、林军、刘洪生、汪振华、王凯、许强、陈清满、许敏、赵静

表7－2－2　1977—2011年获上海市科学研究成果奖项一览表

序号	年度	成果名称	获奖种类及等级	学校主要完成人
1	1977	家鱼人工繁殖的研究	上海市重大科学技术成果奖	谭玉钧、姜仁良、施正峰、雷慧僧
2	1985	22×175.8米/2 930目的虾、蟹桁拖网	上海市科学技术进步奖三等奖	季星辉、孙满昌
3	1985	低盐度海水对虾养殖技术	上海市科学技术进步奖一等奖	肖树旭、臧维玲、李小雄
4	1986	池塘养鱼高产和综合养鱼技术	上海市科学技术进步奖二等奖	谭玉钧、王武、王道尊
5	1986	渔牧复合生态系统工程研究	上海市科学技术进步奖三等奖	李思发
6	1987	上海市池塘养鱼高产与综合养鱼技术的研究	上海市科学技术进步奖二等奖	谭玉钧、王武、王道尊等

(续表)

序号	年度	成果名称	获奖种类及等级	学校主要完成人
7	1988	上海市郊区池塘养鱼高产技术大面积综合试验	上海市科学技术进步奖一等奖	谭玉钧、王 武、王道尊等
8	1988	上海市海岸带和滩涂资源综合调查	上海市科学技术进步奖一等奖	肖树旭、方纪祖、李亚娟、王维德、杨和荃、周昭曼、姚超琦、顾功超、谢政强、张媛溶、李小雄、梁象秋、严生良、毛震华
9	1989	上海市"六五"科技攻关项目经济效益计量和社会效益分析	上海市科学技术进步奖三等奖	林雅年、刘冠伦、范晓萍
10	1991	2000年上海科技发展战略研究	上海市科学技术进步奖三等奖	张月波
11	1991	青鱼饲料标准及检测技术	上海市科学技术进步奖二等奖	王道尊、潘兆龙、梅志平、龚希章
12	1992	河口区中国对虾育苗与养成水质的研究	上海市科学技术进步奖三等奖	臧维玲、张克俭、肖树旭、张道南
13	1993	精养鱼池有效磷变化规律及其控制的研究	上海市科学技术进步奖三等奖	王 武、谭玉钧、李家乐
14	1994	大水面(河道)青虾(日本沼虾)放流开发示范试验	上海市科技兴农奖三等奖	陈马康、郭大德、潘兆龙、王 霍
15	1995	鲫鱼腹水病的研究	上海市科学技术进步奖二等奖	黄琪琰、金丽华、孙其焕、孙佩芳、郑德崇、吴建农、陆宏达
16	1996	罗氏沼虾同步产卵、幼体饲料、育苗水质研究	上海市科学技术进步奖三等奖	赵维信、臧维玲、张道南、宋天复、魏 华
17	1997	团头鲂、鲢、鳙细菌性败血症的研究	上海市科学技术进步奖三等奖	黄琪琰、孙其焕、刘玲仪、杨和荃、吴建农
18	1997	深水充气增氧机的研制	上海市科技兴农奖二等奖	殷肇君、张财富、陈蓝苏、董初生、徐道端、柏春祥
19	1999	《现代科技与上海》	上海市科学技术进步奖三等奖	楼允东
20	2002	团头鲂良种选育与开发利用——"浦江1号"	上海市科学技术进步奖一等奖	李思发、蔡完其、赵金良、邹曙明
21	2003	远洋鱿钓光诱装置的研制及其应用	上海市科学技术进步奖二等奖	王尧耕、胡明婧、陈新军、周应祺、张丽珍、吴燕翔、倪谷来、刘洪生、沈锦松、钱卫国
22	2004	中国五大湖三角帆蚌优异种质评价和筛选	上海市科学技术进步奖三等奖	李家乐、李应森、鲍宝龙
23	2004	中华绒螯蟹种质研究和鉴定技术	上海市科学技术进步奖二等奖	李思发、王成辉、李应森

(续表)

序号	年度	成果名称	获奖种类及等级	学校主要完成人
24	2005	基于微生物技术的动物源食品安全生产体系的建立与应用	上海市科学技术进步奖三等奖	成永旭（排名6）
25	2005	紫菜养殖加工出口产业链开发	上海市科学技术进步奖二等奖	马家海、何培民、张丽珍等
26	2005	渔用药物代谢动力学及药物残留检测技术	上海市科学技术进步奖三等奖	杨先乐
27	2006	循环水工厂化淡水鱼类养殖系统关键技术研究与开发	上海市科学技术进步奖一等奖	朱学宝、谭洪新、李家乐、罗国芝、吴嘉敏
28	2006	生物技术在水产养殖生态系统修复中的应用研究与开发	上海市科学技术进步奖二等奖	成永旭（排名6）
29	2006	北太平洋鱿鱼渔场信息应用服务系统及示范试验	上海市科学技术进步奖一等奖	陈新军、许柳雄
30	2007	从"吉富"到"新吉富"——尼罗罗非鱼种质创新与应用	上海市科学技术进步奖一等奖	李思发、蔡完其、李家乐、赵金良
31	2007	蔬菜低温流通技术和安全体系的研发和应用	上海市科学技术进步奖三等奖	谢晶、沈红然、陈志贵、程裕东、夏国海、陈舜胜、刘晓丹
32	2008	淡水珍珠蚌新品种选育和养殖关键技术	上海市科学技术进步奖一等奖	李家乐、汪桂玲、李应森、白志毅、刘承初、陈蓝荪、刘其根
33	2008	农产品冷藏链中关键技术研究与设备创新	上海市技术发明奖二等奖	谢晶、周洪剑、徐世琼、韩志、陈明、张青、张珍、蔡楠、厉建国、蓝蔚青
34	2008	多功能开放型企业供需网及其在轻工与食品企业中的应用	上海市科学技术进步奖二等奖	何静（第二完成人）、郑锦荣（第三完成人）
35	2009	中华绒螯蟹育苗和养殖关键技术及应用	上海市科学技术进步奖一等奖	成永旭、王武、吴嘉敏、李应森、吴旭干、陆宏达、魏华、周刚、杨筱珍、黄旭雄
36	2009	富营养化水域生态修复与控藻工程技术研究与应用	上海市科学技术进步奖二等奖	何培民、王丽卿、张饮江、何文辉、陈立婧、刘其根、江敏
37	2010	坛紫菜良种的选育与推广应用	上海市科学技术进步奖一等奖	严兴洪（第一完成人）、黄林彬
38	2010	大洋性重要中上层渔业资源调查及高效捕捞技术	上海市科学技术进步奖三等奖	陈新军、张敏、许柳雄、宋利明、钱卫国、邹晓荣、戴小杰
39	2011	东南太平洋公海茎柔鱼资源开发与推广	上海市科学技术进步奖一等奖	陈新军、钱卫国、邹斌、刘必林、叶旭昌、王尧耕、高峰、官文江、雷林、袁红春
40	2011	虾类产后增殖关键技术与装备的研发与产业化	上海市科学技术进步奖三等奖	谢晶、陈舜胜、陈明、徐开峰、赵海鹏

(续表)

序号	年度	成果名称	获奖种类及等级	学校主要完成人
41	2011	上海世博园水体生态景观系统关键技术研究与应用	上海市科学技术进步奖三等奖	张饮江、何培民、何文辉、陈立婧、江 敏、彭自然、胡忠军、李娟英
42	2011	长江口及临近水域渔业资源保护和利用关键技术研究与应用	上海市科学技术进步奖一等奖	唐文乔（第四完成人）
43	2011	模拟自然生境规模化繁育松江鲈鱼的系列技术与应用	上海市科学技术进步奖三等奖	潘连德、张饮江

表7－2－3　1978—2011年获国家级科学研究成果奖项一览表

序号	年度	成果名称	获奖种类及等级	学校主要完成人
1	1978	河蚌育珠	全国科学大会奖	郑　刚、张　英、李松荣、王维德
2	1978	鱼蛋白发泡剂	全国科学大会奖	骆肇荛、夏凤仪等
3	1978	人工合成多肽激素及其在家鱼催产中的应用	全国科学大会奖	姜仁良、王道尊、谭玉钧、郑德崇
4	1978	池塘科学养鱼创高产	全国科学大会奖	谭玉钧、王　武、雷慧僧、姜仁良、施正峰、李元善等
5	1987	坛紫菜营养细胞直接育苗和养殖的研究	国家科学技术进步奖三等奖	王素娟、张小平、孙云龙等
6	1988	中国软骨鱼类的侧线管系统及罗伦瓮和罗伦管系统的研究	国家自然科学奖三等奖	朱元鼎、孟庆闻
7	1988	青草鲢鳙鲂鱼受精生物学的光学显微镜和电子显微镜研究	国家科学技术进步奖三等奖	王瑞霞、张毓人
8	1989	上海市郊区池塘养鱼高产技术大面积综合试验	国家科学技术进步奖二等奖	谭玉钧、王　武、王道尊、臧维玲、黄琪琰、黄世蕉、童合一、姜仁良、葛光华、龚希章
9	1989	江口水库大水体养殖综合开发——大型水库脉冲电拦鱼电栅技术	国家星火奖三等奖	钟为国、李庆民、陈丽月
10	1990	鲤鱼棘头虫病的研究	国家科学技术进步奖三等奖	黄琪琰、郑德崇、邓柏仁
11	1991	千亩池塘商品鱼亩产1 000公斤技术试验	国家星火奖二等奖	谭玉钧、王　武
12	1992	自行往返远控潜吸式清淤机	国家发明奖三等奖	朱永兴
13	1993	草鱼出血病防治技术研究	国家科学技术进步奖一等奖	杨先乐（第四完成人）、黄琪琰（第六完成人）、郑德崇、蔡完其
14	1995	日本海柔鱼钓渔场调查和钓捕技术研究	国家科学技术进步奖三等奖	王尧耕、胡明埔、胡文伟、陈新发、唐玉顺、倪谷来、王维权、许柳雄、任为公、周应祺

(续表)

序号	年度	成果名称	获奖种类及等级	学校主要完成人
15	1998	天鹅洲通江型故道"四大家鱼"种质资源天然生态库的研究	国家科学技术进步奖三等奖	李思发(第二完成人)、周碧云
16	1998	中型草型湖泊渔业综合高产技术研究	国家科学技术进步奖二等奖	陈马康(第五完成人)、姜新耀、孙其焕等
17	1999	条斑紫菜病烂原因调查及防治的研究	国家科学技术进步奖三等奖	马家海(第一完成人)、王霏等
18	2004	团头鲂良种选育与开发利用——"浦江1号"	国家科学技术进步奖二等奖	李思发、蔡完其、赵金良、邹曙明
19	2008	北太平洋鱿鱼资源开发利用及其渔情信息应用服务系统	国家科学技术进步奖二等奖	陈新军、王尧耕
20	2009	罗非鱼产业良种化、规模化、加工现代化的关键技术创新及应用	国家科学技术进步奖二等奖	李思发、李家乐
21	2009	香菇育种新技术的建立与新品种的选育	国家科学技术进步奖二等奖	潘迎捷等
22	2010	中华绒螯蟹育苗和养殖关键技术及应用	国家科学技术进步奖二等奖	成永旭(第二完成人)、王武、吴嘉敏、李应森
23	2010	大洋金枪鱼资源开发关键技术及应用	国家科学技术进步奖二等奖	许柳雄、宋利明、戴小杰
24	2011	坛紫菜良种的选育与推广应用	国家科学技术进步奖二等奖	严兴洪等

二、专利

学校专利工作起步于20世纪80年代。朱永兴申请的双向螺杆三滚子式自动排缆器和往返自行无密封泥泵潜吸式清塘机专利为学校第一批申请获得的专利。后在国家相关专利政策的大力扶持,以及本校科技人员对专利认识的不断提高,学校专利申请无论从数量还是水平上均得到快速提高。1990—2000年,学校获专利授权近百项。2001—2011年,学校每年获得30余项专利。截至2011年,学校共获得授权发明专利302项、实用新型167项、外观设计5项。

第三章　国家和省部级实验研究机构

第一节　重 点 实 验 室

一、水产种质资源发掘与利用省部共建教育部重点实验室

2005年8月，该重点实验室经教育部批准建设，于2008年7月通过教育部验收并对外开放。实验室原建于军工路校区，面积5 340平方米，其中大型仪器设备共享区480平方米，重要水产动植物繁育调控与种苗工程研究方向开放区480平方米，重要水产动植物种质资源与遗传育种研究方向开放区380平方米，种质资源保护实验区2 200平方米，以及水产种质资源评估、水产基因组学、分子标记与遗传育种、水产繁育控制基因与克隆、水产营养繁育技术和水产动植物种苗工程等功能实验区1 800平方米。有仪器设备1 600多台（套），其中10万元以上仪器设备43台（套），累计投入建设经费2 027.1万元。2008年9月，实验室整体搬迁沪城环路校区，面积4 861平方米，其中科研用房3 889平方米。

实验室制订有《教育部水产种质资源发掘与利用重点实验室管理制度》《实验室使用规则》《实验室安全管理制度》《大型精密仪器管理制度》等规章制度。2011年，实验室主任李家乐，学术委员会主任林浩然。

实验室依托上海海洋大学水产养殖学科、水生生物学科和海洋生物学科，涵盖水产一级学科博士点和博士后流动站、水生生物学二级学科博士点和海洋生物学硕士点，是水产养殖国家重点学科、水生生物学上海市重点学科和海洋生物学上海市教委重点学科等学科领域的重要支撑基地平台。同时，实验室也是动物遗传育种与繁殖、生物化学与分子生物学、临床兽医学、动物营养与饲料、环境科学5个二级学科硕士点和农业推广硕士专业硕士点，以及水产养殖学、动物科学、生物科学、水族科学与技术等多个本科专业方向的创新基地平台。

研究方向　实验室有两个主要的研究方向：重要水产生物种质资源与遗传育种；重要水产动植物繁育调控与种苗工程。重点在水产生物种质资源评估、水产动植物基因组学、分子标记与遗传育种、繁育控制、营养繁育技术和种苗工程等领域开展研究。

主要研究内容包括：(1) 水产动植物种质资源研究，侧重团头鲂、罗非鱼、中华绒螯蟹、三角帆蚌、日本沼虾等水产动物种质资源的挖掘、评估和创新研究；(2) 水产动植物基因组与分子标记研究，包括草鱼、牙鲆、三角帆蚌等基因组研究，条斑紫菜丝状体发育消减文库建立与差异性基因筛选，浒苔Rubisco酶聚集蛋白核影响因子研究及rbcL基因序列分析，草鱼、鲢、鳙、日本沼虾、三角帆蚌和缢蛏的微卫星标记和SSR标记的开发，鳜、鲢、鳙、草鱼的AFLP标记的筛选等；(3) 水产动植物遗传育种与分子标记辅助育种研究，如鱼类优异功能基因的发掘与良种开发研究，鱼类人工和天然多倍体的进化和人工诱导模式等；(4) 水产动植物繁育控制基因与克隆，如海星卵母细胞发育调控研究，内分泌干扰物对鱼类和虾类生殖相关基因表达，性别决定关键酶类和性激素水平的影响等；(5) 水产动植物繁育分子生物学，如鱼、虾、蟹繁殖功能基因组研究，条斑紫菜自由丝状体发育

调控与无贝壳育苗新技术研究等;(6)水产动植物种苗工程,如三角帆蚌和池蝶蚌杂交优势利用技术,鲢、鳙、草鱼和团头鲂遗传资源的变迁,高产优质罗非鱼选育,重要水产养殖动物抗病育种基础研究,坛紫菜良种选育技术,海带配子发生过程中lhef家族基因的时空表达与功能分析等。

研究队伍 实验室有研究团队6个:以李思发、李家乐为学术带头人的水产动物种质资源和遗传育种研究团队;以唐文乔、鲍宝龙为学术带头人的鱼类等水产生物资源研究团队;以杨先乐、吕利群为学术带头人的水产病原生物种质资源保藏和利用研究团队;以王武、成永旭为学术带头人的水产动物繁育与种苗工程研究团队;以邱高峰、施志仪为学术带头人的水产动物繁育生物技术研究团队;以马家海、严兴洪为学术带头人的海藻种苗工程研究团队。

二、大洋渔业资源可持续开发省部共建教育部重点实验室/大洋生物资源可持续开发和利用上海高校重点实验室

1988年,根据国家发展远洋渔业战略,学校与中国水产总公司联合成立远洋渔业研究室,1996年更名为远洋渔业研究所,2007年12月经上海市教育委员会批准为大洋生物资源可持续开发和利用上海高校重点实验室,2008年10月经教育部批准为大洋渔业资源可持续开发省部共建教育部重点实验室。实验室依托学校捕捞学、渔业资源学2个传统优势学科和海洋信息工程新兴学科,涵盖水产一级学科博士点和博士后流动站、渔业资源学二级学科博士点,是上海市教育高地和国家第一批高校特色专业海洋渔业科学与技术的创新实验教学基地平台。2011年,实验室管理委员会主任潘迎捷,实验室主任黄硕琳,实验室学术委员会主任潘德炉。

实验室主体位于沪城环路校区海洋科学学院A楼北栋,并配以海洋科学学院B楼及校图文信息中心9楼。实验室分成渔业遥感及信息研究室、渔业资源生物学研究室、渔具渔法研究室、渔业生态系统量化及管理风险评价研究室4个研究单元,相应建设有关实验室和中国远洋渔业展示厅等,总建筑面积3 175平方米。2007—2009年,实验室在原有设备基础上共投资1 295.4万元用于购买仪器设备143套(件),其中大型仪器设备17套(件)。

实验室针对国家"扶持和壮大我国远洋渔业"和"走出去"战略,跟踪捕捞学和渔业资源学国际发展前沿,密切结合我国大洋渔业发展的产业需求,围绕鱿鱼类、金枪鱼类和南极磷虾等重要大洋经济渔业资源,开展渔业资源数量变动机制及开发策略、高效节能生态型捕捞技术和基于3S的渔情预报技术的应用基础研究,增强我国履行国际公约的能力和分享公海大洋性渔业资源的能力,更好地维护我国公海渔业权益。提高我国大洋渔业的国际竞争力,壮大我国大洋渔业,使之成为开展大洋渔业资源可持续开发领域研究、优秀科学家聚集和培养、学术交流的国家级重要基地,确保我国大洋渔业事业的可持续发展。

研究方向 实验室围绕大洋渔业资源开发过程中涉及的开发对象、开发地点和开发手段等3个主要方面,根据捕捞学科和渔业资源学科的发展趋势,结合国家战略目标和我国大洋性公海渔业产业需求,设立以下3个重点研究方向:

一是开展渔业资源数量变动机制及开发策略研究。主要研究鱿鱼类、金枪鱼类和南极磷虾等大洋渔业资源生物学特性、生活史时空分布、种群数量变动规律及机制、资源量和可捕量评估,以及基于生态系统的渔业资源开发与管理策略等。目的是掌握鱿鱼、金枪鱼和南极磷虾等大洋渔业资源时空分布规律,科学评估其资源量和可捕量,提出可持续开发的管理策略,从而增强我国在参与公海渔业管理中履行国际公约和分享公海大洋性渔业资源的能力,更好地维护我国公海渔业权益。

同时,为我国远洋渔船科学安排生产计划提供依据。

二是高效节能生态型捕捞技术。根据大洋渔业中各种捕捞对象和作业方式的特点,研究合适的高效节能生态型捕捞技术。主要包括防止误捕海鸟和海龟的金枪鱼延绳钓技术、大型金枪鱼围网中高效捕捞起水鱼群技术、节能生态型LED集鱼灯研发及其在远洋鱿钓作业中的应用、高效南极磷虾捕捞技术等。目的是提高捕捞效率、降低生产成本,同时又尽可能减少捕捞对海洋生态系统造成的影响,从而增强我国大洋渔业的国际竞争力。

三是基于3S的渔情预报技术。主要研究鱿鱼类、金枪鱼类和南极磷虾等大洋渔业资源渔场形成的物理环境条件和机制,各重要生活阶段的栖息地分布,全球气候和海洋环境变化对其资源量的影响规律及机制,开发基于3S的渔情预报技术和三大洋渔业海洋环境信息产品制作技术。目的是通过研究掌握大洋渔业资源变动和中心渔场形成机制及其与海洋环境之间的关系,利用海洋遥感获取的动态实时海洋环境数据,借助地理信息系统和专家系统,开展大洋渔业资源量的预测、中心渔场预报,从而大大降低我国从事大洋渔业生产作业渔船的盲目性航行,降低生产作业成本,提高捕捞效率,增强在国际公海中获取更多渔业资源的能力。

研究队伍　陈勇、戴小杰领衔的渔业资源数量变动机制及开发策略研究团队;许柳雄、宋利明领衔的高效生态型捕捞技术研究团队;陈新军、韩震领衔的基于3S渔情预报关键技术研究团队。

三、农业部淡水水产种质资源重点实验室

1993年,经农业部批准设立农业部水产增养殖生态、生理重点开放实验室,主要开展水产动植物种质特性鉴定、遗传改良等方面研究。2002年11月,实验室通过农业部重点开放实验室第四轮评估,并更名为农业部水产种质资源与养殖生态重点开放实验室。在参与评估的84个农业部重点开放实验室中位列第18位,系B类第一位。研究内容调整为建立并逐步完善具有国内、国际先进水平的水产种质资源理论与技术体系,主要研究方向有水产动植物种质特性鉴定、水产动植物遗传改良与生物技术、水产苗种检测等。2005年,实验室通过农业部重点开放实验室第四轮建设中期评估,列第19位,系B类第一位。2011年7月更名为农业部淡水水产种质资源重点实验室,主任李家乐,学术委员会主任桂建芳。

研究方向　实验室根据学科发展及国家与地方经济建设的需要,针对国际水产养殖业前沿,主动调整研究方向,以应用基础研究为主,解决国家和地方水产养殖业发展中的重大科学及技术问题,同时也为水产养殖业的可持续发展培养高级专门人才以及出一流的科研成果。目前实验室的研究方向有水产生物种质资源创新与利用、养殖生产评估、水产养殖生态系统等,主要研究内容有水产生物种质资源挖掘与评估、优异种质选育与创新(包括养殖品质选育)、水生经济生物种苗工程、生态系统演化与操纵、设施渔业养殖系统以及水产动植物生态养殖安全等。

第二节　研究中心

一、国家远洋渔业工程技术研究中心/上海远洋渔业工程技术研究中心

2007年10月17日,上海市科学技术委员会批准建立上海远洋渔业工程技术研究中心,2011年12月29日经科技部批准成为国家远洋渔业工程技术研究中心。中心依托学校,实行管理委员

会领导下的主任负责制,设立专家技术委员会作为管理委员会技术和政策咨询部门。中心主任潘迎捷,中心工程技术委员会主任潘德炉。

中心主要任务是,密切结合我国远洋渔业产业,围绕金枪鱼、鱿鱼、竹筴鱼等大洋重要渔业资源,以及西非、印度洋周边国家等过洋性渔业,开展新资源和新渔场开发、高效节能生态型捕捞、渔情预报等技术研究,推动我国远洋渔业科学研究、生产技术、产品开发等方面进步,成为远洋渔业国家级研发和成果转化基地。同时,通过产学研结合,开展国内外技术合作交流,增强国际竞争力,提高和增强我国开发大洋渔业资源的能力。

研究方向　见本篇第四章第三节。

二、农业部鱼类营养与环境研究中心

2004年8月,学校向农业部提交《上海水产大学鱼类营养与养殖环境研究中心项目可行性研究报告》,获得批准并定名为农业部鱼类营养与养殖环境研究中心,于2007年2月完成中心建筑施工设计方案,2008年10月基本完成基础建设,建筑面积1150平方米,建有虾蟹类营养与养殖环境室、鱼类营养与养殖环境室、观赏鱼营养与养殖环境室、大型藻类保种和培养室。中心设主任、副主任、办公室主任各1人,负责日常管理。截至2011年,有教师17人,其中教授5人、副教授6人、讲师6人,均具有博士学位。成员中除1人50岁以上外,其他均为50岁以下,是一支以中青年和具有海外留学经历的教师为主的创新型团队。2011年,中心主任成永旭。

中心为学校水产养殖国家重点学科、上海市教委重点学科核心研究平台,主要进行水产动物营养饲料与养殖环境研发和创新,成为国家水产动物营养饲料和养殖环境研发和创新的重要研究力量。

2006—2010年,共获得各类科研项目42项。据不完全统计,项目总经费超过2500万元以上,到位经费1500万元,其中重要科研项目有:主持"863"项目1项,参加"863"项目2项;主持国家支撑计划1项,参加1项;参加国家公益性行业专项2项。主持国家自然科学基金4项;取得重要研究成果,发表论文224篇,申请专利18项,其中获得授权专利8项。主编或参编教材专著7部。中心在虾蟹类营养饲料、海水鱼营养饲料、营养繁殖调控以及养殖方面和工厂化养殖环境调控方面都取得一定成绩:循环水工厂化淡水鱼类养殖系统关键技术研究与开发、生物技术在水产养殖生态系统修复中的应用研究与开发,分别获2006年上海市科技进步奖一等奖、二等奖;中华绒螯蟹育苗和养殖关键技术的研究和推广,分别获2009年上海市科技进步奖一等奖、2010年国家科技进步奖二等奖。

研究方向　虾蟹类营养及调控机理研究、虾蟹类水产动物营养与饲料开发应用;集约化虾蟹类、鱼类养殖环境调控和应用,利用循环水工厂化水产养殖系统工艺设计及在虾蟹类、鱼类营养调控研究方面优势,进行虾蟹类和鱼类集约化养殖技术开发和应用。中心共有4个研究团队:以成永旭、曾朝曙为学术带头人的甲壳动物营养繁殖学团队,主要从事虾蟹类,特别是蟹类的营养繁殖、饲料开发和养殖环境的调控;以吕为群、陈乃松为学术带头人的海水经济鱼类营养饲料团队,主要从事鲈鱼、大黄鱼和银鲳的营养饲料和养殖环境调控的研究;以冷向军为学术带头人的鱼类养殖品质改良研究团队,主要通过营养饲料调控,改良养殖水产品品质,提高养殖效益;以谭洪新为学术带头人的水产养殖设施和集约化养殖团队,主攻集约化养殖环境的科学调控。

三、农业部团头鲂遗传育种中心

2011年6月,该中心经农业部批准建设,地处上海市浦东新区老港镇,占地10公顷。主要有室外标准化水池、温室大棚、室内养殖车间、亲鱼产卵池、孵化车间、循环水苗种培育车间等。中心建成后,在保存团头鲂"浦江1号"良种以及鱼类育种中间材料基础上,深入团头鲂遗传改良和选育研究,不断培育出新的优良水产品种(系),满足团头鲂养殖产业的发展需要,成为团头鲂良种创新的重要基地。该中心挂靠水产与生命学院,试行主任负责制,由院长李家乐兼任中心主任,常务副主任邹曙明负责日常管理,由国内外相关领域专家组成学术委员会。

研究方向 主要淡水养殖动物种质资源研究,重点以团头鲂为主,并对草鱼、罗非鱼、鳜、三角帆蚌等主要淡水养殖对象种质资源进行收集与整理,建立育种技术档案库,构建主要养殖鱼类种质资源库;建立以分子标记为基础的亲子鉴定技术,建立种质评估和优秀种质筛选技术;淡水重要养殖动物育种学研究,以提高生长速度和抗逆性(抗病、耐低氧、耐盐碱)等为重点,采用选择育种(群体选育、家系选育)、杂交育种、染色体组操作等集成技术手段,建立淡水重要养殖动物的育种技术体系,培育出生长迅速、抗逆性强的新品种,并进行优秀种质及良种的推广示范;淡水重要养殖动物育种新技术研究,建立分子标记辅助育种技术、高效转基因技术、全基因组选育技术和人工高效突变体诱导和选育新技术。

四、水域环境生态上海高校工程研究中心

2001年,学校成立水域环境研究中心,2006年更名为水域环境生态工程研究中心,2008年经上海市教委批准建设为水域环境生态上海高校工程研究中心,主要从事水域生态修复工程技术研究。中心建有景观水域生态环境工程、天然湖泊流域生态工程、近海水域生态修复工程3个研究平台,拥有水域生态系统结构与功能模型、有害藻类监测与控制技术、水域生物操纵与生态修复工程技术、水域生态景观规划设计与模拟、浅水湖泊水源地保护与生态修复工程、水域环境检测与生态安全评估与评价、水域遥感监测技术、水域生态修复工程装备技术等8个研究室。同时,建有水生植物苗种基地、上海临港新城滴水湖生态观察站(淡水)、上海洋山深水港生态观察站(海水)等研究基地。2011年,中心主任何培民。

研究方向 开发富营养化水域生态修复工程关键技术,建立富营养化水域生态修复工程核心技术,形成富营养化水域生态修复工程规划操作技术,重点以景观水域生态修复工程、内陆水域生态工程、近海水域生态修复工程3个方面作为主要的研究开发方向。景观水域生态修复工程方向重点开展水域生态景观工程规划设计、水域景观生态修复工程与维护、"食藻虫"控藻生态修复工程、人工湿地、生态护岸工程,以及农药残留、环境激素快速检测技术建立与生物毒理实验等方面的研究。内陆天然水域生态工程方向重点开展湖泊水库富营养化控制与数学模型、大型水生植物生态修复、水产动物生态修复、水源地保护,以及水生突发事件预案研究与水生态系统安全性评估体系建立等方面的研究。近海水域生态修复工程方向重点开展大型海藻栽培生态修复与功能评价、封闭海域生态修复技术与数学模型建立、海洋环境检测信息技术、海水水质常规指标检测技术,以及赤潮毒素快速检测技术与生物毒理实验等方面的研究。

五、上海市水产养殖工程技术研究中心

2009年,该中心经上海市科委批准成立,系公益性服务和技术推广机构,是市科委公用研发平台之一。该中心位于浦东新区滨海镇学校水产养殖试验场内。由李家乐兼任中心主任,谭洪新兼任常务副主任,负责日常管理。下设综合办公室、良种培育部、设施渔业部和生态养殖部。

研究方向 主要围绕水产养殖可持续发展过程中需要解决的工程技术关键问题,以技术集成为核心,孵化适合规模生产所需要的具有市场竞争力的工程化技术成果,提高工程中心科技创新人才培养能力、科技开发能力和社会服务水平。中心建有水产养殖新品种开发与应用、工厂化循环水养殖系统开发与应用、生态养殖与调控技术开发与应用3大工程技术开发平台。

第三节 病原库与实验站

一、农业部渔业动植物病原库

1998年,经农业部批准,学校筹建农业部渔业动植物病原库。1999年8月,学校启动第一期工程建设。2000年1月,通过验收并于同年获农业部批准立项建设农业部渔业动植物病原库(以下简称"病原库")。2003年8月,病原库第二期工程建设启动。2005年3月,通过农业部渔业局现场验收,成为当时中国和亚洲第一家也是唯一一家水产行业培养物保藏机构。同年5月,病原库建成培养物数据库档案并对外公布《农业部渔业动植物病原库培养物目录(2005版)》,同时对数据库档案进行网络化建设。2006年3月和7月,病原库被分别纳入国家自然科技资源共享平台和上海市农业资源平台。2007年3月,病原库对外公布《农业部渔业动植物病原库培养物目录(2007版)》。同年8月,学校申报的国家水生动物病原库项目获国家发展改革委员会立项,病原库项目建设升级为国家水生动物病原库。同年12月,项目建设在沪城环路校区启动。2009年4月,上海市发展改革委员会上报国家发展改革委员会《关于上海国家水生动物病原库升级扩建项目资金申请的报告》,建议将正在建设的病原库项目进行升级扩建,提高平台服务功能,扩充培养物规模。同年7月,农业部发文同意病原库扩建项目立项。2010年1月,中国水产科学研究院渔业工程研究所组织专家组在上海海洋大学召开项目评审专家会议。

2011年,病原库有专职工作人员9人,其中高级职称2人、副高级职称2人、中级职称5人,主任杨先乐。培养研究生15人,其中博士研究生3人。

病原库主要承担工作有:分离、收集、保藏、交换和供应各种培养物;培养物保藏和鉴定技术的研究;培养物分类地位的研究;保藏培养物资料的收集和提供;编辑和整理培养物目录等。截至2011年,入库细胞和病毒、细菌、放线菌、真菌等微生物已达3 000株,保存有国内除新疆、西藏、内蒙古之外主要水产养殖区危害较大的常见病原,并收集有北美、东南亚等地病原,成为国内独具特色的物质和数据平台,有效实现资源共享和特殊遗传物质的保护。

二、农业部大洋渔业资源环境科学观测实验站

农业部大洋渔业资源环境科学观测实验站于2011年7月经农业部批准建立。管理委员会主

任黄硕琳,站长陈新军。

研究方向 大洋渔业资源环境科学数据平台的标准与规范建立。主要包括:制定分类(资源、环境,捕捞种类和作业方式)数据的标准与规范,设计数据库标准,构建与区域性国际渔业管理组织标准相互兼容的数据库;制定数据汇报方法和管理规范,制定与国际渔业管理组织相统一的渔捞日志及相关的数据文本。

大洋渔业基础数据获取系统的建立。按三大洋和南极海域以及捕捞种类,按作业渔船数量的3%～5%遴选承担收集信息的船只,每艘渔船选定1～2名信息员,对其进行海洋环境与资源调查方面的基本技能培训,负责测定作业渔场的海洋环境,并采集捕捞对象和兼捕种类的样本。同时,将国家远洋渔业观察员计划与农业部公海渔业资源探捕项目纳入大洋渔业信息船管理,按要求测定、收集有关信息和样本,为大洋渔业资源环境科学观测实验站提供信息源。

大洋渔业GIS系统技术平台的建立。重点开展大洋渔业信息共享标准的制定,大洋渔业基础底图研制,大洋渔业资源与环境、生产统计和大洋渔业管理信息数据库的建立,以及开发各种大洋渔业资源、渔场与环境的专家系统。

开展基于3S(GIS、GPS和RS)的渔情预报技术研究及其信息服务。主要研究鱿鱼类、金枪鱼类、中上层鱼类和南极磷虾等大洋渔业资源渔场形成的环境条件和机制、重要生活阶段的栖息地分布,以及全球气候和海洋环境变化对其资源量的影响规律及机制,从而开发基于3S的渔情预报技术和三大洋渔业海洋环境信息产品制作技术,实现业务化运行,从而降低我国大洋渔业生产的作业成本,提高捕捞效率,增强我国远洋渔业捕鱼船队的国际竞争力,获取更多的公海渔业资源。

承担国家远洋渔业重大科研项目、农业部重大远洋渔业探捕专项任务,出席行业主管部门委派的区域性国际渔业管理组织会议和各种国际科学家会议,为国家制定远洋渔业规划、相关政策提供建议与服务;同时,接受综合性、专业性(区域性)重点实验站的业务指导,为重点实验站的研究活动提供服务。

第四章　综合研究平台

第一节　中国渔业发展战略研究中心

中国渔业发展战略研究中心前身为2000年11月成立的上海水产大学渔业发展战略研究中心。主要任务是针对世界和中国渔业发展面临的机遇与挑战，开展渔业经济和渔业管理的法律法规、发展战略和制度体系方面的研究，为渔业产业发展和管理制度的改进提供理论基础，为政府宏观决策提供依据。

2005年，农业部渔业局、上海水产大学和中国水产科学研究院研究决定，联合组建中国渔业发展战略研究中心。

2006年1月11—12日，中国渔业发展战略研究中心在学校揭牌。同年11月，中心设立开放式课题研究基金，主要用于渔业政策与法规、渔业发展战略、渔业产业与生态环境、水产品贸易与流通、渔业文化和渔业信息及相关领域项目的研究。同年12月公布开放基金第一批招标课题，研究工作正式启动。开放式基金采用自由申报、专家评审，确定课题主持人和研究课题，以确保课题质量和研究方向，并提供10万元项目资助资金。

2007年11月2—4日，中心召开第二届渔业高峰论坛，中心主任、农业部渔业局局长李健华，副主任、校长潘迎捷出席并致词。农业部农村经济研究中心主任柯炳生、日本东京农业大学增井好男教授、台湾海洋大学欧庆贤教授、集美大学副校长关瑞章、学校王锡昌教授等分别就现代农业与渔业发展、日本渔业制度和渔业管理、台湾渔业管理、我国水产业发展方向与重点和水产品安全与品质控制作主题报告，编辑出版《现代农业与食品经济国际学术研讨会论文集》。同年12月20日，中心和上海市渔业经济研究会在学校联合举办第一期中心开放基金课题交流会暨海岸带管理学科建设研讨会。

2008年10月25—26日，中心与学校经济管理学院主办，上海市水产学会、上海市渔业经济研究会、学校海洋文化与经济研究中心协办，在学校召开海洋文化与海岸带经济发展学术研讨会，与会专家学者就海洋文化、沿岸渔场管理、海岸带管理、海洋产业和环境作专题报告，对海洋产业发展和海洋文化开展讨论，编辑出版《海洋文化与海岸带经济发展学术研讨会论文集》。

2009年10月召开第三届渔业论坛。

2011年，中心管理委员会由15人组成，农业部渔业局局长李健华兼任主任，校长潘迎捷、农业部渔业局副局长柳正、中国水产科学研究院院长张合成和原校长周应祺兼任副主任（常务）。学术委员会由19人组成，其中周应祺兼任主任，柳正、张合成、学校副校长黄硕琳兼任副主任。

第二节　上海高校水产养殖学E-研究院

2002年12月24日，上海市教育委员会正式启动上海高校E-研究院建设计划。研究院采用"十年一规划、三年一考核"科研管理模式，依托某几所高校实体，形成管理上的"特区"，实行首席研究员负责制。2003年8月,学校水产养殖学科经上海市教委批准为上海高校E-研究院。

上海高校水产养殖学E-研究院学术委员会,主任由中国工程院院士、中山大学教授林浩然担任,副主任为中国工程院院士、中国水产科学研究院黄海水产研究所研究员雷霁霖,委员有：中国科学院水生生物研究所研究员桂建芳、华东理工大学教授张元兴、美国奥本大学教授刘占江、美国佛罗里达理工学院教授林俊达,以及学校杨先乐、严兴洪和何培民教授等。首席研究员由李家乐担任。

经过建设、总结和凝炼,E-研究院由建设初期的水产动植物种质资源与遗传育种、水产动物医学、藻类学、养殖水域环境、水产动物营养与饲料、设施渔业等6个研究方向,逐渐集中为水产动物种质资源与创新、水产养殖生态系统2个研究方向。

水产养殖学E-研究院是以信息网络为平台的研究机构,由首席研究员、学术委员会和特聘研究员组成。在建设中,通过E-研究院平台,校内外特聘研究员之间进行实质性合作,共同申报国家级和省部级重大重点项目,如"863"、国家科技支撑项目、上海市科委基础重大项目等。通过E-研究院平台,聘请国内外优秀学者开设研究生基础前沿课程,使研究生及时、准确、全面地了解学科前沿领域研究成果,并注重综合性、系统性和交叉性。

学校重视对水产养殖学E-研究院的建设与管理,在人员、经费和政策上给予支持。为外聘的特聘研究员提供博士生招生名额,刘占江、林俊达和庄平均在学校招收博士研究生。依托单位还在举办学术会议、合作研究等方面为E-研究院提供便利和支持。

第三节　海洋科学研究院

一、机构设置

海洋科学研究院(以下简称"研究院")是学校整合现有学科资源,致力于发掘潜力、拓宽科研领域、提高科研水平的海洋学科建设发展"学术特区",直属学校建设管理,实行学校领导、管理委员会指导下的院长负责制,院长由分管副校长兼任。成立管理办公室,办公室挂靠学校科学技术处。各研究中心、研究所和重点实验室相应设立管理机构、办公室和学术委员会,制订章程独立运行。

研究院筹建于2008年,2010年9月18日正式揭牌。下设12个研究机构,有数字海洋研究所、海洋渔业遥感GIS技术实验室、中美海洋遥感及渔业信息研究中心、海洋生态系统与环境实验室、上海远洋渔业工程技术研究中心、海洋生物系统和神经科学研究所、海洋环境生态与修复研究所、海洋工程研究所、海洋药物工程与海洋健康食品研究所、海洋政策与法律研究所、海洋经济研究中心、海洋文化研究中心。

二、研究机构简介

【数字海洋研究所】

2008年8月16日,学校与国家海洋局东海分局签订科技与人才全面合作框架协议,共同组建成立数字海洋研究所。学术委员会主任王家耀,委员12人。所长为国家海洋局东海信息中心主任、学校兼职教授苏诚,常务副所长为黄冬梅。中国科学院院士陈国良,中国工程院院士王家耀、李三立、潘德炉、何新贵等专家学者为学术委员会成员。

研究所主要研究方向为：

海洋信息探测与可靠传输关键技术　重点开展基于长程超短基线定位系统、永久浮标、GPS水下定位、多传感器集成探测及信息融合，以及海洋离岸观测数据传输通信等关键技术的开发研究。

基于3S技术的"数字海洋"关键技术研究　重点开展基于数据库技术的海洋海量数据一体化关键技术，基于海洋海量时空过程数据有效组织管理技术、数据安全存储与数据共享交换关键技术，异常数据自动探测与区域水深数据处理的理论研究及其算法实现技术、海量数据可视化编辑技术，以及基于3D动态场景交互式查询、检索、管理及空间分析技术等研究。

海洋灾害辅助决策关键技术　重点开展以下研究：基于海洋本体的计算机信息处理和知识表达，人工智能、知识工程和知识管理相关理论、方法和技术及其在海洋信息辅助决策中的应用，空间知识及非空间知识的表示与组织、分类与聚类、获取与积累、检索与应用，海洋灾害评估指标体系；基于计算智能的灾前、灾中、灾后损失评估技术体系；基于智能型网格剖分技术的灾情预测模型、风暴潮数值预报模型、堤坝溃决洪水分析和洪水演进模型；基于网络分析、动态分析、多目标规划的灾害辅助决策算法。

海洋环境监控关键技术　重点开展海洋浮标智能监控技术、多功能海洋陆基智能监控平台关键技术、海洋环境监控示范应用关键技术等研究。

2008—2011年，研究所承担各类重大重点科研项目十余项，其中包括国家海洋局海洋公益性行业专项、国家海洋综合调查与评价重大专项、国家防灾减灾能力建设重大专项、上海地方能力建设专项，以及上海市海洋局专项等科研项目。发表科研学术论文104篇，申请专利17项，软件著作权35项，获校级科研成果奖2项。

【海洋渔业遥感GIS技术实验室】

海洋渔业遥感GIS技术实验室（FRG）是大洋渔业资源可持续开发省部共建教育部重点实验室的重要平台之一。实验室由2002年8月成立的上海水产大学渔业遥感及信息中心发展而来，得到上海市教委重点学科、上海市重点学科捕捞学科的资助，于2009年2月成立，2011年拥有3个地面接收站，能够接收和处理NOAA、MTSAT、MODIS等8颗卫星的遥感数据。2011年，实验室有"双聘院士"1人，"百千万人才工程"人选1人。

实验室主任陈新军，学术委员会主任为中国工程院院士、学校"双聘院士"潘德炉，委员10人。

实验室主要研究方向为：

卫星渔业海洋学　重点开展可见光、红外和微波等不同波谱探测渔业生态环境参数机理，卫星资料的渔业生态参数反演算法，基于卫星资料的渔业生态环境和渔业资源变迁机制等研究。

遥感GIS信息学　重点开展卫星遥感资料的接收和处理技术，多星、多遥感器和多时相的卫星资料融合机理以及适于海洋渔业遥感产品制作技术，以及基于遥感的海洋渔业GIS技术等研究。

3S渔情速报技术　重点开展基于3S渔情速报的参数选择和速报机理、渔情速报服务体系和渔情速报的平台构建技术、国家渔业资源开发辅助决策技术等研究。

2008—2011年，实验室承担科研项目近10项，包括国家"863"项目、国家发改委专项、农业部公海渔业资源探捕项目、国家卫星海洋应用中心委托项目等。发表学术论文82篇，软件著作权8项。

获得国家科学技术进步奖二等奖1项,国家海洋局海洋创新成果奖二等奖1项,农业部神农奖三等奖1项,上海市科学技术进步奖三等奖1项,全国农牧渔业丰收奖农业技术推广成果奖一等奖1项。

【中美海洋遥感及渔业信息研究中心】

2006年5月,学校与美国国家海洋与大气管理局(NOAA)联合组建成立中美海洋遥感及渔业信息研究中心,拥有NOAA/FY卫星、MTSAT静止卫星和MODIS卫星3个地面接收站,能够接收NOAA、FY—1D、MTSAT、MODIS等8颗卫星的遥感信息。中心执行委员会主席潘迎捷、肯特·休斯(Kent Hughes),副主席黄硕琳。学术委员会主任为中国工程院院士袁业立,委员7人。2011年,实验室有"双聘院士"1人、"国家百千万人才工程"人选1人。

主要研究方向:

海洋渔业遥感　重点开展全球海洋遥感信息实时采集、数据反演,渔场环境信息获取及处理技术,渔业环境信息制作。

海洋渔业GIS　重点开展海洋环境信息、渔业资源与生态数据等空间统计分析、可视化,渔情预报技术研究,以及海洋渔业遥感产品制作技术、海洋渔业GIS技术等研究。

基于生态系统的渔业资源管理　重点开展卫星遥感数据和相关地学系统模型在以生态系统为基础的海洋生物资源管理的研究,卫星遥感数据在相关海洋生态模型、渔业资源分析和评价以及海洋生物资源管理中的应用研究。

2008—2011年,研究中心新承担各类科研项目10余项,其中包括国家发改委专项,科技部、教育部、国家海洋局、上海市等省市部委级重大重点项目,以及国家卫星海洋应用中心等企事业合作科研项目。发表科研学术论文25篇,参编专著1部,申请专利2项,获得国家科学技术进步奖二等奖1项,中国水产科学院科技进步奖二等奖1项。

【海洋生态系统与环境实验室】

2009年,学校在聘请美国马萨诸塞大学终身教授陈长胜博士、路易斯安那大学李春雁教授、伍兹霍尔海洋研究所季如宝教授等物理海洋学高水平研究团队基础上,正式启动筹建海洋生态系统与环境实验室,并于2010年7月正式成立。实验室主任陈长胜,学术委员会主任为中国工程院院士方国洪,委员9人。

主要研究方向为:

大气与海洋数值模式　以数值模型系统为平台,以高分辨率综合观测为手段,开发全球海洋模型及区域嵌套模型,开展区域海洋模型的精细化及动力机制研究。内容涉及北极融冰对全球海平面上升、大洋及近海局部区域环境影响研究,河口、海岸、大陆架等浅海海域动力学特征研究,国际热点海域海洋水文等环境特征分析及演示系统开发。

全球环境变化对渔业资源影响　结合模型、海洋捕捞以及卫星遥感数据,对鱼群与海洋环境相关要素进行分析,通过物理海洋数值模型和渔业资源模型评估、诊断及预报海洋环境变化如全球变暖、环流变化、海平面上升、近海工程、赤潮等对渔业资源特别是重要大洋性鱼类资源的影响。同时,结合营养盐输送、物理环境变化,进行海洋生态系统动力学机制分析,研究大洋渔场形成的物理环境条件和生态过程及其影响因子。

海洋环境动力学　关注近海鱼类产卵场、大洋渔场等形成机制;进行观测资料与模型系统同化试验,据此提出一套科学实用的近海渔场管理与研究的综合观测系统,为人工鱼礁和海洋牧场建设、栖息地生态修复等海洋生态工程提供理论依据和技术保障。

【上海远洋渔业工程技术研究中心】

2007年10月17日,该中心经上海市科学技术委员会批准成立,是围绕我国远洋渔业发展战略和产业发展目标,以可持续开发金枪鱼、鱿鱼、竹筴鱼、南极磷虾等大洋重要渔业资源和西非、印度洋周边国家等过洋性渔业资源为重点,开展资源渔场开发、高效节能生态型捕捞装备、渔业遥感GIS、渔具及助渔设备、船上水产品加工与利用、远洋渔业产业优化等研究,为我国远洋渔业企业提供成熟配套的技术工艺和技术装备,着力增强我国开发大洋渔业资源的能力,推动远洋渔业产业在科研、生产技术、产品开发等方面的全面发展的研究、技术推广和培训机构。中心主任潘迎捷,顾问委员会委员7人。

主要研究方向为:

高效节能型捕捞装备 根据捕捞作业海域、捕捞对象和渔具渔法特点,以节能减排和经济效益为最大目标,优化远洋渔船设计及其结构、布置和作业渔具布局等,建立符合国际技术规范标准和我国远洋渔业生产特点的我国远洋渔船建造及装备优化配置的标准化技术体系,全面提升我国远洋渔业系统装备技术的集成创新能力和远洋渔业国际竞争力。

研发高效生态型捕捞技术 攻关底层拖网、金枪鱼延绳钓、大型金枪鱼围网、远洋鱿钓、大型中层拖网、磷虾捕捞等渔业中制约高效、节能和生态等重大关键技术问题,以及采用计算机技术等进行渔具数字化的研究,实现精确捕捞和提高捕捞效率。

研发资源渔场探测与预报技术 主要研究鱿鱼类、金枪鱼类和中上层鱼类等重要大洋种类渔场形成的物理环境条件、各主要生活阶段栖息地指数,全球气候和海洋环境变动的影响,以及在线渔情预报技术的开发和三大洋海洋环境信息产品的制作与数据库的建设,全面提升资源渔场探测与预报技术,以及对渔场和资源的掌控能力。

研发水产品加工和利用技术 制定中国远洋渔业大宗渔获物的质量保证体系,确保国内水产品市场健康发展,提高水产品国际竞争力。做好水产加工基地建设,发展远洋渔获物加工工业。开发水产品加工新技术,提高远洋渔获物的附加值。实现加工产品品种规格系列化,推行水产品品牌经营战略,创建国内外知名品牌。建立大宗远洋水产品的冷链物流信息平台。

【海洋生物系统和神经科学研究所】

研究所于2007年11月成立,是一个开放式多学科交叉研究平台,以动物行为与环境生态关系为主线,应用功能形态学、比较神经生理生物学和细胞分子生物学等方法,对海洋生物系统(从个体到群体)的行为、机制及其对环境的适应与影响,以及海洋生物的个体发育和系统进化等进行深入研究。为确定大生态系变异实况,制定多样性保护措施,并为包括新型渔业(捕捞和养殖)、海洋地质与水文灾害预测,以及智能纳米仿生、再生医学、病理和遗传抑制筛选等提供第一手模式。所长宋佳坤,学术委员会主任为中国科学院院士陈宜瑜,委员15人。

主要研究方向为:

海洋动物行为与神经生理 主要研究海洋动物集群、洄游原理,对声、机械、压力、电、磁场等感受的形态功能和神经传导机制,以及环境异常下动物反应及其神经机理。

海洋生物系统与进化发育 主要研究神经和感觉器官原基、神经嵴和神经板起源与分化,从分子蛋白、功能基因到发生发育,比较研究其在各物种间多样性的形成与系统进化的演变规律,解析神经系统和动物行为模式的应用价值。

干细胞培养与再生修复生物学　研究和培养低等生物胚胎和成体预留干细胞,探讨组织再生的干细胞表观遗传再编程机制,为海洋生物资源利用、生物修复以及再生医学建立新模式新方向。

海洋动物仿生学　系统研究海洋生物感官和神经信息传控系统,阐明海洋生物行为机制的基础;进行纳米和人工智能仿生学研究,探讨动物感官结构和行为模式与环境生态和人类社会群居之间的相互联系。

【海洋环境生态与修复研究所】

研究所于2009年7月成立。面向国际海洋科学发展趋势和国家需求,针对海洋生态系统关键生物生产过程、海洋环境演变及其对海洋生态系统的影响,以及海洋环境修复等方面,开展中国近海浮游植物、浮游动物与海洋微生物种类组成与数量变动,海洋污染对近海环境质量的影响及其生态效应,近海富营养化形成过程、机制及对策,近海受污染海域生态修复等研究。执行所长何培民,学术委员会主任为中国工程院院士、学校"双聘院士"丁德文,委员7人。

主要研究方向为:

近海生态环境监测与环境毒理研究　主要研究海洋生态环境常规检测技术、海洋环境和生物毒素快速检测技术、海洋环境毒理与生物检测技术等。

海岸带受损环境生态评估与评价　主要研究海岸带养殖海区生态与环境评估与评价、海岸带排污口监测及损害评估与评价、洋山港海洋生态系统监测与评估、海岸带地貌变迁与土地利用评估与评价等。

近海富营养化生态修复技术研究与创新　主要研究赤潮、绿潮分子生态学与监测、近海富营养化与赤潮和绿潮暴发机制与控制、近海富营养化生态修复与资源化利用等。

2009—2011年,研究所承担各类科研项目28项,其中包括国家海洋局公益性重大专项、中国极地中心合作项目、上海市科研项目、人才计划等,累计科研经费633万元。发表学术论文89篇,其中SCI、EI检索论文12篇。申请专利21项,授权专利10项。获美国景观设计年度最高奖综合景观设计杰出奖1项、省部级科研成果奖3项和上海优秀工程咨询成果奖二等奖1项。

【海洋工程研究所】

研究所于2009年12月成立,由海洋测控技术、海洋装备设计、海洋装备制造、海洋功能材料、海洋新能源和海洋工程系统分析与优化6个研究室组成。拥有海洋测控装备设计室、海洋测控装备制作与测试室、海底图像获取及信息融合处理实验室、海上平台稳定性测试实验室、海洋工程平台设计与虚拟环境试验室、数控精密机械加工实验室、机电设备特种加工实验室、海岸港口环境与装备研究室、港口物流装备实验室、海洋工程装备故障诊断实验室,以及学术交流与成果展示厅等相关科研硬软件设施与设备。所长王世明,学术委员会主任为中国工程院院士卢秉恒,委员9人。

主要研究方向为:

海洋测控装备与技术研究　以海洋浮标、潜标为主要研究对象,研究适合在恶劣环境下服役的装备设计与制造机理研究,开发新型传感器与集成技术,研究海洋观测数据处理、传输与控制技术等。

海上工作平台研究 以海上石油钻井平台为主要研究对象,研究大型平台的稳定性分析、控制及动力系统优化,研究海上平台的水处理及节能减排,研究海上平台防腐体系等。

海洋新能源研究 以开发和利用海洋新能源(波浪能、潮汐能等)为目标,研究波浪能转换为电能原理,设计稳定的波浪能采集装置和动力转换装置,研究浮标、海水淡化波浪能利用技术等。

海洋新兴产业研究 以开发海洋新兴产业为目标,研究港口信息平台、航运业、临港物流业、海洋捕捞、海水养殖、渔业节能、水产品加工、海洋食品产业等方面大型装备与设计。

2008—2011年,海洋工程研究所承担或参与省部级以上(含省部级)科研项目20余项,其中包括国家"863"项目、国家科技支撑项目、"908"项目、国家自然科学基金等,累计科研经费410余万元。发表核心期刊论文360余篇,SCI、EI检索论文50余篇,获实用新型专利27项,发明专利4项;教学成果奖4项,科研成果奖5项。

【海洋药物与海洋健康食品研究所】

研究所在原海洋药物研究所基础上,于2010年9月成立。所长吴文惠,学术委员会主任焦炳华,委员4人,核心研究队伍16人,其中教授6人、副教授4人。

主要研究方向为:

海洋生物活性肽和海洋多糖 从海洋动植物和微生物代谢产物中分离生物活性肽在促进神经细胞分化、类吗啡样镇静作用、调节激素和酶的作用、改善和提高矿物质运输和吸收、免疫宽容作用等方面的可行性研究。海洋多糖在免疫复活、细胞膜转运与重大疾病治疗等方面的可行性研究。

海洋小分子天然活性成分的发现与药理作用 重点从海藻、无脊椎动物和海洋微生物代谢产物中发现对糖尿病、心脑血管疾病和神经系统疾病有作用的活性化合物。建立快速、微量的提取分离和结构测定方法,以及应用多靶点的生物筛选技术,发现新的生物活性是海洋天然活性成分研究取得突破的重要途径。

海洋天然化合物的分子修饰和设计 以海洋天然产物中具有显著生物活性分子为先导,结合现代药物分子设计理论,进行抗肿瘤、抗病毒及抗代谢性疾病的药物设计、合成及构效关系研究,基于普适性合成策略进行海洋天然产物的结构重组。在高生物活性海洋天然产物合成方法学,类天然产物设计、合成及构效关系两个层次上开展药物发现的基础研究。

海洋健康食品的研究与开发 利用典型海洋生物资源和特殊海洋生物资源,立足现代食品科学技术,结合传统中医药理论,重点开发具有预防心脑血管疾病、糖尿病、骨质疏松、肝肾功能减弱等病症的海洋健康食品。

2008—2011年,承担各类科研项目22项,其中包括国家自然科学基金项目、国家科技支撑计划、国家"863"项目、上海市自然科学基金项目、上海市科委"创新行动计划"等,累计科研经费500余万元。参加国内外学术会议约30次,发表中文核心期刊及以上级别论文约60篇,出版教材和专著4册,申请专利8项。

【海洋政策与法律研究所】

海洋政策与法律研究所成立于2007年10月,是学校在海洋学科领域的一个科研实施和教学支撑平台,有研究人员11名,客座研究员7名。研究重点在海洋生物资源养护与管理、海洋环境保护、基于生态系统的海洋管理、国家管辖范围外海域的政策与法律以及海上安全的法律与政策等方面,发挥学校有关学科的优势,开展国际和国内海洋政策与法律的研究,为我国海洋政策与法律的制定以及海洋管理提供理论支持和咨询服务。所长黄硕琳（兼），学术委员会主任周忠海，委员12人。

主要研究方向为：

海洋法 国际海洋法的发展与应用，国内海洋法律制度建设与评价研究。

海洋生物资源养护与管理 相关海洋生物资源养护与管理的国际和国内政策、法律制度、管理理论、行政和技术措施等基础研究，中国周边海域及中国与周边国家的海洋生物资源养护与管理的国际合作，在国家管辖范围外海域的国际合作。

海洋环境保护 重点开展海洋污染防治、生物多样性保护、海洋自然保护区等方面的政策、法律制度和管理措施研究。

基于生态系统的海洋管理 海岸带综合管理，基于生态系统的海洋管理等新方法、新趋势等。

国家海洋权益维护 国家海洋权益维护，涉及海洋划界方案、海洋争端解决、海洋划界后海洋产业发展等政策法律研究与谈判；在公海、国际海底区域、极地区域的国家权益维护，涉及国家管辖范围外海域政策与法律的基础研究，以及在这些海域的海洋权益维护对策等。

海上安全的法律与政策 海上互信机制的建立、国家安全与海洋政策等。

2008—2011年，承担各类科研项目30余项，累计科研经费177万元；发表科研论文43篇；出版专著2本，教材1本（国家"十一五"规划教材）；获得上海海洋大学人文社会科学成果奖2项。

【海洋经济研究中心】

该中心前身为2006年成立的海洋文化与经济研究中心，2010年单独成立海洋经济研究中心，主攻海洋区域经济、海洋产业经济、海洋资源环境经济3个研究方向，致力于跨学院、跨学校、跨省区、跨国界整合资源开展研究。主任平瑛，副主任张效莉，学术委员会主任周秋麟，委员11人。

主要研究方向为：

海洋区域经济 主要研究海洋区域及海岸带宏观经济总量的运行质量、速度及趋势预测，区域经济结构与经济发展的关系，区域人口、经济与海洋生态环境相互作用及影响关系及控制，区域经济总体布局与规划，区域间相互影响、相互联系，以及海洋及海岸带区域经济高效运行的区域性相关政策问题等研究。

海洋产业经济 主要探讨海洋产业之间的关系结构、海洋产业内的企业组织结构变化的规律、经济发展中内在的各种均衡等。涉及海洋产业结构、组织、发展、政策和布局等，为国家制定海洋经济发展战略和海洋产业政策提供经济理论依据。

海洋资源环境经济 重点开展导致海洋资源过度利用的海洋环境成本核算，海洋资源价值评估与界定技术，涉海项目和产业对海域资源开发利用而产生的社会经济效用、生态环境效用，大型海上事件对海洋生态环境及生物多样性造成的损失评估体系，海洋资源、海洋生态环境、海洋经济协调发展等研究，以期多方位获得实现海洋资源、海洋环境、海洋经济可持续发展的相关理论。

【海洋文化研究中心】

该中心前身为2006年成立的海洋文化与经济研究中心，2010年单独成立海洋文化研究中心，采用专兼职研究队伍相结合的开放式管理模式，重点围绕我国海洋事业发展形势，在渔业史与渔文化、海洋文化、海洋社会、海洋教育、海洋政治、海洋历史、海洋民俗等领域开展研究与传播工作，发展海洋文化学术，促进海洋社会建设，为国家尤其是上海和长三角地区的海洋发展战略、海洋文化与海洋社会建设提供智力支持。名誉主任叶骏,主任韩兴勇,副主任宁波。学术委员会主任顾晓鸣,副主任叶骏、张继平、韩兴勇,委员8人。

主要研究方向为:

海洋社会发展与社会政策研究 研究海洋社会的历史变迁、形态结构、发展趋势,海洋社会建设的策略与建设路径等。

海洋文化产业研究 海洋文化产业的类型、特点与发展策略;海洋文化经济的规律、特点、现状与发展趋势;海洋文化建设与品牌传播等。

海洋史学研究 开展上海、长三角地区和全国海洋文化史(包括渔业史)的挖掘、分析与研究,包括海洋思想史、海洋文学史、海洋教育史、渔业史、渔业科技史、渔业教育史等。

国际海洋政治与文化比较研究 就海洋国家、涉海组织或利益团体的政治、文化、心理、组织机构、行为模式等进行比较研究,为寻求有效的问题解决机制、构建和谐的海洋社会出谋划策。

海洋文化传承与教育模式研究 探寻传承海洋文化、弘扬海洋精神的有效传承路径、教育模式与教学方法,建设海洋文化导论课程体系与模式;开展海洋文化社会教育机制研究,提高公民海洋意识,普及海洋文化常识。

第四节 农业研究院

2005年9月12日,学校与上海市农业科学院联合组建农业研究院。同年12月,农业研究院被批准为第一批上海市研究生协作培养的7家单位之一。

农业研究院实行院长负责制,由上海海洋大学校长和上海市农业科学院院长兼任院长。农业研究院设立院务委员会和院办公室。下设4个中心,即农业生物技术中心、农业遗传育种中心、农业环境科学与工程技术中心、应用微生物技术中心。

农业研究院院长负责人员聘任,研究决定双方合作和研究院发展中的重大问题。院务委员会为院长决定重大问题提供决策咨询。院务委员会由10人组成,双方等额产生。院务委员会主任由院长兼任。院办公室负责处理研究院日常事务。其人员由上海海洋大学研究生部和上海市农业科学院人事处推荐,院办公室主任由双方部门主要负责人兼任。第一任院长:上海市农业科学院院长吴爱忠、上海海洋大学校长潘迎捷。院务委员:上海市农业科学院副院长顾晓君、科研处处长冯志勇、人事处处长陈荣、人事处处长助理殷勤;上海海洋大学副校长黄硕琳、研究生部主任施志仪、科技处处长李柏林、人事处处长郑卫东。办公室主任:施志仪、陈荣。

双方除合作开展科研项目研究外,还合作培养研究生。2004年,首次聘任上海市农业科学院5名专家为硕士生导师,2006年首次招收8名硕士研究生。截至2010年,共聘任联合培养导师29人,招收硕士研究生63人,毕业硕士研究生17人。

第五章 学术交流

第一节 重要学术活动

一、国内交流

建校初期，学校主要邀请有关学者、社会名流来校交流。民国7年12月（1918年12月），直隶水产学校校长孙凤藻来校作访日、访美报告；民国8年4月，日本山口县水产试验场技师熊田头四郎来校进行学术交流；民国9年1月，江苏省立第二农业学校校长王企华来校作考察菲律宾实业学校的报告。

1951年，先后邀请日本学者真道重明、渡边宗重等来校讲学。1958年，中苏渔业联合调查期间还邀请全苏海洋与渔业研究所所长维辛斯基、莫斯科大学鱼类学家尼柯里斯基等来校交流，苏联渔业专家萨布林可夫来校举办培训班。1959年，苏联专家索因来校讲学。20世纪50—60年代，学校也派出有关教师参加太平洋西部渔业委员会等学术活动。1957年暑假，学校承办华东地区首届、上海市第六届机械工程学会制图分会年会，交流机械制图工程制图和画法几何教学科研经验，在清华大学讲学的苏联专家来校作专题学术报告。

"文化大革命"期间，学术交流活动停止。

1979—1981年，通过国家水产总局邀请，联合国粮农组织专家来校举办渔业资源评估、水产品加工、远洋渔业和鱼类行为学等方面培训和交流。

20世纪90年代以来，学校举办或承办的重要学术活动逐渐增多。如1993年、2004年、2009年分别承办中国水产学会首届、第五届和第十届全国水产青年学术研讨会，1996年主办上海国际水产信息交流会，1998年9月主办第三届世界华人鱼虾营养学术研讨会，1999—2003年与日本国际农林水产业研究中心先后举办多次淡水渔业资源加工利用技术研讨会等。

2005—2011年，学校举办或承办的主要学术活动共26次。与农业部渔业局共同主办中国渔业发展战略研究开题研讨会、渔业权与渔业可持续发展国际学术研讨会；与中国海洋大学、广东海洋大学、大连海洋大学、集美大学、武汉大学、荷兰瓦赫宁根大学、比利时根特大学、挪威科技大学共同主办中欧水产高等教育研讨会；与日本水产与渔业科学地理信息系统小组共同举办第三次渔业与水产科学地理信息系统/空间分析国际会议；与日本三重大学共同举办中日水产品食品安全与贸易国际研讨会；学校主办，美国马里兰大学和中国科学院动物研究所协办21世纪进化生物学与鱼类神经科学的进展与展望——鱼类感觉、行为、进化与发育研讨会；与日本大学、宫城大学共同举办食品经济管理学科创建纪念国际研讨会；与美国佐治亚大学、上海市农业科学院在学校联合举办食品安全与国际贸易国际研讨会；与亚洲水产学会共同举办主题为"更先进的科学，更优质的鱼类，更美好的生活"的第九届亚洲渔业和水产养殖论坛，同时还举行第四届渔业资源增殖养护国际学术研讨会、第九届世界罗非鱼协会年会和由联合国粮农组织支持的第三届全球水产养殖、渔业与性别控制专题研讨会；与华东师范大学共同协办由中国海洋与湖沼学会和中国动物学会甲壳动物学分会主办的第十届中国甲壳动物学术研讨会;承办由中国动物学会甲壳动物学分会主办的以"健康养殖,绿色食品"为主题的第五届世界华人虾蟹类养殖研讨会;承办由上海市学位委员会主办的首届上海研究生学术论坛——食品·营养·健康·安全专题论坛;承办由中国水产学会鱼病学专业委员会主办的中国水产学会鱼病学专业委员会第六次会员代表大会暨国际学术讨论会;与东海水产研究所共同承办中国鱼类学会第七届会员代表大会暨朱元鼎教授诞辰110周年庆学术研讨会,以及全国水产用微生态制剂技术研讨会暨行业自律启动会,首届水族科学与产业发展研讨会,上海第二届国际休闲水族展览会暨上海水产大学第二届水族科学与产业发展研讨会,第三届Omega-3脂肪酸功能食品的研究与开发国际研讨会,沿岸海域生物栖息地生态改善与评价技术国际研讨会,第十二届海洋生物资源有效利用与保护国际学术研讨会等。

1982—2011年,在国内参加的主要学术活动有中国科协主办的病虫害分析研讨会、河口生态环境国际会议、中国藻类学会年会、中国鱼类学会年会、中国水产动物营养与饲料学术年会、全球海洋生态系统动力学国际会议、亚太海域生态环境国际会议、中国畜牧兽医学会、中国水产发展战略研讨会、中国水产科技论坛、海洋生态和生物技术的国际会议、中国食品科学技术学会、中国自动化学会智能自动化专业委员会、中国长三角食品营养与安全论坛、第十四届世界食品科技大会,以及"日中海洋信息教育研究动向与课题"和"海洋GIS技术及其应用"为主题的学术会议等。

二、境外交流

【政府委派国际会议】

1991—2011年,农业部选派学校教师作为中国政府代表先后参加中日、中韩渔业协定谈判,及中美白令海峡鳕资源养护和管理委员会、大西洋金枪鱼养护国际委员会、印度洋金枪鱼委员会、中西太平洋渔业委员会、南太平洋渔业组织科学工作组会议、北太平洋区域性渔业管理组织、南极海洋生物养护委员会等有关科学委员会讨论和研究鱼类资源评估、渔获物统计和渔业管理国际会议,以及联合国粮农组织主办的有关保护和持续利用软骨鱼类国际管理措施会议,防止误捕海鸟、鲨鱼和捕捞能力控制专门会议,联合国环境规划署主持保护野生动物迁徙物种公约专门会议等。学校教师每年作为中国政府代表参加的国际渔业组织科学研究会议达10余次。

【学术研讨会】

1987—2011年,学校教师参加有关学术组织的学术活动有:美洲水产学会、亚洲水产学会、美国养殖学会、韩国藻类学会、世界华人鱼虾营养学术研讨会、国际内分泌学会等举办的境外学术活动,以及环太平洋渔业经济合作讨论会;俄罗斯举办的黑龙江流域鱼类多样性国际会议和世界海洋生物资源发展亟待解决的问题的国际学术研讨会;日本举办的沿海鱼类研讨会、国际渔业经济学术会议东海海洋学与水产学国际研讨会、日本藻类学会年会;中日韩分别举办的东海海洋学与水产学国际学术研讨会和海洋生物资源保护与有效利用学术研讨会;亚太藻类生物技术会议;中国食品产业的现状与发展方向学术研讨会;世界鱼类中心(World Fish Center)组织的遗传改良和外来物种生态风险评估国际会议;韩国主办的有效利用和保护海洋生物资源国际讨论会、东海海洋地理和渔业国际研讨会、东海渔业资源管理年会;美国举办的基于生态系统海洋生物资源管理国际学术研讨会、海洋法与海洋政策国际会议、转基因水产生物及其安全管理研讨会、食品安全与贸易国际研讨会、世界湖泊大会、世界循环水养殖大会、水产养殖学术讨论会、美国—加拿大东北藻类学术会议、世界水产养殖大会;印度主办的渔船技术经济专家讨论会;捷克举办的农业和食品加工技术中的环境工程研讨会;挪威举办的渔业管理研讨会;欧洲—中国水产养殖业合作前景研讨会等。此外,还有香港特区举办的改进大学教学研讨会;海峡两岸间农业和食品加工技术中的环境工程问题研讨会、远洋渔业研讨会、海洋与渔业论坛—两岸渔业经济发展研讨会、台湾海洋大学举办的海峡两岸水产教育研讨会、海峡两岸生殖生物学、比较内分泌学术研讨会及海峡两岸鱼类学研讨会等。

第二节 科技服务与产学研合作

一、管理

1983年3月,学校成立科技服务部,并制订《对外开展科技服务暂行管理办法》。

科技服务旨在在完成教学、科研任务的前提下,认真贯彻科技为国民经济、为社会服务的方针,发挥教学、科技人员积极性,挖掘潜力,积极开展各种科技服务工作,加强与社会联系,促进学校教学、科研等各项事业的发展。1991年,科技服务部获上海市高教局先进集体称号。

科技服务内容包括:科技成果的推广与转让;水产新技术、新工艺、新产品、新设备等的研制与开发,工程及网具设计;承接水产养殖、捕捞、加工等技术调研,咨询;水产养殖;病害防治;检验、分析和测试,计算机数据处理和各种软件服务;承办水产学科的进修班、培训班等;科学文献资料的翻译,教学录像、录音、绘图,幻灯片制作与复制等;科研产品的订购与经销;引进技术的消化与创新等。

科技服务部挂靠校科研处合署办公,统一管理对外科技服务业务。业务上接受上海市高校科学技术服务中心董事会的监督和指导。其主要职责是:承接、安排科技服务项目;协调与监督合同或协议的执行;处理日常事务等。

1992年6月6日,学校实行新的《科技服务项目管理暂行办法》。

1999年10月26日,学校成立科技服务中心,黄硕琳任法人代表,撤销科技服务部,其业务划归该中心。

科技服务部历任经理有宋承芳(1983—1985年)、陈汉章(1985—1988年)、宋承芳(1988—1996年)、黄硕琳(1997—1999年)。

2000年,根据校企改制要求,科技服务中心纳入校科技实业公司,经营活动先后由校办产业管理处、资产经营公司管理,科技处仍保持对外相关科技服务、科技咨询等科研活动功能。

二、科技服务

科技服务与产学研主要成果:

1985—2011年,海洋捕捞学科针对中国远洋渔业发展契机,派出装配光诱钓捕鱿鱼设备的"蒲苓号"实习船、专业教师,与中国水产总公司、多家海洋渔业公司等生产企业合作,促进科技成果转化。在鱿鱼、鸢乌贼、竹筴鱼、金枪鱼等新捕捞对象、新作业方式、新渔场开发等方面,谱写产学研相结合的新篇章,开创科技服务的新局面。

渔业资源学科1982—1995年开展东、黄海绿鳍马面鲀资源量、渔获量预报,每年定期召开协作交流会,使水产资源研究成果直接为渔业生产和管理服务。

厦门水产学院期间,针对福建沿海渔汛时水产品集中上市或遇到恶劣天气时,保鲜是渔民渴望解决的现实问题这一情况,水产品加工学科的教师开展水产品烘干房的改进设计,建造10余座烘干房。20世纪80年代为全国各地设计冷库、气调库达40余座。

1982—1991年,为推广应用池塘养鱼高产稳产技术,培养淡水养鱼技工,学校在国家水产总局支持下,与江苏无锡市郊区合作举办江苏无锡养鱼技工培训班,学制一年,学员来自全国28个省、市、自治区和部队、武警等单位,共为全国渔区培养养鱼技工近千人。

淡水捕捞学科在江、浙、皖、赣、湘、鄂、豫、冀、川、新、藏等省、市、自治区的淡水渔区,推广先进捕捞技术,设计安装拦鱼网和电栅拦鱼装置,解决山区水库捕鱼难、拦鱼难的问题。1994年学校派出青年教师李应森赴古巴支持水库渔业的发展,为期一年,顺利完成淡水捕捞援外任务。

1985年,上海市计委、市农委、市科委批准立项"奉贤对虾育苗场工程"项目。育苗场工程设计和实施、技术力量组织、人员培训、项目管理与调查等技术服务均由奉贤县畜牧水产局、奉贤县柘林乡政府委托水产技术经济分中心承担。经水产技术经济分中心董事会讨论决定,由学校肖树旭任技术组负责人,宋承芳任项目经理。项目组成员:学校有肖树旭、宋承芳、臧维玲、张道南、纪成林、顾功超;东海水产研究所有乔振国;渔业机械仪器研究所有孙家奇、郁蔚文;上海市水产研究所有张处瑾、张世清。奉贤对虾育苗场选址奉贤县柘林乡,建设规模为育苗水体2 000立方米、种虾越冬房800立方米、植物性饵料培养车间600平方米、动物性饵料培养车间500平方米。1986—1992年,共计育苗12亿尾,完成和超过预定技术指标。奉贤对虾育苗场的建成,不仅节省以往每年到外地采购虾苗昂贵的运输费、虾苗费,而且能做到计划放苗,避免因气候因素造成虾苗损失,延长对虾生长期,提高产量等,经济效益可观。上海奉贤对虾育苗场采用自制盐卤、调节海水比重、药物调节离子浓度的工艺路线,在河口区实现产业化对虾育苗首次获得成功,也是上海市水产院校、科研院所联合实现产学研结合,成功开展技术服务的实事之一。

1986年3月—1988年3月,上海对外经济技术合作公司委托上海市科技开发交流中心水产技术经济分中心承担也门军队经济公司食品罐头厂技术服务项目。经水产技术分中心董事会研究派出技术专家组,由学校李锦才(组长)、中国水产科学研究院东海水产研究所徐玉成、中国水产科学研究院渔业机械仪器研究所吴炳荣、上海市水产研究所陆元彪、上海对外经济技术合作公司蔡毅(翻译)等组成。也门军队经济公司食品罐头厂的成套设备由意大利进口并负责安装。上海派出的技术专家组负责罐头生产工艺设计、实验室筹建、技术人员与工人培训,以及蚕豆、番茄酱罐头的研制与投产。通过两年努力,顺利完成规定任务。李锦才被中国驻也门大使馆评为1987年先进工作者、优秀共产党员。

根据上海市政府1992年6月5日颁布的《上海市人民政府关于加强高等学校科学技术的通知》,上海市高等教育局、财政局、科委、工商银行等出台科技产业贴息贷款优惠政策,对技术成熟、学科特色明显、预期效益良好的校办产业项目提供资金资助。学校发挥海洋渔业学科特色,依托远洋鱿钓技术开发的成果积累,实施科技产业化。申报的大西洋远洋渔业项目获批二期贷款650万元,贴息48万元,在中国水产总公司支持下建造渔船两艘,加入其船队,远赴大西洋,创利450万元。

鱼、虾、贝的种质资源研究,坚持选育良种、服务生产、造福渔民的方针,先后培育成功"浦江1号"团头鲂、"吉富"品系尼罗罗非鱼、"申福1号"坛紫菜、"康乐蚌"等新品种,集成创新河蟹育苗和养殖关键技术等既有坚实的理论支撑,又具有自主知识产权,且经全国水产原种和良种审定委员会审定为选育良种,经推广应用后经济、社会效益明显。

在水产品、猪肉、蔬果的食品安全与供应保障方面,取得生鲜水产品冷藏保鲜和安全监控技术、金枪鱼超低温、均温解冻技术,蔬果冷藏链应用,生鲜禽肉冰温贮藏技术,猪肉产品保障安全供应关键技术,世博会特供食品质量与安全保障体系等成果。

20世纪90年代初起,学校与上海市郊金山漕泾对虾育苗场合作,结合对虾育苗生产实践,实行科研、教学、实习、推广相结合,创建上海申漕特种水产开发公司产学研基地。1995年,该基地获上海市劳动模范集体称号。2001年,批准为上海市首批高校产学研基地。2003年,教育部批准为全国高校产学研基地。截至2011年底,学校共建有产学研合作基地100处。

表7-5-1　1987—2000年科技服务历年合同金额统计表

年　份	合同金额(万元)	年　份	合同金额(万元)
1987	142.79	1994	157.49
1988	159.09	1995	70.99
1989	110.72	1996	160.77
1990	222.98	1997	165.81
1991	131.38	1998	93.78
1992	158.01	1999	30.65
1993	108.24	2000	0.53

三、教授博士科技服务团

【组建】

2005年暑假,生命科学与技术学院的党员教师,为了将科研成果服务社会,组织岑伟平、王武、杨先乐、成永旭、潘连德、冷向军、王丽卿、黄旭雄、张庆华、邱军强10人组成"教授博士科技服务团",赴全国渔业科技示范县江苏高淳渔区,开展以河蟹养殖为主体的技术服务,双方签订长期科技合作意向书。

校党委及时总结这一新事物,认为这不仅使教师得到锻炼和教育,增强服务意识和服务本领,而且是贯彻中共中央"一号文件"精神,为建设社会主义新农村做好服务工作的一项重要举措,2006年决定每年在暑假期间组建教授博士科技服务团,参照全国渔业科技入户示范工程,下渔区第一线,指导渔业生产。同年,校长潘迎捷任服务团团长。

【服务活动】

2006年,教授博士科技服务团由生命学院28人组成,分赴安徽省当涂县、天长县,江苏省高淳县、宝应县、辽宁省盘山县、大洼县进行科技服务"夏季行动"。

2007年,教授博士科技服务团由生命学院与经济管理学院的34人组成,分赴江苏宝应、高淳、常熟、阳澄湖(苏州相城区、昆山),安徽当涂,辽宁盘山和大洼,进村入户,开展科技服务"夏季行动"。

2008年初,一场罕见低温灾害,给南方各省的水产养殖生产带来严重影响。学校组织6名教授编印《水产养殖业科技救灾手册》(16万字)4 000册,送到养殖户手中;组织36名教授、博士组成科技救灾服务团,分别赴江苏昆山,湖北仙桃、宜昌夷陵区,安徽当涂、宿松、望江和无为渔区开展科技救灾服务。参加培训的养殖户达1 800人。2008年夏季又组团赴江苏高淳、宝应,安徽当涂,辽宁盘山、大洼,宁夏中卫、青铜峡、银川、贺兰、石嘴山等市县开展科技服务"夏季行动"。

2009年3月,由校党委书记叶骏、副校长黄硕琳率专家教授23人,赴江苏宝应柳堡镇参加全国渔业科技服务年暨渔业科技入户春季行动启动仪式,并分别赴柳堡镇和山阳镇开展科技服务。其间,将新编《水产健康养殖手册》100本赠送给养殖户。同年7月,由校长潘迎捷任团长,组建水产与生命学院、食品学院、经济管理学院教师38人,率有关博士生等共120名科技人员,组建8个服务分团,分别赴上海金山、奉贤、崇明、松江、青浦、嘉定,江苏高淳、邗江、宝应、盱眙,安徽当涂、宣州、芜湖、南陵,辽宁盘山、大洼,宁夏中卫、青铜峡、银川、贺兰、石嘴山,四川都江堰,新疆哈巴河等23个区县,开展科技服务"夏季行动",并分别将《水产辞典》《新编渔药手册》《水产养殖用药处方大全》《水产健康养殖手册》等工具书赠送给各区县。

2010年7月,由校、院领导带队,组织水产与生命学院、食品学院、经济管理学院教师共61人,带领24名博士生和硕士生,组建10个服务分团,分别赴上海金山、奉贤、崇明、松江,江苏高淳、扬州、邗江、高邮、宝应、盱眙、楚州、南通,安徽当涂、芜湖、南陵、宣州、郎溪,浙江金华、丽水、杭州、嘉兴、湖州,辽宁盘山、大洼,宁夏中卫、青铜峡、银川、贺兰、灵武、石嘴山,四川都江堰,新疆且末、哈巴河等30多个区县,开展科技下乡"夏季行动",并分别将600多本《河蟹生态养殖》赠送给各区县。

2011年7月,本着"立足上海、面向苏浙皖、点状服务、辐射全国"的指导思想,突出生态养殖和食品安全2个服务主题,组织水产与生命学院、食品学院、经济管理学院、海洋科学学院和人文学院教师110人,率3名博士生和36名硕士生,组建12个服务分团,分别赴上海金山、奉贤、崇明、松江、嘉定、青浦、浦东新区,江苏南通、东台、大丰、泰州、高淳、扬州、高邮、宝应、淮安、盱眙、泗洪,安徽当涂、宣州,浙江杭州、湖州、德清、嘉兴、南浔区、宁波、嘉善、常山、平湖,辽宁盘山,宁夏银川、青铜峡、贺兰、永宁,西藏亚东、定结,新疆哈巴河、且末等8省市自治区38个区县,开展科技服务"夏季行动"。

2005—2011年,教授博士科技服务团累计组织教授、博士450人次参加科技服务,举办培训班123期,培训农民9 145人次,逐步实现长效化、制度化和规范化;服务专业面从水产养殖技术延伸到食品安全和渔业经营管理;服务范围从中东部扩大到中西部地区。科技入户服务工作取得良好成效,得到当地主管部门和渔民肯定。

四、全国农业科技入户示范工程

改革开放后,在全国农村实施的科技入户示范工程,旨在探索在农村家庭联产责任制体制下,建立农业科技成果转化长效机制,提高农业科技转化率,为促进农业增效、农民增收和提升农产品竞争力,为加快新农村建设作出更大贡献。

2005年,王武被农业部科教司聘为全国渔业科技入户示范工程首席专家,其工作组由中国水产科学研究院、全国水产科技推广总站5名专家组成。2006年,李应森受聘为专家组成员。专家组负责全国18个渔业示范县的科技入户示范工程建设。2007年,王武、李应森分别获全国农业科技推广标兵称号。

第六章 学术出版物

第一节 辞　　书

一、大型辞书

学校在承担、参加编撰水产类辞书、工具书等方面形成一定特色与优势。20 世纪 60 年代初，《辞海》编纂起步阶段，学校即派出教师负责编撰《辞海（试写稿）》和《辞海（未定稿）》中水产分科词目。1979 年、1989 年、1999 年和 2009 年第三至六版的《辞海》，以及 2008 年 12 月出版的《大辞海·农业科学卷》中水产分科词目的选收和编撰全部由学校负责。20 世纪 80 年代后期，学校组织 56 名教师编撰《中国农业百科全书·水产业卷》314 条词目，占全卷总词目数的 30.3%，并承担全卷的审阅工作。经全国科学技术名词审定委员会审定，于 2002 年 12 月出版的《水产名词》，学校组织 8 名教师参与编撰，还负责有关词目的审阅和修改。2005 年学校组织 64 名教师，经两年多努力，于 2007 年 9 月、学校 95 周年校庆期间出版《水产辞典》。这是国内水产学科的词目选收较完整、内容新颖的辞书。学校在 1960 年主编《俄汉水产词汇》。1979 年和 1995 年，学校还分别主持《英汉水产词汇》《英汉渔业词典》的编审工作。1983 年、1998 年和 2002 年又分别负责《经济大辞典·农业经济卷》《农业大辞典》《20 世纪中国学术大典·农业科学》中水产分科的词目选收和编撰。

【综合辞书】

1.《辞海》

1960—2009 年，《辞海》先后出版 5 个版本，学校自始至终负责其中水产分科词目编纂。以 1989 年版《辞海》为例，水产分科词目为 588 条，占农业总词目 5 245 条的 11.21%。水产分科由 7 部分组成，即水产总论 17 条，水产资源 40 条，水产养殖 123 条，水产捕捞 57 条，水产品加工 65 条，渔船与机械 41 条，水产经济动植物 245 条。

在选收和编撰 2009 年版《辞海》水产分科词目时，主要选用学校 2007 年出版的《水产辞典》和 2008 年已完稿的《大辞海·农业科学卷》中水产分科词目和内容。

学校骆肇荛、乐美龙分别从 1989 年、1999 年起被聘为《辞海》编辑委员会委员和水产分科主编。林焕章于 20 世纪 60 年代参与编撰《辞海（试写稿）》、《辞海（未定稿）》和 1979 年版《辞海》。参与编撰 1989 年、1999 年版《辞海》的教师有王尧耕、乐美龙、伍汉霖、宋承芳、金鑫波、骆肇荛等，参与编撰 2009 年版《辞海》的有王尧耕、乐美龙、宋承芳、沈月新、何培民、苏锦祥、陈新军、陈舜胜、杨先乐、胡明堉、骆肇荛、谢晶等。

2.《大辞海·农业科学卷》

《大辞海·农业科学卷》是《大辞海》分册之一，在 1999 年版《辞海》基础上拓展而成，2008 年 12 月由上海辞书出版社出版。该书共收词目 7 327 条，由农业科学总论，作物和果蔬，林业，畜牧、兽医、桑蚕和养蜂，以及水产 5 个分支组成。

水产部分共收词目858条，占《大辞海·农业科学卷》总词目数的11.71%，由10部分组成，即：水产总论36条，水产资源66条，水产养殖150条，水产捕捞61条，水产品加工与贮藏106条，渔业生态环境39条，渔业工程61条，渔业经济与管理26条，渔业行政管理26条，水产经济动植物277条。

在该卷农业科学总论中尚有10条人物词目，属水产分科。

根据《大辞海》编辑委员会安排，《大辞海·农业科学卷》中水产分科词目全部由学校负责编撰，并聘请骆肇荛、乐美龙为水产分科主编。参与编写教师有王尧耕、王锡昌、乐美龙、沈月新、李家乐、孙满昌、孙琛、宋承芳、何培民、苏锦祥、陈新军、陈舜胜、杨先乐、杨正勇、杨红、胡明垿、高健、臧维玲、楼允东、谢晶20人。在编撰过程中，为确保词目内容质量，学校专门成立由乐美龙、宋承芳、沈月新、苏锦祥、胡明垿等组成的编审组，审阅和修改水产分科全部词目的内容。

3.《中国农业百科全书·水产业卷》

《中国农业百科全书·水产业卷》编纂工作于1986年在农业部水产局的主持下开始筹划，1988年启动，组成《中国农业百科全书·水产业卷》编辑委员会，由水产局局长涂逢俊任主任。下设水产总论、水产资源、渔业环境与保护、水产捕捞、水产养殖、海水养殖、水产品保鲜与加工、渔业机械设备与仪器、渔业经济管理、渔业管理与渔业法规10个分支编写组，分别设正、副主编和学术秘书。委托上海水产大学和黄海水产研究所负责编纂组织工作，并在上海水产大学内设立《中国农业百科全书·水产业卷》编纂办公室，聘请林焕章、朱庆澜为正、副主任，负责日常编审的组织和管理工作。从1988年起，经历7年编审，于1995年3月由中国农业出版社出版。

《中国农业百科全书·水产业卷》分上、下册，选收词目1 033条，随文插图520幅，插页彩图410幅。全卷主要内容分10部分：水产总论、水产资源、水产经济动植物、渔业环境与保护、水产捕捞、水产养殖、水产品保藏与加工、渔业机械设备与仪器、渔业经济管理、渔政管理与渔业法规。

学校在编纂《中国农业百科全书·水产业卷》全过程中，除设立《中国农业百科全书·水产业卷》编纂办公室，负责日常编审管理工作外，还投入大量人力物力，组织56位教师编撰词目314条，占全卷总词目的30%。时任校长乐美龙兼任《中国农业百科全书·水产业卷》编辑委员会副主任，配合出版社负责审阅全卷词目内容并提出修改建议，以确保全卷质量。1997年6月，该书获第八届全国优秀科技图书一等奖。

学校56位撰稿人，为：王武、王恺、王尧耕、王素娟、马家海、乐美龙、刘凤贤、孙满昌、任为公、李雅飞、伍汉霖、苏锦祥、汪天生、金鑫波、沈月新、沈金鳌、沈根媛、张世美、张荫乔、张媛溶、陈马康、陈舜胜、吴子昌、季星辉、季恩溢、杨运华、杨德康、金有坤、周应祺、钟若英、钟为国、钟俊生、林辉煌、林焕章、孟庆闻、黄志斌、黄永萌、黄金陵、姜在泽、姜仁良、胡明垿、骆肇荛、徐文达、章可畏、梁象秋、殷名称、顾浩年、郭大钧、翁忠惠、崔建章、谭玉钧、雷慧僧、缪学祖、詹秉义、楼允东、滕永堃。

4.《中国大百科全书·农业》

《中国大百科全书》是于1978年经国务院决定，组织国内学者和专家编撰的大型工具书，由大百科全书出版社负责出版工作。《中国大百科全书》共分80卷。其中，农业有2卷，于1990年9月出版。水产为《中国大百科全书·农业》的一个分支，共有词目216条。从1983年起，由大百科全书出版社负责组织全国水产高等院校、研究所有关学者和专家进行编撰。朱元鼎任《中国大百科全书·农业》编委会副主任，兼任水产分科主编，骆肇荛和林焕章任副主编，特约编辑朱庆澜。水产分科成员有王尧耕、王素娟、伍汉霖、肖树旭、孟庆闻、姜在泽、黄永萌、黄志斌和谭玉钧等。学校33位撰稿人，为：王克忠、王尧耕、王素娟、王维德、乐美龙、朱元鼎、纪成林、纪家笙、张英、张荫乔、吴有为、汪天生、肖树旭、金鑫波、陈马康、孟庆闻、陆桂、李松荣、李婉端、伍汉霖、苏锦祥、黄永萌、黄志斌、俞泰济、胡明埙、骆肇荛、顾功超、梁象秋、童合一、谭玉钧、雷慧僧、缪学祖、滕永堃。

5.《20世纪中国学术大典·农业科学》

《20世纪中国学术大典·农业科学》由石元春主编，2002年9月由福建教育出版社出版。

该书由农艺学、园艺学、茶学、林学、土壤学、植物保护学、畜牧学、水产学、蚕桑学、兽医学、农业工程、农业基础学、农业教育和农业史14个分支学科组成。水产学分支学科由学校林雅年负责。

水产学分支学科共有16条词目，其中学科体系词目有6条，专题研究词目有10条。其他尚有人物词目4条、名著2条、机构1条和刊物1条。学校撰写词目21条，13人参与撰稿，为：乐美龙、詹秉义、马家海、梁象秋、王武、楼允东、纪成林、孙满昌、陈舜胜、林雅年、伍汉霖、孟庆闻、卢怡。

6.《经济大辞典·农业经济卷》

《经济大辞典·农业经济卷》是《经济大辞典》20个分卷之一，1983年12月由上海辞书出版社和农业出版社共同出版。

于光远任《经济大辞典》编辑委员会主任。其中，《经济大辞典·农业经济卷》由北京农业大学陈道任主编，学校与全国32所农林院校和科研单位参与编撰。

该卷共收词目2 373条。其中渔业部分有102条，由学校乐美龙、宋承芳、谢敏珠，东海水产研究所的施鼎钧、黄海水产研究所的朱德山、吴善长分别编撰，由宋承芳统稿。

7.《农业大辞典》

《农业大辞典》是一部大型、综合性的农业百科辞典。1987年，农业部委托南京农业大学主持，成立以何康为主任的《农业大辞典》编辑委员会，组织包括上海水产大学在内的18所高等农业院校和科研单位分工编撰，由中华农业科教基金会资助，1998年9月由中国农业出版社出版。

全书由农业经济、农业历史、农业气象、农田水利、土壤、植物病理、农药、农业机械与工程、林业、畜牧业、水产业等25个部分组成，收词3万多条。

全书中水产分科共收词1 279条，由10部分组成，即：水产总论17条，水产资源87条，水产经济动植物422条，渔业环境与保护72条，水产养殖213条，水产捕捞54条，水产加工129条，渔船、渔业机械与仪器232条，渔业经济35条，渔业法规15条。其他3条。

学校林焕章被聘为《农业大辞典》编辑委员会委员，林焕章、汪天生分别任水产分科正、副主编。学校参与编撰人有：王尧耕、王维德、乐美龙、伍汉霖、刘凤贤、纪成林、肖树旭、汪天生、张荫乔、林焕章、顾浩年、郭大钧、黄永萌、黄琪琰、曹少璞、雷慧僧、滕永堃。

【水产辞书】

1.《水产辞典》

在筹备学校95周年校庆之际，部分退休老教师根据学校多年参加编撰《辞海》的经验，倡议编纂《水产辞典》。经学校领导同意与支持，于2005年初成立以潘迎捷为主编的《水产辞典》编辑委员会，以校内为主的64位老、中、青教师和专家着手编撰工作。在上海辞书出版社副总编辑乐嘉民、科技室主任傅伯诚精心指导下，经近2年努力，全体编撰者一丝不苟、字斟句酌、反复查证、精心修改，在2007年7月学校95华诞前夕由上海辞书出版社出版。

《水产辞典》共选收水产学科和有关学科名词、术语5 274条，由10个部分组成，分别是：总论168条，渔业资源357条，水产捕捞514条，水产增养殖1 519条，水产品加工与贮藏542条，渔业水域环境372条，渔业工程290条，渔业经济261条，渔业管理462条，水产经济动植物789条。

书前附有彩图 134 幅，书中插图 423 幅，书后附有《无公害水产品安全要求》《无公害水产品产地环境要求》《无公害水产品中渔药残留限量》《无公害食品海水养殖用水水质》《无公害食品淡水养殖用水水质》《与渔业有关的国际组织机构名录（英汉对照）》《联合国粮农组织水生生物分类名录(2003)》《计量单位表》《国际原子量表(2005)》《世界渔区图》10 个附录。

《水产辞典》编辑委员会 主编潘迎捷，副主编乐美龙、黄硕琳、周应祺，委员王尧耕、王锡昌、乐美龙、许柳雄、苏锦祥、李柏林、李家乐、沈月新、宋承芳、张敏、周应祺、高健、黄硕琳、葛光华、潘迎捷。

《水产辞典》编辑部 主任乐美龙，副主任宋承芳、苏锦祥、李柏林，成员王尧耕、乐美龙、苏锦祥、李柏林、沈月新、宋承芳、胡明堉、葛光华、楼允东，秘书张文博，外文审稿人王季襄、黄硕琳。

撰稿人 万锦康、马家海、王武、王永鼎、王尧耕、王丽卿、王锡昌、平瑛、乐美龙、包海蓉、朱江峰、刘承初、刘洪生、江敏、许柳雄、孙琛、孙满昌、苏锦祥、李曰嵩、李怡芳、李家乐、杨红、杨正勇、杨先乐、杨建峰、何静、何培民、汪之和、沈月新、宋承芳、张饮江、张相国、张福祥、陈有容、陈舜胜、陈新军、季星辉、金麟根、周应祺、周洪琪、钟若英、骆乐、顾惠庭、高健、郭文路、唐议、唐建业、陶宁萍、黄旭雄、崔建章、章守宇、韩兴勇、葛光华、焦俊鹏、谢晶、谢静华、楼允东、臧维玲、戴小杰。

2.《水产名词》

《水产名词》经全国科学技术名词审定委员会审定后公布，并于 2002 年 12 月由科学出版社出版。

根据全国科学技术名词审定委员会委托，中国水产学会于 1991 年成立《水产名词》审定委员会，机构挂靠在中国水产科学研究院，由该院科技情报所负责。1998 年中国水产学会调整《水产名词》审定委员会成员，聘请黄海水产研究所刘恬敬、上海水产大学乐美龙为顾问，中国水产学会副会长贺守伦担任主任，由王尧耕等 21 位专家、教授组成。至 1998 年 12 月完成《水产名词》初稿，在一年半经 4 次修改后，分别在学校和黄海水产研究所 2 个顾问单位召开审定会议。经再次修订后，通过全国科学技术名词审定委员会审定，予以公布。

《水产名词》共收词 3 321 条。分为水产基础学科、渔业资源学、捕捞学、水产养殖学、水产生物育种学、饲料与肥料、水产生物病害与防治、水产品保鲜与加工、渔业船舶与渔业机械、渔业工程与渔港、渔业环境保护、渔业法规 12 部分。每条除汉英文对照外，还有定义或注释的内容，使水产名词规范化，具有相当的准确性和权威性。

学校参与《水产名词》审定的人员有王尧耕、乐美龙、徐世琼、冯志哲、杨先乐、苏锦祥、郭大钧、黄琪琰等。

3.《俄汉水产词汇》

《俄汉水产词汇》于 1958 年由学校编译室、外语教研组，会同苏联专家工作室翻译通力合作，并得到苏联专家萨布林柯夫帮助，历经一年多艰苦努力，从大量俄文水产类书籍中，汇集捕捞、水产资源、水产养殖、水产品加工、渔业机械与仪器，以及与水产有关的名词和术语的俄文词汇 36 000 多条译成汉语进行编纂。对动植物和鱼病等名词还附有拉丁学名。1960 年由上海科学技术出版社出版。主要编撰者有刘治亭、滕志贞、朱庆澜、章宝惠、王克忠、顾嗣明、陈慧珍、朱行素、秦炳勋、钟正高、袁雪蕾、周坚白、汪新蓉。这是当时国内唯一的一本水产类俄汉词典，为推动全国水产科研、教育和管理等部门学习苏联水产科技书刊和著作提供一本可靠的工具书。

4.《英汉水产词汇》

1959 年，科学出版社出版《英汉水产词汇》。1977 年 7 月，科学出版社组织厦门水产学院和东海水产研究所合编《英汉水产词汇》,收词范围包括水产资源、捕捞、养殖、加工、海洋、气象、渔业机械与仪器、渔船、渔业环境保护等,共收词3万条,附有英文、拉丁名和汉字对照的常见水生生物名称、国际组织机构名称缩写、常用科技略语,以及度量衡表、风浪级表、涌级表、网具模式图表4个附录。

初稿完成后,分送全国40多个有关院校、科研机构和生产单位征求意见,再邀请南海水产研究所、黄海水产研究所、长江水产研究所、福建省水产研究所、上海师范大学、复旦大学、上海自然博物馆、中国水产科学研究院渔业机械仪器研究所、上海鱼品厂、上海海洋渔业公司、上海渔轮修造厂等机构代表开会审定。最后由厦门水产学院定稿。合计总字数为71.4万字,606页,一次印刷13 650册。1979年,由科学出版社出版。

5.《英汉渔业词典》

《英汉渔业词典》在农业部水产局主持下,由卓友瞻任编纂委员会主任委员,组织上海水产大学、东海水产研究所、黄海水产研究所、淡水渔业研究中心、渔业机械仪器研究所、中国科学院海洋研究所、青岛海洋大学等42位专家、教授集体编撰而成,从1992年开始,收集词汇、制订方案和体例、编撰审定,经4年共同努力,于1995年7月由中国农业出版社出版。

该词典收词范围,包括渔业资源、捕捞、养殖、加工、渔业工程、渔业机械与仪器、有关基础学科词目,以及英、拉、汉和拉、汉、英水生生物名称等,共有6万多条。在编撰时,收词以水产名词、术语为主,释文准确规范。适用于渔业科技工作者、有关院校师生、翻译工作者查阅。

学校在编纂《英汉渔业词典》全过程中投入大量人力物力,《英汉渔业词典》编纂委员会7位编委中,孟庆闻、乐美龙、王季襄3人直接参加编审工作。在出版前,乐美龙、林焕章、王季襄、胡鹤永4人对全书词目完成统稿和审阅工作。

学校参与撰稿的有王季襄、乐美龙、李思发、苏锦祥、宋承芳、周应祺、林焕章、孟庆闻、胡鹤永、郭大钧、黄志斌、黄硕琳12人。

二、其他辞书

学校教师参与编撰的辞书还有:

《简明生物学词典》 1983年由上海辞书出版社出版。学校朱元鼎任编审,学校参与编撰的有伍汉霖、金鑫波、孟庆闻。

《少年自然百科辞典·生物·生理卫生》 1986年由上海少儿出版社出版。学校殷名称参与编撰。

《简明水产词典》 由科学出版社委托东海水产研究所主编,1988年由科学出版社出版。学校王素娟、郑刚参与编撰。

《百科知识辞典》 1989年由中国大百科全书出版社出版。学校雷慧僧参与编撰。

《中国大百科全书·生物学》 1991年由中国大百科全书出版社出版。学校参与编撰的有朱元鼎、伍汉霖、金鑫波、孟庆闻、苏锦祥。

《当代科技新学科》 谢希德主编,1993年4月由重庆出版社出版。全书辑录76个学科。水产学为其中之一。学校宋承芳为分科编委。学校参与编撰的有宋承芳、王尧耕、周应祺、李思发、黄志斌、曹少璞、苏锦祥、黄琪琰、楼允东、金有坤、潘兆龙、詹秉义、沈月新、梁象秋等。

《拉汉世界鱼类名典》 1999年由台湾水产出版社出版。学校伍汉霖参与编撰。

《日拉汉水产经济动植物名称》 由科学出版社委托东海水产研究所陆忠康等编订。学校伍汉霖参与编撰。

《船舶工程辞典》 由上海交通大学主编,1980年由国防工业出版社出版。学校参加编撰的有章可畏、季星辉、黄永萌。

第二节 《上海海洋大学学报》

一、出版机构

1960年1月22日,《上海水产学院学报》创刊,由学报编辑委员会编辑并出版发行,然而1960—1991年仅出版创刊号。其间,1964年曾编印内部刊物《上海水产学院论文集》,在厦门办学期间编印内部刊物《水产科学实验》与1979年编印内部不定期刊物《上海水产学院科技文集》等。

1989年,校务会议决定复刊《上海水产大学学报》(以下简称《学报》)。1990年,学校向农业部、国家科委、国家新闻出版总署提出复刊申请。1991年11月13日,国家科委批复同意。1992年3月2日,学校制订《关于成立〈上海水产大学学报〉编辑委员会和编辑部的通知》,明确编辑部归口,科研处负责日常管理。

1992年6月12日,《学报》复刊,第1卷第1~2期合刊正式出版,国内外公开发行。1992—2006年,《学报》为季刊,一年出版4期。2007年,根据《关于2007年〈上海水产大学学报〉出版刊期变更的请示》,《学报》自该年第1期起调整为双月刊。

2008年,随着学校更名为上海海洋大学,经上海市新闻出版局研究并报新闻出版总署批准,同意《上海水产大学学报》更名为《上海海洋大学学报》,原刊号CN 31-1613/S作废,新编国内统一连续出版物号为CN 31-2024/S,仍为双月刊,办刊宗旨不变。

1992—2011年,编辑委员会共有6届。

表7-6-1 1992—2011年历届上海海洋大学学报编委会人员情况表

届 别	年 份	主任委员(主编)	副主任委员(副主编)
第一届	1992—1998	乐美龙	陈坚、王克忠、苏锦祥
第二届	1998—2000	周应祺	林樟杰、曹德超
第三届	2000—2003	周应祺	黄硕琳、卢怡
第四届	2003—2005	周应祺	黄硕琳、卢怡
第五届	2005—2009	潘迎捷	黄硕琳、卢怡
第六届	2009—	潘迎捷	黄硕琳、卢怡

说明:自第五届起主任委员、副主任委员分别改称为主编、副主编。

编辑部历任主任:滕永堃,卢怡(2000—)。历任副主任:宋承芳、毛震华、卢怡。

二、学术影响

1992—2011年,经过不断努力与办刊实践,《学报》成为一本在中国水产科学领域具有一定知名度和学术影响力的核心刊物，且具有较强的创新性和应用价值，被国内水产科研机构的科研人员所重点关注、参考、引用和应用，为促进和繁荣中国水产科学的发展与学术交流作出重要贡献。2006年，获教育部科学技术司第一届中国高校优秀期刊奖。

《学报》与日本、韩国、菲律宾、英国、加拿大等国的有关机构和图书馆建立期刊交流关系，并通过中国国际图书贸易总公司对国外发行。同时，加入《中国科技期刊（光盘版）》的发行和万方数据资源系统数字化期刊群，通过因特网加强与国内外读者、作者的交流，扩大刊物的学术影响力。

《学报》是北京大学图书馆中文核心期刊、中国科学院文献情报中心的中国科学引文数据库来源期刊、中国科学技术信息研究所的中国科技核心期刊，并被《化学文摘》(CA)、《水科学和渔业文摘》(ASFA)、《中国科学引文索引》、《中国生物学文摘》、《中国水产文摘》等众多国内外检索期刊收录。

第八篇

教育设施

概　　述

建校初期,校长张镠千方百计为学校建立相应实验室,增添实验仪器、设备和标本,建立图书馆和体育场等,先后新建实习渔船"淞航号""海丰号",在江苏昆山建淡水养殖试验场,在校内建渔具、罐头实习工场和冷库,使学校在20世纪20年代末已成为设施比较完备的水产学校。

民国26年(1937年)"八一三"事变中,辛苦经营的教育设施悉数毁于日本侵华军炮火。民国36年,在上海复兴岛复校后,租赁相关设施办学,惨淡经营。

解放后,教育设施逐步改善和加强。20世纪50—60年代,随着本科专业增加到8个,教育设施在数量上和质量上均有提升。1965年共有实验室32个,1966年共藏书20万册。先后有实习渔船"水产号""奋发号""图强号"。先在控江路,后在佳木斯路建淡水养殖试验场。在校内建有金工厂和罐头实习工场。在浙江省普陀山建小型贝藻类育苗场。在体育设施方面,除田径场和室外标准游泳池外,还有赛艇等水上运动设施。

在厦门办学期间,除搬迁到集美校区的全部实验室和工厂设施外,新建渔业机械厂、冷冻厂、水产品加工厂、电子厂,利用集美中池改建成淡水养殖试验场,新建海水养殖试验场和"闽渔451号""闽渔452号"实习渔船。体育设施有田径场、游泳池(与集美镇共用)。

学校迁回上海后,国家投入大量基建经费,校内除整修原有教育用房外,还扩建图书馆,新建水产养殖、水产加工、海洋渔业等实验楼和金工厂。在校外,新建南汇淡水养殖试验场、奉化海水养殖试验场。20世纪80年代,学校获得两期世界银行农业教育贷款项目,使实验实习设施得到明显改善。

学海路校区新建一批物理、化学、电子计算机等基础实验室和图书馆等。

学校迁至沪城环路校区后,随着本科和研究生教育的迅速发展,所有实验室、图书馆、体育场馆等都作出新调整。实验室从1985年的35个发展到2011年的127个,其中国家级、省部级重点实验室有9个。图书馆面积有2万平方米,藏书100余万册。建设现代信息与教育技术中心、档案馆、校史馆、博物馆等设施,在象山港和洋山港分别建成科教实验基地和生态系统野外科学观测研究站等,不断完善教育设施,为培养人才和提高学科水平创造良好条件。

第一章 教学实验室

第一节 建 设

民国 2 年（1913 年）竣工的第一期校舍中有化学、生物实验室，渔具、罐头实习工场。民国 4 年竣工的第二期校舍中有理化教室、博物教室各 1 间，化学分析室 2 间，博物标本室、理化仪器室、航海气象仪器室各 1 间。民国 8 年竣工的第四期校舍中有冷库 1 座。民国 21 年，"一·二八"事变中，两艘实习渔船及实验室设备大部毁于日本侵华军炮火。其后，虽经努力，但实验室及其设备恢复有限，民国 24 年又购进 280 总吨的"集美 2 号"蒸汽拖网渔船作实习船。民国 26 年，"八一三"事变中，校舍、实验设备等全部毁于日本侵华军炮火。

民国 37 年，复校后的上海市立吴淞水产专科学校，利用李东芗捐赠款项添置部分图书仪器。

1952 年起，学校充实和陆续新建一批实验室，有生物、化学、物理、食品检验与分析、渔具材料、航海气象船艺、材料力学、电工学、无线电与渔航仪器、水产资源、金属学与热处理、水文学、公差与技术测量、渔船动力等实验室。1965 年，全校实验室共计 33 个。其间，原国立高级水产职业学校（乍浦）并入学校时，其在民国 37 年向英商订购的六分仪、天平、显微镜、冰箱、保温箱、切片机、照相机和显微照相机等仪器设备，于 1953 年运抵学校，充实了学校实验条件。

表 8‑1‑1　1965 年实验室设置统计表

系	名　　称	小计
海洋渔业	物理学实验室、材料力学实验室、电工学实验室、无线电与渔航仪器实验室、金属学与热处理实验室、渔具材料学实验室、航海气象船艺实验室、渔具与渔船模型陈列室、公差与技术测量实验室、渔船动力实验室	10
水产养殖	动物生理学实验室、组织胚胎学实验室、植物学实验室、藻类学实验室、水文学实验室、水化学实验室、无脊椎动物学实验室、贝类学实验室、鱼类养殖学实验室、微生物学实验室、鱼病学实验室、鱼类学实验室、同位素示踪实验室、生物切片室	14
水产加工	无机化学实验室、有机化学实验室、分析化学实验室、生物化学实验室、物理化学实验室、食品检验与分析实验室、水产品加工实验室、冷冻实验室、罐头实验室	9

1972 年，各实验室仪器和设备随学校搬迁至厦门集美，重建并添置一批实验设备，新建液压实验室。

1979—1982 年，部分实验室仪器和设备随学校从厦门迁回上海，军工路校区原各实验室全部重建。国家农委和国家水产总局考虑到学校迁回上海办学的实际困难，1983—1988 年为学校争取到 2 期总金额为 462.8 万美元的世界银行农业教育贷款项目，旨在建设和改造实验室，购置仪器设备和培训人员。学校利用世界银行贷款建设基础生物、鱼类生态环境、化学中心、食品工程、渔具材料性能测试、动力液压、电子计算机、语音、机械测试技术、航海捕捞模拟和电子显微镜等实验室，共购置实验室仪器设备161种,518套件,计351万美元。

1985年,学校拥有实验室35个,教学科研仪器6563台件,总计价值约1967.44万元。

表8-1-2 1985年实验室设置统计表

系、部(小计)	序号	名　称	系、部(小计)	序号	名　称
水产养殖系 (15)	1	淡水捕捞实验室	海洋渔业系 (11)	23	渔具材料学实验室
	2	池塘养鱼实验室		24	航海仪器实验室
	3	海产动物增养殖实验室		25	航海捕捞模拟器实验室
	4	藻类学实验室			
	5	藻类生理学实验室		26	液压动力中心实验室
	6	鱼病学实验室			
	7	微生物学实验室		27	材料力学实验室
	8	水生生物学实验室		28	水产资源学实验室
	9	鱼类学实验室		29	渔业机械中心实验室
	10	水化学实验室			
	11	同位素实验室		30	机械制造实验室
	12	生物切片室		31	电工电子技术中心实验室
	13	电子显微镜实验室			
	14	动物生理学实验室		32	机械基础实验室
	15	组织胚胎学实验室		33	公共计算机实验室
水产加工系 (7)	16	食品加工实验室	基础部 (1)	34	物理学中心实验室
	17	食品工程中心实验室			
	18	无机化学实验室	教务处 (1)	35	外语语音实验室
	19	物理化学实验室			
	20	有机化学实验室			
	21	生物化学实验室			
	22	分析化学实验室			

1996—1998年,学校投入120万元扩建基础生物、化学中心、渔业工程、电子电工、物理和机械工程6个基础课教学实验室。教学用计算机全部得到升级换代,并新增计算机150台。其间,学校通过上海市基础教学实验室合格评估。

2000年,学校贷款700万元,对机械CAD实验室、基础生物学实验室、化学中心实验室、物理学实验室、电子电工学实验室、资源环境实验室、语音室等进行重点建设。2001年,全校拥有教学科研仪器设备固定资产约6798万元。2002—2005年,学校投入约2000万元用于基础实验室和专业教学实验室的建设和改造。2003年,学校拥有教学科研仪器设备固定资产9778.86万元。2004年,学校有实验中心10个,下属实验室55个,10万元及以上教学科研仪器设备93件。

表 8-1-3　2004 年实验室设置统计表

中心(小计)	序号	实 验 室	中心(小计)	序号	实 验 室
生命学院实验中心(9)	1	基础生物学实验室	食品工程实验中心(4)	29	食品科学与工程实验室
	2	水生生物学实验室		30	水产品加工与贮藏实验室
	3	微生物学实验室		31	食品生物技术科学实验室
	4	鱼类学实验室		32	食品微生物学实验室
	5	动物生理学实验室	海洋药物实验中心(6)	33	天然药物化学实验室
	6	环境化学实验室		34	药物分析实验室
	7	电子显微镜实验室		35	药物合成实验室
	8	生物技术实验室		36	药理学实验室
	9	生物技术开发实验室		37	实验动物饲养室
渔业工程实验中心(9)	10	渔具材料学实验室		38	细胞培养实验室
	11	捕捞航海模拟器室	化学实验中心(8)	39	基础化学实验室
	12	助渔、助航实验室		40	有机化学实验室
	13	普航、电航实验室		41	生物化学实验室
	14	捕捞、航海仪器与资料室		42	物理化学实验室
	15	渔业资源实验室		43	食品检验实验室
	16	环境工程实验室		44	食品化学实验室
	17	海洋环境实验室		45	感官实验室
	18	大洋遥感与信息系统实验室		46	理化检测实验室
机械工程实验中心(4)	19	机械基础实验室	经贸学院实验中心(2)	47	财会工作实训室
	20	机械CAD/CAM实验室		48	经贸综合实验室(ERP中心)
	21	机械测试技术实验室			
	22	力学、电工学综合实验室	计算机实验中心(4)	49	公共基础教学机房
制冷实验中心(6)	23	制冷设备教学陈列、演示室		50	硬件与控制实验室
	24	空调系统综合性能测试实验室		51	网络技术实验室
	25	热工学实验室		52	专业教学机房
	26	热质交换设备性能测试实验室	语音实验中心(3)	53	外语教学媒体播发专用室
	27	气调库实验室		54	学海路校区9个语音室
	28	制冷压缩机拆装实验室		55	军工路校区5个语音室

2006 年,学校投入 370 万元建设显微镜室、水族专业教学实验室、鱼类学教学实验室、农业资源与管理专业教学实验室、食品化学实验室、食品加工实验室、机械工程基础实验室、机械制造及自动化专业实验室、数字化语音室等教学实验室,及计算机科学与技术专业教学机房改建项目。同年,学校还利用教育高地经费 281 万元建设食品物流工程专业实验室、物流管理实验室、工业工程及食

品物流实验室、物流高地数据处理与分析实验室。

2006—2007年,学校利用财政共建经费238.4万元建设工程学院的电机拖动控制实验室、网络型可编程控制器实验室、工程力学实验室、机械设计实验室、液压与气动实验室、工程材料及机械制造基础实验室。2008年,学校利用财政共建经费1 110.8万元,重点建设工程学院机械制造装备实验室、流体力学实验室、电气工程及其自动化专业实验中心、物流与工程综合实验室,海洋科学学院的海洋遥感与GIS实验室、环境工程实验室,以及大学生创新学术交流活动室等项目。同年,添置10万元以上教学、科研仪器设备171件,总金额为4 528.42万元。2008年,学校有实验研究中心17个,下属实验室115个。

2009年、2010年,学校分别投入资金3 600多万元、3 295.06万元用于实验室建设。添置10万元及以上教学科研仪器设备225件,总金额为5 916.14万元。截至2010年,全校10万元及以上教学科研仪器设备348台件,总金额为10 558.89万元;40万元以上贵重仪器22台件,总金额为1 752.86万元。

为培养高职学院学生动手实践能力,2007年起,高职学院获得上海市教委拨款支持,投入资金260万元,建立食品药品监督管理公共实训基地。

2011年,学校拥有基础实验教学中心(公共平台)6个,下属实验室60个;教学、科研用专业实验教学中心(专业平台)6个,下属实验室67个(其中含教育部、农业部及上海市重点实验室9个),共计127个。

表8-1-4 2011年基础实验教学中心(公共平台)及下属实验室统计表

学 院	公共实验平台	实 验 室 名 称	小计
水产与生命学院	水产科学实验教学中心	基础生物学实验室、水生生物学教学实验室、鱼类学教学实验室、动物生理学教学实验室、微生物学教学实验室、生物技术教学实验室、创新开放实验室、环境化学教学实验室、藻类学实验室、显微互动教学实验室、电子显微镜实验室、物资供应室	12
食品学院	化学实验教学中心	基础化学实验室、有机化学实验室、物理化学实验室、生物化学实验室、仪器分析实验室、物资供应室	6
工程学院	工程基础实验教学中心	电路实验室、材料力学实验室、机械原理与零件实验室、单片机与嵌入式系统实验室、金相与热处理室、流体力学实验室、模拟电子实验室、数字电子实验室、信号与系统实验室、理论力学实验室	10
信息学院	物理实验教学中心	传感器实验室、演示实验室、杨氏模量实验室、全息成像实验室、创新实验室、转动惯量实验室、设计性实验室、电位差计实验室、电桥测量实验室、振动波实验室、静电场实验室、显微测量实验室、激光干涉实验室、电磁场实验室、旋光实验室、分光计实验室	16
现代信息与教育技术中心	计算机实验教学中心	公用机房8个(812座)	8
	外语训练教学中心	外语教学机房8个(其中1个兼作普通话测试准备室)	8
总 计			60

表 8-1-5　2011 年教学科研专业实验教学中心(学院平台)及下属实验室统计表

学　院	实验平台	实　验　室　名　称	小计
水产与生命学院	农业部科研平台	农业部淡水水产种质资源重点实验室、农业部鱼类营养与环境研究中心和上海市水域生态与环境工程中心、农业部渔业动植物病原库、水产种质资源发掘与利用省部共建教育部重点实验室	4
海洋科学学院	海洋学院实验中心	大洋渔业资源可持续开发省部共建教育部重点实验室、海洋防灾减灾实验室、海洋环境监测与评价实验室、海洋生态系统与环境实验室、海洋与渔业信息遥感 GIS 系统实验室、环境工程实验室、水下信息工程实验室、渔业工程实验室	8
食品学院	食品科学与工程实验中心	食品工程原理教学实验室、食品安全实验室、海洋生物制药教学实验室、食品工程与包装实验室、食品化学教学实验室、食品专业实习实验室、分子生物实验室、食品生物技术实验室、食品感官实验室、海洋生物制药研究室、食品工程研究室、食品生物技术研究室、水产品加工研究室、水产品品质与安全控制重点实验室、丘比研发实验室、食品安全与品质控制研究中心、创新实验室、食品营养研究室	18
	食品安全与品质控制研究中心		1
	制冷空调实验教学中心		1
	国家淡水水产品加工技术研发分中心(上海)		1
经济管理学院	经管学院实验教学中心	会计实训室、ERP 沙盘实验室、物流实验与实训室、金融与商务综合实验室、渔业经济学重点实验室	5
工程学院	机电工程实验教学中心	机械制造装备实验室、机械设计实验室、电子工艺实训室、电力电子及电气传动实验室、计算机控制技术实验室、电气工程实训及自动化创新实验室、机电一体化实验室、液压与气动实验室、网络可编程控制实验室、电机拖动实验室、人因工程实验室、物流综合实验室、制造实验室、测试技术实验室、PLC 实验室、创新实验室、电机实验室	17
信息学院	信息学院专业实验教学中心	计算机信息安全实验室、计算机网络工程实验室、计算机综合软件实验室、计算机硬件实验室、海洋信息辅助决策技术研究室、海洋空间信息与数字技术研究室、海洋数值模拟计算技术研究室	7
人文学院	公共基础实验教学中心		1
外国语学院		日语训练中心、朝鲜语训练中心、英语训练中心	3
爱恩学院		爱恩学院计算机房	1
总　计			67

表 8-1-6　2010 年 40 万元以上贵重仪器一览表

单位：万元

仪器编号	分类号	仪器名称	型　号	单价
08054539	03060210	电子鼻	FOX400-HS100	125.59
08054541	03030623	高效液相色谱仪	Watevs Alliance 269	46.44
08054542	03040404	原子吸收光谱仪	Zoonit700	51.18
08054546	03040404	远红外光谱仪	N-500	41.02

(续表)

仪器编号	分类号	仪器名称	型　　号	单　价
08054596	03100304	三位侧扫声纳		128.60
08054600	03210117	回声数字探测仪		50.72
19860172	03151106	航海捕捞模拟器	F.N.S	217.07
20010084	03030600	液相色谱仪	Agilent1100	40.42
20021372	03040419	气相色谱-质谱联用仪	附：氢气发生器、空压机	55.18
20052443	03060507	真空冷冻干燥机	MINFACT04	60.00
20062643	03040419	气质联用仪		57.37
20062652	03030901	氨基酸全自动分析仪		48.43
20062669	03090702	浮游植物荧光仪		49.18
20062670	03030623	高效液相色谱仪		48.35
20062799	03030957	DNA遗传分析系统		63.90
20071243	03040101	透射电子显微镜	07JSW-6-020	145.49
09005510	03030706	液相质谱联用仪	Waters Quattro Micro	153.25
09005512	03040404	原子吸收光谱仪	Aanalyst 800	46.28
09017363	03230307	光纤罗经运动传感器	Octans-4	83.24
09017387	03040404	高光谱剖面仪	HyperSpectral Profil	51.37
10000920	03040702	扫描电子显微镜	S-3400N	149.23
19900040	03030702	四重极质量计	TE-360B	40.57

2007—2010年，学校先后建设若干国家级、上海市级和校级实验教学示范中心。2007年，水产科学实验教学中心被上海市教委批准为上海市实验教学示范中心。2009年，食品科学与工程实验中心、水产科学实验教学中心，分别通过上海市教委、教育部评审，被批准为上海市和国家级实验教学示范中心。2010年10月，学校经评审设立电气工程实验教学中心、渔业工程实验教学中心、化学基础实验教学中心等校级实验教学示范中心。

第二节　管　　理

一、机构人员

江苏省立水产学校时期，各实验室由学校统筹规划和建设，并设庶务员负责物资采购和管理。上海水产学院建院初期，总务处下设总务科负责物资采购和管理，教务处负责实验室管理。后在总务处增设教学设备科，负责设备采购和管理。1957年12月，学校将总务处下设的教学设备科、财务科合并为财务设备科。1959年10月，财务设备科分解，成立设备科划归教务处。1964年4月，教材科与设备科合并，设立教材与设备科。

1986年,学校设立实验室管理办公室,负责全校仪器设备的采购、固定资产管理、低值易耗品管理、实验室管理等工作。1993年5月,总务处、校实验室管理办公室、基建办公室合并组成后勤办公室。1995年,实验室管理办公室独立设置。1997年,实验室管理办公室挂靠教务处。2000年,撤销实验室管理办公室,其设备采购职能划归教学服务中心,管理职能划归教务处实践教学管理办公室。2007年4月,成立实验室与设备管理处,负责实验室建设及物资设备计划采购的审核、固定资产的管理。2011年,实验室与设备管理处设实验室管理、设备管理、固定资产管理、综合管理4个办公室,负责全校资产采购、固定资产管理、实验室建设与管理、大型精密仪器与危险化学药品的使用管理。

2007年,学校成立教学实验室建设工作领导小组,主管教学副校长程裕东任组长,组员17人,由教务处、实验室与设备管理处、财务与资产管理处、人事处、研究生部、科技处、后勤管理处负责人及各学院教学副院长组成,并制订章程。教学实验室建设工作领导小组负责研究、咨询、审议全校教学实验室建设与规划、实验室管理体制、实验室技术队伍聘任与培训、实验室科学管理、实验室技术成果奖评审等重大问题。

实验室管理队伍由教师、实验技术人员和技术工人组成。1982年,学校规定:(1)按现有教师至少1/10的比例配备实验人员,确定一批在理论上和实验教学上有一定经验的教师任实验室专职教师;(2)对新参加工作的青年教师有计划地安排实验室工作2年,掌握实验技能、提高操作和指导学生实验的水平,经考核合格,才能安排其他教学环节和科研工作;(3)补充一批中专毕业生充实实验员队伍,对现有实验技术人员抓紧培养;(4)对招工进入实验室工作的青年,确定专人指导,并组织他们参加文化和业务学习,在3年内基础文化达到高中毕业水平、业务上达到中专水平,对培训后仍不适宜在实验室工作的人员进行调整。2008年,学校实验室人员64人。2011年为77人,其中副高级职称7人、中级职称47人、初级职称20人,具有硕士学位43人。

1989年,学校制订《实验室主任工作实绩考核细则》《实验室主任聘任制实施暂行办法》,对实验室主任的实绩考核、聘任要求、工作量考核、聘期考核作出规定。2009年12月,根据校人事处年终考核要求,在编实验室工作人员实行年终考核和首次绩效考核,除填报人事处考核表外,还填写《上海海洋大学实验技术系列人员绩效考核表》,绩效考核内容包含教学工作、日常管理工作、建设工作、研究工作、社会工作、奖励情况、责任事故、其他事项8个一级指标和30个二级指标。

学校每两年根据评选标准、评选原则,评选实验室先进集体与先进个人。2001—2011年共评选5次,有15个实验室获评先进集体,24人次获评先进个人。

二、管理措施及制度

1961年,学校制订《关于贯彻执行开课计划教室、实验室的调度办法》《仪器设备及器材损失、损坏赔偿暂行办法》《仪器设备管理暂行办法》《关于教室、实验室规则》等制度。1982年,又制订《实验室建设和仪器设备物资管理办法实施细则》和《实验室设备、器材损坏、丢失赔偿处理暂行办法》。

1989年,为保证大型精密仪器设备发挥使用效益,学校制订《大型精密仪器设备"上机证"制度》,提出"专管共用"的原则,后又下发《重申大型精密设备专管共用的通知》。对金额为人民币2万元以上设备做到集中、统一保管使用。

在危险物品的管理方面,1957年,学校建危险品仓库。1960年,又制订《同位素利用实验室安全条例》,对实验的遗留物处理作出专门规定。根据上海市危险品存放的规范要求,学校于1989年重建5间约25平方米危险品仓库,用于放置氧化剂、酸、剧毒品等危险品。对危险化学品领取与使用制订严格规章制度。2007年,根据上海市安监局及学校关于开展危险化学品登记工作要求,进一步规范对易燃、易爆的危险化学品、剧毒药品的管理。2010年,根据上海市教委颁发的《关于进一步强化世博期间本市高校危险物品监管工作的通知》,学校制订《世博期间危险化学品、剧毒品领用与使用暂行规定》《废弃物的处置暂行规定》《易燃易爆化学物品事故应急预案》等,要求各部门做好危险品领用与使用周报制度,使用人做好每天使用量报告制度。

1996—1997年,学校编辑《物资管理制度(修订本)汇编》《实验室管理制度汇编》。

根据上海市教委1996年颁发的《关于本市高校实施国家教委〈关于印发高等学校基础课教学实验室评估办法和标准的通知〉的意见》,学校制订《基础课实验室自查评估的进度计划及实施办法》,先后对物理学实验室、基础课程实验室、电子电工学实验室、机械工程实验室、力学实验室、渔业工程实验室、资源学实验室、化学中心实验室、食品工程实验室、基础生物学实验室、生物技术实验室的体制与管理、实验教学、仪器设备、实验队伍、环境安全、管理规章制度6个方面进行检查和评估。

2007—2011年,学校先后制订或修订《仪器设备管理办法》《贵重仪器设备的管理办法》和《物资设备采购管理暂行办法》《采购形式与限额标准的管理办法》《实验室档案资料管理暂行办法》《实验室安全操作与管理规程》《危险化学品管理暂行办法》等规章制度。2010年6月,针对10万元以上贵重仪器制订的使用规定开始在食品学院科研平台试点。

2008年起,对财政共建实验室实施项目进行专项管理。2009年3月,由实验室与设备管理处组织对机械制造装备实验室建设、流体力学实验室建设、电气工程及其自动化专业实验中心建设、物流与工程综合实验室建设、海洋环境与生态实验室建设、海洋遥感与GIS实验室Ⅰ期建设、环境工程实验室改建等项目,共计1010.82万元的2008年度财政共建实验室项目执行计划进行审议,通过后立项采购。2010年11月,对上述项目建设内容、设备到位、实验室开放、大型仪器使用、教学科研等进行验收,获得通过。

2010年4月,学校制订《实验室安全操作规程》。同年5月27日,根据《上海市高校化学类实验室安全检查指标体系》要求,由上海市教委高校化学类实验室安全管理专家组,对学校化学类实验室安全管理进行检查,获得通过。

2009年11月,学校制订《关于2010年中央与地方财政共建实验室、实训基地建设专项的实施意见》,2010年3月,实验室与设备管理处组织对2009年度财政共建实验室建设项目水产与生命学院的水产养殖实验中心、食品学院的食品安全实验中心进行审议。

实验室固定资产管理和资产清查按上级部门和学校规定执行,由使用部门、仪器设备管理部门和财务管理部门配合、协调和管理。实验室资产设备管理见第十篇第三章第三节。

第二章 图 书 馆

第一节 机 构 设 置

民国元年(1912年)建校时设图书室。校长张镠从日本采集大量水产科技图书充实藏书。在民国26年"八一三"事变中,大部分藏书毁于日本侵华军炮火,仅抢救出部分图书由张楚青设法保存,于抗日战争胜利后移交给江苏省立水产职业学校,1949年随同并入上海市立吴淞水产专科学校。1951年,学校迁入军工路334号校区时,在一幢简易房内设临时图书馆。同年,浙江乍浦国立高级水产职业学校并入学校时带入一批图书资料。

1952年,学校在军工路580号校区新建图书馆,建筑面积730平方米,有阅览室、藏书库,藏书约5万册。1956年,在军工路334号校区建造2 379平方米新馆舍,启用后,军工路580号图书馆停止使用。新馆除借还书外,还开设多个阅览室。此外,海洋渔业系、水产养殖系、水产加工系设有以收藏资料为主、图书为辅的资料室,马列主义教研室和渔业经济教研室设立资料室,以收藏图书为主。

学校1972年迁往厦门,近20万册图书文献随迁。随后几年,图书逐年增加。当时,5个系3个直属教研室均设有资料室。

1979年,学校迁回上海时,按国家水产总局规定,图书馆藏书凡为孤本的归上海水产学院,凡有复本的与厦门水产学院均分,有15万册图书随迁上海。

1982年,学校在军工路校区图书馆原馆址,扩建可容纳50万册藏书的新书库,总建筑面积4 568平方米,南幢建筑3层设采编部(后又分为编目部、采访部)、流通保藏部、阅览部、情报咨询部和办公室等,设科技图书、科技期刊、社科文艺报刊、资料工具书、教学参考书等5个阅览室,座位323个;北幢建筑4层,为书库、流通保藏部,中间连接部分设对外借书窗口。截至1983年,馆藏图书25万册、中文期刊950种、外文期刊400种及其他各类报刊1 000余种。

1993年,图书馆通过上海市高教局评估组评估。

1994年,图书馆下设采编、流通保藏、阅览、情报咨询、技术服务5个组,工作人员32人,其中高级职称4人、中级职称7人、初级职称15人。1995年5月,图书馆、学报编辑部、电化教研室和计算机应用技术研究所等5个部门合并组成信息中心。1998年7月,图书馆重新独立,同年投资20余万元建学术报告厅。2002年,在学海路校区建成图书馆分馆,建筑面积3 203平方米。

2008年,学校搬迁至沪城环路校区,图书馆位于图文信息中心第一至第六层,馆舍总面积为20 000多平方米。对外借阅窗口集中在第一至第三层;行政办公区域在第五层,该层还设有长仓文库、教师阅览室;第六层设密集书库、海大人文库、专家研究室。同年,撤销各学院资料室,合并为特色阅览室。

2008年,图书馆下设流通部、阅览部、采编部、信息咨询与开发部、技术部、办公室6个部门,工作人员共40人。其中,高级职称7人、中级职称15人、博士1人、硕士6人。2009年10月,改设办公室、资源建设部、借阅部、信息咨询部和读者服务部5个部门。2011年,有工作人员38人,其中高级职称7人、中级职称15人，具有硕士、博士学位者15人。

1999年，图书馆建立网站。2002年5月，在军工路校区建成第一个电子阅览室并于同年9月开放。2004年更新完善，实现网上书目查询、图书续借、在线查询、跨库检索。2010年实现校外远程访问图书馆各类数据库资源的功能。

1994年，全馆人员参加计算机技术培训，取得资格证书；同时，对非图书馆专业出身的工作人员进行图书馆学基础课培训，对培训合格者颁发上岗证书。2005—2006年，建立工作人员继续教育系统，通过专家讲座、考察交流等开展全员业务培训。同年，有2人获得科技查新员证书。2007年，举办学习讲座，实行员工上岗培训制度。2007—2009年，信息咨询部有3名馆员先后参加图书情报高级研修班学习，取得科技查新员证书。

2007年，图书馆为加强与相关学院、学科、专业的联系与沟通，给师生提供更专业、更深入的服务，推出学科馆员制度，配备1名经济管理学院学科馆员。截至2011年，已为海洋科学学院、食品学院、水产与生命学院、人文学院、外国语学院配备学科馆员。

2002年7月，学校成立图书馆工作委员会，成员35人，副校长黄硕琳任主任委员。2005年调整为31人，副校长程裕东任主任委员。

2004年12月，图书馆成为上海市中心图书馆分馆，可以为师生提供上海图书馆西文文献目录、文献传递、公共目录检索等服务。次年，图书馆成为新成立的上海市图书馆行业协会首批51家会员单位之一。2008年1月，中国科学院上海科技查新咨询中心在图书馆设立分中心。

历任馆长：华汝成、吕美华、林焕章、李松荣、童合一、沈月新、管伟康、张健（2003.2—　）；历任副馆长：袁昂、顾大铭、何家振、吴士濂、周裕国、林济时、李庆民、侯英凯、印润远、陈毓生、徐谦（2009.7—　）。历任中共直属党支部书记：金正祥，郭亚贞（2005.1—　）。

第二节　馆　　藏

民国元年至26年期间采集的绝大部分藏书，在"八一三"事变中毁于日本侵华军炮火。1949年，馆藏图书只有737册，其中中文图书633册、外文图书104册。1960年有图书20万册，1972年随迁厦门20万册，1979年回迁上海15万册，至1983年藏书256 305册，其中，中文图书185 491册、外文图书39 134册、中文期刊9 899册、外文期刊21 781册。1990年底馆藏图书374 091册（件），其中，中文图书270 803册、外文图书44 148册、科技资料23 130册（份）、期刊合订本35 493册、音像资料517盒。

20世纪90年代起，学校增加对图书馆资金投入。1991年购入中文书2 058种计2 653册，外文书（原版、影印）188种计237册。1993年共购入中文图书2 313种计5 785册、日文书43种计44册、西文书228种计294册。1997年，购置中外文图书2 410册，同时购置与水产、食品学科关系密切的计算机光盘数据库有ASFA（水科学和渔业文摘）和FSTA（食品科学和技术文摘）。1998年12月，设立图书采访接待日，改进图书采购制度，听取读者对图书馆馆藏工作意见。

21世纪初，由于学生人数迅速增长，使生均馆藏相对下降。为提高生均馆藏，图书馆在2004年与南汇区图书馆共享图书8万册，同年藏书量（纸本＋电子资源，不包括影像资料）达到约107.5万册。

2004年，为保障外文文献采购质量，加强对重点学科建设、重点科研项目的文献支撑，图书馆改进外文文献采购方法，在采购前征求一线教授、专家意见。2006年，图书馆与教务处联合推出电子教学参考书(电子教参)建设专项服务,提供电子教参目录供教师挑选教学参考书,同年共选购近万册电子教参。为进一步规范图书馆文献采购工作,图书馆于 2006 年成立文献建设采购工作小组。

2009 年,学校制订《关于加强教材和图书资料采购监管工作的实施意见》,图书馆中文图书采购全部采用招投标方法确定图书供应商。同年,购入中文图书 6.4 万多册,购买电子图书 34 万册,新增数据库 2 个。2010 年购入中文图书 6.9 万多册,新增电子图书 7.3 万多册,新增数据库 2 个。2011 年度经费为 658.23 万元,购入中文图书 7.2 万多册,新增电子图书 12 万多册。截至 2011 年底,图书馆总藏书量达 108.22 万册。

表 8-2-1　1980—2011 年图书馆藏书与购书经费统计表

年份	经费（万元）	年进新书（万册）	藏书总量（万册）	年份	经费（万元）	年进新书（万册）	藏书总量（万册）
1980	6.4	0	15	2000	0	1.09	46.3
1983	0	0	25.63	2001	96	1.08	41※
1985	1.35	0		2002	0	2.04	43.3
1986	0	1.58	28	2003	0	12.61	94.5※※
1991	17.2	0.58	32.29	2004	388.94	2.20	107.5
1992	21.5	0		2005	203.61	1.95	110.6
1993	20.2	0.59		2006	345.3	4.55	79.7
1994	23.63	0		2007	402.6	5.4	87.8
1995	16.9	0.25	35.17	2008	430.4	4.95	87.9
1996	32	0.22	35.48	2009	506.68	6.4	93.9
1997	39.2	0.17	35.79	2010	537.88	6.9	100.88
1998	33.33	0.48	40.54	2011	658.23	7.2	108.22
1999	57.3	0.57	41.1	—	—	—	—

说明:※2001 年注销中文书 6.8 万册;※※2003—2005 年藏书总量包括电子图书,其中 2004 年还包括与南汇图书馆共享图书。表格中空白代表资料缺失,"—"代表无。

随着文献类型的增加,图书馆馆藏从以印刷本文献为主,到收集缩微文献、录像带、磁带、光盘,到网络数据库。1997 年起,开展光盘数据库的采购,随着信息科技的发展将光盘数据库逐步升级为网络形式,电子文献由最初的 7 种光盘数据库发展到 14 种网络数据库,投入经费从 1997 年的 2.93 万元增加到 2011 年的 166.07 万元,所占图书馆全年经费比例从 7.49% 上升到 26.83%。图书馆先后购买 Science Direct 外文电子期刊、Spriger-link 外文电子期刊、PQDD 博士论文、中文科技期刊(重庆维普)、中国知网(清华同方)、万方硕博论文、万方会议论文、国道数据库等数据库,丰富馆藏结构。2009 年,图书、期刊、数据库采购集中到资源建设部。同年购买环球英语数据库、中国知网博士论文数据库和 34 万册电子图书。2010 年,订购数据库 EBSCO、"软件通"。同时,评估原有数据库使用效率,并对使用率偏低的数据库进行调整,继续订购有关专业和学科的电子图书7.35万册。2011年新增超星学术视频、起点考试网、国道数据(环境)等数据库。

截至2011年,各种中、外数据库种类及使用已初步构建成一个"重点学科特色突出,兼顾一般学科"的数字馆藏。

表8-2-2 2011年各学院可使用数据库情况表

学　　院	相关中文数据库	相关外文数据库
水产与生命学院 海洋科学学院 工程学院	中国水产信息系统,中国生物学文摘,中文科技期刊数据库,万方硕博论文全文数据库,中国知网,中国博士学位论文全文数据库,超星学术视频,起点考试网	ASFA(水科学和渔业文摘),BP(美国生物学文献数据库)、Science Direct、Spriger-link 全文电子期刊,PQDD博士论文全文数据库,国道数据库
食品学院	中国化学文摘,中国生物学文摘,中文科技期刊数据库,万方硕博论文全文数据库,中国知网,中国博士学位论文全文数据库,超星学术视频,起点考试网	FSTA(食品科学与技术文摘),BP(美国生物学文献数据库)、Science Direct、Spriger-link全文电子期刊,PQDD博士论文全文数据库,国道数据库
经济管理学院	国务院发展研究中心信息网,中国经济数据月报,中文科技期刊数据库,万方硕博论文全文数据库,超星学术视频,起点考试网	Science Direct、Spriger-link 全文电子期刊,PQDD博士论文全文数据库,EBSCO
信息学院	中西文期刊联合目录,方正电子图书,超星数字图书馆,中文科技期刊数据库,万方硕博论文全文数据库,起点考试网	Science Direct、Spriger-link 全文电子期刊,PQDD博士论文全文数据库,软件通
人文学院 社会科学部	中文科技期刊数据库,万方硕博论文全文数据库,中国知网,方正电子图书,超星数字图书馆,起点考试网	Science Direct
外国语学院	环球英语数据库,中文科技期刊数据库,万方硕博论文全文数据库,中国知网,起点考试网	Science Direct
爱恩学院	中西文期刊联合目录,方正电子图书,超星数字图书馆,中文科技期刊数据库,万方硕博论文全文数据库,环球英语数据库,起点考试网	Science Direct、Spriger-link 全文电子期刊,PQDD博士论文全文数据库,软件通

图书馆文献收藏以教学和科研利用为主,兼顾课外阅读及其他各方面需要,特别保证重要书刊资料的完整性和连续性。初步形成学校特色馆藏文献,主要涉及鱼类学、水产养殖、海洋渔业及资源、水生生物学、食品科学与工程、水产品加工、制冷与冷藏、渔业经济、渔业机械与仪器和渔业史等。随着学校规模的不断扩大,新专业的陆续设置,馆藏建设在保持水产特色的基础上,加强藏书特色和结构的研究,以海洋学科文献的建设为重点,兼顾食品、经济管理、计算机科学、工程技术等学科发展需求。为提高图书资料资源建设质量,通过文献建设采购工作小组筛选高质量图书供应商,同时通过座谈会、网站、发放采购意见征询单等广泛收集师生意见,此外还设置学科馆员走访对口学院,征集专家教授文献使用需求,提高文献购置的针对性。

第三节　管理与服务

一、规章制度

1952年起,图书馆陆续制订相关规章制度。1995年,梳理历年制订的规章制度,分职责范围、岗位职责、读者规则、职工考勤考核等编撰《图书馆规章制度汇编》。1996年1月,为加强图书管理修订《赔书原则(修订稿)》,12月为促进图书流通利用制订《关于流通部外借图书的补充规定》。1998年12月,修订汇编规章制度。2004年10月,编辑《图书馆规章制度汇编》,除局部修订外,主要对学海路校区图书馆的管理、新建阅览室的管理制订相关规章制度,并针对新分类法的使用调整相关规则。2006年,制订图书馆各类岗位的目标责任制,量化工作目标。制订并推出与图书馆改革发展相关的管理办法和措施,如推动图书馆文明服务、规范服务的《图书馆文明服务考核办法》《图书馆考勤管理制度》等。为确保每个部门权责明确、每个环节责任到人,2007年10月,汇编新的规章制度,包括管理总则、借阅规则、各阅览室管理制度、图书馆业务工作制度等方面的制度和方法。2009年,随着服务的拓展,图书馆增加密集库、寄包柜、大屏幕、专家研究室等管理规则,并根据读者需求修订借阅规则。2010年,修订借阅规则,制订《图书馆纸质图书附件管理办法》《读者服务部读者沟通工作规范》《信息咨询部的电子资源管理监督规范》,重新修订《图书馆采购岗位廉洁自律规范》《图书馆捐赠文献管理办法》等工作规范和管理文件。2011年,制订《图书馆业务数据、文档登记和归档的规定》《关于违章携书出馆读者的处理办法》,重新修订《图书馆复印管理规则》等。

二、基本服务

建馆初期,图书馆工作重心是加强书刊采购和分编,初具规模后转向为读者服务,根据师生不同需求开展借阅工作。1958年曾一度对文艺书籍开架借阅,后又改为闭架借阅。图书到馆后,按期进行新书介绍,还数度编制中外专业书刊目录与外馆进行交流,以利馆际互借。1965年阅览室每天开放9小时,每周开放6天;书库每天开放3小时,每周开放5天。

1986—1990年,图书馆适应新形势,由传统借还书服务逐渐向利用现代技术和管理手段转变,主动向读者进行知识宣传、辅导、文献开发利用、情报咨询服务以及提供各种教学手段的现代化图书馆方向发展。其中,规定阅览室每周开放时间不少于70小时,寒暑假保证一定开馆时间。

1991年,借出图书50 155册次,其中自然科学、工程技术类17 206册次,社会科学类(包括外语)6 861册次,文艺小说及其他类26 088册次。持书库证进库查阅1 389人次,过期期刊库1 156人次,出借复印816册,354人次,馆际互借19册。各阅览室读者共计75 783人次,其中,社科报刊室52 714人次、科技期刊室9 850人次、科技图书室2 076人次、资料工具书室1 587人次、教学参考书室(借书)9 521人次。各系部资料室入室阅览9 986人次。

1993年,接待读者67 586人次,其中文艺书库34 152人次,教师入库1 278人次,出借期刊复印1 064册,408人次,师生共借科技图书2万册。5个阅览室接待读者63 166人次,分别是社科报刊室45 239人次、科技期刊室6 677人次、科技图书室1 669人次、资料工具书室1 216人次、教学参考书室8 365人次。复印17 652张,缩微原版期刊5种共2 593页。1996年,阅览室共接待读者

63 695人次。

1994年，图书馆周开放时间达到72小时，入库范围扩大。1995年11月为响应上海市"面向二十一世纪"学习活动，图书馆开展"读好书"宣传工作。同年12月，图书馆和上海图书馆等签署《上海地区文献资源共享馆际协作协议书》，开展馆际互借、目录查询、文献复制等服务项目。

1997年，图书馆采用全开架借阅、师生合一、借阅合一等新的服务模式。作为上海地区文献资料共享协作网成员单位及上海东北片高校联合办学协作体成员，增加馆际的文献互借互阅社会化服务新内容。所有书库都实行开架，书库内部都有阅览区，各类图书均可在一个总出纳台办完借还手续。办证读者总数为4 274人，文献外借85 245册次。设有报刊、科技图书、工具书、新书、教学参考、过期期刊6个阅览室，共有座位376个，开放时间最长的阅览室每周达78小时。各院系的资料室也对各类读者开展借阅服务。

1998年，借还书79 138册，各阅览室共接待读者52 158人次。除传统服务项目外，新拓展服务项目主要有：(1) 面向社会办馆，积极与周边地区及兄弟单位进行书刊借阅交流，共发展校外读者210余人；(2) 与复旦大学等东北片7所高校的图书馆，实现文献资料互相利用与交流，资源共享；(3) 新建VCD音像资料阅览室，每天晚上对读者服务，年接待读者6 000余人次。1999年10月，图书馆有阅览座位540个、阅览桌110个、自习室座位216个、书架1 882个，全部开架，接待读者12 552人次。

2001年10月15日，学海路图书馆开馆，2个阅览室开放，阅览座位400个，接待读者28 000余人次。12月开通借还书业务，同年借出图书30 000余册。2003年5月，学海路图书馆增设自修阅览室、综合阅览室，对全校师生开放。7月，图书馆将"人文社科"阅览室从军工路校区搬迁到学海路校区图书馆，暑假期间两校区图书管理系统数据库合并，实现两校区师生可以在两地通借通还。11月，学海路校区图书馆开辟新书阅览室。2005年9月，图书馆日文阅览室（长仓文库）在学海路校区建成开放。次年，图书馆的所有书库、阅览室、资料室都实现按照《中国图书馆图书分类法》精确排架（文艺书除外）。

2002年6月7日，图书馆与南汇区图书馆签署文献共建共享协议。次年7月，与中国人民解放军某部共建图书流动阅览室。2006年，与韩国釜庆大学图书馆签订互相协作的协议书，在全文传递、刊物互赠、工作交流等方面全面合作。同年，与上海科技管理学校签订图书共享合作协议。

2008年11月10日，图书馆在沪城环路校区开放所有借阅室和阅览室。配置门禁管理系统、广播系统、中央空调系统，图书借还用的计算机都配置双屏。2009年，在第一至第三层公共空间开辟休闲阅览区域，建成并开放教师阅览室和专家研究室。2010年，实现师生可远程登录图书馆网站，使用各类电子图书资源。同年9月，图书馆与上海海事大学图书馆开展馆际互借。2011年，图书馆联手校宣传部，完成图书馆第三层大厅的初步改建，基本建成相对固定的展览专用区；完成门禁改造，图书馆门禁由入口单向刷卡增加为出入双向刷卡，实现出口处防盗仪报警与门禁联动的功能，以及读者出入图书馆的自助管理；12月与上海电机学院图书馆、上海海事大学图书馆签署馆际互借协议。

1988年国内9所水产（农业）高等院校图书馆联合成立图书馆协作组，学校图书馆被推举为协作组中心馆。同年，成为全国水产图书情报工作协调委员会委员馆。1994年，图书馆引进自动化管理系统，建立以486微型计算机为主机，具备流通、编目功能的基本网络，开始建立书目数据库。1994—1995年，完成大部分馆藏图书回溯建库。1995年，实现新书（中文）计算机编目和文艺书库的计算机管理借阅。1996年，实现所有中文图书计算机编目和借阅。随着信息技术的发展，1995

表 8-2-3　1998—2011 年读者服务统计表

年份	接待校内读者人次	周开馆时间(小时)			图书外借		馆际互借		复制文献
		军工路校区	学海路校区	沪城环路校区	册次	人次	入	出	张数
1998	239 591	76.5	※	※	135 960		0		150 700
1999	128 154	76.5					0		148 082
2000	154 554	76			130 000		3		133 050
2001	64 929	76			98 106		0		80 000
2002	280 000	76	91		330 000		3		13 976
2003	440 306	76	91		298 763		5		76 394
2004	341 784	76	91		293 532		3		93 107
2005	386 815	76	91		294 054	140 249	5		42 208
2006	470 921	76	91		263 042	118 992	7		79 363
2007	811 376	76	91		235 623	106 008	14		26 011
2008	458 151	76	90		157 841	67 427	1		21 025
2009	596 713	※		90	237 524	103 773	0		21 105
2010	422 835			93	228 978	108 512	8	1	16 950
2011	534 192			93.25	190 867	110 117	6	2	6 300

说明：表格中空白代表资料缺失；※表示无此服务。

年上半年，图书馆加入以上海图书馆为代表，由 30 家大中型图书馆组成的上海地区文献资源协作网。图书馆向社会开放，向东海水产研究所、上海水产总公司等 10 家单位发放 200 多张借阅证。1997 年，与复旦大学、同济大学等东北片 7 所高校实现文献资料相互利用与交流，资源共享。1998 年 6 月，与中国科学院文献情报中心签订全国中西日俄文期刊联合目录数据库合作建库协议，实现期刊资源共享。

2006 年，图书馆重新梳理与 NSTL 国家科技图书文献中心、CALLS 系统、东北片 10 所高校图书馆的全文传递联系，又与上海市文献资源共建共享协作网、上海高校外国教材中心等携手建立馆际互借关系，为教师开展外文原版教材代借代还服务。对学校没有收藏的中外文资源，图书馆通过全文传递和馆际互借方式满足读者需求。年内完成 76 篇次的全文传递，12 人次 17 册图书(8 人 8 册外文原版教材)馆际互借。

三、信息服务

1989 年春，图书馆为学生开设文献检索选修课。1991 年，编辑多期《水产文献题录》，为校内外师生提供信息咨询查检服务，参加农业部《科技文献检索》课统编教材撰写工作。1993 年，出版《水产题录》6 期，每期 110 册。共收题录 3 900 条，其中，中文 2 249 条、英文 704 条、日文 608 条、俄文 339 条，交换单位 54 个。

1997年,编译出版《渔业与食品科技信息》6期;开设情报检索与利用、文献的检索与利用2门选修课,接受科技信息检索咨询共340人次。2005年11月与中科院上海生命科学信息中心合作,成立中国科学院上海科技查新咨询中心项目受理部,做好学校重点科研项目的查新及引文检索等工作。通过与中科院上海生命科学信息中心的信息共享,为学校师生提供文献保障。

2008年起,图书馆查新受理部升级为中国科学院上海科技查新咨询中心分中心,全面受理学校的科技查新、引文检索、科技成果查询等业务。2011年,全文传递和引文检索数量,分别为340篇和333个。

表8-2-4 2005—2011年信息服务统计表

年份	查新(个)	引文证明(个)	全文传递(篇)	信息摘编(期)	检索咨询(人次)	检索课(课时)
2005	21	6	0	6	0	0
2006	42	6	76	11	183	153
2007	43	24	109	11	492	88
2008	32	64	121	7	294	208
2009	19	136	126	8	199	160
2010	31	248	422	9	83	144
2011	31	333	340	8	152	122

2005年,图书馆针对学科建设、科研工作和学校发展过程中的热点和重点,利用图书馆情报工作优势,将相关信息收集、汇总、整理、编辑成册,制作成《信息摘编》,提供给有关学院、部门和教师。同年编发6期。2006年,编发11期。2007年,在继续做好《信息摘编》基础上,调整内容,采用更多外文信息,突出信息摘编新、快特点。2008年,确定更广泛的信息收集途径,编发7期。2009年、2010年和2011年各编发8期、9期和8期。

四、其他

【特色阅览室】

1999年5月,图书馆筹建水产特色文献阅览室,收录专业范围以学科进行划分,该阅览室收藏包括水产一级学科下属的生物物种、养殖、加工、捕捞、经济管理和环境等学科的图书、期刊、标准、年鉴、图谱(含海图、潮汐图等)、手册等印刷型资料,同时也收藏磁盘、光盘等资料。

2002年,图书馆第一个电子阅览室在军工路校区建成并对师生开放。同年10月,设立海洋科技文献室和水产特色文献阅览室(供参阅北美校友所赠科技图书资料)。2003年9月,学海路校区图书馆电子阅览室开放。2005年5月,军工路校区图书馆电子阅览室开通因特网服务。

2003年11月,长仓文库落成,藏有由日本神奈川大学原校长长仓保家属捐赠的长仓保生前藏书8000余册,内容涉及经贸、文学、历史等多个方面。日本神奈川大学图书馆馆长吉井苍生夫教授,常务副馆长高桥则雄及长仓夫人等来校参加揭牌仪式。2004年,神奈川大学又赠送3000余册图书。2005年,为配合人文学院学科建设,图书馆组织专人对长仓文库万余册图书进行梳理、登记和排架,并将其调整为日语阅览室。2010年,在长仓文库基础上,与日语系一起建立日语教学研究基地。

2009年,通过与社会科学部、外国语学院、人文学院的沟通与合作,建成并开放教师阅览室、专家研究室,提高图书馆为文科师生服务的能力。

【文化服务】

2000—2011年,图书馆多次组织文化服务活动。

读书·文化节 2001年举办第一次,以后每两年举办一次,每届确定一个主题,截至2011年共举办6届。2003年11月,第二届"读书·文化节"主题为"拓展心灵空间,追求卓越人生"。2005年10月,第三届"读书·文化节"除报告会外,有水大人文库、师生书画展。2007年4月,第四届"读书·文化节"围绕"热爱图书、享受图书"主题开展。2009年4月,第五届"读书·文化节",举行图片展、影视大片欣赏、舞蹈动态展演等。2011年4月,第六届"读书·文化节"主题是迎接"世界读书日",举办党的光辉历程大型专题图片展、感动海大摄影展、海大读书人评比、热点图书展示、数据库培训、文化名人讲座等。

在第三届"读书·文化节"中,由图书馆指导的学生社团——"水韵读者沙龙"成立,架起以文会友的桥梁,使学生参与到图书馆管理工作,反映学生对馆藏建设、日常服务等方面的意见和建议,改进图书馆工作。2006年10月,"水韵读者沙龙"开始每月编发一期《水韵沙龙》读物。2008年,"水韵读者沙龙"、《水韵沙龙》分别更名为"海韵读者沙龙"、《海韵沙龙》。

海韵讲座 2010年3月举办第一期,以"文化中国"栏目主持人今波的"历史告诉我们什么?"开讲。同年,系列海韵讲座报告人有王立平、鲍鹏山、马晓晖团队等。2011年,系列海韵讲座报告人有慕容引刀、吴璧人、叶永烈、汪中求等。

主题展览 2010年起,图书馆将主题展览作为常规工作。同年,完成上海记忆展、世博展、周恩来史料展、迎校庆百年上海建筑摄影作品展、海洋文化展暨象山海洋摄影图片展、图书馆老教材图片展等。2011年,图书馆与相关部门合作完成"从一大到十七大"中国共产党光辉历程图片展、第六届"读书·文化节"摄影展、马克思主义传播中国展、西部畅想摄影展——宁夏篇等展览。

第三章　现代信息与教育技术中心

第一节　机构设置

　　1982年，学校成立电化教育室，归教务处管理，配有135毫米幻灯机、幻灯片投影器、16毫米及35毫米电影放映机、录像机、照相机、录音机等，负责制作幻灯片、电视教学片。1983年制作的教学影片《淡水鱼的活饵料——浮游动物》获上海市高等学校电化教材奖。1990年制作的《内燃机活塞工艺》获得同年上海市高等学校优秀电视教材奖二等奖，由上海市高校电化教育馆发行，被多所高校采用。此外，还为中央农业广播学校制作电视教学片。1995年5月，学校将图书馆、电化教研室、学报编辑部、计算机应用技术研究所（不含计算机教研室和计算机机房）组建成立信息中心。1998年7月，撤销信息中心，将计算机应用技术研究所和电化教育室合并组成网络管理中心。2001年3月，网络管理中心调整为现代信息与教育技术中心。2009年10月，将信息学院的计算机公共基础实验室、外国语学院的语音室、图书馆的技术部部分职能划归现代信息与教育技术中心。

　　1982年，学校开设计算机程序语言课程，成立计算机室。1983年，从上海电子计算机厂购买一台DJS-131小型计算机，共有4个终端为学生提供BASIC等语言的上机实验操作。1985年，由世界银行农业教育贷款项目从日本NEC公司购买10台PC-8801微型计算机、从新加坡购买4台ABACUS-11小型计算机，每台小型计算机拖4个终端，为学生提供BASIC语言等上机实验操作。1986—1995年，计算机设备不断更新，从IBM XT到286、386微型计算机。1996年，购40台东海486微型计算机。1998年，购200多台奔腾2AIC微型计算机。2001年，购400多台托普奔腾3微型计算机。2002年，购200台海信奔腾4微型计算机，建设单片机和计算机组成原理及硬件组装等实验室。2003年，购108台方正奔腾4计算机，建设网络实验室等。2004年，计算机实验室全部从军工路校区搬迁到学海路校区，归属新成立的信息学院。购51台方正奔腾4微型计算机，建设多媒体实训实验室。2008年10月，公共计算机实验室搬迁到沪城环路校区，坐落在公共实验楼A区，共有8间机房，购800多台联想和方正微型计算机。

　　1985年，学校开始建设语音实验室，在世界银行农业教育贷款项目支持下，首次从日本进口松下索尼语音教室设备，形成以成套设备形式出现的外语教学现代化设备运用的外语实训教室。1985—2005年，陆续添置上海普陀教具厂、王安电子设备厂、湖南长海电子设备厂等生产的语音学习系统，这些设备均为传统的模拟设备。2006年，作为第二批大学英语教学改革试点单位，语音实验室购置广州蓝鸽电子设备有限公司生产的数字网络型语音实验室教学系统，设备从手提式录音机到计算机和语音终端相配套使用的模拟设备，再到全数字网络化，经历"听音型—听说型—听说对比型—视听说型—数字网络互动型"的发展。2008年10月，语音实验室搬迁到沪城环路校区，坐落在公共实验楼A区，有数字语音教室8间，530余座，建筑面积1200平方米，专职技术人员4人，主要承担外语教学中视、听、说、口语课程的课堂教学和为全校大学英语开放自主学习等实验教学任务。语音实验室自设置以来，先后隶属于电化室、基础教学部、人文学院、外国语学院。

　　成立计算机应用技术研究所时，除将信息技术应用于教学、科研和管理外，并着手筹建校园网络,于1998年8月初步完成和开通互联网。1999年9月,学校第一次研讨建设数字化大学发展思路。2005年5月,初步确定沪城环路校区数字化校园建设规划。2006年6月,启动数字校园软件平台建设,并整合各类应用系统。2011年,基本建成数字化校园。

2011年,现代信息与教育技术中心下设信息管理部、网络运行部、网站建设部、数字媒体部、工程技术部、公共计算机实验室、办公室等7个部门,有教职工27人,其中正高1人、副高3人。

历任主任是张相国、吴建农,吴开军(2009.7—   ),副主任李勇军(2010.1—   )。

第二节　网　　络

一、校园网络

1997年9月,与军工路校区电话线路改造同步,启动校园网络主干光纤建设。同年12月,完成校区各大楼光纤线路建设。次年9月,开通两根DDN专线与INTERNET连接:一根128 K专线与教育网连接;另一根128 K专线与"上海热线"连接,网络拓扑结构为两层星型架构,其中渔业工程楼(后改名海洋楼)与行政楼、图书馆之间为155 M ATM,其余为10 M以太网。

1999年10月,学校申请4根ISDN(总带宽512 K),实现与美国布里奇波特(Bridgeport)水产学校的远程教育。2000年4月,采用曙光天联2000服务器作为代理服务器,对上网用户进行计费管理。同年6月,对校园部分主干网进行升级,由10 M升级到100 M;改造"教育网"出口,光缆接入同济大学,带宽为10 M;升级"上海热线"带宽,由128 K升级到256 K。

2001年9月,完成学海路校区网络一期工程建设,单独开通上海电信的100 M(共享式)网络出口带宽,两校区之间通过2 M ATM专线连接。同年10月,军工路校区另增加1条ADSL宽带,专门用于学生网络机房。

2002年7月,完成学校公务网建设。同年9月,升级军工路校区的校园主干网络,主干千兆、百兆交换到桌面,为学校90周年校庆网络直播奠定基础。次年,军工路校区的校园网络延伸到科技大楼、研究生宿舍楼等,全校上网接入终端数近2 000个。购买"城市热点"计费管理软件,对上网用户实现按月总流量控制管理,到年底,教职工上网用户数797个,研究生上网用户数343个。

2004年5月,升级学海路校区网络核心交换机,新增1台安奈特的核心交换机,光纤千兆接入学生计算机房。次年,升级军工路校区电信出口专线,由256 K的DDN专线升级为4 M IPMAN的专线。2006年,2次升级军工路校区电信出口专线,先升级到10 M,再升级到20 M;构建多出口链路负载均衡系统,自动调节访问外网的路径及速度。

2008年10月,完成沪城环路校区网络一期工程建设,网络拓扑结构为"星型+环型",主干万兆、千兆到楼宇,百兆交换到桌面,有线网络终端近10 000个(不包括学生宿舍),无线网络覆盖教学办公区的绝大部分楼宇。2个INTERNET出口,分别是CERNET出口带宽为100 M,联通公司出口带宽为200 M。采用新的网络运行管理模式和安全机制。上网接入认证,IP地址动态分配,限制上网行为,不限制上网流量。

2009年,对无线网络进行改造,增强无线信号的强度和覆盖范围,实现教学办公区全覆盖;完成"财政专网"建设,实现学校财务处与上海市财政局联网。

2011年,沪城环路校区数字化校园基本建成,涵盖七大工程(弱电管道、计算机网络、语音电话、一卡通、广播、电视、安防),七大系统(核心机房、多媒体教室、会议室、学生机房、语音室、演出剧

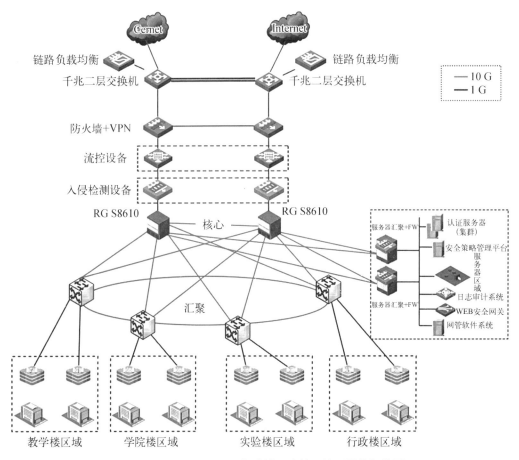

图 8-3-1 2008—2011 年沪城环路校区校园网络拓扑图

场、LED),六大平台(网站平台、数字校园软件平台、数字媒体资源库、课程中心、数据中心、超算中心),基本实现 4 个主要目标:(1)利用网络技术、多媒体技术等实现高质量教学资源、信息资源和智力资源的共享与传播,促进高水平的师生互动,促进主动式、协作式、研究型的学习,从而形成开放、高效、个性化的教学模式;(2)利用校园网、互联网,促进科研资源和设备的共享,加快科研信息传播,促进国际性学术交流,开展网上合作研究,并且利用网络促进最新科研成果向教学领域转化,以及科研成果产业化和市场化;(3)利用现代信息技术实现职能管理的自动化、信息化,实现各部门之间更迅速、更便捷的沟通,实现不同职能部门之间的数据共享与协调,提高决策的科学性和民主性,提高管理的质量和效率;(4)建立规范的服务流程,面向全校师生提供基本网络服务、正版软件服务、技术支持服务等;建立功能全面、使用方便的一卡通系统,建立高质量的数字图书馆、多媒体教室、学生机房、语音室、会议室、广播系统、电视系统、电子监控、电子医疗等。

二、数字校园软件平台

2006 年 6 月,启动数字校园软件平台建设,2007 年 5 月形成稳定版本,2009 年 7 月通过验收。数字校园软件平台将学校大多数应用系统整合为一体,包含一套信息化标准,及统一信息门户、统一身份认证、共享数据库 3 个应用基础平台。2009 年 12 月,形成 9 个学校公共信息子集、数据关系模型及数据蓝图,数据字典表 200 余个,基础数据 2 万多条,设置 30 多种角色和 50 多个频道,集成的主要应用系统有 OA 行政办公系统、人事管理系统、研究生管理系统、学生一体化管理系统、固定资产管理系统、后勤管理系统、URP 综合教务管理系统、课程中心、一卡通查询系统、图书查询系统、工资查询等,以及网络基本应用:电子邮件、个人网络空间、媒体资源库、防病毒系统、微软正版软件等。

校园"一卡通",前身为 1995 年引进的金龙卡就餐系统。2003 年,学校引进北京昊星公司一卡通,实现学生机房、教材等自动收费和管理。2007 年 6 月,与上海复旦金仕达计算机有限公司合作,启动沪城环路校区一卡通系统建设。2008 年 9 月,完成一卡通系统基础平台建设,卡务处理、POS 消费、门禁等系统投入使用。同年 12 月,水控系统投入使用。2009 年 2 月,电控系统投入使用。同年 5 月,一卡通系统项目通过验收。

沪城环路校区一卡通系统包括 28 个功能模块,主要分为卡务管理、消费、水控、电控、门禁、考勤、信息查询等子系统,并实现与图书借阅、图书馆通道机、班车预订、机房管理、教材管理、学生注册、多媒体讲台管理、体育场所管理等系统对接。

第三节　网　　站

一、上海海洋大学网

1998 年 8 月,学校开始筹建校园网站,并推出测试版。1999 年 4 月,在完整构建网站栏目与内容后,正式对外发布。截至 2011 年,校园网站经过 11 次全面改版,网站功能不断完善,栏目内容不断充实,网站规模不断扩大,形成以网站主栏目、功能区、子站点和管理系统为主要支柱的网站构架体系。

校园网站不仅是学校在互联网上开展对外宣传的重要窗口,而且已成为学校现代化、信息化、网络化管理的主要通道。利用网站系统平台和初具规模的局域网络资源优势,陆续推出各类基于 Web 的信息管理系统、课程中心和海纳百川 BBS、学生与校领导对话等交互平台,实现网上教学、网上办公、网上交流、在线管理和跨校区连接,推动学校教学质量、办学能力和办事效率的提高。

校园网站实行"分级管理,各司其职,共同维护"的管理制度。在校信息化建设工作领导小组领导下,宣传部负责校园网站信息发布,信息安全,信息保密等信息管理职能;现代信息与教育技术中心负责网站的规划设计,系统平台及数据库的建立维护,网站主页、主要栏目二级页面等的制作维护,网站数据备份,权限分配以及提供必要的技术支持等。各学院、各部门负责各自栏目、子站点及相关内容的建立维护与信息更新。

二、中国水产网

中国水产网是学校创建和管理的综合性水产网站。创建以来,坚持以水产从业人员为主要服务对象,以提供水产信息及网络增值服务为主要目的。1998 年 10 月正式在互联网上发布后,具有信息丰富、内容翔实、更新频率快、服务功能强、网站风格鲜明、网页制作精良等特点。1999 年 10 月,被选送参加在深圳举行的 1999 年中国国际高新技术成果交易会。同年 12 月,被"上海热线"评为优秀资源站点。2000 年 9 月,联合发起并承办全国首届水产网站建设与水产电子商务研讨会,来自全国 16 个省市 40 家单位的代表参加会议,推动水产网站间的交流合作和水产电子商务的开展,实现优势互补,资源共享。2001年9月,通过上海市科委组织的科技成果鉴定,认为中国水产网建设达到国内领先水平,并分别通过上海科学技术情报研究所主持的科技查新,上海计算机软件技术开发中心和上海市计算机软件评测重点实验室主持的上海计算机软件与应用技术测试。11月,在由农业部信息中心、中国电子商务协会和中国—欧洲联盟农业技术中心举办的首届全国优秀农业网站评选活动中,获优秀农业专业网站奖。

截至2011年,网站经过9次全面改版,拥有5大功能板块30多个栏目,基本上做到行业动态天天更新、重点栏目滚动更新、重大事件及时更新。网站运用Web数据库及网络交互技术,在网站平台上自主设计开发20多个基于Web的渔业专题数据库、渔业信息系统、网络交互平台和网站管理数据库,如滚动报道国内外水产信息的行业动态,为业内人士提供最新水产信息服务。网站独立开发的中文水产搜索引擎——猎渔搜索,建立互联网水产信息分类系统,填补中文水产搜索引擎空白。建立资料齐全、功能强大的水产图片、资料数据库——猎渔数据库、经济水产、观赏水产等,方便用户检索下载;自主开发的网络渔业词典——猎渔词霸,收录渔业词条和术语数约17万条,并创建特有分类检索系统,可在线进行中英拉丁文渔业术语、词汇对照检索。开设水产网络交互社区——猎渔论坛,支持在线交流、咨询、学习和答疑解惑。搭建网上商务和人才信息发布平台——供需鹊桥、水产人才等。

第四章 教学实习设施

第一节 实 习 船

淞航号(1916—1932年) "淞航号"实习船于民国4年(1915年)开建,民国5年8月建成,船体材料为柚木,长17.07米(56呎),宽3.81米(12呎6吋),型深1.83米(6呎),32总吨,柴油发动机19.38千瓦(26匹马力),全船造价10 200元。民国5年10月,学校制订"淞航号"实习船实习规则并首航。次年1月起即提供海上实习,开赴江苏、浙江、山东等省进行渔业调查和新渔法试验。民国6年10月下旬,开赴日本山口县、岛根县进行渔业调查。历任船长为曾广伦、杨树恒。民国21年"一·二八"事变中,该船被日本侵华军炸毁。

海丰号(1920—1932年) "海丰号"实习船始建于民国8年11月,民国9年4月建成,船体材料为柚木与花旗松,长14.02米(46呎),宽3.04米(10呎),型深1.23米(4呎),12总吨,柴油发动机14.2千瓦(20匹马力),航速7.5节,全船造价4 800多元,配备有航海仪器、海图、信号旗等。民国9年6月投入渔捞、航海实习。历任船长为张景葆、张柱尊。民国21年"一·二八"事变中,被日本侵华军炸毁。

集美2号(1935—1937年) "集美2号"实习船于民国24年由集美高级水产航海学校购得,为蒸汽拖网渔船,280总吨,用于渔场调查和捕捞实习。民国26年"八一三"事变中,毁于日本侵华军炮火。

海宁号(1947—1948年) "海宁号"实习船于民国36年6月由上海复兴岛原国民政府行政院渔业善后物资管理处调拨给学校作为实习船,不久即报废。

华鲣号(1951—1952年)与华鲔号(1951—1951年) "华鲣号""华鲔号"于1951年10月由华东水产管理局调拨给学校作为实习船,200总吨,柴油发动机110千瓦(150匹马力),为木质对拖渔船。"华鲔号"因船龄过长于同年12月报废,仅"华鲣号"供学生作靠、离码头和长江口航行实习。1952年底,"华鲣号"报废。

水产号(1953—1959年) "水产号"实习船于1953年1月由华东水产管理局调拨给学校作为实习船,船体材料为钢材,270总吨,蒸汽发动机294千瓦(400匹马力),舷拖网作业。该船是20世纪40年代日本所建,第二次世界大战时沉没,经打捞修复,命名为"水产号"。1953年6月起,每年根据教学计划为海洋捕捞专业学生提供航海和捕捞实习。1955年"水产号"大修时,学习挪威拖围兼捕作业,将舷拖作业改成舷侧围网作业。1952级海洋捕捞专业三年级学生由专业教师带领,乘该船前往烟台、威海等海洋渔场试捕鲐鱼。试捕成功返沪后,因渔获物销售困难、成本高、操作复杂等原因,舷侧围网作业装置全部拆除。船长为高锡臣。1959年12月,"水产号"因船龄较长,不宜继续作实习船,转让给福建省有关部门。

奋发号与图强号(1959—1972年) "奋发号""图强号"于1959年由水产部拨专款新建,均为总长29.60米,宽6.76米,型深3.65米,160总吨,柴油发动机184千瓦(250匹马力),续航力20天,航速9.5节,尾拖型对拖作业,为学生提供航海、捕捞和资源调查等实习。时逢困难时期,所捕捞的渔获物供应上海 30 多所高校食堂，解决约 10 万名师生吃鱼问题。两船还承担新型拖网网具、椭圆形翼栅网板科研试捕，上海郊区渔场指挥部冬季带鱼汛调查和渔情预报等服务。历任船长为胡阿绥、陈新法、丁维明。1972 年，两船因船龄到期报废。

海育 1 号与海育 2 号（1976—1994 年） "海育 1 号""海育 2 号"于 1976 年 5 月由农林部拨专款、大连渔轮厂建造，均为总长 41.0 米、宽 7.2 米、型深 3.7 米、236 总吨，柴油发动机 441 千瓦（600 匹马力），续航力 20 天，航速 12 节，尾拖型对拖作业。两船出厂时，学校已迁至厦门，因此委托福建省海洋渔业公司代管，停靠福州马尾港，取名"闽渔 451 号""闽渔 452 号"。学生实习时，赴福州马尾港上船。1979 年 5 月，学校迁回上海后，两船先分别易名为"沪水院 1 号""沪水院 2 号"，后更名为"海育 1 号""海育 2 号"。实习船在提供学生航海、捕捞及海洋渔业资源调查等实习的同时，还于 1981—1984 年每年定期承担东海区渔政局东海区带鱼幼鱼保护区调查项目，为建立保护区提供依据。1985 年 5 月曾出访日本熊本县立水产高等学校和下关水产大学校。历任船长为：丁维明、卢道友、吕长富（"海育 1 号"）；陈新法、唐根富、戚根定（"海育 2 号"）。1994 年，两船报废。

浦苓号（1985—1998 年） 1985 年 5 月，日本熊本县知事细川护熙通过中国驻日使馆将熊本县立水产高等学校的实习船"熊本丸Ⅱ世"无偿赠予学校，易名为"浦苓号"，以表示两地两校友谊。"浦苓号"建造于 1973 年 2 月，总长 41.32 米，宽 7.70 米，型深 3.70 米，364 总吨，956 千瓦（1 300 马力），续航力 30 天，航速 11 节，装有卫星导航、冷冻设备和自动鱿鱼钓机等，可从事流刺网和光诱鱿钓作业，为学生提供航海、捕捞、海洋资源调查等实习。1989—1996 年，学校与中国水产总公司合作，利用"浦苓号"实习船（具鱿钓作业条件）对日本海太平洋褶柔鱼资源、西北太平洋巴特鱿鱼资源进行调查与探捕，带领辽宁、浙江两省的多家海洋渔业公司创立远洋光诱鱿钓渔业。历任船长为陈新法、周惠平、吕长富。1998 年"浦苓号"因船龄过长报废。

中水 9203 号和中水 9309 号（1993—2003 年） 学校 1992 年通过上海市高教局、财政局科技产业贴息贷款项目，借用两期贷款共计人民币 650 万元，同时利用"海育 1 号""海育 2 号"实习渔船残值，先后新建两艘远洋拖网渔船，均为总长 39.34 米，宽 7.60 米，型深 4 米，299 总吨，主机功率为 735 千瓦（1 000 马力），续航力 30 天，航速 12 节，于次年 4 月 23 日建成。造船差额和出航费用由中国水产总公司垫付，两船 1993 年驶往西非后，由中国水产总公司统一安排从事远洋渔业捕捞生产，同时为海洋渔业科学与技术专业学生提供远洋渔业实习。去除还贷款额，学校通过合作获得经济效益 400 多万元，成为产学研结合取得明显社会、经济效益的项目。

淡水渔业实习船（1985—1995 年） 1985 年在新安江水库（千岛湖）建造双体实习船一艘，造价 3 万元，甲板面积 20 米×9 米，设有实验室、寝室、食堂，供一个班级学生进行内陆水域渔业资源调查、增养殖和淡水捕捞实习。实习期间师生学习、生活都在船上。该船无动力装置，挂拖在水库捕捞队移动。1995 年报废。

第二节　教　学　基　地

一、淡水养殖实习基地

民国 11 年（1922 年），学校在昆山周墅镇建成淡水养殖实习基地，占地 1.4 公顷（21 亩），内建鱼池 6 口。

1955 年 2 月，上海市建设委员会划拨江湾区控江路杨家宅 3.73 公顷（56 亩）土地给学校，用于建设淡水养殖试验场。1956年建成,场内有池塘8口,大小不等,大的面积有0.7公顷(10多亩),小的面积为0.13~0.2公顷(2~3亩)。1958年6月,因杨浦公园建设需要,淡水养殖试验场交归上海市园林局,另在观音堂路(现佳木斯路)建淡水养殖试验场,占地面积3.6公顷(54亩),开挖大小鱼池40口。在教学上能容纳一个班级学生的生产实习,并开展池塘养鱼高产试验研究。在生产上开展家鱼人工繁殖,年生产鲢、鳙、草鱼、团头鲂鱼苗达5 000万尾。1972年学校搬迁厦门集美,佳木斯路的淡水养殖试验场由上海市水产局接收后,拨给上海市水产研究所。

1964年,无锡市河埒口区政府将位于太湖与五里湖交汇处鼋头渚附近一块土地及其房屋无偿提供给学校,由学校总务处修缮,建立漕湾冲山塘大水面鱼类增养殖实习基地,有教室1间、寝室8间、厨房1间等。同年,学校太湖渔业资源调查组由吴县东山迁入。1965年,1962级淡水养殖专业学生在此进行内陆水域鱼类增养殖和淡水捕捞实习。"文化大革命"期间,被无锡市郊区造反派强行收回。

在厦门办学期间,利用集美的中池2.67公顷(40亩),分隔成20多个池塘,并新建产卵池及附属办公用房、仓库等,作为淡水养殖试验场。同时学校开辟大水面校外实习基地,如福建东张水库、浙江新安江水库等。

1982年,学校在上海市水产局支持下,与南汇县人民政府签订《联合兴办淡水养殖试验场的原则协议》,南汇县提供滨海公社海涂围垦土地,学校负责生产基建投资和教学科研基建投资。1983年,经农牧渔业部水产局批准,学校开始建设淡水养殖试验场,并与南汇县人民政府签订补充协议,将养殖场定名为淡水养殖试验场,作为以教学、科研为主兼顾苗种生产的教学科研基地,所培育的种苗优先供应南汇县发展养殖生产。1984年,淡水养殖试验场(内场)竣工,建成学生、教工宿舍、实验室、办公室、食堂、浴室及配电房等1 481平方米,开挖大小池塘38口,修建"四大家鱼"人工繁殖相关设施。1985年11月,学校与南汇县人民政府达成协议,南汇县将淡水养殖试验场划归学校所有。1986年8月,经农牧渔业部水产局批准、南汇县人民政府同意,委托南汇县新港乡人民政府筑堤围海建成淡水养殖试验场(外场)。

1993年5月,学校取得淡水养殖试验场(内场)国有土地使用证,面积10.03公顷(150.5亩)。2001年4月10日,学校取得淡水养殖试验场(外场)房地产权证,面积15.57公顷(233.6亩)。

2002年,淡水养殖试验场因受台风、暴雨影响,育苗池、鱼池等设施遭到严重损坏。2009年,在上海市科委支持下,学校在淡水养殖试验场(内场和外场)成立上海市水产养殖工程技术研究中心。2010年,学校开始将淡水养殖试验场建设成上海市水产养殖标准化养殖基地。同年,获农业部拨款在该基地建设团头鲂遗传育种中心。

历任场长是祝皓明、姜焕章、葛光华、吴嘉敏、陈文银、诸华文、张登沥、何文辉,路安明(2012.1—)。

二、海水养殖实习基地

1958—1966年,学校在普陀山建立一座约200平方米临海贝藻育苗室,作为水产养殖系教师王素娟等带学生开展科研的基地。

1972—1979年,学校在厦门集美建有海水养殖试验场,可进行鱼、虾、贝、藻育苗试验和海水养殖专业学生生产实习,场长为顾功超。在厦门海沧钟宅大队也建有海水养殖专业的实习基地。

1983年,学校在浙江省奉化县松岙公社湖头渡建设海水养殖试验场,占地面积0.53公顷(7.88

亩),其中学校有产权的0.33公顷(4.88亩),建有二层楼房26间(970平方米)、平房10间(280平方米),长期租用外塘0.2公顷(3亩)。试验场由水产养殖系管理,负责人纪成林。1983—1998年,基地用于生产实习和科研,包括贝类、藻类育苗和养殖,后因附近造船厂废水污染海水水质,育苗、养殖等实习与科研被迫停止,改为海洋生物资源调查实习,实习时间为每年5月份(2~3批)和9月份(2~3批),每批30余名学生,为期1~2周;外塘出租给当地养殖户。1999年划归后勤与产业办公室管理。后因洪涝积水,墙体严重侵蚀,不敷正常使用。2007年4月28日,学校与浙江船厂签订土地处置协议,以158万元转让给浙江船厂。

2005年10月5日,学校与浙江象山县人民政府签署《海洋与水产科技合作协议书》,拟在象山建设海水养殖科教基地。同年11月,学校决定购置象山3.3公顷(50亩)地块,建设满足每批次60名学生的教学实习基地。2008年3月,象山基地正式开工,2010年6月一期工程竣工。基地实有面积3.78公顷(56.7亩),建有教室、实验室、宿舍、餐厅、鱼池等教学科研生活设施。2011年4月象山基地正式揭牌,定名为"上海海洋大学象山科教试验基地"。

三、洋山港生态系统野外科学观测研究站

2009年,学校与洋山镇原水产品冷冻厂物业签订租赁合同,在大洋山建立观测研究站,租借期20年(2009年7月1日至2029年6月30日),前10年每年租金2万元,后10年每年租金3万元。2011年,学校对原有厂房进行改造和重建,建成实验室、办公室、宿舍、厨房等,建筑面积1 600平方米,可从事野外生物、生态及海洋环境监测。

第三节 实 习 工 厂

一、金工厂

1951—1953年,学校设有100平方米工场,为附设水产技术学校轮机科学生提供车工和钳工实习,同时兼供船用机械设备拆装与检修等现场教学。1955年暑假后,轮机科1951级、1952级2个班学生和设备并入上海船舶工业学校。

1958年,经中共上海市教育卫生工作部批准建立金工厂。同年,学校将军工路580号校区内187.26平方米鱼皮制革工场扩建为金工厂,设有铸造、锻造、机械加工、钳工装配和木模制作等车间,另设有工具材料仓库,厂房面积1 331平方米。添置冲天炉、坩埚和砂箱等相应设备,同时招聘熟练技术工人,并入4家私营小厂,命名勤工机器厂,有职工30人。

1972年,学校迁往厦门,金工厂设备随迁,5月筹建新厂房,命名为渔业机械厂,由厦门建筑设计院设计。厂房建筑面积4 583平方米,投资114.42万元。有铸工、锻工、机械加工、装配和热处理5个车间和1个材料仓库。设备配有手动桥式起重机、3米龙门刨床、C630和C620车床多台以及立式和卧式铣床、外圆和平面磨床、摇臂钻床、齿轮加工机床、250公斤空气锤等。1979年有机床等大型设备78台,固定资产230万元,职工60多人。

1979年,学校迁回上海后,将军工路334号校区内风雨操场临时改建成金工实习车间,因陋就简安排学生金工实习。1988年,新建金工厂与机械制造工艺实验室竣工,面积1 738平方米,其中实验室300平方米。金工厂厂房为二层结构,底层为机械加工车间,第二层为钳工装配车间和办公

室,工厂有机床设备50台,正式职工30人。

金工厂主要供学生实习,提供车、钳、铣、刨、磨等工种操作和见习,制作螺钉、螺母、小锤等;了解机床结构、性能与操作,铸、锻、焊接等工种操作和见习。1966年2—5月,1964级渔业机械专业学生曾在金工厂试行半工半读,10周劳动,完成金属切削(包含车、铣、刨、磨)、钳工(包含焊接)工种实习。

20世纪50—60年代,金工厂承担机帆船起网机、拖网绞机、黄鱼处理机、墨鱼处理机、离心鱼泵、多种水泵等新产品研制和机械加工业务,生产C618车床10台、洛氏硬度计200台、硬度块5 000块、台式钻床、割草机等。20世纪70年代,为厦门工程机械厂叉车年配套生产200台左右C-46齿轮油泵。20世纪80—90年代,生产渔用饲料膨化机;开发生产销售珍珠、宝石、钻石、玻璃等材质钻孔、剖切、抛磨、琢磨、通用夹具等饰品加工专用机械,其中ZK85型珍珠钻孔机1987年获农业部科学技术进步奖三等奖。

2004—2005年,因军工路道路拓宽和中环线工程建设,金工厂厂房沿街部分建筑拆除,机床等设备部分报废、部分转让,金工厂关闭。学生金工实习暂借上海理工大学金工厂。

二、其他

【冷冻实习工厂】

吴淞炮台湾校区设有简易天然冰冰库,供制造科学生实习。1952年后,冷冻工艺实习长期借用企业冷冻厂进行。1976年,学校在厦门集美校区建冷冻厂1座,占地0.33公顷(5亩),总建筑面积3 134平方米,其中有2 137平方米300吨实习冷库、489平方米机房、358平方米理鱼车间、150平方米制冰车间,供水产加工系学生实习、实验,兼供当地水产、食品企业冷冻、冷藏食品用。1979年,学校迁回上海后,在军工路校区生态和食品工程实验楼北侧建有夹套冷库,用于教学实习、实验和科研。学生生产实习主要赴有关企业进行。

【水产品加工实验工厂】

1976年,学校在厦门集美校区建水产品加工实验工厂,建筑面积839平方米。其中,厂房752平方米、锅炉房87平方米。该厂是水产品加工专业重要的教学、科研、生产三结合基地之一。结合福建省渔业生产特点,以产量较高的鳀鱼为原料,进行鱼油、食用鱼粉、鱼蛋白的研究和小型生产试验,以及进行腌制、熏制、制作罐头制品和各种综合利用项目。

【罐头实习工场】

民国4年,学校建有罐头实习工场。1953年河北水产专科学校部分设备并入学校时,有一套半自动马口铁空罐制造设备。1958年,学校以此为基础建成罐头实习工场,制罐设备有切板机、切角与切缺机、端折机、成圆机、踏平机、翻边机、冲盖机、焊锡设备等。罐头工艺实习设施有蒸煮锅、油炸锅、排气设备、马口铁罐封口机、玻璃罐封口机、立式杀菌锅等。1972年全部设备搬迁至集美校区。

1979年,学校迁回上海后,有关教师自建简易罐头实习工场,配有蒸煮锅、改装软罐头杀菌锅、蒸煮袋真空封口机和小型马口铁空罐封口机,引进日本RCS-40型实验用高温高压杀菌锅(可测定罐头中心温度和杀菌F值)。1983年后,学校利用世界银行农业教育贷款项目,引进鱼(肉)类加工实验设备,主要有真空捣溃机、搅拌机、鱼肉精滤机、软罐头杀菌设备等,可供水产品加工、食品工程、食品科学等专业学生实习。

【电子厂】
1970年10月,电工电子教研组教师、物理学教师等20多人,利用电子学实验室基础设施,在南教学大楼建电子厂,生产制造大功率晶体管,从制造模具、芯心装配、化学处理、晶体烧结、烘干处理、封装测试到外壳电镀等,全部由教职工自己完成。1970—1972年,生产数万只3AD18低频大功率晶体管,部分高性能产品曾被航天仪器厂采用。1972年,电子厂设备迁到厦门集美,扩充机床等设备,同时又从上海引进2名高级技师,加上教师和工人共30多人,从生产大功率晶体管过渡到批量生产DXS-3机帆渔船双曲线定位仪。1979年学校迁回上海时,电子厂留在厦门。

第五章 档案馆

第一节 机构设置

民国元年至26年(1912—1937年)江苏省立水产学校时期的档案,在两次淞沪抗战中毁于日本侵华军炮火,后经整理仅存档案5卷。民国36年6月复校后,学校成立秘书科,兼理综合档案,学校的教学类、文书类档案均由该科管理。1960年6月,根据中共中央《关于统一管理党、政档案工作的通知》,学校成立文书档案室,隶属党委办公室,负责收集全校各部门形成的档案。1962年3月,根据国家档案局《技术档案室工作暂行通则》,学校在教务处下设科研科,负责收集、整理、保管科技档案材料。1972年,所有档案均随学校迁往厦门集美。1979年8月学校迁回上海后,文书档案室隶属党委办公室。1983年,档案工作划归院长办公室管理,设档案专职干部1人。1986年5月9日,分别成立文书档案室和科技档案室,文书档案室隶属校长办公室,科技档案室挂靠科研处。1989年9月21日,为便于档案管理,学校决定将文书档案室、科技档案室合并组成综合档案室,隶属校长办公室,档案室的库房、办公设施和面积都有较大改善。根据《中华人民共和国档案法》和国家教委有关规定,学校于1997年6月制订《关于校综合档案室建制的决定》,学校综合档案室为正科级机构,归口校长办公室,定编3人,其中设主任1人、专职档案员2人。学校综合档案室既是学校档案管理工作的职能部门,又是学校档案保存和使用的基地。2008年10月,学校迁至沪城环路校区后,综合档案室库房面积、档案保管条件和办公条件更加完善。2010年8月,学校成立档案馆,副处级建制,挂靠校办公室,下设综合档案室、干部人事档案室、党史校史研究室、校史馆等机构,工作人员6人。

历任档案馆(室)负责人:贾泳美、林轩波、毛震华、方蕴仁、蒋扣女、韩凤玉、汪洁、宁波(2010.8—   )。

第二节 建设与利用

一、硬件建设

1983年,档案室库房设在图书馆藏书楼第四层,库房面积170多平方米。1984年,实现档案库房、办公室、阅档室三分开。1989年,文书档案室和干部人事档案室设在行政楼第六层。1992年档案室建筑面积为330平方米,其中档案库房建筑面积为268平方米。2008年搬迁沪城环路校区,综合档案室建筑面积1 075平方米,其中档案库房建筑面积840平方米。

二、软件建设

1997年,综合档案室创建农业部合格档案室达标活动。1998年12月,被农业部评为合格档案室。1998年,为进一步规范学校档案管理,编制《档案工作规章制度汇编》,包括档案管理办法、档案分类方案、档案统计制度、档案保密制度、档案鉴定销毁制度、档案库房管理制度等,为正常、有序开展档案管理工作提供保障。2000年起,学校档案工作在档案资源建设、档案人员队伍建设、档案规范化管理、档案安全管理、档案普法等方面取得较快发展。

2008年,搬迁至沪城环路校区,综合档案室改革和调整内部管理,将档案工作环节划分为档案指导接收、档案保管利用、档案计算机管理3大部分。指导接收主要负责全校兼职档案员的业务指导、培训及全校各类档案、资料的接收、整理、分类、编目、装订。档案保管利用主要负责档案库房管理、档案利用接待。在建设方面,先后购置智能化环境自控、智能型移动密集架管理及"南大之星"档案管理3个系统软件。学校声像、电子等特殊载体档案配备专用库房和设备。电子文件的归档、档案数据库建设逐步开展,学校档案信息化建设取得一定发展。档案计算机管理主要负责档案网络管理系统、档案库房管理系统的运行、维护与数据备份。截至2011年,档案馆已配备计算机11台、复印机1台、粉碎机1台、空调机(分散式)12台、去湿机7台、智能密集架23列、铁制档案柜556个。

【档案资源建设】

学校馆藏档案由2000年的1.6万多卷增加到2011年的4万多卷。全校实行部门、课题组立卷的归档制度。对于学校重大活动、重要事件,档案馆积极参与建档工作,如2004年教育部本科教学工作水平评估、2007年95周年校庆、学校沪城环路校区建设等重要档案的建档工作。

【档案人员队伍建设】

2000年起,建立学校档案工作网络,学校各部门、各学院均为立档单位,配备兼职档案员。截至2011年,全校共设立档单位34个、专职档案员6人、兼职档案员71人。档案馆通过讲座、上门指导、编制发放培训材料、网络等各种形式,开展专兼职档案员的业务培训和关于档案的宣传教育活动。定期召开全校档案工作总结会,开展档案工作检查评选活动。

【档案规范化管理】

2001年,规范档案目录、卷皮、卷盒,采用计算机编制目录、封面。2002年,加强档案利用工作,制订《上海水产大学档案利用规定》。2010年修订《上海海洋大学档案利用规定》,2011年修订《上海海洋大学各类档案归档范围及保管期限表》。加强科研项目档案管理,制订科研项目文件材料归档工作职责。凡重大科研项目,必须归档合格,由档案部门出具归档证明,方能进行项目鉴定。

【档案安全管理】

加强档案库房、档案实体的安全管理,做好库房的温湿度记录,及时开启空调、去湿机,定期进行安全自查,定期更换档案防潮、防霉剂。2008年,购置智能化环境自控系统,对档案库房的温湿度实行智能化监控、记录。2009年,声像、电子等特殊载体档案配备专用库房和设备。建立涉密档案专用库房,实行专人负责。

【档案普法工作】

加强档案法律、法规的学习、宣传。2002年,参加国家档案局、中央档案馆在全国范围内开展的"剑南春"杯档案法制知识竞赛。2005年参加上海市档案知识网络竞赛（月月赛）活动。2006年，创新档案普法形式，根据学校档案工作实际，制作一部反映档案价值的FLASH宣传片，并入选上海市档案局上海档案信息网展映。2007年，参加国家档案局开展的"五五"普法读书活动。2008年，上海市档案局政策法规处处长杨永和为全校专兼职档案员作"明确法定权利和义务，做好学校档案工作"辅导报告，上海市档案局业务指导处忻斯佳主任来校作专题讲座。为便于全校师生更好地学习、了解档案法规，先后给各部门发放《档案法规汇编》，并将相应档案法律法规挂在校园网上。2009—2010年，在专职档案员中开展档案法制专题系列学习，组织外出参观、学习等。

2008年8月，教育部和国家档案局联合颁发《高等学校档案管理办法》。上海市教委、上海市档案局对上海高校档案工作情况实地开展联合检查。2009年11月18日，学校作为首批被检查单位之一，接受上海市教委、上海市档案局和上海市高校档案专业委员会组成的专家组的检查，评定等级为"优"。2011年9月，校档案馆获2006—2010年上海市档案法制宣传教育优秀单位称号。

三、档案利用

档案馆设有专门的阅档室，配备专职人员负责档案利用接待工作，同时完善档案利用制度，编制档案检索工具。对于未开放档案，建立阅档审批、登记手续。

档案馆开展电话、邮寄等多种形式的档案利用服务，为学校各部门及教育部学位办、省市人才交流中心、企事业单位人事部门、公安局、银行、外国使领馆等单位、校友和社会人士等提供档案利用服务。2002—2011年，档案馆为学校评估、财务审计、校史馆建设、精神文明检查、规章制度建设、教学成果奖评审、规划制订，学校年鉴、校史、校志编写、校友学位（学历）认证、出国、老校友回沪迁户口等提供档案凭证利用服务。

表8-5-1 2000—2011年档案利用统计表

年份	档案利用 人次	档案利用 卷次	复制档案、资料（张）	年份	档案利用 人次	档案利用 卷次	复制档案、资料（张）
2000	263	1 808	1 200	2006	390	1 055	2 360
2001	937	1 449	6 693	2007	371	1 088	1 309
2002	709	2 198	1 805	2008	243	577	1 079
2003	540	5 994	1 623	2009	414	1 970	4 038
2004	823	3 084	5 618	2010	1 117	4 268	7 008
2005	362	774	803	2011	575	3 301	5 918

档案馆挖掘档案价值，提供档案信息资源服务。2002年，在宣传部、工会支持和配合下，举办馆藏校友张闻天史料展；2004年，为学校恢复"勤朴忠实"校训提供原始档案凭证；2001—2011年，为《朱元鼎传》《侯朝海传》《杨浦区志》《湛湛人生》《上海水产大学校史》《上海水产大学党史》《上海水产大学校庆画册》《上海海洋大学百年志》《上海市级专志·上海海洋大学志》《上海海洋大学传统学科、专业与课程史》等著作的编写和出版提供档案史料；2007年，编写《优良校风因档案而绵延光

大》并入选上海市档案局为纪念《档案法》颁布20周年举办的"档案让社会和谐——上海档案利用效益成果展"。

第三节　馆藏档案

馆藏档案所属年代为1915—2011年。学校共有8个档案全宗，分别为国立四川水产职业学校、江苏省立水产职业学校、国立高级水产职业学校、浙江省立高级水产职业学校、崇明水产学校、上海水产学院、上海水产大学和上海海洋大学。馆藏归档材料以纸质档案为主，电子档案为辅。截至2011年，馆藏纸质档案共计4万多卷，资料1 500多册，录像档案700盘，照片档案1.7万多张，光盘档案149张，荣誉档案422张，人物档案31卷。案卷排架长度897米，案卷目录129本。

根据国家教委颁发的《高等学校档案实体分类法与高等学校档案工作规范》，从1993年起，学校档案分为十大类，即党群类、行政类、教学类、科学研究类、基本建设类、仪器设备类、出版类、外事类、产品生产与科技开发类、财会类。另外，根据学校实际情况，增设荣誉类档案、人物类档案、实物类档案。

党群类　有学校党务综合，包括党代会材料、党委常委会会议记录、上级党委领导视察学校讲话稿及其会议记录等；纪检工作；组织工作，包括党校、老干部工作；宣传教育工作，包括精神文明建设；统战工作；工会工作，包括妇女工作；团委工作等方面的计划、总结、请示、批复、通知、决定、规章制度、会议记录、调查材料、表彰材料、重要统计表等。

行政类　有学校行政综合，包括大事记、年鉴、校史工作、校友工作、校庆工作；人事工作；审计工作；武装保卫工作；后勤工作；档案工作；文书工作等方面的计划、总结、请示、批复、通知、决定、规章制度、会议记录、调查材料、表彰材料、重要统计表等。

教学类　有学校教学工作会议材料；学生学籍变更、奖励、处分材料；教学计划、教学大纲、开课任务书、校历表、试题库、新生名册、毕业生名册、学生成绩表、奖学金材料；学科、专业、实验室建设材料；教学实习、社会实践材料；研究生学位论文和评审意见等。

科学研究类　有学校科研综合，包括科研行政管理、计划管理、成果管理、经费管理、申报科学基金；学会工作材料；学校教师主持或承担的国家级、省部级、市级科研课题、科研项目的审批、中期检查、结题及其科研成果奖励审批材料等。

基本建设类　有学校教学用房、行政用房、辅助用房等建筑物（部分）的设计文件、工程管理文件、施工文件、竣工验收文件及图纸资料等。

仪器设备类　有学校5万元以上仪器、设备（部分）的申购、招标等材料及仪器、设备的全套随机文件等。

出版类　有学校编辑、出版的《上海水产大学报》《上海水产大学学报》《上海海洋大学报》《上海海洋大学学报》《水产学报》等刊物的审稿单、原稿、校样稿、样书等。

外事类　有学校人员出国（境）考察、访问、进修材料；外籍专家、教师来校任教、讲学、访问、考察材料；学校人员参加国际会议材料；中外合作校际交流、国际合作与会议材料等。

产品生产与科技开发类　有学校经济实体（部分）成立时的请示、批复等一些管理性文件材料。

财会类　有学校财务会计报表、会计账簿、会计凭证、工资清册及财务管理方面的一些文件材料。

截至2011年，馆藏荣誉类档案422件，其中有获国家自然科学奖三等奖的《中国软骨鱼类的侧线管系统及罗伦瓮和罗伦管系统的研究》,获国家发明奖三等奖的"自行往返远控潜吸式清淤机",获国家科技进步奖二等奖的"上海市郊区池塘养鱼高产技术大面积综合实验""团头鲂良种选育与开发利用——浦江1号"等奖项的奖状和证书,以及草鱼出血病防治技术,长江、黑龙江、珠江鲢、鳙、草鱼考种,日本海柔鱼渔场调查和钓捕技术研究,海洋渔业科学与技术专业人才培养模式研究及教学改革实践项目,公海重要经济渔业资源开发研究,中型草型湖泊渔业综合高产技术研究等获的国家、教育部、农业部、科技部等科研成果奖的奖状和证书;馆藏人物档案31卷,有学校一级教授朱元鼎的传略、生平、著作、手稿等档案23卷,水产教育家侯朝海的生平、侯氏宗谱、校友等回忆侯朝海的文章、《侯朝海传》等档案8卷。

在馆藏档案中,较为珍贵和重要的有:著名民族实业家、教育家张謇,著名教育家黄炎培创办学校档案资料;首任校长张镠创办学校的档案资料;1915年《江苏省立水产学校之刊》第一刊(卷内载有"勤朴忠实"校训、中国共产党早期重要领导人张闻天的录取名录);1922年《江苏省立水产学校纪念册》;1929年江苏省立水产学校学生会月刊《水产学生》第一期。学校历任校长任命文件;学校成立、合并直至更名为上海海洋大学文件;学校校址变迁材料;1952年院系调整材料;校庆活动材料;党和国家领导人江泽民、李鹏等为学校书写的题词;江泽民为上海海洋大学题写的校名手迹;斐济总理来访留言签名册;张闻天夫人刘英为庆祝张闻天母校九十周年题词手迹;国内外名人、学者来校访问和交流材料;《水产辞典》《上海水产大学校史》《上海水产大学党史大事记》等,以及沪城环路校区开工典礼、迎世博——食品安全宣传周活动、纪念朱元鼎诞辰110周年、老干部书画摄影展、吴启迪视察学校、世界粮食日活动、第一届中欧水产高等教育研讨会、辉煌60年共和国"三农"模范人物、部分校友返校等光盘材料。

第六章 校 史 馆

第一节 管 理

1996年11月,学校在《贯彻六中全会决议,加强我校精神文明建设》第22条中,明确提出:"筹建学校校史陈列室,在校庆85周年时正式开放,让广大师生了解学校、关心学校、热爱学校、奉献学校"。为此,学校拨款4万元,并将使用面积50平方米的行政楼427室腾出建设校史陈列室。

2002年,为迎接90周年校庆,学校在军工路校区科技楼三楼重建校史馆,面积380平方米。

2004年,为迎接高等教育本科教学评估,学校在原校史馆基础上重建,布展费用80万元;在学海路校区H楼一楼建设校园文化馆,面积500平方米,布展费用80万元。

2007年,为迎接95周年校庆,学校在军工路校区校史馆基础上,补充新内容,更新部分版面。布展费用4万元。

2009年,为配合沪城环路校区内涵建设,在沪城环路校区建设校史馆,于次年6月完成布展。馆址在图文信息中心107室,建筑面积400平方米,布展费用约130万元。

1997—2010年,校史陈列室、校史馆挂靠宣传部。2010年8月,学校成立档案馆,校史馆划归档案馆管理。

第二节 建 设 与 利 用

1997年10月,校史陈列室基本建成,主要筹建人员有封金章、宁波、纪成林、凌国建、沈国兴等。设有历史沿革、创办时期、学院前期、迁址办学、恢复时期、学校发展、党的建设、学科建设、教学成果、科研成果、校园文明、国际学术交流、走产学研结合的道路、精神文明建设、部市领导视察、领导题词等板块。

2002年10月,校史馆改建完成,主要筹建人员有胡金发、宁波、戴伟敏等。由上海元圣信息广告有限公司设计、制作,布展费用计16万元。设有历史变迁、学校简史、历届领导、世纪学者朱元鼎、学者风采、博士生导师、科学研究、教学成果、学科建设、服务社会、友好往来、师资队伍、研究生教育、齐心协力、成人教育、校园文化、后勤保障、党的建设等板块。

2004年,由副校长黄硕琳牵头,在军工路校区设计建设校史馆,主要筹建人有章华明、李勇军等;在学海路校区建设校园文化馆,主要筹建人有朱镜、宁波、李晔、林喜臣、陈祺、唐议等。两馆均由上海视界文化传播有限公司中标承建。校史馆设有校史沿革、校址沿革、吴淞开埠图、校训、历届领导、兴学吴淞、坚持办学、战后恢复、步入正轨、迁校厦门、改革发展、学者风采、杰出校友、朱元鼎纪念厅、水中井冈山、领导关怀、教学成果、重点学科、科学研究、研究生教育、畅游全国、国际交流、成人教育、师资队伍等板块。校园文化馆设有艰苦奋斗、勤朴忠实、科教兴渔、青春风采、师者风范、孜孜以求、水大之星、桃李芬芳、文体方圆、校园花絮、理想追求、海纳百川、展望未来等板块。

2007年,为迎接95周年校庆,对校史馆进行部分内容和版面更新,主要筹建人有江卫平、宁波、李晔、陈祺等。调整后的板块有领导关怀、领导题词、教学成果、重点学科、科学研究、研究生教育、畅游全国、师资队伍、国际交流、成人教育等。

2009年7月,由校长潘迎捷任组长,校党委副书记、副校长黄晞建,副校长封金章任副组长牵头,在沪城环路校区建设校史馆,主要筹建人有江卫平、宁波、仇永民、王伟江、许巍、何爱华、张京海、李杲、李勇军、李晔、汪洁、陈礼平、陈祺、戴伟敏等。上海灰狐文化传播有限公司中标承建。次年10月,布展工程竣工。校史馆分艰苦创业、巩固提高、厦门办学、充实发展、战略转型、再展宏图6大板块,同时辅以海大精神、历史沿革、春风化雨、历任领导、朱元鼎纪念厅、师者风范、桃李缤纷、挥旌临港、扬帆海洋、碧海搏浪等板块。

截至2011年,校史馆累计接待近10万名参观者。其中有上海市人大常委会主任刘云耕、上海市副市长周慕尧、越南水产部部长谢光玉等。

第七章 博 物 馆

1999年,博物馆被中共上海市委宣传部、市科委、市科协和市教委命名为上海水生生物科技馆,并被评为上海市水生生物科普教育基地。2002年,在上海市文物管理委员会正式注册。2005年,博物馆由上海市科技教育党委命名为"上海水产大学中国鱼文化博物馆"。2008年5月19日,经学校报请上海市文物管理委员会批准,更名为上海海洋大学博物馆。截至2011年,博物馆设有沪城环路校区鱼类标本室、军工路校区鲸馆两个分馆。馆长宁波(2006.8—　)

第一节 鱼类标本室

1952年11月1日,学校成立海洋渔业研究室,朱元鼎任主任,附设鱼类标本室。1958年10月,海洋渔业研究室由上海水产学院及中国科学院上海水产研究所合办,朱元鼎兼任主任。鱼类标本室时藏标本900余种,计25 000余号。截至1962年,标本达1 100余种,30 000余号。1972年,鱼类标本随学校迁往厦门,部分留给东海水产研究所。1979年,学校迁回上海原址,鱼类标本室约20 000号标本随学校迁回上海,其余留在厦门水产学院。2004年,学校在军工路校区科技楼二楼投资建设340平方米的展示馆。2008年,鱼类标本室搬迁至沪城环路校区。

截至2011年底,鱼类标本室共收藏采自中国海洋及淡水鱼类标本60 000余号,2 400多种,占中国鱼类种数的一半以上。其中,有近70种鱼类新种模式标本和许多稀有标本,还有中华鲟、白鲟、胭脂鱼、黄唇鱼、松江鲈鱼、金丝鱼、花鳗鲡、哲罗鲑、文昌鱼等国家一、二级保护动物,有世界上最小的脊椎动物双斑矮虾虎鱼(国内仅有2尾),还有采自东沙群岛外海水深1 000多米的200种奇形怪状的深海鱼类。此外,尚有采自东太平洋胴长超过1米的茎柔鱼,亦称美洲大鱿鱼。馆藏标本中尤以软骨鱼类、虾虎鱼类、鲀形目鱼类和鲉形目鱼类收集种类最为齐全和完整。

标本室还收藏有国外研究机构、博物馆赠送的鱼类标本,有加拿大皇家安大略博物馆赠送的印度洋鱼类标本75种,英国布里斯托大学赠送的欧洲虾虎鱼类标本50种,日本明仁天皇赠送的日本珍稀虾虎鱼类标本65种。还有研究人员采集自日本、越南、俄罗斯、新加坡、美国、古巴、英国、韩国、加拿大、北欧、阿根廷、印度尼西亚、几内亚比绍、中国台湾和香港地区,以及印度洋、东太平洋白令海峡和大西洋的鱼类标本。标本室还拥有极其珍贵的几千万年前的鱼类化石,许多南海珍稀珊瑚和贝类等。

鱼类研究室利用馆藏标本进行研究,并与国内外研究机构合作交流,如与中国科学院水生生物研究所、中国科学院动物研究所、中国科学院海洋研究所、中国水产科学研究院、中国鱼类学会、中国水产学会等国内鱼类学研究机构,及日本、美国、韩国、中国台湾、中国香港等国家和地区的研究机构,以及亚洲水产学会等国际学术组织保持着长期友好学术交流,与日本、新加坡、英国、加拿大、韩国有关大学及博物馆等开展交流合作。其中,伍汉霖研究员与日本明仁天皇交流鱼类学研究长达20余年,4次受邀访日、10次在宫内厅受天皇接见,成为中日友谊佳话。与日本学者合作的"中国大陆及朝鲜半岛鰟鮍亚科鱼类的系统分类和生物地理学的研究"有8年之久。与台湾学者邵广昭和赖春福合著出版《拉汉世界鱼类名典》。鱼类研究室先后接待日本鳗类研究所所长石原元

(1986年)、英国自然历史博物馆怀特赫德(P. Whitehead,1986年、1988年)、日本鱼类学会会长阿部宗明(1987年)、法国自然历史博物馆西尔维斯特(J. P. Sylvestre,1987年)、美国生命研究所所长布鲁斯霍思德(B. W. Halstead,1989年)、东京大学博物馆新井良一(1994—2001年)、东京大学条田章(1999年、2000年、2001年)、立川贤二(2002年)、日本宫内厅生物学御研究所池田佑二(2002年)、日本横须贺博物馆石锅寿宽(2006年)等境外学者访问和短期研究。

1987—2003年,鱼类标本室在苏州狮子林、徐州展览馆、济南趵突泉公园、蚌埠市少年科技馆、扬州个园、杭州植物园、金华婺洲公园、上海虹口公园和沪西工人文化宫等地举办科普展示活动。

第二节 鲸 馆

鲸馆设在军工路校区,是对社会开放的展示窗口。展出水生生物标本与鱼文化工艺品500余种,有国内罕见的国家二级保护动物、长18.4米的雄性抹香鲸外形标本与骨骼标本,长达3.3米的国家一级保护动物中华鲟标本,有活化石之称的国家一级保护动物中华白海豚、鹦鹉螺标本,以及数百件绚丽多姿的贝类标本和造型别致的鱼文化展品,其中国家一级保护动物有中华鲟4件、扬子鳄2件、鹦鹉螺1件,国家二级保护动物有抹香鲸2件、红海龟1件、豹纹鲨1件。

2001年初,经农业部同意,广西壮族自治区批准,将在北海发现的死亡抹香鲸交给学校,供教学、科研之用。同年5月,学校在北海海滩主持剥制18.4米长的抹香鲸标本,成为轰动一时的新闻。2002年10月,学校投资500万元,在军工路校区建设鲸馆单体建筑,建筑面积1 036平方米,高11米,外形仿鲸鱼造型。建筑为一层结构,局部二层建有参观平台与放映室。馆内分成3个部分,为展示区、办公室、实验室(兼作放映室)。同年11月1日完成布展,由农业部副部长张宝文,上海市政协副主席宋仪侨,国家体育总局副局长、校友张发强,越南水产部副部长阮玉红,农业部原副部长、校友张延喜,上海市府副秘书长、市教育党委书记王荣华,农业部渔业局副局长张合成等为鲸馆剪彩,并面向社会开放。该馆以"自然·人·环境"为主题,融鲸类标本收藏与展示、休闲与旅游为一体。同年,在上海市文物管理委员会注册为上海水产大学鲸馆。

2007年,学校投资10万元改造场馆环境,增加一些鱼文化工艺品,丰富展示内容。2008年8月,学校主体搬迁至沪城环路校区时,鲸馆在原址保留,门牌号更改为军工路318号。

2009年,学校投资40万元,改建鲸馆周边环境,更新展览内容,设有鲸的生活、鲸的图谱、海洋里的金丝雀、传奇抹香鲸、四大名螺、蓝色的海洋、海洋之星、虾兵蟹将、海洋之箭金枪鱼、多彩的鱼类、绚丽的珊瑚、瑰丽的贝类等板块,增建生命科学实验室。

2005年,鲸馆举行馆标征集活动,共收到全国20余省市的设计方案205件。2007年12月—2008年2月,与杨浦区文物管理办公室、上海五角星亲子进修学校等联合承办"科普迎新年,放眼看未来"活动。近200名小记者来到鲸馆,以与众不同的方式喜迎2008年。2007年1月15日,举办"保护海洋生物,守护绿色家园——抹香鲸标本迎春清洁保养仪式",校长潘迎捷,原校长周应祺与上海市第五十六中学的数十名中学生参加了活动。当天,《新民晚报》予以整版报道。鲸馆还与学校水产与生命学院多次联合举办"鱼文化节",并成为同济大学、上海理工大学等高校大学生社会实践基地。

2008年,参加北京奥运月博物馆主题开放活动,先后接待6 000多名参观者。同年9月28日—12月28日,与阳澄湖旅游开发有限公司合作,在苏州工业园区唯亭镇国际蟹城承办"中国阳澄湖大闸蟹文化展",负责展示内容策划与总体设计,展出面积1 000平方米,接待数万名观众。

2007—2010年,鲸馆受上海市教卫党委委托,承担高校博物馆联展联络工作。2007年3月5—30日,在上海科技馆举行的"校园情·科技风·民族魂——2007上海高校民族文化博物馆联展",共接待观众4万多人。校党委书记叶骏教授、王武教授、陈有容教授、宁波副研究员分别作"中国文学与鱼文化""蟹文化""乳酸菌与健康""中国鱼文化概述"等学术报告。2007年,还接待来自刚果共和国、刚果民主共和国等国家的特奥运动员及官员数十人参观。2009年6月,主办以"文化迎世博"为主题,以"城市,让生活更美好;文化,让世博更精彩"为口号,上海市12所高校的民族文化博物馆参加联展。

2010年5月28日,博物馆承编《上海高校民族文化博物馆》一书,由东华大学出版社出版。该书中英文对照,图文并茂,是上海首部集中展示高校民族文化博物馆的公开出版文献,也是社会各界尤其是中小学生走进高校博物馆的桥梁。同年,还举办后世博时代的上海高校博物馆研讨会,并编辑出版《高校博物馆与城市发展》论文集。

2005—2011年,鲸馆每年参加上海市暑期未成年人开放活动,先后接待虹口区、杨浦区有关中小学学生,以及同济大学生命科学学院、上海理工大学等大学生数万人次参观,曾接待民建中央名誉副主席、中华职业教育社名誉副理事长黄大能,学校创办人之一张謇嫡孙、全国政协常委、社会与法制委员会副主任张绪武,上海市政协副主席谢丽娟,浙江省政协副主席盛昌黎率领的"海上浙江"调研团队,国家文物局博物馆与社会文物司司长段勇,上海市教卫党委书记李宣海等重要嘉宾和团体,以及台湾大学生代表团,香港特区嘉宾,韩国釜山市政府与大学生代表团,以及来自墨西哥、美国、埃及、德国、印尼、日本、巴西等国家来宾。

2007年,博物馆获得上海市文明办、上海市科教党委、上海市教委联合授予的上海市未成年人暑期工作特色项目,2007年上海高校民族文化博物馆联展文艺演出优秀组织奖、学术报告优秀组织奖,及第五届上海教育博览会组委会颁发的组织奖和展示风采奖;2009—2011年,连续3年每年获得上海市科普教育基地联合会颁发的上海优秀科普教育基地称号。宁波获2007年度、2009年度,江菊美获2010年度、2011年度上海市科普教育基地联合会优秀科普工作者称号。

第八章 体育设施

第一节 建　　设

民国4年至26年(1915—1937年),学校建有游泳池、篮球场、排球场、足球场等体育设施。民国26年,毁于日本侵华军炮火。1951年,学校在军工路校区建有田径场、篮球场和排球场。1962年建成室外标准游泳池。1972年,学校搬迁厦门集美,使用原集美华侨补习学校及集美水产专科学校的校址,均有体育场地和设施。1979年学校迁回上海后,体育设施得到维护和增加。2001—2008年,在学海路校区,体育场地和设施得到改善。2008年,学校搬迁至沪城环路校区,体育场地和设施得到极大改善和提高。截至2011年,已有体育场馆室外面积37 972平方米,室内面积7 587平方米。

第二节 场馆设施

一、军工路校区

20世纪50年代,假杨浦小学游泳池(平凉路、宁国路口)开设游泳课。1951年,在军工路334号校区内建200多米跑道田径场1个、篮球场2个、排球场1个、操艇码头1个及舢板2艘、单双杠与爬绳设备。1952年在军工路580号校区建有400米跑道标准田径场1个、篮球场2个、排球场2个,及单双杠、爬绳、爬杆及伏虎等设备。1956年,上海市团委调给美国产和匈牙利产摩托车各两辆,用于军事体育训练。1958年,利用沿江便利购置赛艇10艘,建立赛艇队开展水上运动项目。1960年,军工路580号校区土地划归他用,军工路334号新建380米跑道田径场1个。1964年,新建25米×15米室外标准游泳池1个,配有3米跳台和跳板,为开展水上运动打下基础。1972年,军工路校区有田径场1个、篮球场2个、排球场2个、游泳池1座、200平方米综合练习房1个,以及赛艇码头1个、赛艇库1个和赛艇10艘。

1979年,学校迁回上海后,新建与恢复田径场1个、篮球场4个、排球场2个和网球场2个,修复室外游泳池。1983年新建1 259平方米体育馆1座。

1993年改造重修400米跑道田径场,增加1 000座看台,同时新建篮球场3个;维修体育馆,并在二楼新建舞蹈房和乒乓球房。

二、厦门集美校区

1972—1979年,学校在厦门集美办学,利用原集美水产专科学校、华侨补习学校体育场地,计有约300米跑道非标准田径场1个、篮球场3个及单双杠各2副,同时共用集美镇海水游泳池开展水上运动。

三、学海路校区

2001—2008年,学校在学海路建有体育场1座,设有标准400米跑道田径场1个、篮球场10个、单双杠练习场1个、体操房2间、乒乓球房2间、武术房1间和室外灯光网球场3个,并建有体育专用多媒体教室1间。

四、沪城环路校区

2008年,学校搬迁至沪城环路校区,体育场馆设施得到极大改善。截至2011年底,全校建有东体育场1座、西体育场1座、体育馆1座。其中,东、西体育场共设有标准400米塑胶跑道田径场2个、标准人工草坪足球场2个,以及可容纳1万人的环形看台。体育馆内包括大型篮球馆、手球馆各1个,配备乒乓房、武术房、健身房、壁球房各2间,体操房3间和桌球房1间,另建有篮球场20个、网球场10个、单双杠练习场2个、水上训练场1个及游泳池1座。2009年,学校还配备龙舟码头和岸上技术训练设施,购进两艘标准龙舟。2011年,添置皮划艇,推动学校赛艇、龙舟、游泳等水上运动开展。所有体育场馆在保证教学与训练前提下,面向全校师生开放。

沪城环路校区体育场馆由学校后勤管理处、人文学院体育教学部及上海紫泰物业管理有限公司三方共同管理。学校后勤管理处负责协调现代信息与教育技术中心的网络平台建设及部分室外体育场地管理,体育教学部负责教学训练用体育场馆的使用,物业公司负责体育场馆的日常管理事务。

第九篇
对外交流与合作

概　　述

　　江苏省立水产学校首任校长张镠曾留学日本,注重实践与对外交流。民国6年至7年(1917—1918年)1月,学校选拔渔捞科、制造科优秀毕业生赴日留学。民国6年10至11月组织渔捞科三年级学生乘"淞航号"实习船赴日本山口县、岛根县实习考察。民国7年、9年,分别选派技术员赴日本见习贝扣制作及制罐技术。

　　1955年起,学校接收以越南为主的本科留学生,以及少数越南和朝鲜进修生,先后邀请日本专家真道重明、渡边宗雄,苏联专家萨布林柯夫、索因等来校讲学,培养师资。学校还派出教师赴越南、古巴讲学。

　　"文化大革命"初期,学校对外交流与合作停止。中国恢复在联合国的合法地位后,学校曾派出教师参加第三次联合国海洋法会议与周边国家渔业谈判等有关工作。20世纪70年代末,日本东京水产大学来校交流办学经验。学校派出教师协助联合国粮农组织在无锡筹建淡水渔业培训中心和讲学,为东南亚国家培训水产养殖技术人员。

　　20世纪80年代初,联合国粮农组织在学校多次举办全国性有关渔业资源评估、水产品加工等培训班,日本东京水产大学教授来校举办远洋渔业、鱼类行为、罐头食品工艺、食品冷冻工艺讲习班。20世纪80年代中、后期,学校利用两期世界银行农业教育贷款项目,引进大批实验室设备,派出一批中青年教师出国进修和深造,组织学校领导和有关教师赴美国、日本考察水产教育。20世纪90年代,学校与日本、美国等有关大学签订合作交流协议,聘请兼职教授,互派教师进行合作科研等。

　　进入21世纪,学校全面开展对外交流与合作,不仅招收本科留学生,还招收攻读硕士和博士学位的留学生,以及学习汉语的短期生。2002年7月,与澳大利亚塔斯马尼亚大学合作成立爱恩学院,设立信息管理与信息系统(环境信息系统方向)、市场营销(国际商务方向)两个本科专业。通过中日合作从事淡水鱼类加工研究,先后承担联合国粮农组织委托的渔业调查研究项目,与美国共建海洋遥感及渔业信息中心等,与日本、韩国、俄罗斯、美国、澳大利亚、新西兰、荷兰、挪威、瑞典和西班牙等国的大学、研究机构、企业进行广泛交流和合作。2003年起,受农业部指派,学校承担全国远洋金枪鱼和鱿钓渔业的技术指导和管理工作,派出有关教师代表国家分别参加三大洋国际渔业管理组织会议。

　　由此,学校对外交流与合作的管理机构也逐步完善。20世纪50—60年代,设置留学生科,在秘书科配备1名专职外事干部接待外宾。"文化大革命"期间,留学生科撤销。随着改革开放深入,学校设外事办公室,配备办公室主任和专职外事干部,负责对外交流。2000年,外事办公室与校办公室合署办公,2011年7月外事处单列,与台港澳办公室合署办公,对外分别称外事处和港澳台办公室。2005年,学校成立国际文化交流学院,负责全校留学生工作。

第一章 留学生

第一节 招 生

一、专业设置

1955年9月,根据中央高等教育部指示,学校接纳首批越南留学生6人,就读于工业捕鱼专业。1955—1966年,学校共培养外国留学生97人。其中,本科生93人,包括越南留学生92人、朝鲜留学生1人;进修生4人,包括越南进修生3人、朝鲜进修生1人,学习专业由中央高等教育部安排,分别有工业捕鱼、淡水养殖、海水养殖、水产加工、冷冻工艺、罐头食品工艺等6个。1967—1969届越南留学生21人及1970届朝鲜留学生1人,因"文化大革命"未尽学业而回国。

学成回国的越南留学生大多成为高级水产科技人才,有的还担任领导职务,如越南水产部副部长武文卓、水产部组织人事司司长陈黎体、水产部科技局局长胡寿、芽庄水产大学校长阮仲瑾、勤诗大学副校长阮金光等。2002年,越南国家主席授予学校友谊勋章,以表彰学校在培养越南留学生方面所作的突出贡献。

表9-1-1 1955—1965年入学留学生统计表

入学年份	就读专业及人数						小计
	工业捕鱼	淡水养殖	海水养殖	水产加工	冷冻工艺	罐头食品工艺	
1955	6	—	—	—	—	—	6
1956	—	—	—	4	—	—	4
1957	4	4	—	4	—	—	12
1958	—	3	—	—	—	—	3
1959	2	5	3	2	2	2	16
1960	2	3	5	4	3	—	17
1961	2	8	4	2	2	—	18
1962	1	3	1	—	—	—	6
1963	4	4	—	2	—	—	10
1965	4	1	—	—	—	—	5
小计	25	31	13	19	7	2	97

说明:表格中"—"代表无。

1995年,经上海市教委同意,学校恢复招收留学生。

进入21世纪,来校学习和交流的外国留学生逐年增长。为适应留学生事业发展需要,学校于

2005年6月成立国际文化交流学院。同年9月22日,学校举行与俄罗斯远东国立渔业技术大学合作培养留学生的开学典礼,留学生工作进入新阶段。

2005—2011年,学校招收本科留学生共有59人,就读食品科学与工程、市场营销、海洋渔业科学与技术、水产养殖等15个专业,并授予相应学位。

表9-1-2　2005—2011年招收本科留学生统计表

招生年份	招生专业及人数															小计
	食品科学与工程	市场营销	物流管理	国际经济与贸易	海洋科学	信息管理与信息系统	海洋渔业科学与技术	农林经济管理	动物科学	行政管理	食品质量与安全	环境科学	信息管理与信息系统（环境信息系统方向）	热能与动力工程	水产养殖	
2005	9	—														9
2006	3	4														7
2007	4	—	1	6												11
2008	—	7														7
2009	—	4		4	2	2	3	1	1	1	—	1		—	2	21
2010	—	1														1
2011	—	—									1		1	1	—	3
小计	16	16	1	10	2	2	3	1	1	1	1	1	1	1	2	59

说明:表格中"—"代表无。

2002年、2007—2011年(2003—2006年未招生)招收攻读硕士和博士学位留学生共42人,分布于渔业经济与管理、食品科学与工程、计算机应用技术、水产养殖8个专业,完成规定学业授予相应学位。

表9-1-3　2002、2007—2011年招收研究生留学生统计表

招生年份	招生专业及人数								小计
	渔业经济与管理	食品科学与工程	计算机应用技术	产业经济学	农业经济管理	环境科学	动物遗传育种与繁殖	水产养殖	
2002	—	—	—	1	—	—	—	—	1
2007	2(D)	1	1						4
2008	1(D,中途退学),2		1	5		1			10
2009	—		1	2	1	1			6
2010	1		1	3	3	2		1	11
2011	1,1(D)	—	2	4	—			2(D)	10
小计	8	1	6	15	4	4	1	3	42

说明:D指博士生,其他均是硕士生。表格中"—"代表无。

1988—2011年,学校招收各类进修生共16人。

二、入学条件

根据国务院1985年10月颁布的《外国留学生管理办法》,以及教育部、外交部、公安部2000年1月颁布的《高等学校接受外国留学生管理规定》等有关规定,学校2005年对来校留学生申请入学资格与申请时间作出规定,后根据实际情况进行适当修改。

表9-1-4 2009—2011年留学生申请资格与时间情况表

种类	材料提供及考试项目	申请时间
本科	上海海洋大学外国留学生入学申请表;高中毕业文凭和成绩单;旧HSK3级或新HSK4级(理工),旧HSK6级或新HSK5级(文经);有效护照复印件	申请秋季入学每年6月30日截止 申请春季入学每年12月31日截止
硕士	上海海洋大学外国留学生入学申请表;大学本科毕业文凭或同等学力证明、大学成绩单;两名副教授以上专家的推荐信;旧HSK6级或新HSK5级;专业课考试(面试、笔试);有效护照复印件	申请秋季入学每年6月30日截止 申请春季入学每年12月31日截止
博士	上海海洋大学外国留学生入学申请表;硕士毕业文凭或同等学力证明、硕士成绩单;两名副教授以上专家的推荐信;旧HSK6级或新HSK5级;专业课考试(面试、笔试);有效护照复印件	申请秋季入学每年6月30日截止 申请春季入学每年12月31日截止
汉语言生	上海海洋大学外国留学生入学申请表;年龄18～60周岁;有效护照复印件	开班前1个月至开班之日止

三、申请与录取

留学生应根据教育部和学校来华留学申请的规定,提交《申请表》《外国人体格检查记录》,学历证件和成绩单等材料。经学校审查,必要时对符合入学资格的申请人进行专业测试,确定录取名单。学校为留学生办理录取通知书、签证申请表,并及时寄送给留学生。

被录取的留学生应持普通护照、学校签发的《录取通知书》、上海市教委和上海市外事办签发的《外国留学人员来华签证申请表》(JW202表)和《外国人体格检查记录》(原件),到中国驻外使领馆申请来华学习"X"签证。留学生须按录取通知书上规定的日期到学校报到、缴费、注册。因故不能如期到校注册者,须提前请假。无故逾期者,作自动放弃入学资格处理。录取时已确定的专业、学习年限,来校后原则上不能改变。

第二节 教 学

学校根据教育部有关来华留学生教学文件要求、留学生实际情况,制订有关教学计划,安排各教学环节,确保教学质量。

20世纪50—60年代,学校各系党总支副书记或副系主任(中共党员)负责管理留学生学习和生产实习工作。为加强对早期留学生的学习辅导,学校对每个留学生的各门课程均安排教师负责辅导,重点帮助学习困难留学生。对留学生一般不进行课堂提问和零星小测验,而多采用课外答疑方法。对一年级留学生不安排其他外文课。对其他年级学习困难的留学生不安排另修外文课。在中国学生进行社会公益劳动期间,对留学生则主要安排学习,适当补课。学校专门抽出中国学生,与留学生一起学习、活动,并根据留学生所在国家情况和需要在可能条件下安排专门教师现场指导实习。

2005—2011年,学校先后制订《本科留学生教学管理暂行办法》《外国留学生(本科生)学籍管理规定(试行)》《外国留学生学士学位授予工作细则(试行)》《外国留学生(本科生)专业教学计划指导意见(试行)》《外国留学生(研究生)学籍管理规定(试行)》《外国留学生硕士、博士学位授予工作细则(试行)》《外国留学生硕士、博士专业培养方案基本要求(试行)》等,对规范各类留学生教学管理和确保教学质量都起到重要作用。2011年,学校各类留学生的汉语教学由国际文化交流学院负责,学历留学生的专业教学分别由教务处、研究生部牵头指导,各相关学院具体落实。

有关留学生本科、研究生教学以及汉语等非学历教学见第十一篇第二章第十二节。

第三节 管 理

一、机构制度

20世纪50—60年代,学校来华留学生大都为上级部门安排。学校根据中共中央1955年6月颁布的《关于帮助越南留华学生的劳动党党员和青年救国团团员的几项办法》及1961年颁布的《教育部直属高等学校暂行工作条例(草案)》(简称《高教六十条》)等文件,由教务处牵头,各专业所在系负责具体管理。1964年4月,从教务处下设学生科中分离出留学生科,归属院长办公室,专门负责留学生管理工作。

2005年,学校确定1名副校长分管留学生工作。2009年,成立由分管校领导、外事办公室、教务处、研究生部、学生处、国际文化交流学院负责人组成的留学生工作领导小组,负责留学生奖学金评审及招生计划审定。2011年,成立留学生工作小组,全面统筹、协调留学生各项工作,明确国际文化交流学院全面负责中外文化交流任务、留学生招生与管理,教务处负责组织各专业学院制订和实施本科留学生教学计划,学生处制订本科留学生日常思想教育工作计划,研究生部负责组织各专业学院制订和实施研究生留学生专业培养方案和研究生留学生日常思想教育工作计划。

2005—2011年,学校根据教育部、上海市教委、上海市出入境管理局等部门关于来华留学生教学管理规定,结合留学生实际情况,先后制订《留学生行为守则及管理办法(试行)》《留学生公寓管理办法(试行)》《关于外国留学生管理工作的规定(试行)》《外国留学生奖学金实施细则(试行)》《外国留学生购买保险暂行规定(试行)》《外国留学生与中国学生、老师结对子暂行规定(试行)》等文件,通过国际文化交流学院和相关学院加强对留学生工作的规范化管理。

二、日常管理

【学生】

20世纪50—60年代,学校为贯彻执行党的外事政策,专门对干部和师生进行教育,并根据客观条件适当照顾留学生生活,如经常召开留学生座谈会,听取其对学习、生活的意见,了解其思想状况,研究和督促检查留学生工作。

2005年起,国际文化交流学院为留学生配备班主任,对班级实行日常管理,指导和帮助留学生尽快适应学校生活。

学校坚持为留学生开展的系列服务有:新生入学法律法规和校纪校规讲解;开展文娱活动;教师深入留学生宿舍与学生谈心;组织参加上海市有关部门组织的"外国人唱中国歌曲""汉语朗诵""书法比赛""划龙舟"和体育竞赛等文体活动;坚持24小时值班制,随时解决留学生碰到的问题;精心安排留学生假期生活;组织开展市内参观活动;开设"汉语角",开展中外学生"结对子"活动,为留学生搭建汉语学习实践平台。

【经费】

留学生经费分为两大类:一类是由上海市教委拨付的上海市人民政府奖学金经费,包括留学生生活费、医疗保险费、基本教材费、文体活动费、宣传教育费等,生活费由学校财务处按月发放,其他经费由国际文化交流学院按规定掌握使用;另一类是自费留学生缴纳的学费和住宿费等,由学校财务处收取,根据学校规定使用。

【安保】

留学生的安全保卫工作以保卫部门为主,相关部门和学院积极配合。2010年,修订《处置突发事件应急预案》,将留学生突发事件纳入学校处置突发事件应急预案。2011年,成立处置来华留学生伤亡事件领导小组办公室。

第二章　国际合作及港澳台合作

第一节　国际组织合作

20世纪70年代末起,学校逐步与有关国际组织建立起合作关系。

一、与联合国粮农组织(FAO)合作

20世纪70年代末,联合国粮农组织(FAO)在无锡筹建和开办淡水养殖培训中心,学校参与筹建,并派教师陆桂、谭玉钧等制订培训计划、编写教材、指导东南亚国家水产养殖技术人员培训。后根据国家水产总局要求,该中心划归无锡淡水渔业研究中心。

20世纪70—80年代,根据国家水产总局安排,学校承办多期由FAO主持的渔业资源评估、渔业管理、水产品加工等面向全国的进修班和培训班。后又与FAO渔业局合作开展科学研究,承担渔船经济分析、世界水产品消费需求预测等研究项目。

二、与日本国际农林水产研究中心合作

20世纪90年代以来,中国淡水渔业迅速发展,引起世界瞩目,但淡水鱼的流通、保藏、加工和利用现状却与此极不相称。1996年,学校与日本国际农林水产研究中心合作开展"中国淡水渔业资源利用技术开发"项目研究。1997年,该项目纳入中日政府间综合研究项目"中国主要食物资源的持续生产和高度利用技术开发"。1996—2003年,该项目在淡水鱼鱼糜中间加工素材方面取得的重要成果有:对占中国淡水鱼产量85%以上的鲢、鳙、草鱼等8种鱼的凝胶化特性进行比较,确认8种中国淡水鱼可作为冷冻鱼糜原料加工利用;以淡水鱼糜试做的中式和日式菜肴均得到专家一致好评;应用淡水鱼肉与大豆分离蛋白制成复合型加工素材及制品;利用淡水鱼及加工废弃物生产鱼酱油调味品获得成功;研究主要淡水鱼的脂质与脂质水解酶类在保藏中的变化、冻结条件对淡水鱼肉和鱼糜的变性作用及抗冻剂的效果、淡水鱼中的微生物菌相及分布等。合作8年间,双方共同举办4次国际性淡水鱼利用加工学术研讨会,并在东方国际食品会议、第十和第十一届国际食品科学会议、第三届世界渔业大会等重要国际会议上进行交流,共发表50多篇论文和报告。

通过该合作研究,食品学院有10多名硕士生和近100名(共8届)本科生参与该项目研究。中日合作研究室成为学校青年教师进行学术交流和了解国际食品科研前沿的场所。学校先后有10多人次短期到日本国际农林水产研究所工作或访问。日本合作方派出福田裕、横山雅仁等专家来校工作或考察,促进双方学术交流与合作。

三、与国际渔业管理组织合作

20世纪90年代初,根据农业部渔业局和中国渔业协会要求,学校承担全国远洋金枪鱼和鱿钓

渔业的技术指导和渔情预报工作,多次派出教师代表农业部出席大西洋金枪鱼类养护国际委员会(ICCAT)、印度洋金枪鱼委员会(IOTC)、中西太平洋渔业委员会(WCPFC)、美洲间热带金枪鱼委员会(IATTC)等会议和参与相关工作。学校与这些组织下设分委员会关系密切,大西洋金枪鱼类养护国际委员会(ICCAT)、印度洋金枪鱼委员会(IOTC)曾在学校召开分委员会会议。

第二节 国际会议

1996—2011年,由学校主办或联合主办重大的国际会议主要有37次。会议主题涉及水产养殖、海洋环境科学、海洋生物资源、食品科学等领域,对学校的教学、科研、实验室建设和研究生培养等起到很好的推动作用。

表9-2-1 1996—2011年学校主办或联合主办重大的国际学术会议情况表

序号	会议名称	会议主题	召开地点	时间
1	1996上海国际水产信息交流会	国际水产信息交流	上海	1996.1
2	中、日、韩三国第二届海洋生物资源利用及保护国际学术研讨会	探讨海洋生物资源利用及保护	上海水产大学	1996.11
3	中日两国中国淡水渔业资源的高度利用技术研讨会	探讨中国淡水鱼的加工和利用	上海水产大学	1999.3
4	第二届中日合作淡水渔业资源加工利用技术研讨会	中日合作淡水渔业资源加工利用技术	上海水产大学	1999.12
5	第三届中日合作淡水渔业资源加工利用技术研讨会	中日合作淡水渔业资源加工利用技术	上海水产大学	2000.3
6	第三届东海海洋学和水产学国际学术研讨会	东海海洋学、水产学	上海水产大学	2001.11
7	印度洋金枪鱼委员会第四次热带金枪鱼工作组会议	印度洋黄鳍金枪鱼资源状况、资源评估方法和标志放流	上海水产大学	2002.6
8	第四届中日合作淡水渔业资源加工利用技术研讨会	淡水渔业资源加工利用技术	上海水产大学	2003.11
9	上海水产大学与日本北海道大学合作举办学术会议	水产养殖、水产品加工、捕捞和渔业经济研究	上海水产大学	2005.7
10	第三次渔业和水产科学地理信息系统/空间分析国际会议	渔业和水产科学研究	上海水产大学	2005.8
11	第一届中欧水产高等教育研讨会	中欧水产高等教育	上海水产大学	2006.7
12	第二届官、产、学、研水域食物资源的利用与研究会议	官、产、学、研水域食物资源的利用	日本北海道大学	2006.7
13	2006中日水产品安全的现状、控制与追溯研讨会	水产品安全、品质、追溯	上海水产大学	2006.11

(续表)

序号	会议名称	会议主题	召开地点	时间
14	食品物流课程系列国际高级讲座——现代食品物流的理论和实践	现代食品物流的理论和实践	上海水产大学	2006.12
15	金枪鱼及中上层鱼类资源评估和管理国际学术研讨会	金枪鱼及中上层鱼类资源评估和管理	上海水产大学	2007.3
16	第二届中欧水产高等教育研讨会	中欧水产高等教育	荷兰瓦格宁根大学、比利时根特大学	2007.8
17	食品安全与贸易国际研讨会	促进美国佐治亚大学、上海水产大学、上海农业科学研究院在食品安全和国际贸易的教学与科研领域的合作	上海水产大学	2007.9
18	21世纪进化生物学与鱼类神经系统研究的进展与展望——鱼类感觉,行为,进化与发育研讨会	鱼的视觉进化研究;脑的进化研究;发生发育进化学;机械感受系统;鱼的听觉和交流	上海水产大学	2007.11
19	第三届Omega-3脂肪酸功能食品的研究与开发国际研讨会	ω-3脂肪酸的健康功效、来源、氧化与稳定化、ω-3脂肪酸功能食品的开发	上海水产大学	2007.11
20	中俄渔业发展学术研讨会——海洋生物资源开发及利用	水产养殖的现状与发展;水产品的加工与利用;渔业资源与管理	上海水产大学	2007.11
21	中日水产食品安全与贸易国际研讨会	水产品的安全管理	上海水产大学	2007.11
22	海岸带综合管理国际研讨会	海岸带综合管理	上海水产大学	2008.2
23	食品经济管理学科教育研究体系与发展	食品经济学科的设立及当前的作用和责任;食品经济学科的人才培养;食品体系学会的运营及学术贡献;大学间教育研究交流活动及展望	上海海洋大学	2008.3
24	迎世博·食品安全国际论坛	交流国内外重大活动中食品安全的保障经验,探讨以全过程控制和预防为主的上海世博会食品安全保障体系	上海财大豪生大酒店	2008.5
25	沿岸海域生物栖息地生态改善与评价技术研讨会	沿岸海域生物栖息地生态改善与评价	上海海洋大学	2008.10
26	海洋利用管理的现状、课题及未来学术研讨会	海洋利用管理的现状、课题及未来	上海海洋大学	2008.12
27	生态和谐与食品安全研讨会	生态和谐与食品安全	上海海洋大学	2008.12
28	第三届中欧水产高等教育研讨会	渔业和水产高等教育、合作科学研究与人才培养、远程教育的可行性	上海海洋大学	2009.1

(续表)

序号	会议名称	会议主题	召开地点	时间
29	海洋环境在地球环境保护中的重要性学术研讨会	生物海洋学研究、海洋宝藏的有效利用	上海海洋大学	2009.3
30	上海海洋大学—太平洋岛国渔业科学中心(美国夏威夷,NOAA)金枪鱼渔业研究学术交流会	金枪鱼渔业研究	上海海洋大学	2009.4
31	The AquaFish CRSP Workshop 2009 on Aquaculture, Human Health and Environment	水产养殖、人类健康和环境研究	上海临港新城	2009.7
32	中国鱼糜现状和淡水鱼糜制品的开发	中国鱼糜制品现状和开发	上海海洋大学	2009.9
33	第一届国际经济蟹类养殖研讨会	蟹类养殖和资源管理	上海海洋大学	2009.11
34	泰国水产养殖与渔业教育国际学术研讨会	水产养殖与渔业教育	泰国亚洲理工学院	2009.11
35	第十二届海洋生物资源有效利用和保护研讨会	海洋环境与生态保护	上海海洋大学	2009.12
36	第七届海洋地理和水产科学研讨会	海洋地理环境与水产科学利用	上海海洋大学	2009.12
37	第九届亚洲渔业和水产养殖论坛	更先进的科学、更优质的鱼类、更美好的生活	上海海洋大学	2011.4

改革开放以后,学校教师出国参加境外国际学术会议的人数不断增多。1994—2004年,教师出席国际学术会议年均16人次,2005—2011年达到年均70人次。

表 9-2-2 1994—2011 年出席国际学术会议教师人数统计表

年份	1994	1995	1996	1997	1998	1999	2000	2001	2002
人次	7	8	14	14	10	14	22	17	13
年份	2003	2004	2005	2006	2007	2008	2009	2010	2011
人次	31	29	31	51	83	80	87	94	65

说明:表中数据截至2011年6月。

第三节 专家聘请

一、聘请规定

学校根据需要对学术水平高,对我国友好,为学校提高教学、科研水平作出一定贡献的外籍或境外人士,聘请或授予其客座教授、顾问教授、兼职教授等相应职称。

【聘任条件】

所聘请教师必须具有较高学术水平,所从事专业和科学研究工作方向与学校需求对口,愿意承担有关工作任务。

被聘为客座教授、顾问教授人员必须具有正高级专业技术职务任职资格或在原单位已受聘担任正高级专业技术职务,在学术上具有国际水平或国内领先水平,且知名度较高。其中客座教授一般为国际上学术造诣高深的教授、专家。

兼职教授必须具有与学校所聘教师职务同级的专业技术职务任职资格或在原单位已受聘担任同级的专业技术职务。

【职责】

客座教授、顾问教授应有助于扩大学校在国内外的影响,对学校学科发展和建设提供咨询服务,定期与学校开展学术交流活动。

兼职教授职责至少应包括以下内容之一:能开设学校紧缺课程;能与学校合作培养紧缺专业研究生;能与学校合作科研,有助于学校申请国内外科研项目,开展科研工作;承担对学校发展有较大影响的其他任务。

【聘任程序】

需要聘请客座教授、顾问教授、兼职教授的部门,根据以上条件填写《聘请客座教授、顾问教授、兼职教授审批表》,并提供可证明拟聘者学历、学位、专业技术职务和学术水平的材料,聘任部门组织专家评议并签署意见后报人事处。

经人事处对拟聘对象进行资格审查合格后,报校领导审批。聘请客座教授需报上海市教委审批。

聘请申请获批准后,由人事处办理聘请手续,签订聘约(兼职教授),颁发聘书(客座教授、顾问教授)。

客座教授、顾问教授聘任期限为5年,兼职教授聘任期限根据其工作任务确定,一般不超过3年。聘任期满后如需续聘,须办理续聘手续。

【考核】

聘用部门在每年12月31日前将所聘客座教授、顾问教授在学校的工作情况报人事处备案,如连续2年没有与学校开展学术交流活动,其所聘职务将自动解除。兼职教授纳入学校统一管理范畴,所聘部门按照已定的工作任务,对兼职教授进行考核,考核结果报人事处,考核情况记入业务档案。

【酬金】

根据客座教授、顾问教授在学校进行学术交流活动的范围,其酬金由聘任部门支付或由学校与聘任部门各支付一半,酬金标准根据学术交流活动情况另行确定。

兼职教授由聘任部门根据工作任务,参照本部门同类人员收入发放酬金,高于标准部分经职能部门审核后由学校支付。

二、聘请情况

20世纪50—60年代,聘请外籍教师来校讲学都需通过教育部或水产部。进入80年代,学校根据发展需要,逐步有计划地聘请外籍专家为客座教授、顾问教授或兼职教授,来校从事新课程、学科的建设或合作科研。据不完全统计,1994—2011年共聘请各类外籍和境外专家229人,其中1994—2000年年均聘请不超过4.5人,2001—2011年年均聘请超过17人。

表9-2-3 1994—2011年聘请国外兼职(顾问、客座)教授一览表

序号	姓 名	工 作 单 位	聘用职务	起聘时间
1	阿尔姆	瑞典皇家科学院	兼职教授	1994.11
2	汉纳森	挪威经济与工商管理学院	兼职教授	1996
3	竹内昌昭	日本东北大学农学部	兼职教授	1998.5
4	牛满江	美国坦普尔大学	兼职教授	1999
5	福田裕	日本国际农林水产业研究中心	兼职教授	1999.1
6	宋佳坤	美国马里兰大学	兼职教授	2001
7	陆伯勋	美国加州大学戴维斯分校	兼职教授	2001
8	王德雄	美国马萨诸塞州州立雪兰学院	顾问教授	2001
9	黄耀文	美国佐治亚大学	兼职教授	2001
10	葛云山	加拿大纽芬兰大学	兼职教授	2001
11	槌本六良	日本长崎大学水产学部	兼职教授	2001
12	中村弘二	日本中央水产研究所	兼职教授	2001
13	斯贝尔	丹麦农业与渔业部	兼职教授	2001
14	赵艳云	美国俄勒冈州立大学	兼职教授	2001.1
15	陈峰	美国路易斯安那州立大学	兼职教授	2001.2
16	早川文代	日本小田原大学	兼职教授	2001.4
17	儿岛庆治	香港中文大学	兼职教授	2001.4
18	加藤登	日本纪文食品公司研究开发部研究所	兼职教授	2001.10
19	孙大文	爱尔兰国立大学都柏林学院	兼职教授	2001.10
20	佐滕实	日本东北大学农学部	兼职教授	2001.11
21	查尔斯·亚力士	美国康涅狄格大学	兼职教授	2002.9
22	约翰·苏拉克	美国克莱姆森大学	兼职教授	2003.3
23	林森杰	美国康涅狄格大学	兼职教授	2003.4
24	宋兴安	日本关门海株式会社研究开发部	兼职教授	2003.5
25	长谷川健二	日本三重大学生物资源学部	兼职教授	2003.8

(续表)

序号	姓名	工作单位	聘用职务	起聘时间
26	刘占江	美国奥本大学水产学院	兼职教授	2003.10
27	杨秀伟	美国哈佛大学医学院Dana-Farber癌症研究所	兼职教授	2004.2
28	张展	美国韦恩州立大学	兼职教授	2004.2
29	今野久仁彦	日本北海道大学	兼职教授	2004.4
30	娄小波	日本东京海洋大学	兼职教授	2004.7
31	筬岛丰	日本九州女子大学	顾问教授	2004.9
32	苏意诚	美国俄勒冈州立大学食品科学系	兼职教授	2004.9
33	山中英明	日本东京海洋大学	兼职教授	2004.9
34	渡部终五	日本东京大学大学院农学生命科学研究科	兼职教授	2004.9
35	王曦	美国克莱姆森大学生物化学与基因工作系	兼职教授	2005.7
36	王易芬	美国奥本大学	兼职教授	2005.7
37	古国慧	澳大利亚海事学院	兼职教授	2005.7
38	陈勇	美国缅因大学海洋科学院	兼职教授	2005.8
39	山内皓平	日本北海道大学大学院水产科学研究院	兼职教授	2006.4
40	岳根华	新加坡淡马锡生命科学研究院	兼职教授	2006.12
41	松田友羲	日本千岛大学	兼职教授	2007.1
42	金贞注	韩国建国大学校	兼职教授	2007.1
43	日佐和夫	日本东京海洋大学	兼职教授	2007.1
44	木立真道	日本中央大学	兼职教授	2007.1
45	朴敏奎	韩国仁荷大学校	兼职教授	2007.1
46	李喆熙	韩国农业部	兼职教授	2007.1
47	洪延康	美国佐治亚大学	兼职教授	2007.9
48	山崎信行	日本九州女子大学	兼职教授	2007.9
49	陈山鹏	日本三重大学	兼职教授	2007.11
50	曾朝曙	澳大利亚詹姆士库克大学	兼职教授	2008.1
51	普拉迪普·库马尔·马拉巴尔	英国食品研究所	兼职教授	2009.11
52	胡夫祥	日本东京海洋大学	兼职教授	2010.9
53	西田勤	日本远洋渔业研究所	兼职教授	2010.9
54	李春雨	韩国釜庆大学	兼职教授	2010.9
55	原彰彦	日本北海道大学	兼职教授	2010.3
56	木村郁夫	日本鹿儿岛大学	兼职教授	2011.1
57	樊华	德国柏林自由大学和洪堡大学夏利特医院	客座教授	2011.11

表 9-2-4 2006—2011年聘请香港、台湾地区兼职教授一览表

序 号	姓 名	地 区	工作单位	起聘时间
1	朱嘉濠	中国香港	香港中文大学	2006.10
2	陈宏成	中国台湾	台湾大学	2006.10
3	廖一久	中国台湾	台湾海洋大学	2006.10
4	岳晓东	中国香港	香港城市大学	2007.3
5	陈荣年	中国香港	香港城市大学	2007.9
6	张伟良	中国香港	香港城市大学	2007.9
7	钱培元	中国香港	香港科技大学	2009.5
8	邱建文	中国香港	香港浸会大学	2011.1

第四节 合 作

一、校际合作

校际合作主要有教授互访、合作培养教师和学生、学术交流、资料互换和信息交流等，并签订有关协议。2005年起，学校每年输送优秀本科生、研究生到日本九州女子大学、九州共立大学等国外院校深造，学生完成规定学分，毕业时可获得学校和日方双学位。2006年起，学校加强与美国大学的学生交流，每年陆续有十余名学生参加美国佐治亚州立西南大学、佛罗里达理工学院的交流。

表 9-2-5 1992—2011年学校与国外(境外)高校签订合作协议情况表

国家或地区	单位名称	协 议 名 称	签 约 日 期
日 本	北海道大学	学生交流协议备忘录	2005.1.1
		学术交流协议书	2005.7.11
	东北大学	学术交流合作协议书；学生交流实施细则	2002.10.31
	京都大学	学生交流协议书	2006.3.20
	东京海洋大学	学生交流协议备忘录	1997.7.23
		学术交流协议书	2004.7.16
	三重大学	学术交流协议书	1995.10.6
		学生交流协议备忘录	1996.10.24；1999.9.10
		生物资源教师、研究生交换协议	2008.10.6
	神奈川大学	图书赠送契约书	2002.5.12
	九州女子大学	交流协议书	2004.11.8
	九州共立大学	友好交流协议书	2005.11.21

(续表)

国家或地区	单位名称	协议名称	签约日期
日本	下关水产大学校	学术合作交流协议	2007.3.30
	长崎大学	学术交流备忘录	2007.5.18
		基于学术合作的学生交换协议	2008.7.4
	鹿儿岛大学	学术交流备忘录;学生交换备忘录	2011.10.24
	活水女子大学	学术合作备忘录;学生交流备忘录	2009.7.8
	鸟取大学	合作协议书;学生互派备忘录	2010.3.11
	樱美林大学	学术交流协议;中国国内招生考试备忘录	2010.7.27
	高知大学	学术交流协议书;学生交流备忘录	2010.10.14
韩国	韩国海事学院	学术交流协议	2006.11.15
	国立釜庆大学	学术交流合作意向	2002.1.22
	国立济州大学	学术合作协议书	1996.8.15
		学生交流备忘录	2002.5.28
	丽水大学	学术交流协议书	1994.5.23
		学生交流备忘录	2004.10.12
	釜山情报大学	学术交流协议书	2002.12.17
		合作办学协议书	2003.12.4
	祥明大学	合作协议书	2009.10.13
	淑明女子大学	合作交流协议书;学生交流合作项目协议	2010.1.20
俄罗斯	国立远东渔业技术大学	两校合作意向书	2004.7.26
		合作办学合同	2004.9.29
		合作办学补充合同	2005.3.13
澳大利亚	塔斯马尼亚大学	合作协议书	2002.5.7
		教育合作协议	2004.10.1
		学费使用协议	2008
	澳大利亚海事学院	合作备忘录	2002.5.7
	詹姆斯库克大学	合作备忘录	2007.9.5
	新南威尔士州教育与社区部	合作意向书	2011.12.18
埃及	苏伊士运河大学	合作备忘录	2006.3.25
越南	越南农林大学	合作备忘录	2011.4.21
	芽庄水产大学	合作意向书	1992.11.9
		学术交流实施办法	2001.10.14
		合作办学意向书	2003.9.19

(续表)

国家或地区	单位名称	协议名称	签约日期
美国	康涅狄格州布里奇波特学校	建立姊妹关系协议书	1996.1.24
	佐治亚州立西南大学	合作协议书	2005.4.25
		计算机科学硕士项目合作协议	2005.9.20
		MBA项目协议	2006.5.16
	康涅狄格州布里奇波特学校	合作协议书	1997.5.19
	奥本大学	学术交流备忘录	1992.4.29
		学术交流协议书	2006.12.8
		研究生联合培养协议书	2009.11.4
	德克萨斯农业和机械大学	合作备忘录	2007.1.25
	佛罗里达理工学院	学位项目合作协议书	2008.3.6
		学位项目合作协议书	2008.9.19
	塞顿霍尔大学	学生交流协议书	2010.6.28
		2+2学生培养合作协议	2011.3.1
		1+2研究生学位学生联合培养合作协议	2011.5.9
	伍兹霍尔海洋研究所	合作备忘录	2011.5.6
	硅谷大学	合作备忘录	2011.11.14
比利时	根特大学	合作备忘录；合作协议书	2009.10.20
挪威	挪威科技大学	合作备忘录	2010.5.27
英国	基尔大学	合作备忘录	2011.2.28
爱尔兰	高威美亚理工学院	合作备忘录	2009.5.5
韩国、日本	韩国济州大学，日本长崎大学、琉球大学	东中国海周边国家合作研究谅解备忘录	1997.3.1
泰国	亚洲理工学院	合作备忘录	2011.8.1
中国台湾	台湾海洋大学	学生短期交流备忘录	2011.12.1

二、合作科研

1999—2011年，学校与国外或境外大学、科研机构、企业的主要合作科研项目有59项，其中与国外合作项目有51项，与港台合作项目有8项。

表 9-2-6 1999—2011年国际合作科研项目一览表

年份	项目名称	项目来源	负责人	部门
1999	渔船经济分析	联合国粮农组织	周应祺	工程技术学院
2000	世界水产品消费需求预测——中国部分子课题	联合国粮农组织	张相国	经济贸易学院
2000	中国海水鱼可持续养殖所需的廉价高营养饲料的研究与开发	美国动物蛋白及油脂提炼协会	王岩	渔业学院
2001	海藻栽培技术（条斑紫菜、坛紫菜轮栽试验）	日本白子海苔研究所	马家海	渔业学院
2001	美国阿拉斯加海产品消费市场研究——中国市场	美国阿拉斯加海产品市场研究协会	张相国	经济贸易学院
2001	葡聚糖在虾类中应用	韩国	周洪琪	渔业学院
2001	中国乳制品市场调查	澳大利亚悉尼大学中国部	成长生	成人教育学院
2002	添加剂在鱼糜中应用	法国罗地亚中国投资公司	汪之和	食品学院
2002—2003	葡聚糖在南美白对虾饲料应用研究	韩国蛋白质和基因公司	周洪琪	生命科学与技术学院
2003—2004	礁膜试栽	日本森田研究所	马家海	生命科学与技术学院
2004—2005	蛋氨酸在鲤鱼饲料应用研究	美国NOVUS公司	周洪琪	生命科学与技术学院
2004	东海沿岸环境荷尔蒙污染调查	日本长崎大学	钟俊生	生命科学与技术学院
2004	苯多酚在乳饮料及植物蛋白饮料中抗氧化性的研究	帝斯曼（中国）有限公司	陶宁萍	食品学院
2005	中国大陆鱼饲料市场分析	智利PTC公司	车斌	经济贸易学院
2005	中韩渔业关系研究	韩国海洋水产开发研究院	高健	经济贸易学院
2005	酶制剂在水产饲料中的应用	加拿大JEFO集团	冷向军	生命科学与技术学院
2006	关于韩、中、日共同渔业管理方案研究	韩国海洋水产开发研究院	高健	经济贸易学院
2006	冷冻冷藏设备现场技术培训	联合国粮农组织特别紧急项目服务处	万锦康	食品学院
2006	中韩水产品自由贸易协定研究	韩国海洋水产开发研究院	杜卓君	经济贸易学院
2006	中国水产养殖产业结构与FTA	韩国海洋水产开发研究院	高健	经济贸易学院
2006	联合国粮农组织援助朝鲜水产省的水产品冷冻贮藏工程项目的技术培训（含水产品养殖）子项目	联合国粮农组织特别紧急项目服务处	万锦康	食品学院
2006	淡水鱼肌球蛋白凝胶化功能的季节变化及其分子机理的研究	上海市科委国际合作项目	陶妍	食品学院

(续表)

年份	项目名称	项目来源	负责人	部门
2007	中美火鸡合作研究项目	美国明尼苏达州农业部	高健	经济管理学院
2007	中国东南亚水产养殖环境系统研究	泰国	杨毅	水产与生命学院
2007	东海沿岸环境荷尔蒙污染调查	日本长崎大学	钟俊生	生命科学与技术学院
2007	中国水产品产业结构研究	韩国海洋水产开发研究院	高健	经济管理学院
2007	Aquatic Resource Use and Conservation for Sustainable Freshwater Aquaculture and Fisheries in Mali	美国国际发展署，俄勒冈州立大学	杨毅、刘利平	水产与生命学院
2008	关于中华鳖福利问题的咨询报告	乐购(中国)有限公司	杨先乐	水产与生命学院
2008	SR生物制剂对农药残留的影响	日本ウェク株式会社	奚印慈	食品学院
2008	SR生物制剂的抗氧化活性鉴定	日本ウェク株式会社	奚印慈	食品学院
2008	海洋大学—日本水产合作研究	日本水产株式会社	奚印慈	食品学院
2009	Sustaining Ethic Aquaculture Trade	欧盟委员会第七框架项目	杨毅、刘利平	水产与生命学院
2009	Improving Sustainability and Reducing Environmental Impacts of Aquaculture Systems in China, and South and Southeast Asia	美国国际发展署，密歇根大学	刘利平、江敏	水产与生命学院
2009—2010	上海海洋大学—丘比公司合作研究	日本丘比株式会社	奚印慈	食品学院
2010	美国CRSP亚洲项目	美国密歇根州	刘利平	水产与生命学院
2010	美国国家海洋和大气管理局(NOAA)合作研究	美国国家海洋和大气管理局	戴小杰	海洋学院
2010	韩国水产品中国市场调查	韩国上海代表处	孙琛	经济管理学院
2010	Improved Cages for Fish Culture Commercialization in Deep Water Lakes	美国国际发展署，密歇根大学	刘利平	水产与生命学院
2011	邀请国外专家来校学术交流	国家外国专家局	严兴洪	水产与生命学院
2011	邀请国外专家来校学术交流	国家外国专家局	沈和定	水产与生命学院
2011	邀请国外专家来校学术交流	国家外国专家局	王世明	工程学院
2011	中韩大学生文化接受与认同比较研究	韩国祥明大学	齐亚丽	外国语学院
2011	长江口碳汇渔业与海洋牧场研究	世界自然基金会(瑞士)北京代表处	姜少杰	工程学院
2011	新型工业酶的研究	丹麦	衣杰荣	食品学院
2011	邀请国外专家来校学术交流	上海市教委	刘承初	食品学院

（续表）

年份	项目名称	项目来源	负责人	部门
2011	邀请国外专家来校学术交流	上海市教委	陈舜胜	食品学院
2011	邀请国外专家来校学术交流	上海市教委	许哲	工程学院
2011	SR生物制剂的应用	日本丘比株式会社	奚印慈	食品学院
2011	太平洋大洋性旗鱼研究	美国国家海洋渔业局太平洋岛屿渔业科学中心	戴小杰	海洋科学学院
2011	水处理	飞利浦公司	孙涛	食品学院
2011	鱼类废弃物开发利用	Pulcichlmc	刘承初	食品学院

表9-2-7 2000—2011年与香港、台湾地区合作科研项目一览表

年份	项目名称	项目来源	负责人	部门
2000	淡水有核珍珠体外珍珠囊的培育及插核技术的研究	香港三园国际有限公司	楼允东	渔业学院
2002	观赏鱼和观赏海洋生物研究	香港康驰力生基金会	蔡生力	渔业学院
2002	观赏鱼和观赏海洋生物研究	香港康驰力生基金会	何文辉	渔业学院
2003	蟹类促雄腺素生物检测方法的研究	香港中文大学	刘红	生命科学与技术学院
2006	大陆石斑鱼市场调查	台湾海洋大学	高健	经济管理学院
2008	赤潮藻毒素现场快速检测与有毒藻类分子预警系统建立	上海市科委国际合作项目（与香港大学合作）	何培民	水产与生命学院
2010	火山灰在南美白对虾饲料中的应用	台湾利统股份有限公司	李小勤	水产与生命学院
2011	中华绒螯蟹养殖科技合作	台湾苗栗县	王春	水产与生命学院

三、合作办学

2002年7月，学校经上海市教委批准，与澳大利亚塔斯马尼亚大学本着优势互补、共同发展原则，创办爱恩学院。采用"4+0"模式（4年全部在上海海洋大学就读，毕业后达到塔斯马尼亚大学入学要求的学生可赴该校继续深造），培养信息管理与信息系统专业本科生，2003年增设市场营销专业。2005年6月，2个本科合作项目为上海市教委第一批审核通过的本科学历项目。2008年1月，又经教育部复核批准为上海市第一批中外合作本科项目。截至2011年12月，已招收10届学生，毕业生2100余人。

两校合作办学的组织管理机构由董事会、联合教学管理委员会和学术项目会议组成，并实行董事会领导下的院长负责制，学院为学校内部具有相对独立的二级学院。见第十一篇第二章第九节爱恩学院。

第五节　互派互访

一、来访

【政要】

1988年6月,苏联渔业部部长科特亚和第一副部长库德里耶夫分别来校访问。2000年12月28日,陪同越南国家主席访问中国的越南水产部部长谢光玉一行来校访问,对学校为越南培养优秀水产高级人才表示感谢,并希望今后加强合作。2002年5月30日,斐济共和国总理莱塞尼亚·恩加拉塞偕夫人,在斐济外交外贸部长,商业、企业发展和投资部长,工程电信、能源、公路交通和海运部长等陪同下,一行60人来校访问和交流。

2008年3月31日—4月6日,坦桑尼亚农业、家畜与环境部秘书长麦埃姆·阿法·奥斯曼(Maaim Affa Othman)率政府代表团来校考察世界银行贷款项目。同年11月9日,坦桑尼亚畜牧渔业部常务秘书努阿姆伦达(Charles Nyamurunda)来校访问。2010年10月12日,坦桑尼亚桑给巴尔农业、畜牧和环境部首席执行官哈立德·S·莫哈迈德(Khalid S. Mohamed)分别率团来访。2011年11月5日,库克群岛海洋资源部部长比绍普(Teina Bishop)率团一行6人来访。

2001—2011年,来访使(领)馆人员有:2001年4月10日,日本驻上海领事馆副领事野口裕子曾携7名茶道表演教师为学校师生表演茶道。2002年5月9日,斐济共和国驻华大使鲁凯·拉图沃凯(Luke V. Ratuvuki)及该国驻香港名誉领事李汝大来校访问交流。2002年6月29日,日本农林水产技术会议事务局局长岩元睦夫、日本驻上海总领事馆副领事菅野清一行来校访问交流。2007年4月4日,新西兰驻华大使馆一秘格雷厄姆·默顿(Grahame Morton)来校访问,了解中国《渔业法》等相关情况。2010年4月8日,荷兰弗莱福兰(Flevoland)省经济部高级顾问J·P·阿格拉(J. P. Algra)来访。2010年9月15日,联合国助理秘书长阿瓦尼·贝楠(Awni Behnam)博士来校访问。

【大学、科研机构及学术团体】

1956年,中、苏、朝、越四国太平洋西部渔业研究会成立,朱元鼎院长为中方成员。20世纪60年代,学校作为太平洋西部渔业研究会会议主要成员之一,提交《鱿鱼、贝类等软体动物的氨基酸分布的研究》《从鱼苗当年养成食用鱼的试验研究》《鱼露》《马尾藻胶分析报告》等论文10余篇。1960年12月,研究会成员国苏联、朝鲜、越南等渔业代表团20余人来校访问。1962年8月,骆肇尧出席在莫斯科召开的太平洋西部渔业研究会第七次会议和在列宁格勒(现圣彼得堡)召开的动植物区系会议。

1979—2011年,来校访问的国外著名大学、科研机构、学术团体代表团有847批(次)。其中主要有:日本的东京海洋大学、早稻田大学、三重大学、北海道大学、东北大学和长崎大学,以及国家远洋渔业研究所和农林水产业研究中心,美国的斯坦福大学、康奈尔大学、奥本大学,澳大利亚的塔斯马尼亚大学,韩国的釜庆大学、济州大学和水产振兴会,比利时的根特大学,挪威科技大学,俄罗斯远东渔业技术大学,英国食品科学研究所,亚洲水产学会等。

【专家讲学】

1957年9月,为培养师资和提高教学质量,学校通过中国渔业协会,邀请日本水产专家真道重明、渡边宗雄等分别来校讲授水产资源和水产养殖导论课程。1958年,通过水产部邀请苏联专家萨布林柯夫和索因分别举办为期2年的工业捕鱼与鱼群侦察师资培训班以及为期6个月的鱼类养殖生物学基础培训班。

1958年2月,苏联渔业专家维金斯基、鱼类学家尼柯里斯基等随苏联海洋调查船"宝石号"和中型拖网渔船"CPT4347号"参加东海区渔业调查期间来校作渔业资源学术报告,并组织师生与船上科技人员进行交流。

1972年,我国同日本邦交正常化后,学校同日本教育界、科技界的交流甚为密切,多次邀请日本专家来校讲学,其中有从事海洋环境保护的教授冈市友利,日本三重大学实习船、东京水产大学海洋调查船多次来访并进行学术交流,日本海洋水产科学技术友好交流协会会长、日本东京水产大学教授佐佐木忠义曾3次来校讲学。1984年11月,日本古野电气株式会社来校为全国水产界举办捕捞航海仪器展览技术交流会,为学校提供多种先进渔船助渔助航仪器,并组织教师赴日学习维修技术。1985年,学校邀请日本专家赤井正夫等人来校就渔业经济管理等讲学。1986年,叶室亲正博士来校就渔业测试技术和设备进行讲学。1985年5月,日本熊本县知事通过中国政府将熊本县水产高等学校"熊本丸Ⅱ世"实习渔轮无偿赠予学校,具体内容见本章第六节。

1979年,学校迁回上海后,国外专家、教授来校讲学、访问、参观和考察者为数众多。1979—1984年,来访的美国、英国、加拿大、菲律宾、澳大利亚等12个国家的外国友人达276人次,其中有美国华裔水产学家顾瑞岩作"世界海水资源及其利用情况"的学术报告,英国鱼类学家格林伍德博士作"分支系统学原理及其他分类学派的比较"的学术报告等,还多次接待有关国际组织成员、世界银行农业教育贷款项目访华团、联合国粮农组织渔业访华团、亚洲水产养殖中心网考察团,以及伊朗、菲律宾、孟加拉国、泰国、斯里兰卡等国家的海洋捕捞、水产养殖和加工科学考察团来校考察。1985年,巴西鱼类学家赵宁来校讲学。1986年美国康乃尔大学食品科学系韩勇博士、加利福尼亚大学戴维斯分校食品科学系教授陆伯勋来校举办讲习班。

20世纪70—80年代,来校访问的境外专家学者有1 215人次。20世纪90年代,有1 326人次。2000—2011年,有3 706人次。

【工商企业界及其他】

1979—2011年,有62个外国工商企业界及其他团体来校参观、访问。其中主要有:日本的古野电气株式会社、丘比株式会社、德岛县生物科学株式会社,美国的通用磨坊食品公司、McConsolidated公司、AZOMITE公司、新泽西金乃龙市创意公司,加拿大心声科技有限公司(Axy Technologies Inc.),澳大利亚的GRM国际公司、杜邦有限公司,韩国广播公司,德国Aquapress等。

表9-2-8 20世纪70年代至2011年学校接待外宾人数统计表

时 间	批 次	人 次
20世纪70—80年代	不详	1 215
20世纪90年代	222	1 326
2000—2011年	749	3 706

二、出访

20世纪50年代末至60年代初,经中央高等教育部和水产部批准,学校先后选派水产品加工教师纪家笙、海洋捕捞教师张荫乔、水产品综合利用教师黄志斌和鱼类学教师苏锦祥赴越南讲学和合作研究,并于1963年10月赠给越南农业大学一批贝类、藻类教学标本,为越南培养水产人才、发展渔业生产作出贡献。苏锦祥等被越南政府授予友谊徽章。学校还先后派出三批教师赴古巴进行水产养殖技术交流活动,即:1962年选派苏锦祥赴古巴共和国考察,并引进牛蛙及养殖技术;1965—1966年,学校派水产养殖系教师李元善赴古巴传授养鱼技术;1993—1994年,学校选派吴嘉敏、李应森赴古巴指导养鱼技术工作。1965年,学校为阿尔巴尼亚提供池塘人工混养鲤、鲢、鳙、草鱼技术资料。1986年,水产加工系教师李锦才被派赴也门2年,任中国援助也门罐头食品厂专家组组长。

1979—1985年,有75人次出访。其中,出国考察17人次、讲学、进修或工作14人次,世界银行农业教育贷款项目出国接机和培训32人次,攻读硕士博士学位32人,出访国家有日本、美国、加拿大、英国、挪威、埃及、摩洛哥等。部分出访教师和工作人员得到所在国奖励,如水产养殖系教师李思发在加拿大淡水研究所留学进修期间因成绩出色得到国际科学基金(ISF)资助。

为提高教育和科研管理水平,学校曾组织校领导组团出国考察,一是以孟庆闻院长为团长赴美国,另一是以胡友庭书记为团长赴日本进行水产教育考察。

1979—2011年,学校组织577个代表团2 600多人次,出访日本、韩国、美国、英国、比利时、挪威、法国、越南、泰国、西非等国家及中国港澳台地区。

第六节 国 际 馈 赠

一、"浦苓号"实习船

1985年,日本熊本县将熊本县立水产高等学校的"熊本丸Ⅱ世"实习船赠予学校。该船295总吨,主机功率956千瓦,可从事流刺网和光诱鱿钓作业生产实习。

1982年、1984年、1985年,熊本县立水产高等学校校长大野明曾3次访问学校,县议员池田定行、北冈丰治也多次来校访谈。1984年6月,学校党委书记胡友庭率团访日时也顺访熊本县立水产高等学校。同年11月,熊本县日中交流协会相谈役北冈丰治专程来校谈道:"在县议员池田定行和国会议员田代由纪男的努力下,经与日本外务省、文部省和熊本县知事商定,将熊本县立水产高等学校'熊本丸Ⅱ世'实习船无偿赠给上海水产学院。请学校函请熊本县教育厅来沪商谈具体交接事宜。"

1985年2月,学校函请熊本县水产考察团筱冢民雄、北冈丰治、大野明来访,商定财产让与合同书、实习船让与协议、让与提议书等协议及交接具体事宜。学校建议该船移交后将船名改为"浦苓号",象征上海人民与熊本县人民之间的友谊。

1985年5月,在学校副院长赵长春率领师生71人和"沪水院1号""沪水院2号"两艘实习船组成上海水产学院访日接船团,出访熊本县县立熊本水产高等学校和山口县的下关水产大学校。5月18日,馈赠仪式在熊本县知事接待厅举行。熊本县知事细川护熙(熊本县日中交流协会会长,后曾任日本首相)和学校副院长赵长春代表双方在赠与书上签字。然后,细川护熙知事将赠与书递送给中国驻日使馆参赞王丰玉转交给学校副院长赵长春。新华社和瞭望周刊记者作现场采访。5月28日"浦苓号"起程驶回上海。"浦苓号"在教学实习和开发远洋光诱鱿钓渔业研究方面发挥重要作用。

二、长仓文库

日本神奈川大学原校长、经济学院教授长仓保生前藏有8 000余册日文珍贵书籍。2002年4月,神奈川大学与长仓保家属商定,将该批藏书无偿赠予其中国留日学生韩兴勇就职的上海水产大学图书馆。学校通过上海市教委取得进口图书免税许可后,于2002年6月派韩兴勇等3人访问神奈川大学,并将长仓保藏书和该大学其他教师捐赠图书近1万册接回学校。2002年11月,长仓夫人及其家属在学校90周年校庆期间来校访问。2003年2月,神奈川大学图书馆馆长吉井苍生、副馆长高桥则雄与长仓夫人等一行来校共商赠书整理和存放问题。经一年多编目,吉井苍生、高桥则雄、长仓夫人等一行于2003年11月再次来校出席"长仓文库"落成和揭牌仪式并宣布正式对外开放。

长仓保是日本著名历史学家,1952年毕业于东京大学文学部国史学科,专攻日本近代历史,1952—1964年作为文部教官在神户大学研究日本经济史,1964年起先后任神奈川大学副教授、教授、经济学院院长、校长,主要研究近代农村构造、藩政改革、日本社会经济史、农业史、产业史等,编撰专著和参加编著的著作十多部,发表论文40多篇,在日本历史学界享有盛誉。长仓保十分关注中国学术研究,重视中日友好,关心中国留学生。为此,长仓夫人决定将其藏书赠予学校。藏书中有很多珍贵历史文献资料、辞书,有的在日本已绝版。这些藏书对提高日语专业教学水平或日本研究均有重要作用。

长仓文库落成后,神奈川大学2004年8月通过中国留学生王颖来校工作之际,再次集中赠送3 000册现代内容图书。学校将这批赠书与图书馆原有日语书籍集中收藏于长仓文库,并作为图书馆日语专业图书展示室。截至2011年,该文库成为中国大学中藏有日文原版图书最多的大学之一。

第十篇

经费、后勤与校办产业

概 述

民国元年至 26 年(1912—1937 年),学校设庶务员,后增设庶务部,庶务主任下设庶务员、会计员、保管员、缮写员、医务人员等,负责经费管理、校舍管理、物资采购与管理、师生饮食、医疗服务等总务后勤工作。

1951 年,设总务科。1952 年 11 月,设总务处,下设总务科、会计室、生活管理组及医务室。1959 年 1 月,总务处下设基建总务科、财务设备科和膳食科。1964 年,总务处下设部门调整为总务科、财务科、卫生科、膳食科、基建科、生产科(含金工厂、船队)、幼儿园。

1967 年,学校成立革命委员会,下设总务组。1972—1979 年厦门水产学院期间,设总务处。

1979 年,学校迁回上海后设总务处。1982—1983 年,财务科、基建科先后从总务处分出,直接由学校管理。1985 年,总务处下设总务科、维修科、卫生科、膳食科、生产科(含船队、金工厂)、幼儿园。1986 年,增设房产科。1987 年,增设宿舍管理科。1993 年 10 月,总务处、实验室管理办公室、基建办公室合并成立后勤办公室。1995 年 5 月,后勤办公室撤销,重新分设总务处、基建办公室、实验室管理办公室。基建办公室于 1996 年 12 月升格为基建处。

1999 年 10 月,学校实行高校后勤社会化改革,撤销总务处,设后勤办公室和后勤服务中心,后勤办公室负责后勤管理,后勤服务中心并入上海市高校后勤服务中心,负责后勤服务。2008 年 4 月起,后勤服务中心改由上海高校后勤服务中心托管。2001 年 3 月,后勤办公室更名为后勤与产业管理办公室。2007 年 1 月,校办产业管理职能分离,单独成立资产经营公司。同年 5 月,后勤与产业办公室更名为后勤管理处。

总务后勤各部门遵循为师生员工服务,为教学、科研服务的宗旨,提供后勤保障服务。20 世纪 50—60 年代,在国家困难时期,利用学校实习船的渔获物,不仅改善食堂伙食,还供应全市高校食堂。为方便学生就餐,适时将包饭制改成食堂制。20 世纪 80—90 年代,创办豆制品工场、改善伙食的同时,将部分利润补贴给学生食堂;逐步引入并实施 ISO 质量管理体系标准。学生宿舍管理服务从住宿、卫生,拓展到思想教育、行为指导、举办文化艺术节、"文明寝室"评比等。门诊部的服务,从治病拓展到预防保健。总务后勤各部门开展"服务育人",寓教于服务之中等活动,有力推进了总务后勤各部门的工作。

2011 年,经深化改革、转换机制,总务后勤服务基本分成以下类型:管理服务型,如经费、教室、体育设施、学生公寓、校园环境建设与维护、校园网、房地产等;有偿服务型,如食堂、门诊部、通讯、交通、校园一卡通等;经营服务型,如资产经营公司、招待所、营业性餐厅等。同时引进社会上的物业公司,参与校园后勤服务工作。

第一章 经　　费

第一节 管　　理

一、机构人员

民国元年(1912年)学校创建时,设会计员1人。民国5年,庶务主任下设会计员,负责预算决算和经费收支业务。1951年,总务科下设财务组,工作人员5人,管理学校及附设技校经费。1956年,总务处下设财务科。1957年12月,财务科与教学设备科合并为财务设备科。1960年,财务设备科又分设财务科和设备科。厦门水产学院期间,总务处下设财务科。1982年8月,财务科划归学校直接领导,时有工作人员9人。1994年9月,设置财务处,工作人员16人。次年2月,在财务处下设综合管理科和行政会计科。2001年2月,财务处更名为财务与资产管理处,工作人员19人。

二、财务体制

民国元年(1912年),江苏省临时省议会决定将江苏省立水产学校正式纳入国民技术教育范畴,开列预算,每年拨经费白银19 688元,并拨筹建学校专项费30 000元。民国16年,改称为第四中山大学农学院水产学校,属高等教育处管辖,每年拨给学校办学经费4万元。

民国35年,在上海觅址,筹备复校,由胡金元经手筹得法币4亿元作为部分筹办复校经费。次年,在复兴岛复校为上海市立吴淞水产专科学校,国民政府只负责教职员薪金,其他费用由上海市渔轮业同业公会在渔轮售鱼款内提0.2%和校友筹募等勉强维持。

解放后,国家实行计划经济管理体制,学校经费由上级政府拨款。1949—1971年,学校经费实行全额预算,以支列报,年终结余上缴。1972—1979年,福建省发布《关于改进财政管理体制的通知》,学校经费改为实行"收入按固定比例留成,超收另定分成比例,正常支出按指标包干"。1979年,学校迁回上海后,经费管理改为试行"预算包干,超支不补,结余留用,自求平衡"的办法。随着改革开放的不断深入,学校经费来源由单一财政拨款,逐步过渡到争取多种专项资金、教育收费和必要贷款等多种渠道。学校还通过"四技"服务、委托办学、企业收入等多种途径获取资金。学校内部实行二级预算包干、结余留用,用款"一支笔"审批等制度。

2000年,学校实行属地化管理后,当年财政拨款预算额仍执行农业部所定控制标准,由农业部拨付上海市并由上海市教育委员会转拨学校。2001年起,学校经费由上海市财政拨款。

三、财务规章制度

20世纪50年代起,学校执行财务集中管理。学校会计组工作内容为:(1)编制预算、决算及收支计划等;(2)执行预算;(3)款项的收支出纳及发放工资;(4)各项账务处理;(5)报销及编制各科目统计报表;(6)登记财产总账,按期呈报财产增减异动状况。

1984年,规定财务科职能为:(1)编制年度预算,提出各部门全年经费分配使用指标,经院长批准后执行;(2)遵纪守法、厉行节约、勤俭办学,进行财务监督、深入检查各单位经济活动,严防违反制度的现象发生;(3)制订或修订各项财务管理办法,提高经费使用效益;(4)协同人事处对财会人员进行业务培训、考核、晋升、调配和奖惩;(5)负责学校基金的管理工作,统一管理各单位增收节支经费;(6)按时总结财务计划的执行情况,编制年度财务决算,及时上报各种会计报表;(7)审查、会签有关涉及财务方面的经济合同、报告、报表、协议;(8)协同人事处编制劳动工资报表,执行工资计划;(9)按时发放职工工资、学生助学金等各项费用,办理各专项经费的开支、报销,并考察资金使用的效果;(10)会计档案工作;(11)协同科研处管好用好科研专项经费的开支等;(12)办理世界银行贷款各项财务结算工作;(13)科技咨询服务工作账务;(14)协同基建办公室做好基建专项费用的专款专用。

1990年,为便利师生存取款,成立储蓄代办所。同时,根据学校发展,拓宽有关业务工作,主要有校办企业管理、广开贷款、争取农业部项目等资金来源渠道。1990—2002年,为学校大规模建设提供资金和财物制度保障。

2003年,学校实施二级管理,试行经费分类管理办法,在向各部门下达预算金额的同时,也明示相应预算可以支出的范围,起到较好效果。2004年7月起,在完善经费分类管理办法基础上,在财务与资产管理处指导下,各二级部门编制和执行2005年部门预算。2006年起,根据上级规定,学校加强预算编制的准确性。2010年,实现上报预算与校内预算、校内决算与上报决算基本统一。

【审核报销】

1950年,学校制订《实习参观费开支暂行办法》。1952年后,对审核报销的管理逐渐具体、规范。1960年11月,制订《暂付款管理暂行办法》《经费审批手续试行办法》。1962年2月,制订《生产实习费开支标准及报销办法(草案)》《差旅费开支标准及报销办法(草案)》《教职员工借支工资暂行办法(草案)》《暂付款经费报销手续的规定(草案)》等。1963年1月,制订《关于印发修订后的本院各项经费报销手续的规定》,对各类报销手续予以明确规定。1963年3月,制订《关于印发〈各项经费审批权限和手续的暂行规定(草案)〉和〈各类经费开支范围(草案)〉的通知》。

在厦门办学期间,对审核报销的规定以厉行节约、防止浪费为主要原则。1972年,根据《关于行政、事业单位职工福利费管理问题的通知》,对福利费标准、使用原则、使用范围等作出规定,并建立互助储金。1974年,福建省革委会外事组、财政局转发3个外事费用开支标准的通知,学校据此制订出国费用开支标准、接待外宾生活费用、工作费用开支标准。1977年,学校制订《关于现金和转账支票管理的几条暂行规定》,明确转账结算和现金支付的范围,不得坐支和抵用现金,控制出差人员天数和预支金额,备用金限额以及领取暂付款的有关规定。

1980年4月,复校筹备组制订节约开支、反对浪费的暂行规定,要求控制差旅费开支,严格出差审批手续,以节约行政费用开支。1982年,规定外埠出差需经过学校领导批准方能报销。

1985年起,审核报销规定的范围有所扩展,审核程序渐趋规范,强调差旅费、暂付款、大额资金的管理,审核报销管理进入常态化阶段。在暂付款管理上,1987年6月起试行《暂付款管理办法》,规定借用备用金只限已备案的采购人员,必须由财务主管会签,并对暂付货款、差旅费、工程款、科研款的暂付程序作出规定,对各类暂付款结算时间作出规定。1991年12月,学校开始执行修订后的暂付款管理办法。1994年5月18日,学校制订《校内各企业单位和部门借用学校资金的管理办法》，签订校内融资协议书，最长期限不超过3个月。1999年11月，学校制订《关于催报暂付款的通知》，规定逾期不报的，自12月起在经办人员工资中，每人每月扣回500元，用于抵还借款或亏损款，直至账务结清。随着银行转账、公务卡等方式的出现，学校于1987年6月制订《转账支票及银行托收货款管理办法》。1991年12月起，执行修订后的转账支票管理办法。1994年4月，针对集贸市场原始凭据缺失情况，制订《关于在集贸市场购买少量水、农、副产品财务报销的处理办法》，设计《购入水、农、副产品代发票》；同年12月制订《关于禁止签订使用托收承付结算方式的通知》。2004年3月，制订《关于学校实施公务用卡消费的通知》，规定使用公务卡报销的几种情形。在差旅费管理上，1992年9月4日转发《关于调整本市会议、出差伙食补助费等标准的通知》。1998年4月，制订《关于学校工作人员差旅费开支的规定》，并于2000年3月重新修订。在大额资金管理上，1998年4月，对10万元（含10万元）以上资金制订《大额资金使用及管理办法》，2000年10月，修订为《大额资金使用管理办法（试行）》，2010年7月，再次修订为《大额资金管理办法》。2003年，制订《经费分类管理办法（试行）》。2010年9月，制订《财务报销管理规定》等。

【国有资产管理制度】

1. 固定资产综合管理制度

1962年起，学校建立固定资产管理制度和账册。清仓核资运动后，对照运动中所暴露的问题，1963年4月23日制订《关于印发〈加强物资管理及审批制度暂行办法（草案）〉的通知》，对管理系统与职责，以及资产采购计划、采购、验收、保管、使用等各环节的管理、账务处理等作出细致规定。各种具体操作办法一直沿用到1992年。

1993年3月，学校制订《物资管理制度汇编》，规定全校财产管理体制由实验室管理办公室、总务处、图书馆3个职能部门负责。财务部门负责固定资产账，每年对资产增减和资产账目与3个职能部门核实。固定资产总值列入年度财务报表，上报主管机关。1995年5月，学校制订贯彻国家国有资产管理局、财政部《行政事业单位国有资产管理办法》实施细则。

1999年5月，学校制订《国有资产管理实施办法》。2001年11月，印发《固定资产管理办法（试行）》，对固定资产范围、分类、计价、增减变动、日常管理等作出规定。2004年，转发上海市教委《关于加强市教委系统事业单位国有资产工作、规范固定资产电算化管理的通知》等。见本篇第三章第三节资产设备管理。

2. 政府采购和专控管理制度

政府采购管理 1999年9月起，学校采购工作执行农业部1999年8月30日转发的《关于印发政府采购管理暂行办法的通知》。2006年12月31日，学校制订《落实政府采购的实施办法（试行）》，规定领导机构、采购中心、采购原则、采购计划的编制及其审核与实施等。2008年5月12日起，学校采购工作按上海市财政局转发财政部《关于〈政府采购进口产品管理办法〉的通知》及同年10月15日《关于调整实际政府采购合同签订及款项支付流程的通知》要求进行。

专控设备 20世纪50年代，对社会集团购买专项控制已作规定，如照相机、高级沙发、地毯等专控设备，需向上海市高教局申请，经批准后方可采购报销。1998—2000年，专控设备扩展到小汽车、移动电话、摩托车、录像设备、音响设备、照相机、手机等。在此期间，学校按规定对有关物品的采购采取控制措施。2003年6月，为控制学校购买计算机设备等产品的过快增长，提高已有设备使用效率，学校对部分物品实行专控，并制订审批程序。

【校办企业投资及其财务管理制度】

1960年7月,根据《上海市全日制高等学校、中等专业学校生产劳动财务管理实施办法》规定,学校对校办工厂实行统一结算盈亏、统一调动资金,并规定学校基金的使用范围。

1985年12月28日,经校领导批准,由财务科长期贷款10万元给学校综合服务公司作为流动资金。1986年6月,此长期借款变更为拨款作为公司基金。

1993年7月起,学校校办企业执行新财务会计制度。1994年,拟定校内企业融资办法,1995年2月20日起,校属校办企业和各部门下属校办企业归校产财务统一管理,执行校产财务管理制度。1998年9月21日,学校制订《关于加强学校国有企业改制过程中金融债券、国有产权管理的通知》。

根据《〈关于建立健全本市国有企业监管体系加强财务监控的若干意见(试行)〉的通知》,2001年5月,制订《关于对校办企业实行主办会计委派制度的试行办法》《校办企业对外担保行为管理暂行办法》,对外担保需经过申请、审核、批准后执行。2003年9月,上海市教委同意学校出资30万元入股上海水产科技园管理有限公司。

根据上海市教委2007年4月颁布的《关于进一步推进市属高校产业规范化建设和组建高校资产经营公司的意见》,学校于2008年1月将所属服务公司、招待所整体资产无偿划转学校资产经营有限公司。2008年11月,学校制订《经营性场所及经营性项目管理实施细则》。

第二节 教育经费

一、预算与决算

【江苏省立水产学校】

预算分经常性经费、临时性经费、学生膳费。经常性经费包括教职员薪俸、仆役工资、杂费、调查费、预备费等,临时性经费包括建筑费、购置图书费、校具费、筹办费等,均编制详细预算金额以及各项说明。

表10-1-1 民国元年至3年教育经费预决算情况表　　单位:银元

年　份	经常性经费		临时性经费		学生膳费
	预　算	决　算	预　算	决　算	
民国元年(1912年)1—6月	5 376	5 353.97	24 914	22 234	1 540
民国2年	17 894	17 713	69 206	40 326.99	
民国3年	36 696		8 000		

说明:空格表示数据缺失。

【上海市立吴淞水产专科学校/上海水产专科学校】

解放前夕,由于政局动荡、政权更替等原因,经费来源不稳定,管理十分困难。

1951年,学校搬入军工路334号校区后,办学稳定,经费预决算始纳入正常渠道。

【上海水产学院】

1952年起,学校经费趋向稳定。在1958—1960年三年困难时期,学校经费相应压缩。1960年,贯彻压缩财政精神,规定办公费按上半年支出数压缩20%,下半年支出数不能超过全年的25%,教职工不准奖励实物,以冻结存款清理资金的方式严格控制财政支出。

根据上海市高等教育局1962年转发的《上海市单位预算机关会计制度的补充规定》,学校对收据统一管理,经费报销审核;附属工厂收入的会计处理,一律设总账、现金出纳账和各种明细账;加强现金管理、贵重物资验收、固定资产管理、收入上交等。

1966年4月起,根据经费使用和管理必须突出政治,实际支出应在核定经费内节约5%～10%掌握使用的要求,学校总结反浪费"三查"经验教训,杜绝不合理开支,建立必要开支制度,按照同年水产部直属事业单位收支决算编报工作的具体规定,对年终结余和限额结余经费,注销上缴,不结转至下一年。

表10-1-2　1952—1971年教育经费预决算情况表　　　　　　　单位:万元

年　份	预算数	决算数	年　份	预算数	决算数
1952	89.67	89.24	1962	103.88	101.82
1953		77.04	1963	109.00	107.95
1954	53.95	53.56	1964	115.30	116.44
1955	57.31	53.07	1965	141.00(其中水产科学研究11.00)	123.17
1956	128.06	117.55	1966	115.00	102.25
1957	145.50	166.47	1967		104.89
1958	79.66	78.04	1968		88.78
1959	154.17	154.34	1969	73.40	73.19
1960	209.31	291.14	1970	90.00	81.00
1961		100.20	1971	70.00	69.51

说明:数据来自决算报表,1952—1954年由于国家进行币制改革,以10 000元兑换1元新版人民币,以此为换算标准,表中1952—1954年预决算数字已予换算。表格中空白代表资料缺失。

【厦门水产学院】

1973年,根据福建省革委会生产指挥部颁布的《福建省省级行政、事业单位财务管理试行办法》,学校实行分级管理、归口负责的管理原则;实行指标编制审批管理,人员经费部分调整时首先在预算内调剂,无法调剂的报省财政局、革委会审批;编制季度用款计划报财政局作为下拨款和执行依据;加强财产、资金管理,专人负责机关财产管理、清查,严禁工作人员借用公款,差旅费借款严格控制,及时结清;加强预算外资金管理,预算内、外资金应严格划分,预算外资金不得用于增加人员编制、提高工资福利、搞计划外基本建设。

1976年,因实际下达预算与控制数有差距,学校制订《关于调整业务费分配额的通知》,调整各部门业务费预算数,规定专人审批经费,对每月大额资金报备进行说明。

1972—1978年,学校教育经费比较稳定。

表 10-1-3　1972—1978 年教育经费预决算情况表　　　　　　　　　　　　　　　单位：万元

年　份	预算金额	决算支出数	预算外收入	预算外支出
1972	157.00	148.71	40.66	14.55
1973	143.00	146.52	4.41	21.40
1974	144.50	144.22	21.16	13.71
1975	156.50			
1976	160.89	155.92	37.56	25.01
1977	165.10	161.55	30.72	28.79
1978	200.20	202.23	29.22	29.16

说明：表格中空白代表资料缺失。

【上海水产学院/上海水产大学】

学校迁回上海后，经费管理由原主管机关核定预算年终结余收回财政的规定，改为试行"预算包干"结余留用的办法，并颁发学校基金、工厂财务管理等办法。1980 年 8 月 15 日，学校制订《试行"预算包干"的实施办法（草案）》，规定业务费、办公费包干，按照学生年均人数和定额标准计算。1980 年第四季度贯彻执行国家水产总局转发的《国务院关于抓紧今年后二个月财政收支，控制财政赤字和货币投放的通知》和上海市人民政府《关于严格控制财政支出、防止年终突击花钱的通知》，学校严格控制和节约行政费用。1982 年，业务费由教务处全面掌握，分别包干到系。1983 年，对业务费和科研经费使用凭经费用款簿支款。1984 年，业务费由教务处统一掌握，教学实验实习费由设备科分配给各系额度统一采购供应，教学差旅费、生产实习费、毕业实习费及资料讲义费四项分配到各系各业务部门包干使用，审批权下放到各系，财务科增设分系的备忘录账，控制使用情况。1985 年 7 月 19 日，全国教育工作会议颁发《改革高等教育管理体制实施办法（征求意见稿）》，按照"包干使用、超支不补、结余留用、自求平衡"的经费预算管理原则，学校有权安排使用主管部门核定的年度事业费，有关委培生、专修科、夜大学等收入有权自行安排使用，以及在决算编审工作中，首次要求各部门作出财务分析报告，为第二年合理使用经费打基础。1986 年，预算按系、部门和经费科目提前分配，明确包干责任，超支不补，结余留用。根据国家教育委员会于 1988 年 12 月 10 日颁发的《高等学校会计制度（试行）》精神，1989 年对各项经费进一步划块包干，采用经费使用限额册，账目细分，每一个节级科目下分设若干个用款部门（包干单位），实行"一支笔"审批制度。

1996 年，对人员经费采取包国家部分加定额承担地方及校内工资的办法，国家工资按本科生 200 元、自费生 700 元、研究生 1000 元的定额下达，改变原部分国家工资、校内工资、地方政策，统一以生均定额下达的办法。1997 年 1 月 21 日，转发《关于事业单位预算管理若干规定的通知》，按照"稳妥可靠、量入为出、自求收支平衡"的原则编制，不得编制赤字预算，以前年度事业基金有余额的，在余额范围内安排用于弥补本年度预算支出超出预算收入差额。1998 年 5 月，颁发的《关于高等学校新旧会计制度衔接问题的通知》，资金收付记账法改为借贷记账法，固定资产基金改为固定基金，拨入经费改为事业基金（一般基金），包干结余转入一般基金，暂存转入应付票据和应付及暂存款，科研事业费转入一般基金，专项拨款、科技三项拨款转入科研经费拨款，并规定外汇业务应折算为人民币计入有关科目。1999 年，追加高校扩招经费预算 38 万元。

表 10-1-4 1979—2000年教育经费预决算情况表　　　　　　　　　　单位：万元

年　份	预算数	决算数	年　份	预算数	决算数
1979	33.30	25.62	1990	543.70	562.57
1980	261.39	235.09	1991	606.55	643.91
1981	226.70	209.86	1992		738.85
1982	228.35	236.69	1993	862.72	962.98
1983	202.30	210.67	1994	1 170.00	1 501.83
1984	256.40	271.25	1995	1 275.00	1 837.10
1985	352.42	365.44	1996	1 432.00	2 043.50
1986	464.12	457.69	1997	3 458.40	3 135.60
1987	457.00	473.38	1998	3 566.00	3 566.00
1988	486.34	482.93	1999		5 829.00
1989	513.29	503.30	2000		6 276.00

说明：表中数据来自决算报表，1979年为部分数据。表格中空白代表资料缺失。

1981—1996年，学校人员经费（指工资福利性支出）占教育事业经费支出比例持续升高，1995年一度达到54%。这与学校人才资源持续扩大和财政拨款紧缺，只能首先确保人员经费的指导思想有关。行政经费（包括公务费）占支出比例虽有提高，但幅度不大，业务费所占比例更是呈现出前期停滞、中期略上升、后期明显下滑的态势。从1992年开始，公务费所占比例超过业务费。从经费支出角度看，学校教学业务发展的脚步落后于人才资源的发展，但这也为学校后续发展准备了人才条件。

表 10-1-5 1981—1996年人员经费、办公费、业务费对比情况表　　　　　单位：万元

年份	教育经费支出	人员经费	占支出比例(%)	公务费	占支出比例(%)	业务费	占支出比例(%)
1981	209.86	65.29	31.11	14.34	6.84	20.79	9.91
1982	236.69	72.80	30.76	16.47	6.96	22.08	9.33
1983	210.67	88.31	41.92	19.45	9.23	23.20	11.01
1984	271.25	96.23	35.48	27.28	10.06	32.77	12.08
1985	365.44	130.20	35.63	33.32	9.12	46.68	12.77
1986	457.69	158.67	34.67	27.88	6.09	93.63	20.46
1987	473.38	182.75	38.61	52.72	11.14	89.56	18.92
1988	482.93	208.25	43.12	57.67	11.94	76.38	15.82
1989	503.30	213.47	42.41	50.93	10.12	77.68	15.43
1990	562.57	243.48	43.28	64.24	11.42	95.60	16.99

(续表)

年份	教育经费支出	人员经费	占支出比例(%)	公务费	占支出比例(%)	业务费	占支出比例(%)
1991	643.91	293.62	45.60	67.61	10.50	97.23	15.10
1992	738.85	379.19	51.32	93.32	12.63	82.21	11.13
1993	962.98	486.58	50.53	122.92	12.76	118.36	12.29
1994	1 501.83	800.34	53.29	160.58	10.69	171.42	11.41
1995	1 837.10	996.13	54.22	263.46	14.34	202.11	11.00
1996	2 043.50	1 089.62	53.32	285.16	13.95	226.59	11.09

【上海水产大学/上海海洋大学】

2000年起,学校改由中央与地方共建,以地方管理为主。根据2001年7月上海市教委下发《关于海运学院等学校中央下划经费财政直拨的通知》,学校经费改由上海财政直接拨付。2002年,执行财政部《关于修改事业单位事业支出核算内容的通知》,在事业支出科目下设置基本支出和项目支出。

2004年3月起,根据《上海市市级预算单位国库直接支付管理暂行办法》,学校逐步明确对工资支出、纳入政府采购的支出和其他直接支付支出(物业管理费、租赁费、大型会议费等)的账务处理。

2008年7月,因援助"汶川大地震"震后重建,按规定2008年压缩10%公用经费预算和停止购置公务用车。9月,根据《关于做好2008年市级预算调整工作的通知》,调整包括在职人员津贴补贴、离退休人员补贴费清算、其他事业单位交通费补贴清算等。

表10-1-6　2001—2011年教育经费收入汇总情况表　　　　单位:万元

年份	财政经费拨款	学费收入	拨入专款	科研事业费收入	上级补助收入	附属单位上缴收入	其他收入	捐赠收入	小计
2001	3 655	3 738	377	903	0	64	224	30	8 991
2002	4 741	5 849	660	1 126	0	41	872	8	13 297
2003	5 204	7 825	877	1 298	906	38	1 208	447	17 803
2004	7 910	10 009	2 172	1 252	0	51	371	97	21 862
2005	10 308	9 748	5 766	1 509	0	148	1 074	2	28 555
2006	12 113	9 519	3 824	2 412	0	102	457	3	28 430
2007	13 283	9 539	6 100	5 584	0	102	1 072	0	35 680
2008	19 467	9 575	9 616	6 943	0	200	1 007	5	46 813
2009	18 135	12 904	8 121	6 148	0	50	470	0	45 828
2010	19 661	12 106	31 953	6 904	0	0	1 021	4	71 649
2011	22 320	12 016	42 004	7 487	0	0	345	4	84 176

表 10-1-7　2001—2011 年教育经费支出汇总情况表　　　　　　　　　　　单位：万元

年　份	事业支出	结转自筹基建	专款支出	科研事业费支出	小　计
2001	8 110	0	150	573	8 833
2002	10 960	354	693	733	12 740
2003	14 490	495	858	914	16 757
2004	16 703	1 271	1 974	979	20 927
2005	19 277	1 000	628	1 044	21 949
2006	19 394	0	989	1 564	21 947
2007	23 378	260	1 495	2 890	28 023
2008	31 276	0	7 937	3 957	43 172
2009	31 570	0	11 670	4 841	48 081
2010	30 976	6 916	32 919	5 252	76 063
2011	35 226	0	22 120	6 392	63 738

说明：专款支出在项目计划实施年限内实现。

二、教育收费

1996 年起，根据国家教委、国家计委、财政部联合颁发的《高等学校收费管理暂行办法》，学校对本科生和高职生收取学杂费。

【学杂费收费标准】

表 10-1-8　1996—2010 年本科生收费标准情况表　　　　　　　　　　　单位：元/年

年　份	农口专业(农业对口)	非农口专业	特殊热门专业	住宿费
1996	免收学费，杂费 350	3 000	4 000	400
1997—2000	免收学费，杂费 700	3 000	4 000	500
2001—2009	5 000	5 000	6 000	不统一
2010—2011	5 000	5 000	6 500	1 500

2001 年，规定高职学生学费标准 7 500 元/年，攻读农业推广硕士专业学位学费使用管理独立设账，学费为 1.5 万~2 万元/年。2002 年，物价部门对新建宿舍学生住宿费收费标准作出规定，每个学生 1 200 元/学年。2003 年，开始收取研究生住宿费。2002 年 1 月，学校与澳大利亚塔斯马尼亚大学开始合作办学，学费标准为 15 000 元/学年。

【收费管理】
教育收费公示制度　2002 年 7 月 5 日，上海市物价部门发布《关于在本市各级各类学校实行教育收费公示制度的实施意见》,决定在2002年新学期开始建立教育收费公示制度。同月,学校制订《学生讲义费管理办法(试行)》,规定建立学生讲义费财务独立核算体系、讲义费催缴与核对机制等。2003年,根据《关于本市进一步推行教育收费公示制度的通知》,学校制订公示制度,原则是全面推行、规范形式、注重长效。

行政事业性收费制度和检查 1999年7月开始,农业部行政事业性收费及政府性基金统一由农业部财务司和各单位的财务机构归口集中管理。同年8月,上海市颁发《关于本市行政事业性收费和罚没收入落实"收支两条线"规定工作的实施意见》。2004年2月,学校制订《关于射频卡收费管理的暂行规定》。同年3月,学校开展收据清理和收费项目自查,并于4月制订《校内收费工作管理办法(试行)》。2006年8月,市教委同意学校试行学分制收费。次年8月,学校执行收费岗位和缴费岗位分离,票据设专人管理。

收据管理 2002年2月,学校制订《收据管理办法》。2008年7月,学校重新制订《收据管理办法》,对收据管理主体、采购、保管、领用、适用范围及限制性规定、财务监督、收据使用责任作出规定。

三、办学资金资助与贷款

20世纪80年代初,学校先后接受两期世界银行农业教育贷款项目。第一期总贷款金额为335万美元,第二期计划贷款127.8万美元,加上SDR增值额3.16万美元,总额为130.96万美元。两期国内配套经费820.04万元人民币。

1992年,经上海市高教局、财政局贴息,学校获得上海市工商银行科技产业贷款650万元,新建两艘远洋渔船,赴西非外海从事远洋捕捞实习和生产。投产5年偿还全部贷款,创汇150万美元,获利400多万元。

2001年,学校贷款1300万元流动资金用于教学装备、操场、实验室等建设,获上海市教委全额贴息。同年2月,市教委核拨上海高校基础实验室改造工程贷款首期贴息款35万元,2004年全部还清。

2004年7月15日,上海市教委、市财政局颁布《关于做好进一步完善高等学校经济责任制加强银行贷款管理切实防范财务风险工作的通知》,并附上风险评价模型和备案制度。同年11月,学校制订《贷款资金管理办法》。2004年10月,根据上海市高校布局结构调整会议精神,学校主体搬迁至临港新城,由于新校区概算批复中自筹资金额达58 184万元,加上原学校自筹资金15 600万元购买学海路校区,到2005年底尚有13 000万元名义贷款尚未列支。2006年1月,沪城环路校区开建以来,学校融资压力巨大。截至2011年底,贷款余额22 800万元,同年发生利息1 186万元。

表10-1-9 2006—2011年贷款额情况表　　　　　　　　　　　　　　　　　　单位:万元

年　份	年末贷款余额	同年发生贷款利息	年　份	年末贷款余额	同年发生贷款利息
2006	3 000.00	155.00	2009	53 300.00	2 536.30
2007	20 000.00	327.00	2010	30 000.00	2 548.64
2008	38 200.00	2 866.30	2011	22 800.00	1 186.00

四、专项经费

1999年8月,农业部颁布《农业部直属高等院校房屋修缮和仪器设备购置专项资金管理办法(试行)》,规定匹配自筹资金不低于计划20%。同年安排学校200万元专项资金。

2006年4月,上海市教委、市财政局颁布《上海市职业教育发展专项资金管理办法》。次年1月,学校制订《关于加强软件、信息化设备开发和购置管理的通知》。2006—2008年,全校数字化校园平台总预算共1 000万元。

第三节 科研经费

20世纪50年代初期,国家未列支科学研究专项经费,科研活动处于启蒙阶段,少量科研经费在学校行政业务费中开支,如生产实习时开展的专题研究、调查费用等均在行政业务费中开支,科研所需的仪器设备购置则在学校实验仪器设备经费中列支。

1956年,科研经费虽列有专项经费,但多数研究结合生产实习进行,仍由业务费支出。20世纪60年代初,国民经济处于调整阶段,财政实施严格控制,压缩社会集团购买力,冻结银行资金,除学校设置的上海水产研究所有科研专项经费拨款外,学校科研经费暂停列支。1962年,恢复拨款。据统计,学校于1956—1965年共使用科研经费约65万元。

1972—1978年,财政部、国务院科教组颁布《关于新产品试制、中间试验、科学研究补助费使用管理的几项规定》,规定科学技术3项费用由国家财政预算拨款,地区性项目由地方集中的固定资产更新改造资金拨款,学校结合教学自行安排的科学研究费用,由各单位核定的事业费预算内开支。1973—1982年,学校使用科研经费总数约45万元。

20世纪80年代,学校科研经费有较大幅度增长,同时在科技体制改革引导下,开展技术开发、技术转让、技术咨询、技术服务。1983年,学校成立科技服务部,统一管理对外科技服务工作。学校计划外经费收入增加。

20世纪90年代起,学校科研经费呈快速增长态势。据统计,1991—1995年纵向科研项目共计138项,总经费487.51万元,项目数、经费数均比1986—1990年增加30%~40%。1996—2000年增幅更大。2002年,科研经费突破1千万元。

表10-1-10 1983—2011年科研经费收入与支出情况统计表　　　　单位:万元

年份	收入	支出	年份	收入	支出	年份	收入	支出
1983	13.19	16.34	1989	45.60	42.94	1995	101.99	95.49
1984	44.10	40.74	1990	68.29	47.54	1996	166.36	119.98
1985	23.85	25.42	1991	54.97	69.85	1997	201.05	147.66
1986	30.53	31.22	1992	81.40	68.83	1998	145.15	163.93
1987	44.06	37.56	1993	65.21	69.73	1999	490.21	232.12
1988	40.29	42.60	1994	124.60	71.19	2000	830.60	474.20

(续表)

年份	收 入	支 出	年份	收 入	支 出	年份	收 入	支 出
2001	903.00	572.97	2005	1 509.00	1 043.96	2009	6 148.00	4 840.54
2002	1 126.00	733.00	2006	2 412.00	1 563.93	2010	6 904.00	5 252.04
2003	1 298.00	914.16	2007	5 584.00	2 889.57	2011	7 487.00	6 392.32
2004	1 252.00	979.23	2008	6 943.00	3 957.42	—	—	—

说明：表格中"—"代表无。

第四节　基本建设经费

学校基本建设经费全部由国家财政拨款，按基本建设程序立项报批，专款专用。1952—1964年，基本建设经费主要用于军工路334号、580号校区建设，累计建设4万平方米。

1972—1978年，在厦门办学期间，兴建各类实习工厂、运动场、教职工住宅、校舍等设施。1972年，福建省革委会生产指挥部颁布《关于防止年终转移基本建设投资分散预算资金的通知》，规定不得擅自调整基建计划，预算外建设项目一律不准挤入国家基本建设计划之内。关于省基建计划以外的项目，年终结余资金一律冻结。1973年，试行建设包干的办法，通过建设银行进行拨款，对储备材料定额管理、安装工程价款按进度支付、备料资金按限额规定支付、施工合同、竣工验收及决算、结余资产清理上交、收入上缴财政部门等做出规定。并规定编制施工图预算，不再实报实销，施工单位与建设单位签订工程协议书，建设银行参与预算和协议。1974年，福建省革委会、财政局等3部门转发《关于基本建设拨款管理的几项规定(草案)》，主要是：要求加强计划管理，严格禁止计划外工程；拨款应在编制基建计划和财务计划并审批后进行；建设单位不得未经财政局批准擅自动用基建结余资金扩大工作量；编制设备清单及订货用款计划等。关于基本建设投资额和财务拨款指标，分别由省计委、省财政局管理。在基建计量中，推广运用统筹法计算工作量。学校按上述文件精神，1972—1977年，基建投资合计561.39万元，完成建筑面积21 331平方米。

1979年，学校迁回上海后，基建经费主要用于急需维修和新建的学生宿舍楼、教职工住宅和实验楼等。1980—1985年，学校完成国家下达的基建投资910.3万元。

表10-1-11　1952—1978年基建经费使用情况表　　　　　　　　　单位：万元

年　份	基建经费	年　份	基建经费	年　份	基建经费
1952	59.00	1959	20.50	1972	11.32
1953	34.48	1960	94.23	1973	54.91
1954	0	1961	6.40	1974	112.18
1955	0	1962	24.99	1975	91.37
1956	42.81	1963	31.55	1976	283.15
1957	53.72	1964	26.29	1977	8.46
1958	0.78	1965—1971	0	1978	0

1986—1993年,学校完成国家下达基建投资2 187.5万元,竣工交付使用项目29项,面积36 807平方米。主要完成世界银行农业教育贷款配套项目实验楼、实习工厂、师资及干部培训用房、学生宿舍、生活用房、行政综合用房等。

1994—2000年,基建资金迅速增长,年均拨款和自筹资金在600万元以上,其中1998—2000年达到1 000万元以上,共完成国家下达的基建投资6 261.2万元,基建项目23项。1995年,学校基建资金包括教工住宅及配套项目共564.2万元,其中财政拨款284.2万元,自筹270万元;学校锅炉、研究生宿舍共1 093.2万元,其中,财政拨款823.2万元,自筹270万元;第六批农业建设资金共1 573.2万元,其中财政拨款1 303.2万元,自筹270万元;第八批农业建设资金共2 246.2万元,其中财政拨款1 518.2万元,自筹728万元。1998年学校投资额1 064万元,基金拨款964万元,自筹资金100万元,涉及科技大楼及兰花公寓、罗山新村等教工住宅。1999年,学校利用专项资金和自筹资金共60万元实行筒子楼、鸳鸯楼改造。同年,教育部发布《国务院有关部门所属普通高校、省部共建普通高校筒子楼改造专项资金和自筹资金账务处理办法》,规范基建账务处理。

2000—2002年,在建项目除学生公寓和配套外,经费达5 000万元。2001年10月,颁布的《上海市财政性基本建设项目财政财务监督管理暂行办法》对财务监理的形式、原则、内容等做出具体说明。2002年,学校科技楼第一期工程进入中央预算内专项资金投资计划,总投资2 511万元,建成面积12 023平方米,其中中央预算内专项资金800万元,地方配套1 546万元,其他投资165万元。同年,学校与南汇教育投资发展有限公司签订协议,在南汇科教园区购买房屋73 550平方米,土地14.38公顷(215.75亩),投入资金两期共计17 946万元。

2008年10月,学校主体搬迁至沪城环路校区,用地面积106.67公顷(1 600亩),第一、二期建筑面积380 359平方米。上海市发改委批复建设资金为第一期108 011万元、第二期51 965万元,合计159 976万元。资金来源为:学校军工路校区置换资金41 200万元,学海路校区置换资金21 600万元,市建设财力资金38 500万元,中央财政建设资金492万元,学校自筹(贷款或借款)58 184万元。

表10-1-12　1979—2011年基建经费使用情况表　　　　　　　　　单位:万元

年　份	基建经费	年　份	基建经费	年　份	基建经费
1979		1990		2001	1 582.18
1980		1991	695.53	2002	2 468.38
1981	219.87	1992	544.99	2003	700.00
1982	98.82	1993	884.22	2004	3 830.46
1983	95.87	1994	1 210.58	2005	0
1984	314.95	1995	855.21	2006	8 227.08
1985		1996	564.23	2007	30 553.24
1986	395.59	1997	1 463.34	2008	76 511.20
1987	467.08	1998	2 279.52	2009	17 562.40
1988	739.47	1999	1 986.80	2010	19 770.53
1989		2000	2 086.11	2011	44 208.95

说明:表格中空白代表资料缺失。

第五节 学校基金

1980年6月,教育部、国家劳动总局、财政部颁布《关于印发〈高等学校建立学校基金和奖励制度试行办法〉的通知》,规定学校基金来源包括校办工厂、农场实现的纯利润,单独或与其他单位协作完成的科研成果净收入,实验室计算机和仪器设备对校外开放服务净收入,对外销售产品的净收入,接受校外单位委托实验等净收入,招待所汽车轮船电影游泳池等净收入;学校基金应用于教学、科研,发展生产,职工集体生活福利,个人奖励四方面,原则上用于教学、科研和发展生产部分不低于60%,用于集体生活福利和奖励部分不高于40%,预算包干办法从节支中提取的奖金可与学校基金中的奖励部分合并使用,由财务部门集中管理统一核算,经校长批准后使用;在奖励办法中规定教师、干部、职员一般实行学期综合奖,奖金不超过在册教职工1个月的标准工资额,按比例提取的奖金有结余的可以结转下年度使用。上海市制定的实施办法规定,由校领导分管此项工作,并建立由校纪委、人事、财务等部门及群众代表参加的基金审查监督组织;培训班、补习班净收入中70%冲抵学校经费支出,30%作为学校基金;发给教职工的奖金总额每人每年不超过72元,校办工厂略高;学校基金账务处理如按规定比例提取发展基金等,应分别设置3个子目进行核算,根据各单位计算奖金和发奖的不同情况,设置永久性登记簿分别登记。学校按《通知》规定实施。

表10-1-13 1981—1996年学校基金收入与支出情况表　　　　　　　　　　单位:元

年份	收入数	支出数	结余数	年份	收入数	支出数	结余数
1981	77 062	44 190	32 872	1989	1 148 412	1 556 273	187 805
1982	77 122	69 072	40 921	1990	1 175 731	1 010 451	353 085
1983	117 403	135 369	22 954	1991	2 877 000	623 000	2 607 085
1984	406 549	407 436	22 067	1992	2 250 000	2 250 000	2 607 085
1985	494 522	347 654	168 935	1993	2 140 000	2 264 000	2 483 085
1986	679 180	417 272	430 844	1994	2 600 000	2 095 000	2 988 085
1987	821 730	460 211	792 362	1995	2 532 000	3 224 000	2 296 085
1988	906 356	1 103 052	595 666	1996	5 929 000	3 693 000	4 532 085

第六节 世界银行农业教育贷款

一、申报与使用

20世纪80年代,国家农委向国务院申请利用世界银行农业教育贷款项目,改善部属农、林、水高等院校办学条件,明确贷款主要用于广大本科生教学需要,改善办学条件,可适当考虑研究生培养与教师科学研究。学校在国家水产总局支持下先后争取到两期世界银行农业教育贷款,由分管教学、科研的校领导骆肇荛、乐美龙先后兼任世界银行贷款项目负责人。

1981年5月,学校获得第一期世界银行农业教育贷款项目时,成立贷款项目办公室,王季襄任主任,下设可行性报告起草组。学校拟订第一期世界银行农业教育贷款项目可行性报告、学校五年发展规划和十年设想报告,报送国家水产总局。同年6月22日,国家农委批复学校使用该项贷款,安排师资出国培训,计划完成3个项目的10个实验室建设:一是加强基础实验室项目,有生物学、化学、电工与电子学、传热学、物理学等5个实验室;二是建设计算机中心项目,有电子计算机实验室;三是建设部分水产专业实验室项目,有水产增养殖生态与环境、水产食品工程、渔具渔法、渔业机械4个实验室。编制需购置的仪器设备清单,包括具体用途、规格、数量等,按品目、类别汇总,采用国际招标。

1981年7月19日,世界银行聘请有关专家组成的农业教育贷款项目代表团来校实地考察,86岁高龄的朱元鼎院长主持接待。学校向代表团提供中英文贷款项目可行性报告和基本统计资料,包括学校师生组成、专业设置、从厦门迁回上海后已恢复和新建实验室等材料。代表团分组考察22个实验室、图书馆、金工厂、游泳池、食堂,并与有关教师座谈。通过考察,代表团对总体情况表示满意,认为学校教学和实验室管理有序,工作认真细致,尤其对图书开架借阅颇为赞赏。

1982年11月22日,根据国家水产总局要求,贷款项目办公室增设外事接待组、财务组、出国人员培训组、仪器设备采购组等,并研究贷款的可行性方案。

1982年12月,根据农业部《关于执行贷款项目的方案》,学校各系成立由分管系负责人为组长的接机验收小组,明确各个品目接机验收人员,责任到人。学校举办为期1周的接机验收培训班,邀请上海商检局、海关、保险公司,以及复旦大学、上海交通大学有关人员讲课,介绍经验和注意事项。

为加强仪器设备的使用管理,学校规定各实验室应制订专管共用制度,严格仪器设备操作规程。每台仪器设备都应备有使用记录本,记载使用、保养和维修等情况。大型、贵重仪器由专人负责,有专用记录簿,建立使用档案。

第一期贷款项目从1983年开始执行,至1987年12月结束。贷款总额原定300万美元,实际贷款总额335万美元,包括设备购置费、人员培训费、不可预见金、项目预备金等。国内配套费为人民币561.04万元,包括基建费、实验室家具费、配套设备费、图书资料费、执行费、其他维修费等。学校利用第一期贷款项目重点建设基础生物、鱼类生态环境、基础化学、食品工程、渔具材料、动力液压、电子计算机,以及加强电工与电子学、传热学等实验室。

第二期贷款项目从1985年开始执行,至1991年6月结束。第二期贷款总额原定150万美元,实际贷款总额127.80万美元,包括设备购置费、人员培训费、专家服务费、项目预备金等。国内配套费计人民币259万元,包括基建费、图书资料费、执行费等。在第一期贷款项目建设基础上,第二期贷款项目重点建设海洋渔业系的航海捕捞模拟器实验室(投入45.43万美元)、续建食品工程实验室、加强水产养殖实验室和充实图书馆、电教设备。第二期贷款为第一期项目的延续,完善第一期因经费不足而未完成的有关实验室建设。国内配套资金重点建设生态与食品工程实验楼和海洋大楼,建筑总面积10 761平方米,为引进仪器设备配备较好的工作环境。

表10-1-14 第一、二期贷款总额与费用支出统计表　　　　单位:万元(美元)

期　次	总额	明　细				
		设备购置费	人员培训费	专家服务费	不可预见金	项目预备金
第一期(1983—1987年)	335.00	212.47	78.64	0	36.52	7.37
第二期(1984—1988年)	127.80	94.40	13.60	7.00	0	12.80
总　计	462.80	306.87	92.24	7.00	36.52	20.17

表 10-1-15　第一、二期贷款国内配套经费与费用支出统计表　　　　单位：万元（人民币）

期　次	国内配套费	明　细					
		基建费	实验室家具费	配套设备费	图书资料费	执行费	其他维修费
第一期	561.04	333.50	14.94	145.55	4.50	46.05	16.50
第二期	259.00	209.20	0	0	30.00	19.80	0
总　计	820.04	542.70	14.94	145.55	34.50	65.85	16.50

二、建设项目

【实验室建设】

利用两期世界银行农业教育贷款，共建设 10 个实验室。

基础生物实验室　该实验室引进的仪器设备由两部分组成：一是增添一批常用、高质量仪器设备，包括有 50 台高质量的生物显微镜、55 台可变焦显微镜、2 台带有电视转换的显微镜，以及解剖镜等，有效提高本科生实验和教学质量。如带有电视转换的显微镜可将显微镜下的图像直接在彩电上显示，方便教学。二是新建电子显微镜室和同位素实验室，填补学校长期存在的空白，为培养研究生和教师的科学研究创造条件。电子显微镜室包括有 1 台透射电子显微镜和 1 台扫描电子显微镜。为提高教师使用水平，专门举办电镜技术培训班，并为研究生开设应用电镜技术及细胞生物学实验课程。同位素实验室引进液体闪烁计数器等仪器，与国内的自动 γ 测定仪配套后，可测定鱼类性激素含量、鱼类必需氨基酸组成等，并为同位素应用课程开出 12 个实验，还可为教师科研和研究生论文服务。

水产增养殖生态与环境实验室　引进水生生物环境箱（可用于海水、淡水，自动循环、过滤、调控）、超低温冰箱、数字 pH 计、氧弹热量计等。可保存有关鱼类血清样品、藻类冷冻切片材料，测定鱼塘淤泥能量等数据。基本上能在人工控制生态因子下，对海、淡水鱼虾贝藻的生理、培育、病理等进行观察和测试。

基础化学实验室　主要包括物理化学实验室、生物化学实验室，重点建设精密仪器分析实验室。引进 2842 型直读天平、高效液相色谱仪、气相色谱仪、紫外分光光度计、红外分光光度计、荧光分光光度计、原子吸收分光光度计、蛋白质自动测定仪等。基本能满足教育部对 7 门化学课程教学大纲规定的全部实验，还能为食品检验、水质分析、仪器分析和海洋化学等课程开设新的、高一层次实验，也为食品科学研究创造条件。

水产食品工程实验室　引进恒温恒湿冷藏箱、导热率测定仪、流变仪、冷库和烘房用风速仪、凯氏定氮仪、数字式温度计、制冷实验装置、空调演示装置、制冰机、高纯水制备装置，以及教学实验示范型烟熏设备和鱼糜加工设备等，可开出水产品加工工艺、制冷工艺、罐头食品工艺等专业课程的实验，也可满足有关科学研究需要。

渔具材料实验室　引进网线耐磨试验机、网线强力与弹性试验机、网线强力试验机、网线疲劳试验机、网线疲劳冲击试验机。可开出渔具材料与工艺学课程 20 个实验，也可满足测试渔具纤维材料和其制成品，包括网线、绳索等的强力、弹性、疲劳、冲击、磨损等科学研究需要。

动力液压实验室 动力液压实验室是通过贷款项目新建的实验室。引进的主要设备有便携式数据记录仪,振动平衡配套仪(开出实验:两自由度系统的高频振动特性、单盘转子的静平衡),声音与振动测量装置,激振器与功率放大器,跟踪示波器,频率分析仪,电荷放大器测量系统,液压传动性能测试仪器有照相记录仪、示波器、7T17讯号处理器等。先后开设液压、测试技术两门课程,另可开设9个新实验。

电子计算机室 引进"NEC"的FPC-8801微型8位机10台、ABACUS—11型16位机4台,将800名学生每年人均上机时间由3小时提高到20小时。同时,为教师开展科研提供便利。

海洋渔业实验室 海洋渔业实验室是贷款项目新建的实验室。主要由两部分组成:一是引进渔具实测仪器设备。有纲索拉力仪、下纲沉降速度仪、网口高度仪等,可在海洋捕捞作业过程中测试拖网、围网等大型渔具的纲索受力、下纲沉降速度、网口高度等数据。二是从英国引进捕捞航海模拟器。该模拟器可为海洋捕捞专业学生对拖网、围网作业的全过程进行实操训练,以及捕捞作业过程中渔船之间采取避让措施等10个实操训练项目。该模拟器还可为培训远洋渔业职务船员服务。

电教语音室 引进日本松下36座语音设备、10台5860型有编辑功能录放像机和5030型放录机,用于为学生提供大班外语课教学,兼供培训出国人员或提高教师外语水平。

此外,还引进外景制作系统。学校在两年内完成25部科教片和科技纪录片,其中2部科技纪录片获上海市高教电教馆评比的教学奖。

图书馆设备 世界银行农业教育贷款项目代表团实地考察时,建议学校图书馆除开架借阅外,还应配备缩微、拍摄和视听等3套系统设备。为此,引进16/35毫米胶卷拍摄机(包括胶卷冲洗机、透射密度计、接片机、胶卷自动清洁机等)、缩微胶卷平片阅读器、复印机、小型胶印机和简易播放系统等。这些设备总体上未能充分考虑国内实际情况,如缩微胶卷平片阅读器,缺少可读缩微胶卷,导致使用效益较低。

【出国培训与考察】

利用两期世界银行农业教育贷款,学校共派出教师51人出国进修和攻读硕士、博士学位,其中攻读博士学位1人、硕士学位31人,其余为出国半年至1年的访问学者。学成归国的共有24人。他们学以致用,在工作岗位上发挥积极作用:

更新教学内容 水产养殖系回国教师为本科生和研究生开设无脊椎动物生理学、植物细胞和组织培养、鱼类营养与饲料学、渔业环境放射污染与监测、鱼类营养生理讲座、鱼类感受器生理讲座、藻类生物学讲座等新课程或讲座。水产加工系回国教师在原冷库制冷工艺设计课程中充实或新增的内容有制冷装置分散供冷方式、立体自动化和超低温冷库、UNG制冷装置等高效节能措施。海洋渔业系回国教师主编新的统编教材《海洋法与渔业法规》,优化渔船主尺度、有效马力功率计算和新型船尾结构等更新船舶原理与结构课程的内容。

提高研究能力 有教师在国外期间与国外学者合作研究,掌握最新研究动态。如捕捞专业教师回国后,在提高捕捞效率、增加单位渔获量、研究渔具性能等方面拓展了研究思路。同时,顺应国际渔业发展趋势,开出以生态为基础的渔具渔法选择性等方面的新课程。鱼类学教师采用透明骨骼染色法研究鱼类骨骼发育取得良好效果。

利用两期世界银行农业教育贷款,学校组团赴国外考察有:

赴日水产教育考察 1984年6月14日—7月13日,以校党委书记胡友庭为团长,率各系负责人与国家水产总局教育处副处长等,赴日本考察北海道大学、下关水产大学校、东京水产大学、熊本县水产高等学校等,重点考察校、系和研究生院教学管理等工作。

赴美水产教育考察 1985年5月,以校长孟庆闻为团长,率各系负责人与国家水产总局教育处长等赴美国,考察西海岸西雅图华盛顿大学、东海岸罗德岛大学,重点了解水产等专业本科生、硕士生、博士生培养,以及社会服务(包括技术推广)等,并为学校派出进修教师沟通洽谈。两所大学均表示愿与学校建立校际关系。

实习访问与接收赠船 1985年5月14—30日,以副院长赵长春为团长,带领海洋渔业系教师和学生,乘学校"海育1号""海育2号"实习船,赴日本熊本县立水产高等学校,接收熊本县赠予的该校实习船"熊本丸Ⅱ世",并访问日本下关水产大学校。

实验室建设考察 学校派出设备科负责人参与农牧渔业部教育司组团赴日本考察。

【利用贷款聘请国外专家讲学】

利用两期世界银行农业教育贷款,学校于1984—1988年共聘请18名国外专家来校讲学。其中,来自日本11人、美国6人、英国1人,分别从事专业领域为海洋渔业2人、水产养殖4人、食品加工与制冷工艺12人。

来校讲学的国外专家均具有较高学术水平、知识广博,在其学科领域有一定声望。讲学内容信息量较大,能反映国际最新动态。如英国海洋渔业专家将其多年研究成果编入讲义并讲授;日本同位素应用技术和鱼病专家讲授稳定性同位素在水域生态学中的应用、湖泊中植物食性动物对摄食藻类的影响与水质变动关系等。这对学校充实和更新有关课程教学内容、教学方法、实验等均产生积极作用。

三、项目评价与审计

【评价】

1990年10月24日,以K·约翰斯登为团长的世界银行评估团来校检查和评估两期贷款项目使用情况。学校向评估团提交中、英语文本的世界银行贷款项目执行情况报告。评估团在听取学校汇报和座谈基础上,深入各实验室、电教语音室和图书馆,了解引进仪器设备的实际使用情况。最后,评估团肯定学校使用贷款项目效果是好的,成功率可达90%～95%,并具有两个特点:一是学校重视与生产企业、科研单位,以及与国家有关部门进行合作,发挥贷款仪器设备作用和高科技优势;二是学校既重视本科生、研究生培养,也重视各种培训工作,提高贷款项目使用效益。同时,也指出两点不足之处:一是出国培训教师的回国人数偏低;二是今后仪器设备的维修、易损件更换等经费未落实。

【专项审计】

根据国家审计署规定,学校必须接受国家审计署授权上海市审计局审计,并提交世界银行贷款项目执行情况报告,重点是效益审计,即是否达到原可行性报告有关要求。为此,上海市审计局于1987年10月,1988年5月、12月,1990年2月,1991年6月先后5次对项目进行审计。

审计结果认为学校使用世界银行贷款项目是比较好的,制度比较健全,执行严格,对提高本科生和研究生教学质量、扩大招生、设置新专业、提高师资和学科水平等都取得较好效益。存在的问题主要是：出国培训教师的回国人数较少；图书馆引进的全套摄影机、微缩阅读器、小型胶印机和简易播放系统等不仅未发挥作用，而且有些设备因过了索赔期，难以对外交涉；有些贵重设备由于不对口，难以发挥效益；由于主要仪器设备通过国际招标购置，部分仪器设备开箱验收不合格或有破损，交涉和索赔程序上存在困难；贵重仪器设备的维修、易损件更换等经费难以落实。

学校根据审计意见书，针对其中有关问题做出专门整改报告与专题报告报农业部。

第七节 审 计

一、管理制度

1985年11月，学校成立审计小组。1991年2月，学校设监察审计室。1995年5月，校纪检与监察审计室合署办公，成立纪监审办公室。次年12月，纪监审办公室撤销，审计室和国有资产管理办公室合署办公。2001年2月，纪检监察室、审计室合署为纪监审办公室。

1998年5月，学校制订《内部审计工作实施办法》《审计工作程序实施细则》《企业经理（厂长）离任审计工作暂行规定》《基建与维修工程预决算审计实施办法》《校办企业资产负债损益审计暂行办法》《关于实行〈定期审计制度和审计审签制度〉的规定》《审计档案管理办法》7项制度，并汇编成《内部审计文件汇编》。2002年9月，学校制订《领导干部经济责任审计实施办法》。2006年2月，制订《新校区建设审计工作暂行办法》。2010年12月，学校修订《领导干部经济责任审计实施办法》《关于加强基建（修缮）工作审计监督的若干规定》。

二、审计内容

1985年，校审计小组通过审计调查，查出在奖金发放、截留资金、专控执行、现金管理、工程承包等财务纪律上存在的问题并进行整改，清理机械厂材料账等。

1986年起，根据上海市政府要求，学校每年进行财务大检查自查，并接受上海市教卫办指定的高校互查。审计小组参加大检查工作，对相关问题进行清理与整顿，并提出健全审计、严肃查处等改进意见。

1988年，根据《农牧渔业部直属行政事业单位定期审计实施办法》，强调建立内控制度和机构，确定审计范围、内容，建立定期报审、审计、考核制度。次年，根据上级要求，学校成立清理整顿公司领导小组，以审计小组为主要力量，对学校所属综合服务公司、科技实业公司、制冷工程公司、科技服务部及机械厂、印刷厂、打火机厂、招待所等进行重新登记，规范校办企业经营行为。开展基建与维修审计探索工作。

1991年，参加农业部审计局联审工作，校内对两个部门进行财务收支审计及审计调查工作，参加财税大检查等。1992年，提出进一步加强审计工作，加强内审制度建设，提高业务水平；继续做好对膳食科、工厂、公司等单位的定期审计工作；发挥基本建设资金的效益，加强对基建与维修项目决算的审计；对科研及科技服务进行重点审计。1994年，审计室提出加强对应收应付款、对外投资借款的清理，及进一步完善会计电算化的建议。

1995年，校审计室贯彻《审计法》，完成18项审计和4项调查，为学校节省资金16万余元。根据学校实际情况，1996年确定审计重点为基建与维修审计和校办企业经济效益调查，完成30项审计工作,为学校节约资金24万元。此外,开展财务收支审计、基建与维修审计、离任审计、专项审计和经济效益审计。1997—2001年,重点开展基建与维修审计、离任审计等审计工作。2002年起,实行每两年一次的中层干部"一支笔"经济责任审计,包括在职责任审计和离任责任审计。此项工作委托社会审计机构进行,校审计室配合。2008年起,改成每年审计半数中层干部经济责任制实施情况。2010年开始,逐步增加绩效审计内容。

1985—1989年,主要从事财经法纪审计。1989年,开始从事财务收支审计和基建审计。1995年,开始从事财务预决算审计和管理审计。1998年,开始经济责任审计,并配合学校做好学科建设、清产核资、校企改制等方面审计。1985—2010年,累计开展财务审计约262项,审计金额2亿元,促进经费规范使用。

2005年起,审计人员深入沪城环路校区建设工地一线,通过组织、技术、经济和合同等措施实施审计监督,从投资决策、设计、工程承发包、工程实施、工程结算等阶段,建立建设项目"跟踪审计"制度,做到"关口前移""全程监控",发现沪城环路校区建设管理薄弱环节,促使建设项目造价管理与控制工作不断完善,有效控制工程造价,累计审计金额19亿元。其间,基建与维修审计从传统人工审计发展到计算机辅助审计,成为学校审计工作特色。

1989—2010年,学校累计开展基建审计1 815项,累计审计金额21.5亿元,控制工程造价,为学校节约经费达2亿元。

第二章　校区建设

第一节　吴淞炮台湾校区

民国元年(1912年)2月,江苏省临时省议会于元年预算案内议决"设立水产学校,亟应派员筹办开校事宜",划拨吴淞镇炮台湾4.4公顷(66亩)土地创建校舍。民国2年2月18日,江苏省民政长(即省长)应德闳指拨吴淞炮台湾原复旦公学校址为水产学校建校校址,计4.67公顷(70亩)。

民国2年3月29日,开建第一期校舍,12月竣工,计有教学楼1座,宿舍楼1座,化学、生物实验室、渔具、罐头实习工场、学生餐厅等。民国3年8月,开建第二期校舍,次年1月竣工,计有普通教室6间,理化教室1间,博物教室1间,化学分析室2间,博物标本室、理化仪器室、航海气象仪器室各1间,学生宿舍楼房1座,餐厅、厨房、教员宿舍亦均完备。民国6年3月,开建第三期校舍,同年6月竣工,计有学生宿舍楼房1座、生活用平房1座及浴室等。民国8年8月,开建第四期校舍,同年11月竣工,计有学生宿舍楼房1座、教职工宿舍楼房1座、冷库1座。体育运动场地设施计有游泳池、篮、排球场,大小足球场各1个,及单双杠、石担、石锁、哑铃、秋千等设施。

历经7年建设,完成校舍建筑总面积为3 000平方米。整个校园布局为四边形,中心有亭台1座,为纪念学校创办人取名"公镠亭"。南侧主楼为教学楼,两侧是学生自修室,织网工场、制造工场位于学生自修室东侧,北侧是学生宿舍及生活区。学校四周有护校小河与随塘河相通,设竹篱笆围墙。校门朝东,径直向前200米即到黄浦江边,南有淞沪铁路火车站经吴淞镇可达上海江湾镇。

民国11年,在江苏昆山周墅镇建造养殖实习基地,有鱼池6口,占地1.4公顷(21亩),养殖科配置显微镜和简易养殖机械等。此外,学校添置化学、生物、物理等基础实验设备。

民国21年"一·二八"事变爆发,在日本侵华军炮火中,吴淞炮台湾校舍和设备遭到严重毁坏。学校一度暂租上海康脑脱路(今康定路)春江别墅上课。不久虽迁回原址办学,但因校舍毁坏严重,仅存平房数间,教学设备惨遭浩劫,加上经费困难,办学极为艰难。民国26年"八一三"事变中,吴淞炮台湾校区校舍被日本侵华军炮火夷为平地。

第二节　复兴岛校区

民国36年6月,学校在上海复兴岛假渔业善后物资管理处训练所复校。因训练所以活动房屋为主,条件简陋,复校后新建木屋2幢,建筑面积500平方米。

1949年8月,华东水产管理局要求学校扩大招生,因复兴岛校舍不敷使用,根据1949年9月30日上海市人民政府教育局函,将宝通路100号原凌州中学校舍1幢二层楼共24间拨给学校使用。1950年5月,学校租借中山北路3663号大夏大学(今华东师范大学)群贤堂等为教室,以及宿舍15间、食堂、运动场、实验室等办学。

第三节 军工路校区

军工路校区建设经历上海水产专科学校、上海水产学院、上海水产大学和上海海洋大学4个阶段。

解放后,经华东水产管理局协调,华东农林部同意将军工路334号(简称"一院")原中央水产实验所6.23公顷(93.4亩)土地及20余幢建筑面积为3 992.8平方米房舍,以及军工路580号(简称"二院")18.25公顷(273.6亩)土地拨给学校。1951年5月,学校迁入新址办学。

1951—1952年,在一院先后兴建北教学楼、南教学楼。1956—1959年,又分别兴建图书馆、养殖生物系楼、加工系楼、第一学生(女生)宿舍楼。1960年,中心教学楼、第二学生(男生)宿舍楼竣工,年底男生从二院迁入第二学生宿舍楼,结束8年每天数次奔波两地的局面。

1951—1952年,对二院进行平整、筑路,建造学生宿舍平房5排,计70间,建筑面积3 177平方米;又建图书馆(后改作托儿所)、学生饭厅、鱼皮制革工场等房屋10余幢,建筑面积2 303平方米,还建造9 500平方米田径场。1953—1957年,先后建造教职工宿舍水产一至四村,建筑面积为4 218平方米。1958年初,将原鱼皮制革工场改造并扩建为金工厂,建筑面积1 331平方米,命名为勤工机械厂。

1960年10月,经上海市建设委员会批准,将二院部分土地与校舍划归上海新业电工机械厂,保留学生宿舍和食堂区(1961年改为教职工宿舍,即今民治路12弄)、教职工宿舍区(即今军工路600弄),总面积约2.6公顷(39亩),并将一院北侧水泥制品厂土地划给学校,使军工路334号校区总面积扩大为14.14公顷(212亩)。1962年,在一院相继建成学生大饭厅、浴室、400米跑道田径场及游泳池。1963年,建成教职工宿舍楼2幢(32和33号楼)。1964年12月,校内风洞实验室完成土建部分和设备安装。至此,校舍总建筑面积为29 993平方米,基本建设总投资约为259.3万元。

其间,在其他地方所建生产实习基地详见第八篇第四章第二节教学基地。

1972年,学校迁往厦门集美前,军工路校区(包括一院、二院)校舍总建筑面积为52 650平方米。其中,教学办公用房25 485平方米、生活用房(师生宿舍和食堂)24 312平方米、辅助用房2 853平方米。

表10-2-1 1972年军工路校区主要建筑情况表

序号	校区地址	建筑名称	建成年代	建筑面积(平方米)	层数	结构
1	军工路334号	中心教学楼	1960	6 514	5	框架
2		南教学楼	1952	1 893	2	混合
3		北教学楼	1951	1 933	2	砖木
4		养殖生物系楼	1956	3 104	3	混合
5		加工系楼	1957	2 740	3	混合
6		图书馆	1956	2 379	2~3	砖木
7		危险品仓库	1969	83	1	混合
8		会议室	1947	566	2	砖木

(续表)

序号	校区地址	建筑名称	建成年代	建筑面积（平方米）	层数	结构
9	军工路334号	办公室	1947	582	2	砖木
10		第一学生宿舍	1959	2 880	3	混合
11		第二学生宿舍	1960	4 142	4	混合
12		大饭厅连浴室	1962	2 364	1～2	混凝土
13		三层教授宿舍（32号楼）	1963	1 303	3	混合
14		四层教职工宿舍（33号楼）	1963	1 672	4	混合
15		游泳池及机房	1962	452		混凝土
16		研究所（二号楼）	1946	1 073	2	混合
17	军工路580号	水产一村	1953	352	2	砖木
18		水产二村	1956	1 142	3	砖木
19		水产三村	1957	1 362	3	砖木
20		水产四村	1956	1 362	3	砖木
21		一至七排教职工宿舍	1952	3 728.5	1	砖木
22		金工厂	1958	1 331	1	砖木
23		托儿所（原图书馆）	1952	730	1	砖木

1979年，学校迁回上海原址时，因军工路校舍被多家单位占用移作招待所、仓库或堆栈，多年失修，环境脏乱，房屋修缮工作量大，学校对被占用房屋采取边收回、边修缮、边使用的方法。从1980年起，历时3年修复原有大部分校舍。其间，由于房屋不敷使用，曾利用空地搭建临时教室和办公用房以供急需。同时，陆续开建新建筑项目。

1981年，在军工路334号校区建成女生宿舍楼，扩建图书馆书库，修复田径场。1982年，建成面朝周家嘴路的新校门和主干道。1983年12月，建成1 259平方米体育馆，内设有篮球场2个，兼作排球场、羽毛球场、体操房等。1984年11月，建成动力液压实验室、配电房及600平方米印刷厂。1985—1993年，主要竣工交付使用的基建项目有海洋渔业楼、生态和食品工程楼、第三学生宿舍、远洋渔业培训中心、学生食堂、综合楼（原行政办公楼）、金工实习工厂及机制实验室、锅炉房等。1994—2000年，基建投资迅速增长。其间，竣工交付使用的有理化实验楼5 052平方米、第七学生宿舍及研究生宿舍楼5 460平方米、第九学生宿舍楼9 079平方米及33号楼扩建、大学生活动中心（教育超市）、配套水泵房和筒子楼改造等。2002年，军工路334号标志性建筑科技楼第一期工程竣工并投入使用，大楼共12层，总建筑面积12 023平方米。同年建成的还有鲸馆，建筑面积1 036平方米。

1981年11月13日，国家水产总局颁发《关于划分上海水产学院和东海水产研究所建设场地范围的通知》，界定上海水产学院和东海水产研究所用地范围，学校军工路校区面积为10.6公顷（159亩）。2004—2005年，因军工路道路拓宽及中环线工程建设需要，学校退让规划红线内面积0.35公顷（5.31亩），军工路334号校区实有土地面积为10.25公顷（153.69亩）。二院分成军工路600弄、民治路12弄两处教职工宿舍,1980—1995年拆除所有平房后,分别改建为五或六层教职工宿舍,共计22 439平方米(含幼儿园)。按上海市住房改革政策,于1995年分批售给住户。详见本篇第三章资产与物资管理。在上海南汇、浙江奉化、象山等地建造生产实习基地见第八篇第四章第二节教学基地。

表10-2-2　2008年军工路校区(军工路334号)主要建筑情况表

序号	项目名称	竣工时间	结构类型	层数	建筑面积(平方米)	备注
1	第一教学楼	1960	框架	5	6 392	原中心教学大楼
2	第二教学楼	1951	砖木	2	2 700	原北教学楼,1998年扩建
3	行政楼(原养殖生物系楼)	1956	混合	3	2 945	2004年改建
4	图书馆及书库	1956	砖木	3	4 568	书库于1982年建造
5	体育馆	1983	框架	1	1 259	
6	第一学生宿舍	1959	框架	4	3 840	1984年加一层
7	第二学生宿舍	1960	混合	4	4 608	
8	第三学生宿舍	1985	混合	6	2 522	
9	女生宿舍	1981	混合	5	2 257	
10	第六学生宿舍	1957	混合	3	2 685	原加工系楼
11	第七学生宿舍	1997	混合	6	2 730	
12	研究生宿舍	1997	混合	6	2 730	
13	第九学生宿舍	2000	混合	6	9 709	学生公寓
14	学生食堂及单身教职工宿舍	1986	混合	6	2 519	
15	海洋渔业楼	1986	框架	5	5 757	第三实验楼(西幢)
16	生态与食品工程实验楼	1989	框架	4	4 964	第三实验楼(东幢)
17	食品学院大楼(理化实验楼)	1994	框架	6	5 052	
18	科技楼	2002	框架	12	12 023	
19	远洋渔业培训中心	1991	框架	6	5 245	
20	金工厂	1988	框架	2	1 738	
21	综合行政楼	1988	框架	6	4 124	
22	大学生活动中心	1998	框架	4	1 930	
23	鲸馆	2002	钢构	1	1 036	
24	游泳池及机房	1962	混合	1	452	
25	三层教职工宿舍(32号楼)	1963	混合	3	1 303	2001年售给住户
26	四层教职工宿舍(33号楼)	1963	混合	4	2 231	1998年扩建,2001年售给住户

2008年9月,学校主体搬迁沪城环路校区,军工路校区除保留1.07公顷(16亩)土地及附属建

筑物外，其他建筑物和土地移交上海理工大学。保留的建筑物有博物馆（鲸馆）1 036平方米、第二教学大楼（原北教学大楼及东边扩建部分）2 700平方米、军工路校区综合办公大楼（原金工厂改造）1 200平方米及远洋渔业培训中心楼5 245平方米等。在军工路318号，另设上海海洋大学军工路校区校门。

第四节　厦门集美校区

1972年，学校迁往福建厦门办学，校址设于集美原华侨补习学校（简称侨校）和集美水产专科学校（简称水专）内。同年3月，厦门市革命委员会将两校财产全部移交给迁校筹备处。筹备处接收土地9.8公顷（147亩），房屋面积55 679平方米。

为适应迁校后需求，适当改建水专、侨校部分房屋。1972年，将水专"跃进楼"学生宿舍改为教职工宿舍。1973—1975年，建成福南教职工宿舍及南楼、西楼、北楼教职工宿舍近8 000平方米。

1976年，先后竣工的有行政办公楼1幢，建筑面积3 253平方米；渔业机械厂、冷冻厂和水产品加工实验工厂等实习工厂3座。渔业机械厂建筑面积为4 583平方米，工厂设备以从上海随迁设备为基础，增添部分新机床。该厂是各专业机械类教学实习、科研基地，同时也为社会生产服务。冷冻厂占地0.33公顷（5亩），建筑面积3 134平方米。其中，1座300吨实习冷库2 137平方米、机房489平方米、理鱼车间358平方米、制冰车间150平方米。水产品加工实验工厂建筑面积839平方米。其中，厂房752平方米、锅炉房87平方米。

学校将集美"中池"改建为淡水养殖试验场，新建产卵池及附属用房，共占地3公顷（45亩）；在集美中学南薰楼南侧海边建造海水养殖试验场780平方米；建成危险品仓库、车库等其他辅助设施。

1979年，校舍总建筑面积72 339平方米。其中，教学办公用房36 946平方米、生活用房31 070平方米、辅助用房4 323平方米。

第五节　学海路校区

2000年，随着学校办学规模不断扩大，军工路校区已不能满足发展，迫切需要拓展办学空间。时逢南汇县政府在惠南镇东城区规划用地666.7公顷（10 000亩）建科教园区，首轮用地133公顷（2 000亩），建筑面积32万平方米，分两期实施，2002年9月竣工。2000年9月10日，学校与南汇县政府签订《合作意向书》，规划学海路校区建造7.5万平方米建筑物，可用土地面积为15公顷（223亩）。学校向上海市教委进行汇报。校长周应祺向校第四届第三次教代会提交《关于建立上海水产大学南汇校区的方案》并获得通过。同年10月，学校与南汇县政府签署《合作办学协议书》，并成立南汇校区筹建工作办公室，由副校长曹德超兼任办公室主任，潘宏根、俞渊任办公室副主任。2001年7月5日，南汇校区筹建工作办公室改为南汇校区管理办公室，主要负责校区继续建设、设施管理及校区工作协调与保障。2002年7月，南汇校区管理办公室更名为学海路校区综合管理办公室，主任先后是曹德超、俞渊。

学海路校区第一期建设工程于2000年12月启动，次年9月竣工并交付使用，共计完成建筑面积5.3万平方米，其中主教学楼2.7万平方米、副教学楼0.9万平方米、实验楼1.2万平方米、图书馆0.32万平方米、体育用房0.2万平方米；完成400米跑道标准田径运动场、10个篮球场等体育场所建设;完成河道护坡、人工湖开挖、桥梁、道路、变电所、泵房等基础设施的建设。由南汇县有关方面负责建造的公共生活区第一期工程同时竣工,在生活区配备学生公寓、教工宿舍、食堂、超市、银行、邮政网点、电信网点、书店、医务室、公交汽车站等,还为学生提供电话、电热饮水机、热水淋浴器、自助洗衣房等设施和卧具清洗、宽带上网等服务。

第二期工程于2001年10月启动,次年9月竣工并交付使用,计有综合实验楼1.2万平方米、行政办公楼0.54万平方米、文体活动中心0.44万平方米。至此,规划建筑全部竣工,教学楼、实验楼、体育楼、图书馆、文体活动中心、办公楼等建筑面积共7.29万平方米。教学楼共有座位11 400多个。其中,多媒体教室65间(可同时容纳8 700多名学生)、外语听音室9间(可同时容纳500多名学生)。图书馆有普通阅览室6间(可同时容纳1 500余人)、电子阅览室2间(60座)。计算机中心拥有700多台教学电脑供学生使用。建有基础化学、基础物理、基础生物、电工等6个实验中心(可同时容纳1 400多名学生做实验)和带中央空调的600座多媒体远程学术报告厅。设有文体活动中心、医务室、心理咨询中心、青年报亭等设施,另有400米跑道标准田径场、10个篮球场、3个网球场、健身房、体操房、乒乓房等设施。公共生活区第二期工程同步完成。

表10-2-3 2008年学海路校区主要建筑情况表

序号	项目名称	竣工时间	结构类型	层数	建筑面积(平方米)
1	主教学楼(A楼)	2001	混合	3~4	26 694
2	副教学楼(B楼)	2001	混合	1~4	8 180
3	图书馆(D楼)	2001	混合	1~2	3 138
4	基础实验楼(C楼)	2001	混合	3	11 197
5	体育用房及司令台(J楼)	2001	混合	4	1 611
6	教学综合实验楼(C楼)	2002	混合	4	10 606
7	行政楼(G楼)、文体中心(H楼)	2002	混合	4	10 996

2002年12月,学校与南汇区政府指定的履约主体南汇教育投资发展有限公司签订《合作协议书》,一次性买断学海路校区所有房地产权,并于次年4月办妥学海路校区72 938.71平方米房屋、133 132平方米土地的房地产权证。校区地址为学海路100号。

2001—2008年,学校在军工路、学海路两个校区同时办学。其间,明确人文、信息、经济贸易3个学院本科一至三年级学生在学海路校区,四年级学生在军工路校区;生命、海洋、食品3个学院本科一、二年级学生在学海路校区,三、四年级学生在军工路校区,爱恩学院本科一至四年级学生在学海路校区;教务工作与学生工作重心转移至学海路校区,由学海路校区综合管理办公室负责协调各方面工作。

2008年9月,学海路校区因学校主体搬迁至沪城环路校区,根据相关协议移交给上海电力学院。

第六节 沪城环路校区

21世纪初,中国高等教育迅速发展,学校军工路校区、学海路校区共约370亩土地空间,严重制约学校规模发展。学校曾积极参与杨浦大学城规划和发展蓝图的谋划,也曾先后拟订东扩西进南挺的"海锚形"方案、军工路与学海路比翼双飞方案等规划设想,但都因种种原因难以付诸实施。

2004年10月19日,上海市政府召开高校布局结构调整第八次联席会议,决定学校搬迁至临港新城。学校军工路校区大部分和学海路校区分别置换给上海理工大学和上海电力学院。校区置换和市财政支持作为新校区建设资金的主要来源,并保留军工路校区南片约1.07公顷(16亩)土地,满足学校成人教育、农业部干部培训基地等功能之需。同年11月23日,学校与上海港城开发(集团)有限公司签订《关于上海水产大学整体置换搬迁合作原则协议书》,确定划拨土地106.7公顷(1 600亩)作为新校区建设用地,地址位于沪城环路999号。

2005年1月7日,学校成立潘迎捷任组长,封金章、顾乃达任副组长的新校区建设领导小组,下设新校区建设办公室,封金章兼任办公室主任。同时成立由分管副校长为组长的教学、科研、数字化、后勤4个专题工作领导小组,并聘请专业项目管理公司、专业投资监理单位、专业财务监理公司等咨询服务单位,协同学校开展工作,以确保建设质量、建设进度及投资控制。

2005年3月25日,经新校区建设领导小组讨论,确定7家有高校建筑设计经历的单位,参加新校区总体规划建筑方案征集。同年5月,学校在军工路和学海路两个校区,对7家设计单位的设计方案、规划模型进行现场展示,组织师生投票和网上评议。6月初,经专家评审会以及上级领导、兄弟院校领导、学者评议会评议,上海华东建设发展有限公司设计方案中选。

沪城环路校区规划总建筑面积58.6万平方米,按照"一次规划、分期实施"的原则,校区分四期建设。先期建设一、二期工程约38万平方米。经招标,5家咨询单位、3家设计单位、10家施工单位、9家监理公司和4家勘察单位中标。

2006年1月12日,沪城环路校区奠基仪式冒雨举行,上海市副市长严隽琪、市政府副秘书长姜平等为沪城环路校区奠基,农业部科教司寇建平宣读农业部贺信。2006—2008年,经过34个月的紧张施工,第一、二期工程如期竣工。其间,经受了2008年春季持续的低温雨雪冰冻天气、"汶川大地震"后的民工返乡潮、建材涨价等严峻考验。

整个校区由内而外,点面结合,规划为公共教学区、二级学院区、后勤生活区;设计有2条轴线贯穿校园:一条为实轴,即朝海路主轴步道;另一条为虚轴,即由主校门、观景平台、图文信息中心三点连成的一线。在校训照壁上方的观景平台,可以一览校园核心景观。镜湖、明湖、河道、7座车行桥和3座人行桥与湖边亲水平台和步行道相得益彰,形成便捷优美的校园景观步行网络。

校园交通采取"人车分流"方式,设计为元鼎路校园环线与辐射道路相接的格局。环路内公共教学区机动车禁止通行;校园核心区域设步行道路系统,保持各建筑群之间的有机联系。

学生公寓采用两幢建筑形成内庭的"口"字形围合结构,采取一梯二户模式,学生寝室全部朝南,室内淋浴采用太阳能供热系统。食堂位于学生公寓与公共教学区之间。为便捷研究生学习和生活,研究生公寓与食堂比邻学院区。

校园建筑主要采取三段式建筑形式,核心区内大部分建筑为4层,其顶层、底层作为上下两个段,以淡白色为主,中间一个段以灰色为基调。建筑外观遵循"建新如旧"的原则。12层楼高的图文信息中心为学校标志性建筑,位于校园中心位置,处在3条校园景观步行道相交处;行政楼靠近主校门(东校门),方便与外界联系;第一至第四教学楼组团排列,教室全部为多媒体教室,实现高度网络化、集中式远程控制和"一键式"智能化操作;为构建基础实验教学平台,建设公共实验楼,集中化学、生物、物理、计算机等四大类基础实验室;在学院区,对几家历史悠久的学院,因其建筑体量相对较大,采取内院式交流空间和独立院落式结构,其他学院则联合组成共有庭院;学生事务中心楼将相关学生服务功能集中一处,为学生提供"一门式"服务;体育场馆布局相对集中又有分散,在学生公寓东侧建主体育场、体育馆,在学生公寓西侧建副体育场,另在学生公寓、研究生公寓附近建网球场、篮球场等运动场所。

表 10-2-4　2011年沪城环路校区主要建筑情况表

第一期工程			第二期工程		
序号	项目名称	面积(平方米)	序号	项目名称	面积(平方米)
1	图文信息中心	31 596	1	本科生公寓	120 260
2	公共教学楼	46 203	2	研究生公寓	27 457
3	教学实验楼	23 621	3	第二食堂	8 613
4	行政楼	12 069	4	第三食堂	6 207
5	水产与生命学院	A楼 13 655　B楼 5 000	5	学生活动中心	8 550
5	海洋科学学院	7 858	5	学生活动中心	8 550
5	食品学院	A楼 11 322　B楼 5 522	5	学生活动中心	8 550
5	工程学院	7 830	5	学生活动中心	8 550
5	经济管理学院、信息学院、爱恩学院	14 516	5	学生活动中心	8 550
6	第一食堂	9 750	6	体育场看台	8 968
7	体育馆	7 937			
	小　计	196 879		小　计	180 055
总计		376 934			

2007年3月,学校开始筹划搬迁工作,制定《新校区搬迁方案》,落实主体搬迁工作各个环节。2008年8月10日,搬迁工作正式开始,到28日共计搬运各种物资1 108卡车、学生行李4.7万余件。同年10月12日,新学期开学典礼在沪城环路校区举行,沪城环路校区正式投入使用。其后,经整理、绿化,并在朝海路陆续建设反映历史变迁节点的7道门及"饮水思源""元鼎骨"等人文景观。

第三章 资产与物资管理

第一节 房地产管理

1951年起,学校的房地产由总务科管理。1986年,总务处下设房产科。1996年,总务处将下设总务、财务、房产3科合并为行政管理科。1998年,成立房屋管理经营所。1999—2011年,总务处先后更名为后勤办公室、后勤与产业办公室、后勤管理处。房地产管理始终是其职能之一。

房地产管理主要有校内公用房地产管理、校外实习基地管理和教职工住宅房地产管理3部分。

一、校内公用房地产管理

学校校址几经变迁,公用地产、房产也随之变化。

1952年起,校内公用房地产由总务处总务科管理。主要负责:与教务处配合管理教室的使用,办公用房的调配,学生宿舍的协调与安排;教室、宿舍、实验室等的修缮;校园内水、电、煤气的维修保养;校园环境的整治、保洁等工作。1979年,学校迁回上海后,维修任务繁重,在总务处下设维修科,专职房屋、道路、水电煤、排水管等的维修,与总务科有所分工。每年暑假期间,都要对教室、宿舍、实验室进行全面检查、维修,为新学年开学做准备。1998年起,学校开始引进社会物业管理公司逐步对学校的公共场所保洁、绿化养护等进行有偿服务和管理,学校定期对物业公司的工作进行评估、监督。1998年9月,与阳普集团公司下属昆明实业有限公司签订劳务合同,对军工路334号校区的公共楼宇实行物业管理。2001年9月,与上海东方大学城物业公司签订劳务合同,由该公司承担学海路100号校区物业管理。2008年10月,与上海紫泰物业管理有限公司签订劳务合同,由该公司承担沪城环路999号校区物业管理。

2003年,上海市推行房屋证与土地证两证合一后,学校办理军工路334号的房地产权证。同年,办理南汇区学海路100号的房地产权证。

2008年,学校主体搬迁至沪城环路999号校区,学海路校区转让给上海电力学院,军工路校区除保留部分校舍外,其余转让给上海理工大学。

二、校外实习基地管理

基地建设 学校校外实习基地主要有淡水养殖试验场、海水养殖试验场和无锡漕湾冲山塘大水面鱼类增养殖实习基地。这些基地建设几经变迁,见第八篇第四章第二节教学基地。

基地管理 基地由挂靠学院和校后勤管理处等共同管理。其中,后勤管理处负责协同有关院系完成基地选址工作;根据专业设计要求完成建设工作;办理相关土地使用证、房地产权证;对实习基地物业的维护、修缮;对实习师生提供后勤保障;同实习基地所在地政府商议有关事项或签订有关协议并履行等。

三、教职工住宅房地产管理

解放后,学校教职工住宅房地产管理工作,随着住房制度改革存在以下方式:

【公有住房租赁】

1949—1952年,学校没有教职工住宅,部分教职工在校外租赁房屋,学校提供一定的租房补贴。学校教职工住宅的建设始于1953年,在军工路580号建造水产一村,后来陆续建造水产二至四村和改造1～7排宿舍,建筑面积共7 946.5平方米。1963年,在军工路334号,建教职工宿舍楼两幢,建筑面积2 975平方米。1979年,学校迁回上海后,在军工路600弄和民治路12弄陆续建造教职工宿舍计15 392平方米。

1991年以前,教职工宿舍都是国家计划拨款建造,房屋产权属于学校,分配给教职工租住,教职工交付租金。分配条件必须是夫妻双方均在上海工作且没有住房,按职称、工龄、家庭户籍人口等条件积分排队。分房工作是当时后勤管理部门一项重要工作。每当新住宅竣工,学校制订《住房分配条例》,经教代会审议通过,专门成立住房分配工作小组,接受教职工的分房申请,按《住房分配条例》分配住房。对未婚的教职工,在校内提供单身宿舍住宿。后因新婚青年教职工增加,租住公有住房不够,学校通过改造"筒子楼"、建造"鸳鸯楼"等方式缓解燃眉之急。

学校后勤管理部门除负责分房外,还负责对公有房屋和内部设施进行维护、修缮,及收缴房租、水费和电费等管理工作。

【有偿分房和集资建房】

1991年,学校开始实施有偿分房,即与符合新配、增配住房条件的教职工配偶单位协商,共同承担新增面积费用,或以房屋调剂,或以资金出资。1995—1996年,学校新建住房6 427平方米,在分配中加大有偿力度,按职称或职务标准,超出的面积增收有偿款。

20世纪90年代末,随着办学规模不断扩大,学校教职工人数尤其是青年教职工人数增长较快,对住房需求水涨船高,仅靠国家计划拨款建造教职工住宅已难以满足需求,学校按照国家、学校、个人共同负担的原则,提出集资建房办法。1998年4月7日,学校教代会通过罗山基地集资建房分房办法,由国家、学校(利用公有住房出售获得的资金)、教职工个人三方出资建设新房。教职工参加集资建房有三原则:一是自愿;二是能确保在新建住房中拿到自己预定面积住房;三是个人出资比例相对较小(按建筑面积每平方米450元收取集资建房款)。学校用集资建房方式分给教职工住宅有罗山新村69套、古美新村10套、安波路教师公寓39套。

【公有住房出售】

1994年,上海市开展公有住房出售工作,探索住房商品化、社会化改革,学校公有住房开始向租住教职工出售。1994年,出售公有住房412套,面积2.25万平方米;1995年,出售公有住房58套,面积3 935.32平方米;1996年,出售公有住房30套,面积2 074.05平方米;1998年,出售公有住房57套,面积4 602.55平方米。同年4月,学校成立房屋管理经营所,军工路334号的32、33号楼在1998年后开始出售给租住于其中的教职工。截至2001年,共出售47套,面积3 386.57平方米。而老5号楼于1999年拆除,租住的10户教职工被安排在学校福利分房套配出来的房源居住。

2000年,民治路12弄和军工路600弄的教职工宿舍出售完成,住宅管理托管给高校后勤服务处下属生乐物业公司。对民治路12弄小区,学校以零租赁费形式提供3套住房作为物业补偿;对军工路600弄小区,学校与该公司签订10年期补偿协议,第一年补贴10万元,以后逐年递减1万元至协议终止。

【住房货币化分配】

2000年,上海市出台政策停止实物分房。同年初,学校成立办公室起草《住房制度改革实施办法》(以下简称《实施办法》)。《实施办法》于2000年12月20日经学校第四届第四次教职工代表大会审议并投票表决通过。《实施办法》规定:对2000年1月1日以前参加工作的教职工的住房补贴采取一次性核算、一次性结清的方法。核算方法是其该享受的住房标准,减去现有福利性住房面积,不足部分按一定标准计算金额,待其购买商品房以后,即可向学校提出申请发放。学校房屋管理部门按相关规定将申请的教职工排队,学校每年拿出一定数量资金发放。对2000年1月1日以后参加工作的教职工,住房补贴按标准计算金额,按月计入住房补贴资金账户,待其购房时,可提取使用。

2003年1月,学校启动离休干部住房解困工作,专项拨款55.7万元,解决15位离休干部的住房困难。

【配套商品房】

2004年,学校确定搬迁至南汇区临港新城,享有10万平方米(共948套)政府配套商品房,供学校教职工购买。2006年7月5日,学校第六届教职工代表大会第二次会议审议并投票表决通过《临港配套商品房选购方案》。截至2009年,符合购买配套商品房条件的教职工共购买874套,剩余74套办理学校产权证,用于以后引进人才配售和短期专家住宿周转。截至2011年,已配售给引进人才41套,10套用于短期专家住宿周转,尚剩23套继续用于引进人才和临时周转用房。

第二节 物资设备采购

一、机构与制度建设

20世纪50年代初,物资设备采购由总务科专人负责。1956年,总务处下设教学设备科,负责学校设备、低值易耗品、金属材料、电子零部件、危险品和办公用品的采购及仓库管理。1957年12月,该科同财务科合并组成财务设备科。1960年10月,财务科、设备科分开,设备科划归教务处。1964年4月,设备科与教材科合并组成教材设备科,增加教材采购。1979年,设备科与教材科分开。1984年,设备科划归实验室管理办公室领导。1997年,实验室管理办公室划归教务处领导,撤销设备科建制,其管理职能由实验室管理办公室担任。2000年,在教学服务中心下设置采购中心。2005年,设备采购功能纳入后勤服务中心采购部。2007年6月,设置实验室与设备管理处。

1980年起,除上述工作外,又增加进口设备报关、单价500元以上设备登账管理、仪器设备维修及金属材料仓库管理工作。实验室与设备管理处成立后,其工作重点是强化物资设备采购计划审核功能、管理固定资产及大型精密仪器设备。

1993年3月,学校制定《贯彻国家教委〈关于高等院校物资工作若干问题的规定〉实施细则》。

规定物资采购中实行计划采购为主,零星采购为辅的原则。各部门到市场自行采购的急用零星物资,一律要到学校指定部门入库验收,才能报销和领用。对国家专控商品、统配部管物资、使用外汇购置设备与零件,非专业(涉及民用)设备、2万元以上大型仪器设备的申购领用(含5 000元以上进口设备),均须由学院(部、处)负责人签字后方能办理。单价10万元以上仪器设备及重大项目,除可行性论证外,须经校长办公会议集体讨论后方可实施。同年,学校制订《仪器设备采购守则》,规定教学仪器设备采购按每年4月学校统一制定《年度仪器设备请购单》执行,根据学校下达的教学设备经费和请购单排序采购。要求采购人员执行"三报价"制度(使用单位报价、学校指定供货单位报价、采购人员业务联系单位报价),学校将3家报价比较之后选择质量好、信誉高、价格适合的单位订购。

随着教学、科研快速发展和改革不断深化,学校物品采购数量明显增加,采购经费渠道呈现多元化。2003年4月,为规范物品采购工作,提高采购资金使用效益,学校制定《关于加强物品采购监管工作的实施意见》,加强对物品采购工作的领导,成立由分管校领导为组长,监察、审计、财务等职能部门负责人为成员的物品采购工作领导小组,加强对学校各类物品采购的管理和监督;采购工作中的重要事项,必须经领导小组集体讨论决定,重大事项需经校党委会或校长办公会决定。

2009年7月,制定《物资设备采购管理办法》,规定需要零星购置物资设备时,须按经费预算填写《物资设备购置申请表》,经主管部门审核后方可纳入采购执行计划;需要批量购置物资设备时,经相关部门会审和主管校长同意后方可纳入采购执行计划;单价大于10万元(含)或批量大于50万元(含)的物资设备采购项目,须采用公开招标采购方式;单价小于10万元或批量小于50万元的物资设备采购项目,学校实行自行采购方式;采购单价小于1万元或批量小于3万元的物资设备采购,经实验室与设备处同意后,用户可自行采购。

2010年12月,为了进一步规范学校采购行为,提高资金使用效益,维护学校合法权益,促进采购工作廉政建设,学校制定《采购形式与限额标准的管理办法(试行)》,规定各单位分散采购,须填写采购申请表格,经本单位领导批准后方可采购。批量合同必须由本单位主管领导或授权人签字,经学校采购管理单位审核,加盖学校(合同)公章后方可生效。政府集中采购目录内的零星货物采购,须填写采购申请表格,经实验室与设备管理处批准方可采购。批量货物以及工程、服务类预算达20万元以上采购项目,须通过学校电子办公系统提交申请,经审核批准方可采购。

为规范采购过程,实验室与设备管理处修订相关采购制度,完善采购工作流程,并制定《物资设备单一来源采购的业务流程图》《物资设备的公开招标业务流程图》《物资设备的邀请采购业务流程图》《设备询价采购业务流程图》《设备竞争性谈判采购业务流程图》《设备采购与管理业务流程图》《实验设备采购验收工作流程图》等工作规范,贯彻实施。

二、采购情况

1980—1983年,设备采购每年基本维持在12万元左右。1984—1985年,学校利用世界银行农业教育第一、二期贷款项目,分别集中采购设备212.47万美元、107.2万美元。

学校为迎接基础课程评估,于1996年采购基础教学设备约85万元。

2000年,实验室管理办公室设备采购项目31项,采购金额300多万元,其中专项建设计划11项,采购金额180多万元,零星物资及设备采购近150万元。

2001年,采购中心设备采购项目65项,采购金额近1 200万元。其中,学海路校区建设一期采购项目10多项,物资设备采购金额1 030多万元;零星采购项目50多项,采购金额100多万元。

2002年,采购中心设备采购项目68项,采购金额近800万元。其中,学海路校区建设二期采购项目近10项,涉及采购金额500多万元;专项及零星采购项目近60项,采购金额100多万元。

2003年,采购中心设备采购项目70多项,采购金额600多万元。其中,图书馆建设项目107万元,食品学院生物技术(海洋药物方向)实验室64万元,制冷中心实验室建设项目37万元,海洋学院环境工程与科学实验室建设项目28万元,经贸学院综合实验室建设项目15万元。

2004年,采购中心设备采购项目40多项,涉及采购金额400多万元。其中,专业教学实验室建设240多万元,科研及零星采购金额100多万元。

2005年采购中心采购项目将近100余项,涉及金额达1 000多万元,从2月到12月,平均每月采购量为100万元。

2006年,采购中心零星采购110项,金额298.85万元;学校集中采购项目6项,其中教务处实验室3项,涉及金额163.49万元;科技处3项,重点实验室仪器涉及金额1 058.25万元,金山廊下渔业基地实验设备127万余元,海洋学院卫星设备360万元,合计采购金额达2 008万元。

2007年,采购中心零星采购94.74万元,学校集中采购项目主要有工程学院财政一期224.6万元、财政二期240万元;高水平特色项目购联想计算机17.98万元,教务处三期实验室210.86万元,海洋学院高水平特色项目207万元,全年合计采购金额995万元。

2008年,学校搬迁,采购中心采购金额12 251万元,为建校以来采购任务最大的一年。其中,零星采购275万元,搬迁专项经费采购443万元,学校搬迁领导小组下达的物资设备采购6 200万元,各类专项经费物资设备采购5 350万元。

2009年,零星采购310万元。其中,国产仪器设备234万元,进口仪器设备76万元,专项采购43项,金额为3 900多万元;各学院自行采购项目3项,金额36万元。

2010年,实验室与设备管理处下达采购任务43项,预算总额5 685万元。采购中心完成采购41项,实际采购合同总额4 533.61万元;各学院自行完成建设项目1项,合同金额327.17万元。

2011年,实验室与设备管理处下达采购任务48项,预算6 347.35万元。同年底,完成结算27项,计1 925.75万元;待交货或已部分交货未结算2 250.34万元;零星采购219笔701.84万元。跨年度采购21项,预算2 000多万元。

第三节　资产设备管理

一、机构与制度建设

20世纪80年代以前,资产、设备分属总务处和教务处管理。1984年,学校设立实验室管理办公室,仪器设备类资产由实验室管理办公室下设设备科管理,家具类资产由总务处管理。2000年,实验室管理办公室撤销,成立教学服务中心,仪器设备类资产由教学服务中心下设采购中心管理;家具类由学校后勤办公室管理。2004年,教学服务中心所辖采购中心管理的仪器设备类资产统一归口后勤与产业管理处管理。2007年,学校成立实验室与设备管理处,仪器设备类资产统一归口该处下设设备管理办公室管理。

资产设备管理主要是做好账、卡、物管理。实验室与设备管理处修订和完善从采购、验收、入账、调拨、报废等一系列制度,制订相关管理流程图。2007—2010年,学校利用2008年主体搬迁机会,对资产进行彻底清查。

学校自1962年开始建立固定资产管理制度和账册。清仓核资后,对照所暴露的问题,于1963年4月23日制订《关于印发加强物资管理及审批制度暂行办法(草案)的通知》,对管理系统与职责、计划采购、验收、保管、使用等各环节,以及管理系统、账务处理、各类设备、材料收发、报废手续、赔偿、调拨、借用、队伍建设等作出规定。各种具体操作一直沿用至1992年。

1982年6月,学校制订并试行《实验室建设与管理和物资管理办法的实施细则》和《实验室设备、器材损坏丢失赔偿处理暂行办法》。

1993年3月,制订《物资管理制度汇编》,提出5项规定:(1)全校财产管理体制实行归口、归类、分级管理,由实验室管理办公室、总务处、图书馆3个职能部门管理;(2)各种资金渠道的固定资产必须先到归类管理机构办理财产登记、编号、入账手续,然后到财务部门报账;(3)学校统一管理的低值物品和工具,由各系(部)、处指定专人负责管理,实行"二章二证";(4)积压报废物资对外调拨或处理,必须经归类管理机构审核同意后办理;(5)尽可能保持物资管理干部的稳定,在办理离岗离校手续之前必须先办理所管物资移交手续。同年7月,制定《关于启用固定资产"准予报销"审核和严格财务报销制度的通知》,规定无论来自何种渠道或使用何种经费购置,包括接受捐赠、加工、自制和经济独立核算单位的固定资产,在购入验收做好账、卡后,按规定编写入账,由部门指定负责人盖章,到实验办在发票上加盖"准予报销"审核章后,财务部门才能给予报销冲账。否则,财务部门拒绝受理报销业务。同年11月,学校制订农业部重点开放实验室的管理办法。1995年5月,学校制订贯彻国家国有资产管理局、财政部《行政事业单位国有资产管理办法》实施细则。

为做好基础实验室合格评估工作,学校于1996—1997年修订和汇编《物资管理制度》,其中主要包括以下18个文件:《贯彻国家教委〈关于高等院校物资工作若干问题的规定〉实施细则》《固定资产(仪器设备)管理办法》《固定资产(仪器设备)验收、报销审核守则》《仪器采购守则》《财产、物资有关财务管理若干规定》《控购商品审批、报账办法》《接受境外捐赠物资管理办法》《关于物资审批权限暂行规定》《大型、精密、贵重仪器设备的管理考核办法》《仪器设备维修管理办法》《物资设备报废、降级和多余积压回收处理的规定》《关于低值品和工具管理办法》《库存物资管理办法》《关于仓库材料盈亏的处理办法》《技术物资损坏、丢失赔偿制度》《劳动防护用品管理》《校内调动、调出(毕业、离退休)离校或出国人员须进行个人保管物资设备移交手续的规定》《家具管理办法》等。

2007—2011年,对以往政策性文件进行再次梳理,并修订《仪器设备管理办法》《贵重仪器设备管理办法》等相关文件。

二、资产管理

20世纪50年代,仪器设备物资购入建账后下拨到系、部门管理、使用,定期对账、检查。各系设有仪器室,统管系内设备的维护保养。领用低值易耗品,登记领用单。生产实习和科研借用设备,办理借用手续。各种仪器设备都编号登记。1962年,进行清仓核实,彻底清查各类物资、建账、制卡,落实二级管理。

1993年,为贯彻国家教委《关于高等学校物资工作若干问题的规定》,学校制订《贯彻〈关于高等院校物资工作若干问题的规定〉实施细则》。规定实验室管理办公室为全校物资工作的归口单位。主要职责:(1)协助分管校长全面管理学校物资工作,贯彻执行国家有关物资工作的方针、政策和法令;(2)结合学校的具体情况制定统一的物资管理制度和办法;(3)代表学校对上申报国家管理的物资设备计划,对内分配并且负责检查使用情况,指导和管理市场采购;(4) 统一物资的账目,负责全校物资的统计上报;(5) 组织物资工作人员的培训交流。同时规定财务部门设置固定资产一级科目总账、全校财产管理体制实行归口、归类、分级管理。以物资属性把16类固定资产分别划归实验室管理办公室、总务处、图书馆三个职能部门。实验室管理办公室负责管理仪器仪表、机电设备、电子设备、印刷机械、卫生医疗机械、文体设备、标本模型、工具量具和器皿、行政办公设备9大类资产;总务处负责管理房屋及构筑物、土地及植物、文物及陈列品、家具、被服装具、牲畜6大类资产;图书馆负责管理图书类资产。

根据适当集中、便于管理的原则,实验室管理办公室管理的9大类资产,分别实行从实验室管理办公室—学院—实验室三级制和实验室管理办公室—学院(部、处、校办产业)二级制管理;总务处与图书馆管理的7大类资产,实行总务处、图书馆—学院(部、处、校办产业)二级制管理。

对于9大类资产管理,实验室管理办公室制订从采购、付费、入账、管理、领用、损坏、丢失、调拨、报废等一整套管理制度,制作流程图,理顺资产管理各个环节。

1993年,上海高校物资清理整顿验收组对学校物资清理整顿工作进行验收,评定学校为物资清理整顿先进单位。

2004年,资产管理职责划归后勤管理处。资产管理职能范围扩大,包括除图书外的全部固定资产。实行校、院二级管理。

2007年,学校成立实验室与设备管理处,下设设备管理办公室,负责管理资产范围除1993年实验室管理办公室负责管理的9大类资产外,增加家具类资产管理。学校实行校、院二级管理体制,职责为管理、维修、调拨、报失、报废。

2008年8月,学校在校园网设立固定资产管理系统,对零星采购资产和批量采购资产从采购、入账到报销作出明确规定,制作零星采购入账管理流程图规范操作。

有关固定资产、专控设备的采购报销、账务处理、资产登录、报废报失处理等与财务相关的规章制度可参阅本篇第三章第二节。实验室与设备管理处和财务与资产管理处每年对账一次,核对资产增减。

2007年,根据上海市财政局《关于印发〈本市行政事业单位资产清查工作实施方案〉的通知》,学校2007年4月起对固定资产进行彻底清查,清查结果:截至2006年12月31日,学校固定资产账面共有72 378台件、金额43 345万元。其中,仍在使用的51 269件、金额38 713万元。2007年,向上海市财政局申请报废资产5 718台件,金额为1 455万元。

2008年,学校搬迁前,除房屋、土地资产外,待报废资产累计16 740件,价值约2 658万元;两校区搬迁移交资产35 548件,价值约4 098万元。经评估、审核同意处置的资产累计4 694件,价值约1 678万元。学校搬迁资产计17 778件,价值约11 110万元。

2009年、2010年,学校连续两年召开固定资产管理、物资设备采购工作会议,对搬迁后的资产及新增资产进行清点。2011年底,学校各类设备类资产金额为39 394.95万元。

第四章 后勤服务

第一节 管理机构

1999年10月,学校后勤进行社会化改革,原属于总务处的膳食科、维修科、汽车队分离出来成立后勤服务中心。后又陆续将收发室、卫生科、幼儿园、招待所、服务公司等委托后勤服务中心管理。2000年7月,幼儿园移交杨浦区教育局。2001年3月,卫生科更名为门诊部,经杨浦区卫生局验收,取得执业许可证。2001年初,学校设置教学服务中心,将直接为学生服务的宿舍管理、教材和设备采购、文印、学生就业指导、勤工助学、心理咨询、校内保卫等职能划归其管理。2005年,教学服务中心撤销,其后勤服务职能并入后勤服务中心。2005年,后勤服务中心下设饮食服务中心、社区管理中心、教材与物资采供中心、物业管理中心、医疗服务中心、勤工助学服务中心、专家接待服务中心、交通服务中心、收发室、文印室和服务公司11个服务实体,职工343人,其中事业编制职工101人。2006年11月17日,校后勤服务中心获得上海质量体系审核中心(SASC)ISO 9001:2000质量管理体系认证注册。2007年10月,后勤服务中心下设机构调整为:综合管理部、人力资源部、计划财务部3个管理部门和饮食服务中心、社区管理中心、教学服务中心、门诊部、交通服务部、能源管理办公室、蔚海服务公司(筹)7个服务实体。2011年12月,后勤服务中心下设机构调整为:综合管理部、人力资源部、计划财务部3个管理部门,以及饮食服务中心、社区管理中心、教学服务中心、接待服务中心、门诊部、交通服务部、商贸发展部和能源服务部8个服务实体,有职工589人,其中事业编制职工76人。

后勤服务中心历任总经理是张锡荣、沙德银、王国华(2008.2—),历任副总经理是施永忠、徐越甫、郁美娣、吴炯华(2007.9—)、陆文宣(2010.2—),历任直属党支部书记是施永忠、郁美娣、戴永金(2005.1—)。

第二节 餐饮膳食设施和管理

一、设施建设

民国2年(1913年),在吴淞炮台湾校区竣工的第一批建筑中,有一座学生餐厅。1951年5月,学校迁入军工路334号校区,餐厅设于现军工路校区博物馆(鲸馆)处,师生合用,称小饭厅。1952年,在军工路580号建饭厅734.71平方米,厨房166.13平方米,可供1 200人用餐。小饭厅改由教师和女生用餐。1962年4月,军工路334号大食堂竣工后,撤销上述两餐厅,师生集中在大食堂用餐。大食堂可兼作大会场,也可以用于文艺演出、放映电影等。

1979年,学校迁回上海时,膳食科下设食堂(大食堂)、锅炉房、开水房及男、女浴室。1989年,因招收新疆班学生,专门开设清真食堂。随着师生人数逐渐增加,在单身教职工宿舍一楼开设风味食堂。1997年,在校门口裙房二楼开设家馨餐厅。2000年,风味食堂改名为生乐餐厅。2001年,大食堂老化关闭,利用原乒乓房设立同乐餐厅。同年,学海路校区建成后,军工路校区师生人数减少,家馨餐厅关闭。

2008年,学校搬迁至沪城环路校区,设3个食堂:第一食堂一楼、二楼共计8 873平方米、座位3 016个;第二食堂3 492平方米、座位1 116个;第三食堂一楼、二楼共计4 800平方米、座位980个。第一、第二食堂主要供本科生使用;第三食堂一楼主要供研究生、留学生使用,二楼供教职工使用。

二、管理

1952年,总务处下设生活管理组管理食堂。1964年,总务处增设膳食科。1979年,军工路校区膳食科设财务、出纳各1人,食堂包括锅炉房共有15名职工。1984年,学生人数增至约2 000人,食堂工作人员25人。1999年10月起,膳食科隶属于后勤服务中心。2000年,膳食科改名为饮食服务中心。2011年,从事餐饮膳食的工作人员共307人。

学校的餐饮膳食管理与服务始终以抓卫生、保质量为主线。20世纪50—60年代,学校利用实习渔船捕获的水产品为师生提供营养保障。20世纪80年代至21世纪初,办有豆制品工场,提供豆制品副食。1995年,由后勤投资建设的海天楼酒家开张营业,部分利润贴补学生伙食。对厨师进行培训考证,制订操作规范,不断提高食品安全和伙食质量。对清真食堂,尊重民族风俗,严格操作。

2001年后,对操作流程不断完善。建立晨检管理规范、个人卫生规范、仓库管理岗位规范等13个工作规范和食品采购流程图、食品原料加工流程图、厨师烹饪操作流程图、点心师制作操作流程图、售饭(菜)员工操作流程图、餐具清洗消毒流程图6个工作流程图。对职工的规范化操作在总结经验的基础上进行文件化规范,同时将规范、流程张贴上墙,使职工能经常阅读。在服务质量监督管理上,建立服务质量评价制度,把服务质量细分并按照相应比例量化、确定最高分值,形成表格,由中心、上级部门领导和师生代表定期进行评价,作为工作考核的重要手段,并把其列入中心的质量目标,要求质量符合性评价达到85分以上。通过质量符合性评价体系的实施,提升员工规范操作意识,餐饮服务质量得到有效监控。2006年,饮食服务中心开始实施ISO 9001质量管理体系标准。

2009年4月,在食品学院支持下,饮食服务中心开展营养套餐试点工作,以中国营养学会制订的居民膳食指南为标准,参考轻体力活动强度等级的能量(男生每天需2 400千卡、女生每天需2 100千卡)需求,计算出学生每天需摄入的营养成分,经饮食服务中心对营养食谱的可操作性、成本因数等分析,制订出学生每天的营养套餐食谱,如早餐供应牛奶、鸡蛋、包子,午餐追加供应水果等,每餐将套餐的主要营养成分含量(如热量、碳水化合物、脂肪、蛋白质、维生素A等)公布。同年10月,开始实施餐饮业"六T"(天天处理、天天整合、天天清扫、天天规范、天天检查、天天改进)管理规范。

第三节 学生宿舍

一、设施建设

民国2年12月竣工的第一期校舍中,有1座学生宿舍楼;民国4年1月竣工的第二期校舍、民国6年6月竣工的第三期校舍和民国8年11月竣工的第四期校舍中各有学生宿舍楼房1座。这些学生宿舍位于吴淞炮台湾校区,在"一·二八"事变和"八一三"事变中先后毁于日本侵华军炮火。

1952年,在军工路580号校区建5排平房计学生宿舍70间,男生迁入。1959—2000年,在军工路334号校区先后新建改建学生宿舍楼8幢,总建筑面积27 241平方米。(详见本篇二章第三节。)

2008年,在沪城环路校区竣工学生公寓楼33幢,房间全部朝南,计147 000平方米,分为A(南)区、B(北)区两个区,其中A区为本科生公寓楼,B区为硕士生、博士生、留学生公寓楼。本科生全部为4人间,硕士生为3人间、博士生为2人间。学生公寓为围合式建筑,均装有门禁系统,共有标准宿舍3 900余间,床位数1.4万多个。A区学生宿舍全部采用太阳能供热用水系统。

二、管理

江苏省立水产学校时期,学校设有舍监,负责宿舍布置、制订宿舍规则、执掌整顿风纪;负责宿舍物品添置、修缮;管理学生进舍、出舍、起卧与膳食时间,选定舍长、室长;执行宿舍规则和考察卧室自修位次;宿舍警卫和卫生工作等。

1952年起,学生宿舍由总务科管理,设管理教师,但各宿舍基本由各班级自主管理,各寝室均制订公约,共同遵守,并有值日生制度,学生自主负责寝室卫生、整理内务、作息考评、准时熄灯,星期日22点前返校就寝等规定。20世纪60年代,班主任入住学生宿舍楼,以便于师生交流和管理。厦门水产学院时期,学生宿舍由学生自主管理。

1979年,学校迁回上海后,学生宿舍管理基本沿袭旧制,专设宿舍管理教师,班主任入住学生宿舍楼。1987年,总务处增设宿舍管理科。1995年,宿舍管理科更名为社区管理中心,划归学生处。1999年,后勤社会化改革,社区管理中心归属后勤办公室。2001年,学校成立教学服务中心,社区管理中心隶属于教学服务中心。2005年3月,教学服务中心撤销,社区管理中心划归后勤服务中心。

2001年9月—2008年7月,学海路校区的学生宿舍物业实施完全社会化运营模式。学校为加强社区的学生管理、教育和引导工作,各学院派专兼职辅导员入住学生宿舍楼。2003年,学校在军工路校区成立社区大学生党员示范团,在学生宿舍中开展党建和思想政治教育工作。2004年11月,学海路校区社区党员示范团成立。

2005年起,学生宿舍管理的主要职能包括思想教育、行为指导(加强寝室卫生检查,指导学生遵守社区纪律)、日常管理(学生住宿安排和调整,办理申请住宿和退宿,开展毕业生文明离校教育,安排临时住宿等)、生活服务(开设洗衣房、脱水机、微波炉、电话超市、送水到寝室等服务)、精神文明(举办文化艺术节、学生沙龙、周末影院等活动,开展"免检寝室""文明寝室""特色寝室"等评比活动)、安全防范(进行日常安全检查,举办防火等知识讲座,利用宣传展板进行安全防范宣传,举办违禁电器警示展)等内容。

2008年,学校制订《社区管理实施细则》等文件,针对学生入宿、收费、退宿与退费、安全保卫、家具设施及水电、公寓卫生、违章违纪的处罚、违规行为处理程序、评比与奖励及外籍留学生管理等作出规定。针对宿舍管理人员制定《员工手册》《首问责任制》等文件,执行ISO 9001质量管理体系标准,以加强对学生的管理、服务。同时,制订《社区党员示范团评优实施意见》《社区党员示范团工作章程》等文件,加强社区学生的党建和思想政治工作。在沪城环路校区,社区管理中心下设公寓事务管理部、综合事务管理部、办公室3个主要部门,负责学生宿舍日常管理、生活服务、安全防范、公共保洁、思想教育、行为指导、精神文明、损坏报修服务等。执行ISO 9001管理与服务规范,坚持"管理育人、服务育人"宗旨,做到"规范化服务,精细化管理",为学生提供和谐文明的住宿环境。

2011年3月,宿舍维修服务纳入社区管理中心统一管理。同年12月,社区管理中心有员工150余人,包括管理人员、各小区管理员、值班员、保洁员、维修工以及安全员。

第四节 交通与生活服务

一、交通服务

【规模与人员】

1952年,学校有汽车3辆,由总务处所属总务科管理。1955年前后,学校设驾驶班,有驾驶员4人、汽车修理工1人,车辆4辆,其中大客车1辆,为学校公务用车。1972—1979年,在厦门办学期间,驾驶班规模扩大,有驾驶员13人、修理工5人、汽车13辆,主要担负学校教学实习、公务外出、校办工厂生产、上海留守组工作以及应急急救等任务。1979年,学校迁回上海后,有驾驶员、修理工等7人,车辆4辆。1984年,有驾驶员8人、修理工2人、专职调度员1人,车辆8辆。

1996年,学校汽车队注册成立水大汽车修配厂,职工12人。次年,将汽车队创收功能与服务功能剥离,修配厂以创收为主,主要为学校车辆维修、保养及承接社会车辆维修、验车业务等。1999年底,后勤社会化改革后注销。汽车队改名为交通服务中心,职工12人、车辆17辆。

2008年10月,为适应沪城环路校区远郊办学需要,学校成立后勤服务中心交通服务部。2011年,交通服务部有职工29人、车辆25辆,其中轿车15辆、越野车1辆、中型客车3辆、大客车6辆。

【教职工通勤班车】

1982年下半年起,学校开通由军工路334号校区往返上海宾馆(乌鲁木齐路)的教职工上下班通勤班车,每天早晚往返一班,平均乘坐人数约40人。

2001年,学校开通军工路校区往返学海路校区的通勤班车,通过自购车辆和社会租赁方式,投入6辆大客车运行,从军工路出发,途径罗山路、张江等至学海路校区,每日往返6个班次,日乘坐人数约200人次。

2008年,学校搬迁至沪城环路校区,为适应远郊办学,学校开设由市区(军工路、沙岗路、龙居路、张江地铁站)往返沪城环路校区的5条通勤班车线路。2011年,每日往返10个班次,日均乘坐人数约500人次。寒、暑假每星期一、四往返1个班次。

【学生集体活动】

每年新学期新生入学,学校安排大客车到车站、码头迎接新生;学生教学、生产实习、集体活动等,安排大客车接送。

二、接待服务

1955年,学校开始招收越南留学生时,设置招待所,主要负责留学生的住宿管理。1984年,学校招待所分为"内招"和"外招"两部分,内招位于第二食堂二、三层,主要用于接待来校培训的外地学员和来宾,外招位于小洋房,主要用于外教居住和外宾接待,有工作人员4人。

1991年,远洋渔业培训中心大楼竣工,大楼建筑面积5 245平方米,有教室3间、实验室2间(海上救助模拟实验室、GMDSS模拟实验室),有大小客房共110余间,其中大套房7间、普通2人客房5间、标准2人客房44间、普通3人客房22间、标准3人客房11间、6人客房22间;另拥有600平方米餐厅1个、300座大会议室1个、40~60座小会议室2个。在满足农业部渔业培训学员接待任务外,为其他宾客提供服务。此项工作由学校招待所负责。该所原归总务处管理,2002年起委托后勤服务中心。

沪城环路校区的研究生交流与培训中心承担来访专家学者、师生、校友、学生家长、会议代表等的住宿接待工作,由后勤服务中心下辖接待服务中心管理。该中心拥有104间客房计158个床位。其中,普通单人房32间、普通标准间36间、舒适大床房18间、舒适标准间18间。客房内服务设施比较齐全,贯彻ISO 9001质量管理体系标准。2011年,有工作人员16人。

三、电信服务

20世纪50年代,学校办公电话由总务科负责管理。1952年,采用单位小交换机方式由学校总机转接至各电话分机的通讯形式。1988年,学校综合行政楼建成,办公电话总量增长至326门。

1997年6月28日,学校与上海市邮电管理局签订《关于共建上海水产大学通信网络的协议》,办公电话业务开始走向市场化运作,全部进入直线连接,划入电信运营范围,并享受当时电信部门的优惠政策,每门电话在市区范围内56元包月。同时也彻底解决了办公电话通讯不畅的难题。学校可用固定电话资源升至2 000门,同时电信"201卡"电话逐步引入学生宿舍。

1999年6月,学校办公电话由网络管理中心负责管理。2006年,办公电话数量达到503门,学生宿舍做到"201卡"电话全覆盖。

2006年,沪城环路校区开始建设,学校与网通公司签订数据通信的合作协议,由网通公司进行建设和固话业务运营,采用光缆传输技术,数字化AG数据语音交换机实现固话传送。享受全直线连接和48元包月的电话通讯优惠政策。沪城环路校区固话资源达5 000门。2011年,办公电话达726门,学生宿舍做到电话端口全覆盖。

第五节 校园环境与卫生

一、环境绿化

吴淞校区 民国元年(1912年)起,经过8年四期工程建设,校园建设基本完成。整个校园呈四边形,中心有一座公镠亭,四周有花圃、丛树,景色优美。学校周围有护校小浜与随塘河相通,有竹篱笆与外界相隔。

军工路校区 1951年5月,学校迁入军工路334号校区,绿化和环境建设逐步展开。20世纪50年代,北教学大楼、南教学大楼、养殖生物系楼、图书馆、加工楼和中心教学大楼先后落成后,在其附近种植悬铃木、雪松、龙柏等树木,铺设草坪,并设有植物园,为植物学教学和美化校园服务,后改为苗圃。1963年,在大饭厅旁、教授宿舍楼前,辟有小花园。1979年,学校迁回上海后,对校园环境和绿化重新进行规划。1983年,迁建校门,面向周家嘴路,直面校门的主干道呈东西向,两旁分布教学楼、实验楼和图书馆。校园南部为教学区,北部为生活区,南北主干道贯穿两区。在学校主干道及主要道路两侧种植香樟、水杉等。1993年,改造下水道,解决暴雨水淹问题。1996年,为落实学校精神文明建设34条措施,美化校园环境,由学校海天公司出资15万元建造生态楼附近的风景点和3 500平方米的草坪,种植一批水杉、麦冬等花木。次年,学校在中心教学大楼与养殖大楼之间重新铺设冬夏常绿的3 600平方米草皮,由专人管理、养护;在学生宿舍楼周围填土200吨,新增绿化面积680平方米。

学海路校区 学海路校区占地14.33公顷(215亩),校内人工湖和活水河道有1.67公顷(25亩)。2002年,校区绿化面积为40 000平方米,次年增至54 552平方米,绿化率达38%。因为校园是一次性规划、建设,所以整体性好、合理、美观。入驻时大部分绿化已初步建好,学校主要负责后期养护,同时也不断建设和新增花坛、树木等校园景观,使校区绿化、美化,环境更加宜人。

沪城环路校区 2008年9月,学校主体搬迁到沪城环路校区,校区布局充分体现"人—建筑—自然"的主题。校区总建筑面积约38万平方米、绿地面积约29万平方米,道路广场面积约26.7万平方米,河道湖泊面积约6.1万平方米。

2009年起,学校对校园绿化和景观进行规划建设,加强管理和投入。通过师生义务植树,建立责任养护区,建设绿化景观单元,开展认建、认养、认捐活动等提升校园绿化水平;陆续建设一批历史人文景观,如反映学校历史变迁的7道景观门、饮水思源像、元鼎骨雕塑等;委托专业水生环境公司养护校园水系,定期对水质进行检测,对水生植被、水生动物进行保护。

2010年开始,学校通过与绿化公司签订合同的形式,对校园共进行3轮绿化建设和其后的养护工作,分别对校园环路内圈,主轴大道,学院区内周围绿化,桃树园、梨树园、橘树园、假山景观等模块进行建设和保养维护,学校进行验收,定期对签约公司的养护工作进行评估,督促改进,以维护校园景观建设的可持续发展。

二、环境卫生

20世纪50年代起,总务科负责校园的环境卫生,清运垃圾,疏通下水道,绿化的规划、落实和养护等。教职工和学生自己打扫办公室和宿舍,总务科安排专人负责教室和公共部位的卫生工作。学校爱国卫生运动委员会也经常发动师生进行公共场所的打扫工作,消灭蚊蝇。1956年,军工路校区小厨房北侧有一条臭水沟,爱国卫生运动委员会发动学生将水沟填平,种植树木,维护校园清洁、卫生和美观。每周六下午,经常性组织学生开展义务劳动,清洁校园、教室、宿舍及公共部位环境卫生。1959年,学校动工兴建中心教学大楼,教师带领学生参加施工作业,共同整理施工现场,清扫垃圾。这一传统一直保持到20世纪90年代。

1998年,学校开始探索由社会上的物业公司承包环境卫生的维护工作。同年9月,学校与昆明实业有限公司签订协议,由昆明实业公司组建水大服务队承担军工路校区公共场所(教学区域、各行政办公楼、道路等)保洁、校园绿化养护等工作。2004年3月12日,学校将军工路校区的校园保洁、保绿工作委托给后勤服务中心承担。2002年,学海路校区的环境卫生由上海东方大学城物业管理有限公司承担,物业公司具体负责学校的教学楼、行政办公楼、室外道路、河道等公共区域的环境卫生,同时物业公司还负责部分绿化养护工作,保证供水和供电、照明、通信视听系统设备的完好。

2008年6月,学校与上海紫泰物业管理有限公司签订沪城环路校区第一轮物业管理协议。上海紫泰物业管理有限公司在环境卫生方面负责教学楼及楼内教室、行政楼、图文信息中心、体育场馆、二级学院楼宇、校区道路、绿地、雕塑、景观、水道等处的环境卫生工作。物业公司每天两次清扫道路、广场、地下车库，保持清洁。学校负责监督、评估其服务质量。学校又与花卉公司签订楼宇花卉盆景租赁协议，校方提出摆放需求，由花卉公司负责景观植物的摆放和日常养护。此外，学校还在大型活动或节日时请花卉公司摆放花草，美化校园环境。2009年9月—2011年9月，学校与上海紫泰物业管理有限公司相继签订物业管理第二至第四轮协议。

第六节 医疗保健

一、机构、人员与制度建设

江苏省立水产学校设有医务室，有校医1人。1947年，在上海复校时，设医务室，有校医2人、护士1人。1952年，医务室工作人员4人，其中医生2人、护士1人、药剂员1人。1964年，设卫生科，有医护人员10人。在厦门办学期间，卫生科有医护人员21人，设专职药房管理人员。1979年，学校迁回上海时，卫生科有医护人员18人。1985年，始设化验员和专职挂号人员。1999年10月，卫生科委托后勤服务中心管理。2000年2月，撤销卫生科，设立门诊部。同年7月，取得门诊部医疗机构执业许可证。2011年，门诊部共有医护人员25人，其中医生13人（具有高级职称的2人）、护士7人、药剂师1人、主管检验师1人。

2006年6月，门诊部按照ISO 9001质量管理体系标准制订并实施《医疗服务中心工作手册》，制订主任、组长、医生、护士、药房药库人员、核算、挂号员等的岗位职责，制订药品采购和管理、一次性医疗用品使用、消毒隔离、传染病和慢性病防治、突发医疗事故报告等管理制度，制订门诊医生、注射室、高压锅消毒、门诊病案撰写、化验等工作规范。

2007年4月，根据上海市人民政府有关文件精神，学校制订《大学生医疗保障管理办法》《大学生医疗保障实施细则》。2011年9月，大学生纳入上海市城镇居民基本医疗保险，学校制订《大学生医疗保障管理试行办法》。

二、医疗设施和业务

在吴淞炮台湾校区时，医务室开设普通门诊医疗和保健工作。1951年，学校搬入军工路334号校区时，医务室设在小红楼内，后几经搬迁，设有门诊、内科、注射室、药房等，实行公费医疗制度。1964年，又增设妇科、口腔科、针灸、化验，并专设药房，建立24小时值班制度。在厦门办学时，卫生科除开设原各科诊疗外，增设药品仓库。1979年，学校迁回上海后，卫生科添置心电图仪、血液分析仪、烘箱、恒温水箱、离心器等设备，增加肝功能、尿常规、乙肝五项、妊娠试验、血脂等检查项目，对发现的肝炎病人和其他传染性疾病的病人，设隔离病房或送传染病医院治疗。1996年，搬入运动场北侧的卫生科楼第二、三层，面积402平方米，增设门诊输液，并外聘医生开设皮肤科、乳房外科、中医科、外科、心血管科、口腔科、针灸科、五官科等专家门诊。2000年3月，门诊部开通医保专线，教职工看病与上海市医疗保险结算同步接轨。同年7月，门诊部设有预防保健科、内科、外科、妇科、耳鼻咽喉科、医学检验科、心电诊断科、中医科、理疗科、口腔科、药房，同时外聘医务人员定期开展耳鼻咽喉科、口腔科、中医科、理疗科等的专家门诊。

2001年9月,门诊部在学海路校区设立医务室,有内科、药房、化验室、换药室、挂号收费室、消毒室等。

沪城环路校区的门诊部设在体育场西看台下一楼,用房面积1 100平方米。新购置150万元医疗设备,有遥控X线透视机、全自动生化仪、酶标仪、血球计数仪、尿液分析仪、十二导自动分析心电图机、超声波诊断系统、冷藏箱、高压消毒锅、离心机、连体式牙科治疗机、中药煎药机等。2009年7月,门诊部通过南汇区卫生局验收,取得门诊部执业许可证,设立预防保健科、内科、外科、中医科、医学检验科、医学影像科等诊疗科目。同年10月,教职工医保专线开通。2010年4月,医疗信息管理系统试运行,实现挂号、就诊、药房、化验、收费联网管理。同年7月,完成二级实验室备案,开展实验室常规工作,血、尿常规、大便隐血、乙肝两对半、血型的检查,血糖、妊娠的快速检测,每周四进行肝、肾、糖、脂的生化指标的检测。2011年4月,公共卫生信息管理系统试运行,实现体检、传染病慢性病监测、医药费审核报销等健康保健内容信息化管理。

三、预防保健

体检 20世纪50年代,对新生进行心肺、肝脾、视力和辨色力等项目体检。在厦门办学时增加血常规、胸部透视项目。1981年,又增加肝功能、表面抗原和尿常规等项目。1984年起,对退休教职工及45周岁以上、中级职称以上在职教职工进行体检,每两年一次。1997年起,全体教职员工每年接受一次健康体检。2003年起,对在体检中发现的慢性病开始随访观察,发现可疑情况及时告知复查。

保健 保健项目主要是健康宣传、健康教育和预防接种。20世纪50年代始,新生进校都要接受健康宣传。1996年起,学校医生和外请专家开设专门健康讲座,对师生进行健康教育。2007年9月,学校开设健康教育选修课程,使用门诊部王春燕主编的《健康教育》作为教材,3名主治医师担任健康教育教师。2003年起,对新生进行预防接种,接种项目是卡介苗、麻疹疫苗、精白破(白喉和破伤风)疫苗。2009年起,接种项目有麻疹、精白破疫苗。2009年12月,按照上海市统一部署,组织实施全校甲型H1N1流感疫苗接种。

第五章　校办产业

1992年3月,学校设立校办产业管理办公室,统一管理校办企业。1994年4月,校办产业管理办公室撤销,成立校办产业管理处,下设行政、项目、财务3个办公室,并设校产总支部委员会,下设两个党支部。2001年3月,学校撤销校办产业管理处,校办企业改由后勤与产业办公室管理。

根据教育部和上海市教育委员会要求,学校2007年1月筹建资产经营有限公司,并于8月得到上海市教育委员会批复同意。同年12月6日,上海水产大学资产经营有限公司依法进行工商登记,成为自主经营、独立承担民事和经济责任的法人,统一管理学校经营性资产。

历任负责人:校办产业管理办公室主任先后为侯英凯、吴佩华;校办产业管理处处长先后有王维权、章可畏、沙德银;中共校产总支部书记朱耀华;资产经营公司总经理周建。

第一节　校办企业

20世纪80年代起,学校先后成立若干经营性公司,规模有大有小,经营时间有长有短。

上海晶艺饰品机械实业公司　学校于1958年建成上海水产学院金工厂,1985年改名为上海水产大学机械厂,主要承担工科学生金工实习,在完成教学实习任务的同时对外承接机械零部件加工业务。1990年1月,上海水产大学机械厂改制为上海晶艺饰品机械实业公司,注册资本86万元人民币。公司除承担工科学生教学实习任务外,主营饰品加工机械、仿水晶饰品。先后开发珍珠、宝石、钻石、玻璃等材质钻孔、剖切、抛磨、琢磨、通用夹具等饰品加工专用机械。其中,"ZK85型珍珠钻孔机"于1987年获农业部科学技术进步奖三等奖。2008年,公司歇业注销。

上海水产大学科技实业公司　公司成立于1987年3月,注册资本120万元人民币,主营为水产、食品、饲料、渔业机械和"四技"服务。公司于2008年歇业注销。比较成功的项目有饲料复合氨基酸营养源、水库溢洪道脉冲电拦鱼电栅。

饲料复合氨基酸营养源项目在上海崇明、广东南雄、河北石家庄、湖北京山等地进行技术转让,学校作为技术支持,相继为成果受让方建成4座工厂投产,总计年生产能力为1万余吨。该项目是利用富含角质蛋白的毛发等废弃物为原料,经水解成动物蛋白质,替代鱼粉应用于饲料业。此项成果于1989年5月被上海市科委授予星火示范企业奖。

水库溢洪道脉冲电拦鱼电栅项目,相继为江西、湖北、吉林、黑龙江、内蒙古、新疆等地的水库设计并建成大、中型脉冲电拦鱼电栅12座。该项目于1989年获国家星火奖三等奖。

上海水产大学制冷工程公司　公司成立于1988年1月,注册资本313.87万元人民币,主营冷冻设备安装、设计和施工。公司先后为广东、海南、福建、江苏、浙江、辽宁、黑龙江、上海等地区设计大、中型冷库32座;为星级宾馆、大型体育馆、商务办公楼设计中央空调、采暖、通风工程项目13项;承担上海市人民政府大厦、解放日报大厦、海伦宾馆、商务中心等空调工程项目的调控、测试。公司于2008年歇业注销。

上海水产大学渔业技术工程公司 公司成立于1992年8月,注册资本41.78万元人民币,主营渔具、索具、船用导航架等。比较有影响的项目有ZYQ-80型自动水下清淤机,该机于1992年获国家发明奖三等奖,并获国家发明专利,1994年获国家科委颁发的国家新产品证书和第六届全国发明展览会金牌奖。该项专利技术转让后,由发明人与受让方组织生产,产品远销全国14个省市。另外,公司与学校船队合作,利用政府贴息贷款650万元建造2艘远洋实习渔船,在西非外海产业化生产并供学生实习使用。公司于2008年歇业注销。

上海水产大学增养殖综合开发公司 公司成立于1992年12月,注册资本30万元人民币,主营水产苗种、饲料开发和养殖工程。

上海水产大学食品有限公司 公司成立于1995年8月,注册资本30万元人民币,主营速冻食品和水产品加工。先后自主开发以水产品为特色的丸、排、醉、糟类等速冻食品,依法注册的"水大牌"小包装系列产品,在上海市100余家超市上架销售,并批量(每批一只集装箱/10吨)代加工出口日本的鱿鱼串、鱿鱼头等产品。1996年,受日本国真阳食品株式会社委托,试制成功的"鱿鱼盒饭",于同年12月参展日本东京国际食品博览会。公司于1998年12月停产歇业。

上海水产大学招待所 1982年,学校建立接待服务的招待所。1984年9月,注册为企业法人,注册资本14.71万元人民币,主营住宿餐饮。1991年起,经营管理军工路334号校区内农业部远洋渔业培训中心楼,在完成农业部培训接待任务的前提下向社会开放,成为学校对外服务的一个窗口。2010年10月改制,公司更名为上海思海企业管理有限公司。

上海水产大学服务公司 1984年5月成立,管辖开设在校区和家属区的两家日用百货小商店,后主营水电安装、非等级市政工程施工。注册资本100万元人民币。2010年10月完成改制,公司更名为上海朕海科技发展有限公司。

合作合资企业 学校先后与社会企业等单位以合作合资形式组建8家企业。

表10-5-1 1989—2002年合作合资企业一览表

企业名称	合作方	投资主体	投资比例(%)	起止日期
上海三益金属制品有限公司	台湾复王有限公司、台湾匡一企业有限公司	制冷工程公司	50	1989.6—1995.10
上海水产大学宝山制冷技术开发公司	上海宝山冷冻设备厂	食品科学技术系	30	1989.4—1991.8
上海新亚快餐食品研究开发中心	上海新亚快餐食品股份有限公司	食品工程公司	40	1992.11—1995.11
上海水产大学桐乡饲料营养源厂	浙江桐乡上市乡政府	上海水产大学	40	1988.4—1992.11
上海浦东孙桥名特优水产开发有限公司	孙桥科研技术发展总公司	科技实业公司	50	1996.7—1999.11
上海水产大学冷庄水产养殖场	山东济南市水产技术推广站刘忠明	科技实业公司	40	1989.3—1991.7

(续表)

企业名称	合作方	投资主体	投资比例(%)	起止日期
上海金钥匙广告设计中心	曹耀	服务公司	30	1993.4—1999.7
上海水大阳光水产营养开发有限公司	浙江大学阳光营养工程有限公司	服务公司	40	1997.3—2002.12

除上述以外,校办企业还有上海水产大学食品工程公司(1993年2月成立)、上海渔光科技经营服务部(1995年6月成立)、上海远东制冷技术服务中心(1993年1月成立)、上海水产大学科技服务部(1983年4月成立)、上海华申渔船节能技术咨询服务部(1985年6月成立)、上海水产大学印刷厂(1984年9月成立)、上海水产大学摄影彩扩中心(1992年1月成立)、上海海天豆类食品厂(1992年1月成立)、上海水产大学海天生活服务公司(1995年4月成立)、上海水大汽车修配厂(1996年12月成立)、上海水产大学建材公司(1994年3月成立)、东宁维可托贸易科技开发公司(1992年11月成立)、上海水产大学商贸公司(1993年1月成立)和上海水产大学弘业经济开发公司(1992年12月成立)等。这些公司先后因各种原因相继歇业。

第二节 资产经营公司

2007年12月,根据教育部《关于高校产业规范化建设中组建高校资产经营有限公司的若干意见》,学校投资组建上海水大资产经营有限公司,注册资本394.3万元人民币。公司经营范围有:资产管理,高新技术成果转化和产业化,教育信息咨询服务,海洋水产科技领域的技术开发、技术转让、技术咨询、技术服务等。

公司的主要职责:通过明晰校办企业产权关系,理顺管理体制,完善各项管理制度,依法保护学校合法权益,有效规避校办企业经营风险;建立以资本为纽带、权责明确、校企分开、管理科学的现代企业制度,使校办企业成为承担有限责任、自主经营、自负盈亏、照章纳税的市场主体,并对国有资产承担保值增值责任;逐步建立和完善学校在创办高科技企业中的投入和撤出机制,进一步扩大和完善科技成果产业化渠道,推动科技成果产业化,使学校正常的教学、科研与校办企业经营走上良性循环轨道,促进教学、科研和校办企业健康发展。

公司设董事会和监事会,由总经理(法定代表人)负责日常经营。资产经营公司成立后的主要工作:一是产业整顿;二是投资创建科技企业。

投资创建科技企业 2008年2月,投资25万元参股上海水生环境工程有限公司,持股比例为20%。该公司为依托学校优势学科和科研成果而设立的专业从事生态水环境处理的企业,主要承担景观、绿化、水环境处理等工程项目的设计与施工。公司于2009年被认证为国家高新技术企业。2008年2月,投资100万元组建全资企业上海蔚海后勤服务有限公司。2010年11月,变更为上海蔚海实业有限公司。公司经营范围:物业管理;水电安装;室内装潢;建筑工程、绿化工程施工;清洁服务;礼仪服务;花木租售;汽车租赁;停车场(库)经营;健身服务;建筑材料、五金交电、日用百货、文化用品、服装、饲料的销售;计算机及网络系统运行维护;软件研发及销售(除计算机信息系统安全专用产品);翻译服务;企业营销策划;图文设计制作;摄影服务;为国内企业提供劳务派遣服务；会务服务；系统内职（员）工培训；水产及海洋生物领域的技术开发、技术转让、技术咨询、技术服务等。

2010年11月，投资100万元，依托学校海洋科学学院卫星遥感实验室及科技成果，与国家卫星海洋中心和浙江丰海远洋渔业有限公司共同组建杭州益海鑫星海洋科技有限公司，注册资本500万元，公司经营范围是开发渔船生产信息系统的软件产品、渔船信息系统和产品、船舶导航定位应用系统、地理系统和产品等。同年同月，投资6万元，依托人工鱼礁等技术成果参股投资上海奔禹海洋科技有限公司，资产公司持股比例20％。公司经营范围是：海洋工程；海洋技术领域内的技术研发、技术转让、技术咨询、技术服务等。

第六章 安全保卫

第一节 治安管理

一、机构与制度建设

1952年,学校治安保卫归校党总支组织人事部门管辖,设专职干部2人。1964年11月,学校成立政治部,下设武装保卫处。"文化大革命"开始后,武装保卫工作职能由校革命委员会下设武保组承担。厦门水产学院时期,在校政治处下设保卫组负责校园的安全保卫工作。1979年,学校迁回上海后,保卫、武装与后勤、人事等部门合署办公。1982年11月,学校设立保卫处,与武装部合署办公,并设治安保卫委员会。2001年3月,保卫处、武装部、学生工作部、学生处合署办公。2008年3月,保卫处、武装部单独建制,合署办公。

1982年,学校制订《治安安全管理岗位责任制》《整顿校园内部治安管理处罚规定》等制度。1988年,成立校卫队。1991年,成立社会治安综合治理领导小组。1995年12月,制订《社会治安综合治理工作规定》和《社会治安综合治理工作各级领导及有关人员职责》。每两年举行一次综合治理责任制签约,校长与各学院院长及直属单位行政负责人签订二级治安防范责任书,各学院又与各教研室或实验室签订三级治安防范责任书,形成学校治安与综合治理的三级网络。

1996年,制订《处置"突发事件"的预案》。2001年,上海市教委、上海市公安局和本市各高校治安责任人签订《治安防范责任协议书》。学校以此为契机,落实一系列治安管理工作方面的措施。

2004年,学校成立创建安全文明校园、平安单位工作领导小组,成员由校办公室、组织部、人事处、保卫处、学生处、宣传部、研究生部、工会、团委、后勤处及各学院、直属部门等负责人组成。结合学校实际,编制创建安全文明校园、平安单位活动计划,按照"谁主管、谁负责"的原则,做到分工明确、职责落实。

2008年,学校制订《搬迁期间安全保卫工作方案》和《关于进一步加强暑期学生外出安全管理的紧急通知》,以保障搬迁期间人、财、物安全。

2011年,学校保卫处对以往制度进行梳理,制定和修订《校园内部治安管理条例》《消防安全管理规定》《人防工程和地下空间安全使用管理办法》《安全技术防范系统管理办法》《处置突发事件应急预案》《机动车非机动车管理办法》《外来人员管理条例》等规章制度。

二、措施

【群防群治】

为有效开展校园治安管理,确保广大师生生命、财产安全,加大宣传力度,发动全校师生参与校园治安管理,构筑群防群治的校园治安格局,多渠道开展校园治安防控措施,实现校园的和谐平安。

《新生入学须知》增设安全防范宣传内容。印发治安防范警示卡片,一人一卡,提高学生防范意识。在每一幢宿舍楼张贴通知和宣传标牌,提醒学生睡觉前检查门窗是否关紧,妥善保管好自己的贵重物品,加强自我防护。利用广播、校园网等途径进行校园典型案例的宣传教育,提高学生防范意识。在毕业生离校期间,开展安全防范的宣传教育,做到安全离校、文明离校。

成立学生校卫队,在校园巡逻检查。在参与校园安全保卫工作中,学生的安全防范意识明显提高,实现学生自我管理、自我教育。在重大安全节点期间,学校还组织教师、辅导员、学生干部和学生社团骨干参与,密切关注校园安全隐患,确保学校平安和谐。

定期组织安全大检查,尤其在重大节点和节假日前夕,对危险品仓库、防汛防台设施、重要实验室、学生宿舍、消防报警控制中心等重点部位进行重点检查,发现安全隐患,立即整改。各学院、各部门把安全自查作为经常性工作,落实治安三级责任制。

随着校园面积和招生规模不断扩大,校园内的案件有所增加。学校在加强宣传、群防群治等预防工作基础上,依靠公安部门加大治安与刑事案件查处力度。

【技术防范建设】

20世纪90年代至2004年,学校在军工路校区、学海路校区的危险品仓库、实验室、科技楼、行政楼、海洋渔业楼等重要部位和主要通道,安装防盗报警装置和监控系统,积极探索人防、物防、技防三者的有机结合。

根据《上海市社会公共安全技术防范管理办法》《上海市教委关于全面推进本市高校科技防范设施建设意见》《上海市教育委员会关于加强本市高校安全技术防范系统建设的通知》等文件精神,在沪城环路校区建设过程中,对照上海市地方标准《高校安全技术防范系统要求》,在新校区技防系统设计时统筹考虑,全面实施技防达标工程。2009年5月,初步建成启用,总投资约600万元。在校区重点部位,均安装技防监控系统或入侵报警探测系统。在重要出入口均安装门禁控制系统。根据校园布局,安装电子巡更系统。技防系统在2009年10月,通过上海市教委专项检查组达标检查。

根据中国2010年上海世博会反恐等要求,对食堂操作间出入口、校门出入口等处新增监控探头,在军工路校区、招待所等新增技防监控系统。

2011年初,在图文信息中心建设高空高清监控系统,实现对校区全方位监控,并配套建设电子地图和智能化软件,提高技防实战水平,实现监控初步智能化。

【学生校外租房住宿管理】

根据上海市综合防治委员会学校及周边治安综合治理工作领导小组办公室《关于加强本市高校在校大学生校外租房管理的意见》,及上海市教委后勤保卫处有关在校学生校外租房的工作指示,学校制订《关于加强在校学生校外租房管理的规定》,建立学生校外租房管理网络,明确各部门工作职责。

2004年,教育部颁布《关于切实加强高校学生住宿管理的通知》,上海市教委颁布《关于加强本市高校在校大学生校外租房管理的意见》,学校从严把握学生校外租房审批程序,对已在外租房的学生劝其搬回学校居住。同时加强调研,分析大学生校外租房原因,探索大学生校外租房的规范化管理机制。

【外来人员管理】

随着学校的发展,外来人员大量增加,学校制订《外来人员管理暂行规定》,要求外来人员证件齐全，做到底数清、情况明。对进校施工人员基本情况列表备查，在施工队进驻学校时，与其签订《外来施工队治安、安全防范协议书》，落实责任制，明确安全专管员。定期不定期地按照公安部门指示，对外来人口进行梳理，及时采集信息，实行动态管理。

学校还建立校内设摊许可制度，严格审批程序，确保校园正常治安秩序与和谐环境。

第二节 消防管理

一、制度建设

学校实行"谁主管、谁负责"的分级管理原则，建立安全工作责任追究制，做到防火安全工作有部署、有检查、有总结，建立健全各部门各负其责、齐抓共管的校园防火安全管理体系。

1998年，学校成立防火安全委员会，强化消防管理，先后制订《关于禁止擅自使用电加热设备、液化气钢瓶的通知》《动用明火安全管理规定》《关于做好夏季防火安全工作的通知》《关于开展"119"消防日系列活动的通知》《关于组织学习消防安全知识的通知》等文件。1999年，为教工家属宿舍每户发放一只灭火器。2004年，学校编印消防安全宣传小册子，发放到每位师生员工手中。

2010年，为贯彻执行教育部、公安部联合颁布的《高等学校消防安全管理规定》，学校制订《消防安全管理规定》，从消防安全责任、安全管理、教育与培训、应急预案与演练、消防经费、奖惩6个方面，作出具体规定。

二、措施

【防火安全教育】

时时重视消防安全宣传工作，以"119"消防日为抓手，组织开展系列活动，如开展消防知识竞赛，举办以防火宣传为主要内容的黑板报展评等。

建立学生寝室安全员、安全管理员队伍，加强学生自我教育与管理。保卫处在各学院和社区管理中心支持下，在学生社区建立以楼长、寝室长为主的宿舍安全员队伍，形成安全防范网络。对学生安全管理员骨干分批组织消防安全专题培训活动，自我参与、自我教育、主动防范，提高大学生防范意识和技能，以点带面，构建人人参与防范的氛围。

开展特种岗位人员消防意识和消防技能培训工作。组织消防安全管理干部、学校二级单位负责人、危险品仓库管理员、锅炉工等特殊岗位人员参加岗位培训，做到持证上岗，依法管理。此外，选派实验室管理人员参加上海市教委组织的安全生产管理知识初级培训。

开展消防技能培训与灭火逃生演习。坚持常规消防器材操作培训和火灾疏散逃生演练，使学生熟悉应急疏散程序，掌握逃生和自救常识。

【强化管理】

对校内灭火器材进行定期检查、充装、更新，制作灭火器材检查记录表，指定专人负责检查、保养，责任到人，使消防器材处于良好状态。2004年，投入专项经费完成军工路校区科技楼自动报警系统联网。2008年，学校搬迁到沪城环路校区后，校园消防系统更全面、消防设施设备更完善。学校投入经费，加强消防泵站建设和管理，保证设施设备完好；推进消防系统的检查和联网调试、消防系统和消防设备的维护和保养工作。2011年,投入专项资金保障校园消防系统维护保养工作的开展。

学校制订《关于集中处理违禁电器的通知》,对学生乱拉私接电线、拖线板、充电器现象,长期不切断电脑电源等情况进行宣传、教育和整改,对个别学生使用违章电器予以教育、制止,对严重违纪学生予以严肃处理。

对危险品仓库、防汛防台设施、生命学院实验室、食品学院实验室、消防报警控制中心等重点部位进行突击检查,对发现的问题和安全隐患要求相关部门及时整改,确保学校安全。

对学生宿舍、图书馆、实验室、危险品仓库、配电间、水泵房等重点部位,以及各类建筑的安全出口、疏散通道、疏散标志、应急灯等进行日常安全巡查和例行检查;对二级单位的安全管理制度落实情况进行季节性和突击性检查,逐步建立安全检查的长效机制。

第三节　户　籍　管　理

户籍管理主要工作有:负责办理新生入学、新教师报到户口迁入,毕业生离校户口迁出;日常集体户口申报迁移;出具出国、结婚、购房等户籍证明;管理师生户籍资料并整理分类;办理和发放师生集体户口身份证;处理和接待各种有关户籍方面的来信来访等。

根据《中华人民共和国户口登记条例》第三条规定,学校落实户籍管理部门。1994年5月前,因户口与粮食供应挂钩,学校师生集体户口归总务处膳食科管理,此后归口保卫处管理。

1952—2008年,学校教师、学生集体户口由上海市公安局杨浦公安分局定海路派出所管辖,集体户口地址为:上海市杨浦区军工路334号。其中,1952—1959年,军工路580号的男生集体户口归杨浦公安分局长白派出所管辖,集体户口地址为:上海市杨浦区军工路580号。

2008年9月,学校搬迁至沪城环路校区。经学校提议,通过上海市公安局治安总队与杨浦、南汇公安分局治安支队、上海市公安局文保分局协商,就学校师生集体户口迁移问题达成如下意见:(1)学校向南汇分局临港新城派出所申请设立集体户;(2)2008年及以后录取的新生在临港新城沪城环路校区就读的,户口由南汇公安分局临港新城派出所管辖;(3)2008年及以后录取的新生在杨浦校区高职学院就读的,户口由杨浦公安分局定海路派出所管辖;(4)教工集体户口一并迁入临港新城新校区新设立的集体户内,对仍留在杨浦区的历届毕业生集体户口,在原集体户口内不变,并按有关规定清理;(5)对原由杨浦军工路校区迁至临港新城沪城环路校区就读的学生,其集体户口应迁移到南汇临港新城沪城环路校区设立的集体户内,对仍留在杨浦高职学院就读的学生,其户口在原集体户内不变。

2008年,学校根据上述规定完成在临港新城派出所集体户口立户工作。同年9月,完成第一批新生集体户口落户工作。2009年5月,完成学校师生集体户口整体迁移。

2011年,学校教师、本科生、研究生的集体户口由上海市公安局浦东新区公安分局临港新城派出所管辖,集体户口地址为上海市浦东新区沪城环路999号;高职学生集体户口由上海市公安局杨浦分局定海路派出所管辖,集体户口地址为上海市杨浦区军工路318号。

第十一篇

学院（部）

概　　述

从民国元年(1912年)起,学校教学基层组织参照日本东京水产讲习所模式先后设渔捞科、制造科、养殖科。1952年成立上海水产学院时,改设为系。1993年起,各系先后改制为学院。2011年,学校设有水产与生命、海洋科学、食品、经济管理、工程、信息、人文、外国语、爱恩、成人教育、高等职业技术、国际文化交流12个学院和1个社会科学部。

在12个学院中,海洋科学、食品、水产与生命3个学院前身分别是民国元年设置的渔捞科、制造科,及民国10年设置的养殖科。随着学校的发展,3个科分别改制为海洋渔业、水产加工和水产养殖3个系。1993年,3个系又改制为工程技术学院、食品学院和渔业学院。2008年,学校为适应国家海洋事业发展需要,结合水产、食品学科优势,在制订学科规划时明确将海洋、水产和食品作为3大特色学科重点建设,并相应将3个学院更名为海洋科学学院、食品学院及水产与生命学院。

经济管理学院、工程学院和信息学院前身分别为原渔业经济与管理系、渔业机械专业、计算机科学与技术专业。该3个学院在巩固和提高原农林(渔)业经济管理、机械设计与制造、信息技术专长的同时,配合海洋、水产和食品3大特色学科,分别向海洋经济、食品经济和流通、海洋工程、数字海洋等方向发展。

人文学院和外国语学院是在原全校性体育、大学语文、政治理论、公共外语等公共基础课教研室的基础上,经多次调整分别建立。现人文学院承担全校体育和大学语文课,设置行政管理、社会工作等本科专业。外国语学院除承担全校本科和研究生公共外语课外,还设置英语、日语、朝鲜语等本科专业。

爱恩学院是经上海市教育委员会批准,学校与澳大利亚塔斯马尼亚大学于2002年合作办学的教育机构,实行董事会领导下的院长负责制。

2005年,学校与上海科技管理学校合作成立高等职业技术学院,与成人教育学院合署办公,在上海科技管理学校办学。成人教育学院主要负责全日制教学、夜大学和非学历培训任务。

社会科学部前身是1952年设立的政治教研室,1953年由学校直接领导,经多次更名后于1988年更名为社会科学部,后曾改名为社会科学系,1998年恢复为社会科学部,隶属关系多次变更,2009年起直属学校领导。

2005年,学校为适应外国留学生教育的发展成立国际文化交流学院,负责外国留学生管理和服务并承担汉语教学。

第一章 院系设置

第一节 科

自民国元年(1912年)建校起,学校教学基层组织按学习专业方向设"科",由校长聘任科主任,主管该科教学管理工作。民国元年,设渔捞科和制造科。民国10年,增设养殖科。该3科均招收高等小学毕业生,学制四年,其中预科一年、本科三年。民国3年起,改为预科两年、本科两年。渔捞科主任先后为李东芗、张希达、金心衡、巫忠远,制造科主任先后为曹文渊、陈廷煦、陈同白、张楚青、罗聘卿、徐定一,养殖科主任先后为陈椿寿、陈谋琅、刘琴宗。民国13年、14年,先后设置航海专科和远洋渔业专科,学制均为三年,科主任分别为徐祖藩、吴高垓。民国18年,该两专科合并为渔航专科,主任为徐祖藩,民国19年撤销。

抗日战争胜利后,经侯朝海等水产教育界人士努力筹措,民国36年恢复成立上海市立吴淞水产专科学校,招收初中毕业生,设置五年制渔捞科(主任李东芗)、制造科(主任张楚青)和航海科(未招生)。1950年起,设置三年制养殖科,招收高中毕业生,主任为王以康。

1951年,学校更名为上海水产专科学校时,设置三年制渔捞、制造、养殖3科,仅招收1届高中毕业生。3科主任分别为张友声、王刚和王以康。

表 11-1-1 1912—1952 年科设置情况一览表

学校名称(起讫年份)	科	启用年份	备 注
江苏省立水产学校 (民国元年至26年)	渔捞科	民国元年(1912年)	招收高等小学毕业生,学制四年
	制造科	民国元年	招收高等小学毕业生,学制四年
	养殖科	民国10年	招收高等小学毕业生,学制四年
	航海专科	民国13年	民国18年两专科合并为渔航专科
	远洋渔业专科	民国14年	
	渔航专科	民国18年	民国19年撤销
上海市立吴淞水产专科学校 (民国36年至1951年)	渔捞科	民国18年	招收初中毕业生,学制五年
	制造科	民国18年	招收初中毕业生,学制五年
	养殖科	民国18年	招收高中毕业生,学制三年
	航海科	民国18年	未招生
上海水产专科学校 (1951—1952年)	渔捞科	民国18年	招收高中毕业生,学制三年
	制造科	民国18年	招收高中毕业生,学制三年
	养殖科	民国18年	招收高中毕业生,学制三年

第二节 系(部)

1952年,学校将"科"改制为"系",分别为海洋渔业、水产加工和养殖生物3个系,系主任分别为侯朝海、王刚和陈子英,主管各系教学、科学研究工作。养殖生物系于1958年改名为水产养殖系。

学校迁至厦门后,除上述设置的3个系外,于1972—1973年先后增设渔业机械化系、渔船制造系。系主任分别是郭振东(副主任主持工作)、胡鹤永。

1979年学校迁回上海时,设置海洋渔业、水产加工、水产养殖3个系和渔业机械系(筹),系主任分别为吕美华、黄金陵、王义强(主持工作)、胡鹤永。1982年,渔业机械系(筹)并入海洋渔业系。1984年,学校新设渔业经济与管理系,系主任为石镛。1986年,将海洋渔业系、水产加工系分别更名为渔业工程系、食品科学技术系。1985年,将数学、物理、外语、体育等公共课教研室组成基础部,部主任为严永高。

表11-1-2　1952—1985年系(部、室)设置情况一览表

学校名称(起讫年份)	系	启用年份	备注
上海水产学院 (1952—1971年)	海洋渔业系	1952	
	水产加工系	1952	
	养殖生物系	1952	1958年更名为水产养殖系
厦门水产学院 (1972—1979年)	海洋渔业系	1952	1979年上海水产学院迁回上海原址办学,厦门水产学院在厦门继续办学
	水产养殖系	1958	
	水产加工系	1952	
	渔业机械化系	1972	
	渔船制造系	1973	
上海水产学院 (1979—1985年)	海洋渔业系	1952	1986年更名为渔业工程系
	水产养殖系	1952	
	水产加工系	1952	1986年更名为食品科学技术系
	渔业机械系(筹)	1980	1982年并入海洋渔业系
	渔业经济与管理系	1984	1993年更名为经济贸易系
	基础部	1985	
	马列主义教研室	1985	

第三节 学院(部)

1985年,学校更名为上海水产大学后,专业设置逐步向工程类、食品类、外语类、经济与贸易类拓展。1993年,经农业部批准,将教学基层组织改制成"四二二"制,即4个学院、2个系、2个部。4个学院为:将水产养殖系、渔业工程系、食品科学技术系分别改制为渔业学院、工程技术学院、食品

学院,院长分别为周应祺、章可畏、姚果琴;将夜大学和中央农业干部学院上海水产大学分院合并组建为成人教育学院,院长为崔建章。2 个系为外语系、经济贸易系,系主任分别为黄学壬、葛光华。2 个部为基础部、社会科学部,部主任分别为严永高、刘冠伦。

1995 年 9 月,经济贸易系与外语系合并成立国际经济贸易学院,院长为童吉美。1996 年,与联想集团合作,将计算机教研室改建成联想计算机学院,名誉院长为曾茂朝,院长为曹渠江。1997 年,在社会科学部(含语文教研室)、基础部(含数学、物理教研室)、德育教研室、体育教研室、英语系、日语系基础上,组建人文与基础科学学院,院长为胡金发。1999 年,与上海水产集团和上海水产学校组建高等职业技术学院,院长为张继平。2002 年,成立爱恩学院,院长为孙行佳。2005 年,成立国际文化交流学院,院长为董玉来。2006 年,将海洋学院的机电工程等独立组建工程学院,由副院长王世明主持工作。同年,将英语系、日语系、大学英语教学部及语音实验室从人文学院划出,组建外国语学院,由副院长齐亚丽主持工作。2009 年 3 月,将社会科学部从人文学院划出,直属学校领导。

2011 年,学校共设 12 个学院和 1 个部。

表 11-1-3　1993—2008 年学院(系、部)设置情况一览表

学校名称(起讫年份)	学院(系)	启用年份	备　　注
上海水产大学 (1993 年实行"四二二" 院系设置改革)	渔业学院	1993	原水产养殖系
	工程技术学院	1993	原海洋渔业系
	食品学院	1993	原水产加工系
	成人教育学院	1994	
	经济贸易系	1993	原渔业经济与管理系
	外语系	1994	
	社会科学部	1988	1997 年更名为社会科学系
	基础部	1985	
上海水产大学 (1995—2008 年)	渔业学院	1993	2003 年更名为生命科学与技术学院
	工程技术学院	1993	2000 年更名为海洋学院
	食品学院	1993	
	国际经济贸易学院	1995	1997 年更名为经济贸易学院,2006 年更名为经济管理学院
	成人教育学院	1994	
	联想计算机学院	1996	1998 年更名为计算机学院,2003 年更名为信息学院
	人文与基础科学学院	1997	2003 年更名为人文学院
	高等职业技术学院	1999	
	爱恩学院	2002	
	国际文化交流学院	2005	
	工程学院	2006	
	外国语学院	2006	

表 11-1-4 2008—2011 年学院(部)设置一览表

学校名称及起讫年份	学院(部)	启用年份	备　　注
上海海洋大学 (2008—2011 年)	水产与生命学院	2008	原渔业学院、生命科学与技术学院
	海洋科学学院	2008	原工程技术学院、海洋学院
	食品学院	1993	
	工程学院	2006	
	信息学院	2003	原计算机学院
	经济管理学院	2006	
	人文学院	2003	原人文与基础科学学院
	外国语学院	2006	
	爱恩学院	2002	
	高等职业技术学院	1999	
	成人教育学院	1994	
	国际文化交流学院	2005	
	社会科学部	1988	

第二章　学院(部)简介

第一节　水产与生命学院

水产与生命学院前身是民国 10 年设立的养殖科,先后经历养殖生物系、水产养殖系、渔业学院、生命科学与技术学院、水产与生命学院等阶段。至今已发展成为拥有学士、硕士、博士等多层次教育,以水产养殖、水生生物学、海洋生物学等学科为特色的学院。

民国 10 年至 26 年,养殖科仅于民国 10 年、11 年招过两届学生。民国 36 年至 1951 年,养殖科于 1950 年、1951 年各招一届学生。

1952 年,养殖科改为养殖生物系,下设水产养殖和水产生物(亦称水生生物)2 个四年制本科专业。次年,水产生物专业暂停招生,1988 年恢复招生。1956 年,新设鱼类学与水产资源专业,同年招生,次年停招,1960 年恢复招生。

1958 年,养殖生物系改名为水产养殖系。同年,将 1956 年入学的水产养殖专业学生分成淡水养殖和海水养殖 2 个专业。其间,根据国家需要,先后招收 1959 级淡水、海水养殖专业一年制师资进修班,1960 级淡水养殖一年制专修科和 1961 级水生生物两年制专修科。

在厦门办学期间,淡水养殖专业更名为淡水渔业专业。1972 年和 1973 年,淡水渔业和海水养殖 2 个专业先后开始招收"工农兵学员"。1975 年、1978 年,招收海水养殖一年制"社来社去"班。1979 年,招收淡水养殖一年制"社来社去"班。1978 年,举办两年制淡水生物学进修班。1977 年全国恢复高考后,1977—1979 年在厦门招收的淡水渔业、海水养殖 2 个四年制本科专业学生,于 1980 年随学校迁回上海学习至毕业。

1993 年,曾将海洋渔业系的海洋捕捞和海洋渔业资源两个专业与水产养殖系组建成渔业学院。次年,海洋捕捞和海洋渔业资源两个专业划归工程技术学院。1994 年,学院下设水产养殖、水生生物与水域环境、生物科学 3 个系。2003 年,渔业学院更名为生命科学与技术学院。2008 年,更名为水产与生命学院。

2011 年,学院本科教学共设有水产养殖、水产养殖(水生动物医学方向)、生物科学、生物科学(海洋生物方向)、生物技术、环境科学、动物科学(动物营养与饲料方向)、水族科学与技术、园林 9 个本科专业及方向,其中水产养殖、生物科学为国家特色专业。博士学位授予权学科有水产(一级学科)、水产养殖、水生生物学 3 个,硕士学位授予权学科有水产(一级学科)、水产养殖、水生生物学、海洋生物学、动物营养与饲料科学、临床医学、生物化学与分子生物学、动物遗传育种与繁殖、环境科学、作物遗传育种、生物学(一级学科)及全日制专业学位硕士(农业推广"渔业领域"硕士)12 个。

教材和课程建设方面,学院(系)教师于 1961 年、1978 年、1993 年分别在编写全国统编教材时,主编和出版水产养殖类教材有《鱼类学》《池塘养鱼学》《藻类栽培学》《鱼病学》《水产养殖》《海洋饵料生物培养》《鱼类比较解剖》《内陆水域鱼类增殖与养殖学》《鱼类生理学》《组织胚胎学》《鱼类生态学》《水产动物营养与饲料学》《水生生物学》等 28 本。2000—2011 年,主编和出版教材有《鱼类增养殖学》《鱼类育种学》《水产动物病害学》《家庭观赏鱼饲养》《水产动物疾病学》《鱼虾（蟹）类营养繁殖学》《水产动物营养与饵料培养》《生物饵料培养学》《海藻生物及其应用》《甲壳动物学》《鱼类育种学》《池塘养鱼学》12本。其中，《海藻栽培学》《鱼类比较解剖》分别于1990年、1992年获国家教委全国高等学校教材优秀奖，《水产动物疾病学》《鱼类育种学》《生物饵料培养学》分别于1995年、2005年、2008年获全国高等农业院校优秀教材奖，《鱼类生态学》《鱼类增养殖学》分别于1997年、2005年获上海市高校优秀教材奖二等奖、三等奖。鱼类学课程获1989年上海市优秀教学成果奖，鱼类生理学课程获1993年上海市普通高校优秀教学成果奖二等奖。"教学改革为核心、科技服务为依托、创造产学研一体教学模式"获1996年上海市教学成果奖二等奖。2003—2009年，获国家精品课程的有鱼类学、鱼类增养殖学2门，获上海市精品课程的有养殖水化学、水生生物学、鱼类学、鱼类增养殖学、生物饵料培养5门。2001—2009年，"水产养殖专业（本科）人才培养方案及教学内容和课程改革的研究与实践项目"获上海市教学成果奖三等奖，"高等农林教育面向21世纪教学内容与课程体系教学改革计划项目"获上海市教学成果奖二等奖，鱼类学课程CAI课件获上海市教学成果奖三等奖，"鱼类学国家精品课程建设的探索与实践项目"获上海市教学成果奖一等奖。

科学研究方面主要有，20世纪50—60年代，在家鱼人工繁殖产业化，总结和推广具有中国特色的无锡市河埒口池塘大面积养殖高产理论与技术体系，海带南移，长江干支流和江浙地区有关水库、湖泊等水域渔业资源调查与增殖试验，以及河蚌育珠和河蟹人工繁殖等领域开展研究。所开展的河鳗人工繁殖研究，仔鳗成活时间最长达21天，创当时世界纪录。在真鲷人工繁殖与苗种培育、坛紫菜自由丝状体培育和直接采苗试验，以及中国石首鱼类分类系统研究和新属新种叙述等基础理论研究方面取得重要成果。20世纪80年代以来，在开展淡水养殖池塘大面千斤、大水面高效增殖等高产试验与推广、水库和湖泊"保水渔业"的同时，着重研究淡水鱼类种质资源和保护，培育团头鲂"浦江1号"、"新吉富"尼罗罗非鱼、"吉丽"罗非鱼、"康乐蚌"、坛紫菜"申福1号"等新品种，并开展草鱼出血病、鲤鱼棘头虫病、尼罗罗非鱼溃烂病、虹鳟胰腺坏死症、中华绒螯蟹颤抖病、大黄鱼和对虾常见病等病原、病理、防治技术等研究。1978—2011年，获得省部级以上科研成果奖项121项，其中国家级18项、省部级74项、上海市29项。出版专著150多部，获得授权专利技术45个。

2011年，学院已建立产学研基地42处。2005年起，根据农业部实施的科技入户工程要求，每年组织教授博士科技服务团分赴沪、苏、浙、皖、辽、西藏、新疆等8个省、市、自治区的30多个区县渔区，开展科技下乡入户活动，受到渔业主管部门和渔民的肯定和欢迎。

历任养殖科主任：陈椿寿、陈谋琅、刘琴宗、王以康。历任水产养殖系主任：陈子英、肖树旭、苏锦祥、朱学宝；历任系副主任是陆桂、肖树旭、路俨、李元善、苏锦祥、王义强、赵长春、黄琪琰、姜仁良、童合一、王道尊、陈马康、王武。历任院长：周应祺、陈马康、吴嘉敏、吴建农、周志刚，李家乐（2003.3— ）；历任副院长：陈马康、黄硕琳、孙满昌、魏华、杨德厚、吴嘉敏、周洪琪、杨先乐、杨昕、周志刚、蔡生力、冷向军、江敏（2008.3— ）、谭洪新（2010.7— ）。

历任党支部书记：刘怀庆（兼）、牟起厚；历任副书记：何保源。历任党总支书记：牟起厚、陈伟、王志顺、乔树荣、孙建华、李道恒、王武（代理书记）、卢卫平、杨德厚、吴嘉敏、吴建农、岑伟平；历任副书记：黄琪琰（1980—1982年主持工作）、李道恒、周鸿仪、卢卫平、周碧云、蒋争春、吴建农、张登沥、陈江华、岑伟平（2000.4—2001.2主持工作）、林高。历任党委书记：岑伟平、李家乐、张登沥（2007.1— ）；历任副书记：夏伯平、叶宏玉、林海悦（2010.1— ）。

1952年，全系共有教职工23人；教师10人，其中教授3人，副教授1人；学生149人。1993年，全院共有教职工101人；教师93人，其中教授14人、副教授31人；学生630人，其中本科生614

人、硕士研究生 16 人。2011 年,学院共有教职工 140 人,其中教授 31 人、副教授 37 人、"双聘院士" 1 人、国家"千人计划"1 人、上海市"东方学者"5 人;学生 2 228 人,其中本科生 1 371 人、硕士研究生 813 人、博士研究生 44 人。

2011 年,学院设有水产养殖、水生生物、水产种质资源与遗传育种、水产动物营养饲料与生理、水产动物医学、海洋生物、海洋环境与生态 7 个系。

水产养殖系　设有水域生态与水产增养殖学、循环水养殖系统工程与技术、水族科学与技术 3 个教研室,承担水产养殖(国家特色专业)、水族科学与技术两个专业,以及相关硕士点、博士点建设和管理任务。2011 年,全系共有教师 16 人。其中,教授 5 人、副教授 8 人。

水生生物系　设有鱼类学、水生生物学两个教研室,承担生物科学专业(国家特色专业),以及相关硕士点、博士点建设和管理任务。2011 年,全系共有教师 14 人,其中教授 4 人、副教授 4 人。

海洋生物系　设有海洋生物、藻类学两个教研室,承担生物科学(海洋生物方向)专业,以及相关硕士点和博士点建设和管理任务。2011 年,全系共有教师 16 人,其中教授 5 人、副教授 3 人。

水产种质资源与遗传育种系　设有水产遗传育种与生物技术、水产动物种质资源两个教学与科研团队,承担生物技术专业、动物遗传育种与繁殖硕士点,以及相关硕士点、博士点建设和管理任务。2011 年,全系共有教师 16 人,其中教授 7 人、副教授 2 人。

水产动物营养饲料与生理系　设有水产动物营养与饲料、水生生物生理学、水产动物营养繁殖 3 个教研室,承担动物科学(动物营养与饲料方向)专业、动物营养与饲料硕士点,以及相关硕士点、博士点建设和管理任务。2011 年,全系共有教师 14 人,其中教授 3 人、副教授 5 人。

水产动物医学系　设有水产动物疾病学、微生物学两个教研室,以及农业部水生动物病原库,承担水产养殖(水生动物医学方向)专业、水生动物病原库,以及相关硕士点、博士点建设和管理任务。2011 年,全系共有教师 12 人,其中教授 3 人、副教授 4 人。

海洋环境与生态系　设有海洋生态环境、水域生态环境两个教学与科研团队,承担环境科学、园林两个专业,生态学、环境科学与工程两个一级学科硕士点,以及相关硕士点、博士点建设和管理任务。2011 年,全系共有教师 18 人,其中教授 3 人、副教授 5 人。

第二节　海洋科学学院

海洋科学学院前身是民国元年设置的渔捞科,先后更名为海洋渔业系、渔业工程系、工程技术学院、海洋学院和海洋科学学院。如今已发展成为拥有学士、硕士、博士等多层次教育,以捕捞学、海洋科学为特色的学院。

民国元年至 26 年,渔捞科持续招生 25 届,约 250 人。民国 13 年、14 年,先后增设航海、远洋渔业 2 个专科。民国 18 年,航海、远洋渔业专科合并为渔航专科,次年撤销。其间,大多数毕业生成为中国水产界、航运界开拓者和重要骨干。

民国 36 年至 1950 年,渔捞科招收 3 届初中毕业生,学制五年。1951—1952 年,招收 1 届高中毕业生,学制三年。

1952 年,渔捞科改为海洋渔业系,下设海洋捕捞和航海两个四年制本科专业。次年,航海专业停止招生。1956 年,经中央高等教育部批准,参照苏联教学计划,海洋捕捞专业改名为工业捕鱼专业,1963 年恢复原名。1958—1965 年,先后增设渔业机械、渔业电子仪器、渔船动力机械等专业。1962 年,渔船动力机械、渔业机械专业合并为渔业机械专业,渔业电子仪器专业停招。

1972—1979年，海洋捕捞专业从1973年起招收三年制"工农兵"学员，于1975年招收社来社去学生。1977年，恢复高考后，招收四年制海洋捕捞、海洋渔业资源两个本科专业学生，并于1980年随学校迁回上海学习至毕业。

学校迁回上海后，海洋渔业系除设置海洋捕捞、海洋渔业资源两个本科专业外，于1982年将渔业机械专业再次划归海洋渔业系。1986年，系更名为渔业工程系。1984年起，根据上海发展海洋渔业需要，曾招收3届海洋捕捞和8届轮机两个两年制专科学生。1994年起，招收3届船舶驾驶三年制专科学生。2005年起，招收轮机管理三年制专科学生。

1993年，渔业工程系更名为工程技术学院，并划入食品科学技术系制冷与冷藏技术专业，另将该系海洋捕捞、海洋渔业资源两个专业与水产养殖系组建成立渔业学院。次年，将海洋捕捞、海洋渔业资源重新划归工程技术学院，制冷与冷藏技术专业划归食品学院。2000年3月，工程技术学院更名为海洋学院。2008年，更名为海洋科学学院。

2011年，学院本科教学共设海洋渔业科学与技术、环境工程、海洋技术、海洋技术（海洋测绘方向）、海洋管理、海洋科学（海洋生物资源方向）、海洋科学（环境海洋学方向）7个专业及方向；具有博士学位授予权学科有水产（一级学科），捕捞学、渔业资源、渔业环境与治理（以上二级学科），硕士学位授予权学科有水产、海洋科学、环境科学与工程等（以上一级学科），捕捞学、渔业资源、渔业环境与治理、环境科学等（以上二级学科）。

教材和课程建设方面，1961年、1983年、1993年分别主编和出版水产类全国统编教材《渔具材料与工艺学》《渔具理论与捕鱼技术》《水产资源学》《鱼群侦察技术》《渔业生物统计学》《渔业资源评估》《海洋法与渔业法规》等13本。2001—2010年，主编和出版教材有《渔具力学》《国际渔业》《渔业资源与渔场学》《渔具渔法选择性》《海洋渔业技术学》《渔业法规与渔政管理》等10本。其中，1997—2011年，《渔业法规与渔政管理》获全国高等农业院校优秀教材奖，《渔业资源与渔场学》获上海市优秀教材奖一等奖，《渔具材料与工艺学》获上海市优秀教材奖二等奖，《渔业资源评估》《渔具力学》《国际渔业》获上海市优秀教材奖三等奖。1997—2009年，获得6项教学研究成果奖。其中，"海洋渔业专业的教学改革与实践项目"先后获上海市教学成果奖特等奖、国家级教学成果奖一等奖；"海洋渔业科学与技术专业人才培养模式研究及实践项目"先后获上海市教学成果奖一等奖、国家级教学成果奖二等奖；"教学管理系列软件的研制及应用项目""管产学研结合项目"分别获得上海市教学成果奖三等奖。

海洋渔业科学与技术教学团队于2008年获得上海高等学校市级教学团队。同年，经教育部、财政部批准为国家级教学团队。

在科学研究方面，学院（系）重视渔业生产实践、为生产服务，相应开展理论研究。20世纪50—70年代，组织教师深入舟山渔区、上海郊区和有关海洋渔业企业总结和推广先进生产经验，参与中国与苏联联合对东、黄海的渔业调查，以及水产部组织的吕泗小黄鱼渔汛等调查。同时，在国内率先开展网渔具水槽和风洞模型试验等研究工作。20世纪80年代初，着重调查东海带鱼产卵场。1985—2002年，配合国家远洋渔业发展需要，先后派出捕捞、渔业资源、轮机管理、航海等教师和技术人员25人，以及19批215名应届毕业生，赴中国水产总公司驻西班牙拉斯帕尔马斯总部、摩洛哥、几内亚比绍、塞拉里昂、塞内加尔、尼日利亚、毛里塔尼亚、也门、阿曼、印度、阿根廷等国，从事开发中东、中西大西洋，以及印度洋远洋渔业生产技术指导，研究和开发大西洋、南太平洋金枪鱼渔业，以及智利外海的竹荚鱼、北太平洋秋刀鱼和南极磷虾等资源和渔场。1989—2011年，有关教师带领部分学生，利用学校实习船和有关企业的远洋渔船，赴日本海、西北太平洋、东南太平洋、印度洋、中西大西洋探捕鱿鱼资源,开发光诱钓捕技术,为开创三大洋和极地等远洋渔业作出贡献。此外,2002—2010年,有计划地开展海洋渔场修复—人工鱼礁的研究和开发,为江苏省连云港和浙江省嵊泗设置人工鱼礁和礁区生态环境改善的研究,以及为减少非捕捞群体而开展的有关渔具选择性研究。

1978—2010年,先后获得科技奖24项,其中国家级3项、省部级21项。

在社会服务方面,1993—2010年配合远洋渔业发展,农业部远洋渔业培训中心及中国远洋渔业协会鱿钓渔业、金枪鱼渔业、大型拖网渔业3个技术组挂靠学校,由学院承担各海洋渔业企业领导和管理干部的海洋法、国际渔业法规和渔业管理,以及远洋职务船员培训任务,负责新渔场开发、技术指导、渔场咨询、渔情预报、数据库建设,参与有关国际渔业管理组织会议等。建有产学研基地39处。

历任渔捞科主任:李东芗、张希达、吴毅、吴高攽、金心衡、巫忠远、张友声。航海专科、远洋渔业专科主任分别是徐祖藩、吴高攽。历任系主任:侯朝海、张友声、俞之江、张荫乔、吕美华、崔建章、林辉煌、章可畏;历任系副主任:高鸿章、施彬、林焕章、任为公、王尧耕、顾景镠、黄永萌、林辉煌、章可畏、周应祺、周以俭。历任院长:周应祺、黄硕琳、孙满昌、楼文高、许柳雄(2001—   );历任副院长:殷肇君、葛茂泉、孙满昌、楼文高、许柳雄、杨红(2001.9—   )、陈新军(2007.1—   )。

历任党支部书记:王蕙香(兼);历任副书记:石镛。历任党总支书记:王蕙香(兼)、石镛、马少甫、开疆、黄明祥、顾乃达、林辉煌、孙晋声、朱镜、郑敏娟、许四杰(2001—   );历任副书记:石镛、胡鹤永、乔树荣、张荫乔、顾乃达、张继平、万映明、沙德银、陈向阳、江卫平、周建。历任党委书记:许四杰;历任副书记:周建,蒋莉萍(2008.3—   )。

1952年,全系共有教职工25人,其中正、副教授7人;学生120人。2000年,学院共有教职工74人,其中教师67人,教授6人、副教授25人;学生636人,其中本科生620人,硕士研究生16人。2011年,全院共有教职工82人,其中教师62人,教授16人、副教授等23人,博士生导师7人、硕士生导师29人;学生1 349人,其中本科生1 140人、硕士研究生185人、博士研究生24人。此外,有"双聘院士"1人,特聘国内外教授10人。

2011年,学院设有海洋渔业、渔业资源、海洋环境、海洋信息工程4个系。

海洋渔业系　主要承担海洋渔业科学与技术专业,以及相关硕士点和博士点的建设和管理任务。2011年,全系共有教职工17人,其中教师13人,教授4人、副教授6人。

渔业资源系　主要承担海洋科学(海洋生物资源)、海洋管理两个专业,以及相关硕士点和博士点的建设和管理任务。2011年,全系共有教职工19人,其中教师15人,教授3人、副教授6人。

海洋环境系　主要承担环境工程、海洋科学(环境海洋学)两个专业和方向,以及相关硕士点和博士点的建设和管理任务。2011年,全系共有教职工16人,其中教师14人,教授4人、副教授6人。

海洋信息工程系　主要承担海洋技术、海洋技术(海洋测绘)两个专业,以及相关硕士点和博士点的建设和管理任务。2011年,全系共有教职工12人,其中教师10人,教授2人、副教授3人。

第三节　食品学院

食品学院前身是民国元年设立的制造科,曾先后更名为水产加工系、食品科学技术系、食品学院,迄今已成为拥有学士、硕士、博士等多层次教育,以食品科学与工程、水产品贮藏与加工、制冷与冷藏工艺为主要特色的学院。

民国元年至26年,制造科共招收20届、300多名学生,毕业后大多成为水产加工和食品加工业界骨干。民国36年至1951年,制造科招收3届初中毕业生,学制五年。1951—1952年,招收1届高中毕业生,学制三年。

1952年,制造科改制为水产加工系,设四年制水产加工本科专业。1956年,经中央高等教育部批准,参照苏联教学计划,水产加工专业改名为水产加工工艺专业。1958年,应工业和城市服务部(后为第二商业部)需要,设置罐头食品工艺、冷冻工艺两个专业,并将1958级水产品加工工艺专业部分学生安排转学罐头食品工艺或冷冻工艺专业。1963年,根据全国高等水产院校教学工作会议精神,将冷冻工艺专业更名为制冷与冷藏工艺专业。

1972—1979年,制冷工艺、水产加工两个专业分别从1972年和1973年起,招收三年制"工农兵学员"。1977年,恢复高考后,招收四年制水产加工工艺、罐头食品工艺、制冷工艺3个本科专业学生,并于1980年随学校迁回上海学习至毕业。

为适应食品工业发展需要,水产加工系于1986年改名为食品科学技术系,并增设食品科学、食品工程两个本科专业。1993年,成立食品学院时曾将制冷与冷藏技术专业划属工程技术学院,次年又划归食品学院。

2011年,学院本科教学共设有食品科学与工程、食品科学与工程(食品物流工程方向)、食品质量与安全、生物技术(海洋生物制药方向)包装工程、热能与动力工程(制冷方向)、建筑环境与设备工程专业(空调方向)7个专业及方向。学院已具有食品科学与工程博士后科研流动站1个,有博士学位授予权的有食品科学与工程(一级学科)、水产品加工及贮藏工程(二级学科),有硕士学位授予权的有食品科学与工程(一级学科)、制冷及低温工程、应用化学等。

教材和课程建设方面,学院(系)教师于1961年、1978年、1993年分别主编和出版水产加工类全国统编教材有《水产品加工工艺学》《水产品综合利用工艺学》《水产品冷藏工艺学》《水产冷冻工艺学》《鱼糜制品加工技术》《罐头食品工艺学》《水产品加工机械与设备》《食品工程测试》《制冷原理与设备》《制冷技术》等15本。2001—2011年,主编和出版教材有《水产品加工学》《水产品加工与利用》《食品冷藏学》《水产食品学》《商业用制冷装置》《食品冷冻冷藏原理与技术》《海洋生物资源综合利用》《海洋天然物质化学》《水产生物流通与贮藏加工技术》《食品安全学(第二版)》《食品冷藏链技术与装置》等35本。其中,李雅飞主编的《食品罐藏工艺学》获1992年首届农科本科部级优秀教材奖;沈月新主编的《水产食品学》获2002年上海市优秀教材奖三等奖,2005年获农业部优秀教材奖;钟耀广主编的《食品安全学》获2011年上海市优秀教材奖二等奖。海藻化学课程,获1997年第三届上海市教学成果奖三等奖。上海市精品课程有食品加工学(2003年)、食品冷冻冷藏原理与技术(2008年)和生物化学(2009年)。上海市成教系统精品课程有有机化学(2007年)。2005—2010年,被评为上海市教委重点课程建设项目的课程有食品工程原理、基础化学、食品冷冻冷藏原理与技术、生物化学、传热学、天然药物化学、食品化学、食品安全学等。此外,食品科学与工程专业2008年被批准为国家级特色专业,食品科学与工程学科2005年被批准为上海市重点学科,食品质量与安全学科2009年被批准为上海市教委第五期重点学科。

在科学研究方面,20世纪50—60年代主要从事水产品腌制和罐头食品等研究。20世纪70—80年代,开展福建沿海小型鱼类资源利用、提取鱼蛋白、肠溶性褐藻胶丸、马面鱼综合利用加工工艺与设备、水产品烘干房、拖网渔船热力膨胀阀供液平板速冻制冷工艺,以及以褐藻胶为原料的特种食用包装薄膜等的研究。20世纪90年代起,承担淡水鱼类生化特性和细菌污染及其对鲜度影响的国家自然科学基金项目。1996—2004 年,与日本农林水产省国际农林水产业研究中心(JIRCAS)合作,开展"中国淡水渔业资源利用技术开发"国际合作研究,推进淡水鱼精深加工的研究和开发。21 世纪以来,逐步向大食品方向拓展,包括有:豆制品保鲜及豆浆脱腥的研究,利用分子生物学手段快速鉴定豆浆变质的腐败微生物技术的研究,提高常温下的保质期;研发蔬菜低温流通技术和安全体系、城市猪肉产品安全供给保障关键共性技术;海藻小分子纤溶活性化合物溶血栓作用机制的研究等。截至 2011 年,学院获国家级科技成果奖 1 项,省部级科技成果奖 14 项,专利数十项。

在社会服务方面,20 世纪 60—80 年代,为江苏、浙江、江西、湖南、湖北、四川、河南、黑龙江、新疆、宁夏等地开办罐头食品加工和水产品干燥房等培训班,为江苏浏河、福建厦门、广东茂名等地设计制冰车间、自动控制冷藏库,为上海和江苏泰兴等地设计气调库等。21 世纪初,为江苏省如东利用文蛤废弃物研制生产海鲜酱的技术,为浙江嵊泗县解决冻结后贻贝肉起渣、发糊问题,研制的 GM－B 气体比例混合器产品用于食品气调保鲜包装或其他用途的气体混合技术,饵料复合氨基酸营养源、甲壳素的开发利用,利用黑鱼生产鱼果制品(即粒状调味制品),以及鱼干休闲食品的加工技术,生产微生态活性豆奶技术,冷冻鱼糜和鱼糜制品加工技术,开发淡水鱼油的应用技术,果蔬的气调保鲜及气调库的设计等。在迎世博期间,参与杨浦、黄浦、卢湾、浦东新区等的世博前线指挥中心的食品安全保障工作。中国 2010 年上海世博会期间,由 6 名教师带领 256 名学生,按服务地点参与世博会园区、片区食品安全检查、物流检查、快速检测的相关工作。2011 年起,学院定期组织教授博士团在上海各社区、街道等为市民宣传食品安全知识。建有产学研基地 16 处。

历任制造科主任:曹文渊、陈廷煦、陈同白、张元第、张楚青、罗聘卿、徐定一、王刚。历任系主任:王刚、冯志哲、黄金陵、金有坤、陈坚、徐世琼、葛茂泉;历任系副主任:骆肇荛、纪家笙、杨运华、徐世琼、黄志斌、黄金陵、严伯奋、李松寿、徐文达、魏鹤声、王增先、俞鲁礼、孔庆云。历任院长:姚果琴、葛茂泉、周培根、程裕东、王锡昌(2003—);历任副院长:孔庆云、王锡昌、管伟康、姚野妹、侯英凯、汪之和、周培根、陈天及、李柏林、谢晶(2003—)、李燕(2005—)。

历任党支部书记:季黎平。历任党总支书记:季黎平、赵凤仪、陈一章、崔槐青、冯志哲、王昌如、葛茂泉、李锦才、姚果琴、徐莉兰、姚野妹、封金章、王锡昌、汪之和;历任副书记:冯志哲、纪家笙、王昌如、王增先、姚果琴、徐莉兰、许强、章华明、林海悦、郑黎芳。历任党委书记:汪之和、陈江华(2006—);历任副书记:郑黎芳、蔡闯(2007—)。

1952 年,全系共有教职工 7 人,其中副教授 3 人,讲师 1 人。本科学生 70 人。1993 年,学院共有教职工 52 人,其中教师 39 人,教授 1 人,副教授 15 人;学生 450 人,其中本科生 440 人,硕士研究生 10 人。2011 年,全院共有教职工 109 人,其中教师 65 人,教授 22 人,副教授 33 人;学生 2 315 人,其中本科生 1 908 人,硕士研究生 393 人,博士研究生 14 人。

2011 年,全院设有水产品加工及贮藏工程、食品科学与工程、制冷与低温工程空调、化学 4 个系。

水产品加工及贮藏工程系　设有水产品加工与利用、海洋生物制药 2 个教研室,承担生物技术(海洋生物制药方向)专业,以及相关硕士点、博士点建设和管理任务。2011 年,全系共有教师 14 人,其中教授 5 人,副教授 5 人,博士生导师 2 人,硕士生导师 8 人。

食品科学与工程系　设有食品生物技术、食品安全与营养、食品工程 3 个教研室,承担食品科学与工程、食品质量与安全、食品科学与工程(食品物流工程方向)、包装工程 4 专业,以及相关硕士点、博士点建设和管理任务。2011 年,全系共有教师 29 人,其中教授 12 人,包括"东方学者"3 人、副教授 12 人,博士生导师 3 人、硕士生导师 25 人。

制冷与低温工程空调系　设有制冷工程和空调工程 2 个教研室,承担热能与动力工程(制冷)、建筑环境与设备工程(空调方向)2 个专业,以及相关硕士点、博士点建设和管理任务。2011 年,全系共有教师 14 人,其中教授 4 人、副教授 5 人、博士生导师 1 人、硕士生导师 5 人。

化学系　设有基础化学和应用化学 2 个教研室,承担全校基础化学课、应用化学专业硕士点,以及相关硕士点、博士点建设和管理任务。2011 年,全系共有教师 16 人,其中教授 1 人、副教授 6 人、硕士生导师 5 人。

第四节　经济管理学院

1956 年,学校设立渔业经济教研室。1984 年 5 月,经农牧渔业部水产局批准,成立渔业经济与管理系。1993 年 7 月,更名为经济贸易系。1995 年 9 月,成立国际经济贸易学院,下设英语、日语、国际金融、经济贸易 4 个系和 1 个渔业经济研究所。1997 年 7 月,更名为经济贸易学院。2006 年 10 月,更名为经济管理学院。迄今已发展成为拥有学士、硕士、博士等多层次教育,以渔业经济管理、国际经济与贸易和物流管理等学科为特色的学院。

20 世纪 50 年代中期起,渔业经济教研室主要为全校开设企业经营管理课程,后增设渔业经济管理课程。1984 年,学校在国内率先建立渔业经济与管理系,招收国内首届渔业经济管理专科学生。次年,经国家教委批准升格为本科专业。20 世纪 90 年代,先后增设市场营销、国际金融、国际经济与贸易等专业,并与外语系共同组建国际经济贸易学院。2006 年,更名为经济管理学院。

2011 年,全院本科教学共设有农林经济管理、会计学、市场营销、金融学、国际经济与贸易、物流管理、物流管理(食品物流管理方向)、食品经济管理 8 个本科专业及方向,拥有博士学位授予学科有渔业经济与管理(二级学科),硕士学位授予学科有农林经济管理(一级学科),产业经济学、渔业经济管理(二级学科),以及农业推广专业硕士点(农村与区域发展领域)。

在教材和课程建设方面,2000—2011 年,主编和出版教材有《渔业经济学》《水产品市场营销学》《会计学基础教程》《运营管理实务》《企业生产营运管理》《中国水产品市场与政策》《会计学基础教程(修订)》《企业伦理》《供应链管理》等 21 本。教学研究成果有"渔业经济学课程建设与教学改革项目""渔业经济学精品课程的建设与实践项目"分别于 2005 年、2009 年获得上海市教学成果奖三等奖、二等奖。渔业经济学课程分别于 2005 年、2007 年获得上海市精品课程和国家精品课程,会计学课程在 2010 年获得上海市精品课程。

科学研究方面,20 世纪 50—60 年代,主要从事渔业企业经营管理和经济效益评价研究。20 世纪 80—90 年代,参与渔船节能调查及其经济效益评价研究,从事上海市水产品消费市场预测及有关沿海省市渔业发展等的研究。20 世纪 90 年代中后期起,着重研究渔业产业政策、水产品国际贸易以及水产品市场营销等,以及联合国粮农组织的中国水产品中长期发展预报专项、东、黄海区渔船生产成本和经济技术指标评价,以及阿拉斯加海产协会的阿拉斯加海产中国市场调查研究,参与国家"九五"攻关项目大型玻璃钢渔船的研制及产业化的产业发展政策研究等。进入 21 世纪,主要研究水产品流通与贸易、水产养殖业和捕捞业的可持续发展、渔业环境与资源经济、渔业经济政策、休闲渔业与渔文化等。在食品经济管理领域的有关研究,主要有上海城市猪肉流通中的安全问题识别及其监控机制的研究等。郑锦荣参与研究的"多功能开放型企业供需网及其在轻工与食品企业中的应用项目"曾于 2008 年获得上海市科技进步奖二等奖。2006—2011 年,出版专著有《生物产油开发技术与应用》《人口、经济发展与生态环境系统协调性测度原理与应用》《中国水产品贸易中的关税与非关税效应》《基于社会责任的食品企业危机管理》等11部。

历任教研室主任：韩家学、方原、谢敏珠。历任系主任：石镛、葛光华；历任系副主任：谢敏珠、葛光华、蔡和麟、张相国。历任院长：童吉美、张相国、高健、平瑛(2009.7—)；历任副院长：张相国、周鸿仪、平瑛、成长生、高健、韩兴勇、杨德利(2009.7—)。

历任党支部书记：石镛。历任党总支书记：周鸿仪、张晓东、董玉来；历任副书记：张晓东（主持工作）、周祥、董玉来、蒋争春、张登沥、宁波。历任党委书记：董玉来、岑伟平(2005.12—)；历任副书记：宁波、林喜臣(2008.3—)。

1984年，全系共有教职工16人，学生39人。2006年，全院共有教职工34人，其中教授10人、副教授16人；学生2 400人。2011年，全院共有教职员工82人，其中教师63人，教授7人、副教授25人；学生2 567人，其中本科生2 461人、硕士研究生101人、博士研究生5人。

2011年，学院下设农林经济管理、市场营销、会计、金融、国际经济与贸易、物流管理、食品经济管理7个系。

农林经济管理系　成立于1984年，承担农林经济管理专业，以及相关硕士点、博士点建设和管理任务。2011年，全系共有教师14人，其中教授4人、副教授5人。

市场营销系　成立于1997年，承担市场营销专业，以及相关硕士点、博士点建设和管理任务。2011年，全系共有教师8人，其中副教授2人。

会计系　成立于1986年，承担会计学专业，以及相关硕士点、博士点建设和管理任务。2011年，全系共有教师9人，其中教授1人、副教授3人。

金融系　成立于1995年，承担金融学专业，以及相关硕士点、博士点建设和管理任务。2011年，全系共有教师7人，其中副教授4人。

国际经济与贸易系　成立于1999年6月，承担国际经济与贸易专业，以及相关硕士点、博士点建设和管理任务。2011年，全系共有教师10人，其中教授1人、副教授5人。

物流管理系　成立于2004年，承担物流管理（食品物流管理方向）专业，以及相关硕士点、博士点建设和管理任务。2011年，全系共有教师8人，其中教授1人、副教授2人。

食品经济管理系　成立于2004年，承担食品经济管理专业，以及相关硕士点、博士点建设和管理任务。2011年，全系共有教师7人，其中副教授4人。

第五节　信息学院

1982年，海洋渔业系设置计算机教研室。1996年3月，学校与联想集团公司联合办学，成立联想计算机学院。1998年，双方终止合作，学院更名为计算机学院。2003年，由计算机学院、数学教研室、物理教研室联合组建信息学院。

1993年以前，计算机教研室主要承担全校算法语言等公共课。1993年、2002年，分别设有两年制信息管理、计算机及应用两个专科专业。1996年，设立计算机及应用本科专业。2000年，更名为计算机科学与技术专业。

2011年，学院本科教学共设有计算机科学与技术、信息管理与信息系统、信息与计算科学、空间信息与数字技术4个专业，并承担全校数学、物理、计算机方面的公共课程教学，具有硕士学位授予权学科有计算机应用技术（工学或理学）、农业推广硕士（农业信息化领域）、工程硕士（计算机技术领域）。

教材和课程建设方面,2002—2011年,主编和出版教材有《大学计算机应用基础》《计算机和英语试题汇编》《C程序设计》《C程序设计实验指导》《大学计算机与信息技术应用基础》《计算机信息安全》《线性代数》《物理实验教程》《VB6.0程序设计案例教程》《高等数学全程导学及习题全解》《凌阳16位单片机原理与应用》《运筹学》《信息安全导论》等29本。计算机应用基础课程获2010年上海市精品课程。

科学研究方面,2005—2007年,将计算机应用技术学科融入学校重点学科,推进数字海洋、数字渔业和食品物流、食品安全信息技术的研究工作。2008—2009年,与国家海洋局东海分局共建数字海洋研究所,并与国家海洋局东海信息中心合作,主要研究领域有海洋地理信息系统、海洋计算、海洋决策支持系统以及海洋三维模拟等。先后完成国家海洋综合调查专项"数字海洋"上海示范区一期建设,基于智能体的空间信息移动服务网格模型与关键技术的国家863项目,以及东海区重要渔业资源养护工程技术研究与示范,国家科技支撑计划专题农村知识本体的研究与知识库构建,科技部海洋公益性项目有南汇区风暴潮灾害辅助决策关键技术研究,上海市科委海洋科技重大项目有临港新城风暴潮灾害辅助决策关键技术研究等项目。2008年、2009年,共获得专利授权2项、软件著作权登记数24项。

历任院长:曾茂朝(名誉院长)、曹渠江、孙晋声、张健、施伯乐(名誉院长,兼任)、黄冬梅(2008.6—);历任副院长:张慕蓉、任明荣、齐亚丽、黄冬梅、陈明(2003.2—)、沙荣方(2008.3—)。

历任直属党支部书记:陆淑睛。历任党总支书记:齐亚丽、朱镜(兼);历任副书记:姜启军、朱克勇。历任党委书记:朱镜、施永忠(2006.3—);历任副书记:朱克勇、李琼、晏萍(2010.1—)。

1998年,学院共有教职工19人,其中教师7人,副教授等4人;学生281人。2003年组建信息学院时,共有教职工51人,其中教师38人,教授1人、副教授等10人;学生1 650人,其中本科生1 335人,高职生315人。2011年,共有教职工103人,其中教师88人,教授10人、副教授等21人;学生1 134人,其中本科生1 063人,硕士研究生71人。

2011年,学院下设计算机科学与技术、信息管理与信息系统、信息与计算科学、空间信息与数字技术4个系,计算机、物理、数学3个公共基础教学部,及大学物理实验中心。

计算机科学与技术系 成立于1998年,承担计算机科学与技术专业,以及相关硕士点的建设和管理任务。2011年,全系共有教师14人,其中教授3人、副教授等6人。

信息管理与信息系统系 成立于2004年,承担信息管理与信息系统专业,以及相关硕士点的建设和管理任务。2011年,全系共有教师9人,其中教授1人、副教授等3人。

信息与计算科学系 成立于2005年,承担信息与计算科学专业,以及相关硕士点的建设和管理任务。2011年,全系共有教师8人,其中教授1人、副教授1人、兼职教授1人。

空间信息与数字技术系 成立于2009年,承担空间信息与数字技术专业,以及相关硕士点的建设和管理任务。2011年,全系共有教师12人,其中教授2人、副教授等2人。

计算机公共基础教学部 成立于2006年,承担全校公共计算机基础课的教学任务。2011年,共有教师10人,其中副教授等3人。

数学公共基础教学部 成立于2006年,承担全校数学基础课的教学任务。2011年,共有教师21人,其中副教授等2人。

物理公共基础教学部和大学物理实验中心 成立于2006年。分别承担全校大学物理课和物理实验的教学任务。2011年,物理公共基础教学部共有教师8人,其中教授1人、副教授1人;实验中心共有教职工3人,其中副教授1人。

第六节　工程学院

1954年，海洋渔业系设置机械教研组。1958年，改设渔业机械教研组和电工与电子教研组。1958—1960年，先后设有渔业机械、渔业电子仪器、渔船动力机械等本科专业。1962年，调整为渔业机械专业。

1972—1979年，设有渔业机械化、渔船制造两个系，下设渔业机械、渔业电子仪器、渔船设计与制造、渔船动力机械4个专业。前期招收三年制"工农兵学员"。1977年，恢复高考制度后，渔业机械、渔业电子仪器、渔船动力机械3个专业招收四年制本科学生。学校从厦门迁回上海时，该批学生留在厦门水产学院学习至毕业。1980年，成立渔业机械系（筹），设渔业机械本科专业。1982年，该系并入海洋渔业系。根据国家教委多次颁布的本科专业目录，渔业机械专业先后被机械设计与制造、机械设计制造及其自动化专业所覆盖。根据上海市需要，曾分别设置机械制造与工艺、轮机管理两个两年制专科专业。2006年，由海洋学院所属机电工程系和工程基础系组建成立工程学院。学院除负责机械类专业教学外，还承担全校理工科专业机械类、近机械类、电工电子类、力学类等课程教学。

2011年，学院本科教学共设有机械设计制造及其自动化、工业工程、电气工程及其自动化、物流工程4个专业，具有机械工程（一级学科）硕士学位授予权。学院分别与美国佛罗里达理工学院和澳大利亚库克大学实行"2+2"的本科（即2年在本校学习，2年在对方学校学习）和"3.5+1.5"（即3.5年在本校学习，1.5年在对方学校学习）的学士、硕士研究生联合培养办学模式。截至2011年，已有4名学生通过合作办学进入美国佛罗里达理工学院学习，有2名学生毕业并获得两校学士学位。

教材和课程建设方面，1961年、1993年编写全国统编教材时，主编和出版教材有《捕鱼机械与设备》《养殖土木工程》《水产养殖机械》《船舶原理与结构》等6本。2003—2011年，主编和出版教材有《工程流体力学》《工程流体力学习题解析》《机电工程专业英语》《力学基础实验指导》等。其中，《工程流体力学》获2007年上海市优秀教材奖三等奖，《机电工程专业英语》获2011年上海市优秀教材奖二等奖。2005—2010年，获得上海市重点课程建设的有计算机辅助设计、物流规划系统与设计、电工学、电路原理、机械设计、工程经济学、机械制图。

科学研究方面，1954—2005年，主要围绕捕捞机械、养殖机械、船用设备和渔船电子仪器、渔业节能等进行科研工作。1962年，研制的大功率垂直探鱼仪，获国务院新成果产品奖二等奖。2002年，研制的自行往返式遥控潜吸式清淤机获国家科学技术发明奖三等奖。2006年，工程学院成立后，逐渐向渔业机械、渔业节能、海洋工程、海洋新能源开发等方向聚焦。2006—2011年，获发明专利5项，新型实用专利20项。建有产学研基地3处。

历任教研室主任：施彬、应光彩。在厦门办学期间，渔业机械化系副主任：郭震东（主持工作），党组织书记：赵凤仪、乔树荣；渔船制造系主任：胡鹤永，党组织书记：陈一章。1980年，渔业机械系（筹）负责人为胡鹤永。工程学院历任院长：王世明（2009—　）；历任副院长：王世明（2006—2009年主持工作）、王永鼎、曹守启（2009—　）。

历任党委书记：王明华（2007—　）；历任副书记：周建、李勇军、叶宏玉、张雅林（2011—　）。

2006年，学院共有教职工48人，其中教师33人，教授4人，副教授9人；学生809人，其中硕士研究生7人。2011年，共有教职工67人，其中教师45人，教授4人、副教授16人；学生1 268人，其中硕士研究生58人。

2011年,学院下设机械工程、工业工程、电气工程3个系。

机械工程系 设机械工程和工程基础两个教研室,承担机械设计及其自动化本科专业,以及机械工程(一级学科)硕士点的建设和管理任务。2011年,全系共有教师25人,其中教授3人、副教授12人。

工业工程系 设工业工程、物流工程两个教研室,承担工业工程和物流工程两个本科专业的建设和管理任务。2011年,全系共有教师11人,其中教授1人、副教授2人。

电气工程系 设电气自动化教研室,承担电气工程及其自动化本科专业的建设和管理任务。2011年,全系共有教师10人,其中副教授2人。

第七节 人 文 学 院

1997年7月,学校将社会科学部(含语文教研室)、基础部(含数学、物理教研室)、德育教研室、体育教研室、英语系、日语系合并组建人文与基础科学学院。2003年,更名为人文学院。2003—2009年,先后将基础部(含数学、物理教研室)、英语系、日语系分别划归有关学院或独立建院,德育教研室和社会科学部由学校直属管理。

2011年,学院设有行政管理、行政管理(劳动与社会保障方向)、社会工作3个本科专业及方向,并承担全校体育、大学语文等公共课程,以及文学欣赏、诗词鉴赏、音乐欣赏、世界文化史、素描基础、集邮入门等人文素质选修课的教学,具有按水产一级硕士学科自主设置的渔业环境保护与治理专业硕士点。

教材和课程建设方面,2001—2011年,主编和出版教材有《上海市高等院校游泳课程教材》《高校定向越野教程》《城市管理学》《办公室工作:实务与技能》《社会学导论》《公共事业管理》《现代礼仪教程》《大学国文》等13本。游泳课程于2001年获上海市教学成果奖三等奖。游泳课、体育欣赏课和城市管理学分别于2001年、2005年被评为上海市重点建设课程。

科学研究成果主要有:2001年,游泳教学与全民健身游泳达标的结合获上海市教学成果奖三等奖;我国高校体育发展模式的研究获国家体育总局科研优秀奖;"依托临港,打造上海水上体育娱乐中心"项目获上海市体育局科研成果奖一等奖。

历任院长:胡金发、任明荣、徐莉兰、张继平(2005—);历任副院长:胡根大、张丁周、郑卫东、黄中元、陈向阳、高晓波、金龙(2010—)。

历任党总支书记:任明荣、徐莉兰、胡金发;历任副书记:黄中元、李兴华、罗汝坤。历任党委书记:胡金发,张继平(2008—);历任副书记:罗汝坤,高晓波(2008—)。

2011年,学院共有教职工55人,其中教师44人,教授2人、副教授13人;学生671人,其中本科生668人,硕士研究生3人。

学院设有行政管理系、文学艺术教学部、体育教学部3个教学机构和1个公共管理研究所。

行政管理系 成立于2000年,承担行政管理、行政管理(劳动与社会保障方向)、社会工作3个专业(方向),以及相关硕士点的建设和管理任务。2011年,全系共有教师17人,其中副教授2人。

文学艺术教学部 成立于2003年,承担全校有关课程的教学任务。2011年,全系共有教师6人,其中副教授3人。

体育教学部 成立于1997年,承担全校体育与健康必修课和有关选修课的教学任务。2011年,体育教学部下设以球类为主的第一教研室和综合性的第二教研室,共有教职工22人,其中教师21人,教授1人、副教授7人。

2005年11月,成立公共管理研究所,主要研究方向为公共政策、公共管理与海洋文化等。所长傅广宛(华中师范大学教授,兼),常务副所长张继平。

第八节 外国语学院

1952年,学校设置外语教研组。1972年,更名为外语教研室。1994年9月,由科技外语教研室、公共外语教研室合并成立外语系。1995年9月,外语系与经济贸易系合并组建国际经济贸易学院,下设英语系、日语系、国际金融系和经济贸易系。1997年,将英语系、日语系划出,与社会科学部(含语文教研室)、基础部(含数学、物理教研室)等合并成立人文与基础科学学院。2006年,英语系、日语系、大学英语教学部及语音实验室从人文学院划出,成立外国语学院。2007年3月,增设朝鲜语系。

2011年,全院本科教学共设有英语、日语、朝鲜语3个专业,并承担全校外语公共课的教学。

在教材和课程建设方面,1991年,主编和出版全国统编教材有《大学日语》。2006—2011年,主编和出版教材有《中日文化交流史》《初级韩语》《中级韩语》《高级韩语》《韩国文学作品选读》《海洋英语阅读教程》等6本。其中,《大学日语》获国家教委第三届高等学校优秀教材奖二等奖,朝鲜语系列教材获2011年上海市优秀教材奖二等奖。2006—2011年,列入上海市重点建设课程项目有基础日语、基础英语、高级英语、高级日语、基础朝鲜语、日语听力6门课程。

科学研究方面,1958年,参加编撰并出版《俄汉水产词汇》。1979年,参加编撰并出版《英汉水产词汇》。2006—2011年,承担上海市科研创新项目5项,有美国东方主义中的"中国话语"研究、基于汉字文化圈的"朝鲜语教育用词汇等级"汉字词专题研究、基于语料库的英汉语认知对比创新研究、中日动词句他动性的认知分析——从动作主意义扩展的角度、身体表征世界图景——人体词语语义研究;上海市教委一般项目两项,有英语专业学士论文现状分析及对策研究、美国文学对中国的遥想与呈现;教育部人文社科青年项目有上海在日本近现代文学史上的隐喻意义;上海市社会科学规划青年课题有中国海洋文学的异域传播与海洋国家之文化构建——基于文化翻译的视角。

历任外语教研组主任:刘治亭、严永高、许家琦、曹英多。历任外语系主任:黄学壬、童吉美。历任院长:齐亚丽(2006.1—);历任副院长:周永模。

历任党委书记是齐亚丽(兼,2006.1—);副书记是罗汝坤,戴辉明(2007.2—)。

2011年,学院共有教职工100人,其中教师89人,教授8人、副教授25人,另有外籍教师9人;学生1 054人。下设大学英语教学部,及英语、日语、朝鲜语3个系。

大学英语教学部 成立于2005年,下设第一和第二两个教研室,承担全校本科生的公共英语和大学基础法语课程的教学任务。2011年,共有教师35人,其中教授1人、副教授10人。

英语系 成立于1995年,承担英语专业及全校硕士、博士研究生有关英语课程教学任务。2011年,全系共有教师24人,其中教授4人、副教授6人,美国、加拿大、澳大利亚等国外籍教师5人。

日语系 成立于1995年,承担日语专业,以及全校本科生、硕士研究生开设公共日语课程的建设和管理任务。2011年,全系共有教师20人,其中教授1人、副教授8人、日本国籍教师3人。

朝鲜语系 成立于2007年3月,主要承担朝鲜语专业,以及英语和日语专业的大学基础朝鲜语课程的建设和管理任务。2011年,全系共有教师10人,其中教授1人、副教授1人、韩国籍教师1人。

第九节 爱恩学院

2002年1月,经上海市教委批准,学校与澳大利亚塔斯马尼亚大学(以下简称"塔大")、上海爱达投资管理有限公司实行三方合作办学。同年5月,学校与塔大在塔大签署《中国上海水产大学和澳大利亚塔斯马尼亚大学合作协议书》,作为双方签署其他协议的永久性基础文件,明确双方的伙伴关系、学分互认以及研究协作。同年7月,三方又签订合作协议备忘录,决定创办爱恩学院,作为学校二级学院,实施中外合作办学项目。学院实行董事会领导下的院长负责制,财务独立建账、管理,符合双方条件的毕业生可获得学校本科毕业证书、学士学位证书和塔大学士学位证书。

爱恩学院管理模式根据中外合作办学性质和要求,属"事业单位企业化管理"。其管理模式为由董事、联合教学管理委员会、学术项目会议组成的董事会领导下的院长负责制。院长由爱达投资管理公司提名,经董事会通过后,由学校聘任。副院长经院长提名由学校聘任。党总支书记根据党章规定,选举产生,经校党委批准。学院各部门负责人、教师、工作人员由院长聘任。

董事会是学院的领导决策机构,全体会议每年至少召开一次,由董事长主持,主要听取院长工作汇报、讨论制定学院发展规划、研究合作项目的发展趋势与可能性及办学中的其他重大问题。第一届董事会由学校2人、塔大1人、爱恩国际教育集团2人组成。主席由学校党委书记叶骏担任。2007年,成员改由学校4人、塔大3人组成。2010年7月,校长潘迎捷任主席。2011年,共有管理人员(包括辅导员)35人。

联合教学管理委员会是董事会领导下的教学管理机构。由学校和塔大各派4人组成。每年召开2次会议,对教学进行监督和检查,研究和处理教学与管理中的重大事项。主席由双方轮流担任。

学术项目会议是由塔大国际项目负责人和爱恩学院教学副院长两人负责,共同研究讨论日常教学管理中的有关事项。根据需要不定期召开会议。

历任院长:孙行佳(2002.7—);历任副院长:陈国晖、齐亚丽(兼)、张萍(兼)、胡应平(2008.1—)。

历任党总支书记:齐亚丽、张萍、孙礼仕(2009.2—)。

教师队伍以学校和塔大教师为主,部分聘用兼职教师,共有50多人。应聘教师经过严格考核程序,讲授塔大课程的教师还必须通过塔大考核批准才能上课。在校学生人数从2002年的300人增加到2011年的1 500多人。截至2011年,已有6届毕业生2 141人,其中约有25%学生进入世界500强大学攻读研究生,约有6%进入世界100强大学深造。

2002年、2003年,经上海市教委先后批准,合作举办信息管理与信息系统(环境信息系统方向)、市场营销(国际商务方向)两个本科专业。

学院引进塔大教育资源,培养国际化人才的主要措施有:

教师队伍 爱恩学院每年聘用11名富有教学经验的外籍教师担任英语课程教学,在塔大多年任教的25名专业教师担任专业课教学,还聘用20名中方教师担任专业课程教学。中方教师曾在英国、美国和澳大利亚等国家海外留学或进修,且具有博士、硕士学位的占到70%。

英语教学 由外籍教师进行25人小班制互动式教学,按照雅思标准考核。每届毕业生大学英语四级通过率达98%以上,六级通过率达60%以上。要求学生英语水平达到雅思6分,每届学生中有20%的雅思成绩达到6.5分以上。2007—2011年,历次全国大学生英语竞赛(C类)中有9人次获一等奖,14人次获二等奖,17人次获三等奖。

教学内容 两个专业共设有塔大课程29门,采用全英语教学,并引进塔大最新英文原版教材27种。

教学模式 塔大所有专业课程都采用大课加小课(辅导课或实践课)的教学模式,小课可发挥学生主动性和创造性。

考核方式 课程考核采用平时测评和期终考试相结合的方式。注重学生平时学习、基础训练和能力培养。避免以考核记忆为主要手段和一次期终考试定成绩的做法。

教学质量监控 学生第一学年英语成绩要达到相当于雅思5.5分水平才能注册塔大学籍,进入第二学年学习。课程设置中有先修和后续关系,先修课程不及格不能学习后续课程,实施教考分离。所有塔大课程作业和考试题均由塔大提供。平时作业要求学生必须独立完成,按时上交,不能抄袭。塔大在每年11月指派一位教学管理负责人来校进行质量保障巡访。每年3月,由两校分别提交年度教学质量报告,并在教学管理委员会上交换,讨论需要解决的教学问题。

2002—2011年,在合作办学过程中不断探索研究。2008—2010年,在国内外刊物上发表7篇中外合作教学研究论文。2010年,经上海市教委批准,商务信息系统课程被列为上海市重点建设课程项目。2009—2010年,在教师指导下学生完成5项上海市大学生创新研究项目。

第十节 成人教育学院

1960年3月,学校成立夜大学。1993年,增设函授部。1994年,夜大学更名为成人教育学院。学院的教学可分成成人全日制教学、成人非全日制学历教学和短期培训3部分。

成人全日制教学 1984年,中央农业干部管理学院上海水产学院分院,开始举办两年制脱产干部专修科,培养海水养殖管理、淡水养殖管理、渔业经济管理、财务会计、渔业管理等方面人才。1995年起,向社会招收专科生、本科生。2000年,设有制冷与空调技术、市场营销、商贸日语、计算机应用、财务会计、机电工程6个专科专业,淡水渔业、水产养殖、会计学3个本科专业,在校生达到543人。2003年,达到793人,为历史最高。2009年起,根据上海市教委规定,停办成人脱产教育。1996—2009年,学院先后与江苏盐城、盐都、南通,安徽宣州,山东潍坊,浙江舟山、宁波、金华、诸暨等有关部门合作开展脱产干部专修科人才培养。

成人非全日制学历教学 有夜大学、函授教育两种。

夜大学,始于1960年,设置渔船动力机械、制冷设备与冷藏、罐头食品工艺3个本科专业。"文化大革命"期间停办。1985年,恢复招生,设置动力机械、工业企业管理、食品工艺、财务会计、制冷与空调技术5个专科专业。2008年,专科有物流管理、会展策划与管理、国际贸易实务、港口业务管理、食品工艺与质量保证、会计、经济管理、机电一体化技术(数控方向)、国际商务、商务日语、电子商务11个专业;高起本有会计学、计算机科学与技术、物流管理、国际经济与贸易、日语5个专业;专升本有行政管理、国际经济与贸易、物流管理、会计学、信息管理与信息系统、英语、食品质量与安全、机械设计制造及自动化、计算机科学与技术9个专业。2008年,招生达到1810人,在校生达到4172人。2009年起,夜大学招生人数有所下调。2009年,为便于学生就近学习,学院在市区和市郊设置13个教学点。

函授教育，始于1993年，设三年制水产养殖专科，学生来自全国近20个省市。2011年，专科有水产养殖技术、经济管理、计算机信息管理、市场营销、会计、生物技术、渔业资源与渔政管理、物流管理8个专业，专升本有水产养殖学、行政管理、会计学、国际经济与贸易4个专业。为方便学员就近就读，1995—2000年，在山东济南、四川合川、宁夏银川、浙江杭州萧山、福建厦门集美、安徽合肥、江苏连云港、江苏南通、江西南昌等地设立函授站。2001—2009年，在广西南宁、云南昆明、新疆乌鲁木齐、广东广州、海南海口等地设立函授站。函授学生以自学为主，在寒暑假集中辅导。校本部的函授生每月安排两天，利用双休日集中在学校授课。

短期培训　除由中央农业干部管理学院下达培训任务外，还有各省、市（自治区）委托的农业、渔业干部业务或管理培训。

在教学管理上，为达到规范管理，确保教学质量，学院下设教务办公室、学生办公室、培训办公室，并根据教育部和上海市教委规定，制订相应规章制度。历年制订的规章制度有《关于建立校外夜大教学点的规定》《教师聘任办法》《任课教师工作条例》《学生学籍管理暂行规定》《考场规则》《学士学位授予实施细则》《校外教学点工作要求》《优秀夜大教学点评选实施办法》《成人高等学历教育优秀教师评选办法（试行）》《教学点优秀管理工作者评选办法（试行）》《关于成人高等教育人才培养方案修订工作的指导意见》《教学信息员制度实施办法》《优秀教学信息员评选实施细则》《夜大学考勤实施细则》《关于学生要求查阅试卷的规定》《关于成人教育学院本科毕业论文（设计）暂行规定》《本科毕业设计说明书（论文）撰写规范（试行）》《关于全国大学英语四、六级考试报名规定（暂行）》等。

1994—2011年，历任院长：崔建章、张继平、成长生（2001.3—　）；历任副院长：徐荣、梁昌祥、张萍、殷曦敏、许四杰、蒋维平、张敏、陆淑晴、金晔（2005.1—　）、付昱（2008.3—　）。

历任直属党支部书记：梁昌祥、张继平、许四杰、张敏、张萍（1998.1—1994.4）；历任副书记：林高（2005.1—6）。历任党总支书记：林高（2005.6—　）。

1994年，学院成立时有教职工5人。2011年，有教职工20人。任职教师以学校教师为主，外聘兼职教师为辅。

第十一节　高等职业技术学院

1999—2001年，学校与上海水产（集团）总公司、上海水产学校联合成立高等职业技术学院，办学点设在上海水产学校。2001—2006年，高等职业技术学院挂靠教务处，学生由学校各学院培养和管理。2006年，高等职业技术学院与成人教育学院合署办公。同年5月，学校与上海科技管理学校（原上海水产学校）签署联合举办高等职业学院办学协议，办学地点设在上海科技管理学校。

2011年，学院共设有应用英语、食品药品监督管理、食品营养与检测、制冷与冷藏技术、轮机工程技术、物流管理6个高职专业。

教学设施方面，拥有基础和专业实验室等12个。2009年，已建成上海市职业教育制冷与空调、食品工艺与检测、信息技术3个市级开放实训中心，职业技能鉴定站所2个。

1999—2006年，学院通过管理委员会进行管理。历任主任：曹德超、程裕东；历任副主任：缪剑明、闻人勇建、成长生、吴建农、李兴华。历任院长：尹协仁（名誉）、张继平、吴建农、成长生（2006.9—　）；历任副院长：沈泂、王玉章、苗永堂、陆伯依（助理）、闻人勇建、金晔、付昱、张云（2006.9—　）。

历任直属党支部书记：张继平、许四杰、张萍（1999年3—4月任副书记）。历任党总支书记：

林高(2006.5—)。

2011年,任课教师中来自校内的有98人、校外的34人,其中具有职业技能的"双师型"教师达到31%。2011年,在校生为823人。

第十二节　国际文化交流学院

1964年,学校设置留学生科,负责越南、朝鲜留学生管理工作。改革开放以后,来校留学生的国别、人数不断增加。2005年,学校成立国际文化交流学院,负责各类留学生日常管理工作,并承担非学历留学生的汉语教学任务。

在汉语语言培训工作方面,2007—2008年,学校开设的短期汉语培训班培训的学员有来自泰国汉语教学中心夏令营、美国G.SW师生团、德国布曼博士学校师生团、日本神奈川日中友好协会、美国德克萨斯州等方面的学员共90人。

在本科留学生工作方面,凡学校具有学位授予权的本科专业,均可招收留学生。本科留学生的专业教学纳入学校和相关学院教学培养体系。留学生与中国学生一起上课的,采用汉语授课。留学生入学前,需通过汉语水平考试(HSK)。否则,应先参加学院组织的汉语培训。留学生修完所学专业规定的课程,成绩合格方能毕业,符合学位条例规定可授予学士学位。2005—2011年,来自蒙古、俄罗斯、坦桑尼亚、越南、韩国、泰国等国的本科留学生共有59人,所学专业分别有水产养殖、农业经济管理、环境科学、动物遗传育种与繁殖、产业经济学、计算机应用技术、渔业经济管理等。

在留学研究生工作方面,凡学校具有学位授予权的硕士、博士专业,均可招收留学生。授课语言为汉语或英语。用汉语授课的研究生编入中国学生相应班级插班学习,入学前需通过汉语水平考试(HSK),否则需先进行汉语培训。用英文授课的研究生采取单独授课方式,可直接进入专业学习。留学生修完专业培养计划规定的课程,成绩合格方能毕业,符合学位条例授予规定,包括完成学位课程、基础前沿课程、选修课程的学分,完成实践、文献综述和学术活动三个必修环节,完成个人培养计划、开题报告、中期考核、学位论文等培养环节,可授予学位。2007—2011年,来自越南、尼泊尔、蒙古、泰国、韩国、孟加拉国、巴基斯坦、坦桑尼亚等国的研究生共有42人,其中博士生6人。2010—2011年,毕业生共有10人。其中,硕士毕业生8人、博士毕业生2人。

历任院长:董玉来(2005—2009年);任历副院长:陆秀芬,李琼(主持工作,2009—)。2011年,全院有专职教职员5人,均兼任汉语教学教师。

第十三节　社会科学部

1952年,学校设置政治教研组,先后更名为马列主义教研组、马克思主义理论教研室、马列主义教研室,均直属学校领导。1988年,成立社会科学部(以下简称"社科部")。1997年,与基础部(含数学、物理教研室)、德育教研室、体育教研室、英语系、日语系等合并,组建人文与基础科学学院,改制为社会科学系。1998年,撤系恢复社科部。2009年3月,社科部再次独立,直属学校领导。

教学方面,为本科生开设的必修课程有毛泽东思想和中国特色社会主义理论体系概论、马克思主义基本原理概论、思想道德修养与法律基础、中国近现代史纲要、政治经济学、当代世界经济与政治。选修课有电影美学、国史十六讲、伦理学与现实生活、上海史、世界宗教。为硕士研究生开设的必修课程有自然辩证法、马克思主义经典著作选读、科学社会主义理论与实践。为博士研究生开设的必修课程有现代科学技术与马克思主义。

1987—2007年，主编和出版教材有《思想品德教程》《全国高等水产院校思想教育丛书：法律基础与渔业法规教程》《思想修养教程》《形势与政策教程》《中国社会主义建设的理论与实践》《当代世界政治经济与国际关系》《马克思主义哲学原理》《新编法学概论》《邓小平理论与当代中国》《法律基础》《中华人民共和国史》《和谐社会与大学生》12本。

1985—2009年，获得的主要省部级教学成果有：1985年，刘冠伦被评为农牧渔业部高等农业院校优秀教师；2003年，黄中元获上海高校优秀"两课"教师称号；2008年，郑黎芳获上海优秀思想政治理论课教师称号；2009年，陈艳红获上海市育才奖；2011年，江崇文获"首届上海高校思想政治理论课教学比赛"三等奖。

科学研究方面，1985—2011年，承担国家、省部级科学研究项目主要有关于发展上海农村第三产业问题的调查、上海市"六五"科技攻关项目经济效益计量和社会效益分析、科研与生产结合的组织体制及管理、新时期四育人的艺术研究、论新时期中国的知识分子问题调查研究、市场经济条件下两课教师的信仰与职业关系问题的研究报告、世纪之交中国经济发展战略的思考、和谐社会与加强党的执政能力的建设、从教育系统工程学理论探究新一轮思想政治理论教学与实践、上海2010年残疾人小康指标研究、上海高校思想政治理论课建设评估指标体系研究、思想政治理论课中班教学和小班教学进行试点教改、以系统工程学视角改进高校思想政治理论课教学质量评估指标体系的方案研究、上海钱业公会事业史、政治与哲学之间：卢梭政治哲学研究、民国时期上海码头工人研究、建立上海市老年残疾人公共服务体系研究、基于易班的思想政治理论课教学现代化研究等。其中，获奖成果有：1992年，《从苏联东欧的演变看高校反和平演变教育的基本内容》获全国高等水产院校德育课程教育研究会优秀论文；1999年、2000年，《论新时期中国的知识分子问题》分别获上海市第三届邓小平理论研究和宣传成果1988—1999年著作类三等奖、上海市高校思想理论教育研究会1998—2000年优秀著作二等奖；2002年，《中国西部崛起的再思考》获《新世纪的思索——中国当代改革发展文集》优秀论文奖；2006年，《占领社区：建立大学生社区党支部开辟高校学生党建工作新领域》获全国高等学校思想政治教育研究会第10届全国高等学校青年德育工作者论坛优秀论文；2008年，《和谐社会与新农村建设》获上海市第七届邓小平理论研究和宣传优秀成果著作类三等奖。

历任马列主义教研室（组）负责人是刘宠光、马少甫、刘怀庆、崔槐青、吴士濂、石铺、杨喆甡、施存富、刘冠伦。历任社会科学部主任是刘冠伦、林雅年、张德荣、封金章、黄中元、蔡和麟、胡金发、郑黎芳、徐莉兰、张继平、董玉来（2009.4—　）；副主任是黄中元、郑黎芳、赖恩明、陈艳红。

历任党支部书记是刘冠伦（直属）、张德荣（直属）、蔡和麟（直属）、毛小英、郑黎芳、何丽华、陈艳红、赖恩明、董玉来（2009—　，直属）

2011年，社会科学部共有教职工22人，教师20人，其中副教授9人。

第十二篇

人物

第一章 人物传略

第一节 主要创办人

张謇（1853.7.1—1926.7.17） 字季直，号啬庵，江苏通州（今南通）人。江苏省立水产学校主要创办人。中国近代实业家、政治家、教育家。1894年，中状元。清廷翰林院修撰、商部头等顾问官。1903年，赴日本考察。同年7月，在江苏通州吕泗沿海创办吕泗渔业公司。1904年，张謇认为"渔业者，海线之标识也"，为"护渔权，张海权"，力图发展渔业，维护国家海权，上书商部及两江总督，提出成立中国渔业公司（又称江浙渔业公司，一套班子两块牌子）办法，并提议创办水产、商船两学校。经江苏省都督批准，中国渔业公司设于吴淞海军衙门旧址，并划定水产、商船学校校址。中国渔业公司从青岛德商公司处购买渔轮"万格罗号"，是中国引进的第一艘新式渔轮，更名为"福海号"，作为生产渔轮，兼作官轮保护江浙海面渔船。1905年，张謇任江苏学务总会会长。1906年，张謇与樊时勋、郭淑霞等在炮台湾海军公所创办渔业学校，程度类同高小，唯注重理化、水产诸科。此为水产学校预备学校。同年，张謇奉命筹备参加在意大利米兰举行的博览会。这是中国渔业第一次参加国际博览会。所展展品及其他国家所赠展品，后赠予1912年创建的江苏省立水产学校，供教学之用。1910年，张謇请准江苏省都督程德全拨给营地为校址，筹建水产学校，后适逢辛亥革命未及实施。1912年，经黄炎培襄助，江苏省立水产学校（俗称吴淞水产学校，现上海海洋大学前身）正式成立。由于吴淞处于中国海岸线中位处，张謇意欲举沿海七省之力重点建设该校，同时在沿海各省各建一所水产学校。1912—1914年，先后担任实业部总长兼两淮盐政总理、工商总长兼农林总长、农商总长兼全国水利总局总裁等。其间，制定并颁布《公海渔业奖励条例》《公海渔轮检查规则》《渔轮护洋缉盗奖励条例》及施行细则等渔政法规，系中国近代海洋渔业渔政之开端。

黄炎培（1878.10.1—1965.12.21） 字任之，别号抱一，江苏川沙（今上海市浦东新区）人。1901年，考入南洋公学，受教于蔡元培、张元济等。次年，中江南乡试举人。1905年，加入同盟会，不久受托为上海总干事，并和张謇、沈恩孚、袁希涛等创设江苏学务总会，任常务调查干事，深入江苏各地调查教育。1906年，经杨斯盛资助，创办浦东中学。1909年，黄炎培被选为江苏谘议局常驻议员，负责调查省政。

辛亥革命后，任江苏民政司总务科长兼教育科长。重视实业教育，"视水产为吾国破天荒之新事业，而财力亦足以副之"。因此，襄助张謇于1912年创设江苏省立水产学校，举荐张镠为该校筹办员。1912年，黄炎培在《教育杂志》第3期上发表《江苏今后五年间教育计划书》写道，"吴淞水产学校（吴淞校舍未竣工暂设上海）"。1913年，审定江苏省立水产学校5年发展规划。抗日战争期间，黄炎培积极呼吁维持水产教育，促使国民政府先于四川合川国立第二中学设水产部，后独立设立国立四川水产职业学校。该校于抗日战争胜利后迁至崇明，后大部分迁至闵行，于1949年11月并入上海市立吴淞水产专科学校，成为附设职业部。

1945年，黄炎培参加创建中国民主建国会，并赴延安沟通国共和谈。解放后，历任政协全国委员会常委、中央人民政府委员、政务院副总理兼轻工业部部长、全国人大常委会副委员长、全国政协副主席、中国民主建国会主任委员等职。著有《实用主义教育法》《黄炎培考察教育日记》《中华教育史要》《八十年来》等。

第二节 学校领导

张镠（1882—1925） 字公镠，江苏嘉定（今上海市嘉定区）人，江苏省立水产学校首任校长。中国水产教育开创人之一。幼年曾随父在浙江金华、义乌等地书院就读，后由中国渔业公司资助，与李东芗、曹文渊、胡璱泰等先后赴日本学习水产，入读东京水产讲习所制造科，1910年回国。1912年，江苏省临时议会知会议决设立水产学校。经嘉定同乡秦沅介绍，黄炎培、沈恩孚举荐，江苏省都督程德全于1912年5月、12月先后委任张镠为江苏省立水产学校筹办员、校长。

建校伊始，张镠草拟学校暂行简章、设计科目设置、确定办学规模等，明确办校宗旨为培养水产技术人才，振兴国家水产事业，并倡导"勤朴忠实"为治学之本。吴淞炮台湾筹建校舍之际，在黄炎培支持下，先借用上海县城（今上海市黄浦区老城厢地区）西门林荫路江苏省教育会办公楼三楼为教室，另租松盛里和大庆里民房作学生宿舍，于1912年12月15日先行招生，录取第一届预科生68人。1913年9月，迁至小南门白粮仓街（今乔家路）求志书院办学。

吴淞炮台湾校区全部校舍分4期建成，1913—1919年先后竣工，总建筑面积3 000平方米。其间，校长张镠循章办事，合理设计。1915年4月，张镠在校刊绪言中指出："谋展何种之事业，则当营何种之学校。事业因，学校果也。既营学校矣，即其所成就者，必须得展于事业。学校因，事业果也。"其殷殷爱国、爱校、爱生之情，溢于言表。

1914年2月，张镠在新学期开学典礼上宣布对学生之希望五事，倡导"勤朴忠实"之校风，并身体力行。1914年3月，亲赴日本购置教学用机械、图书、标本、模型等。为派遣学生去日本事宜，于1914年和1917年两次赴日接洽。1918年2—4月赴福建和江苏沿海调查渔业。1910年4月，受政府委派赴江苏省连云港考察，完成连云港辟为商港兼渔港计划书。1919—1921年，带渔捞科学生乘实习船"淞航号"，赴浙江泗礁、马迹山、岱山等渔场调查和实习。1921年11月，赴江苏昆山实地勘察学校建造淡水养殖场地址。

1923年，学校已成为国内设备最完善的水产学校，而张镠却积劳成疾，辞去校长职务。1925年2月，张镠逝世。吴淞炮台湾校园中心建有"公镠亭"，以资纪念。

侯朝海（1896.8.23—1961.12.21） 字宗卿，江苏无锡人，中国民主同盟盟员，著名水产教育家。先后任江苏省立水产学校校长，上海市立吴淞水产专科学校校长，上海水产专科学校副校长，上海水产学院副教务长兼海洋渔业系主任、教授。

1908—1912年，在上海商务印书馆艺术学校学习。辛亥革命时曾参加沪宁线防卫活动，并加入同盟会。1912年，考入江苏省立水产学校，攻读渔捞科。1918年，由学校派往日本，在日本农商务省作水产实习与研究。1921年，在日本中央气象台海洋气象部任研究员。1923年3月至1925年8月，任集美学校高级水产航海部教员。其间，1924年8—12月，任代理主任。1925年9月至1929年1月，任江苏省立水产学校校长。1927年11月，学校更名为第四中山大学农学院水产学校。侯朝海联络渔业和海运界人士，合作创办中国最早的航海专科和远洋渔业专科。1930—1933年，在国民政府农矿厅、实业厅任渔业技正，兼任国民政府农矿部设计委员。其间，于1931年在《中国建设》第3期发表《中央及各省应有之水产教育设施》，阐述水产教育重要性，并规划中国水产教育空间布局。1933—1934年，任实业部江浙区渔业改造委员会市场委员。1934—1937年，任实业部技正兼渔业科长。1938—1940年,任国民政府经济部技正兼国货审查技师审查肃清敌货等委员。1940—1947年,任国民政府农林部科长、参事和专门委员。

抗日战争期间,为维续水产教育,克服重重困难,联合江苏省立水产学校校友会等水产界人士向国民政府提议,在四川合川国立第二中学先设水产部,后独立设置国立四川水产职业学校。

抗日战争胜利后,侯朝海与李东芗、冯立民、王以康等通过有关机构共同发起成立黄海水产公司、南海水产公司、青岛鱼市场和中央水产实验所。与此同时,四处奔走,筹集经费,为恢复水产教育事业殚精竭虑,将三年薪俸悉数捐出用于办学。1947年6月,上海市立吴淞水产专科学校成立,侯朝海任校长。上海解放前夕,侯朝海冒着危险带领学生穿越封锁线撤离复兴岛,为新中国保留了一批骨干水产人才。他还联络上海中等以上学校校长,组成校长联席会并被推为临时主席,为迎接解放军进入上海市区做准备。1951年,上海市立吴淞水产专科学校更名为上海水产专科学校,侯朝海任副校长。其时,朝鲜战争爆发,号召学生积极投身抗美援朝、保家卫国,鼓励青年学生参军参干。1952年,上海水产专科学校升格为上海水产学院,侯朝海任副教务长兼海洋渔业系主任,从事海洋学课程教学。侯朝海关心学生胜过子女,为广大学生爱戴。

冯立民(1899—1961.5) 字宝颖,江苏宝山(今上海市宝山区)人。1918年1月,从江苏省立水产学校渔捞科毕业后,受华侨实业家陈嘉庚资助,赴日本东京水产讲习所留学。1919年9月,回国后应陈嘉庚之邀筹办集美学校水产科。次年10月,集美学校校长叶采真聘冯立民为水产科主任。1923年,江苏省立水产学校校长张镠因病辞职。1924年8—12月,应江苏省教育厅厅长蒋维乔之邀,任江苏省立水产学校校长。

1925年1月,为适应社会对水产航海高级人才需求,集美学校水产部改组为集美学校高级水产航海部,聘冯立民为主任。1927年3月,陈嘉庚聘叶采真为校董,改各部为校,成立私立集美高级水产航海学校,冯立民任校长。冯立民为该校的筹办、建设和发展作出开创性贡献。1929年1月,在江苏省教育厅厅长蒋维乔邀请下,冯立民再次担任江苏省立水产学校校长。

1934年8月,经财政部常务次长秦汾介绍,任全国经济委员会技正,后历任国民政府江汉工程局秘书主任、液体燃料管理委员会秘书、农林部中华水产公司经理。解放后,任农林水利部企业处处长,农林部、水产部工程师。1958年,调至浙江舟山水产学院(现浙江海洋学院前身)任教。

张楚青(1895.8.25—1964.9) 字毓骔,江苏崇明(今上海市崇明县)人,江苏省立水产学校校长、上海水产学院水产加工教授。1917年2月,江苏省立水产学校毕业后赴日本东京水产讲习所见习。其间,协助教师完成水产制造学授课,并编著《水产制造学》讲义。1919年,任江苏省立水产学校制造科主任兼教员。先后完成《水产干制品制造法》《罐头制造法》《盐藏品制造法》《鱼油制造法》4本著作,为当时我国水产品制造工艺与保藏奠定基础。1934年8月,江苏省立水产学校校长冯立民辞职,江苏省教育厅委任张楚青为校长。"八一三"事变期间,学校被夷为平地,被迫停办。抗日战争期间,张楚青设法保存部分教学设备。抗日战争胜利后,受侯朝海之邀,在上海市立吴淞水产专科学校制造科任教。1950年起,任教务主任。1952年,上海水产学院成立后,主要从事水产加工、油脂化学课程教学。1957年,被错划为"右派",调至东海水产研究所工作,编译日文资料。1963年,翻译出版《水产油脂及水产加工品的氧化与抗氧化剂》。

刘宠光(1905.10.18—1977.3.12) 字宗飞,别名刘文郁,化名张孟浩,安徽阜阳人,上海水产学院副院长,三级教授。1923年,考入北京朝阳大学政治经济系。1925年,参加北伐军,担任国民革命军柏文蔚部三师二支队副支队长。"四一二"政变后,领导阜阳东北乡农民开展抗粮、抗捐、抗税斗争。1928年春,负责阜阳"四九"起义的通信和物资供应工作。起义失败后,参与组建中共阜阳临时县委。1930年4月,参与组建中共阜阳县委,遭阜阳督察专员公署通缉,在群众保护下脱险。1931年底,刘宠光化名张孟浩去太和,组织农民游击队,在做土匪武装策反工作中,被民团逮捕,后被解送至安徽省军法处,判有期徒刑5年。1935年底,经组织营救出狱后,到巢县团山学校任教。其间,在学校周围办夜校,宣传共产党坚持抗日救国的主张。1936年,到达陕北,先后进抗日军政大学、中共中央党校学习。1938年,任晋冀豫省委巡视团主任,次年,任涡北新四军六支队政治部民运科长兼豫皖苏边区联防委员会副主任。1942年后,历任淮北行署建设处长、苏皖边区政府建设厅长、山东省实业厅副厅长、南下干部长江支队政委、豫皖苏六地委副书记兼敌区工作委员会书记。

1950年春,刘宠光任华东军政委员会水利部副部长、党组书记,淮河水利工程总局局长兼治淮委员会副主任。1952年春,任华东水利专科学校校长。1953年整风时,因历史问题被错误处理,调至上海水产学院任政治教研组主任,从事中国革命史、辩证唯物主义与历史唯物主义等课程的教学,后任教师政治理论学习委员会副主任,自编教材,为全校教师讲授联共(布)党史等政治课和培养上海市年轻师资队伍。1955年6月起,任校工会主席。1957年2月,刘宠光被国务院任命为上海水产学院副院长,分管教学与科研工作。其间,承担并组织完成全国高等、中等水产院校教材编审与出版工作,参与领导创办中国科学院上海水产研究所(现中国水产科学研究院东海水产研究所),创办并主持《水产学报》编辑出版工作。作为中国渔业史研究先驱,刘宠光在编著中国渔业史工作中,付出艰辛劳动,著有《世界最早的养鱼文献——范蠡养鱼经的科学价值》《中国古代水产业发展史》,收集数百万字渔业历史文献资料。

方原(1914.5.8—1982.2) 原名赵方远,安徽巢湖人,中共党员,上海水产专科学校校长,上海水产学院首任院长、顾问。1931年,毕业于国立北平大学法学院经济系。1933年,加入中国共产党,从事党的地下工作。1934年夏,从警官高等学校毕业后,经组织批准,赴香港任导群中学国文教员。1936年,因受迫害返乡,遭国民党巢县党部逮捕。1938年,获释后经李克农介绍,赴延安中国人民抗日军政大学、中共组织部训练班、中央行政人员训练班学习,并于1939年恢复党籍。抗日战争时期,先后任豫皖苏边区联防委员会秘书兼民政科科长,代理怀远县县长、县委常委,皖东北专员公署第一科科长,苏皖边区淮北行政公署主任秘书,淮宝县县长,中共淮宝县委书记,独立团政委等职。1946年,任中共华中五分区第四中心县委书记兼淮宝县委书记、四支队政委。解放战争时期,任新四军七师民运部部长,华东野战军第七纵队政治部民运部部长,三野七纵队后勤处政治委员、后勤处处长以及山东潍坊、兖州、济南军管会军实部部长、秘书长、分会主任等职。参加淮北、莱芜、南麻、临朐、孟良崮、胶阿等战役。

上海解放后,方原任上海市军管会财经委员会秘书,后历任华东军政委员会办公厅主任、华东水产管理局副局长、农业部水产管理局副局长等职。1951年4月起,兼任上海水产专科学校校长。1952年,兼任上海水产学院院长。1956年,被分配到安徽白茅岭农场任副场长、科长。1961年12月,调上海水产学院任教。1962年3月,任渔业经济教研组主任。"文化大革命"期间受迫害入狱。1979年3月,得以平反,恢复名誉,恢复工作。1981年8月,任上海水产学院顾问。

何保源(1935.3.11—1985.6.22) 江苏苏州人,中共党员,上海水产学院党委副书记兼纪委书记。1953年,加入中国共产党。1956年,从上海水产学院水产加工专业毕业后留校工作,曾任校团委书记、党委委员兼学生科副科长、科长、水产养殖系党总支副书记。1964年,调离学校,当选为上海团市委委员,任上海团市委学校部副部长。1966年,任上海市教育局团委书记。1968年12月,到上海市教育局五七干校学习。1970年,下放南京梅山工程指挥部供销部劳动。此后,曾任职上海市工交五七干校、普陀区教师红专学院、上海市教育局工农教育处。1981年,调回上海水产学院工作,任党委组织部负责人,党委委员。1983年8月11日,任上海水产学院党委副书记兼纪委书记。1984年,被推选为上海市第五次党代会代表。

朱元鼎(1896.10.2—1986.12.19) 字继绍,别名经霖,浙江鄞县(今浙江宁波鄞州区)人,上海水产学院院长,一级教授,著名鱼类学家。1920年,毕业于东吴大学生物系,获理学学士学位。1926年,获美国康乃尔大学理学硕士学位。1934年,获美国密歇根大学哲学博士学位。曾任上海圣约翰大学生物系教授、系主任,研究院院长,理学院院长,代理教务长等职。1952年,调入上海水产学院,从事动物学、鱼类学教学。历任上海水产学院海洋渔业研究室主任,上海水产学院院长、名誉院长。兼任中国科学院上海水产研究所(现东海水产研究所)所长兼鱼类研究室主任,中国水产学会副理事长、名誉理事长,中国海洋湖沼学会副理事长、名誉理事长,中国鱼类学会名誉理事长,中国动物学会第六届理事长,上海市水产学会理事长、名誉理事长,第一至第四届上海市人民代表大会代表,中国人民政治协商会议第二、第三届全国委员会委员,第三、第五届全国人民代表大会代表,《水产学报》主编。1957年11月—1966年5月,1981年12月—1986年12月,朱元鼎任上海水产学院院长、名誉院长。其间,发挥各专家、教授专长,培养众多水产人才,亲自指导和培养青年教师,建立起一支鱼类学骨干研究队伍。

朱元鼎早年从事昆虫学研究。20世纪20年代末,鉴于中国水产资源丰富而研究中国鱼类者多为外国人,于是毅然放弃研究多年的昆虫学,转而研究鱼类学。1931年,编撰中国第一部鱼类学专著《中国鱼类索引》,为研究中国鱼类分类提供基础资料。1935年,发表博士论文《中国鲤科鱼类之鳞片、咽骨与牙齿之比较研究》,论述鱼类演化和形态变化的关系,为鲤科鱼类分类提供依据。

朱元鼎长期从事中国鱼类分类与形态学研究,先后采集鱼类标本达6万多号,在东海和南海发现30多种鱼类新种。1963年,朱元鼎和学生合著出版《中国石首鱼类分类系统的研究和新属新种的叙述》,以鳔的分枝和耳石形态变化、结合外部形态特征作为分类依据,提出中国石首鱼类分类系统,并被译成英文版在荷兰出版。1979年,朱元鼎与孟庆闻合著《中国软骨鱼类的侧线管系统以及罗伦瓮和罗伦管系统的研究》,提出中国软骨鱼类新的分类系统,对于鱼类形态学、分类学以及进化理论方面有广泛影响,获1987年度国家自然科学奖三等奖。朱元鼎著或与人合著《中国软骨鱼类志》《软骨鱼类牙型的研究》《中国软骨鱼类螺旋瓣的研究》《中国经济动物志·海产鱼类》《南海诸岛海域鱼类志》等。曾主编《福建鱼类志》《南海鱼类志》《东海鱼类志》等论著,任《中国大百科全书·农业》分编委会副主任兼水产学科编写组主编。他倡议编著中国鱼类志,率助手研究中国软骨鱼类、鲀类、杜父鱼类、虾虎鱼类等鱼类地理分布规律,先后出版《中国动物志·圆口纲软骨鱼类纲》等4部鱼类志书。

朱元鼎生前把私人珍藏图书、资料近两千份提供公用,身后全部损献给上海水产大学,家属将农牧渔业部因此给予的5万元奖金悉数捐出,学校以此为基础建立朱元鼎奖学金基金。

王薰香(1919.11—1987.8.21) 曾用名王履南,山东博兴人,中共党员,上海水产学院党委副书记。1940年3月,在山东三支教导队参加工作。同年7月,加入中国共产党,任临淄县辖博兴县四区和广饶县三区区委委员、副区长,临淄县第一区、第五区区委委员、区长,渤海区第三专员专署粮食局行政股股长,章历县粮食局副局长,南下总队第三支队班长、副排长。解放后,先后在华东革命大学第一期第一部、第二期第四部、第三期第四部担任班委书记、班主任。1951年6月,调入华东局党校组织处任党总支副书记、副科长,曾任华东师范大学党委委员、政治辅导处组织科科长、生物系党支部书记。1954年4月,调任上海水产学院党支部副书记,后历任校党总支副书记、校党委副书记。1960年4月,调任上海体育学院党委副书记。1964年5月,调任上海财经学院党委副书记。1978年8月,调任上海师范大学党委委员、组织部长。1979年9月起,任华东师范大学党委委员、纪委副书记。

高耘樵(1919.1.22—1989.8.10) 山东乳山人,中共党员,上海水产学院副院长。1944年,参加革命,历任区公所文书、财粮助理员,工商所所长,税务办事处副主任。1949年,随军到上海,历任上海市税务局人事处副科长、机关党总支专职副书记、书记,蓬莱区税务分局局长,蓬莱区委候补委员等。1958年,调上海市水产局工作,历任党委宣传部副部长兼团委书记、办公室副主任、党委办公室副主任。1964年,任上海市水产局"四清"工作分团委员兼办公室主任。1973年,任上海市水产局郊区组组长。1977年,任中共上海市水产供销公司党委书记兼经理。1979年,调任上海水产学院复校筹备组成员,主持学校仪器设备、家具等设施从厦门迁回上海工作。1981年起,任上海水产学院副院长,主管后勤和基建工作。1983年离休。离休后任上海市渔业经济研究会副会长。

黄亚成(1905.10.30—1992.6.25) 曾用名黄国粹,江苏扬州人,中共党员,上海水产专科学校副校长、上海水产学院副院长。1923年,考入江苏省立水产学校制造科学习。1928年,考入上海法学院法律系学习,大学期间加入中国共产党。1931年,毕业后不久因邮寄进步刊物被苏州市国民政府逮捕入狱。次年,出狱后曾在上海、扬州等地从事律师工作。1940年,参加新四军,先后担任苏中行政委员会警卫团团长、苏中行政公署主任等职。1947年,中共华中抗日根据地党校学习,1949年4月起,任江苏省扬州市副市长、扬州专署主任秘书。上海解放后,受上海市军事管制委员会委派接管上海鱼市场,后历任上海水产公司总经理、农林水利部水产委员会委员、华东军政委员会水产管理局秘书处处长。1951年4月起,任上海水产专科学校副校长、上海水产学院副院长,兼任新民主主义论政治课教学。分管后勤和基建工作。为克服三年困难时期造成的困难,参加领导全市高校干部、职工围垦崇明海滩和建立青浦高校农场工作。20世纪60年代,组织学校实习渔轮队出海捕鱼,缓解全市高校副食品供应不足的困难。学校迁往厦门期间,黄亚成任上海留守处负责人。1979年起,任上海水产学院复校筹备组成员、党委委员、副院长,分管校办、人事、保卫等工作。1983年2月离休。

刘忠(1923.9.3—1994.3.4) 山东莱芜人,中共党员,上海水产学院党委副书记、副院长。1938年,参加革命工作,曾任八路军山东纵队四支队一团宣传员、中共山东分局机要科译电员、八路军山东纵队二旅机要股股长、八路军鲁中军区司令部机要科科长、新四军军部调研室二科科长、辽东军区情报侦查科科长、第四野战军二局办公室主任,曾在"三下江南、四保临江"战役中被辽东军区记特等功1次。解放后,历任军委装甲兵司令部机要处处长、海军司令部机要处处长、南京军事学院海军系高速班学员、航空兵战术教研室主任、航空兵系政治委员、训练部政治委员。1955年,被授予上校军衔。1960年,晋升为大校军衔。曾获中华人民共和国二级独立自由勋章,中华人民共和国二级解放勋章。1964年,由部队转业至上海水产学院。1965年3月起,任上海水产学院党委副书记、第一副院长。"文化大革命"期间,曾任上海水产学院革委会副主任、党的核心小组副组长。学校迁往厦门后,任厦门水产学院革委会第一副主任、党的核心组组长。1979年,任上海水产学院复校筹备组成员。1985年离休。

刘怀庆(1922.8—1995.8.16) 山东高青人,中共党员,上海水产学院党委副书记、监委书记。1941年,在渤海行署邹平县府参加工作,曾任渤海行署收发股股长、秘书科副科长,南下干部总队三部委秘书。1949年起,调入华东人民革命大学,历任校部秘书科秘书、校办秘书、秘书科科长、秘书室主任。1952年起,任职于上海学院区思想改造委员会办公室、上海高等学校党委办公室,后任华东文教委员会党总支专职副书记兼宣传委员,交通大学附设工农速成中学副校长、总支书记,上海市高教局政治学习班副主任,上海市委学校工作部第七专门小组(肃反)办公室副主任、党的工作处副处长。1957年起,任上海水产学院党委副书记。1960年起,兼任学校监委书记,曾兼任养殖系党总支书记、马列主义教研室主任、政治部主任,开设哲学等课程。1965年,调任上海戏剧学院党委副书记、副院长。1972年起,任上海戏剧学院党的核心小组成员,曾先后任上海戏剧学院美术系支部书记,上海戏剧学院党委副书记、副院长、革委会副主任。1979年,进入中央党校学习,后任上海戏剧学院党委副书记、副院长兼纪委书记。1985年离休。

范纬青(1916.7.11—1997.5.19) 曾用名于光敏,山东宁阳人,中共党员,上海水产学院复校筹备组组长。1937年,山东曲阜第二师范学院毕业后,在山东宁阳县自发组织抗日并加入八路军。1938年,加入中国共产党。1940年,到山东鲁南区委党校学习,后历任鲁南区委机关文书科科员,山东太宁县贸税局局长兼文教科科长、山东省鲁中区工商总局沂蒙工商局稽征股长、机关支部书记,山东泰安县工商管理局局长、泰安县工商管理局局长兼支部书记,山东省工商总局工作队队长、华东工商干部学校教务处主任、总支委员。1949年,随军南下,曾以上海市军管会军事代表、支部书记身份参加接管石油公司工作。

解放后,范纬青历任上海市华东区石油公司经理、总支书记,上海市纺织品采购供应站副经理、经理、总支书记,上海市第三商业局干部学校校长、总支书记。1959年,调入上海市水产局工作,曾任上海水产供销公司党委书记兼经理、上海市水产局副局长、党委委员。1979年8月起,调任上海水产学院复校筹备组组长。1981年,调回上海市水产局任顾问。1985年离休。

刘金鼎(1921.2.1—2000.2.6) 山东微山人,中共党员,上海水产学院党委副书记(主持工作)。1938年5月,参加革命工作,在山东鲁南人民抗日义勇大队、山东抗日军政干部学校(山东省沂南县岸堤镇)、山东八路军第一纵队随营学校、山东中国人民抗日军事政治大学第一分校、鲁中区党委党校和山东分局城工部成训班学习和工作,从战士、班长、文书做到干事。其间,在鲁南二地委和鲁南区党委城工部从事秘书工作。1945年1月,调徐州工委(后市委)工作,先后担任徐州工委委员、徐州市委工作站副站长、徐州市四区区委副书记、徐州市委组织部干部科科长、徐州市立医院秘书主任等职。解放后,先后担任徐州贾汪煤矿党委副书记,徐州市学校党委书记,建工部直属公司109工区党委书记,建工部第一卫生设备安装公司党委书记,太原工程局党委书记,上海建筑材料工业学院党委副书记,同济大学党委副书记,上海工农教师进修学校理工科党支部书记,上海教育学院分部负责人,上海师范学院党委副书记、副院长兼上海师范学院分院党委书记、院长。1981年12月起,任上海水产学院党委副书记(主持工作)。1983年10月,调任上海师范大学党委副书记(主持工作)。1985年12月离休。

曹正之(1915.11.4—2000.11.14) 曾用名曹正德,湖北襄阳人,中共党员,上海水产学院副院长。1933年,入北京汇文高中学习。1935年,参加并领导"一二·九"等学生抗日救亡运动。1936年,考入西北农学院毕业后农业经济系,次年转赴延安参加革命工作,先后在陕北公学、延安抗日军政大学第四期四大队学习,曾任陕北公学合作社主任,八路军一一五师特务营(警卫营)教育组长,国民革命军第十军团暂编第六师二旅政治主任,八路军一一五师鲁南支队政委。1942年,到鲁南军区干部整风轮训队学习,后任军区司令部参谋处四股股长、鲁南军区枣庄工人支队政治主任、县工商局局长、专署工商局副局长等职。解放后,任中原临时人民政府商业部秘书处副处长、中央贸易干校中南分校副校长、商业部教育处长、水产部教育司副司长。1957年10月,曹正之被任命为上海水产学院副院长,主持教学管理工作。1960年9月,调任中国科学院上海水产研究所副所长。

1962年起,任上海水产研究所副所长、东海水产研究所副所长。1977年起,历任上海水产研究所所长、东海水产研究所所长、党委书记。1984年离休。

王文锐(1918.9.26—2002.6.4) 曾用名王文艺,山东青岛人,中共党员,上海水产学院党支部书记、党总支书记、第一副院长。中学就读于青岛私立礼贤中学,"七七"事变后报考青岛市立医院护士训练班。济南失陷后,加入抗日民族解放先锋队总部队,回乡从事团结青年的抗日运动。1938年,到胶东军校受训,后被分在八路军山东五支队工作。1939年10月至1940年10月,鲁南抗日军政大学学习,后曾任胶东行政联合办事处参谋,胶东行政公署军事科长,警卫营副营长,胶东公学大队副兼教员。1944年12月—1945年8月,胶东党校学习,曾任胶东公路局秘书科科长,济南军管会交通部秘书主任,山东公路运输总局秘书处副处长、副秘书长,参加过多次战斗,立三等功3次。解放后,在华东人民革命大学学习后,曾任华东军政委员会水产管理局秘书处处长。1952年8月,调任上海水产学院第一副院长,主持学校工作。1953年2月,任学校党支部书记。1955年3月,任党总支书记。1957年7月,调任上海市轻工业局教育处副处长,后历任上海市轻工业研究所副所长,上海市轻工业局办公室主任、副局长。1968年起,任上海市轻工业局革委会召集人、党委书记。1973年7月起,任上海纺织工学院副主任、副书记。粉碎"四人帮"后任上海机械学院工作组组长。1979年,任上海市手工业管理局副局长、副书记。1983年离休。

孟庆闻(1926.11.8—2007.4.13) 女,江苏常州人,九三学社社员,上海水产学院院长,鱼类学教授,著名鱼类学家。1991年起,享受国务院政府特殊津贴。1949年,毕业于同济大学理学院动物系,获理科学士学位,同年留校任教。1951年,调入华东师范大学任教。1958年,调至上海水产学院任教。1983—1985年,任上海水产学院院长。1956年,加入九三学社,曾任九三学社第七至第九届中央委员和九三学社上海市第十至第十二届副主任委员,第六至第八届全国政协委员、国务院学位委员会第二届学科评议组成员、中国水产学会理事长、中国海洋与湖沼学会常务理事、中国鱼类学会理事、亚洲水产学会理事等职。1986年,获亚洲水产学会杰出贡献理事奖。1980年,晋升为教授。1995年退休。

孟庆闻长期从事鱼类形态解剖和分类的教学与研究,出版专著9部、水产高校统编教材4本、译著1本,发表论文30余篇,发现软骨鱼类新种13种,承担《中国动物志·圆口纲软骨鱼纲》的编著。与朱元鼎合著《中国软骨鱼类的侧线管系统以及罗伦瓮和罗伦管系统的研究》,提出新的中国软骨鱼类分类系统,获1987年度国家自然科学奖三等奖。《鱼类比较解剖》于1992年被评为国家级优秀教材。其研究成果奠定中国鱼类系统解剖学的基础、促进中国鱼类系统解剖学的发展,还为开展鱼类分类、系统发育、生理、生态等方面研究和教学提供重要基础资料。2006年,中国科学院院士张弥曼将新发现的生物属种七鳃鳗命名为"孟氏中生鳗",以纪念孟庆闻在鱼类学研究中作出的杰出贡献。

孟庆闻关心学生成长,治学严谨,兢兢业业,亲手绘制教学挂图、制作标本。她严慈相济,深受学生爱戴,既为研究生上课并指导论文,也承担本科生教学任务。孟庆闻重视对青年教师的培养,随堂听课,分析讲课效果,总结经验,提高教学水平,并努力促进国际学术交流。曾被评为上海市和全国三八红旗手。1989年,获全国优秀教师称号。2009年,被评为新中国60年上海百位杰出女教师。

孟庆闻一生淡泊名利,荣辱不惊。她跟随朱元鼎潜心鱼类学研究,因在鱼类学领域贡献突出,曾有院士联名推荐她为院士候选人,她坚辞不受。朱元鼎去世后,孟庆闻秉承朱老遗愿,15年如一日研究编撰《中国动物志·圆口纲软骨鱼纲》专著,并在出版时将朱元鼎署名在先。2007年,孟庆闻去世后,上海市政协副主席谢丽娟为其题词"淡雅一生,师风长存"。同年,上海水产大学成立孟庆闻奖学金基金会。

高山（1916.2.25—2008.4.23）　原名程元亨，曾用名程行、徐远，浙江嘉善人，中共党员，上海水产学院副院长。1921年，入浙江省嘉善县立完全小学学习。1928年，到上海元丰丝厂做练习生。1931年，考入嘉兴市秀洲中学学习。1933年，考入上海中法法学院法文进修班学习，后转入北平中法大学附属高中继续学习。卢沟桥事变后，随进步学生到南京、武汉等地加入平津流亡同学会，参加乡村抗日巡回宣传队，发动群众参加抗日救亡运动。1938年，在延安参加抗日军政大学第四期学习。同年，加入中国共产党，曾任湖北省委七区工作委员会委员、湘鄂西区党委七区地委委员。次年，任湖北省湘鄂西区宜昌县县委书记。1940年，高山第二次赴延安，进入泽东青年干部学校学习。1942年，转入中央党校三部学习。1946年，被中组部分配至南方局任中共武汉临时工作委员会委员。次年起，任上海局外工委苏锡吴（苏州、无锡、吴江）工委书记、杭嘉湖淞沪工委委员、无锡工委书记、苏南区委常委兼无锡市委第二书记。解放后，历任浙江省委青年工作委员会委员兼团省委组织部、学生部部长，中央美院华东分院党委书记兼政治辅导处主任，华东文化局办公室主任，上海市委学校工作部中专处处长、市高等教育局中专处处长，上海医学专科学校副校长。1962年9月，调任上海水产学院副院长，主管教学工作，开展"少而精"教学改革试点工作等。1978年，调任上海中医学院副院长。1982年1月，调任上海市高等教育局副局长。1984年离休。

林辉煌（1938.3.5—2009.4.10）　福建南安人，中共党员，上海水产大学校长助理、副局级巡视员，水产资源学副教授。1993年起，享受国务院政府特殊津贴。1962年，上海水产学院水产养殖系海水养殖专业毕业后留校任教，长期在教育一线从事教学与科研管理工作，曾承担渔业资源课程的辅导、实验、实习和教学任务，编写《渔场与渔业资源》教材。历任海洋渔业系副主任、主任、党总支书记，校长助理兼教学办公室主任、校综合改革与规划发展办公室主任、副局级巡视员，曾兼任上海市高等教育学会理事。1985年被评为农牧渔业部优秀教师。1998年退休。

骆肇荛（1913.12.2—2011.12.1）　四川万县（今重庆万州）人，中共党员，上海水产学院副院长，水产加工工艺学教授。1991年起，享受国务院政府特殊津贴。1931—1934年，就读于浙江省立水产职业学校制造科。1935—1938年，就读于日本东京第一高等学校理科。1940年，毕业于日本京都帝国大学农学部农林化学科，同年回国。1941—1942年，万县致远中学任教。1942—1945年，任国民政府军政部重庆粮秣厂研究室主任、总工程师。1945—1949年，任上海粮秣厂总工程师、上海粮秣实验厂第一部主任。解放后，参加上海市军管会农林处水产部门接管工作，担任华东水产管理局企业处副处长。1951年，调入上海水产专科学校任教，参加上海水产学院筹建工作，任水产加工系副主任。1981年12月—1983年8月，任上海水产学院副院长。曾兼任国家科委水产组专家、中国水产学会理事、水产加工专业委员会主任委员、名誉会员，中国食品科学技术学会理事，西太平洋渔业研究委员会中国专家，以及《中国大百科全书·农业》水产学科副主编，《中国农业百科全书·水产业卷》《辞海》《大辞海》编委和水产学科主编。1980年，晋升为教授。1988年离休。

骆肇荛长期从事水产加工专业教学和研究工作，是中国水产学会和中国食品科技学会发起人之一，曾开设食品化学、生物化学、水产品分析检验、水产食品加工工艺学和水产品综合利用等课程，参与《中国淡水鱼类养殖学》《水产食品加工工艺学》等专著、教材的编写工作。20世纪50—70年代，开展防止腌干食品变质和抗菌素保鲜、改进鱼露发酵工艺和水产品综合利用方面的研究工作。"文化大革命"期间遭受迫害，但仍坚持到福建、江苏等地渔区，对水产品加工技术的改进和品质的提高做了大量研究工作。其中，主持的鱼蛋白发泡剂的研究成果获1978年全国科学大会奖和福建省科学技术成果奖。20世纪80年代初，学校迁回上海后担任副院长期间，主管教学和科研工作,为尽快恢复教学秩序、加强师资队伍建设、重建教学、科研设施等作出贡献。1994—1997年,带领青年教师促成学校与日本农林水产业研究中心共同开展中国淡水鱼类加工利用合作研究,取得系列研究成果。主持《辞海》1989年版、1999年版水产学科的编撰工作。离休后仍笔耕不辍,坚守在科研第一线,为学校发展献计献策。2008年4月,由骆肇荛和其学生及食品学院部分教师捐资的上海水产大学骆肇荛大学生科技创新基金批准成立。

第三节　教 授 专 家

李东芗(1889.4.26—1953.6.1)　又名李士襄,字以行,江苏崇明(今上海市崇明县)人,水产教育家。1907年,赴日本东京水产讲习所渔捞科学习。其间,乘该校实习船"云鹰丸"抵朝鲜西海岸木浦(今韩国木浦)时,曾见中国渔船遭押受欺,即写《黄海渔业报告书》,送东京中国驻日使馆,使馆刊印数百份分送清廷及山东官府。1911年毕业回国,进农林部渔牧司工作,受命筹划水产行政管理诸事。1915年,任江苏省立水产学校渔捞科主任,为中国近代水产事业培养了一批技术人才。1918年,受命在浙江定海创办中国第一所渔业技术传习所、渔业试验场,并任所长兼场长,历时8年分期分批召集渔民进行技术训练,改进渔具渔法。1930年,在南京国民政府实业部任职,专职承办日本渔轮在中国沿海侵渔案件。1932年7月,因不满部长陈公博贪污腐败,愤然辞职回乡。1948年,在《新渔》创刊号发表《为制止日本侵渔案告国人》,就中国海军在沙尾山俘获日本"云仙丸"侵渔渔轮事件,批评政府当局制止日本侵渔不力。抗日战争胜利后,曾任国民政府行政院善后救济总署、农林部渔业善后物资管理处(简称渔管处)顾问兼渔业技术人员训练所教务长、江苏省渔业改进委员会委员、上海市立吴淞水产专科学校筹备委员、农林部中华水产公司官股董事等职。1948年60大寿时,上海水产界发起为其祝寿。李东芗相约将贺礼改赠现金,悉数捐赠给上海市立吴淞水产专科学校,用以添购图书仪器,充实设备。

上海解放后,李东芗历任上海水产公司研究设计委员会主任委员、华东农林水利部水产管理委员会委员、华东水产管理局计划处处长兼上海市立吴淞水产专科学校教授等职。曾先后发表《复兴中国渔业之正途》《渔捞上亟须转向和提倡的两件事》等文章,提出"海洋并非取之不尽,用之不竭的宝库,尤其是有用生物,捕之者众,最易减低产量"观点,并主张"应速制定各种取缔规则",限制拖网渔轮船数与捕鱼区域,主张"今后渔捞上之发展,应注意上层鱼类",发展围网捕上层鱼类。20世纪50年代初,日本渔轮对中国海区侵渔频繁。李东芗以其反对日本侵渔的一贯思想,为国家和华东地区主管部门提供有关资料和对策建议。

王以康(1897.11.10—1957.3.1)　字钦福,浙江天台人,九三学社社员。三级教授。著名鱼类学家。1905年,入私塾读书。1913—1917年,浙江第六中学学习。1917—1920年,南京高等师范学校学习。1921年1—5月,浙江省立第四中学任生物教员。1921年8月—1922年7月,南京高等师范学校任农业调查推广员,其间结识中国生物学先驱秉志。1922年8月—1924年6月,长沙湖南甲种农业学校任教。1924—1925年,南京东南大学跟随秉志改习动物学。1925年9月—1927年7月,随秉志赴厦门大学生物系任助教,从事比较解剖与切片术工作。1927年10月—1928年7月,任浙江天台中学校长,因派系斗争被捕入狱,后由秉志、竺可桢作保,蔡元培给天台发电报担保方才获释。1928年8月—1934年10月,跟随秉志在中国科学社生物研究所任研究员,专攻鱼类学。1930—1937年,为调查生物资源,多次外出考察,共发现新种16种,报告鱼类446种,著有中国沿海鱼类等论文16篇,陆续在中国科学社生物研究所动物汇刊发表。

1934年11月—1935年12月,受中华教育文化基金会资助,赴法国巴黎大学及法国国家自然历史博物馆从事鱼类研究,兼读博士学位。1936年1月—1940年1月,受中央研究院派遣,赴荷兰水产研究所(现荷兰瓦格宁根海洋资源与生态系统研究所)从事水产研究。其间,参加荷兰抗日救国会,主编《抗战要讯》周刊,并在旅荷华侨中为抗日募捐经费。1940年回国。1940年8月—1944年6月,任湘雅医学院(贵阳)教授。1943年6月,获国民政府教育部颁发的教授证书。

1944年6月,受侯朝海、陈同白推荐,由农林部派往华盛顿任联合国善后救济总署专门委员,协商办理中国渔业善后救济工作。1945年10月—1946年10月,任联合国粮农组织水产委员会执行委员。1946年9月24日起,先后被国民政府行政院善后救济总署、农林部任命为渔业善后物资管理处(简称渔管处)副处长、处长,制订在战争中受损严重的沿海各省区渔业善后及今后发展计划和救济物资分配方案。其间,兼任中华水产公司筹备委员会副主任委员并主持该公司技术工作。1948年8月—1949年8月,兼任山东大学水产学系教授、系主任。1948年9月—1949年6月,兼任复旦大学生物学系海洋组教授。1948年10月—1949年7月,兼任上海市立吴淞水产专科学校教授,讲授水产动物学、鱼类学。兼任中国动物学会第六届理事。解放前夕,设法抢救人员、保护船只、抢救档案及物资,协助上海市立吴淞水产专科学校师生安全撤离复兴岛。

1949—1950年,任华东农林水利部水产委员会委员。1950—1951年,任华东水产管理局行政管理处处长。1951年8月,调任上海水产专科学校教务长、教授。从事鱼类学课程教学。在"肃反""三反""五反"及思想改造等运动中,受到不公正待遇,但仍忍辱负重,潜心教学、科研工作。他以诺曼的《鱼类史》为蓝本,结合中国鱼类和渔业特点,于1953年编写完成中国第一部鱼类学教学参考用书《鱼类学讲义》。

1957年3月1日21时,王以康突发心肌梗塞,在办公室去世。秉志亲书挽诗"师弟情亲四十年,相从寂寞困青毡。中间鲋辙曾分润,未几鸿音尚互传。入梦魂来燕北地,临风哭望楚南天。思君永夜难成寝,明月如霜满户前。"遗著《鱼类分类学》《鱼类学讲义》1958年分别由上海科技卫生出版社、上海科学技术出版社出版。其中,《鱼类分类学》1960年被送往德国莱比锡国际图书博览会展出并获金奖。

张丹如(1904.11.1—1965.4.20) 曾用名张银生,江苏嘉定(今上海市嘉定区)人,中国民主同盟盟员,教授。1917年,考入江苏省立水产学校。1921年毕业,后先后在江南造船所当练习生、上海信大机制砖瓦厂任厂长,后考取南京河海工程专门学校土木工程专业学习。1927年毕业,后在上海淞沪高督埠办公署工务处任监工员。20世纪30年代末起,先后担任国民政府川沙县建设局局长、上海市工务局技正、大连市政府驻渝办事处专门委员兼主任、南京市政府工务局专门委员兼代理局长、杭州市工务局局长及钱塘江海塘工程处副主任等。1949年8月起,在上海市立吴淞水产专科学校任教,曾任校务委员,主要讲授高等数学、养殖工程等课程,编有《养殖土木工程》教材。1956年,加入中国民主同盟。

陈子英(1896.10.25—1966.3.5) 字晋杰,江苏苏州人,中国民主同盟盟员,二级教授,中国遗传学、海洋生物学先驱之一。1921年,毕业于东吴大学。1926年,在美国哥伦比亚大学摩尔根实验室斯特蒂文特(Sturtevant)指导下获哲学博士学位。历任燕京大学副教授,厦门大学教授兼生物系主任、理学院院长、海洋生物研究室主任,沪江大学、东吴大学生物学教授。1952年,调任上海水产学院养殖生物系主任。1956年,加入中国民主同盟。曾任政协上海市第四届委员会委员。

陈子英一生虽辗转多地,但一直对遗传学、海洋生物学研究情有独钟。获博士学位回国后,先后在燕京大学、厦门大学从事果蝇遗传学研究,包括果蝇原基的发育,正常型和突变型的差别,通过突变基因表达的研究,对果蝇的镶嵌、雌雄同体等突变现象做出科学解释,并与燕京大学的李汝祺合作开展金鱼的遗传育种研究。1931年,陈子英发表《中国文昌鱼一个雌雄同株标本的研究》。1936年,陈子英在《厦大海产生物研究场报告》中发表《福建南部厦门文昌鱼的历史》一文。

在陈子英的学术生涯中,一个重要贡献就是创立海洋学术团体,推动中国海洋生物学研究发展。20世纪20年代初,陈子英等就在福建沿海各地采集海洋动植物标本,在中国最先开展现代海洋生物学研究。1931年7月,中华海产生物学会在厦门大学创立,陈子英为该会成立之初主要负责人。这是中国专事海洋生物学研究的学术团体,也是中国第一个群众性海洋学术组织,每年在厦门举行例会,开展为期1个半月的暑期海滨生物研究,先后共举办4届研究会,后并入中国动物学会。1932年,陈子英在《中华海产生物学会志》专刊发表《福建省(海洋)动物初步目录》,其中有海绵、软体、甲壳和棘皮等底栖动物名录,所列新种有厦门海丝瓜、林文庆海燕等10多种。其中,发表的《厦门的棘皮动物报告》是中国研究棘皮动物最早的论文。同年,陈子英发表《福建省渔业调查报告》,对福建沿海17县的渔业情况做了较为系统的总结。经过数年艰苦摸索,使中国海洋生物科学研究渐入正轨,为促进中国近代海洋科学发展作出积极贡献,陈子英因此成为中国近代海洋生物研究先驱之一。1934年8月,秉志、辛树帜、陈子英等30人签名发起成立中国动物学会,陈子英当选第三届中国动物学会理事(1936—1942年)。

解放后,陈子英由东吴大学调入上海水产学院任教,主讲动物生理学和组织胚胎学,与肖树旭、王嘉宇、杨亦智等在国内率先开设水生生物学课程,自编讲义,现场调查,采集标本,开展淡水生物学、海洋生物学教学。1952年,所创设的水产生物(水生生物)专业是国内率先设立的四年制本科专业,培养一批水产生物专门人才。1956年,陈子英被中央高等教育部评定为二级教授。

张友声(1907.2.8—1972.4)　曾用名济、锦泉,别名国伦,江苏金山(今上海市金山区)人,九三学社社员,海洋渔业教授,捕捞学家。上海市第五届人大代表、第四届政协委员。1922年9月,考入江苏省立水产学校渔捞科学习。1926年,毕业后留学日本。1927年10月回国,先后就职于上海海利渔业公司、中华渔业公司、黄海渔业公司等,是中国第一位拖网渔船船长。1931年起,先后在江苏农矿所农业推广委员会、江苏渔业试验场等任农业推广员、渔捞长兼技士、渔业指导员、事务主任等。1948年7月起,先后任教于上海市立吴淞水产专科学校、上海水产专科学校和上海水产学院,历任海洋渔业系捕捞教研组主任、代理系主任,主要讲授捕捞学和渔具材料与工艺学课程,曾编写渔具和捕鱼技术等教材十多本。20世纪50年代,主持全国海洋渔业调查。20世纪60年代,主持长江流域渔船、渔具、渔法调查。1961年,主编的《渔具理论与捕鱼技术》是国内第一部正式出版的海洋捕捞本科专业全国统编教材。精通多国语言,曾翻译多本外国文献。

翁斯鑑(1898.3.7—1973.6)　曾用名翁也鲁,浙江定海人,冷冻工程教授,知名冷冻工程专家。1915年,毕业于浙江宁波甲种工业学校金工科。1919年,自费赴日本学习日语。次年,公费考入日本东京高等工业学校机械科学习。1924年毕业。1926年,回国后任上海永新冷藏制冰厂技师,主管冷冻机械技术工作。在氨制冷系统方面知识渊博,曾发明冷库隔热半碳化板、无胶结剂软板等。1939年,舟山沦陷,日本侵华军数次诱其"合作"并以焚房相威胁,翁斯鑑不以为惧,隐避海岛。1941年,重返上海,自营大成软木工业社,停业后任大德新榨油厂、新华薄荷油厂技师。1943年,出任华丰钢铁厂副厂长兼技师时,因反对接受日本侵华军加工任务而愤然辞职。抗日战争胜利后,出任中华水产公司技师兼华济冷冻厂厂长,参与制订全国水产冷冻事业发展规划。解放后,翁斯鑑调至上海水产学院任教,主持水产加工专业冷冻技术课程的教学工作,曾任制冷教研室主任。1961年起,为上海机械工程学会制冷核心组成员。翁斯鑑致力于发展制冷学科,相继编著《冷冻学》讲义、《制冷技术》等教科书。在其努力下,学校于1958年正式成立冷冻工艺专业,为国内最早设置新专业,培养社会急需制冷人才。

戴岂心(1900.12.2—1974.1.3) 浙江杭州人,九三学社社员,三级教授,学校食品营养学科开创人。戴岂心家中经营酱油厂,自幼耳濡目染,对化学显示出不同寻常的兴趣,十几岁时就成功改进酱油传统酿造工艺。1919年,赴德国柏林大学留学。1922年,毕业后赴瑞士苏黎世大学化学系求学。1926年,学成回国,任教于杭州大学。在杭州大学化学系任教授期间,根据国外求学经验,结合学生特点,编写一系列化学讲义。随后几年间,戴岂心先后任大同大学理学院院长、复旦大学化学系主任、同济大学化学系教授。抗日战争期间,戴岂心带领学生参加反对日本帝国主义的游行。解放后,1952年高校院系调整之际,戴岂心调至上海水产学院水产加工系任教。其间,虽然长期患病,但仍坚持教学和科研工作,并带领实验团队潜心研究葡萄糖生产工艺,成功获得葡萄糖结晶,填补当时中国在葡萄糖研究领域的空白,发表相关论文数十篇。1956年春,九三学社上海水产学院支社成立,戴岂心任第一届主任委员。1957年被错划为右派。1958年,因健康原因离职,但仍在学校协助工作。1979年,得以平反。

王贻观(1911.3.21—1975.9.24) 曾用名王一贯,河北文安人,生于福建,水产资源学教授。1929年4月,考入河北省立水产专科学校渔捞组学习。1932年6月,毕业后任江苏连云渔邨师范渔业教师。1933年,被选派至日本东京水产讲习所渔捞科学习,师从著名水产学家田内森三郎,曾在日本渔业杂志上发表《鳕场蟹群体研究》《濑户内海鲷鱼资源研究》等多篇论文。1937年1月,转入日本东京帝国大学从事水产研究,4月回国后历任浙江省水产试验场渔捞技师兼组主任、浙江第一区渔业管理处技正兼主任、浙江省建设所视察渔业股主任、国民政府实业部技正。1945年起,参与恢复河北省立水产专科学校,曾在联合国善后救济总署和行政院善后救济总署渔管处青岛分处任职。1949年3月起,兼任上海市立吴淞水产专科学校教师。1949年7月—1952年6月,任山东大学水产系教授,其间参与筹备上海水产公司、山东水产公司。1952年6月,调入上海水产专科学校任教,开设水产通论、水产资源学课程,任海洋渔业系副主任兼水产资源教研组主任、国家科学技术委员会水产组组员。1956—1960年,为鱼类学与水产资源专业的创设作出贡献,曾在国内首次主持编绘《1960年春汛吕泗小黄鱼渔捞海图》,撰写《小黄鱼洄游分布初步研究》等论文。1961年,主编全国本科统编教材《水产资源学》。

施彬(1907.10.31—1980.6.6) 原名施克彬,江苏崇明(今上海市崇明县)人,九三学社社员,无线电工程教授。1926年,考入上海交通大学电机工程学院电机系学习。1930年,毕业后到上海国际电台担任技术工程师。1935年,被派往马尼拉长途电话公司学习国际无线电话工程。1938年起,参与筹建昆明国际电台,后任川滇铁路公司工程师,曾任国民党中央第五分校交通科无线电兼职教官。1944年,成为第一批根据租界法案赴美实习的工程技术人员,被分在芝加哥伊利诺伊中央铁路公司任主任电务员,学习铁路电信及铁路电信工程,之后被派往Rochester N. T. 公司学习。1946年回国后,任教于上海交通大学电机系兼任上海油轮公司电讯科科长。解放后,先后任震旦大学电机系教授、永华电工器材厂工程师、同济大学兼任教授。1956年起,执教于上海水产学院,历任机电教研组主任、电工电子教研室主任、海洋渔业系副主任、院务委员会委员,九三学社上海分社候补委员、水产学院支社主任委员、《水产学报》编委。讲授无线电基础、雷达与无线电测向、脉冲技术、无线电与渔航仪器等课程。主编和出版《铁路信号》《无线电原理》等著作,编译大量文献资料。其中,1952年出版的《铁路信号》是国内该领域最早著作。1958年,与上海海洋渔业公司协同攻关,研制中国第一台垂直式大功率鱼群探测仪,填补中国助渔仪器空白,获国务院新成果产品二等奖。1961年,主编全国高等水产院校统编教材《鱼群探测器》。

华汝成(1898.7.5—1980.11.9)　江苏无锡人,中国民主同盟盟员,植物学教授。1921年,以官费生身份赴日本东京国立文理科大学理科学习植物学。1924年,转入京都帝国大学农学院植物科。1925年,毕业回国,先后任教于江苏灌云省立第八师范学校、江苏省立淮安中学师范部、江苏省立无锡中学、上海大同大学附属中学等。曾任上海中华书局编辑所代理所长、教科部副部长、自然科学编审主任,上海中华化工所所长,中华农场场长,昆山农场场长,上海致用大学教务长、农学院院长、植物学教授,上海大中图书局编审主任、总编辑。1951年10月,调入上海水产专科学校任教,讲授植物学,历任海水养殖教研室主任、图书馆馆长等职,曾任《水产学报》编委、福建省水产学会副理事长、厦门市政协委员等职。

华汝成长期从事植物学、日语、拉丁语教学与科研工作,对单细胞植物有较深研究。20世纪50—60年代,他不顾年事已高,不辞劳苦和青年学生一起跋山涉水采集标本,还经常深入渔区生产第一线进行现场教学。主编和出版《主要经济单细胞藻类的生物学及培养和利用》《单细胞藻类的培养与利用》《小球藻大面积培养》《现代科学发展观》等多本著作,参与编写《辞海》(生物学部分),编译《人类在自然界的位置》《人体和它的机能》《浮游生物实验法》等文献。1958—1966年,受上海市科学研究规划委员会委托,成功主持小球藻大规模培养及推广任务,为解决三年困难时期畜牧业饲料短缺和治疗浮肿病等发挥积极作用,也为生物饵料培养课程建设奠定重要基础。

骆启荣(1900.12.8—1981.3.31)　四川郫县人,鱼类学教授。1916年,考取清华学校(清华大学前身),对生物学兴趣浓厚,曾梳理1 000余篇生物学文献索引,并撰写《二十年来中文杂志中生物学记录索引》,收录生物学文献1 000篇,发表于《清华学报》。1924年,清华学校毕业后留学美国芝加哥大学,主攻生物学。1928年获硕士学位,转赴斯坦福大学攻读动物学博士学位,主修鱼类学和无脊椎动物学。其间,参加西印度群岛的鱼类调查研究工作,搜集、鉴定鱼类标本,发现一新属一新种,命名为Holieuticus Burbradeusis(Genus *Holieuticus*)。1930年,获生物学博士学位。回国后,先后担任河北省立水产专科学校校长,河南大学、四川大学、华西协和大学、西北大学、暨南大学教授。1949年春,因暨南大学南迁至广州,骆启荣先后出任中央食品工业部参事、中央农业部参事,后调至河北省水产专科学校任教授兼养殖系主任。1952年12月,因该校撤销而调入上海水产学院任教授。1960年,调至中国科学院上海水产研究所(现中国水产科学研究院东海水产研究所)编译室任研究员。1963年退休。曾编写《中国食用鱼类》(第一部)、《淡水鱼病害》等著作。

马凌云(1904.10.1—1984.8.24)　别号鹏程,曾用名Frederick Ma,安徽阜阳人,回族,三级教授。1924年,从安徽省六中毕业后考入上海三育大学高中班学习。1928年,赴美留学。1930年,从美国麦迪逊初级大学医学预科毕业后,赴匹兹堡大学深造,获化学学士、硕士学位。1932年,赴密歇根州立大学研究院攻读博士学位。1937年,获生物化学博士学位,随后到美国强生实验所任助理研究员。1940年回国,先后任职于中央卫生实验院西北卫生人员训练所、西北卫生实验院、西北医学院。1946—1949年,任美国强生公司技术代表。上海解放后,参与筹建私立上海生物化学实验所,曾任上海卫生疗养医院教授,华东人民制药公司生物厂、华东生物制品研究所技师,上海生物制品研究所、成都生物制品研究所生化室主任。1961年起,调任上海水产学院教授、生物化学教研室主任。其间,为提高教师科研水平,不断探索、创新管理办法,尝试在教研室内推行"专题交流"制度,促进、提高教师科学研究的积极性,定期开设专题讲座,介绍国内外先进科研成果,开阔视野,提供研究思路;组织学术讨论会,鼓励各抒己见,畅所欲言,并开设英语口语课等。

王刚(1895.7.16—1988.11.6)　曾用名王子健,江苏江阴人,中国民主同盟盟员,教授,水产教育家、水产加工专家。1912年,考入江苏省立水产学校制造科。1917年,毕业后留校任教。1918年,赴浙江临海任浙江省立水产职业学校制造科教师,曾任教务主任。1925年起,任辽宁省立水产学校制造科主任,后任辽宁营口东海罐头厂技士,辽宁渔业总局技师、建设科科长,曾研发无皮葡萄罐头并投产。1927—1928年,由辽宁省立高级水产学校派赴日本研究水产制造。1931年,任南通吕泗渔业指导所主任。其间,成功试制变色渔篮,以解决渔民与缉私纠纷,被推广使用。1933年,调任江苏建设厅技士,主管渔业。1934年6月,江苏省教育厅委任为江苏省立连云水产职业学校校长。抗日战争全面爆发后,校舍被毁。1938年4月,辗转至四川合川国立第二中学任教,奉校长周星北之命在北碚文星场筹建初中部,后任初中部主任。1940年,改任第二中学水产部技术组组长和制造科教师。1942年8月—1944年5月,在四川重庆第一粮秣实验厂任技士。1944年5月,出任国立四川水产职业学校校长兼教员。抗日战争胜利后,该校于1946年6月迁至江苏省崇明县,更名为江苏省立水产职业学校,任校长。解放初,经华东水产管理局批准,该校闵行主校并入上海市立吴淞水产专科学校,设为职业部,任主任、教授。1952年,上海水产学院成立,任水产加工系主任,兼罐头工艺教研组主任,讲授水产通论、罐头食品工艺学。为解决国家马口铁紧缺困境,提出玻璃瓶罐头密封、杀菌新工艺,促进国内玻璃瓶罐头食品生产发展,指导青年教师将静置杀菌器成功改装为转动杀菌器及用热电偶测定罐头中心温度,推动中国罐头食品生产工艺改革。注重实践经验向理论成果的转化,出版《渔业经济与合作》《罐头食品工艺学》两部著作,发表论文、译稿十多篇。1952年,加入中国民主同盟,为上海市人民代表会议代表,杨浦区第一至第五届人大代表,第一至第五届人民委员会委员。曾任中国水产学会第一届理事会理事,中国海洋湖沼学会会员。1972年退休。

郑刚(1916.1.7—1989.4.20) 曾用名郑知柔、郑祥钦,浙江永嘉人。1930年,考入浙江省立高级水产学校学习。1934年,学校因学潮遭解散。1935年3月,转入浙江省立水产试验场水产训练班养殖科,7月毕业。1937年,任永嘉县土地登记处登记员。1940年起,先后任浙江省第三区渔业管理处第七分处、第六分处主任,从事养殖试验工作。1943年起,历任浙江第一区渔管处水产养殖场技师、浙江省税务管理局总务股长、浙江第一区渔业管理处技士、浙江省渔业局技士、福建省渔业管理局技士兼课长、江浙渔业督导处技士、办事处主任。解放后,在浙江省人民政府温州专署任实业科干部。1950年11月—1951年10月,在浙江乍浦国立高级水产职业学校任教。1951年底,任上海水产专科学校附设水产技术学校教师。1955年,任上海水产学院养殖生物系教师,讲授鱼病、鱼类学、淡水养殖、海水养殖等课程。1959年9月,任讲师,兼中国科学院上海水产研究所助理研究员。1978年,主持的河蚌育珠项目获全国科学大会奖。

金有坤(1922.1.1—1994.3.16) 女,山东德县人,中共党员,分析化学教授。1992年起,享受国务院政府特殊津贴。1946年,震旦大学女子文理学院化学系毕业后留校任教。1951年9月至1952年1月,在苏州华东人民革命大学政治研究院学习,后执教于山东农学院、南京农学院。1956年,调入上海水产学院,历任水产加工系化学教研室副主任、主任,水产加工系主任,食品科学技术系主任,兼任中国海洋环境科学学会理事,《海洋环境》学报编委,《中华人民共和国海洋监测规范》编写专家组副组长等,福建省第九届政协委员。1982年,加入中国共产党。1986年,晋升为教授。1987年退休。

金有坤除承担分析化学等课程的教学任务外,主要致力于国家水域环境保护和监测调查工作,完成多项渔业及工业环境的监测、评价及其污染防治等方面的科研任务,曾出版《淡水渔业化学》《淡水渔业水质分析基础》《淡水渔业水质分析法》等著作,并主编水产高等院校本科教材《水产品分析与检验》,同时发表数十篇有关水质监测的论文。其中,"鱼贝藻类体内残留总汞的测定方法研究""生物体内残留铬的比色测定方法改进"两项研究成果被广泛应用于污染调查。20世纪70年代,先后完成厦门主要工业区、福建闽江水域等渔业环境污染调查工作,建立一套完整的水产品污染监测操作规程,并编入《国家海洋污染调查暂行规划》(1979年版)、《海洋调查规范》(1991年版)。20世纪80年代,作为组织者完成国家"六五"科技重点攻关项目等多项研究。20世纪60年代初,被评为上海市先进教育工作者,曾获1986年国家环境保护局环保科技进步奖一等奖、农牧渔业部"为高教连续服务40年"荣誉证书、1987年上海市三八红旗手称号。

黄世蕉(1934.8.26—1994.6.14) 福建福州人,中共党员,鱼类生理学教授。1992年起,享受国务院政府特殊津贴。1956年,上海水产学院水产生物专业毕业后留校任教。1960年,加入中国共产党。曾在北京外国语学院留苏预备班进修俄语、上海第二军医大学进修生理学。1986年,任研究生办公室主任。1990年,晋升为教授。

黄世蕉长期担任动物及鱼类生理学、放射性同位素应用技术等课程的教学,在鱼类繁殖生理、营养生理方面进行系统深入研究,发表多篇高质量论文,丰富中国鱼类生理学内容,填补空白。参加的鱼类促性腺激素放射免疫测定法研究项目,获1978年福建省科学技术成果奖。应用放射免疫测定鱼类促性腺激素、性激素的研究(第二完成人)获1986年农业部科学技术进步奖二等奖。1990年,参与撰写出版的《鱼类生理学》一书,是鱼类生理学领域的主要著作,至今仍为学界推崇和参考。

殷名称(1940.2.27—1996.10.12) 浙江平湖人,九三学社社员,鱼类生态学教授。1996年起,享受国务院政府特殊津贴。1963年,上海水产学院养殖系毕业后留校任教,历任教研室副主任、主任。1986—1987年、1993年,先后两次在英国邓斯塔夫内奇(Dunstaffnage)海洋研究所进行合作研究。曾任中国鱼类学会理事、国家教委科学技术委员会生物学科组成员。1993年,晋升为教授。

殷名称长期从事鱼类生态学的教学工作,主持编撰和出版"八五"国家统编教材《鱼类生态学》,填补国内农业院校鱼类生态学教材空白,获上海市高校优秀教材二等奖,参编的《少年自然百科辞典·生物、生理卫生分册》获1987年中国图书奖。作为主要完成人之一,在太湖进行渔业资源与增殖试验工作,获福建省科学技术成果奖。1986—1987年,赴英国进修,师从国际著名仔鱼生态学家布兰特(Blanter),回国后主要从事仔鱼生态学研究。曾主持国家自然科学基金项目名贵鱼类仔鱼开口期摄食生态研究,发表《海洋鱼类仔鱼在早期发育和饥饿期的巡航速度》《鲱、鲽鱼卵和卵黄囊期仔鱼的生化组成变化》等多篇论文,曾获评中国科协高水平论文、中国海洋湖沼学会优秀论文。

韩家学(1906.5.14—1997.1.3) 曾用名韩伯铭,河南新县人,中国民主同盟盟员,经济学教授。1932年,毕业于国立武汉大学经济系。1943年,赴美国哥伦比亚大学研究院攻读工业企业管理,获硕士学位。1946年,回国后曾任武汉大学经济系教授兼经济研究所指导教授,河南公立商科专科学校校长,河南省银行总行长,农业部农教处副处长。1953年起,调入上海水产学院,曾任中国民主同盟上海水产学院支部主任委员。1955年,主持创建渔业经济教研组,开创中国渔业经济教学和科研先河。韩家学注重调查研究,多次带领青年教师深入浙江、广东、湖南、湖北等渔区进行调查,注重理论联系实际,为创建渔业经济与渔业企业管理学科奠定基础。撰写多份渔业企业经营管理情况调查报告和水产品加工等专业的企业管理学讲义,出版《国营与私营问题》论著,发表论文多篇。1974年退休。

宋德芳(1903.1.9—1997.1.13) 江苏吴县人,中国民主同盟盟员,微生物学教授。1930年,复旦大学生物系微生物专业毕业后留校任助教,后任上海商品检验局技术员。1934年,赴德国留学。1939年,获德国马堡大学博士学位后回国。曾任上海中法药厂细菌检验技师,南京高等师范学校、中央大学、上海大学、南通医学院等校教授,上海商品检验局畜产处技正兼主任。解放后,任上海华东纺织纤维检验局毛麻系科科长,中国畜牧兽医协会理事。抗美援朝时期,提供的止血、强心、麻醉等十余种重要药物配方为救治志愿军伤员发挥重要作用。1953年,任上海水产学院教授,为微生物学课程建设作出贡献,曾任微生物教研组主任,兼任中国畜牧兽医学会上海分会理事、中国民主同盟上海水产学院支部组织委员。三年困难时期,向国家提供十余种营养健身配方,并捐献营养保健方面的注射剂秘方。1962年,编写《微生物学交流讲义》用于水产加工专业课堂教学。1963年,主编和出版教材《微生物学》。1960年,被评为上海市先进工作者。1974年退休。

施正峰(1937.2.21—2000.1.22) 上海人,水产养殖学教授。1993年起,享受国务院政府特殊津贴。1960年,毕业于上海水产学院水产养殖专业并留校任教。长期从事水产养殖和实验生态学教学与研究工作。1996年,晋升为教授。著有《中国鱼池生态学研究》《水产经济动物养殖》*Effects of Nitrite on the Survival of Macrobrachium Nipponenses* 等著作和文献。1973—1980年,作为课题主要研究人员和主要设计人之一,开展河鳗人工繁殖研究,不断完善雌鳗催熟催产和受精孵化技术方法,使仔鳗成活期长达21天,居国际同类研究前列,保持近20年记录。设计改进家鱼人工繁殖孵化器,解决原孵化器孵化操作难、孵化量少的问题,推广后沿用至今。20世纪80年代中期,受命建立水产养殖生态实验室,并利用循环孵化装置技术,结合水力学和生物污水处理原理,开发出自净化循环水族箱,迄今仍在全国主要水产养殖研究、教育机构中应用。20世纪90年代后期,前瞻性地开展水族科学研究,完成上海和无锡两座中国陆地大型海豚馆的设计和水处理工艺设计。曾获全国科学大会奖状、上海市重大科技成果奖和福建省科学技术成果奖。1985年,被评为农牧渔业部优秀教师。

吕美华(1921.12.17—2001.8.12) 四川宜宾人,中共党员,航海学教授。1936年,考入福州马尾海军学校。1938年,转入青岛海军学校学习。1940年,毕业后考入重庆国民政府海军司令部并赴美国学习。其间,完成迈阿密海军训练中心的课程,系统掌握航海、火炮、通讯等方面知识。1946年回国。上海解放前夕,吕美华参加起义,任第二舰队中队长,协助组织工作、营救革命人士。在淮海战役和渡江战役中提供长江江防部署。华东军区海军成立后,任"西安舰"首任舰长。解放后,被任命为华东海军第六舰队航海业务长,并参加解放浙江沿海岛屿的战斗。其间,多次组织舰艇官兵进行各种战术、技术训练,编写《护卫舰部署》《运动条例》《舰艇操作》等资料,为华东海军初期建设和发展作出贡献。1957年,调入青岛海军炮兵学校,先后担任该校军事科学研究部部长和航海教研室副主任等职,曾编审英文版《海军战斗》教材,审定海军援外训练队英文版《舰海技术》教材,为人民海军和援外培养舰艇中级军官和海军航海学科的发展起到积极作用。1962年,被授予少校军衔。1964年,调赴上海水产学院工作,先后任上海水产学院海洋渔业系航海教研组主任,教务处、图书馆、海洋渔业系负责人,上海市第六届政治协商会议特邀委员等。1985年离休。1989年,晋升为教授。

高鸿章(1913.11.20—2001.12.20) 曾用名高斐然,福建海澄人,九三学社社员,航海学教授。1991年起,享受国务院政府特殊津贴。1922年,考入福建集美学校水产科,受陈嘉庚和水产科主任冯立民影响,立志献身航海事业。1928年,为深入学习航海技术,考入江苏省立水产学校航海专科继续深造。其间,翻译完成《罗经自差及自差仪》。1930年,毕业后经推荐到"集美二号"实习渔轮工作,先后在"合安号""福平号""源奥号"等商船工作,曾任"华东号""利民号"等商船船长。1934年,高鸿章应陈嘉庚之邀,回母校集美水产学校任教。1941年,受国内反动势力迫害,背井离乡到新加坡,曾受聘于新加坡华侨水产航海学校,任教务主任。解放前夕回国,应校长侯朝海之邀,任教于上海市立吴淞水产专科学校。主讲航海学、引港术、磁罗经等课程,擅长磁罗经偏差修正技术。1950年,参加全国第一次轮船船员考试,获得轮船职业甲种证书。曾任上海水产学院航海教研组主任、海洋渔业系副主任。1956年,加入九三学社。1975年退休。

高鸿章长期从事航海事业和航海技术研究工作,曾发表《渔船航行流压计标》等论文多篇,著有《航海天文计标表》《航海技术》《船舶位置线简表》《高氏航海初阶——天文航海、实用磁罗经、航海应用教学、船舶稳性、船舶气象》。对磁罗经研究、磁罗经的校正有深入研究,曾编写《船舶位置线简表——傍子午线表及其他常用表》。

纪成林(1936.8.26—2005.3.25)　江苏南京人,九三学社社员,水产养殖推广教授,全国支农扶贫优秀教师。1992年起,享受国务院政府特殊津贴。1959年,华东师范大学生物系毕业后分配至上海水产学院任教,历任教研室副主任、主任、系副主任、渔业学院办公室主任,全国水产标准化海水养殖技术委员会委员,九三学社上海水产大学支部委员,杨浦区第七至第十届政协委员。1997年,晋升为教授。同年退休。

纪成林长期从事虾类和蟹类养殖的教学与科研,参与《虾蟹增养殖学》教材编写,主编《对虾》《对虾养殖技术》《中国对虾养殖新技术》等著作。作为第二完成人参加中国对虾南移人工育苗及养殖试验项目,获1978年福建省科学技术成果奖。1989—1995年,参加上海郊区低盐度对虾育苗和养殖试验及推广工作,并在江苏、浙江、河北举办25次培训班,每年至少有2个月深入生产第一线指导生产,为普及推广中国对虾养殖事业作出贡献。1989年,被国家教委、农业部、林业部授予全国支农扶贫优秀教师称号。

纪成林退休后热心社会教育事业。1997年,参加筹建校史陈列室。2000年前后,在学校开设收藏与鉴赏、水族趣话概论2门选修课,分别介绍收藏与鉴赏和水生生物方面的知识。2002年,编印《水族趣话》,深受读者喜爱。2002—2005年,纪成林担任上海水产大学鲸馆顾问,将多年珍藏的上千种贝类标本在该馆义务展出,向青少年普及海洋知识。2003年,上海水产大学在鲸馆成立纪成林工作室。2005年,在上海第五十六中学开设3门特色自主选修课,并指导该校师生课外小组活动。积极参与社区文化建设,与居委会一起举办收藏与鉴赏展览。"纪成林热心科普事业",被评为2003—2004年度上海市教育系统精神文明十佳好事。担任杨浦区政协委员期间,为区域发展献计献策。曾被评为九三学社上海市积极分子。

应光彩(1917.1.31—2005.4.26)　浙江仙居人,九三学社社员,中共党员,船舶动力机械教授。1992年起,享受国务院政府特殊津贴。1956年,由中国人民海军调入上海水产学院海洋渔业系任教,组建渔业机械专业、动力实验室等,讲授机械原理、船舶内燃机、内燃机动力学等课程,编有《渔船柴油机》《轮机》等多本教材,翻译约6万字的《海格里斯柴油机说明书》。组织有关教师从事全国海洋机动渔船调查,主编《中国海洋机动渔船图集》,获1990年首届华东地区大学出版社优秀图书一等奖。1983年,任全国水产节能协作组副组长兼渔业节能办公室主任,负责全国水产节能工作,制订《渔船柴油机选型技术要求》,组织编印渔业节能刊物《渔业节能通讯》,主编和出版全国一、二等渔船轮机长培训统编教材《轮机》。1986年,晋升为教授。所在全国渔业节能协作组被国家授予"八五"全国节能先进单位称号。曾获农牧渔业部全国农村能源建设先进工作者、全国节能先进工作者称号。1985年离休。

黄金陵(1922.7.20—2007.7.2)　江苏姜堰人,中共党员,有机化学教授。1992年起,享受国务院政府特殊津贴。1948年,毕业于重庆大学化学系。1949年起,任教于上海市立吴淞水产专科学校，曾任上海水产学院水产加工系主任、校工会主席等职。1986年，晋升为教授。1987年退休。

黄金陵长期从事化学化工教学和科研工作，在有机化学研究上造诣颇深，是学科带头人。先后主讲有机化学、无机化学、分析化学、食品化学等多门课程，率先开设食品风味化学等课程。通过大量试验，发现海带褐藻胶具有抗辐射作用，并发表相关学术论文。1957年，将上海梅林罐头食品厂三片食品罐交接处的橡胶垫圈改成液态橡胶，从而改善罐头密封性，得到普遍推广应用；曾主持国家科委马口铁罐头用防黏涂料的制造及应用项目。1961—1963年，改良肉糜罐内涂料，采用脱模蜡替代猪油润滑，提高了肉糜罐头出口效益。突破从带鱼皮中提取CP级盐酸鸟嘌呤工艺并在生产中应用。

肖树旭（1922.8.1—2007.8.27） 女，湖北黄陂人，中共党员，水生生物学教授。1992年起，享受国务院政府特殊津贴。1945年，厦门大学生物系毕业后留校任教。1951年，调入上海水产专科学校任教，承担无脊椎动物学、普通动物学等课程的教学工作。与王嘉宇、杨亦智等在国内率先开设水生生物学课程，自编讲义，结合生产实习、野外采集水生生物标本、进行现场调查研究，开展淡水生物学和海洋生物学的教学工作。20世纪80年代初，开设甲壳动物学、虾蟹养殖等新课程，曾任水产养殖系主任、福建省第五届人民代表大会代表、全国对虾养殖专家顾问组成员。1987年，晋升为教授。1992年退休。

20世纪70年代中期起，从事对虾养殖研究，在厦门地区人工育苗养殖对虾成功并繁衍4代，成功实现长江以北海区刺参南移养殖，获福建省科学技术成果奖。20世纪80年代，承担上海市农委、科委等研究项目，对上海海岸带和海涂资源（生物部分）进行综合调查，并作为奉贤对虾育苗场工程项目的技术负责人，取得在河口区对虾育苗的生产性突破。曾获上海市科学技术进步奖一等奖及全国科学大会先进工作者称号。

季星辉（1938.4.27—2008.4.20） 江苏启东人，中共党员，捕捞学教授。1993年起，享受国务院政府特殊津贴。1962年，毕业于上海水产学院工业捕鱼专业并留校任教。曾任海洋渔业系工业捕鱼教研室副主任、主任，远洋渔业研究室负责人，兼任中国水产总公司驻拉斯帕尔马斯办事处副总工程师、技术部主任。1992年，晋升为教授。

1985年，季星辉受学校派遣，随中国水产总公司远洋渔业船队赴西非开创远洋渔业事业，负责渔业生产和技术指导工作。创业初期，困难重重，船队一连数月亏损，季星辉考察渔业资源，研究、改进渔具渔法，于1986年4月使船队扭亏为盈，实现创利。1989年、1992年，季星辉又先后两次受中国水产总公司之邀，赴西非指导船队从事臂架拖虾网生产，先后开辟塞内加尔、塞拉利昂、几内亚比绍、几内亚等海域新渔场，并投入生产。

季星辉长期从事捕捞技术的教学和研究工作，讲授海洋捕捞学、网具设计学等课程，先后发表《江浙沿海桁拖网作业性能的初步研究》《拖网网目尺寸及其速度效应的探讨》等多篇论文，主持的"机帆船疏目拖网""22×175.8米/2 930目虾蟹桁拖网"等项目曾获福建省科学技术成果奖、上海市科学技术进步奖三等奖，作为主要完成人参加的海洋渔业专业的教学改革与实践，获上海市优秀教学成果奖一等奖、国家级教学成果奖一等奖。曾获农业部远洋渔业先进个人称号。

胡鹤永（1927.8.6—2008.10.30） 浙江镇海人，中共党员，海洋渔业教授。1992年起，享受国务院政府特殊津贴。1952年，山东大学水产系毕业后到上海水产学院任教，历任造船系主任、校党委组织部部长，农业部水产高级专业技术职务评审委员会船、机、电专业组成员等职。1965年，由国家公派赴挪威卑尔根海洋研究所作访问学者。1990年，晋升为教授。

胡鹤永早期开设水力学与泵课程，曾参与设计国内第一台离心式鱼泵。访学挪威期间，撰写有

《挪威渔民教育》《挪威海洋渔业》《挪威围网渔业》等论文。1973—1980年,曾3次作为中国渔业代表团成员出访挪威、丹麦、冰岛等国,顺利完成资料翻译任务。为满足渔业发展需求,1989年与有关教师共同努力,在学校创设水产科技英语专科专业。曾主编《水产通论》、参编《捕鱼机械与设备》等教材、讲义,参与编审《英汉渔业词典》。

陆桂(1917.10.14—2009.4.28) 浙江平湖人,鱼类增养殖学教授。1991年起,享受国务院政府特殊津贴。1936年,考入燕京大学。1938年,转入上海圣约翰大学医科,后改修生物学。1942年,毕业后供职于重庆北碚的中央研究院动植物研究所从事原生动物研究。其间,曾发表《蛙体内的寄生纤毛虫》《溪虾体上附生的一种吸管虫》论文。解放前夕,陆桂作为先遣队参加接管上海自然科学研究所,任助理研究员。上海解放后,受聘于上海市立吴淞水产专科学校。历任上海水产学院养殖生物系水产养殖教研室主任、养殖生物系副主任、校学术委员会委员、水产养殖系学术委员会主任。曾任福建省第四届政协委员、上海市第六届政协委员。曾任中国水产学会副理事长兼学术与咨询工作委员会主任委员,中国海洋湖沼学会、中国农业工程学会理事,上海市海洋湖沼学会秘书长、理事,《水产学报》副主编、主编。1980年,晋升为教授。1987年退休。

陆桂长期担任水产养殖系副主任,主管教学与科研工作,为水产养殖学科的建设和发展作出积极贡献。曾开设有动物学、天然水域鱼类增养殖学等课程,倡导开门办学,多次邀请校外生物学专家来校授课。参照苏联教学内容,结合国情与实际,建立新的教学模式。他长时期组织师生通过生产实践,从事天然水域淡水鱼类资源和人工增殖方面的调查研究工作,所提在新安江放养虹鳟、太湖银鱼等建议,取得良好实践成果。主要撰写有《钱塘江鱼类及渔业调查初步报告》《钱塘江的鲥鱼》《淀山湖渔业资源的初步调查报告》等论著。20世纪70年代末,受联合国粮农组织和国家水产总局委托筹建无锡亚太地区淡水养鱼培训中心,筹备和主持亚洲淡水养鱼研讨会。

徐世琼(1935.5.18—2009.5.12) 浙江海盐人,中共党员,冷冻工程教授。1992年起,享受国务院政府特殊津贴。1956年,上海水产学院水产加工专业毕业后留校任教,曾任水产加工系副主任、食品科学技术系主任,上海市冷冻空调行业协会和上海冷藏库协会高级顾问,上海市制冷学会第二至第五届副理事长,中国制冷学会资深会员,美国供热、制冷、空调工程师学会会员。1982年,作为访问学者被派往美国华盛顿大学(西雅图)食品科学技术系进修。1986年,晋升教授。1999年退休。

徐世琼长期从事冷冻工程教学和研究工作,主要讲授制冷技术、制冷原理与设备、现代冷冻冷藏技术、制冷专业英语等课程,为学校制冷技术专业建设作出贡献。曾研制小型固定板式流态冻结机,填补国内空白。先后编写出版《制冷技术》《制冷原理与设备》《上海冷藏史》等专著,取得国家专利2项,1993年获上海市优秀职务发明奖三等奖。

林焕章(1917.11.30—2009.11.1) 福建福州人,中共党员,航海学教授。1992年起,享受国务院政府特殊津贴。1941年,毕业于青岛海军学校。1944年,考取美国迈阿密海军驱潜学校通讯科,学习海上通讯与船舶驾驶。1946年,随"永定舰"回国参加收复西沙、南沙群岛工作时,与舰员将中国领土标志木牌插上南沙群岛之太平岛。1948年,赴美国诺霍克海军基地学习枪炮,担任"太和舰"枪炮官。1949年3月回国。解放后,响应号召加入人民海军。后赴南京学习,曾任中国人民解放军南京海军联合海校副主任教员,立三等功一次。1952年,调入上海水产学院任教,开设球面三角学和天文航海学等课程,历任海洋渔业系办公室主任、系副主任、系主任、校图书馆馆长、百科全书编辑办公室主任等职,曾任中国航海学会理事,《中国农业百科全书·水产业卷》编委,《中国大百科全书·农业》水产分科副主编。参与编纂《辞海》试行本水产学科部分工作,曾参与研究天文计算定位表,出版有《航海学》《航海技术》等。1985年离休。1987年,晋升为教授。

葛光华(1936.8.25—2011.10.28) 江苏扬州人,中共党员,渔业经济与管理教授。1996年起,享受政府特殊津贴。1959年,毕业于上海水产学院水产养殖专业,曾任上海市水产局水产养殖管理技术员,上海市平凉中学教师。1972年,调入厦门水产学院水产养殖系任教,负责淡水养殖试验场工作,并参与联合国粮农组织亚太地区综合养鱼培训中心的筹建工作。曾任渔业经济与管理系副主任、主任,经济贸易系主任。1995年,晋升为教授。1999年退休。

葛光华长期从事淡水养殖业管理及养殖技术研究推广工作。曾主编中国第一本《水产养殖企业经营管理》。参加的上海市郊区池塘养鱼高产技术大面积综合试验项目获1989年国家科学技术进步奖二等奖,太湖沿岸万亩鱼塘亩产千斤养殖技术结构研究(第四完成人)获江苏省水产技术改进奖二等奖。1984年,参与创建渔业经济与管理系,并任系主任,负责全系建设和管理工作,在教学和科研方面都取得良好成效。

葛光华退休后,继续从事上海水产养殖业研究。主编和出版《水产品市场营销学》,汇编《上海市水产品流通与水产品市场》研究报告,参加编撰《水产辞典》,指导成人教育培训,督导研究生教学,为学校发展出谋划策。1997年,完成《1996年空运到沪水产品在上海水产品市场的动向分析》调查报告,推动上海水产品市场调查研究工作。2007年,向上海市政府提出尽快对水产批发交易市场数量、布局、定位等问题进行对策研究的建议。

李应森(1967.4.13—2011.12.1) 湖北大悟人,中共党员,水产养殖学教授。全国渔业科技入户工程农业部渔业专家。1989年,上海水产大学淡水渔业专业毕业后留校从事水产动物生物学及增养殖教学、科研和科技服务工作。1993—1994年,受农业部国际合作司委派,作为中国渔业专家组成员,赴古巴工作一年。曾任中国水产学会渔业资源与环境专业委员会委员,中国水利学会水库渔业专业委员会委员。2006年,晋升为教授。

李应森从事淡水捕捞、池塘养鱼学、内陆水域增养殖学等课程教学。2008年,主持的鱼类增养殖学课程被评为国家级精品课程。曾先后主持或参与省部级以上科研项目20余项。2011年,主持农业部农业结构调整重大技术研究专项、上海市基础重大科研项目。2006年,受聘农业部渔业科技入户工程专家,负责全国重点渔业示范县的组织管理和技术督导工作,为渔区养殖示范户开展技术培训,提出合理建议,督促检查实施情况,被农业部连续两年评为全国农业科技推广标兵,其事迹被《人民日报》《解放日报》《农民日报》等媒体报道。2007年,被农业部授予全国农业科技标兵称号。2009年,被科技部授予全国优秀科技特派员称号。同年,被评为上海市先进工作者。在国内外学术刊物上公开发表论文近80篇,主持或参与撰写著作、教材7部。获省部级科学技术进步奖、教学成果奖等5项,获发明专利1项、实用新型专利3项。

第二章 人物简介

第一节 学校领导

郭子郁(1916.4.26—) 曾用名郭布文,河南新安人,中共党员,上海水产学院党委副书记。1932年7月,考入新安县县立师范学校读书,毕业后曾任小学教员、代理校长等。1938年,在河南军政干训班接受短暂军训,参加洛阳第一战区副司令长官部战地服务团。同年,加入中国共产党,曾任巩洛警备司令部党政处文书,后在巩洛县(今河南巩县)庙头小学、宜阳黄窑小学等地做教员。1940年1月,到延安抗大三分校学习,后任抗大文化教员。1941年7月,在延安中央军委工作,曾任情报部、作战部科员,抗大总校招待所政治指导员。1944年4月,再次到抗大总校学习军事。1945年,毕业后历任晋冀鲁豫军大政治指导员,华北军大政教科副科长,总政治部宣传部干事。1957年,被授予三级独立自由勋章、三级解放勋章。1958年6月起,任西安军事电讯工程学院宣传部长。1963年,被授予上校军衔。1966年5月起,任上海水产学院党委副书记,兼政治部主任,主管思想政治教育工作。1976年离休。

胡友庭(1922.7.31—) 曾用名胡益三、张建文,江苏邳县(今邳州市)人,中共党员,上海水产学院党委书记。1934年,求学期间参加邳县青年救国团。1937年,在山东临沂省立第五中学学习,后参加鲁南四地委青训班,历任第五战区青年救国团、邳县团部宣传干事兼少年工作团指导员,苏鲁战区青年救国联合会苏鲁边区办事处宣传干事,鲁南区青年救国联合会秘书长,临、郯、费、峄边区青年救国会会长。1942年起,在边区、赵镈、邳铜、峄滕、铜邳、运河等县担任县委委员、部长、副书记、书记。1949年起,先后担任中共杭州市区委书记、市委市府办公室秘书处副主任,中共浙江省委办公厅副主任,华东师范大学党委书记,同济大学党委第二书记。1957年7月,调任上海水产学院党委书记。胡友庭坚持深入学校基层单位调查指导工作,经常深入渔区了解生产动向,为提高学校教学质量和学术水平作出贡献。学校迁往厦门办学后,调任福州大学党委副书记、福建师范大学党委书记。1983年5月,调回上海水产学院任党委书记,为学校恢复工作做出努力。曾兼任中国水产学会常任理事。1986年离休。

乐美龙(1932.1.15—) 浙江宁波人,中共党员,上海水产大学校长,捕捞学教授。1992年起,享受国务院政府特殊津贴。1954年,上海水产学院毕业后留校任教,曾任教研室主任、海洋渔业系副主任。1973年,调任农林部外事局和国家水产总局外事局副处长,曾作为中国政府代表团成员参加和承担《联合国海洋法公约》、中日、中朝、中越等政府间渔业协定会谈和渔业援外等任务。1979年,调回学校后,历任教务处长,上海水产学院副院长、院长,上海水产大学校长,兼任农业部高等农业学校教学指导委员会副主任、顾问,国家教育委员会面向21世纪高等教育教学改革顾问组成员,农业部远洋渔业培训中心和农业部渔政干部培训中心副主任,中国水产学会副理事长,中国海洋湖泊学会常务理事,中国太平洋学会理事,上海市水产学会副理事长、理事长、名誉理事长,《水产学报》编委会副主任委员,《上海水产大学学报》编委会主任委员,上海渔业经济研究会副会长、顾问,上海市科学技术协会理事,上海太平洋区域经济发展研究会副会长、顾问,《中国农业百科全书·水产业卷》副主编,《辞海》编辑委员会委员、水产分科主编,《大辞海·农业卷》水产分科主编等。1986年,晋升为教授。1997年退休。

乐美龙早期从事渔具理论和捕鱼技术教学与研究,在国内率先从事网渔具水槽和风洞模型试验研究,在国内为海洋捕捞本科专业率先开设渔具计算的一般原理、海洋法、渔业法规与渔政管理等课程,并建立渔具理论与捕鱼技术的课程体系,主编《渔具计算的一般原理》《拖网渔具理论与捕鱼技术》等首批全国水产类高等学校统编教材,推动全国本科专业海洋捕捞课程体系改革。主编《渔业法规与渔政管理》《法规》《捕捞》等全国培训统编教材,为全国渔政干部和远洋渔业船员培训奠定基础,并主编《21世纪学科发展丛书·渔业科学》等。在多种刊物发表论文30多篇。1985—1994年,担任校长期间,积极探索多学科发展模式,组织师生参加农牧渔业部组建远洋渔业船队和远航大西洋的筹划工作,将学校海洋渔业、渔业资源与渔政管理、轮机管理和航海等专业方向从近海渔业转向远洋渔业,为开创中国西非远洋渔业、远洋鱿钓渔业,建立远洋渔业培训中心和渔政干部上海培训中心等作出贡献,有力推动学校以"产、学、研"结合为特色的教学改革实践。主持国家教委面向21世纪水产类本科专业调整等项目。

退休后,继续参加指导博士、硕士研究生毕业论文,主讲农(渔)业技术推广与管理的研究生课程,主持《辞海》《大辞海》水产学科和《水产辞典》编纂等工作。

赵长春(1934.9.17—) 曾用名姚长春,浙江绍兴人,中共党员,上海水产大学副校长,副教授。1992年起,享受国务院政府特殊津贴。1953年,考入上海水产学院养殖生物系。1957年,毕业后留校任教,曾任水产养殖系副主任。1983年8月—1994年2月,任上海水产学院副院长、上海水产大学副校长,主管总务、基建、财务、安全保卫、学生管理、校办产业等。曾兼任上海市海洋湖沼学会副理事长、上海市生态学会理事。1986年,晋升为副教授。1994年退休。

赵长春长期从事天然水域鱼类增殖学的教学与研究工作,讲授天然水域鱼类增养殖学,在天然水域鱼类增殖和鱼类生态学研究方面有较深造诣,专攻内陆水域鱼类增殖与养殖、鱼类生态学研究。1963—1966年,在太湖鱼类资源调查基础上,提出并实施大型开放性湖泊鱼类的人工放流,取得明显经济效益与社会效益,推动了江苏省和全国大型湖泊的鱼类放流和资源增殖工作。太湖渔业资源调查和增殖试验项目获1978年福建省科学技术成果奖。1973—1980年,主持的河鳗人工繁殖研究课题,促使亲鳗在水池自行产卵受精,培育的鳗鱼苗成活21天,培养产后亲鳗成活育肥并再次成熟排卵、排精等均为国际首次。河鳗人工催熟、催产及鳗苗早期发育的研究获1978年福建省科学技术成果奖,本人获福建省先进科技工作者。

顾景镠(1935.1.25—) 江苏无锡人,中共党员,上海水产大学副校长,电工、电子学副教授。1993年起,享受国务院政府特殊津贴。1957年,浙江大学电机系电器制造专业毕业后任教于上海水产学院,曾任校电子仪器厂负责人,海洋渔业系副主任,实验室管理办公室副主任、主任。上海市水产学会渔业机械仪器专业委员会成员,上海市实验室管理协会常务理事。1985—1986年,赴英国哈尔学院监制航海捕捞模拟器。1986年,晋升为副教授。1992年起,任上海水产大学副校长,分管校产、后勤、基建、实验室、计划生育等工作。1996年退休。

顾景镠长期从事电工学与船舶电气设备、电机学与电力拖动设备和水声仪器等的教学与科研工作,重视实验,指导学生实习和毕业设计。1960年,参加全国第一台小型垂直探鱼仪的研制并获成功。1970年,参与创建学校电子仪器厂,生产晶体管3AD18。曾参加大功率晶体管、定位仪研制。其中,主持研制的全方向多笔式探鱼仪,于1977年参加第四机械工业部新产品展览并获新产品奖,1978年获福建省科学技术成果奖。

王克忠（1935.3.21—　）　上海人，中国民主同盟盟员，上海水产大学副校长、副局级巡视员、副教授。1956年，上海水产学院海洋捕捞专业毕业后留校任教。1958年，参加由苏联专家讲学的工业捕鱼进修班学习，并兼任翻译。1960年，进修班毕业设计答辩通过后，调至中国科学院情报研究所工作。1961年，回上海水产学院任教。讲授渔具理论与捕鱼技术、专业俄语、专业英语等课程。1983—1985年，作为访问学者赴加拿大渔业与海洋部进修，取得拖网模型试验拖网阻力对比研究及计算机在拖网绘图方面的应用等多项科研成果。1985年9月起，任上海水产大学副校长，分管教学、科研、工会及外事工作，兼任校工会主席、农业部冷库制冷设备质量监督检验测试中心主任及法人代表。1986年，晋升为副教授。1992年起，任上海水产大学副局级巡视员。曾任中国民主同盟上海市委第十届、十一届常务委员，第七、八届上海市政协委员。上海市欧美同学会留加拿大分会理事、名誉理事。参编有《俄汉水产词汇》，主编全国渔业船舶职务船员培训统编教材《英语》，在多种水产刊物发表大量译作。1995年退休。

陈坚（1935.12.25—　）　上海人，中共党员，上海水产大学党委书记、校长，副教授。1992年起，享受国务院政府特殊津贴。1956年，上海水产学院水产加工系毕业后留校任教，历任水产加工系制冷教研室副主任、实验室主任、系主任。1985年10月起，任上海水产大学党委副书记。1986年，任上海水产大学党委书记。1994年起，任上海水产大学校长。兼任中央农业干部管理学院上海水产大学分院院长，农业部冷库及制冷设备质量监督检测中心主任，全国渔业节能协作组副组长。上海市第五次党代会代表。曾兼任上海市高等教育学会理事。1986年，晋升为副教授。1997年退休。

陈坚长期从事热力工程、制冷技术的教学与科研工作，主编有《普通热工学讲义》《热工试验指导书》《传热学讲义》《传热学习题集与题解》《传热学实验指导书》等教材，参与编著出版《制冷技术问答》《食品工程测试》《新编制冷技术问答》等书，在《制冷学报》《制冷技术》《冷藏技术》《制冷》等学术刊物上发表《冷库空气自然对流光滑排管K值研究》《强制对流空气冷却器性能试验室设计研究》等十多篇论文。1980年，完成上海市建筑设计标准化办公室委托的"上海标办（80）第21号"研究项目，上海市城市规划管理局组织的鉴定会认为该成果填补了国内冷库设计K值基础资料的空白。

李道恒（1936.11.23—　）　江苏盐城人，中共党员，上海水产大学党委副书记兼纪委书记。高级政工师。1958年，在上海市第八钢铁厂参加工作。1962年1月，上海水产学院水产加工系毕业后留校工作。曾任水产养殖系团总支书记、校团委副书记。1969年9月，下放黑龙江爱辉县插队务农，参加星火五七农场筹建工作和带领知青生产劳动，曾任连队政治指导员。1972年底，调回学校上海留守处工作。1974年初，到厦门水产学院复查办公室和清查办公室工作。粉碎"四人帮"后，参加清查与落实政策工作。1981年底，任水产养殖系党总支副书记。1984年3月起，任系总支书记，并承担大学生思想品德修养、法学基础、形势与任务等课程教学工作。1991年，被评为上海市高校优秀思想政治工作者。1992年2月起，任上海水产大学党委副书记兼纪委书记，分管学生、宣传、纪检等工作。1994年，被评为高级政工师。1996年11月，退休后参加学校关心下一代工作委员会工作。2000年5月—2001年2月，参加上海市委组织部"三讲"教育巡视组，任第六组副组长，先后参加上海3所高校的"三讲"教育活动。2005年6—12月，参加上海市科教党委党员先进性教育督导组，任第13组组长，参加上海西南片10所民办高校党员先进性教育活动。

杨慧如（1940.11.22—　）　女，河北唐山人，中共党员，上海水产大学党委副书记、副教授。1960年，考入大连海运学院（现大连海事大学）。1962年，因院系调整转入上海海运学院（现上海海事大学）。1965年,毕业后留校工作,历任团委干事,学生辅导员,团委书记,基础部党总支书记,学院分部党总支书记、主任。1986年,调入上海水产大学任党委副书记、纪委书记,分管宣传、学生、"两课"建设、妇工委及纪检监察工作。1992年,调任上海大学党委副书记、纪委书记。1994年,上海工业大学、上海科技大学和上海科技专科学校并入上海大学后,任党委副书记。2001年退休后,在民办上海工商外国语职业学院先后担任党委书记、常务副院长、监察仲裁委员会主任等职。曾被聘为上海市邓小平理论研究会常务理事,参编的上海市《邓小平理论研究与实践丛书》,1995年获中共中央宣传部"五个一工程"图书奖、上海市委宣传部建设有中国特色社会主义理论研究和宣传成果奖一等奖。

周应祺(1943.1.19—) 浙江定海人,中共党员,上海水产大学校长,捕捞学教授,博士生导师,国家级有突出贡献的中青年专家。1992年起,享受国务院政府特殊津贴。上海市第十届政协委员。1964年,上海水产学院工业捕鱼专业毕业后留校任教。1979年11月—1982年3月,赴英国白鱼局工业发展署电子实验室、动水槽训练中心、苏格兰阿伯丁海洋研究所等研究单位作访问学者。1990年,晋升为教授。1993年7月,任渔业学院院长。1994年3月,任上海水产大学副校长(分管教学工作)。1996年11月—2004年6月,任校长。现任上海海洋大学中国渔业发展战略研究中心常务副主任。曾任国务院学位委员会第四、五届学科评议组成员,农业部第六、七届科学技术委员会委员,农业部国家水生生物资源养护专家委员会顾问,上海市科协第七、八届委员会常委,农业高等教育指导委员会副主任,教育部、农业部高等学校教学指导委员会水产学科组组长,中国水产学会副理事长,上海市教育评估院教育评估资深专家,上海市水产学会理事长,中国渔业协会常务理事,中国远洋渔业协会顾问,亚洲水产学会第七至九届理事兼学术委员会主席,《水产学报》《上海水产大学学报》主编,*Fisheries Research*、*Environment Biology of Fish* 编审委员,水产科学名词审定委员会主任,全国科学技术名词审定委员会第六届全国委员会委员。

周应祺长期从事渔具力学、鱼类行为学和渔业发展战略研究,开设渔具力学、鱼类行为学、渔业导论、专业英语等课程。1985年,筹建中国第一个捕捞航海模拟训练实验室。主编的《渔具力学》《渔业导论》被列为"九五""十一五"农业部和国家教委重点教材出版。2011年,编写出版中国第一本《应用鱼类行为学》教材。参加编撰《水产辞典》《英汉渔业词典》《中国农业百科全书·水产业卷》。主持的海洋渔业专业的教学改革与实践,获1997年国家级教学成果奖一等奖和上海市教学成果奖一等奖。主持的海洋渔业科学与技术专业人才培养模式研究及教学改革实践,获2001年上海市教学成果奖一等奖、国家级教学成果奖二等奖。发表论文140余篇,曾多次获国家科学技术进步奖、农业部科学技术进步奖。主持中国渔业科技中长期发展战略研究与规划编制,参与制定中国水生生物资源养护行动纲要。1993年,被挪威政府聘为"北斗号渔业科学调查船"项目评估的国际独立专家组成员。1992年迄今,多次被联合国粮农组织聘为专家顾问。曾获全国优秀科技工作者、上海市优秀回国人员称号。2007年,获亚洲水产学会杰出贡献银奖。

林樟杰(1944.12.22—) 广东潮阳人,中共党员,上海水产大学党委书记,教授。1994年起,享受国务院政府特殊津贴。1965年,上海师范学院中文系毕业后留校任教,历任留学生办汉语教学教师、党办副主任、艺术系党总支书记、高教研究室主任、校长助理。1990年起,任上海师范大学党委副书记兼副校长。1994年起,调任上海水产大学党委书记。1999年,调任上海师范大学党委书记。同年,晋升研究员。2007年,转为教授。曾兼任上海市毛泽东思想研究会会长、上海市延安精神研究会会长。

林樟杰长期从事高等教育管理及研究工作,曾出版《论新时期中国的知识分子问题》《思绪的痕迹》《高等学校管理新认知》《高等学校思想政治工作新认知》《学思无涯》等著作,发表论文50余篇。曾主持教育部重点课题——经济全球化与应用型人才的本科培养模式探索、上海市教育科学规划项目——构建和谐社会要求与中国当代德育面临的重大问题研究等。

曹德超(1945.12.15—) 江苏吴江人,中共党员,上海水产大学副校长,研究员。1998年起,享受国务院政府特殊津贴。1967年,复旦大学数学系毕业,先后在浙江乔司军垦农场、上钢五厂工作。1978年2月,在上海第二冶金专科学校从事教学管理工作,曾任基础部主任、机电系系主任等职。1989年,被评为全国优秀教师。1991年,调至上海水产大学,主讲高等数学等课程,历任基础部副主任、主任,教务处处长等职。1996年11月,任副校长,主管教学管理工作。2002年,当选为上海市南汇区人大代表。2003年3月,当选为南汇区人大常委。2004年起,协管合作办学、学海路校区管理工作。2005年,晋升为研究员。2006年退休。

曹德超长期从事高校数学教学和研究工作,讲授高等数学、线性代数、概率统计、数理方程、积分变换等课程。担任上海水产大学副校长期间,推行优良学风建设推进月、师生联系制度、教学督导制度等举措,并提议构建上海东北片高校联合体,实现优质教育资源共享,跨校辅修和选修。2001年,关于普通高校间合作办学、资源共享,培养复合型人才的探索与实践项目获国家级教学成果奖二等奖,行业性高校依托特色学科面向地方经济建设调整本科专业结构的研究与实践成果获2005年度上海市教学成果奖一等奖。此外,还曾获上海市优秀教学成果奖三等奖、农业部干部培训班优秀论文奖等。

叶骏(1949.10.1—) 浙江台州人,中共党员,上海海洋大学党委书记,教授。1968年11月,在上海奉贤星火农场参加工作。1982年1月,上海师范学院中文系毕业后留校任院团委书记,后任校宣传部副部长、学生工作处处长、宣传部部长等职。1990年10月,调至上海市教卫党委,历任宣传处处长、办公室主任兼市教卫办秘书处处长。1996年5月起,先后任上海教育学院党委副书记、华东师范大学党委副书记。2000年2月起,任上海水产大学党委书记,主持学校党委工作,分管老干部、党风廉政、干部队伍建设、党校等工作。曾兼任上海市青少年研究会理事、上海市形势教育研究会理事、上海市高校思想理论教育研究会秘书长、上海市延安精神研究会会长。2002年,晋升为教授。2010年2月起,经上海市委组织部借调,任中共上海市委巡视组第六组组长。2010—2011年,被日本九州女子大学聘为客座教授。

叶骏长期从事高等学校思想政治教育和管理工作,并结合工作开展调查研究。先后就高等学校的学生工作、师资队伍建设、党的建设、继续教育工作、"两课"教学等问题进行专题研究,编写《高等学校学生工作规范与指导》《国情论》丛书(4本)、《上海改革开放20年·教卫卷》《当代社会主义论稿》等多部著作,发表高校党建和思想政治工作方面论文30余篇。2009年,主持编写《浦江之畔忆延安》(上海教育出版社2009年9月出版)等口述上海史书,并获2010年上海市邓小平理论研究优秀著作二等奖。

潘迎捷(1951.5.8—) 江苏宝应人,中共党员,上海海洋大学校长、教授、博士生导师。1993年起,享受国务院政府特殊津贴,1996年,获上海市第二届自然科学牡丹奖。1998年,入选首届国家百千万人才工程。1999年,获第六届上海市科技精英奖,是中国真菌学界的优秀科学家和应用真菌遗传育种领域的学科带头人。1982年7月,安徽皖北农学院农学系毕业后赴庐江县铁口农业技术推广站工作。1983年,考取南京农业大学生物化学系微生物专业硕士研究生。1986年9月,毕业后任职于上海市农业科学院食用菌研究所。历任上海市农业科学院食用菌研究所所长,上海市农业科学院副院长、院长兼党委副书记,中共上海市郊区工作委员会委员,上海市农业委员会副主任。2004年6月起,任上海水产大学校长、上海海洋大学校长,主持学校行政工作,分管学科建设、人事、外事、财务、审计、退休、校友会等工作。为学校整体工作的推进,主干学科和师资队伍建设作出贡献。兼任上海市第九至第十一届政协委员,上海市第五、六届科协副主席,农业部第五至第七届科学技术委员会委员,中国农学会副会长、中国食品学会副理事长、中国菌物学会副理事长,上海市水产学会理事长、上海市园艺学会理事长、上海市农学会副理事长、上海市生物工程学会副理事长,农业部食用菌遗传育种重点实验室主任,上海市农业遗传重点实验室主任。1995年晋升为研究员。

潘迎捷长期从事食用真菌的种质资源与遗传育种研究,先后主持"863"重大专项,科技部、上海市重点科技攻关等19项国家攻关、国家自然科学基金和重大科研项目,在国际上首次提出以不育单核和同核原生质为材料的食用真菌杂交理论,并建立技术程序;提出把遗传距离测定及聚类分析应用在大群体香菇种质资源遗传评价上,建立中国第一个香菇种质资源数据库;首次发现香菇中存在的ssRNA病毒颗粒。发表论文近百篇,先后获12项国家、农业部和上海市科学技术进步奖,其中,主持的香菇育种新技术的建立与新品种的选育项目获2009年国家科学技术进步奖二等奖。

黄晞建(1952.8.24—) 江苏武进人,中共党员,上海海洋大学党委副书记、副校长,教授。1977年8月、1986年7月,先后毕业于上海交通大学机械制造与工艺设计专业、思想政治教育专业。1995年7月,上海交通大学管理工程(国际商务)专业硕士进修班结业。历任上海交通大学机械制造教研室讲师、系团委书记、法华镇路校区办公室副主任、昂立实业集团副董事长、社科系德育教研室副主任、学生工作指导委员会(闵行校区)副主任、党委宣传部部长,上海市教育委员会德育处(学生处)处长、上海市高校毕业生就业办公室常务副主任、上海市教育委员会人事处(师资处)处长等职。2003年4月起,任上海水产大学党委副书记。2004年5月起,兼任上海水产大学副校长。同年,晋升为教授。兼任上海市学校心理健康教育专家委员会委员,上海高校心理咨询协会副会长,上海教育系统工程学会委员,上海行政管理协会常务理事。曾主持上海高校马列、思政、哲学等7套统编教材的编写,出版《上海学校德育概论》《上海市学校心理健康教育》《步入大学》《迈向成功》等论著,发表《大学生绝望行为的心理分析与对策研究》《网络群体特征与易班》等论文30余篇,主持上海市心理健康示范中心建设、上海科普教育新体系——科学商店、农村务工子女教育与上海和谐社会建设、大学生特殊人格人群研究等国家、省市级课题20余项,曾获全国校园文化建设特等奖、上海市科学技术进步奖三等奖、上海市第十届教育科学研究成果奖一等奖等国家、省市级各类奖项近10项。

顾乃达(1954.2.1—) 江苏南通人,中共党员,上海水产大学副书记、副校长,上海海洋大学副巡视员,副研究员。1971年,在上海市崇明长江农场工作。1982年,厦门水产学院渔业电子仪器专业毕业后来校工作,历任海洋渔业系党总支副书记、书记,组织部副部长、部长,组织人事办公室主任。1994年3月,任上海水产大学副校长、副书记、校工会主席,分管组织、人事、后勤、财务等工作。2004年起,任副巡视员,协管基建、校园网建设与管理工作。曾任中国共产主义青年团上海市第八次代表大会代表、中共上海市第六届代表大会代表。曾发表《关于干部标准及任用问题的若干思考》《新时期大学生党员标准的探讨》《坚持以育人为中心,努力推进后勤社会化进程》《基于Web下高校OA系统的设计与实现》《关于水产网站建设的基本思路和发展策略》等多篇论文。1996年,晋升为副研究员。

黄硕琳(1954.9.4—) 福建南安人,中共党员,上海海洋大学副校长、教授、博士生导师。1993年起,享受国务院政府特殊津贴。1996年,被评为农业部有突出贡献的中青年专家。1982年

1月,上海水产学院海洋捕捞专业毕业后留校任教,历任教研室副主任、工程技术学院院长、科研处处长。2000年起,任上海水产大学副校长,分管科研、研究生、科研合作与科技开发、学术活动与交流、重点实验室与专业实验室管理等工作,协管学科建设。1986—1988年,赴英国伦敦大学政治经济学院攻读硕士学位。1994—1995年,赴英国剑桥大学国际法研究中心作高级访问学者。1998—1999年,赴日本名古屋大学国际开发研究科做客座研究员。兼任中国水产学会副理事长,中国海洋法学会副会长,上海市海洋湖沼学会副理事长,上海市渔业经济研究会会长,亚洲水产学会理事,太平洋区域经济研究会副会长,《水产学报》主编,《上海海洋大学学报》副主编,杨浦区科协副主席,农业部渔业专家顾问组成员、农业部远洋渔业发展研究中心特约研究员,上海市欧美同学会上海海洋大学分会会长。1996年,晋升为教授。

黄硕琳长期从事海洋法与国内外渔业法规、政策以及渔政管理等的教学与科研工作,多次作为中国政府代表团成员参加双边和多边渔业谈判。主编全国统编教材《海洋法与渔业法规》。主编《渔业法规与渔政管理》,获2011年农业部高等农业院校优秀教材奖。出版著作、发表论文多篇(册)。作为第二完成人完成的海洋渔业专业的教学改革与实践项目,于1997年分别获上海市教学成果奖一等奖、国家级教学成果奖一等奖。曾被评为上海市新长征突击手、上海高校优秀青年教师、上海市回国留学人员先进个人等。

万峰(1958.11.14—) 江苏海门人,中共党员,曾任上海水产大学党委副书记兼纪委书记,副研究员。1982年1月,从上海水产学院水产品加工工艺专业毕业后留校工作。1986年,修完上海市经济法培训中心经济法本科专业课程。2000年,修完上海财经大学MBA课程。2009年,获上海师范大学教育学博士学位。历任上海水产大学团委书记,学生处副处长、处长,教学办公室副主任,教务处处长,校长助理。1996年起,任上海水产大学党委副书记兼纪委书记,分管学生、宣传、保卫、纪检监察、审计、工会、妇工委等工作。2003年4月,调任上海电力学院党委副书记、副院长。曾任共青团上海市第八、第九次代表大会代表,中共上海市第七次代表大会代表。开设大学生思想修养、法律基础等课程,参编《法律基础和渔业法规》教材和《抉择与思考》一书,主持汇编《教学一览》。撰写的《以学生为中心的教学模式的探讨》曾在世界第20届改进大学教育研讨会上交流。1988年,获上海市优秀团干部(新长征突击手)称号。1990年,被评为农业部优秀思想政治工作者。1994年,晋升为副研究员。

吴嘉敏(1961.12.13—) 上海人,中共党员,上海海洋大学党委副书记兼纪委书记、工会主席,水产养殖学教授。1983年,上海水产学院水产养殖专业毕业后留校任教。2000年,获上海水产大学硕士学位。曾任渔业学院副院长、党总支书记、院长。2000年2月起,任上海水产大学党委副书记、纪委书记、校工会主席,分管组织、统战、纪检、监察、审计、信访、工会、妇工委、计划生育、机关管理等工作,协管人事及发展规划工作。兼任中国海洋与湖沼学会理事,全国水产标准化技术委员会委员,中国水产学会淡水养殖专业委员会副主任,第三届上海市水产原良种审定委员会委员。1993年5月至1994年5月,作为中国专家赴古巴指导鱼类人工繁殖工作。

吴嘉敏长期从事水产养殖学的教学与科研工作,讲授池塘养殖学、特种水产养殖学、观赏鱼养殖学等课程,先后参加或主持多项国家和省部级科学研究项目。参加的循环水工厂化鱼类养殖系统关键技术研究与开发项目,获上海市科学技术进步奖一等奖;中华绒螯蟹育苗和养殖关键技术的研究和应用项目,获上海市科学技术进步奖一等奖和国家科学技术进步奖二等奖;主持的水产养殖专业产学研教育模式实践获上海市教学成果奖二等奖、上海市优秀产学研合作教育"九五"试点阶段二等奖等。

程裕东（1961.12.26—　）　江苏滨海人，中国民主建国会会员，上海海洋大学副校长，教授。1984年，上海水产学院加工系制冷工艺专业本科毕业。1994年3月，获日本东京水产大学食品工学硕士学位。1997年3月，获日本东京水产大学食品工学博士学位。历任中国水产科学研究院渔业机械仪器研究所助理工程师，日本东京水产大学食品生产学科食品工学研究室外籍研究员，日本东京PBI Japan株式会社食品技术担当，上海水产大学食品学院院长、科研处处长等职。2004年5月起，任副校长，分管本专科教学、成人教育、招生、留学生工作、合作办学、体育、教学实验室管理、图书情报等工作，协管外事工作。兼任第九届中国民主建国会中央委员，第十二届民建上海市委副主委，第十二、十三届上海市人大常委会委员，中国食品科学技术学会理事，上海市食品学会理事长，日本食品体系学会海外会员。2002年，晋升为教授。讲授本科生课程有食品经济、食品新产品开发，硕士生课程有食品工程学、食品现代加工技术。著有《食品软包装材料与技术》等，发表学术论文20余篇。

虞丽娟（1963.10.15—　）　女，浙江义乌人，中共党员，上海海洋大学党委书记，教授。1983年，获上海铁道学院内燃机车专业工学学士学位。1986年，获上海铁道学院机车车辆专业工学硕士学位。2005年5月，获同济大学管理学博士学位。1998年1—5月，赴美国哈佛大学肯尼迪政治学院自费进修。2003年11—12月，参加教育部海外培训项目赴美国宾夕法尼亚大学专题进修。1999年，晋升为教授。1998年8月，任上海铁道大学党委副书记。2000年4月，任同济大学党委副书记。2005年6月，任上海体育学院党委书记。2010年6月，调任上海海洋大学党委书记，主持党委工作，分管老干部、党风廉政、干部队伍建设、党校等工作。上海市第九届党代会代表，上海市第13届人大代表，国际体育计算机学会理事，上海市创造学学会副会长，同济大学兼职教授、博士生导师。

虞丽娟长期从事人因工程、体育工程、高等教育管理等方面研究。曾主持或参加国家级、省部级等科研项目近30项，其中参加国家"九五"攻关项目2项；主持完成科技部国家科技支撑计划1项、上海市科委重点攻关计划课题1项、上海市科委自然科学基金1项、上海市教委重点科研课题1项、上海市教委教育咨询课题4项。曾获国家体育总局科技奥运攻关一等奖、上海市科学技术进步奖二等奖、中国体育科学学会科学技术进步奖二等奖、上海市教学成果奖一等奖、上海市科教系统思想政治教育研究成果奖一等奖、上海市科教系统党建研究成果奖一等奖、上海市高等教育学会研究成果奖一等奖等。先后在国内外学术刊物发表论文50余篇，出版专著2本。曾获科技部等13个部委颁发的国家"科技奥运"先进个人等荣誉称号。

封金章（1964.7.31—　）　上海人，中共党员，上海海洋大学副校长，副研究员。1986年，毕业于中国人民大学中共党史专业。2003年1月，获复旦大学马克思主义理论与思想政治教育专业法学硕士学位。历任上海水产大学社科部主任助理、社科部副主任、党委工作办公室副主任兼宣传部副部长、宣传部部长、学生工作部（处）部（处）长、食品学院党总支书记、校长助理兼校办主任。2004年5月起，任副校长，分管后勤、校办产业、基建、国有资产管理、数字校园建设与管理、安全保卫、军工路校区综合管理等工作，协管财务工作。

封金章长期从事思想政治教学工作，讲授中国革命史、思想政治理论、证券理论等课程，参编《论新时期中国的知识分子问题》《中国革命史词典》等著作。任副校长期间，负责学校沪城环路校区的建设和搬迁工作，推进以优质服务、安全高效为主旨的学校后勤改革，规范校办企业管理，推进现代信息技术在学校管理中的应用。

第二节 院　　士

丁德文（1941.2.7—　） 辽宁辽阳人，著名海洋生态环境学家、寒区环境与工程学家，中国工程院院士。1993年起，享受国务院政府特殊津贴。1965年，毕业于大连工学院，任国家海洋局第一海洋研究所研究员、学术委员会主任，国家海洋局海洋环境保护研究所名誉所长，海洋生态环境科学与工程国家海洋局重点实验室主任，海洋环境监测污染控制国家海洋局重点实验室学术委员会主任。兼任辽宁省政府参事，辽宁省科协副主席，天津市人民政府海洋科学顾问，国家海洋局北海分局、东海分局高级顾问，国家海洋环境监测中心名誉主任，中国海洋学会理事、海冰学学会理事长。曾任国家海洋环境监测中心主任、国家海洋局海洋环境保护研究所所长、大连市政协副主席、大连市科协主席、中国极地考察顾问委员会主任。第八、九届全国人民代表大会代表。1994年，当选为首批中国工程院院士。2009年7月，受聘为上海海洋大学"双聘院士"。

丁德文长期从事海洋生态环境、寒区环境与工程研究，是中国冻土热力学学科创始人和冻土工程热工科学技术奠基者之一，国家"九五"科技支撑（攻关）项目——海岸带资源环境关键技术首席科学家，渤海环境综合整治工作主要发起者。开辟中国工程海冰学方向，筹建国家海洋局海域使用管理中心和海洋生态环境科学与工程国家海洋局重点实验室，曾担任"973""863"、国家重点基金项目、国家科技攻关项目负责人，承担多项国家海洋公益性项目研究工作。先后参加或主持省部级以上基础和技术科学研究及重大工程实施项目等20余项，获省部级以上自然科学奖、科学技术进步奖12项，在国内外公开发表论文100余篇，出版专著（编、译）7部。

2009年起，带领上海海洋大学教师建立以"海岸带系统科学与工程""极地海洋适应生物学"为主的两大海洋生物与生态学研究方向。兼任上海海洋大学海洋科学研究院海洋环境与生态修复研究所学术委员会主任，上海海洋大学首次承担的2012年国家海洋局海洋公益性行业科研专项"黄海绿潮业务化预测预警关键技术研究与应用"项目咨询专家组组长、2012年科技部支撑计划项目课题"长江口附近海岸带生态修复及生物资源综合利用技术及示范"咨询专家、上海地方高校"085工程"上海海洋大学"服务于国家海洋战略的高水平学科专业群建设工程"项目"极地海洋生物学"学科建设顾问等职并指导相关工作。

潘德炉（1945.12.26—　） 浙江东阳人，中共党员，著名海洋遥感专家，国家级有突出贡献专家，中国工程院院士。1997年起，享受国务院政府特殊津贴。2009年，受聘为上海海洋大学"双聘院士"。1968年，毕业于华东工程学院（现南京理工大学）兵器物理专业。1985—1987年，在加拿大海洋科学研究所从事海洋遥感研究。1990—1992年，在德国GKSS研究中心从事海洋水色遥感合作研究并担任首席科学家。1992年起，任国家海洋局第二海洋研究所研究员、博士生导师，兼任《海洋学报》主编、中国海洋学会副理事长、国际海洋水色遥感专家组成员。1994年，获国家级有突出贡献专家称号。2001年，当选为中国工程院院士。

潘德炉长期从事海洋遥感研究，是中国海洋水色遥感科学和遥感模拟仿真科学的奠基人之一，在海洋水色遥感大气校正、反演模式和应用技术，以及遥感卫星应用效果模拟仿真理论、系统建立和应用等方面研究中有创造性成就和突出贡献，在国内外发表论文近120篇，为建立和发展中国海洋水色遥感科学和遥感模拟仿真科学的研究起到奠基和关键作用。作为第一负责人完成国家"九五"科技攻关、国家"863"、国家自然科学基金、国家航天工程、国家卫星重点应用和国际合作等遥感项目共15项。2000年，获国家科技部"863"项目重要贡献奖。2002年，获国际光学工程学会遥感科学成就奖。2003年,获国家科学技术进步奖特等奖。曾获省部级科学技术进步奖一等奖2次、二等奖3次、三等奖2次,获海洋二所科学技术进步奖一等奖6次。曾荣获国家海洋局优秀共产党员、浙江省优秀共产党员称号。

2009年3月起,担任上海海洋大学和国家海洋局第二海洋研究所合作成立的"海洋渔业遥感GIS技术实验室",以及上海海洋大学大洋渔业资源可持续开发省部共建教育部重点实验室学术委员会主任。开展卫星渔业海洋学和渔业GIS信息学研究。截至2011年,已联合承担国家级项目2项、培养博士研究生3人,对北太平洋柔鱼资源等进行每周一次的渔情预报。

第三节 教 授 专 家

达式奎(1924.3.24—) 江苏南京人,回族,物理化学教授。1992年起,享受国务院政府特殊津贴。上海市第九、十届人大代表。1945年,毕业于南京中央大学化学系。曾任南京汇文女中教员,南京空军通讯学校高级机务班学员,南京空军无线电总台机务员、机务长,南京女二中教员。解放后,历任唐山工学院化工系助教、讲师,华东化工学院讲师。1958年,调入上海水产学院加工系任教,主持筹建食品科学实验室、食品干燥实验室,讲授物理化学、胶体化学、数理统计和数据处理、冷冻工程测试等课程。与有关教师合作,研制水分活度的动态测定法和测定仪获国家发明专利。参与设计建造和改建多座烘干房。参编《水产品烘干房》《食品工程测试》《干燥工程》等著作。1986年,晋升为教授。有关研究项目曾获福建省科学技术成果奖。1984年,被评为上海市少数民族先进个人,农业部教学、科研、推广三结合先进个人。1989年,获上海市优秀教育工作者称号。1994年退休。

王义强(1924.9.15—) 江苏苏州人,中国民主同盟盟员,中共党员,动物生理学教授。1992年起,享受国务院政府特殊津贴。1949年,毕业于东吴大学生物系,曾任安徽歙县皖南血吸虫病防治所技术员。1952年起,任教上海水产学院养殖生物系,参与鱼类生理学、组织胚胎学、生物学技术等课程建设工作,筹建免疫实验室,曾任水产养殖系副主任。1983—1984年,赴美国华盛顿大学(西雅图)作访问学者。曾任中国民主同盟上海水产学院支部宣教委员、主任委员,中国民主同盟上海市第九届代表大会代表。1986年,晋升为教授。1994年退休。

王义强在国内首次应用免疫细胞化学研究鱼类胰岛和垂体促性腺机能。结合数十年教学、科研实践经验,主编中国第一本《鱼类生理学》教材,两次修订出版,对鱼类生理学科建设做出贡献。作为第二完成人承担的鱼类生理学课程建设项目,于1993年获第二届上海市普通高等学校优秀教学成果奖二等奖。参与编写著作20余部,曾先后主持多个科研项目并获农业部科学技术进步奖二等奖、商业部科学技术进步奖四等奖、国内贸易部优秀科技成果奖、中国水产科学研究院科技成果奖二等奖等奖项。其中,作为主要参与者完成河鳗人工催熟催产及鳗苗早期发育的研究项目,1978年获福建省科学技术成果奖。

谭玉钧(1925.10.9—) 广东台山人,九三学社社员,水产养殖学教授。1992年起,享受国务院政府特殊津贴。曾任上海市第七、八届政协委员。1950年,山东大学水产养殖专业毕业后曾在华东水产管理局工作。1954年12月,调入上海水产学院养殖生物系任教,曾任池塘养鱼教研室主任,兼任中国水产学会池塘养鱼专业委员会副主任、上海市财贸办高级职称评委会成员,上海市、河南郑州市水产局顾问。1986年,晋升为教授。1995年退休。

谭玉钧长期从事池塘养鱼学教学工作,讲授水产养殖、池塘养鱼和池塘养鱼进展等课程,是学校池塘养鱼学科带头人,为池塘养鱼学科发展作出贡献。主编全国统编教材《池塘养鱼学》。主编《中国池塘养鱼学》,获1992年国家新闻出版署科技图书一等奖。20世纪50年代末,参加中国科学院家鱼人工繁殖研究课题。20世纪60年代中期,在总结群众池塘养鱼高产技术基础上,提出具有中国特色的池塘养鱼大面积高产理论与技术,为解决中国人"吃鱼难"作出显著贡献。主持的家鱼人工繁殖的研究,获上海市重大科技成果奖,以及池塘科学养鱼创高产,获全国科学大会奖、福建省科学技术成果奖。池塘养鱼高产和综合养鱼技术研究的课题,在上海崇明万亩鱼塘试验中,使其原亩产150多公斤提高到300公斤,淀山湖联营场的亩产达750公斤~1 000公斤,获国家科学技术进步奖二等奖,上海市科学技术进步奖一等奖。参加的人工合成多肽激素及其在家鱼催产中的应用项目曾获全国科学大会奖、福建省科学技术成果奖。1990年,谭玉钧荣获上海市"菜篮子"工程科研奉献奖,其名字分别被载入1993年、1994年英国剑桥《世界名人录》和《中国农业百科全书·水产业卷》人物条。

冯志哲(1925.12.7—) 山东昌邑人,中共党员,水产品冷冻工艺学教授。曾任加工系主任、党总支书记。1992年起,享受国务院政府特殊津贴。1951年,山东大学水产系毕业后任教于上海水产专科学校。1985年,赴美国康奈尔大学食品科学系做访问学者。兼任中国制冷学会理事、上海市制冷学会理事、中国水产学会渔业制冷专业委员会副主任等职。1987年,晋升为教授。1995年退休。

冯志哲长期从事水产品冷冻加工的教学与科研工作。讲授食品冷冻工艺学、制冷技术等课程。20世纪60年代以来,曾主编、参编《水产品冷藏工艺学》《食品冷藏学》《制冷技术》《制冷技术问答》《食品冷冻工艺学》等。主持鱼类气调保鲜及工艺、提高冻菜烫漂工艺、对虾保鲜、贻贝冷冻保鲜工艺等研究项目。

王季襄(1926.5.8—) 浙江上虞人,九三学社社员,中共党员,无机与分析化学教授。1992年起,享受国务院政府特殊津贴。1945年,毕业于上海大夏大学化学系。1954年,任教于上海水产学院,曾任外事办主任。1979年,被委派到农业部教育司,负责世界银行农业教育贷款项目工作。1990年,晋升为教授。2001年退休。

王季襄主讲现代仪器分析、食品化学(英文授课)、农产品分析等多门课程,注重实验室建设和培养青年教师。在负责世界银行农业教育贷款两期项目中,为学校引进一批先进仪器。所编制仪器设备国际招标书及相关仪器设备国际招标谈判工作,得到农业部和各农业院校好评。1983—1988年,赴美国路易斯安那州立大学食品系作访问学者期间,曾对龙虾风味贮藏技术展开研究,从虾壳中成功提取虾红素,为安全染色剂的研发奠定基础。开发出核酸、牛磺酸水溶性维生素等测试新方法(HPIC法),编写出版《食品感官鉴定方法与实践》《仪器分析实验》《科技英语教材》等多部教材,发表《冻结淡水虾的质构特性研究》《冰藏对鲢鱼肉质构特性的影响》《络合物不稳常数测定》等多篇论文。

黄志斌(1926.9.22—) 山东烟台人,中共党员,水产品综合利用教授。1992年起,享受国务院政府特殊津贴。1951年,山东大学水产系毕业后任教于上海水产专科学校。1962—1964年,受中央高等教育部和水产部委派赴越南讲学。1985年5月—1986年6月,在美国罗德岛大学作访问学者。曾兼任《水产学报》编委、中国水产学会理事、《中国大百科全书·农业》水产品加工小组副组长。1986年,晋升为教授。1987年退休。

黄志斌长期讲授水产品分析与检验、油脂化学等课程,在国内率先开设水产品综合利用课程,建立脂肪酸测试和浓缩系统,并在全国首次研究制定气相色谱脂肪酸(甲酯)标准。1974年,为商业部撰写《鱼露生产技术资料》,并由商业部译成法文版提供给马达加斯加共和国。曾编写《水产品综合利用工艺学》《鱼露与水解鱼蛋白》《水产品工业手册》等著作,发表《鱼油中 ω-3 多脂酸的开发利用现状与展望》《快速制备脂肪酸甲脂用于气相色谱分析》等多篇论文。

王素娟(1928.5.1—) 女,山东益都(今山东省青州市)人,中共党员,藻类学教授,著名藻类学家。1992 年起,享受国务院政府特殊津贴。1953 年,山东大学水产系毕业后任教于上海水产学院。1985 年,赴美国西伊利诺伊大学作访问学者,并与华盛顿大学(西雅图)合作开展紫菜原生质体分离研究。曾任国际藻类学会、国际海藻学会组委会委员,中国藻类学会常务理事、咨询委员会委员。1986 年,晋升为教授。1998 年退休。

王素娟长期从事海藻学和海藻栽培学的教学、科研工作,是学校海藻学科的学术带头人。主编和出版教材有《藻类养殖学》《海藻栽培学》等,为海藻学和海藻栽培学的建设作出突出贡献。1958—1966 年,王素娟带领师生参加浙江省海带南移可行性调查研究和大面积生产栽培课题研究工作,在舟山渔区进行海带培育实验,同时开展条斑紫菜单孢子采苗和单孢子重网采苗研究取得成功,为海带南移和条斑紫菜生产提供主要技术。学校迁至厦门期间,开展坛紫菜养殖生产中的绿烂病、冷藏网以及室内流水刺激壳孢子采苗等研究,获福建省科学技术成果奖,课题组获评为福建省先进教学集体。学校迁回上海后,建立起国内同领域第一个比较先进的海藻细胞工程实验室,开展海藻系列生物技术研究,首创坛紫菜体细胞采苗法,并对条斑紫菜体细胞采苗、生产及育种展开研究。曾出版《中国经济海藻超微结构研究》《海藻生物技术》《中国常见红藻超微结构》等专著,发现紫菜新种 3 个,发表学术论文近百篇。主持项目曾获 1986 年国家科学技术进步奖三等奖、农牧渔业部科学技术进步奖二等奖、农业部科学技术进步奖二等奖、全国高等学校优秀教材奖、上海科技博览会优秀奖等奖项。1960 年,被评为上海市文教先进工作者和全国文教先进工作者称号,并出席全国"文教群英会"。曾获上海市三八红旗手、上海市巾帼英雄、上海市精英、全国高等学校先进科技工作者等荣誉称号,其事迹被收入《中国农业百科全书·水产业卷》。

王尧耕(1930.12.1—) 上海人,中共党员,水产资源学教授。1992 年起,享受国务院政府特殊津贴。1951 年,上海市立吴淞水产专科学校毕业后留校任教,主要从事海洋渔业资源的教学、科研工作,出版专著 2 本。曾任水产资源教研室主任、远洋渔业研究室主任,国家教委学科组成员,全国高等农业院校教材编写指导委员会水产学科组成员,东海区渔业资源咨询委员会委员,《中国农百科全书·水产业卷》水产资源组主编、《中国大百科全书·农业》水产分科编写组成员,全国海洋勘察专项科技专家组成员,中国渔业协会鱿钓技术组组长。1986 年,晋升为教授。1998 年退休。

王尧耕长期从事渔业资源教学与研究工作,讲授水产资源、渔场、渔业资源与渔场学等课程,曾参加中苏渔业合作东黄海渔业资源调查、全国海洋普查、中日政府间渔业协定会谈等工作。20 世纪 80 年代末至 90 年代初,承担的远洋光诱鱿钓渔业创新项目在日本海钓捕试验取得成功后,逐步扩大到北太平洋、西南大西洋和秘鲁外海,开创中国远洋鱿钓渔业,为发展中国远洋渔业作出重要贡献。在他和有关教师组成的鱿钓技术组指导下,中国北太平洋鱿钓渔船曾发展到近 400 艘,年产量 10 万吨,年产值 10 多个亿,成为中国远洋渔业三大支柱产业之一。主持日本海鱿钓渔场调查和钓捕技术研究项目,先后获农业部科学技术进步奖一等奖、国家科学技术进步奖三等奖。参与海洋渔业专业的教学改革与实践项目,获上海市教学成果奖一等奖、国家级教学成果奖一等奖。主持的北太平洋柔鱼资源开发和捕捞技术及其装备研究,获教育部科学技术进步奖二等奖、农业部科学技术进步奖二等奖、上海市优秀产学研成果奖一等奖。参与北太平洋鱿鱼资源开发利用及其渔情信息应用服务系统,获国家科学技术进步奖二等奖。退休后,继续指导开发新西兰双柔鱼渔场,西南大西洋、东南太平洋秘鲁外海等柔鱼渔场,使远洋鱿钓产业有了更广阔的发展空间。曾获全国农业环境保护先进工作者、全国远洋渔业先进工作者等称号。2009年,获中国航海教育贡献奖。

王瑞霞(1933.1.20—) 女,山东青岛人,中国民主同盟盟员,组织胚胎学副教授。1992年起,享受国务院政府特殊津贴。1958年,山东大学生物系研究生毕业后到上海水产学院水产养殖系任教。曾任民盟上海市委候补委员、市委委员,民盟上海市委妇委委员,上海市第八次妇女大会代表,中国鱼类学会、中国水产学会、中国发育生物学会会员。1986年,晋升为副教授。1989年退休。

王瑞霞长期从事水产动物胚胎学的教学与科研工作,在国内水产高校中首次开设鱼类胚胎学课程。主持鲢、鳙、草、鲂受精生物学的光镜、电子显微镜研究,修正以往对受精孔和精孔细胞与受精关系的论点,填补国内空白。对青鱼的早期器官发育研究,填补该领域研究空白。曾发表《青鱼的原始器官原基的形成和消化系统呼吸系统的发生》《鲂鱼受精早期精子入卵的扫描电子显微镜观察》等多篇论文,主编《水产动物胚胎学》《组织学与胚胎学》教材,《无脊椎动物胚胎学》《鱼类胚胎学》《生物制片技术》等讲义,及《鱼类胚胎学图谱》文献资料。主持青、草、鲢、鳙鱼受精生物学的光学显微镜和电子显微镜研究项目曾获国家科学技术进步奖三等奖、农牧渔业部科学技术进步奖二等奖,曾获农牧渔业部优秀教师、民盟上海市三八红旗手、民盟上海市社会主义建设积极分子等称号。

王锡珩(1933.6.12—) 山东蓬莱人,制冷装置教授。1959年,上海水产学院水产加工专业毕业后留校任教,曾任制冷教研室主任,兼任校制冷工程研究设计所常务所长、上海市制冷学会第四专业委员会委员、中国水产学会渔船渔机专业委员会委员。1993年起,享受国务院政府特殊津贴。1995年,晋升为教授。1998年退休。

王锡珩长期从事制冷教学与科研工作。曾讲授制冷技术、制冷装置与冷库设计、船舶制冷装置与空气调节、船舶冷冻与冷藏运输等课程。为加强实践技能训练,曾自行设计、建设制冷实验室、教学实验冷库等设施。参与国内热平衡实验室、食品冷库及制冷设备质检中心建设,主持完成"六五"国家科技攻关项目渔船R22制冷装置及系统研究等。参编《制冷技术》《中国钢质海洋渔船图册》《机械设备厂故障分析与排除方法》丛书等著作,发表论文30余篇。参与8154(A)型拖网冷冻渔船制冷装置研究项目,于1983年获农牧渔业部科技成果技术改进奖二等奖;《冷库设计规范》,于1987年获国家计委工程建设优秀国家标准规范奖三等奖;参编的《GBJ 72-84型冷库设计规范》获1984年国家科技进步奖二等奖;参加SD 828型198 W微冻保鲜渔船设计,于1992年获山东省科学技术进步奖二等奖;主持完成的制冷装置蓄压供液器、机械装卸半鼓风速冻装置,分别于1992年、1994年获国家专利。

黄琪琰(1933.11.15—) 女,曾用名黄尚坚,江苏常州人,中共党员,鱼病学副教授。1992年起,享受国务院政府特殊津贴。1953年,上海水产学院水产养殖专业毕业后留校任教,历任教研室主任、养殖系党总支副书记、养殖系副主任。1986年,晋升为副教授。1989年退休。

黄琪琰长期担任鱼病学与水产动物疾病与防治的教学、科研工作,对鲫鱼鱼怪病的研究填补了国内空白。在石斑鱼白斑病研究中,发现纤毛虫类瓣体虫属1个新属和新种,曾获福建省水产科成果奖三等奖。1961年,主编并出版全国水产院校首批统编教材之一《鱼病学》。1988年,在全国首先开设鱼类病理学课程并编写教材。主编的全国高等农业院校统编教材《水产动物疾病学》曾获华东地区科技出版社优秀科技图书二等奖、农业部第二届全国高等农业院校优秀教材一等奖。主持的鲤鱼棘头虫病的研究项目获国家科学技术进步奖三等奖,尼罗罗非鱼溃烂病防治研究项目获农业部科学技术进步奖三等奖,参加的草鱼出血病防治技术项目获国家科学技术进步奖一等奖,鲫鱼腹水病研究,团头鲂、鲢、鳙细菌性败血症研究分别获上海市科学技术进步奖二等奖、三等奖。多次获中国水产学会优秀论文奖。1995年、1996年,连续两年获上海市高校系统老有所为"精英奖",其科研事迹入选1994年《当代中国科学家与发明家大辞典》。

严伯奋(1933.11.17—) 江苏无锡人,中共党员,食品科学教授。1993年起,享受国务院政府特殊津贴。1956年,复旦大学化学系毕业后任教于上海水产学院水产加工系,曾任水产加工系常务副主任,中国海藻协会顾问、上海轻工业组职称评定组成员等。1992年,晋升为教授。1998年退休。

严伯奋长期从事教学、科研工作,主讲物理化学、海藻化学、食品胶体等本科生、硕士研究生课程,是学校食品科学学科带头人之一。发表《褐藻酸钠胶体溶液及其乳状液流变性质的研究》《冷藏条件对鲢肌肉组织蛋白质变性的影响》《白鲢鱼糜制品的弹性品质研究》等20多篇论文,参编《海藻利用和加工》并负责全书统稿工作。作为第一完成人开展的褐藻胶淀粉薄膜的研制和特性测试的研究成果,曾获1982年农牧渔业部科技成果技术改进奖二等奖,水产食品气调保鲜技术研究成果获1999年农业部科学技术进步奖三等奖。曾获第三届上海市教学成果奖三等奖。

梁象秋(1933.12.23—) 浙江临海人,九三学社社员,水生生物学教授。1992年起,享受国务院政府特殊津贴。1956年,上海水产学院水产生物学专业毕业后留校任教,曾任水生生物系教研室主任。1990年,晋升为教授。1999年退休。

梁象秋长期从事水生生物学教学与科研工作,讲授海洋生物学、淡水生物学、水生生物学和甲壳动物学等课程,编著有《水生生物学(形态和分类)》,参与《中国大百科全书·农业》《中国农业百科全书·水产业卷》等辞书部分条目编写,对中国淡水虾类分类与区系分布有深入研究,共发现4个新属、90个新种。主编《中国动物志·甲壳动物十足目匙指虾科》,参与主编的《中国动物志·甲壳动物十足目长臂总虾科》分别于2004年、2008年出版。1971年,参与河蟹人工繁殖研究,在国内首次培育出幼蟹,主持撰写《中华绒螯蟹的幼体发育》。该成果于1978年获福建省科学技术成果奖。曾参加东海渔业资源调查、新疆博斯腾湖调查。太湖虾类资源调查项目获1981年中国水产科学研究院科技成果奖一等奖。参加的中国内陆水域渔业资源调查项目获1988年农业部科学技术进步奖三等奖、上海市海岸带和海涂资源综合调查——上海市海岸带和海涂生物资源调查项目获1988年上海市科学技术进步奖一等奖、上海市海岛调查项目获1993年上海市科学技术进步奖二等奖。

徐文达(1934.3.6—) 广东南海人,中共党员,食品机械教授。1956年,上海水产学院水产加工专业毕业后留校任教,曾任食品学院副院长、食品工程教研室主任、食品工程实验室主任等。1995年,晋升为教授。1999年退休。

徐文达长期从事食品机械和食品包装教学和科研工作,开设水产品加工机械、食品机械和食品包装学等课程,参与食品包装学课程教学方案设置和教材编写等工作。出版《水产品加工机械与设备》《食品软包装材料与技术》《食品软包装新技术气调包装、活性包装和智能包装》等多部著作,发表论文数十篇。主持多项科研项目。其中,水产食品气调保鲜技术研究项目获农业部科技进步奖三等奖。气体比例混合器于2000年获CN 99225989·4号国家专利。

伍汉霖(1934.4.18—) 广东肇庆人,中共党员,鱼类学研究员。1992年起,享受国务院政府特殊津贴。1950年,考入上海市立吴淞水产专科学校渔捞科学习。1956年,上海水产学院水产生物专业毕业后留校任教,历任鱼类研究室副主任、主任。1986年,晋升为研究员。1999年退休。

伍汉霖长期从事鱼类分类学、有毒鱼类和药用鱼类研究,共出版16部专著,发表论文近60篇,发现鱼类新种35种、新属6个、新亚科5个。参编朱元鼎主编的《东海鱼类志》《中国石首鱼类分类系统的研究和新属新种的叙述》《福建鱼类志》等著作,为中国海洋鱼类区系调查研究和编写做了大量工作。在西沙群岛、海南岛和广东省鱼类资源调查研究中,参与编写出版《中国鱼类系统检索》《南海诸岛海域鱼类志》《海南岛淡水及河口鱼类志》《广东淡水鱼类志》。1978年和2002年,先后编写出版《中国有毒鱼类和药用鱼类》《中国有毒和药用鱼类新志》,引起鱼类学家广泛关注,成为水产、医药和卫生部门的重要参考文献,并受到日本鱼类学家推崇。1999年,《中国有毒鱼类和药用鱼类》被译成日文,由日本恒星社出版。2008年,主编和出版《中国动物志·虾虎鱼亚目》卷。编写该书时,与日本明仁天皇结下学术友谊,5次应邀访问日本,在天皇生物学御研究所内进行短期虾虎鱼类研究,受到天皇12次接见,讨论学术问题,交换标本和研究报告,并合影留念。1999年、2012年,与台湾鱼类学家合作,先后主编和出版《拉汉世界鱼类名典》《拉汉世界鱼类系统名典》。这是国内外规模最大的2部鱼类名典。前者收录世界有效鱼类种名26 000多种,后者收录截至2011年世界有效鱼类31 000多种鱼名,在世界鱼类中文名称统一进程中迈出重要一步。曾获全国优秀图书奖二等奖、福建省科学技术成果奖、国家水产总局技术改进成果奖一等奖、中国科学院自然科学奖二等奖等奖项。

苏锦祥(1935.1.30—) 广东南海人,中共党员,鱼类学教授。1992年起,享受国务院政府特殊津贴。1956年,上海水产学院水产生物专业毕业后留校任教。曾任水产养殖系副主任、主任,渔业学院学术委员会主任,兼任上海市动物学会理事、副理事长,中国鱼类学会理事、副理事长。1963年11月—1964年11月,受水产部委派赴越南承担技术援助任务,获越南政府授予的友谊勋章。1984—1985年,作为访问学者在美国史密森学会国家自然历史博物馆进行合作研究。1986年,晋升为教授。1999年退休。

苏锦祥主讲脊椎动物学、鱼类学等课程,曾编撰出版《鱼类学与海水鱼类养殖》《鱼类学》等7部全国统编教材和参考教材,获上海市优秀教学成果奖、国家教委第二届普通高等学校优秀教材全国优秀奖。他长期从事鱼类分类、生态、比较解剖学研究,编著出版《白鲢的系统解剖》《鱼类比较解剖》《鱼类分类学》《中国动物志·硬骨鱼纲鲀形目海蛾鱼目喉盘鱼目鮟鱇目》等学术著作9部,出版译著1部,在国内外学术刊物发表论文30余篇,并参与撰写《英汉渔业辞典》《中国大百科全书·农业》《水产辞典》等辞书。1962年,受水产部委派赴古巴,接运古巴政府赠送中国的300余只牛蛙种蛙。主持的真鲷人工繁殖和苗种培育的研究一举突破育苗关,创造中国真鲷人工繁殖和苗种培育的首个成功案例。曾获福建省科学技术成果奖、国家水产总局技术改进成果奖一等奖、中国科学院自然科学奖二等奖、全国优秀科技图书奖二等奖等奖项。曾被评为上海市优秀教育工作者,获上海市侨界教师烛光奖等。

詹秉义(1935.3.31—) 福建浦城人,中共党员,渔业资源学教授。1993年起,享受国务院政府特殊津贴。1958年,上海水产学院工业捕鱼专业毕业后留校任教,曾任渔业资源教研室主任。1993年,晋升为教授。1999年退休。

詹秉义长期从事渔业资源学的教学与科研工作,主讲渔业资源评估、渔业资源评估与管理、渔业资源生物学和鱼类种群动态等课程。经常深入渔场,注重理论联系实际,曾参加农业部组织的东、黄海中上层渔业资源调查,多次参与组织联合国粮农组织为中国举办的渔业管理讲习班工作,先后在上海和全国各地为农业部渔政干部讲授渔业资源管理基本理论的培训课程30余期。编著出版全国水产院校统编教材《渔业资源评估》《渔业资源评估习题集》,参与《中国大百科全书·农业》《中国农业百科全书·水产业卷》的编撰。连续13年对东海绿鳍马面鲀的资源量、渔获量进行预报,并开展东海区渔业资源的时空变化与管理决策等多项科研课题。1997年,《渔业资源评估》被评为上海市高校优秀教材奖三等奖。

王道尊(1935.10.29—) 辽宁锦西人,中共党员,水产养殖学教授。1992年起,享受国务院政府特殊津贴。1959年,上海水产学院水产养殖系毕业后留校任教,历任水产养殖系团总支书记、校团委副书记、养殖试验场技术员、池塘养鱼教研组副主任、水产养殖系副主任。1985—1986年,赴日本水产厅国立水产养殖研究所进修鱼类营养和饲料学,曾任中国水产学会营养和饲料研究会副主任委员、顾问。1992年,晋升为教授。1999年退休。

王道尊从日本回国后为淡水渔业和海水养殖本科专业率先开设水产动物营养与饲料学课程,并为研究生开设相关专题,作为副主编,编写出版全国高等农业院校统编教材《水产动物营养和饲料学》。同有关教师合作,于1988年申报获得水产动物营养和饲料学专业硕士学位授予权。曾承担多项国家科技攻关项目,在国内外学术刊物上发表文章50多篇,在鱼类营养需求及饲料配方技术研究中有较深造诣。主持的鱼类饲料研究等项目曾获福建省科学技术成果奖、上海市科学技术进步奖二等奖,参加的人工合成多肽激素及其在家鱼催产中的应用等项目曾获全国科学大会奖状、上海科学技术进步奖一等奖、福建省科学技术成果奖、湖北省科学技术进步奖二等奖。个人曾获全国优秀水产科技工作者称号。

何苏麟(1936.1.7—) 江苏镇江人,中共党员,副研究员。1993年起,享受国务院政府特殊津贴。1959年,华东师范大学物理系毕业后任教于上海水产学院,历任物理组负责人,基础部副主任、主任,教务处副处长、处长。1995年,任国家教委高教司高等学校教学评价协作组成员。1998年,任教育部第一届普通高等学校本专科教学工作评估专家委员会委员。1988年,晋升为副研究员。1997年退休。

何苏麟长期从事大学物理教学和高校教学管理工作,讲授大学物理、物理实验等课程。通过高等教育研究推进教学改革,重视教学管理体制及规章制度建设,曾撰写《教研室评估指标体系的设计及依据》《海洋渔业专业教育质量评估指标体系》等多篇论文。2001年,以第四完成人参加的"普通高等农林院校教学工作评价研究与实践"项目,获国家级教学成果奖二等奖。曾被评为教育部全国教材管理工作先进个人、农牧渔业部优秀教师。

姜仁良(1936.1.20—) 上海人,中国民主同盟盟员,水产养殖学教授。1992年起,享受国务院政府特殊津贴。1959年,上海水产学院水产养殖专业毕业后留校任教。曾任水产养殖系副主任,中国水产学会池塘养殖专业委员会副主任、中国水产学会淡水养殖专业委员会顾问。1995年,晋升为教授。1999年退休。

姜仁良长期从事池塘养鱼学教学与研究工作,讲授池塘养鱼和水产经济动物繁殖学等课程,参编《池塘养鱼学》《中国池塘养鱼学》等教材和专著,曾获1992年全国优秀科技图书一等奖。发表学术论文30余篇,其中《合成的丘脑下部促黄体生成素释放激素(LRH)的类似物对家鱼催情产卵的影响研究》《鲤血清促性腺激素的放射免疫测定》等,在生产中得到广泛应用。1959年,与合作者一起突破鳙、鲢人工繁殖难题。1960年,在国内首先突破草鱼人工繁殖技术难关。1978年,作为第一完成人开展的人工合成多肽激素催产中的应用研究获全国科学大会奖状、鱼类促性腺激素放射免疫测定法获福建省科学技术成果奖。1986年,作为第一完成人开展的应用放射免疫测定鱼类促性腺激素性激素的研究,获农牧渔业部科学技术进步奖二等奖。参与的池塘养鱼高产技术等研究项目,曾获国家科学技术进步奖二等奖、上海市重大科学技术成果奖、上海市科学技术进步奖一等奖等。2003年,获中国水产学会全国优秀水产学会工作者称号。

杨和荃（1936.8.18— ） 女，四川资中人，中国民主同盟盟员，水生生物学教授。1959年，华东师范大学生物系生物专业毕业后任教于上海水产学院水产养殖系。1983年，加入中国民主同盟。1996年，晋升为教授。1999年退休。

杨和荃长期主讲无脊椎动物学、淡水生物学等课程，主编或参编《淡水生物学》《水生生物学》《淡水习见藻类》《水生维管束植物图册》等著作，发表数十篇论文。曾编导录像电教片《浮游植物》《浮游动物》《淡水生态》3部，制作1 700多帧幻灯片。1984年，参与编写《水生生物学》讲义，于1996年作为教材出版发行，是当时国内水生生物学最完整、最系统的教材。参与的上海市海岸带和海涂资源综合调查项目获1988年度上海市科学技术进步奖一等奖，滆湖水产增养殖技术（国家"八五"攻关项目）获农业部科学技术进步奖二等奖，团头鲂、鲢、鳙鱼细菌性败血症的研究项目，获1997年上海市科学技术进步奖三等奖。1985年，被农牧渔业部评为部属高等农业院校优秀教师。1987年，被民盟上海市委评为社会主义建设积极分子。1997年，被授予上海市育才奖称号。其事迹入编《上海农业专家名人录》，并入编《中国教育专家名典》。

章可畏（1936.8.19— ） 曾用名章莘萃，浙江舟山人，中共党员，船舶工程教授。1993年起，享受国务院政府特殊津贴。1956年，考入上海水产学院工业捕鱼专业。1959年，被选送到上海交通大学攻读船舶设计制造专业。1962年，回上海水产学院任教。曾任工程技术学院副院长、院长，校办产业管理处处长。兼任上海市水产学会渔船专业委员会副主任、中国造船学会船舶设计委员会渔船学组成员等。1974年2月—1976年1月，由农林部派赴日本监造6艘800总吨、3艘2 000总吨冷冻加工运输船，任副团长、技术总负责。1984年2月，赴日本东京水产工学研究所渔船工学部进修。1993年，晋升为教授。1999年退休。

章可畏长期从事船舶原理与设计、阻力推进性能、渔船节能船型的教学和研究工作。主讲船舶原理与结构课程。学校迁至厦门办学期间，曾与陈明义等创设渔船设计与制造专业，讲授船舶结构与强度课程。曾提出采用有效马力等值曲线优选渔船主尺度的方法，对改良中国渔船船型方案的设计和节约能源，有相当指导意义及实用价值。研发的浅水草湖船舶的新型推进装置，解决了渔船长期以来在浅水水域作业的生产实际问题，获国家专利，并获农业部科学技术进步奖三等奖。编有《船舶概论》《船舶工程辞典》等，其中《中国海洋机动渔船图集》填补中国渔船图集图书空白，曾获1990年华东区大学出版社首届优秀图书一等奖。其中，导管桨在木质拖网渔船上的应用，将导管桨应用技术加以改良，节能效果良好，被列入国家"八五"水产重点与推广项目。

王恺（1937.2.24— ） 上海人，中国民主同盟盟员，水产品加工及贮藏工程教授。1954年，考入复旦大学化学系。1958年，毕业后到中国科学院中南化学研究所从事人造纤维、灌浆材料等高分子材料研究工作。1974年，调入厦门水产学院水产加工系，曾任食品科学与工艺学研究室主任。1982—1984年，赴日本东京水产大学作访问学者。1996年，晋升为教授。2000年退休。

王恺长期主讲水产食品化学、食品物理化学等硕士生课程，曾主持和参加淡水鱼加工废弃物作为蛋白源的利用研究、乳状鱼蛋白系列营养食品的开发研究、鱿鱼加工副产品中活性物质的研究及淡水养殖鱼类生化特性和细菌污染及其对鲜度品质的影响（国家自然科学基金项目）等科研项目，并在国内外核心期刊发表数十篇论文，参编有《食品保鲜贮藏手册》《海洋生物资源综合利用》等著作。

林雅年（1937.4.12— ） 女，浙江宁波人，中共党员，哲学教授。1993年起，享受国务院政府特殊津贴。1960年，上海水产学院水产加工系毕业后留校任教。曾任社会科学部副主任、主任，全国农业高等院校马列主义理论课研究会常务副理事长、上海市自然辩证法研究会理事等。1995

年,晋升为教授。2000 年退休。

林雅年长期讲授马克思主义哲学原理、科学社会主义理论与实践、自然辩证法、马克思主义与现代科技革命等多门本科生、硕士、博士研究生课程。在学校开展教学观摩比赛,提高教学质量与效果;发表论文、著作共计 30 余篇(部)。《上海科技(1949—1984)》获 1986 年上海市科委、市政府嘉奖,《上海市"六五"科技攻关项目经济效益计量和社会效益分析》获 1988 年上海市科学技术进步奖三等奖,《试论世纪之交高校领导班子建设》获 1996 年上海市教委系统党建研究课题成果奖三等奖,《加强和改进"两课"教学,充分发挥主渠道的育人作用》一文曾获 1996 年上海市高等学校思想政治理论教育研究会优秀论文奖。

楼允东(1937.5.11—　)　浙江义乌人,中国民主同盟盟员,遗传育种学教授。1993 年起,享受国务院政府特殊津贴。1960 年,南京大学生物系动物专业毕业后来校任教。曾任组织胚胎教研室副主任、遗传育种教研室主任、鱼类学学科点负责人、《水产学报》编委和上海市遗传学会理事,中国农学会高级会员,中国水产学会资深会员。1993 年,晋升为教授。2000 年退休。

楼允东长期从事组织胚胎和遗传育种教学工作,主讲胚胎学、遗传学、育种学等课程,主编和出版全国高等水产院校统编教材《组织胚胎学》等多部教材,其中《鱼类育种学》是中国第一本正式出版的鱼类育种学专著,后被全国高等农业院校教学指导委员会审定为全国高等农业院校教材,并获全国优秀水产专著二等奖、全国高等农业院校优秀教材奖。1982—1984 年,在英国罗斯托夫渔业研究所(MAFF Fisheries Laboratory, Lowestoft, UK)作访问学者期间,在国际著名学术刊物 *Journal of Fish Biology* 发表 3 篇有关鱼类多倍体和雌核发育的论文,首次报道用静水压成功诱导出虹鳟三倍体的实验方法,引起各国学者关注。主持鱼虾性别控制研究、淡水鱼类种质冷冻库研究等多项国家攻关项目、农业部生物技术项目、上海市科委招标项目,先后发表论著百余篇(部),曾获福建省科学技术成果奖、上海市科学技术进步奖三等奖、江苏省水产科学技术进步奖二等奖、上海市优秀科普作品奖、上海市水产学会优秀论文奖。

朱学宝(1937.6.17—　)　江苏南京人,中共党员,水产养殖学教授。1993 年起,享受国务院政府特殊津贴。1960 年,上海水产学院水产养殖专业毕业后留校任教。曾任学生辅导员、班主任、水产养殖系主任,农业部科学技术委员会委员。1984 年 6—12 月,以访问学者身份在日本环境厅国立环境研究所从事水体富营养化过程中碳、氮定量转移规律的研究。1992 年,晋升为教授。2002 年退休。

朱学宝长期从事循环水水产养殖系统、水环境控制技术方面的教学与研究工作,主讲同位素示踪技术及其在水产科学中的应用、液闪测量与稳定性核素示踪分析、鱼池生态学讲座等课程,在国内外刊物上发表论文近 30 篇,出版有《中国鱼池生态学研究》《水生生物学研究法》等著作和译著。1978 年,利用高产水生植物草浆养鱼项目获福建省科技成果奖(第一完成人)。曾先后主持商业部、农业部重点攻关项目 3 项,上海市自然科学基金项目和国家"八五"攻关项目各 1 项,筹建并主持农业部水产增养殖生态、生理重点开放实验室。1989—1992 年,曾主持与日本京都大学、日本环境厅国立环境研究所等合作的 5 个中日合作科研项目,及中国综合养鱼生理生态学研究、国家引进国际先进农业科技项目 BICOM 陆上闭合循环水产养殖系统项目(任首席专家)、上海市科技兴农重点攻关办公室和上海市西部开发科技项目管理中心关于循环水养殖系统技术与开发等研究项目。20 世纪末,开始从事循环水水产养殖系统关键技术与应用研究,通过基础研究、技术开发、系统集成、工程示范,形成在理论、技术、装备、应用效果等层面上均有创新性的优质、高效、健康、环保的现代水产养殖新模式,此项成果获 2006 年上海市科学技术进步奖一等奖。

崔建章（1937.9.10—　） 山东胶县人,中共党员,捕捞学教授。1993年起,享受国务院政府特殊津贴。1960年,上海水产学院工业捕鱼专业毕业后留校任教,历任海洋渔业系主任、成人教育学院院长、工程技术学院院长,曾任中国水产总公司远洋西非办事处及摩洛哥渔业代表处技术顾问、农业部远洋渔业培训中心办公室主任。1995年,晋升为教授。2000年退休。

崔建章长期从事渔具与渔法学的教学与科研工作,主编全国高等农业院校统编教材《渔具与渔法学》,参编全国远洋渔业培训统编教材《捕捞》。参与的海洋渔业专业的教学改革与实践项目,获国家级教学成果奖一等奖、上海市教学成果奖一等奖。主持研制的拖网脉冲赶虾器项目,使底拖网捕虾量提高一倍以上,获福建省科学技术成果奖。主持完成的中国进一步发展远洋渔业对策研究项目,获农业部科学技术进步奖三等奖。1988年,中国水产总公司在摩洛哥成立中摩渔业有限公司,崔建章作为技术顾问两度赴摩洛哥远洋渔业基地,改进拖网渔具,成功研制六片式单拖网,从根本上解决中国渔船在摩洛哥捕捞头足类难题,并发表《六片式单拖网的特点与适用性》《六片式单拖网的渔具渔法》等论文。自1998年起,崔建章主持高海况航天返回舱打捞网系统研究项目的网具和操作系统,确定网型和主要参数,解决了低密度高强度纲索材料的选取等实际操作过程中的关键技术问题。2001年起,连续4次为神舟载人飞船项目研制返回舱应急打捞网,在4～6级海风情况下,实战演练成功率为100%,受到上海市委、市政府表彰。

蔡学廉（1937.9.26—　） 福建福州人,中共党员,船舶机械教授。1956年,考入上海水产学院渔业机械专业。1959年,被选送到上海交通大学攻读船舶设计制造专业。1962年,任教上海水产学院。曾任全国渔业节能协作组办公室主任、《渔业节能通讯》主编和福建省海洋与渔业局专家顾问。1996年,晋升为教授。2000年退休。

蔡学廉主要从事渔船动力装置、渔业节能和休闲渔业等教学与研究。讲授渔船动力装置、船舶节能技术、轮机原理、轮机自动化等课程,曾主持筹建学校的动力实验馆。在参加全国渔业节能工作期间,负责编制《渔船油耗定额标准》《渔船柴油机选型技术要求标准》《木质渔船玻璃钢被覆施工工艺要求》等部级标准,开展农业部重点课题渔船、机、桨优化匹配的研究。1995年组织人员进行全国渔业能耗与节能调查,为渔业系统制定"九五"规划提供可靠依据。主编的《中国海洋机动渔船图集》获1990年华东区大学出版社首届优秀图书一等奖。为渔业系统组织开发、推广节能技术与产品30余种,取得较高效益。1990年,被农业部授予全国农村能源建设先进工作者称号。1993年,主持的水产节能项目被农业部水产司评为全国水产节能协作组优秀成果,主管的全国渔业节能协作组办公室两次获全国节能先进集体称号。

陈马康（1937.11.20—　） 浙江松阳人,九三学社社员,水产养殖学教授。1993年起,享受国务院政府特殊津贴。1960年,上海水产学院水产养殖系毕业后留校任教,历任水产养殖系副主任、渔业学院院长,曾任上海市水产学会常务理事兼秘书长,上海水产大学卤虫研究开发中心主任,全国淡水增养技术推广咨询组成员。1998年,晋升为教授。2000年退休。

陈马康主讲内陆水域水产养殖学、水域生态学等课程,曾获上海市教学成果奖二等奖。编撰《湖泊水库鱼类养殖与增殖》《内陆水域鱼类养殖与增殖》等教材,发表论文近30篇。参加的"八五"攻关项目中型草型湖泊综合高产技术研究项目,曾先后获江苏省水产科学技术进步奖一等奖、农业部科学技术进步奖二等奖、国家科学技术进步奖二等奖。主持的大水面(河道)青虾放流开发示范实验项目,曾获上海市科技兴农三等奖。合著出版的《钱塘江鱼类资源》曾获华东地区科技出版优秀科技图书一等奖,参与出版《千岛湖鱼类资源》。退休后任学校科研督导,并参与保水渔业研究,成功研制出淡水湖泊浮游生物分层采样器,改善了大水面养殖科研条件。

赵维信（1937.11.27—　）　女，江苏南京人，中国民主同盟盟员，鱼类生理学教授。1992年起，享受国务院政府特殊津贴。上海市第七、八、九届政协委员。1960年，南京大学生物系动物专业毕业后任教于上海水产学院水产养殖系，鱼类繁殖生理学学术带头人。曾任民盟上海水产大学第七、八、九届总支委员会主任委员，上海市廉政建设纠风办公室特聘纠风检查员，中国鱼类学会理事，中国比较内分泌学会理事。1980年9月—1981年7月，在上海外国语学院出国留学生预备部英语班结业。1982—1984年，在英国苏格兰农业渔业部海洋研究所作访问学者。1990年，晋升为教授。2000年退休。

赵维信长期从事鱼类生理学教学、科研工作，主讲鱼类生理生化技术、水生动物内分泌学、鱼类生理生态学等课程，发表学术论文近70篇。主编或参编《鱼类生理学》教材2本，主持的鱼类生理学课程建设项目曾获上海市普通高等学校优秀教学成果奖二等奖。1976年，与中国科学院生物化学研究所合作，在国内率先建立并应用鱼类促性腺激素放射免疫测定技术，研究鱼类繁殖时自身大量分泌促性腺激素的普遍规律。主持的罗氏沼虾同步产卵、幼体饲料、育苗水质关键技术研究项目，攻克罗氏沼虾产卵率低的难题，开辟虾、蟹类甲壳动物的内分泌和生殖机理研究。曾获上海市科学技术进步奖三等奖、福建省科学技术成果奖、农牧渔业部科学技术进步奖二等奖等。个人曾被评为1986年上海市三八红旗手、1987年民盟上海市社会主义建设积极分子、1995年民盟上海市盟务工作积极分子、2003年上海市教育系统关心下一代工作先进个人。

胡明焙（1938.1.31—　）　上海人，中国民主同盟盟员，船舶工程教授。1994年起，享受国务院政府特殊津贴。1960年，从上海交通大学船舶制造专业毕业后任教于上海水产学院，曾任学院学术委员会委员，校教师高级职称评委会成员、学科组成员。1973—1978年，曾借调农林部水产总局从事船机管理工作。1993年，晋升为教授。2003年退休。

主讲船舶概论、船舶原理与船舶结构等课程，参编全国统编教材《船舶原理与结构》《中国农业百科全书·水产业卷》《辞海》《海洋——新世纪的希望》《渔业科学》等，发表《围网渔船起网时的力矩及横摇计算》《鱿钓渔船及其装备》《中国远洋鱿钓渔业的可持续发展探讨》等多篇论文。曾获国家科学技术进步奖三等奖，农业部科学技术进步奖一、二等奖，教育部科学技术进步奖二等奖以及上海市产学研一等奖等。其中，参加的日本海柔鱼钓渔场调查和钓捕技术研究获农业部科学技术进步奖一等奖；8154型拖网渔船改型项目成果同年推广至东、黄海海区捕捞企业，解决大批因资源衰退而闲置的拖网渔船出路问题，取得显著社会和经济效益。

李思发（1938.4.24—　）　江苏镇江人，中共党员，水产养殖学教授，博士生导师，人事部国家有突出贡献中青年专家。1991年起，享受国务院政府特殊津贴。1960年，上海水产学院淡水养殖专业毕业后留校任教。1964年，赴北京外国留学生高等预备学校进修一年，成为留苏预备生。1979年10月至1981年12月，赴加拿大海洋和渔业部淡水研究所和曼尼托巴大学作访问学者。历任上海水产大学养殖系大水面教研室主任、水产增养殖生理生态实验室主任、水产动物种质资源和养殖生态实验室主任、校学术委员会副主任。曾兼任全国水产原种和良种审定委员会主任、农业部科学技术委员会委员、农业生物安全委员会委员、农业部渔业专家组成员、国际水产养殖遗传研究网指导委员会中方委员，世界自然保护联盟（IUCN）淡水鱼类组专家、国际科学基金会（IFS）科学顾问、国际水产养殖遗传研究网指导委员会中方委员，国际学术刊物《水产养殖》《亚洲水产科学》编委。1986年，晋升为教授。2011年12月退休。

李思发长期从事水产养殖的教学与科学研究，是中国水产经济动物种质资源和遗传保护研究领域的学科带头人。主讲池塘养鱼学、大水面鱼类增养殖学等本科生课程，以及生物统计与实验设计、生物多样性、种质资源保护等研究生课程。关于鱼类种质资源的研究曾获农业部科技进步奖二等奖、上海市首届科技博览会金奖,同名专著获华东优秀科技图书奖一等奖、全国优秀科技图书奖二等奖。先后获得国际科学基金会、加拿大国际发展研究中心等机构资助,建立水产种质资源研究室,选育的团头鲂"浦江1号"于2000年被全国水产原种和良种审定委员会审定为新品种,农业部审定公布为推广良种,是世界上草食性鱼类首例选育良种,作为第一完成人分别获上海市科学技术进步奖一等奖、国家科学技术进步奖二等奖;选育的"新吉富"罗非鱼,2005年被全国水产原种和良种审定委员会审定为新品种,系国内近百种引进鱼类中首例具有自主知识产权良种,作为第一完成人分别获上海市科学技术进步奖一等奖、国家科学技术进步奖二等奖;选育的耐盐"吉丽"罗非鱼,2009年被农业部审定为良种。提出的"中国综合养鱼能量结构与效率"和池塘养鱼"能量陷阱"说引起国内外重视,获国际水生生物资源管理中心(ICLARM)NAGA奖状和奖金。长期致力于中国水产种质标准化建设,发展并完善鱼类形态、养殖性能、细胞遗传及分子遗传的集成检测和鉴定技术。国内外出版专著8部,参编著作6部,译著1部,发表论文280余篇,其中SCI论文30余篇,授权发明专利4项。主持制定鲢、鳙、草鱼、青鱼、罗非鱼、河蟹国家标准6项、《养殖鱼类种质检验》国家标准15项。曾被评为国家"九五"科技攻关先进个人、中国技术市场协会三农科技服务金桥奖先进个人奖、中华英才奖。2008年,分别获全球水产养殖联盟(GAA)、世界水产养殖学会(WFS)颁发的终身成就奖。2011年,获世界罗非鱼协会和国际罗非鱼基金会颁发的詹D. F. 海涅(Jan D. F. Heine)博士2011年度纪念奖。

臧维玲(1938.12.20—) 女,山东烟台人,中共党员,水化学教授。1993年起,享受国务院政府特殊津贴。1964年,山东海洋学院(今中国海洋大学)海洋化学专业毕业后任教于上海水产学院。1996年,晋升为教授。2003年退休。

臧维玲长期从事水化学的教学与科研工作,主讲海水化学、淡水养殖水化学和水环境化学等课程,主编或参编全国高校统编教材《养殖水环境化学》《水化学》《淡水养殖水化学》及相应配套实验教材。20世纪80年代起,长期带领师生深入生产第一线,为产学研模式建立与发展作出贡献。退休后仍坚持在上海市郊指导罗氏沼虾育苗和生产。所领导团队研制的育苗水质系列消毒法在生产中广为应用,推动养虾业发展。自主研究并提出温室集约化健康养殖和育苗、废水处理再利用等技术,形成具有上海特色的先进技术体系。创立"虾类室内不换水、不用药的养殖技术与模式",产量超过常规生产,并推广至天津、新疆等地。所在团队曾获上海市模范集体称号。主持或参加国家和省部级科研项目30余项,发表论文百余篇,曾获上海市科学技术进步奖、上海市优秀产学研工程奖二等奖、国家教委第三届普通高等学校优秀教材奖二等奖、全国高等农业院校优秀教材奖等奖项。主讲课程养殖水化学,被评为上海市精品课程。曾获上海市劳动模范、上海市教学名师、上海市优秀教育工作者、上海市三八红旗手、上海市"十佳"科技巾帼、新中国成立60周年上海百位杰出女教师等荣誉称号。

葛茂泉(1939.4.10—) 山东济南人,中共党员,热能及动力工程教授。1993年起,享受国务院政府特殊津贴。1963年,从上海水产学院水产品加工系冷冻工艺专业毕业后留校任教。1985—1986年,赴日本东京东洋制作所、东京水产大学作访问学者。历任食品科学技术系党总支书记、系主任,工程技术学院党总支书记兼副院长,食品学院院长,曾任中国水产学会制冷与水工专业委员会副主任、中国水产学会渔业制冷专业委员会主任、中国食品科学技术学会冷冻食品专业学会理事、上海市制冷学会对外交流委员会和学术委员会委员、日本冷冻学会会员。1996年,晋升为教授。2002年退休。

葛茂泉长期从事制冷与食品冷藏技术专业制冷装置设计教学与科研工作,主讲制冷装置设计、现代制冷技术、制冷空调讲座等课程,曾组织筹建农业部所属冷库及制冷设备质量监督检验测试中心。主编和出版全国水产院校统编教材《制冷装置设计》,参编国家标准《冷库设计规范》《制冷技术问答》《新编制冷技术问答》及华东地区通用《5吨氟利昂冷库标准设计图集》等书籍,发表学术论文数十篇。承担的冷库设计规范(GBJ 72-84)项目,获1987年国家计委工程建设优秀国家标准规范奖及国家计委冷库设计规范(GBJ72-84)个人三等奖;参与的铝合金肋板式鼓风冻结装置研究(第二完成人),于1992年获国家专利,并获上海市职务发明三等奖。

蔡完其(1939.12.21—　　)　女,浙江鄞县(今浙江宁波市鄞州区)人,中共党员,水产动物病害学教授,博士生导师。1993年起,享受国务院政府特殊津贴。1963年,上海水产学院海水养殖专业毕业后留校任教。曾任水产动物疾病与微生物教研室副主任、主任。1996年,晋升为教授。2004年退休。

蔡完其长期从事水产动物病害防治、病理及抗逆性选育的教学与科研工作,主讲水产动物疾病学、水产动物病理学等课程,对中国主要淡水养殖鱼类的抗病力开展种间、种群间的差异系统研究,曾发表国内首例鱼类恶性肿瘤论文,曾主持温室集约化养鳖疾病防治技术、中华鳖养殖业持续发展技术研究等课题。20世纪90年代起,研究抗逆性育种,是经国家审定和推广的选育良种团头鲂"浦江1号""新吉富"罗非鱼及"吉丽"罗非鱼的主要完成人之一。主译专著2部,参编专著2部,发表论文50余篇。曾获国家科学技术进步奖二等奖1项,农业部科学技术进步奖二等奖、三等奖各1项,上海市科学技术进步奖一等奖2项、二等奖1项,广东、福建省科学技术进步奖二、三等奖各1项。1985年,获农业部优秀教师称号。

张克俭(1940.2.23—　　)　江苏南京人,中国民主同盟盟员,组织胚胎学教授。1964年,南京大学生物系动物专业毕业后到上海水产学院任教。曾任校工会兼职副主席。2000年,晋升为教授。2002年退休。

张克俭长期从事水产动物组织学、胚胎学、生物切片技术、细胞生物学、发育生物学等课程的教学工作。1973—1979年,在厦门期间,参与河鳗人工繁殖研究项目,该项目于1978年获福建省科学技术成果奖。分别于1985年、1996年,在国内水产院校中较早开设细胞生物学、发育生物学课程。1986年,主编中央农业广播电视学校教材《生物学基础》;1989年,主编《普通生物学》,均由农业出版社出版。1993年,获上海市科学技术进步奖三等奖(第三完成人)。1995年,获上海市教育委员会颁发的"育人奖"。

张克俭在水产动物胚胎学、组织学及鱼类染色体等研究方面有较高造诣,其鱼类受精过程的连续切片制作与观察及鱼类染色体制备技术与分析在国内同行中颇有口碑,迄今仍不断有同行来校交流。

马家海(1940.9.25—　　)　广东潮阳(今广东汕头)人,藻类增养殖学教授,博士生导师,我国首批农业科技跨越计划"紫菜养殖加工出口产业链开发"首席专家。1993年起,享受国务院政府特殊津贴。1963年,南京大学生物系毕业后在南海水产研究所任职。1972年,调入厦门水产学院,曾任海水养殖教研室主任、水产养殖教研室主任、水产养殖系主任,中国水产学会海水养殖专业委员会委员,中国藻类学会理事、上海海洋湖沼学会理事。分别于1983年1月—1985年4月、1991年8月—1992年4月,赴日本东京水产大学作访问学者、高级访问学者。1996年,晋升为教授。2007年退休。

马家海主要从事海藻栽培学、海藻学的教学与科研工作,讲授海藻栽培学、海藻学和藻类生物学等课程,承担"948""863"及农业科技跨越计划等多项国家级重点科研项目。在海藻遗传育种、病原病理、生理生态及其相关生物技术学应用上有较深造诣。1984年,首次发现条斑紫菜减数分裂发生在壳孢子萌发时期,后被日本、加拿大、美国和中国曾呈奎等专家发表的10余篇论文证实。在注重基础科学研究的同时,努力使科学研究与生产实践相结合,把基础科研应用于生产实践,在条斑紫菜栽培、病害防治、冷藏网技术以及紫菜加工等方面全面赶超国际先进水平上作出贡献,撰写《条斑紫菜的栽培与加工》等多部专著。以第三完成人获福建省科学技术成果奖四等奖,作为第一完成人分别获得江苏水产局科技进步奖一等奖、农业部科学技术进步奖二等奖、国家科学技术进步奖三等奖、上海市科学技术进步奖二等奖。曾被评为全国优秀水产科技工作者、农业部农业推广先进个人、上海市育才奖。

王武(1941.2.6—) 江苏太仓人,中共党员,水产养殖学教授,博士生导师,农业部渔业科技入户示范工程首席专家。1992年起,享受国务院政府特殊津贴。1963年,上海水产学院水产养殖系毕业后留校任教。曾任教研室副主任、系副主任。1996年,晋升为教授。2011年退休。

王武主要从事淡水养殖环境控制、特种水产生物与养殖技术教学和科研工作,主讲池塘养鱼、鱼类增养殖学等课程。长期在生产第一线蹲点和调查研究,总结群众生产经验,与教研室教师一起对池塘养鱼高产子系统进行综合研究,创造了一套池塘养鱼高产、优质、高效的综合技术体系——太湖流域池塘养鱼高产技术体系,提出的"氧盈、氧债"理论成为养殖水环境控制的基础。曾发表《中华绒螯蟹温室育苗水处理的研究》《江黄颡鱼的仔稚鱼发育及行为生态学》等论文共90余篇,出版《池塘养鱼学》《特种水产养殖新技术》《精养鱼池水质管理的原理与技术》等专著、教材共12种。主讲的鱼类增养殖学被评为国家精品课程。曾获10多项省部级奖,被评为全国农村科技推广先进个人、全国农业科技推广标兵、全国优秀教师、首届全国兴渔富民十大新闻人物、农业部解放60周年"三农"模范人物、上海市劳动模范、上海市"菜篮子"十佳科技功臣、上海市教学名师等。

周培根(1941.12.11—) 江苏宜兴人,中共党员,生物化学教授,博士生导师。1965年,毕业于中国科学技术大学生物物理系,先后在中国科学院北京生物物理研究所、遗传研究所分所(山西省太原市)从事科学研究。1980—1996年,任于南京农业大学。1985—1987年、1990—1992年,赴美国康乃尔大学食品科学技术系先后作访问学者、高级访问学者,从事食品风味化学合作研究。1996年起,到上海水产大学任教,曾任食品学院副院长、院长,是水产品加工及贮藏工程学科带头人之一,中国食品科学技术学会常务理事,中国农学会农副产品贮藏及加工分会常务理事,上海市药学会海洋药物专业委员会副主任委员,中国生物化学与分子生物学会海洋生物化学与分子生物学分会理事。1994年,晋升为教授。2006年退休。

周培根长期从事生物化学、分子生物学的教学和科研工作,讲授生物化学、分子生物学、酶化学以及食品风味化学专题等课程,在国内外学术刊物发表学术论文70余篇。参编《基础生物化学》教材,及《中国畜牧兽医词典》《海洋天然物质化学》。学术论文《生物固氮的气相色谱测定方法》获1983年山西省优秀学术论文奖,以上海水产大学食品学院参与主持的对虾中多酚氧化酶特性研究及延长对虾保鲜期的有效措施项目获辽宁省科学技术进步奖三等奖。1999年,获上海市育才奖。

沈月新(1942.2.7—) 女,浙江吴兴人,中国民主同盟盟员,制冷及冷藏工艺学教授。1997年起,享受国务院政府特殊津贴。1964年,上海水产学院加工系制冷与冷藏工艺专业毕业后留校任教,曾任制冷工程系主任、校妇工委主任、研究生部主任、图书馆馆长等职。曾兼任第二届全国高等农业院校教学指导委员会食品科学与工程学科组成员,第九届上海市政协委员,民盟第十一、十二届上海市委委员,民盟上海市妇委会副主任,民盟上海水产大学总支主委,上海市制冷学会专业委员会委员,上海市营养学会理事。1991年5月—1992年5月,赴日本东京水产大学食品生产学科作高级访问学者。1997年,晋升为教授。2006年退休。

沈月新长期主讲食品冷冻工艺学、制冷技术、冷藏学专论等课程,在学校首次开设食品冷冻工艺学实验课程,主编和出版全国高等农业院校统编教材《水产食品学》《食品冷冻工艺学实验指导》,编著教学参考书有《水产品冷藏加工》,参编出版《食品冷冻工艺学》《食品冷藏学》《制冷技术问答》等。曾获2005年全国高等农业院校优秀教材奖、上海高校优秀教材三等奖。曾主持"六五"国家科技攻关项目子课题微冻保鲜对鱼品质量影响的研究,参加农业部淡水鱼加工制品开发项目,获1993年江苏省水产科技进步奖一等奖、1997年农业部科学技术进步奖三等奖。1997年被评为上海市三八红旗手,2004年获上海市育才奖。

周洪琪(1942.2.14—) 女,上海人,九三学社社员,鱼类生理学、动物营养与饲料学教授,博士生导师。1998年起,享受国务院政府特殊津贴。上海市第九、十届政协委员。1964年,复旦大学生物系人体与动物生理专业毕业后任教于上海水产学院。曾任鱼类生态生理教研室主任、渔业学院副院长,兼任中国动物学会鱼类学分会理事、饲料学会理事。1985年2月—1986年3月,被选派到美国宾夕法尼亚大学蒙尼尔化学感觉中心做访问学者。1992年11月—1993年5月,被选派到澳大利亚北领地大学做访问学者。1997年,晋升为教授。2008年退休。

周洪琪长期从事鱼类生理学及水产动物营养学的教学与科研工作,承担本科生、硕士生、博士生的课程教学,参编《鱼类生理学》《渔业导论》《动物生理学》《水产饲料生产学》,曾获1993年上海市优秀教学成果奖二等奖和2001年上海市教学成果奖三等奖。主持绿色水产饲料免疫增强剂的研究、河鲀功能性饲料添加剂的研究、中华绒螯蟹配合饲料标准制订等上海市科委重点科研项目、上海市自然科学基金项目、农业部项目、上海市教委重点学科项目等,完成农业部"七五""八五"攻关项目,发表论文百余篇。曾被评为1997—1998年度上海市三八红旗手。

陈有容(1943.7.5—) 上海人,中国民主同盟盟员,食品生物技术教授。1964年,北京轻工业学院发酵工学专业毕业后,任教于天津轻工业学院食品工程系。1989年4—12月,在德国食品营养研究院、国际食品信息中心(IFIS)进修、工作。1993年起,任教于上海水产大学食品学院。曾兼任中国食品科学技术学会理事,上海市食品协会常务理事,中国食品科学技术学会乳酸菌等分会常务理事、理事,中华预防医学会微生态学分会荣誉委员,上海市食品学会副秘书长,乳酸菌专业委员会主任,上海市食品药品监督管理局专家库专家,上海市科学技术协会决策咨询专家,《中国微生态学杂志》等期刊编委。2000年,晋升为教授。2006年退休。

陈有容长期从事食品发酵工程、微生态学、食品科技情报等课程教学与科研工作,在全校非计算机类课程率先全程使用电子教案进行专业课教学,研制《发酵工艺学》多媒体教学课件,采用查文献、写综述论文并进行答辩的形式对学生进行考核,受到学生好评。曾组建中国国际食品信息中心(China IFIS-Cifis)并任主任。20世纪90年代,开发成功微生态活性发酵豆奶,在中日淡水鱼加工与利用合作研究中,用加曲快速发酵淡水鱼鱼露取得初步成功。参编出版图书6本,发表论文100余篇。多次被评为中国食品科学技术学会优秀学会工作者(优秀个人)。2006—2008年,获上海市高校退管系统老有所为精英奖。

童吉美(1943.7.25—) 浙江慈溪人,中国民主同盟盟员,英语教授。1968年、1981年,分别于华东师范大学英语系本科、研究生毕业。1981年起,在四川师范大学外语系任教,曾任英语教研室主任、外语系副主任。兼任民盟四川省委委员、高教委员会副主任,政协第九、第十届成都市委常委。1984—1985年,赴美国戈申学院(Goshen College)进修,被印第安那州戈申市市长授予荣誉市民称号。1992—1993年,以访问教授身份赴美国东门罗学院(Eastern Mennonite College)讲授"中国历史与文化"。1993年起,任教于上海水产大学外语系,历任外语系主任、经济贸易学院院长,兼任全国高等农业院校外语教学研究会理事长、农业部全国高等学校教学指导委员会人文社会科学学科组副组长、教育部教学指导委员会高等学校农林科类委员。1995年,晋升为教授。2003年退休。

童吉美除从事英语教学工作外,曾主持农业部和上海市科研项目2项,发表论文近20篇,编著出版《英语知识文集》《英语动词的时态、语态和语气》《21世纪大学英语语法训练教程》《英语》等著作10本。

孙满昌(1943.9.25—)　浙江嵊泗人,中共党员,捕捞学教授,博士生导师。2000年起,享受国务院政府特殊津贴。1969年,上海水产学院海洋捕捞专业毕业后留校任教。曾任海洋渔业教研室主任,渔业学院副院长,工程技术学院副院长、院长,兼任《上海水产大学学报》编委、全国渔具标准技术委员会委员。1990年10月—1992年10月,赴日本东京水产大学海洋生产学科做访问学者。1996年6—10月,赴中国水产集团驻印尼代表处从事技术指导工作。1999年,晋升为教授。2003年,被聘为学校首席教授。2008年退休。

孙满昌长期讲授渔具力学、渔具与渔法学等多门本科生、硕士生和博士生课程。主讲的海洋渔业技术学于2003年被评为上海市精品课程,作为第二完成人开展的海洋渔业科学与技术专业人才培养模式研究及教学改革实践项目获2001年国家级教学成果奖二等奖、上海市教学成果奖一等奖。主编和出版《渔具渔法选择性》《海洋渔业技术学》《渔具材料与工艺学》等3本教材,参编《国际渔业》《中东大西洋底层鱼类图谱》《渔具理论与设计学》《海洲湾海洋牧场——人工鱼礁建设》《大洋性竹筴鱼渔业》等专著和教材。先后获上海市科学技术进步奖三等奖、农业部科学技术进步奖二等奖、上海市产学研一等奖、教育部科学技术进步奖(推广类)二等奖各1项。1999年,被评为上海市教育系统优秀共产党员。

朱永兴(1943.12.15—)　浙江萧山(今浙江杭州萧山区)人,中共党员,渔业机械教授,农业部有突出贡献中青年专家。1992年起,享受国务院政府特殊津贴。1966年,上海水产学院渔业机械专业毕业后,分配至交通部上海东海船厂工作。1982年,调入上海水产学院任教。1997年,晋升为教授。2004年退休。

朱永兴长期讲授液压传动、捕捞机械等多门课程。曾首创设计制成真空吸砂机、潮汐自动调节登轮梯、潜吸式挖泥装置等。多项发明曾8次获国内外展览会金、银奖。1985年,往返自行无密封泥泵潜吸式清淤机获中国专利。1992年,自行往返远控潜吸式清淤机获国家发明奖三等奖、第六届全国发明展览会金牌奖、首届上海科技博览会银牌奖。发明的双向螺杆三滚子式自动排缆器,获1987年南斯拉夫萨格勒布第15届国际博览会优秀发明奖并获中国发明专利;双轮旋转式增氧机,获第五届全国发明展览会银奖;滩涂紫菜收割机,获2002年上海市发明竞赛一等奖。曾获第三届上海市十大科技精英提名奖。

管伟康(1944.7.17—)　上海人,九三学社社员,电机及其自动化教授。上海市第十一、十二届人大代表。1968年,清华大学水电站动力设备专业(六年制)毕业后,分配至河北省平山县农电局工作。1970年,调入河北省束鹿县发电厂工作。1973—1995年,任教于河北机电学院(现河北科技大学),历任电机专业教研室主任、河北省电机工程学会电工专业委员会副主任。1995年,调入上海水产大学食品学院制冷及空调专业任教。曾任食品学院副院长、上海水产大学教务处处长、图书馆馆长,兼任上海市政风行风监督员、九三学社上海市委委员、九三学社上海市老年工作委员会委员、九三学社上海水产大学主任委员、农业部第二届全国高等农业院校教学指导委员会水产学科组秘书、全国高等农业教育研究会副秘书长、中国农学会农业图书馆分会第五届常务理事会理事。1993年,晋升为教授。2008年退休。

管伟康长期从事电机及其自动化专业教学与科研工作,开设专业课多门、编写校内专业教材多本、发表论文20余篇,完成多项省级科研项目,曾获中国电机工程优秀论文奖、河北省电机工程学会优秀论文奖等。调入上海水产大学后,讲授本科生和研究生制冷装置自动化课程,同时从事教育教学管理,参与上海水产大学面向21世纪教育教学改革。曾获上海市教学成果奖三等奖,2005年,被评为九三学社中央委员会优秀社员。

殷肇君(1944.8.20—) 湖北大悟人,中共党员,渔业机械教授。1969年,上海水产学院水产养殖专业毕业后留校任教,因工作需要而专修渔业机械。曾任机械工程研究室主任、工程技术学院副院长、上海市水产学会渔业机械专业委员会委员、中国水产学会渔业机械专业委员会委员、全国水产标准化技术委员会渔业机械仪器分技术委员会委员、农业部科学技术进步奖专项评审专家、全国包装与食品工程学会理事。2000年,晋升为教授。2005年退休。

殷肇君长期从事渔业机械教学与研究工作。主讲水产养殖机械、金属工艺学课程,编著《水产养殖机械》,参编全国高等水产院校统编教材《水产养殖机械》。发表论文40余篇。水质改良机的研制在全国增氧机评比中曾获新产品开发奖(第二完成人),深水充气增氧机的研制获上海市科技兴农奖二等奖(第一完成人),饲用角质蛋白膨化加工工艺及设备的研究获全国饲料工业新技术新产品特别金杯奖(第二完成人)。清除水域中蓝藻的方法于2007年获国家发明专利(第一发明人)。此外,曾获多项国家实用新型专利。主持农业部《渔业机械基本术语》SC/T 6001.1－4四项标准的修订。2003年,被评为第二届全国水产标准化技术委员会优秀委员。

王英华(1946.5.13—) 江苏盐城人,中共党员,副教授。1992年,起享受国务院政府特殊津贴。1968年,毕业于复旦大学数学系,先后在济南军区赣榆农场、兰州平板玻璃厂、兰州第十五中学工作。1982年,杭州大学数学系毕业获理学硕士学位后,调入蚌埠坦克学院任数学教师、数学教研室主任、教研部主任。其间,致力于初级指挥院校教学,取得明显成绩。1985年,立三等功一次。1986年,获装甲兵部教学改革成绩优异奖,曾被评为装甲兵部优秀党员和优秀支部书记,1989年,被评为全国优秀教师。1992年,获总参装甲兵部优秀科技工作者一等奖。1988年,晋升为副教授。1993年,被授予大校军衔。1994年,转业调入上海水产大学,历任教务处副处长、基础教学部主任、人事处处长、组织部部长。2006年退休。

陈天及(1946.9.26—) 浙江黄岩人,中共党员,制冷工程教授,博士生导师。1993年,获国内贸易部有突出贡献的科学技术管理专家称号。1982年,从西安交通大学制冷与低温工程专业硕士研究生毕业后,进入天津商学院工作,曾任制冷空调工程系主任。1993年9月—1994年3月,在俄罗斯莫斯科鲍曼科学技术大学动力工程系制冷及压缩机专业作高级访问学者。1998年起,任教于上海水产大学,历任制冷空调系主任、食品学院副院长。曾兼任上海市制冷空调行业协会理事,中国水产学会理事,中国水产学会渔业制冷专业委员会主任委员。1996年,晋升为教授。2010年退休。

陈天及长期从事制冷与食品冷冻冷藏专业的教学、科研与管理工作,讲授商业性制冷装置课程。在国内最早将气阀运动规律理论应用于制冷压缩机气阀优化设计,研制的低温陈列柜及集中送风系统,应用于多家专业生产企业产品的开发,获国家专利1项。曾主持或参与国家及省部级科研项目8项,作为主要完成人参加的制冷压缩机性能提高及优化设计研究获1986年机械工业部科学技术进步奖二等奖、1988年国家科学技术进步奖二等奖。发表论文82篇,主编专著2部。

任明荣(1946.10.15—) 浙江绍兴人,中共党员,数学教授。1982年,苏州大学数学系毕业后任职于上海仪器仪表成套厂。1984年,调入上海水产学院任教。曾任数学教研室副主任、主任,基础部主任,人文学院党总支书记、院长兼校体育部部长,信息学院院长等。2000年,晋升为教授。2006年退休。

任明荣长期从事数学教学与研究工作,讲授高等数学、数学分析、概率论与数理统计、线性代数、工程数学等课程,研究可靠性数学与统计数学,曾参与航天部主持的编制中国地对地导弹合格检验的国家标准和航天部下达的关于坦克大修的课题研究,提出的"三圆验收方案",使减少导弹验收费用研究工作取得实质性突破。进入上海水产学院工作以后,结合学校专业特色,在水产领域展开数学应用研究,在河蟹养殖项目的科研工作中,用逐步分析法,以93%的高判别率,成功解决了河蟹在蟹苗时期分辨种群的难题。1985年,被评为农牧渔业部优秀教师。

张相国(1947.8.3—) 吉林磐石人,朝鲜族,中共党员,产业经济学教授,博士生导师。1969年,上海水产学院海洋渔业系海洋捕捞专业毕业后留校任教。曾任经济贸易学院院长、现代信息与教育技术中心主任,兼任《水产养殖经济与管理》(Aquaculture Economics & Management)编委、农业部渔业局渔业贸易跟踪专家组成员、农业部渔业统计抽样调查工作专家组组长。1982—1985年,派赴农牧渔业部从事世界银行农业教育贷款项目办公室工作。1985—1987年,赴英国克兰菲尔德理工学院(Cranfield Institute of Technology)学习,获计算机在管理系统中应用专业硕士学位。1993—1994年,赴挪威经济与工商管理学院作高级访问学者。1996—1997年,任韩国丽水水产大学客座教授。1998年,晋升为教授。2010年退休。

张相国主要从事渔业经济管理与资源经济学方面的教学与研究工作。讲授运筹学、系统工程、渔业生物经济分析、微观经济学、宏观经济学等课程。主持或参与完成联合国粮农组织和农业部渔业局等委托的缩减东海捕捞努力量可能带来的社会和经济影响研究、2020—2030年世界水产品需求与供给预测、WTO渔业补贴及养殖渔业补贴提案研究等调研项目24项,撰写《共同开发利用渔业资源的最佳渔获量研究》《上海市水产品需求量预测模型》等论文31篇,并多次应邀参加国际、国内有关渔业政策及经济评估与分析研讨会。出版译著《渔业生物经济分析》(1995年),参加编写《渔业企业经营管理学》(参编,1997年)、《资源经济学》(参编,2001年)、《管理学原理》(副主编,2003年)、《渔业资源经济学》(副主编,2004年)。2001年,获上海市优秀教育工作者称号。

杨先乐(1948.2.14—) 湖南桃源人,中共党员,水产动物疾病控制与水产养殖安全教授,博士生导师。1992年起,享受国务院政府特殊津贴。1982年,上海水产学院水产养殖系毕业后赴中国水产科学研究院长江水产研究所工作,曾任该所鱼病室副主任。1997年起,任教于上海水产大学,曾任渔业学院副院长,农业部水产增养殖生态、生理重点开放实验室主任,农业部渔业动植物病原库主任。2008年起,任国家水生动物病原主任,兼任中国水产学会鱼病研究会第四届委员会副主任委员,中国兽药典第三届委员会执行委员会副主任委员,水生动物、蚕蜂专业委员会主任委员,中国科协病虫害灾害预测与防治第三至五届专家组专家。1992年,获农业部有突出贡献中青年专家称号。1999年,晋升为教授。

杨先乐主讲水产动物免疫学、鱼类药理学、水产动物医学概论等多门本科生、硕士生和博士生课程,主持编写《新编渔药手册》《水产养殖用药处方大全》《水产动物病害学》《鱼类药理学》等著作和教材。创建中国第一个渔业动植物病原库,并在学校首建水产品药物残留检测实验室、农业部渔药临床试验实验室。首次研制出解决中国鱼类第一个病毒病的草鱼出血病细胞培养灭活疫苗,使草鱼成活率提高25%以上,作为第四完成人完成的草鱼出血病防治项目获国家和农业部科学技术进步奖一等奖。先后获国家、省、市等科学技术进步奖20余项,国家、省市优秀科技论文奖11项,鉴定成果12项。发表著、译作32部(册),论文250余篇,制定国家与农业部标准10个。

骆乐(1948.7.6—) 女,江西永修人,中国民主建国会会员,渔业经济学教授。1982年,上海财经学院工业经济专业毕业后任教于上海轻工业职工大学。1988年,调入上海水产学院任教,历任渔业经济管理系主任、农林经济管理系主任、国际经济与贸易系主任,曾兼任学校妇女工作委员会主任、校工会兼职副主席(2000—2009年)。2003年,晋升为教授。2011年退休。

骆乐长期主讲渔业经济学、水产品国际贸易、进出口实务等课程,开展教学和课程改革实践,主持的渔业经济学课程建设于2005年被评为上海市精品课程。2007年,被评为国家级精品课程。主编和出版国家"十五"规划教材《渔业经济学》、国家"十一五"规划教材《渔业经济学》等。2005年主持渔业经济学课程建设与教学改革项目,获上海市教学成果奖三等奖;2009年,主持的渔业经济学精品课程的建设与实践项目,获上海市教学成果奖二等奖。发表论文30多篇,曾获上海市哲学社会科学(论文类)优秀成果奖二等奖。1999年,获上海市育才奖。2006年,被评为上海市三八红旗手。

许柳雄(1956.8.26—) 浙江玉环人,中共党员,捕捞学教授,博士生导师。2000年起,享受国务院政府特殊津贴。1982年,上海水产学院海洋渔业系毕业后留校任教,历任海洋渔业系工程实验室副主任、工程技术学院海洋渔业科学与技术系主任、海洋学院副院长、海洋科学学院院长。1985—1988年,赴美国罗德岛大学攻读海洋渔业科学硕士学位。1992—1993年,赴英国阿伯丁海洋研究所进修渔具渔法。1995—1998年,派赴中国水产总公司驻塞拉利昂代办处,先后任海上生产副总指挥、总指挥。兼任教育部高校水产类教学指导委员会秘书、上海市水产学会捕捞专业委员会主任委员、中国远洋渔业协会理事、金枪鱼渔业技术组组长、中国海洋湖沼学会第九届理事会理事、国家远洋渔业工程技术研究中心副主任。曾任印度洋金枪鱼渔业委员会第六、七届科学委员会副主席,中国共产党上海市第八次党代会代表。2000年,晋升为教授。

许柳雄长期从事渔具渔法、金枪鱼渔业技术等方面的教学与科研工作,主要讲授渔具力学、渔具理论与设计、渔具物理学、专业外语等本科生、硕士生和博士生课程。主编或参编《渔具理论与设计学》《世界大洋性渔业概况》《世界金枪鱼渔业渔获物物种原色图鉴》《渔具力学》《海洋渔业技术学》《渔具渔法选择性》等教材或专业参考书。承担国家"863"、农业部"948"、农业部公海渔业资源探捕等科研项目20余项。其中,日本海柔鱼钓渔场调查和钓捕技术研究获农业部科学技术进步奖一等奖、国家科学技术进步奖三等奖,北太平洋鱿鱼渔场信息应用服务系统及示范试验获上海市科学技术进步奖一等奖,大洋性金枪鱼渔场渔情速预报技术获国家海洋局海洋创新成果奖二等奖,公海重要经济渔业资源开发研究获教育部科学技术进步奖二等奖,北太平洋柔鱼渔情预报研究及应用获国家海洋局海洋创新成果奖一等奖,大洋金枪鱼资源开发关键技术及应用获国家科学技术进步奖二等奖。2001年,被评为上海市教育系统优秀共产党员。2007年,获上海市育才奖。

杨福馨(1958.9.1—) 曾用名杨福生,贵州天柱人,中共党员,包装工程学教授。2002年起,享受国务院政府特殊津贴。1982年,毕业于河南科技大学机械设计专业。2010年,获东华大学博士学位。历任湖南工业大学机械工程系教师、实验室主任、包装工程系副主任,中国包装总公司包装设计技术专业中心主任,浙江温州大学工业工程学院副院长、院长,浙江省中青年学科带头人。1999年,晋升为教授。兼任中国包装联合会包装教育委员会副主任,中国包装联合会专家委员会委员,教育部包装工程教学指导委员会委员,上海市塑料工程技术学会理事,担任《包装工程》《包装学报》等杂志编委。2008年8月起,任教于上海海洋大学食品学院。

杨福馨长期从事包装工程专业的教学与科研工作,讲授包装材料学、包装工艺学、包装机械与设备、包装印刷、食品包装前沿等课程,编著或主编《食品包装实用新材料新技术》《食品包装学》《农产品保鲜包装技术》《防伪包装技术》等10多部学术著作,承担十多项国家及省部级科研和教学研究项目。1999年,主持国家经贸委重大项目中国包装高技术产业发展"十五"计划和15年远景规划研究。2001年,获教育部首届骨干教师重点资助项目。曾获省部级科学技术进步奖6项。主持的食用菌保鲜包装技术研究项目,获2000年度中国包装科技成果奖一等奖。研究成果先后被2005年中国科学院国际学术交流中心编著出版的《诺贝尔奖百年百人》一书和多家刊物收录与报道。曾被评为全国优秀包装科技工作者、全国包装教育优秀教师。

严兴洪(1958.9.28—) 浙江义乌人,九三学社社员,藻类育种学教授,博士生导师。中国紫菜研究中青年专家。1982年1月,上海水产学院海水养殖专业毕业后,在山东青岛市水产养殖公司任技术员、助理工程师。1987年7月,上海水产大学水产养殖学硕士研究生毕业留校任教。1998年3月,毕业于东京水产大学水产生物学讲座,获博士学位。1998—2000年,在长崎大学完成日本文部科学省学术振兴协会(JSPS)博士后研究。2000年10月回校工作。2002年,晋升为教授。历任上海水产大学藻类增养殖教研室主任、海洋生物系副主任、院、校二级学术委员会委员,兼任农业部全国水产原种和良种审定委员会委员、中国水产学会生物技术分会理事、鱼病分会理事、中国藻类学会理事等。

严兴洪长期从事海藻育种的教学与科研工作,讲授细胞工程、海藻细胞工程、海藻学、海藻栽培、海藻生物技术等课程。2002—2011年,连续3次担任国家"863"计划重大研究课题首席科学家,带领研究团队对坛紫菜的基础遗传学和育种学进行系统研究,首次揭示坛紫菜的性别为雌雄同体而非雌雄异体为主、坛紫菜的单性生殖与机理以及坛紫菜的减数分裂发生位置等三大基础遗传学问题,进一步完善坛紫菜的生活史。在国际上首次提出紫菜单性育种理论,并建立坛紫菜单性良种选育技术,利用此技术培育出中国首个具有自主知识产权的紫菜单性良种——坛紫菜"申福1号",于2009年被全国原种和良种审定委员会审定、农业部公布为适宜推广的水产良种。以第一完成人先后获2010年度上海科学技术进步奖一等奖、2011年度国家科学技术进步奖二等奖。此外,在条斑紫菜的人工色素突变体分离和优良品系培育,以及江蓠原生质体成株培养等方面先后获国际海藻协会、亚太藻类学会、日本藻类学会以及中国水产学会等颁发的学术奖励。2007年,获上海市优秀学科带头人资助。2011年,入选上海市领军人才计划。

李伟明(1961.9.10—) 江西波阳人,美国国籍,教授,国家特聘专家。1982年1月,毕业于上海水产学院淡水渔业本科专业。1987年,获上海水产大学水产养殖专业农学硕士学位。1994年,获美国明尼苏达大学渔业学博士学位。1994—1996年,在美国宾夕法尼亚费城莫耐尔化学感官中心做博士后研究。2008年起,任美国密歇根州立大学终身教授、弗雷德里克环境生理学终身讲席教授。2010年起,任上海海洋大学水产与生命学院教授。同年,入选中央组织部"千人计划"。2011年,被中央组织部授予国家特聘专家称号。

李伟明长期从事环境生物学、外激素通信、脊椎动物内分泌学和基因组学研究,对动物通信理论及入侵种群控制具有开创性意义,研究成果被美国和加拿大环保局应用于北美五大湖,成为世界上首次利用脊椎动物外激素诱杀有害物种、控制生物入侵的成功典范。主持的无颌脊椎动物研究工作推动脊椎动物进化理论的新发展,并领导国际七鳃鳗基因组注释工作。在《科学》《美国国家科学院院刊》《神经科学杂志》等学术期刊发表多篇论文,所领导实验室获美国国家卫生研究所、国家卫生基金会、能源部、海洋基金、五大湖渔业委员会、五大湖渔业信托基金与五大湖保护基金和加拿大科学与工程研究部基金资助,总经费超过1 100万美元。

李家乐(1963.7.1—) 浙江乐清人,中共党员,水产养殖学教授,博士生导师。2006年起,享受国务院政府特殊津贴。1983年,浙江水产学院水产养殖系毕业后赴浙江省湖州市水利农机局工作。1991年,获上海水产大学水产养殖硕士学位后留校任教。1997年,获博士学位。2002年,晋升为教授。历任科研处副处长、处长,渔业学院院长,生命科学与技术学院院长,水产与生命学院院长,校长助理,农业部淡水水产种质资源重点实验室主任,兼任国务院学位委员会第六届学科评议组成员,全国水产原种和良种审定委员会委员,中国水产学会淡水养殖分会副主任委员、生物技术专业委员会副主任委员,中国贝类学会常务理事,上海高校水产养殖学E-研究院首席研究员,《水产学报》《遗传》等多家学术杂志编委。曾任国家自然科学基金委员会第十二、十三届专家评审组成员,全国农业推广硕士专业学位教育指导委员会委员。

李家乐长期从事水产动物种质资源与遗传育种及种苗工程的教学、科研和技术推广工作。讲授水域生态学、池塘养鱼学、珍珠与珍珠文化等课程。开展草鱼、罗非鱼、三角帆蚌、缢蛏等水产养殖动物种质资源评价与筛选,三角帆蚌和池蝶蚌杂交育种,培育出第一个珍珠贝类新品种——康乐蚌。用SSR和SNP构建第一代草鱼遗传连锁图谱,克隆鉴定出一批与草鱼、三角帆蚌、缢蛏等重要养殖动物免疫与生长相关的基因,为分子育种奠定基础。在淡水珍珠蚌种苗繁育、插珠技术、养殖环境调控等关键技术研发方面作出贡献。先后主持"973"前期研究专项、"863"、国家科技支撑计划、国家自然科学基金、国家农业产业技术体系、上海市基础重大等科研项目30余项。在国内外学术刊物上公开发表论文200余篇,其中SCI论文50余篇;申请专利25项,其中授权7项;出版《中国外来水生动植物》《池塘养鱼学》等著作、教材7部。获国家科学技术进步奖二等奖1项、上海市科学技术进步奖一等奖3项。先后获上海市曙光学者、上海市领军人才、上海市优秀学科带头人等荣誉称号。

成永旭(1964.5.10—) 河南济源人,九三学社社员,甲壳动物增养殖和营养繁殖学教授,博士生导师。1981—1985年,就读于河南师范大学生物系。1986—1989年,在上海水产大学水产养殖专业攻读硕士研究生,毕业后任教于河南师范大学生物系。1993年10月,考入华东师范大学生物学系攻读博士学位。1996年,进入厦门大学海洋学博士后流动站工作。1998年10月,任教于上海水产大学。2006年6—10月,在美国史密森海洋环境研究中心进行美国兰蟹的繁殖营养学合作研究。兼任中国甲壳动物学会理事,上海市动物学会、饲料行业协会理事,《上海海洋大学学报》《海洋通报》《水产科技情报》杂志编委。2002年,晋升为教授。同年,入选上海市曙光学者。

成永旭主要从事河蟹养殖和营养繁殖学的教学和研究工作,讲授甲壳动物增养殖学、水产动物营养繁殖学、水产动物健康养殖学等课程,先后承担和参加国家支撑计划、公益性项目,农业成果转化项目,自然科学基金,上海市科委、农委、教委基础重点或科技攻关项目等30余项,发表论文150余篇,编写出版教材1本并获农业部优秀教材奖。曾获国家海洋科技创新奖二等奖、上海市科学技术进步奖二等奖、安徽省科学技术进步奖三等奖等奖项。主持的中华绒螯蟹育苗和养殖关键技术研究和推广项目,获2009年度上海市科学技术进步奖一等奖、2010年度国家科学技术进步奖二等奖。

何世钧(1965.4.16—) 湖北郧县人,中共党员,自动化工程技术教授。2007年起,享受国务院政府特殊津贴。1987年7月,武汉大学物理系毕业后进入河南省科学院应用物理研究所工作。曾任研究室主任、副所长,河南省科学院质量检验与分析测试研究中心主任,河南省科学院高新技术研究中心主任、研究员,兼任河南省自动化工程技术研究中心主任,河南省科学院学术委员会委员,河南工业大学兼职教授,河南省红外技术研究会秘书长、常务理事等职。2000年5月,获西安交通大学硕士学位。2005年9月,获天津大学自动化学院博士学位。2008年5月起,任教于上海海洋大学信息学院。2009年,晋升为教授。

何世钧主要从事自动化技术、计算机技术、传感器技术、先进制造技术的应用研究与开发工作,讲授海洋技术导论、物联网引论、信息技术讲座、名师导航系列讲座等课程,曾先后到日本、白俄罗斯、德国、美国等国家进行学术交流与科技合作,组建成立河南省自动化工程技术研究中心,主持、参加各类省部级以上课题、项目20余项,获省部级科学技术进步奖11项,发表和交流研究论文30余篇,获国家专利4项。1997年,被评为河南省跨世纪学术带头人培养对象。1999年,被河南省委、省政府命名为河南省优秀专家。2000年,获河南省优秀青年科技专家称号。国家科学技术进步奖评审专家。

陈新军(1967.6.16—) 浙江义乌人,中共党员,上海海洋大学海洋科学学院副院长,海洋渔业资源学教授,博士生导师。2010年起,享受国务院政府特殊津贴。1990年,获湛江水产学院海洋渔业专业学士学位。1995年,获上海水产大学渔业资源专业硕士学位后留校任教。2001年,获南京农业大学博士学位。2002年,晋升为教授。兼任国务院学位委员会第六届学科评议组水产组成员,高等学校海洋科学与工程类专业教学指导分委员会委员,上海市学位委员会第四届学科评议组成员,上海科技发展重点领域技术预见专家(社会发展组),中国远洋渔业协会鱿钓渔业技术组组长,东海区渔业资源、环境专家委员会委员,全国水产标准化技术委员会渔业资源分技术委员会,国家远洋渔业工程研究中心副主任,农业部大洋渔业与环境科学观测站站长,大洋渔业资源可持续开发省部共建教育部重点实验室副主任。

陈新军主要从事渔业资源与渔场学教学和远洋鱿钓渔业等研究,讲授渔业资源与渔场学、渔业资源经济学和渔情预报技术等本科生、硕士生和博士生课程。主持海洋渔业科学与技术专业国家级教学团队建设、海洋渔业科学与技术特色专业建设等多项省部级教改项目。主持国家自然科学基金、国家"863"、国家科技支撑等科研项目30多项。获国家科学技术进步奖二等奖1项,省部级科学技术进步奖一等奖3项、二等奖5项、三等奖2项;上海市优秀教材奖一等奖1项;上海市教学成果奖三等奖1项。累计发表论文270多篇,其中SCI收录30篇;出版专著7本,主编教材2本,参编教材2本和辞典1本;申请获得专利14项,软件专著权17项。入选2002年上海市启明星计划、2004年上海市曙光计划、2006年教育部新世纪优秀人才支持计划、2008年上海市曙光跟踪计划、2008年上海市领军人才培养计划、2009年上海领军人才培养计划、2009年新世纪百千万人才工程国家级人选和2010年上海市优秀学科带头人计划。

第三章 人物表、名录

第一节 主要社会兼职人员

表12-3-1　　　　　　　全国人大代表、政协委员一览表

姓名	性别	民族	出生年月日	籍贯	政治面貌	任职情况
朱元鼎	男	汉	1896.10.2	浙江宁波	无党派人士	第二、第三届全国政协委员 第三、五届全国人大代表
孟庆闻	女	汉	1926.11.8	江苏常州	九三学社社员	第六至八届全国政协委员

表12-3-2　　　　　上海市或福建省党代会代表、人大代表与政协委员一览表

姓名	性别	民族	出生年月日	籍贯	政治面貌	任职情况
朱元鼎	男	汉	1896.10.2	浙江宁波	无党派人士	第一至四届上海市人大代表
陈子英	男	汉	1896.10.25	江苏苏州	民盟盟员	第四届上海市政协委员
张友声	男	汉	1907.2.8	上海市	九三学社社员	第五届上海市人大代表 第四届上海市政协委员
陆桂	男	汉	1917.10.14	浙江平湖	无党派人士	第四届福建省政协委员 第六届上海市政协委员
吕美华	男	汉	1921.12.17	四川宜宾	中共党员	第六届上海市政协委员
金有坤	女	汉	1922.1.1	山东德县	中共党员	第四届福建省政协委员
达式奎	男	回	1924.3.24	江苏南京	无党派人士	第九、十届上海市人大代表
谭玉钧	男	汉	1925.10.9	广东台山	九三学社社员	第七、八届上海市政协委员
杨运华	男	汉	1933.3.13	福建平潭	中共党员	中共上海市第四届代表大会代表
王克忠	男	汉	1935.3.21	上海市	民盟盟员	第七、八届上海市政协委员
赵维信	女	汉	1937.11.27	江苏南京	民盟盟员	第七至九届上海市政协委员
沈月新	女	汉	1942.2.7	浙江吴兴	民盟盟员	第九届上海市政协委员
周洪琪	女	汉	1942.2.14	上海市	九三学社社员	第九、十届上海市政协委员
周应祺	男	汉	1943.1.19	浙江定海	中共党员	第十届上海市政协委员
何其渝	女	汉	1943.5.18	福建福州	民盟盟员	第十一届上海市人大代表
管伟康	男	汉	1944.7.17	上海市	九三学社社员	第十一、十二届上海市人大代表
潘迎捷	男	汉	1951.5.8	江苏宝应	中共党员	第九至十一届上海市政协委员

(续表)

姓名	性别	民族	出生年月日	籍贯	政治面貌	任职情况
顾乃达	男	汉	1954.2.1	江苏南通	中共党员	中共上海市第六届代表大会代表
许柳雄	男	汉	1956.8.26	浙江玉环	中共党员	中共上海市第八届代表大会代表
蔡生力	男	汉	1957.5.13	浙江临安	九三学社社员	第十一届上海市政协委员
万 峰	男	汉	1958.11.14	江苏海门	中共党员	中共上海市第七届代表大会代表
程裕东	男	汉	1961.12.26	江苏滨海	民建会员	第十二、十三届上海市人大代表 第十三届上海市人大常委会委员
李家乐	男	汉	1963.7.1	浙江乐清	中共党员	中共上海市第九届代表大会代表
虞丽娟	女	汉	1963.10.15	浙江义乌	中共党员	第十三届上海市人大代表 中共上海市第九届代表大会代表

第二节　享受国务院政府特殊津贴人员

（以姓名笔画为序）

1991—2011年享受国务院政府特殊津贴人员(94人)

丁德文(双聘院士)　马家海　王义强　王　武　王尧耕　王季襄　王英华　王素娟　王道尊
王瑞霞　王锡珩　乐美龙　冯志哲　伍汉霖　孙满昌　朱永兴　朱学宝　纪成林　许柳雄
达式奎　邢华良　严永高　严生良　严伯奋　何世钧　何苏麟　应光彩　张　英　张义良
李元善　李松荣　李思发　李家乐　杨先乐　杨和荃　杨福馨　沈月新　肖树旭　苏锦祥
陆　桂　陆豫根　陈马康　陈　坚　陈新发　陈新军　周应祺　周洪琪　孟庆闻　季星辉
季家驹　林焕章　林辉煌　林雅年　林樟杰(调离)　郑德崇　金有坤　俞鲁礼　姜仁良
施正峰　胡明埕　胡鹤永　赵长春　赵维信　钟为国　骆肇荛　徐世琼　徐森林　桂志成
殷名称　顾景镠　高鸿章　崔建章　戚晓玉　曹德超　梁象秋　章可畏　黄世蕉　黄永萌
黄志斌　黄学壬(调离)　黄金陵　黄硕琳　黄琪琰　童合一　葛光华　葛茂泉　楼允东
詹秉义　臧维玲　蔡完其　谭玉钧　潘宏根　潘迎捷　潘德炉(双聘院士)

第三节　2011年高级专业技术职务人员名录

正高级(110人)

丁卓平　万金庆　马　莹　王世明　王永杰　王永鼎　王成辉　王丽卿　王锡昌　平　瑛
卢　怡　叶　鸣　叶　骏　印春生　印润远　包建强　宁喜斌　成长生　成永旭　吕为群
吕利群　朱清澄　全龙华　刘其根　刘承初　齐亚丽　江　敏　许柳雄　孙　琛　严兴洪
严继舟　李　燕　李柏林　李家乐　杨　红　杨　渭　杨正勇　杨先乐　杨福馨　杨德利
吴开军　吴文惠　吴建农　吴嘉敏　吴燕翔　邱高峰　何世钧　何培民　邹国良　邹曙明
冷向军　汪之和　沙德银　沈和定　宋利明　张　云　张　健　张　敏　张　敏女　张丽珍
张俊彬　张效莉　张继平　陆宏达　陈　明　陈文银　陈兰明　陈舜胜　陈新军　周冬香

周永模　周志刚　周应祺　郑　奕　郑卫东　郑锦荣　赵金良　钟俊生　钟耀广　施志仪
姜启军　袁红春　顾　杰　高　健　高文成　高郭平　唐文乔　陶　妍　黄冬梅　黄轶群
黄硕琳　黄晞建　黄碧蓉　章守宇　韩　军　韩　震　韩庆果　韩兴勇　程裕东　谢　晶
虞丽娟　鲍宝龙　蔡生力　谭洪新　潘连德　潘迎捷　薛俊增　戴小杰　戴习林　魏本力

副高级(259人)

于庆梅　于克锋　万锦康　马旭洲　马晓蔚　王　春　王卫华　王令群　王国强　王明华
王春华　王春晓1　王春晓2　王春燕　王宪怡　王晓静　王爱继　王海涵　王维权　王朝瑾
王　颖　王德兴　车　斌　毛文武　方恒和　孔凡宏　孔庆涛　孔祥洪　甘世红　卢卫平
卢　瑛　叶旭昌　田思泉　白志毅　乐家华　包　斌　包海蓉　冯延群　宁　波　匡兴红
邢云青　邢亚珍　曲映红　曲宪成　朱　骅　朱正国　朱伟伟　朱江峰　朱国平　朱章华
朱善国　华雪铭　刘　军　刘　红　刘　纯　刘　英　刘　浩　刘　源　刘　璇　刘立平
刘至治　刘华楠　刘利平　刘金枝　刘洪生　刘略昌　齐　珮　江卫平　江春华　江崇文
池　涛　许　哲　许四杰　许剑锋　许强华　孙　涛　孙学文　孙晓红　李小勤　李　净
李　莹　李兴华　李军涛　李红时　李怡芳　李承子　李晓晖　李娟英　李强华　杨　卫
杨　昕　杨志刚　杨金龙　杨金权　杨建锋　杨晓明　杨筱珍　杨靖亚　肖　勇　吴子岳
吴旭干　吴维宁　吴惠仙　吴稼乐　岑伟平　何　为　何　清　何　静　何文辉　余克志
邹晓昇　邹晓荣　邹磊磊　汪立平　汪桂玲　沙荣方　沈庆会　沈晓晶　沈　蔚　沈雪达
宋秋红　宋增福　张　帆　张　青　张　健　张　硕　张庆华　张丽芳　张秀梅　张饮江
张金标　张京海　张宗恩　张建新　张俊玲　张海刚　张登沥　张瑞雷　张勤国　张福祥
张慕蓉　陈　鹏　陈　慧　陈　璇　陈　豫　陈乃松　陈立婧　陈再忠　陈廷贵　陈庆海
陈江华　陈林生　陈洪武　陈艳红　陈晓武　陈蕴霞　范晓萍　林文平　林全玲　林建伟
欧　杰　罗永涛　罗汝坤　罗国芝　岳晓华　金　龙　金　晔　金淑芳　周　华　周　建
周　剑　周　然　周汝雁　周颖越　郑建明　郑艳平　郑黎芳　官文江　封金章　赵　玲
赵　勇　胡麦秀　胡　松　胡　鲲　胡忠军　胡金发　俞　渊　施文正　施永忠　姜少杰
姜有声　姜新耀　姚延康　骆解民　袁小华　袁军亭　贾　江　贾　睿　夏　琼　顾乃达
顾士才　顾　湘　钱卫国　钱华美　徐太平　徐　忠　徐　谦　殷曦敏　奚印慈　高小玲
高建忠　高春梅　郭　飞　郭永清　郭亚贞　唐　议　唐建业　涂艳蓉　谈向东　谈鹤玲
陶宁萍　黄旭雄　黄　宏　黄春玉　黄爱民　黄　斐　曹守启　戚　明　龚小玲　龚希章
盛国强　常英立　崔秀芳　康永锋　康明安　梁拥成　梁　遥　葛　艳　葛焰明　董玉来
董民强　董初生　蒋霞云　韩彦岭　傅海金　焦敬伟　温艳萍　谢　堃　赖恩明　雷　桥
管卫兵　管红波　谭春兰　熊中敏　熊振海　滕新贤　霍元子　霍玉秀　霍海波

第四节　教职工名录

一、1913年1月—1915年3月江苏省立水产学校(57人)

丁文江　王承煊　王始泰　方维贤　孔庆莱　叶　山　叶　涛　叶纲宏　叶振家　印佩玉
冯克昌　毕治安　朱乃凤　朱联升　刘善庆　严善宝　李文蔚　李东苓　杨敷庆　时雄飞
吴　禺　吴人英　吴家高　吴家熙　邱振武　何勋龄　何　超　狄詠棠　张　艺　张　镠

张世雄	张近枢	张鉴江	陈传德	陈庆云	金文倬	庞 淞	赵 宪	赵元樑	胡保良
秦 沅	夏清馥	钱 江	钱时霖	徐日堃	徐益彬	黄守恒	黄国芳	黄彬琳	曹文渊
曹惠群	曹镜澄	章以万	葛承德	蒋恩镐	程其达	童善康			

二、1922年江苏省立水产学校（41人）

王 寿	叶 涛	田 堃	冯启程	吕云彪	朱金铭	庄季成	刘善庆	孙克钜	苏以义
苏孙桂	杨树恒	吴金祥	何劲龄	邹应荔	沙玉嘉	沙惠嘉	沈宗龙	宋复九	张 镠
张文耀	陆其仁	陈廷熙	陈厚载	陈谋琅	陈椿寿	金文焕	金志铨	郑翼燕	屈如干
赵元樑	侯朝海	施保昌	姜长庆	秦 沅	秦宝鑫	顾兆熊	钱承模	唐秉堃	蒋恩镐
樊汝霖									

三、1949年上海市立吴淞水产专科学校（39人）

王以康	王仲康	王兆隆	王贻观	王敦序	车颐轩	石毓彬	冯顺楼	叶思九	朱敏政
刘景汉	寿振黄	李东芗	李星颉	杨正青	杨汝梅	杨树恒	吴惊宇	宋 平	张友声
张楚青	陈仲平	陈企明	陈宗惠	陈谋琅	易优才	罗必寿	金 炤	周 镕	侯朝海
侯毓汾	施磐石	秦铮如	高锡臣	彭海林	蒋棣华	程纯枢	曾经五	路 俨	

四、1951年第一学期上海水产专科学校（110人）

于本楷	王 刚	王士璠	王文锐	王以康	王玉堂	王裕华	车颐轩	方 原	方 新
叶思九	冯志哲	冯顺楼	曲仲湘	吕举鳌	朱锡祥	朱慕唐	伍俊华	任岢生	华汝成
刘列夫	刘治亭	刘祥梅	刘琴宗	刘景汉	刘景琦	安 庆	许玉赞	孙宝璐	孙洁黄
纪家笙	苏永良	李友珍	李东芗	肖树旭	吴小生	吴义兴	吴惊宇	沈凤林	沈彩英
张乙鸣	张友声	张丹如	张先和	张振庸	张曼维	张楚青	张福元	陆元宪	陆志清
陆秉丞	陆 桂	陈子元	陈立义	陈西平	陈志法	陈希声	陈根生	陈嘉栋	林亨嘉
林念庚	林新灈	欧天健	金骏祥	周复盦	赵 兴	禹如琪	侯朝海	俞之江	饶钦止
施鼎钧	施磐石	姜渭清	姚阿二	贺文秀	骆肇荛	袁 昂	顾大铭	顾文波	顾金彪
钱 钟	钱俭约	钱震春	徐学书	翁斯鑑	高鸿章	高锡臣	唐崇基	黄亚成	黄志斌
黄国樑	黄金陵	曹尔炜	龚雅云	葛守真	蒋友堂	蒋忠英	蒋钟祺	谢伯寅	雷兴翰
雷思云	路 俨	蔡无忌	蔡邦杰	蔡邦俊	臧德新	潘名高	戴志斌	戴美芳	魏德治

五、1952年上海水产学院（186人）

于本楷	马少甫	马家有	马燮芳	尤学媇	方 原	方 新	方忠诰	王 刚	王义强
王士璠	王小根	王文锐	王月斋	王以康	王玉堂	王丕伦	王尧耕	王家俊	王贻观
王裕华	王嘉宇	王嘉琳	田继周	车颐轩	冯 刚	冯志哲	白力行	白嵩山	任响生
伍骏华	庄彭年	刘治亭	刘景琦	刘琴宗	刘德仪	华汝成	吕举鳌	孙 超	孙西岩
孙宝璐	朱九如	朱元鼎	朱锡祥	朱慕唐	纪家笙	吴小生	吴兴义	宋镇圻	严善良
张乙鸣	张义良	张大生	张子康	张丹如	张友声	张令江	张永祥	张菡初	张欣然
张鸣谦	张济扬	张家农	张楚青	张福元	李友珍	李淑英	李集成	季家驹	杨 文
杨亦智	杨作强	杨秉赓	杨载庚	杨毓大	沈 毅	沈金鳌	沈宝桢	沈彩云	沈惠民

肖树旭	肖福霈	苏永良	苏永富	陆 桂	陆元宪	陆志庆	陆秉丞	陆销耆	陈子英
陈立义	陈志发	陈再兴	陈挺之	陈泽珍	陈根生	汤一璋	周春筱	周復盦	林亨嘉
林念庚	林焕章	林新濯	郑 刚	欧天健	范恂如	项启纲	侯朝海	俞之江	祝皓明
姚阿二	姜在泽	姜渭清	施永昌	施鼎钧	施磐石	禹如琪	胡笑波	胡鹤永	贺文秀
赵 兴	赵振宇	钟正高	钟东篱	钟景画	骆启荣	骆肇荛	唐崇基	夏启裕	徐志言
徐迂亭	徐学书	徐圣通	秦炳勳	翁斯鑑	袁 昂	袁雪蕾	谈家桢	钱 钟	钱俭约
钱震春	陶延桥	顾大铭	顾文波	顾金彪	顾根荣	高鸿章	高锡臣	曹一华	曹尔炜
黄亚成	黄志先	黄志斌	黄国樑	黄金陵	黄宝兴	黄配伦	黄锡昌	龚雅云	麻天雄
董凤仙	董阿发	蒋 凯	蒋 坤	蒋有堂	蒋忠英	蒋性均	蒋钟祺	谢伯寅	韩家学
雷思云	路 俨	缪学祖	臧德新	廖昌时	蔡无忌	潘名高	潘宗岳	潘宝生	潘家秀
薛颂棠	戴岂心	戴志斌	戴坤荣	戴美芳	魏德治				

六、1965 年上海水产学院（638 人）

丁雨苍	丁维明	卜文虎	于兰欣	于淑杰	于维华	马子烈	马少甫	马文苑	马有芬
马荷英	马凌云	王 刚	王 武	王 霈	王士璠	王大钧	王小根	王义强	王云章
王仁昌	王玉堂	王永祥	王亚虹	王尧耕	王则忠	王志顺	王克忠	王怀信	王阿连
王国昌	王昌如	王季襄	王欣宁	王学忠	王荣生	王树业	王贻观	王素娟	王甡林
王浩辛	王家臣	王萃珍	王逸妹	王维德	王道尊	王裕华	王瑞霞	王锡珩	王嘉宇
开 疆	韦义辉	尤仁麟	尤学源	尤鸿干	车茂隆	车明雯	车颐轩	毛文琴	毛玉英
毛泰祥	毛震华	方 原	方纪祖	方良源	方忠诰	方金大	尹文娟	孔庆云	石 镛
石树奋	卢秀清	卢道友	叶荣明	田仁珠	田林宝	史维一	白嵩山	印志平	乐国珍
乐美龙	包成章	冯志哲	邢华良	达式奎	昌寿生	吕美华	朱 斌	朱九如	朱元美
朱元鼎	朱文辉	朱则铭	朱行素	朱庆澜	朱明胜	朱忠德	朱学宝	朱桂娣	朱颂虞
朱家彦	朱富强	乔树荣	乔海祥	伍文娥	伍俊华	任为公	任庚福	华汝成	华莉珍
刘 忠	刘 铭	刘凤贤	刘以钫	刘玉芳	刘玉英	刘正雁	刘庆年	刘怀庆	刘治亭
刘宠光	刘荣章	刘美珍	刘冠伦	刘根山	刘爱珍	刘景琦	刘德仪	江维琳	汤银令
许为群	许正英	许顺干	许振义	许家琦	许塑新	孙世昌	孙西岩	孙如海	孙阿海
孙其焕	孙宝璐	孙宗杰	孙泰来	孙晋声	孙家骞	牟起厚	纪成林	纪家笙	严生良
严永高	严伯奋	严善良	劳治声	肖树旭	苏人达	苏永富	苏锦祥	李大钊	李大敏
李广贤	李子义	李元善	李友珍	李中一	李业余	李亚娟	李庆民	李芳兰	李克敏
李宏德	李松寿	李松荣	李国诚	李秉道	李金全	李宝田	李宗全	李思发	李恭鹏
李爱美	李清诚	李鸿杰	李鸿鑫	李婉端	李斯大	李雅飞	李道恒	李瑞春	李锦才
杨 枢	杨天锡	杨友发	杨允武	杨允莊	杨立威	杨亦智(大规一枝)	杨运华	杨作强
杨补林	杨和荃	杨春圃	杨爱华	杨喆甡	杨锡珍	杨德厚	杨德康	杨凝碧	吴 馥
吴士濂	吴大有	吴小生	吴子昌	吴开如	吴云霞	吴凤城	吴世铭	吴有为	吴兴义
吴佩仁	吴金财	吴秋麟	吴淑英	吴锦天	邱华庭	何 铨	何 敏	何克诚	何苏麟
何卓兰	何浩然	余邦涵	余寿岳	邹金陵	应光彩	汪天生	汪妙强	汪养林	汪婉蓉
沈 毅	沈士兴	沈月新	沈玉南	沈延冠	沈志山	沈定南	沈富连	忻秀丽	忻松庭
忻善庆	忻聚兴	忻蕙芳	宋大元	宋天复	宋丽英	沈宝桢	宋明亭	宋承芳	宋鸿炳

宋德芳	张 英	张乙鸣	张士芳	张义良	张义和	张子康	张友声	张丹如	张文郁
张世美	张令江	张礼德	张成明	张伟民	张克俭	张杏英	张足纹	张财根	张武宁
张欣然	张荫乔	张顺泰	张宪成	张素卿	张润珠	张家农	张家良	张菡初	张道南
张媛溶	张锡艺	张锡荣	张毓人	张增明	张德兴	张德荣	陆 桂	陆元宪	陆世荣
陆伟民	陆进发	陆志平	陆志明	陆忠英	陆和清	陆秉丞	陆宝棣	陆家机	陆敏之
陆惠琴	陆豫根	陈 伟	陈 克	陈 坚	陈 钦	陈 曦	陈大君	陈大明	陈亿敬
陈子英	陈马康	陈为发	陈玉英	陈正馨	陈令来	陈西平	陈成珍	陈兆祥	陈冰兰
陈志发	陈克华	陈丽月	陈林生	陈林新	陈叔文	陈国宜	陈泽珍	陈宝瑜	陈春波
陈荣道	陈剑扬	陈桂章	陈雪雷	陈道惠	陈瑞祥	陈锡旸	陈新法	陈慧珍	陈霖海
邵文豪	邵桂芬	范国英	茅贵华	林永芳	林轩波	林亨嘉	林纬华	林其明	林念庚
林根莲	林益泰	林焕章	林雅年	林辉煌	郁亚芗	郁蕴琦	欧月爱	卓文连	季同富
季秀娟	季星辉	季炳生	季恩溢	季爱君	季家驹	季黎平	金有坤	金厚卿	金康钰
金鑫贤	周小红	周永年	周华云	周丽丽	周坚白	周应祺	周昌栋	周春筱	周洪琪
周祝庭	周致达	周竞生	周雅珍	周腊妹	周裕国	周筱林	周碧云	郑 刚	郑 君
郑元维	郑德崇	孟庆闻	赵 玲	赵木根	赵长春	赵凤仪	赵振宇	赵维信	赵森林
赵曾熹	赵颖熙	郝如祥	荆德生	胡友庭	胡文伟	胡明埻	胡恒常	胡笑波	胡谒绥
胡善臻	胡谟迏	胡鹤永	柳 财	柳传吉	柳传庆	钟为国	钟若英	钟荣华	钟展烈
钟锦画	段润田	禹如琪	侯英凯	侯家财	俞 云	俞之江	俞受稼	俞钦周	俞泰济
俞桂彬	俞鲁礼	施 彬	施正峰	施永昌	施邦范	施存富	施锦才	姜仁良	姜在泽
姜焕章	姜渭清	姜镕生	洪本芝	洪惠馨	祝皓明	费 镛	费顺初	费鸿德	姚来富
姚阿二	姚果琴	姚崇永	姚超琦	骆肇荛	秦炳勳	袁雪蕾	袁德宝	桂志成	贾詠美
夏凤仪	夏志祥	夏启裕	夏定珠	原淑兰	顾文波	顾正兴	顾功超	顾兰英	顾根宝
顾浩年	顾海泉	顾鸿友	顾景镠	顾福珍	柴全兴	钱 钟	钱惠倩	钱嘉英	钱震春
倪乃元	倪文广	徐大富	徐仁善	徐文达	徐世琼	徐圣通	徐志言	徐志球	徐轩成
徐迈亭	徐阿中	徐学书	徐修庆	徐美娟	徐振贵	徐森林	徐道端	徐毓芬	殷名称
翁忠惠	翁斯鑑	凌国建	高 山	高鸿章	高富兰	高锡臣	郭 明	郭大钧	郭大德
郭恒达	郭载义	郭祥荣	席与恒	唐士良	唐玉顺	唐林兰	唐崇基	谈红宝	谈维思
谈瑞霞	陶 贡	陶祥庆	陶景罗	黄世蕉	黄永萌	黄亚成	黄志先	黄志斌	黄丽贞
黄国樑	黄明祥	黄佩雯	黄金陵	黄宝兴	黄建平	黄顺娣	黄淑贞	黄琪琰	曹开根
曹少璞	曹尔炜	曹志荣	曹金花	曹宝玲	曹珍楠	曹信友	曹根妹	龚云岫	龚雅云
盛灵芝	崔建章	崔槐青	麻天雄	章可畏	章志强	章景荣	梁克政	梁杏珍	梁象秋
屠友发	屠秀菊	葛沪生	葛茂泉	葛慧娟	董凤仙	董阿发	董其弗	董振华	蒋 鲲
蒋士明	蒋冬青	蒋有堂	蒋忠英	蒋新民	韩友生	韩家学	韩景清	程郁周	程泰圻
傅占先	傅定汉	舒灵芝	舒根茂	童合一	童瑞璜	曾宪礼	曾焕堂	曾裔昂	谢礼旭
谢伯寅	谢政强	谢敏珠	楼允东	楼茂生	雷慧僧	虞冰如	路 俨	詹庆成	詹秉义
鲍国雄	蔡文霞	蔡廷勳	蔡伯雄	蔡完其	蔡和麟	蔡学廉	蔡维元	蔡群玉	臧维玲
臧德新	廖昌时	谭玉钧	谭赞铎	缪学祖	滕永堃	滕志贞	薛国汉	薛颂棠	穆宝成
戴秀丽	戴秀珍	戴殿锦	魏菊花	魏廉清	魏德治	魏鹤声	籍庆云		

七、1978年厦门水产学院(980人)

丁维明	于兰欣	于淑杰	于维华	马子烈	马文苑	马亚多	马荣和	马家海	马家琰
马荷英	马楼德	孔庆云	孔繁柱	孔繁彬	尤仁麟	尤钦赐	尤鸿干	尹文娟	开 疆
方 原	方纪祖	方金大	方惠玲	毛太祥	毛文琴	毛玉英	毛春发	毛震华	王 武
王 洛	王 恺	王 霏	王义亭	王义强	王士璠	王大钧	王小根	王云昇	王云章
王仁敬	王允澄	王文旋	王民辉	王亚虹	王传国	王光春	王尧耕	王克忠	王怀信
王怀晖	王阿红	王和平	王国平	王国昌	王季襄	王学忠	王建民	王建立	王建群
王昌如	王细法	王英能	王济生	王荣生	王浩辛	王益村	王素君	王素娟	王维德
王萃珍	王逸妹	王道尊	王瑞兰	王瑞霞	王锡珩	王聚仁	王肇基	车明雯	韦义辉
乐 铭	乐国珍	乐澄清	付兰芬	付承基	冯志哲	冯炳华	冯筱英	包成章	卢佳水
卢景申	卢道友	史维一	叶日偿	叶亚涛	叶江滨	叶自文	叶国全	叶怡美	叶雨时
叶美萍	叶基恩	甘学礼	田 菁	田仁珠	田林宝	白秀环	石 镛	石树奋	乔树荣
任为公	任恢兴	任庚福	伍文娥	伍汉霖	伍稷芳	刘 忠	刘 英	刘 铭	刘一涵
刘凤贤	刘文博	刘正雁	刘玉芳	刘在树	刘如顺	刘贞民	刘孝熙	刘怀玉	刘宠光
刘冠伦	刘玲仪	刘振銮	刘培辉	刘淑英	刘淑霞	华汝成	华静娥	印志平	吕美华
孙世昌	孙玉洁	孙佩芳	孙其焕	孙宗杰	孙建华	孙金仲	孙晋声	孙泰来	孙满昌
庄玉英	庄材琴	庄建基	庄明尧	朱 斌	朱 琳	朱九如	朱义床	朱元美	朱元鼎
朱文辉	朱仲嘉	朱庆澜	朱行素	朱学宝	朱忠德	朱明胜	朱家彦	朱爱芳	朱颂虞
朱银翠	朱富强	朱雅萍	朱慧月	江 仁	江进顺	江维琳	江舜成	江福来	汤大海
牟起厚	纪成林	纪荣兴	纪家笙	许为群	许天赐	许长城	许丕演	许正英	许伍习
许兴辉	许经煌	许顺干	许家琦	许振义	许振元	许维香	许翌新	许瑞芬	许锦宗
许锦顺	达式奎	邢华良	齐书香	齐兰丰	齐正才	严永高	严生良	严伯奋	严善良
何 敏	何 铨	何克诚	何苏麟	何其渝	何卓兰	何金顺	何浩然	何敏生	余 川
余汉群	余邦涵	余寿岳	余昌汉	余爱民	余德恭	劳治声	吴 馥	吴九荷	吴士濂
吴大有	吴大斌	吴子昌	吴云霞	吴友义	吴世铭	吴世禄	吴玉清	吴亚河	吴兴义
吴庆俊	吴有为	吴明川	吴明泉	吴松柏	吴金财	吴青山	吴俊士	吴美云	吴健强
吴淑英	吴维茂	吴雪珍	吴慈敏	吴锦太	宋天复	宋承芳	宋培德	宋鸿炳	应光彩
张 英	张乙鸣	张义良	张义和	张士芳	张子康	张文郁	张文彬	张文富	张月美
张水生	张世美	张令江	张玉秀	张玉树	张伟民	张成明	张丽娟	张克俭	张启鸿
张财根	张足纹	张其东	张国华	张国瑞	张建一	张建文	张建全	张建华	张林娣
张春才	张柳絮	张相国	张荫乔	张顺泰	张家智	张振华	张润珠	张素卿	张婉溶
张彩兰	张梅华	张添福	张银兴	张惠嵘	张渝民	张道南	张新民	张鉴和	张锡艺
张锡荣	张毓人	张碧泉	张德兴	张德荣	张赞妹	忻松庭	李 哲	李 涌	李大敏
李子义	李元善	李友珍	李天生	李正萍	李亚娟	李孙忠	李庆民	李吟秋	李沧浪
李秀兰	李芳兰	李国城	李定助	李松寿	李松荣	李河川	李秉道	李金狮	李庭兴
李思发	李柳川	李树青	李恭鹏	李婉端	李淡秋	李清诚	李鸿杰	李斯大	李登桓
李道恒	李雅飞	李福振	李锦才	李漫林	李德郁	杜丕昌	杜鹏端	杨 枢	杨允庄
杨允武	杨天锡	杨功川	杨民权	杨永泉	杨亚玉	杨丽红	杨作强	杨运华	杨和荃
杨建陵	杨建新	杨俊法	杨春圃	杨荣春	杨恭文	杨爱华	杨喆甡	杨锡珍	杨德厚

杨德康	杨凝碧	杨燕朝	杨璧南	汪天生	汪妙强	汪婉蓉	汪翠美	沈文辉	沈月新
沈玉南	沈如吉	沈妙林	沈志山	沈定南	沈俊生	沈根媛	沈煌华	肖 苏	肖 蓉
肖际平	肖饮池	肖京娜	肖坤勇	肖树旭	苏乌金	苏永添	苏合海	苏庆良	苏国富
苏宗文	苏明月	苏胜龙	苏振卿	苏清标	苏锦祥	苏锦裕	连文炎	连玉梅	邱则煌
邱庭湖	邱继文	邵桂芬	邹元发	邹金菱	闵筱珍	陆 桂	陆 敏	陆伟民	陆志平
陆志明	陆和清	陆宝棣	陆忠英	陆秉丞	陆家机	陆惠琴	陆豫根	陈 伟	陈 克
陈 坚	陈 钦	陈 铭	陈 瑾	陈一章	陈乃训	陈亿敬	陈大君	陈大明	陈马康
陈中华	陈为发	陈云惠	陈凤龙	陈天气	陈天怀	陈天养	陈文生	陈文旺	陈文森
陈文裕	陈木荣	陈火星	陈邓曼	陈令来	陈正馨	陈永国	陈永星	陈玉成	陈玉进
陈亚包	陈亚全	陈亚兴	陈兆祥	陈同兴	陈在根	陈存林	陈尖头	陈庆水	陈百家
陈邦俊	陈丽月	陈丽霞	陈克华	陈志良	陈志荣	陈志雪	陈志强	陈灿忠	陈秀玉
陈秀卿	陈秀清	陈良策	陈佳荣	陈国兴	陈国华	陈国宜	陈国欣	陈国玲	陈国瑞
陈宝塔	陈忠忍	陈忠南	陈承宗	陈明义	陈明发	陈明福	陈林新	陈泽珍	陈贤捷
陈金塔	陈剑扬	陈品健	陈宣藩	陈树志	陈美华	陈美丽	陈美君	陈荣道	陈重艺
陈振仁	陈振福	陈晚生	陈耿超	陈培长	陈培兰	陈培芬	陈清乖	陈章枏	陈著伟
陈跃庆	陈雪雷	陈鸿博	陈朝兴	陈联熙	陈裕宗	陈超群	陈道惠	陈新生	陈新法
陈瑞农	陈瑞荣	陈瑞祥	陈锡旸	陈锦贵	陈鹏忠	陈德楷	陈德蓉	陈慧珍	陈镇光
陈震波	陈耀亮	卓永连	周 钰	周小红	周以俭	周永年	周华云	周坚白	周应祺
周志美	周宜昌	周昌栋	周春筱	周昭曼	周洪琪	周祝庭	周竞生	周致达	周敏遥
周鸿仪	周裕国	周雅珍	周碧云	孟庆闻	季同富	季秀娟	季星辉	季家驹	季恩溢
季爱君	庞德欣	房伟宜	林 菊	林小琼	林长汀	林世麟	林永芳	林永勤	林成景
林亨嘉	林启禅	林宏国	林志英	林谷园	林轩波	林其明	林国芬	林宗鹏	林定国
林念庚	林松令	林美汝	林贻民	林顺凯	林根莲	林润德	林益泰	林请溪	林商埔
林培元	林焕章	林鸿云	林晴炎	林超红	林辉煌	林雅年	林瑞宜	林跨水	林锦荣
林璋瑚	林聪荣	欧月爱	欧龙兴	欧阳惠聪		罗莉华	范国英	茅贵华	郁亚芗
郁蕴琦	郑 君	郑中培	郑元维	郑元鼎	郑开成	郑木思	郑玉芸	郑亚珠	郑孝树
郑金宝	郑爱玉	郑珠珠	郑起尚	郑朝栋	郑德崇	金一强	金正祥	金有坤	金丽华
金国英	金善芳	金鑫波	金鑫贤	侯建忠	侯英凯	侯家财	俞 云	俞之江	俞受稼
俞钦周	俞桂彬	俞泰济	俞鲁礼	姚来富	姚果琴	姚崇永	姚野妹	姚超琦	姜仁良
姜在泽	姜秀英	姜渭清	姜镕生	施 安	施 浩	施 彬	施天恩	施正峰	施永昌
施存富	施酉英	施能阚	施锦才	施静英	柯永礼	柯亚美	柯国瑞	柯茂松	柯贤岱
柳 才	段润田	洪乃仁	洪占辉	洪本芝	洪刘池	洪吉民	洪在全	洪居正	洪建钮
洪金叶	洪真金	洪惠馨	洪锡棋	胡文伟	胡石柳	胡芳兰	胡国萍	胡明堉	胡恒常
胡娥英	胡晏枝	胡晓军	胡笑波	胡善臻	胡晴波	胡谟遂	胡嗣珍	胡鹤永	胥明珠
费保庆	费鸿德	赵 力	赵 玲	赵丁新	赵木根	赵长春	赵杏田	赵维信	赵森林
赵颖熙	钟为国	钟若英	钟荣华	骆 忠	骆炳谦	骆朝泉	骆肇尧	倪文广	凌国建
原淑兰	唐士良	唐玉顺	唐春梅	夏凤仪	夏启裕	夏致祥	席与恒	徐仁圣	徐仁善
徐文达	徐世琼	徐礼永	徐志言	徐轩成	徐学书	徐组鋆	徐美娟	徐振贵	徐森林
徐道端	徐筱蓉	柴全兴	桂志成	殷名称	殷肇君	涂西池	秦文瑜	秦炳勋	翁丽英

翁忠惠	翁惠端	翁鑫柏	袁海山	袁德宝	谈维思	谈瑞霞	郭 明	郭 斌	郭 愿
郭大钧	郭大德	郭江山	郭明枢	郭明速	郭修坚	郭振东	郭祥荣	郭跃文	郭智利
郭港河	郭戴义	钱 健	钱永贵	钱惠倩	陶 贡	陶祥庆	顾文锦	顾兰英	顾功超
顾正兴	顾松林	顾美英	顾浩年	顾鸿友	顾景镠	顾福珍	高 山	高双波	高永明
高志清	高素霞	高铭深	高富兰	高德安	崔京南	崔建章	崔槐青	旋能沛	曹少璞
曹志荣	曹宝玲	曹迭云	曹金花	曹信友	曹珍楠	曹慧君	梁克政	梁象秋	盛灵芝
章可畏	章志强	章宝惠	章景荣	麻天雄	黄 精	黄山君	黄元武	黄友龙	黄火盛
黄世忠	黄世蕉	黄付宗	黄永萌	黄永辉	黄亚成	黄亚君	黄印河	黄贞虎	黄丽贞
黄位令	黄启明	黄志先	黄志明	黄志斌	黄秀卿	黄佩雯	黄奇琪	黄宝兴	黄建平
黄拔泉	黄明祥	黄金陵	黄奕对	黄家伦	黄振兴	黄添富	黄清畅	黄维仕	黄琪琰
龚云岫	傅占先	傅孙卿	傅特严	傅维英	傅德顺	彭小维	曾文新	曾水木	曾长江
曾永远	曾亚雄	曾尚水	曾宪礼	曾重庆	曾家颜	曾焕八	曾焕堂	曾联成	曾德星
游和祥	程郁周	程泰圻	程榕秋	童合一	童瑞瑛	舒筠清	葛 策	葛光华	葛茂泉
葛维香	董凤仙	董永桂	董其莆	董振华	董群勇	蒋冬青	蒋传参	蒋有堂	蒋忠英
蒋素卿	蒋荷珍	蒋跃兴	蒋福得	谢礼旭	谢有凤	谢邦华	谢政强	谢美珠	谢胜安
谢敏珠	谢绵成	韩友生	韩景清	楼允东	楼茂生	虞冰如	詹庆成	詹秉义	赖世华
赖平生	赖亦水	赖亦楚	雷崇铭	雷慧僧	鲍亚兴	鲍国雄	廖 亮	廖昌时	缪学祖
翟国环	臧维玲	蔡马寿	蔡文霞	蔡长平	蔡长益	蔡廷勋	蔡丽娜	蔡伯雄	蔡完其
蔡良全	蔡和麟	蔡国良	蔡学廉	蔡奕钦	蔡振兴	蔡维元	蔡群仙	蔡碧莲	谭玉钧
谭赞铎	滕永堃	潘水达	潘水员	潘世清	潘庆春	潘起元	颜中艺	颜章票	薛 毅
薛炉山	戴秀丽	戴秀珍	戴殿锦	魏丁明	魏克美	魏苏沪	魏菊花	魏德治	魏鹤声
籍庆云									

八、1985年上海水产大学(929人)

丁建平	丁维明	万 峰	于兰欣	于淑杰	于维华	马 骊	马子烈	马文苑	马亚多
马如飞	马家海	马家琰	马荷英	马馨铭	仇志宝	卞 炜	卞建林	孔庆云	尤仁麟
尤鸿干	尹文娟	开 疆	方 向	方 菲	方纪祖	方金大	方信康	毛小英	毛太祥
毛文琴	毛玉英	毛震华	王 伟	王 武	王 珍	王 晓	王 晶	王 恺	王 霏
王义亭	王义强	王卫华	王士璠	王大弟	王大钧	王小根	王永鼎	王立奋	王立明
王亚虹	王伟梁	王传国	王传诗	王尧耕	王克忠	王志庆	王国昌	王国强	王季襄
王学忠	王建民	王建青	王昌如	王金成	王春浩	王荣生	王晓光	王浩辛	王牲林
王益村	王素君	王素娟	王维权	王维德	王逸妹	王惠莉	王道尊	王瑞霞	王锡昌
王锡珩	王增先	王德生	车明雯	邓 洪	邓伯仁	韦义辉	乐延朗	乐国珍	乐美龙
仝爱庆	冯 媛	冯兆平	冯志哲	包成章	包建强	卢 乔	卢卫平	卢道友	史济奎
史维一	叶 时	叶 鸣	叶一梅	叶宜红	叶诚权	叶宪年	司徒乔笙		平 瑛
甘艳萌	田仁珠	田巧琴	田林宝	石 镛	石树奋	石通达	乔树荣	任为公	任庚福
任明荣	伍文娥	伍可好	伍汉霖	伍稷芳	刘 力	刘 红	刘 忠	刘 昕	刘 铭
刘凤贤	刘长安	刘正华	刘玉芳	刘亚林	刘如顺	刘丽燕	刘国静	刘学振	刘建华
刘冠伦	刘玲仪	刘家菊	刘振銮	刘根宝	刘根娣	刘梅芳	刘淑霞	华 健	华静娥

印体美	印志平	吕长富	吕立群	吕美华	孙 范	孙广文	孙云龙	孙太来	孙世昌
孙兰芳	孙玉洁	孙佩芳	孙其焕	孙宗杰	孙晋声	孙鲁浙	孙满昌	孙德强	庄朱明
成长生	朱 泓	朱 烨	朱 斌	朱 琳	朱 镜	朱九如	朱元美	朱元鼎	朱文辉
朱水根	朱正国	朱永兴	朱庆澜	朱行素	朱启明	朱迎国	朱学宝	朱忠德	朱明胜
朱家彦	朱爱芳	朱银翠	朱富强	朱雅萍	朱慧月	江维琳	汤银令	牟 阳	牟起厚
纪成林	纪家笙	衣洪生	许 洪	许正英	许国胜	许春荣	许柳雄	许顺干	许家琦
许振义	许维香	许塑新	许瑞芬	许耀强	达式奎	邢华良	严文炜	严永高	严生良
严伯奋	严善良	严雅玲	何 希	何 怡	何 敏	何 铨	何玉明	何丽华	何克诚
何苏麟	何其渝	何卓兰	何国强	何浩然	何敏生	余邦涵	吴 勉	吴 蒙	吴 馥
吴九荷	吴万田	吴大有	吴子昌	吴云霞	吴少萍	吴世铭	吴正东	吴申宝	吴有为
吴有益	吴建中	吴金财	吴春明	吴炯华	吴淑英	吴雪珍	吴联彬	吴雅玲	吴嘉敏
宋天复	宋龙官	宋丽英	宋承芳	宋崇桃	宋鸿炳	岑伟平	应 平	应光彩	张 向
张 帆	张 岑	张 英	张 荣	张 敏1	张 敏2	张 萍	张 燕	张乙鸣	张义良
张义和	张士芳	张大鸣	张大镛	张小平	张凤珍	张文郁	张月花	张世美	张冬富
张伟民	张丽蕊	张克俭	张财根	张财富	张足纹	张饮江	张京海	张国华	张国宏
张国瑞	张宝全	张宝善	张建华	张忠海	张林娣	张英培	张相国	张荫乔	张觉申
张钟兴	张顺泰	张晓东	张润珠	张继平	张梅华	张婷婷	张媛溶	张朝平	张道南
张新民	张福祥	张蓓蓉	张锡艺	张锡荣	张锦心	张毓人	张德兴	张德荣	忻松庭
李 虹	李 晔	李 森	李大敏	李子义	李小雄	李元善	李凤娣	李友珍	李亚娟
李庆民	李克敏	李吟秋	李秀兰	李国诚	李松寿	李松荣	李秉道	李勃恩	李思发
李洪芳	李恭鹏	李振炜	李婉端	李淡秋	李清诚	李维祥	李鸿杰	李惠芝	李斯大
李道恒	李雅飞	李锦才	李鹤年	杨 红	杨 妍	杨 枢	杨 韵	杨小平	杨允庄
杨天锡	杨世明	杨伟平	杨军华	杨作强	杨运华	杨和荃	杨建本	杨建陵	杨勇强
杨春圃	杨荣春	杨爱华	杨喆牲	杨锡珍	杨德厚	杨德康	杨凝碧	杨燕朝	汪天生
汪妙强	汪婉蓉	沈 辉	沈月新	沈丽君	沈妙林	沈志山	沈定南	沈金鳌	沈根媛
沈雪达	沈锡江	沙慧敏	肖 蓉	肖英杰	肖树旭	苏亚良	苏锦祥	邵 玲	邵 铭
邵桂芬	邹 权	邹介平	邹金陵	邹荣忠	闵筱珍	陆 赤	陆 桂	陆 敏	陆伟民
陆宏达	陆志平	陆志明	陆和清	陆国豪	陆宝棣	陆忠英	陆秉丞	陆祖琴	陆惠琴
陆葆泰	陆豫根	陈 伟	陈 克	陈 坚	陈 宏	陈 杰	陈 玮	陈 洁	陈 健
陈 然	陈 瑜	陈 慧	陈 曙	陈一心	陈乃松	陈卫芳	陈大君	陈小山	陈马康
陈天洪	陈文伟	陈文银	陈邓曼	陈令来	陈正馨	陈汉章	陈仲英	陈兆祥	陈再兴
陈冰兰	陈丽月	陈丽霞	陈克华	陈志华	陈国宜	陈林新	陈泽珍	陈信平	陈剑扬
陈荣道	陈桂庆	陈跃青	陈雪怡	陈雪雷	陈舜胜	陈道惠	陈蓝苏	陈新生	陈新法
陈献珠	陈瑞娟	陈瑞祥	陈锡旸	陈毓生	陈德蓉	陈慧珍	陈蕴霞	陈燿青	麦志光
卓永连	单芝萍	周 红	周 钰	周 敏	周 萍	周 程	周小红	周小宝	周文英
周以俭	周平凡	周正劭	周永年	周甲华	周军民	周华云	周坚白	周应祺	周志美
周国良	周宜昌	周昌栋	周林生	周金珊	周春筱	周昭曼	周洪琪	周祝庭	周祝峰
周致达	周敏遥	周鸿仪	周惠平	周雅珍	周新卫	周颖越	周碧云	国庆志	孟庆闻
季秀娟	季星辉	季津飞	季家驹	季恩溢	林文平	林永芳	林志英	林轩坡	林京渊

林其明	林国芬	林国强	林宗鹏	林念庚	林俊达	林济时	林益泰	林焕章	林鸿章
林辉煌	林雅年	欧月爱	泮益才	罗其智	罗建纲	罗建学	罗莉华	范国英	范晓萍
范锦海	茅贵华	郁亚乡	郁志勇	郁蕴琦	郁黎平	郑 军	郑 君	郑元维	郑孝树
郑爱玉	郑德崇	郑黎芳	金 三	金正祥	金有坤	金丽华	金国英	金善芳	金鑫波
金鑫贤	侯英凯	侯家财	侯靖欧	俞 云	俞 芳	俞 政	俞受稼	俞桂彬	俞泰济
俞鲁礼	姚 频	姚来富	姚果琴	姚剑平	姚贵林	姚崇永	姚野妹	姚超琦	姜仁良
姜在泽	姜宏伟	姜秀英	姜建强	姜渭清	姜熔生	施云兵	施正峰	施民安	施永昌
施生官	施存富	施酉英	施锦才	施静英	段润田	洪本芝	洪彩珍	胡云祥	胡友庭
胡文伟	胡以明	胡光民	胡米佳	胡国萍	胡怡明	胡明埍	胡恒常	胡根大	胡笑波
胡善臻	胡谟逮	胡嗣珍	胡蝉青	胡蕴茜	胡鹤永	胥明珠	费鸿德	贺慈龙	赵 力
赵 丰	赵 玲	赵长春	赵玉慧	赵立勤	赵荣馨	赵维信	赵森林	赵鼎馨	赵颖熙
钟 杰	钟为国	钟长顺	钟正高	钟若英	钟俊生	钟荣华	骆解民	骆肇荛	骆蔚燕
倪 勇	倪 静	倪文广	倪谷来	倪国进	党培养	凌国建	原淑兰	唐文章	唐水庭
唐玉顺	唐良猷	唐春梅	唐根富	唐海初	唐银安	夏 苗	夏凤仪	夏启裕	夏美玲
夏泰淳	夏致祥	席与恒	徐 斐	徐 颖	徐为群	徐仁圣	徐仁善	徐文达	徐文琴
徐世琼	徐汝平	徐纪伯	徐丽云	徐启海	徐志东	徐志言	徐志强	徐轩成	徐迓亭
徐陈萍	徐国君	徐金凤	徐美娟	徐振贵	徐惠伟	徐森林	徐道端	徐筱荣	徐筱蓉
徐耀忠	柴全兴	桂志成	殷文飞	殷名称	殷肇君	殷曦敏	秦文娟	秦文瑜	秦炳勋
翁文荣	翁志毅	翁忠惠	袁国强	袁是春	袁海山	袁德宝	谈红宝	谈建忠	谈维思
谈瑞霞	郭 明	郭 斌	郭大钧	郭大德	郭子郁	郭双林	郭伟华	郭灿华	郭钊德
郭春植	郭晓风	郭祥荣	郭戴义	钱 健	钱吟洁	钱鸣峰	钱勇贵	钱春先	钱康健
钱逸漪	钱惠萍	陶 贡	陶根林	陶祥庆	顾乃达	顾大江	顾文锦	顾兰英	顾功超
顾正兴	顾忠毅	顾金妹	顾美英	顾晓蓓	顾浩年	顾鸿友	顾景康	顾景镠	顾福珍
高 健	高水良	高永明	高志清	高耘樵	高富兰	屠鹏飞	崔京南	崔建章	戚继龙
曹少璞	曹志荣	曹宝玲	曹金花	曹金妹	曹恺明	曹珍楠	曹益芳	曹敏鸣	曹渠江
曹慧芝	曹慧君	梁汉华	梁克政	梁昌祥	梁象秋	盛灵芝	盛珍珠	章之光	章可畏
章志强	章佩敏	章宝惠	章昌奕	麻天雄	黄 洁	黄 晨	黄 精	黄 震	黄士凯
黄小林	黄中元	黄世蕉	黄永萌	黄亚成	黄伟毅	黄丽贞	黄志先	黄志斌	黄佩雯
黄佩霞	黄国能	黄学壬	黄建平	黄明祥	黄金陵	黄梅珍	黄硕琳	黄琪琰	黄雅根
龚云岫	龚希章	傅 正	傅占先	彭玉厚	彭勤标	彭德熹	曾宪礼	曾海燕	程郁周
程泰圻	童合一	童隆华	童瑞璜	舒筠清	葛光华	葛茂泉	葛维香	董凤仙	董初生
董志伟	董其弗	董振华	蒋友堂	蒋冬青	蒋传参	蒋忠英	蒋念涵	蒋玲莉	蒋荷珍
蒋铜柱	蒋耀兴	谢邦华	谢国忠	谢政强	谢敏珠	韩友生	韩立刚	韩亦钧	韩春伟
鲁 伟	楼允东	楼文高	楼冬春	楼茂生	虞冰如	虞纪纲	虞德良	裘福祺	詹庆成
詹秉义	路安明	路家鹏	雷学雨	雷慧僧	鲍国雄	廖昌时	廖敏娟	缪学祖	翟国环
臧义清	臧维玲	蔡 亭	蔡文霞	蔡正伟	蔡廷勋	蔡丽娜	蔡伯雄	蔡完其	蔡和麟
蔡学廉	蔡明霞	蔡群仙	谭玉钧	谭金龙	谭赞铎	滕永堃	潘水员	潘世清	潘兆龙
潘启明	潘起元	潘鸿昌	潘黎明	薛 毅	薛福祺	戴永金	戴秀丽	戴秀花	戴秀珍
戴学军	戴殿锦	魏 华	魏苏沪	魏海丽	魏菊花	魏新福	魏鹤声	魏濂清	籍庆云

九、1993年上海水产大学(810人)

丁卓平　丁维明　于　坚　万　峰　万金庆　万映明　马文苑　马永礼　马永明　马亚多
马利国　马佩莲　马晓蔚　马家海　马家埮　马馨铭　王　伟　王　武　王　炜　王　珍
王　钧　王　恒　王　晓　王　琼　王　恺　王　霏　王大弟1　王大弟2　王大钧　王义亭
王义强　王卫华　王卫兴　王云利　王玉梅　王仕军　王立奋　王永鼎　王尧耕　王伟江
王传国　王志庆　王克忠　王丽卿　王国华　王国强　王昌如　王季襄　王学忠　王春浩
王荣生　王宪怡　王素娟　王留安　王海青　王逸妹　王维权　王惠莉　王道尊　王锡昌
王锡珩　王燕瑾　韦义辉　车明雯　毛　芳　毛小英　毛玉英　毛泰祥　仇志宝　文晓斐
方信康　方蕴仁　计慧真　尹伟丽　孔庆云　孔庆伟　邓伯仁　石丹杰　平　瑛　平燕华
卢　怡　卢卫平　叶　林　叶　鸣　叶永富　叶宜红　叶诚权　叶美珍　田武岳　田林宝
史君英　印体美　乐延朗　乐国珍　乐美龙　包成章　包建强　包海蓉　冯　媛　冯兆平
冯志哲　冯贵龙　邢华良　达式奎　成长生　吕　敏　吕长富　吕立群　吕国庆　朱　琳
朱　镜　朱水根　朱正国　朱永兴　朱红梅　朱迎国　朱国毅　朱学宝　朱爱芳　朱梦军
朱银翠　朱彩娥　朱雅萍　朱善国　朱富强　朱耀平　朱耀华　伍汉霖　伍异福　伍稷芳
仲　德　任为公　任明荣　华　健　华玲玲　华静娥　邬新昌　庄朱明　刘　力　刘　红
刘小鸽　刘长安　刘书根　刘玉芳　刘丽燕　刘其根　刘国静　刘建华　刘承初　刘玲仪
刘洪生　刘洪莉　刘振华　刘根宝　刘根娣　刘家菊　刘梅芳　刘淑霞　齐亚丽　关浩波
江　敏　江显宗　江维琳　汲长海　许　强　许春荣　许柳雄　许顺干　许塑新　许瑞芬
许耀强　孙　范　孙为群　孙玉华　孙玉洁　孙世昌　孙立春　孙立保　孙兰芳　孙其焕
孙学文　孙宗杰　孙美云　孙振东　孙晋声　孙满昌　孙德祥　孙德强　牟　阳　纪成林
纪秀芳　纪海雄　麦志光　严永高　严华萍　严兴洪　严伯奋　严海燕　严雅玲　苏锦祥
杜海元　李　苹　李　明　李　晔　李　婷　李　蓓　李　燕　李元善　李凤娣　李玉华
李玉珍　李亚娟　李成龙　李庆民　李红时　李秀兰　李应森　李松寿　李国诚　李怡芳
李思发　李洪芳　李恭鹏　李家乐　李清诚　李鸿杰　李惠芝　李雅飞　李道恒　李道盛
司徒乔笙　　　　　许振义　李锦才　李新鸿　杨　红　杨　妍　杨　昕　杨　晴　杨　韵
杨　静　杨仁杰　杨文军　杨世明　杨旭明　杨秀珍　杨沪庆　杨和荃　杨建陵　杨玲玲
杨玲娥　杨荣春　杨勇强　杨振明　杨晓凤　杨德厚　杨德康　杨燕华　杨燕朝　吴　勉
吴大有　吴子昌　吴开军　吴友益　吴少萍　吴玉茹　吴申宝　吴有为　吴有敏　吴伟玲
吴关荣　吴红艳　吴建中　吴建农　吴培华　吴雪珍　吴嘉敏　吴稼乐　邱若云　何　为
何　怡　何　铨　何　敏　何世民　何苏麟　何丽华　何其瑜　何卓兰　何国强　何培民
邹　权　邹章炳　应　平　冷春芳　汪之和　汪天生　汪妙强　汪宝妹　汪曼英　汪敏敏
沙　锋　沙荣方　沙慧敏　沙德银　沈　辉　沈　毅　沈月新　沈守平　沈志山　沈国兴
沈和定　沈根媛　沈海忠　沈娴琳　沈雪达　沈敏虹　沈鸿福　宋天复　宋龙官　宋承芳
宋崇桃　张　永　张　帆　张　向　张　荣　张　萍　张　敏1　张　敏2　张　琼　张　喧
张　燕　张丁周　张大镛　张卫明　张月花　张月波　张世美　张叶娟　张冬富　张克俭
张丽蕊　张连官　张财富　张饮江　张宏元　张英培　张国华　张国瑞　张明红　张忠海
张凯琴　张金标　张京海　张宗恩　张建达　张建华　张建军　张相国　张顺升　张觉申
张勇华　张晓东　张海宁　张继平　张继良　张梅华　张淑平　张朝平　张辉东　张道南
张婷婷　张登沥　张勤国　张锡荣　张福祥　张静怡　张慕蓉　张德兴　张德泉　张毅强

陆 赤	陆 君	陆 峰	陆伟民	陆红菊	陆秀芬	陆宏达	陆宝棣	陆柏依	陆祖瑾
陆淑睛	陆惠琴	陈 伟	陈 坚	陈 玮	陈 杰	陈 洁	陈 莉	陈 健	陈 瑛
陈 椒	陈 然	陈 瑜	陈 蓓	陈 蓉	陈一心	陈乃松	陈大君	陈小山	陈卫芳
陈马康	陈文银	陈邓曼	陈汉章	陈礼平	陈必文	陈先法	陈华国	陈向阳	陈兆祥
陈庆海	陈江华	陈志华	陈利章	陈秀蓉	陈林新	陈国宜	陈荣喜	陈荣道	陈捍卫
陈菊芳	陈雪怡	陈雪雷	陈跃春	陈惠玉	陈舜胜	陈瑞娟	陈蓝荪	陈锡旸	陈新法
陈蔚文	陈毓生	陈蕴霞	陈德蓉	邵陈生	范晓萍	范萌芽	林 高	林文平	林志英
林轩坡	林其明	林国芬	林国强	林宗鹏	林海悦	林鸿章	林雅年	林辉煌	郁志勇
郁雨君	郁美娣	郁蕴琦	郁黎平	欧 杰	卓永连	罗永涛	罗其智	罗建学	罗莉华
季星辉	季恩溢	岳 群	岳晓华	金 正	金 琪	金正祥	金鑫波	周 军	周 钰
周 祥	周 萍	周水松	周文英	周以俭	周世红	周平凡	周甲华	周冬香	周亚虹
周华云	周孝康	周志美	周应祺	周青梅	周林生	周国良	周金珊	周建设	周昭曼
周胜耀	周洪琪	周荷媛	周根福	周致达	周敏遥	周鸿仪	周惠平	周雅珍	周颖越
周碧云	郑 君	郑 奕	郑 唯	郑卫东	郑孝树	郑爱玉	郑敏娟	郑智杰	郑蓉裳
郑福标	郑黎芳	郑德崇	单芝萍	宗锡奇	孟庆闻	封金章	封镇民	赵 丰	赵 玲
赵 琦	赵万兵	赵长春	赵立勤	赵兰萍	赵尚林	赵金玲	赵荣馨	赵振官	赵维信
赵鼎馨	胡云祥	胡光民	胡米佳	胡国萍	胡明埥	胡怡明	胡根大	胡晓鸥	胡谟逵
胡嗣珍	胡鹤永	南凯歌	柏春祥	钟若英	钟俊生	钮永平	段润田	皇甫平	侯英凯
俞 红	俞 芳	俞 政	俞 莉	俞 骏	俞 渊	俞志进	俞受稼	俞洪胜	俞振兴
俞鲁礼	施 瑾	施正峰	施永忠	施哂英	施锦才	施新超	施静英	施静欧	姜 颖
姜仁良	姜秀英	姜启军	姜新耀	洪 辉	洪彩珍	胥明珠	姚 英	姚延康	姚纪花
姚来富	姚果琴	姚贵林	姚野妹	姚崇永	姚超琦	骆 乐	骆解民	骆蔚燕	秦元伦
秦文娟	袁国强	袁柏春	袁是春	袁海山	袁德宝	耿云妹	莫寅仁	贾华铭	夏 苗
夏 琼	夏正清	夏伯平	夏泰淳	夏致祥	夏海刚	顾 俭	顾乃达	顾士才	顾大江
顾功超	顾浩年	顾景镠	顾勤凤	党培育	钱 健	钱康健	钱增国	倪 静	倪谷来
倪国进	徐 红	徐 荣	徐 莲	徐 锋	徐 颖	徐仁圣	徐仁善	徐文达	徐世琼
徐旭恒	徐丽云	徐轩成	徐陈萍	徐金根	徐美娟	徐莉兰	徐越甫	徐森林	徐惠伟
徐道端	徐慧之	桂志成	殷名称	殷绍华	殷晓峰	殷肇君	殷曦敏	翁文荣	翁志毅
翁忠惠	凌国建	高 健	高天清	高永明	高志清	高湘华	郭 斌	郭大钧	郭大德
郭永华	郭永建	郭伟华	郭钊德	郭灿华	郭顺军	唐 议	唐水庭	唐文章	唐玉顺
唐宇平	唐春梅	浦福良	涂小林	诸华文	谈红宝	谈建忠	陶 妍	陶宁萍	陶根林
黄 洁	黄 斐	黄 精	黄中元	黄世焦	黄永萌	黄伟毅	黄旭雄	黄丽贞	黄学壬
黄建中	黄硕琳	黄雁芳	黄雅根	梅志平	曹广荣	曹志荣	曹金妹	曹金顺	曹剑敏
曹益芳	曹渠江	曹慧君	曹德超	戚 明	戚根定	戚继龙	龚希章	盛灵芝	盛国强
崔京南	崔建章	章可畏	章华明	章志强	章佩敏	章宝惠	梁昌祥	梁象秋	彭 旸
彭玉厚	彭金发	葛光华	葛茂泉	葛念涵	董玉来	董民强	董志伟	董初生	董其弗	蒋扣女
蒋传参	蒋争春	蒋和珍	蒋念涵	蒋维平	蒋耀兴	韩立刚	韩全红	韩孝平	韩春伟
韩珊妹	傅占先	鲁 伟	童合一	童爱庆	童隆华	曾 倩	曾海燕	谢 晶	谢敏珠
谢锦国	楼 永	楼文高	楼允东	楼茂生	裘 婧	裘福祺	雷学雨	路安民	路家鹏

詹秉义	窦荣明	蔡 闯	蔡完其	蔡明霞	蔡和麟	蔡学廉	蔡群仙	臧义清	臧维玲
管文峰	管惠民	廖梅娟	谭玉钧	谭金龙	翟国环	熊 沿	撒晓华	滕永堃	潘水员
潘冬明	潘兆龙	潘启明	潘黎明	潘德隆	薛 梅	戴 评	戴 环	戴小杰	戴习林
戴永金	戴伟敏	戴秀花	戴秀丽	戴学军	戴海泉	戴殿锦	魏 华	魏 敏	魏苏沪
魏海丽	魏鹤声								

十、2000年上海水产大学(788人)

丁 玲	丁卓平	丁黎丽	万 峰	万金庆	万锦康	马永明	马如飞	马佩莲	马泳礼
马家海	马晓萍	马晓蔚	马赞兵	仇志宝	孔庆伟	尤瑜敏	毛 芳	毛小英	毛太祥
毛文武	王 岩	王 武	王 炜	王 恒	王 星	王 艳	王 强	王 琼	王 静
王 曜	王卫华	王大弟	王大钧	王云利	王丙琦	王发进	王永鼎	王玉梅	王立奋
王伟江	王传国	王丽卿	王志庆	王国华	王国强	王建民	王怡雯	王明华	王松华
王英华	王宪怡	王春浩	王珍六	王荣生	王海涵	王爱继	王维权	王惠莉	王朝瑾
王锡昌	王肇隆	王黎光	王燕瑾	计慧真	邓玉华	邓伯仁	付 昱	付海金	仝爱庆
兰蔚青	冯 蔚	包建强	包海蓉	卢 怡	卢卫平	厉建国	史君英	叶 鸣	叶 骏
叶永富	叶旭昌	叶坚峰	叶芯芬	叶宜红	叶诚权	叶益民	司徒乔笙		宁 波
平 瑛	田武岳	田荣芳	石华中	仲 德	任明荣	伍异福	伍稷芳	刘 力	刘 红
刘 昕	刘 波	刘书根	刘文蔚	刘长安	刘立平	刘丽燕	刘其根	刘凯铖	刘国静
刘姗姗	刘学振	刘建华	刘承初	刘洪生	刘洪莉	刘家菊	刘振华	刘晓丹	刘根宝
刘根娣	刘梅芳	刘淑霞	刘智斌	刘福军	匡 梅	华 健	华玲玲	印娣美	印润远
吕 敏	吕长富	吕国庆	孙 伟	孙 范	孙 涛	孙 琛	孙为群	孙兰芳	孙玉华
孙玉洁	孙礼仕	孙立保	孙立春	孙学文	孙振东	孙晋声	孙桂娟	孙雯钦	孙鲁浙
孙满昌	孙德祥	孙德强	成长生	成永旭	曲宪成	曲映红	朱 骅	朱 峰	朱 琳
朱 镜	朱水根	朱正国	朱永兴	朱伟伟	朱红梅	朱克勇	朱启鸣	朱迎国	朱国毅
朱学宝	朱桂琴	朱彩娥	朱善国	朱雅萍	朱耀华	江 敏	江卫平	汤卓咏	汲长海
牟 阳	许四杰	许春荣	许柳雄	许顺干	许淑琴	许耀强	邢亚珍	齐凤兰	齐亚丽
严文炜	严兴洪	严华萍	严海燕	严雅玲	何 为	何 希	何文辉	何丽华	何其渝
何国强	何培民	余丹阳	余克志	冷春芳	吴 勉	吴子岳	吴开军	吴玉茹	吴伟玲
吴兆芳	吴有敏	吴红艳	吴建中	吴建农	吴维宁	吴雅玲	吴嘉敏	吴慧芳	吴慧珠
吴稼乐	吴燕翔	宋龙官	宋利明	岑伟平	应平六	张 向	张 帆	张 旭	张 青
张 彦	张 荣	张 骅	张 健	张 峰	张 敏1	张 敏2	张 萍	张 喧	张 琼
张 瑞	张 燕	张丁周	张大镛	张小平	张小懿	张文君	张月花	张叶娟	张传敏
张华峰	张庆华	张丽珍	张丽蕊	张克俭	张宏元	张秀梅	张连官	张饮江	张京海
张佩芸	张国宏	张宗恩	张宝全	张建军	张建新	张忠海	张明明	张环美	张金标
张勇华	张相国	张美琼	张觉申	张晓东	张晓明	张海宁	张继平	张淑平	张婷婷
张朝平	张登沥	张勤国	张福祥	张锡荣	张慕蓉	张毅锋	时 霖	李 华	李 怡
李 明	李 杲	李 娜	李 娟	李 晔	李 敏	李 萍	李 森	李 蓓	李 燕
李小雄	李云峰	李凤娣	李长安	李玉华	李玉珍	李光霞	李兴华	李红时	李应森
李国诚	李季冬	李怡芳	李勃恩	李勇军	李思发	李柏林	李洪芳	李家乐	李恭鹏

李晓晖	李晨虹	李道盛	李锦才	李鹤年	杜义美	杜海元	杨 红	杨 昕	杨 勇
杨 韵	杨 静	杨小玲	杨小琮	杨文君	杨世民	杨正勇	杨先乐	杨沪庆	杨秀珍
杨勇强	杨玲娥	杨振明	杨晓风	杨燕朝	汪 洁	汪之和	汪宝妹	汪桂玲	汪曼英
沈 洞	沈 辉	沈月新	沈伟荣	沈守平	沈丽君	沈和定	沈国兴	沈建国	沈娴琳
沈敏虹	沈雪达	沙 锋	沙荣方	沙德银	沙慧敏	肖 勇	邱若云	邱高峰	邵 露
邵陈生	邹 权	邹介平	邹晓荣	邹磊磊	邹曙明	陆 君	陆文宣	陆伟民	陆宏达
陆秀芬	陆育东	陆柏依	陆祖瑾	陆淑晴	陆惠琴	陈 伟1	陈 伟2	陈 光	陈 明
陈 杰	陈 玮	陈 鸣	陈 椒	陈 然	陈 瑛	陈 瑜	陈 蓉	陈 蓓	陈 鹏
陈 慧	陈 霞	陈乃松	陈卫芳	陈小山	陈天及	陈文军	陈文银	陈必文	陈汉章
陈礼平	陈立婧	陈向阳	陈庆海	陈有容	陈江华	陈利章	陈志华	陈秀蓉	陈荣喜
陈荣道	陈晓莉	陈海杰	陈菊芳	陈雪怡	陈雪娟	陈舜胜	陈新军	陈瑞娟	陈蓝荪
陈毓生	陈蔚文	陈蕴霞	陈耀青	卓永莲	单芝萍	周 军	周 华	周 红	周 建
周 祥	周 萍	周 强	周文英	周水松	周世红	周冬香	周平凡	周甲华	周亚红
周丽萍	周孝康	周应祺	周志刚	周国良	周建设	周林生	周金珊	周洪琪	周胜耀
周致达	周荷媛	周培根	周敏遥	周菁梅	周惠平	周颖越	季 斌	岳晓华	林 成
林 波	林 高	林文平	林国芬	林国强	林俊达	林海悦	林鸿章	林黎颖	欧 杰
罗永涛	罗汝坤	罗其智	罗国芝	罗建纲	罗建学	罗春芳	范 争	范 清	范晓萍
范萌芽	郁志勇	郁美娣	郁黎平	郑 龙	郑 奕	郑 唯	郑卫东	郑永德	郑宇钧
郑孝树	郑国生	郑艳平	郑敏娟	郑智杰	郑蓉裳	郑黎芳	金 正	金 晔	金正祥
金秀英	金德根	金麟根	俞 平	俞 芳	俞 政	俞 莉	俞 骏	俞 渊	俞志进
南凯歌	姚 强	姚庆祯	姚延康	姚来富	姚贵林	姚野妹	姜 明	姜启军	姜宏伟
姜新耀	娄美娜	封金章	封镇民	施 瑾	施云兵	施永忠	施志仪	施晴欧	柏春祥
查南冕	查德根	柳 萍	段永红	洪鹏程	祝启忠	胡 鲲	胡云祥	胡凤琴	胡光明
胡米佳	胡怡明	胡明垾	胡金发	胡晓鸥	胡根大	赵 丰	赵大昌	赵玉慧	赵立凡
赵立勤	赵金良	赵荣馨	赵振官	赵鼎馨	钟国防	钟俊生	项斯苍	骆 乐	骆解民
骆蔚燕	倪 晔	倪 静	倪谷来	倪国进	党培育	凌国建	唐 议	唐文乔	唐良猷
唐春梅	夏 琼	夏伯平	夏泰淳	夏致祥	奚印慈	席 平	徐 峰	徐 莲	徐 锋
徐 颖	徐 璐	徐仁圣	徐太平	徐文科	徐汝平	徐利云	徐志东	徐男平	徐陈萍
徐美娟	徐莉兰	徐越甫	徐道端	徐慧之	殷肇君	殷曦敏	浦福良	涂小林	秦元伦
秦文娟	翁文荣	翁志毅	翁忠惠	耿云妹	莫寅仁	袁军亭	袁国强	袁春红	袁是春
诸华文	诸雁旻	谈向东	谈红宝	谈建忠	贾 江	郭 飞	郭 荣	郭 斌	郭永华
郭亚贞	郭灿华	郭辰菲	郭钊德	郭春植	钱 英	钱 健	钱华美	钱鸣峰	钱康健
钱增国	陶 妍	陶小艳	陶宁萍	陶根林	顾乃达	顾士才	顾大江	顾勤风	高 健
高永明	高志清	高晓波	崔志龙	康明安	戚 明	戚晓玉	戚继龙	曹广荣	曹金妹
曹金顺	曹剑敏	曹益芳	曹德超	梁 靖	梁 暹	梁汉华	梁昌祥	梁继红	梅志平
盛 利	盛灵芝	盛国强	章华明	章守宇	章佩敏	章学筇	黄 洁	黄 斐	黄小林
黄小燕	黄中元	黄伟毅	黄旭雄	黄建中	黄美亮	黄爱民	黄硕琳	黄雁芳	黄新春
龚 莉	龚小玲	龚小萍	龚天梅	龚希章	龚继祥	彭 飞	彭灿明	彭俞超	曾 倩	曾 慷
曾海燕	游录泉	程彦楠	程裕东	童吉美	童其兰	葛灿娣	葛茂泉	董民强	董玉来

董初生　蒋　宇　蒋冬梅　蒋传参　蒋宇朗　蒋扣女　蒋念涵　蒋莉萍　蒋维平　蒋铜柱
蒋锦麒　蒋霞云　谢　垩　谢　晶　谢国忠　谢锦国　韩　华　韩凤玉　韩立刚　韩全红
韩兴勇　韩春伟　韩珊妹　韩振芳　鲁　伟　楼　永　楼文高　楼冬春　楼红军　窦荣明
裘福祺　赖恩明　路安明　路家鹏　雷　桥　雷学雨　鲍宝龙　廖梅娟　管文峰　管伟康
管春艳　缪　松　翟国环　臧义青　臧维玲　蔡　闯　蔡正伟　蔡生力　蔡安石　蔡完其
蔡志英　蔡明霞　蔡绪陆　谭金龙　谭洪新　潘冬明　潘兆龙　潘红英　潘启明　潘宏根
潘连德　潘黎明　薛万奉　戴　评　戴　环　戴习林　戴小杰　戴永金　戴伟敏　戴秀丽
戴秀花　戴学军　戴海泉　戴辉明　戴殿锦　魏　东　魏　华　魏苏沪　魏海丽

十一、2008年上海海洋大学教职工(969人)

丁　玲　丁　勇　丁卓平　丁黎丽　于庆梅　于晓爽　万金庆　万锦康　上官春霞
卫明凤　马永明　马百亮　马旭洲　马晓萍　马晓蔚　马赞兵　王　云　王　严　王　位
王　武　王　炜　王　建　王　星　王　恒　王　艳1　王　艳2　王　艳3　王　竞　王　琼
王　锋　王　强　王　颖　王　漠　王　静　王　曜　王大弟　王卫华　王云利　王凤云
王凤林　王甘霖　王世明　王令群　王立奋　王永鼎　王成辉　王伟江　王传国　王兆才
王志庆　王丽卿　王国华　王国强　王明华　王怡雯　王建民　王建玲　王春华　王春华女
王春晓1　王春晓2　王春峰　王春浩　王春燕　王宪怡　王晓杰　王晓辉　王晓静　王爱继
王海涵　王梦昭　王朝瑾　王锡昌　王新香　王蕊丽　王德兴　王燕瑾　韦有周　车　斌
毛　芳　毛文武　仇永民　方英爱　方恒和　方淑波　孔凡宏　孔庆伟　孔庆涛　孔祥洪
孔维刚　邓叶芬　邓定坤　邓晶晶　甘世红　甘建红　艾　鸿　左佳旭　厉建国　石　磊
石华中　石张东　龙红飞　平　瑛　卢　怡　卢　瑛　卢卫平　卢克祥　叶　鸣　叶　骏
叶　梅　叶旭昌　叶坚峰　叶宏玉　叶宜红　叶诚权　叶超荣　田武岳　田荣芳　田思泉
史君英　付　昱　白　琳　白志毅　仝爱庆　丛　健　印春生　印润远　乐家华　包　斌
包建强　包海蓉　冯　莉　冯延群　冯建彬　兰雅梅　兰蔚青　宁　波　宁晓玲　宁喜斌
司徒乔笙　　　　　边黎明　匡兴洪　邢云青　邢亚珍　成　茜　成长生　成永旭　曲映红
曲宪成　吕　敏　吕占军　吕利群　朱　骅　朱　峰　朱　琴　朱　镜　朱正国　朱伟伟
朱江峰　朱红梅　朱红鲜　朱克勇　朱迎国　朱国平　朱桂琴　朱章华　朱清澄　朱善国
乔文增　仲　权　仲　德　任　健　任和平　华　健　华　静　华玲玲　华雪铭　全龙华
刘　力　刘　丰　刘　伟　刘　红　刘　纯　刘　英　刘　波　刘　森　刘　鹏　刘　源
刘　璇　刘　璐　刘小牧　刘长安　刘文蔚　刘为军　刘书根　刘立平　刘必林　刘至治
刘刚剑　刘华楠　刘克海　刘丽燕　刘利平　刘其根　刘雨青　刘国静　刘明华　刘金立
刘金枝　刘建华　刘承初　刘姗姗　刘洪生　刘洪莉　刘艳玲　刘振华　刘根宝　刘晓丹
刘家菊　刘梅芳　刘略昌　刘淑艳　刘智斌　齐　珮　齐亚丽　衣杰荣　闫　咏　闫大伟
江　敏　江卫平　江菊美　江崇文　池　涛　汤家华　许　杰　许　哲　许　巍　许四杰
许丽娟　许春荣　许柳雄　许剑锋　许淑琴　许强华　许耀强　孙　伟　孙　倩　孙　涛
孙　涛　孙　琛　孙大川　孙为群　孙立春　孙兰芳　孙礼仕　孙红刚　孙学文　孙桂娟
孙晓红　孙海影　孙雯钦　孙德祥　孙德强　花传祥　严华萍　严兴洪　严海燕　严雅玲
苏永玲　苏含秋　苏　蕊　杜义美　杜卓君　杜海元　李　云　李　立　李　华　李　纲
李　杲　李　明　李　净　李　怡　李　俊　李　娜　李　莹　李　晔　李　萍　李　爽

李 琼	李 蓓	李 燕	李小勤	李元莉	李云峰	李日嵩	李永国	李光霞	李先仁
李兴华	李军军	李阳东	李红时	李志强	李秀琴	李应森	李英杰	李怡芳	李承子
李春硕	李柏林	李思发	李勇军	李晓晖	李晓斌	李家乐	李娟英	李辉华	李强华
杨 卫	杨 红	杨 杨	杨 昒	杨 昕	杨 勇	杨 峻	杨 琛	杨 渭	杨 婷
杨 韵	杨 静	杨 影	杨 毅	杨小玲	杨小琼	杨正勇	杨世民	杨东方	杨先乐
杨红丽	杨志刚	杨秀珍	杨沪庆	杨怀宇	杨妍艳	杨金权	杨建锋	杨玲娥	杨勇强
杨栗娜	杨晓凤	杨晓明	杨淑琴	杨筱珍	杨靖亚	杨福馨	杨德利	轩兴荣	肖 勇
肖启华	时 霖	吴子岳	吴开军	吴文惠	吴玉茹	吴有敏	吴伟玲	吴旭干	吴红艳
吴丽华	吴建中	吴建农	吴炯华	吴继魁	吴维宁	吴惠仙	吴嘉敏	吴慧芳	吴稼乐
吴燕翔	岑伟平	岑肖俊	邱军强	邱若云	邱高峰	何 为	何 杉	何 清	何 静
何文辉	何世钧	何丽华	何国强	何爱华	何培民	何盛琪	余 玫	余 莉	余丹阳
余克志	邹国良	邹明明	邹晓昇	邹晓荣	邹磊磊	邹曙明	冷向军	冷春芳	汪 洁
汪之和	汪立平	汪卓敏	汪桂玲	沙 锋	沙荣方	沙慧敏	沈 辉	沈 蔚	沈玉帮
沈卉卉	沈伟荣	沈庆会	沈和定	沈建国	沈晓晶	沈雪达	沈敏虹	沈谢天	宋 丽
宋利明	宋秋红	宋殿霞	宋增福	张 平	张 东	张 帆	张 向	张 旭	张 青
张 杰	张 荣	张 俊	张 骅	张 峰	张 健1	张 健2	张 涛	张 萍	张 硕
张 敏1	张 敏2	张 敏女	张 琼	张 澍	张 燕	张 薇	张一帆	张文君	张文博
张文碧	张书台	张叶娟	张宁宁	张光辉	张先存	张华峰	张庆华	张宇峰	张丽芳
张丽珍	张丽梅	张丽蕊	张连官	张秀梅	张饮江	张宏元	张国华	张明明	张忠海
张佩芸	张金标	张京海	张宗恩	张建军	张建新	张相国	张俊玲	张美琼	张觉申
张勇华	张效莉	张海宁	张海刚	张海清	张海辉	张继平	张晨静	张朝平	张朝燕
张雅林	张婷婷	张登沥	张瑞雷	张勤国	张福祥	张慕蓉	张毅锋	陆文宣	陆秀芬
陆宏达	陆育东	陈 丹	陈 光	陈 伟1	陈 伟2	陈 玮	陈 杰	陈 明	陈 岳
陈 健	陈 瑛	陈 然	陈 祺	陈 瑜	陈 蓓	陈 鹏	陈 慧	陈 璇	陈 豫
陈乃松	陈小山	陈天及	陈文军	陈文银	陈四梅	陈付广	陈立婧	陈必文	陈再忠
陈成明	陈伟芳	陈向阳	陈庆海	陈江华	陈志华	陈阿琴	陈林生	陈荣喜	陈洪武
陈艳红	陈桃英	陈晓武	陈晓玲	陈晓莉	陈晓峰	陈海杰	陈菊芳	陈雪怡	陈雪娟
陈舜胜	陈瑞娟	陈蓝荪	陈雷雷	陈锦淘	陈新军	陈毓生	陈蕴霞	邵 锋	邵 露
邵则淮	邵征塱	邵帼瑛	邰庆燕	范 清	范纯新	范晓萍	范萌芽	林 成	林 华
林 军	林 波	林 高	林东明	林志峰	林国强	林建伟	林海悦	林鸿章	林喜臣
林黎颖	郁志勇	郁黎平	欧 杰	易昌华	罗永涛	罗汝坤	罗国芝	罗金火	罗春芳
季高华	季 斌	金 正	金 龙	金 刚	金 晔	金淑芳	金德根	金麟根	周 华
周 军	周 宏	周 京	周 建	周 剑	周 萍	周 辉	周 然	周水松	周文英
周平凡	周冬香	周永模	周汝雁	周志刚	周应祺	周林生	周国良	周金珊	周胜耀
周涛峰	周继军	周菁梅	周颖越	郑 飞	郑 芳	郑 奕	郑卫东	郑双涛	郑永德
郑西涛	郑宇钧	郑宗生	郑建明	郑艳平	郑晓琼	郑智杰	郑蓉裳	郑锦荣	郑黎芳
单芝萍	官文江	屈琳琳	孟 迎	孟 健	封金章	赵 丰	赵 明	赵 波	赵 玲
赵 勇	赵立凡	赵立勤	赵金良	赵春娜	赵春颖	赵春霞	赵荣馨	赵振官	赵慧娟
胡 燕	胡 鲲	胡云祥	胡乐琴	胡光民	胡米佳	胡麦秀	胡忠军	胡金发	胡怡明

胡晓鸥	胡崇仪	胡淑慧	南凯歌	柯 蓝	柯立新	柏春祥	柳 萍	钟国防	钟俊生
钟耀广	段永红	段彦波	侯玉颖	俞 平	俞 芳	俞 政	俞 骏	俞 渊	俞志进
施 伟	施 瑾	施文正	施永忠	施志仪	施静欧	姜 明	姜少杰	姜有声	姜启军
姜新耀	洪鹏程	宫 辉	祝启忠	姚延康	姚贵林	贺 刚	贺 琪	贺越先	骆 乐
骆解民	骆蔚燕	秦 昊	秦元海	秦向荣	袁 慧	袁小华	袁军亭	袁红春	袁国强
耿云妹	莫寅仁	贾 江	贾 楠	夏 琼	夏 景	夏 祺	夏伯平	夏雅敏	顾 杰
顾 莹	顾 湘	顾乃达	顾士才	顾大江	顾勤风	党培育	晏 萍	钱 英	钱 健
钱卫国	钱华美	钱鸣峰	钱康健	钱增国	倪 晔	倪国进	徐 灿	徐 忠	徐 莲
徐 峰	徐 锋	徐 谦	徐 颖	徐 璐	徐开新	徐太平	徐仁圣	徐丽云	徐男平
徐陈萍	徐纬光	徐英华	徐慧之	殷曦敏	奚印慈	翁文荣	翁志毅	凌 云	高 峰
高 健	高 翔	高小玲	高文成	高永明	高建忠	高春梅	高晓波	郭 飞	郭 荣
郭 斌	郭永清	郭弘艺	郭亚贞	郭阳雪	郭辰菲	郭钊德	郭灿华	郭承霞	郭洪禹
郭雄华	郭新丽	唐 议	唐文乔	唐建业	浦 祯	涂艳蓉	诸雁旻	谈向东	谈建忠
谈鹤玲	陶 妍	陶小艳	陶宁萍	陶峰勇	黄 宏	黄 洁	黄 斐	黄小燕	黄冬梅
黄永莲	黄伟毅	黄旭雄	黄林彬	黄金玲	黄春晓	黄美亮	黄冠乔	黄爱民	黄硕琳
黄晞建	黄新春	梅进丽	曹 莉	曹广荣	曹守启	曹金顺	曹剑敏	曹莉凌	曹海鹏
戚 明	龚 莉	龚小玲	龚小萍	龚天梅	龚希章	龚海辉	盛国强	常英立	崔志龙
崔秀芳	崔茂中	崔春梅	康永锋	康 吟	康明安	康剑梁	章守宇	商利新	梁 暹
梁拥成	梁建国	梁雪飞	彭 飞	彭自然	彭俞超	葛灿娣	葛 艳	葛焰明	董 伶
董玉来	董民强	蒋 宇	蒋开召	蒋冬梅	蒋念涵	蒋莉萍	蒋铜柱	蒋锦麒	蒋霞云
韩 军	韩 萍	韩 震	韩凤玉	韩立刚	韩全红	韩兆元	韩庆果	韩兴勇	韩春伟
韩珊妹	韩彦岭	韩振芳	喻文娟	程志生	程彦楠	程淑英	程裕东	傅海金	傅熙徐
焦俊鹏	焦敬伟	鲁 伟	曾 倩	曾海燕	曾誉铭	温艳萍	游录泉	谢 堃	谢 晶
谢新平	谢霞冰	蒙少东	楼红军	楼美娜	裘福齐	赖克强	赖恩明	雷 桥	雷学雨
路安明	鲍宝龙	窦荣明	褚晓琳	赫 璟	蔡 闯	蔡生力	蔡明霞	蔡春尔	蔡绪陆
臧义青	裴仁林	管卫兵	管文峰	管红波	廖梅娟	谭 辉	谭金龙	谭春兰	谭洪新
熊中敏	熊振海	熊崇俊	黎 江	黎 霞	滕新贤	潘冬明	潘红英	潘丽红	潘连德
潘迎捷	薛万奉	薛俊增	霍元子	霍玉秀	霍海波	戴 评	戴 环	戴 燕	戴小杰
戴习林	戴永金	戴伟敏	戴秀花	戴海泉	戴辉明	魏 华	魏云超	魏本力	魏佳宁
魏海丽									

十二、2011年上海海洋大学(1 015人)

丁 勇	丁卓平	丁献文	丁黎丽	于庆梅	于克锋	于晓爽	万金庆	万锦康	上官春霞
卫明凤	马永明	马百亮	马旭洲	马 莹	马晓萍	马晓蔚	马赞兵	王 上	王 云
王 严	王 位	王 建	王 春	王 星	王 恒	王 艳	王 竞	王 婧	王 琼
王 锋	王 翔	王 强	王 颖	王 漠	王 静	王 曜	王大弟	王卫华	王云利
王风云	王凤林	王甘霖	王世明	王令群	王永平	王永杰	王永鼎	王有基	王成辉
王伟江	王传宏	王兆才	王志庆	王丽卿	王国华	王国强	王明华	王金锋	王怡雯
王建玲	王春华	王春华女	王春彦	王春晓1	王春晓2	王春峰	王春浩	王春燕	王宪怡

王振华	王晓杰	王晓明	王晓辉	王晓静	王爱继	王海涵	王梦昭	王朝瑾	王锡昌
王新香	王蕊丽	王德兴	王燕瑾	韦有周	车　斌	牛东红	毛文武	毛永华	毛　芳
仇永民	方英爱	方恒和	方淑波	孔凡宏	孔庆伟	孔庆涛	孔祥洪	孔维刚	孔德星
邓叶芬	邓定坤	毋亚勤	甘世红	甘建红	艾　鸿	左佳旭	厉建国	石华中	石张东
石　磊	龙红飞	平　瑛	卢　怡	卢　瑛	卢卫平	卢克祥	卢惠妮	叶　鸣	叶　骏
叶　梅	叶旭昌	叶坚峰	叶宏玉	叶诚权	叶超荣	田武岳	田荣芳	田思泉	史君英
付　昱	付熙徐	白　琳	白志毅	仝爱庆	丛　健	印春生	印润远	乐家华	包　斌
包建强	包海蓉	冯　莉	冯永玖	冯延群	冯国富	冯建彬	兰雅梅	宁　波	宁晓玲
宁喜斌	司徒乔笙		边黎明	匡兴洪	邢云青	邢亚珍	朴香兰	成　茜	成长生
成永旭	毕燕会	曲映红	曲宪成	吕　敏	吕　超	吕为群	吕占军	吕利群	朱　骅
朱　峰	朱　琴	朱正国	朱伟伟	朱江峰	朱红梅	朱红鲜	朱克勇	朱迎国	朱国平
朱桂琴	朱章华	朱清澄	朱善国	乔文增	仲　权	任和平	华　健	华　静	华玲玲
华雪铭	全龙华	刘　力	刘　丰	刘　东	刘　伟1	刘　伟2	刘　军	刘　红	刘　纯
刘　英	刘　波	刘　耘	刘　浩	刘　爽	刘　森	刘　鹏	刘　源	刘　璇	刘　璐
刘小牧	刘长安	刘文蔚	刘为军	刘立平	刘必林	刘至治	刘刚剑	刘华楠	刘志伟
刘克海	刘利平	刘其根	刘雨青	刘国静	刘明华	刘金立	刘金枝	刘承初	刘姗姗
刘洪生	刘洪莉	刘艳玲	刘振华	刘根宝	刘晓丹	刘海为	刘海峰	刘家菊	刘梅芳
刘略昌	刘淑艳	刘智斌	齐　珮	齐亚丽	衣杰荣	闫　咏	闫大伟	江　敏	江卫平
江春华	江菊美	江崇文	池　涛	汤家华	许　丹	许　杰	许　哲	许　巍	许四杰
许丽娟	许春荣	许柳雄	许剑锋	许强华	许耀强	阮　澎	孙　伟	孙　倩	孙　涛1
孙　涛2	孙　琛	孙大川	孙为群	孙立春	孙礼仕	孙红刚	孙学文	孙桂娟	孙晓红
孙海影	孙雯钦	孙德强	花传祥	严华平	严兴洪	严海燕	严继舟	严雅玲	苏　蕊
苏含秋	杜义美	杜卓君	杜战其	杜海元	李　云	李　立	李　华	李　纲	李　昊
李　明	李　欣	李　净	李　怡	李　俊	李　娜	李　晔	李　爽	李　琳	李　琼
李　蓓	李　燕	李　蘋	李小勤	李元莉	李云凯	李云峰	李日嵩	李文娟	李玉峰
李永国	李光霞	李先仁	李庆军	李兴华	李军军	李军涛	李阳东	李红时	李红梅
李志强	李秀琴	李应森	李陆嫔	李英杰	李国军	李怡芳	李承子	李春硕	李柏林
李思发	李勇军	李勇攀	李　莹	李晓晖	李海英	李家乐	李娟英	李鸿莉	李辉华
李强华	杨　卫	杨　红	杨	杨　旸	杨　昕	杨　勇	杨　峻	杨　琛	杨　渭
杨　婷	杨　韵	杨　静	杨　影	杨正勇	杨世民	杨东方	杨先乐	杨志刚	杨怀宇
杨妍艳	杨金龙	杨金权	杨建锋	杨玲娥	杨勇强	杨晓凤	杨晓明	杨筱珍	杨靖亚
杨福馨	杨德利	轩兴荣	肖　勇	肖启华	时　霖	吴　昊	吴子岳	吴开军	吴文惠
吴永红	吴伟玲	吴旭干	吴红艳	吴丽华	吴建中	吴建农	吴炯华	吴继魁	吴维宁
吴惠仙	吴嘉敏	吴慧芳	吴稼乐	吴燕翔	岑伟平	岑肖俊	邱军强	邱若云	邱高峰
何　为	何　杉	何　清	何　静	何文辉	何世钧	何国强	何爱华	何培民	何盛琪
余　玫	余　莉	余丹阳	余克志	邹国良	邹明明	邹晓昇	邹晓荣	邹磊磊	邹曙明
冷向军	冷春芳	汪　洁	汪之和	汪立平	汪卓敏	汪振华	汪桂玲	沙　锋	沙荣方
沙慧敏	沈　伟	沈　辉	沈　蔚	沈玉帮	沈卉卉	沈伟荣	沈庆会	沈和定	沈建国
沈晓晶	沈雪达	沈敏虹	沈谢天	宋　丽	宋自根	宋利明	宋秋红	宋益善	宋殿霞

宋增福	张 云	张 平	张 东	张 帆	张 向	张 青	张 杰	张 虹	张 俊
张 闻	张 骅	张 峰	张 健1	张 健2	张 涛	张 硕	张 敏1	张 敏2	张 敏女
张 琼	张 澍	张 燕	张 蕾	张 薇	张 雯	张一帆	张文君	张文博	张书台
张叶娟	张宁宁	张亚琼	张光辉	张先存	张伟华	张华峰	张庆华	张宇峰	张丽芳
张丽珍	张丽梅	张丽蕊	张连官	张秀梅	张饮江	张国华	张明华	张忠海	张佩芸
张金标	张京海	张宗恩	张建军	张建敏	张建新	张俊玲	张俊彬	张觉申	张勇华
张莉君	张效莉	张海宁	张海刚	张海清	张海辉	张继平	张晨静	张朝平	张朝燕
张雅林	张湘东	张登沥	张瑞雷	张勤国	张新峰	张福祥	张慕蓉	张毅锋	陆 烨
陆文宣	陆宏达	陆育东	陈乃松	陈小山	陈少华	陈文军	陈文银	陈四梅	陈付广
陈立婧	陈兰明	陈礼平	陈必文	陈再忠	陈成明	陈 光	陈 伟	陈 玮	陈 松
陈 杰	陈 明	陈 岳	陈 星	陈 彦	陈 健	陈 瑛	陈 然	陈 祺	陈 瑜
陈 蓓	陈 鹏	陈 慧	陈 璇	陈 豫	陈 橙	陈廷贵	陈伟芳	陈庆海	陈江华
陈志华	陈阿琴	陈林生	陈荣喜	陈洪武	陈艳红	陈桃英	陈晓武	陈晓玲	陈晓莉
陈晓峰	陈海杰	陈菊芳	陈雪怡	陈雪娟	陈舜胜	陈雷雷	陈锦淘	陈新军	陈毓生
陈蕴霞	邵 留	邵 锋	邵 露	邵则淮	邵征翌	邵帼瑛	邰庆燕	范 清	范志锋
范纯新	范晓萍	林 成	林 华	林 军	林 波	林 高	林文平	林东明	林全玲
林志峰	林建伟	林海悦	林鸿章	林喜臣	郁志勇	郁黎平	欧 杰	易昌华	罗永涛
罗汝坤	罗国芝	罗金火	罗春芳	季 斌	季高华	金 正	金 龙	金 刚	金 晔
金桂花	金银哲	金淑芳	金德根	周 华	周 军	周 宏	周 京	周 建	周 剑
周 萍	周 辉	周 然	周水松	周平凡	周冬香	周永模	周汝雁	周志刚	周应祺
周林生	周国良	周涛峰	周继军	周菁梅	周婷婷	周颖越	郑 飞	郑 芳	郑 奕
郑卫东	郑双涛	郑永德	郑宇钧	郑宗生	郑建明	郑艳平	郑晓琼	郑智杰	郑锦荣
郑黎芳	单芝萍	官文江	屈琳琳	孟华军	孟庆梓	封金章	赵 明	赵 波	赵 玲
赵 勇	赵立凡	赵立勤	赵金良	赵春霞	赵荣馨	赵星宇	赵振官	赵慧娟	胡 松
胡 媛	胡 燕	胡 鲲	胡云祥	胡乐琴	胡光民	胡庆松	胡米解	胡麦秀	胡忠军
胡金发	胡怡明	胡梦红	胡崇仪	柯 蓝	柯立新	柏春祥	柳 萍	钟英斌	钟国防
钟俊生	钟耀广	段永红	段彦波	侯玉颖	俞 平	俞 政	俞 骏	俞 渊	俞志进
施 伟	施 瑾	施文正	施永忠	施志仪	施静欧	姜 明	姜 波	姜少杰	姜地忠
姜有声	姜启军	姜新耀	洪鹏程	宫 辉	祝启忠	姚贵林	贺 刚	贺 琪	贺书锋
贺越先	骆解民	骆蔚燕	秦 昊	秦元海	秦玉芳	秦向荣	袁 慧	袁小华	袁军亭
袁红春	袁国强	莫寅仁	贾 江	贾 亮	贾 楠	贾 睿	夏 琼	夏 景	夏 祺
贾凌春	夏伯平	夏雅敏	顾 杰	顾 莹	顾 湘	顾乃达	顾士才	顾大江	顾勤风
党培育	晏 萍	钱 英	钱卫国	钱华美	钱鸣峰	钱康健	钱增国	倪国进	倪 晔
徐 灿	徐 忠	徐 莲	徐 峰	徐 锋	徐 谦	徐 颖	徐 璐	徐开新	徐太平
徐仁圣	徐丽云	徐迎春	徐陈萍	徐纬光	徐英华	徐慧之	殷曦敏	奚印慈	翁文荣
翁志毅	凌 云	高小玲	高文成	高 丽	高 峰	高 健	高 翔	高建忠	高春梅
高晓波	高郭平	郭 飞	郭 荣	郭 倩	郭 斌	郭永清	郭弘艺	郭亚贞	郭阳雪
郭辰菲	郭灿华	郭承霞	郭洪禹	郭雄华	郭新丽	唐 议	唐文乔	唐建业	唐首杰
浦 祯	涂艳蓉	诸雁旻	谈向东	谈建忠	谈鹤玲	陶 妍	陶小艳	陶宁萍	陶贤继

陶峰勇	黄　宏	黄　敏	黄　斐	黄小燕	黄冬梅	黄永莲	黄伟毅	黄旭雄	黄晞建	黄林彬
黄金玲	黄春玉	黄春晓	黄轶群	黄美亮	黄冠乔	黄爱民	黄硕琳	黄晞建	黄新春	
黄碧蓉	梅进丽	梅海彬	曹　莉	曹广荣	曹守启	曹金顺	曹剑敏	曹莉凌	曹海鹏	
戚　明	龚　莉	龚小玲	龚小萍	龚天梅	龚希章	龚海辉	盛国强	常英立	崔志龙	
崔秀芳	崔茂中	崔春梅	康　吟	康永锋	康明安	康剑梁	章守宇	商利新	梁　威	
梁　暹	梁拥成	梁建国	梁雪飞	彭　飞	彭自然	彭俞超	葛　艳	葛焰明	董　伶	
董玉来	董民强	蒋　宇	蒋开召	蒋冬梅	蒋莉萍	蒋铜柱	蒋锦琪	蒋霞云	韩　军	
韩　萍	韩　震	韩凤玉	韩立刚	韩全红	韩兆元	韩庆果	韩兴勇	韩春伟	韩珊妹	
韩彦岭	韩振芳	喻文娟	程千千	程志生	程彦楠	程淑英	程裕东	傅海金	焦俊鹏	
焦敬伟	鲁　伟	曾　倩	曾海燕	曾誉铭	温艳萍	游录泉	谢　垩	谢　晶	谢童伟	
谢霞冰	蓝蔚青	楼　兰	楼红军	裘福齐	赖克强	赖恩明	雷　林	雷　桥	雷学雨	
虞丽娟	路安明	詹艳慧	鲍宝龙	窦荣明	褚晓琳	赫　璟	蔡　闯	蔡生力	蔡春尔	
蔡绪陆	蔡雅琦	臧义青	裴仁林	管卫兵	管文峰	管红波	廖梅娟	谭　辉	谭金龙	
谭春兰	谭洪新	熊中敏	熊振海	熊崇俊	樊　敏	黎　江	黎　霞	滕新贤	颜　标	
潘冬明	潘红英	潘丽红	潘连德	潘迎捷	潘宏博	薛　斌	薛俊增	霍元子	霍玉秀	
霍海波	戴　评	戴　燕	戴小杰	戴习林	戴永金	戴伟敏	戴秀花	戴海泉	戴辉明	
魏云超	魏本力	魏永亮	魏永峰	魏佳宁	魏海丽					

附 录

江苏省立水产学校概况报告书

民国五年八月至六年六月（1916年8月至1917年6月）

关于职员事项

本学年始业时，遵照学则招收第五届预科生，连同第一二三四届各科学生，共计八级。兹将各职员更调情形，分别陈之。

管理员　五年八月，淞航实习船落成，除船主仍归校长兼任外，添设船务员倪寅东一员，裁去缮写员一员，增设助理事务员一员，即以原任缮写员田堃充任。增设理化及细菌助手葛承德一员。九月，工场添设庶务员金文炳一员。十月，制造科三年级学生赴浙甬调查，设临时庶务员一员。六年一月，舍监潘守之辞职，以教务员赵元梁接任。二月，以毕业生王刚充任教务员。辞去船务员倪寅东，以毕业生张景葆充任，化学细菌助手葛承德辞职，以毕业生苏以义接充。同时增设渔具助手工场助手及缮写员各一员，均以毕业生充任之。四月，渔捞科主任李士襄辞职，增设渔捞助手、生物学助手各一员，亦以毕业生充任之。

教员　五年八月，航海运用气象日文教员吴嵋辞职，以原任海事学教员曾广伦兼任；运用气象另请日文教员叶山一员，以原任图书仪器管理员杨敷庆兼任；预科英文教员地理教员黄迺穆辞职，订请施毓奇接任，同时请李凌欧任簿记教员；体操教员褚晴湘辞职，请徐益盈接充，兼任运动教员。九月，请法制经济教员王之栋一员。六年一月，以原任法制经济教员王之栋调任预科国文教员。二月，机械学兼制图教员潘守之辞职，延请沈一奇接任。四月，渔捞科主任教员李士襄辞职，为撙节经费起见，暂不延请，所遗功课，由校长及海事教员分任之。同时机械及制图教员沈一奇辞职，请金一新接任。本科国文教员时雄飞辞职，由原任国文教员王之栋兼任之。

关于设备事项

校舍　本校教职员，向借前渔业公司余屋为宿舍，于四年一月间，移交淞路要塞司令部应用。故于六年三月添建教职员宿舍十间，另建渔具室九间。开支各款，详经费项下。

渔捞科　本年自淞航实习船落成后，对于船中应用器械，就其万不可少者购备数种外，并添置渔具及海军器械数种，开列于后：淞航实习船动用物件二十二种、船上自卫枪四支（附子弹五百颗）、渔具二十种、航海器械二种。

制造科　本年制造科添置实习器械及购备各种图书并列于后：工场器械二十五种、分析器具十六种、专科书五十五种、理科书六十四种、文科书二十种。

关于学生事项

入学　五年七月招取第五届预科生谈伟等二十三名，渔捞科一年级插班生沈士芳、施恩济二名。

退学　第一学期十一人，第二学期十人。

死亡　第一学期二人。

关于经费事项

本年度经常费,以五年七月至十二月为五年度上半年预算,即民国5年一月至十二月预算之折半数,计银一万九千零九十八元。六年一月至六月,为下半年预算,计银一万九千二百四十八元。全年度共银三万八千三百四十六元。截至六月底止,欠领银六千四百十六元。本年度临时费预算,计建造教职员宿舍银一千五百元,购备机械费一千元。另建渔具机械室九间,以历年没收退学生之保证金充用,不足之数,由经常费内开支,呈奉省署批准有案。

关于学业事项

本学年因专科教员率领第三学年生徒[①]前往校外实习,第二学年生应授科目,虽教授稍有先后,而分类仍照原定学则办理。至生徒学年试验成绩,按照试验等次,列表如下:

※	渔捞			制造			预科
	三	二	一	三	二甲	二乙	一
甲	一	一	二	二		一	一	二
乙	六	二	一	七	十一	二	二	二
丙	四	三	一	五	一	七	八	五
丁			二				七	八

※说明:此处原表分为科别、年级、等差3项,有误。应为科别、年级、等差、人数4项。

渔制二科第三学年生均于上年十二月毕业,经教育部核准。

民国三年一月,入校者为制造科甲级,同年九月入校者为制造科乙级,均系志愿制造科,故渔捞科缺一级。

第三学年生及第二学年甲级生,仍以五年十二月为学年最终之月,所列等次,以此为准。

关于课外游艺事项

校友会游艺部发行杂志一种,定名曰《水产》。其内容分主张、译述、成绩、记载、调查、杂纂等六门,业已编辑脱稿,正在印刷中。余如运动、丝竹及各班联络感情各节,仍照上学年办理。

关于临时发生事项

本校按照上学年未来计划注重体育一项,于五年十月十一日教员会议决奖励体育办法二条:

—— 实行德智体三育并重,合体操运动体格独立一项,比照学业操行成绩规程,自分甲乙丙丁等差。

—— 德智体三育均列甲等者,得选拔为特待生,免其膳费。其有二项列入甲等,而一项列入乙等者,经教员会之评议,由校长决定之。

同日,又鉴于寒暑假开学时,生徒家属偶有小事,为子弟托故请假,参差到校,殊碍教授。特议

---
① 生徒,即学生。

定凡学生在一学年内,受课不缺一小时者,于学业成绩特加总平均分数五分,以示奖励。

关于未来计划事项

更订专科课程 本校按照上学年预定计划,选派本科毕业生,前往日本及国内沿海各处调查见实,约于民国七年一月均可回校。尽于七年八月以前,按照本校宗旨及学则之规定各科并历年实施上之关系,重行更订专科课程,并将普通科学联络情形,同时修正。

筹设附属制造场 本校制造科原设之实习场,限于经费,所缺各种应用机械尚多,学生实施实力不免因之薄弱。爰拟筹设附属制造场,增购动力机械,期稍完善。

筹办试验部 欲图水产教育之发达,首须启发社会之企业思想,然而实际仍在教育者之能力。明年以后,水产人才似可稍多。本校拟仿照日本水产讲习所办法,广披水产原料,逐一试验,以其结果贡社会之参考。

江苏省立水产学校十寅纪念册

序 一

教育者,一国之命脉系焉。虽曰人才培植之地,而亦富源所由辟也。观欧西各国,学校林立,教育普及之效,乃足以雄视五洲,文明日上而莫与抗衡。日本崛起东瀛,迄今四十余年,骎骎焉亦与列强并驾而齐驱。虽收效于教育,而质言之,无非基于实业之能自发展而已。故教育宗旨,纵有变迁,而以今日论,则可直断之曰:舍增值经济力图争存,厥道无由。吾华自古以农业立国,虞舜历山播种而渔于雷泽,吕尚东海遗老而钓于渭滨,管子治齐,鱼盐并重,号称霸佐。可知兴国之道,不在陆地而尤在水面。今忧时者,怵与外界经济势力之侵迫,政论评訇,与日俱进,而竟以提创实业鸣于时矣。不知茫茫中土,自海禁开而面积为之缩小,生齿繁而地力因以不足,欧战告终,而大地生产力羸绌之真相毕现。矧吾国位置,陆少水多,海岸线蜿蜒曲折达二万五千余里。以及河流交错、川渠纵横,泽国中固有绝大之秘藏乎。洒泽梁无禁,数罟不入洿池之政令废绝,而货财所殖之渊薮,非特弃之弗取,渔子泛宅生涯,亦遂卷入于物竞之漩涡中而莫能自拔。其列之学科以作育人才为吾苏倡导者,首推吾校。淞滨海角,片陆而满眼烟波浩淼,所冀与水产前途,放一线之曙光者,且已十载。回忆张君擘画经营,不辞劳悴以从事,荷兹艰巨,怀抱愈闷,斯愿望愈奢而卒,弗克达其素志,所刊布以诏于邦人之前者,其成绩仅仅如是。思添置,而养殖之场甫经着手,未竟厥成;欲推广,而职工之科略具规模,犹待措施。既限于才,复绌于资,其废然榷沮,回肠荡气,足以感喟为何如也耶?夫以泱泱亚东之大国,而与吾校并峙鼎足而立者,析津开其先,之江随于后,其他了无所闻。即有之,亦萌芽才茁,无盛大建设之可言耳。论者辄叹外人财力之涨率税进,而吾不能与之相应,以致独承其敝。骤听之非不言之有故,庸讵知舶来品之输入,而吸收我巨万之金钱,乘风逐浪以去者,试一检查关権之总册,则以某国渔捞物为占其多数,如此而欲谋抵制、塞漏巵,是犹驾驽骀而追駃騠,其不瞠焉在后而随以颠仆者,几希不宁。惟是沿海人民,愚昧涣散,新机不辟,而渔唱无声。领海之权亦不觉入于外人掌握,无事则鼓一幅之轮以竭我泽;有事则藉一丸之火以相加。而国防乃尽撤,其关于进退存亡者至重且钜。而坐使货弃于水,游鱼万顷,渔火两三,海底蛟龙嘘舞吐沫以笑人,岂非可叹之甚者哉!噫,昔人临渊欣羡,艇系清溪,打櫂垂竿,悠然迈往,不过传为畸人逸士之美谈,而何与于今日经济竞争之世界?不才忝列文字章句之末,会逢校庆,缺乏谛观,不克扬扢万一,何敢云叙,亦所跂望,有志水产事业者,相与致力,以继起于方来焉尔!虽然国事俶扰,内争不已,远望海天云影,且若挟兵气以俱来,惊心风鹤,纵欲为颂祷之词,欢呼忭舞以进。其可得欤?其可得欤?

民国十一年五月一日庄乘黄识

注:本文标点符号由编者所加。

序 二

新纪元元年,镠奉江苏都督程公令,筹办是校。时主持省教育行政者,视水产为吾国破天荒之新事业,而财力亦足以副之,故筹备两月而招生,开办三月而建屋,预计四年之间,渔捞、制造二科设备完全,由第六年起增设养殖科。不幸遭时多故,继任省教育行政者虽尽心维持,限于财力,而镠亦不得不牺牲固有之计划。其得有此区区之设备者,固已竭省政府维护之力矣。筹备之初,镠认学校成绩,不在校内而在校外。苟十年之后,将毕业生事业立成一表,谓某也办某渔业公司,某也办某制造工厂,则此寥寥数字,已大可表暴吾校之成绩矣。及今已届十周,毕业生之能效力于实业者,仅得什二,而投身教育界者反过之。推其原因,倡办事业者宜责诸专门人才,而吾校学生之程度年龄均不足以副此。虽所授学科有时超过中等范围,终不能受以完全之专门学术。社会中无固有之事业,而毕业生有倡办之能力者又鲜,学校与社会不适应。镠未尝不自咎始谋之不臧也。今者,教育新制正在讨论之中,而政局亦渐有澄清之希望,实业教育有改进之动机矣。其果能提高程度,造成适于社会之人才乎?爰将所感,弁诸简端,非敢卸责,聊以为补过之地云尔。

民国十一年六月嘉定张镠序

注:本文标点符号由编者所加。

江苏省立水产学校学生会月刊发刊词

吾国提创水产教育,几及二十年,而水产界之消息,沉寂如故;事业界与教育界,尤甚隔膜,其故何哉?良以少文字之宣传也。文字为人生之现表,早为世人所共认。同人等肄业于水产学校,有年矣。朝于斯,夕于斯,其所探讨而磨砺者,盖欲与浩淼之水界,辟一康庄之坦道而已!故其精神所注,有不得不赖文字以发挥之,于是有此月刊之作焉。一校同学,凡百余人,风雨一堂,群聚求学,收陶朱遗业而改革之,借他山之石而攻钻之;苍茫烟水之穴,鳞介品汇亿万,当如何以网罗之;渔获之物,或腊而为鲯,或风而为鲅,或酶而为鲍,冰以藏鲜,罐以埋物,分门别类,当若何以调制之?他若水产生物之宜如何繁殖,以遂其孳生?宜如何保护,以促其发育?本学术之原理,作事业之南针;专攻之下,不无一得,此有待于月刊之发表者一也。有清末造,苏浙两省以渔业关系民生,应予提创,缘是振臂一呼,国人之闻风兴起者,颇不乏人。二十年来,沪甬诸埠,渔业公司先后成立,东海之滨,常有渔轮出入,不可谓非水产界之佳兆也。惟以事业尚在萌芽,一时难臻于发达之域,若公司资本之短绌,专门人才之缺乏,渔轮渔具之简陋,均足以阻事业之进展;凡厥原因,皆为吾人所悉心调查,详细研究,而欲与事业界得一沟通之机会,此有待于月刊之绍介者二也。日本水产业之发达,夫人知之,然其兴学育才,奖进事业,迄今亦仅四十余年;兹竟以水产奠其国基,寖假而雄霸海权,西渐侵略,迩近取国沿海,时见彼邦渔艇,往来驰逐,海权渔利,丧失殆尽,可恨亦复可羞。国人徒恶日人之侵渔,乃货弃于水,莫之经营,此非狃与以农立国之故智,知芟陆地之草莱,而不知收水界之厚利欤！故欲唤醒国人，共兴水产，此有待于月刊以鼓吹者三也。同人等本斯微意，谨呼号于国中，其所期望者，盖欲得政府之提倡鼓励，事业界之联络沟通，全国同志之协力赞助也。若能上下同心，努力奋斗，遵照总理之渔港计划，实行发展水产事业，阜我民生裕，保我国计，挽我渔权，杜我漏卮，亦不难也。尚希邦人君，进而子教之，则幸甚矣。

民国十八年十一月版《水产学生》发刊词

注：本文标点符号由编者所加。

华东军政委员会教育部通知

教高字第二〇四八〇七号

为颁发校印一颗希即日启用并报部备案等由

上海水产学院：

一、华东区高等学校院系调整后新设院校的定名及原校改名，已奉中央人民政府教育部批准。兹遵照中央人民政府教育部颁布的印信条例规定制发你校校印一颗，文曰："上海水产学院印"，希收到后即日起启用，并自定暗记拓制印模一份报部备案。

二、如需条戳可按"长十一公分、宽二·五公分、老宋字体"自行刊用，并拓模报部备案。

三、你校各处、科可自行刊制印章应用，式样自定。

附校印一枚。

部长：孟宪承
一九五二年十月二十日

国务院、中央军委关于六所高等院校的体制调整和领导关系问题的通知

(71)国发文 69 号

上海市、江西、福建、安徽、吉林省革命委员会，交通部、农林部、中国科学院、国家体委、三机部、五机部、国防科委：

一、上海市高等院校集中较多，经各有关方面协商，决定将上海铁道学院迁往江西；上海水产学院迁往福建；上海体育学院并入华东师范大学；上海海运学院仍留上海。

二、为加强国防军工所需的技术人员的培养，决定将安徽中国科技大学改为安徽省与三机部双重领导，以安徽省为主；将长春光学精密机械学院改为吉林省与五机部双重领导，以吉林省为主。

上述院校的搬迁时间和体制变动的手续，由有关省、市和有关部门协商办理。

国务院、中央军委
一九七一年九月二十二日

福建省革命委员会关于上海水产学院迁往厦门的通知

闽革(1971)综字 163 号

国务院(71)国发文 69 号文件通知：上海水产学院迁往福建。据此，省革命委员会研究确定：

一、为便于教学，上海水产学院校址设在厦门集美。

二、由厦门市革委会负责，先将原集美水产专科学校、华侨补习学校的全部房屋、营具及其他附属设备移交给水产学院使用，并立即对现居住在上述两校内的人员迅速另作安排。

三、上海水产学院的交接、搬迁等具体方案，由省革命委员会水产局、省革命委员会政治部教育组、组织组派人与上海市革命委员会有关部门联系商定后报经省革命委员会批准后实行。

福建省革命委员会
一九七一年十月十九日

中华人民共和国教育部、国家水产总局关于恢复上海水产学院的通知

(79)教计字第 174 号　(79)渔总(科)字第 34 号

福建省、上海市革委会：

经国务院批准，同意恢复上海水产学院，现将有关事项通知如下。

一、恢复上海水产学院，在上海军工路原址办校，面向全国，学制四年，由国家水产总局和上海市革委会双重领导，以国家水产总局为主，具体分工遵照国务院国发(78)27 号文件有关规定办理。

二、厦门水产学院在厦门集美继续办下去，领导体制不变。上海水产学院与厦门水产学院的专业设置、在校学生规模等由国家水产总局分别与上海市、福建省革委会商定。

三、尽速组成上海水产学院复校领导小组，由国家水产总局科教局，上海市高教局、水产局，以及学院负责同志若干人组成。领导小组下设复校筹备处，负责办理复校的具体事宜。一九八一年完成复校工作。

四、目前厦门水产学院的教职员工，原则上从上海去的回上海(包括随迁家属)，本人愿意留厦门的也可同意；福建配备的留厦。个别可作调整，由国家水产总局与上海市、福建省革委会具体商定。

五、厦门水产学院现有在校学生(含七六、七七、七八届)以及七九年招收的新生，仍由该院负责培养至毕业，高年级学生可继续到上海实习，由上海水产学院配合进行。厦门水产学院某些专业开课如有困难，可商请上海水产学院培养师资或派出教师予以支援。要求至一九八三年秋，两个学院皆可独立担负教学和科研任务。

六、学院的资产，包括教学仪器设备、图书、资料、标本、家具等，要照顾两个学院的教学、科研需要，按照保证重点，照顾一般的原则具体协商。

七、请上海市和福建省分别加强对两个学院的领导，做好师生员工的思想工作，团结协作，努力把两校办好。

一九七九年五月十七日

中共上海市水产局委员会转发《关于成立上海水产学院筹备组的通知》

沪水委(79)字第285号

上海水产学院筹备组,局属基层党委、党总支、党支部:

接中共上海市委组织部沪委组(79)字第770号通知:经市委同意成立上海水产学院筹备组,由范纬青、朱元鼎、刘忠、曹正之、黄亚成、高耘樵六同志组成,由范纬青同志任组长,朱元鼎同志任副组长。

特此通知。

中共上海市水产局委员会
一九七九年八月廿一日

关于上海水产学院更改校名的批复

(1985)农(渔)字第220号

上海水产学院:

你院沪水院(85)办字第65号《关于更改我院校名的报告》悉。根据你院现有工、农、理、文多科性的专业设置、教师队伍和办学条件的情况,以及今后发展水产高等教育的战略布局等,加强科学研究和开展国际学术交往的需要,我部同意你院改名为"上海水产大学"。请抓紧研究,妥善作好改名后的相应工作。

农牧渔业部
一九八五年十一月二十三日

关于同意上海水产大学更名为上海海洋大学的通知

教发函[2008]95号

上海市人民政府:

《上海市人民政府关于上海水产大学申请更名为上海海洋大学的函》(沪府函[2007]93号)收悉。经研究上海水产大学更名为上海海洋大学,同时撤销上海水产大学的建制。

教育部
二〇〇八年三月十九日

索　引

说明：

一、本索引采用主题词分析索引法，按主题词首字的汉语拼音字母顺序排列（同音字按声调）；首字相同，按第二字音序排列，依此类推。

二、索引主题词后面的数字表示词条所在页码。

三、主题词后的括注为索引词条说明。"(美)"表示"(美国)"，"(苏)"表示"(苏联)"，"(俄)"表示"(俄罗斯)"，"(英)"表示"(英国)"，"(加)"表示"(加拿大)"，"(日)"表示"(日本)"，"(澳)"表示"(澳大利亚)"，"(爱)"表示"(爱尔兰)"，"(韩)"表示"(韩国)"，"(挪)"表示"(挪威)"，"(埃)"表示"(埃及)"，"(哈)"表示"(哈萨克斯坦)"，"(泰)"表示"(泰国)"，"(越)"表示"(越南)"，"(朝)"表示"(朝鲜)"。

四、表格索引按在正文出现顺序排列并置于本索引末尾。

主题词索引

《贝类学纲要》　238
《捕鱼机械与设备》　607,636
《池塘养鱼学》　597,598,648,653,660,667
《辞海》　463,465,625,626,630,636,639,657
《淡水捕捞学》　238
《东海鱼类志》　396,402,408,621,652
《俄汉水产词汇》　463,466,609,640
《范蠡养鱼经》　158
《福建鱼类志》　408,621,652
《工程流体力学》　240,607
《罐头食品工艺学》　393,602,631
《国际渔业》　240,600,662
《海洋学》　238
《海藻栽培学》　598,649
《航海技术》　634,637
《机电工程专业英语》　607
《甲壳动物学》　240,598
《经济大辞典·农业经济卷》　463,465
《南海鱼类志》　396,402,408,621
《农业大辞典》　463,465
《软饮料工艺学》　238

《上海海洋大学》　362
《上海海洋大学学报》　468,504,644,667
《生物饵料培养学》　598
《食品安全学》　241,602
《食品工程测试》　602,640,647
《食品罐藏工艺学》　602
《食品冷冻工艺学》　648,661
《水产辞典》　67,462,463,465,466,505,637,639,652
《水产动物疾病学》　598,650
《水产动物胚胎学》　650
《水产名词》　463,466
《水产品烘干房》　647
《水产品冷藏工艺学》　393,602,648
《水产品综合利用工艺学》　393,602,649
《水产食品加工工艺学》　625
《水产食品学》　240,602,661
《水产学报》　36,37,42,43,59,69,147,153,154,417,504,620,621,629,630,636,638,641,644,648,655,667
《水产养殖企业经营管理》　238,240,637

《水产资源学》 600,629
《水生生物学》 395,597,654
《微生物学》 633
《养殖水环境化学》 658
《养殖土木工程》 607,627
《英汉水产词汇》 463,466,467,609
《英汉渔业词典》 467,636,652
《有机化学》 238
《鱼病学》 597,650
《鱼类比较解剖》 333,396,409,597,598,624,652
《鱼类生理学》 597,632,647,657,661
《鱼类生态学》 238,597,598,632
《鱼类学(形态、分类)》 238
《鱼类学》 236,597,652
《鱼类学与海水鱼类养殖》 239,652
《鱼类药理学》 664
《鱼类育种学》 598,655
《鱼类增养殖学》 597,598
《鱼群探测仪》 237
《鱼群侦察技术》 600
《渔具材料与工艺学》 240,600,662
《渔具理论与捕鱼技术》 600,628
《渔具力学》 240,600,641,665
《渔业法规与渔政管理》 240,241,600,639,644
《渔业经济学》 238,240,241,604,665
《渔业资源评估》 238,600,652,653
《渔业资源与渔场学》 600
《藻类养殖学》 649
《制冷技术》 602,628,636,640,648,650
《制冷原理与设备》 602,636
《中国大百科全书·农业》 464,621,625,636,648,649,651,652
《中国农业百科全书·水产业卷》 47,463,464,625,636,638,641,648,649,651,652,657
《中国软骨鱼类的侧线管系统以及罗伦瓮和罗伦管系统的研究》 48,621,624
《中国软骨鱼类志》 34,402,408,621
《中国鱼类志》 409
《组织胚胎学》 597,655
CPT-4347号(苏) 31
阿伯丁海洋研究所(英) 42,641,665
爱尔兰大学 73

爱尔兰皇家科学院 73
安徽农业大学 75
奥本大学(美) 60,61,311,332,449,526,529,533
澳大利亚海事学院(澳) 526,528
宝石号(苏) 31,534
北海道大学(日) 62,64,73,521,526,527,533,556
贝扣职工科 3,22,23,222,248
编网职工科 3,23,222,248
达尔豪斯大学(加) 66
大连水产学院 157,260
大同大学 5,28,169,629,630
大夏大学 4,27,355,559,648
大洋渔业资源可持续开发省部共建教育部重点实验室/大洋生物资源可持续开发和利用上海高校重点实验室 442
第四中山大学农学院水产学校 4,24,83,618
东北大学(日) 77,525,527,533
东哈萨克斯坦国立技术大学(哈) 68
东京大学(日) 509,526,536
东京海洋大学(日) 64,140,142,526,527,533
东京水产大学(日) 43,44,53,514,534,556,645,654,658,659,661,662,666
东吴大学 5,28,169,172,621,627,628,647
奋发号 5,33,243,258,472,495
福建省革命委员会 40,81,109,698
福建省水产局 40
釜庆大学(韩) 486,526,528,533
釜山情报大学(韩) 528
复旦大学 59,72,117,118,151,172,180,371,467,486,487,553,627,629,632,642,645,651,654,661,663
高等教育部 5,29—32,147,169,186,193,225,226,232,310,356,515,535,599,602,628,648
高知大学(日) 73,528
共立大学(日) 66,68,73,527
广东海洋大学 67,141,457
国防大学 66
国际文化交流学院(美) 7,8,62,71,88,250,269,514,516,518,519,592,595,596,613
国家海洋局 8,63,66,68—70,72—74,77,81,212,310,389,392,393,396,397,413,418,423,424,435,436,449—451,453,606,646,647,665

国家海洋局第二海洋研究所　76,646,647
国家海洋信息中心　76
国家水产总局　6,7,12,42－44,81,149,213,237,
　296,410,432,457,460,473,481,520,544,552,553,
　556,561,636,638,652,698
国家远洋渔业工程技术研究中心/上海远洋渔业工程技
　术研究中心　443
国立四川水产职业学校　4,26,140,141,146,504,
　617,619,631
国民政府教育部　4,20,24,25,81,146,167,192,
　276,627
国务院科教组　40,549
海丰号　4,22－24,180,242,472,495
海宁号　4,495
海育1号　46,496,556
海育2号　46,496,556
行政院善后救济总署渔业善后物资管理处　4,26
航海专科　3,23,24,169,222,248,280,290,302,
　593,601,618,633
河北省水产专科学校　5,28,147
河内农业大学(越)　35
河内综合大学(越)　33
华东军政委员会教育部(华东教育部)　4,28,192,
　269,402,697
华东军政委员会水产管理局(华东水产管理局)　6,
　28,81,186,192,269,622,624
华东师范大学　4,71,76,457,559,621,622,624,
　634,638,642,653,654,661,667,697
华鲣号　4,5,28,243,495
活水女子大学(日)　69,528
基尔大学(英)　74,529
基隆水产学校　26,141
集美2号　4,25,473,495
集美大学　72,260,448,457
集美高级水产航海学校　25,495,619
济州大学(韩)　528,529,533
暨南大学　34,630
加州硅谷大学(美)　76
建国大学校(韩)　526
剑桥大学(英)　181,644
江苏大学农学院　4
江苏省教育会　17－19,618

江苏省教育厅　19,20,24,146,619,631
江苏省立第二农业学校　22,457
江苏省立水产学校　3,4,17,19,20,24,26,81,83,
　137,140,141,146,168,222,231,236,251,266,280,
　302,478,501,505,514,539,542,576,580,593,617－
　619,622,626－628,631,633,671,672,693,695,696
江苏省立水产职业学校　4,26,27,140－142,146,
　270,276,290,481,504,631
江苏谘议局　3,17,617
江西农业大学　269,283
江西省水产局　10,269
京都大学(日)　527,655
经济与商贸管理学院(挪)　53
九三学社上海海洋大学委员会(筹)　114
九州女子大学(日)　61,66,73,526,527,642
莱托诺大学(美)　71
丽水大学(韩)　528
丽水水产大学(韩)　52,53,664
连云港水产学校　5,32
联合国海底委员会　40
联合国粮农组织　43,57,156,392,457,458,466,
　514,520,530,534,604,627,636,637,641,652,664
临沂大学　76
鹿儿岛大学(日)　526,528
路易斯安娜州立大学(美)　72
伦敦大学(英)　644
罗得岛大学(美)　47
马里兰大学(美)　67,76,332,382,389,457,525
马萨诸塞大学(美)　67,72,161,332,389,451
曼尼托巴大学(加)　42,657
美国国家海洋与大气管理局　63,65,66,76,451
莫斯科米高扬渔业工学院(苏)　5,30,212,226
南京农业大学　46,54,310,322,465,642,660,668
鸟取大学(日)　528
农林部　6,40,41,81,149,496,560,619,626,627,
　638,654,657,697
农林部水产司　19
农牧渔业部　7,45－47,81,90,93,149,150,166,
　170,187,190,212,269,296,304,412,413,418,419,
　427,432,433,497,556,557,604,614,625,632－634,
　639,649－651,653,654,657,664,699
农业部　6－8,11,12,28,48－52,54－57,59,63,64,

66—71,73,81,90,108,109,114,141,145,149—157,
159,169—171,174,181,185—188,190,212,213,
225,238,241,244,250,264,297,303,304,310,361,
382—384,387,389—398,411,413—415,417—420,
423,424,426—429,433—436,443—448,450,451,
458,462,464,465,467,468,476,477,487,494,497,
499,501,505,509,514,521,526,531,539—541,548,
549,553,557,565,572,578,582,583,594,598,599,
602,620,630,632,634,635,637,638,640—644,647
—652,654—668

农业部大洋渔业资源环境科学观测实验站　446
农业部淡水水产种质资源重点实验室　389,390,
　395,397,414,443,477,667
农业部团头鲂遗传育种中心　389,390,445
农业部鱼类营养与环境研究中心　389,390,444,477
农业部渔业动植物病原库　55,62,389,390,446,
　477,664
农业部渔业局　63,66,151,156,157,392,424,446,
　448,457,509,520,664
农业部远洋渔业培训中心　12,49,50,151,392,583,
　601,638,656
浦苓号　46,50,53,496,535,536
普渡大学(美)　59
普通科　4,25,26,80,146,168,222,248,268,695
勤朴忠实　3,8,9,13,19,255,267,366,503,505,
　506,618
青岛海洋大学　52,54,260,310,383,467
庆鲸号(韩)　52
庆尚大学(韩)　58
全国渔业节能协作组　156,157,634,640,656
仁荷大学校(韩)　526
日本农林水产业研究中心　626
塞顿霍尔大学(美)　72,529
三重大学(日)　49,50,53,62,64,76,457,525—527,
　533,534
厦门市革命委员会　40,563
厦门水产学院　6,40—43,81,84,90,92,109,119,
　153,276,282,295,303,361,417,460,466,467,481,
　508,538,539,543,576,586,594,607,622,637,640,
　643,654,659,675,698
山东大学　147,180,232,627,629,635,647—650
山东水产学校　43

上海电力学院　61,75,564,565,567,644
上海高校水产养殖学E-研究院　8,61,390,448,
　449,667
上海海洋大学　1,3,8,68—77,81,84,99,112—114,
　116,117,131,136,143—145,149,150,162,166,177,
　178,189,190,209,261,277,279,287,367,382,384,
　386—389,394,398,419,424,441,446,455,456,468,
　479,493,498,502—505,508,517,522,523,531,532,
　546,560,563,596,617,641—647,665,666,668,684,
　686,699
上海交通大学　151,172,180,238,239,371,424,
　468,553,629,643,654,656,657
上海市军事管制委员会　4,27,80,81,90,248,622
上海市科学技术委员会　33,149,162,443,452
上海市立吴淞水产专科学校　4,26,27,51,81—83,
　141,146,166,169,192,212,222,225,248,267,269,
　290,473,481,539,542,593,617—619,626—629,
　631,634,636,649,651,672
上海市食品学会　67,161,645,661
上海市水产学会　37,65,158,160,448,621,638,
　639,641,643,654—656,663,665
上海市水产研究所　63,76,149,160,416,420,
　460,497
上海市水产养殖工程技术研究中心　390,446
上海市延安精神研究会　65,162,163,641,642
上海市渔业经济研究会　64,159,160,448,622,644
上海水产大学　7,8,46—48,50—61,63—68,81,84,
　91,98,108,109,112—114,116,124,130,131,135,
　137,141,145,150,166,170,171,173,178,188,208,
　238,244,250,253,276,279,283,291,303,310,338,
　339,355,362,365,384,387,388,416,444,448,450,
　458,464—468,502—505,508,509,521,522,536,
　544,546,560,563,565,578,582—584,594,595,610,
　621,624—626,634,637—645,656,657,660—664,
　666—668,677,680,682,699
上海水产学院　4,6,28—40,42—46,64,66,81,82,
　84,90,92,96,102,104,108,112,114,127,129,141,
　147—150,153,157,158,166,169,170,186,212,227,
　232,236,237,249,266,280,282,350,354,362,383,
　406,409,416,417,420—422,425,468,478,481,504,
　508,535,543,544,560,561,582,592,594,618—625,
　627—641,644,645,647—666,672,673,697—699

上海水产专科学校　4,27,28,81,83,90,127,148,
　　212,222,236,243,248,269,290,355,542,560,593,
　　618—620,622,625,627—631,635,648,672
神奈川大学(日)　488,527,536
圣约翰大学　5,28,169,172,621,636
世界银行　7,43—47,69,181,244,382,393,405,
　　472,473,490,499,514,533—535,540,548,551—
　　556,570,648,664
势水丸(日)　49
淑明女子大学(韩)　528
水产管理总局　28,81
水产号　5,28,29,243,472,495
水产种质资源发掘与利用省部共建教育部重点实验室
　　441,477
水域环境生态上海高校工程研究中心　395,445
淞航号　4,20—24,180,242,472,495,514,618
苏伊士运河大学(埃)　63,528
塔斯马尼亚大学(澳)　58,59,61,63,65,220,250,
　　286,299,514,528,532,533,547,592,610
台湾高雄海洋科技大学　65,73
台湾海洋大学　60,64,71,132,448,459,527,529,
　　532
台湾澎湖科技大学　72
台湾宜兰大学　69,72
泰国农业大学　76
庭榜水产研究所(越)　36
同济大学　9,24,76,118,151,361,487,491,509,
　　510,623,624,629,638,645
图强号　5,33,243,258,422,472,495
渥太华大学(加)　66
西安电子科技大学　76
下关水产大学校(日)　46,66,496,528,535,556
祥明大学(韩)　70,73,76,528,531
新疆农业大学　73
熊本丸Ⅱ世(日)　45,46,496,534,535,556
熊本县立水产高等学校(日)　45,46,50,496,
　　535,556
雪兰州立学院　53
雪龙号　63,68,70,73
芽庄水产大学(越)　5,52,58,515,528
亚洲水产学会　47,61,64,67,72,174,457,458,508,
　　533,624,641,644

烟台师范学院　269,283
养殖科　3,11,21,23—27,76,80,146,148,168,212,
　　215,222,225,243,248,270,280,303,390,402,498,
　　532,559,592,593,597,598,631,656,696
印度洋金枪鱼委员会　59,458,521
樱美林大学(日)　528
渔航专科　24,222,248,280,302,593,599
渔捞科　4,11,18—27,80,82,139,140,142,143,
　　146,148,168,169,180,212,215,222,225,231,242,
　　243,248,268—270,280,290,303,391,402,514,592,
　　593,599,601,618,619,626,628,629,651,693,694
元山水产大学(朝)　48
远东渔业技术大学(俄)　62,67,528,533
远洋渔业专科　3,24,222,248,280,290,302,593,
　　599,601,618
越南农林大学　74,528
詹姆斯库克大学(澳)　528
湛江水产学院　43,668
长崎大学(日)　68,73,525,528—531,533,666
浙江海洋学院　619
直隶水产学校　21,457
制造科　11,18—24,26,27,80,82,146—148,168,
　　169,180,212,216,222,225,231,243,248,268,270,
　　280,290,303,393,402,499,514,592,593,601—603,
　　618,619,622,625,631,693—695
制造科　11,18—24,26,27,80,82,146—148,168,
　　169,180,212,216,222,225,231,243,248,268,270,
　　280,290,303,393,402,499,514,592,593,601—603,
　　618,619,622,625,631,693—695
中国共产党上海海洋大学委员会　90
中国国民党革命委员会上海海洋大学支部委员会　117
中国海洋大学　68,310,457,658
中国科学院电子学研究所　76
中国科学院上海水产研究所　32,35,148,149,508,
　　620,621,623,630,631
中国科学院遥感应用研究所　76
中国民主建国会上海海洋大学委员会　116
中国民主同盟上海海洋大学委员会　112
中国水产科学研究院　10,52,54,63,68,149,158,
　　310,328,418,423,435,436,446,448,462,466,508,
　　647,651
中国水产科学研究院东海水产研究所　76,149,206,

207,209,310,331,460,620,630
中国水产科学研究院黑龙江水产研究所　207,331
中国水产科学研究院黄海水产研究所　72,331,449
中国水产科学研究院南海水产研究所　331,410
中国水产科学研究院渔业机械仪器研究所　416,425,460,645
中国水产科学研究院长江水产研究所　140,664
中国水产科学研究院珠江水产研究所　331,332
中国水产学会　36,42,44,48,51,58,62,66,73,75,76,136,153,154,157,158,160,335,414,457,458,466,508,621,624,625,631,636－638,641,644,647,648,650,651,653,655,658,659,663,664,666,667
中国鱼类学会　43,65,458,508,621,624,632,650,652,657
中国渔业发展战略研究中心　8,63,65,382,448,641
中水9203号　51,496
中水9309号　51,496
中西太平洋渔业委员会　458,521
中央农业干部教育培训中心上海海洋大学分院　149,150
中央农业干部教育培训中心上海水产大学分院　150
中央农业干部管理学院上海水产学院分院　44,269,611
舟山水产学院　5,32,619
佐治亚州立西南大学(美)　527,529

人 名 索 引

埃兰·库特斯　71
奥田俊博　68,73
蔡完其　46,52,55,126,261,330,339,404,414,415,418,433－435,437－440,659,670,674,677,679,682,684
蔡学廉　49,156,157,404,424,656,674,677,679,682
曹丁　53,138,375
曹德超　54,56,57,61,84,86,92,253,261,262,339,387,405,406,468,563,612,642,670,681,683
曹文宣　66
曹燕珍　53,138,375
曹正之　31－33,43,84,91,148,158,623,699
曾呈奎　52,53,241,660
查勒斯·尼亚姆兰达　69
陈坚　46－48,52,53,83,90,91,110,129,150,151,155,178,404,468,603,640
陈椿寿　21,23,168,180,248,404,593,598,672
陈国良　68,449
陈嘉庚　21,23,59,68,75,134,619,633
陈连增　77
陈马康　35,55,144,261,339,404,416,417,433,434,437,440,464,465,598,656,670,674,676,678,681
陈明义　71,405,654,676
陈天及　208,331,339,405,603,663,683,685
陈同白　24,168,248,404,593,603,627
陈新军　69－71,97,173,183,206,235,242,262,325,331,337－339,368,392,405,423,434－438,440,443,447,450,463,464,466,601,668,670,683,685,688
陈宜瑜　62,452
陈有容　144,405,430,466,510,661,683
陈长胜　72,332,451
陈哲聪　65,68
陈子英　5,28,29,37,38,113,169,310,390,404,415,594,598,627,628,669,673,674
成永旭　74,116,183,206,207,235,242,330,336,337,390,405,416,418,436,438,440,442,444,461,667,670,682,684,687
程裕东　59,61,63,67,84,87,116,161,255,339,388,405,406,428,438,479,482,603,612,645,670,671,683,686,689
丛子明　43,157
崔建章　55,144,151,261,339,391,404,422,423,431,434,464,466,595,601,612,656,670,674,677,679,681
达式奎　47,55,121,143,238,404,427,431,647,669,670,673,675,678,680
大野明　45,535
戴岜心　5,28,30,114,393,404,629,673
德勒克·斯特普里斯　72

丁德文	70,174,453,646,670	何世钧	339,405,667,668,670,685,687
丁凤云	76	何苏麟	46,52,86,262,653,670,673,675,678,680
恩·依·科特亚	49	洪绂曾	50
范纬青	6,43,84,90,92,158,160,623,699	侯朝海	4,9,24,26—28,35,53,64,82,83,86,112, 113,142,146,147,168,180,275,404,503,505,593, 594,601,618,619,627,634,672,673
范小健	64		
方原	27—29,44,90,109,605,620		
费鸿年	154	胡炜	67,74
封金章	61,62,66,84—86,88,92—94,506,507, 565,603,614,645,671,681,683,685,688	胡鹤永	32,92,94,96,237,239,404,422,467,594, 601,607,635,670,673,674,676,679,681
冯立民	4,21,23—26,83,168,180,404,619,633	胡明埥	156,173,239,404,423,424,434,435,437, 439,463—466,657,670,674,676,679,681,683
冯志哲	91,96,128,237,238,240,393,404,427, 428,466,603,648,670,672,673,675,677,680		
		胡延照	64
福原弘之	68	胡友庭	31—33,35—37,45—47,90—92,103,105, 110,129,236,353,535,555,638,674,679
高山	35,37,38,625		
高国富	53	华汝成	112,169,404,412,482,630,672,673,675
高鸿宾	67	黄大能	65,510
高鸿章	114,169,404,601,633,634,670,672—674	黄金陵	44,113,119,393,404,427,464,594,603, 634,635,670,672—674,677,679
高锡臣	404,495,672—674		
高耘樵	84,92,160,622,679,699	黄琪琰	49,52,237—239,241,390,404,418,433, 437,439,465—467,598,650,670,674,677,679
葛光华	144,150,238,239,339,405,439,466,497, 595,605,637,670,677,679,681		
		黄荣鉴	60
葛茂泉	92,143,144,339,405,428,433,601,603, 658,659,670,674,677,679,681,683	黄世蕉	87,238,404,418,431,433,439,632,670, 674,677,679
宫明山	44	黄硕琳	55—57,60—62,66,84,87,92,93,145,154, 155,158,160,181,206,235,239,241,242,261,331, 339,388,391,405,406,442,446,448,451,455,456, 459,462,466—468,482,506,598,601,643,644,670, 671,679,681,683,686,689
辜芳昭	72		
顾景镠	33,51,52,84,89,127,383,404,426,431, 432,601,639,670,674,677,679,681		
顾乃达	52—54,56,61,62,66,84,86,92—94,96, 119,120,145,168,405,565,601,643,670,671,679, 681,683,686,688	黄晞建	60,61,64,84,92,93,145,163,262,370, 372,388,405,406,507,643,671,686,689
		黄亚成	27,28,31,43,44,83,84,90—92,109,148, 150,279,622,672—674,677,679,699
管伟康	54,58,59,86,114,115,262,339,405,482, 603,662,663,669,684		
		黄炎培	3,4,9,19,23,26,505,617,618
郭秉文	19,23	黄志斌	5,35,142,237,239,393,404,427,464,465, 467,535,603,648,670,672—674,677,679
郭子郁	38,40,84,91—93,96,103,104,109,110, 638,679		
		纪成林	114,115,367,404,420,431,434,460,464, 465,498,506,634,670,673,675,678,680
韩正	66,67,69		
韩家学	30,44,112,113,169,605,632,673,674	季如宝	72,451
汉纳森	53,525	季星辉	46,49,55,156,242,261,391,404,422,423, 431,435,436,464,466,468,635,670,674,676, 678,681
何保源	30,33,44—46,91,92,96,98,128,129,135, 598,620		
何广顺	76		
何厚铧	76	江彰吉	69,72

姜仁良	144,237,238,404,411,418,431,433,436,439,464,598,653,670,674,676,679,681
蒋平安	73
蒋以任	64,67
杰瑞·萧	76
金心衡	24,168,248,404,593,601
金学韶	76
金有坤	393,404,431,433,464,467,603,631,669,670,674,676,679
卡里德·S·莫哈迈德	73
克里斯·司克林	76
库德里耶夫	48,533
拉玛·姆桑伽玛	68
莱塞尼亚·恩加拉塞	58,533
乐美龙	31,34,35,40,45,46,48—51,53—55,59,66,83,84,86,92,110,120,139,143,144,150,151,154,157,158,178,180,237,238,325,383,391,404,421,422,463—468,552,638,639,670,673,677,680
雷霁霖	73,449
黎国驹	57
黎仲诚	138,375
李琦	33
李宝城	73
李晨磊	64,72
李春雁	72,451
李道恒	37,51—54,92,96,97,103,110,119,128,145,598,640,673,675,678,680
李东芗	19—21,26,27,168,169,248,404,473,593,601,618,619,626,671,672
李恩年	75
李和兴	75
李家乐	52,61,65,66,69,87,93,183,206,207,241,330,339,390,403,405,406,415,416,419,434,435,437,438,440—443,445,446,449,464,466,598,667,670,680,682,685,687
李思发	42,46,52,54—58,60,62,68,69,71,74,92,126,145,173,181,206,330,339,383,390,403,404,406,414—416,433—438,440,442,467,535,657,670,673,675,678,680,682,685,687
李铁映	75
李伟明	74,183,666
李铉清	73
李应森	12,71,121,235,405,416,435,437,438,440,460,462,535,637,680,682,685,687
丽萨·扎玻	71
梁象秋	239,396,404,415,417,419,420,431,433,437,464,465,467,651,670,674,677,679,681
列别捷夫	29
林浩然	61,66,441,449
林焕章	237,404,463—465,467,482,601,636,670,673,674,676,679
林辉煌	46,86,404,464,601,625,670,674,676,679,681
林雅年	66,125,143,144,405,437,465,614,654,655,670,674,676,679,681
林樟杰	52—54,90—92,110,143,163,262,387,406,468,641,670
刘忠	37—40,43,90,92,109,158,584,622,699
刘宝全	71
刘宠光	29—32,35,84,119,154,614,619,620,673,675
刘旦宅	138,375
刘怀庆	30,31,33,36,37,90,91,93,96,104,129,598,614,622,673
刘金鼎	44,90,92,623
刘景汉	672
刘云耕	64,74,507
刘占江	60,61,332,449,526
刘子载	29
柳晟奎	50
楼允东	144,181,238,239,241,242,339,404,409,410,416,431,437,464—467,532,655,670,674,677,679,681
陆桂	31,33—35,169,328,390,404,416,417,465,520,598,636
罗宾·艾伦	65
罗伯特·赫德苏	71
骆乐	58,62,117,119—121,124,405,466,665
骆启荣	28,404,630,673
骆肇尧	35,43,44,53,59,62,68,84,86,92,111,119,142,157,169,237,273,328,367,393,427,430,439,463—465,533,552,603,625,626,670,672—674,676,679
吕美华	404,482,594,601,633,669,673,675,678

马家海	50,56,173,330,339,390,396,405,412,413,431,432,434,438,440,442,464—466,530,659,670,675,677,680,682	斯瑞·凯瑟瑞	76
马里采夫	29	宋德芳	33,112,169,237,404,632,673
		宋荔	69
		苏纪兰	66
马凌云	393,404,630,673	苏锦祥	5,34—37,43,50,121,154,181,237—239,241,261,339,390,396,404,408,409,416,417,431—433,463—468,535,598,652,670,673,676,678,680
孟庆闻	33,42,43,45—49,51,52,64,66,67,70,84,114,115,119,124—126,142,154,237—239,241,261,275,328,390,396,402,404,408,409,417,431—433,439,464,465,467,535,556,621,624,669,670,674,676,678,681	孙大文	73,525
		孙满昌	58,173,181,235,242,262,331,337,339,404,422—424,434—436,464—466,598,601,662,670,675,678,680,682
莫伊谢耶夫	29		
木岛明博	77	索因	33,182,457,514,534
内田淳正	76	谈家桢	673
尼古拉斯·佛斯凯特	74	谭玉钧	36,45,47,49,114,157,237,328,390,404,410,411,431,432,436,437,439,464,465,520,647,648,669,670,674,677,679,682
聂振邦	67		
牛盾	70		
潘德炉	69,71,174,442,444,450,646,670	唐登杰	64
潘迎捷	61,62,64—66,68—70,73,75,76,84,92,93,120,139,145,150,151,158,161,178,208,255,331,339,360,371,388,406,429,430,440,442,444,448,451,452,456,461,462,465,466,468,507,509,565,610,642,643,669—671,686,689	唐启升	66,154
		特依纳·比绍普	76
		童吉美	339,595,605,609,661,662,683
		宛晓春	75
		万峰	45,50,54—58,86,88,91,119,120,127—129,145,644
片峰茂	73		
朴惠淑	76	万宝瑞	56
齐景发	56	汪品先	66,71
秦怡	125,138,375	汪天云	138,375
秦沇	19—23,168,618	王刚	26,29,113,146,169,393,404,593,594,603,630,693
秦铮如	168,169,672		
任明荣	46,59,173,339,606,608,664,677,680,682	王武	6,12,36,42,46,47,49,50,55,63,65—67,70,74,173,259,337,390,404,410,411,416,442,461,462,464—466,510,598,660
阮玉红	59,509		
萨布林柯夫	32,310,466,514,534	王恺	144,405,427,464,654
邵琪伟	64	王道尊	33,49,128,181,238,239,404,411,418,431,433—437,439,598,653,670,673,675,677,680
深见公雄	73		
沈晓明	69,73,74,359,379		
沈月新	54,56,57,59,87,112,113,124,126,145,173,239,242,337—339,405,418,427,434,463,464,466,467,482,602,660,661,669,670,673,676,678,680,683	王德雄	53,525
		王季襄	88,404,466,467,552,648,670,673,675,677,680
		王家耀	65,72,449
施彬	32,35,37,169,404,426,601,607,629	王克忠	31,34,46—48,84,112,119,120,145,155,232,404,425,464,466,468,640,669,673,675,677,680
施正峰	237,404,410,411,416,431,432,436,439,633,670,674,676,679,681		
寿振黄	672	王钦敏	70

王荣华　　55,67,509
王瑞霞　　46,48,49,112,113,126,237,239,404,419,
　　432,439,650,670,673,675,677
王生洪　　64
王素娟　　33,48,50,52,125,126,180,237—239,241,
　　328,383,390,396,404,412,413,431—434,439,464,
　　467,497,649,670,673,675,677,680
王文锐　　27—30,84,90,352,624,672
王锡珩　　156,237,239,404,427,428,432,433,650,
　　670,673,675,677,680
王新奎　　67
王薰香　　29—32,90,91,93,353,601,621
王尧耕　　33,53,55,144,237,261,262,368,391,404,
　　423,425,434,435,437—440,463—467,601,649,
　　670,672,673,675,677,680
王贻观　　169,237,391,404,425,629,672,673
王以康　　31,86,169,236,390,396,404,593,598,
　　619,626,627,672
王义强　　45,46,48,112,113,158,181,237,238,261,
　　396,404,410,418,432—434,594,598,647,670,672,
　　673,675,677,680
王英华　　86,92,94,102,168,663,670,682
王月辉　　71
王长新　　73
维金斯基　　31,534
翁斯鑑　　168,237,393,404,628,672—674
吴嘉敏　　56,58,62,64,70,91—93,97,119,120,127,
　　261,262,387,388,405,411,416,438,440,497,535,
　　598,644,670,678,680,682,685,687
吴启迪　　69,77,505
伍汉霖　　390,396,404,408,409,425,431—433,
　　463—465,467,508,651,670,675,677,680
夏德全　　61
相重扬　　50,71
肖树旭　　6,36,42,91,390,404,416,417,419,420,
　　431,436,437,460,464,465,598,628,635,670,672,
　　673,676,678
萧泉源　　72
谢·瓦·斯茨扬诺夫　　33
谢光玉　　57,507,533
谢丽娟　　51,64,65,510,624
徐洄　　66

徐世琼　　181,237,238,339,404,428,438,466,603,
　　636,670,674,676,679,681
徐文达　　237,239,404,426—428,432,435,464,603,
　　651,674,676,679,681
徐祖藩　　24,169,248,593,601
许柳雄　　58,74,92,93,151,173,181,206,235,262,
　　331,339,405,423,435,436,438—440,443,466,601,
　　665,670,678,680,682,684,687
许玉赞　　672
严伯奋　　261,339,404,427,428,432,435,603,651,
　　670,673,675,678,680
严隽琪　　61,63,255,565
严兴洪　　69,77,183,206,330,390,405,413,438,
　　440,442,449,531,666,670,680,682,684,687
杨邦杰　　70
杨定华　　66,67,74
杨扶青　　34
杨福馨　　405,665,666,670,685,687
杨和荃　　46,113,121,239,404,410,417,420,433,
　　437,654,670,673,675,678,680
杨慧如　　47,92,96,124,640
杨先乐　　60,69,206,207,241,330,339,390,405,
　　418,432,435,438,439,442,446,449,461,463,464,
　　466,531,598,664,670,683,685,687
叶骏　　9,56—58,64—66,71,90,91,110,163,185,
　　255,339,456,462,510,610,642
叶室亲正　　47,534
伊达·斯尔森　　72
殷名称　　36,239,241,396,404,417,431,464,467,
　　632,670,674,676,679,681
殷一璀　　59,61,64,69,73,359,379
殷肇君　　156,157,404,426,437,601,663,676,679,
　　681,683
尹成杰　　66
应光彩　　47,156,157,404,424,607,634,670,673,
　　675,678
虞丽娟　　72,73,90,93,110,339,360,645,670,
　　671,689
臧维玲　　51,54,70,121,126,173,239,240,242,261,
　　262,396,404,416,436,437,439,460,464,466,658,
　　670,674,677,679,682,684
翟森·因　　72

詹秉义　239,241,339,404,425,464,465,467,652,670,674,677,679,681
詹姆斯·贝灵汉　76
张謇　3,9,17,67,505,510,617
张镠　3,9,17—24,140,180,242,267,404,472,481,505,514,617—619,696
张宝文　59,509
张楚青　4,20,21,25,27,83,168,180,248,393,404,427,481,593,603,619,672
张丹如　169,237,404,627,672,674
张发强　59,509
张克俭　53,55,119—121,144,404,410,432,437,659,674,675,678,680,682
张沛萍　53
张相国　58,92,173,181,206,240,261,331,339,404,466,491,530,605,664,675,678,680,682,685
张延喜　54,59,67,509
张友声　28,33,35—37,119,158,169,237,391,404,417,421,422,431,593,601,628,669,672,674
章可畏　143,156,157,424,433,464,468,582,595,601,654,670,674,677,679,681
赵法箴　66
赵维信　47,53,54,112,113,126,144,181,238,239,261,396,404,416,418,431,433,437,657,669,670,674,676,679,681
赵长春　6,33—36,42,45,46,50,84,127,144,404,410,416,417,431,432,535,536,556,598,639,670,674,676,679,681
真道重明　31,182,457,514,533
郑刚　404,416,467,631
郑选江　74

中村硌二　53
周洪琪　55,58,114—116,126,261,262,330,339,404,418,419,433,466,530,598,661,669,670,674,676,678,681,683
周家伦　76
周慕尧　55,58,59,507
周培根　121,173,331,339,405,406,427,603,660,683
周应祺　42,52,54—62,84,92,120,126,139,145,150,151,154,158,160,173,181,206,242,252,253,259,261,262,264,330,339,368,387,392,404,406,423,431,434,437,439,448,464,466—468,509,530,563,595,598,601,641,669—671,674,676,678,681,683,685,688
周禹鹏　64
周照仁　73
朱学宝　181,404,411,431,435,438,598,655,670,673,675,678,680,682
朱永兴　51,173,339,405,426,439,440,662,670,678,680,682
朱元鼎　5,6,11,28—37,40,42—45,47,48,65,84,109,142,148,149,153,154,158,169,275,310,328,382,383,390,396,402,404,408—410,431—433,439,458,464,467,503,505—508,533,553,621,624,652,669,672,673,675,678,699
庄晓天　49
邹家华　59
左焕琛　64
佐伯浩　73
佐佐木更三　44

表　格　索　引

表1-1-1　1912—2011年校行政负责人情况表　83
表1-2-1　1957—2011年校党委(党的核心小组)成员一览表　91
表1-2-2　1960—2011年纪律检查委员会(监察委员会)历任书记、副书记、委员一览表　96
表1-2-3　1995—2011年纪检、监察、审计工作机构一览表　97
表1-2-4　1951—2011年学校党组织统计表　103
表1-2-5　1957—2011年发展党员数统计表　107
表1-2-6　1955—2011年党员构成统计表　107
表1-2-7　2010年管理岗位对应职级情况表　109
表1-3-1　1952—2011年民盟学校组织历届负责人一览表　112
表1-3-2　1956—2011年九三学社学校组织历届负责人一览表　114

表 1-3-3 1993—2011 年民建学校组织历届负责人一览表　116

表 1-3-4 2009—2011 年民革学校组织历届负责人一览表　117

表 1-4-1 1985—2011 年历届工代会（教代会）召开情况表　119

表 1-4-2 1985—2011 年学校获工会系统荣誉奖项一览表　120

表 1-4-3 1985—2009 年教代会审议、表决通过的主要文件一览表　124

表 1-4-4 1960—2010 年学校获妇女工作系统主要荣誉奖项一览表　125

表 1-4-5 1951—2011 年校共青团历届负责人一览表　128

表 1-4-6 1952—2011 年历任学生会主席一览表　135

表 1-4-7 1985—2011 年历任研究生会主席一览表　137

表 1-4-8 1985—2011 年校友（联谊）会理事会历任理事长、秘书长一览表　139

表 1-5-1 1964—2011 年历届水产学报编委会人员情况表　154

表 1-5-2 农业部冷库及制冷设备质量监督检验测试中心检测项目一览表　155

表 2-1-1 1956—2011 年人事机构沿革与负责人情况表　168

表 2-1-2 1957 年高等农林院校人员编制情况表　170

表 2-4-1 1952—1955 年学校教职工工资情况表　192

表 2-4-2 1956 年全国高等学校教学人员工资标准情况表　193

表 2-4-3 1956 年全国高等学校教学辅助人员工资标准情况表　194

表 2-4-4 1956 年全国高等学校行政职工工资标准情况表　194

表 2-4-5 1993 年事业单位工作人员工资构成情况表　195

表 2-4-6 1993 年高教、科研人员专业技术职务等级工资标准情况表　196

表 2-4-7 1993 年职员职务等级工资标准情况表　196

表 2-4-8 1993 年技术工人工资标准情况表　196

表 2-4-9 1993 年普通工人工资标准情况表　196

表 2-4-10 1997 年高教、科研人员专业技术职务等级工资标准情况表　197

表 2-4-11 1999 年高教、科研人员专业技术职务等级工资标准情况表　197

表 2-4-12 2001 年 1 月高教、科研人员专业技术职务等级工资标准情况表　197

表 2-4-13 2001 年 10 月高教、科研人员专业技术职务等级工资标准情况表　198

表 2-4-14 2003 年 7 月高教、科研人员专业技术职务等级工资标准情况表　198

表 2-4-15 2006 年事业单位专业技术人员岗位工资标准情况表　198

表 2-4-16 2006 年事业单位专业技术人员薪级工资标准情况表　199

表 2-4-17 1991 年 6 月机关事业单位工作人员职务津贴标准情况表　199

表 2-4-18 2005 年 1 月事业单位工作人员职务津贴标准情况表　199

表 2-4-19 2006 年 9 月校内岗位津贴拨款基本标准情况表　202

表 2-5-1 2003—2011 年水产一级学科博士后科研流动站情况表　206

表 2-5-2 2007—2011 年博士后研究人员情况表　206

表 2-5-3 2009—2011 年食品科学与工程学科博士后科研流动站情况表　208

表 3-1-1 1952—2011 年按学科专业设置统计表　214

表 3-1-2 1952—2011 年本科专业设置情况表　221

表 3-1-3 1952—1966 年专科（及其他）设置情况表　223

表 3-1-4 1985—2011 年专科专业设置情况表　224

表 3-2-1 2006 级本科人才培养计划结构体系情况表　229

表 3-2-2 2006 级本科专业课程及实践教学学分分配情况表　229

表 3-2-3 2010 级本科专业综合教育模块课程设置情况表　230

表3-2-4　1988—1992年课程建设基金资助项目情况表　233

表3-2-5　2003—2011年国家级与上海市级精品课程一览表　235

表3-2-6　2005—2011年上海市教委高校重点建设课程统计表　235

表3-2-7　1961年学校主编全国水产高等院校统编教材一览表　236

表3-2-8　1979—1990年学校主编全国水产高等院校统编本科教材一览表　238

表3-2-9　1991—2000年学校主编全国水产高等院校统编本科(专科)教材一览表　239

表3-2-10　2001—2011年学校主编农业部高等农业院校水产类教材出版情况表(部分)　241

表3-2-11　1990—2011年获奖教材一览表　241

表3-3-1　民国元年至18年各科历任主任情况表　248

表3-3-2　1965年基层教学组织情况表　249

表3-3-3　2006年各学院基层教学组织情况表　251

表3-3-4　2003—2004年学校"迎评促建"组织机构情况表　255

表3-3-5　1989—2011年主要教学成果与教育研究成果奖一览表　261

表3-3-6　2007—2010年国家特色专业建设点一览表　263

表3-3-7　上海高校教育高地建设项目一览表　263

表3-3-8　2009—2010年学校实验教学示范中心一览表　264

表3-3-9　2008—2010年国家、上海市教学团队一览表　264

表3-3-10　2008—2010年校大学生创新活动计划项目统计表　265

表3-4-1　1994—2011年学校本专科学生人数统计表　271

表3-4-2　1991—2011年学生处分情况统计表　274

表3-5-1　1952—1965年本科招生人数统计表　281

表3-5-2　1972—1979年招生人数统计表　282

表3-5-3　1980—1985年本科招生人数统计表　282

表3-5-4　1986—1993年本科招生人数统计表　284

表3-5-5　1994—1996年本科招生人数统计表　284

表3-5-6　1997—2000年本科招生人数统计表　285

表3-5-7　2001—2005年本科招生人数统计表　288

表3-5-8　2006—2011年本科招生人数统计表　289

表3-5-9　1983—1985年专科招生人数统计表　291

表3-5-10　1986—1992年专科招生人数统计表　291

表3-5-11　1993—2000年专科招生人数统计表　292

表3-5-12　2001—2011年专科招生人数统计表　293

表3-5-13　1956—1962年本科毕业生人数统计表　295

表3-5-14　1963—1970年本科毕业生人数统计表　295

表3-5-15　1981—1985年本科毕业生人数统计表　296

表3-5-16　1986—1992年本科毕业生人数统计表　297

表3-5-17　1993—1999年本科毕业生人数统计表　298

表3-5-18　2000—2007年本科毕业生人数统计表　299

表3-5-19　2008—2011年本科毕业生人数统计表　301

表3-5-20　1926—1929年专科毕业生人数统计表　302

表3-5-21　1950—1963年专科毕业生人数统计表　303

表3-5-22　1975—1980年专科毕业生人数统计表　303

表3-5-23　1986—1992年专科毕业生人数统计表　304

表3-5-24　1993—2000年专科毕业生人数统计

表　305

表3-5-25　2001—2007年专科及高职毕业生人数统计表　306

表3-5-26　2008—2011年高职毕业生人数统计表　307

表4-1-1　2002—2005年研究生课程框架情况表　318

表4-1-2　2000—2011年学校自编农业推广硕士研究生教材情况表　325

表4-2-1　1997—2010年研究生教学管理规章制度一览表　326

表4-2-2　2010年研究生导师支出人力资源配置费标准情况表　327

表4-2-3　2010年研究生基本奖助金的设置标准情况表　328

表4-2-4　2005—2010年研究生导师遴选及管理规定情况表　329

表4-2-5　1997—2011年研究生导师人数统计表　329

表4-2-6　2010年博士研究生导师情况表　330

表4-2-7　2010年研究生教育管理队伍人员结构统计表　332

表4-2-8　2003—2008级研究生获得专利一览表　336

表4-2-9　2006—2008级研究生获奖一览表　336

表4-2-10　2005—2011年获上海市研究生优秀论文一览表　337

表4-2-11　2007—2011年农业推广硕士专业学位研究生获全国优秀论文奖一览表　338

表4-3-1　1997—2011年校学位评定委员会组成人员情况表　339

表4-3-2　2000—2010年学校有关学位管理工作规章制度一览表　340

表4-3-3　1986—2011年学术型硕士学位授予统计表（按学科门类）　341

表4-3-4　2002—2011年学术型博士学位授予统计表（按学科门类）　342

表4-3-5　2004—2011年专业学位硕士学位授予统计表（按学科门类）　342

表4-4-1　1983—1997年硕士研究生招生专业及人数统计表　343

表4-4-2　1998—2011年各硕士专业门类招生人数统计表　344

表4-4-3　1999—2011年各博士专业门类招生人数统计表　344

表4-4-4　1986—1999年毕业硕士研究生（统分生）就业统计表　347

表4-4-5　2000—2011年毕业硕士、博士研究生就业统计表　348

表5-1-1　1982—2011年军事理论课与军训开展情况表　362

表6-1-1　2008年3大特色学科规划布局情况表　385

表6-1-2　2008年学科建设规划层次与属性情况表　385

表7-1-1　1997—2011年校学术委员会负责人一览表　406

表7-2-1　1962—2011年获省部级科学研究成果奖项（上海市单列）一览表　430

表7-2-2　1977—2011年获上海市科学研究成果奖项一览表　436

表7-2-3　1978—2011年获国家级科学研究成果奖项一览表　439

表7-5-1　1987—2000年科技服务历年合同金额统计表　461

表7-6-1　1992—2011年历届上海海洋大学学报编委会人员情况表　468

表8-1-1　1965年实验室设置统计表　473

表8-1-2　1985年实验室设置统计表　474

表8-1-3　2004年实验室设置统计表　475

表8-1-4　2011年基础实验教学中心（公共平台）及下属实验室统计表　476

表8-1-5　2011年教学科研专业实验教学中心（学院平台）及下属实验室统计表　477

表8-1-6　2010年40万元以上贵重仪器一览表　477

表8-2-1　1980—2011年图书馆藏书与购书经费统计表　483

表8-2-2　2011年各学院可使用数据库情况表　484

表8-2-3　1998—2011年读者服务统计表　487

表8-2-4　2005—2011年信息服务统计表　488

表8-5-1　2000—2011年档案利用统计表　503

表9-1-1　1955—1965年入学留学生统计表　515

表号	表名	页码
表9-1-2	2005—2011年招收本科留学生统计表	516
表9-1-3	2002、2007—2011年招收研究生留学生统计表	516
表9-1-4	2009—2011年留学生申请资格与时间情况表	517
表9-2-1	1996—2011年学校主办或联合主办重大的国际学术会议情况表	521
表9-2-2	1994—2011年出席国际学术会议教师人数统计表	523
表9-2-3	1994—2011年聘请国外兼职(顾问、客座)教授一览表	525
表9-2-4	2006—2011年聘请香港、台湾地区兼职教授一览表	527
表9-2-5	1992—2011年学校与国外(境外)高校签订合作协议情况表	527
表9-2-6	1999—2011年国际合作科研项目一览表	530
表9-2-7	2000—2011年与香港、台湾地区合作科研项目一览表	532
表9-2-8	20世纪70年代至2011年学校接待外宾人数统计表	534
表10-1-1	民国元年至3年教育经费预决算情况表	542
表10-1-2	1952—1971年教育经费预决算情况表	543
表10-1-3	1972—1978年教育经费预决算情况表	544
表10-1-4	1979—2000年教育经费预决算情况表	545
表10-1-5	1981—1996年人员经费、办公费、业务费对比情况表	545
表10-1-6	2001—2011年教育经费收入汇总情况表	546
表10-1-7	2001—2011年教育经费支出汇总情况表	547
表10-1-8	1996—2010年本科生收费标准情况表	547
表10-1-9	2006—2011年贷款额情况表	548
表10-1-10	1983—2011年科研经费收入与支出情况统计表	549
表10-1-11	1952—1978年基建经费使用情况表	550
表10-1-12	1979—2011年基建经费使用情况表	551
表10-1-13	1981—1996年学校基金收入与支出情况表	552
表10-1-14	第一、二期贷款总额与费用支出统计表	553
表10-1-15	第一、二期贷款国内配套经费与费用支出统计表	554
表10-2-1	1972年军工路校区主要建筑情况表	560
表10-2-2	2008年军工路校区(军工路334号)主要建筑情况表	562
表10-2-3	2008年学海路校区主要建筑情况表	564
表10-2-4	2011年沪城环路校区主要建筑情况表	566
表10-5-1	1989—2002年合作合资企业一览表	583
表11-1-1	1912—1952年科设置情况一览表	593
表11-1-2	1952—1985年系(部、室)设置情况一览表	594
表11-1-3	1993—2008年学院(系、部)设置情况一览表	595
表11-1-4	2008—2011年学院(部)设置一览表	596
表12-3-1	全国人大代表、政协委员一览表	669
表12-3-2	上海市或福建省党代会代表、人大代表与政协委员一览表	669

编 后 记

2008年,学校根据上海市地方志编纂委员会文件要求,发文成立由校党政正职任主任,副职任副主任,各职能部门、学院党政负责人任编委的校志编纂委员会,下设校志办公室,组织编纂《上海市级专志·上海海洋大学志》。同时,学校认为修志是一项具有重要历史意义的文化工程,有利于对1912—2011年百年校史进行系统总结和梳理,并在制度、人员和经费保障上做到"领导到位、机构到位、经费到位、队伍到位、条件到位"。

经过一年多筹备,2009年7月6日编纂工作正式启动。在启动仪式上,上海市地方志办公室领导明确指出:修志要坚持正确的指导思想,详今明古;要体现学校特色,围绕特色做文章;要进一步增强对地方志工作的重视,确保其科学性、严肃性和准确性;要树立质量第一的原则,要经得起历史检验;要加强对校志资源的管理,为今后学校发展提供借鉴。学校领导强调:"我们编委和撰稿人员使命光荣,责任重大。各位编委作为篇、章、节的直接责任人,要高度重视修志工作,加强领导,把志书编写纳入本部门工作计划,要为编写人员创造良好的工作条件,也要把好关,狠抓质量建设,争取出好志佳志。"

鉴此,学校对百余名主笔举办4次集中培训,还选派10人参加上海市地方志办公室组织的培训班。2010年10月21日,学校成立校志顾问组,先后聘请原校领导、教授和有关专家乐美龙、赵长春、李道恒、苏锦祥、楼允东、沈月新、黄永萌、封镇民、宋承芳、宋丽英、朱镜等组成校志顾问组,为校志把关,多次审阅和修改校志文稿。

2010年4月,几经组稿、审稿、反馈、修改,形成校志初稿。在此基础上,经过顾问组配合,经"四上四下"修改,于2011年9月形成第四稿。此时,正逢学校筹备2012年百年校庆之际,为满足校庆需要,同时确保市级专志质量,不盲目赶进度,学校作出分两步走的决策,在第四稿基础上,先于2012年10月出版《上海海洋大学百年志(1912—2011)》,然后继续修改、补充和完善,再完成《上海市级专志·上海海洋大学志》。2013年4月2日,经顾问组反复审阅、修改,在《百年志》基础上完成评议稿。同年6月20日,上海市地方志办公室在学校召开评议会,对评议稿提出评议意见。学校根据评议意见,再次调整篇目结构、规范文字表述、拾遗补阙、提炼升华,于2013年12月完成审定稿。2014年3月13日,上海市地方志办公室在学校军工路校区召开审定会,对审定稿提出审定意见,明确修改方向。学校经过4次修改,于同年4月21日完成验收稿。

修志工作自启动以来,上海市地方志办公室给予悉心指导。市方志办王继杰、梅森、黄晓明、过文瀚、肖春燕等多次提出真知灼见;副编审颜小忠、同济大学吴古平结合高校修志案例或修志经验,对修志主笔给予针对性指导。这为保证修志工作顺利进行提供了重要保障。

修志"功在当代,利在千秋",大家感到责任重大、压力巨大。全校上下发扬"勤朴忠实"精神,克服困难、查找资料、撰写文稿。100余位主笔在本职工作繁忙的情况下勇挑重担,完成校志编修与资料长编撰写工作。校志顾问组认真负责,对校志文稿进行10余次修改,字斟句酌、纵横对照、反复推敲与核实。截至本志出版,顾问组累计举行100次集体审稿会。还有众多在职或离退休教职员工、校友,积极提供材料和线索。校党委常委会多次讨论、审议校志文稿与图片。因此,校志是名副其实的众手成志,是集体智慧的结晶,是齐心协力的重要文化成果。在此,谨向所有为校志编纂付出辛勤汗水、献计献策的人们表示衷心感谢。

校志包罗万象、纵横交错、洋洋洒洒,既是总结上海海洋大学百年历史的巨著,又是一本启示今后办学的智慧宝鉴;既是学校致力人才培养的案头工具书,也是学校文化传承创新的重要参考文献。然而,需要指出的是,由于学校历经5次搬迁、11次更名,存在史料缺失和编者经验不足等问题,尽管在修志过程中力求尽善尽美,但不可避免会存在遗漏和不妥之处。在此,恳请读者批评、指正。

《上海市级专志·上海海洋大学志》编纂委员会

2016年10月8日

图书在版编目（CIP）数据

上海市级专志. 上海海洋大学志/上海市地方志编纂委员会编. —上海：华东师范大学出版社，2015.11
ISBN 978-7-5675-4359-1

Ⅰ.①上… Ⅱ.①上… Ⅲ.①上海市—地方志②上海海洋大学—校史—1912～2012 Ⅳ.①K295.1②G649.285.1

中国版本图书馆 CIP 数据核字（2015）第 283783 号

上海市级专志

上海海洋大学志

编　　者	上海市地方志编纂委员会
责任编辑	朱妙津
责任校对	王丽平
封面设计	严克勤
美术设计	崔　楚

出版发行	华东师范大学出版社
社　　址	上海市中山北路 3663 号　邮编 200062
网　　址	www.ecnupress.com.cn
电　　话	021-60821666　行政传真 021-62572105
客服电话	021-62865537　门市（邮购）电话 021-62869887
地　　址	上海市中山北路 3663 号华东师范大学校内先锋路口
网　　店	http://hdsdcbs.tmall.com/

印 刷 者	上海中华商务联合印刷有限公司
开　　本	889×1194　16 开
印　　张	47
插　　页	48
字　　数	1212 千字
版　　次	2016 年 11 月第 1 版
印　　次	2016 年 11 月第 1 次
书　　号	ISBN 978-7-5675-4359-1/K·460
定　　价	398.00 元

出 版 人　王　焰

（如发现本版图书有印订质量问题，请寄回本社客服中心调换或电话 021-62865537 联系）